全球股票市场基本情况图

图 1　全球主要交易所股票市值（截至 2015 年 12 月 31 日）

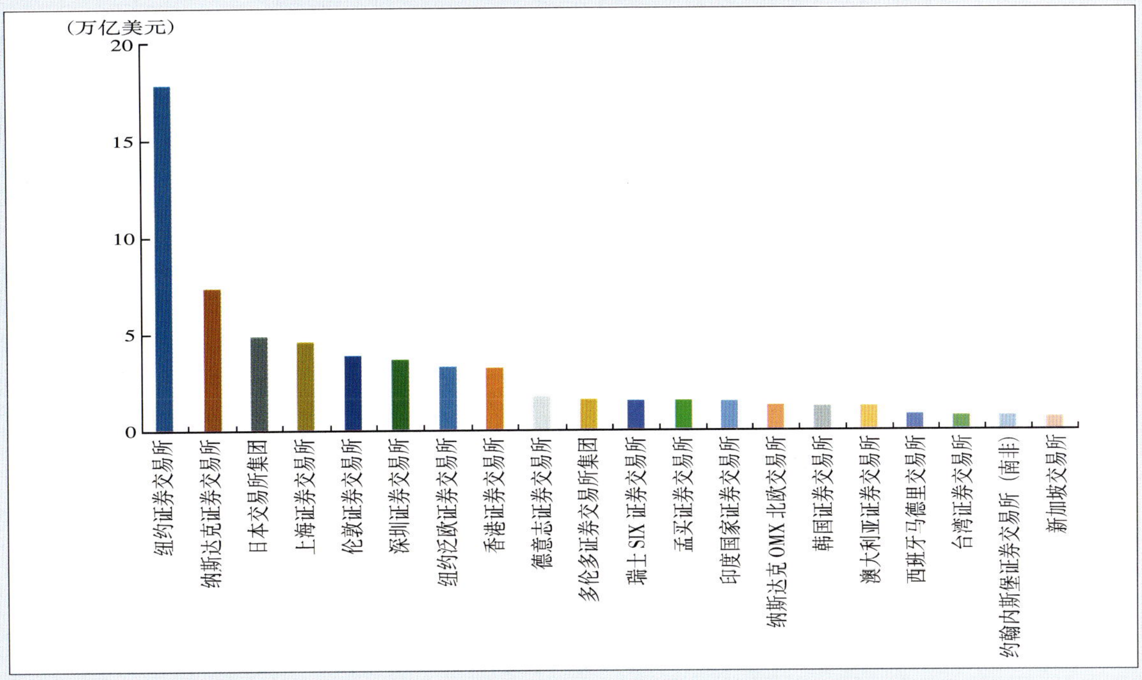

■ 数据来源：世界交易所联合会

图 2　2015 年全球主要股票指数变动情况

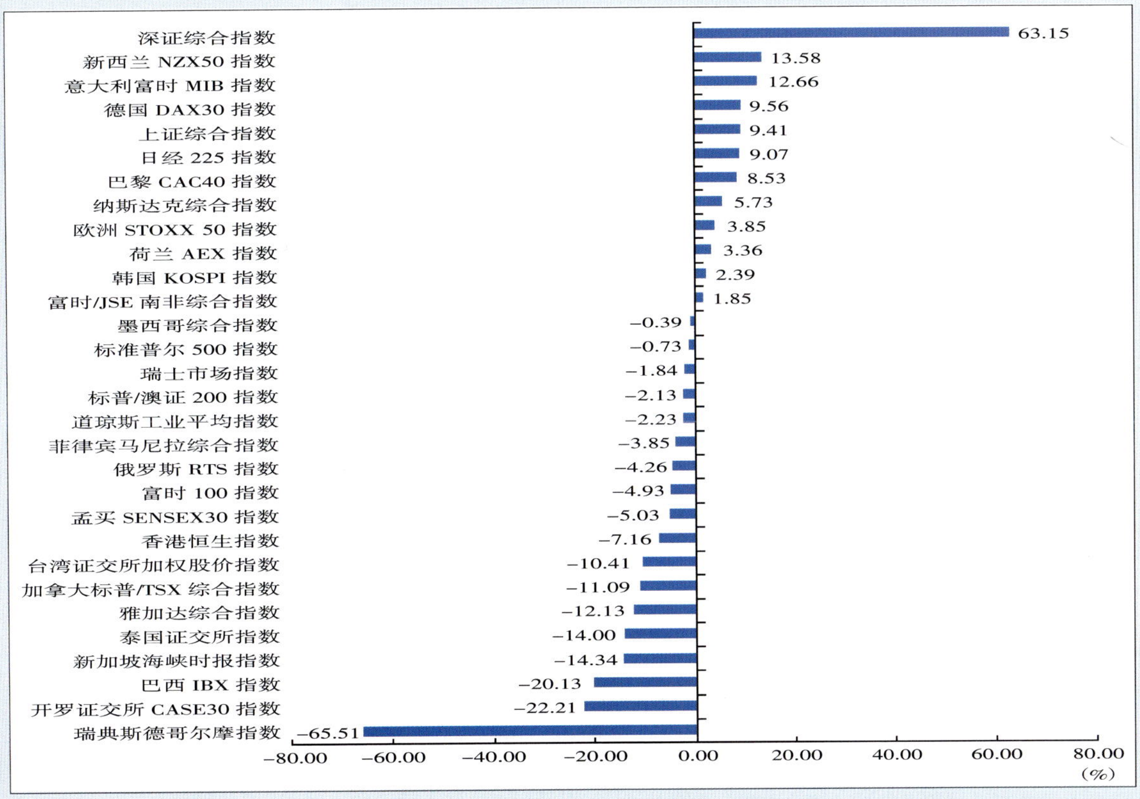

■ 数据来源：Bloomberg

图 3　　全球股票总市值历年变化情况

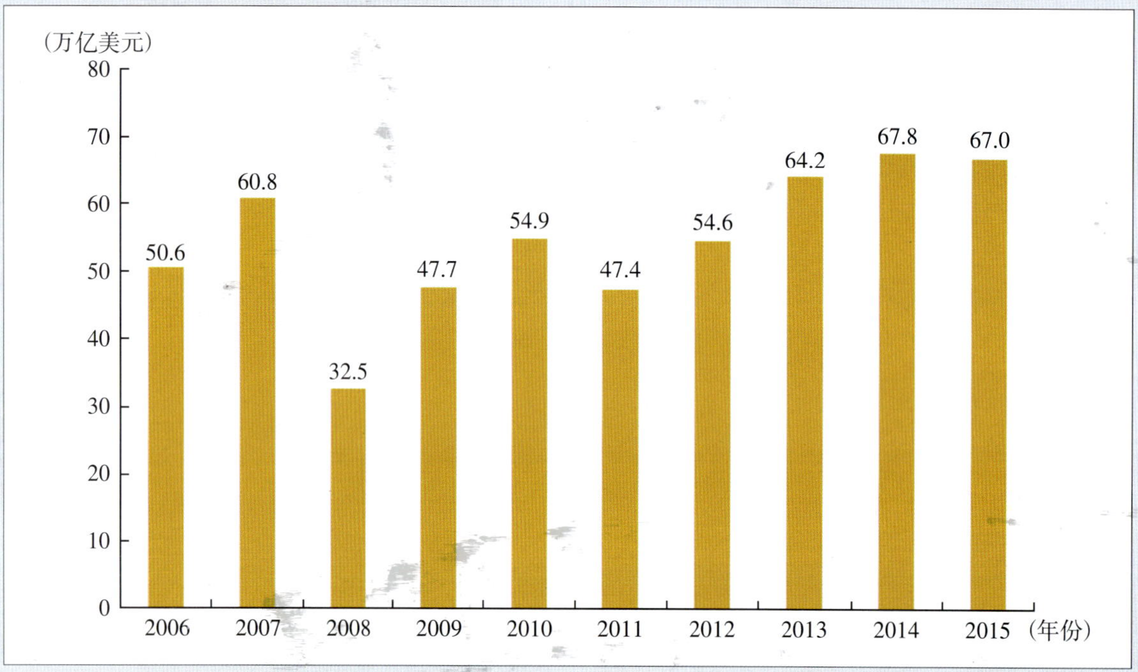

数据来源：世界交易所联合会

图 4　　上证综指和深证综指走势

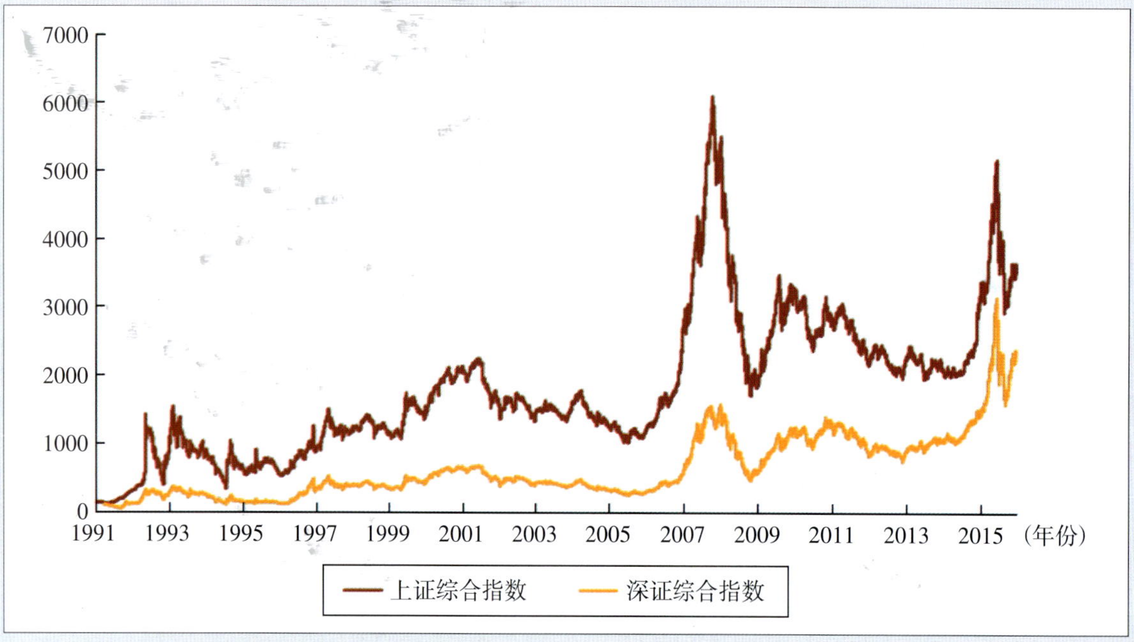

数据来源：Wind 数据

图 5 沪深 300 指数、中小板综指和创业板综指走势

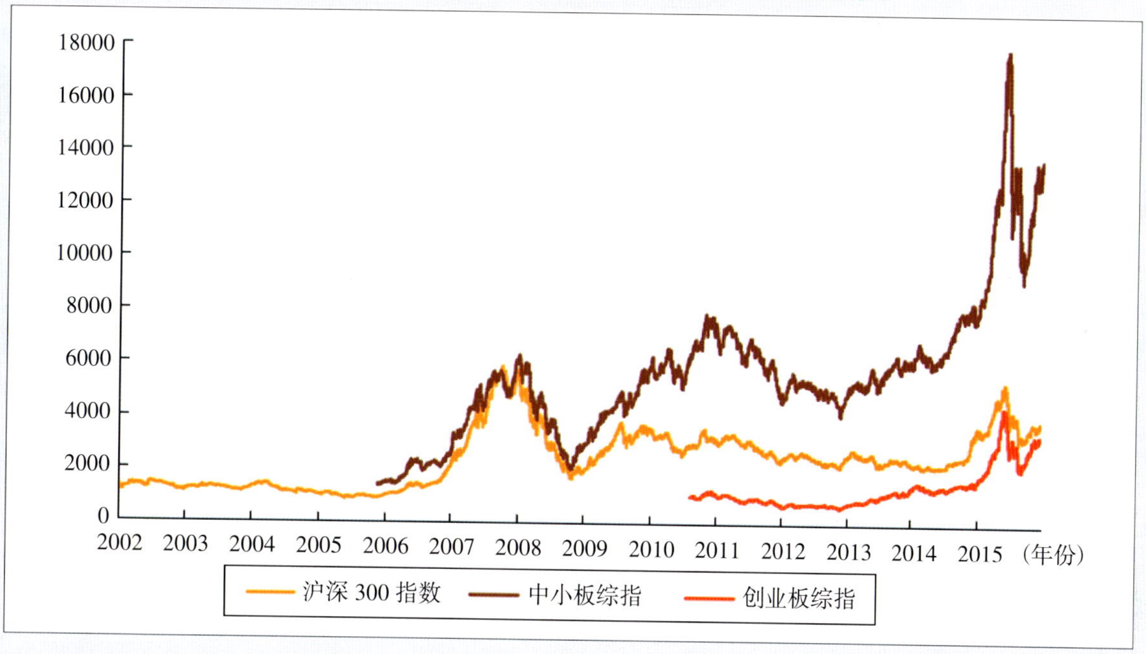

数据来源：Wind 数据

图 6 摩根士丹利全球股票指数走势

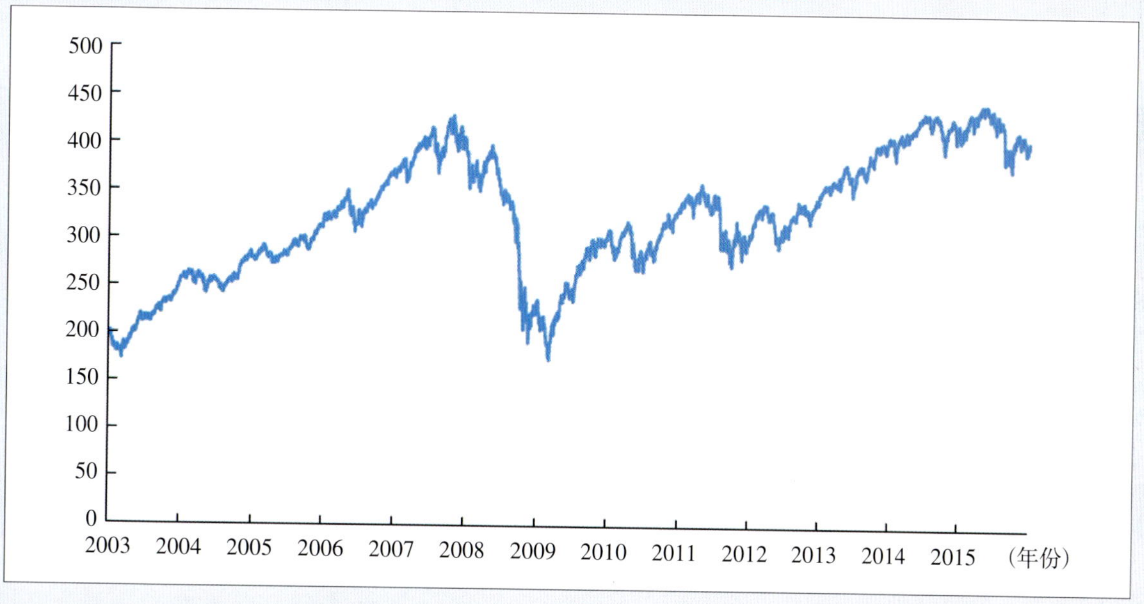

数据来源：Bloomberg

图 7　摩根士丹利全球发达国家股票指数走势

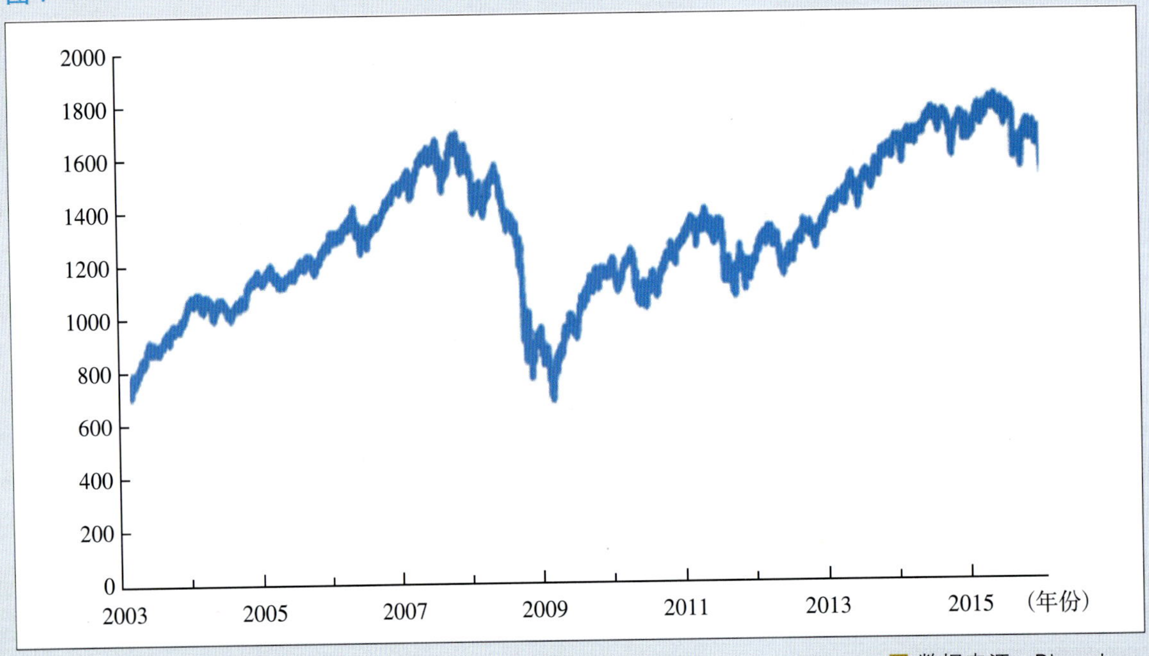

数据来源：Bloomberg

图 8　摩根士丹利发展中国家股票指数走势

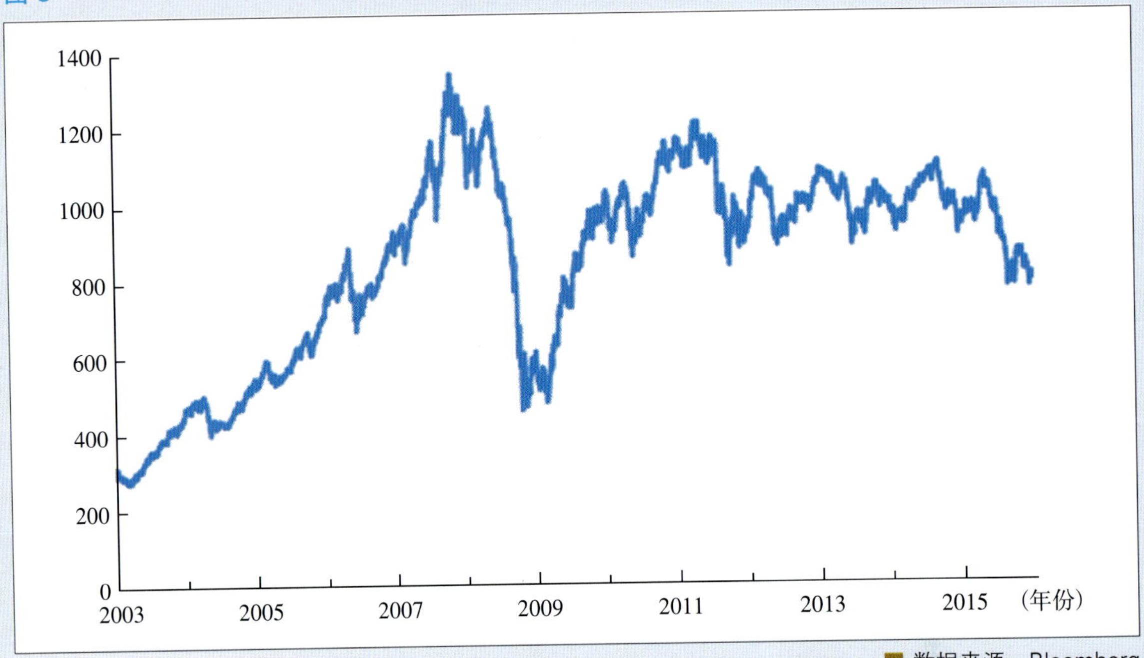

数据来源：Bloomberg

ALMANAC OF THE
CHINESE LISTED COMPANIES

中国上市公司年鉴

2016

中国证券监督管理委员会
中 国 上 市 公 司 协 会/编

经济管理出版社

图书在版编目（CIP）数据

中国上市公司年鉴（2016）/中国证券监督管理委员会、中国上市公司协会编. —北京：经济管理出版社，2017.10
ISBN 978-7-5096-5201-5

Ⅰ.①中… Ⅱ.①中… Ⅲ.①上市公司—中国—2016—年鉴 Ⅳ.①F279.246-54

中国版本图书馆 CIP 数据核字（2017）第 148658 号

责任编辑：杨国强　张瑞军
责任印制：黄章平
责任校对：雨　千　超　凡等

出版发行：经济管理出版社
　　　　（北京市海淀区北蜂窝 8 号中雅大厦 A 座 11 层　100038）
网　　址：www. E-mp. com. cn
电　　话：(010) 51915602
印　　刷：北京晨旭印刷厂
经　　销：新华书店
开　　本：880mm×1230mm/16
印　　张：62.25
字　　数：2223 千字
版　　次：2017 年 10 月第 1 版　　2017 年 10 月第 1 次印刷
书　　号：ISBN 978-7-5096-5201-5
定　　价：998.00 元

《中国上市公司年鉴》编辑部电话：(010) 88009702
邮　　箱：ssgsnj@sina.com

《中国上市公司年鉴》（2016）编辑委员会

田向阳	中国证券监督管理委员会宁波监管局	局　长
刘青松	中国证券监督管理委员会河南监管局	局　长
闫　勇	中国证券监督管理委员会河北监管局	局　长
安青松	中国证券监督管理委员会天津监管局	局　长
孙才仁	中国证券监督管理委员会山西监管局	局　长
严伯进	中国证券监督管理委员会上海监管局	局　长
苏虎超	中国证券监督管理委员会内蒙古监管局	局　长
李立国	中国证券监督管理委员会黑龙江监管局	局　长
李永春	中国证券监督管理委员会厦门监管局	局　长
李秉恒	中国证券监督管理委员会湖北监管局	局　长
杨　光	中国证券监督管理委员会贵州监管局	局　长
杨宗儒	中国证券监督管理委员会海南监管局	局　长
吴运浩	中国证券监督管理委员会新疆监管局	局　长
邱　勇	中国证券监督管理委员会湖南监管局	局　长
何庆文	中国证券监督管理委员会江西监管局	局　长
张文鑫	中国证券监督管理委员会青岛监管局	局　长
陈小澎	中国证券监督管理委员会福建监管局	局　长
陈家琰	中国证券监督管理委员会山东监管局	局　长
林　林	中国证券监督管理委员会云南监管局	局　长
柳　磊	中国证券监督管理委员会大连监管局	局　长
姜　岩	中国证券监督管理委员会辽宁监管局	局　长
郭文英	中国证券监督管理委员会安徽监管局	局　长
梁世鹏	中国证券监督管理委员会青海监管局	局　长
梁永生	中国证券监督管理委员会江苏监管局	局　长
焦津洪	中国证券监督管理委员会深圳监管局	局　长
管兴业	中国证券监督管理委员会甘肃监管局	局　长
滕必焱	中国证券监督管理委员会四川监管局	局　长
颜晓红	中国证券监督管理委员会西藏监管局	局　长

编写说明

《中国上市公司年鉴》由中国证监会、中国上市公司协会组织编撰，是一部全面反映中国上市公司经营、发展和改革状况，以及上市公司监管政策、法律法规体系的专业性、权威性、综合性年鉴。《中国上市公司年鉴》从2007年起，每年一卷，以作为上市公司、投资者、监管工作者、研究机构、证券公司、基金公司、有关中介机构等共享和沟通上市公司信息资源的平台。

《中国上市公司年鉴（2016）》全方位、多角度、跨地区、跨行业地汇集了上市公司2015年度的基本状况，尤其是对不同行业、不同地区上市公司经营状况及相关数据进行了详尽的采集和深度的分析，使读者可以全面、细致、深入地了解上市公司的经营状况和发展前景。

《中国上市公司年鉴（2016）》共设有8个篇目，各篇目下按具体内容分为章、节、目、段多个层次。篇目内容依次为：综合发展篇、上市公司行业篇、上市公司地区篇、上市公司治理篇、上市公司并购重组篇、大事记、政策法规篇及统计篇。为方便读者，本年鉴配有CD-ROM电子出版物。另外，因篇幅所限，政策法规篇和统计篇的内容只进入了电子出版物。

《中国上市公司年鉴（2016）》"上市公司行业篇"中，上市公司的行业归属系根据中国证监会2015年第四季度发布的最新行业划分标准分类。

《中国上市公司年鉴（2016）》由中国证监会、中国上市公司协会、各证监局、上海证券交易所、深圳证券交易所、部分证券公司、相关媒体等单位及部分专家、学者共同参与编写，各种资料和数据权威、可靠，均经各撰稿单位审阅。

《中国上市公司年鉴（2016）》由中国上市公司协会首任会长陈清泰同志、中国证监会副主席姜洋同志任编委会名誉主任，中国上市公司协会会长王建宙同志、中国上市公司协会副会长李小雪同志任编委会主任，中国证监会上市公司监管部、上海证券交易所、深圳证券交易所、中国上市公司协会的负责同志任编委会副主任，各证监局负责人任编委会委员。

《中国上市公司年鉴（2016）》"上市公司行业篇"、"上市公司地区篇"中的数据，除特别说明外，由浙江核新同花顺网络信息股份有限公司整理提供。

《中国上市公司年鉴（2016）》中的资料、数据，除特别说明外，截止时间为2015年12月31日。

《中国上市公司年鉴（2016）》的编撰工作得到了各撰稿单位及撰稿人的大力支持，在此谨表示衷心的感谢！对本年鉴的不足之处，诚请提出批评和改进意见，以使《中国上市公司年鉴》日臻完善。

《中国上市公司年鉴》编辑部

2017年7月　　北　京

目　录

第一篇　综合发展篇

第二篇　上市公司行业篇

第三篇　上市公司地区篇

第四篇　上市公司治理篇

第五篇　上市公司并购重组篇

大事记

注：限于篇幅，以下内容只进入随书 CD-ROM，目录只做列示

政策法规篇

法　律

行政法规、法规性文件

中国证监会发布的部门规章及规范性文件

综　合

发行类

附　录

其他部委发布的相关部门规章及规范性文件

统计篇

第一篇

综合发展篇

- 2015 年上市公司基本情况
- 沪市上市公司 2015 年年报整体分析报告
- 沪市上市公司 2015 年年报会计问题分析报告
- 沪市上市公司 2015 年重大资产重组整体情况分析报告
- 沪市上市公司 2015 年度审计问题分析报告
- 沪市上市公司 2015 年年报内部控制信息披露情况分析
- 深交所多层次资本市场上市公司 2015 年年报实证分析报告
- 深市上市公司 2015 年并购重组情况与监管问题研究
- 深市上市公司 2015 年国资改革情况分析
- 深市上市公司 2015 年内控信息披露情况分析
- 深市上市公司 2015 年年报公司治理情况分析
- 深市上市公司 2015 年社会责任报告情况分析
- 2015 年海外股票市场基本情况

2015 年上市公司基本情况

2015 年，从国际环境看，全球经济增速放缓，发达国家经济增长率有一定程度的上行，但整个新兴经济体的增长率连续 5 年下滑，区域经济分化加剧；全球总需求不足，表现为全球通货膨胀率持续下滑；国际贸易负增长，贸易的绝对额开始下降；大宗商品价格持续低迷，尤其是石油价格进一步下滑；金融市场出现动荡，各国市场联动性加强；全球并购活动开始活跃，全球对外直接投资额上涨。另外，国内经济加速转型，处于结构调整的“阵痛期”。去产能和去杠杆政策，使工业增长放缓，投资需求减弱。金融市场剧烈波动，股市过快上涨，创 2007 年以来新高，又经历急跌回吐涨幅。中国经济下行压力加大。

在此情况下，国家坚持深化改革促发展，采取了一系列宏观调控和深化改革措施：混合所有制改革，促进国企迸发新活力；深化行政审批制度改革，增强市场活力和社会创造力；创新驱动发力，创新供给带动需求扩大，以微观活力支持宏观稳定；在广东、天津、福建新设自贸区，倒逼深层次的改革，构建开放型经济新体制；国家加快实现资本项目可兑换，推动金融市场双向开放，便利境内外主体跨境投融资。全年经济运行基本平稳，全年经济增长处在预期目标区间，经济增速稳中缓降，结构优化效应增强。

2015 年，我国 GDP 为 689052.1 亿元，同比增长 6.9%，1991 年以来首次跌破 7%，经济增长放缓，宏观回报率下降。全年 CPI 上涨 1.4%，创 2009 年以来新低；全年 PPI 下降 5.2%，PPI 连续 45 个月下降，12 月份创下 PPI 的低点 92.5；PPI 下行使企业经营难度加大，利润下滑。2015 年规模以上工业企业利润总额为 66187.07 亿元，比上年同期下降 2.89%。进出口同比回落，全年货物进出口总额 245849 亿元，比 2014 年下降 7.0%，贸易顺差继续保持高位，达到 36865 亿元。与此同时，我国产业结构优化升级加速，第二产业向高端制造业转型，弥补产能过剩重化工行业和地方土地财政支撑的基建衰弱所带来的缺口。高技术制造业和装备制造业增加值比上年分别增长了 10.2%和 6.8%，增速分别比规模以上工业快 4.1 个百分点和 0.7 个百分点。在制造业和房地产投资大幅放缓的背景下，服务业投资保持 20%以上的增长。服务业增长强劲，第三产业增加值同比增长 8.3%，而第二产业增加值增速回落至 6.0%。全年第三产业国内生产总值占 GDP 的比重达到 50.2%，高于第二产业 9.3 个百分点。高端制造业和现代服务业快速发展，代表着中国经济的演化方向。

面对挑战和机遇，2015年A股上市公司经营业绩整体仍实现增长。其中，大盘蓝筹股公司起到了中流砥柱的作用；战略新兴产业经营规模占比逐步提升，研发投入持续增加，上市公司具有创新性和成长性。

在“三期叠加”的爬坡过坎、攻坚克难经济背景下，我国经济增速从高速转向中高速、经济结构从中低端转向中高端、发展方式从规模速度型粗放增长转向质量效益型集约增长、发展动力从要素增长转向创新驱动。国家创新宏观调控方式，积极的财政政策加力增效，各部委协同推进新型工业化、信息化、城镇化和农业现代化，推动产业转型升级，同时推动不同区域优势互补、要素联动和共同发展。部分行业内生增长面临挑战，企业加强深化改革，增强竞争力，以求实现持久发展。

2015年A股市场风云变幻，上市公司首发和并购重组数量增加，行业整合加速。2015年中A股市场过快上涨后急跌，中国证监会暂缓新股发行，在年末企稳后重启，全年新股发行数量达到2014年的两倍多。中国经济发展债务率、杠杆率较高的情况，要求增强直接融资，加快资本形成，为资本市场发展提供了极大空间，股票市场活跃度增强。

截至2015年底，我国境内上市公司数量为2827家，上市公司总资产规模达到172.50万亿元，归属上市公司母公司净利润达到2.47万亿元。

一、IPO时停时启，公司上市速度加快支持创新创业

2015年7月4日，在IPO重启一年半后，证监会宣布暂停IPO。在2015年中，沪指在不到一个月内下挫近40%，市场面临流动性枯竭。在这期间，证监会进一步加大对违法违规市场行为的打击力度，包括现场检查券商两融业务，稽查新三板违法案件，以及查处新型手法的内幕交易和市场操纵等，并开创了强制违法企业退市的先例，促进资本市场稳定。2015年11月6日，在市场逐渐企稳的背景下，证监会宣布重启IPO，并完善相关配套措施。经过4个月的IPO暂缓，截至2015年底，共有220只新股相继发行，总募资规模近1588亿元。

截至2015年底，我国股票市场上市公司数量为2827家（见图1），较2014年增加214家，同比增长8.19%。其中，上交所上市公司为1081家，较2014年增加86家；深交所上市公司为1746家，较2014年增加128家，其中，主板、中小板、创业板分别为478家、776家、492家，除深市主板上市公司数量比上年同期有所下降之外，深市中小板和创业板上市公司数量均有所增加，分别同比增长6.01%和21.18%。中小板、创业板公司数量逐步增加，可以看出我国重视创新创业理念，使中小板、创业板得到了迅速的发展。

截至2015年底，2827家上市公司仅发行A股的数量为2726家，仅发行B股的

上市公司为 19 家，A+B 股上市公司为 82 家。

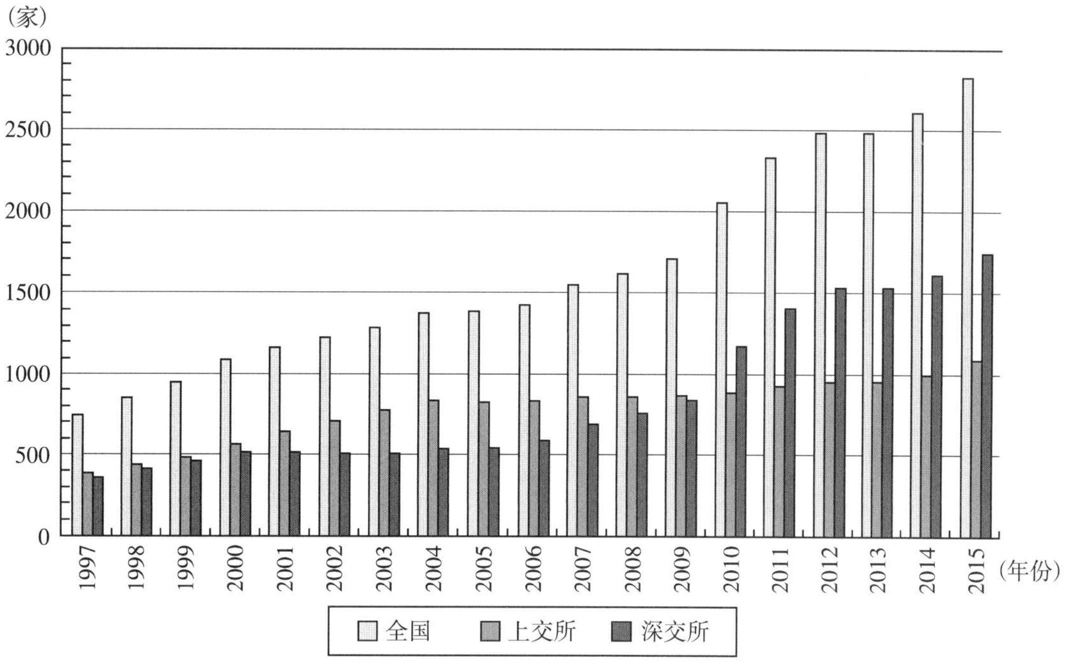

图 1　各年度全国上市公司数量（1997~2015 年）

资料来源：沪深交易所，同花顺。

二、上市公司股本规模持续增加

2015 年，上市公司数量增加，上市公司股本呈现扩大趋势。截至 2015 年 12 月 31 日，上市公司总股本（包括 A 股、B 股和 H 股）达 50070 亿股，其中境内股本规模（A 股和 B 股）为 43025 亿股，境内流通股本规模为 37043 亿股。上市公司平均总股本达到 17.71 亿股，其中平均境内总股本为 15.22 亿股，平均境内流通股本规模为 13.10 亿股。

根据统计数据，1996 年底总股本规模在 5 亿股以上的上市公司数量为 5 家，2014 年底为 1168 家，而这一数据截至 2015 年底为 1471 家；总股本规模在 10 亿股以上的企业在 1996 年底仅为 10 家，2014 年底为 542 家，2015 年底增至 713 家，如表 1 所示。

表 1　　2015 年底上市公司按股本规模数量分布　　单位：家

总股本规模	上　海	深　圳	合　计
1 亿股以下	21	77	98
1 亿~2 亿股（含 2 亿股）	83	226	309
2 亿~3 亿股（含 3 亿股）	92	240	332
3 亿~5 亿股（含 5 亿股）	194	423	617

续表

总股本规模	上 海	深 圳	合 计
5亿~10亿股（含10亿股）	269	489	758
10亿股以上	422	291	713
合计	1081	1746	2827

资料来源：沪深交易所，Wind。

截至2015年底，总股本达到100亿股以上的公司数量为63家，合计总股本26051亿股，较2014年增加9家（见表2）。其中，银行业公司共14家，总股本达到19304亿股，占这一区间股本总数74.10%。

表2　　2015年底总股本超过100亿股的63家公司股本情况　　单位：亿股

代 码	名 称	总股本	A股	H股
601398.SH	工商银行	3564	2696	868
601288.SH	农业银行	3248	2941	307
601988.SH	中国银行	2944	2108	836
601939.SH	建设银行	2500	96	2404
601857.SH	中国石油	1830	1619	211
600028.SH	中国石化	1211	956	255
601328.SH	交通银行	743	393	350
601998.SH	中信银行	468	319	149
601818.SH	光大银行	467	398	69
600016.SH	民生银行	365	296	69
000725.SZ	京东方A	352	340	0
600010.SH	包钢股份	326	326	0
601668.SH	中国建筑	300	300	0
601628.SH	中国人寿	283	208	74
601766.SH	中国中车	273	229	44
600036.SH	招商银行	252	206	46
600018.SH	上港集团	232	232	0
601390.SH	中国中铁	228	186	42
601899.SH	紫金矿业	216	158	58
600050.SH	中国联通	212	212	0
601088.SH	中国神华	199	165	34
600795.SH	国电电力	197	197	0
601618.SH	中国中冶	191	162	29

续表

代　码	名　称	总股本	A股	H股
601166.SH	兴业银行	191	191	0
600000.SH	浦发银行	187	187	0
601989.SH	中国重工	184	184	0
601318.SH	中国平安	183	108	74
603993.SH	洛阳钼业	169	130	39
600900.SH	长江电力	165	165	0
600019.SH	宝钢股份	165	165	0
601800.SH	中国交建	162	117	44
601985.SH	中国核电	156	156	0
600011.SH	华能国际	152	105	47
601600.SH	中国铝业	149	110	39
601006.SH	大秦铁路	149	149	0
000166.SZ	申万宏源	149	149	0
000001.SZ	平安银行	143	143	0
600871.SH	石化油服	141	120	21
601669.SH	中国电建	138	138	0
600023.SH	浙能电力	136	136	0
601186.SH	中国铁建	136	115	21
601991.SH	大唐发电	133	100	33
601898.SH	中煤能源	133	92	41
600115.SH	东方航空	131	85	47
601111.SH	中国国航	131	85	46
601727.SH	上海电气	128	99	30
601018.SH	宁波港	128	128	0
601169.SH	北京银行	127	127	0
000100.SZ	TCL 集团	122	122	0
600221.SH	海南航空	122	118	0
600606.SH	绿地控股	122	122	0
600030.SH	中信证券	121	98	23
601866.SH	中远海发	117	79	38
600837.SH	海通证券	115	81	34
600157.SH	永泰能源	112	112	0
000002.SZ	万科 A	111	97	13
600104.SH	上汽集团	110	110	0

续表

代　码	名　称	总股本	A股	H股
600688.SH	上海石化	108	73	35
600048.SH	保利地产	108	108	0
600015.SH	华夏银行	107	107	0
000709.SZ	河钢股份	106	106	0
601919.SH	中远海控	102	76	26
600005.SH	武钢股份	101	101	0

资料来源：沪深交易所，Wind。

三、上市公司并购重组持续增加，外延式发展推动产业整合、转型升级

并购重组是上市公司实现产业升级和行业转型的主要手段，也是资本市场服务实体经济功能的重要体现，同时也是国企改革的重要手段之一。调整产业结构与产业优化升级的双重要求，国企改革与供给侧改革的双轮驱动，各类企业，尤其是央企和国企的并购重组将加速，也将刺激更大范围的企业重组和资源整合。

随着海外上市的中国企业回归，中国上市公司的并购市场会继续活跃；供给侧改革规划的逐步落地，将推动产业并购整合，解决部分过剩产能，行业向优势企业集中，提高市场竞争力。2015年沪深两市并购重组持续增加，沪市全年共完成并购重组863家次，交易总金额1.04万亿元，两者同比均增长50%以上。重大资产重组方面，243家公司停牌进入重组程序，同比增加47.27%。152家公司披露重组方案，涉及交易金额5345亿元。92家公司完成重大资产重组，同比增加129.9%；涉及交易金额4351亿元，同比增加225.4%。合计增加市值1.8万亿元，新增市值超过百亿元的公司55家。深市上市公司共披露重组方案385单，涉及交易金额8686亿元，配套融资金额3113亿元。而2014年深市上市公司共披露重组方案224单，涉及交易金额3530亿元，配套融资金额224亿元。2015年重组方案披露单数、交易金额、配套融资金额较上年同期分别增长72%、146%、470%。在2014年已实现大幅增长的基础上，2015年深市并购重组呈“井喷”式增长的趋势。

2015年11月，证监会发布修订完善后的《上市公司重大资产重组管理办法》和《上市公司收购管理办法》。随着股权分置改革的完成，我国资本市场逐步具备了促进上市公司大规模并购重组的能力和条件，新办法的实施有利于提高并购重组审批效率，完善并购重组市场化机制，推动市场主体归位尽责。其中的修订包括：取消对不构成借壳上市的重大购买、出售、置换资产行为的审批；取消要约收购事前审批及两项要约收购豁免情形的审批；完善发

行股份购买资产的市场化定价机制；完善借壳上市定义，明确对借壳上市执行与IPO审核等同的要求，明确创业板上市公司不允许借壳上市；丰富并购重组支付工具；取消向非关联第三方发行股份购买资产的门槛限制和盈利预测补偿强制性规定要求；加强事中事后监管、督促中介机构归位尽责；在保护投资者权益等方面作出配套安排等。

上市公司并购重组实行并联审批，上市公司可同时向相关部委和证监会报送行政许可申请，证监会和相关部委对申请独立作出核准决定，上市公司在取得所有相关部委批准后实施重组，这将进一步缩短上市公司并购重组全过程时间，提高效率，更好地发挥资本市场服务国民经济“转方式、调结构”的功能。

并购重组在国企改革中发挥着重要作用。2015年，沪市共有近70家中央和地方国企披露重大资产重组预案，80余家国有上市公司还同步实施了引入战略合作伙伴、实施股权激励和员工持股等混合所有制改革；深市披露重组方案的国企数量有明显的增长，同比增长幅度达130.43%，在所有披露方案的公司中的占比也从10.27%提升到了17.72%。2015年深市国有企业披露的重组方案涉及的交易金额（不包括募集配套资金）达到1605.62亿元，而2014年仅为488.52亿元，增长幅度高达228.67%。

在此过程中，2015年完成实施的申银万国换股吸收合并宏源证券重组方案，交易金额达到722.04亿元，是目前中国证券业最大的并购案，并购完成后的申万宏源进入行业第一梯队；2015年披露方案并完成实施的招商局蛇口控股吸收合并招商地产重组方案，交易金额高达1746.82亿元，并购完成后公司简称招商蛇口，由此实现了招商局集团地产板块的整体上市。

四、上市公司行业分布改善，地区分布不均

由于自然地理、历史文化、地区政策、市场结构和投资环境等方面的不同，我国上市公司地域性差异依然存在，各地区经济增长有显著差别，上市公司的数量、规模和盈利能力也表现出不平衡性。

截至2015年底，全国拥有上市公司数量前5名的地区为江苏276家、北京265家、浙江248家、上海224家和广东222家，均为发达地区，也符合我国经济增长的区域格局；而上市公司数量排名靠后的则为贵州、青岛、宁夏、西藏和青海，大部分为相对落后的地区，其中青海和宁夏2015年无新增上市公司，如表3所示。

表3　2015年底上市公司按省市区数量分布　单位：家

地　区	上市公司数量	地　区	上市公司数量
江苏省	276	重庆市	43
北京市	265	天津市	42
浙江省	248	吉林省	40

续表

地　区	上市公司数量	地　区	上市公司数量
上海市	224	山西省	37
广东省	222	广西壮族自治区	35
深圳市	202	黑龙江省	35
山东省	142	江西省	35
四川省	103	厦门市	33
安徽省	88	云南省	30
湖北省	87	大连市	28
湖南省	82	甘肃省	27
河南省	73	海南省	27
福建省	66	内蒙古自治区	26
河北省	53	贵州省	20
宁波市	51	青岛市	20
辽宁省	48	宁夏回族自治区	12
陕西省	43	西藏自治区	11
新疆维吾尔自治区	43	青海省	10

资料来源：沪深交易所，同花顺。

区域分布上，华东地区比重最大，共有1183家上市公司，占全部上市公司比重的41.85%，同比增加9.03%；中南地区次之，上市公司数量为728家，占比25.75%，同比增加7.5%；而上市公司分布最少的为西北地区，仅为135家，占比4.78%（见表4），同比增加4.65%。整体来看，华东地区、华北地区上市公司占比进一步上升，同时中南地区、东北地区、西北地区占比则都有所下降。我国上市公司区域分布不平衡与我国目前的经济格局基本一致，且从2015年的分布情况来看，两极分化情况未得到改善，反而有微幅加剧的趋势。

表4　　2015年底全国上市公司区域分布

	数量（家）	比例（%）	包括省份
华东地区	1183	41.85	鲁（含青岛市）、苏、皖、浙（含宁波市）、沪、赣、闽（含厦门市）
中南地区	728	25.75	鄂、湘、桂、粤（含深圳市）、琼、豫
华北地区	423	14.96	京、津、冀、晋、内蒙古
西南地区	207	7.32	滇、黔、蜀、藏、渝
东北地区	151	5.34	辽（含大连市）、吉、黑
西北地区	135	4.78	陕、甘、宁、青、新
合计	2827	100.00	

资料来源：沪深交易所，同花顺。

截至2015年底，我国制造业上市公司数量占上市公司总数的比例为63.14%，房地产业上市公司数量占比为4.84%，与2014年相比小幅下降；信息传输、软件和信息技术服务业上市公司占比相较于2014年上涨了近0.46个百分点，占比达到了5.66%；批发和零售业上市公司数量占比下降了0.48个百分点，占比达到5.3%。电力、热力、燃气及水生产和供应业，建筑业，金融业，租赁和商务服务业以及文化、体育和娱乐业均有小幅上升，其中租赁和商务服务业上升0.31个百分点至1.27%。住宿和餐饮业、卫生和社会工作以及教育的上市公司数量占比依然不足0.5%，如表5所示。

表5　　2015年底全国上市公司按门类行业比例分布

行　业	上市公司家数（家）	占比（%）	行　业	上市公司家数（家）	占比（%）
制造业	1785	63.14	农、林、牧、渔业	44	1.56
房地产业	137	4.84	文化、体育和娱乐业	37	1.31
信息传输、软件和信息技术服务业	160	5.66	租赁和商务服务业	36	1.27
批发和零售业	151	5.3	水利、环境和公共设施管理业	32	1.13
电力、热力、燃气及水生产和供应业	93	3.29	综合	25	0.88
交通运输、仓储和邮政业	87	3.08	科学研究和技术服务业	21	0.74
建筑业	77	2.72	住宿和餐饮业	11	0.39
采矿业	75	2.65	卫生和社会工作	5	0.18
金融业	50	1.77	教育	1	0.04

资料来源：沪深交易所，同花顺。

制造业上市公司细分为29个行业大类，其中，公司总数超过100家的子行业分别是计算机、通信和其他电子设备制造业，化学原料及化学制品制造业，电气机械及器材制造业，医药制造业，专用设备制造业和通用设备制造业，与2014年保持一致（见表6）。我国计算机、通信和其他电子设备制造业上市公司数量占上市公司总数的比例为13.50%，与2014年相比上升了0.41个百分点；化学原料及化学制品制造业上市公司占比相较于2014年下降了近0.10个百分点，占比达到了10.76%；电气机械及器材制造业上市公司占比与2014年保持一致。

2015年，我国经济结构得到进一步优化，服务业在国内生产总值中的比重首次上升到50.5%，与此同时，我国上市公司行业分布也得到改善。一方面，以制造业和农、林、牧、渔业为代表的第一、第二产业上市公司数量占比下降，而第三产业金融业，租赁和商务服务业，文化、体育和娱乐业以及科学研究和技术服务业上市公司占比上升，上市公司行业分布向附加值更高的第三产业倾斜；另一方面，制造业上市公司中，计算机、通信和其他电子设备制造业，医药制造业以及仪器仪表制造业等占比上升，制造业上市公司分布向技术更为先进的中高端制造业倾斜。

表 6　　2015 年底全国制造业上市公司按行业大类分布

行　业	上市公司家数（家）	占比（%）	行　业	上市公司家数（家）	占比（%）
计算机、通信和其他电子设备制造业	241	13.50	仪器仪表制造业	35	1.96
化学原料及化学制品制造业	192	10.76	食品制造业	33	1.85
电气机械及器材制造业	183	10.25	黑色金属冶炼及压延加工业	32	1.79
医药制造业	163	9.13	纺织服装、服饰业	31	1.74
专用设备制造业	161	9.02	造纸及纸制品业	26	1.46
通用设备制造业	106	5.94	化学纤维制造业	21	1.18
汽车制造业	91	5.10	石油加工、炼焦及核燃料加工业	18	1.01
非金属矿物制品业	82	4.59	其他制造业	17	0.95
有色金属冶炼和压延加工业	59	3.31	文教、工美、体育和娱乐用品制造业	12	0.67
橡胶和塑料制品业	50	2.80	家具制造业	9	0.50
金属制品业	48	2.69	木材加工及木、竹、藤、棕、草制品业	9	0.50
纺织业	40	2.24	印刷和记录媒介复制业	7	0.39
酒、饮料和精制茶制造业	38	2.13	皮革、毛皮、羽毛及其制品和制鞋业	6	0.34
农副食品加工业	38	2.13	废弃资源综合利用业	1	0.06
铁路、船舶、航空航天和其他运输设备制造业	36	2.02	总计	1785	—

资料来源：沪深交易所，同花顺。

五、上市国企改革深化，多形式优化结构提质增效

中共中央、国务院于 2015 年 8 月 24 日印发《关于深化国有企业改革的指导意见》(以下简称《意见》),《意见》指出，推进国有资产监管机构职能转变，以管资本为主，改组改建国有资本投资、运营公司。本轮国企改革改建、创设了一批国有资本投资运营公司试点单位，改变了以往国资委“管人管事管资产”的方法，依托国有资本运作平台，通过资本运作实现资源整合、配置优化。国有资本投资运营公司以资本市场为媒介，通过股权结构调整、融资等方式实现国有资本保值增值，具有交易成本低、效率高的优点。通过资本运作助力国企改革，大大拓宽了国企改革方案选项，降低了改革转型过程中的摩擦，通过资本运作实现金融创新将带来更大的价值。

沪深两市主板中，国有企业占比接近

54.84%，主要集中在制造、批发零售、房地产、公用事业等行业。资本市场可以通过并购重组、再融资等灵活多样的金融工具，助力跨行业、跨地区的外延增长，融合不同所有制主体的多元利益，优化国企上市公司股权结构，推动国企改革深化。并购重组是资本市场助力实体经济化解过剩产能、实现转型升级的重要途径，并涌现出如申万宏源、招商蛇口等成功案例，实现促进国有资产增值保值、做大做强，提高集团公司证券化率，增强企业竞争力与活力等目标。再融资主要由非公开发行交易构成，有利于引入优质项目及资产，充实公司资产端，同时也可以优化公司持股结构与所有制形式，实现上市公司做大做强。通过再融资，两市国企如同方国芯，长江电力等均通过大额再融资计划，实现资本结构优化，打造行业"领头羊"。

2015年，沪深两市上市公司在国家有关政策支持下，多种形式国资改革成绩有目共睹。谋改革、求发展成为两市上市国企的共识。国企改革的交易数量、规模屡创新高，而交易形式也愈加丰富多样。随着国企改革进程的深化，上市国企成为沪深两市的一大新热点，国企改革所呈现出的规模经济与资源优化红利也将进一步反映在资本市场中，开创实体经济与金融市场的"双赢"局面。

六、2015年上市公司经营概况

根据上市公司2015年年报披露数据，2015年全部上市公司共实现营业收入294460亿元，按可比口径计算，较上年同期增长1.65%；实现利润总额34563亿元，同比增长3.84%；实现归属母公司股东净利润24730亿元，同比增长2.24%。

2015年上市公司年报数据呈现出以下特点。

（一）上市公司业绩增速指标差距拉大

2015年，大宗商品价格下跌，上游原材料价格持续低迷，导致石油石化、煤炭、有色金属等上游行业的业绩下滑严重，由此拖累上市公司整体业绩。一方面，2015年全年2827家上市公司营业收入按可比样本计算，累计同比增长1.65%，较2014年增幅减少3.36个百分点；另一方面，2015年全年2827家上市公司归属于母公司股东净利润同比增长2.24%，较2014年的增幅减少3.47个百分点。

根据年报披露情况，按可比口径计算，2015年上市公司盈利的数量为2462家，占全部上市公司的总数的87.08%，较2014年有微幅下降；2015年上市公司亏损公司的数量为365家，按可比口径计算，较2014年244家增加121家。

根据上市公司盈利水平分布状况统计，按可比口径计算，2015年度实现归属于母公司股东净利润超过6000万元水平的上市公司数量为1736家，较2014年的1556家增加180家；实现归属于母公司股东净利润超过1亿元的上市公司数量为1383家，较2014年的1236家增加147家，增加幅度为11.89%；实现归属于母公司股东净利润超过 10 亿元的上市公司数量为 229 家，较 2014 年的 199 家增加 30 家；实现归属于母公司股东净利润超过 100 亿元的上市公司数量为 44 家，较 2014 年的 35 家增加 9 家。

（二）大宗商品下跌、需求疲弱，传统行业承压深度调整

根据上市公司 2015 年年报数据，按可比口径计算，除教育，批发和零售业，交通运输，仓储和邮政业，科学研究和技术服务业，制造业，电力、热力、燃气及水生产和供应业，综合以及采矿业之外，其他各行业的营业收入均实现了不同程度的增长，如图 2 所示。

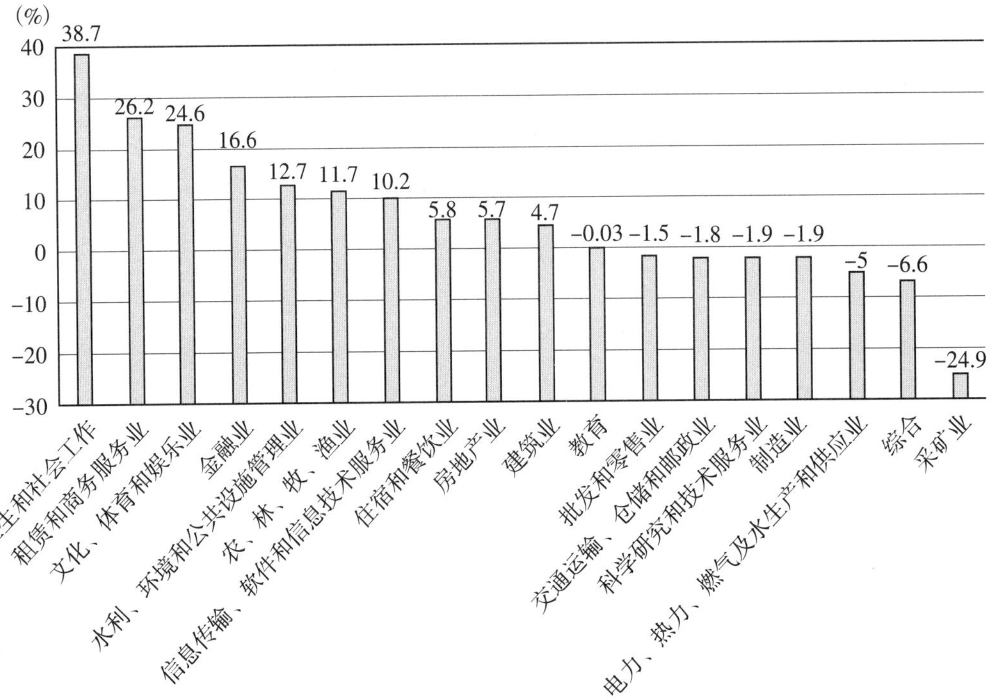

图 2　2015 年上市公司分行业主营业务收入增长率

资料来源：沪深交易所，同花顺。

受经济放缓内外需疲弱影响，2015 年传统行业在向中高端迈进的转型过程中结构性问题更为凸显，年度业绩普遍表现不佳。其中，由于全球大宗商品普跌，采矿业遭受重挫，2015 年营业收入同比下降 24.9%，下降幅度在 18 个门类中最深，归属于母公司股东净利润同比下降 65.22%；钢铁行业与能源行业是我国两大产能过剩严重的领域，由于供给侧结构的不合理与需求的放缓，黑色金属冶炼及压延加工业和电力、热力、燃气及水生产和供应业营业收入同比分别下降 26.58%和 5.03%，黑色金属冶炼及压延加工业的归属于母公司股东净利润由 2014 年的 60.65 亿元降至

2015 年的-571.55 亿元；上游传统行业不景气的传导也拖累了周期性较强的制造业（包括汽车、钢铁、工程机械和船舶等），2015 年制造业业绩增速为负，其中，营业收入同比下降 1.90%，较 2014 年的 4.15%下降了 6.05 个百分点，归属于母公司股东净利润同比下降 14.30%，较 2014 年的 3.02%下降了 17.32 个百分点，如图 3 所示。

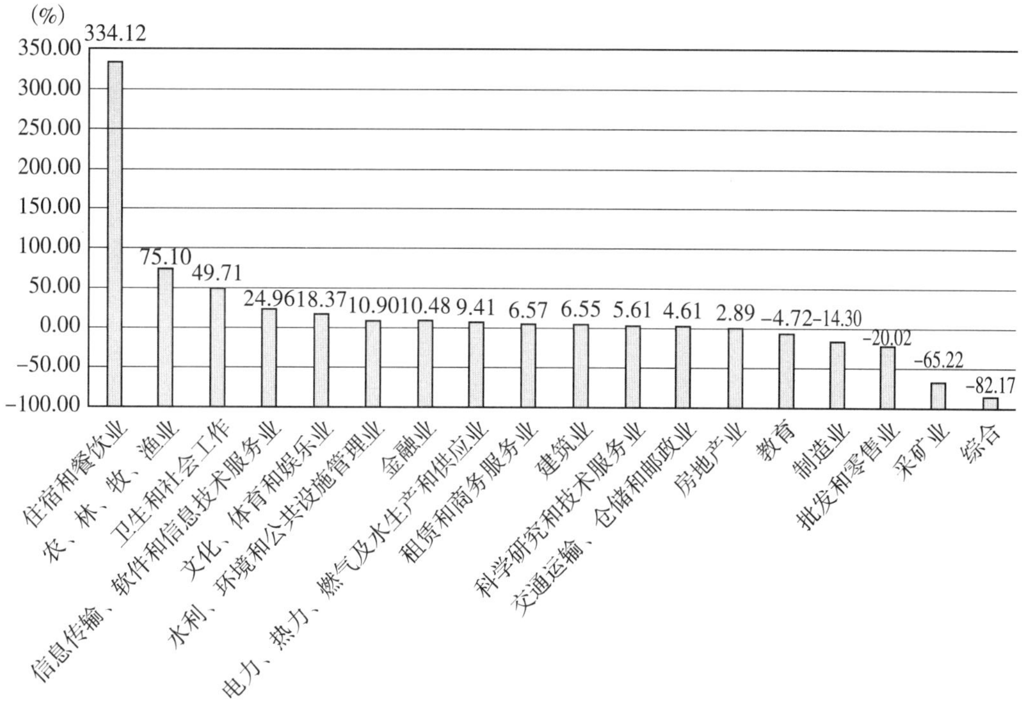

图 3　2015 年上市公司分行业归属于母公司股东净利润增长率

注：住宿和餐饮业前值为负，因而使用前值绝对值计算增长率。
资料来源：沪深交易所，同花顺。

毛利率方面，17 个门类中，10 个门类毛利率同比增长，其中，住宿和餐饮业，采矿业，电力、热力、燃气及水生产和供应业，交通运输、仓储和邮政业，科学研究和技术服务业，卫生和社会工作分别增长 12.31 个百分点、2.88 个百分点、2.85 个百分点、2.62 个百分点、2.42 个百分点、1.01 个百分点，而教育，水利、环境和公共设施管理业，综合，房地产业，信息传输、软件和信息技术服务业分别下降了 1.55 个百分点、1.77 个百分点、2.58 个百分点、3.4 个百分点、4.64 个百分点，如图 4 所示。

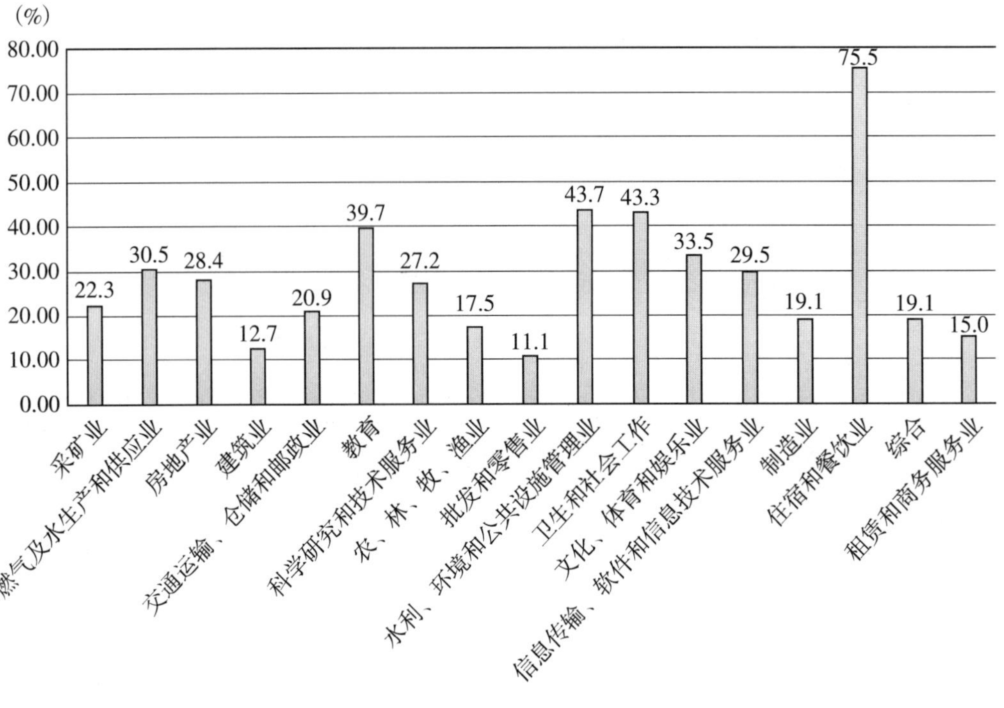

图 4　2015 年上市公司分行业毛利润

注：金融业不以毛利润作为盈利指标，故不在图中列出。
资料来源：沪深交易所，同花顺。

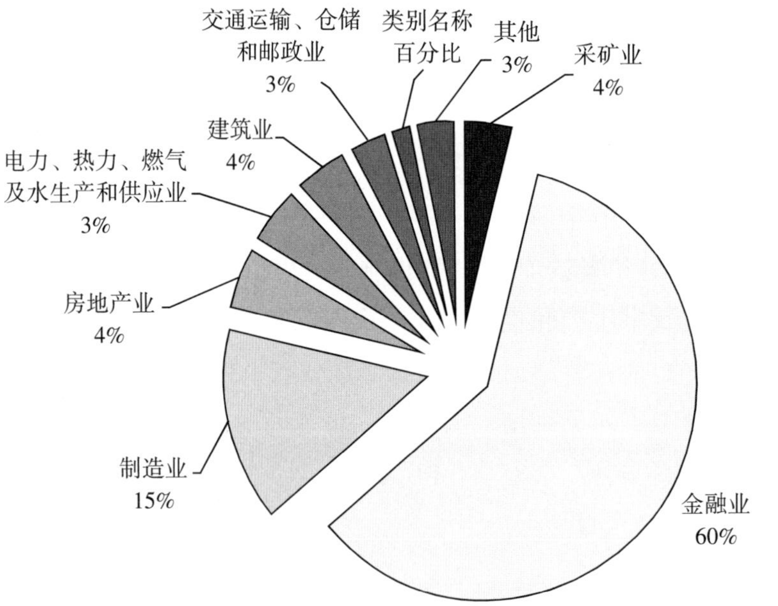

图 5　2015 年上市公司净利润分行业构成

注：图中的其他行业包括租赁和商务服务业，水利、环境和公共设施管理业，农、林、牧、渔业，科学研究和技术服务业，综合，卫生和社会工作，住宿和餐饮业，教育。
资料来源：沪深交易所，同花顺。

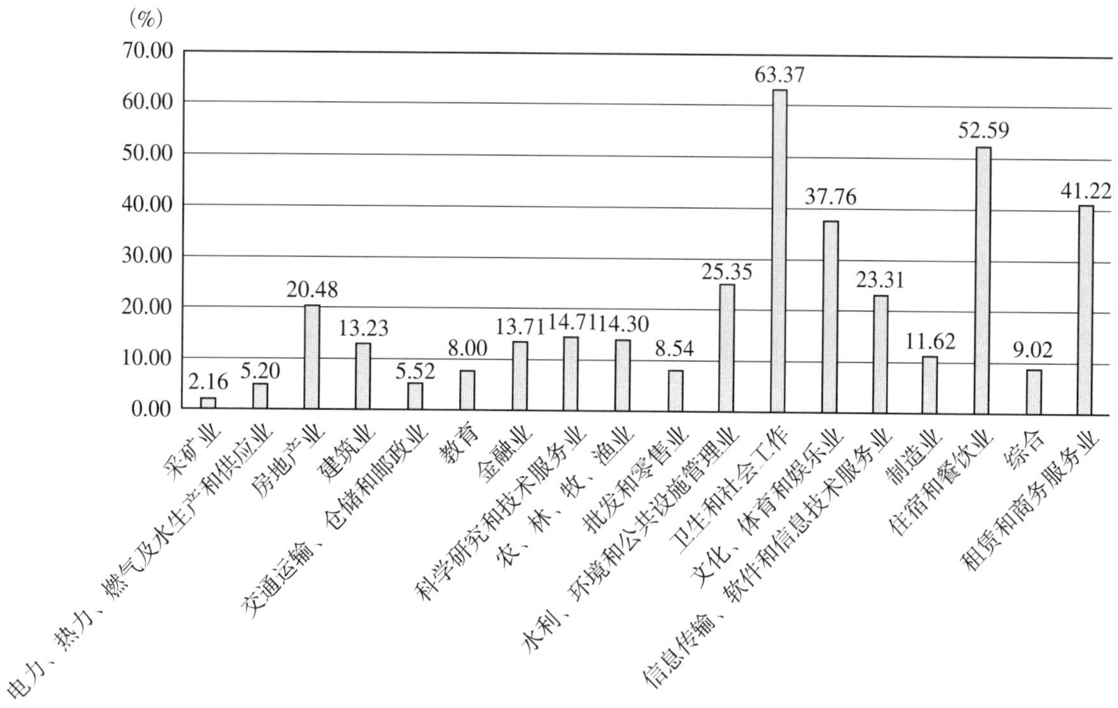

图 6　2015 年上市公司分行业总资产增长率

资料来源：沪深交易所，同花顺。

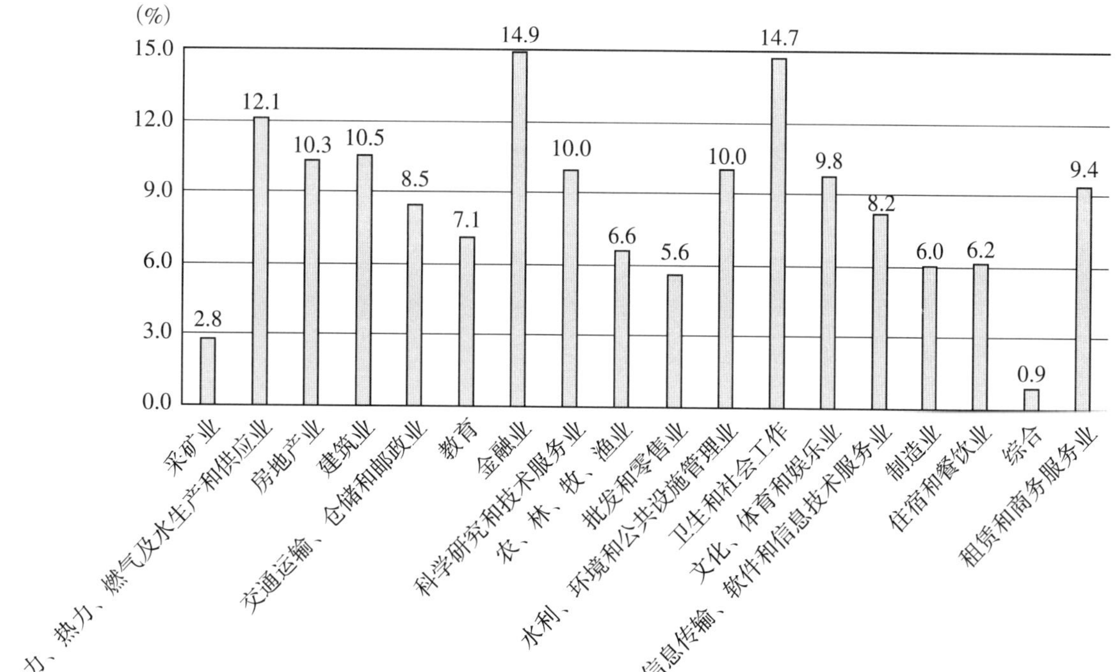

图 7　2015 年上市公司分行业净资产收益率

资料来源：沪深交易所，同花顺。

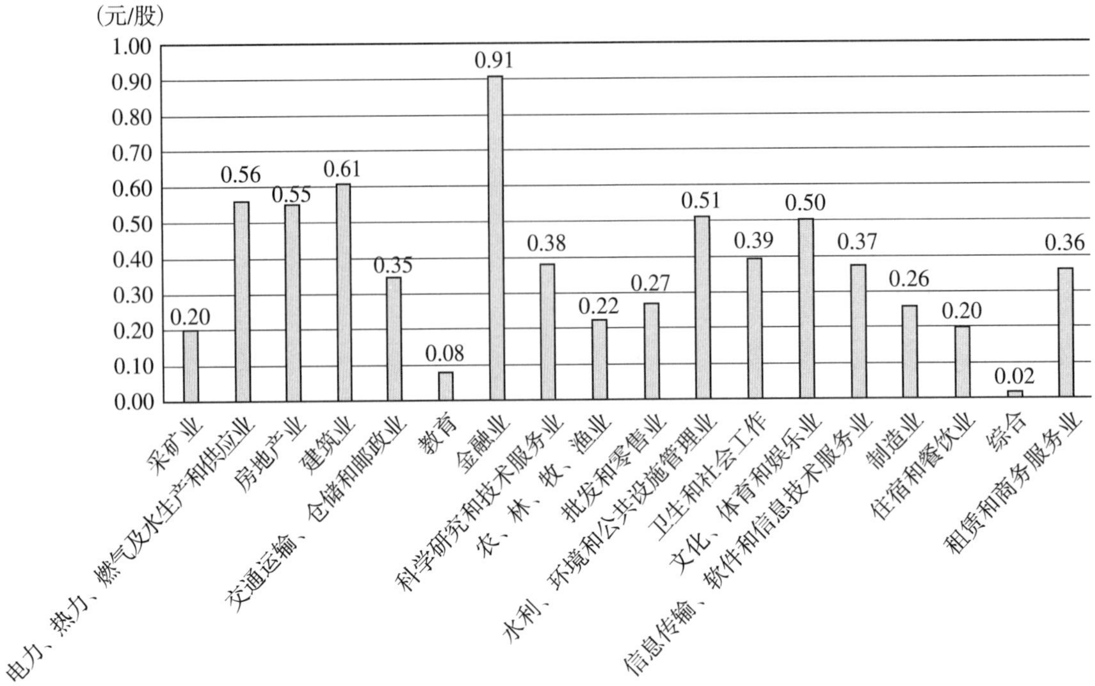

图 8　2015 年上市公司分行业平均每股收益

资料来源：沪深交易所，Wind。

（三）创新创业推动，新兴行业向好

近些年，我国大力推动创新创业，发展新兴战略性产业，以发挥其对经济社会全局和长远发展的重大引领作用。在这一推动下，2015 年上市公司新兴行业得到了快速发展，经营业绩表现突出。

根据上市公司年报数据，2015 年沪深两市共有信息技术行业公司 160 家，营业收入同比增长 10.23%，归属于母公司股东净利润同比增长 24.96%。其中，20 家互联网企业表现更为突出，其营业收入同比增长高达 88.47%，归属于母公司股东净利润同比增长 79.78%。同时医药、零售等行业也在积极引入数字技术，"互联网+"、"云计算"等新业态为更多行业的公司注入新动能。

文化传媒类上市公司作为新兴消费的主要载体，在 2015 年实现了飞速的发展，115 家文化传媒类公司营业收入同比增长 37.80%，净利润同比增长 45.51%；绿色经济类上市公司表现也值得关注，2015 年沪深两市共有 340 家绿色产业上市公司，营业收入同比增长 1.66%。其中，43 家新能源汽车公司的营业收入同比增长 7.18%，净利润同比增长 10.44%。

（四）上市公司经营状况两极分化

根据上市公司年报数据统计，2015 年，占全部上市公司总数 20%的上市公司（盈利居前的 565 家公司）实现营业收入 257196.43 亿元，占所有上市公司营业收入的 87.50%；实现归属于母公司股东净利润 22143.83 亿元，占所有盈利上市公司归属于母公司股东净利润的165.69%，占全部上市公司归属于母公司股东净利润的89.53%。

2015年，所有上市公司中归属于母公司股东净利润排名前10位的分别是工商银行、建设银行、农业银行、中国银行、交通银行、招商银行、中国平安、浦发银行、兴业银行和民生银行。这10家上市公司共实现营业收入37839.95亿元，占全部上市公司营业收入的12.87%；实现归属于母公司股东净利润11820.52亿元，占全部上市公司归属于母公司股东净利润的47.79%。

2015年，我国上市公司盈利能力两极分化的现象依然存在，随着国有企业深化改革，特别是所有制改革后，国有大型资产将会整体上市，资产整合加剧，这一现象将继续持续。我国证券市场上市公司两极分化趋势和国际成熟市场的发展趋势相似，这也说明了随着市场主体结构的变化，资源不断向优质企业集中的趋势越来越明显。

（五）产业结构稳中向好

2015年，我国经济结构继续改善，国内生产总值中服务业占比首次过半，达到50.5%；消费对经济增长贡献率达66.4%。上市公司的经营数据也体现了这一结构性改善，第三产业的规模与效益均超过第一、第二产业。

从规模上看，第三产业总资产比重达83.33%，远超第一、第二产业。从效益上看，第一产业下属的农、林、牧、渔四个部门中，只有牧业部门实现了净利润增长。第二产业中，制造业、建筑业与采矿业营收与净利润均告下滑；电力、燃气及水生产和供应业营收下降，净利润增长10.36%，许多第一、第二产业部门上市公司的营收与净利润也呈现下滑趋势。

2015年，第三产业营收达10.88万亿元，同比增长9.5%，净利润达1.9万亿元，同比增长9.7%。细分来看，计算机服务和软件业营收增长10.23%，归属于母公司股东净利润增长24.96%；金融业营收增长16.69%，归属于母公司股东净利润增长10.48%；房地产业营收增长5.74%，归属于母公司股东净利润增长2.89%；租赁和商务服务业营收增长26.22%，归属于母公司股东净利润增长6.57%；水利、环境和公共设施管理业营收增长12.72%，归属于母公司股东净利润增长10.9%；文化、体育和娱乐业营收增长24.63%，归属于母公司股东净利润增长18.37%；卫生和社会工作行业营收增长38.71%，归属于母公司股东净利润增长49.71%。第三产业上市公司整体业绩呈现出良好的增长势头，产业结构稳中向好。

（六）各地上市公司经营状况呈现地域差异

我国上市公司存在区域发展分化的现象，沿海区域的产业结构更为合理、基础设施更为完善、经营理念更为开放，因而该区域的上市公司在供给侧结构性改革中转型调整速度相对更快，在经济增速放缓中增长态势相对稳定。而与之相对，产业机构单一、基建设施落后、产能过剩集中地区的上市公司，受到的冲击则更为严重。根据上市公司2015年年报，平均每家上市公司营业收入靠前的省市区依次是北京、上海、深圳、厦门和江西，排名靠后的依次是吉林、黑龙江、海南、西藏和宁夏。北京的上市公司平均营业收入达465.82亿元/家，是宁夏上市公司平均营业收入的27.3倍，差距较上年同期有所减小，但仍呈现悬殊的格局（见表7）。我国这种各地上市公司经营成果悬殊的状况与大部分国有大型企业总部设在北京且注册在北京的背景相符。

表7　2015年底全国各省市区上市公司平均营业收入和归属于母公司股东净利润状况

省市区	上市公司数量（家）	营业收入（亿元）	归属于母公司股东净利润（亿元）	平均营业收入（亿元/家）	平均归属于母公司股东净利润（亿元/家）
北京市	265	123442.08	13298.24	465.82	50.18
上海市	224	36248.63	3071.27	161.82	13.71
深圳市	202	23146.92	2520.68	114.59	12.48
厦门市	33	3614.77	43.74	109.54	1.33
江西省	35	3782.2	82.25	108.06	2.35
青岛市	20	1859.81	97.45	92.99	4.87
河北省	53	4587.79	234.03	86.56	4.42
大连市	28	2352.47	80.21	84.02	2.86
山西省	37	3073.45	58.87	83.07	1.59
云南省	30	2452.14	1.59	81.74	0.05
内蒙古自治区	26	1966.74	48.99	75.64	1.88
福建省	66	4579.6	681.44	69.39	10.32
天津市	42	2689.94	115.62	64.05	2.75
青海省	10	603.63	–2.04	60.36	–0.20
湖北省	87	5005.31	161.42	57.53	1.86
广东省	222	12834.64	1132.52	57.81	5.10
安徽省	88	5046.5	148.14	57.35	1.68
重庆市	43	2290.95	170.05	53.28	3.95
山东省	142	7435.36	346.18	52.36	2.44
新疆维吾尔自治区	43	2215.42	156.84	51.52	3.65
贵州省	20	1035.15	193.05	51.76	9.65
四川省	103	5033.4	234.26	48.87	2.27
辽宁省	48	2331.19	–53.9	48.57	–1.12
河南省	73	3133.7	84.84	42.93	1.21
江苏省	276	11454.44	710.19	41.50	2.57

续表

省市区	上市公司数量（家）	营业收入（亿元）	归属于母公司股东净利润（亿元）	平均营业收入（亿元/家）	平均归属于母公司股东净利润（亿元/家）
陕西省	43	1730.68	37.84	40.25	0.88
甘肃省	27	1061	-41.78	39.30	-1.55
浙江省	248	9489.98	607.39	38.27	2.45
湖南省	82	3098.56	90.24	37.79	1.10
宁波市	51	1872.08	189.39	36.71	3.71
广西壮族自治区	35	1221.35	58.32	34.90	1.67
吉林省	40	1328.48	85.77	33.21	2.14
黑龙江省	35	1194.38	55.61	34.13	1.59
海南省	27	824.29	26.78	30.53	0.99
西藏自治区	11	217.87	17.25	19.81	1.57
宁夏回族自治区	12	204.95	-14.15	17.08	-1.18
总　计	2827	294459.85	24728.59	104.16	8.75

我国上市公司的盈利情况也存在区域性差异。2015 年，平均每家上市公司归属于母公司股东净利润靠前的省市区依次是北京、上海、深圳、福建和贵州，排名靠后的依次是云南、青海、辽宁、宁夏和甘肃。与西部经济欠发达地区的上市公司相比，东部的经济发达地区上市公司数量较多且经营业绩更好，我国经济实力东强西弱的整体格局依然不变。

审稿人：宋双杰

撰稿人：葛峻言　李欣越

沪市上市公司2015年年报整体分析报告

一、沪市公司2015年整体经营情况

2015年，在世界经济深度调整、复苏乏力，我国经济增速换挡、结构调整阵痛、新旧动能转换相互交织的复杂情况下，沪市公司整体经营保持在合理区间，结构调整取得积极进展，社会贡献不断加大。

（一）经营运行稳中趋缓，实体经济发展呈压

面对复杂的国际国内经济形势，在经济趋势性、结构性、周期性因素的叠加影响下，我国2015年GDP增长6.9%，与全年的预期目标一致，但经济增速放缓。受此影响，沪市公司整体经营运行稳中趋缓，经营规模和利润均有所下降。沪市公司2015年共实现营业收入22.67万亿元，同比下降3.93%；共实现净利润约2.05万亿元，同比下降2.66%。其中，在国际贸易增速持续下滑、大宗商品价格大幅下跌、产能过剩等多因素挤压下，实体经济（非金融类公司）发展减速，2015年非金融类公司实现营业收入17.32万亿元，同比下降8.57%；实现净利润0.58万亿元，同比下降21.93%。

综观沪市实体经济（非金融类公司）的经营质量，在需求增长趋缓、营业收入增长乏力的影响下，非金融类公司营业成本也出现下滑，同比下降7.53%，但受劳动力成本等刚性因素的约束，下降幅度低于营业收入1个百分点，进而造成实体经济毛利率下滑；与此同时，生产领域的通缩导致企业融资成本上扬，2015年沪市公司支付财务费用约3069亿元，同比增长8.02%。由此可见，降低利息成本、反哺实体经济成为维护经济稳步增长的政策选项之一。此外，值得关注的是，为应对经济增速持续下滑，公司倾向于采取“现金为王”的保守战略，加快了经营现金的回流，经营活动产生的现金流量净额为1.82万亿元，同比上升20.98%。

供给过剩的现实经济环境下，沪市实体经济的资产负债表亟须通过“三去一降”实现修复与改善。据统计，2015年非金融类公司库存商品余额近5万亿元，同比增长4.53%，去库存、去产能的结构性调整的压力仍存；同期，非金融类公司整体资产负债率为61.95%，在经济疲软的情况下，资产负债率水平仍然高企，去杠杆压力仍待化解。

实体经济产能过剩、效益增长趋缓以及地方政府融资平台清理等问题开始向金

融领域传导。2015 年，银行业盈利增速放缓，不良贷款问题开始显现。沪市 14 家上市银行 2015 年合计实现营业收入 3.53 万亿元，合计实现净利润 1.24 万亿元，同比增长 1.58%。在业绩增速放缓的同时，上市银行的不良贷款有所增长，其中，不良贷款率由 2014 年底的 1.22%升至 1.64%；不良贷款拨备覆盖率为 169.25%，有一定幅度的下降。根据已披露的分行业不良贷款结构，化工、机械、金属加工、采矿业等产能过剩行业的不良贷款率均位属前列。

（二）产业结构稳中向好，行业区域分化加剧

2015 年，我国结构性调整取得积极进展，服务业在国内生产总值中的比重上升到 50.5%，首次占据“半壁江山”。消费对经济增长的贡献率达到 66.4%。与此相应，沪市公司结构调整不断优化，第三产业规模与效益较第一、第二产业均实现比较优势。第三产业总资产比重为 88%，远高于第一、第二产业占比。从全年业绩情况来看，第三产业净利润为 1.58 万亿元，同比增长 8%，营业收入为 7.33 万亿元，同比增长 4%，净利润与营业收入的同比增长缓冲了第一、第二产业同比大幅下滑的影响，对稳定经济运行发挥了积极作用。

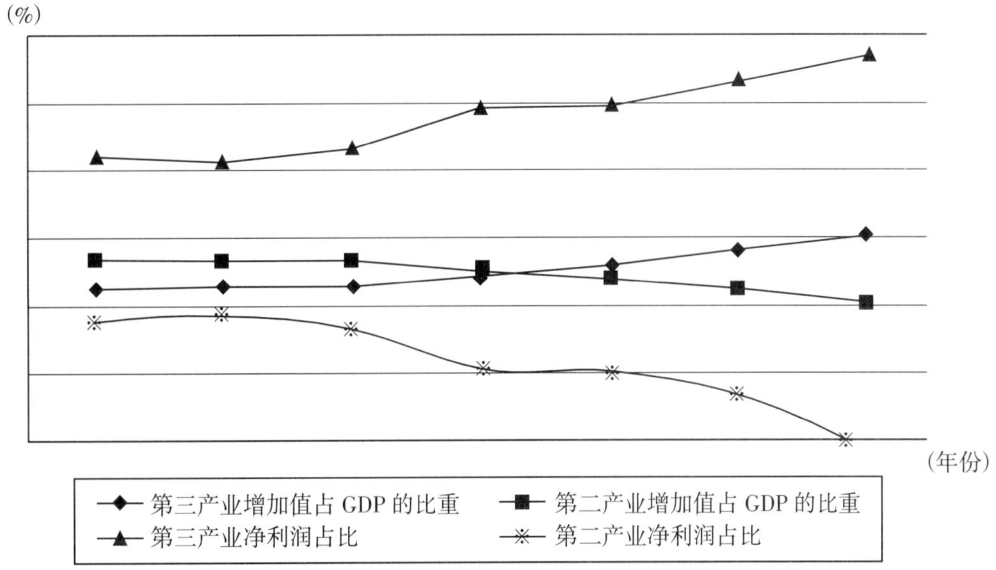

图 1　第二、第三产业近几年业绩情况对照

综观三个产业中的不同行业，低迷与繁荣并存。第一产业农、林、牧、渔业营业收入和净利润持续下滑，下滑速度快于 2014 年同期；第二产业相关上市公司营业收入和净利润也呈现下滑趋势。其中，采矿业、黑色金属冶炼和压延加工业、有色金属冶炼和压延加工业利润增速均出现大幅下降；第三产业则呈现平稳增长态势。其中，批发零售业、住宿餐饮业等传统服务业保持平稳增长，文化体育娱乐业、科

研技术、租赁和商务服务、物流等重点支持产业取得了较快增长。

区域发展分化。一些产业基础好、结构多元化、调整步伐快、开放程度高的地区，经济仍保持稳定发展势头。如广东、江苏等省份的上市公司净利润保持了较快增长，同比增速分别达到了21%和19%。一些产业结构落后单一、产能过剩比较集中的地区，经济下行速度加快。如山西、辽宁等资源型、重化工业大省下行压力较大，区域上市公司净利润同比降低了194%和20%。

（三）社会贡献稳步增长，分红融资双向并举

在经济趋缓的新常态下，沪市公司仍在税收和就业方面对国民经济与社会发展作出了应有的贡献。沪市公司对国家财政税收贡献持续加大，现金流量表反映沪市公司支付的各项税费共计2.26万亿元，同比增长2.55%，较营业收入的增长高出近6.48个百分点，与沪市公司实现的净利润总量相当；就业贡献稳步上升，沪市公司创造了超过1200万个就业岗位，合计支付职工薪酬1.93万亿元，同比增加5.59%，快于营业收入增速。

2015年，沪市公司股市筹资总额8713亿元，公司债券融资总额1.7万亿元，大力支持了公司的结构调整和转型升级。在通过融资实现自身发展的同时，沪市公司也不断通过分红回报投资者。2015年，沪市公司整体分红比例为32.76%，与2014年的32.23%相比基本持平；745家沪市公司推出派现方案，占公司总数的67.97%，同比增加1个百分点；合计派现6729亿元，同比增加1.72%。上证50和上证180依然是分红主力，分别派现4488亿元和5999亿元，占沪市分红总额的66.70%和97.88%。从分行业情况看，金融业的派现力度最大，合计派现4192亿元，占沪市分红总额的62.29%。更为可喜的是，持续稳定高比例分红公司群体正在逐渐形成，近300家公司连续三年分红比例超过30%。

二、沪市公司主要经营特点

2015年，沪市公司经营呈现三大特点：①从行业发展看，产能过剩行业与消费新兴行业之间的走势分化进一步加剧。供给端，传统行业成为制约经济发展的主要问题，但新兴制造培育发展初见端倪。需求端，基本消费和新兴消费双向并举，发挥着基础稳定作用，同时新兴消费需求带来的新业态、新技术的投资成为引领经济发展的新动力。②从权属性质看，在经济爬坡过坎中，产能过剩行业比重较大的国企面临冲击和挑战，降本增效、深化改革将是国企发展的必由之路。③从经营活动看，面对结构性阵痛，沪市公司并购重组快速推进，在促进过剩产业转型升级、国有企业提质增效的同时，也推动着新旧动能的迭代发展。

（一）传统行业深度调整，新型制造稳步发展

2015年，我国经济遭遇不少冲击与挑

战。在国际国内需求放缓的情况下，水平偏低的供给结构性矛盾日益凸显，沪市煤炭、石油、黑色金属及有色金属四大传统行业经营压力较大。

一是受国际大宗商品价格下跌和供大于求的严重影响，四大行业经营出现阶段性困难。据统计，四大行业报告期内共实现营业收入约5.4万亿元，同比下降约25%，实现净利润约273亿元，同比大幅下滑约86%，共43家公司报告期内业绩亏损，2014年同期为17家亏损，亏损规模有一定幅度扩大。

二是在需求疲弱和过去几年产业规模扩张控制失衡的情况下，产能过剩问题严重。受此影响，在行业库存压力和市场需求价格下滑的双重挤压下，四大行业存货减值大幅增加，报告期内共计提存货跌价准备约120亿元，同比增加约33%。

三是传统行业公司杠杆仍处于较高水平，四大行业平均资产负债率达到50.7%。部分行业负债严重高企，黑色金属行业总体资产负债率超过66%，其中，近半数钢铁企业资产负债率超过70%。效益下降影响贷款新增，进而压缩总资产规模，提升融资成本，四大行业2015年总资产约为6.2万亿元，同比下降约0.4%，财务费用765.8亿元，同比增长约7.0%。

在结构性问题日益突出的情势下，供给侧结构性改革成为目前经济发展的必然选择。抓好供给侧改革，就要既做减法，减少无效和低端供给，加快产能过剩行业去产能、去库存的步伐，又要做好加法，扩大有效和中高端供给，使供给和需求协同促进经济发展。值得关注的是，2015年，在产能过剩行业的旧动能发展面临困境时，沪市以新型制造业为代表的中高端新动能供给发展不乏亮点，新旧动能的接续发展崭露头角。

一是部分新型制造经营持续增长，展现经济发展的新动能。如铁路、船舶、航空航天和其他运输设备制造业（以下简称“运输设备制造业”）营业收入达到4214.6亿元，同比增长约45.0%，净利润为125.7亿元，同比增长约13.9%；医药制造行业营业收入为2475.5亿元，同比增长约6.0%，净利润为234.5亿元，同比增长约15.1%。

二是效益提升的同时也促进就业人数的稳步增长，运输设备制造、医药制造等行业就业人数同比增长25%。

三是在政策红利和经济现实发展需求的引导下，新型制造的创新投入不断增长，行业研发支出达212.2亿元，增长约39%，为未来快速发展奠定了基础。

四是受努力摆脱经营困境和创造有效供给的双重需求推动，传统行业积极转型升级、改造升级，逐步涉入高技术或新兴领域，部分工程机械行业、大型装备制造公司通过技术升级，探索向智能机械、机器人领域拓展，寻求新的发展动力。

当然，新型制造产业规模尚小，如铁路设备、医药制造两个行业总资产规模仅为煤炭、石油、黑色金属及有色金属四大行业总资产的14%，短期内尚难抵消产能过剩行业的负面影响。另外，随着供给侧改革的不断推进、产能过剩行业的转型升级、部分公司向中高端制造迈进，将可能形成新的长期成长动能，对经济未来发展起到积极的促进作用。

（二）新兴消费快速发展，新兴动能加快集聚

2015年，我国消费崭露头角，对经济增长的贡献率达到66.4%。与此相应，在沪市产能过剩行业发展降速的情况下，以文化、旅游等为代表的新兴消费行业的发展成为结构性亮点。

一是受人均可支配收入不断增长的推动，生活性相关的基本消费行业仍发挥着基础稳增长作用，如房地产、汽车、食品、酒等消费行业实现营业收入1.95万亿元，同比增长4.81 %，净利润0.13万亿元，同比增长3.23%。

二是随着新生代消费力量成长，消费观念出现明显转变，受此影响，旅游、酒店等新兴消费行业出现快速增长，实现营业收入171亿元，同比增长11.48%，实现净利润21.07亿元，同比增长27.6%，均远高于沪市平均增长水平；同时，新生代个体意识的崛起、互联网技术的广泛应用催化文化娱乐消费的强劲发展势头，文化传媒行业实现营业收入682.95亿元，同比增长20%。

值得关注的是，消费的升级趋势激发了沪市公司对新业态、新模式、新技术的投资需求，在当前我国传统动能由强变弱、新旧动能接续发展的关键时期，成为加快发展经济的“新引擎”。

一是报告期内，沪市新兴消费行业社会投资力度上升，吸引力不断积聚，文化、旅游总资产规模达到1348.14亿元，同比增长27.66%。

二是以互联网技术为特征的新兴经营业态，成为新兴技术产业的发展新趋势。报告期内，沪市公司通过与互联网深度融合，不断加大对新兴技术的投入，提升公司的整体竞争水平。例如，部分零售商积极介入网商平台，医药公司尝试与医疗数据云服务平台合作，高技术产业公司发展智慧城市业务等。据统计，沪市公司涉及“互联网+”、“大数据”、“云计算”等新业态、新技术的公司约150余家。

三是新兴消费的升级推动实体商业创新转型同时，也带动了上下游行业的快速扩张。特别是消费业的线上线下互动，进一步强化了对商品快捷便利的配送要求，从而促进了快递业的高速发展。为此，包括圆通快递在内的相关公司，都积极寻求通过借壳或IPO等方式实现公司的扩张发展。

因此，在产能过剩行业供给侧改革持续推进的同时，新兴消费的稳步发展，新兴技术及关联行业的投资需求，促进了供给与需求的有效对接，进而形成对经济稳定发展的持久的内需支撑。

（三）国有企业稳中趋缓，经营活力有待挖掘

国有企业作为国民经济的主力军，其发展的质量对我国经济的转型升级产生重要影响。从体量来看，沪市国企占据主导地位。报告期内，沪市1094家上市公司

中，国有公司（包括金融类）数量622家，占比56.86%。经营占比上，沪市国企也占据了主导地位。2015年，沪市国企共计实现营业收入约20万亿元，占沪市整体比例90%；实现净利润约1.9万亿元，占比93%。但在多重因素的影响下，国有企业发展速度趋缓。

一是沪市国企业绩出现下滑，民企仍保持增长态势。除金融行业外，沪市国企主要分布在采掘、电力、交通运输、汽车、钢铁等传统制造业，受行业周期影响，2015年国企业绩出现负增长，营业收入和净利润分别同比下降1%和2%，分别较2014年回落6个百分点和7个百分点。相比之下，虽然民企业绩增速也有所放缓，但仍实现了12%的营业收入和4%的净利润增长幅度。

二是各行业国企业绩分化明显。受各行业发展状况和产业结构特点的影响，汽车、交通运输和电力行业国企净利润实现正增长。其中，汽车行业增速最高，达到8%，但仍低于民企11%的增长幅度。此外，只有汽车和医药行业国企实现营业收入和净利润的双增，业绩呈稳定增长趋势。而钢铁、有色金属和采掘等行业实现利润同比降幅较大。

三是探索股权混合所有制的力度有待挖掘。落实股权激励和员工持股计划，有利于提高管理层和员工的积极性，激发国企经营活力。从2015年推出股权激励和员工持股计划方案的情况来看，国企家数仍然较少。截至2015年12月底，沪市公布股权激励方案的国企仅10家，占比17.8%；推出员工持股计划的国企仅19家，占比19.8%。

但是，值得关注的是，2015年，在电力、电信、交通、石油、天然气、市政公用等部分国有企业高度垄断的行业，国家正渐次放开市场准入，消除各种隐性壁垒，鼓励民营企业扩大投资，推动国有经济与私营经济在更加广泛领域的融合发展。

此外，2015年，共计14家央企已经完成重组，有效地实现了核心资源的整合和经营效率的提高。2016年，在国家大力推进国有企业改革的预期下，通过中央企业提质增效、创新发展一批、重组整合一批、清理退出一批的综合实策，国企核心竞争力将不断增强，经济活力将不断显现。

（四）并购重组蓬勃发展，助推效应初见端倪

2015年，经济的持续下滑提升了传统产业转型升级、国有企业提质增效的迫切需求，同时在稳增长的政策导向下，新技术、新业态、新产业的投资成为经济发展新动力的必然选择。由此，作为公司转型升级、投资整合的重要手段之一，沪市公司的并购重组实现数量规模双增的总体态势。全年共完成并购重组863家次，交易总金额1.04万亿元，两者同比均增长50%以上。92家公司完成重大资产重组，同比增加129.9%；涉及交易金额4351亿元，同比增加225.4%。合计增加市值1.8万亿元。同时，实施重大资产重组的沪市公司，盈利能力也得到了较为明显的提升。2015年，完成重组的92家公司共实现营业收入

14951亿元，同比增长123%；实现净利润611亿元，同比增长185%。与往年相比，2015年沪市并购重组与宏观经济改革更为合拍。

一是去产能调结构贯穿始终。传统型、过剩型产业的上市公司，通过并购重组，实现去产能、去库存、去杠杆，并利用融资平台效应，找到新的增长点和增长极。据统计，共有250余家涉及房地产、煤炭、铁矿石开采、水泥、钢铁等产能过剩行业上市公司通过资产出售，剥离了处于亏损状态的资产，合计交易金额近1600亿元。

二是发力新技术新产业，对实体经济的服务功能更为直接。2015年，有40余家沪市公司的并购标的涉及计算机、高端设备制造等高新技术产业和类金融、体育、动漫行业等新模式行业。同时，有10余家沪市公司通过重组实现与“互联网+”的深度融合。沪市公司过对新技术和新产品的外延式并购，利用资本市场融资功能哺育新兴产业，从而形成新的发展动力。

三是推进国有资本的优化重组。2015年，沪市共有近70家中央和地方国企披露重大资产重组预案，一方面通过优质国资的强强联合，更好发挥规模效应，提升所在领域的全球竞争力，如双钱股份、钢构工程均实现优质核心资产的整合；另一方面通过同行业资产的重新组合，优化行业分工，如中远、中海系航运资产重组。

三、保持股市健康发展的相关政策建议

2016年4月召开的中共中央政治局会议强调，要保持股市健康发展，充分发挥市场机制调节作用，加强基础制度建设，加强市场监管，保护投资者权益。沪市公司作为国民经济建设的中流砥柱，也应当将企业自身发展与国家经济战略部署紧密结合，在积极推进供给侧改革、培育和激发新动能等方面发挥表率和主力作用。从2015年年报来看，实体经济正处在结构转变、阶段更替、动力切换和风险缓释的关键时期，新兴产业动能加速集聚，结构调整也取得了积极进展。保持资本市场的稳定有序和健康发展，是个长期性、全局性工作，当前一段时间内，需要着力强化如下三个方面：

一是保证国家经济发展政策与资本市场的有效对接。2015年以来，围绕“供给侧改革”、“三去一降一补”、出清“僵尸企业”等经济发展关键环节，国家出台了一系列政策措施。从资本市场的角度，去产能、去库存也是上市公司面临的阶段性压力。传统行业集中的沪市上市公司尤其如此。因此，在制度安排上，首先，要做好政策对接，使资本市场具体制度安排符合经济转型政策导向，确保国家宏观经济政策的落实到位。其次，在监管理念方面，上市公司的发展运作关系到广大投资者利益和证券市场稳定，对产能过剩行业的上市公司，不宜采取“一刀切”的退出方式，

建议按照鼓励并购重组、强化风险揭示和市场约束的思路，推动产能过剩公司转型升级。

二是继续完善上市公司并购重组相关制度。并购重组是资本市场助力实体经济化解过剩产能、实现转型升级的重要途径。在过去的一年中，沪市并购重组数量和规模不断上升，多家公司通过并购重组出清落后产能，培育和注入新技术、新产业和新业态，完成了新旧动能接续转换。但同时，并购重组中部分带有普遍性的现象和问题需予以关注和警惕。例如，重组标的“高溢价、高估值”、标的资产业绩承诺难以实现、随意变更前期重组业绩补偿承诺、交易方案涉嫌规避借壳行为等。这些问题在一定程度上容易扭曲市场的定价功能，降低市场的资源配置能力，助长股价投机炒作。对此，需要进一步做好并购重组市场化改革相关工作，一方面，继续支持上市公司通过并购重组实现转型升级和结构调整；另一方面，积极推动完善相关制度和机制安排，强化重组业绩承诺的刚性约束，进一步发挥中介机构在重组定价中的把关功能。

三是以更好地保护投资者为目标，强化信披监管。长期以来，A股市场投机氛围浓厚，各类题材炒作层出不穷，股票价格与公司内在价值存在一定的背离，影响了资本市场资源优化配置等基础功能的发挥。在上市公司经营景气度分化进一步加大的背景下，强化市场监管，向市场充分揭示其价值和风险等重要信息，有利于正本清源，保护投资者的合法权益。2016年，上交所将在进一步深化分行业监管、不断满足投资者对信息披露精细化需求的基础上，同步强化分类监管。其中，将继续对披露热点题材、股价波动大的上市公司，对存在夸大性、广告性、模糊性、误导性信息的股价敏感类公告，精准发力，实施“刨根问底”式综合监管，向投资者揭示热点题材的内容实质和潜在风险，严格查处利用热点题材炒作股价的违法违规行为，最大限度地保护中小投资者的合法权益。

上海证券交易所年报分析课题小组

沪市上市公司2015年年报会计问题分析报告

信息披露是投资者了解上市公司的主要渠道，也是公司与投资者沟通以实现投融资功能的重要基础。作为信息披露中的重要组成部分，真实公允的财务信息披露有利于保护投资者利益，优化资本市场资源配置，增强市场透明度，进而推动资本市场健康发展。近年来，在国际财务报告准则持续进行重大变革、我国会计准则国际趋同大步推进、国内创新业务和商业模式日趋复杂多变的背景下，财务报告信息越来越差异化、复杂化，对财务报告编制和披露的要求也越来越高。综观2015年财务信息披露，除会计政策变更有所增加，上市公司会计估计和会计差错的数量均有所下降，反映出公司会计处理能力、会计信息披露质量在逐渐提升。本报告全面分析2015年年报财务报告反映的会计差错、会计估计、会计政策变更、A+H股公司境内外报表差异、政府补助等情况，归纳总结实务中存在的重大会计处理问题，并在此基础上，探讨提升财务信息披露质量，推动资本市场健康发展的建议。

一、会计处理基本情况

自2015年以来，在经济结构转型调整、并购重组迭创新高、创新业务层出不穷的背景下，财务报告作为公司经营和财务状况的反映，相关会计处理也日趋复杂。与此同时，在中央深化改革及国际趋同需要的大背景下，近两年企业会计准则改革步伐明显加快。但值得称道的是，在经济和政策环境的双重压力下，从会计政策执行力度、会计差错等方面看，沪市公司会计处理能力有所上升，财务信息披露质量逐步提高。

一是会计政策执行良好。2015年共有24家公司进行了会计政策变更，占全部公司的2.19%。其中，9家公司因执行2015年11月4日制定发布的《企业会计准则解释第7号》而实施会计政策变更。剔除执行2015年新会计准则的影响，沪市公司有15家公司实施了会计政策变更，与2014年相比数量有所上升。

二是会计估计变更有所下降。2015年共有80家公司进行了会计估计变更，占全部1094家公司的7.31%。变更家数较2014年减少5家且占比降低。这是因为2014年受税法新规的影响，大部分公司在当年就变更了固定资产分类和折旧年限相关的会计估计，导致2014年会计估计变更的公司数量较高。

三是会计差错更正与前期持平。2015年共有22家公司进行了会计差错更正，占全部1094家公司的2.01%。变更家数和占比分别较2014年减少4家、下降0.49个百分点。会计差错涉及的公司家数相对于2014年略有减少，但仍处于近几年的平均水平，侧面反映报表编制者会计处理能力仍需提升，公司财务信息质量有待加强。

四是A+H境内外准则差异数量趋于稳定。2015年共有19家公司披露了境内外准则差异事项，占70家沪市A+H股公司的27%，与2014年的占比持平，境内外准则差异的内容与往年基本相同，主要系以前年度遗留的差异事项。自香港联交所于2010年准许在港上市的内地企业（H股）采用内地会计准则编制其财务报表后，除几类主要遗留事项以及准则层面的差异以外，大部分A+H公司境内外报表差异已经被消除，大部分遗留事项将随着时间的推移逐步消除。

五是政府补助金额持续增长。在行业性产能过剩问题逐渐凸显的背景下，大部分公司存在因处置停产资产、搬拆迁而获得政府补助的情形，受此影响，2015年计入非经常性损益的政府补助合计767亿元，较2014年增加约186亿元，增幅约为32%，占归属于母公司股东净利润的比例达到3.73%，创近三年的新高。

二、会计处理主要问题

面临日趋复杂的外部环境，原则导向的会计准则涉及大量职业判断，准则执行中的实务问题更加复杂多变，同时部分公司存在脱困境、保盈利的压力和动机，沪市上市公司的会计处理仍存在一些值得关注的问题。

（一）会计政策变更问题

2015年，沪市上市公司会计政策的变更有诸多原因（见表1），但在会计政策变更执行中仍存在一些问题需要注意。

表1　2015年会计政策变更情况

变更类型		家数（家）	变更公司名单
执行新政策导致会计政策变更	《企业会计准则解释第7号》	9	东睦股份、大东方、华胜天成、九州通、隆基股份、恒立液压、骆驼股份、明泰铝业、贵人鸟
其他会计政策变更	投资性房地产后续计量方法从成本模式到公允价值模式	1	云南城投
	存货核算方法	2	新华百货、庞大集团
	合并的会计处理	2	中恒集团、新奥股份
	可供出售金融资产减值	1	健康元
	收入的确认	2	江淮汽车、四川长虹
	坏账计提准备	5	哈高科、国中水务、新赛股份、文投控股、中闽能源
	调整经营分部报告口径	1	白云山
	研发支出、在建工程	1	延长化建
	合计	24	

一是会计政策变更的恰当性值得关注。例如，当综合相关因素判断可供出售权益工具投资公允价值下跌是严重或非暂时性下跌时，表明该可供出售权益工具投资发生减值。其中，某公司对“严重或非暂时性下跌”的判断依据进行了变更，由原来的公允价值下跌幅度累计超过20%或公允价值连续下跌时间超过12个月变更为根据公允价值低于成本的程度或期间长短，并全面结合其他多种因素进行判断。对这一变更是否谨慎，会否造成可供出售金融资产减值的随意性，能否恰当反映真实情况，值得推敲和关注。

二是会计政策变更披露的充分性不足。为了使会计信息具有可比性，会计政策不得随意变更。除法律、行政法规或者国家统一会计制度等要求变更外，仅在有能更加客观公正地反映公司财务状况和经营成果，提供更可靠、更准确的会计信息时，才可以进行会计政策变更。因此，自主变更会计政策应当充分说明其性质、内容和原因，并披露相关科目的影响金额。例如，某公司对存货的计价方法由“先进先出法”变更为“移动加权平均法”，也有公司将存货的发出计价方法由“加权平均法”变更为“个别计价法”，但对该项会计政策变更是否能提供更可靠信息的原因披露停留于较为笼统的表述，欠缺具体的说明。

（二）会计估计变更问题

2015年，会计估计变更主要涉及固定资产折旧、坏账准备计提、无形资产摊销等方面的内容（见表2）。会计估计变更家数少于2014年，但在对公司的利润影响和估计变更适用时点上仍存在值得关注的问题。

表2　　2015年会计估计变更情况

变更类型	家数（家）	变更公司名单
固定资产折旧年限调整	20	中信重工、庞大集团、大同煤业、开滦股份、国投中鲁、*ST星湖、兰花科创、上海临港、新钢股份、弘业股份、益佰制药、西部资源、*ST八钢、中闽能源、抚顺特钢、仰帆控股、*ST金瑞、亿利洁能、嘉化能源、黄山旅游
固定资产折旧方法调整	18	联明股份、中国核电、*ST新集、光大证券、中国电建、中国铁建、中国西电、杭钢股份、文山电力、王府井、隧道股份、五洲交通、山东高速、羚锐制药、华联矿业、赣粤高速、雅戈尔、S佳通
坏账计提比例调整	15	太原重工、杭齿前进、陕西黑猫、隆基股份、开滦股份、莲花健康、文投控股、东方明珠、益佰制药、康恩贝、西部资源、时代出版、*ST星马、弘业股份、嘉化能源
坏账计提方法调整	13	光大证券、明星电缆、大连控股、钢构工程、东风科技、禾嘉股份、皖江物流、华纺股份、建设机械、江淮汽车、申华控股、西藏天路、云南城投
无形资产摊销方法调整	6	中国铁建、四川成渝、中航动力、盛屯矿业、均胜电子、京能电力
融资融券业务计提减值准备	4	太平洋、国投安信、中航资本、西南证券

续表

变更类型	家数（家）	变更公司名单
安全费用、维简费、质量索赔、预计担保损失计提标准调整	4	金龙汽车、长春一东、华联矿业、金钼股份
调整职工教育经费、住房公积金、年金等的计提比例	3	平煤股份、中国一重、北方导航
保险准备金变动	1	中国太保
其他	4	川投能源、深高速、上海建工、万华化学
合计（同一家公司不重复计算）	88	

一是对部分公司利润影响较大。2015年会计估计变更的原因与2014年基本一致，主要集中于固定资产折旧年限和坏账准备计提比例等方面。在披露了财务影响的80家公司中，19家公司对2015年归属于母公司股东净利润的影响达到了10%以上。其中，有8家公司对净利润影响达到了100%以上，表明会计估计变更已影响到公司的净利润盈亏变化，存在盈余管理的倾向。

二是部分公司估计变更的适用日期不当。根据中国证监会会计部《上市公司执行企业会计准则监管问题解答》(2011年第2期)，“会计估计变更应自估计变更被正式批准后生效，为方便实务操作，新会计估计最早可以自最近一期尚未公布的定期报告开始使用，原则上不能追溯到更早会计期间”。有3家公司的会计估计变更适用时点早于上述规定的最早时点，违背了会计估计变更应采用未来适用法的基本原则。上述3家公司随后都进行了更正，调整了适用时点。

（三）会计差错更正问题

大部分公司能够根据前期会计差错的客观情况进行会计差错更正，有助于财务报表使用者更好地对企业财务状况、经营成果和现金流量做出正确判断。但少数公司对会计差错的认定和处理存在较为突出的问题：一是对会计差错更正的判断和处理不准确；二是存在公司滥用会计差错更正的情形；三是大部分的会计差错是监管部门等外部机构发现的，公司自查及会计师审计发现的会计差错线索较少。上述问题侧面反映出，审计机构的执业素养甚至职业道德尚有待提升。

一是部分公司未能严格区分会计估计变更和前期差错更正。《企业会计准则第28号——会计政策、会计估计变更和差错更正》第十一条已经明确了前期会计差错的认定条件，并列举了常见的会计差错类型。企业应当严格区分会计估计变更和前期差错更正，对于前期根据当时的信息、假设等作了合理估计，在当期按照新的信息、假设等需要对前期估计金额作出变更的，应当作为会计估计变更处理，不应作为前期差错更正处理。例如，公司在前期报表中按25%计提了应交企业所得税，随后公司取得了税务机关高新技术企业认定减免税资料备案批准，公司按照经批准的所得税计缴标准，追溯调整了前期应缴的企业所得税，并就上述所得税的税率差异进行了会计差错更正并追溯调整。根据会计准则相关规定，公司上述应纳所得税的调整应按照会计估计变更处理，而不是作为会计差错进行追溯调整。

二是不同主体发现的会计差错类型有所侧重。在进行会计差错更正的23家公司中（见表3），主要包括税收的预计与税收优惠的调整、收入成本费用的确认、对联营企业股权投资会计处理差错的确认、在建工程结转固定资产时间错误等。其中有6家系监管部门现场检查发现，主要差错类型为资产确认时点错误、部分会计科目核算列报不准确；税务部分检查也是发现前期差错的主要途径之一，但主要涉及税收优惠确认及补缴税金问题；审计师发现及公司自查发现的会计差错部分未明确发现差错的主体，2家公司明确由审计师发现的前期差错主要涉及非常规业务的处理及具体政策的界定，即主要集中于较为专业的技术问题；公司自查并进行差错更正的主要问题涉及对联营企业股权投资的处理。

表3 2015年会计差错情况

更正原因	家数（家）	更正公司名单
税收调整	7	南山铝业、桂东电力、金瑞矿业、*ST新梅、华联矿业、中信重工、凌云B股
收入、成本、费用的确认	12	中昌海运、*ST新梅、桂东电力、宏图高科、*ST新亿、重庆港九、长春燃气、鹏欣资源、皖江物流、大连热电、神马股份、秋林集团
联营合营参股企业会计差错	3	中原高速、宏达股份、美都能源
会计科目重分类调整	2	南宁百货、盛屯矿业
合计（上述合计已经剔除同时存在两种及以上变更的情形）	23	

三是部分公司会计差错更正事项可能存在信息披露违规或盈余管理动机。会计差错影响数占调整年份的归属于母公司股东净资产、归属于母公司股东净利润、总资产、营业收入四项指标中任何一项10%以上的公司共计12家，均达到上市规则的信息披露标准。考虑产生差错的主观或客观影响因素，存在会计差错的公司可能违反了信息披露真实性、准确性、完整性的规定。同时，在公司经营业绩压力加大的情况下，部分公司甚至显现出利用差错更正进行盈余管理的端倪。如公司自查并进行差错更正的股权投资会计处理事项中，差错更正的结果均是确认存在重大影响而将对金融企业的投资由成本法改为权益法核算，从而确认相关投资收益。

（四）A+H境内外准则差异问题

随着内地企业会计准则与国际财务报告准则的持续趋同，以及在港上市的内地企业（H股）可采用内地会计准则编制其财务报表后，A+H上市公司已基本不会产生新的境内外准则差异。沪市70家A+H上市公司中，已有51家在2015年年报中披露不存在境内外准则差异，剩余19家公司存在的境内外准则差异主要分为以下两类：

一是由于境内外会计准则尚未完全趋同造成的差异。目前，我国企业会计准则与国际财务报告准则尚未一致的规定包括同一控制下的企业合并的会计处理和长期资产减值准备转回两个方面。同一控制下的企业合并，被合并方的资产和负债以在合并日被合并方的账面价值计量；公司取得的净资产账面价值与支付的合并对价的差额，调整资本公积。而根据国际财务报告准则，被购买方按公允价值确认在购买日的各项可辨认资产、负债及或有负债；购买方的合并成本大于被购买方在购买日可辨认净资产公允价值份额的差额，确认为商誉。2015年年报中，华能国际、华电国际、南方航空、兖州煤业等公司由于前期发生同一控制下企业合并，因此产生了境内外准则差异。同时，根据财政部于2006年2月15日颁布的《企业会计准则第8号——资产减值》，资产减值损失一经确认，在以后会计期间不得转回；国际财务报告准则下，以前期间确认的除了商誉以外的资产减值损失可以转回，如福耀玻璃就存在由于长期资产减值准备转回而产生的会计处理差异。这两项差异都将随着相关资产的折旧摊销和处置而逐步减少并最终消除。

二是实务中的执行差异。由于国内外经济政策和环境的不同，境内外准则对于同一事项的会计处理有不同的要求。例如，维简费、安全生产费及煤矿行业专项基金的处理，根据我国现行企业会计准则，高危行业应根据开采量计提安全生产费及维简费，计入生产成本并在所有者权益中的专项储备单独反映。使用专项储备时，费用性质的支出发生时直接冲减专项储备，资本性支出完工时转入固定资产，同时按固定资产成本冲减专项储备，并全额确认累计折旧。而在国际财务报告准则下，对已计提但未使用的安全生产费以及维简费应予以冲回，相关费用于发生时确认，相关资本性支出于发生时确认为固定资产，并计提折旧。

2015年，披露该项差异的上市公司主要是煤矿、石油、交运行业的公司，例如，中国神华、兖州煤业、中煤能源、上海石化、石化油服、四川成渝、中国交建、中海集运、中海发展等。

又如因政府补助产生的境内外准则差异，根据我国企业会计准则，按照国家相关文件规定作为资本公积处理的政府补助应计入资本公积。而国际财务报告准则下企业仍需根据交易实质判断，根据规定作为资本公积但实际并未增加政府投资的，仍应按照政府补助准则进行处理。华电国际、南方航空、上海石化、石化油服等

2015年年报披露中存在该项差异。

此外，境内外准则对外币借款汇兑差额的会计处理存在不同。根据企业会计准则，外币专项借款本金及利息的汇兑差额，应当予以资本化，计入符合资本化条件的资产的成本。根据国际财务报告准则，除了作为利息费用调整的外币借款产生的汇兑差额部分可予以资本化外，其他均计入当期损益。南方航空的年报中披露了该项差异。

（五）政府补助问题

上市公司取得的政府补助的形式多样，如经营性补贴、搬迁补偿款、产业结构升级补偿款、税收返还等。由于政府补助的会计准则规定较为原则化，实务中上市公司对政府补助会计准则的理解和把握不完全一致，部分政府补助的会计处理值得探讨。

一是收到政府拨给的搬迁补偿款有关会计处理。近年来，由于我国城镇化步伐的加快以及环保治理的落实，越来越多的上市公司因停产或搬迁而收到政府大额的补偿款。按照《企业会计准则解释第3号》的规定，如果企业收到的搬迁补偿满足“因公共利益进行搬迁”和“补偿款由政府从财政预算直接拨付”两个条件，则应当将收到的政府补偿款作为专项应付款核算。之后，在搬迁和重建过程中，发生的固定资产和无形资产损失、有关费用性支出、停工损失及搬迁后拟新建资产进行补偿的，应自专项应付款转入递延收益。企业取得的搬迁补偿款扣除上述转入递延收益后如有结余，作为资本公积处理。

然而，实务中，多数动拆迁都是采用市场化方式进行的。典型的操作模式是：政府使用财政资金设立项目公司作为建设单位，该项目公司再委托专门的动拆迁公司进行操作，拆迁补偿款则由上述专门公司转付给上市公司。在这种情况下，由于补偿款并非直接由政府支付，上市公司往往对该款项是否应当按照上述规定进行处理产生分歧。

二是与资产相关还是与收益相关的政府补助问题。依据我国现行企业会计准则，“与资产相关的政府补助，是指企业取得的用于购建或以其他方式形成长期资产的政府补助；与收益相关的政府补助，是指除与资产相关的政府补助之外的政府补助”。然而，由于政府补助的形式千变万化、名目品种繁多，上市公司对政府补助是与资产相关还是与收益相关只能自行判断和分类，具有一定的主观性，因此也导致存在对同一类型政府补助判断不一致的情况。

三是政府补助与交易的区分问题。根据准则，政府补助具有无偿性的特点，即企业不需要以提供服务、转让资产等方式偿还。实务中，部分公司在进行房屋拆迁时，会与政府签订相关的补偿协议，补偿金额是在被拆搬迁的房屋、资产市场评估均价的基础上确定的，公司为获得该补偿，需完成搬迁等义务，否则需承担违约责任。由此看来，上述补偿款并不是无偿性的，更像是具有双向、互惠特征的交易行为，而非政府补助。应当作为一项交易行为，履行相关的董事会或股东大会决策程序后，才能予以确认，而有的公司并未履行决策程序，取得补偿款时直接确认为当期收益。

（六）其他会计问题

实务中，除了上述由于会计估计变更、会计政策变更以及会计差错等特殊事项引发的会计问题之外，还存在一些值得关注的会计处理问题。

一是向关联方处置资产的公允性。上市公司向控股股东转让资产是关联交易中比较突出的一类问题，尤其是上市公司面临经营业绩压力时，为满足监管规则对财务指标的要求，上市公司存在通过资产处置确认收益的冲动，其中部分交易存在显失公允的问题。例如，某上市公司控股子公司2015年前三季度大额亏损，账面净资产为负，上市公司持有的该子公司股权评估值也为负。上市公司将该股权出售给控股股东，交易价格为1元。通过该资产处置交易，上市公司合并报表层面不仅可以剥离已确认的该子公司经营亏损，同时还会形成一笔资产处置收益。

根据监管问答，上市公司的控股股东、控股股东控制的其他关联方、上市公司的实质控制人对上市公司进行直接或间接的捐赠、债务豁免等单方面的利益输送行为，是基于双方的特殊身份才得以发生的，且使得上市公司明显地、单方面地从中获益，因此，监管中应认定为其经济实质具有资本投入性质，形成的利得应计入所有者权益。同时，2009年年度报告工作公告进一步明确，上市公司的控股股东、控股股东控制的其他关联方、上市公司的实质控制人等与上市公司之间发生的交易，如果交易价格显失公允，上市公司对于取得的超过公允价值部分的经济利益流入应计入所有者权益。

因此，如果认定上述评估值为公允价值，则控股股东用1元去购买该项股权，交易价格显失公允，属于上市公司基于双方的特殊身份而明显的、单方面的获益。则其经济实质具有资本投入性质，上市公司对于取得的超过公允价值部分的经济利益流入则应当计入所有者权益。如果认定交易价值或存在其他证据证明评估值非公允价值，则相关差额可计入当期损益。

此外，针对转让超额亏损子公司情况，监管问答明确，公司对超额亏损子公司在2006年12月31日前根据有关规定未确认的投资损失，在新会计准则实施后转让上述超额亏损子公司时，转让价款与上述未确认投资损失的差额应调整未分配利润，不能在合并利润表中确认为当期投资收益；但对于新会计准则实施后已在利润表内确认的子公司超额亏损，在转让该子公司时可以将转让价款与已确认超额亏损的差额作为投资收益计入当期合并利润表。如果从转让超额亏损子公司角度判断，则前述与1元转让价格之间的差额均可计入当期损益。

二是股权投资中重大影响的认定标准。根据准则规定，投资企业对被投资单位具有共同控制或重大影响的股权投资，应作为长期股权投资，采用权益法核算；如果不具有共同控制或重大影响，则相关股权投资应作为可供出售金融资产，并采用公允价值进行后续计量。采用不同的会计科目及后续计量方法，对上市公司的报表数据可能产生较大影响。若作为长期股权投资并采用权益法核算，上市公司可以将被投资单位实现的当期损益并入合并报表，而作为可供出售金融资产采用公允价值计量，上市公司应当将可供出售金融资产的公允价值变动部分计入其他综合收益。同时，根据会计准则规定，投资方因处置部分股权投资等原因丧失了对被投资单位的共同控制或重大影响的，其在丧失共同控制或重大影响之日的公允价值与账面价值之间的差额计入当期损益。但对被投资单位是否具有共同控制或重大影响依赖于具体判断，造成实践中不少上市公司想方设法改变对被投资单位的共同控制或重大影响认定，进而调节当期损益。

如某公司对被投资单位持股比例下降，董事人数和比例下降，长期投资由权益法变为可供出售金融资产，公司对被投资单位投资的公允价值与账面价值的差额及原计入资本公积和其他综合收益均转入本期投资收益，大幅增加净资产和净利润。又如某公司通过签署协议使得股东表决权比例增加，同时派出 2 名董事，会计核算由可供出售金融资产变为权益法核算的长期股权投资，其公允价值与账面价值之间的差额，以及原计入其他综合收益的累计公允价值变动应当转入改按权益法核算的当期损益，由此增加当期投资收益数亿元。

上述案例中，均涉及长期股权投资中“重大影响”的判断标准问题。根据会计准则，重大影响是指投资方对被投资单位的财务和经营政策有参与决策的权利，但并不能够控制或者与其他方一起共同控制这些政策的制定。在实务中，参与决策的权利通常以是否向被投资方派出董事为判断依据。但是，对于派出董事是否构成“重大影响”，不同公司因情况不同会有不同会计处理。同样对被投资方派出董事，某些公司认为没有构成重大影响，将其该项投资确认为可供出售金融资产，而其他公司认为构成重大影响，应将其作为权益法核算。更有甚者，个别公司以会计差错调整为由，表示经过核查发现对被投资单位存在重大影响，从而改变会计确认计量方法。针对前述存在的问题，有必要对是否构成“重大影响”有相对量化清晰的判断标准，利于监管的执行，也可以避免公司利用会计准则的原则性规定，进行盈余管理。

三是关于对“控制”的认定标准。某公司持有一参股公司 40%的股权，2015年，公司分别从实际控制人控制的企业及另一关联股东手中购买参股公司剩余的40%和 20%股权，公司将这一交易作为非同一控制下的合并，给出的理由是，实际控制人只控制公司 33.75%的股份，且在公司董事会 7 名董事中只推举了 2 名，故其未能对上市公司形成控制，且审议该事项时，关联董事回避表决，因此该交易属于同一控制下的企业合并，并据此确认原40%股权公允价值增加所形成的投资收益约 5626 万元。

关于控制的认定，企业会计准则与股票上市规则里都有相关的规则定义，但认定标准却不完全一致。根据会计准则，控制是指投资方拥有对被投资方的权力,通过参与被投资方的相关活动而享有可变回报，并且有能力运用对被投资方的权力影响其回报金额。而股票上市规则规定具有以下情形之一的即构成控制：①股东名册中显示持有公司股份数量最多，但是有相反证据的除外；②能够直接或者间接行使一个公司的表决权多于该公司股东名册中持股数量最多的股东能够行使的表决权；③通过行使表决权能够决定一个公司董事会半数以上成员当选；④中国证监会和上交所认定的其他情形。

可见，从会计准则与上市规则对控制的规定来看，两者对控制的定义不同，根据上市规则，只要股东持有公司的股份最多，就能认定存在控制关系；而会计准则概念上的控制，必须参考实际的影响力。因此，上市公司的控股股东对上市公司未必能形成会计上的控制。在实际运用会计准则的过程中，通常采用持股比例是否超过50%、是否在董事会中占有过半董事等标准，对是否形成控制进行判断。因此，该公司在认定交易属于非同一控制下合并时，采用了会计准则对控制的判断，即实际控制人持股比例未达到50%，董事会中未占有过半董事。但是，由于在中国市场，上市公司股权较市场相对分散，而该公司实际控制人拥有的33.75%股权，可能已经对上市公司形成重大影响力，拥有对上市公司的权力,通过参与上市公司的相关活动而享有可变回报，并且有能力运用对上市公司的权力影响其回报金额。若控制关系成立，则该项交易应作为非同一控制下的合并，不能确认公允价值溢价产生的收益。

四是投资性房地产的确认。根据企业会计准则，投资性房地产，是指为赚取租金或资本增值，或两者兼有而持有的房地产。《企业会计准则讲解》(2010年版）将投资性房地产的范围限定为已出租的土地使用权、持有并准备增值后转让的土地使用权、已出租的建筑物。其中，已出租的建筑物是指企业拥有产权的、以经营租赁方式出租的建筑物。某公司与一交易方进行资产置换，取得一大厦76%建筑面积的50年物业经营权，该交易对方拥有大厦76%建筑面积的永久使用权及收益，但因大厦所在土地为非商业用地，未能办理产权证。取得物业经营权后，公司将大厦对外出租，并作为投资性房地产进行确认计量。由于公司并不拥有该大厦的产权，不符合准则的定义，但公司认为从实质重于形式的角度，可以作为投资性房地产，主要基于以下两点：①不会出现其他第三方主张物业产权权利。大厦因土地用途限制一直未能办理产权证，且当地政府、交易对方有承诺在办理产证后履行过户手续，公司不拥有产权并非大厦已经存在产证而公司未取得，不会出现其他第三方主张大厦产权的情形。②公司拥有的物业经营权覆盖了物业寿命的几乎全部时间。根据《中华人民共和国城镇国有土地使用权出让和转让暂行条例》(国务院令第55号）第十二条，除居住用地以外的其他土地使用权出让最高年限为50年。大厦50年物业经营权时间几乎覆盖了土地及物业寿命的全部时间。

五是应付账款核销的问题。某公司在2015年底披露拟核销截至2015年11月30日的129笔应付款项，该事项将增加公司2015年净利润1583.5万元。公司核销依据为挂账时间长，无法联系到债权人以及公司从未收到过付款要求或诉讼等。该公司的应付款项核销存在以下两个问题：①核销标准不统一。对于满足前述核销依据的应付款项，出现部分核销、部分继续核算的情况。②核销依据不充分。本次核销的应付账款中，除了账龄超过3年的以外，还包括账龄为1~2年，以及1年以下的短期应付账款。从法律上看，一般债权的诉讼时效是2年。在债权债务关系发生的2年内，债权人可以随时主张公司支付相关款项。公司对该部分应付账款的核销依据不充分。虽然公司最终也认为本次核销应付账款的依据不充分，撤销了本次核销决定，但由于目前企业准则、指南以及讲解中均并未对应付账款核销有明确的准则规定，为与该公司类似的情况留出了一定的盈余管理手段。

三、会计问题产生的原因剖析及相关监管思考

（一）有关会计问题的原因剖析

综观2015年，绝大多数上市公司能够严格按照企业会计准则的要求，选择稳健的会计政策，恰当运用会计估计，真实完整地反映公司财务状况和经营成果，但如前文所述，也有部分公司在财务信息的披露和会计准则执行中仍存在一些问题，究其原因，有以下几点：

一是上市公司对新修订的会计准则，以及复杂交易事项的理解与执行水平不到位。近年来，在中国会计准则与国际准则全面趋同的大背景下，会计准则的修订不断增多。仅2014年，财政部就修订和发布了9项会计准则，且都与企业重要的商业和经营活动息息相关，如公允价值计量、长期股权投资和企业合并等。但鉴于会计准则的规定较为原则化，而这些修订的准则往往涉及到实务中复杂的交易事项，如何在短时间内理解准则修订背后所反映的经济实质，并准确地执行，是大部分上市公司面临的难题。

二是上市公司及中介机构会计专业水平参差不齐。从前文梳理的2015年上市公司会计问题可以发现，部分公司及会计师对准则或相关规定解释已有明确规定的事项，仍然存在执行错误的情况。如会计估计的变更时点，中国证监会于2011年就在相关监管问答中明确，新会计估计最早只能于最近一期尚未公布的定期报告开始使用，但2015年仍有3家公司的适用时点不正确；再如，母、子公司之间的交易应在合并报表层面进行抵消是会计专业人员应当知晓的常识，但某公司仍出现合并报表范围内预计负债没有抵销的问题。

三是会计准则的规定较为原则化，与外部市场的变化之间的不适应问题日渐突出，从而给部分公司进行盈余管理创造了条件。我国会计准则总体遵循原则导向，随着公司商业活动和创新业务的日益增多，

原则化的会计准则在实务操作中并不能完全满足需要。如会计准则在较多经济业务中使用了公允价值计量属性，并强调只有满足特定条件时才可以使用公允价值计量属性。但在实际操作中，由于我国市场不完善，判断是否满足这些特定条件存在模糊性，确定公允价值存在主观随意性，因而上市公司存在较多的利用公允价值的利润操纵机会。同样的问题出现在商誉减值测试中，目前，大量高溢价的收购形成了巨额商誉堆积在上市公司资产负债表上。会计准则对此只做了总体性规定，即企业合并所形成的商誉，至少应当在每年年终进行减值测试。但如何选取减值测试的主要假设和重要参数属于公司及会计师的自我判断范畴，导致了部分公司在标的资产未实现业绩承诺的情况下，却不计提或只计提少额的商誉减值准备。

（二）相关监管思考及建议

一是强化会计监管力度，建立复杂或重点交易的指导与协调机制。目前，会计准则原则化的规定，给予企业选择和判断的余地，也为企业执行者进行盈余管理甚至操纵利润留下了一定空间。为维护市场的公开、公正和公平，需要监管者强化监管力度，深化监管协调。①强化公司的会计信息披露监管，特别是会计差错更正披露监管，对存在违反信息披露规则的会计差错要快速反应，加大处罚力度，净化市场环境；②深化监管协调，对复杂、重点、疑点的交易事项，可以强化中国证监会会计部对交易所等一线监管的指导，另外可以强化协调机制，建立监管机构、事务所、交易所与公司的联系讨论机制，形成监管与市场的共识，提高财务信息披露质量。

二是细化会计准则执行规范，增强会计实践的指导作用。随着我国经济的发展，各类交易日益复杂化，原则导向的企业会计准则给予使用者较多的职业判断空间，导致实务中公司对准则理解和执行存在一定的差异，进而影响财务信息披露的质量。建议：①对现行会计准则相关规定进行细化，借鉴国际会计准则的做法，通过实例指南的形式，为会计实务提供可操作、可理解的指引，提高会计实践的规范性和可比性；②及时跟进创新业务和新型商业模式的会计处理问题，对准则尚未明确的问题及时颁布监管问答或解释公告，引导实务发展；③强化会计准则培训，提高会计从业人员认识和职业水平，促进会计信息披露质量提升。

三是继续从分行业监管角度优化会计信息披露质量，提高信息披露的有效性。2015年是分行业监管全面执行的第一年，从年报披露情况来看，会计信息披露的有效性有所提高，如医药行业部分公司对研究阶段和开发阶段的划分标准做出了具体的披露。但总体来看，会计信息披露的有效性不足的问题仍然存在，特别是影响公司业绩的重大交易、会计政策、会计估计信息的披露，千篇一律的照抄准则式的披露比比皆是，严重影响投资者的投资决策。因此，建议优化会计信息披露质量。①继续强化分行业披露的有效性。特别是会计政策的披露中，建议在行业信息披露指引中明确要求公司应有针对性地依据公司所处行业状况、经营特点、商业模式、结算方式等具体要素，对会计政策和会计估计作出更体现公司自身经营特点的个性化披露；②强化披露的充分性。对重大会计处理，例如，对会计估计变更的判断，管理层应当充分说明其判断的依据、影响因素和影响结果，同时对比行业内同类公司的会计估计方法，说明其合理性。

上海证券交易所年报分析课题小组

沪市上市公司2015年重大资产重组整体情况分析报告

2015年，沪市上市公司并购重组延续数量规模双增的总体态势。全年共完成并购重组863家次，交易总金额1.04万亿元，两者同比均增长50%以上。重大资产重组方面，243家公司停牌进入重组程序，同比增加47.27%。152家公司披露重组方案，涉及交易金额5345亿元。92家公司完成重大资产重组，同比增加129.9%；涉及交易金额4351亿元，同比增加225.4%。合计增加市值1.8万亿元，新增市值超过百亿元的公司55家。

一、沪市2015年重大资产重组的总体态势和主要特点

与往年相比，2015年沪市并购重组与宏观经济改革更为合拍，去产能、调结构贯穿始终；各项政策红利的助推效应更为明显，减审批降税收同向发力；对实体经济的服务功能更为直接，新技术、新产业受到追捧；对资本市场稳定发展的促进作用更为突出，上市公司投资者共同受益。主要体现在以下六个方面。

（一）国资改革双轮驱动

沪市集聚了一大批国计民生中的基础性、支柱性的大型和超大型上市公司。由此，与国资改革相关联的并购重组，一直以来都是沪市并购重组的主基调。目前，国资改革的顶层设计已经完成，路径已经明确。其中的一个重要方面，是推进国有资本的优化重组。2015年，沪市共有近70家中央和地方国企披露重大资产重组预案，并已开始形成可参照、可复制、可推广的两大范式。

一是整合优势项。即通过优质国资的强强联合，更好地发挥规模效应，形成国家层面的“拳头”产业和“航母级”公司，提升所在领域的全球竞争力。在南车换股吸收合并北车并组建中车集团后，又有近40家国有上市公司通过并购重组获得大股东核心资产，做强了主业，做大了行业。例如，钢构工程收购中船九院的资产，将15.48亿元改制后的科研院所资产注入上市公司，延伸了上市公司的产业链；风帆股份通过重组获注中船重工集团144亿元资产，成为母公司旗下唯一动力业务资本运作平台；双钱股份获注大股东能源化工类百亿元核心资产，实现上海国资旗下华谊集团的整体上市。

二是合并同类项。即通过同行业资产的重新组合，优化行业分工，形成“专而

美”的行业龙头公司。最为典型的是中远集团和中海集团旗下的4家上市公司中国远洋、中远太平洋、中海集运及中海发展发布公告，通过将各家公司的同类业务进行整合，最终使各上市公司平台分别专注于集装箱航运、港口码头、油气运输以及航运金融综合服务。

同时，80余家国有上市公司还同步实施了引入战略合作伙伴、实施股权激励和员工持股等混合所有制改革。并购重组不仅实现了资产和资本层面的优化整合，还在体制机制层面发挥了“鲶鱼效应”。

（二）结构调整进退并举

传统型、过剩型产业的上市公司，通过并购重组，实现去产能、去库存、去杠杆，是2015年沪市并购重组的又一主基调。上市公司的融资平台效应，使其能够在出清落后产能的同时，迅速找到新的增长点和增长极，从而最大限度消化原有人员，整合原有产能，使结构调整有了“缓冲垫”和“安全阀”。因此，上市公司借助并购重组实现结构调整，不仅是可选项，更是优选项。据统计，共有250余家涉及房地产、煤炭、铁矿石开采、水泥、钢铁、批发零售等产能过剩行业上市公司通过资产出售，剥离了处于亏损状态的资产，合计交易金额近1600亿元。其中，50余家上市公司披露重大资产重组预案，在置出过剩产能的同时，置入优质资产，涉及金额超过500亿元。

例如，双良节能通过重组剥离了亏损的化工资产，用亏损资产与股东置换新能源股权；游久游戏转型游戏资产业务后，5.9亿元出售泰山能源股权，剥离了原来亏损的煤炭采掘业务；永泰能源通过收购电力资产，将公司的业务由纯煤炭开采向煤电一体化的方向调整发展，优化了业务结构。

可以预计，上市公司并购重组将成为国家供给侧结构性改革的重要着力点和发力点，煤炭、钢铁、房地产、有色金属等传统的大宗商品业和制造业，将越来越依赖于并购重组实现市场出清。

（三）新兴产业规模渐起

处于初创期、成长期的新技术、新模式、新产业，通过并购重组进入上市公司，更为直接和便利地获得发展所需的资金，是并购重组服务实体经济的重要一环。2015年，有40余家沪市公司的并购标的涉及计算机、高端设备制造等高新技术产业和类金融、体育、动漫行业等新模式行业。同时，有10余家沪市公司通过重组实现与“互联网+”的深度融合。例如，通策医疗收购医疗数据云服务平台商、*ST中昌收购大数据智能营销软件和服务提供商、仪电电子置入大股东智慧城市业务等。

在新兴产业得到哺育的同时，一批沪市公司也通过对新技术和新产品的外延式并购，形成新的发展动力。例如，以批发零售、房地产为主业的万好万家收购动漫资产获得新的产业增长点、原从事矿石贸易的道博股份收购体育奥运宣传产业、面临化工行业低谷期的升华拜克收购网络游戏公司等。据统计，近3年来，已有近

200家沪市公司通过并购重组不同程度地引入或涉足新兴产业，沪市传统行业和新兴产业协同发展的行业格局已经形成，新兴产业的集聚效应和示范效应已经显现，新兴产业独立成板的市场基础已经具备。

（四）海外并购内涵提升

随着国家层面“一带一路”倡议的确立和推进，沪市上市公司海外并购持续活跃。2015年，有10余家沪市公司披露了收购海外资产的重组预案，涉及交易金额274亿元。其他海外并购32家次，涉及交易金额617亿元，同比均有较大幅度的上升，收购资产的地域分布也更加广泛，涉及美国、英国、新西兰等数十个国家和地区。

更为可喜的是，沪市公司海外并购的内涵得到显著提升，正在从资源占有型向技术获取型和市场拓展型转变。除新潮实业、洲际油气等民营上市公司收购美国、哈萨克斯坦等地区的油气田资产外，长电科技收购全球半导体封装测试行业排名第四位的新加坡上市公司星科金朋、飞乐音响收购在英国历经百年历史的全球领先的照明技术企业喜万年公司、首旅酒店收购中概股如家酒店、锦江酒店收购七天连锁酒店等，都是其中的代表性案例。

同时，“一带一路”倡议的引领和辐射效应也开始逐步显现。在沪市涉及“一带一路”概念的207家上市公司中，98家公司已开展海外业务，10家公司海外收入占比已超过总收入的50%，41家公司超过一成。2014年以来，这些上市公司共实施海外并购10单，涉及交易金额129亿元。许多上市公司已经或正在通过并购重组和各类投融资工具的组合运用，寻求与境外企业在资产、股权及资金等方面的深度合作。

（五）政策红利开始释放

随着并购重组市场化改革的不断深化，上市公司在对价支付方式、股份定价选择、盈利承诺博弈等方面拥有了更大的自主权，个性化重组方案不断涌现，老问题也有了新突破。

一是现金类收购使用更为广泛。该类重组取消行政许可后，快速、灵活的优势得以充分发挥。2015年，53家沪市公司采用了现金或资产作为并购对价，占比为35%。

二是股份定价更加灵活。近75%的交易选取了60日、120日均价的定价方式，有近半数以上的重组预案设置了根据大盘指数及行业指数变化调整股份定价的条款，为并购交易的顺利推进安装了“减震器”。

三是盈利补偿更为对等。新的重组办法取消了第三方并购盈利补偿的强制性要求，交由市场双方进行利益博弈。在沪市2015年93家公司披露方案的第三方并购中，近95%的方案中，交易对方做出了三年以上的业绩承诺。同时，在近30%的方案中，上市公司与交易对方约定了超额业绩奖励。

四是B股改革有所突破。在中国证监会的支持下，新城B股通过大股东吸收合并顺利实现B转A；城投控股吸收合并阳晨B股并实施分立，同步解决城投控股双主业和阳晨B转A。这些都起到了良好的示范效应，为B股问题的解决提供了可借鉴的路径。

五是PE和VC成为并购重组的“催化剂”。2015年，共有128家沪市公司宣布与PE或VC机构设立了161个并购基金。在披露的重组方案中，有近15%的标的资产股权结构中闪现PE或VC机构的身影。股权投资基金、产业投资基金、并购基金等已经成为上市公司并购重组的重要参与方、支持方甚至是主导方。

（六）业绩市值实现双增

总体而言，实施重大资产重组的沪市公司，盈利能力和市值均得到了较为明显的提升。以2015年前三季度为例，完成重组的58家公司共实现营业收入7629亿元，同比增长106%；实现净利润340亿元，同比增长189%。其中，35家公司实现净利润同比增长，17家公司净利润增幅在100%以上。市值方面，剔除大盘影响，较重组前平均增长152%，25家公司实现了市值翻番，新增百亿元市值公司55家。

二、上市公司并购重组存在的六大问题

在并购重组出现“井喷”式发展的主旋律中，也出现了一些带有一定普遍性、需要引起关注和警惕的“并发症”和“后遗症”。

（一）“高溢价重组”较为普遍，经营风险正在积聚

从2015年沪市公司披露的重组预案来看，置入资产的交易金额普遍高于账面价值，总体增值率高达105%；如果按平均增值率计算，更是高达360%。从分布来看，增值率10倍以上的11单，5~10倍的13单，2~5倍的31单，1~2倍的25单，增值率1倍以上的超过六成，相当部分标的资产的估值明显高于行业平均水平，预计将增加商誉近2000亿元，沪市公司全部商誉将由此增加80%。按照2014年年报数据，占沪市全部公司净利润的比例已接近25%。

根据国际普遍经验，高溢价重组往往蕴含着巨大的经营风险。一方面，有可能损害并购方上市公司的中小股东利益，摊薄其既有的权益；另一方面，如相应的盈利预测无法完成，将使实施并购的上市公司产生巨额商誉减值和资产虚高折旧加大的风险，令上市公司背负沉重的经营负担，引发系统性、突发性风险。

（二）“失败式重组”有所增加，违规行为隐现其中

2015年，沪市上市公司共有212家进入重大资产重组程序，其中83家终止筹划，占比超过四成，与2013年和2014年相比，数量和占比均显著增加。

与推进较为顺利的重组相比，“失败式重组”显现四大特点：一是停牌时间相对较长。平均为83天，最长超过7个月，严重影响投资者交易权。二是部分公司存在

多次失败的情形。近20家公司失败2次以上。三是失败原因披露较为含糊笼统。九成公司将失败原因简单归因于重组双方未能就相关交易条款达成一致意见，六成公司未披露交易对方、交易标的等重组重要信息。四是近20%的公司在披露预案并复牌交易后宣布终止，股价出现过山车的情况。同时，有四成公司的股价，在重组失败后不降反升，部分存在后续重组预期的公司，甚至出现连续涨停。

市场化并购重组中，出现一定比例的失败情形，当属正常。但部分“失败式重组”带有明显的“忽悠式重组”特征，也比较容易伴生频繁炒作重组预期、内幕交易和市场操纵等违法违规行为，需要给予重点关注。

（三）“跟风式重组”屡有发生，整合效果存在风险

近年来，沪市跨行业并购数量持续上升，占比已接近四成。上市公司实施跨行业并购，有其产业转型的客观需要。但也存在部分上市公司，在明显不具备资产、人员、技术等转型基本条件的情况下，盲目追逐市场热点，借重组进行股价炒作的意图较为明显。在2015年跨界重组中，有近三成的公司选择游戏、影视、互联网金融、新能源等行业，其中相当部分的公司明显不具备转型条件。

“跟风式重组”虽然可以实现短时间内的股价快速上涨，但公司后续能否真正实现转型、热门行业的过高估值能否获得后续高业绩的持续支撑、业绩承诺能否如期足额履行等，都存在极大的不确定性。2015年，前期追逐市场热点的公司经营业绩普遍不容乐观，无法实现业绩承诺的现象也时有发生。

（四）“易主式重组”数量增多，炒壳现象依然突出

2015年，沪市上市公司约有50家发生控制权变更，其中多数为壳公司，主营业务收入均在1亿元以下。在易主过程中，这些公司的股价存在明显的炒作迹象。上半年市场处于上行通道时，此类公司股价涨幅平均超过大盘50%；下半年处于下行通道时，也超出近20%。股价走势与公司基本面严重脱节。

从具体公司情况来看，公司市值规模普遍较小，9成在百亿元以下。有半数公司存在信息披露违法违规情形，在近两年被上交所给予各类纪律处分。此外，重组失败比例高达60%，正在实施中重组事项均存在较大的失败风险，完成重组的公司生产经营状况也未得到明显改善。

（五）“转手式重组”值得关注，利益输送存在疑点

具体有两类情形：一是近两成重组方案存在方案披露前一年PE突击入股标的资产的情形，个别方案中PE入股价格明显低于重组交易价格。二是控股股东及其关联方或无关联第三方先行收购标的资产，而后再出售给上市公司。其中有标的资产受资质、资金等客观条件所限而无法直接注入上市公司的合理原因，但也存在控股

股东先行收购再高价转让给上市公司的不合理情况。

“转手式重组”的共性问题在于PE和大股东，可能通过关联交易或隐性关联交易，损害中小股东合法权益，而某些PE也与上市公司高管人员存在利益关联，并购重组中存在利益输送疑点。

（六）“溢美式重组”较为普遍，信息披露有效性仍需提升

并购重组预案，是投资者判断重组对上市公司影响并作出投资决策的基本依据。因此，相关信息披露的真实准确完整和齐备一致可理解尤为重要。但总体而言，上市公司披露的重组预案，披露夸大其词、报喜不报忧、风险提示不充分的情况，仍然较为普遍。

典型的情形，一是“藏风险”，在标的资产所处行业处于低谷期或下行期的情况下，仍然大肆渲染行业未来的良好发展预期，风险提示严重不足。二是“吹泡沫”，描述标的资产时，用词夸张，判断主观，缺乏必要的数据或资料支持。三是“拉郎配”，将明显不属于新技术、新产业的标的资产，归类为“互联网+”、大健康、大数据等市场追捧概念。四是“换概念”，对于处于战略新兴行业的标的资产，主要披露和渲染行业总体发展状况，而对于标的资产的行业地位和盈利模式等关键信息着墨甚少。

三、2015年沪市并购重组信息披露监管总体情况

在并购重组市场化改革不断推进的市场格局下，一方面，上市公司实施重组更为自主和便利；另一方面，假借重组进行股价炒作、利益输送、市场操纵和内幕交易，损害中小投资者合法权利的可能和概率也在上升。2015年，中国证监会已将重组预案的信息披露事后问询全部纳入信息披露“直通车”，交易所的一线监管，已经成为并购重组市场化改革中，需要同步强化的一个重要支点。需要交易所更加主动地发声音、谋对策、想办法、尽责任，并已经呈现出五个变化。

（一）对问题，刨根问底

重组预案篇幅长、内容多、专业性强，中小投资者往往很难洞察隐藏其中的问题和漏洞。因此，交易所从信息披露角度，紧盯要害、一问到底、卸去伪装、正本清源，十分必要。2015年，共发出重组预案问询函152单，其中，许可类重组93单，非许可类重组59单，提出问题近1900个，平均每单问题数12个，有3家公司因无法合理解释重大疑点问题而宣布终止重组。其中，重点关注了三方面问题：

一是标的资产行业信息的完整性。重点加强了标的资产所处行业信息的问询，要求公司详尽披露标的资产所处行业的总体情况、行业地位、盈利模式、行业壁垒、准入条件、技术更替等要素。

二是标的资产持续经营能力披露的准确性。在标的资产行业信息披露的基础上，加强对标的资产持续经营能力的问询，要求公司准确披露标的资产在所处行业中的行业地位、盈利情况、竞争优势等关键信息，防止“扬长避短”式信息披露。

三是高估值和突击入股的合理性。对于存在低价突击入股、业绩爆发式增长、评估增值率明显高于同行业的标的资产，要求公司充分披露交易价格差异的合理性及公允性，预测业绩爆发式增长的合理性和可实现性，评估增值率明显高于同行业公司的原因及合理性等。

（二）对转型，鼎立支持

经济发展新常态下，上市公司并购重组的需求日益迫切，方式也日趋多元化，出现了许多新手段和新模式。在中国证监会上市公司监管部的支持下，将推动、支持、服务与强化监管组合考虑，在严守规则底线、保护好投资者权利的基础上，对符合上市公司利益，有利于企业发展的重大无先例事项在制度框架内给予最大限度支持。先后支持南北车完成换股吸收合并、中远和中海下属上市公司推出整预案、新城B股反向吸收合并同步实现B转A、城投控股吸收阳晨B股并分立等多单市场高关注度并购案例。同时，积极支持上市公司实施与“一带一路”相关的海外并购战略，根据国际并购惯例及时调整财务资料、标的资产股东情况等信息披露标准，保证了海外收购的顺利实施。

（三）对风险，详尽揭示

重组事项往往被市场和投资者视为重大利好，股价也往往一飞冲天。但重组推进中，标的资产的持续盈利能力能否保持、购入资产的协同效应能否发挥、跨界转型的后续整合能否完成，都存在重大不确定性，这些风险，需要在重组预案中，向投资者充分揭示。2015年，针对标的资产估值过高、持续经营能力存疑、明显不具备跨界转型条件、追逐市场热点概念、信息披露夸大其词等重大风险，共要求公司补充披露近200项重大风险提示，确保风险揭示的充分性、完备性、准确性。同时，还在问询函中，对风险事项进行“置顶”处理，提醒投资者予以特别关注。

（四）对停牌，综合施策

因防范内幕信息、避免股价出现大起大落，在重组筹划过程中，对股票在一定时间内实施停牌，有其必要性和合理性。但是，没有必要的长时间停牌，严重影响市场流动性和投资者交易权，必要的监管介入不能缺位。

2015年以来，在事前，发布了统一的重组停牌及信息披露标准，明确停牌时间和信息披露的尺度标准。在事中，进一步加大了对投资者反映强烈重组长期停牌的监督和问责力度。按照“一公司一函件”的原则，在公司进入重组或非公开发行停牌程序后，即向公司发出监管工作函，详细告知停复牌标准，要求上市公司申请停牌的，必须明确披露具体事项；重组期间更换标的的，停牌时间不能超过3个月；连续筹划两次重组的，累计停牌时间原则上不能超过5个月。同时，进一步明确了财务顾问等中介机构的监督责任，要求其披露对上市公司长期停牌的必要性和合理性的核查意见。在事后，严肃处理了一批市场反响较为强烈、上市公司存在明显过错的不当行为。对公司及相关责任人予以了通报批评，还对近10家存在滥用停牌嫌疑的公司启动了纪律处分程序。

（五）对责任，严格追究

并购重组链条长、利益大、涉及面广，发生违法违规行为的概率较大。因此，严格的事后监管和追责，是并购重组市场化改革的另一应有之义。

在内幕交易防范方面，进一步扩展了信息披露与股价联动监管的深度和广度，实施“三必查”，即出现重组传闻的每单必查、进入重组停牌的每单必查、披露预案后宣布重组失败的每单必查，共实施与重组相关的内幕交易核查260余次。

在事后监管方面，对于实施重大资产重组的公司，在重组完成后的一个会计年度内，进行集中分类监管。强化和细化重组实施后的持续信息披露，督促相关上市公司定期、动态披露标的资产的后续经营情况。同时，对照重组预案，就“忽悠式”信息披露或风险提示不到位的情况，对上市公司和财务顾问进行严格的事后追责。

在中介机构监管方面，进一步强化了对于财务顾问、会计师等重组中介机构的问询和监管，督促其履行好“看门人”责任，要求其针对预案披露中的未明之处和未尽之意的1200余项问询进行核查并发表明确意见。同时，向中介机构发出六份专项问询函，要求其对披露预案后公司终止重组的原因、重组推进中勤勉尽责的情况、公司长期停牌的合理性等出具专项核查意见。此外，还对勤勉尽责和专业把关存在明显问题的两个重组项目的中介机构及具体责任人，予以监管关注。

上海证券交易所年报分析课题小组

沪市上市公司 2015 年度审计问题分析报告

审计意见是投资者判断上市公司财务信息真实性、可靠性的重要依据。会计师对财务报表出具标准无保留意见（以下简称“标准意见”）还是非标准无保留审计意见（以下简称“非标意见”），以及非标意见的具体类型，体现了会计师对公司财务报表的基本态度。投资者结合公司财务运营情况、审计意见类型以及其他重大关键事项作出投资决策，审计意见的适当性影响重大。

一、2015 年度审计总体情况分析

（一）审计意见总体情况

在沪市上市披露了 2015 年度报告的公司中，1046 家公司被出具标准意见审计报告，占全部披露年报公司的 95.26%；52 家公司的年度财务报告被出具了非标意见，占 4.74%，较 2014 年度略有下降，继续处于历史低位。1998 年以来非标意见统计情况见表 1。

表 1　　1998~2015 年沪市上市公司非标意见统计表

年度	强调事项		保留意见		无法表示意见		否定意见		非标意见总数			非标意见比例（%）	公司总数
	家数	占比（%）	家数	占比（%）	家数	占比（%）	家数	占比（%）	总数	ST 数	ST 占比（%）		
1998	57	68.7	19	22.9	6	7.2	1	1.2	83			18.40	452
1999	53	61.3	29	33.0	5	5.6	1	1.1	88			17.80	494
2000	52	65.0	22	27.5	5	6.3	1	1.2	80			13.20	608
2001	42	58.3	23	32.4	7	9.7	0	0	72			10.90	661
2002	37	52.9	23	32.9	11	14.2	0	0	71	16	23	9.70	733
2003	37	62.7	13	22.0	9	15.3	0	0	59	24	41	7.30	806
2004	30	42.3	33	46.5	8	11.2	0	0	71	32	45	8.50	836
2005	43	53.1	27	33.3	11	13.6	0	0	81	26	32	9.80	828
2006	43	53.7	26	32.5	11	13.8	0	0	80	28	35	9.40	848
2007	50	74.6	9	13.4	8	12.0	0	0	67	38	57	7.80	862

续表

年度	强调事项		保留意见		无法表示意见		否定意见		非标意见总数			非标意见比例（%）	公司总数
	家数	占比（%）	家数	占比（%）	家数	占比（%）	家数	占比（%）	总数	ST数	ST占比（%）		
2008	44	65.7	14	20.9	9	13.4	0	0	67	36	54	7.80	864
2009	41	69.5	9	15.3	9	15.3	0	0	59	41	70	6.80	873
2010	42	71.2	16	27.1	1	1.7	0	0	59	43	73	6.51	906
2011	49	83.1	9	15.2	1	1.7	0	0	59	42	71	6.29	938
2012	35	83.7	6	11.6	2	4.7	0	0	43	17	40	4.50	954
2013	29	70.7	10	24.4	2	4.9	0	0	41	11	27	4.28	957
2014	39	76.5	10	19.6	2	3.9	0	0	51	14	27	4.90	1041
2015	47	90.4	4	7.7	1	1.9	0	0	52	19	37	4.74	1098

从表1可见，各年度非标意见数量相差较大，非标意见占上市公司总数的比重呈明显下降趋势，从1998年最高占比18.40%降到2013年最低的4.28%，2014年度小幅回升后，2015年继续下降，自2012年以来持续维持在5%以下。非标意见比例呈下降趋势的主要原因是上市公司数量大幅增加，由1998年的452家增加到2015年的1098家；而非标意见公司家数及占比处于历史低位的原因除了上市公司自身运作进一步规范外，还可能是由于退市制度将审计意见类型纳入暂停上市、恢复上市、终止上市的考量指标，导致会计师对出具非标意见更加谨慎。

表1显示的另一个特点是，非标意见为带强调事项段的无保留意见（以下简称“强调事项”）占比持续较高，大致呈上升趋势，尤其2010年以来均保持在70%以上，2015年更是达到90%。该情形也说明，即使同为非标意见，会计师往往倾向于出具强调事项这种不太“严重”的审计意见，而对其他非标意见更加谨慎，甚至可能出现以强调事项代替其他非标意见类型的极端情形。

（二）2015年审计意见变化情况

鉴于审计意见的变化与公司财务数据的真实可靠性以及公司经营情况密切相关，因此，审计意见类型及其变化是投资者作出投资判断的重要依据。就一般性而言，审计意见由非标意见变更为标准意见，表示上市公司总体状况改善，导致出具非标意见的因素已经消除；反之，由标准意见变更为非标意见，则意味着上市公司某些方面出现不利状况，投资者需对相关事项予以关注。对比2015年与2014年财务审计结果，1030家公司两年均为标准意见，68家公司审计意见发生了变化。具体变化情况如表2所示。

表2　　　　2014~2015年审计意见变化情况表　　　　单位：家

<table>
<tr><th>变动状态</th><th>家数</th><th colspan="4">具体情况</th></tr>
<tr><td>两年均为标准意见</td><td>1030</td><td>具体变动</td><td>家数</td><td colspan="2">具体情况</td></tr>
<tr><td rowspan="7">非标意见与标准意见转换</td><td rowspan="7">33</td><td rowspan="3">标准意见转为非标意见</td><td rowspan="3">17</td><td>变动后审计意见类型</td><td>涉及公司</td></tr>
<tr><td>保留意见</td><td>*ST新梅、一汽富维</td></tr>
<tr><td>强调事项</td><td>15家</td></tr>
<tr><td rowspan="4">非标意见转为标准意见</td><td rowspan="4">16</td><td>变动前审计意见类型</td><td>涉及公司</td></tr>
<tr><td>无法表示意见</td><td>*ST狮头</td></tr>
<tr><td>保留意见</td><td>匹凸匹、水井坊</td></tr>
<tr><td>强调事项</td><td>13家</td></tr>
<tr><td rowspan="5">均为非标意见</td><td rowspan="5">35</td><td>具体变动</td><td>家数</td><td colspan="2">涉及公司</td></tr>
<tr><td>同为无法表示意见</td><td>1</td><td colspan="2">退市博元</td></tr>
<tr><td>同为保留意见</td><td>2</td><td colspan="2">*ST山水、ST成城</td></tr>
<tr><td>同为强调事项</td><td>27</td><td colspan="2">略</td></tr>
<tr><td>保留意见转为强调事项</td><td>5</td><td colspan="2">*ST新亿、五洲交通、大有能源、*ST常林、东方银星</td></tr>
</table>

对于审计意见变化的情形，不同变化情况关注的重点不同，如对于标准意见转为非标意见的公司，须关注其具体影响事项，以及其对公司过往和未来的经营与业绩的可能影响；对于由非标意见转为标准意见的情况，须格外关注此前影响审计意见的事项是否已完全消除，并结合公司自身情况综合判断审计意见的恰当性，如是否存在“摘星”、“摘帽”的动机，本年度是否拟筹划再融资等重大事项等。即使同为非标意见，鉴于否定意见和无法表示意见均被纳入退市情形，由前述非标意见转为其他非标意见亦可能存在审计意见恰当性的问题。

二、会计师事务所变更与审计意见类型变化

2015年，沪市120家上市公司的财务报告审计机构发生变化，占全部公司的10.93%，而2014年变更审计机构的数量为75家。变更数大幅上升，其中26家源于众环海华改名为中审众环会计师事务所。同时，从变更原因的披露发现，中审亚太会计师事务所部分分所的执业团队及部分业务分立合并至中审众环会计师事务所，所以存在由中审亚太变为中审众环的8家公司，这类变更属于被动变更，并无明显的分析意义。除前述原因外，主动变更会计师事务所的上市公司共计86家，仅略有上升，近两年变更事务所的上市公司数基本持平。

（一）主动变更会计师事务所原因分析

根据公司披露的变更审计机构公告以及与其相关的董事会决议公告，我们对前述86家上市公司变更会计师事务所的原因进行了统计，如表3所示。

表3　　会计师事务所变更的原因

原因类别	具体原因	涉及公司数（家）
公司原因	业务需要	16
	重大资产重组原因	13
	所属集团统一聘用审计机构	6
	招标形式	3
	考虑审计费用	2
	股东推荐或建议	1
	公司注册地变更	1
	非公开发行后主业变更	1
会计师事务所原因	原会计师事务所审计年限长	9
	原会计师事务所业务繁忙	3
政策原因①		13
未说明原因		18
总计		86

从表3可见，18家公司未披露更换会计师事务所的原因，16家称因业务需要变更会计师事务所的公司普遍披露不够充分。从信息披露的角度看，未披露或者未充分披露会计师事务所变更原因的情况一直较普遍，部分上市公司披露的随意性较大，针对性不强，很难从披露的内容中知悉更换会计师事务所的真正原因。

（二）变更会计师事务所前后审计意见变更情况

在上述86家变更会计师事务所的公司中，审计意见类型与2014年相同且都为标准意见的有76家，相对2014年发生变化

① 相关政策主要有：a. 财政部、国务院国资委《关于加强中央企业财务决算工作的通知》（财会〔2011〕24号），规定会计师事务所连续承担同一家中央企业财务决算审计业务应不少于2年，不超过5年；全国会计师事务所综合评价排名前15位且审计质量优良的会计师事务所，经相关企业申请、国资委核准，连续审计年限应不超过8年；经财政部、中国证监会审核推荐从事H股企业审计且已经完成特殊普通合伙转制的大型会计师事务所，连续审计年限达到上述规定的，经相关企业申请、国资委核准，可自完成转制工商登记当年起延缓2年轮换，但连续审计年限最长不超过10年。b. 财政部《金融企业选聘会计师事务所招标管理办法（试行）》（财金〔2010〕169号）要求金融企业连续聘用同一会计师事务所最长不超过10年。c.《中央企业财务决算审计工作规则》（国资发评价〔2004〕173号）要求同一会计师事务所承办企业年度财务决算审计业务不应连续超过5年。d. 保监会《保险公司财会工作规范》（保监发〔2012〕8号）要求保险公司建立审计轮换制度。e. 各地方国资委的有关规定。

的公司有9家，另有1家公司为同类型非标意见。前述9家审计意见类型相对2014年发生变化的公司中，7家公司变更后审计意见更优，2家公司变更后更差。审计意见类型变化情况如表4所示。

表4　　变更会计师事务所前后两年的审议意见类型

表现更优			
代　码	简　称	2014年审计意见	2015年审计意见
600076	康欣新材	带强调事项段的无保留意见	标准无保留意见
600145	*ST新亿	保留意见	带强调事项段的无保留意见
600368	五洲交通	保留意见	带强调事项段的无保留意见
600401	海润光伏	带强调事项段的无保留意见	标准无保留意见
600715	文投控股	带强调事项段的无保留意见	标准无保留意见
600779	水井坊	保留意见	标准无保留意见
600848	上海临港	带强调事项段的无保留意见	标准无保留意见
表现更差			
代　码	简　称	2014年审计意见	2015年审计意见
600678	四川金顶	标准无保留意见	带强调事项段的无保留意见
600810	神马股份	标准无保留意见	带强调事项段的无保留意见
保持不变的非标意见			
代　码	简　称	2014年审计意见	2015年审计意见
600656	退市博元	无法表示意见	无法表示意见

在年报审核中，应重点关注变更会计师事务所前后审计意见类型发生变化的公司，通过分析审计意见类型的适当性，核查是否存在通过变更会计师事务所“购买”审计意见的情形。

（三）变更事务所与公司盈亏性质变化

在上述86家变更会计师事务所的公司中，与2014年业绩相比，2015年发生盈亏变化的有22家，占比25.58%，其中，由亏转盈14家，由盈转亏8家。如表5所示。

表5　　变更会计师事务所前后两年的盈亏情况　　单位：万元

由亏损变盈利			
代　码	简　称	2014年净利润	2015年净利润
600076	康欣新材	−1114.54	26941.12
600110	诺德股份	−26210.27	14454.05
600145	*ST新亿	−153743.17	6177.64

续表

由亏损变盈利			
代　码	简　称	2014 年净利润	2015 年净利润
600217	秦岭水泥	-25029.96	17514.84
600401	海润光伏	-94759.55	9608.09
600506	香梨股份	-1507.93	237.57
600576	万家文化	-1416.73	2760.98
600606	绿地控股	-36459.59	688642.67
600678	四川金顶	-3701.68	419.58
600715	文投控股	-4780.53	13781.61
600744	华银电力	-17467.57	38110.84
600779	水井坊	-40280.61	8797.36
600848	上海临港	-5988.29	23935.56
600862	南通科技	-20346.92	14460.59
由盈利变亏损			
代　码	简　称	2014 年净利润	2015 年净利润
600005	武钢股份	125743.59	-751480.18
600121	郑州煤电	6229.36	-54425.08
600368	五洲交通	7343.49	-9564.83
600462	石岘纸业	220.10	-3579.77
600698	湖南天雁	1436.28	-4691.47
600882	华联矿业	11384.57	-27491.06
600892	宝诚股份	122.97	-98.03
601005	重庆钢铁	5143.10	-598724.80
连续两年亏损			
代　码	简　称	2014 年净利润	2015 年净利润
600390	*ST 金瑞	-2804.11	-37038.73
600520	*ST 中发	-6671.27	-5698.42
600656	退市博元	-9885.32	-2201.24
600721	*ST 百花	-23362.54	-40598.27
600806	*ST 昆机	-20409.13	-19638.52
601918	*ST 新集	-196925.67	-256116.40

在上述14家由亏转盈的公司中，*ST新亿、海润光伏依靠非经常性损益避免了被暂停上市，此外还有4家公司依靠非经常性损益避免了被实施退市风险警示。依靠非经常性损益扭亏的公司本身就具有较高的风险性，如其在扭亏年度还变更了会计师事务所，则有必要对此类上市公司审计意见的适当性及盈利的合规性进行重点审核。

（四）变更事务所的程序履行

有少数公司股东大会对聘请会计师事务所事项的审议时间与年报披露时间间隔较短，如上海梅林、美都能源、退市博元、重庆钢铁等公司，直到2016年2月或3月股东大会才审议通过改聘会计师事务所。其中，上海梅林、美都能源、退市博元均未能详细说明变更会计师事务所的具体原因。该种情况的出现，不排除因在审计过程中审计意见分歧而更换会计师事务所的可能性。

三、财务审计与内控审计的比较分析

财务审计与内控审计虽然所采用的方法、审计的范围等方面都不同，但本质上二者都是从不同层面或环节对上市公司披露的会计信息质量进行鉴证，二者存在必然的联系，例如，内控评价是审计抽样的重要依据。因此，二者的结论具有一定的关联性。

（一）2015年度财务审计与内控审计的差异分析

2015年度报告中，1021家公司进行了内控报告审计，其中，969家公司被出具标准无保留意见，52家公司被出具了非标意见，包括45家公司被出具带强调事项段的无保留意见，7家公司被出具否定意见。与财务审计的结果比较发现，共有68家公司的两类审计意见类型存在差异，具体情况如表6所示。

表6　两类审计意见类型差异

内控审计意见类型	财务审计意见类型	公司名称
标准意见	无法表示意见	退市博元（1家）
	保留意见	*ST山水、ST成城、*ST新梅（3家）
	强调事项	ST明科、杭钢股份、商赢环球、廊坊发展、*ST黑化、ST江泉、北方股份、*ST景谷、*ST亚星、*ST天利、五洲交通、山东金泰、安泰集团、*ST吉恩、*ST八钢、*ST兴业、金杯汽车、天目药业、四川金顶、彩虹股份、*ST云维、*ST黑豹、宁波富邦、天津磁卡、厦华电子、中房股份、大智慧（27家）
强调事项	标准意见	兰花科创、华业资本、新力金融、国栋建设、通葡股份、现代制药、石岘纸业、六国化工、方大炭素、宏达矿业、万家文化、仪电电子、中毅达、金枫酒业、匹凸匹、华银电力、中茵股份、大连控股、洛阳玻璃、中国嘉陵、亚泰集团、*ST建机、重庆钢铁、中国一重、滨化股份、中衡设计、亚邦股份、浙江广厦、上海梅林、武钢股份（30家）
否定意见	保留意见	一汽富维（1家）
	强调事项	太化股份、大有能源（2家）
	标准意见	柳化股份、秋林集团、海南橡胶、禾嘉股份（4家）

企业内部控制的优劣很大程度上决定了会计记录以及会计事项、财务数据的真实性、可靠性以及完备性，因而与财务审计密切相关。内部控制制度的强弱直接决定了财务审计的具体实施，如审计范围、审计方法的选择等。若企业内部控制薄弱甚至无效，相关会计事项的真实性和完备性存在疑问，甚至可能影响到财务审计结果的可靠性。虽然不能认为财务审计与内控审计的审计意见类型应保持一致，但若二者差异过大，应当就差异原因及相互影响情况进行必要的解释说明。从报表使用者的角度来看，也可以通过分析二者的差异对财务审计的恰当性和可靠性进行反向判断，特别是对内部控制审计意见类型较差而财务审计意见类型为标准意见的公司，其财务审计结果的恰当性值得进一步分析探讨。

对比表6中公司的内控和财务审计单位，除中国嘉陵和海南橡胶以外，其余公司各自进行两类审计的审计机构均相同，其在进行两类审计时理应考虑对方的审计结果，尤其是财务审计应考虑内部控制情况可能对财务审计的影响，并在审计意见中或相关说明中有所体现，但分析发现，除一汽富维、大有能源在财务审计意见中体现了相关事项外，其他公司均无相应体现，其中包括柳化股份、秋林集团、海南橡胶、禾嘉股份4家内控为否定意见、财务为标准意见的公司。

（二）内控审计意见反映的财务审计适当性问题

通常而言，内部控制审计报告被出具否定意见，意味着其企业运营和财务数据生成的基本机制可能存在问题，继而可能影响财务审计的根本基础。鉴于此，若财务审计为标准审计意见但内控审计意见为否定，则需进一步探讨内控否定意见事由对财务数据生成和整体报表影响，以判断财务审计意见的恰当性。分析2015年内控为否定意见且财务审计为标准意见的公司发现，相关内控问题主要集中于关联方资金占用、关联交易的识别和审批程序等方面。对此，需要进一步分析其关联交易的影响范畴和对整体财务基础的影响，分析其财务审计意见的恰当性。2015年公司在相似情况下的两类审计意见的差异较大，如禾嘉股份下属子公司未履行相关审批和披露事宜发生关联交易约40.65亿元，内控审计报告被出具否定意见，公司财务审计意见为标准无保留意见；而内控审计意见涉及同样类似情形的一汽富维，则因重大日常关联交易未获得股东大会授权，且其对公司影响重大被出具了保留意见的财务审计报告。

进一步就内部控制为强调事项的公司进行分析发现，因重大资产重组豁免对新并入的子公司不实施内部控制审计的情况值得探讨。如上海梅林以及秋林集团，会计师在内控审计结论中明确称，“按照《企业内部控制审计指引实施意见》的相关指引,我们对公司截至2015年12月31日的财务内部控制执行审计工作时，也未将被收购公司的财务报告内部控制包括在审计对象范围内，本段内容不影响已对财务报告内部控制发表的审计意见”。虽然相关内控审计豁免有明确的规则依据，但鉴于上述相关公司的财务审计与内部控制审计机构均为同一审计机构，在未对新纳入子公司的内部控制情况进行充分审计了解的情况下，其财务信息的可靠性存在一定的不确定性，财务审计的基础存疑；且上述公司均涉及重大资产重组，新纳入合并的子公司对公司财务报表影响重大，在未对其内控情况进行充分审计的情况下出具标准无保留财务审计意见，其恰当性存在疑问。

四、非标审计意见相关问题分析

（一）非标意见及涉及事项汇总

2015年度非标意见分类以及涉及主要事项的典型案例如表7所示。

表7　　2015年非标意见涉及主要事项

意见类型	简　称	代　码	非标意见简述
无法表示意见	退市博元	600656	①接受股东无偿捐赠的福建旷宇95%股权，无法确认捐赠行为是否成立，无法确认评估值的真实性及其对财务报表的影响；②持续经营能力存在重大不确定性；③公司分别对相关公司投资共计7300万元，无法判断博元投资对上述单位的出资是否真实及影响；④2011~2014年使用股改业绩承诺资金购买应收票据，无法判断其真实情况及影响；⑤公司已被移送公安机关，无法判断立案调查结果对博元投资财务报表的影响程度
保留意见	*ST新梅	600732	子公司前期与辅仁药业签订股份受让协议，协议附回购选择权条款。现触发回购选择权，2015年底公告拟要求对方回购股权，预计增加投资收益4860万元。但至今未签订新的回购协议。无法判断该部分股权投资是否发生减值和减值金额，以及投资收益是否能够确认
	*ST山水	600234	①公司与对手方尚未就相关负债的金额达成一致；②持续经营能力存在重大不确定性，可能无法在正常的经营过程中变现资产、清偿债务
	一汽富维	600742	重大日常关联交易未获股东大会授权，且其对公司影响重大，对财务报表影响无法确定
强调事项+保留意见	*ST成城	600247	保留意见：被中国证监会立案调查。强调事项：①主业收入无法维持企业的正常经营支出，利润来源于坏账准备转回和违约金收入，部分子公司停业，逾期借款、非正常经营诉讼败诉导致的需清偿债务尚未清偿，持续经营能力仍存在重大不确定性；②账外尚有4.71亿元商业承兑汇票未进行登记和确认，公司未进行会计核算
强调事项	*ST八钢	600581	累计未分配利润-3.52亿元，流动负债合计金额超过流动资产合计金额151.7亿元，资产负债率104.96%，持续经营能力仍存在重大不确定性
	*ST常林	600710	公司对现代重工业株式会社、现代重工（中国）投资有限公司提出的诉讼尚处于法院受理阶段，其结果具有不确定性
	彩虹股份	600707	公司盈利主要是受非经常性损益影响，主营业务毛利仍为负数。公司资金紧张，短期偿债压力较大，但其持续经营能力仍然存在不确定性
	*ST亚星	600319	营运资金-13.52亿元，累计亏损12.39亿元，但可能导致对持续经营能力产生重大疑虑的事项或情况仍然存在不确定性
	*ST天利	600339	累计亏损约10.76亿元，流动负债合计金额超过流动资产合计金额约22.35亿元，持续经营能力仍然存在重大不确定性

续表

意见类型	简　称	代　码	非标意见简述
强调事项	皖江物流	600575	公司根据中国证监会《行政处罚决定书》的认定结论并结合财务自查情况，对 2012 年、2013 年和 2014 年财务报表进行了更正
	山东金泰	600385	累计亏损 4.04 亿元，净利润 459.23 万元，主营业务收入、净利润分别比上年同期下降 68.51%、84.40%。公司本部经营困难，不能按规定履行纳税义务，职工的薪酬和社保费未按时发放和缴纳。持续经营能力存在重大不确定性，可能无法在正常的经营过程中变现资产、清偿债务
	天津磁卡	600800	公司累计亏损 7.03 亿元，欠付大股东借款 2.22 亿元，经营活动净现金流量–5879 万元，持续经营能力存在不确定性
	厦华电子	600870	已经终止经营原主营彩电业务，但公司的重组计划尚无实质性进展，持续经营能力存在重大不确定性
	四川金顶	600678	营业利润为–3807 万元，经营活动产生的现金净流量为–2559 万元，资产负债率为 92.03%，流动负债大于流动资产 2.51 亿元，持续经营能力存在不确定性
	*ST 江泉	600212	①公司亏损 3.4 亿元，累计未分配利润–3.82 亿元；②因环保政策，可能导致子公司的运量不足，影响公司未来盈利能力；③主要客户产能不足，可能无法及时、足额偿还公司债务。持续经营能力存在重大不确定性
	昌九生化	600228	①已停产的分、子公司无法在原地恢复生产；②累计未弥补亏损 5.46 亿元，且流动负债超过流动资产 1.69 亿元。其持续经营能力尚存在不确定性
	仰帆控股	600421	中国证监会对公司立案调查尚在进行过程中
	ST 明科	600091	公司全部化工装置继续停产，相关资产处置工作以及职工安置工作均取得了良好的进展，但尚未明确未来的发展方向，其持续经营能力存在一定的不确定性
	青海春天	600381	青海食品药监局下发通知，停止子公司冬虫夏草纯粉片产品试点和相关产品生产经营。可能产生巨额亏损，持续经营能力存在不确定性
	大有能源	600403	收到行政处罚事先告知书，认定其在 2012 年非公开发行股票期间涉嫌欺诈发行以及未按规定披露“2013 年 1 月 1 日起，天峻义海已不能独立对外销售煤炭”事项。存在因重大信息披露违法行为暂停上市的风险
	华锐风电	601558	①苏州美恩超导有限公司等对华锐风电公司提出的诉讼尚在审理中；②公司亏损 44.52 亿元，且每股净资产已低于股本，存在经营风险
	雪峰科技	603227	被中国证监会立案调查，尚未出具最终结论
	*ST 黑豹	600760	威海经济技术开发区管理委员会对中航黑豹提起的诉讼尚在审理当中
	金杯汽车	600609	持续经营能力仍存在重大不确定性
	中房股份	600890	累计未分配利润–3.57 亿元，且公司目前无后续开发项目，其持续经营能力存在重大不确定性
	宁波富邦	600768	扣除非经常性损益后的净亏损为 5122 万元，流动负债高于流动资产 2.41 亿元。持续经营能力仍然存在重大的不确定性
	武昌鱼	600275	武昌鱼公司经营业务较少，经常性业务持续亏损，累计亏损 4.82 亿元，流动负债合计金额超过流动资产合计金额 1.37 亿元，持续经营能力存在重大不确定性
	商赢环球	600146	累计亏损 2.39 亿元，子公司盈利能力较弱。持续经营能力仍存在不确定性

续表

意见类型	简　称	代　码	非标意见简述
强调事项	杭钢股份	600126	主要生产经营所在的半山基地已于2015年底关停。公司重大资产重组方案中的资产置换以及发行股份购买资产部分已于2016年3月实施完毕
	安泰集团	600408	应收账款中大股东控制的关联方经营性欠款16.60亿元；其他应收款中相关关联方经营性欠款3.85亿元，关联方欠款金额合计20.45亿元。关联方未来的还款情况将严重影响贵公司的持续经营能力
	北方股份	600262	公司于2016年初将控股子公司阿特拉斯解散清算，委托评估机构对阿特拉斯2015年末的整体资产进行清算假设下的评估，并据此计提了资产减值准备
	神马股份	600810	被中国证监会立案调查
	*ST兴业	600603	公司连续两年亏损，负债总额超过资产总额1.42亿元，持续经营能力存在重大不确定性
	天目药业	600671	①公司母公司部分产品的GMP认证已到期；②子公司部分产品和生产线，正准备进行改造及申请认证。如上述GMP认证改造不顺利或进度超过预期，公司将无法很快恢复相关产品的正常生产。持续经营能力存在不确定性
	上海物贸	600822	公司关键岗位决策失误，公司出现资金风险，预付款到期未履约、存货发生了重大的损失。目前相关资产及公司已通过资产重组剥离出上市公司
	五洲交通	600368	公司涉及纠纷或诉讼的应收款项共14笔，账面余额合计为2.84亿元，已计提坏帐准备1.84亿元，账面价值9921万元
	*ST新亿	600145	①被中国证监会立案调查；②最高法院要求新疆高院立案对新亿股份破产重整一案相关情况予以核实和查明，调查结论尚未形成；③公司本期无主营收入，其关联方的资产注入存在不确定性，导致未来持续经营能力具有不确定性
	宏达股份	600331	子公司低品位氧硫混合铅锌矿库存量为2310万吨，账面价值为10.57亿元，占净资产总额的22.99%。该低品位矿利用项目的建设尚处于前期准备阶段
	ST宜纸	600793	①公司累计未分配利润-1.64亿元，资产负债率98.44%。持续经营能力将存在重大不确定性；②搬迁损失补偿方式变更为按国务院590号文件执行，已发生搬迁损失为7.08亿元，在审计评估的基础上由宜宾市人民政府和纸业公司双方共同确认
	东方银星	600753	公司处于转型期，仅少量建材贸易业务，其持续经营能力存在不确定性
	大智慧	601519	根据《行政处罚及市场禁入事先告知书》，中国证监会拟对大智慧公司作出行政处罚及市场禁入。大智慧公司已申请听证、陈述及申辩
	*ST吉恩	600432	流动资产为63.69亿元，流动负债为117亿元，营运资本为-53.2亿元，本年亏损-28.7亿元，净资产52.3亿元。持续经营能力存在不确定性
	太化股份	600281	①受太原市西山地区综合整治的影响，公司陆续关停主要化工生产分公司；②累计亏损6.36亿元，流动负债大于流动资产3.62亿元，经营活动产生的现金净流量-0.46亿元。其持续经营能力存在不确定性
	廊坊发展	600149	公司亏损6448万元，其持续经营能力仍然存在不确定性
	恒生电子	600570	中国证监会对公司子公司杭州恒生网络技术服务有限公司提起的行政处罚尚处于听证阶段，其结果具有不确定性

续表

意见类型	简　称	代　码	非标意见简述
强调事项	*ST 景谷	600265	累计亏损 4.01 亿元，股东权益-8540.85 万元，货币资金 124.56 万元，逾期银行借款 8800 万元，拖欠银行利息 4687.52 万元，持续经营能力存在重大不确定性
	*ST 山煤	600546	山煤煤炭进出口有限公司发生诉讼，山煤国际能源集团华南有限公司对外提供担保及其诉讼
	澄星股份	600078	公司被中国证监会立案调查，尚无结果
	*ST 黑化	600179	公司母公司当年净亏损 2.86 亿元，流动负债高于资产总额 2.61 亿元。持续经营能力存在重大不确定性
	*ST 云维	600725	净利润为-37.12 亿元，累计亏损 44.35 亿元，资产负债率为 134.47%。持续经营能力存在重大不确定性
	*ST 南化	600301	①主业连年亏损，2015 年底决定终止搬迁，处置了停产搬迁相关资产。子公司净资产为-3496 万元，不能按期建成投产。持续经营能力存在重大不确定性。②将土地收储项目部分权利及尚未履行的义务一并转让给控股股东。广西北部湾国际港务集团有限公司为其履行义务及所需承担的赔偿责任提供担保

（二）非标意见涉及主要因素分析

根据非标意见的整体情况，可进一步概括导致非标意见的主要事项如表 8 所示。

表 8　　非标意见主要事项分析表

非标意见类型	事项性质	涉及公司
无法表示意见	持续经营能力存在重大不确定性；会计事项真实性和恰当性无法判断；公安立案调查结果对财务报表影响程度存在不确定性	退市博元
保留意见	会计处理适当性	*ST 新梅
	会计估计（减值计提等判断）	*ST 新梅
	重大风险事项（诉讼负债、重大关联交易未获授权）	*ST 山水、一汽富维
	持续经营重大不确定性	*ST 山水
保留意见+强调事项	保留意见：立案调查 强调事项：持续经营重大不确定性；部分未入账商业承兑汇票存在诉讼风险	*ST 成城
强调事项	重大风险事项，诉讼、搬迁补偿、存货丢失、破产重整重审等风险事项	9 家
	主要业务或产品停产导致的持续经营不确定性	8 家
	主营业务亏损、累计亏损巨大、净资产负数、高负债率、营运资金负数、每股净资产低于股本、大额关联方资金占用等，导致持续经营存在重大不确定性事宜	24 家

续表

非标意见类型	事项性质	涉及公司
强调事项	立案调查初步结果或整改	皖江物流、大有能源、大智慧、恒生电子
	立案调查，结果未明	仰帆控股、雪峰科技、神马股份、*ST 新亿、澄星股份

2015 年无法表示意见的仅退市博元一家，公司已因重大信息披露被移送公安机关，前期公司内控失效导致财务造假，且难以明确相关影响，目前公司已无主业运营，并存在前期股东捐赠事宜确认存疑和投资款去向不明等问题，公司整体财务数据和会计事项的可靠性不足。其无法表示意见主要源于部分会计事项真实性无法判断、公安机关立案调查结果对财务报表影响不确定，以及持续经营能力存在的重大不确定性。

2015 年保留意见的数量远少于 2014 年，且关于具体会计处理和确认的事项远低于 2014 年，仅 *ST 新梅和北方股份涉及相关情况。其余公司的保留事项主要涉及重大债务的不确定性、重大日常关联交易未经授权以及持续经营重大不确定性等。

审计意见中的强调事项旨在提示投资者关注相关风险，2015 年以持续经营重大不确定性风险为最多，包括具体经营状况不佳和主要业务或产品停产的情况，共计 32 家公司。其次是关于如诉讼、搬迁补偿等具体事项的风险提示。另外，在 2014 年底退市制度改革将重大信息披露违法列为退市情形后，被中国证监会立案调查也成为较为重要的风险因素。对于尚未明确结果的立案调查、已出具事先告知书但未下发最终决定，或是调查结果初步明确后进行整改的影响较大的情形，会计师均进行了一定的提示，提示投资者关注可能存在的风险。

五、2015 年审计存在的相关问题

从历年审计报告存在的问题看，可将其主要区分为审计意见适当性与相关信息披露两方面。本文对此进行分析总结，并提出完善建议。

（一）审计意见的适当性问题

审计意见的适当性是长期存在的普遍性问题，具体体现为审计意见适当性和有用性、会计师应该作出判断而未予判断、类似情形或事项在不同公司被出具的非标意见类型存在较大差异等。

1. 会计师审计意见有用性和针对性下降

2015 年，审计意见类型整体进一步向好，无法表示意见的降至 1 家，保留意见大幅减少至 4 家，主要非标意见均为强调事项。进一步分析强调事项的事由发现，2015 年基本集中于持续经营能力、立案调查、诉讼和搬迁补偿等企业难以控制的因素，几乎未出现以往年度常见的会计处理

或重大交易的处理相关事宜，整体审计意见的有用性和针对性明显降低。总体审计意见好转的现象可以从两个不同的角度看待理解：一个角度是公司内控和财务信息编制质量日渐提高，其报表编制水平和对会计事项的处理和判断更为公允，且公司愿意根据会计师的意见调整不符合会计准则的处理，没有动机通过特殊的交易或会计处理实现粉饰报表、调节利润等行为，其财务报表可以更全面公允地反映公司的经营状况，导致审计意见向好；另一个角度则可能是会计师的独立性进一步减弱，其实施的审计程序和最终出具审计意见的判定标准日渐放松，对于具体的会计处理事项的关注度降低，甚至存在无视明显违反会计准则出具标准无保留意见的情况。此类典型如美都能源，公司追溯适用会计估计变更的行为明显违反了会计准则的相关规定，会计师却对其出具标准无保留审计意见，其独立性和审计意见适当性均存在较大疑问。

2. 异常会计事项所反映的审计适当性问题

部分公司的会计处理事宜存在明显的违规和不恰当的情况，而会计师事务所对此仍出具了标准审计意见，其适当性值得重点怀疑。结合公司的日常信息披露情况和最终的年报披露，往往可以发现此类疑点。2015 年美都能源可称此类典型。公司于年报披露日同日公告称，公司于 2016 年 4 月 21 日召开董事会审议通过《关于会计估计变更的议案》，对公司油气资产折耗的确认标准和计提方法进行变更，该议案决定公司自 2015 年 1 月 1 日起对油气资产折耗基数进行变更，对公司 2015 年净利润影响约为 4.08 亿元；若公司 2015 年按照原方法计提，则将出现巨额亏损。根据《企业会计准则》，会计估计变更应采用未来适用法，《信息披露业务备忘录第 28 号——会计政策及会计估计变更》亦明确会计估计变更日不得早于董事会审议日或股东大会审议日。公司采用追溯调整的方式实施会计估计变更，明显违反了会计准则的相关规定，但其年审会计师仍对公司年报出具了标准无保留审计意见，该意见的恰当性值得关注。在交易所对公司的该项会计估计变更核算方法提出质疑后，公司对该事项重新进行董事会审议，其公告中称，经公司与年审会计师深入沟通，认为该油气资产折耗确认标准的调整系重大会计差错，将追溯调整 2014 年财务数据。按照该处理方法，公司 2015 年自然按照新的方法确认油气资产折耗，且年报数据无须调整，仍保持盈利。美都能源的会计估计事项一定程度上反映了其年审会计师的执业随意性，让我们有理由对其所出具的公司近两个年度审计意见的适当性产生疑问。

3. 会计师应该作出判断而未判断

在部分涉及会计处理的非标意见中，会计师应该作出适当判断而未作出判断，如对会计处理是否合规应判断而不作判断等。鉴于会计准则对会计核算的条件、时点等方面都进行了明确的规定，若某些因素不具备，即不应确认，若予以确认，就违反了会计准则的基本准则或者具体准则。但少数会计师为推卸责任而不作认定，其中最常见的情形是对于资产减值计提的充分性、金额适当性无法确定。

2015年，*ST新梅的保留意见即为上述问题的典型案例。其子公司喀什中盛持有宋河酒业10%的股份，投资金额为2.7亿元。其中，河南辅仁控股有限公司收购的5%股份设有回购条款约定，即如果宋河酒业3年内未完成上市，则交易对方以12%的年利回购。目前企业经营生产正常且仍持续盈利，2015年实现净利润约1.7亿元（未经审计），现回购期已届满,公司董事会决议拟要求辅仁控股回购上述股份，预计增加投资收益4860万元。截至审计报告出具日，公司未能与辅仁药业就股份回购事项签订新的回购协议。审计师称，"无法判断该部分股权投资是否发生减值以及可能发生的减值金额，也无法判断相关的投资收益是否能够确认"。上述情况下，公司股权是否被回购并不影响相关股权是否减值的判断，会计师应该结合收购股份时的估值和作价的考虑，按照既定的减值测试程序与方法确定该部分股权投资的减值情况；同时，相关准则对投资收益确认条件的规定是明确的，会计师对于投资收益是否符合确认条件也应做明确判断，不应以无法判断为由以保留意见代替审计判断。

4. 类似事项在不同公司被出具的意见类型差异较大

此类问题集中体现在持续经营不确定性事项以及立案调查事项，在立案调查事项上表现更为明显。鉴于上市公司被立案调查的结果公开前，相关案件对公司的影响和最终调查结论均难以判断，可以说被立案调查的公司面临的不确定性在很大程度上是相同的，而针对相似的不确定性，不同会计师的判断差异巨大，2015年仅有仰帆控股等5家公司因被立案调查被会计师出具强调事项段的审计意见，*ST成城则因被立案调查被出具了保留意见，而大连控股、宝光股份等更多被立案调查的公司被出具了标准无保留意见。由此可见，对于尚未明确结果的立案调查事项，会计师是否充分考虑了可能的影响，以及是否就此进行充分提示的判断差异较大。

另一常见情形是持续经营不确定性事项。由于持续经营不确定的影响程度主要取决于会计师的判断，不同会计师的判断差异巨大。2015年共计32家公司因持续经营不确定被出具带强调事项段的无保留意见，但也有个别公司被出具保留意见或无法表示意见，如2015年的*ST山水。鉴于持续经营不确定的影响程度确实因公司而异，会计师判断差异的存在具有一定合理性，但实践中会计师进行相关判断的考虑和标准并不明确，相关说明及其披露的针对性不足，从审计报告及其专项说明均无法判断持续经营不确定的程度，以及据此出具不同类型审计意见的具体标准。

（二）审计相关信息披露问题

1. 审计意见类型变化的原因以及后续披露缺失

2015年，16家公司由非标意见变更为标准意见，还有部分公司的审计意见由较为"严重"的非标审计意见类型变更为较

"优"的非标意见，如由保留意见变化为带强调事项段的无保留意见等。一般来说，审计意见好转的原因应是导致非标意见的因素已经消除或减轻。但从审计报告中无法反映相关情况，而在定期报告中亦未对前期非标意见所涉事项的解决、纠正情况进行披露。在持续的信息披露缺失的情况下，往往使投资者难以判断审计意见类型变更的适当性。

上述问题在持续经营不确定性导致的非标意见中尤为明显。会计师对持续经营不确定性的判断依据一般是财务指标恶化，如主营亏损、营运资金为负数、负债率高等，这些情况往往源于主营业务的经营不善，但部分公司仅因为通过出售资产、债务豁免或政府补助等手段实现非经营性盈利，其审计意见即变更为较"优"的类型，这种变更的原因及适当性值得关注，因为公司并未从根本上改善其经营状况。由于对审计意见类型变更的考虑因素或标准的披露没有相应的标准，导致审计报告使用者对审计意见变化的依据和适当性往往难以判断。

2. 会计师专项说明针对性不足

根据《公开发行证券的公司信息披露编报规则第14号——非标准无保留审计意见及其涉及事项的处理》、《股票上市规则》等的规定，定期报告被出具非标准无保留意见审计报告时，负责审计的会计师事务所和注册会计师应出具专项说明。专项说明至少应包括：一是出具非标准无保留审计意见的理由和依据；二是非标准无保留审计意见涉及事项对报告期内公司财务状况和经营成果的具体影响，若扣除受影响的金额后导致公司盈亏性质发生变化的，应当明确说明；三是非标准无保留审计意见涉及事项是否属于明显违反会计准则、制度及相关信息披露规范规定的情形。但从2015年非标意见专项说明看，内容依然不完善，主要表现在以下三方面：

一是简单重复审计报告有关内容，未说明出具非标意见的具体判断理由。多数公司在说明原因时只是简单引用审计准则条款作为依据，并无会计师的判断和分析过程，以及出具非标意见的具体原因；部分公司专项说明与审计报告的有关内容基本一致，未作任何针对性的延伸和解释，如*ST新梅等。

二是未说明非标意见涉及事项的具体影响。多数专项说明都未明确表述非标意见涉及事项对财务状况、经营成果的影响，仅称会计师无法判断相关可能的影响，部分甚至未明确会计师无法判断的原因是源于"审计范围受限"还是会计师不愿明确判断。典型的如*ST新梅、*ST山水和一汽富维等。其中，*ST新梅的专项说明中，完全未提及相关事项可能对报表造成的影响，仅在出具保留意见的理由中称无法判断相关股权投资是否减值以及相关收益是否可以确认，令报表使用者难以判断相关事项的影响程度。

三是不属于明显违反会计准则事项的原因未予说明。随着近年来实时监管力度的加强，会计师均应按要求明确是否存在明显违反会计准则的说明。2015年会计师普遍披露相关事项不属于明显违反会计准则的事项，可能与2015年审计意见中涉及具体会计处理的事项极少也有较大关系。但随之而来的问题是，在某些会计处理确实值得商榷的情况下，会计师并未进一步具体说明涉及的会计处理事项未违反会计准则的原因，导致该项要求沦为专项说明中的标准段落。

3. 聘任和解聘事务所相关信息披露

目前与聘任会计师事务所相关的信息披露要求包括定期报告与临时公告两方面。

一是根据《公开发行证券的公司信息披露内容与格式准则第2号——年度报告的内容与格式》，公司应当披露年度财务报告审计聘任、解聘会计师事务所的情况，报告期内支付给聘任会计师事务所的报酬情况，及目前的审计机构和签字会计师已为公司提供审计服务的连续年限。根据2015年的执行情况，公司年报中往往仅简单披露会计师变更以及本年度报酬，就当前审计机构和签字会计师连续提供服务的年限等具体信息的披露不足，难以判断是否切实执行了执业会计师轮换等相关规定。

二是相关规定要求公司就会计师事务所变更情况进行单独公告，相关公告需明确变更原因、事务所变更行为的发起方、原会计师事务所陈述以及原会计师事务所与新聘事务所的沟通情况等。规则立意于从信息披露的角度透视会计师事务所变更背后的原因，以及与审计事项潜在的相关性，意图尽量减少公司因为就重要事项的分歧变更事务所，通过变更事务所“购买”审计意见等行为。但在实际执行中，上市公司就上述要求的执行情况较差，相关披露不充分。从2015年会计师事务所变更的披露情况看，主要存在以下问题：①大量公司未就事务所变更情况披露单独公告，仅在董事会决议中说明聘任新任会计师，且通过此种表述回避会计师事务所“变更”的实质，完全不履行变更会计师事务所相关信息披露要求；②在相关披露内容中未就前述要求的信息进行说明，仅笼统披露公司变更了会计师和变更理由，未就具体变更行为发起方、是否存在分歧事宜、新旧会计师沟通情况等进行披露，相关披露流于形式，实际信息量不足。

六、完善审计相关信息披露的建议

针对上述审计相关问题，现从相关审计准则、信息披露规则的完善、日常信息披露监管以及事后监管与处罚等方面提出改善建议。

（一）进一步修订完善审计报告相关准则

上述审计意见适当性等问题的部分根源在于相关审计准则和审计报告相关要求的不完善。由于审计准则的有关规定过于宽泛、过于原则，导致会计师在出具审计报告时职业判断的空间过大，既使“购买”审计报告成为可能，也造成审计意见的有用性和信息价值降低。就此，建议从以下几个方面予以完善：

一是深化审计报告相关准则的改革，对审计报告主要要素和格式进行改进，增加对决策有用的关键信息和说明。如增加出具相关审计意见的具体判断和主要考虑因素，就其恰当性进行分析，以及审计中关注到的关键事项等。同时针对标准无保留意见审计报告，亦可要求结合前期审计意见、内控审计和财务审计差异、会计师事务所变更和沟通等问题，明确值得关注的关键事项，使投资者通过会计师的工作获取有价值的信息。

二是进一步明确和统一相关判断标准，压缩“过度自由”的判断空间。建议相关准则制定机构或技术指导部门以案例形式发布操作指南，通过案例比较与分析，提出出具不同审计意见应参考的基本要素，并对可以量化的要素设定原则性的相对等级标准，在一定程度上减少对相似情形出具不同审计意见的随意性。例如，对于持续经营能力不确定性的事项，可以根据相关事宜影响的深远程度、获得改善的难度、财务状况恶化程度、对公司具体日常运营的影响范围等方面加以区分，为不同程度的持续经营不确定性情况下出具审计意见提供参考。

（二）加强内控审计意见与财务审计意见的联动

根据上文分析发现，内控审计意见与财务审计意见存在不同差异的问题仍然存在，甚至存在内控审计意见为否定但财务审计意见为标准无保留的情形。在各自进行两类审计的审计机构相同的情况下，公司在财务审计中应考虑内部控制情况可能对财务审计的影响，并在审计意见中或相关说明中有所体现，但实践中两类审计意见的关联性体现不够。报表使用者难以判断相关事项确实对财务审计并无影响，抑或是财务审计未考虑相关内部控制缺陷导致审计意见适当性存疑。

建议从日常监管和规则制定两个角度着手实现二者的联动。一是在年报审核和日常监管中着重关注二者存在差异的公司，并通过年报审核等方式加以问询，明确相关内部控制缺陷的影响和范围，以及其对财务审计的影响，将相关风险和会计师判断的考虑因素充分揭示，以信息披露间接推动审计意见的严谨性和适当性的提升。二是配合相关信息披露规则以及审计准则的修订，要求在二者存在差异时，会计师应在财务审计报告以及内控审计报告中说明是否考虑相关审计意见和事项的影响，是否影响本审计报告的出具，明确作出上述判断的主要考虑和相关标准等。

（三）强化会计师专项说明的编制要求

鉴于目前会计师专项说明存在针对性不足、部分流于形式的问题，建议在现有的规则框架下，进一步规范和完善会计师关于出具非标意见的专项说明。如具体说明审计范围受限的具体情形以及会计师能够作出审计判断的所需条件，是否违反会计准则的结论应明确且理由充分，明确说明非标意见对被审计单位财务状况与经营成果的具体影响等。

此外，结合信息披露直通车范围不断扩大、实施不断深化的背景，有必要考虑对《14号编报规则》等现有规则的有关规定予以修订。一是以风险提示代替股票停牌，即若会计师认定非标意见事项属于明显违反会计准则事项，上市公司应进行单独公告进行相关风险提示，并预计可能对会计报表更正的影响；若认定无法判断非标意见事项是否属于明显违反会计准则事项，应提示仍可能被认定为明显违反会计准则的风险及其可能的影响。二是明确交易所进行年报审计相关披露事项的事后审核定位，上市公司、会计师未充分提示相关风险，应承担相关责任。

（四）在年报中增加对审计意见变更的额外说明

目前，在上市公司年报中仅强制要求公司对本年度非标意见进行说明，而未强制要求就审计意见变更的原因进行解释。特别是针对以前年度为非标意见而本年度为标准审计意见的公司，投资者无法获悉导致上一年度被出具非标意见的事项是否已经得到解决。例如，若此前会计师就某项会计处理出具了保留意见，后续该项处理对公司是否仍有持续影响，公司是否采取了其他方式消除了相关影响等，都是值得跟踪和持续关注的问题。而目前相关信息的缺失可能导致对审计意见恰当性的质疑。

对于上述问题，基于从持续信息披露监管、对重大事项进展的跟踪以及从审计意见恰当性分析的角度，我们建议进一步强化关于以前年度非标意见以及审计意见变更的相关披露要求，要求公司说明上一年度非标审计意见类型所涉及的事项、为消除非标意见所涉事项公司后续所做的工作和进展、相关影响是否已消除，并结合本年度审计意见变更情形，说明审计意见的适当性。

（五）加强会计师事务所变更的信息披露监管

从2015年度及以前年度情况看，上市公司对会计师事务所变更相关情况的披露随意性较大、针对性不强，难以从披露的内容中获悉更换会计师事务所的真正原因，其中可能隐藏了事务所与公司的分歧以及“购买”审计报告、隐瞒违法、违规及提供虚假财务信息等行为。中国证监会就事务所变更已有相关规范要求，但暂未具体落实到相关披露要求上，实际执行中差异较大，且投资者难以通过公开披露的信息了解其具体情况，建议由交易所发布专门的《上市公司变更会计师事务所公告》格式指引，从以下几个方面进一步完善相关规则，并在日常监管中督促公司执行：

一是应要求变更会计师事务所的公司单独发布公告，就相关事项进行充分的说明和披露。

二是应明确变更提议方，由会计师事务所主动辞聘的，应由其说明原因，并就改聘事宜说明情况；由公司辞聘的，则应由公司说明，且原会计师事务所应提供陈述和书面材料，表明是否与公司存在重大分歧或其他影响续聘的事由；原会计师还应说明是否需就改聘相关事项向公司股东大会陈述意见。

三是应披露原会计师事务所与新聘事务所的沟通情况，说明原审会计师事务所与新聘事务所是否已就公司上一年度非标意见涉及事项、审计中重点关注的其他有关问题进行了或计划进行沟通，以及具体的沟通情形。

在充分信息披露的基础上，交易所应加强对变更会计师事务所公司的事后监管，以“合理怀疑”的态度，对有关披露进行“刨根问底”式的事后审核，对相关公司年报和事务所执业情况重点监管，防止出现“购买”审计报告的行为。

（六）强化事后监管和处罚力度

即使制度设定日趋完善，但实践中不同公司和事务所执行情况参差不齐，同时不同事务所的执业水平和执业标准差异较大，这都需要通过事后监督和处罚加以规范和统一。

一是对会计师事务所执业质量的监管。在会计师事务所竞争日益激烈的市场环境下，若监管不足，会计师事务所违规成本较低，则将产生“劣币驱逐良币”、整体审计质量和审计独立性下降的后果。建议相关监管部门加强协作，强化对审计意见恰当性的检查和处罚，对于涉嫌审计意见显失恰当的会计师事务所，相关主管部门如财政部和中国证监会应进行重点核查。同时，应加大对违规事务所的处罚力度，在对相关个人进行处罚的同时，还应加强对会计师事务所的处罚，采用诸如限制审计上市公司家数、限期或按区域取消证券业务审计资格等，以增加会计师事务所的违规成本。

二是从证券监管和信息披露的角度，结合会计师事务所变更、会计师对非标意见的专项说明、年报中的相关信息披露要求等信息披露事宜，进一步强化监管，使相关制度设计和披露要求落到实处。在间接推动会计师事务所减少审计意见的随意性和不适当性的同时，促使公司对审计意见变更和事务所的变更等事宜进行更加充分的说明和披露，为投资者决策提供更多的有效信息。为此。一方面要强化会计师事务所作为信息披露义务人的义务，使其积极配合交易所对其提出的有关信息披露要求；另一方面加强交易所对会计师事务所等证券中介机构的违规处分力度，具体化有关处分标准与处分措施，使交易所对中介机构的信息披露监管落到实处。

上海证券交易所年报分析课题小组

沪市上市公司2015年年报内部控制信息披露情况分析

近年来，在我国相关政策的推动下，沪市上市公司内部控制信息披露逐渐规范，从2006年仅34家公司披露内部控制自我评价报告（以下简称“内控评价报告”）和内部控制审计报告（以下简称“内控审计报告”）到2014年起内部控制信息披露的全面实施，沪市上市公司在内控建设和信息披露方面取得了较为显著的进步。2015年12月，上交所对《上市公司定期报告工作备忘录第一号——年度内部控制信息的编制、审议和披露》进行修订，并统一制作了内控报告编制模板。根据要求，沪市上市公司使用上交所公告编制软件编写年度内控评价报告，进一步提高了内控报告披露的规范性，同时也为公司编制报告提供了便利。但不可否认的是，上市公司在内部控制信息披露和内部控制建设中依然存在一些不可忽视的问题。本文基于沪市上市公司2015年年报内控信息披露的情况，通过分析上市公司内部控制信息披露及重大缺陷情况，提出相应监管思考与建议。

一、2015年沪市上市公司内控信息披露总体情况

我国上市公司内部控制信息的披露经历了自愿到强制、各自为政到统一规范的变迁。财政部等五部委分别于2008年和2010年发布《企业内部控制基本规范》和企业内部控制应用、评价、审计三项配套指引，标志着具有统一性、公认性和权威性的中国企业内部控制规范体系的形成。按照2012年财政部与中国证监会联合发布的《关于2012年主板上市公司分类分批实施企业内部控制规范体系的通知》，自2014年起，除因进行破产重整、借壳上市或重大资产重组以及新上市两种特殊情况外，主板上市公司应当全面披露内控评价报告和内控审计报告。

2015年是分类分批实施原则全面执行的第二年，从2015年内控信息披露情况来看，沪市上市公司较好地执行了《通知》有关要求。逾九成的公司披露了内控评价报告和内控审计报告，亦有多家新上市公司及年度内完成重大资产重组的公司自愿进行了披露。

披露质量方面，近年来，随着监管规范的持续完善和监管机构的不断推动，沪市上市公司内控信息披露的规范性和有效性有了显著提升。2015年12月，上交所根据《公开发行证券的公司信息披露编报规则第21号——年度内部控制评价报告的一

般规定》(以下简称《一般规定》) 的有关要求，对《上市公司定期报告工作备忘录第一号——年度内部控制信息的编制、审议和披露》(以下简称《备忘录一号》) 进行了修订，并统一制作了内控报告编制模板，明确要求沪市上市公司使用上交所公告编制软件，编写年度内控评价报告，以进一步提高公司内控报告披露的规范性，同时为公司编制报告提供便利。2015 年，沪市上市公司均已按照前述规定的要求，按照统一的编制软件编写了规范格式的内控评价报告，报告信息的规范性和可比性得到进一步增强，整体披露情况良好。此外，2015 年沪市上市公司所披露的内控审计报告中，非标意见数量相较往年基本持平，内控审计意见呈现差异化结果。

沪市上市公司 2015 年内控评价与审计两项报告披露情况具体分析如下：

（一）内控评价报告披露比例达 94.5%，6 家公司财报内控存在重大缺陷

随着监管要求的日益规范，沪市上市公司内控评价报告信息披露的数量和质量稳步提高。据统计，截至 2016 年 4 月 30 日，在沪市对外披露 2015 年度报告的公司中，其中 1025 家公司同期披露了内控评价报告，占比达到 94.5%。60 家未披露内控评价报告的上市公司中，新上市公司有 43 家，因进行破产重整、借壳上市或重大资产重组而未建立健全内控体系的上市公司有 17 家。

披露内控评价报告的 1025 家沪市上市公司中，1018 家公司认为其 2015 年财务报告内部控制是有效的，占比 99.3%，较上一年度有所提高。“自曝家丑”的 7 家上市公司分别为禾嘉股份、大有能源、柳化股份、秋林集团、海南橡胶、雪峰科技、太化股份，其财务报告内控评价结论为无效。

根据公司非财务报告内部控制重大缺陷披露情况，1025 家沪市上市公司中，有 1019 家公司未发现非财务报告内部控制重大缺陷，占比 99.4%；另有 6 家公司存在非财务报告内部控制重大缺陷，包括五洲交通、大有能源、退市博元、匹凸匹、*ST 新梅、雪峰科技。

（二）超过九成公司内部控制自我评价范围两项指标达到 80%以上

根据《一般规定》的要求，上市公司需按照风险导向原则确定纳入评价范围的主要单位、业务和事项以及高风险领域，并对评价范围是否存在重大遗漏形成明确结论。如果评价范围存在重大遗漏或法定豁免，则应当披露评价范围重大遗漏的具体情况、对评价结论产生的影响以及法定豁免的相关情况。其中，纳入评价范围的主要单位需披露资产总额占比及营业收入合计占比两个量化指标。

据统计，2015 年沪市上市公司中，纳入评价范围单位的资产总额占合并报表资产总额的比重达到 80%以上的上市公司共计 973 家，占披露内控评价报告的 1025 家公司的 94.9%；纳入评价范围单位营业收入合计占合并报表营业收入总额的比重达到 80%以上的上市公司共计 955 家，占比

为93.2%。上述两项指标均优于2014年。与2014年约有7%的公司未披露评价范围占比的情况相比，2015年除洪城水业未计算并披露外，其余公司均进行了披露。两项指标分布明细如表1所示。

表1　2015年上市公司纳入内部控制评价范围单位两项指标分布情况　单位：%

	纳入评价范围资产总额占比分布	纳入评价范围营业收入合计占比分布
100%以上（含）	431	486
80%~100%	542	469
50%~80%	44	61
50%以下	7	8
未披露	1	1

此外，根据《一般规定》的要求，上市公司评价范围存在重大遗漏的，应当披露评价范围重大遗漏的具体情况及其对评价结论产生的影响。从披露情况看，沪市上市公司均认为其评价范围不存在重大遗漏。

（三）财务报告与非财务报告内控缺陷认定要求执行情况良好

根据《一般规定》的要求，对于内控评价工作情况，公司应当区分财务报告内部控制和非财务报告内部控制，分别披露重大、重要缺陷的认定标准、认定结果及整改情况等。据统计，2015年披露内控评价报告的1025家沪市上市公司中，99.8%的上市公司能够结合公司规模、行业特征、风险偏好和风险承受度等因素，制定并披露适用于公司自身的内部控制缺陷具体认定标准。其中，多数公司用于确定财务报告内部控制缺陷定量标准的基准（指标）是缺陷导致的错报对财务报表的影响程度，包括缺陷导致的总资产、净资产、营业收入、营业成本、税前（税后）利润等指标潜在错报金额及/或其占财务报表对应项目的比重，并按不同的取值范围确定为重大缺陷和重要缺陷；非财务报告内部控制缺陷定量标准的量化指标大多与此相同，少数公司采用目标偏离度、员工流失率等指标。在同类指标的取值上，各家公司由于其所处行业或公司自身特点等原因，亦有所差异。另外，多数公司的财务报告及非财务报告内控缺陷的定性标准也较为明确。

内控缺陷认定结果方面，如前所述，共有7家公司披露财务报告内部控制存在重大缺陷，认定的重大缺陷主要集中在销售管理、财务管理、其他等业务领域，涉及货款回收、应收票据、关联交易、非经营性资金占用等方面存在的问题；6家上市公司披露非财务报告内部控制存在重大缺陷，主要涉及重大诉讼、信息披露违法、资产处置未经决策、违规出借相关资质等方面存在的问题。

表 2　　2015 年上市公司内部控制缺陷认定及整改情况　　单位：家

	披露公司家数	截至基准日，已完成整改的公司家数
存在财务报告内部控制重大缺陷	7	4
存在财务报告内部控制重要缺陷	13	9
存在非财务报告内部控制重大缺陷	6	3
存在非财务报告内部控制重要缺陷	28	27

由于《一般规定》并未对一般缺陷的披露做强制要求，各公司一般缺陷的披露内容较为宽泛，多为仅说明对一般缺陷已及时制定整改计划、落实整改措施，仅有少数公司详细披露了一般缺陷的个数，或具体内容、影响与整改措施等。

（四）内控审计报告披露比例达 93%，非标意见数量与 2014 年基本持平

2015 年，在已披露内控评价报告的 1025 家公司中，共有 1008 家上市公司披露内控审计报告，达到沪市上市公司总数的 92.9%；而相应未披露内控审计报告的 17 家公司中，16 家为新上市公司，1 家涉及重大资产重组（武昌鱼）。

部分未被纳入强制实施范围的上市公司亦自愿披露了内控审计报告。如 2015 年后新上市公司中，有 35 家公司主动披露了内控审计报告；另有部分公司在 2015 年完成重大资产重组后，积极建立健全内控体系，并主动披露了内控审计报告。这意味着除了监管要求外，上市公司越来越重视利用外部力量对内部控制设计和运行的有效性进行审视。

2015 年，内控审计报告非标意见数量相较往年基本持平。1008 份内控审计报告中，955 份为标准无保留意见，53 份为非标意见。其中，有 8 份被出具否定意见，占 2015 年 1008 份内控审计报告的 0.79%。该比例远低于美国 2005~2014 年根据《萨班斯—奥克斯利法案》第 404 条款，会计师事务所审计发现上市公司内部控制无效的平均比例 6.24%。2015 年沪市内控审计报告非标意见基本情况如下：

一是带强调事项段的无保留意见内控审计报告共计 45 份，较 2014 年增长 28.6%，其强调事项大致可分为以下五类：第一类是前期存在的缺陷已整改，但整改后的内部控制尚未运行足够时间。例如，上海物贸，由于公司关键岗位决策失误，未及时发现交易对方出现的经营困难、资金链断裂、存货被挪用等情况，使得公司预付款发生了到期未履行的情况，存货发生了重大的损失；公司在 2015 年 12 月对相关内部控制进行了整改，但审计师认为整改后的控制尚未运行足够长的时间。第二类是目前或曾经因违反证券法律收到监管部门的处罚、立案调查、责令整改等事项，如澄星股份、仰帆控股、恒生电子、皖江物流、大连控股、神马股份等。第三类是因公司部分业务处于停产状态或当年进行并购重组等事项，审计范围未涵盖相

关业务的内部控制活动，如上海梅林、华业资本、新力金融、昌九生化、*ST南化、方大炭素、ST宜纸等。第四类是公司治理结构问题，如中毅达，因公司内部审计部门在2015年8月才设立，因此未能在年度内全面有效地履行内部审计部门的职责；又如华锐风电，因2015年内公司多名关键管理人员离职，审计师认为其对公司稳定经营产生不利影响。第五类是因业绩预告变脸或差异过大，审计师认为其信息披露准确性不足，如国栋建设、匹凸匹、重庆钢铁等。

二是2015年共有8家公司的内控审计报告被出具否定意见，较2014年15家否定意见有所减少，相关内控问题主要集中于关联方资金占用、关联交易的识别和审批程序等方面。8家公司中大有能源连续三年被出具否定意见，柳化股份连续两年被出具否定意见，而禾嘉股份、太化股份、一汽富维、秋林集团、海南橡胶、雪峰科技6家公司由2014年的标准无保留意见变更为否定意见。上述8家公司均未在2015年变更内部控制审计师事务所。另外，我们也注意到，2014年内控审计为否定意见或无法表示意见的16家公司中，有12家公司在2015年并未更换事务所，除大有能源、柳化股份继续被出具否定意见外，其他10家公司2015年的内控审计意见均为标准无保留意见。

（五）部分公司内控审计与财报审计两项审计意见存在差异

根据2015年沪市上市公司内控审计报告与财报审计报告比对发现，69家公司两项意见存在差异，占比为6.85%。其中，31家内控审计报告为标准无保留意见的公司，其财报审计意见为非标意见（包括保留意见、无法表示意见及带强调事项段的无保留意见三类）；45家内控审计为带强调事项段的无保留意见的公司中，有30家的财报审计为标准无保留意见；8家内控审计为否定意见公司的财报审计报告中，1家为保留意见，3家为带强调事项段的无保留意见，4家为标准无保留意见。

表3　2015年沪市上市公司内控审计与财报审计意见差异情况

内控审计	财报审计	公司名称
标准无保留意见	无法表示意见	退市博元（1家）
	保留意见	*ST山水、ST成城、*ST新梅（3家）
	带强调事项段的无保留意见	ST明科、杭钢股份、商赢环球、廊坊发展、*ST黑化、ST江泉、北方股份、*ST景谷、*ST亚星、*ST天利、五洲交通、山东金泰、安泰集团、*ST吉恩、*ST八钢、*ST兴业、金杯汽车、天目药业、四川金顶、彩虹股份、*ST云维、*ST黑豹、宁波富邦、天津磁卡、厦华电子、中房股份、大智慧（27家）
带强调事项段的无保留意见	标准无保留意见	兰花科创、华业资本、新力金融、国栋建设、通葡股份、现代制药、石岘纸业、六国化工、方大炭素、宏达矿业、万家文化、仪电电子、中毅达、金枫酒业、匹凸匹、华银电力、中茵股份、大连控股、洛阳玻璃、中国嘉陵、亚泰集团、*ST建机、重庆钢铁、中国一重、滨化股份、中衡设计、亚邦股份、浙江广厦、上海梅林、武钢股份（30家）

续表

内控审计	财报审计	公司名称
否定意见	保留意见	一汽富维（1家）
	带强调事项段的无保留意见	太化股份、大有能源、雪峰科技（3家）
	标准无保留意见	柳化股份、秋林集团、海南橡胶、禾嘉股份（4家）

通常而言，内控审计与财报审计在理论上存在相关性，内控审计报告被出具否定意见，意味着企业运营和财务数据生成的基本机制可能存在问题，继而可能影响财务审计的根本基础。但实践中，内部控制非标审计意见并不必然导致当年度财务报告审计意见为非标。若管理层已识别并整改相应缺陷，或在对外披露的财务报告中已对产生的相关错报进行了恰当的调整，则注册会计师认为内控缺陷并未对当年度财务报表出具的审计报告产生影响，即使其内部控制审计报告意见类型为否定意见，对年报的审计报告意见类型仍为标准无保留意见。

例如，太化股份的内控审计师认为公司部分贸易业务核算流程不规范、未对搬迁停产资产的减值计提减值损失等，与之相关的内部控制运行失效，但公司已进行整改并在年报中对相应财务数据进行了调整，内控审计报告中强调的上述情况对当年度财报审计并不构成影响。

但鉴于两项审计意见在理论上具备相关性，两者的差异可能导致投资者对审计意见的恰当性产生疑问，有必要对审计意见一致性予以适当关注，并要求注册会计师在内控审计报告中具体说明对财务报表审计意见的影响。2015年被出具否定意见的内控审计报告，有4份明确表示“已在财务报告审计中考虑了相应缺陷的影响”，但仅为简单概括，未具体说明缺陷整改及财报调整情况。

二、2015年沪市上市公司内部控制重大缺陷分析

通过比较上市公司内控自评结论与审计师发现的重大缺陷，我们发现，在财务报告内控重大缺陷披露方面，内控自我评价报告共计披露11个重大缺陷，内控审计报告共计披露14个重大缺陷，除3项审计师对报告期内已完成整改缺陷的强调外，多数情况下，两者对重大缺陷的性质、内容的认定及描述保持一致。差异来自于一汽富维的审计师认为公司2015年在日常关联交易未获股东大会通过的情况下仍进行了相关交易，表明公司与关联交易的授权和批准相关的内部控制存在重大缺陷，但公司认为由于其主营业务90%以上来自关联交易，若停止关联交易将导致公司无法生产经营，且相关交易亦未损害公司和股东利益。此外，鹏欣资源在其内控评价报告中主动披露了已完成整改的2014年收入确认方面的重大缺陷情况。

非财务报告内控重大缺陷披露方面，

内控自我评价报告共计披露了7个重大缺陷，内控审计报告则披露了7个重大缺陷。可见审计师在对财务报告内部控制发表意见的同时，也对非财务报告相关控制活动进行了必要的关注。

（一）从业务领域来看，财务管理、销售管理、资产管理是内部控制重大缺陷发生的主要领域

按企业经营活动的主要业务领域分类，2015年沪市上市公司内控评价报告及否定意见的内控审计报告中披露的12个财务报告重大缺陷以及7个非财务报告重大缺陷中，主要涉及的业务领域包括财务管理、销售管理、资产管理，合计占所有重大缺陷数量的68.4%，与2014年产生重大缺陷的主要领域基本类似。其他发生重大缺陷的领域还包括关联交易的授权审批、综合管理、投资管理等。

财务管理领域的重大缺陷主要包括关联方资金占用、通过出纳个人账户收取货款、未合理计提减值损失、收入成本的跨期确认不当等。销售管理领域的重大缺陷主要体现在销售人员职务侵占、擅自变更销售渠道、由销售业务形成的法律纠纷等。资产管理领域内的重大缺陷主要体现在存货的出入库管理不善、采矿权转让未履行审批决策程序、专业资质违规出借他人使用等。

（二）从控制活动来看，会计系统控制、授权审批控制及财产保护控制是重大缺陷的主要类型

根据《企业内部控制基本规范》的控制活动类别，2015年沪市上市公司内部控制重大缺陷主要集中在授权审批控制、会计系统控制、财产保护控制、不相容职责分离控制等，其中授权审批控制缺陷最为突出，而预算控制、绩效考评控制等则未出现重大缺陷。这说明在财务报告相关控制活动的执行过程中较易发生主观偏离。

（三）从业绩表现来看，内控重大缺陷集中发生在经营困难的公司

在13家披露存在内控重大缺陷的上市公司中，绝大部分公司业绩表现较差，有8家公司每股收益为负，占比超过六成，另有一家公司每股收益为0.01元，为微利公司。究其原因，首先，该类公司管理层没有足够的精力放在内控建设上，内控意识不强，导致内控的执行不力。例如，太化股份部分贸易业务出入库管理不当；*ST新梅因忙于应付股东纠纷，股东大会和董事会部分职能受限，相应的内部控制已失效。其次，鉴于没有良好的盈利作为支撑，管理层为了粉饰业绩，抑或出于控股股东或自身利益的考虑，极有可能出现逾越内部控制的行为。如柳化股份存在大额的控股股东及其他关联方非经营性资金占用等。

（四）从行业分布来看，内控重大缺陷多集中于周期性行业公司

13家披露存在内控重大缺陷的上市公司多分布于化学品制造、有色金属、煤炭开采、房地产等传统周期性行业。周期性行业公司的经营状况与宏观经济周期有较大相关性，需求弹性大，且往往因行业周期的影响，其盈利周期相对较长，主营不可避免地出现连续亏损。为了满足监管标准的需要，周期性行业公司盈余管理的动机较强，存在财务报告相关的内部控制失效的隐患。如太化股份未对搬迁停产资产的减值进行合理估计并计提减值损失等。

值得注意的是，在6家披露非财务报告内控重大缺陷的公司中，有3家为“壳公司”。一方面，由于壳公司多处于经营管理基本停滞的状态，控制环境相对不健全，而控制环境作为企业内控体系的基础，相应地，其在各业务流程中易存在较大的风险或缺陷；另一方面，壳公司多丧失持续经营能力，但出于规避退市等目的，其常依靠非经常性的损益实现盈利，进行盈余操纵的动机较强，存在逾越内部控制的隐患。

（五）从企业属性来看，内控重大缺陷集中于地方国企与民营企业

在13家披露存在内控重大缺陷的上市公司中，有85%集中于地方国有企业与民营企业。其中，部分传统地方国有公司的治理结构相对较不完善，缺乏有效的激励、约束机制，风险意识欠缺，往往存在监督不力的情况，如大有能源子公司销售渠道变更未履行相应决策程序，授权审批控制失效。而对于民营企业来说，其规范化程度相对不高，甚至存在内控意识不强、责任不清、随意性大的问题，集权现象普遍，难以形成有效制衡，如秋林集团的珠宝销售公司发生通过出纳个人账户收取货款的现象，表明其不相容职责分离控制流于形式。

三、沪市上市公司内控信息披露总结及建议

2015年，沪市上市公司内部控制及其信息披露情况总体良好，不论是内控自评中财务报告内控评价结论为有效的公司比例，还是评价范围的全面性、认定标准的制定等，均优于往年水平。此外，2015年上交所对《备忘录一号》进行了修订，明确上市公司应当使用上交所提供的公告编制软件编写年度内控评价报告，进一步促进了上市公司内控信息披露的规范化，以及内控信息的可比性。

但我们也关注到，上市公司内部控制建设和信息披露仍然存在一些问题和不足。对此，本文提出以下几方面建议，以督促上市公司进一步提升内部控制水平，提高风险防范能力，促进资本市场健康发展。

（一）内控缺陷内容的披露质量有待提高，建议在规则制定层面细化披露要求

内部控制缺陷是衡量上市公司内部控制有效性的负向指标。内部控制缺陷的模

糊披露，或披露时“避重就轻”，将不利于投资者判定上市公司的内部控制有效性，从而影响其作出合理的投资决策。从沪市内控信息披露实践看，上市公司关于内控缺陷信息的披露主要存在以下两方面问题：

一是关于内控缺陷认定标准的规范性和一致性不足。上市公司认定内控缺陷时带有一定的主观性，未能充分考虑所处行业环境、自身经营状况等客观因素；上市公司之间内控缺陷认定标准，尤其是定量标准的可比性不强。如批发零售业上市公司多以营业收入或净利润为基准确定财务报告的重大缺陷，但鉴于业内公司存在收入较高、利润偏低的特点，根据上述两类基准计算得到的重大缺陷标准往往差异较大。此外，行业内公司对重大错报占营业收入或净利润比重的取值也存在差异，取值较高的比例达到10%，取值低的则仅有0.2%，不同公司之间最多可相差50倍，不具备可比性。

二是关于内控缺陷整改情况的披露欠缺针对性和有效性。内控缺陷的整改情况是一项重要的信息，但多数上市公司对内部控制缺陷整改计划的披露内客空泛、含糊其辞，对公司发现的内控缺陷仅象征性地披露两三项“大而空”的改进措施，未能有效披露具体整改计划、整改实施效果等。

对此，建议在规则制定层面，进一步细化内部控制信息披露要求。①针对内控缺陷的认定标准，建议按照行业、资产及盈利规模等分类标准，建立相对统一、可供参考的定量标准。如根据行业特性，将资产密集型行业和轻资产行业内控缺陷定量标准的具体指标运用加以限定和区别，分行业形成统一规范。②细化内控缺陷发现及整改的“过程型”信息披露要求，明确上市公司除披露评价报告基准日自身存在的内控缺陷及整改计划外，应当充分说明报告期内，公司所发现的内控缺陷具体内容及其性质和影响，并对已采取的整改措施，以及整改后运行的有效性进行分析，以利于投资者了解并判断公司内部控制系统运行的有效性。

（二）建议加强对内控缺陷高发领域的监督检查，加大对内控信息披露的监管力度

根据缺陷所处业务领域分类统计发现，2015年沪市上市公司内部控制重大缺陷的“高发带”主要集中于财务管理、销售管理和资产管理。日常监管中，对于上市公司财务管理领域中的会计处理问题，大多已通过定期报告审核等予以关注，但针对其中的资金、资产管理不善等，尚存在日常监管关注度不足的问题，亟须加强监督检查。一方面，引导上市公司建立健全资产管理和资金管控制度，强化资产和资金的安全完整和使用效益，同时督促上市公司及时披露相关业务领域重大缺陷发现及其整改情况；另一方面，加强与证监局的监管协作，借助证监局的现场检查与监督等方式，切实防范上市公司资产和资金风险，促进公司健康高效发展。

此外，从行业分布看，2015年披露存在内控重大缺陷的13家上市公司多分布于

传统周期性行业。建议在当前经济形势下，结合行业特点，有针对性地对传统周期性行业公司的内部控制情况予以重点关注。经济下行周期中，传统周期性行业公司可能存在着不适应，其盈余管理的动机较强，存在一定程度的财务报告内部控制失效的隐患。个别公司出于保壳、扭亏等多方面需求，逾越、弱化内部控制的风险较大，对此类公司应在日常监管中予以重点关注。

同时，在加强监督检查的基础上，建议进一步提升对内部控制信息真实性与准确性的监管力度。对于披露虚假信息、隐瞒内部控制重大缺陷的上市公司以及出具虚假内部控制审核意见的会计师事务所，可以借鉴美国《萨班斯—奥克斯利法案》第906条款等出台处罚规定，对违法违规行为加大处罚力度，增加上市公司及注册会计师的违规成本，强化信息披露规则的约束力。

（三）建议强化对注册会计师内控审计执业行为的监管，充分发挥其外部监督作用

实施内部控制审计，有利于保证上市公司内部控制信息的真实、可靠和完整，但从近几年内控审计报告披露情况看，尚存在内控审计标准模糊、否定意见比例低、内控缺陷内容及其影响的披露不充分等诸多问题。对此，建议进一步加强对中介机构内部控制审计执业行为的监管力度，提高内控审计报告质量，切实发挥中介审计机构对上市公司内部控制建设的监督作用，具体包括如下三方面：

一是明确内部控制审计的执行标准。建议对内控审计的重大缺陷认定引入定性及定量指标，旨在减少内控审计执业行为的主观性和随意性，增强内控审计意见的可比性。如定性评价标准方面，可采取列举方式，从事件的性质上明确某项缺陷是否应认定为重大缺陷，包括可能致使控制环境无效的缺陷、影响公司收益和合同履行的缺陷、高管层集体舞弊的缺陷等。再如定量评价标准方面，明确要求测算内控缺陷可能导致的财务报表错报金额或潜在风险损失金额，披露衡量缺陷严重程度时采用的盈利或资产类具体指标，并保持一贯性。

二是细化内控审计报告对重大缺陷的披露要求。内控重大缺陷往往会造成上市公司报告期内的重大经济损失或潜在风险，内控审计机构作为独立的第三方，其对重大缺陷的认定及描述情况直接影响投资者的价值判断。目前，大部分内控审计报告对重大缺陷的描述较为宽泛，建议明确要求审计师说明重大缺陷的具体内容、影响程度等，并详细说明对财务报表审计意见的影响，以便投资者能够充分获得信息。对于财务报告重大缺陷，说明缺陷的潜在错报影响了哪些认定，影响的金额和可能性如何；对于非财务报告缺陷，则具体说明该缺陷可能导致的风险损失金额及风险发生的可能性。

三是对注册会计师违规行为加大处罚力度。实践中，审计师或多或少受到来自上市公司的压力，对能否出具客观、公允的审计意见存在一定的阻力。建议各监管

部门加强协作，借助定期现场核查等形式，督促注册会计师归位尽责，强化独立性意识；同时，对注册会计师在内部控制审计过程中存在的各种失职行为及时进行处罚，切实发挥注册会计师对上市公司内部控制建设的监督作用。

上海证券交易所年报分析课题小组

深交所多层次资本市场上市公司2015年年报实证分析报告

截至2016年4月30日，深市1766家上市公司披露了2015年年报或年报数据，其中，主板公司478家，中小板公司784家，创业板公司504家。2015年至今，中小板、创业板IPO分别新增52家、99家上市公司，深交所上市公司在新兴产业、中小企业和民营企业群体中的代表性不断增强，年报数据从一个侧面反映出过去一年国民经济运行的情况，折射出我国经济转型的过程、方向和正在形成的突破口。

全样本统计分析显示：①上市公司整体保持增长态势，业绩出现分化；传统行业持续承压，转型倒逼机制进一步显现；新兴产业表现突出，创新驱动战略取得初步成效；并购重组持续活跃，产业整合、战略转型以及国际化特征突出；资本市场促进对外开放与合作，服务区域、城乡协调发展；积极回报股东，就业人数和员工薪酬双增长。②三个板块差别化发展格局继续强化，主板市场化蓝筹成为行业龙头，资本运作助推国企改革；中小板稳步增长助力结构转型，领军企业已成规模；创业板服务新兴产业和新经济，凸显创新、成长特征。③经济下行压力依然存在，供给侧结构性改革需持续深入推进；去库存、去产能取得一定成效，最终效果还有待进一步观察；部分行业去杠杆压力大，融资结构有待进一步优化；少数公司并购风险开始显现，部分现象需引起注意。

一、上市公司总体情况分析

2015年是“十二五”的收官之年，一方面我国经济发展面临多重挑战；另一方面供给侧结构性改革持续有序推进，发展新动能加快成长。“创新发展、协调发展、绿色发展、开放发展、共享发展”的理念为上市公司提供了新机遇、新动能和新空间。2015年，在有利和不利因素同样显著且多元化共存的条件下，深市上市公司整体经营状况良好，但是业绩分化的现象也较为明显，传统行业面临较大压力，倒逼其转型升级，新兴行业则保持了良好的发展势头。

（一）整体保持增长态势，业绩出现分化

2015年，深市上市公司实现营业总收入68139.31亿元，同比增长4.69%，其中，主板、中小板和创业板增长率分别为-1.58%、11.32%和29.03%，板块间业绩分化的现象较为明显。整体而言，2013~2015

年，深市上市公司营收规模保持稳步增长态势。以具有可比数据的公司为样本，三年间主板、中小板、创业板公司平均营业总收入分别增长 14.54%、47.95%和 91.72%，对应的年复合增长率分别为 4.63%、13.95%和 24.23%。

2015 年，深市上市公司归属于母公司股东净利润合计 4249.38 亿元，同比增长 7.42%，其中，主板、中小板和创业板分别增长-0.35%、12.96%和 24.84%。2015 年深市 89.01%的公司实现盈利，有 425 家公司净利润增长超过 50%，比 2014 年增加 13 家。

表 1　　2015 年深市上市公司总体业绩情况　　单位：%

板　块	平均营业总收入增长率	平均净利润增长率	平均净资产收益率	平均毛利率
全部公司	4.69	7.42	8.79	21.50
主　板	-1.58	-0.35	8.35	19.56
中小板	11.32	12.96	9.02	22.27
创业板	29.03	24.84	9.86	31.10

从盈利能力看，剔除金融行业，2015 年深市上市公司平均毛利率为 21.50%，连续两年提升。其中主板、中小板分别为 19.56%、22.27%，较上年小幅上涨；创业板毛利率为 31.10%，与上年相比小幅下降。

（二）传统行业持续承压，转型倒逼机制进一步显现

2015 年，经济转型升级时期的特征在上市公司的体现更加明显，一些传统行业、产能过剩行业业绩持续承压。例如，2015 年深市有色金属冶炼和压延加工业、黑色金属冶炼和压延加工业整体亏损；非金属矿物制品业、交通运输仓储和邮政业、采矿业利润下滑分别高达 57.70%、36.12%和 31.02%。业绩下滑甚至亏损的经营压力，也倒逼企业通过控投资、去库存、降杠杆等形式调整应对。

减少固定资产投资，化解产能过剩。据研究分类，2015 年深市非金属矿物制品业、黑色金属冶炼和压延加工业、有色金属冶炼和压延加工业、造纸和纸制品业、化学纤维制造业、化学原料和化学制品制造业六个涉及产能过剩的行业，固定资产投资（现金流量表中“购建固定资产、无形资产和其他长期资产支付的现金”，下同），在 2013 年下降 7.16%，2014 年下降 10.34%的基础上，2015 年进一步下降 1.72%。

继续去库存，增强企业活力。2015 年深市非金融上市公司存货占总资产的比例整体下降，由 2014 年末的 21.96%降至 2015 年末的 20.55%。上述六个涉及产能过剩的行业，其存货占资产的比例从 2012 年的 14.17%逐年连续下降至 2015 年末的 10.17%；2015 年这六个行业的存货总额同比下降了 10.05%，其中，在产品总额同比下降 37.98%，产成品总额同比下降

26.76%。对房地产行业而言，由于企业资产规模增长较快，2015年末房地产的存货总量较上年增加15.56%，但存货在总资产的占比由2014年末的64.23%下降至2015年末的60.33%。

财务去杠杆，缓解债务压力。2015年深市非金融上市公司资产负债率56.61%，较上年下降0.94个百分点，已连续两年下降。其中，2014年末资产负债率超过50%的一级行业中，电力热力、建筑业、制造业等行业在2015年均出现不同程度的下降，只有采矿和综合两个行业有所上升。制造业二级行业中，2014年末资产负债率高于50%的行业中，2015年除纺织、造纸和纸制品以及黑色金属冶炼三个行业外，其余行业均有所下降，如石油炼焦、化学原料和化纤制品等行业下降明显。

（三）新兴产业表现突出，创新驱动战略取得初步成效

1. 数字经济、绿色经济以及文化产业表现突出

截至2016年4月30日，深市共有战略性新兴产业上市公司695家，占公司总数的39.35%，其中主板、中小板和创业板分别为86家、244家和365家，占对应板块公司总数的17.99%、31.12%和72.42%。2015年，深市七大战略性新兴产业公司整体保持稳定发展，数字经济表现突出，绿色经济亮点不少，文化产业连续多年保持较快增长。

以新一代信息技术为基础的数字经济蓬勃发展，2015年，深市222家新一代信息技术行业公司营业总收入增长23.35%，净利润增长12.22%。其中，互联网行业表现尤为抢眼，相关上市公司营业总收入和净利润增速分别达120.39%和105.66%。

深市共有绿色产业公司187家，分布在节能环保（120家）、新能源（50家）、新能源汽车（17家）产业。2015年，受益于扶持政策的逐步细化和不断加码，产业的逐步复苏和环保政策日趋严格，深市绿色产业类上市公司整体发展良好，营业总收入增长9.04%，净利润增长6.09%。其中，新能源汽车行业在2014年有所增长的基础上再获突破，2015年收入增长31.13%，净利润增长147.83%。

深市还聚集了一批具有影响力的文化产业公司，2015年，95家文化类公司营业总收入增长23.61%，净利润增长24.21%，均大幅高于深市平均水平，连续三年保持快速成长。

2. 研发投入普遍加大，积极提高创新能力

整体而言，深市上市公司不断加大研发投入力度，努力实现技术升级、产品升级、服务升级。2015年，深市已披露年度研发数据上市公司研发投入金额合计1665.59亿元，平均每家0.95亿元，较上年增加10.24%；其中，中小板、创业板分别增长13.89%和26.01%。507家公司研发强度（研发投入占营业收入比例）超过5%，占公司总数的28.71%，公司数量占比较上年增加了3.1个百分点。153家公司研发强度超过10%，37家超过20%。

2015年，七大战略性新兴产业上市公

司整体研发投入881.18亿元，较上年增长19.30%，平均研发强度为4.73%，超过深市平均水平。上市公司通过持续加大研发投入不断夯实创新基础，提升盈利能力。2015年战略性新兴产业上市公司毛利率为25.62%，高于深市平均水平。

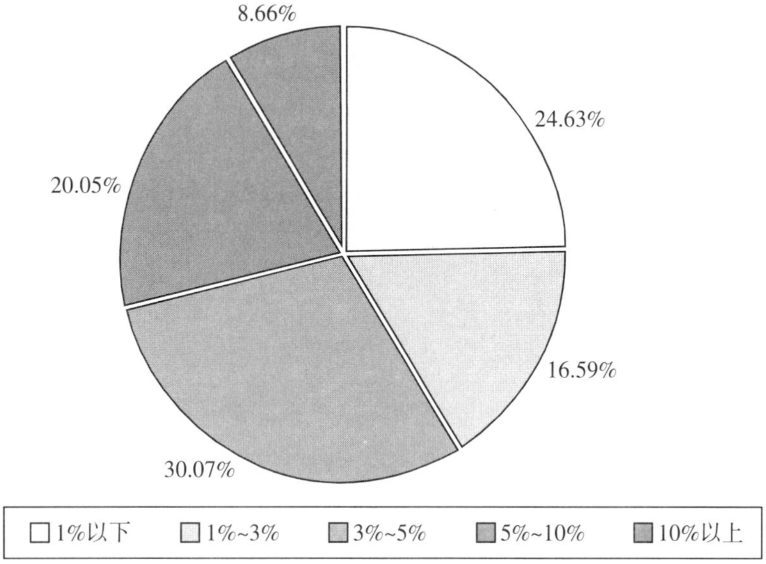

图1　深市上市公司不同研发强度的公司数量分布

（四）并购重组持续活跃，产业整合、战略转型以及国际化特征突出

2015年，在经济转型升级和产业结构调整步伐加快的背景下，并购重组市场化改革持续深入，深市上市公司外延式扩张意愿加强，并购重组规模再创新高。全年实施完成重大资产重组252起，比上年增长83.94%，并购交易金额4127.38亿元，同比增长110.17%。其中，主板、中小板、创业板并购交易金额分别增长47.96%、188.85%和128.24%。分行业看，购买方以计算机、通信和其他电子设备制造业，软件和信息技术服务业，电气机械和器材制造业最为活跃。并购标的中，广播影视、互联网和相关服务、医药制造业受到青睐。2015年深市并购重组出现了一些影响力较大或具有创新性的案例。例如，招商蛇口整体上市是深市首单B股转A股的无先例事项，定向增发引入战略投资和员工持股计划；温氏股份吸收合并大华农并在创业板上市。

表2　各板块公司重大资产重组事件数量和交易金额（2014~2015年）　单位：起，亿元

	板　块	主　板	中小板	创业板	合　计
2015年	实施完成数量	41	103	108	252
	完成交易金额	1403.35	1937.74	786.29	4127.38
2014年	实施完成数量	30	55	52	137
	完成交易金额	948.45	670.85	344.5	1963.8

续表

板　块		主　板	中小板	创业板	合　计
同比增长（%）	实施完成数量	36.67	87.27	107.69	83.94
	完成交易金额	47.96	188.85	128.24	110.17

资料来源：深交所统计（交易金额不包括募集配套资金）。

从标的资产与上市公司业务关联情况看，产业整合型并购重组占主导地位。2015年，深市公司已披露方案的385起重大资产重组中，同行业或上下游产业整合型并购占比超过一半。此外，还有一些传统行业的公司通过并购实现业务转型或者业务多元化，寻求业务突破，提高抗风险能力。

2015年深市公司跨境并购日益活跃。以中小板为例，2013~2015年披露的跨境并购交易分别为14起、26起、40起，交易金额分别为80亿元、52亿元、227亿元，2015年呈现爆发式增长。

部分VIE企业及中概股公司通过并购重组进入A股市场，深市成为VIE企业回归的重要平台。例如，分众传媒通过借壳七喜控股率先回归A股，公司市值超过千亿元；巨人网络借壳世纪游轮，估值130.9亿元，交易完成后将成为一家以网络游戏为主的综合性互联网公司；完美世界、六间房等企业也陆续通过被深市公司并购的方式回归A股市场。

并购重组对上市公司规模提升的作用明显。2015年完成重组的252家深市公司总资产、净资产、收入较上年增长分别高达98.29%、94.69%和43.42%，通过并购实现外延式发展。

（五）促进对外开放与合作，服务区域、城乡协调发展

1. 促进对外开放与合作

深市公司跨境并购活跃，2015年至2016年3月深市公司完成跨境并购32起，交易金额202亿元，通过购买资产、股权、技术等引资、引技、引智；努力开拓海外市场，2015年深市公司中约六成公司有海外收入，其中海外收入占比超过20%的公司有418家，占公司总数的23.67%。此外，深市公司积极响应国家“一带一路”倡议。以中小板为例，不完全统计有37家公司在“一带一路”沿线国家投资或者开展相关业务，主要分布在建筑施工、设备制造、电气机械等领域，这些公司2015年平均收入和净利润增速均高于深市平均水平。

2. 服务区域和城乡平衡发展

深市中小板和创业板来自中西部地区的公司为274家，其中，中部153家，西部121家，占两个板块上市公司数的21.27%。2015年中部地区上市公司业绩出现下降，西部地区上市公司发展势头良好，营业总收入增长7.19%，净利润增长30.77%，均明显高于深市平均水平。

深市上市公司中有811家和187家分别来自地级和县级市（按公司总部注册地

计算，不含直辖市和副省级城市的区、县），合计占深市公司总数的 56.51%。187 家总部设在县级市的企业中，超过八成在中小板和创业板上市。此外，深市有 54 家涉农类上市公司，2015 年营业总收入小幅上涨 2.31%，净利润增长 65.93%。其中，畜牧业公司受肉类价格上涨的影响，营业总收入增长 26.35%，净利润增长 110.40%；受农产品价格的影响，其他涉农公司营业总收入下滑 4.13%，但是由于前期净利润降幅较大，2015 年净利润增长 34.85%。多层次资本市场的发展，对发展县域经济、促进区域和城乡均衡发展的作用逐步显现。

（六）积极回报股东，就业人数和员工薪酬双增长

1. 现金分红的意识和力度进一步增强

近年来，深市上市公司现金分红逐年稳步增加，现金分红回报股东的意识和力度不断增强。截至 2016 年 4 月 30 日，深市 1227 家公司推出现金分红预案，分红公司占比 72.68%。涉及分红金额 1539.73 亿元，同比增加 39.40%，分红金额最高的三个行业分别是金融业，房地产以及计算机、通信和其他电子设备制造业。2015 年，1227 家公司平均股利支付率 36.23%，较上年提高 7 个百分点。其中，主板、中小板、创业板的平均股利支付率分别为 40.62%、34.13%和 26.71%。剔除亏损公司，239 家公司股利支付率超过 50%；截至 2015 年，57.20%的公司连续三年以上分红。

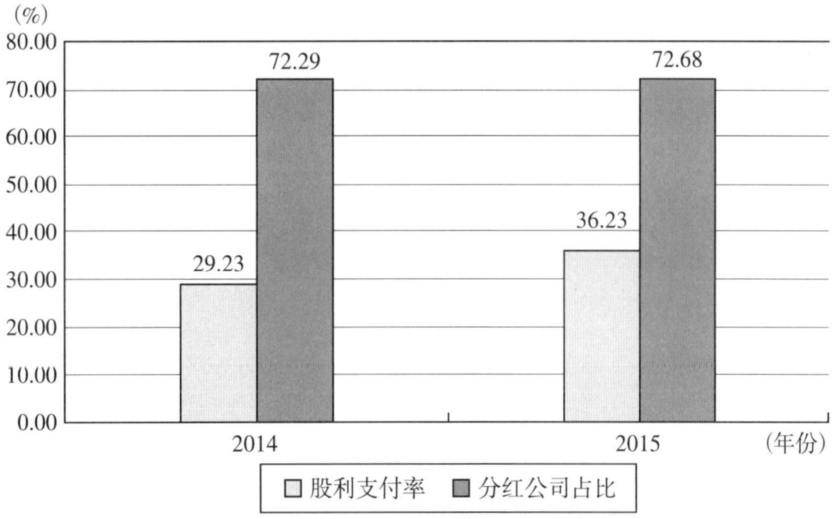

图 2　深市上市公司现金分红状况

2. 就业人数和员工薪酬双增长

2015 年末，深市上市公司员工人数为 640.35 万人，其中，主板、中小板、创业板分别为 296.10 万人、263.46 万人和 80.80 万人。2015 年深市公司员工人数较上年增长 7.93%，中小板和创业板增加最

为明显，分别增加了11.42%和18.47%。2015年，深市公司现金流量表“支付给职工及为职工支付的现金”合计6239.30亿元，较上年增长11.72%，主板、中小板、创业板分别增长5.33%、17.18%和26.47%。

二、三个板块差别化发展格局继续强化

目前，深市主板、中小板、创业板分别有478家、784家、504家上市公司。随着中小板、创业板公司数量的逐步增加，以及主板公司运用资本市场工具持续整合、优化与发展，三个板块实现各自市场定位的基础更加宽厚，差别化特征更加清晰和丰富，差别化发展的格局继续强化。

（一）三个板块的公司在规模、毛利率等方面继续呈现阶梯状特征

2015年，主板、中小板、创业板公司平均资产规模依次为226.78亿元、60.66亿元和23.00亿元，营业总收入依次为81.03亿元、30.42亿元和11.04亿元，净利润分别为4.34亿元、2.00亿元和1.21亿元。公司资产、营收和利润的阶梯状分布，反映了各板块企业的规模、发展阶段和行业等方面的差异。

2015年，主板、中小板、创业板非金融行业公司平均毛利率分别为19.56%、22.27%和31.10%。毛利率在三个板块长期呈现由低到高依次排列的规律，体现了不同板块公司的行业分布、企业成长阶段以及商业模式等方面的特征。

2015年，主板、中小板和创业板非金融行业公司的平均资产负债率依次为63.73%、49.13%和35.91%。从绝对指标看，各板块资产负债率差异依然明显，并且短期内导致差异的微观基础仍将存在。

表3　深市多层次资本市场各板块发展概况　单位：亿元，%

	平均总资产	平均营业总收入	平均净利润	平均毛利率（剔除金融）	资产负债率（剔除金融）
主板	226.78	81.03	4.34	19.56	63.73
中小板	60.66	30.42	2.00	22.27	49.13
创业板	23.00	11.04	1.21	31.10	35.91

（二）主板：市场化蓝筹成为行业龙头，资本运作助推国企改革

2015年，主板净利润排名前10位的上市公司合计实现净利润1162亿元，占主板公司总体净利润的56.02%。这10家公司多处于银行、房地产等传统或支柱型行业以及食品饮料、家电等消费型行业，通过各种创新，在公司规模相对较大的基础上仍保持较快发展，2015年平均净利润增速达27.29%。在一些竞争性行业里，一批主板企业实现自我积累与外延扩张的紧密结

合，成为市场化蓝筹企业。2015 年主板中的万科、格力电器、美的集团、TCL 集团、中兴通讯五家公司，实现营业总收入过千亿元，行业地位进一步巩固。华数传媒、长安汽车等 112 家公司 2013~2015 年净利润复合增长率超过 30%。

主板国有企业占比接近 60%，通过并购重组、再融资等多样化的资本市场工具推进国企改革。2015 年，主板共有 81 家国有企业披露重组或再融资方案，45 家国有企业完成重组及再融资实施。此外，部分传统企业通过并购重组实现整合或转型，2015 年披露的重大资产重组方案中，44.7%为产业整合，28.2%为业务转型。

（三）中小板：稳步增长助力结构转型，领军企业已成规模

中小板上市公司作为我国广大优秀中小企业群体的代表，在践行国家经济发展战略，支持自主创新和转型升级、促进产业整合和结构优化、保障和改善民生等方面发挥着积极的作用。近 300 家公司的主导产品或服务在国内市场排名第一，在经济发展中发挥了良好的示范性作用。

中小板的行业覆盖面不断扩大，在分布广泛的竞争行业里吸收和涌现了一批富有特色、带动效应明显的领军企业。2015 年，中小板共有 36 家公司营业总收入超过 100 亿元，有 25 家公司净利润超过 10 亿元。中小板净利润前 30 名的公司主要集中在金融、设备制造、医药、电子、信息技术等领域，平均实现营业总收入 185.38 亿元，同比增长 27.49%，平均净利润 23.14 亿元，同比增长 47.44%。深市市值排名前 20 的公司中，分众传媒、比亚迪、国信证券、海康威视、上海莱士、洋河股份、苏宁云商、万达院线 8 家来自中小板。

（四）创业板：服务新兴产业和新经济，凸显创新、成长特征

在创新驱动发展战略引领下，创业板致力于打造服务创业创新的市场化引擎。创业板公司集中分布于信息技术、环保、新材料、新能源、高端制造、生物医药等新兴产业，其中互联网、文化传媒、生物医药三个特色较为鲜明的板块逐渐形成，出现了乐视网、华谊兄弟、智飞生物等代表性企业。创业板中七大战略性新兴产业公司占比 72.42%，居三个板块之首。2015 年板块平均研发强度为 4.84 %，其中，战略新兴产业公司的平均研发强度达到 5.92%，创业板已经逐步形成创新成长型企业的积聚和示范效应，成为新经济的晴雨表。

一批创新型企业在竞争中脱颖而出，业绩保持快速增长并不断发展壮大。2015 年创业板有 102 家公司营业总收入同比增速超过 50%，其中 32 家公司超过 100%。123 家公司净利润增长超过 50%，40 家公司三年净利润复合增长率超过 50%。净利润超过 2 亿元的公司 68 家，较上年增加 27 家，其中蓝思科技、东方财富、碧水源、网宿科技、汇川技术等已经成为具有较强影响力和创新能力的企业。

三、问题和趋势

深市汇集了为数众多、分布广泛、模式多样的企业，在产业转型升级、供给侧结构性改革持续深入推进时期，能够在一定程度上反映出新常态下国民经济运行的新特点、新问题、新趋势。在经济下行压力较大、各项改革措施不断推进的2015年，深市上市公司整体上保持了稳定发展，亮点不少，但以下问题也值得关注。

（一）经济下行压力仍然存在，供给侧结构性改革需持续深入推进

在经济下行压力的倒逼之下，传统产业积极谋求转型升级；在创新驱动发展理念的引领下，创新型企业持续加大创新力度，积极开拓新的增长空间。但是，也应该注意到，钢铁、石化、采掘等传统行业依旧受制于产能过剩、需求疲弱的影响，业绩表现不佳；制造业也面临成本、税费等上升的压力；业绩较好的战略性新兴产业，其发展的持续性和对宏观经济的带动作用仍有待体现。供给侧结构性改革到了关键时期。

剔除金融行业，2015年深市上市公司的营业总收入增速只有3.22%，净利润下降1.98%，主板公司的净利润甚至下滑14.38%。传统行业中的采矿业净利润连续四年下滑，有色金属冶炼和压延加工、黑色金属冶炼和压延加工全行业亏损，这些行业持续面临产能过剩的困扰。非金融行业上市公司，2015年现金支付的各项税费增长率为8.56%，高于营业总收入和净利润的增长速度，税费仍有可降空间，降成本的改革需要深入推进。战略性新兴产业的业绩虽然优于整体深市公司，但是由于新兴产业发展壮大需要一个过程，其对经济的带动作用尚未完全显现，且内部也逐渐出现分化现象，培育发展新动能将会是一个持续推进的过程。

除此之外，非金融行业上市公司总资产、应收账款、存货的周转率连续3年持续下降，2015年深市非金融行业公司总资产、应收账款和存货周转次数较2014年分别下降了12.57%、14.19%和8.17%。提高上市公司运营效率、改善上市公司质量同样需要持续推进。

（二）去库存、去产能取得一定成效，最终效果还有待进一步观察

经过数年的努力，钢铁等前述六类产能过剩行业的存货占比，从2012年的14.17%逐年连续下降至2015年末的10.17%，存货总量明显减少；生产规模和盈利空间也持续被压缩，行业去库存、去产能成效初显。但是也应该注意到，自2015年末开始，铁矿石、螺纹钢的价格持续上涨，在盈利的刺激下，去产能、去库存的持续性和效果有待进一步观察。2015年深市房地产上市公司存货在总资产中的占比由2014年的64.23%下降至60.33%，去库存较为明显。但是，房地产上市公司的整体规模仍在扩张，存货总额仍在增加，在房地产行业内部分化加剧、外部呈现结构性行情的复杂环境下，部分公司或地区

的去库存压力依然较大。

（三）部分行业去杠杆压力大，融资结构有待进一步优化

2015年深市非金融行业上市公司平均资产负债率为56.61%，虽然连续两年下降，但是部分行业的资产负债率仍然处于高位。例如，钢铁行业、造纸和纸制品行业、采矿行业的资产负债率分别为69.98%、64.53%和58.35%，较上一年增加了3.5个百分点、1.6个百分点和2.7个百分点。在经济增长放缓、结构调整、动力转换时期，这些行业的上市公司持续面临业绩下降和去杠杆的双重压力。

充分发挥资本市场的直接融资功能，大力发展股权直接融资是有效降低杠杆率的重要手段。2013~2015年，深市非金融行业上市公司应付债券的余额分别为2460亿元、2677亿元和3927亿元，占上市公司总负债的比例分别为4.92%、4.52%和5.73%，上市公司债券融资增速较快，但在改进企业的债务结构方面仍有较大的发展空间。据Wind数据，2015年深市公司实际股权现金融资金额5138.24亿元，其中IPO实际融资435.14亿元，股权再融资4703.1亿元。应进一步发挥资本市场的融资功能，提高直接融资比重，既有利于优化金融结构、降低融资成本，也有利于企业去杠杆目标的实现。

（四）少数公司并购风险开始显现，部分现象需引起注意

并购重组是一项复杂的系统工程，具有一定的风险。2015年股票市场经历了较大的异常波动，上市公司的并购重组受到了高估值、高对价的影响，出现了部分公司终止或暂定并购活动的现象。由于缺乏可靠的估值参考体系，个别上市公司向新兴产业的跨界并购也受到了较大影响。

并购重组形成的大额商誉，也给少数上市公司未来业绩带来较大的不确定性。2013~2015年，深市上市公司的商誉总值分别为707亿元、1581亿元和3544亿元，2015年共有210家公司的商誉增长幅度超过100%。随着并购公司家数的增多以及并购整合的推进，个别公司并购风险显现，需引起注意。

在经济大环境和其他因素的综合影响下，2015年出现了一些公司未能履行业绩承诺的现象，甚至有个别公司通过更改承诺的方式逃避责任，对资本市场的诚信建设和投资者的合法权益造成不利影响。

此外，部分公司在业绩下滑、经营风险较大的同时，财务报表质量以及会计处理也出现了一些值得关注的问题，2015年深市有51家被出具非标准无保留意见审计报告，同比增加了13家。其中，个别公司实施了重大会计差错调整但未能向会计师提供完整的财务资料，无法确定调整的准确性和完整性；有的公司因为大额资产负债项目的真实性、资产减值计提的合理性、费用归属期间等问题被出具保留意见或无法表示意见。

深圳证券交易所年报分析课题小组

附　数据说明

（1）行业分类采用中国证监会2015年的分类标准，战略性新兴产业样本根据深交所分类确定，涉农上市公司样本由中信证券“农林牧渔”行业加上吉峰农机、温氏股份构成，文化产业根据2012年国家统计局修订的《文化及相关产业分类》确定。

（2）东部地区是指北京、天津、河北、上海、江苏、浙江、福建、山东、广东和海南10省（市）；中部地区是指山西、安徽、江西、河南、湖北和湖南6省；西部地区是指内蒙古、广西、重庆、四川、贵州、云南、西藏、陕西、甘肃、青海、宁夏和新疆12省（区、市）；东北地区是指辽宁、吉林和黑龙江3省。

（3）报告中毛利率及资产负债率的计算，均剔除了金融行业，其他全样本指标，如未专门说明均包含了金融行业。

（4）平均研发强度根据已披露公司的研发投入和营业收入，按照整体法计算得出，计算时剔除了10家数据缺失的公司。

（5）股利支付率为上市公司中报分红和年报分红预案合计与当年归属母公司股东净利润之比，计算时剔除了9家数据缺失的公司。

（6）并购重组的统计口径为重大资产重组及发行股份购买资产。

（7）计算单个公司净利润复合增长率时，剔除了基期亏损的公司。

（8）就业人数、海外收入、存货明细数据来自Wind数据库。

深市上市公司2015年并购重组情况与监管问题研究

2015年，深市上市公司并购重组家数和金额呈爆发式增长，外延式扩张成为推动上市公司盈利增长的重要动力。自2013年以来，随着并购重组市场化改革的持续深入，深市上市公司的并购重组日趋活跃，市场化并购逐渐成为主导，上市公司主动寻求外延式扩张的意愿也日益强烈。2015年，即使在市场对注册制和战略新兴板有较强预期的背景下，市场化的并购重组热情也丝毫不受影响，其活跃程度已远超前两年。

为及时总结并购重组实施效果，全面推进深市上市公司并购重组的健康发展，首先，本文系统梳理了深市2015年并购重组交易筹划、披露、审核、实施四个方面的基本情况；其次，本文总结归纳了2015年深市并购重组交易的一些新特点、新趋势；最后，根据日常监管的需要，总结2015年并购重组中出现的一系列问题，并由此提出一些监管思考和建议。

一、深市上市公司2015年并购重组基本情况

（一）并购重组筹划阶段基本情况

1. 停牌筹划及终止筹划情况

以正式筹划重大资产重组（以下简称“重组”）停牌日期为统计口径，2015年深市上市公司停牌531家次，而2013年深市上市公司重组202家次，2014年深市重组336家次，2015年重组停牌的家次数几乎等于2013年和2014年之和，其活跃程度明显增强，其中，中小板停牌家次数最多，为224家次。而从筹划公司的占比来看，30%的深市上市公司停牌筹划重组，创业板的活跃程度最高，占比达38%。

然而随着并购重组的家次数增加，终止筹划的公司数量也在增加。2015年有142家次公司在停牌期间终止重组，占筹划重组公司的比例为27%，较2014年的22%增加5个百分点。由于并购重组活跃度持续升高，为了尽快取得与标的的谈判机会，或为了避免重组内幕信息泄露，部分公司选择了先停牌再进行重组谈判，但由于事前没有经过深入的调研，停牌期间

经过深入沟通后又无法在核心条款中达成一致，造成重组筹划失败的比例有所增加。而有39家次公司在重组方案披露后终止重组，占比为7%，其占比较2014年有所下降，表明“虚假式”重组的可能性降低，公司推出方案后大多数情况下都会继续推进。

表1　　2015年深市停牌筹划及终止筹划重大资产重组情况　　单位：家次，%

筹划公司数量	主板	中小板	创业板	合计
停牌筹划公司数量	119	224	188	531
公司数量（2015年末）	478	776	492	1746
筹划公司占比	25	29	38	30
停牌期间终止筹划公司数量	34	65	43	142
终止筹划比例	29	29	23	27
方案披露后终止筹划公司数量	15	20	4	39
终止筹划比例	13	9	2	7

2. 停牌筹划公司行业分布

以停牌筹划重组的深市公司为统计口径，2015年，深市上市公司停牌筹划重组的公司集中在计算机通信、电器机械、化学原料、软件信息、专用设备制造五大行业，这五大行业重组筹划数量约占深市重组筹划数量的41%。而其中又以计算机通信行业重组筹划的意愿最为强烈，全年有64家公司停牌筹划重组。

从各板块来看，主板停牌筹划最多的行业为房地产行业，有14家；中小板和创业板筹划最多的行业均为计算机通信行业，分别为29家和27家。而创业板的重组集中度最高，前五大行业的重组筹划数量占了整个板块的五成以上。

表2　　2015年深市筹划重组停牌公司行业分布　　单位：家

深市	筹划数量	主板	筹划数量	中小板	筹划数量	创业板	筹划数量
计算机、通信和其他电子设备制造业	64	房地产	14	计算机、通信和其他电子设备制造业	29	计算机、通信和其他电子设备制造业	27
电气机械和器材制造业	46	计算机、通信和其他电子设备制造业	8	电气机械和器材制造业	23	软件和信息技术服务业	26
化学原料和化学制品制造业	36	零售	8	化学原料和化学制品制造业	22	专用设备制造业	22
软件和信息技术服务业	36	有色金属矿采选业	6	通用设备制造业	18	电气机械和器材制造业	21
专用设备制造业	35	批发	5	专用设备制造业	11	医药制造业	13
合计占比（%）	41	合计占比（%）	34	合计占比（%）	46	合计占比（%）	58

3. 停牌期间交易核查情况

根据并购重组的相关规则规定，上市公司申请重大资产重组停牌后，应于五个交易日内向交易所申报内幕信息知情人名单，由市场监察部对公司股票停牌前六个月的交易情况进行核查。随着前两年证监会对内幕交易的打击力度逐渐加大，2015 年股票异常交易的占比较前两年有所下降。据统计，2015 年共核查重大资产重组股票交易 596 单，其中交易存在明显异常上报异动快报的有 73 单，占比为 12%，而创业板的异常交易数量和占比最小，分别为 17 单和 8%。

表 3　　2015 年重大资产重组停牌前股票交易核查情况　　单位：单，%

板　块	主　板	中小板	创业板	深市合计
交易存在明显异常上报异动快报	25	31	17	73
重组交易核查总单数	147	242	207	596
交易存在异常的占比	17	13	8	12

（二）并购重组披露阶段基本情况

1. 重组披露基本情况

以重组方案的首次披露日期为统计口径，2015 年深市上市公司共披露重组方案 385 单，涉及交易金额 8686 亿元，配套融资金额 3113 亿元。而 2014 年深市上市公司共披露重组方案 224 单，涉及交易金额 3530 亿元，配套融资金额 546 亿元。2015 年重组方案披露单数、交易金额、配套融资金额较上年同期分别增长 72%、146%、470%。在 2014 年已实现大幅增长的基础上，2015 年深市并购重组呈"井喷"式增长的趋势。

表 4　　深市 2015 年和 2014 年重组方案披露情况

板　块		主　板	中小板	创业板	合　计
2015 年	披露方案数量（单）	85	160	140	385
	交易金额（亿元，不含配套）	3235	4053	1398	8686
	配套融资金额（亿元）	1059	1342	712	3113
2014 年	披露方案数量（单）	41	94	89	224
	交易金额（亿元，不含配套）	1428	1552	550	3530
	配套融资金额（亿元）	149	257	140	546
同比增长（%）	披露方案数量	107	70	57	72
	交易金额	127	161	154	146
	配套融资金额	611	422	409	470

2015 年，深市并购重组市场交易金额也屡创新高，成为资本市场关注的热点。从披露的重组方案来看，主板的招商蛇口整体上市，交易金额达 449 亿元；中小板的分众传媒借壳七喜控股，交易金额高达 457 亿元；温氏股份吸并大华农并在创业板上市，交易金额超过 70 亿元。

根据证监会于 2015 年 7 月 31 日发布的《上市公司重大资产重组管理办法》第十四条、第四十四条的适用意见——证券期货法律适用意见第 12 号，上市公司发行股份购买资产同时募集的部分配套资金，所配套资金比例不超过拟购买资产交易价格 100%的，一并由并购重组审核委员会予以审核，即上市公司并购重组中配套募集资金的金额上限由原来交易金额的 25%变更为拟购买资产交易价格的 100%。因此，从配套融资的金额来看，整体的增长幅度达到了 470%，超过了重组家数和重组交易金额的增长幅度，极大地解决了部分资金紧张的公司的融资难问题。

从各板块来看，中小板披露方案的数量、交易金额、配套融资金额均居 3 个板块之首，较上年分别增长 70%、161%、422%，成为深市并购重组最为积极活跃的板块。而从增长幅度来看，主板披露方案的数量和配套融资金额增长幅度最高，分别为 107%和 611%。

2. 并购重组以同行业并购为主，实现产业整合

2015 年，深市并购重组仍然以同行业的产业整合并购为主，占整个重组的比例为 58%，其中创业板的同行业并购家数和占比最高，分别为 108 家和 77%，中小板有 81 家公司为同行业并购。涉及跨行业并购的深市公司共有 108 家，较上年的 67 家增加了 61%，但是从占比来看，跨行业并购的公司占比反而在减少，表明整个深市的并购重组仍然以产业整合为主，跨行业收购的积极性在减弱，其中，中小板的跨

表 5　　2015 年深市重组业务关联度　　单位：家，%

重组业务关联度	主　板	中小板	创业板	合　计
同行业并购	35	81	108	224
占比	41	51	77	58
跨行业并购	23	54	30	108
占比	27	34	21	28
借壳上市	15	18	0	33
占比	18	11	0	9
整体上市	1	0	1	2
占比	1	0	1	1
资产剥离	11	7	1	19
占比	13	4	1	5
合计	85	160	140	385

行业收购最多，为54家。

2015年深市借壳重组的达33家，主板和中小板分别为15家和18家，整个深市的借壳公司家数和占比均较上年有所增加。而招商蛇口整体上市、温氏股份吸并大华农也成为2015年深市并购重组中引人瞩目的整体上市案例。

2015年并购重组中资产剥离的家数也较2014年增加了14家，其中主板涉及资产剥离的公司最多，达11家。在公司的发展过程中，不仅有公司利用并购重组做大做强，也有公司利用资产剥离的方式减轻企业负担，为以后的轻装上阵做准备。

就重组的交易性质而言，2015年深市并购重组交易中关联交易占了七成，其中中小板最多，为129家，占中小板并购重组交易的81%，而创业板的非关联交易最多，为53家，占比达38%。从2013年开始，深市并购重组中关联交易的占比逐年增加，一部分原因是关联方参与了配套融资，另一部分原因是交易对手方在交易后成为了公司5%以上的股东，因而公司认定为关联交易。

表6　　2015年深市重组交易性质　　单位：家，%

重组交易性质	主　板	中小板	创业板	合　计
关联交易	59	129	87	275
占比	69	81	62	71
非关联交易	26	31	53	110
占比	31	19	38	29

3. 股份支付仍是主要支付方式

从交易的对价支付方式来看，股份和现金支付仍然是主要的支付手段，而其中又以股份支付方式最为常见。2015年深市上市公司并购重组采用股份方式进行支付的有305家，其中有232家公司采用的是“股份+现金”的方式，73家公司采用纯股份的方式。而从板块来看，创业板公司超过七成的公司采用的是“股份+现金”的方式。

表7　　2015年深市重组交易对价支付方式　　单位：家

对价支付方式	主　板	中小板	创业板	合　计
股份	24	28	21	73
现金	8	27	15	50
股份+现金	32	98	102	232
股份+资产	5	0	0	5
现金+资产	3	0	0	3
资产+现金+股份	1	0	0	1
吸收合并	1	0	1	2
资产剥离	11	7	1	19
合计	85	160	140	385

（三）并购重组审核阶段基本情况

1. 交易所审核情况分析

根据证监会在2014年11月28日发布的《对于不需行政许可的上市公司重大资产重组的后续监管安排》，针对非行政许可类重大资产重组预案的披露，纳入交易所信息披露直通车范围，具体办理参照沪深交易所信息披露直通车指引。然后在2015年5月22日证监会的新闻发布会上，证监会又发布了《关于〈上市公司重大资产重组管理办法〉实施后监管事项补充安排的问答》，针对许可类重大资产重组预案的披露，参照非许可类重组预案，将许可类重组预案披露一并纳入直通车披露范围，并实施相同的事后审核机制安排。

重组预案纳入直通车披露范围后，交易所对上市公司预案的审核完全变为事后审核。一方面，交易所不用在事前对上市公司的方案进行审核，公司完全基于市场环境来进行商业谈判；另一方面，交易所在事后对方案进行详细审核，以重组问询函的方式要求公司进行补充披露，强化了公司的信息披露质量，有效避免了“忽悠式”等不实重组方案因披露后立即复牌可能给投资者带来的损失。

2015年，交易所3个板块共召开了279次重组方案审核会议，共审议了373家公司的重组方案，针对方案发出了319份重组问询函，发函率为86%，同时，在公司披露重组报告书后五个交易日内向证监会上报了共159份重组审核报告函，此外，针对重组方案中的疑难问题、重大无先例的可行性等问题，向证监会上报了23份请示函。

表8 2015年交易所审核情况分析

项　目	主　板	中小板	创业板	合　计
会议召开次数（次）	82	60	137	279
审核家数（家）	78	158	137	373
问询函发出数量（份）	71	111	137	319
重组审核报告函（份）	46	89	24	159
向证监会上报请示函（份）	15	5	3	23

2. 证监会审核情况分析

（1）并购重组“分道制”实施情况分析。2013年10月，并购重组“分道制”正式实施，由交易所负责汇总集成各相关单位的分享评价信息后，根据“分道制”评价原则确定上市公司并购重组的审核通道类型，上报证监会。2015年共有261单重组进行了“分道制”评价，其中正常审核的有208单，占比达80%，审慎审核的有52单，占比19.9%，只有创业板有1单重组适用快速审核。

表 9　　2015 年深市公司并购重组分道制评价结果　　单位：单

板　块	主　板	中小板	创业板	合　计
正常审核	36	78	94	208
审慎审核	13	19	20	52
快速审核	0	0	1	1
豁免审核	0	0	0	0
合　计	49	97	115	261

（2）并购重组涉及行政许可情况分析。2014 年 10 月 23 日，证监会发布了修订后的《上市公司重大资产重组管理办法》。修订重点之一是取消对不构成借壳上市的上市公司重大购买、出售、置换资产行为的审批。修订的重组办法进一步减少和简化并购重组行政许可，将有利于进一步促进上市公司的并购重组。

根据深市重组方案披露是否涉及行政许可的情况，2015 年披露的方案中涉及行政许可的有 335 家，非行政许可的 50 家，非行政许可的占比达 13%，表明在公司现金充裕或者融资能力较强的情况下，更多的公司选择了现金收购资产。

表 10　　2015 年深市重组方案披露涉及行政许可情况　　单位：家，%

板　块	主　板	中小板	创业板	合　计
行政许可数量	77	133	125	335
非行政许可数量	8	27	15	50
合计	85	160	140	385
非行政许可占比	9	17	11	13

（3）审核结果分析。2015 年，证监会共审核了 246 单深市公司的并购重组（含二次上会），其中，无条件通过的有 145 单，占比 59%，有条件通过的为 82 单，占比 33%，整体通过率为 92%，较 2014 年减少了 4 个百分点。深市重组未通过的有 19 单，主板 7 单，中小板、创业板各 6 单。

表 11　　2015 年深市公司并购重组委审核情况　　单位：单，%

板　块	主　板	中小板	创业板	合　计
并购重组委审核单数	46	97	103	246
无条件通过	16	61	68	145
有条件通过	23	30	29	82
未通过	7	6	6	19
通过率	85	94	94	92

(4) 否决结果分析及标的去向跟踪。2015年，深市重组交易有19家被证监会否决，重组被否的原因主要有：一是标的资产未来盈利存在重大不确定性，如丰原药业、渝开发、群兴玩具、神州泰岳等；二是标的公司内部控制、财务会计的问题，如圣莱达、永贵电器等；三是标的公司公司治理、经营情况方面的问题，如智度投资、通达股份、利得曼等；四是不符合借壳上市条件，如民生控股。

根据目前被否决的重组后续情况来看，19家公司中，只有渝开发、群兴玩具、神州泰岳、民生控股的标的公司暂无相关进展信息，其余15家公司的标的均有不同程度的进展情况。丰原药业、金城股份、启源装备3家公司重组被否后表示要继续推进重组进程；智度投资、三钢闽光、利得曼、天壕环境4家公司修改了重组的方案后再次提交重组委审议获得无条件通过；圣莱达、通达股份、永贵电器的重组方案被否后，原重组标的选择了去新三板挂牌；广宇发展选择了以非公发的方式继续推进重组，法尔胜则采用现金支付的方式继续推进，恒信移动采用签订战略投资协议的方式表明未来会考虑与标的的股权投资合作，威华股份的原标的赣州稀土直接被装入新投资设立的中国南方稀土集团有限公司中，浩宁达的重组标的被德尔未来参股。

（四）深市上市公司2015年并购重组实施情况及绩效分析

1. 并购重组实施完成情况分析

2015年，深市共有252家公司完成并购重组的实施，完成交易金额4076亿元，而2014年同期深市共有136家公司完成重组实施，涉及交易金额为2048亿元，2015年重组交易完成单数和实施金额较上年同期分别增长85%和99%，无论从完成家数还是实施金额来看，均超过了2013年和2014年之和。从实施完成的家数来看，创业板增长最多，从2014年的52家增长到2015年的108家，增长了108%，而从完成交易的金额来看，中小板增长金额最高，从2014年的755亿元增长到2015年的1938亿元，增长了157%，主板的实施完成增长幅度虽不大，但主板重组交易金额绝对值较高，2015年达1352亿元。

表12　2014年、2015年深市公司重组实施完成情况　　单位：家，亿元

	板　块	主　板	中小板	创业板	合　计
2015年	实施完成数量	41	103	108	252
	完成交易金额	1352	1938	786	4076
2014年	实施完成数量	30	54	52	136
	完成交易金额	948	755	345	2048
同比增长（%）	实施完成数量	37	91	108	85
	完成交易金额	43	157	128	99

2. 并购重组实施完成后对上市公司的影响分析

就重组公司的业绩表现而言，2015 年深市各板块重组实施完成后上市公司的平均总资产和平均净资产规模增长明显优于各对应板块的平均值。深市重组公司平均总资产增长率和平均净资产增长率分别为 109%和 137%，而深市全部公司的对应增长仅为 21%和 32%，其中主板重组公司的增长率最高，分别为 120%和 296%，表明上市公司借助并购重组实现了资产规模的快速增长，助推企业实现“做大”。

完成重组公司在平均营业收入、平均净利润增长率上也均远超对应板块的平均值。深市重组公司平均营业总收入增长率和平均净利润增长率分别为 55%和 106%，而深市全部公司的对应增长仅为 5%和 7%，其中创业板重组公司的平均营业总收入增长率最高，为 70%，中小板重组公司的平均净利润增长率最高，为 155%。并购重组为上市公司带来的业绩促进效果非常显著，提升了上市公司的业绩质量，为企业实现了“做强”。

表 13　　2015 年深市重组公司业绩增长对比　　单位：%

板　块	平均总资产增长率	平均净资产增长率	平均营业总收入增长率	平均净利润增长率
主板重组公司	120	296	47	39
主板全部公司	17	32	−2	−0.40
中小板重组公司	107	112	42	155
中小板全部公司	25	28	11	13
创业板重组公司	108	98	70	88
创业板全部公司	42	45	29	25
深市重组公司	109	137	55	106
深市全部公司	21	32	5	7

二、2015 年深市并购重组呈现的新特点

（一）重组整体估值水平创新高，溢价率大幅提升

目前上市公司并购重组中，标的资产的定价仍然以资产评估作价为准，常用的资产评估方法包括资产基础法、收益法、市场法。2015 年深市并购重组的评估定价方法以收益法为主，有 310 家公司采用。

表 14　　2015 年深市上市公司重组评估定价方法分布　　单位：家

评估方法	主板	中小板	创业板	合计
资产基础法	31	16	11	58
收益法	51	138	121	310
市场法	2	1	7	10
收益法、资产基础法混合	1	3	1	5
收益法、资产基础法、市场法混合	0	2	0	2
合计	85	160	140	385

随着并购重组市场的不断活跃，标的公司的估值溢价水平也逐年升高。创业板收购标的的平均溢价率为 874%，在三个板块中最高，其次是中小板，高达 755%，最后是主板，为 653%，这也与三个板块本身的市盈率水平相对应。而从最高溢价率来看，创业板最高溢价率高达 9470%，其次为主板的 6236%，最后为中小板的 5670%。

一方面，由于传统制造业在整个经济大环境中呈现出增长疲态，传统行业的估值水平一般较低；另一方面，轻资产行业如计算机、影视、网络游戏等呈现出较高的增长空间而被赋予了很高的溢价。

表 15　　2015 年深市重组标的估值水平对比

标的估值溢价率	主板	中小板	创业板
平均溢价率（%）	653	755	874
最高溢价率（%）	6236	5670	9470

2015 年深市重组标的的前 10 名高溢价估值公司中，主板公司有 2 家，中小板公司有 5 家，创业板公司有 3 家，主要集中在互联网、游戏、广告等行业，这些领域也是近两年来的市场热门领域，由于整个市场对其给予了高增长预期和关注度，因而该领域的标的公司溢价率非常高。其中光环新网收购互联网广告企业无双科技溢价超 94 倍，为 2015 年深市重组收购溢价率最高的案例。

表 16　　2015 年深市重组标的前 10 名高溢价估值情况

证券代码	证券简称	标的简称	标的资产主业	标的作价（亿元）	标的溢价率（%）
300383	光环新网	无双科技	互联网广告	4.99	9470
300144	宋城演艺	六间房	互联网视频	26.14	6818
000972	新中基	绿瘦健康	体重管理服务	15.06	6236
002571	德力股份	广州创思	网游、页游	25.11	5670
000971	高升控股	莹悦网络	软件、信息技术服务	11.50	5575

续表

证券代码	证券简称	标的简称	标的资产主业	标的作价（亿元）	标的溢价率（%）
002043	兔宝宝	多赢网络	互联网营销	5.00	5008
300058	蓝色光标	亿动	移动广告营销	7.65	4559
002131	利欧股份	智趣广告	广告	7.54	4417
002425	凯撒股份	天上友嘉	游戏	12.15	4232
002174	游族网络	掌淘科技	网络游戏	5.38	3873

（二）大额交易增多

2015 年披露重组方案的 385 家公司中，从平均的交易金额来看，各板块 2015 年重组平均交易金额均高于上年的交易金额。整体来看，交易金额均出现增长。

表 17　　2014 年、2015 年深市各板块重组公司的平均交易金额　　单位：亿元

	主　板	中小板	创业板
2015 年平均交易金额	38.1	25.3	10
2014 年平均交易金额	34.8	16.5	6.2

而从单个方案的交易金额来看，百亿元级以上的交易有 14 单，其中主板 7 单，中小板 7 单，大金额的交易增多。例如，招商蛇口整体上市，交易金额达 449 亿元；分众传媒 457 亿元借壳七喜控股，是目前中小板重组交易金额最大的方案；温氏股份吸并大华农，交易金额超过 70 亿元，是目前创业板交易金额最大的方案。

表 18　　2015 年深市各板块重组交易金额的分布情况　　单位：单

金　额	主　板	中小板	创业板	合计数
100 亿元以上	7	7	0	14
50 亿~100 亿元	9	6	1	16
10 亿~50 亿元	40	63	47	150
10 亿元以下	29	84	92	205

（三）海外收购频现

近年来，深市上市公司跨境并购日益频繁，通过收购境外资产快速获取资源、技术、市场、品牌等，借此实现做大做强，取得了显著的效果。

自 2013 年以来，海外经济体的调整为中国企业购买优质资产、低价资产提供了机会，深市上市公司跨境并购日益活跃。2015 年，深市有 93 家次公司进行海外收购，涉及交易金额 1023 亿元，其中构成重组的海外并购 18 家次，交易金额 683 亿

元。分板块来看，中小板海外并购最为活跃，有57家次，而从交易金额来看，主板海外并购交易金额最高，达497亿元。

表19　深市上市公司海外并购重组情况

海外并购情况	主　板	中小板	创业板	合　计
海外并购家数（家次）	14	57	22	93
海外并购交易金额（亿元）	497	368	159	1023

从支付方式来看，以现金收购为主。由于境外出售方取得上市公司发行股份比例及股份锁定期等受到限制，仅少数公司如东方铁塔（002545）、金刚玻璃（300093）等因交易对手方为境内法人或自然人而采用了发行股份的支付方式。

从资金来源看，以自筹资金为主。有公司用自有资金加银行贷款进行海外收购，如渤海租赁通过全资子公司Global Aviation Leasing Co., Ltd.（以下简称“GAL”）以162亿元要约收购美国纽约证券交易所上市公司Avolon Holdings Limited（以下简称“Avolon”）；也有上市公司通过非公开发行募资的方式进行收购，以解决公司资金紧张且无法通过发行股份来支付对价的障碍，如万润股份（002643）非公开发行募集8.5亿元收购主营生命科学和体外诊断领域产品MP Biomedicals, LLC 100%股权、紫光国芯（002049）38亿元非公开发行的募集资金收购台湾力成科技。

（四）产业并购为主，但新兴产业并购增多

深市上市公司产业整合型并购重组始终占主导地位，并购目的旨在推动企业原有主业做优做强。2015年已披露方案的385单重大资产重组中，有224单属于同行业整合，包括与上市公司主营业务相关的同行业或上下游并购整合，占比58%。然而受经济下行和转型升级的影响，跨行业并购以谋求多主业或业务转型的交易自2014年起开始增多。2015年涉及跨行业并购的深市公司共有108家，较上年的67家增加了61%，其中，中小板的跨行业收购最多，为54家。

随着我国经济转型升级和产业结构调整步伐的加快，近年来，在国家新一轮产业升级过程中，新兴产业的并购日益升温。在进入新兴产业方面，2014年游戏类行业并购最为突出，进入2015年之后，游戏类并购有所降温，而广告传媒、医药医疗、文化影视等行业成为2015年资本投资热点，特别是中小板、创业板的上市公司敏锐把握市场发展方向，通过并购重组的方式涉足上述领域。

2015年，广告传媒行业的并购重组悄然升温，深市有18家公司购买了广告行业的标的，涉及数字营销服务、互联网广告、电视购物等细分行业。如天威视讯收购宜和购物，实现其控股股东深圳广电集团内部优质资源整合。又如蓝色光标收购蓝瀚科技，整合了移动端广告、互联网广告领

域的资源。

此外，在如今医疗市场改革、政策引导提升产业集中度的机遇中，医疗行业的并购迅速升温，2015年，主板4家、中小板14家、创业板9家公司推出重组方案，涉及中医药、生物医药、医药制剂、医用显示、医疗服务等多个细分行业。如京新药业通过购买巨烽显示，新增医疗专用显示设备生产和销售业务，进入市场前景良好的医疗器械行业。

文化影视类收购方面，2015年，主板1单、中小板7单、创业板1单重组涉及影视类标的，然而值得关注的是，2016年以来，创业板就已有7家公司披露了收购影视传媒类标的的方案。

（五）创新并购方案不断增加，市场化程度不断提高

2015年，深市并购重组数量呈爆发式增长，在众多案例当中也不断涌现了许多创新的并购方案，不论从并购规模还是方案的复杂程度来看，都反映出在市场化并购热度快速升温的条件下催化了相当多的并购创新。例如，招商地产换股吸收合并，招商蛇口实现整体上市，是深市首单B股转A股的无先例事项，创造性解决了B股的历史问题，同时通过定向增发引入战略投资和员工持股，交易金额高达449亿元，成为国有企业混合所有制改革的又一成功案例，为主板市场注入了新的活力；再如美年大健康借壳江苏三友的同时装入美年大健康前期已收购的慈铭体检27.78%股份，并约定在未来12个月内完成慈铭体检剩余72.22%股份的收购安排，2016年3月1日，美年大健康再次披露重组预案，收购慈铭体检剩余72.22%股份，在一年的时间内，上市公司通过两次重组装入了两家体检机构，收购完成后公司将完成两家大规模专业体检机构的合并整合；此外，交易所推动顺利完成温氏股份吸并大华农并在创业板上市，是创业板首单整体上市的案例，以吸收合并的方式装入了70亿元的资产，目前整体市值已超千亿元，成为创业板市值最高的公司。

业绩补偿方案设计更加多样化，双向对赌运用广泛。证监会在新的重组办法中取消了独立第三方需强制补偿的条款后，随着并购重组市场化程度的不断提高，上市公司为了保证自身的利益，从并购交易的实际情况和标的行业特征等出发，设计了不同的补偿方案。如延长业绩补偿年限至3年以上，或交易双方不仅基于扣非后净利润进行业绩补偿，还基于平均在线活跃注册用户数量、主营业务收入、应收账款占比等指标设计业绩补偿方案，有效避免了净利润作为业绩补偿指标的单一性。另外，随着并购重组更加市场化，双向对赌的方案也越来越多，例如，交易对方或管理团队超额完成承诺业绩的，可根据约定的方案调整对价或由管理团队获得超额业绩奖励。此外，也有由上市公司提出调价条件的，如标的公司未能在规定时间获得采矿权等相关权证、或者经审核矿产储量未如预期、或者重组实施完成当年业绩承诺完成程度较低的，交易对价将大幅降低甚至调整为零等“断崖”式的对赌协议，

以此保障上市公司利益。

（六）现金重组大幅增加

随着证监会取消了采用纯现金方式参与重大资产重组的行政审批事项，部分资金较为充裕的公司采用了现金支付，2015年，除了涉及资产剥离采用现金支付的以外，以现金方式对外收购的重组达到了50单，较2014年增长了4倍。

出现了先现金收购后非公发募资的情形。部分公司先以现金来进行收购，紧接着又通过非公开发行募集资金用于补充流动资金等来满足现金收购的资金需求，如禾欣股份、亚太药业、东山精密、富临运业等。公司一方面是为了快速锁定标的，避免重组审核拉长交易时间而给交易增加不确定性或者直接为了规避重组审核，另一方面公司重组由于涉及到海外收购，在目前支付方式较为单一的情形下，也选择了该方式，如艾派克收购SCC等。

此外，还出现了现金收购加二级市场买入股票的情形。部分公司在现金收购的同时还要求交易对手方在收到转让款后在二级市场买入上市公司部分股票。如立思辰、利亚德、威创股份等。一方面公司可以在不需要发行新股的情形下捆绑交易双方利益，推进收购后的整合；另一方面也可以避免交易对手方在拿到现金后不履行业绩承诺。

三、并购重组中需关注的问题及采取的监管措施

（一）规避借壳逃避监管要求

随着并购重组市场化程度的提高，部分公司拟通过复杂的方案设计等方式来规避更为严格的审批要求。其中，因上市公司或标的资产无法满足3年存续时间、盈利要求、行业属性等首发条件，而寻求规避借壳上市的案例在增加。

实际控制人通过重组从有变无，公司认为不构成借壳。三变科技（002112）发行股份购买南方银谷全部股权，交易作价28亿元，占上市公司总资产的215%，交易对手方周氏兄弟为一致行动人，同时上市公司拟向正德资管募集配套资金，交易完成后正德资管、周氏兄弟、原控股股东持股相差不大，公司认为交易后将无实际控制人，因而不构成借壳。交易所对公司的重组方案高度关注，向上市公司发送重组问询函2份，并发送关注函对公司的方案表示关注，同时立即向证监会报请示函。公司最终在各方的监管压力下终止了此次重组。

实际控制人通过与标的第二大股东签订一致行动协议来巩固控制权。王子新材（002735）向史文勇、金信恒瑞发行股份购买飞流九天股权，作价50亿元，占上市公司总资产的888%，同时向原实际控制人和金信恒瑞的关联方募集配套资金。上市公司实际控制人和金信恒瑞及其关联方签订

一致行动协议，公司认为控制权未发生变更，不构成借壳。交易所对公司的重组方案高度关注，向上市公司发送重组问询函，并立即向证监会报请示函、上报重大事项报告单，同时向证监局报提请关注函。目前公司表示将对方案进行修改。

原控股股东通过认购配套募集资金来巩固控制权。如金马股份（000980）通过发行股份和支付现金相结合的方式购买众泰汽车 100%股权，作价 116 亿元，并募集配套资金 100 亿元。本次交易中发行股份及支付现金购买资产的实施与铁牛集团认购募集配套资金不低于 45 亿元互为前提条件。通过募集配套资金公司原控股股东保留控制权。交易所对公司的重组方案高度关注，并及时发送了重组问询函对是否构成借壳进行了重点问询。

此外，一些重大方案也引起我们的密切关注，如金利科技在“净壳”情况下以现金购买境外对手方资产，存在借壳嫌疑；再如星美影业借壳圣莱达的案例中，涉及香港上市公司私有化退市不确定、标的公司为境外企业等问题，方案的合规性与可实现性存在重大疑虑。在前述案例的审核中，交易所均以请示形式上报证监会上市部，就公司重组方案存在的合规性问题予以请示。与此同时，市场对规避借壳手法越来越多样的情况也有所质疑，交易所对规避借壳的情形也保持高度关注，以重组问询函、关注函等形式要求公司强化信息披露、规范上市公司的重组交易，同时交易所立即向证监会上报《涉嫌规避借壳的监管建议》，2016 年 6 月 17 日，证监会在《重组问题与解答》中明确，上市公司实际控制人拟认购募集配套资金的，相应股份在认定控制权是否变更时剔除计算。

（二）变更业绩承诺及补偿

为控制高估值的风险，上市公司往往要求交易对方以高额的业绩承诺作为背书，因而常出现高估值行业的业绩承诺与历史过往业绩差异较大的情形，业绩承诺可能难以完成。2015 年，407 家重组存在业绩承诺的公司中有 69 家业绩承诺未达标，占比达 17%，平均未实现的承诺金额为 6343 万元，占承诺金额比重的 47%。

由于承诺未实现的情形越来越多，因此也出现了修改重组业绩承诺的情形，且变更的方式多种多样。例如，有将每年补偿变更为累计补偿的，如华伍股份、金龙机电、台海核电等；有变更或延长业绩补偿期限的，如深华新、北京利尔等；也有变更业绩补偿支付形式的，如 *ST 宇顺等；还有将业绩补偿支付变更为分期支付的，如斯太尔等；另外也有如粤传媒等表示业绩承诺将无法履行的。针对上述变更业绩承诺的情形，交易所立即向证监会上报《关于变更业绩承诺的监管建议》，2016 年 6 月 17 日，证监会在《重组问题与解答》中明确指出，重组方应当严格按照业绩补偿协议履行承诺，不得变更其作出的业绩补偿承诺。

（三）“类金融机构”注入上市公司的风险高

以中小板为例，2015 年多家上市公司

表 20　　中小板上市公司收购“类金融机构”的情形

公司名称	标　的	收购方式	进　展
希努尔	星河互联	股份＋现金	已终止
广博股份	汇元通控股	股份＋现金	已变更
康盛股份	富嘉融资租赁	现金	已完成
金一文化	卡尼小额贷款	现金	已完成

的重组或再融资方案涉及“类金融机构”。

以希努尔为例，公司拟发行股份购买星河互联全部股权，交易作价 110 亿元，占上市公司总资产的 405%，同时上市公司原控股股东拟认购配套资金。标的公司为创业投资企业，若原控股股东不参与配套募集资金，则构成借壳。重组交易涉嫌实质上构成借壳上市，且创业投资企业的盈利不确定性较大。交易所对公司的重组方案高度关注，向公司发送问询函 3 份，约见谈话，并向证监会报请示函 2 份，同时提请证监局协助调查。在各方监管的压力下，公司最终申请终止重组。

“类金融机构”注入上市公司的风险高。首先，相比已上市的银行、证券、保险等金融机构，部分“类金融机构”运作模式尚不规范、风险控制尚不成熟、经营风险较高；其次，“类金融机构”是否具备向普通公众投资者融资的资格、是否适合在交易所上市等问题尚未明确；最后，“类金融机构”上市是否会影响资本市场发挥服务实体经济的功能尚待研究。

鉴于上述情形，交易所向证监会上报《关于“类金融机构”注入上市公司的监管建议》。2016 年 6 月 1 日，证监会在《关于“类金融机构”通过上市公司并购重组上市有关问题的函》中明确规定，暂不允许“类金融机构”通过借壳、重组、发行股份购买资产注入上市公司。

（四）PE 控股+第三方资产注入

部分上市公司的控制权转让给 PE 公司，PE 取得上市公司控制权后再注入第三方资产，一般未构成借壳。例如，汇源通信（000586）上市公司原控股股东协议转让控股权给蕙富骐骥后，公司再收购通宝莱和迅通科技，置出原资产；智度投资（000676）原控股股东协议转让控股权给北京智度德普股权投资中心后收购猎鹰网络、掌汇天下、亦复信息、Spigot；申科股份（002633）原控股股东协议转让部分股权给华创易盛后收购紫博蓝，华创易盛参与配套融资后成为控股股东，该方案最终被证监会否决。

PE 控股上市公司存在诸多风险。一方面 PE 追求短期投资回报可能导致公司脱离当时设立时的初衷，可能会改变公司的治理模式；另一方面 PE 的高市值倾向可能导致公司更热衷于市值管理而忽略了公司的实业经营，此外，也可能存在内幕交易、操纵市场等违法违规行为。

针对这类情形，交易所高度关注，强

化上市公司的信息披露，多次问询，要求公司说明是否构成借壳，是否合法合规，并要求公司详细披露PE收购上市公司的资金来源等。

（五）确认大额商誉埋下业绩隐患

在非同一控制下企业合并的情况下，或者在反向购买中，上市公司保留的资产、负债构成业务的，企业合并成本与标的公司可辨认资产公允价值的差额应当确认为商誉。随着并购重组的活跃、交易标的平均估值水平提高，上市公司确认的商誉金额也在不断增加，2013~2015年，深市上市公司的商誉总值分别为707亿元、1581亿元和3544亿元，2015年共有210家公司的商誉增长幅度超过100%。而高增值率的重组交易可能导致公司确认大额的商誉金额，如果上市公司重组前资产规模偏小，交易标的估值偏高，可能还会出现商誉金额数倍，甚至数十倍于重组前总资产或净资产的情况。

从并购标的的行业情况来看，游戏、金融、广告影视行业的并购标的带来的商誉金额较大。如世纪华通收购中手游科技的重组方案中，预计确认商誉约116亿元，占上市公司最近一年总资产的2.8倍，而网络游戏行业竞争激烈，若标的公司未来经营业绩持续下滑甚至亏损，上市公司可能面临商誉大幅减值的风险。例如，蓝色光标在上市前后通过数十笔并购，实现了跨越式发展，营业收入规模增长了10倍以上，然而在业绩高速增长的同时，累计确认的并购商誉超过了净资产的100%，2015年，公司确认商誉减值损失8.9亿元，导致净利润仅6741万元，较上年下降91%，极大地拖累了上市公司的业绩。再如*ST宇顺（002289）收购雅视科技，确认商誉8.6亿元，2015年确认商誉减值6.1亿元，导致公司当期亏损。针对上述情形，交易所也是高度关注，采取发送问询函、向公司及其会计师发送关注函、约见谈话等一系列监管措施。

（六）盲目追求热点行业，重组又以失败告终

在并购重组不断活跃的情况下，部分公司为了重组而重组，盲目追求热点行业的标的，尤其是在一些传统的制造业行业中更为明显。上市公司在自身业绩增长乏力、行业关注度不高的情况下，为了获得市场更高的关注度，不考虑并购可能带来的整合风险、管理风险，也不考虑自身是否具备标的行业的管理经验，只并购最热门的行业，却常在谈判或重组未实施完成的期间便终止了重组。例如，新国都（300130）收购范特西案例中，公司于2014年9月将材料报会之后，因范特西游戏项目未能按预期上线，导致无法对其未来业绩做出判断，随后公司主动终止了重组；再如群兴玩具收购的游戏公司星创互联因未来盈利能力存在重大不确定性被证监会否决，凯美特气（002549）收购网络教育公司习习网络因标的业绩未达预期从而主动终止，友利控股（000584）收购中清龙图游戏行业公司，因标的涉诉可能对业绩影响重大而主动终止。总结上述失败

的重组案例，并购标的所属行业多与当下热点领域挂钩。而上市公司针对热点标的、市场追捧题材而进行并购，却徒增了重组的不确定性，也存在“忽悠式重组”的可能。

针对上述情形，交易所也是高度关注，一方面及时提请市场监察部核查交易，向证监会上报重大事项报告单；另一方面加强上市公司的信息披露，发送关注函并要求公司详细说明并披露重组终止原因，要求公司召开投资者说明会。

四、关于推进深市上市公司并购重组的思考与建议

（一）强化信息披露

坚持以信息披露为核心，强化重组方案的信息披露。一方面在重组问询函中直击要点，重点问询，要求上市公司详细说明并对外披露，另一方面对于公司回复不清或闪烁其词的问题，要多次问询，刨根问底。如针对高业绩承诺、高估值等，要求公司详细说明合理性及计算依据；对于借壳、重大媒体质疑或投诉的方案，召开媒体说明会，要求评估师对估值合理性等进行说明。

加强重组完成后的持续性跟踪和监管。在重组方案披露或实施后还存在业绩承诺与补偿可实现性存疑、大额商誉确认与减值等风险与问题，交易所将督促公司就重组方案中的重要事项、重大进展、媒体质疑等进行及时、完整的披露，如披露商誉减值的测算依据及合理性分析。此外，在年报审查工作中，对上述问题进行持续的密切关注，灵活运用监管工具箱，如关注函、问询函、上报重大事项报告单、提请市场监察部核查交易等方式，提前做好预判，并督促公司及时履行信息披露义务与释放风险。同时配合证监会的相关要求，做好事后监管。

（二）加强监管协作

定期与证监局沟通公司的重组进展情况。为加强重组的严肃性，加强并购重组全程信息披露监管和违规行为的查处力度显得尤为必要。如对于将并购重组作为市值管理工具，跨行业和主业主动涉及市场热点题材的情形，应时刻保持关注，督促上市公司做好信息披露工作，定期与证监局沟通公司的重组进展情况。同时，在发现重组违规线索时及时向证监局发出提请关注函，必要时采取联合监管措施，使用后续监管手段形成强大威慑力。

（三）及时上报监管建议

在日常监管中积累监管案例和经验，根据不同的情形及时总结，并上报监管建议。例如，在海外收购方面，建议增加规则弹性，鼓励企业“走出去”，如适度放宽停牌时间限制、财务信息披露要求等。再如在借壳认定方面，建议从实质重于形式角度完善借壳认定条件。

（四）持续做好交易所引导和服务工作

继续全力做好引导和服务，全面推进并购重组的发展。通过持续组织并购重组系列培训，引导合规高效并购重组。其中，特别强调上市公司董监高与控股股东需履行勤勉尽责的义务，识别并选择质地优良、前景广阔的标的进行重组，切实提高上市公司经营与盈利能力，同时鼓励控股股东将其他优质资产通过并购重组的方式实现整体上市，进一步增强上市公司的核心竞争力。同时，编写优秀案例与问题解答，同时关注引起市场广泛质疑的相关案例，及时总结经验教训，为上市公司提供学习借鉴的经验，鼓励公司创新。成立跨部门专门小组，研究重组难题。此外，也可以采用灵活高效的方式与公司及时沟通，如视频约见公司、财务顾问或交易对手方等，更好地了解公司的重组方案，在与公司有更深一步沟通的同时也未增加公司额外的成本。

深市上市公司2015年国资改革情况分析

如果说2014年是新一轮国有企业改革的奠基年，那么2015年则是深化年、落实年。2015年中央和地方都出台了众多重磅政策，市场上也涌现了多单国企巨头合并的成功案例。国资改革的各项宏观目标和具体项目都得到了政策的有力支持和实践的有益探索。2015年，国资改革的思路越来越清晰、步伐越来越坚定、成效也越来越显著。

深市市场传统的资源配置、价格形成的功能为国资改革各项目标的实现提供了前提条件，其众多可供国有企业选择的金融工具强有力地推动了国资改革的进程。2015年，深市市场一如既往地服务于国资改革目标的具体落地，成为国资改革的重要实施平台。当然，国资改革在借力资本市场过程中，也不时受限于制度性的束缚或暴露出个别或普遍的缺陷。只有不断推动制度的完善和改革参与者的成熟，国资改革才能不断地深化和优化。

本报告第一部分将首先回顾2015年中央和地方各层级出台的国资改革制度和政策，简要介绍国资改革开展的背景和环境；其次在第二部分，本报告区分不同的交易类别介绍深市国有企业在2015年的改革实践；最后在第三部分，本报告着重介绍国资改革过程中值得关注的问题，并提出若干针对性的建议。

一、国资改革的政策背景和环境

本轮国企改革肇始于中共十八届三中全会通过的《中共中央关于全面深化改革若干重大问题的决定》，其对全面深化国资改革做出总体部署，明确提出要积极发展混合所有制经济，推动国有企业完善现代企业制度。

跨入2015年，国资改革的相关文件更为密集地发布，为本轮国资改革指明了方向和重点领域，提供了坚实的政策支持。

中央全面深化改革领导小组于2015年6月5日通过了《关于在深化国有企业改革中坚持党的领导加强党的建设的若干意见》和《关于加强和改进企业国有资产监督防止国有资产流失的意见》两份国资改革的基础性文件。在国资改革顶层意见出台之前先行出台防止国资流失的意见并强调党建的关键作用，为国资改革的稳妥推进提供了基本保障。7月17日习近平主席提出了“两个不动摇”和“三个有利于”的重要论断，强调坚持国有企业的重要地位和把国有企业做大做强做优不动摇，推进国企改革要有利于国有资本保值增值、有利于提高国有经济竞争力和有利于放大国有资本功能，从战略层面明确了国资改革的大方向和根本标准，从而为改革的稳妥推进奠定了重要基础。

随后，本轮国资改革的顶层设计很快推出，并被总结为“1+N”政策体系，即以中共中央、国务院于2015年8月24日印发的《关于深化国有企业改革的指导意见》（以下简称《指导意见》）为核心，以“N”个国资改革具体领域的细化文件为支撑的政策体系。

《指导意见》明确提出，应从分类推进国企改革、完善现代企业制度、完善国资监管体制、发展混合所有制经济、防范国有资产流失、加强和改进党对国企的领导、为国有企业改革创造良好环境条件等方面全面深化国资改革。《指导意见》回答了此前市场上关心的一些问题，例如，确定了商业类公司和公益类公司的二分法并针对两类公司提出不同改革路径；提出改组组建国有资本投资、运营公司，由其对所授权的国企履行出资人权利，以形成政府和市场之间的隔离带等。

《指导意见》为国资改革规划了蓝图，而“N”个具体领域的政策文件则是可执行性很强的实操手册，提出了众多受市场瞩目的改革重点。例如，国务院于2015年9月24日印发的《关于国有企业发展混合所有制经济的意见》明确了不同行业内国有资本应持有的股权比例，要求国企内部的不同层级适用不同的改革目标和策略，鼓励国有资本和非国有资本双向入股，所提的思路具体细致且切实可行。其他配套文件还覆盖了改革和完善国有资产管理体制、中央企业结构调整与重组方案、推进国有资本运营公司和投资公司试点、进一步加强和改进外派监事会工作、鼓励和规范国有企业投资项目引入非国有资本、国有产权交易流转监管等改革的方方面面。

随着中央国资改革顶层设计方案的推出，已有20多个省市区先后出台国资改革的指导意见，结合本省市区的实际情况加以落实。各省市区的国资改革方案同中有异、各具特色。很多省市区都把提高本辖区内国有企业的资产证券化率作为国资改革的重点工作：北京国企改革意见提出，到2020年，国有资本证券化率将力争达到50%以上；根据广州国资国企改革进度，其资产证券化率将在2017年超过70%；而深圳也明确提出将资产证券化率由现有的43%提升至60%。混合所有制改革也是本轮地方国资改革的重头戏：上海提出，经过3~5年的持续推进，基本完成国有企业公司制改革，除国家政策明确必须保持国有独资外，其余企业实现股权多元化；湖北提出国资改革的基本逻辑——“只要有利于企业做大做强，不再强求控股权”。通过作为第二大股东的央企增资的方式，湖北省国资委放弃了湖北能源和大冶有色两家地方重量级国企的控股权，换回了央企大手笔的投资和稳固的合作关系。而与湖北国企改革对接央企平台不同，广东混合所有制改革的过程中出现了很多民营产业资本的身影，甚至出现了险资通过举牌、定增等渠道取得辖区内上市公司控制权的情况。

二、深市2015年度国资改革情况

截至2016年4月，2015年年报披露完毕，深市国有上市公司家数和占比如表1所示。

表1　深市国有企业数量和占比　单位：家，%

	主　板	中小板	创业板	合　计
上市公司总数	478	785	446	1709
国有上市公司数	281	110	16	407
占比	58.79	14.52	3.59	23.82

从板块分布上看，主板具备国有企业比例高的特点，而其他两个板块则以民营企业为主导。从公司所在产业来看，深市国有上市公司多集中在制造业、批发零售、房地产业、水电燃气等行业，具体涉及电子信息、交通运输、国防科工、机械制造等领域。

资本市场是国资改革实施的重要平台。资本市场机制灵活，可以集中多元化的投资主体、提供多样化的金融工具：通过并购重组和再融资可以实现跨行业、跨地区、跨所有制的资本扩张；通过股权激励、员工持股计划等可以融合不同主体的多元利益，实现股权结构的优化。2015年，深市国有企业在参与重大资产重组、通过非公开发行募集资金和发起股权激励、员工持股计划方面十分积极，涌现了不少成功的案例。下文即区分不同的交易类型介绍2015年深市国资利用重组交易改革的具体情况。

（一）深市国有企业利用重组交易情况

1. 深市国有企业重组交易概况

与2014年相比，2015年披露重组方案的国企数量有明显的增长，增长幅度达130.43%，在所有披露方案的公司中的占比也从10.27%提升到17.72%。但是，相比于主板、中小板、创业板和三个板块合计国有企业占比58.79%、14.52%、3.59%和23.82%，披露重组方案的国企占比仅分别为38.82%、10.63%、5.56%和17.72%，说明相比于非国有企业，国有企业进行重组交易的积极性仍显不足。具体情况如表2所示。

表2　　深市国有企业2014~2015年披露重组方案数量和占比　　单位：家，%

	主　板	中小板	创业板	合　计
2014年内披露重组方案的国企家数	16	6	1	23
2014年内披露重组方案的总公司数	41	94	89	224
2014年内披露重组方案的国企占全部披露方案的公司数量的比例	39.02	6.38	1.12	10.27
2015年内披露重组方案的国企家数	33	17	3	53
2015年内披露重组方案的总公司数	85	160	54	299
2015年内披露重组方案的国企占全部披露方案的公司数量的比例	38.82	10.63	5.56	17.72

在交易涉及的金额方面，2015年深市频频出现金额大、市场关注度高的重组案例：2015年完成实施的申银万国换股吸收合并宏源证券（000562）重组方案，交易金额达到722.04亿元，[①]是目前中国证券业最大的并购案，并购完成后的申万宏源（000162）进入行业第一梯队；2015年披露方案并完成实施的招商局蛇口控股吸收合并招商地产（000024）重组方案，交易金额高达1746.82亿元，[②]并购完成后公司简称招商蛇口（001979），由此实现了招商局集团地产板块的整体上市。

而除去上述两个金额最大的重组方案，2015年深市国有企业披露的重组方案涉及的交易金额（不包括募集配套资金）达到1605.62亿元，而2014年仅为488.52亿元，增长幅度高达228.67%。具体情况如表3所示。

表3　　深市国有企业2014~2015年披露重组方案涉及的金额　　单位：亿元，%

	主　板	中小板	创业板	合　计
2014年内披露重组方案的国企交易涉及的金额（不含募集配套资金）	265.91	197.61	25	488.52
2015年内披露重组方案的国企交易涉及的金额（不含募集配套资金）	1279.11	311.56	14.95	1605.62
增长幅度	381.03	57.66	—	228.67

2. 深市国有企业重组的具体方式

2015年，深市国有上市公司通过重组实现了发展混合所有制经济、提高集团公司证券化率、增强企业竞争力和活力、促进国有资产增值保值和做大做强等目标，具体路径主要包括借壳上市、资产注入、引入战略投资者、不同所有制混合、让渡控制权等，以下逐项予以说明并附上2015

① 以本次换股吸收合并后申万宏源的股数14856744977股，乘以本次发行价4.86元得到。
② 以本次换股吸收合并完成后招商蛇口的总股本为7401797599股，乘以本次发行价23.60元得到。

年的典型案例。

国有资产证券化，一方面可以实现投资主体多元化，加快现代企业制度建设；另一方面可以为企业发展融资，提升企业的整体竞争力，是国有企业利用资本市场发展壮大最常见的方式。由于首次公开发行程序长、耗时久且难度大，众多拟上市国企选择了借壳这一通道登陆资本市场。

以桐君阁（000591）为例，公司于4月17日披露了中国节能环保集团公司旗下太阳能光伏电站相关业务与资产借壳上市的方案。具体安排包括上市公司以全部资产和负债与交易对方持有的中节能太阳能科技股份有限公司100%股份等值部分进行置换，差额部分由上市公司以非公开发行股份的方式购买；另外，交易对方将取得的置出资产加上3亿元现金作为对价，受让桐君阁原控股股东重庆太极实业（集团）股份有限公司所持占桐君阁重组前总股本20%的股份；同时，募集配套融资用于太阳能光伏电站项目建设。重组完成后，上市公司业务由医药商业经营和传统中成药产销，转型为太阳能光伏电站的投资运营以及太阳能电池组件生产销售业务，成为中国节能旗下太阳能业务唯一上市平台，2016年公司简称变更为太阳能。

2015年深市国有企业披露预案（尚未终止）或者实施完毕的借壳上市案例如表4所示。

表4　深市国有企业2015年借壳上市案例

代码	公司简称	方案披露时间	借壳后第一大股东/实际控制人	借壳后公司主要业务	上市公司购入资产金额（亿元）
000833	贵糖股份	2014年8月26日	云浮广业硫铁矿集团有限公司/广东省国资委	硫精矿、生活纸、糖	17.27
000591	桐君阁	2015年4月17日	中国节能环保集团公司/国务院国资委	太阳能光伏电站的投资运营以及太阳能电池组件生产销售	85.25
000411	英特集团	2015年5月30日	浙江华宸投资发展有限公司/国务院国资委	药品/中药销售、医疗器械销售	8.04

对于已有上市平台的国有集团，集团资产注入也是常见的国企重组类别，其方式既可能是集团整体上市，也可能是部分业务板块整体上市，还可能是部分资产注入。整体上市可以减少关联交易和同业竞争，同时将企业全部资产或者部分业务置于资本市场的监督之下，有利于企业的规范运作和做大做强。一种特殊的资产注入交易是上市公司股东吸收合并上市公司，其交易规模往往很大，并起到集团公司整体上市、部分业务全面上市，或者集团内部不同公司业务整合的效果。

以招商局蛇口吸收合并招商地产（000024）为例，根据2015年9月18日披露的重组方案，招商局蛇口控股拟向上市公司除招商局蛇口控股及其关联方之外的股东发行A股股份，以换股的方式吸收合并招商地产，同时募集配套资金。其中，

A股的换股比例为1∶1.6008，B股的换股比例为1∶1.2148，此外还安排了异议股东现金选择权。交易完成后，招商地产终止上市并注销法人资格，而招商局集团实现了地产板块的整体上市，其股票简称为招商蛇口（001979）。

中材科技（002080）向控股股东发行股份购买资产，也是集团内部业务整合的经典案例。2015年8月22日，公司披露方案拟向控股股东中国中材股份有限公司发行股份，购买其持有的泰山玻璃纤维有限公司100%的股权，同时募集配套资金。重组完成后，上市公司的营业范围在特种纤维复合材料制品、技术与装备等基础上，拓展至玻璃纤维及制品的制造和销售，形成复合材料领域上下游一体化的完整产业链，提升了上市公司抗风险能力。

2015年深市国有企业披露预案（尚未终止）或者实施完毕的控股方注入资产案例如表5所示。

表5 深市国有企业2015年控股方注入资产案例

代码	公司简称	方案披露时间	实际控制人	实际控制人注入的资产	注入资产后公司主要业务	上市公司购入资产金额（亿元）
002314	南山控股	2013年11月15日	中国南山开发股份有限公司	南山地产、上海新南山、南通南山	建筑装饰和其他建筑业	42.01
002155	湖南黄金	2013年12月9日	湖南省国资委	黄金洞矿业	有色金属矿采选业	15.5
002125	湘潭电化	2014年2月14日	湘潭市国资委	湘潭市污水处理有限责任公司	化学原料和化学制品制造业	1.77
000421	南京中北	2014年4月23日	南京市国资委	南京港华燃气有限公司51%股权、南京划入燃气有限公司14%股权	燃气销售、工程施工和旅游服务	9.61
000166	申万宏源	2014年7月26日	中央汇金投资有限责任公司	申银万国证券股份有限公司100%股权	证券行业	722.04
000960	锡业股份	2014年8月5日	云南省国资委	云南华联锌铟股份有限公司75.74%股份	铜产品、锡产品	37.86
002100	天康生物	2014年8月25日	新疆生产建设兵团国有资产管理公司	天康控股	农副食品加工业	18.4
000032	深桑达A	2014年11月18日	国务院国资委	深圳市桑达无线通讯技术有限公司100%股权、深圳神彩物流有限公司100%股权、捷达国际运输有限公司100%股权	商品贸易、供应链一体化、物流运输	9.08
000698	沈阳化工	2014年11月25日	国务院国资委	山东蓝星东大化工有限责任公司99.33%的股权	化工产品	7.07
000811	烟台冰轮	2015年1月7日	烟台市国资委	烟台冰轮集团（香港）有限公司100%股权	工业产品销售和工程施工	4.11

续表

代码	公司简称	方案披露时间	实际控制人	实际控制人注入的资产	注入资产后公司主要业务	上市公司购入资产金额（亿元）
000544	中原环保	2015 年 2 月 13 日	郑州市人民政府	五龙口污水处理厂一期和二期、马头岗污水处理厂一期和二期（污泥消化、干化资产除外）、南三环污水处理厂、马寨污水处理厂、王新庄污水处理厂技改工程	污水处理、供热销售、管网工程费收入	32.31
000429	粤高速 A	2015 年 7 月 1 日	广东省国资委	广东省佛开高速公路有限公司 25%股权，广州广珠交通投资管理有限公司 100%股权	收取通行费	43.66
002110	三钢闽光	2015 年 8 月 21 日	福建省国资委	三安钢铁 100%股权	黑色金属冶炼和压延加工业	44.74
002080	中材科技	2015 年 8 月 22 日	国务院国资委	泰山玻璃纤维有限公司 100%的股权	玻璃纤维及制品的制造和销售	38.5
000990	诚志股份	2015 年 9 月 16 日	教育部	惠生（南京）清洁能源股份有限公司 99.6%股权	化工产品、医疗服务、新能源	97.52
001979	招商蛇口	2015 年 9 月 18 日	国务院国资委	招商蛇口工业区控股股份有限公司	房地产行业	1746.82
002057	中钢天源	2015 年 9 月 25 日	中国中钢集团公司	中钢制品院 100%股权、中唯公司 100%股权、湖南特材 100%股权、中钢投资 100%股权	化学原料和化学制品制造业	15.57
002238	天威视讯	2015 年 10 月 30 日	深圳广播电影电视集团	宜和股份 60%股权	电信、广播电视和卫星传输服务	1.26
001896	豫能控股	2015 年 11 月 3 日	河南省发改委	鹤壁同力 97.15%股权、鹤壁丰鹤 50.00%股权和华能沁北 35.00%股权	电力行业	37.81
002061	*ST 江化	2015 年 12 月 4 日	浙江铁路投资集团有限公司	浙铁大风化工 100%股权	化学原料和化学制品制造业	9.8
000519	江南红箭	2015 年 12 月 12 日	国务院国资委	河南北方红阳机电有限公司 100%股权、南阳北方向东工业有限公司 100%股权、南阳北方红宇机电有限公司 100%股权、郑州红宇专用汽车有限责任公司 100%股权、山东北方滨海机器有限公司 100%股权、吉林江机特种工业有限公司 100%股权	超硬材料、军品、民品业务	24.12

续表

代码	公司简称	方案披露时间	实际控制人	实际控制人注入的资产	注入资产后公司主要业务	上市公司购入资产金额（亿元）
002091	江苏国泰	2015 年 12 月 16 日	江苏国泰国际集团有限公司	华盛实业、国华实业、汉帛贸易、亿达实业、力天实业、国泰华诚、国泰华博、国泰上海、国泰财务、紫金科技、国泰华鼎、慧贸通	批发业	52.98
002320	海峡股份	2015 年 12 月 25 日	海口国资委	新海轮渡 100%股权	水上运输业	10.17
002371	七星电子	2015 年 12 月 26 日	北京市国资委	北方微电子 100%股权	微电子	9.24
002109	兴化股份	2015 年 12 月 18 日	陕西省国资委	延长集团天然气公司、兴化化工	化工	42.12
002092	中泰化学	2015 年 11 月 11 日	新疆国资委	新疆富丽达、金富纱业、蓝天物流	纺织、物流	28.01

目前，大部分国有上市公司仍然面临着“一股独大”的问题，行政干预难以避免，市场化运作机制受到一定程度的限制；而通过引入战略投资者，以产权层面的改革推动企业进一步改进管理体制和激励机制，强化约束机制，可以进一步完善上市公司法人治理结构，在吸收高效社会资本的同时，最大程度地释放企业活力、提升经营效率与效果，实现国有资本和社会资本的共赢。

在重大重组交易中引入战略投资者主要有两个途径：一是向持有标的资产的战略投资者发行股份购买其资产。二是向战略投资者发行股份募集配套资金。以华联股份（000882）为例，根据其在 2015 年推出的重组预案及后续方案修改，公司拟向上海镕尚投资管理中心（有限合伙）（以下简称“上海镕尚”）和中信夹层（上海）投资中心（有限合伙）（以下简称“中信夹层”）发行股份购买其合计持有的青岛海融兴达商业管理有限公司 100%股权，向上海镕尚发行股份购买其持有的山西华联购物中心有限公司 99.69%股权。上海镕尚和中信夹层的日常经营事项和投资决策都由中信产业投资基金管理有限公司（以下简称“中信产业基金”）负责，而中信产业基金在商业地产的投资、建设及规划方面具有丰富的经验，建立了专业的建设规划团队负责商业地产的设计与规划。本次交易完成后，上市公司与中信产业基金将建立长期的战略合作关系，有利于上市公司获取优质的购物中心，增强其未来在购物中心领域的投资、建设、运营以及资本运作能力。

积极推动国有企业混合所有制改革成为各省市区本轮国资改革计划的“标配”，部分省市区甚至提出了明确的时间表。不同所有制混合有利于投资主体的多元化，改变国有企业仅承担国有经济利益的格局，也有利于国有企业通过少量国有资本撬动社会资本，实现国有资本保值增值目标。

很多国有企业向民营资本发行股份购买其持有的优质资产，既增强了公司的盈利能力，又引入了民营持股，激发了公司的活力。以安泰科技（000969）为例，公司于2015年4月20日披露重组报告书，拟通过发行股份、支付现金的方式购买刁其合等12名交易对方合法持有的天龙钨钼100%股权，并募集配套资金。重组方案实施后，安泰科技吸收刁其合（方案完成后其持股比例为4.78%）、苏国平（方案完成后其持股比例为3.05%）等民营投资者成为其股东，同时安泰科技管理层及核心骨干也通过认购配套募集资金而取得公司股权，进一步推动了公司混合所有制的发展，同时也激发了公司内部活力，实现公司可持续发展。

2015年披露预案（尚未终止）或者实施完毕的深市国有企业市场化并购案例如表6所示。

表6　　深市国有企业2015年市场化并购案例

代码	公司简称	方案披露时间	实际控制人	市场化并购的资产	非国有交易对方在方案实施后持有上市公司股权比例（%）	上市公司购入资产金额（亿元）
002400	省广股份	2013年11月21日	广东省国资委	上海雅润文化传播有限公司100%股权	2.88	5.7
002523	天桥起重	2014年9月26日	株洲市国资委	华新机电100%股权	12.02	5.72
002396	星网锐捷	2015年2月9日	福建省国资委	德明通讯65%股权	2.32	3.26
002507	涪陵榨菜	2015年3月23日	涪陵区国资委	惠通食业100%股权	1.36	1.29
300073	当升科技	2015年4月10日	国务院国资委	中鼎高科100%股权	9.39	4.13
000070	特发信息	2015年4月13日	深圳市国资委	深圳东志科技有限公司100%股权和成都傅立叶电子科技有限公司100%股权	9.86	4.4
000663	永安林业	2015年4月14日	永安市国资委	福建森源家具有限公司100%股权	31.19	13
000969	安泰科技	2015年4月20日	国务院国资委	北京天龙钨钼科技股份有限公司100%股权	12.19	10.36
000636	风华高科	2015年4月24日	广东省国资委	奈电软性科技电子（珠海）有限公司100%股权	6.56	5.92
002349	精华制药	2015年5月25日	南通市国资委	东力企管	0.95	6.92
300161	华中数控	2015年9月3日	华中科技大学	江苏锦明100%股权	3.8	2.8
000917	电广传媒	2015年10月26日	湖南广播电视台	成都古羌科技有限公司79.25%的股权（方案调整后不包括）、北京掌阔移动传媒科技有限公司80%的股权、上海久之润信息技术有限公司30%的股权	3.86	21.38

续表

代码	公司简称	方案披露时间	实际控制人	市场化并购的资产	非国有交易对方在方案实施后持有上市公司股权比例（%）	上市公司购入资产金额（亿元）
002077	大港股份	2015年12月15日	镇江市国资委	艾科半导体100%股权	18.67	10.8
002683	宏大爆破	2015年12月15日	广东省广业资产经营有限公司	新华都工程100%股权、涟邵建工42.05%股权	13.03	12.45
000851	高鸿股份	2015年12月16日	国务院国资委	江苏高鸿鼎恒信息技术有限公司41.77%股权	4.27	3.2
002368	太极股份	2015年12月23日	国务院国资委	宝德计算机100%股权、量子伟业100%股权	9.62	20.87
002265	西仪股份	2015年12月30日	国务院国资委	苏垦银河	6.84	3.49

新一轮国资改革以国有资本的优化配置为目标，坚持国有资本的有序进退，适时合理地对国有资产战略布局进行调整，使得国有资产更多地投向关系国家安全、国民经济命脉的重要行业和关键领域，并从不符合国家发展战略、缺乏竞争力的行业中退出，推动国民经济顺利转型。2015年，各地的改革方案均不同程度地提出了优化配置的原则，“国有资本持股比例不设限制”、“对非公共服务类企业，可灵活掌握国有股比例，根据需要适时进退，有的甚至可以全部退出”等提法越来越常见。同时，也有未上市国企通过重大资产重组交易获得上市公司控制权，借此登陆资本市场。

以天山纺织（000813）为例，公司于2015年12月14日披露重组报告称，公司拟以其资产中等值于79875万元的部分与美林控股集团有限公司（以下简称“美林控股”）持有的北京嘉林药业股份有限公司（以下简称“嘉林药业”）47.72%股权中的等值部分进行资产置换，差额部分由天山纺织向嘉林药业全体股东发行股份购买。此外，美林控股将向天山纺织现有控股股东购买7500万股上市公司股票。交易完成后，公司原控股股东凯迪投资及凯迪矿业的持股比例由58.98%下降为13.43%，美林控股持股比例达到32.78%，实际控制人由新疆国资委转变为自然人张湧。借此公司的业务发生了转变，其将盈利能力较弱的毛纺织及矿业业务和资产置出，并同步置入盈利能力较强、发展潜力巨大的优质资产，转型进入医药行业。虽然国资放弃了控制权，但公司获得了优质资产，实现了业务转型升级。

与天山纺织相反，航天发展（000547）现有控股股东通过重组交易取得了上市公司的控股权。2014年9月20日，闽福发A披露重组预案称，公司拟向南京长峰航天电子科技有限公司（以下简称“南京长峰”）所有股东发行股份，购买其持有的南京长峰100%股权。同时，上市公司拟向中国航天科工集团公司（以下简称“科工集团”）非公开发行股份募集配套资金，用于与本次重组标的公司主业相关的建设项目。本次重组完成之后，公司原控股股东新疆国力民生股权投资有限公司（民营企业）的持股比例由19.05%下降为12.90%，而科工集团及其下属单位和一致行动人的合计持股比例达到27.97%，国务院国资委成为公司的实际控制人，公司简称变更为航天发展。自此，科工集团在航天科技（000901）之外获得了另一个上市公司平台，实现了战术通信系统类军工业务的证券化。

（二）深市国有企业利用再融资交易情况

1. 深市国有企业再融资交易概况

2015年，深市进行再融资的国有企业数量和涉及的金额均比上年大幅增长，深市合计提出再融资方案的国有企业数量达到77家，比上年增长了63.83%，占所有披露再融资方案的公司的比例也略有增加，由16.73%上升到17.58%。而在金额方面，三个板块和深市合计国有企业披露再融资方案所涉及的金额均有大幅增加，具体情况如表7、表8所示。

表7　深市国有企业2014~2015年披露再融资方案数量和占比　单位：家，%

	主板	中小板	创业板	合计
2014年内披露再融资方案的国企家数	27	19	1	47
2014年内披露再融资方案的公司总数	59	151	71	281
2014年内披露再融资方案的国企占全部披露方案的公司数量的比例	45.76	12.58	1.41	16.73
2015年内披露再融资方案的国企家数	46	29	2	77
2015年内披露再融资方案的公司总数	113	215	110①	438
2015年内披露再融资方案的国企占全部披露方案的公司数量的比例	40.70	13.49	1.82	17.58

表8　深市国有企业2014~2015年披露再融资方案涉及的金额　单位：亿元，%

	主板	中小板	创业板	合计
2014年内披露再融资方案的国企募集金额	529.52	157.59	0.5	687.61
2015年内披露再融资方案的国企募集金额	1867.56	1176.87	28.45	3072.88
增长幅度	252.69	646.79	5590	346.89

①《创业板上市公司证券法发行管理暂行办法》于2014年5月16日正式发布，此后创业板公司才陆续推出非公开发行计划。

再融资在形式上包括公开发行、非公开发行、配股、发行优先股等类型，在数量上，非公开发行占再融资交易的绝大多数。上市公司通过非公开发行，一方面可以补充流动资金、进行项目资金投入或者购买资产，另一方面可以改变公司的持股结构，甚至优化公司的所有制形式，因而受到上市公司的广泛青睐，是上市公司纵向深发展、不断做大做强的重要途径。下文即通过案例说明国有企业通过再融资交易可以实现的若干改革目标。

2. 深市国有企业利用再融资交易改革的具体方式

国有资本可以通过认购上市公司定向增发股份的形式取得上市公司控股权，2015年发生的典型案例是银润投资（000526）非公开发行交易。公司于2015年8月10日披露预案称，公司将向紫光育才、长城嘉信等十个主体发行股份募集资金55亿元，用于收购美国上市公司学大教育集团（以下简称“学大教育”）、设立国际教育学校投资服务公司，以及建设在线教育平台。之前紫光卓远已从公司控股股东深圳椰林湾投资策划有限公司受让了1500万股公司股份，交易完成后清华控股有限公司（以下简称“清华控股”）通过紫光育才和紫光卓远一共将持有公司31.70%的股权，从而将成为公司的控股股东。通过本次交易，公司一方面注入了专注于K12教育培训行业的学大教育，实现主营业务向教育培训行业的跨越式发展，另一方面引入了清华控股作为其控股股东，其管理水平、资本运作能力以及在教育领域的资源将有助于公司实现其战略目标。

不同国资之间的相互混合，即“国资混合所有制”，可以使国有经济内部形成投资主体和利益主体多元化，不同主体彼此制约，因而愿意通过市场化的方式实现共同的经济利益，有利于完善上市公司内部治理结构，激发企业活力。

以湖北能源（000883）为例，2015年5月9日，公司披露非公开发行方案，拟向三峡集团和陕煤化集团发行股份募集不超过606000万元的资金，用于新建湖北黄石筠山风电场工程项目等若干电力工程项目。本次发行完成后，湖北省国资委持股比例下降为27.37%，而三峡集团及下属公司共持有公司38.96%的股权，公司的实际控制人由湖北省国资委变更为国务院国资委。之前公司已于3月20日披露，湖北能源与三峡集团、陕煤化集团在煤炭供给和能源保障等领域展开了战略合作。通过本次非公开发行，公司进一步巩固了与三峡集团之间的合作关系，完成了国资之间的混合所有制改革，在未来必定能够通过多方协作提升其在湖北省能源领域的快速发展。

通过再融资交易向民营企业定向发行股份，上市公司可以实现控制权所有制形式的变更，国有企业可以借此让渡出控制权，2015年发生的典型案例是韶能股份（000601）定向增发交易。2015年11月17日，公司披露非公开发行预案，称拟向前海人寿、钜盛华发行股份募集不超过31亿元资金，用于韶能集团新丰生物质发电项目、新能源汽车动力总成及传动系统项目等建设项目。交易前，公司的控股股东为韶关市工业资产经营有限公司（持有14.43%的股权），实际控制人为韶关市国资委，交易完成后，前海人寿及其一致行动人钜盛华持有公司股份比例将超过30%，届时公司的实际控制人将变更为自然人姚振华。本次交易完成之后，公司将进一步扩大清洁能源的装机规模，并完善新能源汽车及工业机器人核心部件的产业布局。国资在放弃控制权的同时换来了公司核心竞争力的提升和长远发展的前景。当然险资控制上市公司可能带来的风险仍需谨慎防范，下文将另作阐述。

国有企业通过再融资向控股股东一方募集资金加码主业，是国有上市公司加强控股地位最为便捷的渠道。以紫光股份（000938）为例，公司于2015年5月26日披露再融资方案，拟向紫光通信等九名主体发行股份募集资金不超过225亿元（后调整为221亿元），拟用于收购香港华三51%股权、紫光数码44%股权、紫光软件49%股权、建设云计算机研究实验室暨大数据协同中心和补充公司流动资金及偿还银行借款等。本次发行前，清华控股直接及间接持有公司34.27%的股份，本次发行完成后，持股比例增至65.09%。通过本次非公开发行，公司将增加IT基础架构产品及方案的研究、开发、生产、销售及服务等业务，实现在网络设备行业的业务布局，使公司的业务登上一个新台阶。同属清华系的上市公司同方国芯（002049）也于2015年11月5日推出了高达800亿元的再融资方案，拟向实际控制人清华控股下属公司发行股份，募集资金800亿元用于存储芯片工厂建设、收购台湾力成25%股权，以及收购芯片产业链上下游的公司。该再融资方案将把同方国芯打造为市值超过1000亿元的公司，是A股历史上最大的一笔定增交易。

国有企业通过再融资向民营企业募集资金，可以优化其股权结构，实现混合所有制的目标。通过再融资引入处于行业领先地位、拥有丰富行业经验和掌握行业资源的民营企业作为重要股东，可以在不丧失控制权的前提下为公司注入活力。

这方面的典型例子是在2015年5月完成实施的华数传媒（000156）非公开发行交易。本次非公开发行的对象是杭州云溪投资合伙企业（有限合伙）（以下简称“云溪投资”），其普通合伙人为史玉柱和云煌投资，而后者的实际控制人为马云，共募集资金65.36亿元，用于媒资内容中心建设项目、“华数TV”互联网电视终端全国拓展项目及补充流动资金。本次发行完成后，公司控股股东华数集团（实际控制人为杭州市财政局）的股份比例从52.31%下降到41.85%，而云溪投资持股比例达到20%。史玉柱和马云作为中国互联网领域的创新者与实践者，其加盟上市公司，可以利用其在互联网领域丰富的行业经验和广泛的市场影响力，帮助公司加快推进“跨代网、云服务、全业务、多终端发展”的整体战略。

通过发行优先股募集资金并改善国有企业的持股结构是本轮国企改革的一大亮点，对此，国务院于2013年11月30日印发《国务院关于开展优先股试点的指导意见》（国发〔2013〕46号），中国证监会于2014年3月21日发布《优先股试点管理办法》（中国证券监督管理委员会令第97号），并于此后发布了优先股信息披露相关的配套文件。上述办法及准则对于上市公司发行优先股的各项条款以及信息披露要求进行了明确规范，为优先股实践提供了坚实的政策支持和规范依据。

晨鸣纸业（000488）自2014年12月启动优先股发行计划，2015年获得证监会的核准，并于2016年4月完成了优先股的发行和上市转让工作。公司本次发行向国信租赁有限公司等5名主体募集资金22.5亿元，在未稀释国有控股股东控制权的前提下，一方面建立了多元化融资渠道，满足了公司投资和发展的资金需求，另一方面也降低了公司的财务费用、资产负债率，优化了公司的融资结构，是国有企业成功利用新型融资渠道的一个典型案例。

（三）深市国有企业实施股权激励或员工持股计划情况

股权激励是建立员工长期激励机制的有效金融工具，已较多被国有上市公司采用。而在新一轮国资改革形势下，员工持股计划作为改革的新亮点，其推出有利于建立和完善职工与公司股东的利益共享机制，提高职工的凝聚力和公司竞争力，更好地实现股权多元化，促进公司治理的进步，是国资改革中混合所有制的重要组成部分，因而也陆续被国有上市公司所接受和推行。

《中共中央关于全面深化改革若干重大问题的决定》明确指出，“允许混合所有制经济实行企业员工持股，形成资本所有者和劳动者利益共同体”；新国九条也指出，“允许上市公司按规定通过多种形式开展员工持股计划”；国资委也于2015年初审议了《关于混合所有制企业实行员工持股试点的指导意见》。在此政策背景下，证监会于2014年6月20日发布《关于上市公司实施员工持股计划试点的指导意见》，上市公司员工持股计划开始试点实施。2014年11月21日，交易所也相应发布《员工持股计划信息披露业务备忘录》。在政策的支持下，2015年，深市国有企业积极地推出了股权激励或员工持股计划，且形式多样，切合公司的实际情况，实现对管理层和员工的利益绑定，激励其与公司共享长远的发展利益，具体情况如表9、表10所示。

表9　　深市国有企业2015年披露股权激励方案情况

代　码	名　称	激励标的物	激励总数（万股/万份）/占当时总股本比例（%）	预案公告日	实际控制人
002368.SZ	太极股份	股票	265.31/0.9668	2015年1月10日	国务院国资委
002129.SZ	中环股份	股票	2155.05/0.9385	2015年2月4日	天津市国资委
000977.SZ	浪潮信息	期权	916.00/0.9544	2015年2月28日	山东省国资委
000973.SZ	佛塑科技	期权	967.00/1.0000	2015年4月29日	广东省人民政府
000069.SZ	华侨城A	股票	8265.00/1.1367	2015年9月11日	国务院国资委
002400.SZ	省广股份	期权	903.30/0.9984	2015年9月16日	广东省国资委

表 10　　深市国有企业 2015 年披露员工持股计划情况

证券代码	证券简称	预案披露日	初始资金规模（万元）	股票来源	实际控制人
000501.SZ	鄂武商 A	2015 年 1 月 16 日	84370.90	认购非公开发行	武汉市国资委
002152.SZ	广电运通	2015 年 3 月 11 日	74697.48	认购非公开发行	广州市国资委
002321.SZ	华英农业	2015 年 3 月 31 日	14773.00	认购非公开发行	潢川县财政局
000828.SZ	东莞控股	2015 年 4 月 1 日	8000.00	认购非公开发行	东莞市国资局
300073.SZ	当升科技	2015 年 4 月 10 日	3008.60	认购非公开发行	国务院国资委
002481.SZ	双塔食品	2015 年 4 月 20 日	不超过 2100 万股	竞价转让，定向受让，股东赠与	招远市金岭镇人民政府
000938.SZ	紫光股份	2015 年 5 月 26 日	53500.00	认购非公开发行	教育部
000938.SZ	紫光股份	2015 年 5 月 26 日	127500.00	认购非公开发行	教育部
002461.SZ	珠江啤酒	2015 年 7 月 24 日	6328.89	认购非公开发行	广州市国资委
000903.SZ	云内动力	2015 年 7 月 25 日	2000.00	竞价转让，定向受让	昆明市国资委
000903.SZ	云内动力	2015 年 7 月 25 日	6000.00	竞价转让，定向受让	昆明市国资委
000526.SZ	银润投资	2015 年 8 月 10 日	20000.00	认购非公开发行	教育部
002101.SZ	广东鸿图	2015 年 8 月 24 日	1500.00	竞价转让	广东省人民政府
000636.SZ	风华高科	2015 年 8 月 25 日	6330.00	上市公司回购	广东省国资委
000728.SZ	国元证券	2015 年 9 月 10 日	3000.00	竞价转让，定向受让，认购非公开发行	安徽省国资委
001979.SZ	招商蛇口	2015 年 9 月 18 日	100000.00	认购非公开发行	国务院国资委
002200.SZ	云投生态	2015 年 9 月 28 日	1025.00	认购非公开发行	云南省国资委
000756.SZ	新华制药	2015 年 10 月 9 日	3504.80	认购非公开发行	山东省国资委
000630.SZ	铜陵有色	2015 年 10 月 23 日	90000.00	认购非公开发行	安徽省国资委
000918.SZ	嘉凯城	2015 年 10 月 24 日	5000.00	竞价转让	浙江省国资委
000858.SZ	五粮液	2015 年 10 月 31 日	51348.00	认购非公开发行	宜宾市国资委
002049.SZ	同方国芯	2015 年 11 月 6 日	100000.00	认购非公开发行	教育部
300080.SZ	易成新能	2015 年 11 月 9 日	4644.40	认购非公开发行	河南省国资委
000813.SZ	天山纺织	2015 年 12 月 14 日	3000.00	认购非公开发行	新疆国资委
000597.SZ	东北制药	2015 年 12 月 31 日	35231.00	认购非公开发行	沈阳市国资委

从实践情况看，推出员工持股计划的深市国有上市公司集中在教育部实际控制和广东辖区内的公司，其他辖区占比较低，而深市央企还未有员工持股计划的案例。而从数量上看，2015 年，深市公司推出股权激励和员工持股计划的总数为 425 家次，而国有企业仅占 31 家次，占比仅为 7.29%，与国企家数占比 23.82%有很大的差距。其中，目前国企实施股权激励和员工持股计划存在的制度和机制上的限制和障碍是导

致该现象的重要原因，下文另有阐述。

（四）其他国资改革动向

除了上述常见的国资改革路径外，2015年国有企业利用深市资本市场改革的过程中还出现了如下新动向。

1. 国有企业被举牌

2015年，深市资本市场上出现了上市公司被二级市场资金举牌的案例，其中不乏一些经营规范、盈利能力较强的国有企业，例如，净资产收益率较高的房地产类国有上市公司，以及现金流充裕、内在价值高于市值的核心城市的百货类上市公司。民营资本在2015年，特别是险资利用高度流动的二级市场购入这些公司的股权，最终成为公司的大股东甚至控股股东，给公司的股权结构带来重大变化，也潜在地影响了公司的治理结构和经营战略。

据统计，2015年初至12月25日，安邦人寿、前海人寿、富德生命人寿、君康人寿等四家保险机构合计举牌6家深市国有上市公司，具体情况如表11所示。

表11　保险公司举牌深市国有企业情况

公司代码	公司简称	举牌险企名称	第一季度季报披露持股比例（含一致行动人）（%）	公司实际控制人
000402	金融街	安邦人寿	26.77	西城区国资委
002140	东华科技	君康人寿	9.18	国务院国资委
000069	华侨城	前海人寿	9.25	国务院国资委
000417	合肥百货		6.72	合肥市国资委
000601	韶能股份		15.00	韶关市国资委（前海人寿为第一大股东）
000061	农产品	富德生命人寿	29.97	深圳市国资委（富德系合计持有比例居第一位）

2. 私募投资基金公司持有国有企业股权

2015年，深市资本市场上还出现了私募投资基金公司通过二级市场增持、以现金或者资产认购公司非公开发行股份等各类渠道取得多家国有企业股权，进而成为上市公司重要股东的案例，部分系上市公司主动引入产业投资领域的战略投资者，部分系私募投资公司看好特定上市公司的产业地位和发展潜力而增持其股份。

例如，天健集团（000090）于2015年完成非公开发行，向嘉兴硅谷天堂恒智投资合伙企业（有限合伙）等十名投资者非公开发行股份募集资金投入天健科技大厦项目，公司称将以本次非公开发行为契机，加强与战略投资者的合作，在技术、管理和资源上形成互补、协同和放大效应，促进企业资源整合和产业升级转型，提升企业经营，保障企业长远健康发展。2015年，私募公司增持深市国有企业股权的简要情况如表 12 所示。

表 12　　私募公司持有深市国有企业股权情况

代　码	公司简称	持股私募公司名称	持有或控制股票比例（%）	获得方式	公司实际控制人
000014	沙河股份	中科招商投资管理集团股份有限公司	11.51	二级市场增持	深圳市国资委
000713	丰乐种业		5.01	二级市场增持	合肥市国资委
000090	天健集团	硅谷天堂资产管理集团股份有限公司	3.22	非公开发行	深圳市国资委
000757	浩物股份		6.17	二级市场增持	天津市国资委
000960	锡业股份	天津博信鑫元资产管理股份有限公司	3.95	以资产认购股份	云南省国资委

3. 国有资本投资、运营公司试点改革

《关于深化国有企业改革的指导意见》在“改革国有资本授权经营体制”中提出，改组组建国有资本投资、运营公司，国有资产监管机构授权国有资本投资、运营公司对授权范围内的国有资本履行出资人职责。2015 年，国有资本投资、运营公司改革在深市市场都有所体现，在完善国有资产管理体制、以管资本为主加强国资监管方面做出了一些有益的探索。

在国务院国资委层面，2014 年 7 月已有国家开发投资公司、中粮集团被确定为改组国有资本投资公司的试点单位。实际上，在地方国资层面，也有集团公司对上市公司的股权进行调整，改变以往国资监管中直接对所监管企业履行出资人权利的模式，而改由国有资本投资公司对所授权的国企履行出资人权利，真正形成政府和市场之间的“界面”和“隔离带”。以湖北能源（000883）为例，公司于 2015 年 9 月 17 日披露公告称，为贯彻落实中共十八届三中全会以“管资本为主”的国资监管改革精神，加强省级国有资本运营平台建设，推进资源整合，优化资源配置，拟将持有公司的 177663.433 万股股份无偿划转至湖北省宏泰国有资本投资运营集团有限公司（以下简称“宏泰公司”），后者系湖北省国资委下属国有独资公司。由此，宏泰公司将成为国资委和上市公司中间的持股层级，在其授权的范围内履行国有出资人的职责，力图提升上市公司运营的市场化程度。

在国有资本运营公司试点方面，中国诚通控股集团有限公司和中国国新控股有限公司被指定为首期试点的两家公司，国资监管部门将陆续将部分上市公司的部分股权划给这两家公司。例如，中海科技（002401）于 2015 年 12 月 29 日公告称，根据深化国有企业改革的总体部署和国务院国有资产监督管理委员会的有关工作安排，为加强上下游企业间的战略合作，公司控股股东上海船舶运输科学研究所拟将其持有的公司 12129600 股股份（占公司总股本的 4%）无偿划转给中国诚通控股集团有限公司的子公司北京诚通金控投资有限公司。诚通公司以非控股股东的身份进入公司，其未来在优化公司治理结构、促进国有资产保值增值方面的作用令人期待。

三、国资改革中需要关注的问题和建议

(一) 国资改革过程中需要关注的问题

2015年，在国家政策的有力支持下，深市国有上市公司通过并购重组、再融资和其他形式的交易开展国资改革，取得了各界公认的成效。一方面，交易数量和交易金额均实现较大幅度的增长；另一方面，创新和试点案例不断增加，有望在未来得到推广。在积极支持和推动国有上市公司深化改革的过程中，需要充分关注其中可能存在的一些问题，做好相应的信息披露、风险提示和监管工作。

1. 特定领域的监管尚待放松、提效

2015年，国资改革在多个领域中得到了实践甚至突破，例如，深市出现了第一单国企发行优先股的案例（晨鸣纸业），但在特定领域，国有监管仍较为严格，监管效率仍有待提高，国资改革在特定领域的推进速度仍较为迟缓。

较为明显的是，目前国有上市公司实施股权激励和员工持股计划面临着一些制度、机制方面的限制、障碍。

首先是国资监管的限制，基于前期国资委和财政部的政策，国有上市公司股权激励方案在规模数量（首次授予原则上控制在股本1%以内）、激励对象激励收益比例（境内上市公司激励对象股权激励收益占全部薪酬最高比重不超过40%）、行权指标（业绩目标水平应不低于最近3年同行业平均业绩水平）等方面都存在严格限制，影响了股权激励的效果，也降低了国有上市公司进行股权激励的积极性。员工持股计划方面，虽然国资委审议了《关于混合所有制企业实行员工持股试点的指导意见》，但目前其内容尚未公布，指导效果也尚未体现。从实践情况看，推出员工持股计划的深市国有上市公司集中为教育部实际控制和广东辖区内的公司，其他辖区占比较低，而深市央企还未有员工持股计划的案例。

其次是审批流程较长。从实务情况看，国有上市公司的股权激励方案往往要经过当地市国资委、当地政府、省国资委、国务院国资委的逐级审批，审批周期长，沟通和实施难度较大。

再次是资金来源问题，公司不能直接或间接地资助高管和员工参与股权激励和员工持股计划。对于大部分国有上市公司员工而言，较低的薪酬水平使员工以自有资金参与股权激励、员工持股计划的能力有限。

最后是股东赠与问题，国有企业担负了国有资产保值增值的目标以及防止国有资产流失的责任，使得股东赠与这一对民营上市公司有效的股票来源形式，无法适用于国有上市公司。

此外，对于某些需要国资管理部门审批的事项，国资审批的耗时较长，从而造成交易程序推进迟缓。例如，在重大资产重组交易中，公司董事会审议重组方案前

往往需要获得国资部门的原则性同意，为此，某些公司的股票需停满法定最长期限——6个月；而在股东大会审议重组方案前，公司还需获得国资部门关于重组方案的正式批复，该审批事项的迟缓也造成了部分公司在推出重组方案后迟迟未能召集股东大会审议。上文提到大地传媒的案例，其交易对方就因为上市公司迟迟未能拿到国资部门的正式披露，未能按约支付预付款而终止了重组交易。

2. 重组未能顺利完成

国有上市公司通过重大资产重组，或从控股股东处获得优质资产注入，或通过市场化交易购入行业领先标的，可以凭借外延式收购获得快速发展。但是，各方都乐见其成的重组交易从方案推出到最后顺利实施却不是易事。以国有企业重组交易较为活跃的主板为例，2015年初以来，有9家国有上市公司在披露方案后终止筹划重组事项，有1家公司的重组方案被股东大会否决，另有2家公司的重组方案被证监会重组委否决。造成国资重组无法顺利完成的因素很多，现对其中的主要因素梳理如下：

重组标的方面的因素，特别是重组标的在重组实施前业绩下滑、财务指标恶化、未来盈利能力存在不确定性等，是导致重组交易无法顺利推行最主要的因素。

2016年1月13日，佛塑科技（000973）公告终止了已在2015年度获得证监会审核通过的收购华工百川的重组交易。其原因是，华工百川原股东在重组过会时曾就消除彼时公司营运资金缺口作出承诺，但截至2016年1月，公司营运资金缺口非但没有消除，反而还扩大了。

2015年3月5日，中水渔业（000798）披露重组报告书，拟向中国水产有限公司发行股份并支付现金，购买中渔环球海洋食品有限责任公司（以下简称“中渔环球”）100%的股权。2016年3月25日，公司公告称：①经反复测算，中渔环球2015年的实际经营业绩大幅下滑，与盈利预测水平相比有重大差异；②中渔环球所处行业支持政策尚未明确，未来业绩存在很大不确定性；③本次交易较长时间处于中止状态，影响了中渔环球正常的生产经营及下一步的发展规划，因此，经公司与中国水产协商沟通，并履行决策程序，决定终止本次重组。

证监会在审核重组方案时，也特别关注标的的盈利能力。2015年9月29日，渝开发（000514）发行股份购买资产相关事项被证监会重组委否决，原因是“本次交易标的资产之一腾翔实业评估值7.78亿元，占本次交易总作价的57%；腾翔实业报告期内连续亏损，且销售进度显著低于预期，未来盈利能力具有较大的不确定性”。

除了标的资产经营状况客观恶化的因素之外，上市公司与标的资产管理层在经营理念上的差异也可能导致重组交易的终止。2015年4月1日，西安饮食（000721）披露重组报告书，拟向刘京京等人发行股份收购其持有的北京嘉和一品企业管理股份有限公司100%的股份。在重组实施之前，标的公司管理层在事先未与公司磋商的情况下订购了1000台新型智能仓储柜设备，对此，公司与其在标的公司智能餐饮业务的未来盈利能力及其发展方向方面存在重大分歧，因而于2015年11月公告宣布终止本次重组。

一般而言，重组交易的规模都较大，对公司的资产、业务都将产生重要的影响，因此往往需要多主体多环节的审核，特别对于国有企业，其重组事项还需要特定层级的国有资产管理部门审核，审核程序复杂、审核进度迟缓和审核条件严苛都可能造成重组交易的终止。

2015年7月13日，大地传媒（000719）公告称，鉴于前期披露的股权收购事项涉及有关国资部门审批，因国资审批流程较长，至今未能取得国资部门批复，导致公司未按合同约定期限支付傅晓阳6000万元预付款项，目标公司股东表示不愿继续等待，并拟通过新的方式实现目标公司发展目的，故协议各方终止股权收购事项。

2016年2月24日，紫光股份（000938）公告称，2016年2月23日，公司收到了美国外资投资委员会（CFIUS）的书面通知，前期披露的收购西部数据的重组交易需要履行美国外资投资委员会（CFIUS）的审查程序。根据《股份认购协议》的相关约定，若未能获得该投资委员会关于此次交易不需审查的决定，双方均有权单方终止《股份认购协议》。鉴于以上情况，同时基于审慎性考虑，公司董事会决定终止本次交易。

尽管上市公司在重组时都会聘请专业的财务顾问和法律顾问，确保重组方案合法合规，但仍有部分重组方案因为信息披露义务履行不到位，甚至违反《重组管理办法》等相关法律法规的要求而未获证监会重组委审核通过。

2015年3月19日，广宇发展（000537）发行股份购买资产并募集配套资金暨关联交易方案被证监会重组委否决，原因为“申请文件关于上市公司实际控制人是否发生变更的信息披露，不符合《上市公司重大资产重组管理办法》第四条的规定”。

3. 重组标的业绩未达标

高增值率、高业绩承诺的“双高”重组方案往往会带来业绩未能达标的后遗症，如果证实交易时定价不公允，还将牵涉到国有资产流失等严重问题，因而须加以重点关注。

从总体情况看，以2015年披露重组方案的深市主板国企为例，国有上市公司重组标的的平均增值率为565.76%，非国有公司为707.76%，而所有公司整体为653.29%。由于国有上市公司重组中关联方资产注入的案例较多，且存在防止国有资产流失相关措施的保障，其整体评估增值率相较其他所有制公司要低，但重组购买资产增值率超过10倍的案例仍有3单，分别是大地传媒（1981%，现已终止）、三毛派神（3100.60%）和新中基（6235.93%，现已终止），收购的资产分别属于影视传媒行业、电子芯片行业和食品饮料与保健服务行业。这些高估值的重组方案都潜藏着评估结果不公允、业绩承诺难以实现的风险。

从前期重组标的在2015年实现的业绩

情况看，深市有若干国有企业未能完成前期承诺的业绩，其中较为突出的案例是中水渔业（000798）收购厦门新阳洲水产品工贸有限公司重组交易。新阳洲 2014 年实现的净利润较交易对方张福赐的承诺金额少 439 万元，且张福赐超期未履行业绩补偿义务，结合其他情况，交易所对张福赐做出了公开谴责的处分，并对上市公司和相关董监高做出了通报批评的处分。该标的在 2015 年亏损继续扩大，重组业绩未达承诺数高达 29988.42 万元。另一个标的资产业绩严重不达标的例子是粤传媒（002181）收购香榭丽广告传媒有限公司交易，该标的 2015 年承诺的业绩为 6870 万元，而其实际净利润为亏损 37426.34 万元。不但如此，标的资产的总经理等人因涉嫌合同诈骗还遭到警方立案调查。在未来很长的一段时间内，公司净利润将受到该标的的严重拖累。

2015 年国有上市公司重组业绩承诺未能完成的具体情况如表 13 所示。

表 13 深市国有企业 2015 年业绩承诺未达标案例

证券代码	公司简称	资产收购完成日期	收购标的	标的承诺 2015 年业绩（万元）	实际业绩实现情况（万元）	2015 年未实现金额（万元）
000070	特发信息	2015 年 12 月 18 日	深圳东志 100%股权、成都傅立叶 100%股权	①深圳东志：3750 ②成都傅立叶：2200	①深圳东志 2015 年实现净利润 4483.70，完成业绩承诺 ②成都傅立叶 2015 年实现净利润 1559.71，未完成业绩承诺	640.29
000409	山东地矿	2013 年 1 月 16 日	鲁地投资 100%股权	21439.65	15100.73	6338.92
000425	徐工机械	2014 年 12 月 16 日	徐州徐工基础工程机械 100%股权、徐州赫思曼电子 50%股权	①徐工基础工程机械：9535.37 ②徐州赫思曼：6052.31	①徐工基础工程机械：12164.43，达到业绩承诺 ②徐州赫思曼：2062.64，未达到业绩承诺	3989.67
000519	江南红箭	2013 年 8 月 30 日	中南钻石 100%股权	45679.02	26577.03	19101.99
000663	永安林业	2015 年 9 月 25 日	福建森源家具 100%股权	11030	11018.50	11.50
000793	华闻传媒	2013 年 12 月 31 日	华商传媒 38.75%股权 华商传媒八家附属公司少数股权	①华商传媒：17219.82 ②八家附属公司：12490.07	①华商传媒：8918.41 ②八家附属公司：7239.38	13552.10（华商传媒：8301.41；八家附属公司 5250.69）
000798	中水渔业	2014 年 12 月 31 日	厦门新阳洲 55%的股权	4324	−25664.42	29988.42

续表

证券代码	公司简称	资产收购完成日期	收购标的	标的承诺 2015 年业绩（万元）	实际业绩实现情况（万元）	2015 年未实现金额（万元）
000862	银星能源	2014 年 12 月 29 日	内蒙古阿拉善银星风力发电 100%的股权等电力资产	5459.87	2373	3086.87
002181	粤传媒	2014 年 5 月 20 日	上海香榭丽广告传媒有限公司 100%股权	6870	−37426.34	44296.34

4. 特定类别股东的潜在风险

上文已经提到，国有企业可以通过市场化的重组交易和向特定对象发行股份的方式引入非国有资本，而非国有资本也可能看重优质上市公司的发展前景而主动购入公司股票。一方面，优秀的非国有股东可以利用其掌握的优质行业资源、先进的经营理念帮助公司提升运营效率，确保公司的长远发展；另一方面，非国有股东的引入也可能带来某些潜在的风险：

第一，非国有股东可能在逐利心态下追求短期经济利益，从而减持股份离开公司，造成公司股权结构不稳定，进而给公司的正常经营带来扰动。特别是重组标的的原股东，一旦离开公司，其私人利益与公司长远利益的绑定关系即被解除，重组标的可能因缺失重要的经营者和核心技术人员而业绩下滑甚至亏损。

第二，民营资本可以通过二级市场举牌国有企业，进而持有较大比例的股权。通过此种方式进入国有上市公司的股东包括各大保险公司（如前海人寿保险股份有限公司）、各类私募股权投资公司（如中科招商投资管理集团股份有限公司）和其他资金实力雄厚的民营"资本系"（如"中植系"）等。各类民营资本在举牌国有企业的过程中，因其资金来源、持股目的、风险偏好的不同而形成不同的风格，因而也潜藏着不同的风险。

例如，保险公司，其往往通过发行保险产品来筹措举牌上市公司所需的资金，其可能因需要偿还中短期负债而出售持有的股权，造成公司重要股东群体的不稳定。此外，对于持股比例较高、希望影响公司治理和经营战略的保险公司，其可能欠缺相关的专业知识、行业经验和管理能力，这一情况至少在过渡期内将给公司的平稳经营带来一定的消极影响。

又如私募投资公司，其职能在于受人之托管理资产，一旦二级市场价格波动，其长期持有上市公司股票的意愿势必受到影响。此外，最近全国中小企业股份转让系统要求私募机构挂牌满足更严格的条件，并给予存量公司一年的整改期。如果现有私募股权公司退出新三板，其将丧失重要的融资渠道，其持有上市公司股权的可持续性将存在疑问，其宣称的与上市公司共同分享长期发展利益的许诺也可能落空。

（二）进一步支持国资改革的建议

鉴于当前依法监管、从严监管、全面监管、以监管保证改革措施顺利实施的形势，结合2015年深市国资改革的现状及存在的问题，建议在以下方面进行调整和完善。

1. 提升国资监管效率、优化国资监管效果

国有资产监督体制中，与上市公司国资改革密切相关的是国资监管部门对相关交易事项的审核，国资审核应兼顾效率和效果。一方面，资本市场瞬息万变，审核效率不高可能造成交易时机的错失；另一方面，国资监管承担着国有资产保值增值、防止国有资产流失的责任，事前审查上的疏忽将导致未能发现交易标的缺陷、交易定价不公允和事后业绩不能达标等严重后果。因此，国资监管应在效率和效果方面取得平衡。

目前国资监管在特定领域的强度有待放松、效率有待提高。特别是在国有上市公司实施股权激励、员工持股计划方面，可以考虑放松规模数量、激励对象激励收益比例和行权指标方面的特别限制，简化审批流程，拓宽资金来源，允许股东赠与，使国有上市公司实施股权激励的规则与一般企业趋同，并积极落实中央关于国企实施员工持股计划的政策，扩大国企特别是央企实施员工持股计划的试点范围。

重组中涉及的国资审批程序也有进一步优化和提效的空间，目前，深市《上市公司停复牌业务备忘录》已发布，其中对重组交易涉及的停复牌时间以及特定时点的信息披露义务和审议程序都做了明确的规定，相关规定将在很大程度上促使公司积极与国资监管部门沟通，以尽快获得相应的同意意见和审批文件。

另外，国资审批效率的提高不应以牺牲审核效果为代价。作为专业的监督者，各级国资管理部门应该在公司筹划重组事项起即密切关注交易的进展情况，必要时与中介机构合作。事前，重点核查交易标的的经营风险、交易定价的公允性；事中，特别是方案推出后实施前，关注交易标的的潜在经营风险是否存在爆发迹象、相关财务指标是否出现异常情况，督促公司以特定方式在过渡期内提前介入交易标的的经营，以便视情况决定是否继续该交易；事后，密切关注交易标的的经营情况是否与预计情况相符，特别是能否完成交易前承诺的业绩。国资对重组交易的监管不能仅停留在事前审批，事中事后也应该持续跟进，动态地评估重组成效、防范相关风险。

2. 全程关注交易风险因素，督促公司履行信息披露义务

针对前期重组标的实际业绩未达承诺业绩、标的资产拖累上市公司情况的增多，应全程关注重组交易的风险因素，督促公司履行信息披露义务。

在审查国有上市公司的交易方案时，应重点关注：第一，交易标的财务指标和盈利能力的真实性和完整性；第二，资产评估的充分性和合理性、交易对价的公允性；第三，交易对方作出的业绩承诺的可

实现性和补偿方案的可行性；第四，交易方案的合法合规性，是否存在规避法律法规规定的情形等。一方面，在交易所审核环节以披露为原则，通过事后问询的方式要求公司重点说明披露不详尽或者不完整的事项，可以充分揭示交易潜藏的风险；另一方面，对于重组方案违法违规或者法律法规不明确的事项，应该充分发挥中介机构的“看门人”角色，要求其出具专项意见，或是通过请示证监会的形式尽早尽快获得初步结论，防止方案“带病”推进，损耗各方精力，进而损害上市公司的利益。

在方案得到初步审查后的推进过程中，仍应关注实施前可能出现的异常情况，督促上市公司说明并披露筹划重组事项的进展和各个阶段的风险因素。一方面，可以通过充分披露给予市场明确预期；另一方面，可以督促公司在实施前积极了解标的资产的经营情况，必要时及时终止交易以防止损失扩大。

在方案实施后，还应持续关注标的资产的持续盈利能力，是否符合交易方案中的描述，特别是能否完成交易对方所承诺的业绩。对于在交易完成实施后暴露出来的相关主体虚假陈述、公司董监高未能勤勉尽责、交易对方不履行重组业绩承诺等侵害投资者和上市公司利益的行为，应依法加大查处力度，形成监管威慑力。而对于标的资产业绩存疑的案例，应向证监会报送线索或者提请其派出机构关注或调查。

3. 关注并防范特定类别股东的潜在风险

对于特定类别的民营资本成为国有上市公司大股东的情况，应保持关注、分类摸清情况并定期更新。对于若干典型民营资本类别进入上市公司所带来的风险，应提前研究和预判：对于保险公司举牌上市公司的情况，应关注其权益变动披露的规范性；如其意在争夺公司控制权，应关注控制权变更所履行程序的合法合规性及对公司正常经营的影响，关注其举牌上市公司的资金来源、成本、杠杆比例并动态地衡量其因偿债而减持公司股份的可能性。对于私募投资公司股东，应密切关注新三板挂牌标准及融资环境的变化，关注其持股资金的来源和长期持股的能力，防范其股权比例大幅波动的风险。此外，还应关注各民营资本的实际控制人、核心管理层的动向，关注并尽快消除相关人员失联或者被司法调查而对其参股上市公司的正常经营（如所注入核心资产的盈利能力、该民营资本与公司之间的合作关系）造成的冲击。

4. 全面梳理国资改革动态，探索助力国资改革举措

一是定期梳理从中央到地方推出的国资改革政策和新实践，并根据国有上市公司所处的行业、其行业地位、历史经营情况、公司治理状况等，结合相关股东资产证券化率、未上市资产和业务情况，对深市各国有企业的改革进程和改革可能性进行系统梳理，及时把握深市国资改革的现有状况和未来发展动向。

二是定期梳理国资改革的主要案例，考察已完成重组、再融资或其他改革措施的国企的改革成效，例如重组标的承诺业

绩的完成情况，总结、分析改革的经验与教训，向国有上市公司进行宣传培训，引导国有上市公司结合自身特点，探索符合自身发展的改革方式。

三是结合国有上市公司日常监管中存在的关联交易、同业竞争等问题，督促公司履行关于减少关联交易、解决同业竞争问题或者注入资产的相关承诺，借此进一步实现提高集团证券化率、发展混合所有制经济、引进战略投资者、降低关联交易、减少同业竞争等目标，增强国有企业的核心竞争力和独立性。

深市上市公司 2015 年内控信息披露情况分析

一、内部控制相关制度演进

2008 年 5 月、2010 年 4 月，财政部、证监会等五部委先后制定发布了《企业内部控制基本规范》及其配套指引，我国企业内控规范体系得以建立。

2011 年 2 月，证监会发布《关于做好上市公司内部控制规范试点有关工作的通知》，要求除境内外同时上市的 68 家公司需要按规定于 2011 年实施内控规范体系外，同时选取规范运作基础好的 216 家公司参加实施试点。

2011 年 4 月，证监会发布《上市公司实施企业内部控制规范体系监管问题解答》（2011 年第 1 期），提供了财务报告内部控制评价报告参考格式。

2012 年 2 月，财政部会同证监会等五部委联合发布的《关于印发企业内部控制规范体系实施中相关问题解释第 1 号的通知》（以下简称《通知》），提供了企业内部控制评价报告参考格式。

2012 年 8 月，财政部和证监会联合发布《关于 2012 年主板上市公司分类分批实施企业内部控制规范运作体系的通知》，要求除境内外同时上市公司外，主板公司应自 2012 年起，按照公司控制权属性、市值规定和规范程度等实施条件和时间科学划分，稳步逐年推进实施企业内控规范体系。

2014 年 1 月，证监会和财政部共同发布《公开发行证券的公司信息披露编报规则第 21 号——年度内部控制评价报告的一般规定》（以下简称 21 号文），规定了上市公司年度内控评价报告格式与内容的规范模板，要求按规定实施内控的所有上市公司，在年度披露内控报告时据此执行。

目前，中小板和创业板上市公司并未强制执行企业内控规范体系。中小板要求企业至少两年发布一次内控审计报告或内控鉴证报告。2015 年 3 月，《创业板规范运作指引》修改并实施，修改后的规范运作指引不再要求创业板上市公司每两年出具一次内控鉴证报告。

二、深市公司内部控制披露基本情况

（一）上市公司内控自我评价报告披露情况

2015 年，深市 1766 家公司中共计 1753 家公司披露内控自评报告[①]，占上市公司总

① 这里是指独立的年度内控自我评价报告。

数的 99.26%。2008~2015 年，深市主板、中小板、创业板披露内控自评报告的上市公司比例始终保持在 90%以上。

截至 2016 年 4 月 30 日，主板共有上市公司 478 家，有 474 家上市公司披露了 2015 年内部控制自我评价报告。其中，申万宏源、华讯方舟、石化机械、太阳能因重大资产重组未披露自评报告。2008~2015 年主板公司内控自我评价报告披露情况见表 1。

表 1　　2008~2015 年深市主板上市公司内控自评报告的披露情况　　单位：家，%

年　度	披露公司数	上市公司总数	占上市公司总数的比例
2008	443	488	90.78
2009	485	485	100.00
2010	484	485	99.79
2011	483	484	99.79
2012	479	482	99.38
2013	475	480	98.96
2014	477	480	99.38
2015	474	478	99.16

截至 2016 年 4 月 30 日，中小板共有 784 家公司，其中 782 家披露了年度内控自评报告，东音股份（002793）和永和智控（002795）在招股说明书中披露了对公司内部控制的自我评估意见。2008~2015 年中小板公司内控自我评价报告披露情况见表 2。

表 2　　2008~2015 年中小板上市公司内控自评报告的披露情况　　单位：家，%

年　度	披露公司数	上市公司总数	占上市公司总数的比例
2008	271	273	99.27
2009	358	358	100.00
2010	554	554	100.00
2011	653	653	100.00
2012	701	701	100.00
2013	719	719	100.00
2014	746	746	100.00
2015	782	784	99.74

截至 2016 年 4 月 30 日，创业板共有上市公司 504 家，全部披露了年度内控自评报告。2009~2015 年创业板公司年度内控自评报告披露情况见表 3。

表 3　　2009~2015 年创业板上市公司内控自评报告的披露情况　　单位：家，%

年　度	披露公司数	上市公司总数	占上市公司总数的比例
2009	58	58	100.00
2010	188	188	100.00
2011	292	292	100.00
2012	355	355	100.00
2013	355	355	100.00
2014	442	446	99.10
2015	504	504	100.00

（二）内控审计报告披露情况

2015 年，深市 1766 家上市公司共有 1279 家公司披露内控审计报告①，占比 72.42%。

截至 2016 年 4 月 30 日，主板 478 家上市公司中，共计 471 家公司披露了内控审计报告，有 7 家公司因重大资产重组未披露。这 7 家公司分别为神州长城（000018）、申万宏源（000166）、银广夏（000557）、太阳能（000591）、华讯方舟（000687）、石化机械（000852）和首钢股份（000959）。若扣除上述 7 家豁免的情况，主板上市公司 2015 年内控审计报告出具率高达 100%。根据《关于 2012 年主板上市公司分类分批实施企业内部控制规范运作体系的通知》，主板公司自 2014 年年报起，全部需要披露内控审计报告，因此 2014 年和 2015 年内控审计报告披露比例相对最高。2008~2015 年主板公司内控审计报告披露情况见图 1。

截至 2016 年 4 月 30 日，中小板共计 517 家公司披露了内控审计报告。因中小板规定上市公司至少每两年披露一次内控审计报告，因此，每年的披露比例均不及主板，并一定程度上呈现大小年的分布情况。2008~2015 年中小板公司内控审计报告披露情况见图 2。

截至 2016 年 4 月 30 日，创业板 504 家上市公司中共计 293 家公司披露了内控审计报告，均为自愿性披露。2015 年，在创业板上市公司数增加的情况下，披露企业内控评审计报告的公司较 2014 年具有强制披露要求时减少。一定程度上表明，企业内控审计报告除了给企业增加成本外，诸多公司也认为其实质性作用有待斟酌，报告披露以迎合监管要求的成分居多。鉴于此前，创业板也是要求公司至少每两年披露一次内控审计报告，因此，每年的公司披露比例不及主板。2009~2015 年创业板公司内控审计报告披露情况见图 3。

① 内控审计报告包括规范的内部控制审计报告、内部控制鉴证报告、内部控制审核报告等。这里对于主板上市公司严格以规范的内部控制审计报告为统计口径，对于中小板、创业板上市公司以规范的内部控制审计报告、内部控制鉴证报告、内部控制审核报告等为统计口径。为便于分析，将文中“内部控制审计报告、内部控制鉴证报告、内部控制审核报告”统称为内控审计报告。

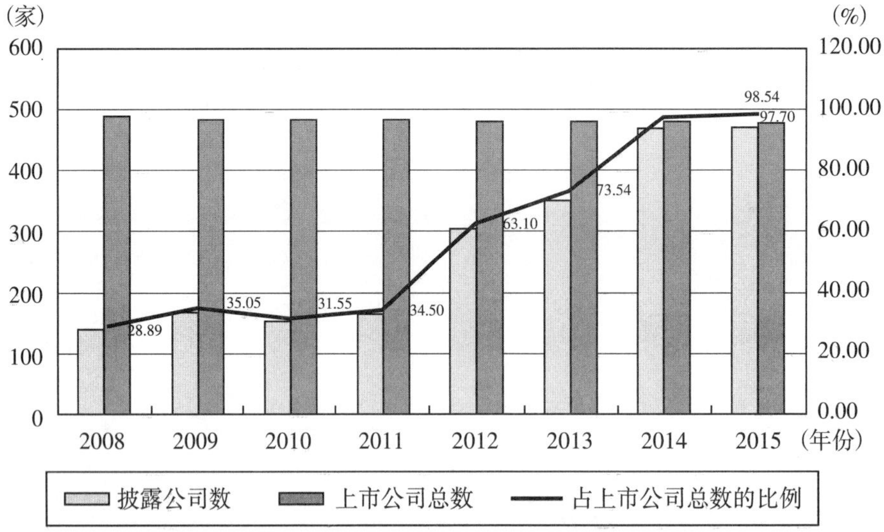

图 1　2008~2015 年主板公司内控审计报告披露情况

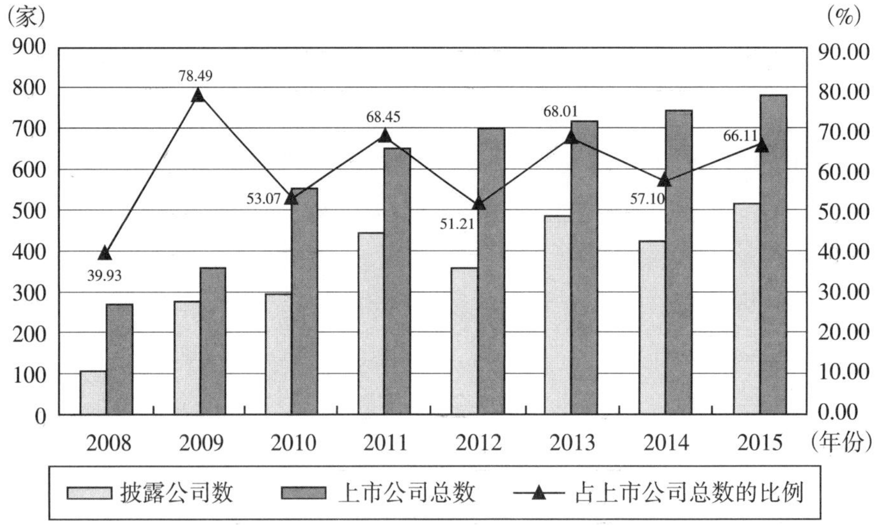

图 2　2008~2015 年中小板公司内控审计报告披露情况

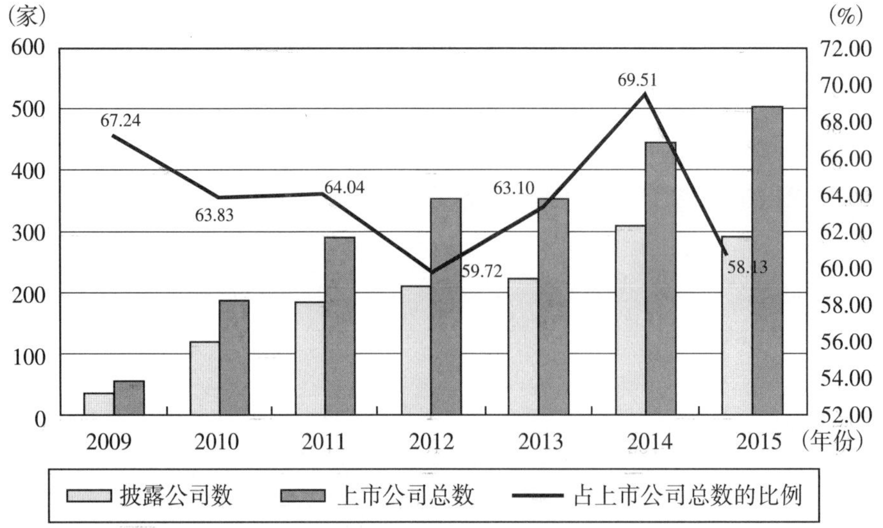

图 3　2009~2015 年创业板公司内控审计报告披露情况

（三）内部控制审计意见披露情况

2015年，深市主板在已披露内控审计报告的471家公司中，442家公司的内控审计报告为标准无保留意见，22家公司为带强调事项段的无保留意见，7家公司的内控审计报告被出具否定意见；深市中小板在已披露内控审计报告的517家公司中，6家公司被出具带强调事项段的无保留意见，1家公司被出具否定意见，其余均为标准无保留意见；在创业板已披露内控审计报告的293家公司中，291家公司的内控审计报告为标准无保留意见，2家公司的内控审计报告被出具否定意见。深市上市公司内控审计报告意见分布见表4，内控审计报告被出具否定意见的主要原因见表5。

表4　深市上市公司内控审计报告意见分布　单位：家

意见类型	主　板	中小板	创业板
标准无保留意见	442	510	291
带强调事项段的无保留意见	22	6	0
否定意见	7	1	2
合计	471	517	293

表5　10家上市公司内控审计报告被出具否定意见的主要原因

证券代码	证券名称	内控审计报告被出具否定意见的主要原因
000020	深华发A	按照合同采购总额全额预付关联方武汉恒生光电产业有限公司款项；重述2014年度财务报表，以更正由于舞弊或错误导致的重大错误；因涉嫌信息披露违法违规被证监会立案调查
000403	ST生化	公司未设立内部审计机构；使用个人账户替代公司账户进行现金管理
000511	*ST烯碳	重大项目的投资决策管理不到位；存在利用无真实交易的合同从银行开具票据进行融资贴现的情况，并且该融资行为未对外公告；在确认房地产收入时，未按确定的方法及时准确地确认收入和结转成本，导致部分房屋及车库收入存在跨期现象
000670	*ST盈方	公司对深圳市大坦数码电子有限公司的大额合同的变更未按照公司内控制度规定的流程履行授权审批程序；公司未对境外子公司实施有效的内控，存在未签订合同或协议且未履行必要的资金管理审批程序下支付资金的情况；对客户授信额度管理方面的内控在执行层面存在重大缺陷，未严格执行合同管理业务流程，虽建立了与客户和供应商之间按月对账制度，但未得到有效执行
000691	ST亚太	公司未能定期执行资产减值测试，或在资产减值评估过程中未发现已表明该资产已发生减值的客观证据；部分子公司未按照披露的收入确认会计政策确认收入的期间，或在确认收入时没有核对确认收入的原始凭证；未能在执行内控监督程序过程中有效地执行与识别内控缺陷并评价缺陷重要性的相关程序，分析缺陷的性质和产生的原因，提出整改方案
000693	ST华泽	公司关联交易、大额资金支付存在重大缺陷，重大资金占用、支付未履行审批程序，关联交易未及时披露；子公司陕西华泽财务核算存在重大缺陷；公司审计委员会和内控审计部门对内控的监督无效

续表

证券代码	证券名称	内控审计报告被出具否定意见的主要原因
000798	中水渔业	公司新并购的子公司新阳洲未执行与客户、供应商对账的制度，未取得经对方单位确认的对账单；新阳洲未对合同进行连续编号，部分销售、采购业务未签订合同，公司开具的部分发货单未经收货人签字；新阳洲公司未对部分存货的出、入库实施有效控制；公司未能对重大投资进展情况实施有效管控，未能识别重大投资过渡期存在的风险
002715	登云股份	公司内部控制存在如下重大缺陷：与其客户三包索赔的确认无经双方确认的书面文件，难以判断三包索赔的归属期及完整性。上述重大缺陷使公司内部控制失去这一功能 由于存在上述重大缺陷及其对实现控制目标的影响，公司于 2015 年 12 月 31 日未能按照《企业内部控制基本规范》和相关规定在所有重大方面保持有效的财务报告内部控制
300028	金亚科技	公司因涉嫌违反证券法律法规被证监会立案调查；公司审计部原审计主任离职后一直无人接替，内部审计机构对内控的监督无效；公司对部分联营企业投资业务未能进行有效的后续管理
300399	京天利	公司未能识别与上海誉好公司存在关联关系；收购上海誉好 80%股权的交易未履行关联交易审议程序，亦未将其按照关联交易进行会计处理和披露

（四）内部控制缺陷的披露情况

在主板 478 家上市公司中，共有 6 家公司在自我评价报告中披露其财务报告存在重大缺陷；5 家公司披露其非财务报告存在重大缺陷，与上年基本持平。7 家公司在自我评价报告中披露其财务报告存在重要缺陷；9 家公司在自我评价报告中披露其非财务报告存在重要缺陷，如表 6 所示。

表 6　主板上市公司内部控制缺陷披露情况　单位：个

公司代码	公司名称	财务报告重大缺陷数量	非财务报告重大缺陷数量	财务报告重要缺陷数量	非财务报告重要缺陷数量
000020	深华发 A	3	0	0	0
000027	深圳能源	0	0	1	0
000037	*ST 南电 A	0	0	0	1
000048	康达尔	0	0	0	1
000058	深赛格	0	0	0	6
000401	冀东水泥	0	0	1	0
000403	ST 生化	2	1	0	0
000511	*ST 烯碳	3	0	0	0
000566	海南海药	0	0	1	0
000611	*ST 蒙发	0	1	0	0
000670	*ST 盈方	3	0	0	0

续表

公司代码	公司名称	财务报告重大缺陷数量	非财务报告重大缺陷数量	财务报告重要缺陷数量	非财务报告重要缺陷数量
000678	襄阳轴承	0	0	0	1
000691	ST 亚太	0	1	0	0
000693	ST 华泽	2	2	2	2
000737	南风化工	0	0	0	1
000771	杭汽轮 B	0	0	2	0
000783	长江证券	0	0	1	0
000788	北大医药	0	0	0	1
000798	中水渔业	4	1	0	0
000803	金宇车城	0	0	0	3
000911	南宁糖业	0	0	2	1

在中小板784家上市公司中，共有6家公司在自我评价报告中披露其财务报告存在重大缺陷；2家公司披露其非财务报告存在重大缺陷，与2014年总量746家公司的情况持平。1家公司在自我评价报告中披露其财务报告存在重要缺陷；2家公司在自我评价报告中披露其非财务报告存在重要缺陷，如表7所示。

表7　中小板上市公司内部控制缺陷披露情况　单位：个

公司代码	公司名称	财务报告重大缺陷数量	非财务报告重大缺陷数量	财务报告重要缺陷数量	非财务报告重要缺陷数量
002181	粤传媒	2	0	0	0
002235	安妮股份	0	0	0	2
002289	*ST 宇顺	0	0	2	0
002392	北京利尔	0	0	0	2
002237	恒邦股份	1	0	0	0
002248	华东数控	1	0	0	0
002274	华昌化工	0	1	0	0
002308	威创股份	0	1	0	0
002330	得利斯	1	0	0	0
002567	唐人神	1	0	0	0
002647	宏磊股份	1	0	0	0

在创业板504家上市公司中，共有4家公司，即金亚科技（300028）、京天利（300399）、欣泰电气（300372），以及沃森生物（300142）在自我评价报告中披露其

内部控制存在重大缺陷。其中，金亚科技、京天利、欣泰电气均为财务报告重大缺陷，沃森生物为财务和非财务报告重大缺陷。上年无创业板公司披露自身存在重大缺陷的情况。

（五）审计机构发现的非财务报告内部控制重大缺陷情况

报告期内，主板有5家公司，即ST生化（000403）、*ST蒙发（000611）、ST亚太（000691）、ST华泽（000693）以及中水渔业（000798），披露了非财务报告内控的重大缺陷情况。中小板华昌化工（002274）和威创股份（002308）被审计机构发现内控重大缺陷。因沃森生物（300142）2015年未披露内控审计报告，创业板无公司被审计机构发现非财务报告内控重大缺陷。审计机构发现的非财务报告内控重大缺陷具体情况见表8。

表8　审计机构发现的非财务报告内控重大缺陷情况

证券代码	证券名称	非财务报告内控的重大缺陷
000403	ST生化	公司未设立内部审计机构；使用个人账户替代公司账户进行现金管理
000611	*ST蒙发	2015年公司本部及除子公司泰衡纺织公司之外的其他子公司未开展实质经营业务活动，设计部未开展内部审计活动，可能导致无法起到对企业经营活动持续监督的作用 公司于2015年制定了《客户分类标准及信用政策》，但是对以前年度形成的客户，未按照此政策执行，可能导致无法将企业的应收账款持有水平及产生坏账的风险降到最低
000691	ST亚太	未能定期执行资产减值测试，或在资产减值评估过程中未发现表明该资产已经发生减值的客观证据 部分子公司未按照披露的收入确认会计政策确认收入的期间，或在确认收入时没有核对确认收入的原始凭证 未能在执行内控监督过程中有效地执行与识别内控缺陷并评价缺陷重要性的相关程序，分析缺陷的性质和产生的原因，提出整改方案，采取适当形式及时间向董事会、监事会或经理层报告
000693	ST华泽	更正已公布的财务报告，出具前期差错更正的专项报告（财务报告重大缺陷）；公司审计委员会和内部审计部门对内部控制的监督无效（财务报告重大缺陷）；重要业务缺乏制度控制或制度系统性失效（非财务报告重大缺陷）；公司9次被监管机构“关注”，对公司造成重大负面影响（非财务报告重大缺陷）
000798	中水渔业	控股子公司新阳洲未执行与供应商、客户的对账制度，未取得经对方确认的对账单，未能严格执行货款回收制度，无赊销回款控制措施，与之相关的财务报告内部控制失效 新阳洲未对合同进行连续编号，部分销售、采购业务未签订合同，开具的部分发货单未经收货人签字，与之相关的财务报告内部控制失效 新阳洲未对存货出、入库实施有效控制，部分存货出入库信息与财务账簿记录不符，存货出现账实不符现象，与之相关的财务报告内部控制失效 公司在收购新阳洲的过渡期中未能识别重大投资过渡期存在的风险，新并购的新阳洲原实际控制人张福赐已占用新阳洲巨额资金，截至2015年底尚未全部收回；且新阳洲原实际控制人张福赐存在未告知公司的、以新阳洲名义的借款或担保。由于未取得有效证据，对此类业务在会计期末未能做出合理估计和会计处理

续表

证券代码	证券名称	非财务报告内控的重大缺陷
002274	华昌化工	人力资源配套跟不上，导致近年来煤炭采购渠道拓展没突破，采购水平不高，风险意识不强；对子公司授权审批权限下放过多，但监管、中间控制环节薄弱，导致未能做到事前控制风险；公司未做到持续提升管理，未做到与时俱进不断创新管理模式及方式
002308	威创股份	因财务人员疏忽，误把募集资金5300万元和已补充流动资金的22700万元，合计28000万元专户定期存单作为质押物分别向招商银行股份有限公司广州黄埔大道支行、中信银行股份有限公司广州分行、建设银行股份有限公司广州直属支行银行申请短期贷款总额共26800万元

三、内控信息披露存在的问题

（一）内控信息披露格式不统一

内控自评报告的披露显示，上市公司内控自评报告的披露格式并不统一，依据主要有2012年的《通知》，以及2014年证监会发布的21号文。如深华发A、*ST盈方、ST亚太等披露的依据均为《通知》。其他大部分公司，如ST生化、*ST烯碳、ST华泽、登云股份等披露所依据的为21号文。有的公司则对两者进行综合，如金亚科技等。内控评价报告的依据不同，导致公司披露的内容和格式差异较大，不利于公司之间的对比。

（二）内控自评报告中整改措施披露质量参差不齐

在《通知》和21号文中，均对存在重大缺陷公司的整改提出了具体披露要求。如《通知》要求，针对报告期内发现的内部控制缺陷（含上一期间未完成整改的内部控制缺陷），公司采取了相应的整改措施[描述整改措施的具体内容和实际效果]。对于整改完成的重大缺陷，……经过整改，公司在报告期末仍存在［数量个］缺陷，其中重大缺陷［数量个］，重要缺陷［数量个］。重大缺陷分别为：……针对报告期末未完成整改的重大缺陷，公司拟进一步采取相应措施加以整改［描述整改措施的具体内容及预期达到的效果］。

21号文则要求披露内部控制缺陷认定及整改情况。①财务报告内部控制缺陷认定及整改情况。根据上述财务报告内部控制缺陷的认定标准，报告期内公司存在〔不存在〕财务报告内部控制重大缺陷〔数量　个〕、重要缺陷〔数量　个〕。具体的重大和重要缺陷分别为〔若适用，重大缺陷与重要缺陷分别披露〕；②非财务报告内部控制缺陷认定及整改情况等。

即使有明确的披露规定，仍有部分上市公司的披露不到位，不规范。如深华发A（遵循的是《通知》的披露规范），披露了公司存在内控缺陷，但是未披露公司在报告期内的整改情况；又如ST生化（遵循的是21号文的披露规范），在自评报告中公司披露财务报告内控缺陷的认定及整改情况：报告期内董事会对存在的与财务报告相关的内控重大缺陷给予高度重视，并成立整改小组。截至财务报告披露日，上述整改正在有序进行。对于非财务报告内控缺陷的认定及整改情况的披露也是如此。有关企业整改的具体情况、计划等均未充分披露。

（三）部分公司未对财务报告内控有效性给出明确结论

根据21号文内部控制评价结论，年度内部控制评价报告应当分别披露对财务报告内部控制有效性的评价结论，以及是否发现非财务报告内部控制重大缺陷。同时也提供了年度内部控制评价报告披露参考格式。因此，公司就财务报告内控的有效性做出评价时，需明确是否有效，或是否存在重大缺陷等。但是，有的公司对财务报告内控有效性得出的结论模棱两可，如中科三环（000970）在内部控制自评报告中披露，于内部控制评价报告基准日，公司未发现财务报告内部控制重大缺陷。

根据《通知》，在企业存在重大缺陷的情形下，需披露该缺陷的性质及其对实现相关控制目标的影响程度，以及可能会给公司未来生产经营带来相关风险；不存在重大缺陷的情形下，报告期内，公司对纳入评价范围的业务与事项均已建立了内部控制，并得以有效执行，达到了公司内部控制的目标，不存在重大缺陷。但是，有的公司披露得并不清晰，难以明确判断企业内控是否有效。如深华发A，公司在内控自评报告中披露，公司存在的缺陷如下：①公司按照合同采购总额预付关联方武汉恒生光电产业有限公司款项；②更正2014年度公布的财务报表；③公司因涉嫌信息披露违法违规被证监会立案调查。公司现有财务报告内部控制制度基本能够适应公司管理的要求，能够对编制公允的财务报表提供合理的保证。这样，公司的自评报告既未区分重大和重要缺陷，也未得出是否存在重大缺陷的明确结论。针对上述内控缺陷，公司内控审计报告被出具了否定意见。

（四）部分公司内控审计报告审计意见与内部控制评价结论存在差异

部分公司的内控审计报告意见与其内控自评报告的结论存在差异，如亚太实业（000691）和登云股份（002715），一定程度上表明，企业与审计机构对内控有效性及重大缺陷方面的认识还存在一定偏差。

亚太实业（000691）的董事会内部控制自我评价报告认为“报告期内公司不存在财务报告内部控制重大缺陷、重要缺陷”，而会计师事务所出具的内部控制审计报告认定财务报告内部控制存在重大缺陷。差异的主要原因在于会计师认为：①公司未能定期执行资产减值测试，或在资产减值评估过程中未发现表明该资产已经发生减值的客观证据。公司未在2015年年底前完成这一重大缺陷的内部控制的整改工作，但在编制2015年财务报表时，公司已对资产减值损失进行了恰当调整，并对前期对应数据进行了追溯调整及重述。②部分子公司未按照披露的收入确认会计政策确认收入的期间，或在确认收入时没有核对确认收入的原始凭证。公司未在2015年底前完成这一重大缺陷的内部控制的整改工作，但在编制2015年财务报表时，公司已对营业收入进行了恰当调整。③未能在执行内控监督过程中有效地执行与识别内控缺陷并评价缺陷重要性相关的程序，分析缺陷的性质和产生的原因，提出整改方案，采取适当形式及时间向董事会、监事会或经理层报告。公司未在2015年底前完成这一重大缺陷的内部控制的整改工作。

登云股份（002715）的董事会内部控制自我评价报告认为不存在财务报告内部控制重大缺陷。董事会认为，公司已按照企业内部控制规范体系和相关规定的要求在所有重大方面保持了有效的财务报告内部控制，公司未发现非财务报告内部控制重大缺陷。而会计师事务所出具的鉴证报告认定公司内部控制存在重大缺陷。两者存在差异的原因主要在于公司与客户在三包索赔责任认定上存在争议，公司内部控制未能有效识别该事实对会计师获取完整审计证据的影响。

四、内控信息披露的亮点

（一）创业板约六成公司自愿披露内控审计报告

问卷调查统计显示，披露内控评价报告的上市公司在信息化总体投入方面，中小板、创业板公司平均投入41.83万元[①]，这对于诸多规模较小的创业板企业而言，也是一笔不小的成本。但是，在2015年，创业板不再要求企业必须两年披露一次内控审计报告后，其中仍有约六成的公司自愿披露内控审计报告。这也反映出部分创业板上市公司主观上有加强规范运作、提升内控水平的需求。

（二）部分公司主动聘请内控咨询机构加强内控建设

现有制度并未强制要求企业聘请内控咨询机构提升其内控水平。但是，部分企业已经或正在聘请内控咨询机构。据2014年统计分析，已有部分公司披露聘请了内控咨询机构，如美锦能源（000723）聘请信永中和会计师事务所（特殊普通合伙）协助公司开展内控体系建设工作，并制定了“内控手册”；东华科技（002140）聘请尚德广邻管理咨询公司协助开展内部控制制度建设；探路者（300005）聘请普华永道咨询公司作为咨询机构协助公司完成内控体系建设等[②]。2015年调查问卷结果显示，日机密封（300470）聘请了外部咨询公司——上海立信锐思信息管理有限公司，咨询内容为内部控制体系的建立涉及的原则与范围，健康运行的要素，自我纠错、改进机制。申万宏源（000166）也已完成对内控咨询机构的选聘等。

① 上市公司内控实施效果调研报告，《企业内部控制简报》，2015年第4期。

② 深市上市公司2014年内控报告披露情况分析报告。

五、措施建议

（一）统一标准：增强上市公司内控信息披露的规范性

现阶段，深市上市公司编制内控自评报告时参照的规定并不统一，企业信息披露内容和格式存在较大差异。建议明确并统一深市公司内控自评报告的参考依据为21号文，之前的其他规定不予采纳，以提升公司之间信息披露的可比性。为提升内控信息的整体披露质量，建议在21号文中明确其中上市公司内控披露必须达到的底线要求，同时鼓励公司自愿披露个性化的内控信息。

（二）加强培训：提升上市公司内控信息整体披露质量

内控规定执行中的问题反映出对企业实施内控培训的必要性和重要性。对我国上市公司内控实施效果的调查报告显示，公司对内控法规操作适用性方面的认识存在分歧。例如，有的公司认为监管部门可以通过针对性的行业指引或最佳案例引导企业建立健全内控体系，目前的指引很难适应企业自身的业务特点；有的企业则认为内控监管政策不宜过细，应以原则为导向。针对企业多样化的需求，以及企业实际披露质量参差不齐的现状，建议就内控实际执行过程中关键节点需要关注的问题、最佳案例实践，以及底线披露要求等方面加强培训，提升上市公司的内控信息披露质量。

（三）督促强化：改善内控重大缺陷公司整改信息披露质量

针对目前整改信息披露的情况，部分公司的披露并不到位。其中的原因，或者是整改本身到位，披露不到位；或者是整改本身不到位，披露无法到位。前者将影响投资者对公司整改进展、效果等进行有效的判断，后者则说明公司内控建设继续存在重大风险。内控整改信息的披露有助于企业检视自身整改情况，亦有助于投资者和监管机构了解并把握企业的整改进度和成效，需不断督促并强化上市公司提升内控缺陷整改信息的披露质量。

（四）注重实效：鼓励公司自愿披露内控审计报告

2015年，严格说来是创业板自愿披露内控审计报告的第一年，也是自创业板市场运行以来披露比例最低的一年。客观来看，这反映出两个问题：一是内控审计报告费用对于企业而言是一笔不小的成本；二是内控审计报告对于企业内控管理及运作水平的提升作用有限。这样，企业必然会将内控报告的实际收益和所付成本进行比较，一旦企业内控审计报告不再被强制执行，相应地，部分企业便无披露意愿。

内控需内化于企业的战略制定与发展过程中，有助于企业事前规避风险，事后的揭示和披露仅仅是结果的反映。有必要结合主板、中小板和创业板的企业实际情况，区别不同板块，进一步推进内控审计报告由公司自愿披露的做法，尽量有助于企业在谋求发展、提高经营效率与内控建设及其信息披露之间寻求有效的平衡。这一点可借鉴境外市场的做法。在美国，JOBS法案对符合条件的“新兴成长公司”，即一个会计年度总收入小于10亿美元的公司豁免聘请注册会计师对财务报告内控进行鉴证。取消强制要求的情况下，自愿披露的企业，则可向市场传递积极信号，提升其品牌度和标识度，对市场可形成长期的正向激励、引导作用。

深市上市公司2015年年报公司治理情况分析

2015年中国资本市场经历了不平凡的一年，A股市场史无前例的异常波动为监管者提出了许多新问题，引发了许多新思考，特别是并购重组的松绑给公司治理领域提供了很多新的研究案例。

自2014年7月开始，A股市场出现了一轮过快上涨行情，至2015年6月12日，上证综指上涨152%，深指上涨146%，创业板指上涨178%。股指过快上涨是多种因素综合作用的结果，既有市场估值修复的内在要求，也有改革红利预期，还有杠杆资金、程序化交易、舆论集中唱多等造成市场过热的非理性因素的作用，但过快上涨必有股市泡沫的风险。2015年6月15日至7月8日的17个交易日，上证综指下跌32%，各类杠杆资金加速离场，公募基金遭遇巨额赎回，期现货市场交互下跌，市场频现千股跌停、千股停牌，流动性几近枯竭。随后，各有关部委果断出手，迅速行动，采取了一系列稳定市场的措施，防范了系统性风险的发生。

尽管发生了股市异常波动，但资本市场的制度建设仍然取得了较好的成绩。改进新股发行制度，优化再融资审核机制，完善并购重组配套融资政策，推进优先股试点，加快公司债券市场化改革等工作稳步推进；拓展期货及衍生品市场功能，启动上证50ETF期权交易试点，10年期国债期货、上证50和中证500股指期货交易等产品创新也取得突破；证券基金期货经营机构和私募基金健康发展，行业整体实力大幅提升；对外开放方面，监管层积极稳妥推动资本市场双向开放，推进境外上市审批制度改革，成立离岸人民币证券产品交易平台，推动内地与香港基金产品实现互认。

与公司治理直接相关的改革包括了并购再融资制度的松绑，在监管层的大力支持下，A股市场上掀起了一股并购重组潮。事实上，自2014年7月证监会为重组“松绑”之后，A股市场上的并购重组就有加速之势，2015年并购再融资持续加速。

为进一步发挥资本市场促进企业重组的作用，加大并购重组融资力度，提升资本市场服务实体经济的能力，证监会于2015年4月对《第十三条、第四十三条的适用意见——证券期货法律适用意见第12号》进行了相应修订，扩大配套募集资金比例，由不超过交易总金额的25%，提高到不超过拟购买资产交易价格的100%，并明确了募集配套资金的用途。证监会于2015年8月重启股市异常波动期间暂停的再融资审核工作，对股市暴跌期间采取的限制性规定有所放松，并进一步取消和简化行政许可事项，优化审核流程，推进并购重组市场化改革，完善审核公开及审核分道制，协调推动财税部门完善并购重组税收政策等。11月6日，发布并购重组审核全流程优化工作方案，提出从六方面推进这项工作，并明确11月9日后新受理的并购重组申请将按照新流程审核。

随着这些新规定与办法的发布，并购再融资迎来了新的高峰。以深市主板为例[①]，2015年，深圳主板共有198家公司新增披露重组或再融资方案，拟新增股份合计784.34亿股，拟新增市值6853.79亿元；2015年，深圳主板共有101家公司完成重组及再融资实施，新增股份合计459.7亿股，新增市值合计2226.78亿元；101家公司中有56家公司为非国有控制上市公司，45家公司为国有控制上市公司。

在上述背景影响下，深市上市公司的公司治理中2015年的总体情况与往年相近，股权结构、"三会"治理以及公司的治理违规情况没有发生特别大的变化，但本报告仍然关注到了比如股东权利受限制严重、董事会剥夺股东投票权利、控制权争夺事件频发、机构投资者投票权争议等相关问题的出现。

一、数据来源及主要指标

尽管2015年度监管层在应对股市异常波动过程中，调整了新股发行的节奏，但深市上市公司总数较上一年度仍然有大幅增加。根据研究所数据以及截至2015年底新上市的公司情况，本年度公司治理报告部分的样本情况如下：在剔除数据缺失或没有披露年报的公司后，本报告将深市A股三个板块1745家公司作为分析对象。其中创业板增加了91家公司，共计498家；中小板增加了46家公司，共计779家；主板公司保持不变，仍然为468家[②]。

本次数据收集与2014年的报告一样，除了特别说明的（如股东大会形式以及参会情况来源于国泰安数据库）以外，都来源于深市三个板块的2015年报和公司章程（剔除没有公布公司章程的公司），全部人工收集与录入，并经研究人员的相互交叉审核。

在指标方面，我们基本沿用了往年的指标体系，坚持最低原则的要求，并且不采用财务数据指标，如表1所示。[③]

① 本部分数据来自深交所公司管理部《深市主板重大资产重组及再融资情况报告（2015年全年）》。
② 本文提及的"公司、样本公司"均指本文研究的1745家样本对象。
③ 具体数据指标设置的说明请参见蒋学跃博士执笔的《深市公司治理2012年报告》。

表 1　　深市公司治理的主要指标

一级指标	二级指标
股权结构与实际控制人状况	1.1　股权结构
	1.2　机构投资者持股情况
	1.3　实际控制人类型
	1.4　实际控制人的年龄
	1.5　控制方式
股东大会与股东权利	2.1　股东大会召集权
	2.2　提案权
	2.3　交错董事
	2.4　限制提名权
	2.5　累积投票权
	2.6　股东大会次数
	2.7　股东大会形式（网络股东大会）
	2.8　股东大会参会情况
董事会与管理层	3.1　董事会规模
	3.2　董事会会议次数
	3.3　董事出席会议方式
	3.4　独立董事人数
	3.5　独立董事薪酬情况
	3.6　独立董事出席会议方式
	3.7　独立董事表决情况
	3.8　独立董事背景
	3.9　实际控制人与董事长、总经理的重合情况
	3.10　董事长的薪酬情况
	3.11　总经理的薪酬情况
	3.12　专门委员会设立情况
	3.13　专门委员会会议次数
违规与治理隐患	4.1　公司治理违规情况
	4.2　违规隐患

二、股权结构与实际控制人状况

（一）股权结构

1. 第一大股东持股比例

图1显示，在三个板块中，主板第一大股东平均持股比例为32.84%，中小板和创业板分别为33.5%和31.44%，与上一年度的33.24%、34.81%和32.05%相比没有大的变化。

第一大股东最大持股比例出现在主板公司中，最小持股比例出现在创业板。主板公司第一大股东持股比例最大的公司是美锦能源，其实际控制人高反娥、姚俊杰间接持有89.99%股份；持股比例最小的是四环生物，其第一大股东持股比例为6.25%，公司的年报据此将其披露为公司没有实际控制人，其持股比例比2014年的南玻A最低持股3.62%的比例略高。

中小板第一大股东持股比例最大的是珠江钢琴，实际控制人广州市国资委持有上市公司81.85%的股份；持股比例最小的是积成电子，其第一股东持股比例为4.3%。

创业板第一大股东持股比例最大的是蓝思科技，其实际控制人周群飞间接持股81.18%；持股比例最小的是温氏股份，第一大股东温鹏程持有4.15%的股份，尽管温氏股份的第一大股东持股比例低，但是该公司前十大股东均为家族持股形式的自然人，合计持股25.68%。

2012~2015年（见图2），从平均值来看，三大板块第一大股东的持股比例都有所下降，其中主板大股东持股比例在三年间仅下降了4.15%。相比较主板，中小板和创业板的第一大股东持股比下降较多，分别为9.9%和7.3%。

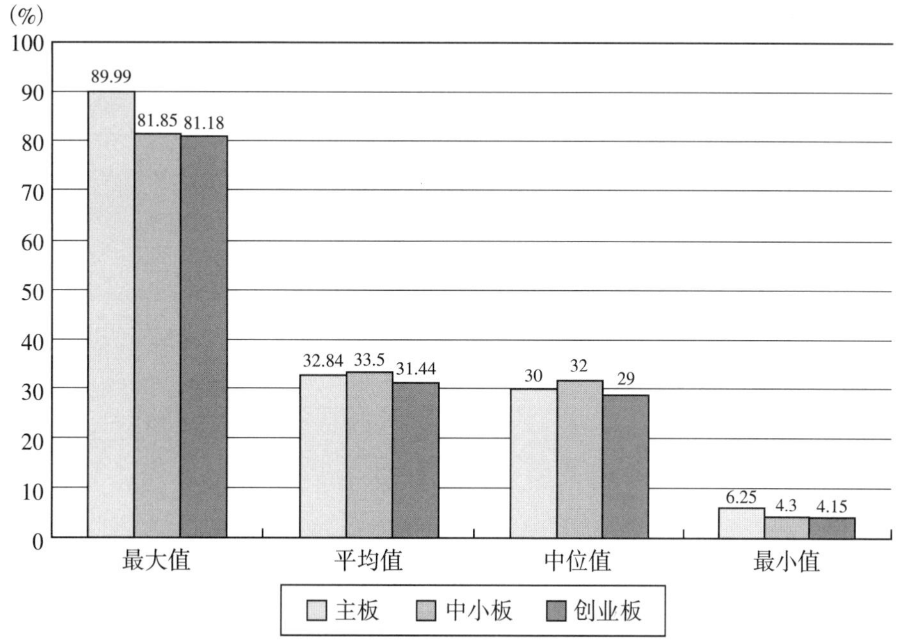

图1 第一大股东持股比例情况

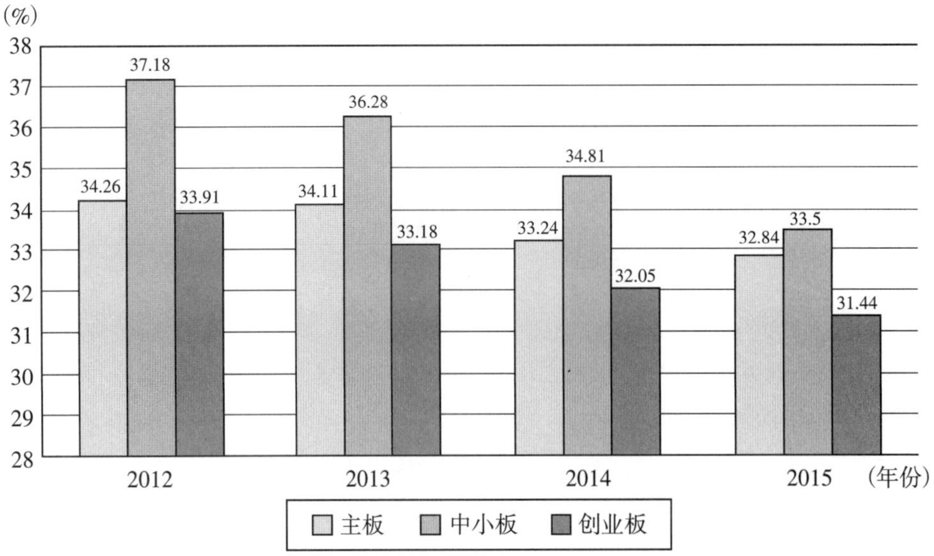

图2 2012~2015年第一大股东持股比平均值情况

2. 存在单一控股股东的情况

我们以国际上通行的持股25%以上作为控股标准①，发现63.6%的主板公司、68%的中小板公司和67.6%的创业板公司存在着单一控股股东。与上年相比，除了创业板公司以外，主板和中小板存在单一控股股东的公司比例呈现逐年降低的趋势，如图3所示。

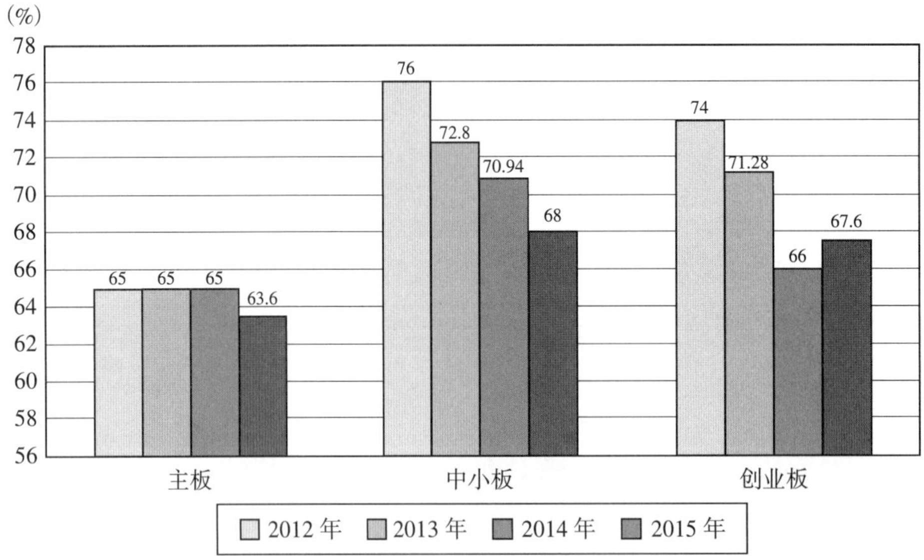

图3 存在单一控股股东的公司比例

① 对于没有绝对控股（超过50%）的第一大股东而言，由于其他股东存在集体行动困难的原因，具有相对持股优势的第一大股东仍然可以获得控制权。根据Leech和Leaby的分析，持股25%以上的股东在表决权争夺中更容易获得其他股东的支持，将处于优势控制地位。See Leech D.，Leaby J. Ownership Structure，Control type and classifications and the performance of large British companies [J]. The Economic Journal，1991（191）：7-14.

3. 前三大股东持股平均比例

主板、中小板和创业板的第一大股东持股的平均比例分别是 32.84%、33.5%和 31.44%，远大于第二大股东和第三大股东的持股总和。这一比例与上一年度差别不大。由于我国历来贯彻一股一权的股权平等原则，不存在多重表决权股，控股股东要想实现对上市公司的控制权，通常只能依靠持股数量优势。

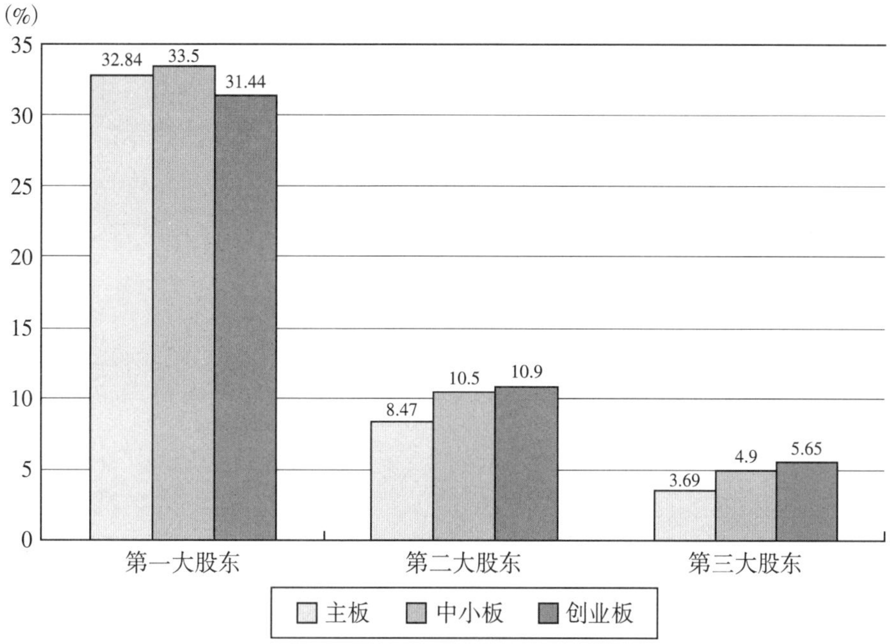

图 4 前三大股东持股平均比例

从前三大股东的平均持股比例的分布来看，三个板块较为一致，第一大股东基本处于 32%左右，呈现出股权集中的特点。2012~2015 年，三板块公司第一大股东持股比均波动递减，但是总体变化甚微，如表 2 所示。

表 2 2012~2015 年深市各板块前三大股东持股比例 单位：%

年度	前三大股东	主板	中小板	创业板
2012	第一大股东	34.26	37.18	33.92
	第二大股东	7.56	11.80	13.27
	第三大股东	3.03	5.28	6.89
2013	第一大股东	34.17	33.18	36.28
	第二大股东	7.53	12.01	11.12
	第三大股东	3.12	6.08	4.94
2014	第一大股东	33.42	34.82	32.05
	第二大股东	8.10	10.61	11.05
	第三大股东	3.57	4.74	5.65

续表

年　度	前三大股东	主　板	中小板	创业板
2015	第一大股东	32.84	33.50	31.44
	第二大股东	8.47	10.50	10.90
	第三大股东	3.69	4.90	5.65

4. 机构投资者持股情况①

2015年末，深市机构持有流通市值占比为51.84%，较2014年小幅下降。其中，社保基金流通市值占比为1.33%，低于2014年末1.5%的水平；QFII流通市值占比为1.12%，低于2014年末1.44%的水平；保险公司流通市值占比为1.88%，低于2014年末2.06%的水平；券商自营流通市值占比为0.46%，高于2014年末0.44%的水平。如表3所示。

表3　　2015年机构投资者持股账户市值占比　　单位：%

板块名称	资产管理	保险公司	投资基金	社保基金	QFII	券商自营	一般机构	专业机构	机构投资者
深证A股	0.37	1.88	6.6	1.33	1.12	0.46	40.08	11.76	51.84
主板	0.45	3.29	4.19	1.31	1.48	0.47	47.88	11.19	59.07
中小板	0.33	1.21	6.68	1.27	1	0.45	39.91	10.94	50.85
创业板	0.3	0.66	11.01	1.5	0.71	0.45	25.62	14.62	40.24

深市主板仍以机构持股为主，机构持有流通股市值占比为59.07%，一般机构持有绝大多数股份，占比为47.88%，投资基金占比4.19%，保险公司占比为3.29%，其他类别持股均不足2%。中小板持股结构与主板类似，机构持有约一半的流通股市值，其中，一般机构持股比例达到39.91%，投资基金占比为6.68%。创业板机构投资者持股为40.24%，相比于其他两个板块最低，但投资基金更倾向于投资创业板，其持有流通股市值占比高达11.01%，远远高于其他板块；此外，社保基金持股1.5%，也高于主板和中小板。

（二）实际控制人状况

首先，从实际控制人的整体披露情况来看，部分公司存在着披露不规范的情形，主要集中在主板和中小板公司。如按照披露要求，一些国有控股公司的实际控制人必须披露为中央国资委、地方国资委或财政部，但很多公司都简单披露到集团控股公司层面，如云南盐化的实际控制人披露

① 数据来源于国泰君安数据库。机构投资者分为一般机构和专业机构两大类，其中专业机构细分为投资基金、券商自营、保险公司、社保基金、QFII、资产管理6类。

为云天化集团公司。[①] 又如渤海金控、西安民生、亿城股份三家公司的年报披露的实际控制人都是海南省慈航公益基金会，但对于海南省慈航公益基金会的情况则讳莫如深，无法确定真正的实际控制人。相关情况如表4所示。

表4　　2015年深市上市公司实际控制人披露一览表

公　司	披露的实际控制人	真实控制人
华映科技	中华映管股份有限公司	台资
海航投资	海南省慈航公益基金会	不明
珠海中富	刘锦钟	不明
普洛药业	横店社团经济企业联合会	不明
英洛华	横店社团经济企业联合会	不明
双汇发展	Rise Grand Group Limited（兴泰集团有限公司）	管理层
福星股份	湖北省汉川市钢丝绳厂	不明
南天信息	云南省人民政府国有资产监督管理委员会	云南省国资委
东方能源	国务院国资委	国资委
华工科技	华中科技大学	教育部
ST生物	湖南财信投资控股有限责任公司	湖南省国资委
七星电子	北京电子控股有限责任公司	国资委
云南盐化	云南省人民政府国有资产监督管理委员会	云南省国资委
东方锆业	中国核工业集团公司	国资委
国统股份	中国中材集团有限公司	国资委
山东如意	邱亚夫	不明
南山控股	中国南山开发（集团）股份有限公司	不明
江海股份	香港亿威投资有限公司	不明
ST獐岛	长海县獐子岛投资发展中心	不明
津膜科技	天津工业大学	教育部
华中数控	华中科技大学	教育部

① 根据中国证监会《公开发行证券的公司信息披露内容与格式准则第2号——年度报告的内容与格式》（2012年修订）第40条规定："上市公司应当披露公司实际控制人的情况，并以方框图及文字的形式披露公司与实际控制人之间的产权和控制关系。实际控制人应当披露到自然人、国有资产管理部门、股东之间达成某种协议或安排的其他机构或自然人，包括以信托方式形成实际控制的情况。如实际控制人通过信托或其他资产管理方式控制公司，应当披露信托合同或者其他资产管理安排的主要内容，包括信托或其他资产管理的具体方式，信托管理权限（包括公司股份表决权的行使等），涉及的股份数量及占公司已发行股份的比例，信托或资产管理费用，信托资产处理安排，合同签订的时间、期限及变更、终止的条件，以及其他特别条款等。如公司最终控制层面存在多位自然人或自然人控制的法人共同持股的情形，且其中没有一人的持股比例（直接或间接持有下一级控制层面公司的股份比例）超过50%，各自的持股比例比较接近，公司无法确定实际控制人的，应当披露最终控制层面持股比例在10%以上的股东情况；如公司没有持股10%以上的股东，则应当披露持股比例5%以上的股东情况。"按照这一规定，一些公司对于实际控制人的披露就属于不合规，如凯迪电力所披露的实际控制人是阳光凯迪新能源集团有限公司，但没有披露到最终自然人或其他控制关系。

续表

公　司	披露的实际控制人	真实控制人
天喻信息	华中科技大学	教育部
渤海金控	海南省慈航公益基金会	不明
西安民生	海南省慈航公益基金会	不明
海航投资	海南省慈航公益基金会	不明
凯撒旅游	海南省慈航公益基金会	不明
*ST 易桥	无实际控制人	不明①
华媒控股	杭州日报报业集团	不明

其次，混合所有制改革的影响下，深市主板一些公司由国有控股转变为民营控股，如华控赛格的实际控制人就由深圳市国资委变更为自然人，天一科技、华润锦华、中国服装、恒天天鹅也都由国有控股转为民营控股；也有民营控股转为国有控股的，如华智控股就由自然人转为杭州报业集团。

1. 控制人类型

首先，从所有制形态来看，57.26%的主板公司、14.89%的中小板公司和3.01%的创业板公司属于国有控股，也就是说大部分的中小板和创业板公司都属于民营控股上市公司，这一比例与上一年度相比变化不大。但深市上市公司实际控制人的披露存在四种混淆情况，即控股股东与实际控制人、名义控制人与实际控制人、共同控制与单独控制、中间控制与最终控制关系②（见表5）。

表5　深市上市公司控制人类型　单位：家，%

		国有控股③	民营控股				
			单一自然人	家族	创业团队或多人	投资机构或法人	无控制人④
主板	家数	268	132	19	6	16	29
	占比	57.26	27.99	4.06	1.28	3.42	5.98
中小板	家数	116	394	180	62	5	22
	占比	14.89	50.58	23.11	7.96	0.64	2.82
创业板	家数	15	254	115	85	0	24
	占比	3.01	51.00	23.09	17.07	0	4.82

① 固公开资料有限，有待核实。

② 汪翠荣，马传刚. 实际控制人的信息披露问题［J］. 证券市场导报，2006（8）。

③ 只要实际控制人是国资委、地方国资委或国有企事业单位的，一律纳入到国有控股类型。

④ 无实际控制人是指股权比较分散，没有一个股东可以控制公司。平安银行的第一大股东虽然是中国平安，但中国平安本身股权比较分散，不存在单一控股股东，因此属于无实际控制人情形；华昌化工的控股股东是华纳投资，而华纳投资的股东是167个自然人组成的，因此也属于无实际控制人情形；硅宝科技前三大股东分别持股27%、24.75%和20.25%，持股相互比较接近，没有一个股东可以有绝对的控制权；积成电子前十大股东持股都处于3%~5%，没有一个股东可以控制上市公司。

其次，从民营控股公司的实际控制人类型来看，50.58%的中小板公司和 51%的创业板公司是由单一自然人控制的；23.11%的中小板公司和 23.09%的创业板公司是由家族控制的。如果我们将单一自然人控制的企业看作是广义的家族控制企业，那么，有约 73.69%的中小板上市公司、74.09%的创业板上市公司属于家族控制企业，相比上一年的 73%和 77%，本年度家族控制公司的占比没有发生显著变化。从2012~2015 年的变化趋势看，单一自然人控制的企业占比在主板稳步增加，在中小板逐步下降，在创业板波动持平。而家族控制的企业占比在主板、中小板和创业板都趋于减少。如果将单一自然人控制的企业归纳入广义的家族控制企业，那么从2012 年至 2015 年末，除主板占比微弱上升外，家族控制的企业在中小板和创业板均呈下降趋势，如图 5 所示。

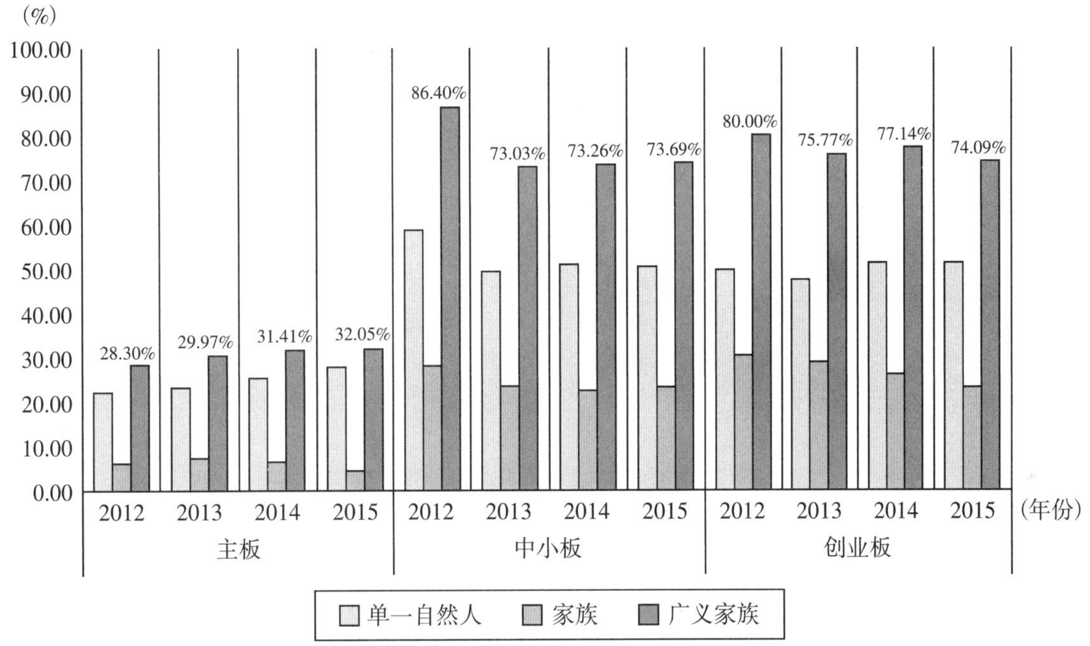

图 5 深市家族控制公司历年变化

最后，从无实际控制人的公司数量来看，2.82%的中小板公司和 4.82%的创业板公司没有实际控制人，都低于主板的5.98%的比例。

2. 控制结构和所有制

从控制结构看，创业板公司的控制结构相对简单和直接，57.63%的公司采取的是直接控制方式，而主板公司则只有 9 家公司是直接控制方式。此外，创业板的直接控制与一级控制方式的公司比例占整个板块的 93.44%，只有两家公司是采取三级以上控制的，而在 2014 年则没有公司采取三级以上控制。中小板的公司控制方式的复杂程度则处于主板和创业板之间，直接控制和一级控制约占整个板块的 85.5%。主板公司则相反，只有 9 家公司是采取直接控制的，采用二级和三级控制方式的占据一半以上。主板之所以呈现出控制的多层次化，主要原因是主板多数公司是原国有控股公司，后经借壳或重组导致控制方式的多层次化，多家公司的控制结构多达五层以上，如图6所示。

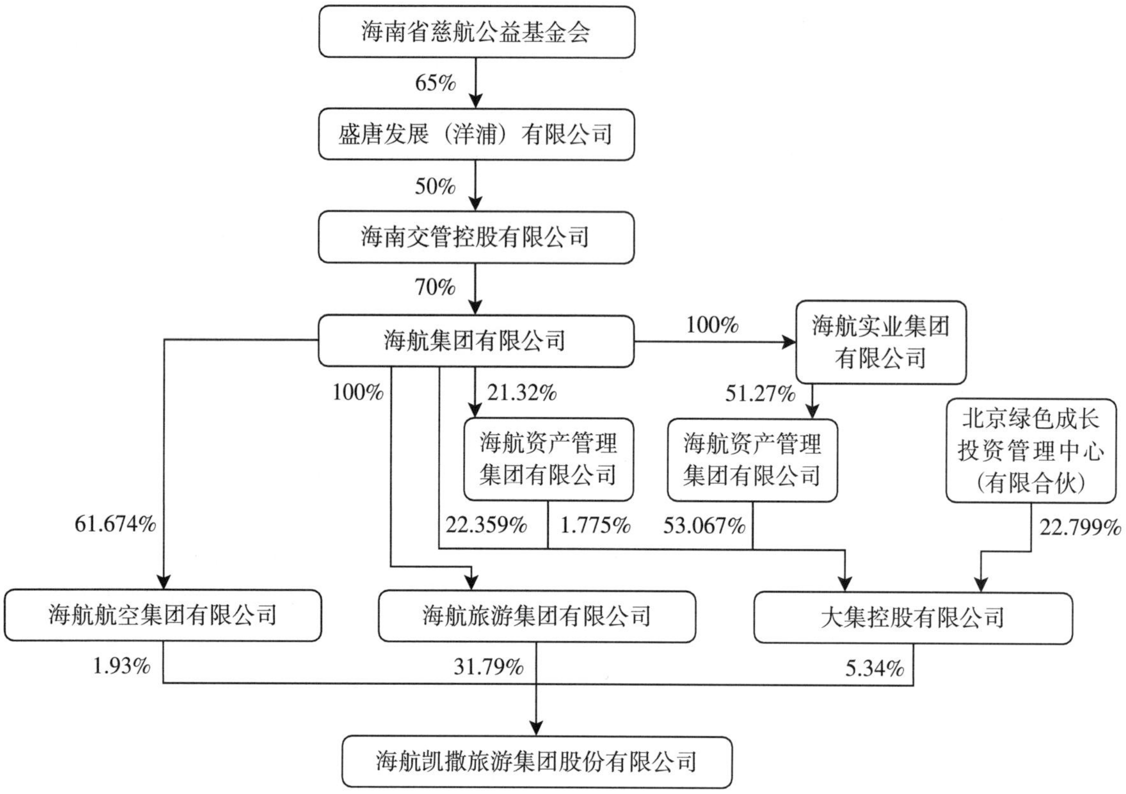

图6 凯撒旅游股权及控制结构图

从2012~2015年公司控制结构的变化来看，主板公司中实际控制人直接控制公司的比例经历了从无到有的变化；中小板公司在2014年有所上涨，但在2015年恢复往年比重。与此同时，三层以上的控制方式在三板块均有所增加，创业板也经历了从无到有的变化。除此之外，深市公司的一层、二层控制结构均有所减少，只有创业板公司的二级控制方式有所增加，如表6所示。

2015年，重组或再融资实施完成导致上市公司实际控制人发生变更的公司为4家，1家跨所有制由国有变为民营，另有1家由民营变为国有。其他97家公司实际控制人未发生变更；54家非国有控股上市公司中实际控制人持股比例下降的有29家，持股比例上升的有19家，持股比例不变的有6家；43家国有控股上市公司中实际控制人持股比例下降的有27家，持股比例上升的有12家，持股比例不变的4家。

3. 实际控制人的年龄

从表7的统计来看，多数实际控制人的年龄在40~60岁，即主要出生于20世纪60年代至70年代。中小板的兴民钢圈的实际控制人王志成是1990年出生，成为深市公司中最年轻的实际控制人，但公司的董事长和总经理由职业经理人高赫男担任。

表6　民营控股上市公司的控制方式①　单位：家，%

		直接控制	金字塔控制		
			一级	二级	三级及以上
主板	家数	9	73	51	39
	占比	5.23	42.44	29.65	22.67
中小板	家数	271	278	65	28
	占比	42.21	43.30	10.12	4.36
创业板	家数	272	169	29	2
	占比	57.63	35.81	6.14	0.42

注：主板中有201家民营控股上市公司，有29家无实际控制人，剩下的172家公司作为控制方式分析的对象；中小板有664家民营控股上市公司，扣除22家无实际控制人以及数据缺失的公司，共642家公司作为分析对象；创业板上市公司中有24家无实际控制人，剩下的472家作为控制方式的分析对象。

表7　三个板块实际控制人年龄状况　单位：家，%

板　块		40岁以下	40~50岁	50~60岁	60岁以上
主板	家数	6	26	40	27
	占比	6.06	26.26	40.40	27.27
中小板	家数	19	123	272	178
	占比	3.21	20.78	45.95	30.07
创业板	家数	12	135	207	66
	占比	2.86	32.14	49.29	15.71

2015年深圳市场最引人瞩目的一次国企整体上市是招商蛇口吸收合并招商地产的案例，本报告特别将相关的情况进行了详细介绍，详见案例一。

案例一：招商蛇口换股吸收合并整体上市

2015年12月30日，招商蛇口（001979）股票在深圳证券交易所正式挂牌上市。招商局蛇口工业区控股股份有限公

① 本部分的控制方式仅仅针对民营控股上市公司而言，因为只有多层次控制关系才会导致公司治理中的金字塔结构问题，而国有控股上市公司由于最终控制人都是国资委或其他国家部委（教育部），其控制方式必然都属于多层次控制关系，属于国资管理体制讨论的范畴，所以暂不涉及。此外，这里的直接控制是指实际控制人直接持有上市公司的股权，而间接控制是指通过一级或多级法人间接持有上市公司的股权。

司（以下简称“招商蛇口”）发行A股换股吸收合并招商局地产控股股份有限公司(以下简称“招商地产”)，并定向增发募集资金150亿元的方案成功实施。这是深交所非上市公司发行股份换股吸收合并现有上市公司A股和B股首单案例。

招商蛇口和招商地产自2015年4月启动吸收合并工作；5月，招商地产确认招商局集团正推动地产整合；6月，招商地产拟与招商局蛇口工业区进行整合；9月，蛇口工业区拟吸收合并招商地产上市的“无先例”整合方案揭晓；11月27日取得证监会批文；12月11日完成招商地产B股终止上市；12月17日完成实施现金选择权；12月30日招商地产A股终止上市，招商蛇口股票上市，成功实现了招商蛇口的整体上市。此次招商地产A股、B股的换股价分别为37.78元/股、28.67元/股(均为除息后价格，均以人民币计)，分别较公司停牌前1个交易日溢价20.4%和63.5%。招商地产的大股东招商蛇口吸收合并其A股、B股的换股比例分别为1∶1.6008和1∶1.2148。此次换股吸收合并完成后的总股本为7401797599股，本次发行的股份数为1901797599股。

换股吸收合并完成后，招商局集团有限公司（简称“招商局集团”）仍为招商蛇口的第一大股东及实际控制人，直接持有本公司522500万股股份，间接持有本公司27656.18万股股份，合计占发行后总股本的74.33%。在换股合并方案中，由招商局轮船股份有限公司担任招商地产A股异议股东现金选择权提供方，招商局集团（香港）有限公司担任招商地产B股异议股东现金选择权提供方。公司A股、B股除息后的现金选择权行使价格分别为23.79元/股和19.46港元/股，较前一日收盘价分别折价17.8%和11.1%。

此外，在本次换股吸收合并的同时，招商蛇口以锁价形式向8名特定对象（含招商蛇口员工持股计划）非公开配套发行A股股票募集配套资金，发行价格为23.60元/股，发行股份数量为502295123股，募资总金额不超过125亿元，用于前海蛇口自贸区的后续建设。本次新增股份均为有限售条件流通股，自新增股份上市之日起36个月内不得转让。招商蛇口通过公司董监高及核心员工溢价参与定增的方式，以彰显其对公司未来发展的信心。

本次换股吸收合并完成后，招商蛇口承继及承接招商地产的全部资产、负债、业务、人员、合同及其他一切权利与义务，招商地产终止上市并注销法人资格，招商蛇口的股票（包括为本次换股吸收合并发行的A股股票和本次配套发行的A股股票）在深交所主板上市流通，上市发行价格为23.6元/股，考虑配套定增，股本为80.4亿股。新招商蛇口主业将整合为园区开发与运营、社区开发与运营、邮轮产业建设与运营三大业务板块。

招商蛇口换股合并系国内首例A股、B股同时转换为A股的案例。这次重组方案的创新之处在于解决了新加坡上市B股遗留问题，并实现了央企员工持股、换股吸收合并的同时进行配套募资等诸多创新之举，突破了已有的吸并方案仅换股不增发的模式，为新上市公司的后续发展提供了增量资金，开创中国资本市场先河。而以员工持股计划认购配套募集资金股份的方式实施员工激励的方式，对建立长效激励机制、促进公司法人治理结构的进一步完善和公司的长远发展具有积极意义。

与资本市场的开创性相比，招商局这次重组方案更大的意义在于代表了国企改革的方向，重组过程中涉及到的大量资本操作上的创新对国企改革而言具有不少借鉴价值。在新一轮国企改革背景下，招商蛇口的案例将是一个典型：通过资本市场手段，借助市场配置资源，将国企的价值通过资本市场反映出来，实现国企资产保值增值的目标。

案例评论：

此次招商蛇口吸收合并招商地产并在深交所上市，是资本市场服务支持国企改革的重要进展。资本市场是深化国企改革的重要平台，国企改革是资本市场健康发展的重要推动力，有必要通过进一步贯彻落实党中央、国务院关于深化国有企业改革的指导意见，不断优化并购重组环境，大力推动国有企业改制上市，推动集团公司整体上市，并通过资本市场做优做强。

三、股东权利与股东大会状况

股东权利是衡量公司治理水平的重要测评指标，但现有研究往往只是简单地以法律规范作为直接依据，而没有深入揭示这些“纸面上的权利”在现实中的真实样态。在股东大会中心主义的定位下，我国《公司法》为股东设置了许多权利，比如股东大会召集权、提案权、董事与监事的提名权、累积投票权等，但实践中这些权利是否能够真正实现却并不十分清晰。为此，我们通过查阅所有深市公司章程的方式，看这些权利有无在公司层面就已经被公司章程所取消或限制。从理论上讲，《公司法》对股东权利的这些规定属于强制性规范，各公司不能随意剥夺或限制①。以提案权为例，我国《公司法》第一百零三条规定，单独或合计持股3%以上的股东有权向股东大会提交议案，这意味着公司可以将持股比例降低到1%，而不能提高持股比例或附加持股时间的要求，否则就是剥夺或限制股东的法定最低权利。

我们认为章程虽然是公司自治范畴，但上市公司不得通过所谓的“一致同意”剥夺《公司法》所赋予的中小股东权利，因为后者受制于集体行动的困境不可能提出有效的反对意见。

（一）股东权利状况②

1. 股东大会召集权

在所有的深市上市公司中，只有主板的深赛格、长城信息两家公司股东召集权的要求持股时间为“连续180天以上”，其他的公司都在章程中作出了《公司法》“连

① 王保树. 从法条的公司法到实践的公司法［J］. 法学研究，2006（6）.
② 本部分数据全部来源于深交所公司治理研究中心研究人员对深市上市公司章程的手工筛选。

续持股 90 天以上，持有公司 10%以上股份的股东可以自行召集和主持股东大会”的规定。

2. 提案权

提案权是一种重要的股东权利，特别是对于非控股股东而言，这是一种可以获得股东大会话语权的股东权利。如果没有提案权，中小股东参加股东大会的积极性不会高，因为表决的可能都是大股东或实际控制人准备好的议案，如表 8 所示。

表 8 深市公司对股东提案权的限制情况

板　块	主　板	中小板	创业板
公司家数（家）	8	0	0
限制方式	提高持股比例、附加持股时间	—	—

从统计数据来看，深市主板有 6 家公司将提案权条件提高到 5%的持股比例，分别是中原环保、攀钢钒钛、三木集团、津滨发展、钱江摩托、中粮生化；中科三环对提案权附加了 180 天的时间条件，而海马汽车附加了 90 天以上的时间条件。值得注意的是，主板中的佛山照明和创业板的互动娱乐将股东提案权的持股比例条件下调到 1%。中小板、创业板没有出现限制股东提案权的情况（见表 9）。这意味着在 2015 年新上市的公司都遵循了《公司法》的最低要求规定，没有出现通过章程提高门槛的现象。

表 9 2012~2015 年深市限制提案权的公司数 单位：家

年　度	主　板	中小板	创业板
2012	6	1	0
2013	8	1	0
2014	8	0	0
2015	8	0	0

3. 提名董事权

提名董事权是争夺控制权的重要途径之一。在存在控股股东的公司中，由于控股股东害怕失去控制权，往往在章程中设置一些反收购的条款。实践中，上市公司一般会采用直接剥夺提名权或提高持股比例、增加持股时间、交错董事会的方法限制中小股东的提名权。

（1）限制提名权。直接或间接剥夺股东提名权的做法主要有以下三种：一是公司章程明文规定只有董事会才能提名董事候选人，如海螺型材章程规定，第一届董事会候选人由公司发起人提名，新一届董事会候选人由上一届董事会提名；二是董事会与控股股东提名董事候选人，如云内动力的章程规定，董事候选人只能由上一届董事会与控股股东商定后才能确定；三是股东提名的董事候选人必须由董事会进行资格审查，审查完毕后再提交股东大会，如南宁糖业的章程规定，单独或合计持股5%以上的股东提名的董事候选人，必须先由董事会进行资格审查，再提交股东大会表决。而董事会往往会借口股东提名的董事候选人超过了本次应选董事的总人数，即等额选举的方法主张中小股东提名董事不符合要求。

根据最新统计显示，主板公司限制股东提名权的情况并未增减；在中小板新增的43家上市公司中，共有11家公司限制了股东提名董事的权利，比上一年的9家小幅增加；创业板有9家公司限制了股东提名董事的权利，比上一年度减少了1家。

（2）提高持股比例。提高持股比例是指上市公司通过章程的规定，将《公司法》规定的3%的持股比例提高到5%甚至10%，以此来限制一些股东提名董事候选人。148家主板公司、93家中小板公司和49家创业板公司提高了提名董事候选人的持股比例要求，如表10所示。

表10 对提名董事候选人提高持股比例的情况 单位：家，%

板块	家数	占比
主板	148	31.62
中小板	93	11.94
创业板	49	9.84

从百分比来看，主板公司利用提高持股比例限制股东提名权的比例明显高于中小板和创业板，这个特征在往年数据里均有体现。从2012~2015年变化看，2013年，中小板以提高持股比例的方式限制股东提名董事的权利的公司占比明显增加，但在此后两年均少量下降，主板和中小板的公司占比基本维持在30%和10%左右，如图7所示。

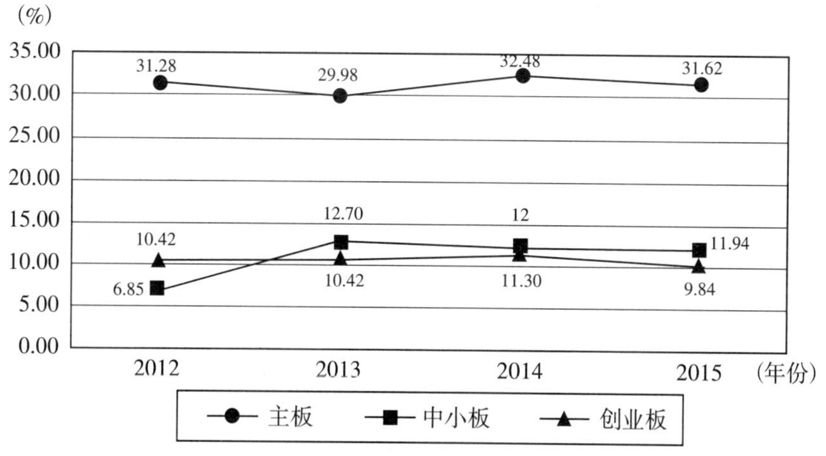

图7 2012~2015年对提名董事候选人提高持股比例的变化

（3）增加持股时间要求。增加持股时间要求是指额外增加提名股东持股时间的要求。《公司法》本身对于提名（提案）权是没有持股时间要求的，但一些上市公司会在章程中专门规定持股时间为90~180天。这一限制对于一些通过二级市场增持达到3%持股门槛的股东而言影响重大，因为他必须等上一个季度或半年后才能提名董事候选人，而有时可能错过了这一次的股东大会而不得不再等上一年。统计显示，70家主板公司、73家中小板公司和46家创业板公司增加了持股时间的要求。从百分比来看，主板利用增加持股时间限制股东提名权的公司比例高于中小板和创业板。从占比变化来看与往年基本持平，只是从2013年起，中小板公司对提名董事候选人增加持股时间条件的占比有所上升，如表11及图8所示。

表11　对提名董事候选人增加持股时间的情况　　单位：家，%

板　块	家　数	占　比
主　板	70	14.96
中小板	73	9.37
创业板	46	9.24

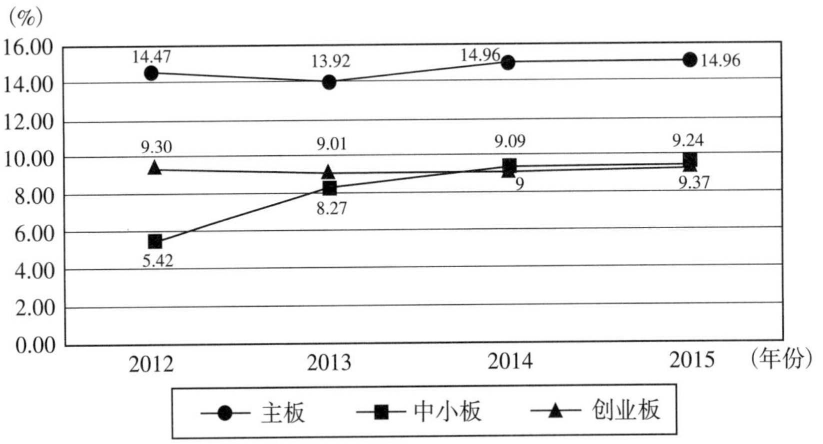

图8　2012~2015年对提名董事候选人增加持股时间的变化

（4）交错董事会制度。交错董事会制度又称为分类董事会。在美国，交错董事会是指将董事会成员分为A、B、C三类，A类董事第一年满了就要被更换，B类董事要在第二年满才被更换，C类董事在第三年满才被更换[①]。美国式的交错董事会制度可以为董事提供安全港，使他们可以对公司的长期经营做出规划并付诸实施，公司在新老董事的传承中保持公司经营的连续性和稳定性。此外，交错董事会可以与

① 参见美国《特拉华州公司法》第141（d）条，美国《标准公司法》第8.06条。

"毒丸"措施相结合，加大反收购的力度，董事会据此与收购者充分协商，提高收购价格[1]。而我国本土化的"交错董事会"并非由任期不同的董事组成董事会，而只是限制每年更换的董事人数或比例，如长江证券的章程规定每年只能更换董事会的1/5，美达股份的章程规定每年更换的董事人数最多不超过董事会的1/4。这些限制已经不是对董事任期的精心安排，与美国的交错董事会有着较大的区别。

另外，如果结合中国上市公司董事选举普遍采用的累积投票制的话，这种交错董事会制度能够降低应选董事的人数，减弱累积投票制的效果。从2015年各个公司公布的章程来看，深市中有41家主板公司、16家中小板公司和5家创业板公司采用了交错董事会制度，如表12所示。

表12 深市采用交错董事会制度的公司名录

股票编码	公司名称	股票编码	公司名称
000006.SZ	深振业A	000821.SZ	京山轻机
000009.SZ	中国宝安	000826.SZ	桑德环境
000019.SZ	深深宝A	000851.SZ	高鸿股份
000023.SZ	深天地A	000908.SZ	天一科技
000040.SZ	宝安地产	000929.SZ	兰州黄河
000048.SZ	康达尔	000967.SZ	上风高科
000055.SZ	方大集团	000970.SZ	中科三环
000058.SZ	深赛格	000987.SZ	广州友谊
000090.SZ	深天健	000996.SZ	中国中期
000338.SZ	潍柴动力	000998.SZ	隆平高科
000410.SZ	沈阳机床	001896.SZ	豫能控股
000502.SZ	绿景控股	002015.SZ	*ST霞客
000503.SZ	海虹控股	002042.SZ	华孚色纺
000509.SZ	SST华塑	002074.SZ	东源电器
000516.SZ	开元投资	002152.SZ	广电运通
000525.SZ	红太阳	002184.SZ	海得控制
000528.SZ	柳工	002200.SZ	云投生物
000553.SZ	沙隆达A	002275.SZ	桂林三金
000570.SZ	苏常柴A	002074.SZ	东源电器
000573.SZ	粤宏远A	002323.SZ	中联电气

① Richard H. Koppes, Lyle Ganske & Charles T. Haag. Corporate Governance Out of Focus: The Debate Over Classified Boards, 54 Bus. Law, 1999 (1023).

续表

股票编码	公司名称	股票编码	公司名称
000586.SZ	汇源通信	002333.SZ	罗普斯金
000593.SZ	大通燃气	002405.SZ	四维图新
000611.SZ	内蒙发展	002516.SZ	江苏旷达
000669.SZ	金鸿能源	002565.SZ	上海绿新
000680.SZ	山推股份	002689.SZ	博林特
000705.SZ	浙江震元	002200.SZ	*ST 大地
000726.SZ	鲁泰 A	300065.SZ	海兰信
000759.SZ	中百集团	300070.SZ	碧水源
000762.SZ	西藏矿业	300083.SZ	劲胜股份
000779.SZ	三毛派神	300168.SZ	万达信息
000783.SZ	长江证券	300212.SZ	易华录

4. 累积投票权

累积投票权可以使中小股东能够选出代表自己利益的董事，以避免董事会被控股股东或实际控制人完全控制，是股权集中模式下中小股东一项重要的权利。

近年来，深交所对累积投票制非常重视，深交所三个板块的《规范运作指引》分别要求控股股东持股30%以上的主板公司、所有的中小板公司和所有的创业板公司强制采用累积投票制。从深市公司章程具体规定来看，主板中有皇庭国际、深圳华强、韶能股份、丽珠集团、*ST 明胶、浙江震元、美达股份、陕西金叶、岳阳兴长、贵糖股份 10 家公司没有采用累积投票制；中小板的所有公司都遵循了《规范运作指引》的要求而采用累积投票制；创业板除乐普医疗①、吉峰农机②、银邦股份③ 三家公司以外，其他的上市公司都采用了强制性累积投票制。从总体比例来看，未采用累积投票制的公司占比稍低于 2014 年，但较 2012 年增加了 90%，如表 13 所示。

（二）股东大会状况

1. 股东大会会议次数

2015 年，深市绝大多数上市公司召开次数为 3 次；其中，股东大会召开次数最多的是主板的阳光城，2015 年共召开了 25 次股东大会，平均每月两次以上。此外，中小板的怡亚通和荣盛发展分别召开 17 次和 14 次。从平均值来看，近三年深市公司

① 乐普医疗的章程第 85 条规定，“选举董事、监事采用累积投票制”，但第 86 条又规定，“当第一大股东持有公司股份达到 30%以上时，选举董事、监事应当采用累积投票制”。

② 吉峰农机只是对于选举独立董事强制采用累积投票制，但独立董事之外的董事、监事是可以采用累积投票制，参见吉峰农机章程第 83 条规定。

③ 银邦股份在 2014 年章程修订中增加了累积投票权的规定，但只是笼统地规定“根据章程或股东大会决议可以实行累积投票权”。

召开股东大会会议次数有所增加，并且2015年深市公司召开股东大会平均值为历年最高，如表14、表15所示。

表13　2012~2015年深市上市公司未采用累计投标制的公司占比情况　单位：家，%

年　度	数　量	统计公司数	占　比
2015	13	1745	0.74
2014	13	1608	0.81
2013	8	1523	0.53
2012	6	1526	0.39

表14　深市A股上市公司股东大会召开次数统计　单位：次

板　块	平均数	最　高	最　低	中位数
主　板	3.7	25	1	3
中小板	3.7	17	1	3
创业板	3.8	10	1	3

表15　近四年深市公司召开股东大会平均值　单位：次

年　度	主　板	中小板	创业板
2012	3.66	3.56	3.21
2013	3	3	3
2014	3.3	3.3	3.4
2015	3.7	3.7	3.8

在“股东大会中心主义”的立法模式下，深市上市公司的股东大会次数显得较多，只要涉及到股东权利的事项，基本上都要通过股东大会来表决，立法者原本是想通过这一程序的设计来实现对中小股东权益的保护，但实际情况是中小股东的诉求并没有因此得到更多的体现。

2. 股东大会形式（网络或现场）①

整体而言，深市公司在2015年采用现场投票方式召开股东大会的有68次，占比1.08%，采用现场投票+网络投票方式的有6016次，占比95.34%，采用现场投票+网络投票+委托董事会投票的有224次，占比3.55%。从数据来看，与2014年相比，上市公司采用现场投票与网络投票相结合方式的占比有了极大提升。这与深交所这两年大力推广网络投票有关，也与上市公司的观念进步和投资者的成熟有关。比如，监管部门要求，在重大资产重组、股权激励、公开增发新股等特定情况下，应该提

① 这部分数据来自国泰君安数据库。

供网络投票，如表 16 所示。

表 16　　2015 年深市公司股东大会投票情况　　单位：%，次

	现场投票 + 网络投票	现场投票 + 网络投票 + 委托董事会投票	现场投票	现场投票 + 委托董事会投票	其他方式
深市 A 股	95.34（6016）	3.55（224）	1.08（68）	0.02（1）	0.02（1）
主　板	98.27（1703）	1.21（21）	0.46（8）	0.06（1）	0.00（0）
中小板	95.39（2688）	3.87（109）	0.71（20）	0.00（0）	0.04（1）
创业板	92.38（1625）	5.34（94）	2.27（40）	0.00（0）	0.00（0）

就三个板块的具体情况来看，采取网络投票与现场投票相结合的方式的比例分别是主板为 98.27%，中小板为 95.39%，创业板为 92.38%。主板的网络投票比例较高，主要是因为主板的股东大会审议事项经常是重大资产重组、增发类的事项，而这些恰好属于必须提供网络投票的范畴。相比较而言，创业板类公司由于上市时间较短，审议的事项基本上属于常规类的事项，很多都不属于必须提供网络投票的范围。

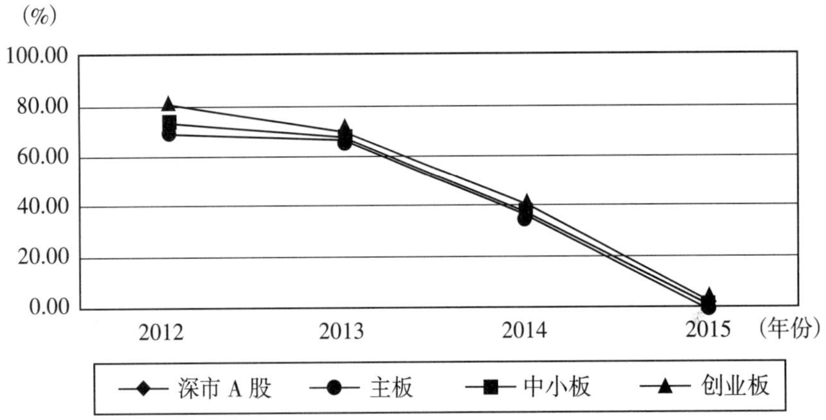

图 9　深市 2012~2015 年现场投票方式占比

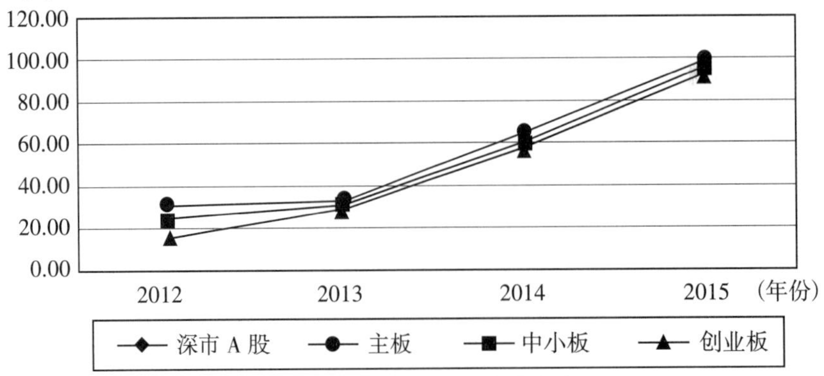

图 10　深市网络投票方式的变化

3. 股东大会参会情况①

从出席股东大会的股东及股东代表人数来看，主要存在以下三方面的特征：

（1）公司与公司之间的差异比较大（标准差高达 135.14），出席会议股东数最少为 1 人，最多为 4630 人，平均为 35 人，中位数为 13 人，众数为 8 人。相比 2014 年，参与公司股东大会的股东人数有所增加（在 2014 年深圳 A 股上市公司中，出席股东数平均为 32 人，众数为 4 人）。除去最多与最少的个例，从大多数公司的股东参与情况来看，2012 年至今，出席会议股东数的平均数从 30 人上升到 35 人，有了一定程度的增加。这表明，深市上市公司股东参与公司治理的积极性有所提高，如表 17 所示。

表 17　2015 年深市股东大会出席会议的股东及股东代表人数情况　单位：人

板　块	出席股东数最多	出席股东数最少	平均值	中位数	众数	标准差
深市 A 股	4630	1	35	13	8	135.14
主　板	3595	1	65	19	6	214.63
中小板	4630	1	25	12	8	105.62
创业板	822	1	20	12	8	30.81

（2）从板块的角度来看，主板公司参会股东平均人数最多，为 65 人，其次是中小板，为 25 人，两个板块平均人数均为 2012 年以来的最高值；创业板平均参会股东人数最低，为 20 人，与上年持平。深市公司参会股东数最多的是协鑫集成，该公司于 2015 年 6 月召开临时股东大会，参会人数达到 4630 人。

（3）从出席股东大会的股东持股比例情况来看，深市 A 股的平均值为 48.69%，中位数为 49.28%。在三个板块中，股东大会出席股东持股比例创业板（50.61%）与中小板（50.63%）基本持平，高于主板（43.60%）。2012 年至 2015 年，三板块均值差异逐渐减小，且整体呈下降趋势（主板除外），如图 11 所示。

表 18　2015 年深市股东大会出席股份比例情况　单位：%

板块	最大值	最小值	平均值	中位数	众数	标准差
深市 A 股	100	0.062	48.69	49.28	100	17.34
主板	90.49	0.10	43.60	42.33	59.64	17.56
中小板	100	0.062	50.63	51.53	100	16.75
创业板	100	1.34	50.61	50.85	100	17.02

① 这部分数据来自国泰君安数据库。此外，这里的参会包括了现场、网络和委托出席的情况。

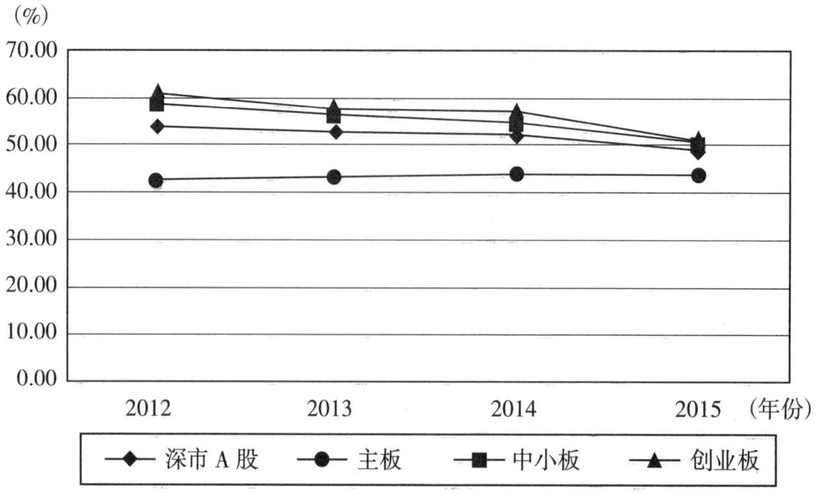

图11　2012~2015年深市公司出席股东大会股东持股比例均值变化

案例二：成都路桥董事会剥夺大股东投票权

2016年3月1日，成都路桥披露了公司股东李勤对深交所问询函的回复，在公告中，成都路桥当时的第一大股东李勤向深交所回应称，“不排除在未来12个月内继续增持成都路桥股份的可能”并“拟通过成都路桥股东大会和董事会依法行使股东权利，向成都路桥推荐合格的董事及高级管理人员候选人，由成都路桥股东大会依据有关法律、法规及公司章程选举通过新的董事会成员，并由董事会决定聘任相关高级管理人员”。

2016年3月3日，权益变动公告发布，成都路桥实际控制人易主。

早在2015年8月时，李勤便开始通过二级市场买入成都路桥。2015年8月26日至28日，李勤首度买入成都路桥股票，分三次共买入2900余万股，斥资约1.7亿元。此后，李勤作为成都路桥的新进股东，在随后6个月内不断增持成都路桥的股份，2016年2月17日，李勤通过深圳证券交易所集中竞价交易系统累计买入公司股份合计1.47亿股，占公司股份总额的20.0554%。这已经是李勤在两个月内的第4次举牌。至此，其持股比例已然超过了成都路桥原实际控制人郑渝力（报到时郑渝力直接、间接共持有成都路桥19.84%的股权），成为成都路桥的第一大股东。

在李勤举牌前后，双方在公司实际控制权领域博弈了数个回合。

第一次交锋，成都路桥尝试修改公司章程：

2015年8月26日、27日、28日，李勤通过深交所集中竞价分别买入304万股、1835万股、807万股，截至2015年9月30日，自然人股东李勤持有股份占总股本3.994801%。

2015年10月，成都路桥披露《成都市路桥工程股份有限公司第四届董事会第二十五次会议决议公告》，公告第三项董事会审议通过《关于修改〈公司章程〉的议案》。

议案对成都路桥的公司章程做出了10处修改，其中一处对持有公司股份总数3%以上的股东提名权作出时间限制，要求股东连续12个月以上持有3%以上股权才能提名董事候选人。

然而在同年11月17日召开的2015年第三次临时股东大会上，该修改公司章程的议案未能得到股东大会通过。此事引起了深交所的注意，交易所于2015年11月20日发函要求法律顾问对修改章程的相关事项出具法律意见书。

对于对《公司章程》第八十一条增加提案权持股时间的修改，北京大成（上海）律师事务所出具的法律意见书认为："为维护全体股东及公司的利益，保持董事会的稳定，确保公司管理决策上的连贯性和稳定性，对提名董事的股东要求连续持股12个月以上。经核查，该等持股期限限制适用于公司所有股东，并未限制或剥夺中小投资者或特定股东的权利。《公司法》、《证券法》、《章程指引》、《上市规则》、《规范运作指引》及相关法律法规及规范性文件并未禁止公司在股东大会提案权的持股数量要求的基础上设置持股期限要求。""公司章程具有自治性的特点，即法律法规未禁止的事项，公司股东拥有意思自治的权利。"

此次不成功的章程修改成为双方争夺公司控制权的起点。同年11月11日及12月29日，李勤再次买入654万股及100万股。经过这两次的大举买入，李勤所持有的股份首次超过5%。

第二次交锋，董事提名的拒绝：

2016年2月22日披露李勤持股比例达到20%后，成都路桥于次日召开董事会，审议通过《关于修改〈公司章程〉的议案》，并发起召集2016年第一次临时股东大会，对该议案进行投票。

该议案中对公司章程的修改包括：股东对外担保审议程序；购买、控制股权的程序规定；优先提供网络投票平台。此次公司章程修改其中一个重心在于，购买股权不符合披露程序，则该部分股权不享有表决权。章程修改还特别提到，"如果是通过'合并持有、通过协议或其他安排与他人共同持有'的方式，同样要遵循披露程序"。

针对此次临时股东大会，征集成都路桥股东的委托投票权行动以无偿方式公开进行，征集对象是3月2日15时登记在册的股份，征集截止日期为3月10日22时。主要是针对将于3月11日召开的成都路桥2016年第一次临时股东大会所审议事项，包括关于增加公司经营范围、修改公司章程、选举周维刚等6人为第五届董事会非独立董事等5项议案。除增加公司经营范围这项议案以外，李勤所持有的股份及其征集的委托股份都将对其他4项议案投出反对票，而这4项议案才是本次股东大会的重点。

3月1日李勤提交临时提案，提议2016年第一次临时股东大会进行公司董事会换届选举，并推荐李勤等6名相关人员出任公司第五届董事会非独立董事。

3月3日，成都路桥公告显示，公司董事会拒绝了李勤的提名人选，实际控制人郑渝力一方的提名人选将在3月11日的临时股东大会上表决。此事再次引起了深交致函，对此项审议表示关注。

3月8日，成都路桥披露了《关于对深交所关注函回复的公告》，公告内容详细说明了公司董事会未将股东李勤的临时提案提交股东大会审议符合相关法律法规及《公司章程》的规定的原因。

公告显示，成都路桥董事会就该临时提案的提案人资格、提交时间、提案的内容和形式等方面进行了审核，认为股东提名董事、监事候选人的临时提案，应在股东大会召开10日以前提交，即2月29日为提交临时提案的最后期限（2016年2月29日，成都路桥董事会收到股东四川省道诚力实业投资有限责任公司提案，提出了6个非独立董事会人选和3个独立董事人选，以及股东郑渝力提交的临时提案，提名一位非职工监事候选人）。

此外，李勤的提案将导致公司董事会成员中没有独立董事，提案内容违反有关董事会成员中独立董事不得少于1/3的规定；李勤的提案资料中没有提名人以及被提名人对董事候选人任职资格的确认。

据此，成都路桥董事会认为该临时提案不符合法律、行政法规和《公司章程》的有关规定，决定不提交公司2016年第一次临时股东大会审议。

第三次交锋，剥夺第一大股东表决权：

3月11日，成都路桥召开2016年第一次临时股东大会，根据公告显示，参加本次股东大会表决的股东及股东授权代表共计478名，其所持有表决权的股份总数为3.40亿股，占公司总股本的46.2354%。

然而，第一大股东李勤并没有行使表决权。

成都路桥3月11日晚间发布公告称，鉴于股东李勤在增持公司股份达到5%时及之后每增加5%时，均未依法在规定的期限内停止买入公司的股份，在增持公司股份超过公司总股本20%且成为公司第一大股东之后未聘请财务顾问对详式权益变动报告书所披露的内容出具核查意见，李勤尚未向公司提交其违反《证券法》、《上市公司收购管理办法》相关规定的情形已经改正的证明材料，根据《证券法》、《上市公司收购管理办法》的规定，董事会认为，违法持股股东李勤所持有的本公司股份在股东大会上不得行使表决权。

在当天的临时股东大会上，增加公司经营范围等多项议案被通过。此外，临时股东大会结束后，新一届董事会在成都路桥会议室以现场表决形式召开，选举周维刚为公司董事长，王继伟为公司总经理。

对此，深交所于2016年3月14日下发《关于对成都市路桥工程股份有限公司的关注函》（中小板关注函〔2016〕第43号），要求律师出具法律意见书进行解释。

3月18日，国浩律师（深圳）事务所出具相关法律意见书，对于深交所"《关于股东李勤所持有公司股票不得行使表决权的议案》是否在公司董事会职权范围内，本次董事会决议的合法合规性"的质疑，该所律师认为，"前述议案属于公司董事会的职权范围，会议作出的决议合法有效"，"召集股东大会是《公司法》及《公司章程》赋予公司董事会的法定权利"，根据《公司章程》第六十四条的规定，召集人（即董事会）的职责除了时间、地点、提案等基本事项，“还应该包括对到会人员身份的真实准确性进行核实、所持股份是否具有表决权进行甄别与判断，以防止不具备参会资格、不具备相应表决权的人士对股东大会的召开、形成决议造成干扰，从而保证股东大会的正常秩序，保障拥有合法表决权的参会股东在股东大会上依据法律法规及《公司章程》的规定行使相应的股东权利”。因此该项议案“是公司董事会行使本次股东大会召集人的职权，依据股东李勤的违法事实，结合《收购管理办法》等法律法规规定，对李勤所持股份是否在本次股东大会上具有表决权作出的评判”。

对于剥夺李勤表决权的问询，该法律意见书提出了中国证券监督管理委员会四川监管局向李勤采取的出具警示函、责令改正的监管措施。董事会依据《证券法》、《收购管理办法》的相关规定，决议其不得行使表决权。

至2016年6月，深交所未就李勤被剥夺表决权一事进一步问询。

案例评论：

《上市公司收购管理办法》规定，上市公司的收购及相关股份权益变动活动中的信息披露义务人未按照本办法的规定履行报告、公告以及其他相关义务的，或在报告、公告等文件中有虚假记载、误导性陈述或者重大遗漏的，中国证监会责令改正，采取监管谈话、出具警示函、责令暂停或者停止收购等监管措施。在改正前，收购人对其持有或者实际支配的股份不得行使表决权。根据上述条款，只有中国证监会才能通过监管措施剥夺上述情形下股东的表决权权，上市公司的董事会并不在法律规定的可以剥夺股东的表决权的主体范围内。

中国人民大学法学院教授叶林表示，“对于民事权利的限制，只有法律和行政法规才能做出，其他的单位、组织和个人均无权作出这种限制”。成都路桥第一大股东李勤的表决权，只有法律规定的主体才有权剥夺，董事会仅仅通过决议剥夺其表决权，似有不妥。

四、董事会与管理层状况

（一）董事会基本状况

1. 董事会规模

在董事会规模上，呈现出公司越小董事会规模越小的规律。在数值上，创业板的董事会平均规模为8.01人，要略低于中小板的8.45人和主板的8.87人的水平，主板泛海控股有18名董事，是深市公司中拥有董事人数最多的公司，如表19所示。

表19 深市上市公司董事会规模概况 单位：人

	平均值	最高值	最低值	中位数	众数
主板A股	8.87	18	5	9	9
中小板	8.45	18	5	9	9
创业板	8.01	12	5	9	9

整体来看，深市公司的董事会规模接近于股权分散的英美国家，但低于股权集中的德国、日本等国家。通过历年数据对比显示，主板、中小板及创业板公司的董事会规模基本保持稳定，董事会人均数目维持在 8~9 人，而三个板块的最低董事会人数均为 5 人。相比于规模较小的创业板公司，主板公司和中小板公司均达到过 18 人的董事会最大规模，如表 20 所示。

表 20 深市上市公司历年董事会规模概况 单位：人

年 度	主 板			中小板			创业板		
	平均值	最高值	最低值	平均值	最高值	最低值	平均值	最高值	最低值
2012	8.77	18	5	8.50	17	5	8.09	14	5
2013	9.02	18	5	8.50	18	5	8.12	13	5
2014	8.93	18	5	8.47	17	5	8.07	13	5
2015	8.87	18	5	8.45	18	5	8.01	12	5

2. 董事会会议次数

大部分深市上市公司召开董事会会议的次数在 10 次左右，其中，中小板的台城制药在 2015 年召开了 35 次董事会会议，成为深市公司中召开董事会会议最多的公司。对比数据显示，连续四年三个板块公司的董事会会议次数均维持在 10 次左右，而会议次数的最高及最低值并无呈现出随板块或年度变化的规律，如表 21、表 22 所示。

表 21 深市公司董事会会议次数 单位：次

	平均值	最高值	最低值	中位数	众 数
主板 A 股	10.73	31	3	10	10
中小板	10.18	35	3	9	9
创业板	10.05	32	3	9	9

表 22 深市公司历年董事会会议次数 单位：次

年 度	主 板			中小板			创业板		
	平均值	最高值	最低值	平均值	最高值	最低值	平均值	最高值	最低值
2012	10.32	29	4	8.84	29	3	9.15	22	4
2013	10.00	26	2	9.01	35	3	9.13	24	4
2014	9.89	29	2	9.29	44	3	9.56	33	3
2015	10.73	31	3	10.18	35	3	10.05	32	3

（二）董事会专门委员会状况

根据深圳证券交易所的三个板块的《规范运作指引》的相关规定，主板公司“董事会可以设立审计委员会、薪酬与考核委员会、提名委员会”，中小板公司“董事会应当设立审计、提名、薪酬与考核委员会”，创业板公司“董事会必须设立审计、薪酬与考核委员会”。[①] 也就是说主板公司可以自愿设立董事会专门委员会，而中小板和创业板公司则是强制设立董事会专门委员会。

1. 董事会专门委员会数量

89.11%的主板公司、96.89%的中小板公司和93.78%的创业板公司都设立了完整的三个专门委员会。其中四川美丰设立战略发展、审计、提名、薪酬考核、预算、风险管理6个专门委员会，是深市设立专门委员会最多的公司。中小板和创业板公司之所以呈现出较为完整的专门委员会设立现象，主要与深交所对中小板和创业板的强制要求有着密切关系，如表23所示。

表23　三个板块董事会专门委员会数量　单位：家，%

板块 \ 数量（个）		1	2	3及以上
主板	家数	7	43	409
	占比	1.53	9.37	89.11
中小板	家数	2	22	744
	占比	0.26	2.86	96.89
创业板	家数	2	25	407
	占比	0.46	5.76	93.78

注：主板公司中的468家有效数据中，有9家公司没有披露专门委员会设立情况，中小板有11家公司、创业板公司中有63家没有披露专门委员会设立情况。

三个板块历年的专门委员会数量数据显示，至少82%以上的公司拥有3个及以上的专门委员会数量。其中，中小板公司的占比最高，高达96%以上的公司拥有3个及以上的专门委员会，如表24所示。

表24　三个板块历年董事会专门委员会数量　单位：家，%

板块 \ 数量（个）		0		1		2		3及以上	
		家数	占比	家数	占比	家数	占比	家数	占比
主板	2013年	1	0.21	13	2.78	69	14.78	385	82.44
	2014年	0	0	11	2.4	45	9.83	402	87.77
	2015年	0	0	7	1.53	43	9.37	409	89.11

① 参见《深圳证券交易所主板上市公司规范运作指引》第2.3.4条、《深圳证券交易所中小企业板上市公司规范运作指引》第2.3.4条、《深圳证券交易所创业板上市公司规范运作指引》第2.3.4条。

续表

板块	数量（个）	0		1		2		3及以上	
		家数	占比	家数	占比	家数	占比	家数	占比
中小板	2013年	0	0	1	0.14	24	3.46	669	96.39
	2014年	1	0.14	3	0.42	18	2.53	689	96.9
	2015年	0	0	2	0.26	22	2.86	744	96.89
创业板	2013年	0	0	0	0	7	4.46	150	95.54
	2014年	0	0	0	0	5	8.93	51	91.07
	2015年	0	0	2	0.46	25	5.76	407	93.78

2. 董事会专门委员会会议次数

单纯从数据显示看，似乎所有设立了专门委员会的公司都召开了会议，事实上并非如此，因为没有召开会议的公司不会专门披露会议召开情况，而我们的统计只能是针对已披露会议召开情况的公司。主板有292家公司，中小板有354家公司，创业板有264家公司都没有披露具体的专门委员会会议情况。53.41%的主板公司和82.12%的中小板公司的专门委员会都召开6次以上的会议，华润三九（召开了33次）成为了深市A股公司中召开专门委员会会议最多的公司。单纯从披露的信息来看，再结合披露此项信息的公司数量的因素，中小板公司专门委员会的运作情况相比之下显得更加规范，如表25所示。

表25　三个板块董事会专门委员会会议情况　单位：家，%

板块	数量（个）	1~3	4~6	6以上（不含6）	已披露合计
主板	家数	28	54	94	176
	占比	15.91	30.68	53.41	100
中小板	家数	9	67	349	425
	占比	2.12	15.76	82.12	100
创业板	家数	18	64	151	233
	占比	7.73	27.47	64.81	100

注：主板有176家公司、中小板有425家公司、创业板有233家公司对专门委员会会议情况做出了披露。

数据显示，72%以上的中小板公司连续3年都召开了6次以上的专门委员会会议，而由于对专门委员会会议情况做出披露的创业板公司数量逐年上升，相比于前2年的33.3%的占比，2015年有高达64.81%的创业板公司召开了6次以上的专门委员会会议，见表26。

表 26　三个板块历年董事会专门委员会会议情况　单位：家，%

板块 \ 数量（次）		1~3		4~6		6 以上（不含 6）	
		家 数	占 比	家 数	占 比	家 数	占 比
主板	2013 年	45	27.27	47	28.48	73	44.24
	2014 年	45	27.27	47	28.48	73	44.24
	2015 年	28	15.91	54	30.68	94	53.41
中小板	2013 年	34	6.5	113	21.60	377	72.08
	2014 年	34	6.5	113	21.60	377	72.08
	2015 年	9	2.21	67	15.76	349	82.12
创业板	2013 年	0	0	2	66.7	1	33.3
	2014 年	0	0	2	66.7	1	33.3
	2015 年	18	7.73	64	27.47	151	64.81

（三）独立董事状况[①]

1. 独立董事数量

在公司聘请独立董事的平均人数方面，主板、中小板和创业板不存在太大差异，均约为 3 人。深市聘任独立董事最多的企业主要分布在主板，有四家公司（深南电 A、泛海控股、粤电力 A、南天信息）均聘任了 6 名独董；而创业板只有一家公司（佳讯飞鸿）聘任了 5 名独董，如表 27 所示。

表 27　深市上市公司独立董事数量情况　单位：人

	平均值	最高值	最低值	中位数	众 数
主 板	3.24	6	2	3	3
中小板	3.11	6	2	3	3
创业板	2.99	5	2	3	3

如果将独董数量与深市公司董事会规模相比较，不论从最高值、中位数还是平均值来看，深市公司独董数量均完全符合监管部门规定的“1/3”达标线。根据 2001 年《关于在上市公司建立独立董事制度的指导意见》，上市公司董事会成员中应当至少包括 1/3 的独立董事。三个板块历年的平均独董数量连续四年保持稳定，大部分公司的独董规模达到 3 人。其中，中小板及创业板公司的最高独董人数分别为 6 人及 5 人，而主板公司的最高独董人数则比前三年有所下降，如表 28 所示。

① 数据来源于深市 2015 年年报。

表 28　　深市上市公司历年独立董事数量情况　　单位：人

年　度	主　板			中小板			创业板		
	平均值	最高值	最低值	平均值	最高值	最低值	平均值	最高值	最低值
2012	3.32	8	2	3.13	6	2	3.06	5	2
2013	3.00	8	2	3.00	6	2	3.04	5	2
2014	3.00	8	2	3.00	6	2	3.04	5	2
2015	3.24	6	2	3.11	6	2	2.99	5	2

2. 独立董事表决情况①

根据 2015 年年报披露，主板中有两家公司的 4 位独立董事投了反对票，分别是深康佳 A、*ST 皇台；中小板没有出现反对票、弃权票；创业板中，朗科科技有一位独立董事投了反对票，三位独立董事投了弃权票，如表 29 所示。

表 29　　各个板块的独董表决情况　　单位：人

板　块	反　对	弃　权	质　疑
主　板	4	2	1
中小板	0	0	0
创业板	1	3	0

3. 独立董事薪酬情况

主板、中小板和创业板独董薪酬的平均值分别是 7.5 万元、6.5 万元和 6.21 万元。宝安地产独立董事 42 万元的薪酬是主板公司中最高的；国信证券的 30.27 万元薪酬是中小板公司中最高的；大富科技独董的 20 万元薪酬是创业板公司中最高的，如表 30、表 31 所示。

表 30　　独立董事的薪酬　　单位：万元

	平均值	最高值	最低值	中位数
主　板	7.5	42	1.2	6
中小板	6.5	30.27	0.68	6
创业板	6.21	20	1	6

注：本部分的统计剔除了不在上市公司领取薪酬的独董；如果 2015 年存在换届的独董，则薪酬为离任或新任独董薪酬的最高值。

① 由于创业板公司的年报中没有独董表决情况的信息，因此本部分只包括了主板和中小板公司的独董表决情况。

表31　　独立董事历年薪酬　　单位：万元

年　度	主　板		中小板		创业板	
	平均值	最高值	平均值	最高值	平均值	最高值
2012	6.8	43	5.6	23.8	5.8	20
2013	7.05	38.62	6.35	37.08	6.18	20
2014	7.3	40.36	6.38	30.27	6.24	20
2015	7.5	42	6.5	30.27	6.21	20

4. 独立董事出席会议情况

从表32可见，只有36.82%的主板公司独立董事和48.21%的中小板独立董事是采取现场出席董事会会议方式的，其他都是采取委托或通信出席方式；独立董事缺席比例都很小，主板和中小板分别只有0.27%和0.09%，而且这些缺席主要集中在三家公司的独立董事身上，如主板的云南白药、渤海租赁和长安汽车的独立董事分别缺席6次、7次和15次，而中小板的普路通和上海绿新的独立董事分别缺席6次、3次。

表32　　独董出席董事会议的方式分布（总数平均）　　单位：%

	现场出席	通信出席	委托出席	缺　席
主　板	36.82	60.33	2.58	0.27
中小板	48.21	50.09	1.16	0.09

注：计算方式为独立董事各种方式参加会议次数除以2015年独董应参加的董事会会议总次数。

连续四年，平均39.52%的主板公司独立董事和平均52.60%的中小板独立董事是采取现场出席董事会会议方式的，其他都是采取委托或通信出席方式；独立董事历年缺席比例都很小，主板和中小板平均只有0.19%和0.10%。其中，主板和中小板独董的最高现场出席率均出现在2012年，分别有41.1%和54.6%；两个板块的最高缺席率则分别出现在2015年和2014年，为0.27%和0.11%，如表33所示。

表33　　历年独董出席董事会议的方式分布（总数平均）　　单位：%

年　度	主　板				中小板			
	现场出席	通信出席	委托出席	缺　席	现场出席	通信出席	委托出席	缺　席
2012	41.1	56	2.8	0.1	54.6	43.7	1.6	0.10
2013	39.19	57.41	3.2	0.20	54.25	44.04	1.63	0.08
2014	40.96	56.17	2.67	0.20	53.36	44.97	1.56	0.11
2015	36.82	60.33	2.58	0.27	48.21	50.54	1.16	0.09
平均值	39.52	57.48	2.81	0.19	52.60	45.81	1.49	0.10

据本报告统计（见表34），深市主板90.6%、共计424家公司都存在通信出席情况，而中小板公司中84.85%、共计661家公司存在通信出席情况；委托表决方面，主板中有171家公司的独董采取委托出席方式，中小板情况稍好，但也有170家、占整个板块21.82%的公司存在委托出席情况。

表34　主板和中小板中存在通信和委托出席的公司数与占比　单位：家，%

板块		通信出席	委托出席
主板	公司数	424	171
	占比	90.6	36.54
中小板	公司数	661	170
	占比	84.85	21.82

从表35~37的统计看，2012~2015年深市主板平均有92.3%的公司都存在通信出席情况，而中小板公司中平均85.14%的公司存在通信出席情况；委托表决方面，主板中平均有53.04%的公司其独董采取委托出席方式，中小板情况稍微好一点，但也有平均27.77%的公司存在委托出席问题。其中，在2012年有95.7%的主板公司采取通信出席，76.6%的主板公司采取委托出席，均为历年最高；同样在2012年中小板的通信出席占比和委托出席占比也是历年最高的，分别达到87.1%和37.8%。

表35　主板和中小板中历年存在通信和委托出席的公司数与占比　单位：家，%

年度	主板				中小板			
	通信出席		委托出席		通信出席		委托出席	
	公司数	占比	公司数	占比	公司数	占比	公司数	占比
2012	450	95.7	361	76.6	611	87.1	265	37.8
2013	422	90.36	199	42.61	592	84.45	181	25.67
2014	443	92.52	264	56.41	617	84.17	189	25.78
2015	424	90.6	171	36.54	661	84.85	170	21.82
平均值		92.30		53.04		85.14		27.77

表36　独董通信出席情况（每家公司的情况）　单位：家，%

板块		<10%	10%~30%	30%~60%	≥60%
主板	公司数	2	40	100	282
	占比	0.47	9.43	23.58	66.52
中小板	公司数	40	93	182	346
	占比	6.05	14.07	27.53	52.35

表37 委托表决情况 单位：家，%

板块		<10%	10%~30%	30%~60%	>60%
主板	公司数	132	39	0	0
	占比	77.19	22.81	0	0
中小板	公司数	142	28	0	0
	占比	83.53	16.47		0

5. 独立董事的背景①

独立董事的任职背景一直是对独立董事专业性的重要参考指标，根据我们的统计，独立董事群体中主要以学者为主，中介机构和行业专家次之。在独董的相关规定中，只强制要求要聘请会计专业人士，即“聘任适当人员担任独立董事，其中至少包括一名会计专业人士”，除此之外没有强制规定必须聘请哪些人作为独董。从国外的情况看，上市公司主要是聘请其他公司的高管作为独立董事（或外部董事），而国内的上市公司倾向于聘请大学教授，其中主要的原因是对独立董事制度寄望不大，大学教授相对而言拥有一定的知名度和社会影响力，对相关领域和专业也能提供一些参考建议，但或许并不能真正起到独立董事应有的监督作用，如表38所示。

表38 深市公司独立董事背景② 单位：%

背景	学者	行业专家	中介机构	公司高管	退职官员	其他
主板	41.88（45.06）	8.18（29.1）	23.94（26.29）	17.61（21.84）	4.16（9.55）	4.23（7.06）
中小板	40.02（25.79）	10.52（21.56）	21.70（22.75）	15.78（18.96）	2.84（4.45）	9.14（8.33）
创业板	31.51（39.28）	18.62（15.55）	23.43（21.03）	18.49（18.90）	3.00（1.39）	4.94（4.58）

退职官员成为独立董事曾经一度十分敏感，但相比前两年的数据，在2015年中独立董事退职官员的比例持续降低，主板、中小板和创业板的比例分别为4.16%、2.84%和3%（由于2015年统计口径与前三年不完全一致，因此单独列出），这与过去两年中央关于领导干部在企业兼职的规定有直接关系，见表39。③

① 独立董事背景的分类标准为：学者是指高校老师和研究机构的人员。官员是指退休（退职）的政府人员，如果是政府机构下属的研究机构人员，如深圳法制办的某研究机构人员，也算作是官员。中介机构是指律师和会计师。行业专家是指在各种协会，如中国包装协会或中国服装协会担任职务；公司高管是指其他公司的高管，如王石；不能归入上述类型的，都纳入其他中。

② 2014年之前的统计方法是当独董具有一个以上身份时，本统计将重复计入，如某独立董事既在高校担任教授，又在中介机构担任职务，则行业专家和学者都统计在内，2015年统计方法没有重复计入身份，仅以独董现任职位确定独董身份，本表格括号内的比例为2014年年报数。

③ 2013年11月，中组部《关于进一步规范党政领导干部在企业兼职（任职）问题的意见》的出台直接影响了政府官员和退职官员兼职独董的问题。

表 39　　历年深市公司独立董事背景[①]　　单位：%

	背景	学者	行业专家	中介机构	公司高管	退职官员	其他
主板	2012 年	42	4.7	20.3	15.4	15.5	2.2
	2013 年	44.21	10.86	21.07	5.62	11.76	10.73
	2014 年	45.06	29.1	26.29	21.84	9.55	7.06
	平均值	44	14.89	22.55	14.29	12.27	19.99
中小板	2012 年	45.5	8.5	20.3	17.1	7.6	0.6
	2013 年	41.58	9.72	23.56	1.83	16.46	5.27
	2014 年	25.79	21.56	22.75	18.96	4.45	8.33
	平均值	37.62	13.26	22.20	12.63	9.5	4.73
创业板	2012 年	45.9	5.2	21.4	17	10.1	0.5
	2013 年	48.10	13.99	23.54	3.80	7.32	10.84
	2014 年	39.28	15.55	21.03	18.90	1.39	4.58
	平均值	44.43	11.58	21.99	13	6.27	5.31

（四）管理层状况

1. 控制人、董事长和总经理的重合情况

从表 40、表 41 可以看出，深市中小板和创业板公司的实际控制人大多数情况下都是自己亲自担任董事长或总经理的。据 2015 年统计，中小板只有 14.89%样本公司实际控制人不担任董事长和总经理，而创业板更低，只有 5.56%。相比而言，主板公司显得比较特别，有 41.08%的实际控制人选择不担任董事长和总经理，而选择在幕后进行指挥。从决策权和管理权重合的角度而言，59.03%的创业板样本公司和 42.86%的中小板样本公司的实际控制人都兼任董事长和总经理，实现了股东权、决策权和管理权的三权合一的状态。由于创业板和中小板公司一般都是创业型企业，实际控制人本身就是创业者，他们非常习惯自己决策和自己管理，同时这也是各国创业型企业的共同特点。

表 40　　实际控制人与董事长和总经理的重合情况[①]　　单位：家，%

板块		不担任董事长和总经理	担任董事长	担任总经理	兼任董事长和总经理
主板	家数	76	54	2	23
	占比	41.08	29.19	1.08	12.43
中小板	家数	98	255	3	282
	占比	14.89	38.75	0.45	42.86

① 本部分只是针对实际控制人为个人、家族和创业团队三种情形。

续表

板块		不担任董事长和总经理	担任董事长	担任总经理	兼任董事长和总经理
创业板	家数	24	174	1	255
	占比	5.56	40.28	0.23	59.03

表 41　　历年实际控制人与董事长和总经理的重合情况　　单位：家，%

板块		不担任董事长和总经理		担任董事长		担任总经理		兼任董事长和总经理	
		家数	占比	家数	占比	家数	占比	家数	占比
主板	2012年	75	51	53	36	2	1	18	12
	2013年	76	49.67	54	35.29	2	1.30	21	13.72
	2014年	79	51	53	34.19	4	2.58	19	12.26
	2015年	76	41.08	54	29.19	2	1.08	23	12.43
	平均值		48.27		33.68		1.49		12.60
中小板	2012年	58	10	244	42	6	1	272	47
	2013年	61	10.62	241	41.98	5	0.87	267	46.51
	2014年	79	13.19	245	40.9	4	0.67	271	45.24
	2015年	98	14.89	255	38.75	3	0.45	282	42.86
	平均值		12.18		40.91		0.75		45.40
创业板	2012年	16	4.9	124	37.8	2	0.6	186	56.7
	2013年	16	4.89	122	37.30	2	0.61	186	56.88
	2014年	21	5.59	148	39.36	1	0.27	206	54.79
	2015年	24	5.56	174	40.28	1	0.23	255	59.03
	平均值		5.23		38.69		0.43		56.85

2. 董事长和总经理的薪酬水平

（1）董事长的薪酬状况。如表 42 所示，万科董事长 998.8 万元年薪是主板董事长中薪酬最高的，而从 2015 年披露的年报信息看，万科是一家无实际控制人的上市公司；德奥通航的董事长以 634.26 万元成为 2015 年中小板中薪酬最高的；红日药业的董事长以 500.58 万元成为创业板上市公司中薪酬最高的，该董事长也并非公司的实际控制人。

考察三个板块董事长薪酬的最低值，主板的如意集团董事长 2015 年薪酬为 0.25 万元，中小板的中矿资源董事长薪酬为 1.75 万元，创业板的鸿特精密董事长的薪酬为 2 万元，与平均值相差悬殊。

表 42　　深市公司董事长的薪酬情况　　单位：万元

板　块	平均值	最高值	最低值	中位数
主　板	92.51	998.8	0.25	54.51
中小板	62.03	643.26	1.75	46.95
创业板	60.04	500.58	2	47.63

注：本部分剔除了董事长不在上市公司领取薪酬的情况以及没有披露的样本；另外，样本公司统计的薪酬是薪酬总额，而不是实际薪酬。①

从表 43 的数据则可以看出，过去四年主板公司的董事长薪酬是最高的，而中小板、创业板次之，最低值基本相当。造成这一情况的主要原因有三：首先，若实际控制人同时担任董事长的，往往不会给自己发放太多的薪酬；其次，部分国有控股公司的董事长不一定在上市公司领薪，往往披露出来的薪酬很低；最后，无实际控制人的公司一般会聘用职业经理人管理公司，这类职业经理人的薪酬一般较高。

表 43　　历年深市公司董事长的薪酬情况　　单位：万元

年　度	主　板			中小板			创业板		
	平均值	最高值	最低值	平均值	最高值	最低值	平均值	最高值	最低值
2012	75.3	887	0.3	51	332	0.012	49	306	8.8
2013	82.27	904	0.25	62.49	829.27	0.83	51.36	737.41	3
2014	89	1045	0.25	67	291	2	54	529	3
2015	92.51	998.8	0.25	62.03	643.26	1.75	60.04	500.58	2

（2）总经理的薪酬状况。据表 44 所示，万科总裁 998.8 万元的年薪是主板总经理薪酬中最高的；世联行的总经理 688.3 万元的年薪是中小板总经理薪酬最高的；蓝思科技总经理 480 万元的年薪是创业板总经理薪酬中最高的，是一位职业经理人。表 45 反映的是历年各板块总经理的薪酬情况。

表 44　　深市公司总经理的薪酬情况　　单位：万元

板　块	平均值	最高值	最低值	中位数
主　板	93.49	998.8	0.76	57.57
中小板	69.6	688.3	1.81	51.28
创业板	62.06	480	4.54	47.31

注：本部分统计剔除了不在上市公司领取薪酬的情况，主板有 7 家，中小板有 15 家，创业板有 1 家公司。

① 根据向相关公司的咨询，薪酬总额是上市公司预先确定的薪酬标准，而实际薪酬是公司根据当年具体的盈利指标和任务完成情况所实际给付的部分。

表 45　　历年深市公司总经理的薪酬情况　　单位：万元

年度	主板			中小板			创业板		
	平均值	最高值	最低值	平均值	最高值	最低值	平均值	最高值	最低值
2012	71.4	998	3.6	56	326	4	51.6	462	9
2013	82.81	869.7	3.6	61.94	663.55	1.28	51.53	477	1.8
2014	87	966	3.66	57	265	5.46	55	604	4
2015	93.49	998.8	0.76	69.6	688.3	1.81	62.06	480	4.54

（3）董事长与总经理的薪酬差别。单纯从董事长和总经理的平均薪酬水平的差别来看，深市创业板和中小板的总经理薪酬略高于董事长的薪酬，主板公司的董事长、总经理薪酬大致相当，这与国外成熟资本市场的情况仍然有较大差异。以美国为例，一般是CEO的薪酬要远远高于董事长的薪酬，这主要是因为CEO基本上都是职业经理人，而董事长则一般是非执行董事，只是负责战略或监督职能，与我国董事长与经理层重合的情况有所不同。

（4）不同实际控制模式下的薪酬差别。据2015年年报的披露信息看，实际控制人自己亲自经营公司担任总经理领取的薪酬与其他聘请职业经理人的薪酬相比，三个板块的职业经理人薪酬均高于实际控制人兼任总经理的薪酬。这与2014年"主板样本公司的总经理薪酬大幅高于职业经理人"的情况不同。从逻辑上讲，当实际控制人自己担任公司总经理时，由于他可以从其他渠道进行"在职消费"，而并不愿意采用公开方式领取薪酬，甚至不领取名义上的薪酬，因为直接从上市公司领取薪酬并不划算，薪酬的很大一部分要缴纳个人所得税，对自己和公司都没有好处，这也在很大程度上降低了实际控制人亲自担任总经理时的平均薪酬水平，如表46、表47所示。

表 46　　控制人是否担任总经理的平均薪酬水平①　　单位：万元

板块	担任总经理	不担任总经理
主板	73.75	86.48
中小板	60.6	71.19
创业板	61.5	63.54

表 47　　控制人是否担任总经理的历年平均薪酬水平②　　单位：万元

年度	主板		中小板		创业板	
	担任总经理	不担任总经理	担任总经理	不担任总经理	担任总经理	不担任总经理
2012	48	65	55	57	27.7	47.7
2013	102.61	72.78	56.08	59.99	49.98	50.96
2014	110	89.49	59.26	63.47	51	56.55
2015	73.75	86.48	60.6	71.19	61.5	63.54

①② 本部分只统计民营控股上市公司部分，不涉及国有控股上市公司。

五、公司治理违规处罚情况[①]

本年度，深市共有7家上市公司因为内部治理问题受到了监管机构的处罚（处分）（见表48）。从违规公司的所属板块来看，违规公司主要集中在主板和中小板，分别为5家和2家公司，没有创业板公司。从处罚机构来看，以证券交易所的纪律处分为主。其中三木集团由于信息披露违规等问题受到了证监会派出机构和交易所的叠加式的处罚（处分）；*ST舜船于2016年4月21日收到证监会的正式处罚决定，就舜天船舶涉嫌信息披露违法一案，对舜天船舶及相关责任人作出警告、罚款及市场禁入；而2016年5月9日，深交所也对零七股份及相关责任人予以公开谴责、通报批评及公开认定的处分。相当于这3家公司都基于其自身的违法违规行为遭到双重处罚（处分），其他4家公司则只受到了交易所的自律性纪律处分。

表48　　2015年公司治理违规情况统计

股票代码	证券简称	处罚机构及措施	处罚对象	违规类型	具体情况
000788	北大医药	深交所（公开谴责）	北大资源集团控股有限公司、北京政泉控股有限公司	信息披露违规、审议程序违规	①未及时披露代持协议及权益变动情况 ②股东大会审议关联议案时未回避表决
000632	三木集团	福建证监局（警告及30万元罚款）、深交所（公开谴责）	上市公司及其高管（福建三木集团股份有限公司、兰隽、陈维辉、柯真明、彭东明、谢明峰）	信息披露违规、审议违规	①关联交易未履行审议程序和披露义务 ②关联资金往来未履行披露义务
000007	零七股份	证监会（警告、罚款及市场禁入）	上市公司及其高管（深圳市零七股份有限公司、练卫飞、赵谦）	未履行相应审议程序、信息披露违规	公司与深圳市大中非投资有限公司因历史关系的原因及双方互相支持解决临时资金困难的需求，在2014年1月至12月连续多次与大中非发生临时性往来款项收支情况；其中，于2014年5~6月期间向大中非提供资金的最高余额约1.07亿元，占公司2013年经审计净资产3.47亿元的30.55%，构成财务资助行为。公司对该事项未履行相应审议程序，也未及时履行临时信息披露义务
002189	利达光电	深交所（通报批评）	上市公司高管（李智超、张子民）	关联方非经营性占用上市公司资金、信息披露违规	①关联方非经营性占用上市公司资金 ②连续十二个月内与同一关联人累计发生的关联交易未及时履行信息披露义务 ③对外提供财务资助未及时履行信息披露义务

① 本部分仅仅统计受到证监会或交易所公开处罚或纪律处分的公司，在违规内容上也仅限于损害中小股东利益的治理违规，如没有履行内部决策程序、关联交易和资金占用情况。

续表

股票代码	证券简称	处罚机构及措施	处罚对象	违规类型	具体情况
002608	*ST舜船	深交所（公开谴责）	上市公司及其高管（江苏舜天船舶股份有限公司、曹春华、姜志强、李玖、翁俊、王军民）	信息披露违规、对外提供财务资助行为违规	①与明德重工合作建船中存在的违规行为：a. 未充分披露公司与明德重工合作中可能产生的重大风险；b. 未及时、准确披露重大合同的进展情况；c. 未及时披露可能导致公司遭受重大损失的重大事项。②对外提供财务资助行为存在的违规行为
000511	烯碳新材	深交所（通报批评）	上市公司及其高管（银基烯碳新材料股份有限公司、王大明、范志明、王利群、郑指挥、沈志奇、刘成文、郭社乐）	信息披露违规、未履行审批程序	①业绩预告违规；②前期重大会计差错更正；③业绩补偿豁免未履行审批程序及临时信息披露义务
000662	索芙特	深交所（通报批评）	上市公司及其高管（索芙特股份有限公司、高友志、梁国坚、杨振美、李博）	未履行审议程序、信息披露违规	①公司的全资子公司广州天吻娇颜化妆品有限公司2014年借款给桂林彰泰实业集团有限公司2800万元，期限为半年，收取了434万元利息。该事项未履行审议程序，也未进行临时信息披露 ②天吻娇颜2013年累计向参股29%的广州嘉禾盛德汽车配件市场经营有限公司提供资金1.38亿元，于当年末全额收回；2014年，天吻娇颜累计向嘉禾盛德提供资金2.05亿元，于当年上半年末全额收回。上述事项未履行审议程序，也未进行临时信息披露

从违规类型上看，主要的治理问题仍是控股股东对上市公司的资金占用和违规担保，具体体现为关联交易或关联资金往来未履行审议程序和披露义务等情形，凸显股权集中模式下公司治理面临的核心问题。从违规公司的类型来看，基本上都属于处于财务困境或濒临退市的公司，且较大比例的公司已经屡次违规并收到通报批评或公开谴责，甚至连续数年受到监管机关“关照”。这些上市公司对于实际控制人而言除了“壳”以外已经没有多少其他价值，因此实际控制人违规情况屡禁不止。其中烯碳新材存在多项违规事实，并由于连续3年亏损有退市风险而被特别处理，现已被加以“*ST”标识，北大医药、零七股份、烯碳新材于2015年着手进行重大资产重组，*ST舜船也拟进行重大资产重组，索芙特更是在此前已经历了多次重组。①

① 零七股份2016年2月17日起更名为“全新好”；2016年5月2日，索芙特更名为“天夏智慧”。

六、公司治理隐患

（一）独立董事的作用仍有待提升

本文对独立董事的履职情况做了更深入的探讨，就独立董事表决情况而言，从近几年的数据来看，独立董事真正参与到公司治理或者说起到监督作用表现仍不理想，独董这一监督机制并没有起到预想中的作用。从2012~2015年的数据看，深市三个板块的公司独立董事总共出现了15次反对票、32次的弃权票和4次质疑意见，结合近几年深市公司董事会召开的次数看，相当于独董反对、弃权和质疑的比例仅占到千分之一。

造成这种情况的原因，与我国的“股东会中心主义”背景及特殊的公司文化密不可分。很多公司将董事会会议当作是走过场，并没有充分的讨论，大量的议案只是贯彻大股东的意愿，一旦发生了意见不统一，要么是事先做工作，要么就干脆不提交表决。

根据独立董事在上市公司治理中的作用仍未得到充分发挥的现状，独立董事的履职保障与正反双面激励机制都值得我们进一步反思和完善。具体而言，可以通过健全独立董事薪酬等激励措施，使得更多具有专业背景、更积极参与公司决策事务的人士能成为上市公司的独立董事；完善独立董事的约束机制，包括对独董赞成的失误决策或违法行为进行法律处罚的负面激励与约束机制；构建独立董事履职的保障机制，包括建立独立董事风险收益匹配的强制责任保险制度，要求上市公司建立相关配套的信息提供和查询制度，为独立董事履职提供便利，以及成立独立董事自律管理的行业公会，制定相应的行业规范和职业规范，形成“金牌独董”和“黑名单”等声誉机制，构建独立董事的行为准则和指南，也给各上市公司提供更好的参考。

（二）机构投资者投票权的规范问题

我国金融混业经营程度悄然加深，商业银行、证券公司、信托公司、基金公司、保险公司等传统金融机构都积极推出各类形态不同又交叉渗透的集合投资计划[①]，有证券投资基金、集合资管计划、集合资金信托、投资型保险产品等多种形式的集合理财与投资产品，募集资金被用于购买上市公司股票。这使得机构投资者在公众公司的持股比例日益提高，成为资本市场的主导力量。随着其持有的投票权权重相应

---

① 集合投资计划（Collective Investment Schemes）的概念最早出现于1986年英国制定的《金融服务法》（*The Financial Service Act*，FSA）中。通常认为，具有投资性的金融商品和投资服务虽然由不同的金融机构发行，募集和运作方式亦存在一定差异，但其本质上均是汇集投资人资金用于预定投资，由专业机构进行管理，通过组合多元经营和高效管理运营实现分散风险和共享收益的目的。集合投资计划便是对符合此类特征的投资产品或服务的概括统称。关于集合投资计划及其监管问题的研究讨论可以参见：杨志春. 集合投资计划概念、特征与性质研究［J］. 公司法律评论（2014年卷），2014（1）；杨东. 市场型间接金融：集合投资计划统合规制论［J］. 中国法学，2013（2）； 陈洁. 日本《金融商品交易法》中的集合投资计划［J］. 法学，2012（10）；［日］ 上村达男. 集合投资计划的思考和金融服务法 ［R］. 野村资本市场研究所，关于集合投资计划工作组报告书，2005；崔文思. 论我国集合投资计划的法律规制［J］. 金融服务法评论，2011（44）.

增大，机构投资者逐渐成为左右公司及市场重大问题决策和行为的重要力量。然而在政府超常规推动和高度倚重之下，在机构投资者入股上市公司的监管问题上却存在诸多亟待厘清的模糊地带，也使得实践中机构投资者投票权的规范问题成为上市公司治理争议的焦点。

首先，应予关注的是作为资金管理人的机构投资者，利用集合投资计划等产品资金池从事股权投资时的表决权归属问题，尤其是公募性质的集合投资计划。就当前规定来看，证券投资基金业务中，法律法规明确了基金管理人是基金表决权的行使主体；集合资金信托业务中，仅有私募股权投资信托明确规定必须由信托公司行使股东权利，其他类型的集合资金信托关于从事股权投资后的相关权利归属问题并未明确；就集合资产管理业务而言，证券公司或基金子公司则都可以代表客户行使集合资产管理计划所拥有证券的权利；而投资型保险产品业务中涉及到的表决权归属问题，则未有明确规定。根据《证券法》、《公司法》中关于证券持有人登记的规定，遵循商事法律中“法无禁止即允许”当事人自行约定的精神，通常认为，机构投资者应当享有包括投票权在内的股权，并可以在实践中通过合同及文件约定予以补充、明确。

其次，是“投票听命于谁”的问题，这关系到实质决策权的归属问题，即机构是根据自身判断自行参与被投资企业的经营决策，还是按照投资者的指示出席股东大会并投票。从目前的法律法规看，并未就此问题进行明确，在投保人权利的规定中也无参与后续股票投资后的权利行使内容。可以理解为允许通过合同等相关文件进行委托约定。但由于投资者与机构是“资本提供者”与“资本管理者”的角色，尽管机构投资者的投资决策不能涵盖对被投资公司的经营治理，但在没有特殊约定的情况下，应当视为机构投资者投资、管理权利的延伸。

最后，之所以产生机构投资者投票权行使及归属的争议，主要是因为分业监管格局难以适应混业监管现状，因此，当前监管体制应当回应混业背景下的监管协调需求，对交叉金融产品进行规范，厘清各主体权限，明确表决权等权利归属及权利行使边界和原则。并构建以信息披露为中心的监管方式，尊重市场而不宜对市场行为过多干预，对于在规则限度内从事的股权投资及相应的控制权争夺行为，实行以信息披露为主的监管方式。

（三）并购与反并购过程中存在公司治理违规问题

随着上市公司股权结构的多元化，部分上市公司第一大股东股权比例甚至低于20%，投资者对上市公司进行“敌意收购”及上市公司展开反收购的情形频频发生，甚至由此带来“控制权争夺”问题，这些都给上市公司治理工作带来了新的视角，同时也带来了新的挑战。成都路桥、康达尔以及后来发生的万科宝能之争都显现出了相关的问题，尽管我们早在过去几年的报告中就已经发现了公司通过修改章程限制股东权利的情况，但是随着反并购事件的增多，引发了在这一领域关于公司治理违规问题的整体思考。

第一，实践中对于违规增持等“敌意收购”争议的焦点主要集中于收购方违规增持部分的股份是否有效、是否享受完整的股东权益、是否可以行使改选董事会等相应提名权、表决权等股东权利等，由于现有法律法规对于违规增持部分股份的属性、权限等未有明确规定，行政监管实践和司法实践中对于该问题尚未达成一致观点，由此导致的“控制权争夺”给上市公司治理以及监管部门的监管工作均带来了挑战。

第二，部分上市公司在章程中增设了反收购条款，对提案权、召开股东大会、提名董监事等设置更高的标准。例如，某上市公司规定有权提交临时提案的股东必须“连续 270 日以上持股”（《公司法》规定单独或合计持股 3%以上的股东有提案权），董事会选举时持股 3%~10%的股东只可提名一位候选人等。这些做法对股东权利进行了限制。对于上述通过在章程中设置反收购条款提高股东行权门槛的情形，是否违反《公司法》的相关规定、是否侵害中小股东合法权益以及效力如何等问题，目前尚存争议。

深市上市公司 2015 年社会责任报告情况分析

截至 2016 年 4 月 30 日，深市上市公司中有 306 家公司发布 2015 年独立社会责任报告（含可持续发展报告、环境报告书），占全部上市公司的 17%，其中 93 家公司属于强制披露，其余 213 家为自愿披露。主板披露比例最高。披露公司主要集中在国有企业、大型企业以及金融业和环境、生产安全等方面受关注度较高的行业。从数量上看，报告披露比例没有显著提高，较上年仅小幅增加。

就质量而言，报告整体披露水平不断上升。大部分公司披露要点完整，可读性也不断加强。此外，有部分公司增加了定量信息和结合自身特点的创新性内容，提高了社会责任信息的分析价值。

目前深市社责报告披露有以下三方面的不足需要重点关注：第一，整体披露比例偏低，并且披露对象的范围过于集中。第二，披露信息的客观性和相关性不强，缺乏定量信息、负面信息和结合公司具体实践的讨论。第三，环境信息披露现状与当前监管部门、投资者乃至公众对环境信息的迫切需求并不匹配。

建议采取以下四方面措施改进社责报告披露现状：第一，修订现有社会责任指引，标准化披露指标，增加定量信息和负面信息的披露要求。第二，循序渐进扩大强制性披露范围，提升披露的法规层次，由自愿性披露到“不遵守就解释”。第三，强化环境信息披露，研究发布专门的环境信息披露指引。第四，与第三方合作，大力开发相关评选、指数、金融产品，形成对企业环境信息披露的正反馈。

自 2006 年 9 月《深圳证券交易所上市公司社会责任指引》发布以来，深交所上市公司披露社会责任报告已近十年。十年来，政府部门及社会公众对上市公司在环境保护、商品质量及生产安全等方面的非经济指标给予了越来越多的关注，相应地，深市公司社会责任报告披露在数量和质量上都有所提高。本文以 2015 年发布独立社会责任报告的 306 家公司作为样本，分析社会责任报告披露的现状、存在的主要不足，并结合我国国情，借鉴境外的先进做法，提出改进建议。

一、深市社会责任报告披露现状

（一）披露公司数量小幅增加，呈现明显的公司和行业特征

1. 披露报告公司家数小幅增加，主板披露比例最高

截至 2016 年 4 月 30 日，深市 1766 家上市公司中有 306 家公司发布独立的 2015 年社会责任报告（含可持续发展报告、环境报告书，以下统称“社责报告”）①，占全部上市公司的 17.33%，其中 93 家公司属于强制披露②，其余 213 家为自愿披露。发布独立社责报告的公司家数与上一年相比仅有个位数增长，在 2014 年可比公司中，共有 297 家公司披露独立社责报告，占全部上市公司的 16.82%，其中 94 家属于强制披露，其余 203 家为自愿披露。2015 年，有 31 家公司首次披露独立社责报告；有 22 家在 2014 年披露了社责报告但 2015 年没有持续披露。

图 1 列示了 2015 年深市不同板块公司社会责任报告披露比例。主板公司披露社责报告的比例最高，达到 27.62%，其中自愿性披露比例为 15.90%；中小板和创业板公司披露比例分别为 16.58%和 8.70%，其中自愿性披露比例分别为 13.52%和 6.13%。

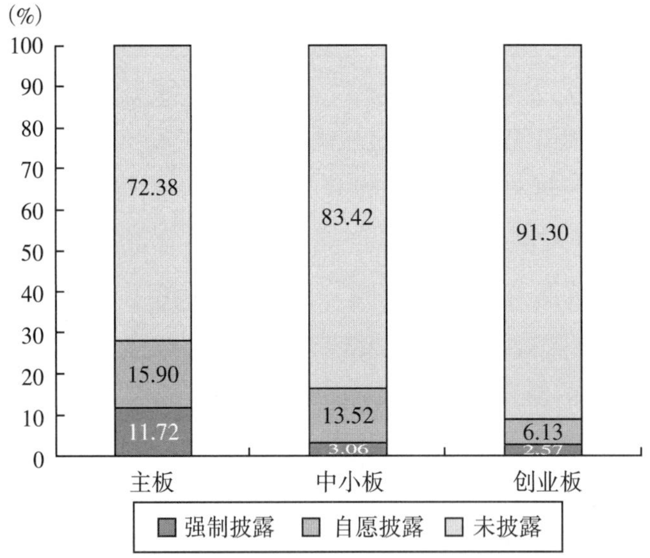

图 1　2015 年深市不同板块公司社会责任报告披露比例

① 本文所采用的样本为单独披露以下任一报告，包括社会责任报告、环境报告或可持续发展报告的上市公司，仅在年报中有简短披露的公司或无法在巨潮资讯网及 Wind 资讯中找到独立报告的公司不在统计范围。本文研究的样本范围是截至 2016 年 4 月 30 日在深交所上市的 1766 家上市公司。

② 深交所要求，在年报披露期间（第二年 1 月 1 日至 4 月 30 日）属于“深证 100 指”的公司需要披露独立的社责报告，并为披露的范围和基本内容提供了指引。截至 2016 年 6 月 5 日，仍有个别需要披露的公司没有按照要求披露独立的社责报告。

2. 国有企业披露比例高于民营企业

图 2 列示了深市不同产权性质公司披露社会责任报告比例[①]。央企和地方国企上市公司分别有 12.21%和 8.66%的公司强制披露了社责报告，而民营企业仅有 3.98%，这主要是由于进入“深圳 100 指”的民营企业比例较少（约 4.27%）。而从自愿披露来看，央企和地方国有企业上市公司的表现也同样好于民企，前两者披露比例分别为 25.95%和 16.54%，后者披露比例仅为 9.92%。造成这种状况的原因可能是国有企业受到国资监管、行业主管部门的政策驱动以及来自社会公众的监督压力，更有动力和压力披露社责报告。

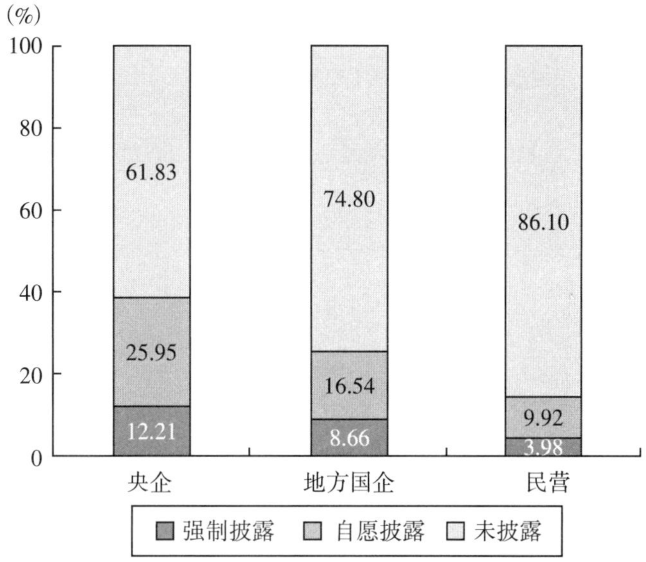

图 2　深市不同产权性质公司披露社会责任报告比例

3. 规模较大、员工人数较多的公司披露比例更高

2015 年披露社责报告的公司平均资产规模为 350 亿元，平均总收入为 116 亿元，平均净利润为 9 亿元，显著高于深市公司平均水平 95 亿元、39 亿元和 2 亿元。从员工人数来看，披露社责报告的公司员工人数明显大于未披露的公司，前者平均人数为 9000 人，后者平均人数为 3000 人。图 3 将深市上市公司按照资产规模从低到高分成五组[②]，低资产组披露社责报告比例最小，为 4.24%，而高资产组披露比例最大，为 44.19%，并且随着资产的增大，披露比例有明显的增长趋势。图 4 和图 5 分

① 产权性质分类根据 Wind 数据库中实际控制人或第一大股东性质判断。央企指国资委、政府部门以及其他央企控制的企业。地方国企指地方国资委、地方政府以及其他地方国有企业控制的企业。非国有企业控制人包括自然人、其他民营企业、投资公司、社会团体及科研院所等，后三类家数非常少（正文统称“民营企业”）。2015 年在深交所上市的 1766 家公司中，有 131 家央企（占 7.42%）、254 家地方国企（占 14.38%）以及 1381 家民营企业（约占 78.20%）。

② 将深市 1766 家公司按照年初总资产从小到大排列，平均分成五组，每组 353~354 家公司。组 1 代表最低资产规模组别，组 5 代表最高资产规模组别。

别列示了深市不同收入规模和员工人数组别披露社责报告比例[①]，结论与资产规模类似。因此，总体而言，规模较大、员工人数较多的公司披露比例较高。

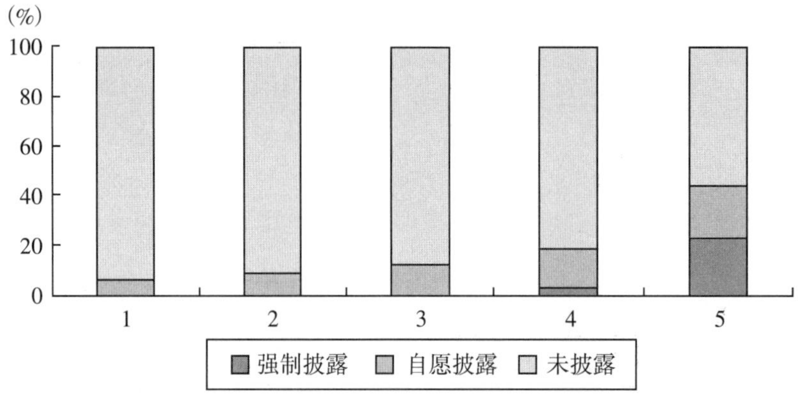

图 3　深市不同资产规模组别公司披露社会责任报告比例

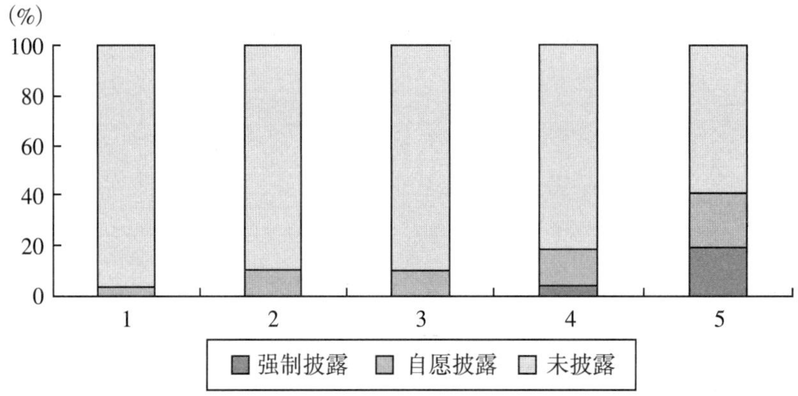

图 4　深市不同收入规模组别公司披露社会责任报告比例

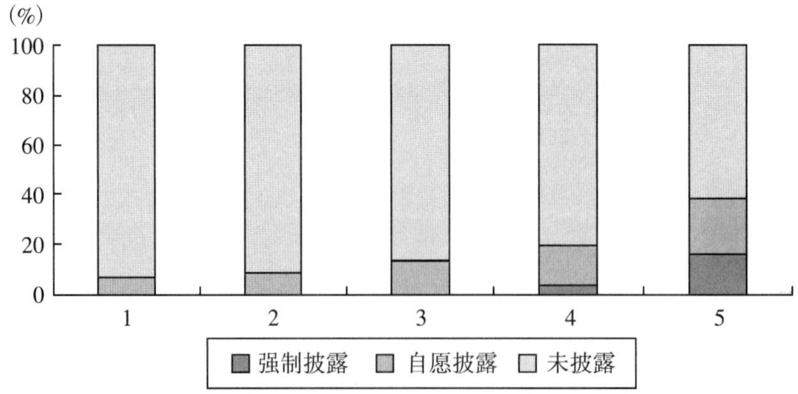

图 5　深市不同员工人数组别公司披露社会责任报告比例

① 收入规模和员工人数分组方法与资产规模分组类似，采用上年总收入或年初员工人数作为排序基础。

上述数据说明公司披露社责报告的意愿与公司的资金实力和社会关注度有着非常显著的关系，一方面，基于自身资源考虑，社会责任涉及到多方面的制度、流程与系统的建设，如与利益相关者关系的建设、降低污染所采取的措施以及从事社会公益的行动等都需要付出固定的成本，大的公司可以通过规模经济降低边际成本；另一方面，规模大、员工人数多的公司对经济社会产生的影响更大，公众关注度更高，这些公司需要积极与外界沟通，建立和维护良好的社会形象。

4. 金融业和对环境、员工安全等影响较大的行业披露比例更高

图6显示了深市披露社责报告公司比例排名前二十的行业[①]。其中，金融行业13家公司有12家披露了独立的社责报告[②]，排在首位。这与金融行业受到的监管较为严格、相关监管部门对金融业社会责任建设也较为重视有关[③]。非金融行业中，对环境、员工安全等影响较大的行业披露较为积极。根据笔者的分类，对环境和员工安全影响较大的14个行业中[④]，黑色金属冶炼、有色金属冶炼和采矿业等9个行业披

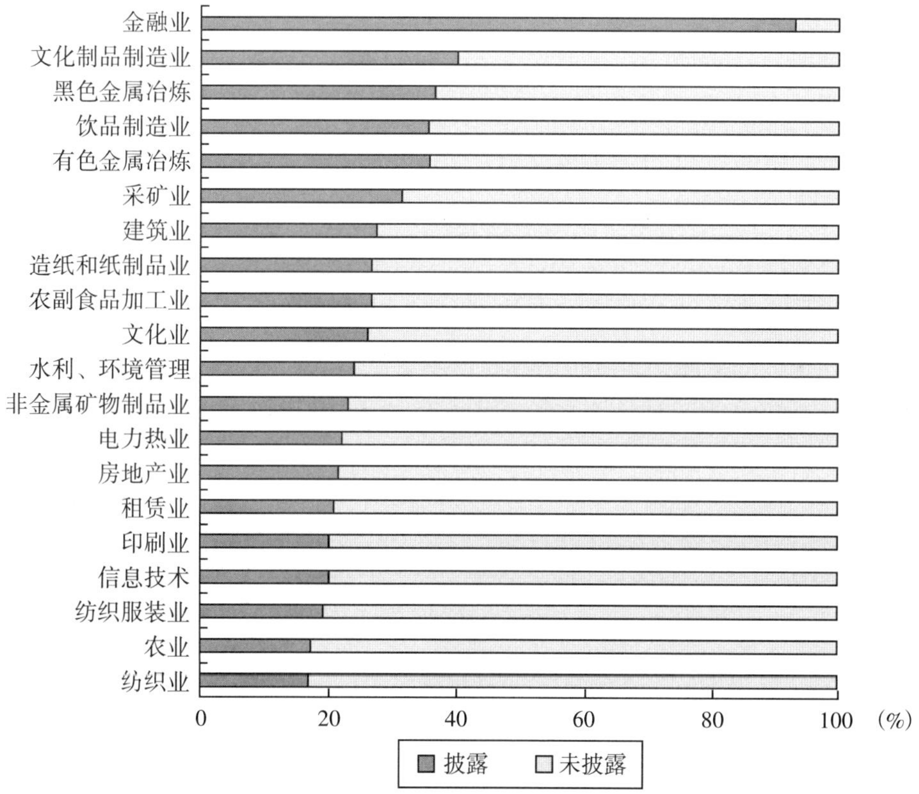

图6 深市披露社责报告公司比例排名前二十的行业

① 行业采用证监会行业分类标准，制造业为二级，其余为一级。排名不包括行业内上市公司家数小于等于5家的行业。

② 另外一家在年报中简短地披露了社会责任信息。

③ 例如，中国银行业监督管理委员会发文（银监办发〔2007〕252号）要求各银行业金融机构要结合本行（公司）实际，采取适当方式发布社会责任报告。银行业主要金融机构应定期发布社会责任年度报告。

④ 14个对环境和员工安全影响较大的行业包括黑色金属冶炼、有色金属冶炼、采矿业、建筑业、造纸业、非金属矿物制品业、电力热力、纺织服装业、纺织业、石油炼焦、化学原料和化学制品制造业、化学纤维制造业、医药制造业、皮革制造业。

露比例居前二十。这些行业受到政府监管和舆论监督的压力较大，公司面临更严峻的环境风险和不确定性，因而更主动地通过社责报告与外界沟通，向利益相关者披露公司采取的积极措施。

在披露比例较低的行业中，木材加工、住宿餐饮、食品制造、交通运输、科学研究和技术服务业、交通运输工具制造业、橡胶和塑料制品业、电气机械和器材制造业等行业没有公司披露社责报告或者披露比例不足一成。令人担忧的是，像医药制造业、食品制造业和餐饮业等关系到民生的行业，披露比例也偏低，这三个行业的披露比例分别为14%，6%和0。产品质量和安全是社责报告的重要一环，近年来，我国医药和食品的产品质量问题也备受外界关注，相关公司应该积极通过社责报告向外界传递公司的理念、行动和成效，如产品质量管理体系是否有认证标准、是否建立商业道德自律机制、是否积极面对消费者的投诉、对有缺陷的产品是否采取召回或补偿措施等。

（二）披露内容的完整性和可读性提高，信息含量增多

1. 报告披露的完整性与可读性提高

深交所在涉及社会责任的指引、备忘录中，重点对股东和债权人权益保护、职工权益保护、供应商、客户和消费者权益保护、环境保护和可持续发展以及公共关系和社会公益事业这五个方面予以规范和引导①。从公司披露的社责报告看，2015年绝大部分公司完整地披露了公司上述五个方面的内容。此外，报告的可读性也进一步提高，罗列规范却言之无物的报告逐渐减少，越来越多的公司采用加入具体案例，并配以图表、图片等直观表现手法展示公司履行社会责任的情况。在完整性和可读性方面做得比较好的如中集集团(000039)，从社会责任管理体系到每一个维度的具体落实情况，都披露得非常详细，报告大量使用图表、图片、数据分析，列举了28个左右的完整案例，可读性极强。

2. 报告信息量提高，部分公司加入定量分析

社责报告涉及多个维度，为深入分析披露内容，本文选取“环境保护与可持续发展”为例进行讨论②。通过阅读报告发现，上市公司对环境保护和可持续发展内容的阐述更加丰富和细化，近几年，越来越多的公司不单是对自身的环境保护理念及标准认证等情况进行苍白的说明，而是增加了对自身建立相关管理体系、预防机制、节能减排措施及成效等的介绍。如云南铜业（000878）在2013年之前的社会责任报告中环保相关内容不足1页，除了个

① 由于社会责任范围较广，交易所通过规范运作指引来引导和规范上市公司披露社会责任的内容。深交所在《上市公司规范运作指引》、《信息披露业务备忘录——定期报告披露相关事宜》附件中的《公司社会责任披露要求》等文件中为社会责任披露的范围和基本内容提供了指引。

② 之所以选择这一维度，是因为相关政策导向和法律规章的变化使得该部分在社责报告中的地位逐年加大，其具体内容也更受外界关注。

别年份披露耗能和污染物排放指标外，其余大部分是公司环保方面理念和标准认证等宣传性语言。但2014年披露内容有了质的改变，2015年更加丰富，报告中关于环保的内容达到10多页，披露了环境管理体系以及在节能降耗、应对气候变化、提高能源利用效率、降低污染物排放、发展循环经济、重视生态保护治理、推行绿色采购、绿色办公等方面采取的具体措施，多个部分有具体的数据说明和案例。

更难得的是，部分公司披露了较为详细的定量信息，这是更为可喜的变化。如云南白药（000538）披露了公司年度环保投入支出金额、各分部子公司的能耗表、母公司危险品废物处置量、能耗量、废气排放量、废水排放量等。京东方A（000725）披露了环境成本核算表，列示每项环境支出、节能量、水回收利用率、危险废弃物综合利用率、产品水耗、产品能耗、温室气体排放等。

3. 部分公司的报告内容具有创新性和启发性

结合深交所对上市公司社责报告中环境保护信息披露的指引以及公司披露的实际情况，本文总结了上市公司披露环保信息的五个维度：管理方法、资源使用、污染防治、产品及服务以及环保参与，结果如表1所示。上市公司普遍围绕这五方面进行披露，其中部分公司还根据自身产品服务、商业模式等特点详细说明公司在环保方面的创造性举措。本文对306家披露社责报告的上市公司的初步比较分析显示，有143家左右（占47%）的公司结合自身公司特点进行环保信息披露，提供了很多有启发性的环保措施和实践。表1列举了部分公司的环境保护实践与相关信息披露。

表1　　环境保护与可持续发展信息披露要点及举例

要点	内容	创新性案例
管理方法	环境保护总方针、目标、管理体系、评估制度、应急制度等	深天马A（000050）自2012年开始全面搭建CSR管理体系，成立了CSR工作委员会，制定了CSR五年规划。2015年，公司导入GRI-G4指标体系，发布社责报告。在环保方面，公司成立安委会，包含安全生产委员会、环境保护委员会、节能减排委员会等开展具体工作
资源使用	资源使用情况、节约资源采取的措施、效果等	①太钢不锈（00825）全国第一条全钢渣市政道路、高炉煤气回收和余压发电、饱和蒸汽发电等 ②佰利联（002601）率先采用硫铁钛联合法技术，将钛白粉的综合能耗由2.19吨标准煤降低至1.23吨标准煤 ③中泰化学（002092）打造了一条热电+烧碱+电石+聚氯乙烯树脂+水泥+粘胶纤维+纺纱联产的循环经济产业链等
污染防治	“三废”防治措施及效果	①中集集团（000039）20多个废水、废气、废渣处理及节能项目实施，每个项目的名称、实施内容和效果均清晰列示 ②美的集团（000333）与WWF共同发布“星空计划”、废气废水废渣分离净化及回收 ③云南铜业（000878）“铜冶金工厂污泥固化与资源化关键技术研究”项目

续表

要 点	内 容	创新性案例
产品及服务	公司生产产品或提供服务的过程中是否采用资源利用率高、污染物排放量少的设备和公益；产品和服务设计中加入环保元素；对于与环保相关产品的研发等	①万科A（000002）绿色建筑 ②平安银行（000001）绿色信贷 ③中粮地产（000031）开发绿色科技住宅 ④京东方A（000725）国内首家自建绿色产品实验室 ⑤奥克股份（300082）开发以环氧乙烷路线生产的碳酸二甲酯，不但产品本身是环境友好型化工材料，更是可以作为电解液的重要原料应用于新能源汽车领域
环保参与	公司组织员工开展与环保有关的公益活动；践行绿色办公的措施与成就；员工环保宣传；国际交流与合作等	①铁汉生态（300197）承办深圳市立体绿化发展论坛；与广东省湿地保护协会共同组织了“广东湿地万里行”大型湿地保护行动 ②万科A（000002）作为关注气候变化和绿色发展的先锋企业，连续三年参加气候谈判大会。为强化国内企业应对气候变化意识，加强低碳交流合作，万科组织5个国内主要商业协会、17个行业、90多名国内企业家组成大会历史上最大规模的中国企业家代表团参会。同时，万科与阿拉善公益机构一起，推动国内1385家企业联合签署“可持续发展北京宣言”，通过商业实践来推动社会可持续发展

二、社会责任报告披露存在的不足

尽管社责报告披露在数量和质量上都有所提高，但与监管者和投资者对于社会责任信息的需求仍存在差距，较为突出的不足有以下三方面：

（一）整体披露比例偏低，披露对象的范围过于集中

目前绝大部分上市公司不需要强制披露社责报告，公司自愿披露水平偏低，披露比例近几年一直没有明显提高，如深市近三年每年仅1/5左右的上市公司披露社责报告。

此外，披露公司主要集中在国有企业、大型企业以及环境、生产安全等方面受关注度较高的行业，这其中有权衡披露及履行社会责任的成本与收益的考虑。然而有些社会责任的维度（如职工保护、环境污染、商品质量等）有最基本的合规性要求，即企业必须履行的底线任务，外界有知悉权。我国政府对这些事项也日益重视，形成了一系列的相关法律制度①，因此企业履行此类社会责任不再是一种自我约束，而是外部强制性规范。在此情况下，社责报告的角色定位也应发生转变，不仅是公司向外界传达做了哪些好事的平台，同样也是公司向利益相关者报告其在一些事项上是否合规的途径。比如，在社责报告中，诸如能源消耗量、员工工伤率、产品合格

① 例如：2014年12月1日起，新修订的《中华人民共和国安全生产法》正式开始实施，生产经营单位主体责任的规定更加清晰、严格，还加大了对违法行为的处罚力度，特别重大事故可罚款2000万元；2015年11月17日，国家卫生和计划生育委员会公布了修订的《职业病危害因素分类目录》，对可能引起职业病的因素做了细化。2015年元旦开始施行的最新修订的《环保法》，被称为“史上最严”环保法，规定上不封顶，按日处罚。

率等定量信息是判断企业整体运营情况的重要依据。这些重要的信息不仅大企业需要披露，中小企业也同样需要。因此，履行和披露社会责任应该有不同层次的要求，不能统一豁免。对于最基本的合规性信息，现有的披露水平远不能满足监管部门和投资者的信息需求。

（二）报告客观性和相关性不足，降低可靠性和分析价值

社责报告在客观性和相关性上仍存在问题。缺乏客观性主要体现在负面信息和定量信息较少。首先，披露公司很少客观分析自身的不足，有些公司承认目前存在一定差距，但鲜有提到改进措施和具体时间安排。并且较少有公司对报告内容进行第三方鉴证。其次，部分社责报告缺少对定量信息的披露，并且定量信息披露有一定随意性。如在 2015 年披露社责报告的 306 家公司中，仅有 115 家公司（占 37.58%）在环境保护与可持续发展部分提供了数据信息。表 2 列示了化学原料和化学制品制造业这一细分行业定量信息披露情况，共有 20 家公司披露了社责报告，但即便是同一细分行业，每家公司披露信息的维度和标准也是五花八门，不利于横向比较。此外，有些定量信息披露不具有持续性，为纵向比较带来不便。兴业科技（002674）是一家皮革制造企业，属于污染行业，2014 年的社责报告披露了公司环保投入金额以及主要污染物的排放量，而 2015 年的社责报告却没有披露相关信息。

表 2　化学原料和化学制品制造业定量信息披露分类　　单位：家，%

披露定量信息分类	披露公司家数	占　比
环保投入金额	5	25
污染物排放量	4	20
污染物减少量	6	30
三废回收率	2	10
耗能量	2	10
节能量	1	5
未披露定量信息	8	40

相关性不足体现为部分公司的讨论缺乏实质性内容，没有结合自身特点讨论履行社会责任的具体行动和措施。社责报告的质量在各个公司之间存在差异，从字数上看，平均每份报告 23 页左右，超过 40 页的有 44 家，最多为 119 页；少于 10 页的有 63 家，最少为 3 页。页数较多的公司讨论的内容较为详细和全面，有很多涉及公司自身的社会责任案例和实践总结。而页数较少的公司披露较为敷衍。从披露内容的创新性来看，部分公司仍拘泥于深交所社会责任披露要求的最低标准，以指引条款为基础，泛泛而谈公司在每一个维度的理念、对相关法律和标准的遵守以及对

员工的宣传教育，但在具体的措施阐述上却缺乏实质性的内容，不能根据自身的特点和发展阶段设计报告。上述问题降低了报告的决策有用性和分析价值。

（三）环境信息披露不足，与当前大力发展绿色金融的趋势不匹配

环境与可持续发展近年来备受关注。“十三五”规划纲要强调发展绿色环保产业、建立绿色金融体系。未来我国资本市场将推出更多的绿色金融产品，如绿色证券①、绿色指数、绿色基金，因而，投资者和监管部门对公司环境信息的需求急剧增加，公司不得不重新定位环境保护在公司战略与发展中的角色，从社责报告中可以明显感受到这种理念的变化。然而，我国目前没有针对环境信息的单独披露要求，仅作为社责报告的一部分进行披露，但受制于报告整体自愿性的披露要求，环境信息披露现状，从数量到内容均与当前监管部门、投资者乃至公众对环境信息的迫切需求不匹配，资本市场需要更多的持续、可比的环境信息进行风险评估与价值判断。

三、完善社会责任报告披露的建议

结合我国国情和境外优秀实践，建议深交所从修订社会责任报告指引、提升披露法规层次、强化环境信息以及开发金融产品四个方面改进社责报告披露。

（一）修订现有社会责任指引，标准化披露指标

批判性借鉴国际上最新社会责任相关标准和指引，如全球报告倡议组织（GRI）《可持续发展报告指南（G4）》，中国香港《环境、社会及治理（ESG）报告》等，修订现有社会责任报告指引，细化披露要素，使披露内容更符合投资者和监管部门对于社会责任信息的需求。新指引需要考虑以下三点：第一，建立标准化的披露指标，便于公司按要求进行报告，增加信息的可比性和相关性。如中国香港《ESG报告》包括环境和社会两大范畴，每个范畴下分若干层面，每个层面下有一般披露和关键绩效指标。细化及标准化披露指标有助于公司对照自查，避免选择性披露。第二，增强定量信息披露。第三，鼓励上市公司根据自身业务特点提出创新性内容。

（二）提高强制披露的范围，采用“不遵守就解释”软法

我国资本市场运作的市场化程度、投资者保护制度完善程度以及信息披露的水平较成熟市场存在一定差距，这一国情决定了政府和监管部门在改进社会责任披露现状时不能缺位，完全靠企业自觉自愿披露，无法达到有效监管和降低信息不对称的要求。建议效仿中国香港、新加坡的做法，循序渐进扩大强制性披露范围，提升披露的法规层次，由自愿到“不遵守就解

① 2016年第一季度，我国绿色债券发行超530亿元，居全球首位。

释”。建议分步走：一是可先在部分公司试行；二是先提升部分重点信息如环境信息的法规层次。

（三）强化环境信息披露，研究发布专门环境信息披露指引

可以借鉴国际上先进做法，研究发布专门环境信息披露指引，对涉及环保相关事项的重大信息临时公告、定期报告的环境信息披露进行引导和规范。交易所也可以对关键信息，尤其是主要污染排放指标，要求定量、定期披露。

（四）与第三方合作，大力开发相关评级、指数和金融产品

在正向激励下，自愿性的可持续性报告也可能非常有效。而如何形成激励，一个重要工具是创建相关的指数、排名和金融产品。如巴西证券期货交易所2010年启动了碳效评级指数，在启动24小时内，自愿报告排放数据的公司数目就增长了44%。当前我国社会责任信息披露没有得到企业重视的一个很重要的原因是，企业无法从中获益。因此提出以下三点建议：第一，绿色金融专业委员会等专业机构可以与媒体合作，有计划性地推出绿色榜、好人榜等排名，对社会责任履行情况进行公开，提高社会责任信息的影响力。第二，推动中介机构对上市公司的社会责任履行情况进行评级，也鼓励中介机构对社会责任表现及披露不足的公司予以揭示，形成一定的监督、约束作用。第三，积极协调证券机构、指数机构、投资机构等，大力开发设计与社会责任相关的各类指数、产品，形成对社会责任信息披露的正反馈。

2015年海外股票市场基本情况

一、全球

（一）2015年全球经济增长情况

2015年是全球经济挣扎复苏的一年。全球工业生产低速增长，贸易持续低迷，金融市场动荡加剧，大宗商品价格大幅下跌。发达国家经济复苏缓慢，新兴经济体增速进一步回落，全球经济整体复苏疲弱乏力，增长速度放缓。全球经济的黯淡表现与各国央行持续注入流动性、石油价格再度暴跌和通胀温和的背景息息相关。

2015年也是各经济体表现各异的一年。大宗商品价格暴跌让新兴市场大国俄罗斯和巴西黯然失色，同时印度和越南等其他新兴经济体的情况却好于预期。在发达经济体中，美国强劲的就业增长势头促使美联储自2006年以来首次收紧货币政策，而其邻国加拿大的经济低迷却在加剧。

1. 经济增速放缓

2015年，全球GDP增长率3.2%，较2014年下降0.2个百分点。发达经济体、美国、日本、欧元区的GDP增长率有一定程度的上行，但是整个新兴经济体的增长率连续5年下滑，新兴经济体GDP的总体规模在全球已经超过50%，它们的下滑带动全世界经济增长率有0.3个百分点的下降。

2. 通货膨胀率持续下滑

2015年，三大经济体美国、日本和欧元区消费物价增长率几乎接近零，呈现通货紧缩趋势。很多新兴经济体，包括中国，CPI也在下降，这种情况表明全球总需求不足。当然，个别国家也有特殊情况，比如巴西、俄罗斯这两个国家，高的通货膨胀加上GDP增长率负增长，发生滞胀。主要原因在于大宗商品价格下跌和本国货币大幅贬值。

3. 三大经济体就业形势向好

2015年，美国、日本、欧元区失业率分别为5.3%、3.4%和10.9%，较2014年分别降低0.9个百分点、0.2个百分点和0.7个百分点。分月看，年内三大经济体失业率基本延续持续走低态势，就业情况有所复苏。

4. 国际贸易负增长

受逆全球化和民粹主义波及，2014年国际贸易从以前的20%左右高增长降为3%左右的低速增长，2015年更是出现负增长。负增长的原因很多，例如全球增长放缓、大宗商品价格下降等，更主要的是全球贸易结构调整及贸易保护主义的抬头。

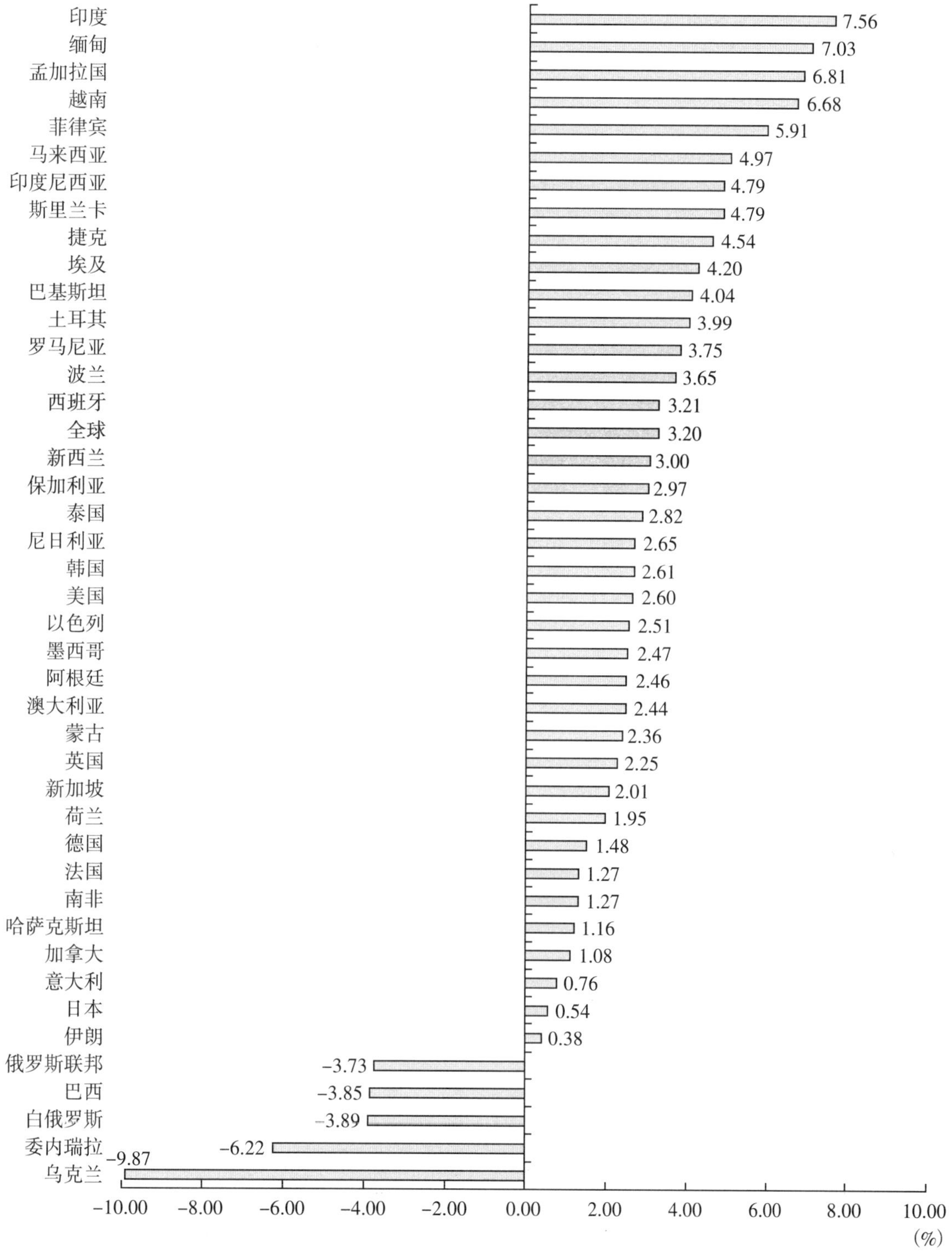

图1 全球主要经济体GDP增速

5. 投资活动异常活跃

根据联合国贸发会议的统计，2015年全球FDI规模达到1.7万亿美元，较2014年增长36%，FDI主要集中在并购领域。FDI规模增势强劲表明全球投资偏好持续抬升。从FDI流入地区看，美国大幅领先其他国家和地区，达3840亿美元，中国香港排名全球第二位，达1630亿美元，中国内地FDI流入1360亿美元，排名第三。

6. 金融市场出现动荡

2015年，世界金融市场经历大幅波动，全球联动性进一步增强。中国对国际金融市场的影响力持续扩大，8月中国汇市、股市跳水，带领全球股市、美国股市、欧洲股市、中国香港股市、新加坡股市“团体跳”，导致全球市值大幅下跌。

7. 大宗商品价格持续低迷

2015年，国际市场大宗商品价格大幅下跌。2015年能源价格比2014年暴跌45.1%，非能源价格比2014年下跌15.1%，二者均连续4年下跌。其中，农产品价格下跌13%，原材料下跌9.4%，肥料下跌5.1%，金属和矿产下跌21.1%。2015年12月18日，纽约期货市场轻质原油价格为34.73美元/桶，更创下2009年2月18日以来新低。

（二）2015年全球股市情况

2015年全球股市剧烈波动，全球股市总市值较2014年有所下降。年中全球股市一度出现大幅回调，进入第四季度以后逐步收复失地。纵观全年，以欧洲为代表的发达市场领跑全球，美国股市高位震荡，年内基本持平，而除中国A股外的大多数新兴市场表现不佳。

2015年全球主要股指表现参差不齐，发达股市整体略胜一筹。涵盖发达和新兴市场的MSCI全球指数2016年以来下跌3.7%，主要衡量发达市场的MSCI国际资本指数下跌2.3%，MSCI新兴市场指数下跌16.3%。

2015年全球股市的涨幅主要集中在上半年，下半年则出现显著回调。特别是在第三季度，上证综指下跌29%，恒生指数下跌23.5%，新加坡海峡时报指数下跌16%，巴西圣保罗证交所指数下跌15%，日经225指数下跌14%，德国DAX指数下跌12%，欧洲斯托克50指数下跌9.5%，标普500指数下跌6.9%。

抛售潮过后，市场情绪在第四季度有所平复，主要股指逐步收复失地。德国DAX指数上涨11.2%，日经225指数上涨9%，标普500指数上涨7%。

步入12月，欧美央行货币政策正式宣告分道扬镳，美联储启动十年来首次加息。由于预期充分，全球市场反应淡定。值得注意的是，此前一直受加息预期遏制的新兴市场本月以来普遍实现正收益，整体表现好于发达股市。而发达市场人气回落，标普500指数月内下跌1.15%，德国DAX指数下跌5.5%，日经225指数下跌4%。

1. 主要发达市场中，欧日表现抢眼

以本地货币计算，欧洲斯托克50指数年内上涨5%，法国CAC40指数上涨9.7%，德国DAX指数上涨10.4%；美国股指基本持平，道琼斯工业指数下跌1.65%，标普500指数下跌0.12%；亚太市场中，日经225指数上涨8.8%。

2. 新兴市场普遍疲弱

上证综指年内上涨10.2%，乌克兰、秘鲁、埃及、哥伦比亚、塞浦路斯等多个市场则进入全球主要股指跌幅榜的前十名。

若计入本币大幅贬值的因素，多个新兴市场的跌幅更为惨烈，以美元计算，乌克兰股指跌幅高达57%，哈萨克斯坦股市下跌50%，巴西股市下跌40%，哥伦比亚股市下跌43%。2015年以来巴西雷亚尔兑美元的跌幅达到33%，哥伦比亚比索跌幅达25%。

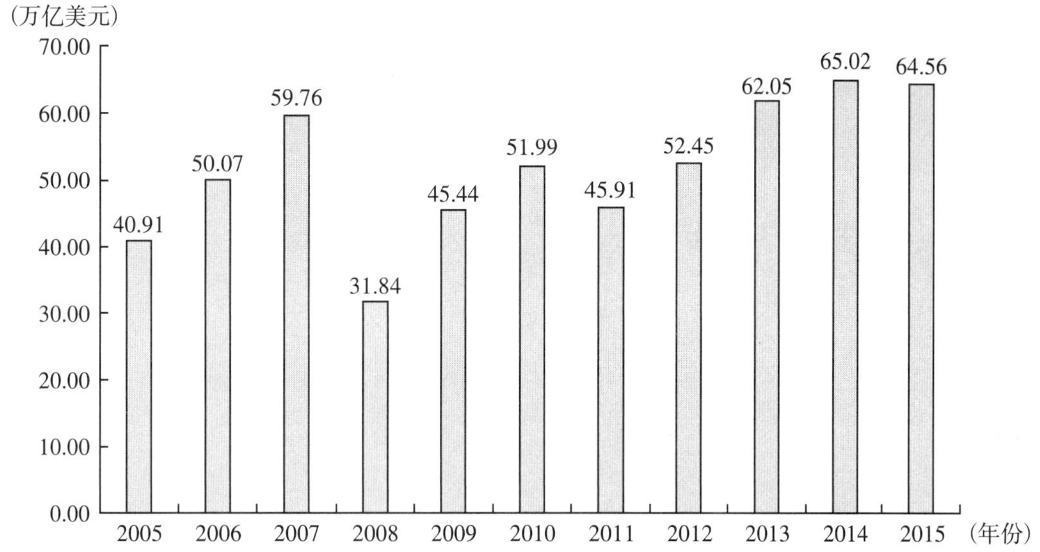

图2 全球股市总市值

数据来源：Wind资讯。

二、美国

（一）2015年美国经济增长情况

2015年美国经济表现亮点颇多，在全球经济一蹶不振的大环境下，美国经济稳步复苏。国内方面，经济延续复苏趋势，2.4%的全年增速与2014年持平；通胀目标基本实现，核心CPI回稳至2%的健康水平；就业形势持续向好，失业率回落至5%低点。国际方面，TPP协定经历谈判拉锯战后终于在12月达成，1.8万种商品关税有望被取消；美联储加息靴子在一年的翘首以待下落地，量化宽松政策寿终正寝。强美元重出江湖，却可能给本已脆弱的美国出口压上又一根稻草，与此同时，加息的外部性也可能导致全球金融不稳定性的增加。

1. 经济增长多点开花

2015年美国经济虽有起伏，但总体仍延续2014年增长态势。2015年美国实际GDP增长率为2.4%，与2014年基本持平。美国商务部公布的美国2015年4个季度的GDP不变价环比折年率分别为2.0%、2.6%、2.0%、0.9%。美联储在2014年10月完全结束第三轮量化宽松，美联储酝酿加息吊足了市场胃口。美国经济在2015年的总体表现稍显虎头蛇尾，保持总体复苏势头，12月的加息和消费者信心指数的持续走高体现了美国对经济持续复苏的信心。

2. 物价指数稳中有升

2015 年美国物价走势波动较大，CPI 上半年低位徘徊，下半年逐渐回升。核心 CPI 下半年逐渐回稳至 2%。原油现货价格持续走低，由 1 月 47.45 美元/桶降至 12 月 36.56 美元/桶，继续刷新 2010 年来新低。食品价格保持稳态，CPI 指数由 1 月的 246.54 微涨至 12 月的 247.90。

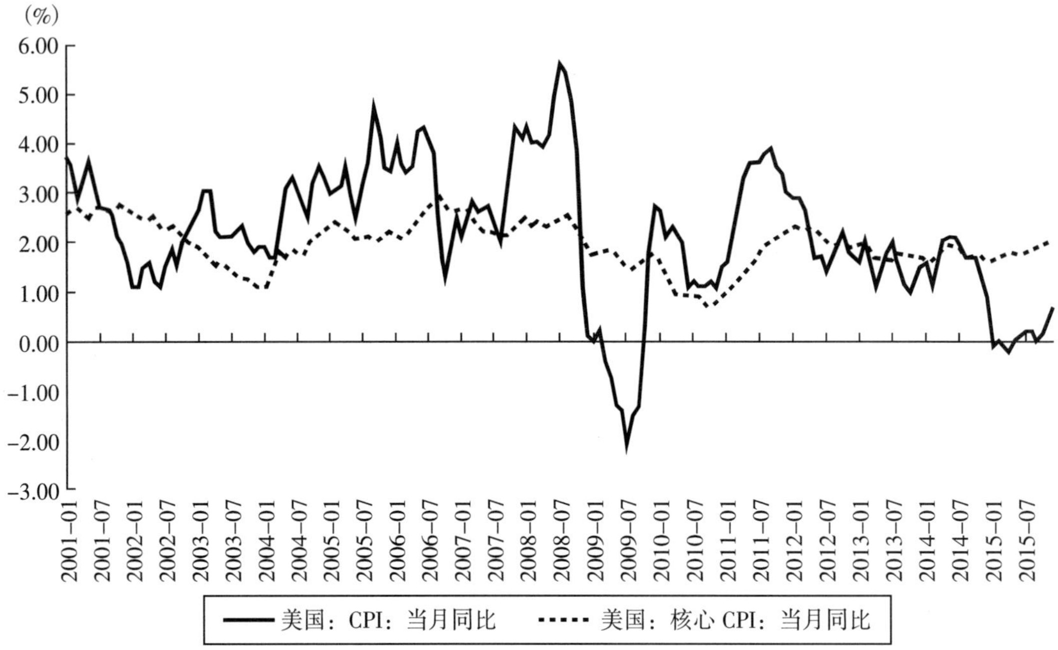

图 3　美国通胀情况

数据来源：Wind 资讯。

3. 就业情况持续好转

2015 年美国就业情况持续好转，失业率整体延续 2014 年的下降趋势，由 1 月 5.7%降至 12 月 5.0%“充分就业”的水平，继续刷新 2009 年来的最低纪录。全年新增非农就业岗位 265 万个，虽不及 2014 年 310 万个的水平，但仍为 1999 年以来表现第二好的年份。其中，新增非农就业人数在 3 月跌至 2012 年以来最低值，8 月和 9 月数据亦不甚理想，但其余月份保持平稳态势。

（二）2015 年美国三大股指走势

受全球股市共振影响，2015 年美国三大股票指数均在年中出现较大跌幅。截至 2015 年 12 月 31 日，道琼斯指数报收 17425.03，较 2014 年 12 月 31 日的 17823.07 下降 2.23%。标准普尔 500 指数报收 2043.94，较 2014 年 12 月 31 日的 2058.9 下降 0.73%。纳斯达克指数报收 4488.42，较 2014 年 12 月 31 日的 4736.05 下降 5.23%。

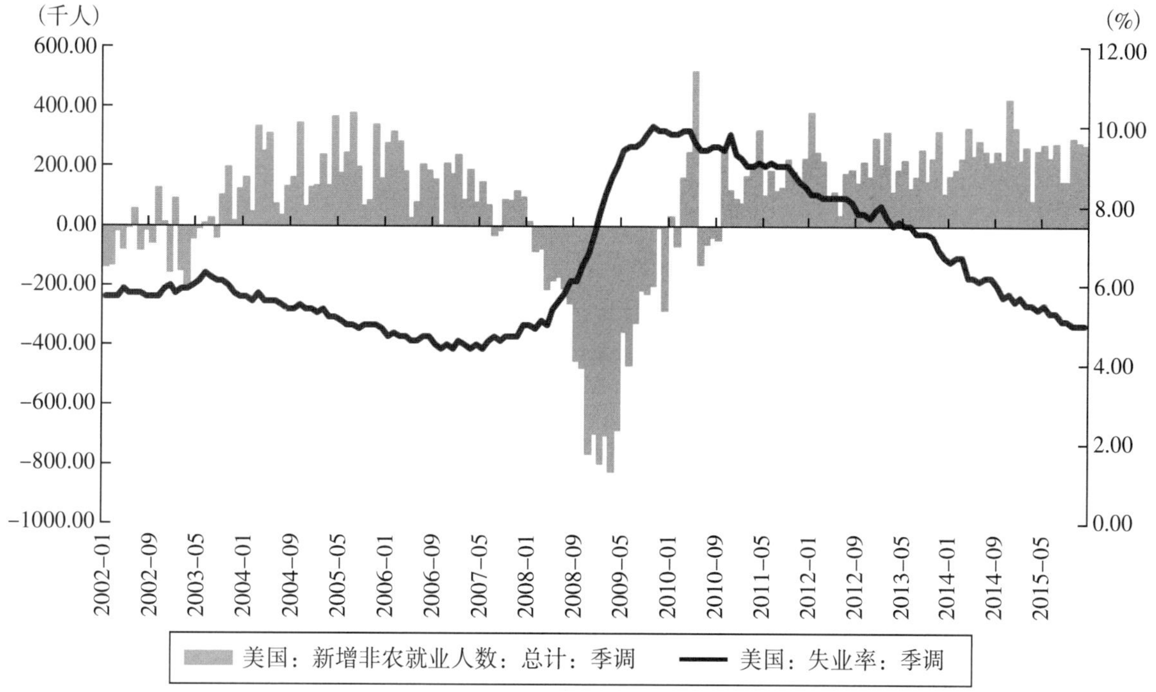

图4　美国就业情况

数据来源：Wind资讯。

道琼斯工业平均指数是由在纽约证券交易所交易的30只美国具代表性的主要大公司的股票所组成的平均指数，是一种代表性强、应用范围广、作用突出的股价指数，是目前世界上影响最大、最有权威性的一种股票价格指数。其中，前十大权重股分别为维萨集团、国际商业机器、高盛、3M集团、波音、雪佛兰德士古、联合技术、埃克森美孚石油、麦当劳和强生，所在行业主要集中于大型制造业、能源以及食品行业。

标准普尔500指数是由Standard & Poor's公司于1982年从纽约股票交易所中选出500种股票的股价（其中78%为工业股，12%为公用事业股，2%为运输股，8%为金融股）所计算得出的股价指数。标准普尔500指数的优点在于样本公司的行业分布广，样本市值约占总市值的75%以上。标准普尔500指数覆盖的所有公司，都是在美国主要交易所，如纽约证券交易所，以及Nasdaq交易的上市公司。与道琼斯指数相比，以及标准普尔500指数包含的公司更多，因此风险更为分散，能够反映更广泛的市场变化。

纳斯达克综合指数是反映纳斯达克证券市场行情变化的股票价格平均指数，基本指数为100。纳斯达克的上市公司涵盖所有新技术行业，包括软件和计算机、电信、生物技术、零售和批发贸易等。主要由美国的数百家发展最快的先进技术、电信和生物公司组成，包括微软、英特尔、美国在线、雅虎这些家喻户晓的高科技公司，因而成为美国“新经济”的代名词。纳斯达克综合指数是代表各工业门类的市场价值变化的晴雨表。因此，纳斯达克综合指数相比标准普尔500指数、道琼斯工业指数（它仅包括30个大公司）更具有综合性。目前，纳斯达克综合指数包括5000多家公司，超过其他任何单一证券市场。因为它有如此广泛的基础，已成为最有影响力的证券市场指数之一。

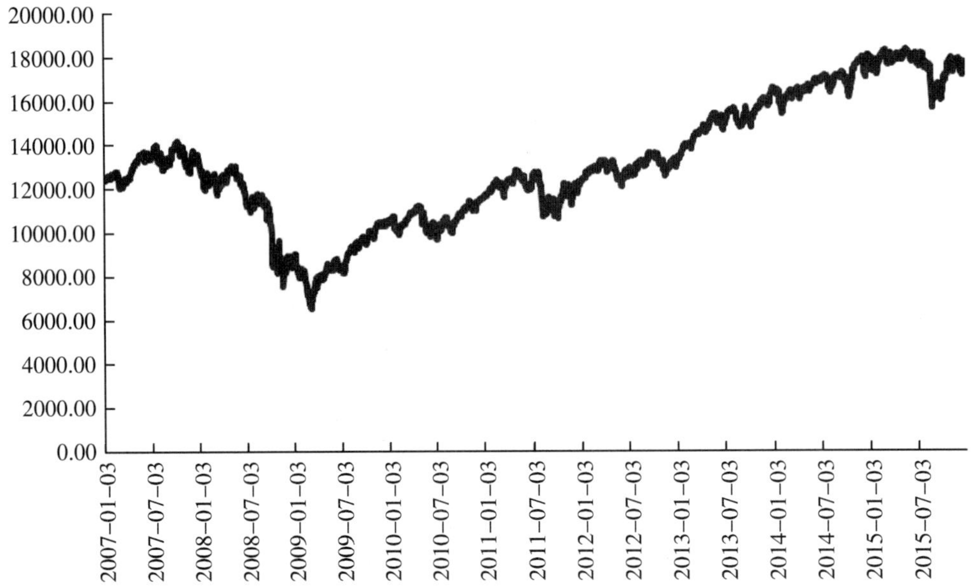

图5　美国道琼斯指数

数据来源：Wind资讯。

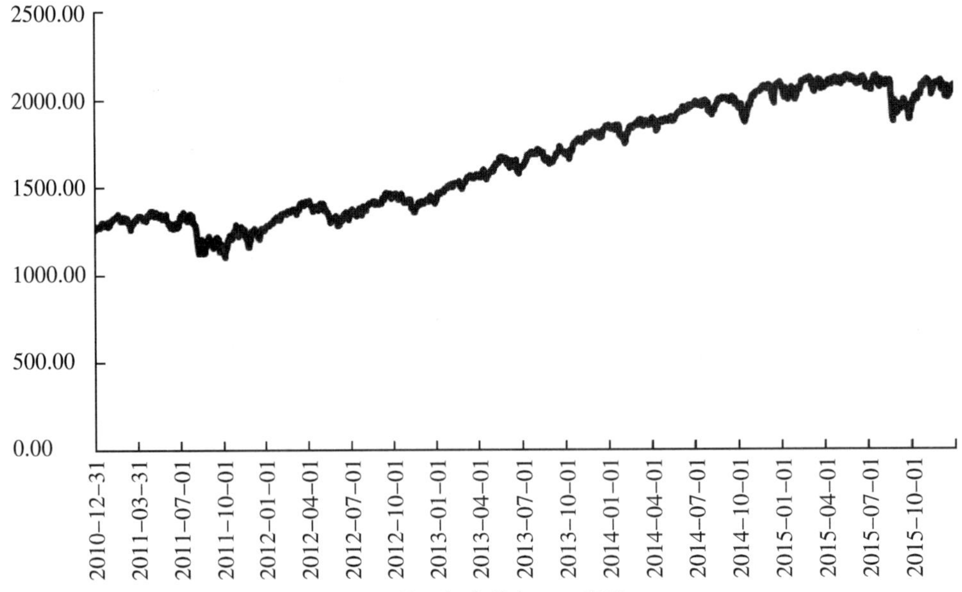

图6　美国标准普尔500指数

数据来源：Wind资讯。

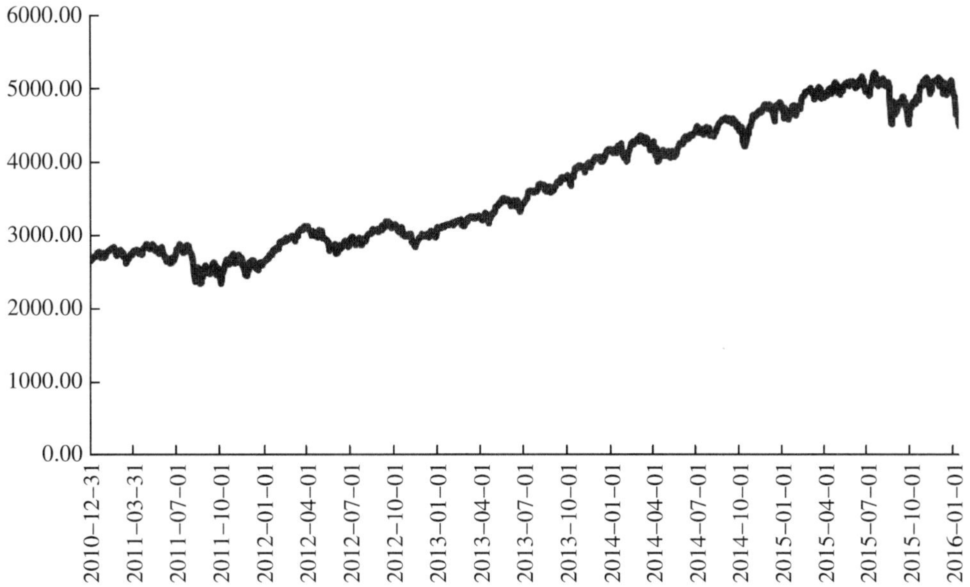

图 7　美国纳斯达克综合指数

数据来源：Wind 资讯。

（三）2015 年美国股票市值及占比情况

美国股票 2015 年总市值相比 2014 年有所下降，由 2014 年的历史最高位 24.4 万亿美元降至 23.5 万亿美元，美国股票市场总市值全球占比也小幅下降，由 2014 年的 37.55%降至 36.47%。

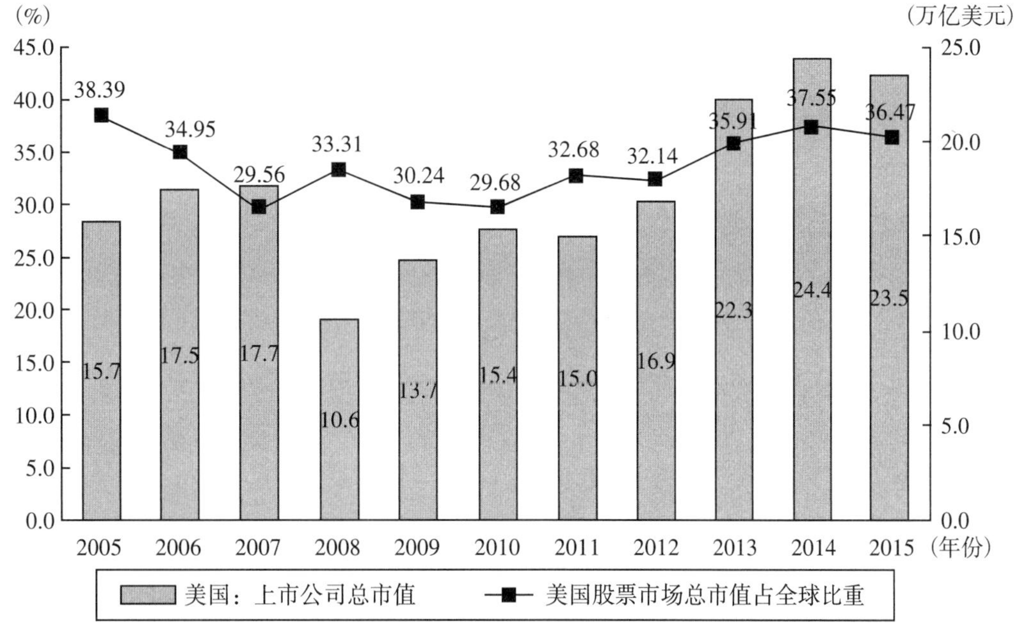

图 8　美国股票总市值

数据来源：Bloomberg。

三、欧元区

（一）2015 年欧元区经济增长情况

1. 经济"弱复苏"

2015 年，量化宽松政策疲态尽显，欧洲多国陷入流动性陷阱。欧洲经济增长整体疲软，但保持低速复苏态势。总体来看，2015 年欧元区四个季度环比增长率分别为 0.8%、0.4%、0.3%、0.5%。分国家来看，2015 年德国经济稳步增长，国内生产总值（GDP）增长 1.7%，高于过去十年的平均增幅（1.3%）。消费成了拉动德国经济增长的主要驱动力，投资和外贸亦分别有 3%和 5%以上的增速。受此影响，德国 GDP 不变价同比增长 1.69%，增速较 2014 年的 1.60%有所加快，受翘尾因素影响，四个季度环比增长率分别为 0.17%、0.52%、0.24%、0.36%。受欧元走弱、石油价格下降等因素推动，法国 GDP 不变价同比增长 1.16%，较 2014 年的 0.26%小幅提速，四个季度环比增长率分别为 0.58%、0.02%、0.36%、0.35%。意大利在总理伦齐的带领下，多项改革信任案顺利通过，经济增速超预期，同时拜欧元贬值、投融资环境改善、劳动市场改革效应渐显等利好所赐，GDP 不变价同比增长 0.76%，成功扭转 2014 年负增长的颓势，四个季度环比增长率分别为 0.29%、0.27%、0.09%、0.24%。

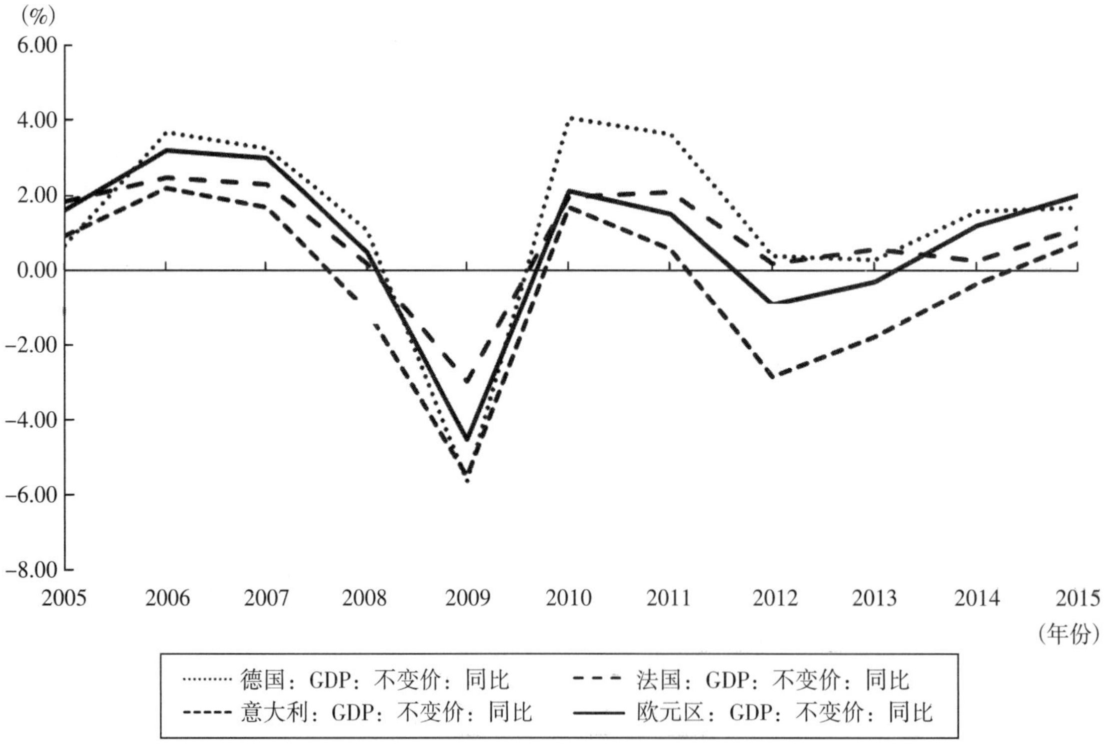

数据来源：Wind 资讯。

图 9 欧洲三大经济体经济增长情况

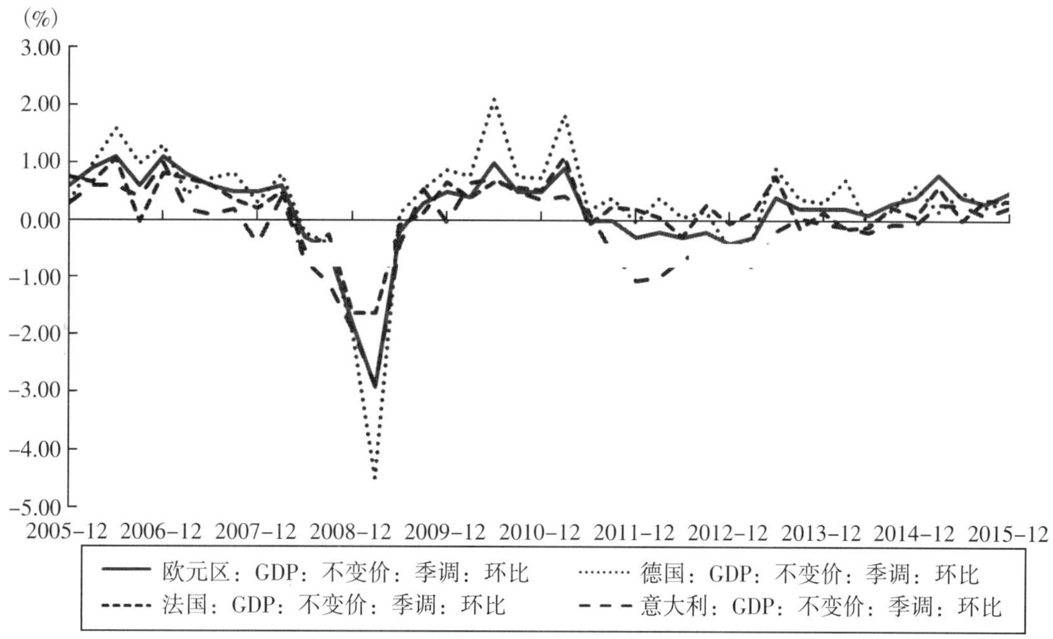

图 10 欧元区及主要国家经济环比增长情况

数据来源：Wind 资讯。

2. 物价指数持续下跌

2015 年，欧洲经济表现继续疲软，需求不足，物价持续回落。2015 年前三个月欧元区 CPI 同比增速跌破零点，分别为-0.6%、-0.3%和-0.1%，通缩压力骤增。4 月起 CPI 同比增速由负转正，维持 0.1%~0.3%的低位态势。分国家来看，意大利、德国、法国物价指数均呈现年初上涨，年中回落的态势。其中，德国 CPI 拜消费与政府支出所赐，反弹幅度最大，5 月曾一

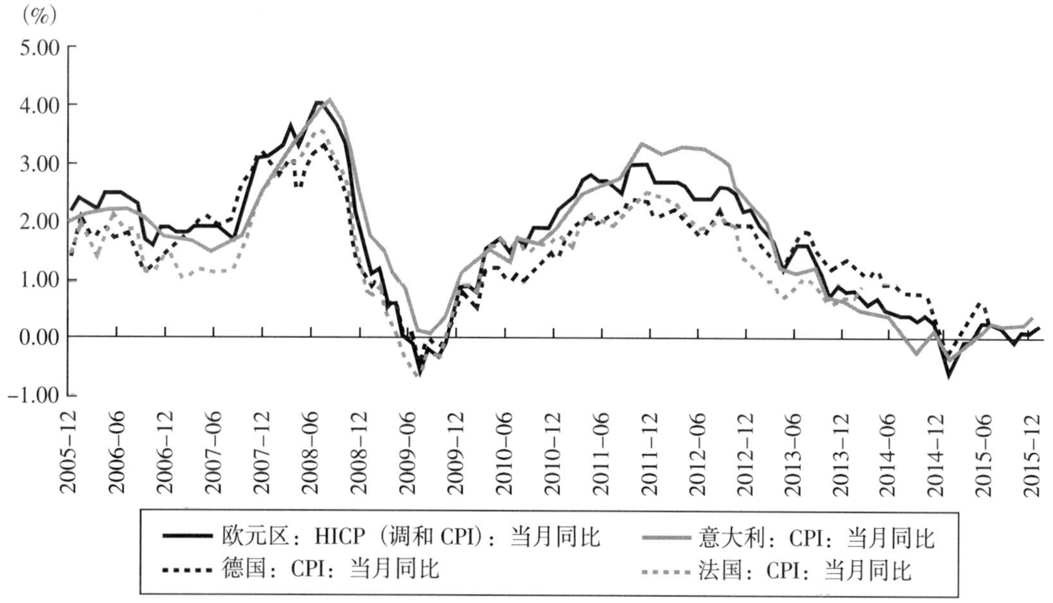

图 11 欧元区及主要国家 CPI 同比增长情况

数据来源：Wind 资讯。

度回升至0.7%。下半年整个欧元区CPI同比增速都基本维持在0%~0.3%的区间内，轻型通胀效应渐显。

3. 就业分化加深

2015年，欧元区整体就业渐趋好转，但成员国之间分化明显。整体来看，欧元区失业率由1月的11.2%稳步下降至12月的10.4%。分具体国家来看，德国和意大利就业情况持续回暖，德国失业率降速平稳，由年初的4.8%下降到年末的4.4%，与此同时失业人数创1992年以来的最低值。意大利失业率与经济表现同样稳定，由1月的12.3%降至12月的11.6%，但银行不良贷款率高企、福利居高不下、市民态度慵懒等问题仍为将来的就业形势蒙上了一层阴云。尽管法国政府不断推出刺激经济发展和鼓励就业措施，但法国失业人数仍然持续升高，法国就业市场未有明显改观，失业由年初的10.2%微升至年末的10.5%，未来形势有待观察。

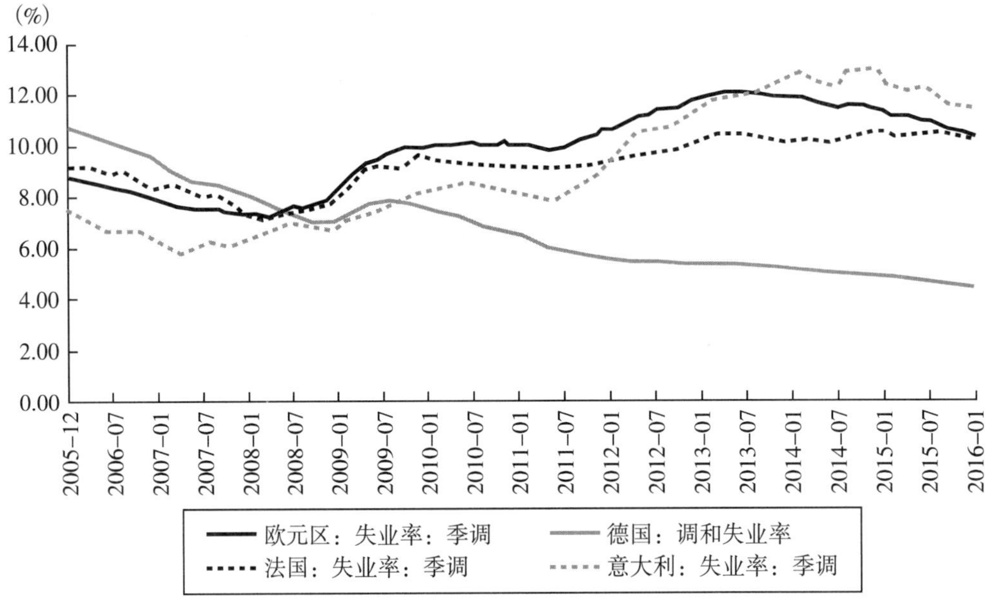

图12 欧元区及主要国家失业率

数据来源：Wind资讯。

（二）2015年欧元区主要国家股指走势

2015年，欧洲股指表现出与经济基本面相反的态势，均出现了上半年先升后跌，下半年复苏反弹的现象。具体来看，德国法兰克福指数由2014年底的9805.55升至2015年底10743.01，涨幅9%。法国CAC40指数由2014年底的4272.75升至2015年底4637.06，涨幅8%。意大利ITLMS指数由2014年底的20137.74大涨至2015年底23235.76，涨幅13%。

德国法兰克福DAX指数的权重股包括安联保险、宝马汽车股份有限公司、德国商业银行、德意志银行等；法国CAC40指数的权重包括道达尔公司、法国LV公司、法国液化空气公司等；意大利标普/米兰证交所指数的权重股包括菲亚特股份公司、意大利裕信银行、意大利电信银行等。

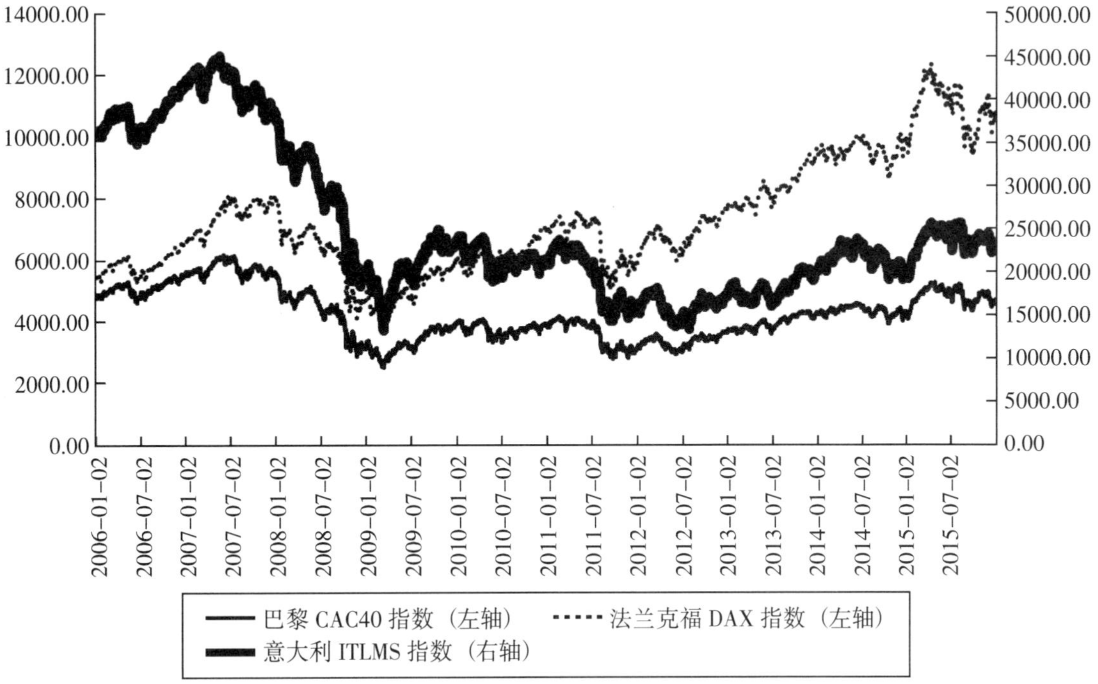

图 13　欧元区主要国家股指走势

数据来源：Wind 资讯。

（三）2015 年欧元区主要国家股票市值及全球占比情况

2015 年 12 月 31 日，德国股票总市值为 1.84 万亿美元，占全球总市值的 2.85%，与 2014 年水平基本一致。法国股票总市值为 1.92 万亿美元，占全球总市值的 2.97%，与 2014 年的 2.98%基本持平。意大利股票总市值为 0.60 万亿美元，占全球总市值的 0.93%，较 2014 年的 0.86%稍稍上升。三大经济体股市市值变化基本符合经济基本面的走势规律。

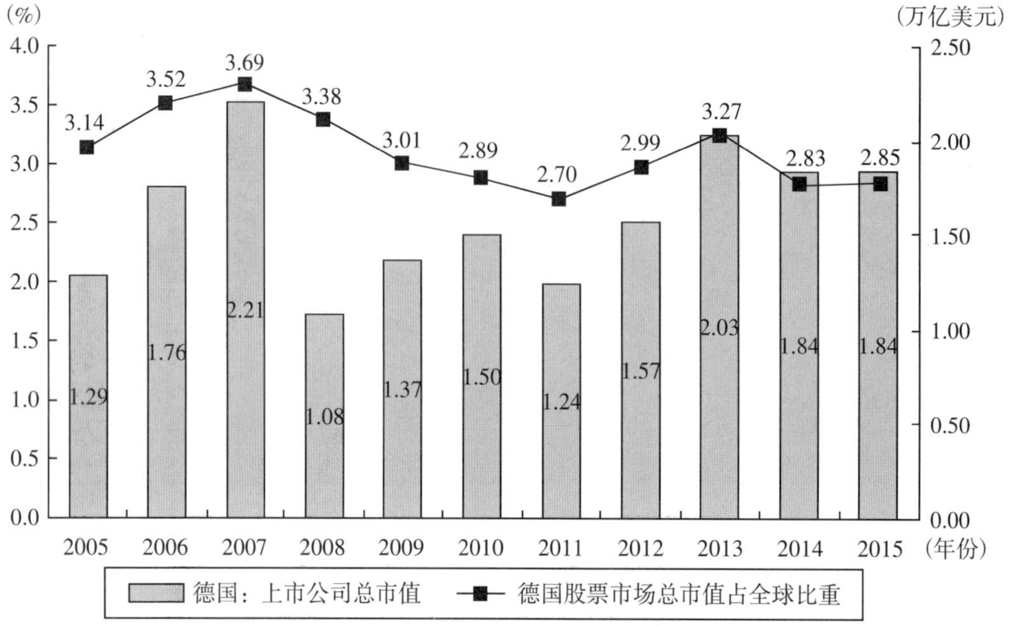

图 14 德国股票总市值及其占全球比重

数据来源：Bloomberg。

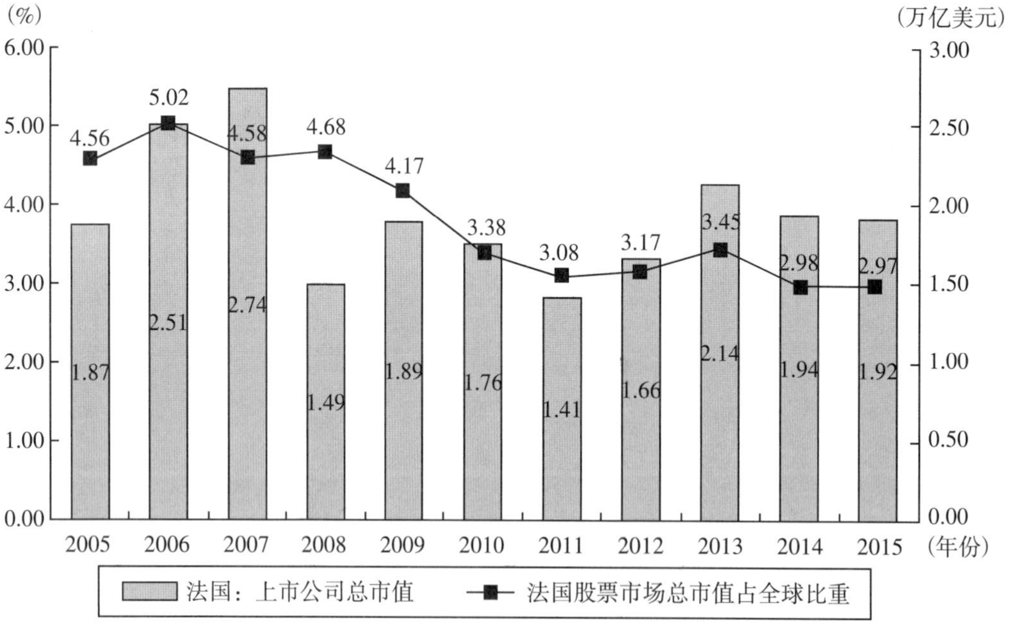

图 15 法国股票总市值及其占全球比重

数据来源：Bloomberg。

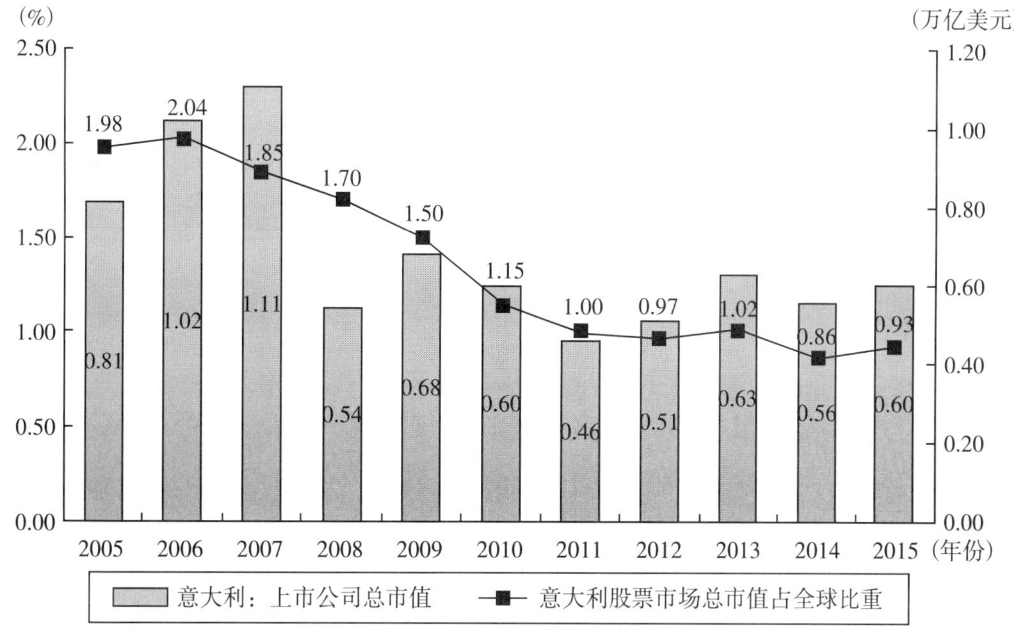

图 16 意大利股票总市值及其占全球比重

数据来源：Bloomberg。

四、金砖国家

（一）2015 年金砖国家经济增长情况

1. 经济增速有所放缓，冷热不均

2015 年金砖国家除印度一枝独秀、保持稳定增速外，其他三国经济增长都有不同程度的下降，巴西和俄罗斯甚至出现了逐渐恶化的全年负增长。分国家来看，受全球需求疲软、供给过剩、美元走强等因素影响，大宗商品特别是国际油价“跌跌不休”，再加上巴西本身基础设施的落后、制造业竞争力的薄弱、人力资源的不足和持续横行的贪腐，巴西经济延续了 2014 年的颓势，4 个季度的 GDP 同比增速分别为 –1.78%、–2.96%、–4.53%、–5.76%。受困于主要出口商品包括黄金、铂族金属、铁矿石和煤价格大幅下跌，以及电力短缺和商业信心不足等困境，南非经济增速逐季下降，4 个季度的 GDP 同比增速分别为 2.51%、1.21%、0.85%、0.55%，勉强保持正增长。印度经济持续受益于总理莫迪振兴印度的开放政策，2015 年经济增速继续大幅上升，4 个季度的 GDP 同比增速分别为 6.71%、7.47%、7.58%、7.24%。俄罗斯经济受大宗商品价格下跌、乌克兰和叙利亚问题、西方经济制裁等拖累，出现负增长，4 个季度的 GDP 同比增速分别为–2.8%、–4.5%、–3.7%、–3.8%。

2. 物价指数普遍高位，分化严重

2015 年，金砖国家物价指数出现分化，但普遍都有较大的通胀压力。分国家看，受翘尾因素影响，俄罗斯通胀压力加剧，CPI 由 2014 年底的 11.40%跃升至 2015 年 1 月的 15.00%，此后逐渐回落至

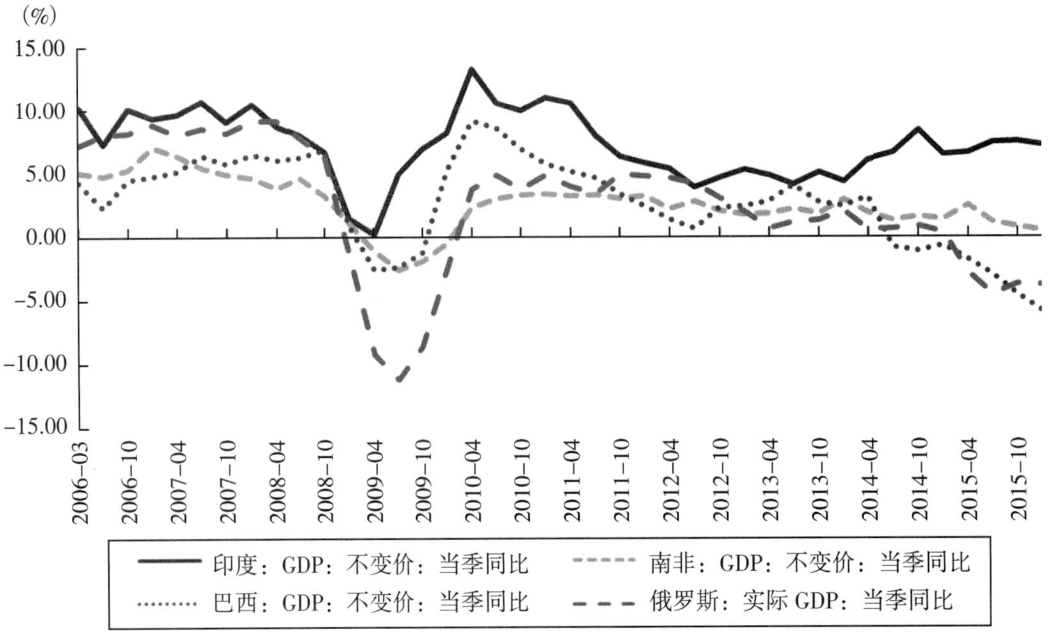

图 17　金砖国家经济增长情况

数据来源：Wind 资讯。

12 月的 12.90%。南非内外需求疲软，CPI 前十个月保持平稳，11 月起小幅攀升至年末 5.23%的水平。巴西经济出现滞胀，除去 7 月至 9 月的小幅回落，CPI 全年几乎保持攀升态势，从年初的 7.14%上升至 9 月的 10.67%。印度 CPI 1~8 月不断收缩，从 1 月的 7.17%跌至 8 月 4.35%的阶段性低点，8 月起开始反弹，直至 12 月回落至 6.32%。金砖四国物价指数都远高于 2%的健康水平，“稳增长防通胀”任重而道远。

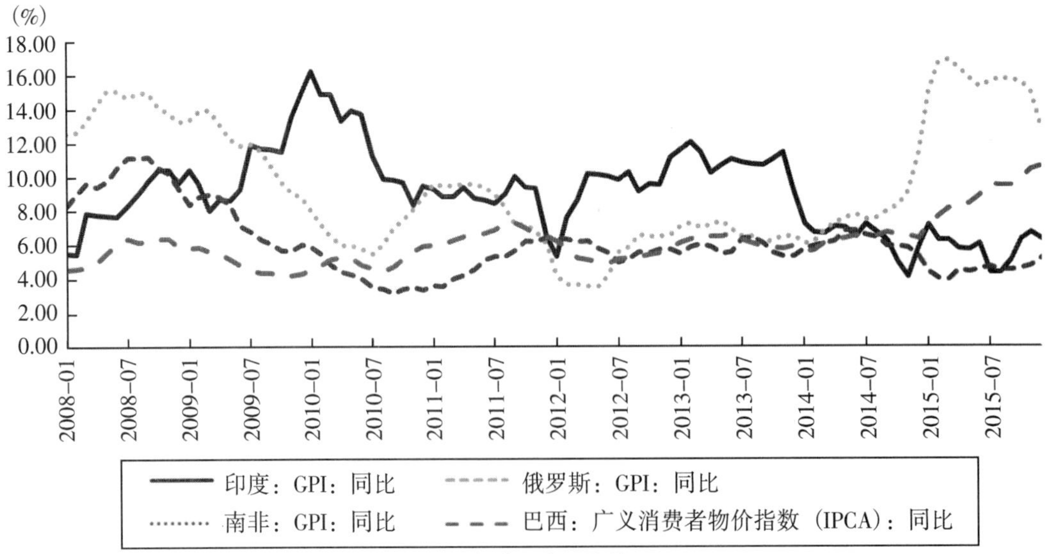

图 18　金砖国家通胀情况

数据来源：Wind 资讯。

3. 就业市场表现基本稳定，与以往持平

2015年金砖四国各自就业市场反映了其经济表现。分国家来看，2015年印度失业率较2014年8.6%有所好转。2015年巴西就业形式和经济情况如出一辙，六大城市失业率10月曾达到7.8%，创2010年来最高水平，12月回调至6.9%。俄罗斯就业形势略有恶化，2015年失业率由年初5.5%小幅攀升至年末5.8%。南非失业率较高，依然为困扰经济增长的主要因素，四个季度失业率分别为26.4%、25.0%、25.5%和24.5%。

（二）2015年金砖国家股指走势

2015年，金砖国家股指表现分化，俄罗斯和巴西股市震荡下行，南非股市轻微上调，而印度则表现出了异于经济基本面的态势。分国家来看，俄罗斯RTS指数和巴西圣保罗Ibovespa指数先升后跌，前者由2014年底的790.71点小幅跌至2015年底的757.04点，后者则由2014年底的50007点下降至2015年底的43349点；印度孟买Sensex30指数全年微震下行，由2014年底的27499.42点降至2015年底的26117.54点，与经济持续增长有较大出入。富时/JSE南非综合指数呈现轻微上涨态势，2014年底为49770.6点，2015年终报收于50693.76点，与经济增速大致相同。

俄罗斯RTS指数的权重股包括俄罗斯联邦储蓄银行、俄罗斯天然气工业公司、卢克石油公司、苏尔古特石油天然气公司等。巴西圣保罗交易所指数的前五大权重股包括淡水河谷公司、巴西石油公司、Bancona Itau金融银行控股公司、巴西布拉得斯科银行股份公司、巴西银行股份公司。印度孟买Sensex30指数的主要权重股包括ITC有限公司、Infosys科技有限公司、印度瑞来斯实业公司、印度房产开发融资公司、HDFC银行有限公司。南非综合指数的主要权重股包括ABSA集团有限公司、Acucap Properties有限公司等。

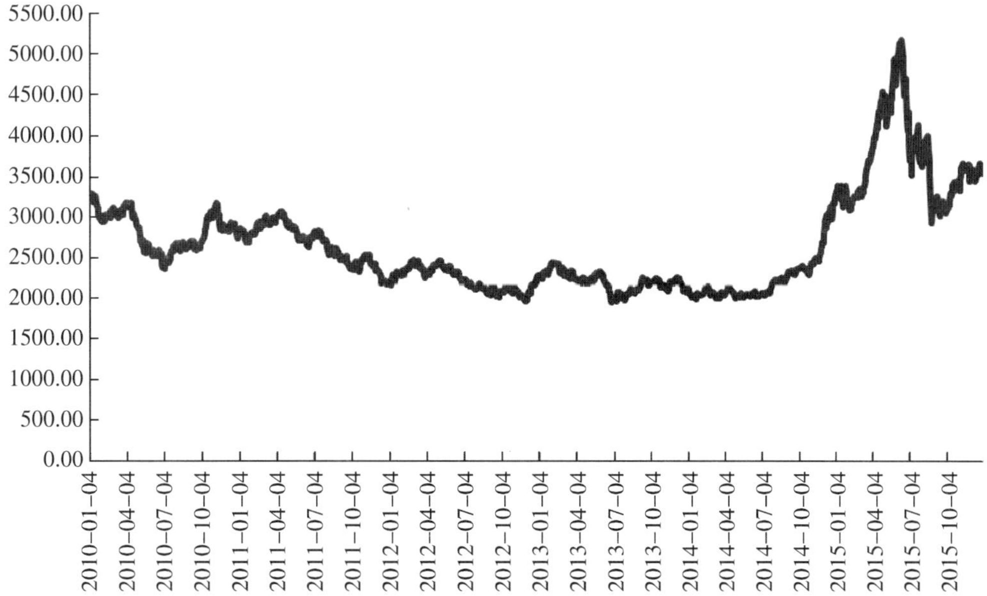

图19 中国上证综合指数走势

数据来源：Wind资讯。

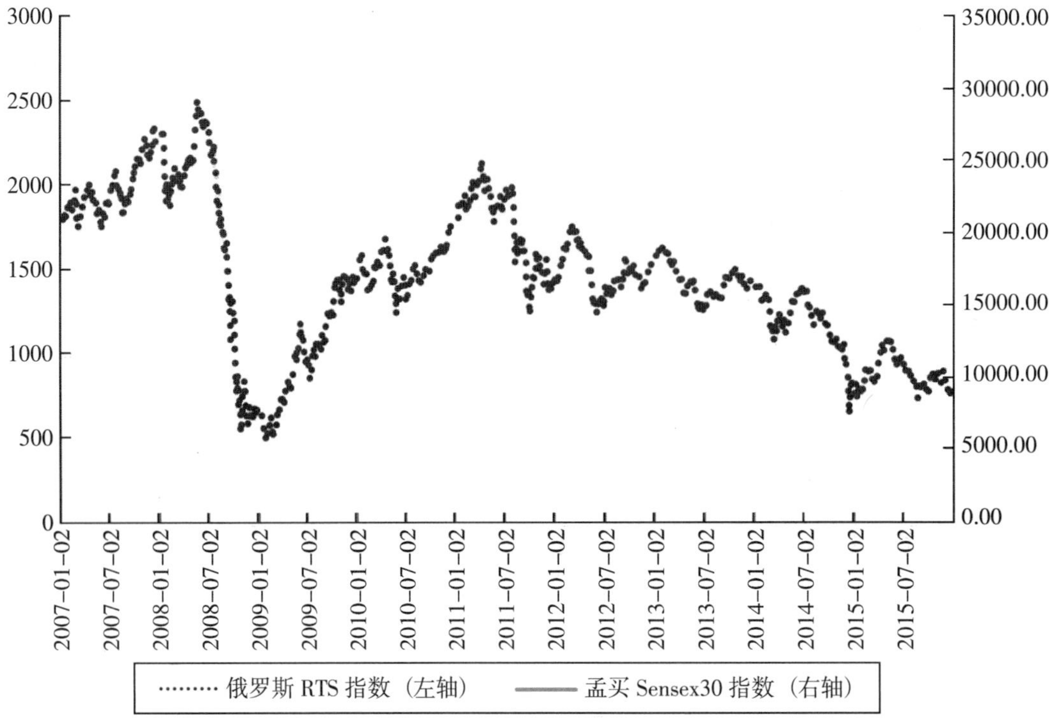

图 20　孟买 Sensex30 和俄罗斯 RTS 指数走势

数据来源：Wind 资讯。

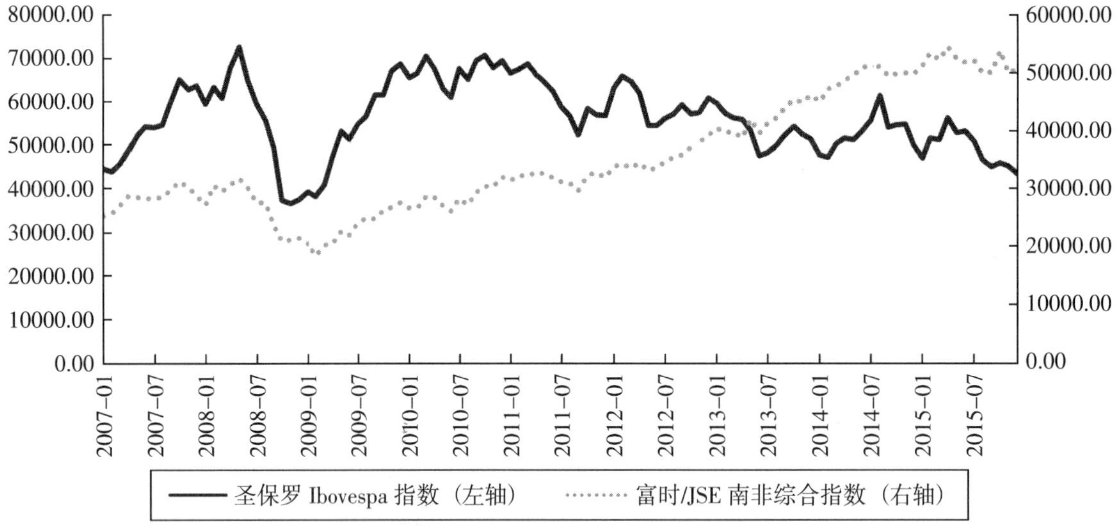

图 21　巴西圣保罗交易所指数和富时/JSE 南非综合指数走势

数据来源：Wind 资讯。

（三）2015 年金砖国家股票市值及全球占比情况

2015 年 12 月 31 日，印度股票市场股票总市值为 1.52 万亿美元，全球占比 2.35%，较 2014 年的 2.4%稍有下跌；巴西股票市场受经济拖累，股票总市值降至 0.45 万亿美元，占全球比重萎缩至 0.70%；

俄罗斯股票市场并未随经济衰退而大跌，股票总市值升至0.39万亿美元，占全球比重也由0.55%升至0.60%；南非股票市场同样遭遇滑铁卢，股票总市值跌至0.36万亿美元，占全球比重也由0.78%急速滑落至0.55%。

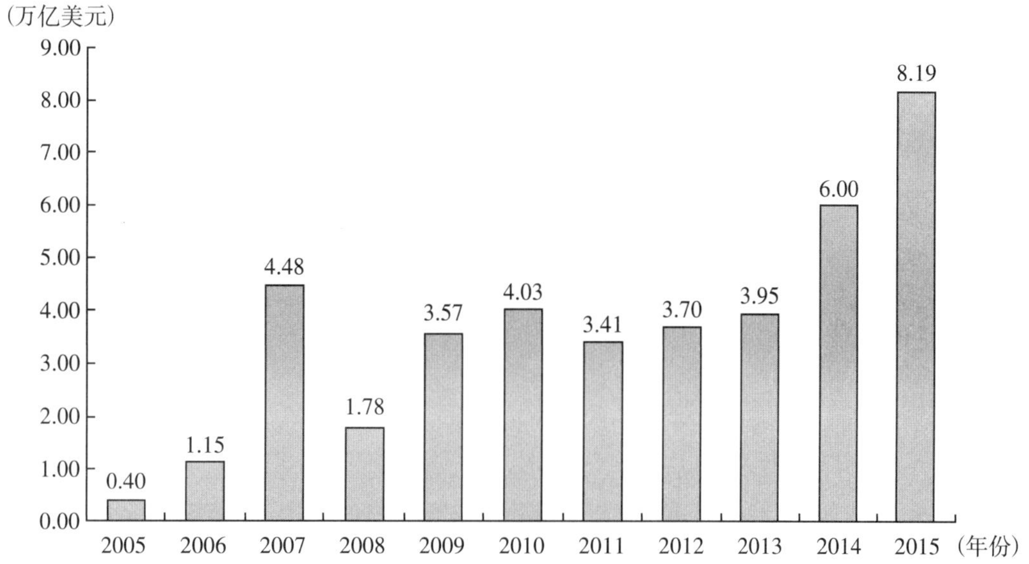

图22 中国上市公司总市值

数据来源：Wind资讯。

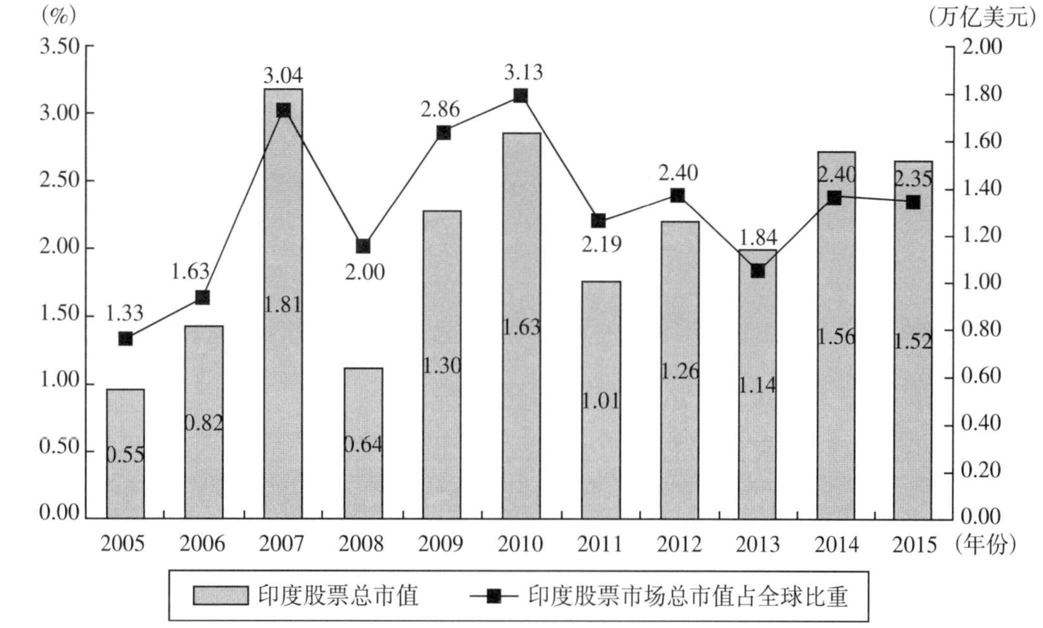

图23 印度股票总市值及占全球比重

数据来源：Bloomberg。

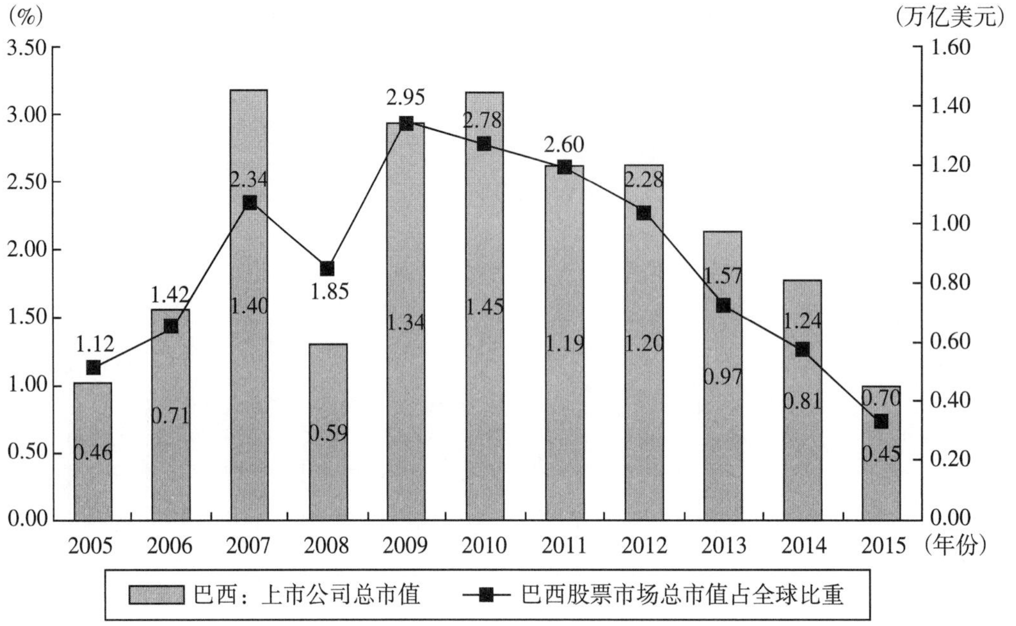

图 24　巴西股票总市值及占全球比重

数据来源：Bloomberg。

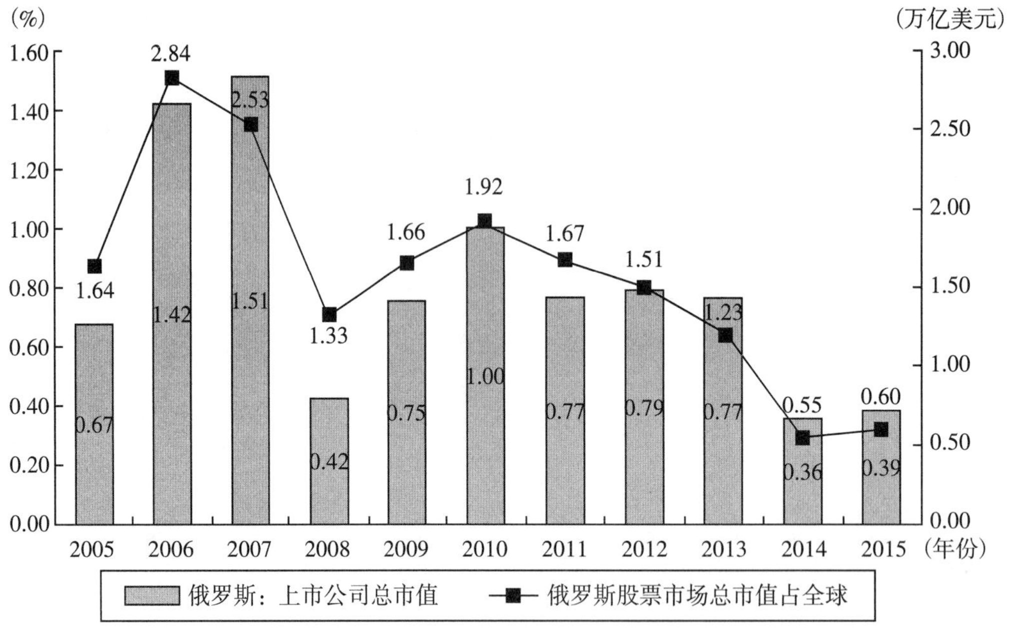

图 25　俄罗斯股票总市值及占全球比重

数据来源：Bloomberg。

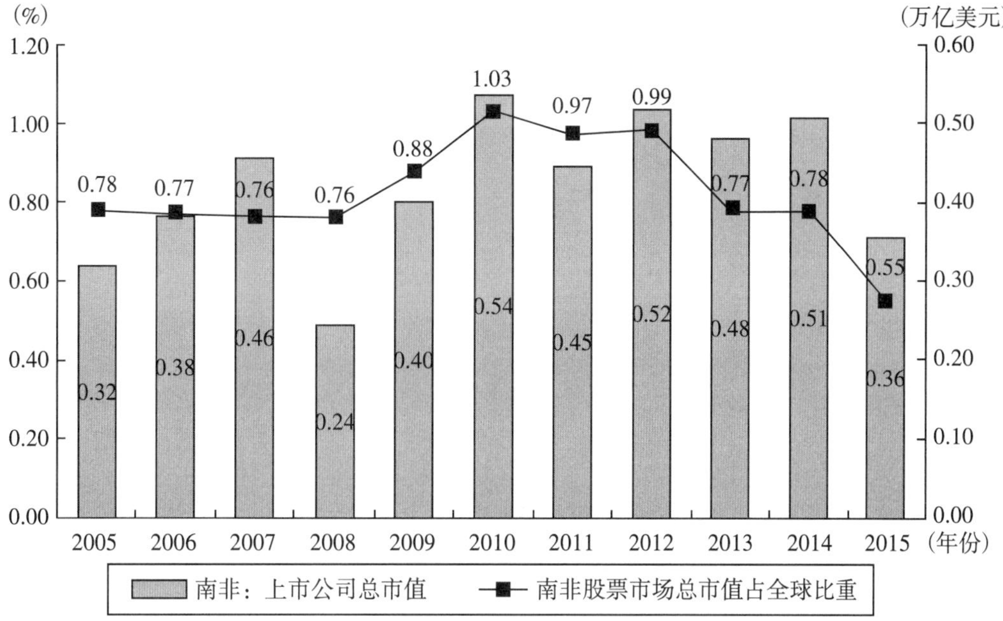

图 26　南非股票总市值及占全球比重

数据来源：Bloomberg。

五、亚洲主要国家和地区

（一）2015 年亚洲主要国家和地区经济增长情况

1. 经济增长较为缓慢

2015 年，中国香港和中国台湾地区经济增长均表现不佳。2015 年 4 个季度，中国香港地区 GDP 同比增速分别为 2.4%、3.1%、2.3%、1.9%，GDP 首次低于广州，位列全国第四。2015 年中国台湾地区由年初的“保 3”目标降低至年末的“保 1”，4 个季度同比增速分别为 4.01%、0.66%、-0.70%和-0.79%。2015 年我国周边国家经济普遍保持 5%以下低速增长的态势。分国家来看，安倍经济学三支箭——宽松的货币政策、积极的财政政策和模糊的结构性改革承诺，持续带动日本经济增长。2015 年日本 GDP 同比增速为 0.47%，成功扭转 2014 年负增长的颓势。韩国为平均消费倾向走低所掣肘，经济未能实现“保 3”目标，2015 年增速 2.6%，创三年来新低，4 个季度 GDP 同比增速分别为 2.4%、2.2%、2.8%、3.1%。新加坡陷入技术型衰退、楼市降温和公司盈利悲观的泥潭，经济增速下滑，2015 年 GDP 增速达 2.01%，较 2014 年 2.92%有所下滑，经济增长为近 6 年最慢，4 个季度 GDP 同比增速分别为 2.7%、1.7%、1.8%和 1.8%。泰国公共支出大增叠加旅游业繁荣，促使经济增长大幅回升，全年增速达 2.82%，较 2015 年 0.71%表现优异，4 个季度 GDP 同比增速分别为 3.0%、2.7%、2.9%和 2.8%。马来西亚经济承压下行，油价大跌、林吉特贬值、商品及服务税的引进等，使得 2015 年经济增速由 2014 年的 6.03%降至 4.95%，4 个季度 GDP 同比增速分别为 5.71%、4.95%、

4.73%和4.55%。印尼经济稍有下行，因全球经济放缓导致商品价格下跌，再加上资本外流的压力，2015年经济增速未达预期，小幅跌至4.79%，2015年4个季度GDP同比增速分别达到4.73%、4.66%、4.74%和5.04%。

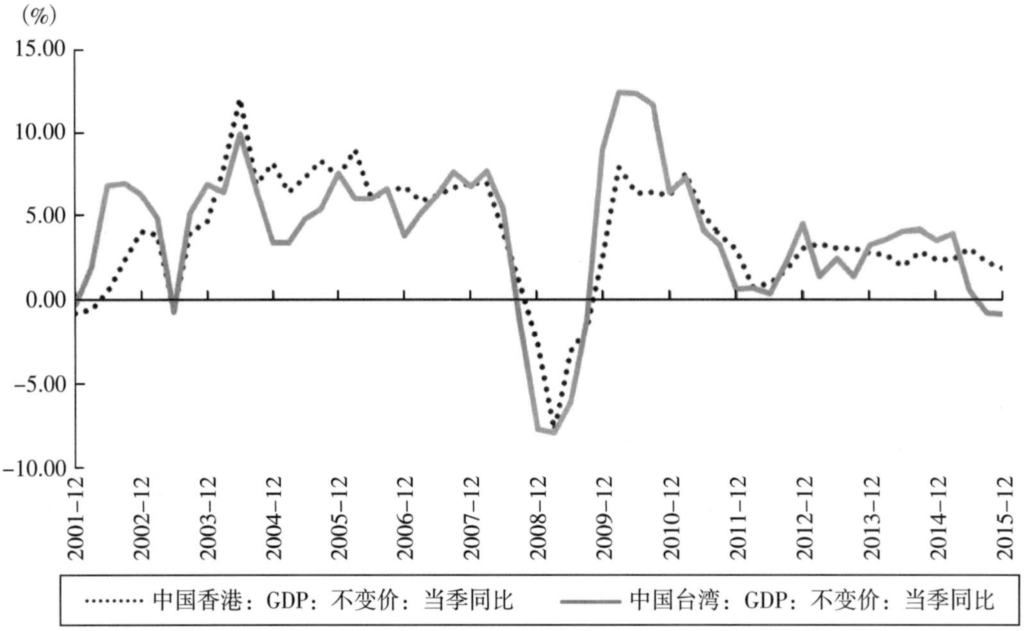

图27 中国香港和台湾地区经济增长情况

数据来源：Wind资讯。

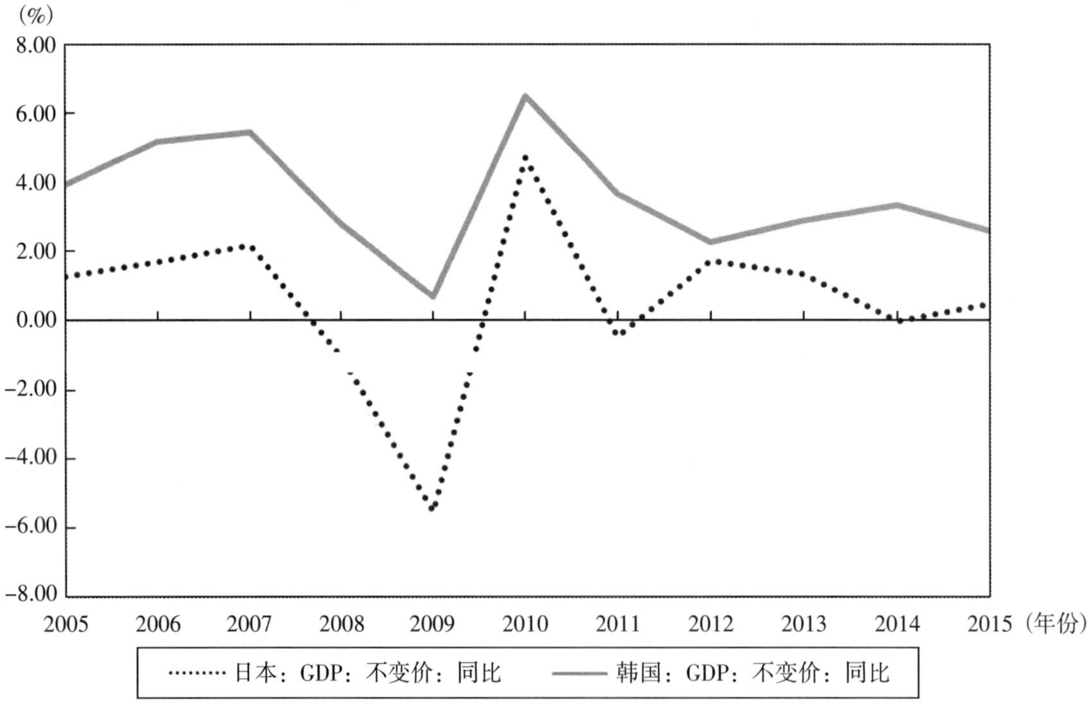

图28 日本和韩国经济增长情况

数据来源：Wind资讯。

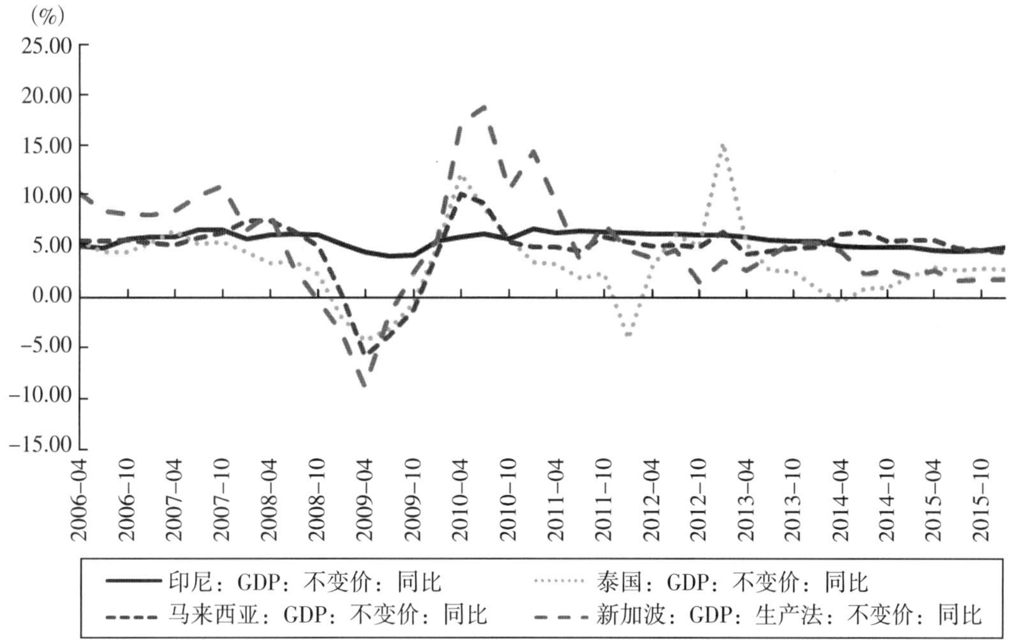

图 29　东南亚主要国家经济增长情况

数据来源：Wind 资讯。

2. 通胀水平冷暖自知

2015 年，中国香港地区 CPI 持续收缩，连续四年下滑，CPI 同比增速从 2014 年末的 4.9%下降至 2015 年末的 2.4%，全年 CPI 同比增速达 2.4%。而中国台湾地区 CPI 前八个月跌破零点，CPI 同比增速由 1 月的−0.94%持续萎靡至 8 月的−0.44%，通缩压力骤增，9 月至 12 月回稳至轻微通胀。韩国 2015 年 CPI 同比增速达 0.71%，政策目标由防通胀转为抑通缩。与之类似的是，日本 2015 年通缩压力逐渐增大，CPI 同比增速 0.79%，未能延续 2014 年 CPI 短暂的健康水平（2.75%），分月份来看，前三个月 CPI 表现良好，同比增长稳定在 2.3%左右，4 月至 12 月由 0.6%一路跌至 0.2%，其中 9 月甚至出现了 CPI 停滞的现象。新加坡和泰国全年处在通缩梦魇的笼罩之下。新加坡 CPI 从 2014 年 11 月的−0.28%开始至 2015 年 12 月的−0.60%止，连续 14 个月跌破 0，2015 年 CPI 增速−0.54%。2015 年泰国 CPI 同比增速从 1 月的−0.41%下降到 12 月的−0.85%，全年增速−0.9%。马来西亚 CPI 同比增速上半年有所下降，下半年基本持平，2015 年 CPI 同比增速从 1 月的 1.0%攀升至 12 月的 2.7%，全年增速 2.1%，温和通胀渐显。菲律宾 CPI 从 2014 年初的 4.3%暴跌至 2014 年底的 2.7%，翘尾因素致使 2015 年初同比继续下降，年中延续颓势，11 月和 12 月虽有回暖，缓解部分通缩压力，CPI 仍降至全年最低点 1.5%，全年增速降至 1.43%，通胀状况趋好。印度尼西亚 CPI 经历了上半年的小幅上扬至 7.26%后，下半年骤降至全年最低点 3.35%，2015 年全年通胀 6.36%，防通胀任务仍旧严峻。

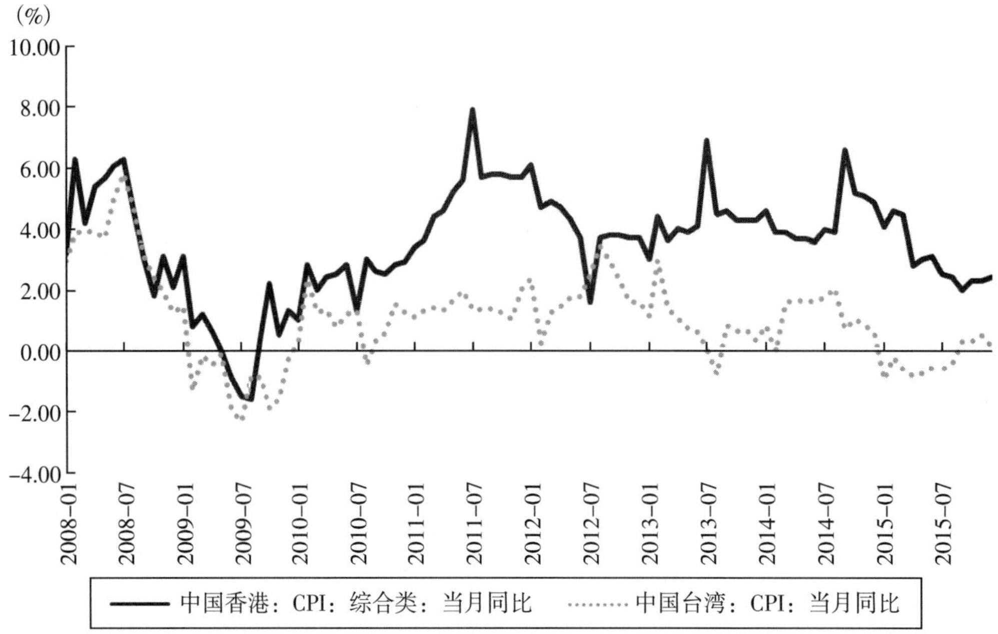

图 30　中国香港和台湾地区通胀情况

数据来源：Wind 资讯。

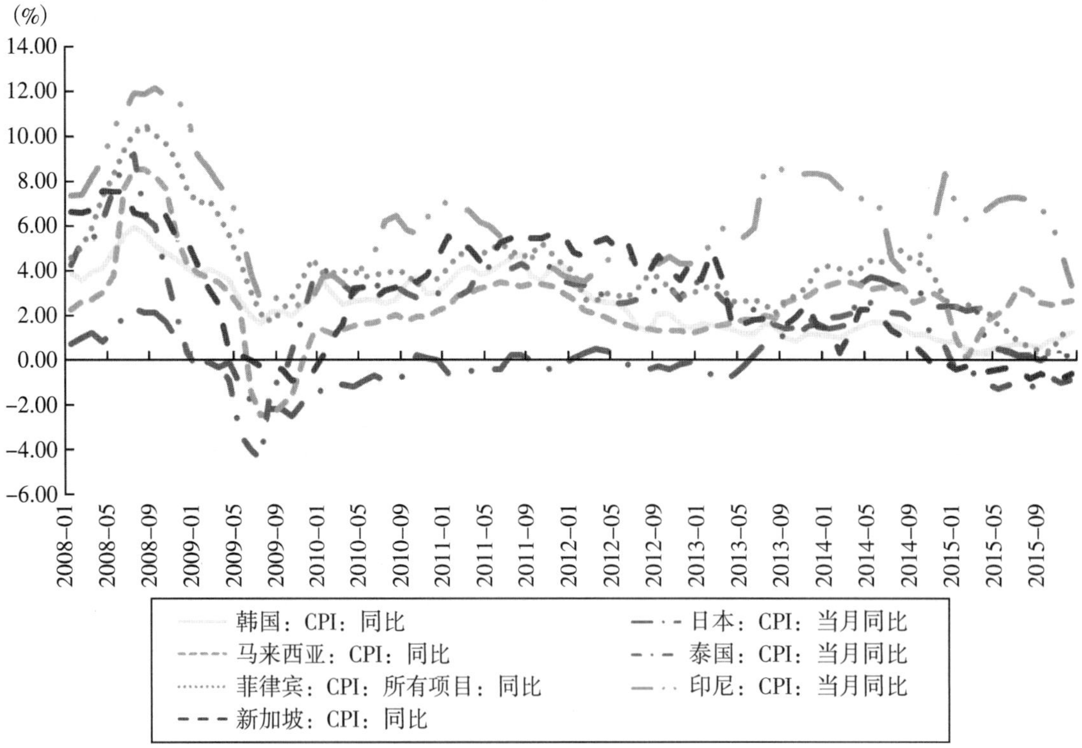

图 31　我国周边主要国家通胀情况

数据来源：Wind 资讯。

3. 就业市场表现趋稳

2015 年，中国香港就业市场基本保持稳定，中国台湾就业情况略有恶化。其中，中国香港地区失业率稳定在 3.1%~3.5%区间，8月和9月一度回升至3.5%的高位。中国台湾地区失业率由上半年3.6%~3.7%的水平攀升至下半年3.8%~3.9%的水平，就业形势更加严峻。我国周边地区失业率总体趋稳，日本就业情况有所改观，失业率由1月的3.5%下降至12月的3.1%。韩国失业率经历了上半年4.0%左右的高位徘徊后，下半年逐渐下跌至年末的3.2%，就

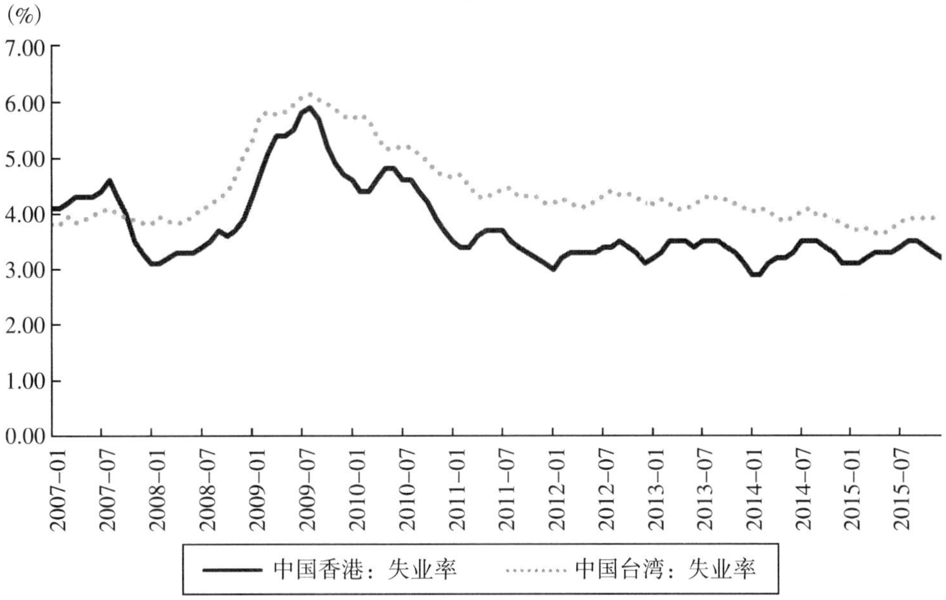

图32 中国香港和台湾地区失业率走势

数据来源：Wind资讯。

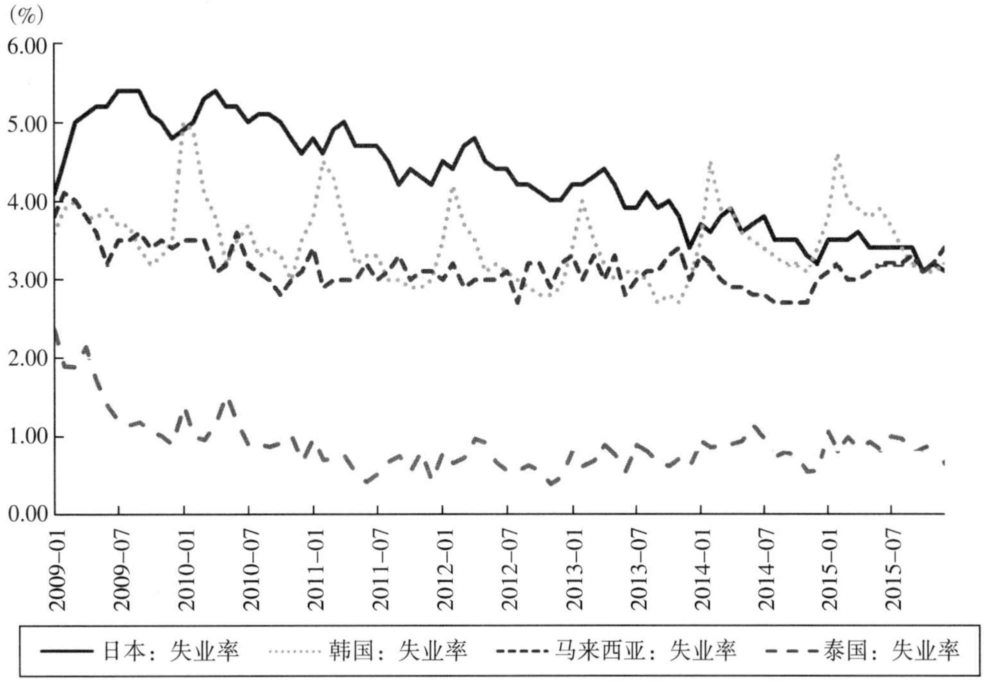

图33 我国周边国家失业率走势

数据来源：Wind资讯。

业形势渐趋向好。泰国就业形势仍保持健康水平，2015 年全年失业率均稳定在 1%上下，12 月更是降至全年最低点 0.65%。马来西亚就业情况平稳，失业率保持在 3.1%~3.4%的区间内。

（二）2015 年亚洲主要国家和地区股指走势

2015 年中国香港恒生指数和中国台湾加权指数都经历了年中大跌，第三季度回调，第四季度再跌的震荡，整体走势受中国大陆影响较大。其中，中国香港地区较 2014 年末下跌 7.16%，中国台湾地区较 2014 年末下跌 10.41%。

与此同时，我国周边国家股指表现大相径庭，东亚地区牛市频出，东南亚地区哀鸿遍野。具体来看，东亚地区日经 225 指数受日本经济复苏推动，上涨 9.07%，韩国综合指数符合经济走势，上涨 2.39%，反观东南亚地区，新加坡海峡指数下跌 14.34%，遗憾成为亚洲表现最糟糕的市场。再加上泰国 SET 指数大跌 14.00%，马来西亚吉隆坡指数下跌 3.90%，印度尼西亚雅加达综合股票指数下跌 12.13%，菲律宾综合指数下跌 3.85%，东南亚股指几乎全军覆没，与经济基本面大相径庭，其中原因或与全球经济放缓、外资撤出东南亚、前期上涨过快近期回调等有关。

中国台湾加权指数的前五大权重股包括台积电、鸿海精密工业股份有限公司、联发科技股份有限公司、中华电、台塑石化。中国香港恒生指数的前五大权重股为汇丰控股、腾讯、中国建设银行、中国移动、安邦保险，其中汇丰控股占权重的 15%。日经 225 指数的前五大权重股为迅

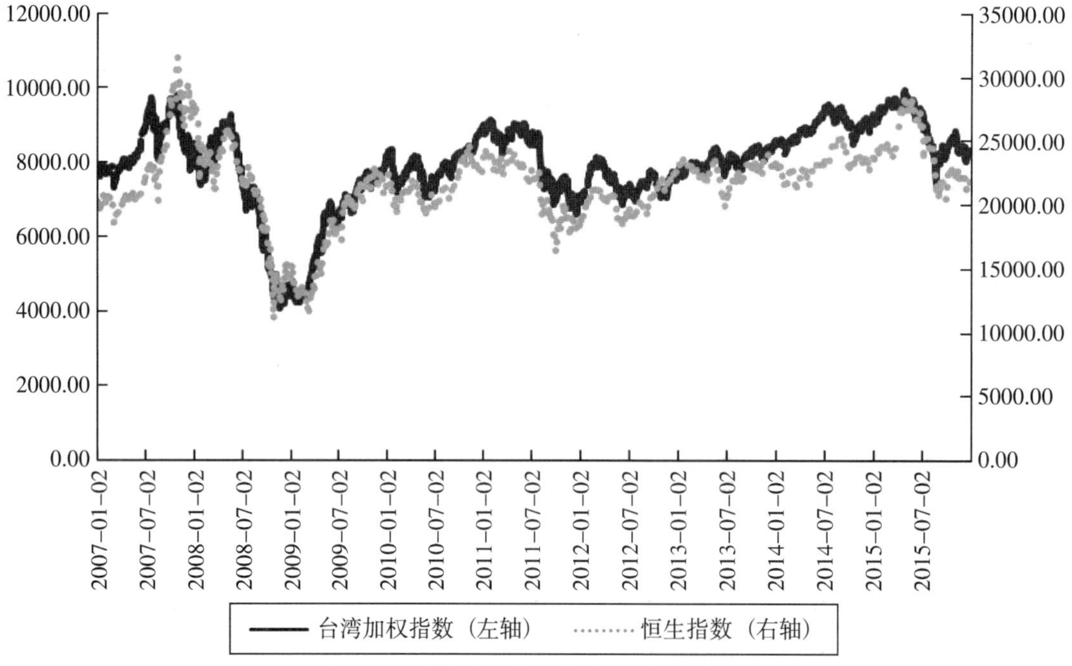

图 34　香港恒生股指和台湾加权指数走势

数据来源：Wind 资讯。

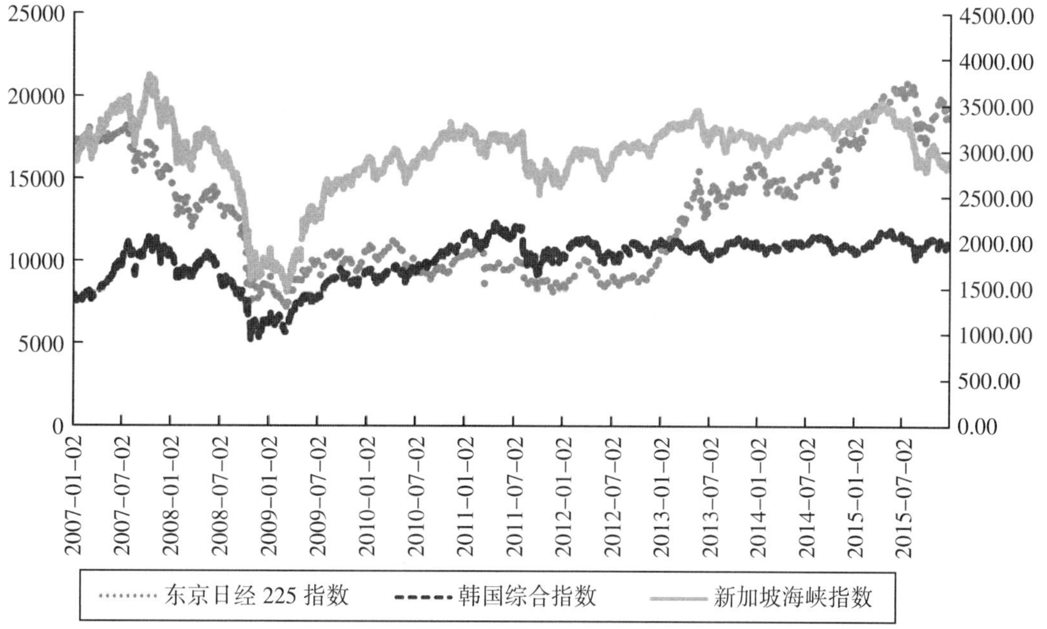

图 35　韩国综合指数、新加坡海峡指数走势和东京日经 225 指数

数据来源：Wind 资讯。

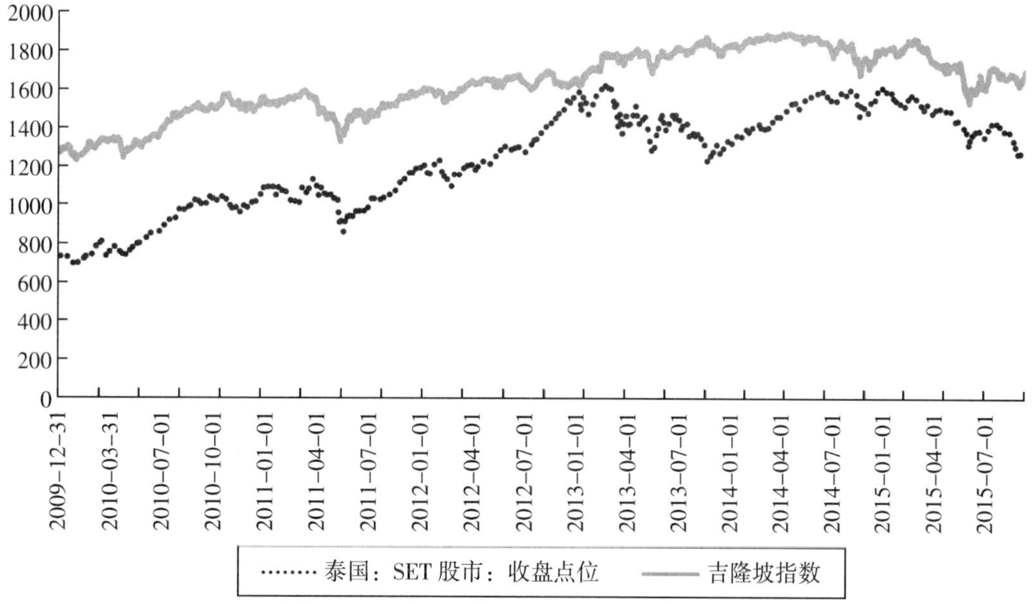

图 36　泰国 SET 股市指数和马来西亚吉隆坡指数走势

数据来源：Wind 资讯。

销公司、日本软银股份有限公司、发那科株式会社、KDDI 株式会社和京瓷公司。韩国综合指数的主要权重股为三星电子有限公司、现代汽车公司、现代摩比司株式会社、浦项制铁公司、海力士半导体公司。新加坡海峡指数的前五大权重股为星展集团、华侨银行有限公司、新加坡电信有限公司、新加坡大华银行、吉宝企业有限公司。泰国SET指数的权重股包括PTT股份有限公司、亿旺资讯服务（ATS）股份有限公司、暹罗商业银行股份有限公司、PTT勘探与生产股份有限公司、暹罗水泥股份有限公司等。马来西亚吉隆坡指数的主要权重股包括大众银行有限公司、马来西亚银行有限公司、联昌集团控股有限公司、森达美有限公司、亚通集团有限公司。印尼雅加达综合股票指数的前五大权重股包括阿斯特拉国际股份有限公司、中亚银行股份有限公司、印度尼西亚电信股份有限公司、印度尼西亚联合利华股份有限公司、印度尼西亚人民银行股份有限公司。

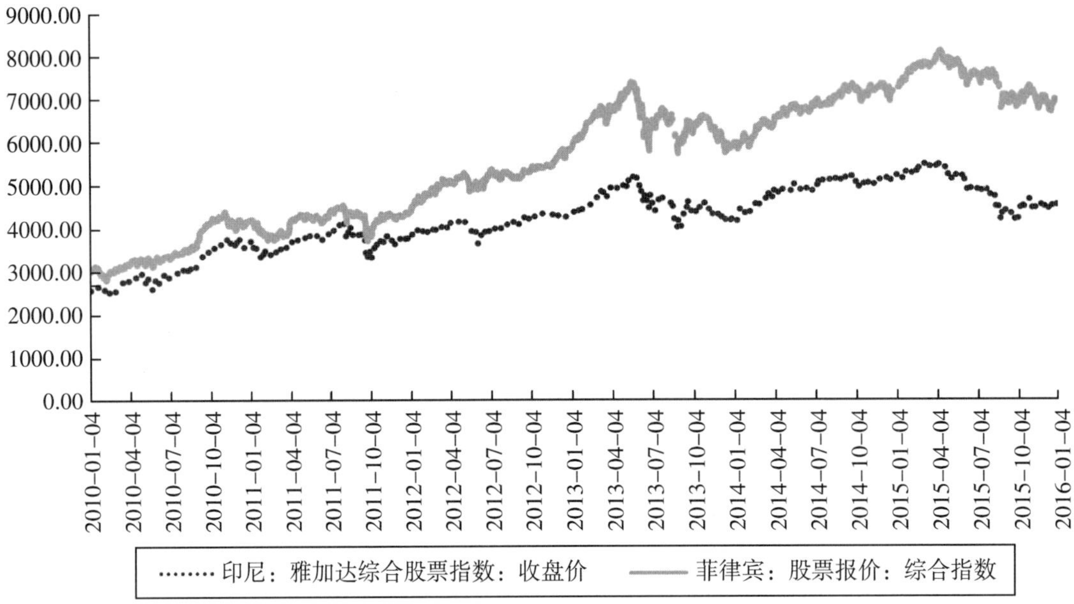

图37 印度尼西亚雅加达综合指数和菲律宾综合指数走势

数据来源：Wind资讯。

（三）2015年亚洲主要国家股票市值及占比情况

2015年12月31日，中国香港地区股票总市值为4.11万亿美元，占全球股票总市值比重为6.36%，全球占比几乎不变。中国台湾地区股票总市值为0.86万亿美元，全球占比1.33%，稍低于2014年1.49%的水平。

东亚地区股市市值及全球占比持续攀升，日本股票总市值为5.03万亿美元，全球占比7.79%，较2014年的6.83%有较大幅度上涨。韩国股票总市值为1.20万亿美元，全球占比1.85%，略高于2014年的1.82%。

东南亚国家股市市值及全球占比大幅跳水。新加坡股票总市值为0.46万亿美元，占全球股票总市值比重为0.72%，大幅低于2014年的0.88%。印度尼西亚股票总市值为0.35万亿美元，占全球股票总市值比重为0.54%，低于2014年的0.65%。马来西亚股票总市值为0.38万亿美元，占全球股票总市值比重为0.58%，低于2014年的0.70%。泰国股票总市值为0.33万亿美元，占全球股票总市值比重为0.52%，低于2014年的0.64%。菲律宾股票总市值为0.23万亿美元，占全球股票总市值比重为0.36%，略低于2014年的0.39%。

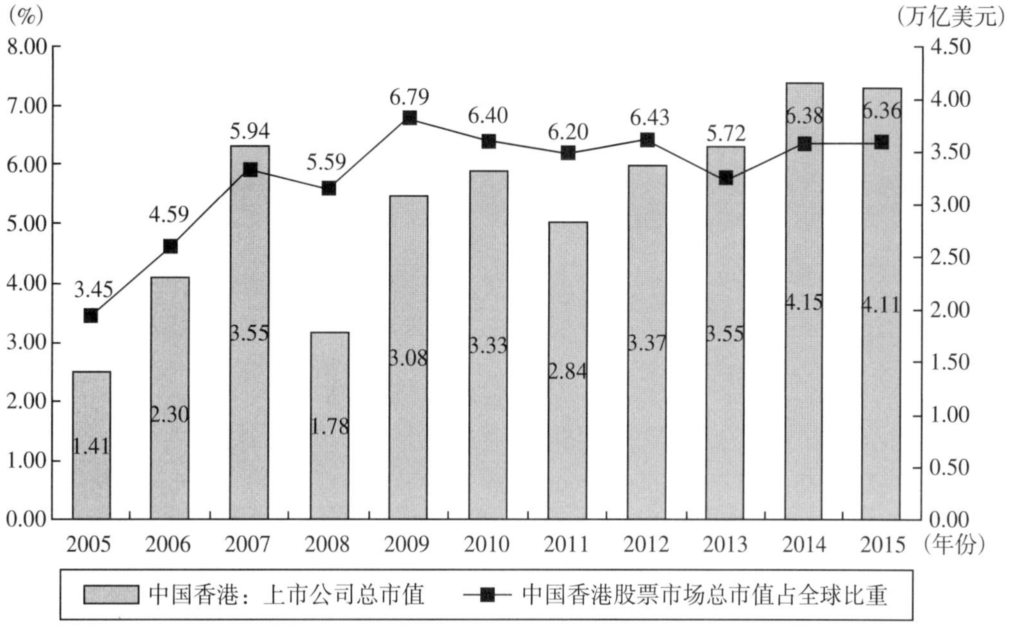

图38 中国香港地区股票总市值及其占全球比重

数据来源：Bloomberg。

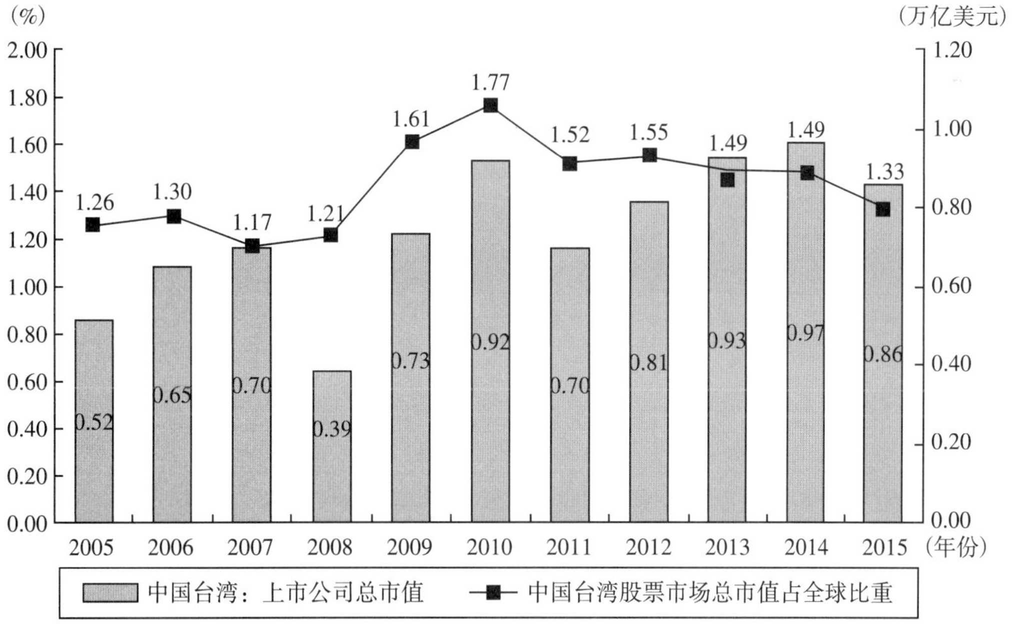

图39 中国台湾地区股票总市值及其占全球比重

数据来源：Bloomberg。

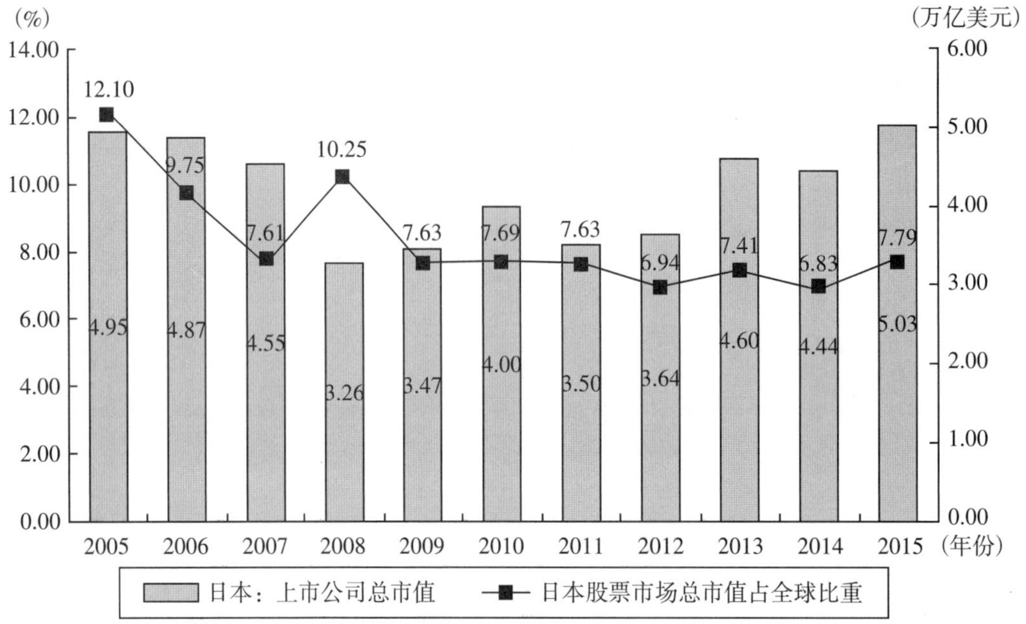

图 40　日本股票总市值及其占全球比重

数据来源：Bloomberg。

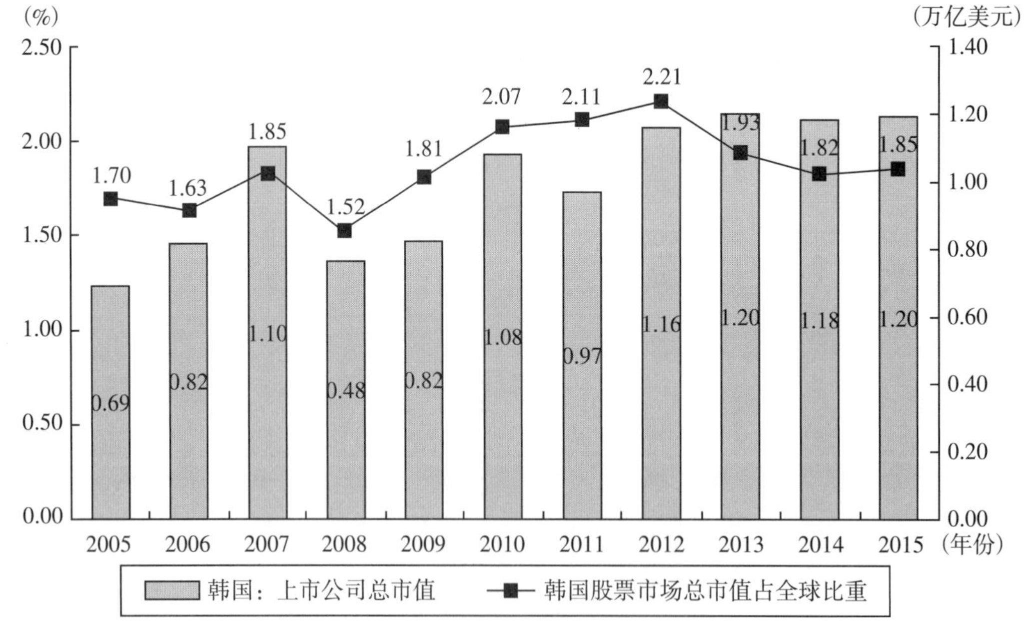

图 41　韩国股票总市值及其占全球比重

数据来源：Bloomberg。

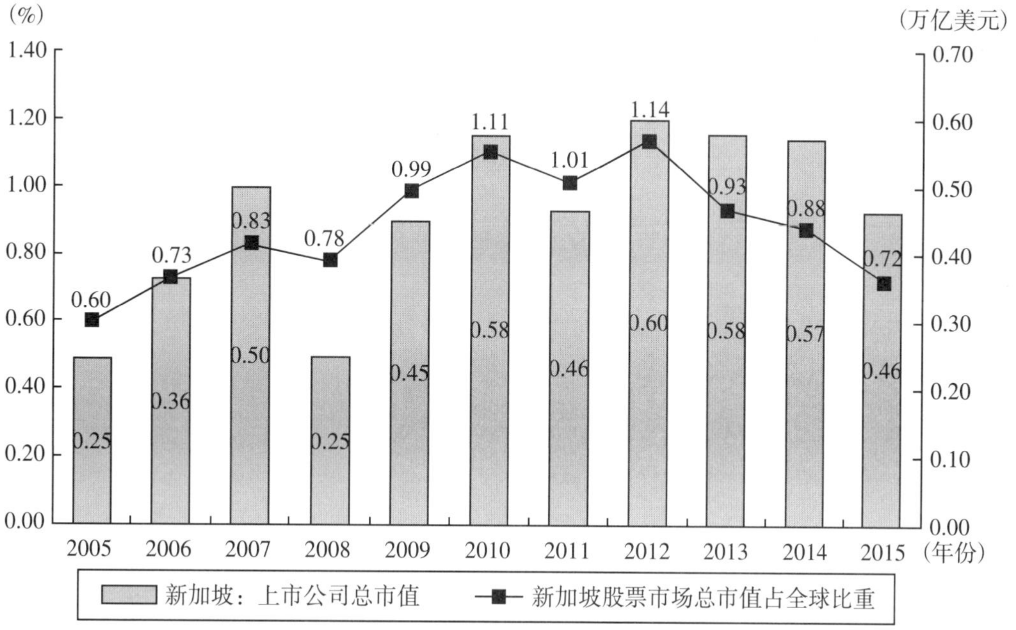

图 42　新加坡股票总市值及其占全球比重

数据来源：Bloomberg。

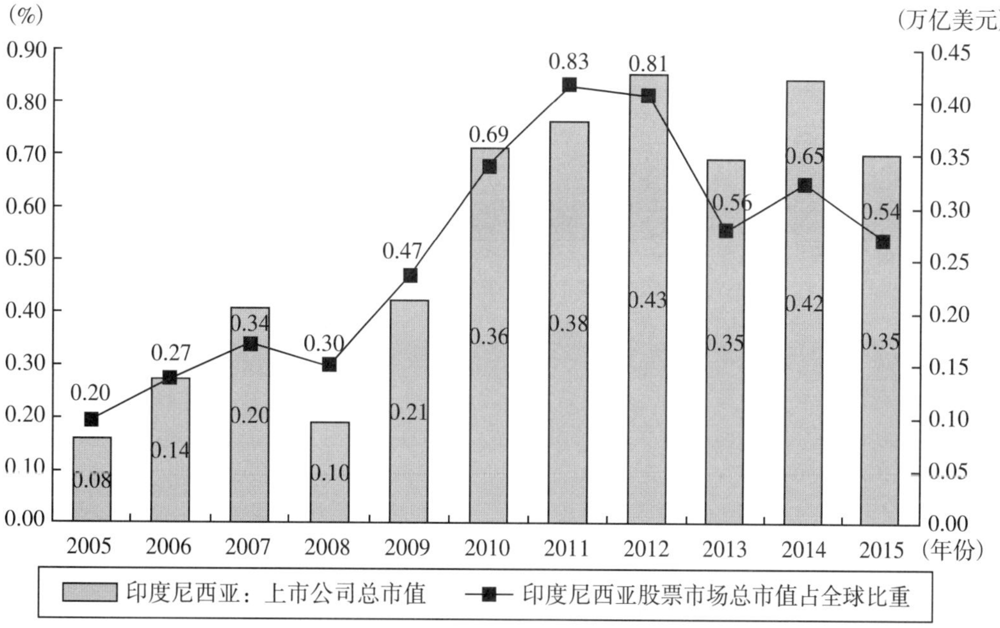

图 43　印度尼西亚股票总市值及其占全球比重

数据来源：Bloomberg。

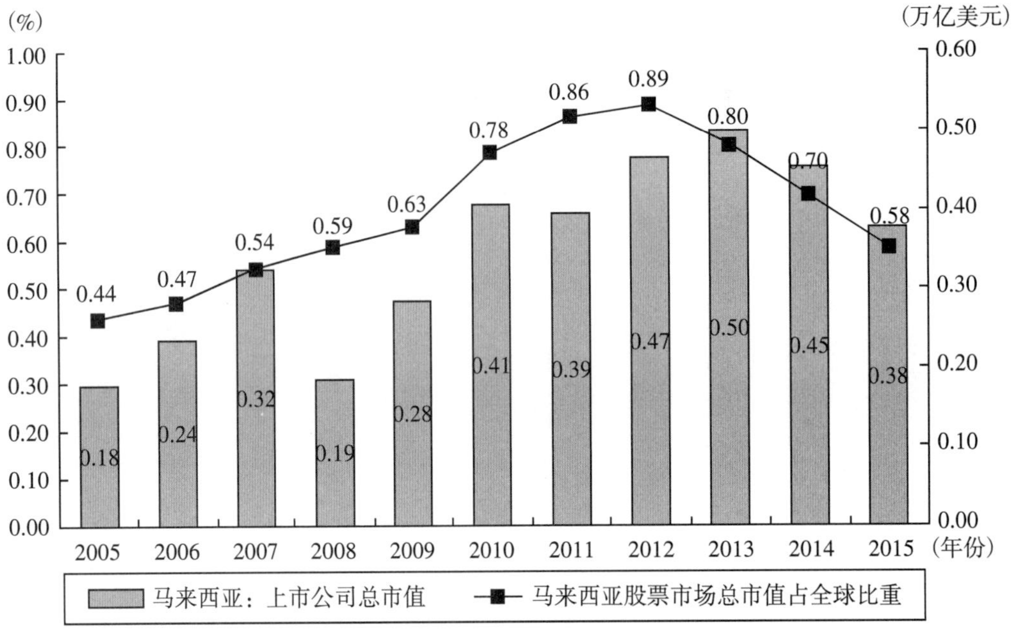

图 44　马来西亚股票总市值及其占全球比重

数据来源：Bloomberg。

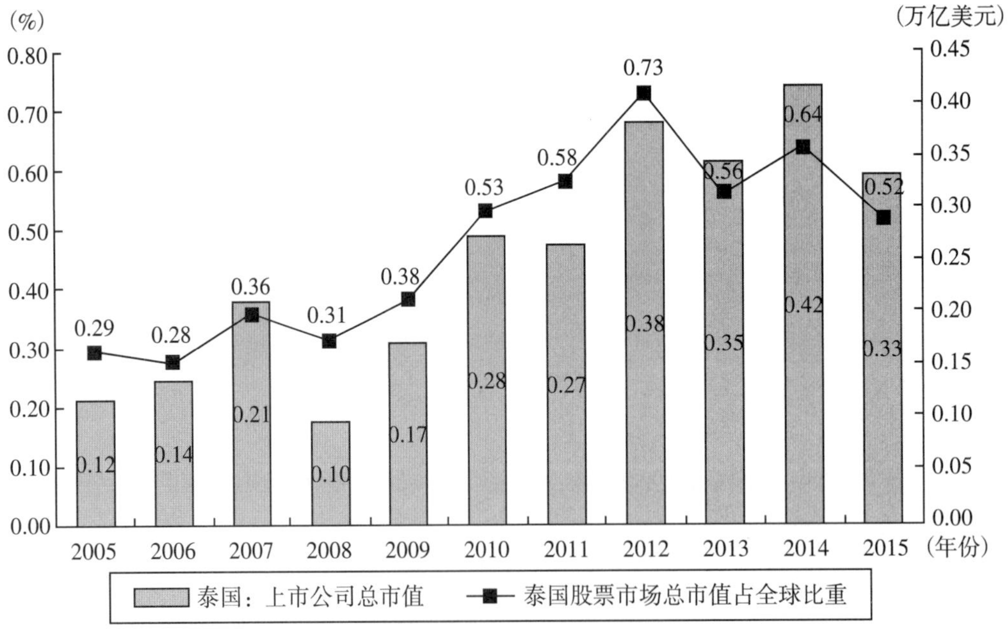

图 45　泰国股票总市值及其占全球比重

数据来源：Bloomberg。

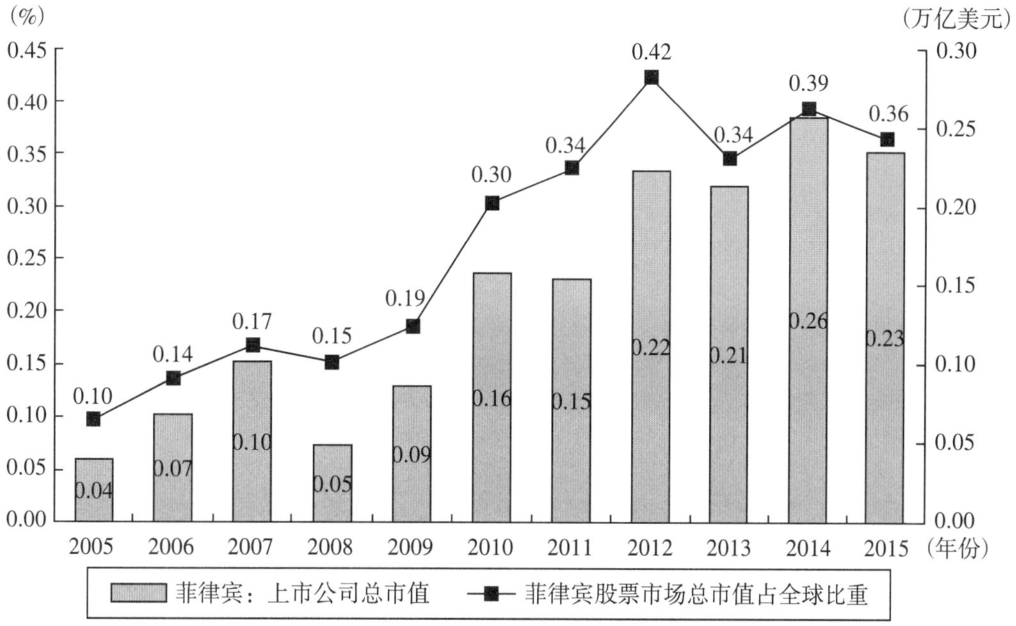

图 46 菲律宾股票总市值及其占全球比重

数据来源：Bloomberg。

六、2015 年中国企业赴海外上市基本情况

（一）纽约证券交易所

1. 纽约证券交易所概况

纽约证券交易所（New York Stock Exchange，NYSE），是全球最大的证券交易所，全年全球 IPO 融资额前十的公司中，有 3 家在纽交所上市。在 2005 年 4 月末，NYSE 收购全电子证券交易所（Archipelago），成为一个营利性机构。纽约证券交易所的总部位于美国纽约州纽约市百老汇大街 18 号，在华尔街的拐角南侧。2006 年 6 月 1 日，纽约证券交易所宣布与泛欧证券交易所合并组成纽约证交所—泛欧证交所公司（NYSE-Euronext）。2013 年 11 月，ICE（纽约洲际交易所）完成其对 NYSE-Euronext 的收购，形成现在的交易所体系。纽交所下设 2 个市场：主板市场和高增长板（Arca）市场。

纽约证券交易所有大约 2800 家上市公司，全球市值 15 万亿美元。交易所经营对象主要为股票，其次为各种国内外债券。除节假日外，交易时间每星期五天，每天五小时。自 20 世纪 20 年代起，它一直是国际金融中心，现在它还是纽约市最受欢迎的旅游名胜之一。

2. 中资上市公司概况

截至 2015 年 12 月 31 日，累计有 59 家中国公司在纽约证券交易所主板上市并交易，累计融资额达 338.11 亿美元。

2015 年纽交所新增的 2 家中国公司，全年融资额 1.28 亿美元。

表 1　　2015 年度纽交所新增的 2 家中国公司

公司名称	代码	上市时间	融资额（百万美元）	融资方式
Yirendai Ltd.	YRD US	2015 年 11 月 16 日	75	IPO，Primary Share Offering，Emerging Growth Company
Jupai Holdings Ltd.	JP US	2015 年 6 月 15 日	53	IPO，Primary Share Offering，Secondary Share Offering，Emerging Growth Company

数据来源：Bloomberg。

表 2　　截至 2015 年 12 月 31 日在纽约证券交易所主板上市并交易的中国公司名录

No.	上市时间	公司名称	代　码	融资额（百万美元）
1	2014 年 5 月 6 日	Alibaba Group Holding Ltd.	BABA US	25032.3
2	2011 年 4 月 15 日	Renren Inc.	RENN US	854.91
3	2014 年 11 月 5 日	Autohome Inc.	ATHM US	361.25
4	2014 年 3 月 26 日	500.com Ltd.	WBAI US	360
5	2007 年 5 月 11 日	Yingli Green Energy Holding Co.	YGE US	324.5
6	2007 年 1 月 19 日	New Oriental Education & Techn.	EDU US	302.95
7	2007 年 11 月 16 日	Xinyuan Real Estate Co Ltd.	XIN US	281.75
8	2014 年 4 月 11 日	Jumei International Holding Ltd.	JMEI US	279.926
9	2009 年 6 月 15 日	Yingli Green Energy Holding Co.	YGE US	278.07
10	2014 年 4 月 2 日	500.com Ltd.	WBAI US	260
11	2007 年 5 月 15 日	Trina Solar Ltd.	TSL US	243.283
12	2014 年 3 月 17 日	58.com Inc.	WUBA US	228
13	2007 年 9 月 14 日	China Digital TV Holding Co Ltd.	STV US	220.8
14	2013 年 9 月 27 日	58.com Inc.	WUBA US	215.05
15	2007 年 11 月 7 日	Yingli Green Energy Holding Co.	YGE US	199.64
16	2013 年 2 月 21 日	Vipshop Holdings Ltd.	VIPS US	198.72
17	2014 年 4 月 2 日	Cheetah Mobile Inc.	CMCM US	193.2
18	2014 年 3 月 10 日	Vipshop Holdings Ltd.	VIPS US	188.443
19	2010 年 3 月 17 日	Trina Solar Ltd.	TSL US	183.971
20	2011 年 4 月 21 日	Phoenix New Media Ltd.	FENG US	161.509
21	2013 年 11 月 4 日	Autohome Inc.	ATHM US	152.881
22	2009 年 7 月 27 日	Trina Solar Ltd.	TSL US	148.781
23	2010 年 9 月 2 日	Fang Holdings Ltd.	SFUN US	143.361
24	2010 年 9 月 29 日	TAL Education Group.	TAL US	138
25	2007 年 4 月 3 日	Acorn International Inc.	ATV US	137.252
26	2014 年 1 月 15 日	JinkoSolar Holding Co Ltd.	JKS US	132.188

续表

No.	上市时间	公司名称	代 码	融资额（百万美元）
27	2009年11月17日	Concord Medical Services Holdi	CCM US	132
28	2006年8月22日	New Oriental Education & Techn.	EDU US	129.375
29	2010年10月29日	Bitauto Holdings Ltd.	BITA US	127.2
30	2010年10月26日	JinkoSolar Holding Co. Ltd.	JKS US	126
31	2014年10月3日	eHi Car Services Ltd.	EHIC US	120
32	2010年10月20日	Noah Holdings Ltd.	NOAH US	115.92
33	2014年6月4日	Trina Solar Ltd.	TSL US	111.32
34	2006年12月6日	Trina Solar Ltd.	TSL US	107.491
35	2008年7月16日	Trina Solar Ltd.	TSL US	107.215
36	2014年3月12日	Leju Holdings Ltd.	LEJU US	100
37	2013年4月17日	LightInTheBox Holding Co Ltd.	LITB US	90.6775
38	2011年3月15日	NQ Mobile Inc.	NQ US	89.125
39	2010年11月4日	China Xiniya Fashion Ltd.	XNY US	88
40	2014年4月23日	Yingli Green Energy Holding Co.	YGE US	87.5
41	2010年1月12日	Daqo New Energy Corp.	DQ US	87.4
42	2014年5月5日	Zhaopin Ltd.	ZPIN US	87.0953
43	2013年10月22日	500.com Ltd.	WBAI US	86.5007
44	2014年2月21日	China Distance Education Holdi	DL US	84
45	2013年12月6日	Bitauto Holdings Ltd.	BITA US	82.476
46	2011年4月19日	China Zenix Auto International	ZX US	77.4
47	2015年11月16日	Yirendai Ltd.	YRD US	75
48	2012年2月17日	Vipshop Holdings Ltd.	VIPS US	71.5299
49	2013年9月16日	JinkoSolar Holding Co Ltd.	JKS US	71.0125
50	2010年1月20日	JinkoSolar Holding Co Ltd.	JKS US	64.185
51	2008年7月7日	China Distance Education Holdi	DL US	61.25
52	2014年5月12日	Daqo New Energy Corp.	DQ US	58
53	2015年6月15日	Jupai Holdings Ltd.	JP US	53
54	2010年4月27日	China New Borun Corp.	BORN US	40.075
55	2015年2月5日	Daqo New Energy Corp.	DQ US	30.03
56	2014年9月29日	Trina Solar Ltd.	TSL US	29.422
57	2012年5月10日	NQ Mobile Inc.	NQ US	0
58	2007年10月17日	Yingli Green Energy Holding Co.	YGE US	0
59	2008年11月21日	Trina Solar Ltd.	TSL US	0

数据来源：Bloomberg。

（二）伦敦证券交易所

1. 伦敦证券交易所概况

伦敦证券交易所隶属于全球最为国际化和多元化的交易所集团——伦敦证券交易所集团。除伦敦证券交易所之外，集团还拥有米兰证券交易所、欧洲领先的固定收益市场 MTS，为泛欧和美国提供 24 小时不间断的证券交易平台 Turquoise，位于伦敦和意大利的结算中心，富时指数公司等机构，为国际投资者进入欧洲资本市场提供便利渠道。伦敦证券交易所下设 4 个市场：主板市场，高增长市场，专业证券市场以及特别基金市场。其中主板市场设有 3 条上市路径，分别为高级上市、标准上市和高成长板块。

根据 2015 年 12 月统计，伦敦证券交易所集团在所有欧洲证券交易所中市值排名第一，证券和交易所交易基金（ETF）的交易量和交易额都居领先地位。

截至 2015 年 12 月 31 日，伦敦证券交易所上市公司总数为 2365 家（2014 年为 2433 家），市值 3.96 万亿英镑（2014 年为 4.09 万亿英镑），累计融资额 6267.75 亿英镑（2014 年为 5891.03 亿英镑），其中首发融资 96 笔（2014 年为 137 笔），融资额 76.45 亿英镑（2014 年为 145.57 亿英镑）；再融资 2360 笔（2014 年为 2537 笔），融资额达 244.77 亿英镑（2014 年为 171.78 亿英镑）。年度累计融资额为 320.22 亿英镑（2014 年为 317.34 亿英镑）。

在伦敦证券交易所上市企业的后市表现优异，按市值权重计算，IPO 平均回报率约为 22.2%。2015 年的上市企业来自包括美国、中国和以色列等在内的 13 个国家。2015 年有 25 只 ETF 在伦敦上市，融资额 33 亿英镑，较 2014 年增长 22.5%，并且占 2015 年全部 IPO 收益的 24.8%。2015 年有 19 只人民币债券在伦敦发行。

表 3　　伦敦证券交易所 2015 年 IPO 分析

	主板市场	高增长市场	特别基金市场
IPO 数量（家）	56	33	7
IPO 首发融资额（亿英镑）	62.78	4.7	8.98
平均融资额（亿英镑）	1.12	0.14	1.28
市值总额（亿英镑）	248.39	19.73	9.34
平均市值（亿英镑）	4.44	0.60	1.33

数据来源：伦敦证券交易所。

重要的 IPO 事件：

2015 年 3 月 24 日，汽车经销商 Auto Trader Group Plc 募集 16 亿英镑，发行市值 23.5 亿英镑，是 2015 年第二大 IPO。

2015 年 7 月 1 日，英国有史以来最大的软件行业公司 Sophos 上市，募集 4.05 亿英镑，发行市值 10 亿英镑。

2015 年 10 月 16 日，交易所历史上规模最大、英国有史以来最大的金融科技公司 Worldpay Group Plc 上市，该公司发行市值 48 亿英镑，募集资金 24.8 亿英镑。

2015 年 11 月 30 日，专注于另类融资的创新基金也可以在伦敦市场募集到大量资金，P2P 公司 Funding Circle SME Income Fund Ltd.在伦敦主板上市，首发融资额 1.5 亿英镑。

2015 年 12 月 23 日，Honeycomb Investment Trust Plc 发行的 Pollen Street Capital SME Loan Fund 上市，融资金额 1 亿英镑。

6 家生物制药类公司在伦敦上市，融资 1.26 亿英镑。2015 年 12 月 23 日上市的 Diurnal 是最大的专业制药公司，上市市值 7500 万英镑，融资额 2500 万英镑。

大事记：

2015 年是伦敦证券交易所高增长市场（Alternative Investment Market，AIM）设立的第 20 个年头，超过 3600 家上市企业先后加入高增长市场，累计融资超过 950 亿英镑。AIM 的再融资能力不容小觑，2015 年创下再融资第 5 高的纪录，融资额 40 亿英镑。AIM 对英国经济的影响作用十分突出，创造了相当于 250 亿英镑的年国民生产总值和 73 万个英国国内就业机会。

2015 年 3 月 25 日，德国商业银行—建银国际 ETF 发行仪式在伦敦证券交易所举行，伦敦证券交易所集团首席执行官罗睿铎和中国驻英国大使馆经商处公使衔参赞金旭出席。

2015 年 6 月，伦敦证券交易所与海通证券签署合作备忘录，共同开发人民币固定收益创新产品，并开发跟踪中国证券的人民币计价的 ETF。

2015 年 9 月 21 日，第七次中英经济财金对话达成多项成果，其中包括伦敦是最具活力和最重要的人民币交易中心和离岸人民币市场之一。双方支持就伦敦证券交易所和上海证券交易所互联互通（“沪伦通”）问题开展可行性研究。

2015 年 10 月 20 日，继 2014 年发行 20 亿元人民币债券之后，习近平主席访英期间，国家开发银行在伦敦证券交易所举行 10 亿美元债券和 5 亿欧元债券上市仪式，这是中资银行在英国上市交易中规模最大的一笔。

2015 年 10 月 20 日，为落实第七次中英经济财金对话成果，中国人民银行在伦敦采用簿记建档方式，成功发行了 50 亿元人民币央行票据，期限 1 年，票面利率 3.1%。这是中国央行首次在国外发行票据。

2015 年 9 月，中国建设银行伦敦分行成为伦敦证券交易所会员，并于 10 月 21 日在伦敦证券交易所发行 10 亿元两年期离岸人民币债券，是继 2012 年 12 月发行 10 亿元人民币债券、成为首家在英国发行人民币债券的中资银行之后的第 2 笔发债。

2015 年 10 月 22 日，中国农业银行 10 亿美元等值绿色债券上市仪式在伦敦证券交易所成功举办。中国农业银行董事长刘士余、伦敦证券交易所集团首席执行官罗睿铎出席上市仪式并致辞，双方还共同签署了《绿色金融合作备忘录》。

2015 年 10 月 23 日，伦敦证券交易所首届中国绿色债券大会在伦敦举办，中国人民银行行长助理、中国绿色金融协会副秘书长出席了会议并致辞。

2015年11月24日，第二届伦敦证券交易所集团北京年度大会在北京召开。

2015年12月17日，中国工商银行伦敦分行在伦敦证券交易所启动100亿美元中期票据计划，首批发行3亿美元债券，期限为3年，这是中国大陆银行在伦敦证券交易所主板市场发行的首只债券。

2. 中资上市公司概况

截至2015年12月31日，有46家中国概念公司在伦敦证券交易所上市并交易（中国概念公司：公司位于中国境内，或公司70%以上的业务或现金流来自中国），其中主板市场9家，高增长市场37家。

2015年12月31日中国概念公司的总市值为158.86亿英镑，累计融资额45.70亿英镑，分别占伦敦证券交易所总数的0.40%和0.73%，比2014年同期数据稍有下降。

表4　2015年度主板市场新增的1家中国概念公司

公司名称	代　码	行　业	上市时间	首发融资额（百万英镑）	市值（百万英镑）
CIC GOLD GROUP LTD.	CICG.L	非股权投资工具	2015年6月23日	0	0

注：市值统计时点为2015年12月31日。

表5　在伦敦证券交易所主板上市的中国概念公司（截至2015年12月31日）

No.	上市时间	公司名称	代　码	市值（百万英镑）
1	1993年10月19日	JP MORGAN CHINESE INVESTMENT TRUST	JMC.L	136.54
2	1997年3月20日	DATANG INTL POWER GENERATION	DAT.IL	1021.42
3	2000年5月5日	ZHEJIANG EXPRESSWAY CO.	ZHEH.IL	1105.80
4	2000年10月18日	CHINA PETROLEUM & CHEMICAL CORP.	SNP.IL	9594.77
5	2004年12月15日	AIR CHINA	AIRC.IL	1662.92
6	2010年4月19日	FIDELITY CHINA SPECIAL SITUATIONS	FCSS.L	774.61
7	2010年6月30日	MACAU PROPERTY OPPORTUNITIES FUND	MPO.L	212.96
8	2014年10月14日	GREEN DRAGON GAS LTD.	GDG.L	555.21
9	2015年6月23日	CIC GOLD GROUP LTD.	CICG.L	0.00

数据来源：伦敦证券交易所。

2015年有4家中国概念公司登陆伦敦证券交易所高增长市场，首发融资额3604.84万英镑。2015年全年，中国概念公司共进行了34笔再融资，募集资金2189.83万英镑，年度融资总额5794.67万英镑。

表6　　2015年度高增长市场新增的4家中国概念公司

公司名称	代　码	行　业	上市时间	首发融资额（百万英镑）	市值（百万英镑）
GRAND GROUP INVESTMENT PLC	GIPO.L	金　融	2015年1月27日	7.16	31.41
AQUATIC FOODS GROUP PLC	AFG.L	食品加工	2015年2月3日	9.26	31.75
MAYAIR GROUP PLC	MAYA.L	工业工程	2015年5月7日	16.22	29.44
PCG ENTERTAINMENT PLC	PCGE.L	旅游休闲	2015年8月28日	3.41	13.58

注：市值统计时点为2015年12月31日。

表7　　截至2015年12月31日在伦敦证券交易所高增长市场的中国概念公司名录

No.	上市时间	公司名称	代码	市值（百万英镑）
1	1997年6月3日	GRIFFIN MINING	GFM.L	47.75
2	2005年8月3日	ASIAN CITRUS HLDGS	ACHL.L	70.57
3	2005年12月16日	UNIVISION ENGINEERING	UVEL.L	2.69
4	2006年3月15日	FASTFORWARD INNOVATIONS LTD.	FFWD.L	8.89
5	2006年5月19日	HUTCHISON CHINA MEDITECH	HCM.L	1541.83
6	2006年10月5日	ASIAN GROWTH PROPERTIES	AGP.L	137.38
7	2006年10月16日	MINERAL & FINANCIAL INVESTMENTS LTD.	MAFL.L	0.81
8	2006年10月23日	LED INTL HLDGS LTD.	LED.L	0.00
9	2006年11月17日	TERRA CAPITAL PLC	TCA.L	38.22
10	2006年12月14日	TAIHUA PLC	TAIH.L	1.33
11	2006年12月21日	WALCOM GROUP LTD.	WALG.L	0.60
12	2007年2月14日	HAIKE CHEMICAL GROUP LTD.	HAIK.L	2.21
13	2007年5月2日	NETDIMENSIONS (HLDGS) LTD.	NETD.L	29.27
14	2007年11月22日	PACIFIC ALLIANCE CHINA LAND LTD.	PACL.L	174.52
15	2009年12月14日	ORIGO PARTNERS PLC	OPP.L	5.39
16	2010年6月2日	NORTHWEST INVESTMENT GROUP LTD.	NWIG.L	0.90
17	2010年9月6日	ASIA CERAMICS HOLDINGS PLC	ACHP.L	4.12
18	2011年3月8日	GREKA DRILLING LTD.	GDL.L	22.42
19	2011年4月1日	EASTBRIDGE INVESTMENTS PLC	EBIV.L	1.89
20	2011年5月23日	CHINA NEW ENERGY LIMITED	CNE.L	0.00
21	2011年8月1日	CHINA AFRICA RESOURCES PLC	CAF.L	0.95
22	2011年8月31日	MONEYSWAP PLC	SWAP.L	5.29
23	2012年4月2日	AUHUA CLEAN ENERGY PLC	ACE.L	2.33
24	2012年6月28日	NEW TREND LIFESTYLE GROUP PLC	NTLG.L	0.50
25	2013年5月2日	ALL ASIA ASSET CAPTIAL	AAA.L	32.99

续表

No.	上市时间	公司名称	代码	市值（百万英镑）
26	2013年9月30日	GREKA ENGINEERING & TECHNOLOGY LTD.	GEL.L	2.25
27	2013年12月9日	JQW PLC	JQW.L	0.00
28	2014年2月19日	ADAMAS FINANCE ASIA LTD.	ADAM.L	82.18
29	2014年5月12日	GALASYS PLC	GLS.L	13.21
30	2014年6月20日	ZIBAO METALS RECYCLING HLDGS LTD.	ZBO.L	1.83
31	2014年7月14日	JIASEN INTL HLDGS LTD.	JSI.L	6.69
32	2014年7月24日	DJI HLDGS PLC	DJI.L	52.46
33	2014年8月1日	GTS CHEMICAL HOLDINGS	GTS.L	58.32
34	2015年1月27日	GRAND GROUP INVESTMENT PLC	GIPO.L	31.41
35	2015年2月3日	AQUATIC FOODS GROUP PLC	AFG.L	31.75
36	2015年5月7日	MAYAIR GROUP PLC	MAYA.L	29.44
37	2015年8月28日	PCG ENTERTAINMENT PLC	PCGE.L	13.58

注：如市值统计当日无交易量，市值数据显示为0。

（三）东京证券交易所

1. 东京证券交易所概况

东京证券交易所（东京证券取引所）是日本的证券交易所之一，总部位于东京都中央区日本桥兜町。在东京证券交易所上市的股票分为第一部和第二部两大类，第一部的上市条件要比第二部的条件高。新上市股票原则上先在交易所第二部上市交易，每一营业年度结束后考评各上市股票的实际成绩，据此作为划分部类的标准。

2. 2015年东交所市场概况

（1）各行业股价指数变化情况。2015年整个市场继续维持了2014年的良好态势，东交所上市的33个行业中的25个行业的股价指数均超过2014年。增幅非常大的行业为：农业和水产业、医药业、零售业。33个行业中的11个行业比2014年上涨20%以上。另外，钢铁、海运、矿业比2014年下跌了10%以上。

（2）各投资部门成交额占比。2015年的委托交易中海外投资者所占比例为71.2%。较2014年的69.1%上升了2.1个百分点。个人投资者占19.6%，较2014年下降了1.6%。此外，按地区来看，海外投资者在日本全国证券交易所的交易情况为，欧洲占71.02%、北美占17.05%、亚洲占11.70%、其他地区占0.24%。

3. 上市公司概况

综观2015年的上市公司业绩，东交所上市公司的营业额、营业利润、经常利润等诸多指标均超过2014年水平，但归属于母公司股东净利润较2014年有所下降。

2015年的日本国内的IPO公司数量连续6年保持增加。其中，信息通信企业的上市数量占比高达47%，生物医药企业的上市数量占比也较2014年有所增长。可以说“科技新兴企业在MOTHERS上市”已然成为日本IPO的一个关键词。

（1）日本全国上市公司数。2015年末日本全国上市公司达3626家，较2014年多出42家。其中东交所上市企业（不包括9家外国企业）有3502家公司，占总数的96.6%。

（2）上市公司股票总市值。2015年末东交所上市公司股票总市值为589.7万亿日元（约4.6万亿美元），较2014年底增加了64.9万亿日元。受2012年末后出台的经济政策——安倍经济学的影响，股票市场继续保持良好势头。

（3）股票成交额及换手率。2015年全年股票成交额为745.95万亿日元，较2014年增加16%。此外，日均成交额为30572亿日元，2015年的换手率（基于成交额）为133.84%。

（4）PER。截至2015年12月末，东交所第一部上市企业实际PER平均为18.5倍。按行业来看，医药品最高，为32.5倍，零售业位居其后，高达31.5倍，食品也达到了30.8倍。此外，从每股收益的当期净利润来看，所有行业均为盈利。此外，MOTHERS上市企业的实际PER平均为59.5倍。按行业来看，化工业最高，高达151.6倍，其次为信息通信业，为119.8倍。

（5）企业IPO情况。2015年日本国内IPO公司数为98家。其中东交所IPO公司数为95家，较2014年度增加了17家，连续6年实现增长。此外，从市场分布来看，在东交所MOTHERS上市的公司达61家，较2014年度增加17家，占IPO总数的64.2%。此外，有17家企业在东交所市场第一部和第二部上市，有6家公司在TOKYO PRO Market上市。TOKYO PRO Market继2013年4家上市、2014年3家上市之后，该板块的上市公司数量稳步增长，今后有望进一步提高其在日本IPO市场的地位。

日本国内IPO公司数量增加，主要得益于IPO融资环境的改善。2015通过融资完成IPO的92家公司中，84家公司的首日开盘价超过发行价，尤其是在MOTH-

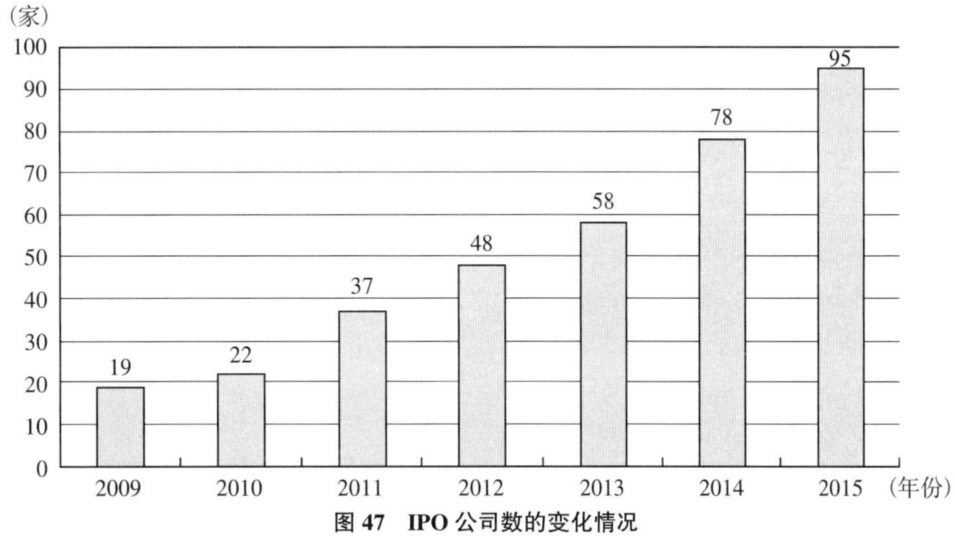

图47　IPO公司数的变化情况

数据来源：东京证券交易所。

ERS 上市的 61 家公司中，有 57 家公司的上市首日开盘价超过了发行价，受到了二级市场中个人投资者的高度关注。

2015 年东交所各行业 IPO 公司情况如图 48 所示。2015 年实现 IPO 的 95 家公司中，26 家（27%）为服务业、25 家（26%）为信息通信业、10 家（11%）为零售业。

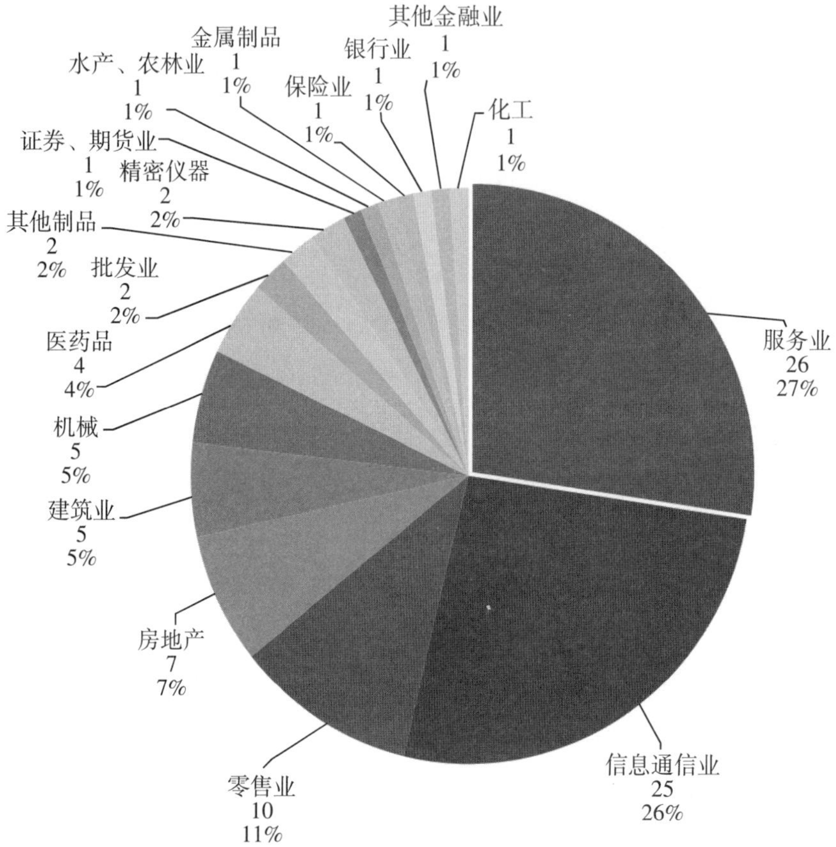

图 48　2015 年 IPO 公司行业分布（家）

数据来源：东京证券交易所。

2015 年东交所的企业 IPO 筹资额达到 178.96 亿美元。其中，日本邮政公司的 IPO 筹资额为史上最高，超过了 116 亿美元。

2015 年，东交所第二部有 47 家上市企业转板至东交所第一部； Mothers 市场有 24 家上市公司转板至东交所第二部，20 家上市公司转板至东交所第一部。截至 2015 年末，Mothers 市场共有 37 家上市企业转板至市场第二部，94 家上市企业转板至市场第一部。

（四）多伦多证券交易所

1. 多伦多证券交易所概况

多伦多证券交易所拥有主板和创业板两个板块，为处于不同阶段的公司提供进入资本市场的渠道。按上市公司数量排名，为世界第一大证券交易所；按股权资本融资额排名，为世界第六大证券交易所；按总市值排名为世界第八大证券交易所。截至2015年12月31日，多伦多证券交易所共有上市公司3486家，其中创业板1791家，主板1487家，全年新上市公司共194家。2015年全年融资额577亿加元，平均融资额为1761万加元。2015年全年有140家IPO公司，另有21家为CPC上市公司。多伦多证券交易所主板和创业板的上市公司行业分布非常多元化，如矿业、石油天然气、清洁技术、多元化产业、生命科学、房地产、林业、技术、公共事业、金融业等。

2. 中国企业上市情况

截至2015年12月31日共33家中国概念企业在多伦多证券交易所上市，占整个交易所上市公司数量的2%，总市值达26.43亿加元，总筹资额达16.95亿加元，其中2015年新增IPO公司1家，为2015年11月3日上市的Gold Horn International Enterprises Group Limited，筹资额0.3亿加元。新增再融资公司9家，再融资总额16.65亿加元。

在多伦多证券交易所主板和创业板上

表8 中国概念上市公司一览表

序号	公司名称	上市时间	IPO筹资额	再融资筹资额	2013年底市值
1	Boyuan Construction Group Inc.	2010年6月14日			19368598
2	China Gold International Resources Corp. Ltd.	2006年10月6日			741293718
3	GLG Life Tech Corporation	2007年12月11日			13261618
4	Hanwei Energy Services Corp.	2007年9月17日			11652074
5	Migao Corporation	2007年5月10日			30972735
6	Minco Gold Corporation	1997年12月29日			10122576
7	Minco Silver Corporation	2005年12月1日			21765468
8	Silvercorp Metals Inc.	2005年10月24日			140329391
9	CNOOC Limited	2013年9月18日			1494093150
10	Sunwah International Limited	2002年10月17日			41912967
11	Brand Marvel Worldwide Consumer Products Corporation				1769660
12	CanAsia Financial Inc.	2009年2月19日			171062
13	Changfeng Energy Inc.	2008年2月4日			20759211
14	China Education Resources Inc.	2004年12月16日			1420949
15	China Keli Electric Company Ltd.	2007年1月3日			2260381
16	China Minerals Mining Corporation	2007年4月25日			949366
17	Dynex Power Inc.				6038179
18	GINSMS Inc.	2009年12月18日			35657542
19	GobiMin Inc.				18391269

续表

序 号	公司名称	上市时间	IPO 筹资额	再融资筹资额	2013 年底市值
20	Grand Power Logistics Group Inc.				3255663
21	IEMR Resources Inc.	2009 年 2 月 12 日			139536
22	Maple Leaf Green World Inc.				7060232
23	Mountain China Resorts (Holding) Limited	2002 年 9 月 5 日			1744518
24	Primeline Energy Holdings Inc.	1995 年 7 月 14 日			30375499
25	Sunshine Agri-Tech Inc.	2010 年 1 月 20 日			1155094
26	Symax Lift (Holding) Co. Ltd.	2009 年 12 月 11 日			4332993
27	Gold Horn International Enterprises Group Limited	2015 年 11 月 03 日			240000
28	Goldbelt Empires Limited	2012 年 9 月 10 日			390000
29	Kaiyue International Inc.	2010 年 8 月 12 日			215208
30	New Era Minerals Inc.	2008 年 1 月 31 日			1614602
31	NovaTeqni Corporation	2013 年 1 月 22 日			10203101
32	Spackman Equities Group Inc.	2007 年 10 月 11 日			8934011
33	Gold Horn International Enterprises Group Limited	2015 年 11 月 3 日			255000

资料来源：多伦多证券交易所。

市的中国概念公司行业分布非常广泛，包括矿业、石油天然气、清洁技术、金融业、房地产以及多元化产业等。

（五）德意志证券交易所

1. 2015 年德国经济及资本市场整体概况

2015 年，欧洲经济继续延续 2013 年起的低速复苏态势。2015 年欧元区四个季度 GDP 环比增长率为 0.4%、0.3%、0.3%和 0.3%，其中德国当年四个季度 GDP 环比增长率为 0.3%、0.4%、0.3%和 0.25%。其他宏观经济关键要素指标包括：①低失业率。2015 年欧元区平均失业率为 10.4%，为 2011 年 12 月以来的最低值，德国平均失业率为 6.4%，为 1990 年以来的最低水平。②欧洲央行于 2015 年 1 月末宣布将于当年 3 月起开展为期 19 个月的量化宽松政策。③低通货膨胀率。2015 年 12 月，欧洲通货膨胀率为 0.2%，德国全年通胀率为 0.1%，达到 1995 年以来最低水平。而过低的通胀率也引发了通货紧缩趋势。④政府债务危机风险依然较高。2015 年第三季度末，欧元区政府债务为 91.6%，较 2014 年同期的 92.3%有小幅回落，但仍处于较高水平，因此欧元兑美元也呈弱势。⑤东欧地区的不稳定政治环境以及阿拉伯世界的敏感政治环境。

上述的诸多宏观经济因素对欧洲的资

本市场有着或促进或抑制的复杂影响。不仅如此，2015年还是欧洲资本市场监管环境变化的关键一年。以数次金融危机为鉴，欧盟一直以增强市场安全性为目标对监管法律及条例进行统一调整。随着包括欧洲市场基础设施监管规则（EMIR）、欧洲资本市场联盟（Capital Market Union）以及金融工具市场指令Ⅱ（MiFID Ⅱ）/金融工具市场法规（MiFIR）等在内的执行时间临近，交易所以及金融市场参与者都在为了适应更加严格的监管要求而不断进行自我调整。

2. 2015年德国主要股指走势

2015年，受宏观经济及资本市场监管环境变化的影响，德国现券及衍生品市场波动性和交易量都比2014年有显著增长。但指数表现平平，只有SDAX指数实现了显著上涨。

德国DAX30指数由包括安联保险、汉莎航空以及德意志银行等在内的30只蓝筹股组成，综合反映了德国股市的走势。德意志交易所也是该指数成份股之一。2015年，该指数于第一季度稳定上涨，在第二、第三季度大幅下滑并在第四季度有所恢复。全年平均值为10969.41，较2013年的9533.85上升了15.06%。

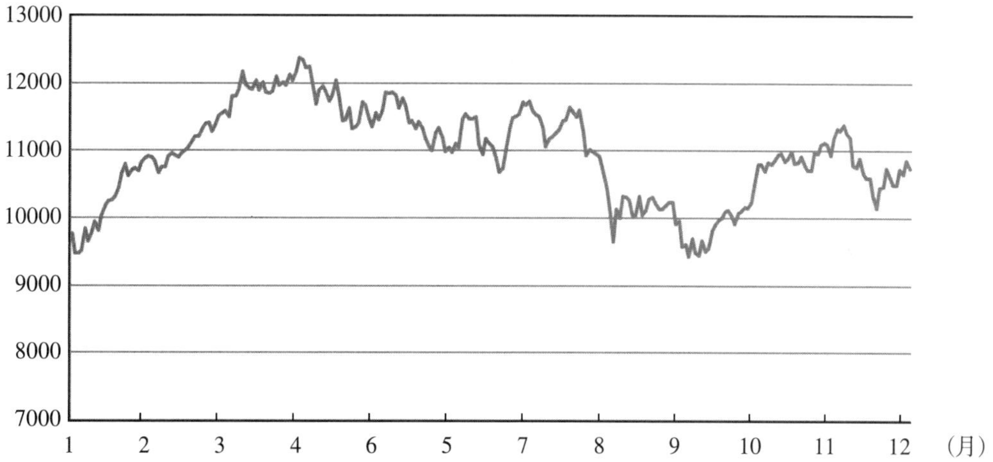

图49　2015年DAX 30指数走势

数据来源：德意志交易所集团。

MDAX指数由50家成份股组成，反映德国中型上市企业股价走势。由2015年初的20774.62下降至年末的16952.13。指数分别在第二季度及第四季度出现明显下滑。

SDAX指数由50个成份股组成，反映了德国小型企业的股价走势。2014年该指数在第四季度跳水但立即实现反弹，并在2015年保持了震荡上行的走势。全年最低点为年初的7127.61；最高点出现在8月，为9156.08；12月月平均值最高，8946.86。全年最后1个交易日收盘于9098.57。

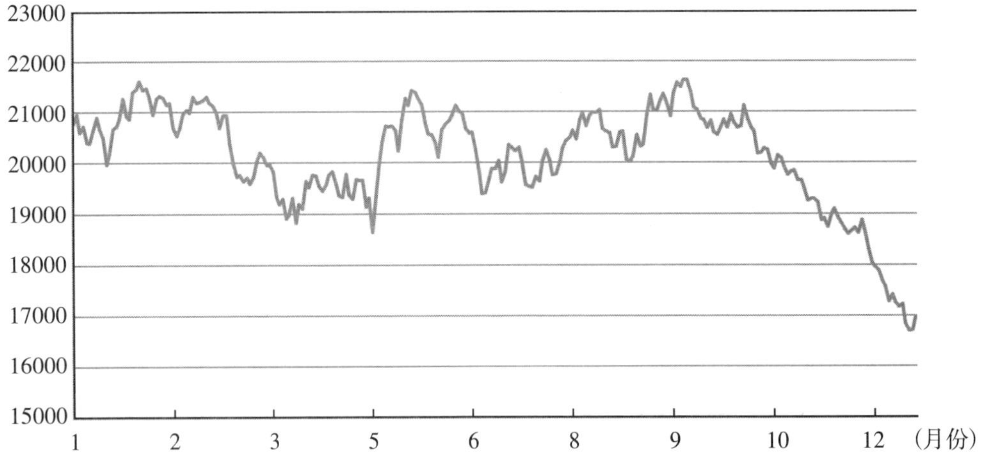

图 50　2015 年 MDAX 指数走势图

数据来源：德意志交易所集团。

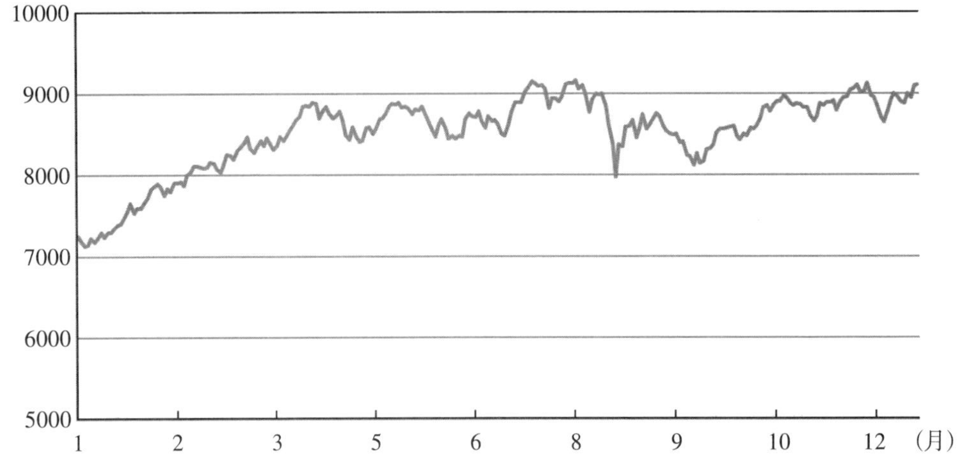

图 51　2015 年 SDAX 指数走势图

数据来源：德意志交易所集团。

3. 德意志交易所概况及在亚洲的发展

德交所集团成立于 1992 年，是依照德国交易所制度专门为运营公立性质的交易所机构而成立的股份有限公司，其前身为法兰克福证券交易所股份有限公司。20 余年来，德交所集团的产品和服务从德国本土扩大到欧洲乃至全球。至 2015 年底，德交所集团在全球 30 个国家建立了办公地点，通过旗下 20 多家法人实体（包括德意志交易所股份有限公司、欧洲期货交易所苏黎世股份有限公司、欧洲期交所清算行股份有限公司、明讯国际结算托管行股份有限公司、势拓指数有限责任公司、欧洲能源交易所、债券现货与回购交易有限责任公司等）提供涵盖了证券发行上市、证券及衍生品的交易与清算、交易后结算与托管服务、全球证券融资业务、指数计算与授权、信息产品和信息技术开发与服务的整个价值链。

2015 年是德国资本市场的转型之年。为适应资本市场发展并满足市场参与者需求，德交所调整了组织结构并丰富了自身的产品线和服务内容：收购了外汇交易平台360T；建立了上市企业培育机制——创业网络，并在当年接受了52家企业以及111家投资者注册。

2015年是德交所发展中国市场至关重要的一年。继2014年与中国银行签订战略合作协议，德交所与中国建设银行于2015年签订了合作谅解备忘录，且两家银行均获得了德交所现券及衍生品市场的交易及清算会员资格。此外，2015年11月18日，德意志交易所与上海证券交易所、中国金融期货交易所合资建立的中欧国际交易所（中欧所/CEINEX）在法兰克福正式运营，这也是中国境外首家专注于提供中国及人民币相关金融产品的交易平台。依托于德交所的交易、清算及结算基础设施，中欧所将致力于提供中国相关的现券产品，开发创新与中国相关的衍生品。运营当天，约200只基于中国标的且以人民币及欧元计价的产品上线（沪深300交易所交易基金、人民币债券等），上市首日交易额约1.4亿元人民币。

4. 德交所现券市场及2015年中国企业赴德IPO概况

作为一家世界领先的交易所，德意志交易所在工业、汽车、化工、银行、公用事业、消费、保险、科技、软件开发和绿色能源等多个行业具有全球领先优势。

德意志交易所负责运营法兰克福证券交易所，目前设有3个现券市场板块：高级市场板块（Primary Standard）、一般市场板块（General Standard）和初级市场板块（Entry Standard）。

截至2015年12月31日，德意志交易所共有上市公司（含挂牌交易）10436家，来自15个国家，涉及18个行业和57个细

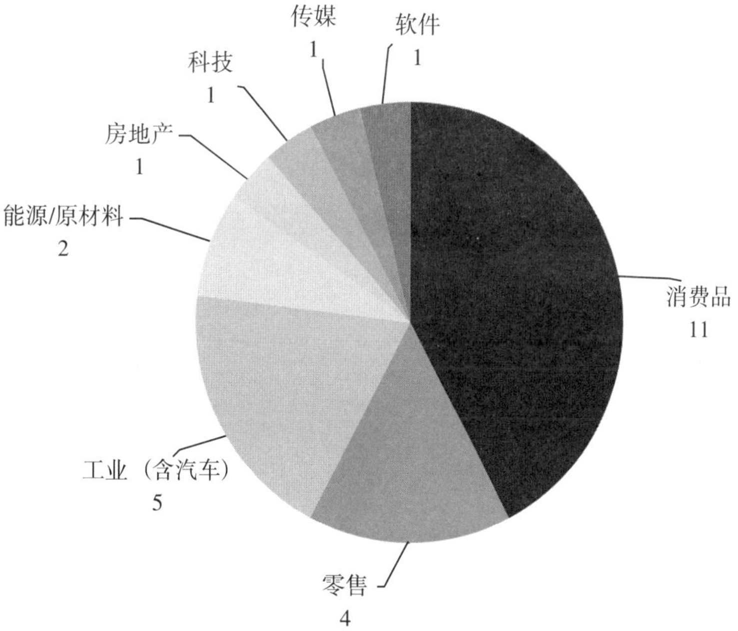

图52　企业所属行业分布（家）

数据来源：德意志交易所集团。

分行业，总市值超过2300亿欧元。其中高级市场有241家上市公司，一般市场有96家上市公司，初级市场有134家上市公司。其中，当年新上市[①]的公司包括：高级市场13家，一般市场1家，总发行额61.26亿欧元，上市当日总市值约170亿欧元。

2015年德交所上市公司整体表现较好，以18只行业指数2015年表现来看，只有三个板块下跌。以行业板块划分，食品饮料行业延续2014年的大幅涨势，涨幅达53.5%，其他表现靠前的行业包括科技（36%）、制药与医疗（32.7%）和建筑（32.6%）等；跌幅最大的是公共事业板块，下跌了40.6%，此外，银行板块下跌了9%，基础资源下跌了4.1%。

截至2015年12月31日，共有26家中国概念企业在德交所上市，占整个交易所上市公司数量的0.25%，在高级市场上市的有16家，一般市场上市的有5家，初级市场上市的有5家。其中，1家企业为2015年在德交所上市，上市当日总市值约1.18亿欧元。按行业分类，占比最大的为消费品行业，占中国在德交所上市企业的42%。

伦敦证券交易所有限责任公司北京代表处

德意志交易所股份有限公司北京代表处

东京证券交易所株式会社北京代表处

加拿大多伦多证券交易所北京代表处

招商证券股份有限公司：张一平　陈　舒

① 新上市（New Listing）不包含挂牌、转板及私募。

第二篇

上市公司行业篇

- 农、林、牧、渔业
- 采矿业
- 制造业
- 电力、热力、燃气及水的生产和供应业
- 建筑业
- 批发和零售业
- 交通运输、仓储和邮政业
- 住宿和餐饮业
- 信息传输、软件和信息技术服务业
- 金融业
- 房地产业
- 租赁和商务服务业
- 科学研究和技术服务业
- 水利、环境和公共设施管理业
- 教　育
- 卫生和社会工作
- 文化、体育和娱乐业
- 综　合

农、林、牧、渔业

一、农、林、牧、渔业总体概况

2015 年，中国农业经济总体保持平稳增长，但受国内经济增速放缓等影响，增速进一步放缓。2015 年，农、林、牧、渔业总产值为 107056.36 亿元，较 2014 年增长 4.7%。其中农业总产值为 57635.8 亿元，较 2014 年增长 5.2%；林业总产值为 4436.4 亿元，较 2014 年增长 4.2%；牧业总产值为 29780.4 亿元，较 2014 年增长 2.9%；渔业总产值为 10880.6 亿元，较 2014 年增长 5.3%。由此可看出各子行业均保持增长态势。2015 年，我国气候形势复杂，灾害性天气多发，国家继续加强农田水利设施建设和强化现代农业科技支撑等强农惠农政策扶持。"互联网+农业"浪潮开始兴起，各大电商平台纷纷开辟农贸板块，加快了农产品的流转，金融平台推出以"三农"为主题的金融服务，充分利用互联网，加快城市与农村的联系，为"三农"提供创新高效的资金融通和信息等服务。全国农业总产值保持增长，但是除了牧业外的所有子行业产值增速均下滑，充分体现中国经济进入新常态，保持平稳增长特点。

二、行业内上市公司发展概况

（一）行业内上市公司基本情况

表 1　　2015 年农、林、牧、渔业上市公司发行股票概况

门　类	A、B 股总数	A 股股票数	B 股股票数	境内总市值（亿元）	流通 A 股市值（亿元）	流通 B 股市值（亿元）
农、林、牧、渔业	44	43	1	5785.32	3275.83	10.62
占沪深两市比重（%）	1.51	1.48	0.03	1.09	0.79	0.48

资料来源：沪深交易所，同花顺。

（二）行业内上市公司构成情况

表 2　　2015 年农、林、牧、渔业上市公司构成情况　　单位：家

门类	沪市			深市			ST/*ST
	仅 A 股	仅 B 股	A+B 股	仅 A 股	仅 B 股	A+B 股	
农、林、牧、渔业	15	0	0	28	1	0	1/0
占行业内上市公司比重（%）	34.09	0	0	63.64	2.27	0	2.27/0

资料来源：沪深交易所，同花顺。

（三）行业内上市公司融资情况

表 3　　2015 年农、林、牧、渔业上市公司与沪深两市融资情况对比　　单位：家

门类	融资家数	新股	增发	配股
农、林、牧、渔业	11	2	9	0
沪深两市总数	819	220	595	6
占比（%）	1.34	0.91	1.51	0

注：行业篇内，既有新股又有增发的公司，在“融资家数”统计时不再重复计算。
资料来源：沪深交易所，同花顺。

其中，首发的 2 家公司中，有 2 家深市；增发的 9 家公司中，有 4 家沪市、1 家深市主板及 4 家中小板公司。

按行业大类划分，进行融资的 11 家公司中，农业 3 家，畜牧业 6 家，林业 1 家，渔业 1 家。

从融资效果看，上述公司实际发行数量为 116272.13 万股；实际募集资金 120.63 亿元，基本完成了融资计划。

2015 年农、林、牧、渔业上市公司融资情况明细见附录。

（四）行业内上市公司资产及业绩情况

表 4　　2015 年农、林、牧、渔业上市公司资产情况　　单位：亿元

指标	2015 年	2015 年可比样本增长（%）	2014 年	2014 年可比样本增长（%）	2013 年
总资产	1845.59	14.3	1296.35	8.39	1159.09
流动资产	911.2	17.84	628.74	5.37	581
占比（%）	49.37	1.49	48.5	−1.39	50.13
非流动资产	934.38	11.04	667.61	11.39	578.09
占比（%）	50.63	−1.49	51.5	1.39	49.87
流动负债	604.16	8.09	459.18	−3.27	458.61
占比（%）	32.74	−1.88	35.42	−4.27	39.57

续表

指标	2015年	2015年可比样本增长（%）	2014年	2014年可比样本增长（%）	2013年
非流动负债	146.88	7.85	122.43	30.89	87.13
占比（%）	7.96	-0.48	9.44	1.62	7.52
归属于母公司股东权益	1034.82	21.26	676.38	14.68	575.34
占比（%）	56.07	3.22	52.18	2.87	49.64

资料来源：沪深交易所，同花顺。

表5　2015年农、林、牧、渔业上市公司收入实现情况　单位：亿元

指标	2015年	2015年可比样本增长（%）	2014年	2014年可比样本增长（%）	2013年
营业收入	1166.97	11.68	609.21	-5.91	623.49
利润总额	77.13	69.37	10.91	-39.69	14.84
归属于母公司所有者的净利润	68.95	75.1	9.17	-30.11	9.85

资料来源：沪深交易所，同花顺。

（五）利润分配情况

2015年全年，农、林、牧、渔业上市公司中共有23家公司实施了分红配股。其中，8家上市公司实施送股或转增股，20家上市公司实施派息，其中5家公司既实施了送股、转增又实施了派息。

2015年农、林、牧、渔业上市公司分红明细见附录。

（六）其他财务指标情况

1. 盈利能力指标

表6　2015年农、林、牧、渔业上市公司盈利能力情况　单位：%

指标	2015年	2015年可比样本变动	2014年	2014年可比样本变动	2013年
毛利率	17.52	1.6	17.85	1.04	16.72
净资产收益率	6.66	2.05	1.36	-0.86	1.99
销售净利率	6.17	2.04	1.56	-0.82	1.95
资产净利率	4.16	1.36	0.76	-0.58	1.09

资料来源：沪深交易所，同花顺。

2. 偿债能力指标

表 7　　2015 年农、林、牧、渔业上市公司偿债能力指标

指　标	2015 年	2015 年可比样本变动	2014 年	2014 年可比样本变动	2013 年
流动比率	1.51	0.12	1.37	0.11	1.27
速动比率	0.92	0.16	0.8	0.16	0.65
资产负债率（%）	40.69	–2.36	44.87	–2.64	47.08

资料来源：沪深交易所，同花顺。

3. 营运能力指标

表 8　　2015 年农、林、牧、渔业上市公司营运能力情况　　单位：次

营运能力指标	2015 年	2015 年可比样本变动	2014 年	2014 年可比样本变动	2013 年
存货周转率	2.74	0.28	1.81	–0.1	2.28
应收账款周转率	17.35	0.76	10.3	–1.27	7.54
流动资产周转率	1.39	–0.02	0.99	–0.1	1.08
固定资产周转率	2.31	–0.02	1.66	–0.35	2.01
总资产周转率	0.67	0	0.49	–0.07	0.56
净资产周转率	1.16	–0.07	0.91	–0.14	1.03

资料来源：沪深交易所，同花顺。

三、重点细分行业介绍

表 9　　2015 年农、林、牧、渔业上市公司数量分布及市值情况

大　类	上市公司家数（家）	占行业内比重（%）	境内总市值（亿元）	占行业内比重（%）
农业	15	34.09	1602.50	27.70
林业	4	9.09	318.37	5.50
畜牧业	14	31.82	3165.79	54.72
渔业	10	22.73	659.38	11.40
农、林、牧、渔服务业	1	2.27	39.27	0.68

资料来源：沪深交易所，同花顺。

（一）农业

1. 行业概况

2015年农业受整体经济增长变缓的影响较小，增长依旧平稳。在国家多项政策扶持以及农业现代化进一步发展背景下，加上农业气象条件总体属偏好年份，农业再获丰收，农业整体增长明显。

2015年，全国粮食产量实现“十二连增”。全年粮食产量62144万吨，比2014年增加1441万吨，增产2.4%。其中，夏粮、早稻、秋粮产量分别为14112万吨、3369万吨、44662万吨，较2014年分别增产3.3%、-0.9%、2.3%。在主要粮食品种中，稻谷、小麦、玉米产量分别为20823万吨、13019万吨、22463万吨，较2014年分别增产0.8%、3.2%、4.2%。

2015年，棉花播种面积下滑导致棉花大幅度减产，全年棉花产量560万吨，比2014年大幅减产9.3%。油料产量3537万吨，较2014年增产0.8%。糖料产量12500万吨，减产6.7%。茶叶产量225万吨，增产7.1%。

2. 行业内上市公司发展情况

表10　2015年农业上市公司收入及资产增长情况　单位：亿元

指　标	2015年	2015年可比样本增长（%）	2014年	2014年可比样本增长（%）	2013年
营业收入	268.28	-10.56	265.58	-19.47	326.38
利润总额	10.27	-30.66	12.35	32.23	9.08
归属于母公司所有者的净利润	8.25	-35.9	10.94	96.76	5.3
总资产	579.09	8.09	501.76	-6.69	534.09
归属于母公司股东权益	328.68	7.63	289.19	5.84	271.16

资料来源：沪深交易所，同花顺。

表11　2015年农业上市公司盈利能力情况　单位：%

指　标	2015年	2015年可比样本变动	2014年	2014年可比样本变动	2013年
毛利率	23.07	1.45	23.05	3.5	19.67
净资产收益率	2.51	-1.7	3.78	1.75	2.75
销售净利率	3.46	-1.12	4.32	1.78	2.49
资产净利率	1.66	-0.83	2.21	0.65	1.52

资料来源：沪深交易所，同花顺。

表 12　　2015 年农业上市公司偿债及营运情况

指　标	2015 年	2015 年可比样本变动	2014 年	2014 年可比样本变动	2013 年
资产负债率（%）	37.12	-0.87	38.14	-6.51	44.67
存货周转率（次）	2.42	0.22	1.98	-0.13	2.64
总资产周转率（次）	0.48	-0.06	0.51	-0.1	0.61

资料来源：沪深交易所，同花顺。

（二）林业

1. 行业概况

2015 年，全国林业产业保持较快发展。全年林业产业总产值达到 5.81 万亿元，比 2014 年增长 7.6%，较 2014 年的增长率下降较多。其中林业第一产业总产值 20207 亿元，林业第二产业总产值 29893 亿元，林业第三产业总产值 9262 亿元。

2015 年全国林产品进出口贸易额为 1400 亿美元，与 2014 年持平，木材产量 7200 万立方米，人造板产量 2.87 亿立方米。全国木本油料、干鲜果品等特色经济林产量 1.62 亿吨，较 2014 年增长 9%。林木种子采集量 2.64 万吨，下降 16%，全国森林食品产量 423.6 万吨，较 2014 年增长 24.7%，木本药材产量 245.3 万吨，较 2014 年增长 43.3%。森林旅游收入 705.6 亿元，较 2014 年增长 23.3%。

2015 年，受整体经济环境影响，林业投资完成额为 4290 亿元，较 2014 年下降了 0.8%，是历史上首次出现负增长。

2. 行业内上市公司发展情况

表 13　　2015 年林业上市公司收入及资产增长情况　　单位：亿元

指　标	2015 年	2015 年可比样本增长（%）	2014 年	2014 年可比样本增长（%）	2013 年
营业收入	20.93	11.23	23.42	7.14	21.86
利润总额	0.37	-65.89	0.92	-36.55	1.45
归属于母公司所有者的净利润	-0.06	-107.91	0.56	-57.89	1.33
总资产	86.78	36.32	77.37	16.7	66.3
归属于母公司股东权益	45.98	73.34	29.76	20.68	24.66

资料来源：沪深交易所，同花顺。

表 14　　2015 年林业上市公司盈利能力情况　　单位：%

指　标	2015 年	2015 年可比样本变动	2014 年	2014 年可比样本变动	2013 年
毛利率	26.26	-0.88	24.98	1.74	23.23
净资产收益率	-0.13	-3.01	1.88	-3.51	5.04

续表

指　标	2015年	2015年可比样本变动	2014年	2014年可比样本变动	2013年
销售净利率	1.17	-4.13	3.5	-2.9	6.4
资产净利率	0.33	-1.39	1.14	-1.11	2.25

资料来源：沪深交易所，同花顺。

表15　　2015年林业上市公司偿债及营运情况

指　标	2015年	2015年可比样本变动	2014年	2014年可比样本变动	2013年
资产负债率（%）	42.5	-9.99	56.34	-1.79	58.13
存货周转率（次）	0.42	-0.03	0.47	-0.11	0.76
总资产周转率（次）	0.28	-0.05	0.33	-0.02	0.35

资料来源：沪深交易所，同花顺。

（三）畜牧业

1. 行业概况

2015年，中国畜牧业总产值约为29780.4亿元，较2014年增长2.9%。2015年中国全年肉类总产量8625万吨、禽蛋产量2999万吨、牛奶产量3754万吨，比2014年分别增长了-0.94%、3.64%和0.81%。目前我国肉类和禽蛋产量位居世界第一，肉类消费达到中等发达国家水平，奶的产量居世界第三，人均奶类消费水平约为世界平均水平的1/3。畜牧生产保持稳定增长，品种日益多样化，畜牧产业基础不断夯实，经营体制机制不断改革发展，我国现代畜牧业建设稳步推进。畜牧业企业将产业链上下游一体化融合发展的趋势继续推进，“企业+农户”“企业+合作社”“企业+基地”等形式多样、互惠双赢、利益共享的生产经营模式得到进一步推广。

2. 行业内上市公司发展情况

表16　　2015年畜牧业上市公司收入及资产增长情况　　单位：亿元

指　标	2015年	2015年可比样本增长（%）	2014年	2014年可比样木增长（%）	2013年
营业收入	750.32	24.76	195.6	13.1	152.39
利润总额	66.75	95.87	2.31	179.93	-5.88
归属于母公司所有者的净利润	62.12	109	1.79	153.75	-6.33
总资产	906.36	20.54	454.01	31.36	312.43
归属于母公司股东权益	502.7	33.96	211.18	44.05	134.22

资料来源：沪深交易所，同花顺。

表 17　　2015 年畜牧业上市公司盈利能力情况　　单位：%

指　标	2015 年	2015 年可比样本变动	2014 年	2014 年可比样本变动	2013 年
毛利率	15.46	2.92	10.61	0.61	8.51
净资产收益率	12.36	4.44	0.85	3.12	-4.75
销售净利率	8.66	3.27	0.73	2.9	-4.44
资产净利率	7.84	3.04	0.36	1.55	-2.35

资料来源：沪深交易所，同花顺。

表 18　　2015 年畜牧业上市公司偿债及营运情况

指　标	2015 年	2015 年可比样本变动	2014 年	2014 年可比样本变动	2013 年
资产负债率（%）	42.51	-3.09	51	-4.27	54.48
存货周转率（次）	3.94	0.39	2.74	-0.12	3.27
总资产周转率（次）	0.9	0.01	0.49	-0.06	0.53

资料来源：沪深交易所，同花顺。

（四）渔业

1. 行业概况

2015 年，在宏观经济下行压力加大的背景下，全国各级渔业部门紧紧围绕现代渔业建设中心任务，加速推进渔业转型升级，保持渔业经济平稳发展，圆满完成了“十二五”收官之年的各项任务。

2015 年，全国渔业经济继续保持较快发展，渔业总产值为 10880.6 亿元，较 2014 年增长 5.3%。全国水产品总产量 6700 万吨，比 2014 年增长 3.69%。其中养殖产量 4938 万吨，较 2014 年增长 3.99%，捕捞产量 1762 万吨，较 2014 年增长 2.84%；海水产品产量 3410 万吨，较 2014 年增长 3.44%，淡水产品产量 3290 万吨，较 2014 年增长 3.94%。海水产品与淡水产品的产量比例为 50.8 : 49.2。加工水产品 2092.3 万吨，较 2014 年增长 1.9%。水产品供给得到充分保障。

2015 年全国水产养殖面积 8465 千公顷，较 2014 年增长 0.94%。海水养殖面积 2317 千公顷，较 2014 年增长 0.53%。淡水养殖面积 6147 千公顷，较 2014 年增长 1.1%，水产养殖面积整体呈现小幅上涨态势。

2. 行业内上市公司发展情况

表 19　　2015 年渔业上市公司收入及资产增长情况　　单位：亿元

指　标	2015 年	2015 年可比样本增长（%）	2014 年	2014 年可比样本增长（%）	2013 年
营业收入	116.31	4.89	110.83	4.64	105.92
利润总额	-0.58	88.68	-5.31	-155.37	9.59

续表

指　标	2015 年	2015 年可比样本增长（%）	2014 年	2014 年可比样本增长（%）	2013 年
归属于母公司所有者的净利润	-1.66	63.74	-4.73	-152.56	9
总资产	254.72	4.18	244.31	7.89	226.28
归属于母公司股东权益	143.85	8.29	132.81	0.3	132.42

资料来源：沪深交易所，同花顺。

表 20　　2015 年渔业上市公司盈利能力情况　　单位：%

指　标	2015 年	2015 年可比样本变动	2014 年	2014 年可比样本变动	2013 年
毛利率	15.86	-0.55	16.4	-1.74	18.14
净资产收益率	-1.16	2.3	-3.56	-10.36	6.56
销售净利率	-2.41	1.75	-4.33	-12.69	8.36
资产净利率	-1.12	0.84	-2.04	-6.15	4.12

资料来源：沪深交易所，同花顺。

表 21　　2015 年渔业上市公司偿债及营运情况

指　标	2015 年	2015 年可比样本变动	2014 年	2014 年可比样本变动	2013 年
资产负债率（%）	42.76	-2.15	44.89	4.44	40.4
存货周转率（次）	1.54	0.15	1.39	0.09	1.56
总资产周转率（次）	0.47	0	0.47	-0.02	0.49

资料来源：沪深交易所，同花顺。

（五）农、林、牧、渔服务业

1. 行业概况

农、林、牧、渔服务业指对农、林、牧、渔业生产活动进行的各种支持性服务活动，包含灌溉服务、农产品初加工服务等，但不包括各种科学技术和专业技术服务活动。2015 年国内农业上市公司中该行业只有丰乐种业 1 家公司，可见该行业发展在国内尚处于初步阶段，且行业内公司规模小、所处地域分散。

2. 行业内上市公司发展情况

表 22　　2015 年农、林、牧、渔服务业上市公司收入及资产增长情况　　单位：亿元

指　标	2015 年	2015 年可比样本增长（%）	2014 年	2014 年可比样本增长（%）	2013 年
营业收入	11.13	-19.3	13.79	-18.6	16.94
利润总额	0.31	-51.18	0.64	6.67	0.6

续表

指 标	2015年	2015年可比样本增长（%）	2014年	2014年可比样本增长（%）	2013年
归属于母公司所有者的净利润	0.3	-50.08	0.61	8.93	0.56
总资产	18.63	-1.38	18.89	-5.46	19.98
归属于母公司股东权益	13.62	1.9	13.45	4.26	12.9

资料来源：沪深交易所，同花顺。

表23　　2015年农、林、牧、渔服务业上市公司盈利能力情况　　单位：%

指 标	2015年	2015年可比样本变动	2014年	2014年可比样本变动	2013年
毛利率	22.86	3.01	19.87	3.46	16.38
净资产收益率	2.23	-2.33	4.54	0.2	4.35
销售净利率	2.74	-1.69	4.42	1.11	3.33
资产净利率	1.62	-1.52	3.14	0.22	2.94

资料来源：沪深交易所，同花顺。

表24　　2015年农、林、牧、渔服务业上市公司偿债及营运情况

指 标	2015年	2015年可比样本变动	2014年	2014年可比样本变动	2013年
资产负债率（%）	26.88	-1.93	28.81	-6.18	34.99
存货周转率（次）	1.68	-0.33	2.01	-0.2	2.21
总资产周转率（次）	0.59	-0.12	0.71	-0.17	0.88

资料来源：沪深交易所，同花顺。

四、重点上市公司介绍

（一）温氏股份

温氏集团创立于1983年，目前以肉鸡、肉猪养殖为主，以奶牛、肉鸭养殖为辅，配套经营食品加工、农牧设备制造等产业。2015年温氏集团拟以换股吸收合并大华农公司方式实现整体上市，大华农更新名字为温氏股份。国内畜禽养殖巨头，农业市值第一股诞生。

2015年温氏集团商品肉猪年出栏量达到1535.06万头，占全国肉猪总出栏量的2.17%；出栏肉鸡7.44亿羽、肉鸭1874.26万只。肉鸡、肉猪出栏规模均居国内第一。2015年实现主要业务营业收入4820467.60万元，其他业务营业收入3269.38万元，实现净利润663647.69万元，其中归属于上市公司股东的净利润620536.66万元。

公司是全国规模最大的肉鸡养殖企业、黄羽肉鸡产业化供应基地和国家肉鸡HACCP生产示范基地，同时也是全国规模最大的种猪育种和肉猪养殖企业，为国家

瘦肉型猪生产技术示范基地、无公害肉猪生产基地和国家瘦肉型猪良种工程示范基地。

温氏集团发明了独特的“温氏模式”——产业链一体化下的紧密型“公司+农户”合作模式推动规模快速扩张。公司实施产业链一体化养殖，集品种繁育、种苗生产、饲料生产、饲养管理、疫病防治、产品销售等各环节，在关键环节——饲养管理上实行紧密型“公司+农户”合作模式。该模式下，公司给予农户充分的激励与坚实的技术支持，综合养殖效益较高，同时，借助农户场舍与人力解决了规模养殖的土地、资金等难题，推动公司多年来轻资产、低成本、跨区域快速扩张。

紧密型“公司+农户”合作模式的核心优势是养殖效率高、扩张成本低。

1. 养殖效率高

通过利益分配合理、农户激励到位、技术创新，养殖成效提升，通过专业管理体系、全产业链成本掌控，降低养殖成本。2012~2014年，公司商品肉猪、商品肉鸡养殖毛利率均高于行业平均水平，也高于行业大部分企业水平。首先，“温氏模式”下合作农户结算收益看养殖量、单重、市价三个指标，在生产资料成本确定前提下，合作农户提升个人收入主要从提升产仔率、存活率、料肉比入手，因而农户养殖提效的动力充足。公司在核心环节育种、饲料生产与分段管理、防疫上的丰富技术经验与创新提升能力，则提供了根本支持。其次，公司管理团队深耕养殖多年，在全国大规模推广紧密型“公司+农户”模式的过程中已发展出了运作管理的有效模式，规模扩张的同时，确保标准统一的高品质产品。

2. 扩张成本低

畜禽养殖规模扩张首要解决的两大难题是土地与资金。

（1）土地问题。养殖（特别是生猪养殖）的土地投入要求高，一亩土地可以养殖1.8万羽鸡、1万只鸭，但仅能养殖167头生猪；其次，高密度、集中化的养殖随之而来的是环保压力。通过农户合作的分散布局，能够将拿地难题依靠区域性的专业养户承包中小规模土地转化，同时分散布局也缓解了环保压力。

（2）资金问题。参考牧原股份、圣农发展的产业链一体化自繁自养模式，年出栏单头生猪的固定资产投入约为800元，年出栏单羽白羽肉鸡的固定资产投入约为20元。紧密型“公司+农户”合作模式下，由农户承担场舍建设，缓解了公司规模扩张中的资金压力。比较温氏集团、牧原股份、雏鹰农牧的固定资产与在建工程占总资产比例，温氏集团最低，2012~2014年平均比例为33%，显著低于牧原股份（全部自建）、雏鹰农牧（部分租赁、部分自建）的平均比例50%、52%。与之相关的，公司财务费用占营业收入比例也最低，2012~2014年公司平均比例为0.6%，显著低于牧原股份、雏鹰农牧平均比例5.8%、3.9%。

（二）唐人神

2015年公司营业收入额达到94.15亿

元，较2014年下降6.52%，总资产40.31亿元，较2014年增长10.14%。归属上市公司股东净利润8179.81万元，较2014年增长0.64%，实现每股收益为0.19元。

唐人神成立于1992年，是由中国农业大学、中国肉类食品综合研究中心、香港大生行饲料有限公司共同投资的股份制企业。公司是首批农业产业化国家重点龙头企业，致力于生猪产业链一体化经营。集团已跨入中国制造业500强，名列中国饲料前十强、中国肉类前十强，在中国饲料行业具有极强的竞争力，在全国拥有40余家子公司。集团旗下的“唐人神”、“骆驼”为中国驰名商标。“唐人神”肉品和“骆驼”牌饲料为中国名牌产品。

唐人神集团的主要产品为饲料与肉类，饲料占比达93.86%，肉类的加工与生产占比4.64%。除此之外，唐人神集团还经营着生猪生产业务、种苗、动物保健业务。作为饲料行业的领军企业，饲料分为西南大区、华东大区、华北大区、湖北大区、湘南大区、湘北大区，总共6个大区28个部门。唐人神在饲料与肉类加工领域有着深厚的积淀。

饲料产品结构向高毛利前端料升级，增加业绩弹性。由于前端料价格较肥猪料明显更高，教槽料价格8000~9000元/吨，母猪料4000元/吨，全价料不足3000元/吨，而成本差异不大，因此提升前端料占比将使公司毛利率水平显著提高。公司2015年重点进行产品结构调整，正逢种猪补栏积极性回升，种猪料需求增加，公司第一季度前端料（包括教槽料、保育料、母猪料等）增长70%，前端料占比从2014年第一季度的不到8%提升至18%。

收购山东和美，打开山东饲料市场。和美集团是山东产销量排名前三的肉禽饲料企业，年产能超过350万吨，主要定位中高端禽饲料。通过此次收购，唐人神通过和美集团24家饲料子公司布点迅速打开了山东猪料市场，实现猪料的快速增长。此次收购前公司销售区域主要集中在华中区域，仅华中地区销售收入占总收入65%；收购和美集团后，山东片区收入占比快速提升，2015年山东地区销售收入占到总收入39%，成为了收入贡献最大的地区。

收购比利美英伟，增强华南、华北地区竞争力。唐人神猪饲料销售以湖南、湖北、河南构成的华中地区为主；比利美英伟销售区域则主要覆盖以广东为主的华南地区及以天津为主的华北地区，合计销售占比超60%。借助比利美英伟在华南、华北地区的渠道优势，唐人神可以对原本较为薄弱的重要养殖区域进行进一步的布局，未来公司在华南、华北的竞争优势有望迅速提升。

饲料+服务新模式，与5种不同规模养猪场进行不同形式的合作。第一种，超大规模猪场，类似大广2万头母猪规模的猪场，未来唐人神将利用比利美英伟和他们合资饲料厂。第二种，500~3000头母猪的中等猪场，很多猪场主并非专业养猪，没有优质的养殖技术，靠雇用工人来完成养殖导致成本偏高。这种类型是公司进行轻资产模式合作的对象。即公司出现金、猪场出母猪建立合资公司，通过合资公司来反租猪场的猪栏，减少公司固定资产投入。第三种，100~200 头母猪的家庭农场，主要就是给他们足够的赊销。第四种，抓仔猪的散户。第五种，牧原这种大型自繁自养养殖企业。

创新产业发展模式，提升生猪产业链竞争优势。公司继续推进互联网 + 生猪生态产业链平台发展战略，组建养猪事业部，加快养猪业务的发展，通过并购重组和轻资产发展模式、公司 + 家庭农场模式，推进 600 万头生猪产业项目十年规划的实现。同时将重点加大肉品重组并购力度，进一步提升肉品产业的发展规模，提升省外销售、中式熟食、大客户、电商及会员、品牌生鲜的销售占比。饲料产业将进一步整合内部资源，实现提升猪前期饲料销售比重的产品结构和以规模养殖户为主的客户结构的重大转型，真正实现饲料、种苗、养殖、肉品等业务板块的平衡发展与产业链系统拉动效应。

五、上市公司在行业中的影响力

2015 年国务院一号文件《关于加大改革创新力度加快农业现代化建设的若干意见》在具体措施方面比往年有更多的细化。一号文件重点关注的问题有：①粮食安全问题。要求在强调农产品质量和食品安全的同时，要进行农业结构调整并加强农业生态治理。②完善农产品价格形成机制。总结新疆棉花、东北和内蒙古大豆目标价格改革试点经验，完善补贴方式，降低操作成本，确保补贴资金及时足额兑现到农户。③农村一、二、三产业融合发展。延长农业产业链、提高农业附加值，积极开发农业多种功能，挖掘乡村生态休闲、旅游观光、文化教育价值。④农村土地制度改革问题。要求在确保土地公有制性质不改变、耕地红线不突破、农民利益不受损的前提下，审慎稳妥推进改革，要求充分发挥县乡农村土地承包经营权、林权流转服务平台的作用。⑤农村金融体制改革问题。要求主动适应农村实际、农业特点、农民需求，不断深化农村金融改革创新；推动金融资源继续向“三农”倾斜，确保农业信贷总量持续增加、涉农贷款比例不降低。

总体来说，国家对粮食安全的关注使具有优秀种子品系的种业公司获得更多的关注；农产品价格形成机制完善将利好下游加工企业的原料成本；一、二、三产业融合发展模式推进，使具有地理环境、地域文化优势的企业获得更多市场关注；土改和金改有助于解决此前因缺乏抵押担保而使得农村获得的金融支持无法与农村规模化经营的现状相匹配的问题，根据农业部专家估算，土地流转潜在需要的资金借贷规模上万亿元。

2015 年李克强总理在政府工作报告中首次提及互联网在各个行业的应用，之后各个行业开展了如火如荼的产业“互联网+”运动，2015 年成为了“互联网+”元年。在农林牧渔行业同样进行了深刻变革，各个上市企业纷纷借助资本市场力量，积极探索如何应用互联网提升自身的竞争力。

主要方式有：开展电商业务、提供金融服务、建立行业内大数据平台等。

在政策支持和“互联网+”兴起的大环境下，以下几类公司将受益：①具备大量数据储备，自然地理、文化背景资源的企业；②依托信息、互联网技术和农业政策变革努力发展农村金融新模式的企业；③种业、新型肥料、农机以及新型种植服务等推进农业现代化的公司；④国家控股比例较高，有意愿进行体制改革，引入民间资本，扩大市场化的企业更有可能获得资本关注。

审稿人：赵金厚

撰稿人：龚毓幸

采矿业

一、采矿业总体概况

（一）行业整体运行情况

2015年经济增速下行压力依旧较大，同时经济结构不断转型，传统产业需求低迷，并传导至最上游的采矿业，原油、煤炭、铁矿石、有色金属等主要产品价格持续低迷，企业经营效益普遍下滑。

（二）细分行业运行概况

石油和天然气开采业：2015年石油和天然气开采行业受国际油价大幅下行影响，效益深度下滑。全年行业实现利润总额850亿元，较2014年下降73.6%；主营业务收入9460.4亿元，下降30.7%；上缴税金1210亿元，下降54.8%；资产总计2.34万亿元，增长0.8%。全年行业主营收入利润率为8.99%，创历史新低，较2014年下降14.61个百分点。全国石油天然气总产量3.29亿吨（油当量），较2014年增长2.1%。其中原油产量2.15亿吨，增长1.7%；天然气产量1271.4亿立方米，增长2.9%。全年进口原油3.35亿吨，进口天然气616.5亿立方米，分别较2014年增长8.8%和3.4%。

行业运行呈现几大特点：①国际油价在供给过剩的影响下深度下跌且持续，2015年布伦特原油期货均价53.60美元/桶，较2014年大幅回落45.15美元/桶，跌幅46.1%。由于全球经济增速放缓，需求不振，加之OPEC传统产油国阵营与北美页岩油等新兴阵营争夺市场份额，预计供给过剩态势将持续，油价将持续低位徘徊。②油价下跌导致上游勘探开采行业投资迅速下滑。受价格影响，国际主要油气公司均大幅削减上游开发、开采环节资本开支，国内主要企业的投资削减幅度也多在30%~50%范围内。③国内维持原油产量难度加大，对外依存度首破60%。由于国内资源禀赋条件限制，主要资源地步入开发中后期，完全成本较高，低油价下竞争力显现明显劣势。④天然气消费增速创10年新低，价改步伐加快。受经济增速放缓、气价缺乏竞争力等因素影响，2015年我国天然气消费量1910亿立方米，较2014年仅增长3.7%。年内我国实现了存量气和增量气价格并轨，并大幅下调非居民用气门站价格，推进石油天然气交易中心建设，为价格形成机制市场化创造条件。

煤炭开采和洗选业：2015年全国规模以上煤炭企业原煤产量37.5亿吨，较2014年下降3.5%；全年共进口煤炭2.04亿吨，较2014年下降29.9%；出口533万吨，较2014年下降7.1%；净进口1.99亿吨，较2014年减少8700万吨，下降30.4%。全国铁路发运煤炭20亿吨，较2014年下降12.6%；主要港口发运煤炭6.44亿吨，较2014年下降5.5%。2015年底秦皇岛港5500大卡市场动力煤平仓均价370元/吨，比年初降低155元/吨，下降29.5%，已跌至2004年水平，炼焦煤价格比年初下降约220元/吨。行业固定资产投资4008亿元，较2014年下降14.4%，其中民间投资2281亿元，下降12.2%。

有色金属矿采选业：2015年受世界经济和贸易形势低迷，主要经济体经济增速放缓影响，有色金属出现需求萎缩、产能过剩的局面，有色金属采选业运行总体压力明显上升。2015年有色金属工业增加值较2014年增长10%，十种有色金属产量达到5156万吨，表观消费量约5560万吨。其中铜、铝、铅、锌等主要金属产量分别为796万吨、3141万吨、440万吨、615万吨，年均分别增长11.9%、14.1%、1.1%、3.4%，各占全球总产量的35%、55%、43%、44%。2015年有色金属行业规模以上企业完成主营业务收入5.7万亿元、实现利润总额1799亿元，其中有色金属采选业实现营业收入6086亿元，较2014年下降3%，利润总额450亿元，较2014年下降19%，行业整体触底。

二、行业内上市公司发展概况

（一）行业内上市公司基本情况

表1　　2015年采矿业上市公司发行股票概况

门　类	A、B股总数	A股股票数	B股股票数	境内总市值（亿元）	流通A股市值（亿元）	流通B股市值（亿元）
采矿业	75	74	1	33146.87	30219.37	78.09
占沪深两市比重（%）	2.57	2.54	0.03	6.24	7.27	3.56

资料来源：沪深交易所，同花顺。

（二）行业内上市公司构成情况

表2　　2015年采矿业上市公司构成情况　　单位：家

门　类	沪　市			深　市			ST/*ST
	仅A股	仅B股	A+B股	仅A股	仅B股	A+B股	
采矿业	45	1	0	29	0	0	1/0
占行业内上市公司比重（%）	60	1.33	0	38.67	0	0	1.33/0

资料来源：沪深交易所，同花顺。

（三）行业内上市公司融资情况

表 3　2015 年采矿业上市公司与沪深两市融资情况对比　单位：家

	融资家数	新　股	增　发	配　股
采矿业	11	2	9	0
沪深两市总数	819	220	595	6
占比（%）	1.34	0.91	1.51	0

资料来源：沪深交易所，同花顺。

其中，首发的 2 家公司均在沪市；增发的 9 家公司中，有 5 家沪市、1 家深市主板、2 家中小板公司及 1 家创业板公司。

按行业大类划分，进行融资的 11 家公司中，煤炭开采和洗选业 3 家，黑色金属矿采选业 1 家，有色金属矿采选业 3 家，开采辅助活动 4 家，分别占比 27%、9%、27%、36%。

从融资效果看，上述公司实际发行数量为 743050 万股；实际募集资金 248 亿元，基本完成了融资计划。

2015 年采矿业上市公司融资情况明细见附录。

（四）行业内上市公司资产及业绩情况

表 4　2015 年采矿业上市公司资产情况　单位：亿元

指　标	2015 年	2015 年可比样本增长（%）	2014 年	2014 年可比样本增长（%）	2013 年
总资产	61655.81	2.16	59179.35	5.77	54265.44
流动资产	13290.49	−2.19	13002.59	−0.72	12730.40
占比（%）	21.56	−0.96	21.97	−1.44	23.46
非流动资产	48365.32	3.42	46176.76	7.75	41535.04
占比（%）	78.44	0.96	78.03	1.44	76.54
流动负债	16469.28	−8.29	17217	−1.24	16981.42
占比（%）	26.71	−3.05	29.09	−2.06	31.29
非流动负债	13226.26	9.18	12000.36	21.33	9474.19
占比（%）	21.45	1.38	20.28	2.6	17.46
归属于母公司股东权益	27765.9	3.24	26586.4	4.54	24748.23
占比（%）	45.03	0.47	44.93	−0.52	45.61

资料来源：沪深交易所，同花顺。

表 5　　2015 年采矿业上市公司收入实现情况　　单位：亿元

指　标	2015 年	2015 年可比样本增长（%）	2014 年	2014 年可比样本增长（%）	2013 年
营业收入	46503.54	-24.99	60952.07	-1.48	61052.83
利润总额	1469	-54.69	3217.27	-21.06	3925.17
归属于母公司所有者的净利润	765.18	-65.22	2189.05	-23.29	2763.87

资料来源：沪深交易所，同花顺。

（五）利润分配情况

2015 年全年采矿业上市公司中共有 30 家公司实施了分红配股。其中，4 家上市公司实施送股或转增股，30 家上市公司实施派息，其中 4 家公司既实施了送股、转增又实施了派息。

2015 年采矿业上市公司分红明细见附录。

（六）其他财务指标情况

1. 盈利能力指标

表 6　　2015 年采矿业上市公司盈利能力情况　　单位：%

指　标	2015 年	2015 年可比样本变动	2014 年	2014 年可比样本变动	2013 年
毛利率	22.29	3	19.42	-0.77	20.00
净资产收益率	2.76	-5.43	8.23	-2.99	10.95
销售净利率	2.19	-1.75	3.99	-1.14	4.99
资产净利率	1.67	-2.49	4.22	-1.7	5.87

资料来源：沪深交易所，同花顺。

2. 偿债能力指标

表 7　　2015 年采矿业上市公司偿债能力指标

指　标	2015 年	2015 年可比样本变动	2014 年	2014 年可比样本变动	2013 年
流动比率	0.81	0.05	0.76	0.01	0.75
速动比率	0.58	0.08	0.51	0.06	0.45
资产负债率（%）	48.16	-1.67	49.37	0.54	48.75

资料来源：沪深交易所，同花顺。

3. 营运能力指标

表 8 2015 年采矿业上市公司营运能力情况 单位：次

营运能力指标	2015 年	2015 年可比样本变动	2014 年	2014 年可比样本变动	2013 年
存货周转率	8.89	-1.27	10.33	0.7	12.02
应收账款周转率	17.98	-5.94	26.31	-1.9	19.24
流动资产周转率	3.46	-1.09	4.67	-0.15	4.88
固定资产周转率	2.12	-0.98	3.11	-0.33	3.52
总资产周转率	0.76	-0.29	1.06	-0.09	1.18
净资产周转率	1.49	-0.6	2.08	-0.16	2.28

资料来源：沪深交易所，同花顺。

三、重点细分行业介绍

表 9 2015 年采矿业上市公司数量分布及市值情况

大 类	上市公司家数（家）	占行业内比重（%）	境内总市值（亿元）	占行业内比重（%）
有色金属矿采选业	24	32.00	4076.70	12.30
石油和天然气开采业	4	5.33	18786.11	56.68
煤炭开采和洗选业	27	36.00	6749.96	20.36
开采辅助活动	12	16.00	2503.57	7.55
黑色金属矿采选业	8	10.67	1030.53	3.11

资料来源：沪深交易所，同花顺。

（一）黑色金属矿采选业

1. 行业概况

受经济增速换挡和产业结构调整影响，黑色金属矿采选业景气度持续下滑，主要产品需求疲弱，价格持续低迷，导致行业营收下滑，企业经营困难。

2. 行业内上市公司发展情况

表 10 2015 年黑色金属矿采选业上市公司收入及资产增长情况 单位：亿元

指 标	2015 年	2015 年可比样本增长（%）	2014 年	2014 年可比样本增长（%）	2013 年
营业收入	172.43	-23.28	224.75	-2.6	201.55
利润总额	-26.72	48.5	-51.89	-251.86	20.83
归属于母公司所有者的净利润	-26.23	22.13	-33.7	-239.03	14.26
总资产	779.41	6.89	728.06	36.11	486.59
归属于母公司股东权益	219.44	-8.24	239.2	-11.95	238.05

资料来源：沪深交易所，同花顺。

表 11　　2015 年黑色金属矿采选业上市公司盈利能力情况　　单位：%

指　标	2015 年	2015 年可比样本变动	2014 年	2014 年可比样本变动	2013 年
毛利率	15.25	-11.67	26.92	-6.51	29.04
净资产收益率	-11.96	2.13	-14.09	-23.01	5.89
销售净利率	-16.33	8.46	-24.79	-35.39	7.18
资产净利率	-3.73	5.08	-8.82	-13.67	3.17

资料来源：沪深交易所，同花顺。

表 12　　2015 年黑色金属矿采选业上市公司偿债及营运情况

指　标	2015 年	2015 年可比样本变动	2014 年	2014 年可比样本变动	2013 年
资产负债率（%）	69.08	4.9	64.11	16.36	49.47
存货周转率（次）	5.32	-1.03	6.35	-0.87	12.49
总资产周转率（次）	0.23	-0.13	0.36	-0.1	0.44

资料来源：沪深交易所，同花顺。

（二）开采辅助活动

1. 行业概况

开采辅助板块景气度下滑，主要是由于矿产品价格持续下滑，矿方产能投资趋于谨慎；开采辅助主要是服务于油气开采，页岩气、煤层气开采逐渐成为新的增长点。

2. 行业内上市公司发展情况

表 13　　2015 年开采辅助活动上市公司收入及资产增长情况　　单位：亿元

指　标	2015 年	2015 年可比样本增长（%）	2014 年	2014 年可比样本增长（%）	2013 年
营业收入	1096.29	-31.84	629.34	15.35	338.52
利润总额	63.46	-62.88	144.32	24.62	82.88
归属于母公司所有者的净利润	46.85	-66.04	122.54	21.94	72.72
总资产	2329.81	6.18	1342.2	11.19	910.75
归属于母公司股东权益	1089.45	10.08	782.92	24.34	452.08

资料来源：沪深交易所，同花顺。

表 14　　2015 年开采辅助活动上市公司盈利能力情况　　单位：%

指　标	2015 年	2015 年可比样本变动	2014 年	2014 年可比样本变动	2013 年
毛利率	16.13	-2.41	30.84	2.62	30.82
净资产收益率	4.3	-9.64	15.65	-0.31	16.10
销售净利率	4.4	-4.32	19.76	1.18	21.71
资产净利率	2.13	-4.31	9.76	0.82	8.38

资料来源：沪深交易所，同花顺。

表 15　　2015 年开采辅助活动上市公司偿债及营运情况

指　标	2015 年	2015 年可比样本变动	2014 年	2014 年可比样本变动	2013 年
资产负债率（%）	52.78	–1.66	41.05	–6.4	49.87
存货周转率（次）	5.16	–2.58	11.96	0.21	20.56
总资产周转率（次）	0.48	–0.25	0.49	0.01	0.39

资料来源：沪深交易所，同花顺。

（三）煤炭开采和洗选业

1. 行业概况

2015 年煤炭行业继续下行，自 2011 年以来已经连续下行 4 年，煤价较 2011 年高点已经跌去 50%以上，行业产能过剩十分严重。根据煤炭工业协会的数据，2015 年我国煤炭在产产能 42 亿吨，在建产能 15 亿吨，合计 57 亿吨；2015 年实际产量 37.5 亿吨，进口 2 亿吨，供给 39.5 亿吨，实际需求约 40 亿吨，行业产能过剩十分严重。煤炭企业普遍经营困难，行业亏损面在 90%以上。

2. 行业内上市公司发展情况

表 16　　2015 年煤炭开采和洗选业上市公司收入及资产增长情况　　单位：亿元

指　标	2015 年	2015 年可比样本增长（%）	2014 年	2014 年可比样本增长（%）	2013 年
营业收入	5108.2	–22.3	6538.5	–12.35	6771.92
利润总额	225.21	–70.35	761.56	–27.24	922.20
归属于母公司所有者的净利润	20.63	–95.47	459.44	–32.04	605.17
总资产	16298.63	5.91	15257.6	8.32	12798.88
归属于母公司股东权益	6464.34	–1.42	6540.49	4.38	5733.57

资料来源：沪深交易所，同花顺。

表 17　　2015 年煤炭开采和洗选业上市公司盈利能力情况　　单位：%

指　标	2015 年	2015 年可比样本变动	2014 年	2014 年可比样本变动	2013 年
毛利率	27.19	–0.88	28.08	–1.06	28.56
净资产收益率	0.32	–6.63	7.02	–3.77	10.52
销售净利率	1.88	–6.88	8.86	–2.01	10.42
资产净利率	0.61	–3.31	3.95	–2.02	5.76

资料来源：沪深交易所，同花顺。

表 18　2015 年煤炭开采和洗选业上市公司偿债及营运情况

指　标	2015 年	2015 年可比样本变动	2014 年	2014 年可比样本变动	2013 年
资产负债率（%）	52.85	3.27	49.28	1.58	47.59
存货周转率（次）	9.5	−1.88	11.32	−1.92	18.34
总资产周转率（次）	0.32	−0.12	0.45	−0.1	0.55

资料来源：沪深交易所，同花顺。

（四）石油和天然气开采业

1. 行业概况

2015 年石油和天然气开采行业受国际油价大幅下行影响，效益深度下滑。全年行业实现利润总额 850 亿元，较 2014 年下降 73.6%；主营业务收入 9460.4 亿元，下降 30.7%；上缴税金 1210 亿元，下降 54.8%；资产总计 2.34 万亿元，增长 0.8%。全年行业主营收入利润率为 8.99%，创历史新低，较 2014 年下降 14.61 个百分点。全国石油天然气总产量 3.29 亿吨（油当量），较 2014 年增长 2.1%。其中原油产量 2.15 亿吨，增长 1.7%；天然气产量 1271.4 亿立方米，增长 2.9%。全年进口原油 3.35 亿吨，进口天然气 616.5 亿立方米，分别较 2014 年增长 8.8%和 3.4%。

2. 行业内上市公司发展情况

表 19　2015 年石油和天然气开采业上市公司收入及资产增长情况　单位：亿元

指　标	2015 年	2015 年可比样本增长（%）	2014 年	2014 年可比样本增长（%）	2013 年
营业收入	37503.97	−26.71	51155.93	−0.54	51591.41
利润总额	1145.67	−49.15	2251.64	−18.42	2782.91
归属于母公司所有者的净利润	681.73	−56.39	1562.41	−20.89	1995.33
总资产	38922.89	−0.36	38943.8	3.74	37545.55
归属于母公司股东权益	18714.55	4.75	17812.94	4.02	17209.54

资料来源：沪深交易所，同花顺。

表 20　2015 年石油和天然气开采业上市公司盈利能力情况　单位：%

指　标	2015 年	2015 年可比样本变动	2014 年	2014 年可比样本变动	2013 年
毛利率	22.75	4.23	18.51	−0.57	19.08
净资产收益率	3.64	−5.11	8.77	−2.76	11.32
销售净利率	2.29	−1.02	3.32	−0.85	4.19
资产净利率	2.21	−2.22	4.44	−1.53	6.02

资料来源：沪深交易所，同花顺。

表 21　　2015 年石油和天然气开采业上市公司偿债及营运情况

指　标	2015 年	2015 年可比样本变动	2014 年	2014 年可比样本变动	2013 年
资产负债率（%）	44.81	–4.42	49.22	–0.08	49.10
存货周转率（次）	9.19	–1.13	10.36	0.93	11.66
总资产周转率（次）	0.96	–0.37	1.34	–0.09	1.43

资料来源：沪深交易所，同花顺。

（五）有色金属矿采选业

1. 行业概况

2015 年受世界经济和贸易形势低迷，主要经济体经济增速放缓影响，有色金属出现需求萎缩、产能过剩的局面，有色金属采选业运行总体压力明显上升。

2. 行业内上市公司发展情况

表 22　　2015 年有色金属矿采选业上市公司收入及资产增长情况　　单位：亿元

指　标	2015 年	2015 年可比样本增长（%）	2014 年	2014 年可比样本增长（%）	2013 年
营业收入	2622.66	8.28	2403.55	9.14	2149.43
利润总额	61.39	–44.29	111.62	–6.19	116.35
归属于母公司所有者的净利润	42.2	–45.36	78.36	0.63	76.39
总资产	3325.07	11.7	2907.68	12.39	2523.67
归属于母公司股东权益	1278.12	2.98	1210.84	6.33	1114.99

资料来源：沪深交易所，同花顺。

表 23　　2015 年有色金属矿采选业上市公司盈利能力情况　　单位：%

指　标	2015 年	2015 年可比样本变动	2014 年	2014 年可比样本变动	2013 年
毛利率	9.27	–2.42	11.56	–0.77	12.39
净资产收益率	3.3	–2.92	6.47	–0.37	6.90
销售净利率	1.59	–1.91	3.6	–0.53	4.14
资产净利率	1.32	–1.69	3.16	–0.58	3.77

资料来源：沪深交易所，同花顺。

表 24　　2015 年有色金属矿采选业上市公司偿债及营运情况

指　标	2015 年	2015 年可比样本变动	2014 年	2014 年可比样本变动	2013 年
资产负债率（%）	56.26	4.23	51.98	2.85	48.90
存货周转率（次）	7.59	–0.31	8.38	0.96	8.49
总资产周转率（次）	0.83	–0.03	0.88	–0.03	0.91

资料来源：沪深交易所，同花顺。

四、重点上市公司介绍

（一）中国石油

中国石油是国内规模最大的油气生产和销售商，在国内乃至世界油气领域均具有举足轻重的地位。在国际油价深度下跌影响下，2015年中国石油营收与利润双双下滑。全年公司实现营业收入17254.28亿元，较2014年下降24.4%；实现归属于母公司净利润356.53亿元，较2014年下降63.3%；扣除非经常性损益后的净利润183.94亿元，较2014年下降83.3%。

2015年公司实现原油产量9.719亿桶（约1.32亿吨），较2014年增长2.79%；实现天然气产量886.72亿立方米，较2014年增长3.37%，油气当量产量14.94亿桶，较2014年增长3%。但产量的上升并未带来效益的上涨。2015年公司实现经营收益792.52亿元，较2014年下降53.34%；实现经营收益率2.85%，较2014年下降1.57个百分点。经营收益率下降主要是由于油价大跌导致公司上游勘探与开采业务盈利出现大幅下降。2015年，公司勘探开采业务实现经营收益339.61亿元，较2014年下降81.83%。由于2015年第四季度布伦特原油均价只有43.42美元/桶，导致公司油气开采业务在当季首次出现亏损。

（二）中国神华

中国神华是我国煤炭行业龙头企业，世界第二大煤炭企业，产量仅次于印度国家煤炭公司。公司以煤为基，打造“煤电路港运化”为一体的综合性能源集团。公司目前拥有27对矿井，核定产能3.44亿吨。2015年商品煤产量2.8亿吨，销量3.7亿吨（含贸易量），较2014年分别下降8.4%和18%；商品煤综合售价328元/吨，完全成本316元/吨，较2014年分别下降23%和16%；煤炭业务面临量价齐跌的不利局面，以致公司业绩出现明显下滑，2015年归母公司净利润仅161亿元，相较于2014年的368亿元下降了56%。资源储备方面，公司拥有优质丰富的煤炭资源，适宜建设现代化高产高效煤矿。截至2015年末，中国神华所拥有和控制的煤炭矿业权，在中国标准下煤炭保有资源量为243亿吨，煤炭保有可采储量为157亿吨；JORC标准下的煤炭可售储量为81.4亿吨，位于中国煤炭上市公司前列。

（三）洛阳钼业

洛阳钼业是国内矿业龙头公司，拥有一体化的完整产业链条和世界级一体化的采、选矿设施，是国内最大、世界领先的钨、钼、铌生产商之一。从资源储量来看，上市公司矿产资源丰富，目前拥有钼权益储量126万吨、钨权益储量49.6万吨、铌权益储量50万吨，位居行业前列。从产量来看，公司具有钼采选能力30000吨/日，2015年生产钼精矿1.7万吨（按100%金属量折算），同期国内钼精矿产量8.4万吨，占国内产量的21%，居国内第二，全球产量24.5万吨，占全球产量的7%，居全球第五；公司目前建有三条白钨选矿生产线，矿石处理能力30000吨/日，2015年钨精矿产量0.98万吨（按100%金属量折算），同期国内产量约7万吨，占国内产量14%，生产规模居国内第二，全球产量8.6万吨，占全球产量11%，生产规模居全球第二；公司2016年收购的磷铌矿，年产铌金属量6300吨，居全球第二；同时，公司2015年实现铜精矿产量约5万吨（按100%金属量折算），金产量1.28吨。上市公司矿产资源丰富，生产规模居前，是全球矿业龙头公司。

五、上市公司在行业中的影响力

2015年石油和天然气开采行业上市公司共4家。从产量来看，上市公司共实现原油产量1.81亿吨，占全国总产量的84.2%；实现天然气产量1094.82亿立方米，占全国总产量的86.1%。应该说，行业上市公司虽然不多，但是体量绝对占据统治地位。中国石油和中国石化两家上市公司继承了我国石油和化学工业之传统，受益于我国石油工业的战略和体制机制转变，随后在市场化的浪潮中不断锤炼，竞争力和影响力均与日俱增。其他两家上市公司中，广汇能源是我国民营能源企业的优秀代表，除传统的煤工业务以外，公司也是国内少有的获批建设LNG接收站的民营企业之一。洲际油气在海外油气资源并购方面走在国内民营企业前列，现已基本具备海外油气资源并购平台型公司的雏形。

2015年煤炭开采和洗选行业上市公司共27家，全国煤炭企业6430家，上市公司数量占比不足1%，行业内仍然存在很多小型民营矿井。从产量来看，2015年上市公司煤炭产量9.3亿吨，全国产量37.5亿吨，上市公司占比25%；从产能来看，上市公司在产矿井产能9.8亿吨（按照330天核算，下同），全国产能42亿吨，上市公司占比23%；上市公司煤矿整体产能利用率95%，行业整体仅89%；上市公司在建产能2.8亿吨，全国在建产能15亿吨，上市公司占比19%，由于行业景气度持续下滑以及煤企融资困难等原因，大量在建矿井已经停建或缓建。整体而言，我国优质的煤炭资源集中在上市公司，同时存在大量的非上市煤炭资产。

2015年有色金属采选企业共1949家，其中上市公司约60家，上市公司占有色金属采选企业不到3%，行业内小型民营矿山企业较多。从经营情况来看，2015年有色金属采选企业完成主营业务收入6086亿元，其中上市公司营业收入2623亿元，占比达到43%，行业集中度相对较高；有色金属采选企业实现利润总额450亿元，其中上市公司利润总额61亿元，占比14%（上市公司多带有冶炼及加工业务拉低毛利率）。从亏损面看，2015年1949家有色金属采选企业中亏损企业共426家，亏损企业占比22%，上市公司亏损约20家，亏损企业占比约33%。整体而言，优质矿山集中在有色金属采选企业，行业集中度相对较高。

审稿人：金晟哲　王　俊

撰稿人：谢志民　陈　鹏

制造业

农副食品加工业

一、农副食品加工业总体概况

（一）行业整体运行情况

2015 年，国内宏观经济增速有所放缓，农副食品加工行业发展情况较为稳定，行业整体运行态势稳中有升，全行业规模以上企业 2.49 万家，资产总额 32031 亿元，较 2014 年增长 5.08%；实现营业收入 65125.6 亿元，较 2014 年增长 2.51%；实现利润总额 3233.8 亿元，较 2014 年增长 5.34%。行业总体盈利能力保持平稳，整体毛利率 10.51%，销售利润率 4.97%，较 2014 年水平略有上升。行业财务状况稳定，截至 2015 年底，全行业的资产负债率达到 50.80%，较 2014 年下降 1.30 个百分点。

（二）细分行业运行概况

农副食品加工行业共分为 8 个细分子行业：谷物磨制业，饲料加工业，植物油加工业，制糖业，屠宰及肉制品加工业，水产品加工业，蔬菜、水果和坚果加工业以及其他农副食品加工业。其中，其他农副食品加工业包括淀粉及淀粉制品的制造业、豆制品制造业和蛋白加工业。

2015 年 1~10 月[①]，全国规模以上谷物磨制业企业 6394 家，资产总额 4740.65 亿元，较 2014 年增长 9.20%；实现营业收入 10682.41 亿元，较 2014 年增长 6.85%；实现利润总额 494.65 亿元，较 2014 年增长 7.71%；行业销售利润率 4.63%，较 2014 年同期上升 0.04 个百分点；资产负债率 40.57%，较 2014 年同期下降 1.24 个百分点。

2015 年 1~10 月，全国规模以上饲料加工业企业 4113 家，资产总额 4152.73 亿元，较 2014 年增长 11.85%；实现营业收入 9051.49 亿元，较 2014 年增长 3.33%；实现利润总额 404.91 亿元，较 2014 年增长 11.49%；行业销售利润率 4.47%，较 2014 年同期上升 0.33 个百分点；资产负债率 46.83%，较 2014 年同期下降 2.30 个百

① 由于各个子行业的数据只披露到 2015 年 10 月，故此处较 2014 年均是相对 2014 年 10 月累计数。

分点。

2015年1~10月，全国规模以上植物油加工业企业2185家，资产总额5602.46亿元，较2014年下降1.27%；实现营业收入8136.98亿元，较2014年下跌4.7%；实现利润总额256.14亿元，较2014年上涨11.69%；行业销售利润率3.15%，较2014年同期上涨0.46个百分点；资产负债率63.54%，较2014年同期下降2.80个百分点。

2015年1~10月，全国规模以上制糖业企业297家，资产总额1930.59亿元，较2014年增长11.95%；全年实现营业收入836.38亿元，较2014年增长5.16%；实现利润总额23.71亿元（2014年同期为-39.12亿元）；行业销售利润率2.83%，较2014年同期上涨7.75个百分点；资产负债率82.85%，较2014年同期下降0.87个百分点。

2015年1~10月，全国规模以上屠宰及肉制品加工业企业3937家，资产总额6245.71亿元，较2014年增长15.53%；实现营业收入10769亿元，较2014年增长4.01%；实现利润总额503.60亿元，较2014年增长4.61%；行业销售利润率4.68%，和2014年同期持平；资产负债率47.76%，较2014年同期下降0.98个百分点。

2015年1~10月，全国规模以上水产品加工业企业2128家，资产总额2721.25亿元，较2014年增长0.96%；实现营业收入4276.14亿元，较2014年增长2.53%；实现利润总额217.02亿元，较2014年增长5.94%；行业销售利润率5.08%，较2014年同期增加0.16个百分点；资产负债率50.90%，较2014年同期下降0.61个百分点。

2015年1~10月，全国规模以上蔬菜、水果和坚果加工业企业3290家，资产总额2591.94亿元，较2014年增长13.37%；实现营业收入4257.26亿元，较2014年增长8.54%；实现利润总额287.21亿元，较2014年增长11.06%；行业销售利润率6.67%，较2014年同期增加0.15个百分点；资产负债率40.86%，较2014年同期下降0.52个百分点。

2015年1~10月，全国规模以上其他农副食品加工业企业2549家，资产总额3171.86亿元，较2014年增长3.91%；实现营业收入4429.56亿元，较2014年下降0.39%；实现利润总额208.27亿元，较2014年增长3.97%；行业销售利润率4.71%，较2014年同期上升0.20个百分点；资产负债率52.09%，较2014年同期下降0.97个百分点。

二、行业内上市公司发展概况

（一）行业内上市公司基本情况

表 1　　2015 年农副食品加工业上市公司发行股票概况

门　类	A、B 股总数	A 股股票数	B 股股票数	境内总市值（亿元）	流通 A 股市值（亿元）	流通 B 股市值（亿元）
农副食品加工业	39	38	1	4489.10	3320.03	17.77
占沪深两市比重（%）	1.34	1.31	0.03	0.84	0.80	0.82

资料来源：沪深交易所，同花顺。

（二）行业内上市公司构成情况

表 2　　2015 年农副食品加工业上市公司构成情况　　单位：家

门　类	沪　市			深　市			ST/*ST
	仅 A 股	仅 B 股	A+B 股	仅 A 股	仅 B 股	A+B 股	
农副食品加工业	7	0	1	30	0	0	0 /0
占行业内上市公司比重（%）	18.42	0.00	2.63	78.95	0.00	0.00	0 /0

资料来源：沪深交易所，同花顺。

（三）行业内上市公司融资情况

表 3　　2015 年农副食品加工业上市公司与沪深两市融资情况对比　　单位：家

	融资家数	新　股	增　发	配　股
农副食品加工业	8	0	8	0
沪深两市总数	819	220	595	6
占比（%）	0.98	0.00	1.34	0.00

资料来源：沪深交易所，同花顺。

其中，增发的 8 家公司中，有 2 家深市主板及 6 家中小板公司。

按行业大类划分，进行融资的 8 家公司中，农林牧渔业 7 家，食品饮料业 1 家，分别占比 87.5%、12.5%。

从融资效果看，上述公司实际发行数量为 124090.35 万股；实际募集资金 104.38 亿元，基本完成了融资计划。

2015 年农副食品加工业上市公司融资情况明细见附录。

（四）行业内上市公司资产及业绩情况

表 4　　2015 年农副食品加工业上市公司资产情况　　单位：亿元

指　标	2015 年	2015 年可比样本增长（%）	2014 年	2014 年可比样本增长（%）	2013 年
总资产	2016.58	7.42	1859.42	12.55	1613.19
流动资产	929.86	-0.38	920.34	10.56	819.83
占比（%）	46.11	-3.61	49.5	-0.89	50.82
非流动资产	1086.73	15.13	939.08	14.57	793.35
占比（%）	53.89	3.61	50.5	0.89	49.18
流动负债	671.01	-6.64	707.6	3.5	669.22
占比（%）	33.27	-5.01	38.05	-3.33	41.48
非流动负债	133.14	3.64	128.15	42.82	89
占比（%）	6.6	-0.24	6.89	1.46	5.52
归属于母公司股东权益	1122.74	17.61	949.21	16.05	794.92
占比（%）	55.68	4.83	51.05	1.54	49.28

资料来源：沪深交易所，同花顺。

表 5　　2015 年农副食品加工业上市公司收入实现情况　　单位：亿元

指　标	2015 年	2015 年可比样本增长（%）	2014 年	2014 年可比样本增长（%）	2013 年
营业收入	2727.56	-1.95	2774.75	3.98	2587.04
利润总额	151.79	14.71	131.47	5.67	120.07
归属于母公司所有者的净利润	113.49	17.64	95.81	2.61	89.7

资料来源：沪深交易所，同花顺。

（五）利润分配情况

2015 年全年农副食品加工业上市公司中共有 25 家公司实施了分红配股。其中，6 家上市公司实施送股或转增股，25 家上市公司实施派息，其中 6 家公司既实施了送股、转增又实施了派息。

2015 年农副食品加工业上市公司分红明细见附录。

（六）其他财务指标情况

1. 盈利能力指标

表 6　　2015 年农副食品加工业上市公司盈利能力情况　　单位：%

指　标	2015 年	2015 年可比样本变动	2014 年	2014 年可比样本变动	2013 年
毛利率	14.08	1.45	12.58	0.45	12.19
净资产收益率	10.11	0	10.09	-1.33	11.33
销售净利率	4.55	0.72	3.81	0.04	3.74
资产净利率	6.37	0.33	6.02	-0.42	6.38

资料来源：沪深交易所，同花顺。

2. 偿债能力指标

表 7　　2015 年农副食品加工业上市公司偿债能力指标

指　标	2015 年	2015 年可比样本变动	2014 年	2014 年可比样本变动	2013 年
流动比率	1.39	0.09	1.3	0.08	1.23
速动比率	0.86	0.1	0.76	0.05	0.72
资产负债率（%）	39.88	-5.25	44.95	-1.86	47

资料来源：沪深交易所，同花顺。

3. 营运能力指标

表 8　　2015 年农副食品加工业上市公司营运能力情况　　单位：次

营运能力指标	2015 年	2015 年可比样本变动	2014 年	2014 年可比样本变动	2013 年
存货周转率	6.35	-0.25	6.63	-0.51	8.2
应收账款周转率	34.75	-7.43	42.45	-5.14	48.22
流动资产周转率	2.93	-0.22	3.17	-0.16	3.31
固定资产周转率	5.02	-0.67	5.69	-0.43	6.11
总资产周转率	1.40	-0.18	1.58	-0.13	1.71
净资产周转率	2.43	-0.48	2.92	-0.37	3.32

资料来源：沪深交易所，同花顺。

三、重点上市公司介绍

（一）新希望

新希望是中国最大的饲料生产企业，也是中国最大的农牧企业之一。2015 年，受养殖行业持续低迷的影响，公司实现营业收入 615.20 亿元，较 2014 年降低 12.13%。公司盈利能力保持平稳，综合毛利率达到 6.95%，较 2014 年同期上升 1.02 个百分点；销售净利率 4.81%，较 2014 年上升 1.08 个百分点；实现归属于母公司所有者的净利润 22.11 亿元，较 2014 年增长 9.46%。每股收益 1.06 元，与 2014 年相比降低 2.75%。2015 年末，公司的资产负债率达到 31.46%，较 2014 年下降 3.01 个百分点。

（二）大北农

大北农是一家业务涵盖饲料、动保、种业和植保的农业高科技企业。公司的主营业务是饲料产品生产、销售和农作物种子培育、推广。2015 年，公司实现营业收入 160.98 亿元，较 2014 年同期下降 12.72%。公司盈利能力保持稳定，毛利率为 24.29%，较 2014 年上升 2.31 个百分点；销售净利率 4.40%，较 2014 年上升 0.04 个百分点；净资产收益率 8.19%。2015 年末，公司的资产负债率达到 33.14%，较 2014 年下降 7.18 个百分点。

四、上市公司在行业中的影响力

2015 年，农副食品加工行业规模以上企业实现总资产总额 32031 亿元，较 2014 年增长 5.08%；行业内上市公司总资产 2016.58 亿元，较 2014 年增长 7.42%，上市公司总资产占行业总资产 6.30%，较 2014 年上升 0.20 个百分点。

2015 年，农副食品加工行业规模以上企业实现营业收入 65125.6 亿元，较 2014 年增长 2.51%；行业内上市公司营业收入 2727.57 亿元，较 2014 年下降 1.95%，上市公司总收入占行业总收入 4.19%，较 2014 年下降 0.18 个百分点。

2015 年，农副食品加工行业规模以上企业实现利润总额 3233.8 亿元，较 2014 年增长 5.34%。行业内上市公司利润总额 151.79 亿元，较 2014 年增长 14.71%，上市公司总利润占行业总利润 4.69%，较 2014 年增加 0.41 个百分点。

总体来说，上市公司盈利、总资产情况好于行业整体，但收入方面影响有所削弱。

审稿人：盛　夏

撰稿人：彭家乐

食品制造业

一、食品制造业总体概况

（一）行业整体运行情况

2015年宏观经济增速继续放缓，食品制造业属于稳健刚需，行业景气指数平均值为136，保持较好的景气态势。行业整体来看，营收和利润增速有小幅下滑，但消费升级趋势持续，且有保健品、烘焙等细分子行业成长趋势亮眼。2015年，全行业规模以上企业8266家，资产总额14333.70亿元，较2014年增长10.86%；实现营业收入21700.30亿元，较2014年增长7.10%，增速较同期下行4.44个百分点；实现利润总额1832.20亿元，较2014年增长8.25%，增速较同期下行0.95个百分点。行业整体毛利率20.12%，销售利润率8.44%，总体盈利能力保持平稳。截至2015年底，全行业的资产负债率为44.72%，较2014年下降1.56个百分点，整体财务状况保持相对稳定。

（二）细分行业运行概况

食品制造业共分为7个细分子行业：焙烤食品制造业，糖果、巧克力及蜜饯制造业，方便食品制造业，调味品发酵制品业，乳制品制造业，罐头食品制造业和其他食品制造业。其中其他食品制造业包括营养食品制造业、保健食品制造业、冷冻饮品及食用冰制造业、盐加工业、食品及磁疗添加剂制造业等。

截至2015年10月，全国规模以上焙烤食品制造业企业1408家，资产总额1504.33亿元，较2014年同期增长18.00%；1~10月实现营业收入2284.56亿元，较2014年同期增长15.74%；实现利润总额193.95亿元，较2014年同期增长20.65%；行业销售利润率8.49%，较2014年同期上升0.35个百分点；资产负债率40.82%，较2014年同期下降0.27个百分点。

截至2015年10月，全国规模以上糖果、巧克力及蜜饯制造业企业771家，资产总额1079.81亿元，较2014年同期增长10.18%；1~10月实现营业收入1460.48亿元，较2014年同期增长9.05%；实现利润总额110.81亿元，较2014年同期下降1.60%；行业销售利润率7.59%，较2014年同期下降0.82个百分点；资产负债率37.84%，较2014年同期上升0.86个百分点。

截至2015年10月，全国规模以上方便食品制造业企业1408家，资产总额2033.66亿元，较2014年同期增长6.72%；1~10月实现营业收入2827.22亿元，较2014年同期增长0.96%；实现利润总额180.88亿元，较2014年同期减少3.13%；

行业销售利润率6.40%，较2014年同期下降0.27个百分点；资产负债率41.44%，较2014年同期下降1.06个百分点。

截至2015年10月，全国规模以上调味品发酵制品业企业1140家，资产总额2167.30亿元，较2014年同期增长6.05%；1~10月实现营业收入2303.06亿元，较2014年同期增长7.98%；实现利润总额209.14亿元，较2014年同期增长19.96%；行业销售利润率9.08%，较2014年同期上升0.91个百分点；资产负债率44.97%，较2014年同期下降2.36个百分点。

截至2015年10月，全国规模以上乳制品制造业企业638家，资产总额2583.22亿元，较2014年同期增长13.05%；1~10月实现营业收入2726.60亿元，较2014年同期增长0.74%；实现利润总额180.75亿元，较2014年同期增长4.77%；行业销售利润率6.63%，较2014年同期上升0.26个百分点；资产负债率52.38%，较2014年同期下降1.36个百分点。

截至2015年10月，全国规模以上罐头食品制造业企业885家，资产总额908.79亿元，较2014年同期增长10.08%；1~10月实现营业收入1353.86亿元，较2014年同期增长4.07%；实现利润总额65.55亿元，较2014年同期增长8.89%；行业销售利润率4.84%，较2014年同期上升0.21个百分点；资产负债率53.22%，较2014年同期下降1.37个百分点。

截至2015年10月，全国规模以上其他食品制造业企业2016家，资产总额3542.81亿元，较2014年同期增长9.00%；1~10月实现营业收入4571.11亿元，较2014年同期增长9.45%；实现利润总额474.04亿元，较2014年同期增长12.32%；行业销售利润率10.37%，较2014年同期上升0.26个百分点；资产负债率46.34%，较2014年同期下降1.26个百分点。

二、行业内上市公司发展概况

（一）行业内上市公司基本情况

表1　　2015年食品制造业上市公司发行股票概况

门　类	A、B股总数	A股股票数	B股股票数	境内总市值（亿元）	流通A股市值（亿元）	流通B股市值（亿元）
食品制造业	33	33	0	5366.45	3419.42	0.00
占沪深两市比重（%）	1.13	1.13	0.00	1.01	0.82	0.00

资料来源：沪深交易所，同花顺。

（二）行业内上市公司构成情况

表 2　　2015 年食品制造业上市公司构成情况　　单位：家

门　类	沪　市			深　市			ST/*ST
	仅 A 股	仅 B 股	A+B 股	仅 A 股	仅 B 股	A+B 股	
食品制造业	16	0	0	17	0	0	0 /0
占行业内上市公司比重（%）	48.48	0.00	0.00	51.52	0.00	0.00	0 /0

资料来源：沪深交易所，同花顺。

（三）行业内上市公司融资情况

表 3　　2015 年食品制造业上市公司与沪深两市融资情况对比　　单位：家

	融资家数	新　股	增　发	配　股
食品制造业	13	4	9	0
沪深两市总数	819	220	595	6
占比（%）	1.59	1.82	1.51	0

资料来源：沪深交易所，同花顺。

其中，首发的 4 家公司中，有 3 家沪市和 1 家深市中小板；增发的 9 家公司中，有 3 家沪市、4 家深市中小板及 2 家创业板公司。

按行业大类划分，进行融资的 13 家公司中，乳制品制造业 5 家，调味品发酵制品业 3 家，其他食品制造业 3 家，焙烤食品制造业 1 家，方便食品制造业 1 家，分别占比 38.46%、23.08%、23.08%、7.69%、7.69%。

从融资效果看，上述公司实际发行数量为 147437.56 万股；实际募集资金 139.67 亿元，基本完成了融资计划。

2015 年食品制造业上市公司融资情况明细见附录。

（四）行业内上市公司资产及业绩情况

表 4　　2015 年食品制造业上市公司资产情况　　单位：亿元

指　标	2015 年	2015 年可比样本增长（%）	2014 年	2014 年可比样本增长（%）	2013 年
总资产	1699.54	12.45	1436.68	16.85	1133.06
流动资产	833.32	11.3	705.52	22.46	527.02
占比（%）	49.03	−0.51	49.11	2.25	46.51
非流动资产	866.22	13.58	731.16	11.9	606.04
占比（%）	50.97	0.51	50.89	−2.25	53.49

续表

指　标	2015 年	2015 年可比样本增长（%）	2014 年	2014 年可比样本增长（%）	2013 年
流动负债	594.24	-2.43	584.81	13	480.23
占比（%）	34.96	-5.34	40.71	-1.38	42.38
非流动负债	120.88	52.3	75.98	9.1	68.2
占比（%）	7.11	1.86	5.29	-0.37	6.02
归属于母公司股东权益	955.74	19.48	754.29	21.12	565.59
占比（%）	56.24	3.31	52.5	1.85	49.92

资料来源：沪深交易所，同花顺。

表 5　2015 年食品制造业上市公司收入实现情况　单位：亿元

指　标	2015 年	2015 年可比样本增长（%）	2014 年	2014 年可比样本增长（%）	2013 年
营业收入	1624.73	7.05	1417.02	13.28	1148.18
利润总额	137.97	11.99	111.83	21.07	69.69
归属于母公司所有者的净利润	113.21	9.92	94.27	19.31	60.36

资料来源：沪深交易所，同花顺。

（五）利润分配情况

2015 年全年食品制造业上市公司中共有 24 家公司实施了分红配股。其中，11 家上市公司实施送股或转增股，24 家上市公司实施派息，其中 11 家公司既实施了送股、转增又实施了派息。

2015 年食品制造业上市公司分红明细见附录。

（六）其他财务指标情况

1. 盈利能力指标

表 6　2015 年食品制造业上市公司盈利能力情况　单位：%

指　标	2015 年	2015 年可比样本变动	2014 年	2014 年可比样本变动	2013 年
毛利率	33.7	2.05	31.75	1.64	29.3
净资产收益率	11.85	-1.03	12.5	-0.19	10.4
销售净利率	7.1	0.25	6.7	0.35	5.3
资产净利率	7.19	-0.27	7.12	0.07	5.88

资料来源：沪深交易所，同花顺。

2. 偿债能力指标

表 7　　2015 年食品制造业上市公司偿债能力指标

指　标	2015 年	2015 年可比样本变动	2014 年	2014 年可比样本变动	2013 年
流动比率	1.4	0.17	1.21	0.1	1.1
速动比率	1.09	0.18	0.9	0.09	0.8
资产负债率（%）	42.08	-3.47	45.99	-1.77	48.4

资料来源：沪深交易所，同花顺。

3. 营运能力指标

表 8　　2015 年食品制造业上市公司营运能力情况　　单位：次

营运能力指标	2015 年	2015 年可比样本变动	2014 年	2014 年可比样本变动	2013 年
存货周转率	5.59	-0.18	5.77	-0.39	8.87
应收账款周转率	20.05	-3.09	23.37	-0.3	22.65
流动资产周转率	2.05	-0.20	2.21	-0.25	2.51
固定资产周转率	3.00	-0.16	3.02	-0.25	3.26
总资产周转率	1.01	-0.08	1.06	-0.05	1.11
净资产周转率	1.80	-0.24	2	-0.19	2.22

资料来源：沪深交易所，同花顺。

三、重点上市公司介绍

（一）安琪酵母

安琪酵母是国内第一、世界第三的酵母龙头企业。公司全球布局 15 条生产线实现酵母年产能 18.5 万吨，占国内 50%、全球 5%的市场份额，上游糖业及下游生物饲料、保健品等业务纵向拓展，协同发展，近五年营业收入复合增长率 13.87%，管理层持股 11%，激励机制良好。受益消费升级，面用酵母及 YE 等衍生品空间倍增。烘焙业快速发展、人均面包消费量提升以及酵母替代老面发酵共同驱动传统面用酵母需求翻番至近 40 万吨；酵母抽提物作为健康属性的增鲜剂，受益消费升级在调味品、餐饮业快速推广，全球产量快速提升，对标海外 30%的 YE 应用率，国内仅 2%、提升空间巨大；酵母衍生品在饲料工业及保健品市场高速发展下有望寻求突破。行业呈现寡头垄断格局，集中度不断提升。公司酵母系列产品为核心增长点，YE 业务近年增速超过 30%，在俄罗斯 2 万吨酵母产能及广西 1.5 万吨 YE 产能落地后将自 2016 年起逐步释放，支撑收入增长；生物饲料、保健品、食品原料构成业务补充，在行业景气度高与政策支持下预计将保持两位数增速发展；制糖业务受益糖价2016年预期上涨有望持续好转，推动业绩改善。此外，公司拥有5000家经销商及全国性销售团队，收购拥有500万黏性用户的贝太厨房借力内容传媒提升品牌影响力。

2015年，公司实现营业收入42.25亿元，较2014年增长15.30%；实现营业利润3.34亿元，较2014年增长72.97%；归属母公司净利润2.8亿元，较2014年增长90.29%。2015年，公司综合毛利率为29.88%，较2014年同期下滑0.59个百分点；销售净利率为7.56%，较2014年提升2.72个百分点。

（二）桃李面包

公司主营以面包为核心的优质烘焙类产品的生产及销售，经营采用“中央工厂+批发”的模式，核心产品为桃李品牌面包，包括三大系列（包括软式面包、起酥面包、调理面包）30余品种，上市融资助力产能扩张，有望步入增长快车道。我国面包行业已度过初创期进入高速成长期，收入从2011年的526亿元增长至2014年的899亿元，复合增速19.6%，主要有面包房、短保产品和长保产品三种模式。面包房以克里斯汀、85度C、面包新语为代表，租金和人力成本压力导致该模式利润增速下降甚至亏损，门店拓展趋缓甚至开始关店。短保面包以桃李、曼可顿、宾堡为代表，符合健康新鲜的消费升级趋势，曼可顿、宾堡为外资公司，在华渠道拓展较慢。长保面包以三辉麦风、达利园、盼盼等为代表，保质期在6个月左右，生产灵活，渠道渗透率高，龙头企业市场份额共计24%，但在消费升级趋势下多添加的长保将受挤压。对比“面包店—短保—长保”模式，短保顺应消费趋势，发展前景广阔。公司的核心竞争优势可以总结为三点：①产品结构：公司依靠“高性价比”的产品赢得良好口碑，秉承少而精的产品理念，明星单品包括醇熟切片面、奶棒面包等收入过亿产品，保质期45天的天然酵母推出一年即成最大单品，未来或将因地制宜推出高端子品牌。②销售渠道：公司渠道直营与经销模式相结合，2015年底辐射9万多个终端。东北和华北为大本营，未来将向西南、华东、华南市场开拓，渠道渗透和下沉空间大。③产能扩张：公司的经营模式为“中央工厂+批发”，2015年底已在全国14个城市布局了生产基地，上市后后续产能布局加速，剑指全国，潜力大。

2015年实现总销售收入25.63亿元，较2014年增长25%，其中面包收入占公司年度总收入的97.7%以上。2012~2015年，公司营业收入年复合增长率为18.83%。2015年实现营业利润4.39亿元，较2014年增长26.41%，归母公司净利润3.47亿元，较2014年增长27.11%，2012~2015年净利润年复合增长率为17.27%。2015年，公司综合毛利率为34.89%，较2014年同期提升1.67个百分点；销售净利率为13.54%，较2014年提升0.28个百分点。

四、上市公司在行业中的影响力

2015年，食品制造业规模以上企业总资产达14333.70亿元，较2014年增长10.86%；行业内上市公司总资产为1699.54亿元，较2014年增长12.45%；上市公司总资产占行业总资产的11.86%，较2014年同期上升0.75个百分点。

2015年，全行业实现营业收入21700.30亿元，较2014年增长7.10%；其中行业内上市公司营业收入1624.73亿元，较2014年增长7.05%；上市公司总收入占行业总收入的7.49%，较2014年同期上升0.50个百分点。

2015年，全行业实现利润总额1832.2亿元，较2014年增长8.25%；其中上市公司利润总额为137.97亿元，较2014年增长11.99%，高于行业水平；上市公司利润总额占行业总利润额的7.53%，较2014年同期上升0.92个百分点。总体来讲，上市公司盈利能力好于行业整体，影响力不断提升。

审稿人：戴佳娴

撰稿人：陈梦瑶　郭　尉

酒、饮料和精制茶制造业

一、酒、饮料和精制茶制造业总体概况

随着宏观经济变化，受“塑化剂”风波、限制“三公”消费等因素影响，酒、饮料、精制茶行业延续了近三年的“深度调整新常态”，目前，整个行业发展在周期性底部区域由快速下滑逐渐转入相对平稳的发展阶段。2015年，宏观经济依然持续下行，但行业内公司主动适应发展新常态，通过加快转型升级、深化改革创新等方式呈现出探底弱复苏的态势，尤其体现在白酒板块，已经开始逐步处于适应新的市场消费趋势，白酒消费逐渐回归品质、回归理性。但整个行业从外部需求、人口结构、渠道调整来看仍处于筑底阶段。

截至2015年12月31日，酒、饮料和精制茶制造业全行业规模以上企业有6355家，企业单位数较2014年增长7.51%；全行业资产总额15355.8亿元，较2014年增长9.6%；全行业合计实现营业收入17292.5亿元，较2014年增长6.5%；实现利润总额1741.4亿元，较2014年增长8.63%。全行业财务状况基本保持稳定，截至2015年底，全行业的资产负债率达到44.22%，较2014年下降2.81%。

二、行业内上市公司发展概况

（一）行业内上市公司基本情况

表 1　　2015 年酒、饮料和精制茶制造业上市公司发行股票概况

门　类	A、B 股总数	A 股股票数	B 股股票数	境内总市值（亿元）	流通 A 股市值（亿元）	流通 B 股市值（亿元）
酒、饮料和精制茶制造业	41	38	3	9040.51	7776.76	84.28
占沪深两市比重（%）	1.41	1.31	0.10	1.70	1.87	3.88

资料来源：沪深交易所，同花顺。

（二）行业内上市公司构成情况

表 2　　2015 年酒、饮料和精制茶制造业上市公司构成情况　　单位：家

门　类	沪　市			深　市			ST/*ST
	仅 A 股	仅 B 股	A+B 股	仅 A 股	仅 B 股	A+B 股	
酒、饮料和精制茶制造业（家）	22	0	0	13	0	3	0 /4
占行业内上市公司比重（%）	57.89	0.00	0.00	34.21	0.00	7.89	0 /10.53

资料来源：沪深交易所，同花顺。

（三）行业内上市公司融资情况

表 3　　2015 年酒、饮料和精制茶制造业上市公司与沪深两市融资情况对比　　单位：家

	融资家数	新　股	增　发	配　股
酒、饮料和精制茶制造业	4	2	2	0
沪深两市总数	819	220	595	6
占比（%）	0.49	0.91	0.34	0

资料来源：沪深交易所，同花顺。

其中，首发公司有 2 家，均是沪市；增发公司有 2 家，有 1 家沪市和 1 家中小板公司。

从融资效果看，上述公司实际发行数量为 46322.41 万股；实际募集资金 76.74 亿元，基本完成了融资计划。

2015 年酒、饮料和精制茶制造业上市公司融资情况明细见附录。

（四）行业内上市公司资产及业绩情况

表4　　2015年酒、饮料和精制茶制造业上市公司资产情况　　单位：亿元

指　标	2015年	2015年可比样本增长（%）	2014年	2014年可比样本增长（%）	2013年
总资产	3400.11	14.06	2895.11	6.88	2667.7
流动资产	2216.81	19.4	1804.37	3.65	1715.09
占比（%）	65.2	2.92	62.32	-1.95	64.29
非流动资产	1183.3	5.25	1090.74	12.69	952.61
占比（%）	34.8	-2.92	37.68	1.95	35.71
流动负债	877.65	21.32	695.01	-8.37	744.42
占比（%）	25.81	1.54	24.01	-3.99	27.9
非流动负债	74.16	2.36	71.42	14.4	57.12
占比（%）	2.18	-0.25	2.47	0.17	2.14
归属于母公司股东权益	2380.68	12.27	2064.12	13.08	1803.01
占比（%）	70.02	-1.12	71.3	3.91	67.59

资料来源：沪深交易所，同花顺。

表5　　2015年酒、饮料和精制茶制造业上市公司收入实现情况　　单位：亿元

指　标	2015年	2015年可比样本增长（%）	2014年	2014年可比样本增长（%）	2013年
营业收入	1750.67	3.2	1626.59	-7.11	1727.12
利润总额	509.81	5.41	467.88	-15.3	543.63
归属于母公司所有者的净利润	366.54	6.16	333.19	-15.29	386.76

资料来源：沪深交易所，同花顺。

（五）利润分配情况

2015年全年酒、饮料和精制茶制造业上市公司中共有27家公司实施了分红配股。其中，6家上市公司实施送股或转增股，26家上市公司实施派息。

2015年酒、饮料和精制茶制造业上市公司分红明细见附录。

（六）其他财务指标情况

1. 盈利能力指标

表6　　2015年酒、饮料和精制茶制造业上市公司盈利能力情况　　单位：%

指　标	2015年	2015年可比样本变动	2014年	2014年可比样本变动	2013年
毛利率	60.28	0.1	59.92	-0.72	60.54
净资产收益率	15.4	-0.88	16.14	-5.41	21.53

续表

指 标	2015 年	2015 年可比样本变动	2014 年	2014 年可比样本变动	2013 年
销售净利率	21.64	0.5	21.3	-2.01	23.26
资产净利率	11.87	-0.57	12.37	-3.17	15.51

资料来源：沪深交易所，同花顺。

2. 偿债能力指标

表 7　　2015 年酒、饮料和精制茶制造业上市公司偿债能力指标

指 标	2015 年	2015 年可比样本变动	2014 年	2014 年可比样本变动	2013 年
流动比率	2.53	-0.04	2.6	0.3	2.3
速动比率	1.67	0.07	1.63	0.13	1.51
资产负债率（%）	27.99	1.29	26.47	-3.84	30.05

资料来源：沪深交易所，同花顺。

3. 营运能力指标

表 8　　2015 年酒、饮料和精制茶制造业上市公司营运能力情况　　单位：次

营运能力指标	2015 年	2015 年可比样本变动	2014 年	2014 年可比样本变动	2013 年
存货周转率	0.96	-0.06	1.02	-0.19	3.08
应收账款周转率	76.83	7.89	69.56	-2.45	72.09
流动资产周转率	0.86	-0.07	0.92	-0.1	1.02
固定资产周转率	2.51	-0.10	2.59	-0.45	3.03
总资产周转率	0.55	-0.04	0.58	-0.09	0.67
净资产周转率	0.76	-0.07	0.81	-0.18	0.99

资料来源：沪深交易所，同花顺。

三、重点上市公司介绍

（一）伊利股份（600887）

2015 年，伊利股份实现营业收入 598.63 亿元，较 2014 年增长 10.94%，实现归属母公司股东净利润 46.32 亿元，较 2014 年增长 11.76%，实现基本每股收益 0.76 元。其中，公司第四季度单季增长显著，实现营业收入 143.85 亿元，较 2014 年增长 17.71%，净利润 9.94 亿元，较 2014 年增长 69.64%。

2015 年公司整体收入与利润保持两位数以上稳健成长，大幅超越行业整体增长水平。在消费升级的需求驱动下，伊利高

附加值产品表现亮眼，“金典”、“安慕希”、“畅轻”、“金领冠”、“巧乐兹”、“甄稀”等重点产品的收入占比较2014年提升近5%。三四线及农村市场取得更快增长，液态乳在三四线城市与农村市场的零售额较2014年增长13.2%，液态类乳品整体市场渗透率达76.83%，较2014年提升1.09个百分点。另外，婴儿奶粉业务在国产品牌中保持市占率第一。公司在三四线城市、互联网、便利店及母婴店渠道增速迅猛，截至2015年末，公司直控村级网点已达11万家，电商业务2015年销售额较2014年增长近2.7倍，母婴渠道门店铺货率达到73%，销售额较2014年增长50%。伊利持续创新，后备产品强势补位，有效带动了整体业务持续增长。

（二）泸州老窖（000568）

2015年，泸州老窖实现营业收入69亿元，较2014年增长28.89%，实现归属母公司股东净利润14.73亿元，较2014年增长67.42%。公司第四季度超预期，营业收入和归属母公司股东净利润分别增长225%和141%。公司每股收益1.05元，每10股派现8.00元（含税）。

公司新管理层接管以来，在品牌定位、销售模式、组织架构等各方面都大刀阔斧做了调整。2015年高档酒收入15亿元，增长72%，中档酒收入16亿元，增长176%，主要是国窖1573和特曲已率先调整完毕进入良性增长通道，中高档酒收入占比46%，较2014年提高18个百分点，而历史高峰时期老窖中高端酒收入占比约70%，还有很大提升空间。2015年酒类毛利率47.35%，增加2.72个百分点。整体来看，国窖1573和特曲已进入良性通道，随着窖龄酒和博大调整到位，2016年的泸州老窖将走出低谷，突出重围。

四、上市公司在行业中的影响力

2015年，全行业资产总额15355.8亿元，较2014年增长9.6%；全行业合计实现营业收入17292.5亿元，较2014年增长6.5%。行业内上市公司总资产为3400.11亿元，可比样本较2014年增长14.06%，占全行业总资产的22.14%，较2014年增长1.48个百分点；上市公司实现营业收入1750.67亿元，可比样本较2014年增长3.2%，占全行业营业收入的10.12%，较2014年增长0.10个百分点；上市公司实现利润总额509.81亿元，可比样本较2014年增长5.41%，占全行业利润总额的29.28%，较2014年增长0.13个百分点。

从经营情况来看，上市公司的总资产增速、营业收入增速、利润总额增速均有所上升，出现复苏迹象，尤其体现在白酒板块。2015年以来，餐饮行业持续回暖，白酒行业消费升级明显，中高端酒增势良好。从细分数据来看，白酒行业虽然在复苏的状态，但行业内分化仍然较为明显。中高端酒由于受到基本面回暖影响，业绩率先出现反转，竞争格局方面中高端酒格局较为稳定，另外，部分中小企业经营仍然困难，竞争激烈。随着宏观经济增速放缓，白酒发展速度从高速增长转入中低速增长，在整体行业挤压式竞争阶段中，只有品牌、渠道均有较强优势的企业才能进一步提升市场份额。

审稿人：孙卫党

撰稿人：杨　阳

纺织业

一、纺织业总体概况

2015 年，我国纺织行业受到国内外市场需求增长动力偏弱、国内外棉花价差较大、国际原油价格波动较大、综合要素成本持续上升等诸多因素的影响，行业发展压力加大，纺织行业积极开展结构调整，适应“新常态”的市场发展形势，行业依然稳步运行。2015 年，我国纺织行业规模以上企业主营业务收入增长 5.0%，利润增长 5.4%，固定资产投资增长 15.0%。

2015 年，我国纺织行业运行虽然增长速度较缓，但总体表现相对平稳，多数经济运行指标实现正增长。2015 年，我国规模以上纺织业工业增加值较 2014 年增长 7.0%。我国纺织行业 500 万元以上项目固定资产投资完成额为 11913.2 亿元，较 2014 年增长 15.0%，增速高于 2014 年 1.6 个百分点。2015 年，行业新开工投资项目数也呈现增速较稳的势头，新开工项目 16149 项，较 2014 年增长 18.3%。总体来看，行业固定资产投资增速高于同期全社会固定资产投资增长水平，行业投资信心良好。

2015 年，我国纺织企业运行质量总体平稳，效益稳定增长，行业管理水平有所提升，资金周转效率与 2014 年基本持平。据国家统计局数据测算，2015 年，纺织行业规模以上企业累计实现主营业务收入 70713.5 亿元，较 2014 年增长 5.0%；实现利润总额 3860.4 亿元，较 2014 年增长约 5.4%。2015 年，全国规模以上纺织企业平均主营业务收入利润率达 5.5%，较 2014 年同期提高 0.1 个百分点；行业三费比例为 6.2%，较 2014 年同期略有下降；总资产周转率为 1.6 次/年，与 2014 年同期基本持平。

从分地区来看，2015 年，东部、中部和西部地区的投资增速分别达 15.3%、13.1%和 19.2%。主要受到经济环境、要素成本、政策条件等综合因素的影响，中部地区投资增速慢于全国平均水平。

二、行业内上市公司发展概况

（一）行业内上市公司基本情况

表 1　　2015 年纺织业上市公司发行股票概况

门　类	A、B 股总数	A 股股票数	B 股股票数	境内总市值（亿元）	流通 A 股市值（亿元）	流通 B 股市值（亿元）
纺织业	44	40	4	3088.64	2399.93	67.72
占沪深两市比重（%）	1.52	1.38	0.14	0.58	0.58	3.11

资料来源：沪深交易所，同花顺。

（二）行业内上市公司构成情况

表 2　　2015 年纺织业上市公司构成情况　　单位：家

门　类	沪　市			深　市			ST/*ST
	仅 A 股	仅 B 股	A+B 股	仅 A 股	仅 B 股	A+B 股	
纺织业	14	0	2	22	0	2	0/2
占行业内上市公司比重（%）	35.00	0.00	5.00	55.00	0.00	5.00	0/5

资料来源：沪深交易所，同花顺。

（三）行业内上市公司融资情况

表 3　　2015 年纺织业上市公司与沪深两市融资情况对比　　单位：家

	融资家数	新　股	增　发	配　股
纺织业	4	2	2	0
沪深两市总数	819	220	595	6
占比（%）	0.49	0.91	0.34	0

资料来源：沪深交易所，同花顺。

其中，首发的 2 家公司中，有 1 家在中小板上市，1 家在沪市主板上市；增发的 2 家公司为沪市公司。

从融资效果看，上述公司实际发行数量为 88034.55 万股；实际募集资金 60.55 亿元，基本完成了融资计划。

2015 年纺织业上市公司融资情况明细见附录。

（四）行业内上市公司资产及业绩情况

表 4　　2015 年纺织业上市公司资产情况　　单位：亿元

指　标	2015 年	2015 年可比样本增长（%）	2014 年	2014 年可比样本增长（%）	2013 年
总资产	1471.56	10.69	1308.23	10.16	1229.24
流动资产	730.49	7.61	660.21	7.54	626.16
占比（%）	49.64	-1.42	50.47	-1.22	50.94
非流动资产	741.07	13.91	648.02	12.95	603.08
占比（%）	50.36	1.42	49.53	1.22	49.06
流动负债	538.17	9.48	478.7	7.88	454.39
占比（%）	36.57	-0.41	36.59	-0.77	36.96
非流动负债	157.21	22.43	127.73	11.19	116.89
占比（%）	10.68	1.02	9.76	0.09	9.51
归属于母公司股东权益	749.81	9.72	675.77	12.86	623.62
占比（%）	50.95	-0.46	51.66	1.24	50.73

资料来源：沪深交易所，同花顺。

表 5　　2015 年纺织业上市公司收入实现情况　　单位：亿元

指　标	2015 年	2015 年可比样本增长（%）	2014 年	2014 年可比样本增长（%）	2013 年
营业收入	831.84	1.06	829.93	-2.48	878.95
利润总额	52.53	4.69	46.2	-16.41	55.41
归属于母公司所有者的净利润	39.43	1.92	35.72	-15.28	41.27

资料来源：沪深交易所，同花顺。

（五）利润分配情况

2015 年全年纺织业上市公司中共有 24 家公司实施了分红配股。其中，9 家上市公司实施送股或转增股，23 家上市公司实施派息，其中 8 家公司既实施了送股、转增又实施了派息。

2015 年纺织业上市公司分红明细见附录。

（六）其他财务指标情况

1. 盈利能力指标

表 6　　2015 年纺织业上市公司盈利能力情况　　单位：%

指　标	2015 年	2015 年可比样本变动	2014 年	2014 年可比样本变动	2013 年
毛利率	20.27	1.81	17.37	0.16	16.95
净资产收益率	5.26	-0.4	5.29	-1.75	6.57
销售净利率	4.89	0.32	4.18	-0.93	4.91
资产净利率	2.91	-0.1	2.78	-0.98	3.61

资料来源：沪深交易所，同花顺。

2. 偿债能力指标

表 7　　2015 年纺织业上市公司偿债能力指标

指　标	2015 年	2015 年可比样本变动	2014 年	2014 年可比样本变动	2013 年
流动比率	1.36	-0.02	1.38	0	1.38
速动比率	0.87	0.01	0.84	0.02	0.81
资产负债率（%）	47.25	0.62	46.35	-0.69	46.47

资料来源：沪深交易所，同花顺。

3. 营运能力指标

表 8　　2015 年纺织业上市公司营运能力情况　　单位：次

营运能力指标	2015 年	2015 年可比样本变动	2014 年	2014 年可比样本变动	2013 年
存货周转率	2.57	-0.12	2.7	-0.2	3.55
应收账款周转率	7.26	-2.04	10.36	-1.27	11.85
流动资产周转率	1.18	-0.10	1.3	-0.1	1.42
固定资产周转率	2.15	-0.17	2.34	-0.15	2.46
总资产周转率	0.59	-0.06	0.67	-0.07	0.74
净资产周转率	1.12	-0.11	1.25	-0.14	1.38

资料来源：沪深交易所，同花顺。

三、重点上市公司介绍

（一）华孚色纺

公司所属的行业为纺织业，主营产品色纺纱，是一家面向全球专注经营中高档新型纱线的制造商、供应商。经过23年发展，公司已经成为色纺纱行业的龙头企业，是全球最大的色纺纱线企业之一。公司通过并购和新建持续扩张产能，已形成浙江、长江、黄淮、新疆和海外五大生产板块，135万锭的产能，充分发挥两个市场、两种资源的优势，形成境内外协同发展的战略平衡。

2015年，公司实现营业收入680365.8万元，较2014年增长10.94%；实现营业利润7518.9万元，较2014年增长545.31%；实现利润总额37478.8万元，较2014年增长75.30%；公司净利润33937.5万元，较2014年增长103.07%。

（二）富安娜

公司是一家中高端品牌家纺企业，主要从事以床上用品为主的家纺产品的研发、设计、生产和销售业务，是首批获得“中国名牌”产品称号的国内床上用品企业之一，其主导产品床上用品所占市场份额近几年一直处于国内行业三甲之列，“富安娜”商标荣膺“中国驰名商标”称号。拥有“富安娜”“馨而乐”“维莎”“圣之花”和“劳拉夫人”五个风格和定位不同的品牌，以满足不同消费层次的需求。

2015年，面对复杂多变的经济形势，在家纺产业的销售收入和利润稳步上升的情况下，公司上下积极谋变创新，继续传承工匠精神，提供原创设计的全屋定制家居解决方案，打造艺术定制家居。研发方面，公司依靠“艺术家纺”的独特花型设计，加大对新产品设计和新材料开发项目的研发支出，在公司产品线上不断拓展深度和宽度。

2015年，公司实现营业收入209260万元，较2014年增长6.24%，实现利润总额49128万元，较2014年增长0.14%，实现净利润40122.5万元，较2014年增长了6.55%。

四、上市公司在行业中的影响力

2013~2015年，纺织行业整体总资产分别为21728.4亿元、23510.9亿元和24422.8亿元，其中，上市公司的总资产占行业整体的比重分别为6.83%、7.38%和8.03%。

2013~2015年，纺织行业整体营业收入总额分别为35606.2亿元、38119.8亿元和40173.3亿元，其中，上市公司的营收总额占行业整体的比重由2013年的3.45%上升到2014年的3.5%，2015年回落至3.3%。

2013~2015年，纺织行业整体利润总额分别为1994.6亿元、2063亿元和2167.5亿元，其中，上市公司的利润总额占行业整体的比重分别为3.41%、3.78%和4.34%。

审稿人：翟太煌

撰稿人：石　晋

纺织服装、服饰业

一、纺织服装、服饰业总体概况

国家统计局数据显示，2015年，我国社会消费品零售总额30.09万亿元，较2014年增长10.7%，其中我国限额以上服装鞋帽、针纺织品类零售额为13484亿元，较2014年增长9.8%，低于国内社会消费品零售总额增速；规模以上纺织服装、服饰业工业增加值较2014年增长4.4%。整体来看，国内纺织品服装消费相对平稳。

从实体店销售来看，受到实体店产品销售价格调整等因素影响，2015年全国重点大型零售市场销售量虽有所增长，但销售额较2014年下降。据中华商业联合会统计数据显示，2015年，全国百家重点零售企业的服装类商品零售额较2014年下降0.3%，增速较2014年下降1.3个百分点；同期，全国百家重点零售企业的服装零售量较2014年增长6.4%，增速较2014年同期提高6.7个百分点。

2015年，我国纺织品服装出口规模持续多个月下降，主要受到2014年同期基数高、主要市场结算货币汇率贬值等因素的影响。从结算货币汇率来看，日元及欧元大幅贬值，作为我国纺织品服装出口的主要市场，其货币大幅贬值直接影响了我国纺织品服装出口。

据国家海关数据显示，2015年，我国纺织品服装出口额达2911.48亿美元，较2014年下降4.8%。其中我国纺织品出口额为1152.6亿美元，较2014年下降2.3%，服装出口额为1758.9亿美元，较2014年下降6.4%。这也是金融危机之后，我国纺织品服装出口面临的首次全年出口负增长。

从分市场情况来看，2015年内，我国除了对美国、非洲、韩国、中国台湾等市场出口保持一定的正增长，对全球大部分市场出口呈现负增长。据统计，2015年，我国对美国出口499.9亿美元，较2014年增长6.7%；对欧盟出口541.4亿美元，较2014年下降9.3%；对日本出口225.5亿美元，较2014年下降11.6%；对东盟出口363.3亿美元，较2014年下降0.8%。

二、行业内上市公司发展概况

（一）行业内上市公司基本情况

表1　2015年纺织服装、服饰业上市公司发行股票概况

门　类	A、B股总数	A股股票数	B股股票数	境内总市值（亿元）	流通A股市值（亿元）	流通B股市值（亿元）
纺织服装、服饰业	31	31	0	4082.14	2681.30	0.00
占沪深两市比重（%）	1.07	1.07	0.00	0.77	0.65	0.00

资料来源：沪深交易所，同花顺。

（二）行业内上市公司构成情况

表 2　　2015 年纺织服装、服饰业上市公司构成情况　　单位：家

门类	沪市			深市			ST/*ST
	仅 A 股	仅 B 股	A+B 股	仅 A 股	仅 B 股	A+B 股	
纺织服装、服饰业	10	0	0	21	0	0	0 /0
占行业内上市公司比重（%）	32.26	0.00	0.00	67.74	0.00	0.00	0 /0

资料来源：沪深交易所，同花顺。

（三）行业内上市公司融资情况

表 3　　2015 年纺织服装、服饰业上市公司与沪深两市融资情况对比　　单位：家

	融资家数	新股	增发	配股
纺织服装、服饰业	9	4	4	1
沪深两市总数	819	220	595	6
占比（%）	1.1	1.82	0.67	16.67

资料来源：沪深交易所，同花顺。

其中，首发的 4 家公司中，有 3 家在中小板上市，1 家在沪市主板上市；增发的 4 家公司中，1 家沪市和 3 家中小板；配股的 1 家在中小板。

从融资效果看，上述公司实际发行数量为 104614.97 万股；实际募集资金 69.20 亿元，基本完成了融资计划。

2015 年纺织服装、服饰业上市公司融资情况明细见附录。

（四）行业内上市公司资产及业绩情况

表 4　　2015 年纺织服装、服饰业上市公司资产情况　　单位：亿元

指标	2015 年	2015 年可比样本增长（%）	2014 年	2014 年可比样本增长（%）	2013 年
总资产	1429.31	21.18	1634.12	7.14	1412.63
流动资产	896.56	13.02	1035.5	1.95	923.39
占比（%）	62.73	-4.53	63.37	-3.22	65.37
非流动资产	532.75	37.95	598.62	17.48	489.24
占比（%）	37.27	4.53	36.63	3.22	34.63
流动负债	442.29	27.84	611.51	-4.03	581.32
占比（%）	30.94	1.61	37.42	-4.36	41.15
非流动负债	153.91	43.75	139.34	30.86	79.76
占比（%）	10.77	1.69	8.53	1.55	5.65

续表

指　标	2015 年	2015 年可比样本增长（%）	2014 年	2014 年可比样本增长（%）	2013 年
归属于母公司股东权益	813.64	14.31	864.83	13.44	731.25
占比（%）	56.93	-3.42	52.92	2.93	51.77

资料来源：沪深交易所，同花顺。

表 5　　2015 年纺织服装、服饰业上市公司收入实现情况　　单位：亿元

指　标	2015 年	2015 年可比样本增长（%）	2014 年	2014 年可比样本增长（%）	2013 年
营业收入	913.92	11.26	953.79	-0.21	867.58
利润总额	111.28	11.11	133.96	18.37	89.29
归属于母公司所有者的净利润	80.24	7.19	102.58	23.38	65.46

资料来源：沪深交易所，同花顺。

（五）利润分配情况

2015 年全年纺织服装、服饰业上市公司中共有 25 家公司实施了分红配股。其中，8 家上市公司实施送股或转增股，25 家上市公司实施派息，其中 8 家公司既实施了送股、转增又实施了派息。

2015 年纺织服装、服饰业上市公司分红明细见附录。

（六）其他财务指标情况

1. 盈利能力指标

表 6　　2015 年纺织服装、服饰业上市公司盈利能力情况　　单位：%

指　标	2015 年	2015 年可比样本变动	2014 年	2014 年可比样本变动	2013 年
毛利率	32.52	-0.39	32.84	0.28	31.94
净资产收益率	9.86	-0.66	11.86	0.95	8.71
销售净利率	8.73	-0.37	10.8	2.1	7.55
资产净利率	6.12	-0.56	6.52	0.84	4.71

资料来源：沪深交易所，同花顺。

2. 偿债能力指标

表 7　　2015 年纺织服装、服饰业上市公司偿债能力指标

指　标	2015 年	2015 年可比样本变动	2014 年	2014 年可比样本变动	2013 年
流动比率	2.03	-0.27	1.69	0.1	1.59
速动比率	1.31	-0.22	0.99	0.12	0.87
资产负债率（%）	41.71	3.3	45.95	-2.81	46.8

资料来源：沪深交易所，同花顺。

3. 营运能力指标

表 8　　2014 年纺织服装、服饰业上市公司营运能力情况　　单位：次

营运能力指标	2015 年	2015 年可比样本变动	2014 年	2014 年可比样本变动	2013 年
存货周转率	2.13	−0.06	1.44	−0.02	2.07
应收账款周转率	8.67	−0.18	10.15	−0.7	11.37
流动资产周转率	1.08	0.00	0.93	−0.05	0.95
固定资产周转率	4.79	0.30	4.32	−0.24	4.36
总资产周转率	0.70	−0.03	0.6	−0.05	0.62
净资产周转率	1.17	−0.02	1.15	−0.1	1.18

资料来源：沪深交易所，同花顺。

三、重点上市公司介绍

歌力思

公司自成立以来，始终围绕设计研发和终端营销这两个时装行业链上附加值最高的端点，发展完整的产供销系统。公司的主营业务为品牌时装的设计研发、生产和销售。公司旗下拥有 3 个时装品牌，依据不同品牌的定位略有区别，“歌力思”（ELLASSAY）的顾客主要是时尚、优雅、讲究生活品质的现代都市女性；“Laurèl”则面向严谨、积极、自信的女性；“Ed Hardy”的顾客注重独特与个性，热爱生活并希望创造不同的生活亮点；“唯颂”（WITH SONG）定位的顾客群体较“歌力思”更为年轻，更关注时尚度，对款式更新的频率和速度有更高的要求。

目前公司主要采用自制生产、定制生产和委托加工相结合的生产模式。2015 年三者比例分别为 60.81%、25.00% 、14.19%。营销模式，公司采用直营店和分销商两类通路为主、电子商务网络通路为辅的渠道销售模式，建立了直营店零售、分销商分销和网络销售等销售模式。三者在 2015 年占主营业务收入比重分别为 54.82%、35.94%、9.24%。

2015 年，公司实现营业收入为 83528.97 万元，比 2014 年同期增长 12.28%，归属于上市公司股东的净利润达 15984.36 万元，比 2014 年同期增长 15.82%。销售收入及利润稳定增长。

四、上市公司在行业中的影响力

2013~2015 年，纺织服装、服饰业整体总资产分别为 11016.8 亿元、12272.3 亿元和 13031.7 亿元，其中，上市公司的总资产占行业整体的比重分别为 8.75%、9.48%和 10.4%。

2013~2015 年，纺织服装、服饰业整体营业收入总额分别为 19228.1 亿元、

20892.5 亿元和 22067.9 亿元，其中，上市公司的营收总额占行业整体的比重由 2013 年的 3.95%，小幅下降至 2014 年的 3.89%，随后又回升至 2015 年的 4.01%。

2013~2015 年，纺织服装、服饰业整体利润总额分别为 1128.3 亿元、1256.5 亿元和 1306.3 亿元，其中，上市公司的利润总额占行业整体的比重逐年上升，2013 年 7.1%，2014 年 7.99%和 2015 年 8.35%。

审稿人：翟太煌

撰稿人：石　晋

皮革、毛皮、羽毛及其制品和制鞋业

一、皮革、毛皮、羽毛及其制品和制鞋业总体概况

2015 年，全球经济形势增长动力不足，地区局势冲突博弈加剧；中国经济发展进入新旧动能转化的阵痛期，经济增长由高速转入中高速。我国皮革、毛皮、羽毛及其制品和制鞋业亦难以独善其身，销售收入、利润和进口保持平稳增长，但增速继续回落；出口较 2014 年出现了自 2010 年以来首次下降。具体而言，2015 年行业发展呈现出两大特征：一是行业发展放缓，下行压力加大；二是行业分化明显。

（1）行业发展放缓，下行压力加大，这一特征在景气指数、销售收入、利润总额、进出口、市场销售等一系列指标上有着明显体现。综观 2011~2015 年，五年来中轻皮革景气指数年度曲线逐年下移，2015 年首次进入渐冷区间，月度均值为 89.36。2015 年中轻皮革细分指数中，只有出口指数处于稳定区间，月度均值为 98.23；销售收入与利润总额则在渐冷区间波动，月度均值分别为 89.54 和 82.31。销售收入、盈利总体增长平稳，增速回落。2015 年我国规模以上皮革、毛皮、羽毛及其制品和制鞋行业销售收入为 1.4 万亿元，较 2014 年增长 6.1%，增速回落 3 个百分点；利润总额 887.3 亿元，较 2014 年增长 5.4%，增速回落 3.1 个百分点。

出口下滑可谓出人意料，一路走低的趋势在进入下半年后越发明显。2015 年我国皮革、毛皮、羽毛及其制品和制鞋行业出口 861.3 亿美元，较 2014 年下降 3.1%。其中，出口额占比 59.4%的制鞋业，较 2014 年下降 5.1%，而 2014 年同期增速为 11.8%。占行业出口总额 80%的广东、浙江、福建、江苏和山东出口前五省份，平均增速由 2014 年的 4.9%回落到−0.8%。2015 年我国皮革、毛皮、羽毛及其制品和制鞋行业进口额为 95.7 亿美元，较 2014 年增长 2.1%，增速回落 8.6 个百分点。受需求下降的影响，进口额占行业进口总额 46%的半成品革和成品革，增速分别从 2014 年的 15.7%和 3.9%回落到−5.4%和−9.6%。

国内市场销售低迷，线上线下量增额降，低价模式大行其道。从线下来看，2015年全国重点大型零售企业全年鞋类销量1.1亿双，较2014年增长1.3%，零售额450亿元，较2014年下降5%。从线上看，15家电商网站的鞋销售量为5.5亿双，较2014年增长7.3%；销售额693亿元，较2014年下降3.2%；包销售量1.3亿只，较2014年增长0.9%，销售额149.4亿元，较2014年下降19.1%。

（2）行业分化明显。从行业主要产品产量来看，轻革和皮鞋保持增长，皮革服装和毛皮服装下降。2015年，全国规模以上轻革产量6亿平方米，较2014年增长2.2%，加快1.6个百分点，主要是受汽车和皮面家具增长的拉动。而下游的制品行业则有不同程度的增速回落，皮鞋产量增速回落1.9个百分点，皮革服装产量增速回落23.4个百分点，毛皮服装产量减速放缓91.5个百分点。

从出口目标市场来看，2015年我国皮革、毛皮、羽毛及其制品和制鞋行业出口前五市场分别是美国、欧盟、东盟、日本、中国香港，合计占比64.3%。其中，对美国、东盟出口较2014年分别增长5.6%和8.7%，拉动作用明显；对欧盟、日本、中国香港出口则全面下降，降幅分别为4.1%、6.3%和9.7%。

2015年我国皮革、毛皮、羽毛及其制品和制鞋行业从对“金砖四国”出口来看，只有对印度出口增长了11.5%，对俄罗斯、南非、巴西等市场均有不同程度的下降，较2014年分别下降33.2%、5.2%、16.1%。2015年行业进口结构分化更为明显，一方面是原料进口下降5.2%，另一方面是制成品呈现11.2%的增长，占比提升至48.2%，产品进口消费导向更加明显。2015年我国皮革、毛皮、羽毛及其制品和制鞋行业进口前三分别是欧盟、东盟和巴西，进口增长主要依赖东盟的拉动，自东盟进口23.2亿美元，占比24.2%，较2014年增长43.9%；而自欧盟、巴西等地的进口分别下降6.6%和13.3%。

二、行业内上市公司发展概况

（一）行业内上市公司基本情况

表1　　2015年皮革、毛皮、羽毛及其制品和制鞋业上市公司发行股票概况

门　类	A、B股总数	A股股票数	B股股票数	境内总市值（亿元）	流通A股市值（亿元）	流通B股市值（亿元）
皮革、毛皮、羽毛及其制品和制鞋业	6	6	0	562.49	424.03	0.00
占沪深两市比重（%）	0.21	0.21	0.00	0.11	0.10	0.00

资料来源：沪深交易所，同花顺。

（二）行业内上市公司构成情况

表2　　2015年皮革、毛皮、羽毛及其制品和制鞋业上市公司构成情况　　单位：家

门　类	沪　市			深　市			ST/*ST
	仅A股	仅B股	A+B股	仅A股	仅B股	A+B股	
皮革、毛皮、羽毛及其制品和制鞋业	4	0	0	2	0	0	0/0
占行业内上市公司比重（%）	66.67	0.00	0.00	33.33	0.00	0.00	0/0

资料来源：沪深交易所，同花顺。

（三）行业内上市公司融资情况

表3　　2015年皮革、毛皮、羽毛及其制品和制鞋业上市公司与沪深两市融资情况对比　　单位：家

	融资家数	新　股	增　发	配　股
皮革、毛皮、羽毛及其制品和制鞋业	1	1	0	0
沪深两市总数	819	220	595	6
占比（%）	0.12	0.45	0	0

资料来源：沪深交易所，同花顺。

2015年，皮革、毛皮、羽毛及其制品和制鞋业中1家公司在沪市首发上市。

从融资效果看，上述公司实际发行数量为5880万股；实际募集资金为10.41亿元，基本完成了融资计划。

2015年皮革、毛皮、羽毛及其制品和制鞋业上市公司融资情况明细见附录。

（四）行业内上市公司资产及业绩情况

表4　　2015年皮革、毛皮、羽毛及其制品和制鞋业上市公司资产情况　　单位：亿元

指　标	2015年	2015年可比样本增长（%）	2014年	2014年可比样本增长（%）	2013年
总资产	203.35	18.56	152.15	8.41	139
流动资产	144.35	16.7	110.52	7.3	102.01
占比（%）	70.99	−1.13	72.64	−0.75	73.39
非流动资产	59	23.39	41.63	11.46	36.99
占比（%）	29.01	1.13	27.36	0.75	26.61
流动负债	55.63	16.31	39.41	17.64	32.15
占比（%）	27.36	−0.53	25.9	2.03	23.13

续表

指　标	2015 年	2015 年可比样本增长（%）	2014 年	2014 年可比样本增长（%）	2013 年
非流动负债	16.6	100.16	8.07	-3.24	8.34
占比（%）	8.16	3.32	5.3	-0.64	6
归属于母公司股东权益	130.64	13.84	104.04	6.29	97.88
占比（%）	64.24	-2.67	68.38	-1.36	70.42

资料来源：沪深交易所，同花顺。

表 5　　2015 年皮革、毛皮、羽毛及其制品和制鞋业上市公司收入实现情况　　单位：亿元

指　标	2015 年	2015 年可比样本增长（%）	2014 年	2014 年可比样本增长（%）	2013 年
营业收入	124.68	0.26	96.43	6.75	90.33
利润总额	11.88	-10.11	8.51	-13.16	9.8
归属于母公司所有者的净利润	9.02	-11.09	6.34	-16.47	7.59

资料来源：沪深交易所，同花顺。

（五）利润分配情况

2015 年全年皮革、毛皮、羽毛及其制品和制鞋业上市公司中共有 5 家公司实施了分红配股。其中，2 家上市公司实施送股或转增股，3 家上市公司实施派息。

2015 年皮革、毛皮、羽毛及其制品和制鞋业上市公司分红明细见附录。

（六）其他财务指标情况

1. 盈利能力指标

表 6　　2015 年皮革、毛皮、羽毛及其制品和制鞋业上市公司盈利能力情况　　单位：%

指　标	2015 年	2015 年可比样本变动	2014 年	2014 年可比样本变动	2013 年
毛利率	27.26	-0.5	25.21	-2.01	27.22
净资产收益率	6.91	-1.93	6.09	-1.66	7.85
销售净利率	7.35	-0.96	6.77	-1.79	8.56
资产净利率	4.89	-1.37	4.46	-1.12	5.61

资料来源：沪深交易所，同花顺。

2. 偿债能力指标

表7　2015年皮革、毛皮、羽毛及其制品和制鞋业上市公司偿债能力指标

指　标	2015年	2015年可比样本变动	2014年	2014年可比样本变动	2013年
流动比率	2.59	0.01	2.8	–0.27	3.17
速动比率	1.48	0.08	1.5	–0.27	1.81
资产负债率（%）	35.52	2.8	31.21	1.4	29.13

资料来源：沪深交易所，同花顺。

3. 营运能力指标

表8　2015年皮革、毛皮、羽毛及其制品和制鞋业上市公司营运能力情况　单位：次

营运能力指标	2015年	2015年可比样本变动	2014年	2014年可比样本变动	2013年
存货周转率	1.53	–0.18	1.51	–0.1	2.22
应收账款周转率	5.85	0.15	5.05	0.19	4.86
流动资产周转率	0.93	–0.11	0.9	0.05	0.85
固定资产周转率	5.21	–0.51	5.38	–0.98	6.36
总资产周转率	0.67	–0.09	0.66	0.01	0.66
净资产周转率	1.01	–0.11	0.95	0.01	0.94

资料来源：沪深交易所，同花顺。

三、重点上市公司介绍

红蜻蜓

公司的主营业务是以“红蜻蜓”品牌为主的皮鞋、皮具、儿童用品的设计、开发、生产和销售。经过近20年的发展，“红蜻蜓”品牌在广大消费者心目中已有相当的知名度和影响力，其亲和、自然的形象获得了消费者的认同和青睐，形成了较强的品牌优势。尤其在二三线城市或商区占据了领先市场份额。2015年，公司实现主营业务收入296687.07万元，较2014年小幅下降5.15%；实现净利润30000.95万元，较2014年下降8.43%。

公司积极推行以市场为导向的品牌战略，充分利用品牌优势，采取直营与特许加盟相结合的渠道发展模式，截至2015年底公司在全国共有营销网络终端4140个，其中自营445个，特许加盟3695个。红蜻蜓作为传统鞋、服行业最先开展线上销售的品牌之一，一贯重视线上业务的发展。公司在天猫、淘宝、京东、唯品会等国内主要第三方平台的销售业绩均名列皮鞋类目的前三名，并保持稳定的增长。2015年，公司线上业务销售额达41619.31万元，较2014年同期增长25.71%。

四、上市公司在行业中的影响力

2013~2015 年，皮革、毛皮、羽毛及其制品和制鞋业整体总资产分别为 6080.5 亿元、6873.8 亿元和 7241.6 亿元，其中，上市公司的总资产占行业整体的比重由 2013 年的 3.04%，下降至 2014 年的 2.88%，后提升至 2015 年的 3.17%。

2013~2015 年，皮革、毛皮、羽毛及其制品和制鞋业整体营业收入总额分别为 12433.3 亿元、13740 亿元和 14580.8 亿元，其中，上市公司的营收总额占行业整体的比重逐年下降，由 2013 年的 1.25%，下降至 2014 年的 1.18%和 2015 年的 1.10%。

2013~2015 年，皮革、毛皮、羽毛及其制品和制鞋业整体利润总额分别为 806.1 亿元、891.3 亿元和 935.2 亿元，其中，上市公司的利润总额占行业整体的比重呈下降趋势，由 2013 年的 2.06%，下滑至 2014 年的 1.83%和 2015 年的 1.57%。

审稿人：翟太煌

撰稿人：石　晋

木材加工及木、竹、藤、棕、草制品业

一、木材加工及木、竹、藤、棕、草制品业总体概况

2015 年，中国木材加工及木、竹、藤、棕、草制品业总资产达到 6427.0 亿元，较 2014 年增长 9.30%；行业主营业务收入为 14079.30 亿元，较 2014 年增长 6.40%；行业利润总额为 861.20 亿元，较 2014 年增长 3.40%。

国家统计局数据显示，截至 2015 年底，中国木材加工和木、竹、藤、棕、草制品业规模以上企业数量达 9123 家，其中 496 家企业出现亏损，行业亏损率为 5.44%。

从木材加工及木、竹、藤、棕、草制品业行业三费占主营业务收入的比重变化情况来看，2015 年行业三费占木材加工及木、竹、藤、棕、草制品业行业销售收入的 6.04%，占比较 2014 年略有回落。其中，销售费用比例及财务费用比例略有下降；管理费用比例基本维持不变。

从木材加工及木、竹、藤、棕、草制品业盈利能力来看，2015 年木材加工及木、竹、藤、棕、草制品业总体盈利能力略有回落，2015 年木材加工及木、竹、藤、棕、草制品业销售毛利率为 12.88%，较 2014 年回落 0.46 个百分点，2015 年销售利润率为 6.12%，较 2014 年回落 0.17 个百分点，2015 年资产报酬率为 13.40%，较 2014 年回落 0.69 个百分点。

二、行业内上市公司发展概况

（一）行业内上市公司基本情况

表 1　　2015 年木材加工及木、竹、藤、棕、草制品业上市公司发行股票概况

门　类	A、B 股总数	A 股股票数	B 股股票数	境内总市值（亿元）	流通 A 股市值（亿元）	流通 B 股市值（亿元）
木材加工及木、竹、藤、棕、草制品业	9	9	0	749.38	596.07	0.00
占沪深两市比重（%）	0.31	0.31	0.00	0.14	0.14	0.00

资料来源：沪深交易所，同花顺。

（二）行业内上市公司构成情况

表 2　　2015 年木材加工及木、竹、藤、棕、草制品业上市公司构成情况　　单位：家

门　类	沪　市			深　市			ST/*ST
	仅 A 股	仅 B 股	A+B 股	仅 A 股	仅 B 股	A+B 股	
木材加工及木、竹、藤、棕、草制品业	4	0	0	5	0	0	0/0
占行业内上市公司比重（%）	44.44	0.00	0.00	55.56	0.00	0.00	0/0

资料来源：沪深交易所，同花顺。

（三）行业内上市公司融资情况

表 3　　2015 年木材加工及木、竹、藤、棕、草制品业上市公司与沪深两市融资情况对比　　单位：家

	融资家数	新　股	增　发	配　股
木材加工及木、竹、藤、棕、草制品业	2	0	2	0
沪深两市总数	819	220	595	6
占比（%）	0.24	0	0.34	0

资料来源：沪深交易所，同花顺。

2015 年，木材加工及木、竹、藤、棕、草制品业中仅康欣新材（600076.SH）及国栋建设（600321.SH）2 家上市公司通过增发方式进行融资。

2015 年木材加工及木、竹、藤、棕、草制品业上市公司融资情况明细见附录。

（四）行业内上市公司资产及业绩情况

表 4　　2015 年木材加工及木、竹、藤、棕、草制品业上市公司资产情况　　单位：亿元

指　标	2015 年	2015 年可比样本增长（%）	2014 年	2014 年可比样本增长（%）	2013 年
总资产	288.33	3.13	257.59	0.05	263.19
流动资产	150.05	3.11	134.69	5.32	129.48
占比（%）	52.04	–0.01	52.29	2.62	49.2
非流动资产	138.28	3.16	122.9	–5.16	133.71
占比（%）	47.96	0.01	47.71	–2.62	50.8
流动负债	103.33	–8.12	102.17	–1.96	108.19
占比（%）	35.84	–4.39	39.66	–0.81	41.11
非流动负债	25.23	17.57	16.05	–22.84	20.8
占比（%）	8.75	1.07	6.23	–1.85	7.9
归属于母公司股东权益	152.47	11.33	130.67	5.51	125.56
占比（%）	52.88	3.89	50.73	2.63	47.71

资料来源：沪深交易所，同花顺。

表 5　　2015 年木材加工及木、竹、藤、棕、草制品业上市公司收入实现情况　　单位：亿元

指　标	2015 年	2015 年可比样本增长（%）	2014 年	2014 年可比样本增长（%）	2013 年
营业收入	163.91	–5.64	168.61	6.89	159.59
利润总额	9	–0.3	9.58	11.53	7.23
归属于母公司所有者的净利润	6.82	4.93	6.94	13.21	4.85

资料来源：沪深交易所，同花顺。

（五）利润分配情况

2015 年全年木材加工及木、竹、藤、棕、草制品业上市公司中共有 6 家公司实施了分红。其中，6 家上市公司实施派息，1 家公司既实施了送股、转增股份又实施了派息。

2015 年木材加工及木、竹、藤、棕、草制品业上市公司分红明细见附录。

（六）其他财务指标情况

1. 盈利能力指标

表 6　　2015 年木材加工及木、竹、藤、棕、草制品业上市公司盈利能力情况　　单位：%

指　标	2015 年	2015 年可比样本变动	2014 年	2014 年可比样本变动	2013 年
毛利率	24.8	1.41	23.88	2.29	20.69
净资产收益率	4.48	–0.27	5.31	0.36	4.56
销售净利率	4.52	0.14	4.78	0.11	3.84
资产净利率	2.61	–0.21	3.13	0.27	2.35

资料来源：沪深交易所，同花顺。

2. 偿债能力指标

表 7　　2015 年木材加工及木、竹、藤、棕、草制品业上市公司偿债能力指标

指　标	2015 年	2015 年可比样本变动	2014 年	2014 年可比样本变动	2013 年
流动比率	1.45	0.16	1.32	0.09	1.2
速动比率	0.92	0.16	0.81	0.06	0.72
资产负债率（%）	44.59	−3.31	45.89	−2.66	49.01

资料来源：沪深交易所，同花顺。

3. 营运能力指标

表 8　　2015 年木材加工及木、竹、藤、棕、草制品业上市公司营运能力情况　　单位：次

营运能力指标	2015 年	2015 年可比样本变动	2014 年	2014 年可比样本变动	2013 年
存货周转率	2.15	−0.20	2.52	−0.02	3.2
应收账款周转率	10.55	−1.32	11.54	−0.18	11.6
流动资产周转率	1.11	−0.15	1.28	0.05	1.24
固定资产周转率	1.80	−0.18	1.94	0.18	1.75
总资产周转率	0.58	−0.07	0.65	0.04	0.61
净资产周转率	1.07	−0.18	1.24	0.03	1.21

资料来源：沪深交易所，同花顺。

三、重点上市公司介绍

大亚圣象

大亚圣象家居股份有限公司（股票代码：000910.SZ）创建于 1999 年，是中国人造板和地板行业的龙头企业。公司股票于 1999 年 6 月 30 日在深圳证券交易所上市交易，2015 年 12 月 31 日，公司总股本 52750 万股。2015 年，公司将烟草包装印刷、汽车轮毂、信息通信等与当前主业关联度较低的全部非木业资产置出上市公司体系，同时收购部分木业子公司的少数股东股权。目前，公司已由原来的多元化经营业务模式，转变为以木业为主营业务，以人造板、木地板为主要产品的经营模式，为农业产业化国家重点龙头企业、国家高新技术企业、地板和人造板行业龙头企业。公司拥有大量速生林基地、世界一流的生产研发基地，并且已建成一条完善的涵盖资源、基材、工厂、研发、设计、营销、服务等各大环节的森工行业上下游的绿色产业链。旗下拥有“圣象”地板和“大亚”人造板品牌。

2015 年实现营业收入 767670.19 万元，较 2014 年下降 9.04%；归属于母公司所有者的净利润 31789.73 万元，较 2014 年增

长 94.37%；基本每股收益 0.60 元。2015 年 12 月 31 日，公司总资产达到 64.75 亿元，在沪深两市木材加工及木、竹、藤、棕、草制品业上市公司中位居首位。

公司全资子公司圣象集团有限公司拥有圣象系列国际知名品牌，多次获得“全国同类产品销量第一名”、“消费者信赖品牌”、“中国地板十大影响力品牌”等称号。2015 年（第十二届）“中国 500 最具价值品牌”排行榜显示“圣象”品牌价值已达 180.82 亿元。

审稿人：翟太煌

撰稿人：刘建宏

家具制造业

一、家具制造业总体概况

2015 年，我国家具制造业主营业务收入为 7872.50 亿元，较 2014 年增长 9.30%；利润总额为 500.90 亿元，较 2014 年增长 14.0%；税金总额为 265.0 亿元，较 2014 年增长 10.80%；家具制造业产销率为 98.3%，较 2014 年同期提高 0.5 个百分点；出口交货值为 1720.10 亿元，较 2014 年增长 5.0%。截至 2015 年底，我国家具制造业总资产达到 5013.20 亿元，较 2014 年末增长 9.70%；规模以上企业数量达 5290 家，其中，536 家企业出现亏损，行业亏损率为 10.13%，较 2014 年同期回落 0.48 个百分点。

行业三费占销售收入的比例略有提升。2015 年行业三费占家具制造行业销售收入比例为 8.79%，较 2014 年略提升 0.08 个百分点。其中，销售费用比例为 3.67%，较 2014 年增加 0.21 个百分点；管理费用比例为 4.38%，较 2014 年略增 0.04 个百分点；财务费用比例为 0.73%，较 2014 年下降 0.18 个百分点。销售费用比例及管理费用比例略有增长，主要由于行业规模有所扩大，带动销售费用和管理费用略有增加；财务费用比例有所下降，主要由于家具制造行业资产负债率有所降低及金融市场无风险收益率有所降低。国家统计局数据显示，2015 年家具制造行业资产负债率为 49.55%，较 2014 年降低 0.15 个百分点。

行业总体盈利水平良好。2015 年家具制造业综合毛利率为 18.16%，较 2014 年上涨 2.87 个百分点，主要在于销售收入增速略超行业增速 0.1 个百分点；2015 年家具制造业销售利润率为 6.36%，较 2014 年提升 0.21 个百分点；2015 年家具制造业资产报酬率为 9.99%，较 2014 年提升 0.23 个百分点。

二、行业内上市公司发展概况

（一）行业内上市公司基本情况

表 1　　2015 年家具制造业上市公司发行股票概况

门　类	A、B 股总数	A 股股票数	B 股股票数	境内总市值（亿元）	流通 A 股市值（亿元）	流通 B 股市值（亿元）
家具制造业	9	9	0	1318.79	833.14	0.00
占沪深两市比重（%）	0.31	0.31	0.00	0.25	0.20	0.00

资料来源：沪深交易所，同花顺。

（二）行业内上市公司构成情况

表 2　　2015 年家具制造业上市公司构成情况　　单位：家

门　类	沪　市			深　市			ST/*ST
	仅 A 股	仅 B 股	A+B 股	仅 A 股	仅 B 股	A+B 股	
家具制造业	5	0	0	4	0	0	0/0
占行业内上市公司比重（%）	55.56	0.00	0.00	44.44	0.00	0.00	0/0

资料来源：沪深交易所，同花顺。

（三）行业内上市公司融资情况

表 3　　2015 年家具制造业上市公司与沪深两市融资情况对比　　单位：家

	融资家数	新　股	增　发	配　股
家具制造业	5	4	1	0
沪深两市总数	819	220	595	6
占比（%）	0.61	1.82	0.17	0

资料来源：沪深交易所，同花顺。

2015 年，家具制造业有 5 家上市公司进行融资。其中，首发融资的 4 家公司中，有 1 家在中小板上市，3 家在沪市主板上市；增发融资的 1 家公司为深市主板公司。

2015 年家具制造业上市公司融资情况明细见附录。

（四）行业内上市公司资产及业绩情况

表 4　　2015 年家具制造业上市公司资产情况　　单位：亿元

指　标	2015 年	2015 年可比样本增长（%）	2014 年	2014 年可比样本增长（%）	2013 年
总资产	338.45	38.64	257.81	21.16	214.88
流动资产	180.74	29.94	141.61	16.99	120.55
占比（%）	53.4	-3.58	54.93	-1.96	56.1
非流动资产	157.71	50.17	116.2	26.68	94.34
占比（%）	46.6	3.58	45.07	1.96	43.9
流动负债	117.1	34.02	86.04	19.15	73.91
占比（%）	34.6	-1.19	33.37	-0.57	34.4
非流动负债	29.12	221.5	5.35	18.89	4.12
占比（%）	8.6	4.89	2.08	-0.03	1.92
归属于母公司股东权益	189.09	29.58	165.04	21.78	135.81
占比（%）	55.87	-3.91	64.02	0.33	63.2

资料来源：沪深交易所，同花顺。

表 5　　2015 年家具制造业上市公司收入实现情况　　单位：亿元

指　标	2015 年	2015 年可比样本增长（%）	2014 年	2014 年可比样本增长（%）	2013 年
营业收入	179.17	17.67	149.35	12.66	135.14
利润总额	27.77	38.91	23.14	24.27	15
归属于母公司所有者的净利润	22.38	41.28	19.21	27.64	11.89

资料来源：沪深交易所，同花顺。

（五）利润分配情况

2015 年，家具制造业上市公司中共有 7 家公司实施了分红。其中 6 家上市公司实施派息，4 家公司实施送股、转增股本，3 家公司既实施送股、转增股本又实施派息。

2015 年家具制造业上市公司分红明细见附录。

（六）其他财务指标情况

1. 盈利能力指标

表 6　　2015 年家具制造业上市公司盈利能力情况　　单位：%

指　标	2015 年	2015 年可比样本变动	2014 年	2014 年可比样本变动	2013 年
毛利率	31.75	1.17	38.19	1.25	33.18
净资产收益率	11.83	0.98	11.64	0.53	8.64

续表

指　标	2015年	2015年可比样本变动	2014年	2014年可比样本变动	2013年
销售净利率	12.33	1.91	12.82	1.43	8.75
资产净利率	7.58	0.55	8.14	0.78	5.73

资料来源：沪深交易所，同花顺。

2. 偿债能力指标

表7　　2015年家具制造业上市公司偿债能力指标

指　标	2015年	2015年可比样本变动	2014年	2014年可比样本变动	2013年
流动比率	1.54	−0.05	1.65	−0.03	1.63
速动比率	1.14	−0.01	1.14	−0.05	1.15
资产负债率（%）	43.2	3.7	35.45	−0.6	36.31

资料来源：沪深交易所，同花顺。

3. 营运能力指标

表8　　2015年家具制造业上市公司营运能力情况　　单位：次

营运能力指标	2015年	2015年可比样本变动	2014年	2014年可比样本变动	2013年
存货周转率	2.83	−0.12	2.34	−0.09	3.88
应收账款周转率	5.70	−0.75	6.43	−0.01	6.59
流动资产周转率	1.12	−0.06	1.14	0	1.17
固定资产周转率	2.74	0.00	2.5	−0.1	2.61
总资产周转率	0.62	−0.06	0.63	−0.02	0.66
净资产周转率	1.05	−0.07	0.99	−0.02	1.02

资料来源：沪深交易所，同花顺。

三、重点上市公司介绍

索菲亚

索菲亚家居股份有限公司（股票代码：002572.SZ）主要从事全屋定制家具及配套家居产品的设计、生产及销售。凭借公司在生产研发、销售渠道、经营管理等方面具备的较强竞争优势和市场影响力，2015年公司整体增长态势良好。实现营业收入31.96亿元，较2014年增长35.35%；实现归属于上市公司股东的净利润4.59亿元，比2014年增长40.42 %；每股收益为1.04元；2015年末，归属于上市公司股东的净资产23.04亿元，比2014年末增长

18.71%。

2015年公司继续采用以经销商为主、以直营专卖店和大宗用户业务为辅的复合营销模式。截至2015年末，索菲亚衣柜拥有经销商950多位，经销商专卖店近1600家；司米橱柜拥有261家专卖店（包括在设计中的店铺）。2015年定制衣柜及其配套定制衣柜生产基地月平均产能达到10万余单，产能利用率平均约为83.92%，交货周期在13~20天左右，已形成了覆盖全国销售网络的生产支撑体系。公司盈利水平稳步提升，2015年毛利率达到37.80%，较2014年同期提升0.44个百分点；净资产收益率为19.92%，较2014年提升3.08个百分点。2015年资产负债率为23.18%，较2014年增加5.34个百分点。

四、上市公司在行业中的影响力

总体来看，家具制造业上市公司在行业内影响力不大。具体来看：

2013~2015年，家具制造业整体总资产分别为4039.11亿元、4529.40亿元和5013.20亿元，其中，上市公司的总资产占行业整体的比重逐年提升，由2013年的5.27%，提升至2014年的5.69%，随后又提升至2015年的6.75%。

2013~2015年，家具制造业整体营业收入分别为6462.75亿元、7187.40亿元和7872.5亿元，其中，上市公司的营收占行业整体的比重逐年提升，由2013年的2.05%，小幅提升至2014年的2.08%，随后又提升至2015年的2.28%。

2013~2015年，家具制造业整体利润总额分别为403.88亿元、441.90亿元和500.90亿元，其中，上市公司的利润总额占行业整体的比重逐年上升，由2012年的2.97%，提升至2014年的5.24%，随后又提升至2015年的5.54%。

审稿人：翟太煌

撰稿人：刘建宏

造纸及纸制品业

一、造纸及纸制品业总体概况

2015年，造纸及纸制品行业投资规模保持稳定，全年行业累计固定资产投资额为2812.55亿元，较2014年增长0.40%。全行业规模以上企业6737家，资产总额达14024.10亿元，较2014年增长5.80%；实现营业收入13923.40亿元，较2014年增长3.40%；实现利润总额744.40亿元，较2014年增长6.24%；整体毛利率13.26%，较2014年同期提升0.14个百分点；销售利润率5.35%，较2014年同期提升0.18个百分点。行业整体盈利能力小幅提升。

二、行业内上市公司发展概况

（一）行业内上市公司基本情况

表 1　　2015 年造纸及纸制品业上市公司发行股票概况

门　类	A、B 股总数	A 股股票数	B 股股票数	境内总市值（亿元）	流通 A 股市值（亿元）	流通 B 股市值（亿元）
造纸及纸制品业	27	25	2	2021.00	1584.13	35.03
占沪深两市比重（%）	0.93	0.86	0.07	0.38	0.38	1.61

资料来源：沪深交易所，同花顺。

（二）行业内上市公司构成情况

表 2　　2015 年造纸及纸制品业上市公司构成情况　　单位：家

门　类	沪　市			深　市			ST/*ST
	仅 A 股	仅 B 股	A+B 股	仅 A 股	仅 B 股	A+B 股	
造纸及纸制品业	11	0	0	13	1	1	1 /2
占行业内上市公司比重（%）	42.31	0.00	0.00	50.00	3.85	3.85	3.85 /7.69

资料来源：沪深交易所，同花顺。

（三）行业内上市公司融资情况

表 3　　2015 年造纸及纸制品业上市公司与沪深两市融资情况对比　　单位：家

	融资家数	新　股	增　发	配　股
造纸及纸制品业	6	1	5	0
沪深两市总数	819	220	595	6
占比（%）	0.73	0.45	0.84	0

资料来源：沪深交易所，同花顺。

其中，首发的 1 家公司在沪市上市；增发的 5 家公司中，有 2 家沪市、1 家深市主板及 2 家中小板公司。

从融资效果看，上述公司实际发行数量为 116017.95 万股；实际募集资金为 62.40 亿元，基本完成了融资计划。

2015 年造纸及纸制品业上市公司融资情况明细见附录。

（四）行业内上市公司资产及业绩情况

表 4　　2015 年造纸及纸制品业上市公司资产情况　　单位：亿元

指　标	2015 年	2015 年可比样本增长（%）	2014 年	2014 年可比样本增长（%）	2013 年
总资产	2210.53	11.58	1979.29	5.48	1880.79
流动资产	939.47	16.68	802.3	3.52	763.65
占比（%）	42.5	1.86	40.53	-0.77	40.6
非流动资产	1271.05	8.09	1176.99	6.85	1117.14
占比（%）	57.5	-1.86	59.47	0.77	59.4
流动负债	1076.29	19.66	906.06	12.97	803.69
占比（%）	48.69	3.29	45.78	3.04	42.73
非流动负债	325.23	-12.53	374.14	-0.02	374.29
占比（%）	14.71	-4.06	18.9	-1.04	19.9
归属于母公司股东权益	772.52	14.88	661.76	0.07	663.58
占比（%）	34.95	1	33.43	-1.81	35.28

资料来源：沪深交易所，同花顺。

表 5　　2015 年造纸及纸制品业上市公司收入实现情况　　单位：亿元

指　标	2015 年	2015 年可比样本增长（%）	2014 年	2014 年可比样本增长（%）	2013 年
营业收入	953.45	3.75	917.9	-0.04	919.17
利润总额	43.89	171.42	8.18	-53.6	18.01
归属于母公司所有者的净利润	30.04	182.24	3.04	-68.1	9.88

资料来源：沪深交易所，同花顺。

（五）利润分配情况

2015 年全年造纸及纸制品业上市公司中共有 14 家公司实施了分红配股。其中，3 家上市公司实施送股或转增股，13 家上市公司实施派息，其中 2 家公司既实施了送股、转增又实施了派息。

2015 年造纸及纸制品业上市公司分红明细见附录。

（六）其他财务指标情况

1. 盈利能力指标

表 6　　2015 年造纸及纸制品业上市公司盈利能力情况　　单位：%

指　标	2015 年	2015 年可比样本变动	2014 年	2014 年可比样本变动	2013 年
毛利率	19.84	2.02	17.25	0.83	16.43
净资产收益率	3.89	2.31	0.46	−0.98	1.45
销售净利率	3.22	1.97	0.42	−0.65	1.11
资产净利率	1.47	0.87	0.2	−0.35	0.57

资料来源：沪深交易所，同花顺。

2. 偿债能力指标

表 7　　2015 年造纸及纸制品业上市公司偿债能力指标

指　标	2015 年	2015 年可比样本变动	2014 年	2014 年可比样本变动	2013 年
流动比率	0.87	−0.02	0.89	−0.08	0.95
速动比率	0.66	0.02	0.63	−0.05	0.68
资产负债率（%）	63.4	−0.77	64.68	2	62.63

资料来源：沪深交易所，同花顺。

3. 营运能力指标

表 8　　2015 年造纸及纸制品业上市公司营运能力情况　　单位：次

营运能力指标	2015 年	2015 年可比样本变动	2014 年	2014 年可比样本变动	2013 年
存货周转率	3.31	0.00	3.29	−0.15	4.33
应收账款周转率	6.30	−0.39	6.72	−0.54	7.28
流动资产周转率	1.09	−0.08	1.16	−0.09	1.27
固定资产周转率	1.13	0.02	1.09	−0.07	1.17
总资产周转率	0.45	−0.02	0.48	−0.03	0.51
净资产周转率	1.26	−0.05	1.31	−0.07	1.36

资料来源：沪深交易所，同花顺。

三、重点上市公司介绍

太阳纸业

太阳纸业主要从事铜版纸、白板纸、双胶纸以及白卡纸等高端纸品的生产和销售。是中国最大的民营造纸企业、中国500强企业之一。

2015年，公司实现营业收入108.25亿元，较2014年上升3.51%；归属于上市公司股东的净利润为6.66亿元，较2014年增长42.20%；实现每股收益0.27元。公司盈利能力持续提升。毛利率达到23.39%，较2014年上升3.34个百分点；销售净利率6.98%，较2014年上升1.75个百分点；净资产收益率为10.34%，较2014年上升1.40个百分点。

2015年末，公司的资产负债率达到62.50%，较2014年下降1.75个百分点。

四、上市公司在行业中的影响力

从行业整体情况看，2015年行业总资产、营业收入和利润总额分别为14024.10亿元、13923.40亿元和744.40亿元，上市公司占比分别为15.76%、6.84%和5.89%。对行业影响力有限。

审稿人：刘小勇

撰稿人：王　磊

印刷和记录媒介复制业

一、印刷和记录媒介复制业总体概况

2015年，印刷和记录媒介复制业投资规模稳步提升，全年累计固定资产投资额为1849.60亿元，较2014年增长15.11%。全行业规模以上企业5209家，资产总额为5380.40亿元，较2014年增长7.20%；实现营业收入为7191.70亿元，较2014年增长7.00%；实现利润总额为553.90亿元，较2014年增长5.02%。不过，受到成本上行影响，行业总体盈利能力小幅度下降，整体毛利率为15.99%，较2014年同期下降0.33个百分点；销售利润率为7.70%，较2014年同期下降0.06个百分点。

二、行业内上市公司发展概况

（一）行业内上市公司基本情况

表 1　　2015 年印刷和记录媒介复制业上市公司发行股票概况

门　类	A、B 股总数	A 股股票数	B 股股票数	境内总市值（亿元）	流通 A 股市值（亿元）	流通 B 股市值（亿元）
印刷和记录媒介复制业	7	7	0	858.61	803.67	0.00
占沪深两市比重（%）	0.24	0.24	0.00	0.16	0.19	0.00

资料来源：沪深交易所，同花顺。

（二）行业内上市公司构成情况

表 2　　2015 年印刷和记录媒介复制业上市公司构成情况　　单位：家

门　类	沪　市			深　市			ST/*ST
	仅 A 股	仅 B 股	A+B 股	仅 A 股	仅 B 股	A+B 股	
印刷和记录媒介复制业	2	0	0	5	0	0	0/0
占行业内上市公司比重（%）	28.57	0.00	0.00	71.43	0.00	0.00	0/0

资料来源：沪深交易所，同花顺。

（三）行业内上市公司融资情况

表 3　　2015 年印刷和记录媒介复制业上市公司与沪深两市融资情况对比　　单位：家

	融资家数	新　股	增　发	配　股
印刷和记录媒介复制业	1	0	1	0
沪深两市总数	819	220	595	6
占比（%）	0.12	0	0.17	0

资料来源：沪深交易所，同花顺。

2015 年，印刷和记录媒介复制业有 1 家公司通过增发在沪市实施融资。

从融资效果看，上述公司实际发行数量为 1781.32 万股；实际募集资金为 5.12 亿元，基本完成了融资计划。

2015 年印刷和记录媒介复制业上市公司融资情况明细见附录。

（四）行业内上市公司资产及业绩情况

表 4　　2015 年印刷和记录媒介复制业上市公司资产情况　　单位：亿元

指　标	2015 年	2015 年可比样本增长（%）	2014 年	2014 年可比样本增长（%）	2013 年
总资产	208.58	15.68	180.3	10.19	163.62
流动资产	113.69	17.47	96.78	9.2	88.63
占比（%）	54.51	0.83	53.68	-0.49	54.17
非流动资产	94.89	13.62	83.52	11.37	74.99
占比（%）	45.49	-0.83	46.32	0.49	45.83
流动负债	70.85	17.32	58.98	-1.59	60
占比（%）	33.97	0.48	32.71	-3.92	36.67
非流动负债	3.66	-34.83	6.87	29.87	5.22
占比（%）	1.75	-1.37	3.81	0.58	3.19
归属于母公司股东权益	124.26	17.29	106.11	15.6	91.79
占比（%）	59.57	0.81	58.85	2.75	56.1

资料来源：沪深交易所，同花顺。

表 5　　2015 年印刷和记录媒介复制业上市公司收入实现情况　　单位：亿元

指　标	2015 年	2015 年可比样本增长（%）	2014 年	2014 年可比样本增长（%）	2013 年
营业收入	96.29	1.4	94.96	9.6	86.64
利润总额	22.24	10.54	20.08	9.79	18.29
归属于母公司所有者的净利润	17.45	8.22	16.09	10.13	14.61

资料来源：沪深交易所，同花顺。

（五）利润分配情况

2015 年全年印刷和记录媒介复制业上市公司中共有 6 家公司实施了分红配股。其中，1 家上市公司实施送股或转增股，6 家上市公司实施派息，其中 1 家公司既实施了送股、转增又实施了派息。

2015 年印刷和记录媒介复制业上市公司分红明细见附录。

(六) 其他财务指标情况

1. 盈利能力指标

表 6　　2015 年印刷和记录媒介复制业上市公司盈利能力情况　　单位：%

指　标	2015 年	2015 年可比样本变动	2014 年	2014 年可比样本变动	2013 年
毛利率	37.76	2.82	34.94	-0.15	35.53
净资产收益率	14.04	-1.18	15.16	-0.76	15.83
销售净利率	19.86	1.55	18.27	0.29	17.98
资产净利率	9.83	-0.28	10.09	0.33	9.76

资料来源：沪深交易所，同花顺。

2. 偿债能力指标

表 7　　2015 年印刷和记录媒介复制业上市公司偿债能力指标

指　标	2015 年	2015 年可比样本变动	2014 年	2014 年可比样本变动	2013 年
流动比率	1.6	0	1.64	0.16	1.48
速动比率	0.98	-0.02	1.03	0.17	0.86
资产负债率（%）	35.73	-0.89	36.52	-3.35	39.86

资料来源：沪深交易所，同花顺。

3. 营运能力指标

表 8　　2015 年印刷和记录媒介复制业上市公司营运能力情况　　单位：次

营运能力指标	2015 年	2015 年可比样本变动	2014 年	2014 年可比样本变动	2013 年
存货周转率	1.50	-0.20	1.69	0.12	2.41
应收账款周转率	4.80	-1.26	6.06	-0.23	6.29
流动资产周转率	0.91	-0.11	1.02	0	1.02
固定资产周转率	1.88	-0.23	2.11	-0.09	2.2
总资产周转率	0.50	-0.06	0.55	0.01	0.54
净资产周转率	0.78	-0.12	0.89	-0.02	0.91

资料来源：沪深交易所，同花顺。

三、重点上市公司介绍

劲嘉股份

劲嘉股份是烟标印刷行业龙头企业，主要从事高端包装印刷品和包装材料的研究生产，主要产品有高技术和高附加值的烟标、高端知名消费品牌包装及相关镭射包装材料镭射膜和镭射纸等。

2015 年，公司实现营业收入为 27.20 亿元，较 2014 年上升 17.08%；归属于上市公司股东的净利润为 7.20 亿元，较 2014 年增长 23.96%；实现每股收益为 0.55 元。公司盈利能力明显提升。毛利率达到 45.91%，较 2014 年上升 4.44 个百分点；销售净利率为 29.02%，较 2014 年上升 2.97 个百分点；净资产收益率为 19.02%，较 2014 年上升 0.87 个百分点。

2015 年末，公司的资产负债率达到 18.51%，较 2014 年下降 5.23 个百分点。

四、上市公司在行业中的影响力

从行业整体情况看，2015 年行业总资产、营业收入和利润总额分别为 5380.40 亿元、7191.70 亿元和 553.90 亿元，上市公司占比分别为 3.87%、1.33%和 4.01%。在行业总体情况中占比较小，对行业影响力有限。

审稿人：刘小勇

撰稿人：王　磊

文教、工美、体育和娱乐用品制造业

一、文教、工美、体育和娱乐用品制造业总体概况

2015 年，我国文教、工美、体育和娱乐用品制造业企业共有 8623 家，较 2014 年小幅度增长 6.67%。随着行业竞争的发展，行业集中度呈现逐步扩大的趋势，同行业内竞争激烈，企业需要在资源整合、产品研发与质量管理、市场开拓等诸多方面不断提高效率，同时控制费用支出来提高盈利能力。由于该行业是典型的“小产品，大市场”，行业内仍以民营小企业为主，产品仍然呈现同质性强、创新性不足、品牌不突出等特点。面对市场变化带来的机遇和行业发展的不确定性，一些上市公司已经通过产业结构升级优化和新业务布局等方式进行改革创新，同时构建业务矩阵和相关产业投资来获得回报。未来行业内公司或将在平台化、智能化、国际化、多屏化等领域进行产业布局，在移动时代新形态下开拓更广阔的市场空间。

截至 2015 年 12 月 31 日，文教、工美、体育和娱乐用品制造业总资产为 8079

亿元，较2014年增长9.63%；行业全年实现营业收入为15474.30亿元，较2014年增长5.73%；实现利润总额为881.60亿元，较2014年增长9.25%。其中，行业内共有7866家企业实现盈利，占全部企业数的91.22%，基本与2014年持平。2015年12月31日，行业资产负债率为50.61%，相比2014年下降1.7个百分点。

二、行业内上市公司发展概况

（一）行业内上市公司基本情况

表1　2015年文教、工美、体育和娱乐用品制造业上市公司发行股票概况

门　类	A、B股总数	A股股票数	B股股票数	境内总市值（亿元）	流通A股市值（亿元）	流通B股市值（亿元）
文教、工美、体育和娱乐用品制造业	12	12	0	1885.13	1087.33	0.00
占沪深两市比重（%）	0.41	0.41	0.00	0.35	0.26	0.00

资料来源：沪深交易所，同花顺。

（二）行业内上市公司构成情况

表2　2015年文教、工美、体育和娱乐用品制造业上市公司构成情况　单位：家

门　类	沪　市			深　市			ST/*ST
	仅A股	仅B股	A+B股	仅A股	仅B股	A+B股	
文教、工美、体育和娱乐用品制造业	2	0	0	10	0	0	0/0
占行业内上市公司比重（%）	16.67	0.00	0.00	83.33	0.00	0.00	0/0

资料来源：沪深交易所，同花顺。

（三）行业内上市公司融资情况

表3　2015年文教、工美、体育和娱乐用品制造业上市公司与沪深两市融资情况对比　单位：家

	融资家数	新　股	增　发	配　股
文教、工美、体育和娱乐用品制造业	4	2	2	0
沪深两市总数	819	220	595	6
占比（%）	0.49	0.91	0.34	0

资料来源：沪深交易所，同花顺。

其中，首发的2家公司中，均在沪市主板上市；增发的2家公司中，均为中小板公司。

从融资效果看，上述公司实际发行数

量为 31900.17 万股；实际募集资金为 40.75 亿元，基本完成了融资计划。

2015 年文教、工美、体育和娱乐用品制造业上市公司融资情况明细见附录。

（四）行业内上市公司资产及业绩情况

表 4　2015 年文教、工美、体育和娱乐用品制造业上市公司资产情况　单位：亿元

指　标	2015 年	2015 年可比样本增长（%）	2014 年	2014 年可比样本增长（%）	2013 年
总资产	265.2	34.5	177.09	17.29	150.99
流动资产	127.64	25.07	92.36	3.06	89.62
占比（%）	48.13	-3.63	52.15	-7.2	59.35
非流动资产	137.56	44.62	84.72	38.05	61.37
占比（%）	51.87	3.63	47.84	7.19	40.65
流动负债	50.19	10.22	40.41	28.78	31.38
占比（%）	18.93	-4.17	22.82	2.04	20.79
非流动负债	17.9	104.7	8.48	-16.45	10.15
占比（%）	6.75	2.32	4.79	-1.93	6.72
归属于母公司股东权益	195.25	38.74	126.43	18.09	107.06
占比（%）	73.62	2.25	71.39	0.48	70.90

资料来源：沪深交易所，同花顺。

表 5　2015 年文教、工美、体育和娱乐用品制造业上市公司收入实现情况　单位：亿元

指　标	2015 年	2015 年可比样本增长（%）	2014 年	2014 年可比样本增长（%）	2013 年
营业收入	153.35	4.31	113.6	11.98	101.45
利润总额	22.25	28.25	12.66	19.21	10.62
归属于母公司所有者的净利润	18.98	26.05	11.08	26.34	8.77

资料来源：沪深交易所，同花顺。

（五）利润分配情况

2015 年全年文教、工美、体育和娱乐用品制造业上市公司中共有 10 家公司实施了分红配股。其中，4 家上市公司实施送股或转增股，10 家上市公司实施派息，其中 4 家公司既实施了转增又实施了派息。

2015 年文教、工美、体育和娱乐用品制造业上市公司分红明细见附录。

（六）其他财务指标情况

1. 盈利能力指标

表 6　　2015 年文教、工美、体育和娱乐用品制造业上市公司盈利能力情况　　单位：%

指　标	2015 年	2015 年可比样本变动	2014 年	2014 年可比样本变动	2013 年
毛利率	32.69	4.77	28.36	3.49	24.87
净资产收益率	9.72	−0.98	8.76	0.57	8.16
销售净利率	12.54	2.37	9.74	0.94	8.81
资产净利率	8.32	0.09	6.75	0.38	6.37

资料来源：沪深交易所，同花顺。

2. 偿债能力指标

表 7　　2015 年文教、工美、体育和娱乐用品制造业上市公司偿债能力指标

指　标	2015 年	2015 年可比样本变动	2014 年	2014 年可比样本变动	2013 年
流动比率	2.54	0.3	2.29	−0.57	2.86
速动比率	1.91	0.33	1.69	−0.36	2.05
资产负债率（%）	25.67	−1.85	27.61	0.10	27.51

资料来源：沪深交易所，同花顺。

3. 营运能力指标

表 8　　2015 年文教、工美、体育和娱乐用品制造业上市公司营运能力情况　　单位：次

营运能力指标	2015 年	2015 年可比样本变动	2014 年	2014 年可比样本变动	2013 年
存货周转率	3.34	−0.21	3.29	−0.05	4.45
应收账款周转率	7.26	−1.88	7.31	−0.58	7.89
流动资产周转率	1.34	−0.14	1.25	0.06	1.19
固定资产周转率	3.79	−0.05	3.52	−0.35	3.87
总资产周转率	0.66	−0.15	0.69	−0.03	0.72
净资产周转率	0.90	−0.21	0.96	0.00	0.96

资料来源：沪深交易所，同花顺。

三、重点上市公司介绍

晨光文具

2015年，公司分别实现营业收入、归属于上市公司股东的净利润37.49亿元、4.23亿元，较2014年分别增长23.19%、24.47%。实现每股收益0.93元/股。公司2015年分配预案为每10股转增10股派息5元。

公司继续保持着国内文具龙头地位，截至2015年12月31日，公司在全国拥有30家一级合作伙伴、近1200家二三级合作伙伴，超过6.8万家零售终端。核心主业量价齐升，公司书写工具销售金额为15.03亿元（+11.60%），学生文具销售金额为11.53亿元（+26.55%），办公文具销售金额为9.99亿元（+43.28%），其他产品销售金额为0.78亿元（+4.97%）。另外，晨光生活馆与晨光科力普等新兴业务发展势头良好，有望成为公司利润新增长点。一方面，公司晨光生活馆业务快速发展，截至2015年底已在全国拥有71家晨光生活馆，其中2015年新增24家，2015年全年，晨光生活馆业务实现营业收入5635万元，较2014年增加98.80%；另一方面，在办公用品领域，晨光科力普业务拓展有力，2015年单月订单量超过3万单，拥有超过1万家有效客户。

公司在大文具市场空间广阔，作为“整合创意价值与服务优势的综合文具供应商”，在各方面都已明显领先国内竞争对手。未来，随着募投产能的释放以及新业务的有效突破，公司的领先优势还将扩大，而渠道价值的重估、电商业务的开拓还将进一步提升公司市值的空间。

四、上市公司在行业中的影响力

2015年，全行业总资产为8079亿元，较2014年增长9.63%；实现营业收入15474.30亿元，较2014年增长5.73%；实现利润总额881.60亿元，较2014年增长9.25%。行业内上市公司总资产为265.20亿元，较2014年增长34.5%，占行业总资产的3.28%，较2014年提高0.88个百分点；上市公司实现营业收入153.35亿元，可比样本较2014年增长4.31%，占行业营业收入的0.1%，较2014年下降0.68个百分点；上市公司实现利润总额22.25亿元，可比样本较2014年增长28.25%，占行业利润总额的2.76%，较2014年提高1.19个百分点。

2015年，行业内企业数量较2014年有所上升，新增上市公司2家。从经营情况来看，上市公司的总资产增速趋缓，营业收入增速有所下降，但利润总额较2014年却提高了1.19个百分点，主要由于一些上市公司通过谋划转型，率先通过IP、品牌和渠道优势逐步建立起新的盈利模式。我国文教、工美、体育和娱乐用品业虽大但整体不强，产品附加值较低，上市公司仅有12家，占极少数。面对潜力巨大的国内市场，具有一定品牌知名度的企业正逐渐将竞争重心由产品竞争、价格竞争逐渐转向对渠道资源的争夺。未来将通过渠道资源的获取，最大限度地扩大销售规模，进一步提升品牌知名度。同时也将带动整个行业在技术、质量和品牌等方面的提高。

审稿人：孙卫党

撰稿人：杨　阳

石油加工、炼焦及核燃料加工业

一、石油加工、炼焦及核燃料加工业总体概况

截至2015年底，全国规模以上石油加工、炼焦及核燃料加工行业企业数量为2009家，其中588家企业出现亏损，行业亏损率为29.27%。石油加工、炼焦及核燃料加工行业资产合计24172.70亿元，较2014年减少0.5%；实现销售收入34063.40亿元，较2014年减少16.3%；完成利润总额648.60亿元，较2014年增加966.8%。

石油加工、炼焦及核燃料加工业分为精炼石油产品制造、炼焦以及核燃料加工。其中，精炼石油产品制造又可分为原油加工、石油制品制造以及人造原油制造。

二、行业内上市公司发展概况

（一）行业内上市公司基本情况

表1　　2015年石油加工、炼焦及核燃料加工业上市公司发行股票概况

门　类	A、B股总数	A股股票数	B股股票数	境内总市值（亿元）	流通A股市值（亿元）	流通B股市值（亿元）
石油加工、炼焦及核燃料加工业	18	18	0	1765.82	1099.85	0.00
占沪深两市比重（%）	0.62	0.62	0.00	0.33	0.26	0.00

资料来源：沪深交易所，同花顺。

（二）行业内上市公司构成情况

表2　　2015年石油加工、炼焦及核燃料加工业上市公司构成情况　　单位：家

门　类	沪　市			深　市			ST/*ST
	仅A股	仅B股	A+B股	仅A股	仅B股	A+B股	
石油加工、炼焦及核燃料加工业	11	0	0	7	0	0	0/1
占行业内上市公司比重（%）	61.11	0.00	0.00	38.89	0.00	0.00	0/5.56

资料来源：沪深交易所，同花顺。

（三）行业内上市公司融资情况

表 3　　2015 年石油加工、炼焦及核燃料加工业上市公司与沪深两市融资情况对比　　单位：家

	融资家数	新　股	增　发	配　股
石油加工、炼焦及核燃料加工业	3	0	3	0
沪深两市总数	819	220	595	6
占比（%）	0.37	0	0.5	0

资料来源：沪深交易所，同花顺。

其中，增发的 3 家公司中，有 1 家沪市及 2 家深市主板。

按行业大类划分，进行融资的 3 家公司中，全部属于石油加工、炼焦及核燃料加工业，在沪深两市融资公司中占比 0.37%。

从融资效果看，上述公司实际发行数量为 199558.59 万股；实际募集资金为 97.13 亿元，基本完成了融资计划。

2015 年石油加工、炼焦及核燃料加工业上市公司融资情况明细见附录。

（四）行业内上市公司资产及业绩情况

表 4　　2015 年石油加工、炼焦及核燃料加工业上市公司资产情况　　单位：亿元

指　标	2015 年	2015 年可比样本增长（%）	2014 年	2014 年可比样本增长（%）	2013 年
总资产	1630.58	-8.67	1725.03	4.32	1561.21
流动资产	542.76	-19.84	607.49	5.51	538.27
占比（%）	33.29	-4.63	35.22	0.4	34.48
非流动资产	1087.83	-1.85	1117.55	3.68	1022.95
占比（%）	66.71	4.63	64.78	-0.4	65.52
流动负债	767.28	-14.61	805.99	3.7	719.46
占比（%）	47.06	-3.27	46.72	-0.28	46.08
非流动负债	212.96	-10.96	293.48	13.24	252.46
占比（%）	13.06	-0.34	17.01	1.34	16.17
归属于母公司股东权益	597.93	2.21	558.18	-1.91	549.03
占比（%）	36.67	3.91	32.36	-2.05	35.17

资料来源：沪深交易所，同花顺。

表 5　　2015 年石油加工、炼焦及核燃料加工业上市公司收入实现情况　　单位：亿元

指　标	2015 年	2015 年可比样本增长（%）	2014 年	2014 年可比样本增长（%）	2013 年
营业收入	1657.07	−24.73	2060.28	−11.77	2259.34
利润总额	−30.67	13.6	−47.05	−250.32	29.44
归属于母公司所有者的净利润	−23.26	28.47	−42.33	−275.06	22.44

资料来源：沪深交易所，同花顺。

（五）利润分配情况

2015 年全年石油加工、炼焦及核燃料加工业上市公司中共有 5 家公司实施了分红配股。其中，2 家上市公司实施送股或转增股，5 家上市公司实施派息，其中 2 家公司既实施了送股、转增又实施了派息。

2015 年石油加工、炼焦及核燃料加工业上市公司分红明细见附录。

（六）其他财务指标情况

1. 盈利能力指标

表 6　　2015 年石油加工、炼焦及核燃料加工业上市公司盈利能力情况　　单位：%

指　标	2015 年	2015 年可比样本变动	2014 年	2014 年可比样本变动	2013 年
毛利率	17.08	7.05	9.95	−1.37	11.3
净资产收益率	−3.89	1.67	−7.58	−11.83	3.83
销售净利率	−2.33	−0.77	−2.22	−3.25	1
资产净利率	−2.26	−0.19	−2.71	−4.15	1.43

资料来源：沪深交易所，同花顺。

2. 偿债能力指标

表 7　　2015 年石油加工、炼焦及核燃料加工业上市公司偿债能力指标

指　标	2015 年	2015 年可比样本变动	2014 年	2014 年可比样本变动	2013 年
流动比率	0.71	−0.05	0.75	0.01	0.75
速动比率	0.54	0	0.54	0.08	0.46
资产负债率（%）	60.12	−3.61	63.74	1.06	62.25

资料来源：沪深交易所，同花顺。

3. 营运能力指标

表 8　2015 年石油加工、炼焦及核燃料加工业上市公司营运能力情况　单位：次

营运能力指标	2015 年	2015 年可比样本变动	2014 年	2014 年可比样本变动	2013 年
存货周转率	8.60	-1.17	9.49	0.24	10.41
应收账款周转率	17.45	-9.23	26.09	-7.76	35.29
流动资产周转率	2.72	-0.86	3.48	-0.47	4.06
固定资产周转率	2.27	-0.69	2.68	-0.44	3.14
总资产周转率	0.97	-0.36	1.22	-0.18	1.43
净资产周转率	2.55	-1.03	3.32	-0.62	4

资料来源：沪深交易所，同花顺。

三、重点上市公司介绍

上海石化

公司 2015 年实现营业收入为 808.03 亿元，较 2014 年减少 20.92%，归属于母公司股东的净利润为 32.46 亿元，每股收益 0.3 元。从销售收入的产品构成来看，公司有 54.32%来自石油产品；28.87%来自石化产品，包括 16.98%石油化工产品贸易和 11.89%中间石化产品；12.68%来自树脂及塑料；2.97%来自合成纤维；0.54%来自其他收入。从各板块营业利润来看，公司的盈利主要来自石油产品。从销售收入的地区构成来看，88.67%来自华东地区，6.26%来自其他地区，5.07%来自国外。

上海石化的原油 90%以上依赖进口。2015 年，本集团生产装置平稳运行率有较大幅度提升，加工总量扩大，使本集团的产品实物量有所增加，商品总量为 1386.62 万吨，比 2014 年增加 2.18%。

2015 年全年加工原油 1479.53 万吨（包括来料加工 201.01 万吨），增加 4.41%；生产汽油、柴油、航空煤油等成品油 897.59 万吨，增加 6.55%，其中生产汽油 309.76 万吨，增加 7.91%，生产柴油 426.53 万吨，增加 4.92%，生产航空煤油 161.30 万吨，增长 8.36%；生产乙烯 83.65 万吨、丙烯 53.30 万吨、丁二烯 11.23 万吨，分别增加 3.99%、4.47%和 6.34%；生产纯苯 35.95 万吨，增加 3.45%，生产对二甲苯 65.97 万吨，减少 3.07%；生产塑料树脂及共聚物（不包括聚酯和聚乙烯醇）104.27 万吨，与 2014 年基本持平；生产合纤原料 80.16 万吨，增加 13.56%；生产合纤聚合物 41.66 万吨，与 2014 年基本持平；生产合成纤维 22.38 万吨，减少 3.70%。

四、上市公司在行业中的影响力

2015 年，全行业资产规模与 2014 年相

比有小幅度上涨，尽管营业收入大幅度下降，但是利润总额明显上升。截至2015年底，全行业总资产达24172.7亿元，上市公司占比由2014年的7.32%下降至6.60%；行业全年实现主营业务收入为34063.4亿元，上市公司占比由2014年的5.11%下跌至4.86%。

审稿人：宋　涛

撰稿人：马昕晔

化学原料及化学制品制造业

一、化学原料及化学制品制造业总体概况

2015年1~12月我国规模以上（主营业务收入达到2000万元及以上）化学原料及化学制品企业数量为24968家，其中，亏损企业达到3271家，亏损率为13.10%。行业累计总资产为71647.6亿元，较2014年增长5.7%。实现销售收入83900.6亿元，较2014年增长2.3%。总利润为4558.6亿元，较2014年增长7.7%。销售毛利率为13.90%，较2014年上升1.1个百分点。

化学原料及化学制品制造业可分为基础化学原料制造业、肥料制造业、农药制造业、涂料油墨颜料及类似产品制造业、合成材料制造业、专用化学产品制造业和日用化学产品制造业。

二、行业内上市公司发展概况

（一）行业内上市公司基本情况

表1　　2015年化学原料及化学制品制造业上市公司发行股票概况

门　类	A、B股总数	A股股票数	B股股票数	境内总市值（亿元）	流通A股市值（亿元）	流通B股市值（亿元）
化学原料及化学制品制造业	196	191	5	19734.90	13920.07	75.65
占沪深两市比重（%）	6.74	6.57	0.17	3.71	3.35	3.48

资料来源：沪深交易所，同花顺。

（二）行业内上市公司构成情况

表 2　2015 年化学原料及化学制品制造业上市公司构成情况　单位：家

门　类	沪　市			深　市			ST/*ST
	仅 A 股	仅 B 股	A+B 股	仅 A 股	仅 B 股	A+B 股	
化学原料及化学制品制造业	59	1	3	128	0	1	0/8
占行业内上市公司比重（%）	30.73	0.52	1.56	66.67	0.00	0.52	0/4.17

资料来源：沪深交易所，同花顺。

（三）行业内上市公司融资情况

表 3　2015 年化学原料及化学制品制造业上市公司与沪深两市融资情况对比　单位：家

	融资家数	新　股	增　发	配　股
化学原料及化学制品制造业	56	17	37	2
沪深两市总数	819	220	595	6
占比（%）	6.84	7.73	6.22	33.33

资料来源：沪深交易所，同花顺。

其中，首发的 17 家公司中，有 5 家在沪市主板上市，有 6 家在中小板上市，6 家在创业板上市；增发的 37 家公司中，有 9 家沪市、3 家深市主板、20 家中小板公司及 5 家创业板公司。

从融资效果看，上述公司实际发行数量为 472258.25 万股；实际募集资金为 437.47 亿元，基本完成了融资计划。

2015 年化学原料及化学制品制造业上市公司融资情况明细见附录。

（四）行业内上市公司资产及业绩情况

表 4　2015 年化学原料及化学制品制造业上市公司资产情况　单位：亿元

指　标	2015 年	2015 年可比样本增长（%）	2014 年	2014 年可比样本增长（%）	2013 年
总资产	11730.23	7.6	10177.05	11	8886.16
流动资产	4389.06	11.37	3633.15	8.39	3297.4
占比（%）	37.42	1.27	35.7	−0.86	37.11
非流动资产	7341.18	5.47	6543.9	12.51	5588.76
占比（%）	62.58	−1.27	64.3	0.86	62.89
流动负债	4583.34	2.3	4211.53	14.59	3539.19
占比（%）	39.07	−2.03	41.38	1.29	39.83

续表

指 标	2015 年	2015 年可比样本增长（%）	2014 年	2014 年可比样本增长（%）	2013 年
非流动负债	1883.37	-3.69	1863.44	11.27	1656.05
占比（%）	16.06	-1.88	18.31	0.04	18.64
归属于母公司股东权益	4797.14	19.54	3762.05	7.61	3384.58
占比（%）	40.9	4.09	36.97	-1.16	38.09

资料来源：沪深交易所，同花顺。

表 5　　2015 年化学原料及化学制品制造业上市公司收入实现情况　　单位：亿元

指 标	2015 年	2015 年可比样本增长（%）	2014 年	2014 年可比样本增长（%）	2013 年
营业收入	6947.3	-2.15	6443.84	2.88	6063.72
利润总额	360.32	-1.18	301.56	10.27	258.83
归属于母公司所有者的净利润	242.11	-3.57	210.78	10.47	179.16

资料来源：沪深交易所，同花顺。

（五）利润分配情况

2015 年全年化学原料及化学制品制造业上市公司中共有 128 家公司实施了分红配股。其中，46 家上市公司实施送股或转增股，122 家上市公司实施派息，其中 40 家公司既实施了送股、转增又实施了派息。

2015 年化学原料及化学制品制造业上市公司分红明细见附录。

（六）其他财务指标情况

1. 盈利能力指标

表 6　　2015 年化学原料及化学制品制造业上市公司盈利能力情况　　单位：%

指 标	2015 年	2015 年可比样本变动	2014 年	2014 年可比样本变动	2013 年
毛利率	18.6	0.99	17.48	1.13	16.05
净资产收益率	5.05	-1.21	5.6	0.14	5.24
销售净利率	3.78	-0.08	3.47	0.22	3.19
资产净利率	2.32	-0.38	2.31	-0.05	2.37

资料来源：沪深交易所，同花顺。

2. 偿债能力指标

表 7　　2015 年化学原料及化学制品制造业上市公司偿债能力指标

指　标	2015 年	2015 年可比样本变动	2014 年	2014 年可比样本变动	2013 年
流动比率	0.96	0.08	0.86	−0.05	0.93
速动比率	0.73	0.1	0.62	−0.05	0.68
资产负债率（%）	55.13	−3.91	59.69	1.34	58.46

资料来源：沪深交易所，同花顺。

3. 营运能力指标

表 8　　2015 年化学原料及化学制品制造业上市公司营运能力情况　　单位：次

营运能力指标	2015 年	2015 年可比样本变动	2014 年	2014 年可比样本变动	2013 年
存货周转率	5.32	−0.45	5.54	−0.42	7.44
应收账款周转率	10.12	−2.41	12.19	−1.68	14.07
流动资产周转率	1.67	−0.26	1.85	−0.07	1.97
固定资产周转率	1.63	−0.24	1.78	−0.25	2.05
总资产周转率	0.61	−0.09	0.67	−0.06	0.74
净资产周转率	1.43	−0.27	1.63	−0.09	1.73

资料来源：沪深交易所，同花顺。

三、重点上市公司介绍

（一）浙江龙盛

2015 年公司实现营业总收入 148.42 亿元，较 2014 年下降 2.03%，实现归属于母公司股东的净利润 25.41 亿元，较 2014 年增长 0.32%，归属于上市公司股东的扣除非经常性损益的净利润 16.53 亿元，较 2014 年减少 24.90%。

公司主要生产高强度、环保型分散、活性、酸性系列染料、助剂及化工中间体，是全球最大的分散染料生产基地，是国内染料行业的龙头企业。目前公司已由原来的单一染料业务发展成为集染料、中间体、减水剂等特殊化学品为主，无机化工等基础化学品、房产、汽配为辅的多元化跨国集团。

按领域划分来看，其中特殊化学品业务营业收入为 117.85 亿元，较 2014 年下降 11.48%；基础化学品业务营业收入为 8.80 亿元，较 2014 年增长 0.78%；房地产业务部分营业收入为 12.90 亿元，较 2014 年增长 527.61%。

（二）盐湖股份

盐湖股份地处察尔汗盐湖，是国内钾

肥企业龙头，在品牌、技术、规模、资源、管理等方面均具有较强的竞争优势。

2015年公司实现营业收入108.82亿元，较2014年增长3.89%；实现利润总额7.62亿元，较2014年减少55.68%；实现归属于上市公司股东的净利润5.59亿元，较2014年减少57.08%；每股收益0.35元，较2014年减少0.47元。

2015年公司主营业务按照产品来看，氯化钾营业收入78.79亿元，较2014年增长1.53%，毛利率为73.69%；化工产品营业收入17.00亿元，较2014年增加55.72%，毛利率-22.02%；水泥营业收入8.16亿元，较2014年增长7.5%，毛利率16.24%；百货营业收入1.45亿元，较2014年下降37.72%

（三）万华化学

2015年，全球经济增长乏力，中国经济进入周期性和结构性的调整期，导致MDI市场需求增长大幅度放缓；国际原油价格暴跌，以石脑油为原料的烯烃竞争力大幅度提升，同时，国内煤基和PDH烯烃产能爆发性增长，公司石化产业形势严峻。

2015年公司实现销售收入194.92亿元，较2014年下降11.75%；实现归属于上市公司股东的净利润16.10亿元，较2014年减少33.46%；每股收益0.74元。2015年末公司资产总额478.04亿元，较2014年增长14.94%；归属母公司所有者权益115.71亿元，较2014年增长9.22%；公司加权平均净资产收益率14.67%，较2014年减少9.50个百分点；每股净资产5.3元，较2014年增长9.22%；资产负债率68.99%，较2014年增加0.93个百分点。

公司主营业务按照产品分，2015年异氰酸酯营业收入119.95亿元，较2014年减少20.11，毛利率34.73%，较2014年减少1.62个百分点；主营业务按地区分，国内市场营业收入137.66亿元，较2014年减少14.63%；国外市场营业收入54.43亿元，较2014年减少7.13%。

（四）江山股份

公司主要从事以除草剂、杀虫剂为主的农药产品，以化工中间体、氯碱为主的化工产品，以及热电联产蒸汽的研发、生产和销售。

公司实现收入26.77亿元，较2014年减少2.99亿元、下降10.04%，其中，农药产品实现收入17.89亿元，较2014年减少3.13亿元、下降14.89%，主要是草甘膦销售价格下降所致；化工产品实现收入3.28亿元，较2014年减少0.31亿元、下降8.62%，主要是部分化工中间体销量减少所致；氯碱产品实现收入2.96亿元，较2014年增加20万元、增长0.07%；蒸汽产品实现收入1.82亿元，较2014年减少0.19亿元、下降9.42%，主要是蒸汽销售价格较2014年下降所致。

公司实现归属于母公司所有者的净利润1057.0万元，较2014年减少19118.85万元，下降幅度为94.76%。

（五）巨化股份

公司是国内领先的氟化工、氯碱化工

综合配套的氟化工先进制造业基地，主营业务为基本化工原料、食品包装材料、电子化学材料、氟化工原料及后续产品的研发、生产与销售，拥有氯碱化工、硫酸化工、基础氟化工等氟化工、电子化学材料必需的产业自我配套体系，并以此为基础，形成了包括基础配套原料、氟致冷剂、有机氟单体、含氟聚合物、精细化学品、电子化学材料等在内的完整的氟化工产业链，并涉足石油化工产业。

2015 年公司实现营业收入 95.16 亿元，较 2014 年增长 2.53%；实现归属于上市公司股东的净利润 1.62 亿元，较 2014 年下降 0.45%，基本每股收益 0.09 元，与 2014 年持平。

主营业务按产品分，2015 年含氟精细化工品营业收入 0.53 亿元，较 2014 年增加 7.52%，毛利率 36.32%，比 2014 年减少 0.16 个百分点；氟化工原料营业收入 10.65 亿元，较 2014 年减少 6.47%，毛利率 22.60%，比 2014 年增加 1.22 个百分点；石化材料营业收入 7.28 亿元，较 2014 年降低 28.92%，毛利率-1.35%，比 2014 年降低 2.51 个百分点；制冷剂营业收入 22.40 亿元，较 2014 年增长 13.76%，毛利率 13.02%，比 2014 年增加 3.17 个百分点。

四、上市公司在行业中的影响力

2015 年，行业的资产规模、营业收入以及利润总额均稳步增长。截至 2015 年底，全行业总资产达 71647.6 亿元，上市公司占比由 2014 年的 15.28% 上升至 16.53%；行业全年实现主营业务收入 83900.6 亿元，上市公司占比由 2014 年的 7.78%上升至 8.66%；行业全年实现利润总额 4558.6 亿元，其中上市占比由 2014 年的 7.27%上升至 7.49%。

审稿人：宋　涛
撰稿人：马昕晔

医药制造业

一、医药制造业总体概况

（一）行业整体运行情况

2015 年我国经济增长逐步趋缓，供给侧改革持续，经济在新常态下保持平稳运行。

从增加值数据看，2015 年规模以上医药工业增加值较 2014 年增长 9.8%，增速较 2014 年下降 2.5 个百分点，高于工业整体增速 3.7 个百分点。医药工业增加值在整体工业所占比重达到 3.0%左右，较 2014 年增长约 0.2 个百分点，反映出医药工业对工业经济增长的贡献进一步增强。

从营业收入数据看，2015 年规模以上

医药工业企业实现营业收入2.69万亿元，较2014年增长9.0%，高于全国工业整体增速8.2个百分点，但相比2014年增速降低了4.0个百分点，近年来首次低至个位数增长。

从盈利水平数据看，2015年规模以上医药工业企业实现利润总额2768.2亿元，较2014年增长12.2%，高于全国工业整体增速14.5个百分点，但相比2014年增速下降了0.04个百分点。利润增速高于主营业务收入增速，主营业务收入利润率增长0.3个百分点。

从出口数据看，2015年规模以上医药工业企业实现出口交货值1798.5亿元，较2014年增长3.6%，增速较2014年回落3.0个百分点，创下新低。

（二）细分行业运行概况

医药制造业共分为8个细分子行业，分别为化学原料药、化学制剂、中药饮片、中成药、生物药、医疗仪器设备及器械制造、卫生材料及医药用品制造和制药机械。

从营业收入数据看，各细分子行业情况如下：化学原料药实现营业收入4614.21亿元，较2014年增长9.83%，比2014年下降1.52个百分点；化学制剂实现营业收入6816.04亿元，较2014年增长9.28%，比2014年下降2.75个百分点；中药饮片实现营业收入1699.94亿元，较2014年增长12.49%，比2014年下降3.23个百分点；中成药实现营业收入6167.39亿元，较2014年增长5.69%，比2014年下降7.45个百分点；生物药实现营业收入3164.16亿元，较2014年增长10.33%，比2014年下降3.62个百分点；医疗仪器设备及器械制造实现营业收入2382.49亿元，较2014年增长10.27%，比2014年下降4.36个百分点；卫生材料及医药用品制造实现营业收入1858.94亿元，较2014年增长10.68%，比2014年下降4.80个百分点；制药机械实现营业收入182.02亿元，较2014年增长8.94%，比2014年下降2.08个百分点。由以上数据可以看出，子行业中除中成药、制药机械2个子行业的增速低于医药工业平均水平外，其余6个子行业均高于医药工业平均水平。各子行业增速均出现下降，但其中中成药的降幅最大。

从盈利水平数据看，各子行业情况如下：化学原料药实现利润总额351.03亿元，较2014年增长15.34%，比2014年上升7.99个百分点；化学制剂实现利润总额816.86亿元，较2014年增长11.20%，比2014年下滑0.44个百分点；中药饮片实现利润总额123.90亿元，较2014年增长18.78%，比2014年上升11.74个百分点；中成药实现利润总额668.48亿元，较2014年增长11.44%，比2014年上升1.14个百分点；生物药实现利润总额386.53亿元，较2014年增长12.22%，比2014年上升4.05个百分点；医疗仪器设备及器械制造实现利润总额232.56亿元，较2014年增长5.34%，比2014年下滑4.93个百分点；卫生材料及医药用品制造实现利润总额169.86亿元，较2014年增长13.04%，比2014年上升3.87个百分点；制药机械实现利润总额19.00亿元，较2014年增长

1.63%，比2014年下滑9.86个百分点。由以上数据可以看出，除化学制剂、中成药、生物药、制药机械4个子行业高于医药工业平均盈利水平外，其余4个子行业均低于医药工业平均盈利水平。各子行业中，中成药和生物药的利润率增幅较大。

从出口数据看，2015年医药产品出口额为564亿美元，较2014年增长2.7%，增速较2014年下降4.7个百分点。出口结构有所改善，药品制剂和医疗设备出口所占比重增加，生物药品出口增速超过10%，制剂出口比重提高到10.2%。

二、行业内上市公司发展概况

（一）行业内上市公司基本情况

表1　　2015年医药制造业上市公司发行股票概况

门　类	A、B股总数	A股股票数	B股股票数	境内总市值（亿元）	流通A股市值（亿元）	流通B股市值（亿元）
医药制造业	164	163	1	26461.74	19963.23	7.34
占沪深两市比重（%）	5.63	5.60	0.03	4.98	4.81	0.34

资料来源：沪深交易所，同花顺。

（二）行业内上市公司构成情况

表2　　2015年医药制造业上市公司构成情况　　单位：家

门　类	沪　市			深　市			ST/*ST
	仅A股	仅B股	A+B股	仅A股	仅B股	A+B股	
医药制造业	56	0	1	106	0	0	1/1
占行业内上市公司比重（%）	34.36	0.00	0.61	65.03	0.00	0.00	0.61/0.61

资料来源：沪深交易所，同花顺。

（三）行业内上市公司融资情况

表3　　2015年医药制造业上市公司与沪深两市融资情况对比　　单位：家

	融资家数	新　股	增　发	配　股
医药制造业	57	14	42	1
沪深两市总数	819	220	595	6
占比（%）	6.96	6.36	7.06	16.67

资料来源：沪深交易所，同花顺。

其中，首发的14家公司中，有7家在创业板上市，5家在沪市主板上市，2家在中小板上市；增发的42家公司中，有14家沪市，28家深市，其中18家为主板公司，12家为中小板，12家为创业板。

按细分子行业划分，进行融资的42家公司中，化药企业18家，中药企业15家，生物制品企业5家，医疗器械1家，医疗服务1家，其他类别2家，分别占比42.9%、35.7%、11.9%、2.4%、2.4%和4.8%。

从融资效果看，上述公司实际发行数量为373935.63万股；实际募集资金为488.77亿元，基本完成了融资计划。

2015年医药制造业上市公司融资情况明细见附录。

（四）行业内上市公司资产及业绩情况

表4　　2015年医药制造业上市公司资产情况　　单位：亿元

指　标	2015年	2015年可比样本增长（%）	2014年	2014年可比样本增长（%）	2013年
总资产	7917.49	20.9	6433.55	20.02	5270.16
流动资产	4167.86	19.29	3432.68	16.91	2874.82
占比（%）	52.64	-0.71	53.36	-1.41	54.55
非流动资产	3749.63	22.73	3000.87	23.79	2395.34
占比（%）	47.36	0.71	46.64	1.41	45.45
流动负债	2269.3	19.01	1865.51	21.58	1506.28
占比（%）	28.66	-0.46	29.00	0.37	28.58
非流动负债	651.59	13.71	571.27	6.08	531.92
占比（%）	8.23	-0.52	8.88	-1.17	10.09
归属于母公司股东权益	4740.75	23.08	3778.68	22.03	3041.27
占比（%）	59.88	1.07	58.73	0.96	57.71

资料来源：沪深交易所，同花顺。

表5　　2015年医药制造业上市公司收入实现情况　　单位：亿元

指　标	2015年	2015年可比样本增长（%）	2014年	2014年可比样本增长（%）	2013年
营业收入	4277.52	8.64	3800.05	10.78	3345.78
利润总额	655.25	13.69	531.74	15.06	451.10
归属于母公司所有者的净利润	522.85	14.45	419.15	15.84	352.36

资料来源：沪深交易所，同花顺。

（五）利润分配情况

2015 年全年医药制造业上市公司中共有 128 家公司实施了分红配股。其中，56 家上市公司实施送股或转增股，123 家上市公司实施派息，51 家公司既实施了送股、转增又实施了派息。

2015 年医药制造业上市公司分红明细见附录。

（六）其他财务指标情况

1. 盈利能力指标

表 6　　2015 年医药制造业上市公司盈利能力情况　　单位：%

指　标	2015 年	2015 年可比样本变动	2014 年	2014 年可比样本变动	2013 年
毛利率	43.96	1.01	41.97	0.87	40.51
净资产收益率	11.03	-0.83	11.09	-0.60	11.60
销售净利率	12.84	0.59	11.70	0.49	11.21
资产净利率	7.59	-0.45	7.54	-0.14	7.69

资料来源：沪深交易所，同花顺。

2. 偿债能力指标

表 7　　2015 年医药制造业上市公司偿债能力指标

指　标	2015 年	2015 年可比样本变动	2014 年	2014 年可比样本变动	2013 年
流动比率	1.84	0	1.84	-0.07	1.91
速动比率	1.39	0.02	1.37	-0.07	1.44
资产负债率（%）	36.89	-0.97	37.88	-0.79	38.67

资料来源：沪深交易所，同花顺。

3. 营运能力指标

表 8　　2015 年医药制造业上市公司营运能力情况　　单位：次

营运能力指标	2015 年	2015 年可比样本变动	2014 年	2014 年可比样本变动	2013 年
存货周转率	2.53	-0.26	2.74	-0.21	5.05
应收账款周转率	5.85	-0.62	6.45	-0.62	7.22
流动资产周转率	1.12	-0.10	1.19	-0.04	1.23
固定资产周转率	2.82	-0.28	3.05	-0.40	3.49
总资产周转率	0.59	-0.07	0.64	-0.05	0.69
净资产周转率	0.94	-0.12	1.04	-0.07	1.10

资料来源：沪深交易所，同花顺。

三、重点上市公司介绍

（一）恒瑞医药

2015年，恒瑞医药实现营业收入93.16亿元，较2014年增长25.01%，归属于上市公司股东的净利润21.72亿元，比2014年同期增长了43.28%；稀释每股收益1.11元，较2014年增长43.09%；利润分配方案为每10股派送现金1元（含税），每10股送红股2股。

从分产品线看，肿瘤药品依然保持市场领先地位，销售额较2014年增长27.83%；手术麻醉产品继续保持快速增长态势，较2014年增长20.28%；造影剂产品销售额较2014年增长33.48%。

从研发方面看，2015年公司累计投入研发资金8.92亿元，较2014年增长36.76%，研发投入占营业收入的比重达到9.57%，有力地支持了公司的项目研发和创新发展。同时，公司项目注册申报有序推进，2015年共完成注册申报事项41项，其中创新药申报临床18项（含生物新药2项）、创新药申报生产1项、仿制药申报生产7项；取得创新药临床批件7个，仿制药临床批件4个，仿制药生产批件3个。此外，公司专利申请和维持工作顺利开展，提交国内新申请62件，提交国际PCT新申请11件，获得国内授权17件，中国台湾授权12件，国外授权28件。

（二）云南白药

2015年，云南白药实现营业收入207.38亿元，较2014年增长10.22%；实现归属于上市公司股东的净利润27.71亿元，较2014年增长10.56%；每股收益2.66元，较2014年增长10.56%；利润分配方案为每10股派发现金股利6.0元（含税）。

公司实行事业部管理，其中省医药有限公司实现收入122.70亿元，较2014年增长9.24%；药品事业部实现收入50.96亿元，较2014年增长2.38%；健康产品事业部实现收入33.55亿元，较2014年增长21.84%；中药资源事业部实现收入6.51亿元，较2014年增长44.59%。

公司以“新白药，大健康”战略为指引，积极未来市场机遇，致力于打造医药全产业链；公司对个人健康护理及原生产中医药资源产业持续投入，实现了以云南白药系列、三七系列和云南民族特色药品系列为基石，日化、养生、健康管理服务产品为两翼的战略转型升级。公司现有产品以云南白药系列、天然药物系列及健康护理系列为主，共19个剂型、300余个品种，拥有两个国家一级中药保护品种（云南白药散剂、云南白药胶囊）、拥有发明专利101项、实用新型26项、外观设计284项，产品畅销国内市场及东南亚一带，并逐渐进入日本、欧美等发达国家市场。

（三）复星医药

2015 年，复星医药实现营业收入 126.09 亿元，较 2014 年增长 4.85%，剔除出售复星药业、复美大药房、金象大药房、邯郸制药四家企业以及新并购的二叶制药的贡献后，营业收入较 2014 年同口径增长 15.07%；实现归属于上市公司股东的净利润 24.60 亿元，较 2014 年增长 16.43%；实现归属于上市公司股东的扣除非经常性损益的净利润 16.56 亿元，较 2014 年增长 24.43%；稀释每股收益 1.06 元，较 2014 年增长 15.22%；利润分配方案为每 10 股派息 3.20 元（含税）。

从分板块来看，公司药品制造与研发业务实现营业收入 89.35 亿元，较 2014 年增长 21.78%；医疗服务业务实现营业收入 13.79 亿元，较 2014 年增长 16.26%；医学诊断和医疗器械业务实现营业收入 22.54 亿元，较 2014 年增长 16.22%。

公司已在心血管、代谢及消化系统、中枢神经系统、血液系统、抗感染和抗肿瘤六大板块形成了比较完善的产品布局，年销售额过亿的制剂产品已从 2012 年的 11 个、2013 年的 15 个、2014 年的 17 个发展到 2015 年的 19 个，构成了公司药品板块的重要利润来源。

2015 年末，公司在研新药、仿制药、生物类似药及疫苗等项目达到 161 项，药品制造与研发板块研发费用为 53758.51 万元，较 2014 年增长 18.94%，占药品制造与研发板块业务收入的 6%。2015 年，公司以 1 个生物 1 类创新药、2 个 2 类生物类似药（第二适应症）、2 个 1.1 类创新药、10 个国内尚未上市的 3.1 类新药已向国家食药监总局提交临床申请；23 个产品获得临床批件。同时，湖北新生源的精氨酸原料药、二叶制药的注射用哌拉西林钠舒巴坦钠通过 CFDA 上市批准，重庆药友的盐酸文拉法辛片通过 FDA 上市批准。

（四）华东医药

2015 年，华东医药实现营业收入 217.27 亿元，较 2014 年增长 14.67%，归属于上市公司股东的净利润 10.97 亿元，比 2014 年同期增长 44.97%；稀释每股收益 2.53 元，较 2014 年增长 44.97%；利润分配方案为每 10 股派送现金 12.5 元（含税）。

从分板块来看，公司业务主要分为医药工业生产和医药商业经销两部分，其中医药工业生产业务实现营业收入为 47.35 亿元，较 2014 年增长 2.41%；医药商业经销实现营业收入为 169.91 亿元，较 2014 年增长-2.41%。

公司医药工业核心子公司杭州中美华东制药有限公司为浙江省规模最大的处方药品国产企业，为国家高新技术企业、国家级创新型企业。2015 年，华东医药荣获福布斯亚太最佳上市公司 50 强、金牛上市公司百强、中国主板上市公司价值百强、最具投资价值医药上市公司 10 强、中国上市公司市值管理绩效百佳、中国上市公司价值排行榜——中国十佳医药医疗上市公司等奖项。公司亦是品种最全、产销量最大的器官移植和糖尿病药物国产企业，销售规模亿元以上的产品有7个。在免疫移植、糖尿病、消化道和肾病治疗领域市场份额均保持国内厂家领先。

（五）爱尔眼科

2015年，爱尔眼科实现营业收入31.65亿元，较2014年增长31.79%；实现归属于上市公司股东的净利润4.28亿元，较2014年增长38.44%；每股收益0.43元，较2014年增长34.38%；利润分配方案为每10股派发现金股利3元（含税）。

从分业务来看，公司准分子项目实现营业收入8.40亿元，较2014年增长26.52%；白内障项目实现营业收入8.02亿元，较2014年增长25.33%；眼前段项目实现营业收入5.76亿元，较2014年增长18.21%；眼后段项目实现营业收入5.76亿元，较2014年增长9.44%；视光服务项目实现营业收入6.38亿元，较2014年增长20.16%。

公司近年来不断完善医教研平台，医教研一体化优势逐步彰显，并组建了包括白内障、视光、屈光以及眼底病等9大学组，有力地推进了各学科建设，对人才引进形成良性循环。同时，公司继续跟踪和引进国际最新的眼科诊疗技术和先进设备，2015年，公司实现新技术应用共77项，包括老视矫正技术（阿玛Presby MAX老视软件）、三维立体超声（Dual pump Fushionphaco技术）、“EX-PRESS青光眼引流器植入术”、“飞秒激光白内障手术”、AngioOCT（血管造影OCT）、双眼视功能训练、577多点矩阵/微脉冲激光、STAAR V4C晶体以及VERION数字导航系统等，这些新技术的临床应用和多层次的服务增加公司新的利润增长点。

（六）康美药业

2015年，康美药业实现营业收入180.67亿元，较2014年增长13.28%，归属于上市公司股东的扣除非经常性损益的净利润27.38亿元，比2014年同期增长20.98%；稀释每股收益0.623元，较2014年增长19.81%；利润分配方案为每10股派送现金1.90元（含税）。

从分业务来看，公司医药业务实现营业收入为159.42亿元，较2014年增长10.77%；保健食品及食品业务实现营业收入为14.08亿元，较2014年增长60.03%；其他业务实现营业收入为6.45亿元，较2014年增长1.44%。

公司是目前国内中医药产业中业务链条较完整、医疗健康资源较丰富的企业之一，中医药全产业链一体化运营模式和业务体系已形成，产业资源优势突出；公司也是中药饮片行业的龙头企业和中医药全产业链运营的代表性企业，在行业内颇具影响力；公司作为样本股进入了上证公司治理指数并位列中国企业500强，并承担编制和运营国家发改委授权的国家级价格指数——康美·中国中药材价格指数，同时拥有“康美”、“新开河”两个中国驰名商标。

（七）天士力

2015年，天士力实现营业收入132.22

亿元，较2014年增长5.21%；归属上市公司股东净利润14.79亿元，较2014年增长8.06%；每股收益1.38元，每10股派发现金股利4.20元（含税）。

分行业来看，医药工业实现营业收入63.65亿元，较2014年增长5.18%；医药商业实现营业收入67.78亿元，较2014年增长4.74%。公司始终坚持以现代中药产业链为核心的一体化生产模式，建立了从中药材种植到中成药生产、药品流通全产业链，并首创中药提取生产质量管理规范（GEP）新概念，解决了中药材有效成分的萃取和毒性成分、重金属含量及农药残留量的纯化处理问题。

公司一直以来较为重视研发及专利保护，2015年直接研发投入5.03亿元，占营业收入比重为3.81%。公司及主要子公司拥有专利总数共1364件，其中发明专利1219件。公司主要产品复方丹参滴丸拥有专利436件，养血清脑颗粒拥有专利96件。报告期内，公司及主要子公司发明专利新申请及授权分别为34件和45件。

（八）同仁堂

2015年，同仁堂实现全年营业收入108.09亿元，较2014年增长11.59%；归属于上市公司股东的净利润8.75亿元，较2014年增长14.60%；稀释每股收益0.64元，较2014年增长13.70%；利润分配方案为每10股派息2.3元（含税）。

分行业来看，2015年公司医药工业板块实现营业收入66.84亿元，较2014年增长13.53%；医药商业板块实现营业收入52.13亿元，较2014年增长19.98%。分地区来看，公司国内营业收入100.61亿元，较2014年增长10.49%；海外营业收入6.56亿元，较2014年增长24.63%。

公司是一家以传统中成药生产和销售为主的老字号企业，始终恪守“炮制虽繁必不敢省人工，品味虽贵必不敢减物力”的堂训，在市场中树立了良好的口碑。公司拥有的药品品规超过800个，常年生产的品规超过400种，其中安宫牛黄丸、同仁牛黄清心丸、同仁大活络丸、六味地黄丸、阿胶等产品知名度较高并保持着较好的市场占有率。此外，公司自有药品零售平台坚持以突出品牌、提升服务为核心，结合不同区域特点，开展有针对性、有特色的中医中药知识讲座、义诊、促销等各类推广活动，以满足客户需求、保证销售规模。2015年末公司已设立终端零售药店501家，在保证经营质量的前提下全面完成“十二五”规划的门店数量。

（九）上海医药

2015年，上海医药实现营业收入1055.17亿元，较2014年增长14.20%；归属上市公司股东净利润28.77亿元，较2014年增长11.03%；每股收益1.0699元，每10股派发现金股利3.30元（含税）。

分行业来看，公司医药分销业务实现销售收入937.17亿元，较2014年增长15.47%；药品零售业务实现销售收入47.95亿元，较2014年增长13.68%；医药工业销售收入118.24亿元，较2014年同期增长6.49%，公司继续实施重点产品聚焦战略，60 个重点品种销售收入 67.90 亿元，较 2014 年增长 12.52%；生物医药板块实现销售收入 4.09 亿元，较 2014 年增长 7.91%。此外，公司电商平台上药云健康先后与京东、万达、丁香园等开展战略合作，推动电商战略布局的落地和深化。

公司一直以来高度重视研发及专利保护，坚持仿创并举，2015 年直接研发投入 6.18 亿元，占公司工业销售收入比重为 5.22%。报告期内，公司申请发明专利 110 件，获得发明专利授权 51 件，截至报告期末，公司拥有发明专利共计 267 件。

四、上市公司在行业中的影响力

2015 年，医药制造业总资产规模为 25071.09 亿元，较 2014 年增长 15.33%，上市公司资产规模为 7917.49 亿元，较 2014 年增长 20.90%（可比样本），上市公司占总资产的比重为 31.58%，比 2014 年上升 1.61 个百分点。

2015 年，医药制造业实现营业收入 26885.19 亿元，较 2014 年增长 9.02%；上市公司实现营业收入为 4277.52 亿元，较 2014 年增长 8.64%（可比样本）；上市公司占营业收入比重为 15.91%，较 2014 年下滑 0.38 个百分点。

2015 年，医药制造业实现利润总额 2768.2 亿元，较 2014 年增长 12.20%；上市公司实现利润总额为 655.25 亿元，较 2014 年增长 13.69%（可比样本）；上市公司占利润总额的比重为 23.67%，较 2014 年上升 0.77 个百分点。

综合以上数据分析可以看出，2015 年医药制造类上市公司在行业中的地位有所提升。

审稿人：田加强

撰稿人：刘泽序　孙晓晖

化学纤维制造业

一、化学纤维制造业总体概况

据国家统计局数据显示，2015 年，我国化学纤维制造业全年累计生产化学纤维达 4872 万吨，较 2014 年增长 12.5%。其中人造纤维 385.3 万吨，合成纤维 4486.7 万吨。数据显示，合成纤维中 2015 年 1~11 月产量分别为涤纶 3595.7 万吨、锦纶 272.2 万吨、腈纶 66.2 万吨、维纶 6.9 万吨、丙纶 23.6 万吨、氨纶 46.5 万吨（国家统计局未公布 2015 年 12 月细分行业产量数据）。

2015 年全国规模以上化学纤维制造业企业家数为 1926 家，行业资产总额为 6766.6 亿元，较 2014 年增长 4%，总负债为 4115.2 亿元，较 2014 年增长 1.2%，全年实现营业收入 7293.2 亿元，较 2014 年增长 1.2%，实现利润总额 313.4 亿元，较 2014 年增长 15.2%。

二、行业内上市公司发展概况

（一）行业内上市公司基本情况

表 1　　2015 年化学纤维制造业上市公司发行股票概况

门　类	A、B 股总数	A 股股票数	B 股股票数	境内总市值（亿元）	流通 A 股市值（亿元）	流通 B 股市值（亿元）
化学纤维制造业	21	21	0	2129.92	1860.03	0.00
占沪深两市比重（%）	0.72	0.72	0.00	0.40	0.45	0.00

资料来源：沪深交易所，同花顺。

（二）行业内上市公司构成情况

表 2　　2015 年化学纤维制造业上市公司构成情况　　单位：家

门　类	沪　市			深　市			ST/*ST
	仅 A 股	仅 B 股	A+B 股	仅 A 股	仅 B 股	A+B 股	
化学纤维制造业	6	0	0	15	0	0	0/2
占行业内上市公司比重（%）	28.57	0.00	0.00	71.43	0.00	0.00	0/9.52

资料来源：沪深交易所，同花顺。

（三）行业内上市公司融资情况

表 3　　2015 年化学纤维制造业上市公司与沪深两市融资情况对比　　单位：家

	融资家数	新　股	增　发	配　股
化学纤维制造业	6	0	6	0
沪深两市总数	819	220	595	6
占比（%）	0.73	0	1.01	0

资料来源：沪深交易所，同花顺。

2015 年有 6 家公司进行了增发，分别是恒逸石化、华西股份、澳洋科技、尤夫股份、皖维高新和华鼎股份。

从融资效果看，上述公司实际发行数量为 5.74 亿股；实际募集资金为 39.12 亿元，基本完成了融资计划。

2015 年化学纤维制造业上市公司融资情况明细见附录。

（四）行业内上市公司资产及业绩情况

表 4　　2015 年化学纤维制造业上市公司资产情况　　单位：亿元

指　标	2015 年	2015 年可比样本增长（%）	2014 年	2014 年可比样本增长（%）	2013 年
总资产	1409.14	4.22	2174.38	-3.32	1417.01
流动资产	518.88	4.81	959.1	-9.27	604.71
占比（%）	36.82	0.21	44.11	-2.89	42.68
非流动资产	890.26	3.88	1215.28	1.96	812.3
占比（%）	63.18	-0.2	55.89	2.89	57.32
流动负债	687.19	-4.2	1337.82	1.7	729.88
占比（%）	48.77	-4.28	61.53	3.04	51.51
非流动负债	90.61	-0.75	97.68	-7.86	99.18
占比（%）	6.43	-0.32	4.49	-0.22	7
归属于母公司股东权益	574.37	18.76	679.05	-11.39	529.14
占比（%）	40.76	4.99	31.23	-2.84	37.34

资料来源：沪深交易所，同花顺。

表 5　　2015 年化学纤维制造业上市公司收入实现情况　　单位：亿元

指　标	2015 年	2015 年可比样本增长（%）	2014 年	2014 年可比样本增长（%）	2013 年
营业收入	1226.49	-7.27	2325.76	-6.93	1573.98
利润总额	26.82	2233.25	20.69	-12.59	1.23
归属于母公司所有者的净利润	22.55	1331.89	10.41	50.22	-8.29

资料来源：沪深交易所，同花顺。

（五）利润分配情况

2015 年全年化学纤维制造业上市公司共有 10 家公司进行了分红，没有公司实施送股或转增股。

2015 年化学纤维制造业上市公司分红明细见附录。

（六）其他财务指标情况

1. 盈利能力指标

表 6　　2015 年化学纤维制造业上市公司盈利能力情况　　单位：%

指　标	2015 年	2015 年可比样本变动	2014 年	2014 年可比样本变动	2013 年
毛利率	8.14	1.44	7.75	1.19	4.91
净资产收益率	3.93	4.31	1.53	0.63	-1.1
销售净利率	1.76	2.08	0.35	-0.01	-0.41
资产净利率	1.56	1.88	0.36	-0.14	-0.47

资料来源：沪深交易所，同花顺。

2. 偿债能力指标

表 7　2015 年化学纤维制造业上市公司偿债能力指标

指　标	2015 年	2015 年可比样本变动	2014 年	2014 年可比样本变动	2013 年
流动比率	0.76	0.06	0.72	-0.08	0.83
速动比率	0.57	0.07	0.53	-0.06	0.61
资产负债率（%）	55.2	-4.6	66.02	2.82	58.51

资料来源：沪深交易所，同花顺。

3. 营运能力指标

表 8　2015 年化学纤维制造业上市公司营运能力情况　单位：次

营运能力指标	2015 年	2015 年可比样本变动	2014 年	2014 年可比样本变动	2013 年
存货周转率	8.69	-0.24	7.95	-2.26	9.54
应收账款周转率	26.06	-3.84	7.41	-7.57	40.5
流动资产周转率	2.42	-0.11	2.31	-0.77	2.69
固定资产周转率	2.23	-0.32	2.74	-0.91	2.98
总资产周转率	0.89	-0.12	1.05	-0.34	1.14
净资产周转率	2.09	-0.42	2.97	-0.53	2.65

资料来源：沪深交易所，同花顺。

三、重点上市公司介绍

（一）荣盛石化

2015 年 1~12 月，公司实现营业收入为 286.74 亿元，较 2014 年下滑 9.86%；实现归属于上市公司股东的净利润为 3.52 亿元，较 2014 年增长 201.44%；实现每股收益 0.16 元。较 2014 年增长 201.44%。

公司主营业务包括化工品和化学纤维的开发、生产和销售，主要产品有芳烃、PTA、聚酯、PET、PET 纤维等。公司所处的石化化纤行业属于周期性行业，行业波动主要受上游原材料供应和下游产品市场需求等因素影响。在经历几年的周期性调整后，在下游需求逐步增长、新增产能放缓的背景下，石化化纤行业缓慢复苏，产品供求关系有所改善。

公司是国内生产规模领先的芳烃—聚酯纤维生产企业之一，各类主要产品的生产规模在同行业中居于领先地位，公司生产规模较大，每年都需要采购大量原材料，因而具备较强的原材料采购议价能力。公司通过直接与国内外供应商建立长期稳定合作关系，获得规模化采购带来的价格优势，有效节省采购成本，为最终产品的盈利提供了必要保障。

（二）桐昆股份

2015年1~12月，公司实现营业收入为217.54亿元，较2014年下滑13.31%；实现归属于上市公司股东的净利润为1.15亿元，较2014年增长3%；实现每股收益0.12元，与2014年持平。

公司主要从事各类民用涤纶长丝的生产、销售，以及涤纶长丝主要原料之一的PTA（精对苯二甲酸）的生产。公司的主要产品为各类民用涤纶长丝，包括涤纶POY、涤纶FDY、涤纶DTY、涤纶复合丝四大系列1000多个品种，覆盖了涤纶长丝产品的全系列。公司聚酯聚合产能约为350万吨，涤纶长丝产能约为400万吨，连续十多年在国内市场实现产量及销量第一，涤纶长丝的国内市场占有率超过12%，全球占比超过8%。公司产品主要用于服装面料、家纺产品的制造，以及小部分用于产业用。

公司是国内产能、产量、销量最大的涤纶长丝制造企业，2001~2015年集团连续15年在我国涤纶长丝行业中销量名列第一，国内市场的占有率超过12%，国际市场的占有率达8%，具有较大的市场话语权。

四、上市公司在行业中的影响力

2015年化学纤维制造业上市公司盈利出现分化，有2家公司出现亏损。截至2015年12月31日，全行业总资产为6766.6亿元，上市公司总资产占全行业比例为20.82%；全行业总收入为7293.2亿元，上市公司总收入占全行业比例为16.82%；全行业利润总额为313.4亿元，上市公司利润总额占全行业比例为7.19%。

审稿人：王　刚

撰稿人：丁思德

橡胶和塑料制品业

一、橡胶和塑料制品业总体概况

（一）行业整体运行情况

据国家统计局统计数据显示，2015年，我国橡胶和塑料制品业共有17926家企业，比2014年增加了775家，其中亏损企业数为2061家，占比11.5%，亏损企业数量占比较2014年下降了0.4个百分点。

2015年，我国橡胶和塑料制品业继续保持增长态势，受到宏观经济下滑及行业产能过剩的影响，收入增速相比2014年有所下滑，但利润增速有所提高。2015年，我国橡胶和塑料制品业实现主营业务收入为30867亿元，较2014年增长4.1%，增速比2014年下降了3.9个百分点。2015

年，我国橡胶和塑料制品业实现利润总额1883.5亿元，较2014年增长4.6%，增速比2014年上升了1.8个百分点。

（二）细分行业运行概况

中国2015年全年合成橡胶进口总量为198.3万吨，总价值38.95亿美元，出口19万吨，总价值4.2亿美元。2015年橡胶产业主要特点是：装置能力继续增长，其中乙丙橡胶和丁基橡胶装置能力增长较多，主要胶种的产量和消费总量略有回升；全年合成橡胶进口量略有回升，出口总量持续小幅回落。受世界经济恢复乏力以及国际原油价格和天然橡胶价格持续走低的影响，合成橡胶产品国内市场价格持续4年回落至新低，国内同质化产品装置产能过剩对企业的压力进一步加剧。

塑料制品行业克服市场需求不旺、人工成本大幅上升、企业融资难度加大等困难，规模以上企业总产值、主营业务收入、利润总额逐年增长，实现平稳健康发展。根据国家统计局数据显示，2015年我国塑料制品产量达到7561万吨，较2014年增长1.0%；出口塑料制品973万吨，较2014年增长2.3%；塑料制品生产企业累计主营业务收入21466亿元，较2014年增长4.6%；实现利润总额1302.5亿元，较2014年增长8.8%。随着“十三五”规划纲要中各项任务指标的逐项展开，为塑料制品行业发展拓展了更多新的领域。

二、行业内上市公司发展概况

（一）行业内上市公司基本情况

表1 2015年橡胶和塑料制品业上市公司发行股票概况

门 类	A、B股总数	A股股票数	B股股票数	境内总市值（亿元）	流通A股市值（亿元）	流通B股市值（亿元）
橡胶和塑料制品业	50	50	0	4675.55	3726.83	0.00
占沪深两市比重（%）	1.72	1.72	0.00	0.88	0.90	0.00

资料来源：沪深交易所，同花顺。

（二）行业内上市公司构成情况

表2 2015年橡胶和塑料制品业上市公司构成情况 单位：家

门 类	沪市			深市			ST/*ST
	仅A股	仅B股	A+B股	仅A股	仅B股	A+B股	
橡胶和塑料制品业	8	0	0	42	0	0	0/1
占行业内上市公司比重（%）	16.00	0.00	0.00	84.00	0.00	0.00	0/2

资料来源：沪深交易所，同花顺。

（三）行业内上市公司融资情况

表 3　　2015 年橡胶和塑料制品业上市公司与沪深两市融资情况对比　　单位：家

	融资家数	新　股	增　发	配　股
橡胶和塑料制品业	7	2	5	0
沪深两市总数	819	220	595	6
占比（%）	0.85	0.91	0.84	0

资料来源：沪深交易所，同花顺。

其中，首发的 2 家公司中，有 1 家在中小板上市，1 家在创业板上市；增发的 5 家公司中，有 1 家沪市、2 家深市中小板及 2 家创业板公司。

从融资效果看，上述公司实际发行数量为 35840 万股；实际募集资金为 55.97 亿元，基本完成了融资计划。

2015 年橡胶和塑料制品业上市公司融资情况明细见附录。

（四）行业内上市公司资产及业绩情况

表 4　　2015 年橡胶和塑料制品业上市公司资产情况　　单位：亿元

指　标	2015 年	2015 年可比样本增长（%）	2014 年	2014 年可比样本增长（%）	2013 年
总资产	1910.45	11.72	1871.69	16.67	1617.61
流动资产	1044.66	10.12	1028.8	18.42	875.85
占比（%）	54.68	–0.8	54.97	0.82	54.14
非流动资产	865.79	13.72	842.88	14.59	741.77
占比（%）	45.32	0.8	45.03	–0.82	45.86
流动负债	646.55	1.92	713.74	20.55	599.96
占比（%）	33.84	–3.26	38.13	1.22	37.09
非流动负债	231.74	38.33	183.77	3.7	185.2
占比（%）	12.13	2.33	9.82	–1.23	11.45
归属于母公司股东权益	1004.72	14.17	923.71	17.13	784.53
占比（%）	52.59	1.13	49.35	0.19	48.5

资料来源：沪深交易所，同花顺。

表 5　　2015 年橡胶和塑料制品业上市公司收入实现情况　　单位：亿元

指　标	2015 年	2015 年可比样本增长（%）	2014 年	2014 年可比样本增长（%）	2013 年
营业收入	1328.87	3.91	1439.58	7.33	1337.94
利润总额	98.58	19.99	87.9	1.44	71.97
归属于母公司所有者的净利润	79.13	23.33	67.08	0.33	53.01

资料来源：沪深交易所，同花顺。

（五）利润分配情况

2015 年全年橡胶和塑料制品业上市公司中共有 40 家公司实施了分红配股。其中，9 家上市公司实施送股或转增股，40 家上市公司实施派息，其中 9 家公司既实施了送股、转增又实施了派息。

2015 年橡胶和塑料制品业上市公司分红明细见附录。

（六）其他财务指标情况

1. 盈利能力指标

表 6　　2015 年橡胶和塑料制品业上市公司盈利能力情况　　单位：%

指　标	2015 年	2015 年可比样本变动	2014 年	2014 年可比样本变动	2013 年
毛利率	21.49	1.63	18.86	0.67	17.97
净资产收益率	7.88	0.59	7.26	–1.22	6.72
销售净利率	6.18	0.97	4.91	–0.28	4.18
资产净利率	4.54	0.34	4.07	–0.45	3.59

资料来源：沪深交易所，同花顺。

2. 偿债能力指标

表 7　　2015 年橡胶和塑料制品业上市公司偿债能力指标

指　标	2015 年	2015 年可比样本变动	2014 年	2014 年可比样本变动	2013 年
流动比率	1.62	0.12	1.44	–0.03	1.46
速动比率	1.26	0.15	1.06	0	1.04
资产负债率（%）	45.97	–0.92	47.95	0	48.54

资料来源：沪深交易所，同花顺。

3. 营运能力指标

表 8 2015 年橡胶和塑料制品业上市公司营运能力情况 单位：次

营运能力指标	2015 年	2015 年可比样本变动	2014 年	2014 年可比样本变动	2013 年
存货周转率	4.38	0.01	4.54	-0.17	5.4
应收账款周转率	4.98	-0.51	5.8	-0.56	6.36
流动资产周转率	1.33	-0.13	1.52	-0.06	1.55
固定资产周转率	2.49	-0.19	2.68	-0.17	2.82
总资产周转率	0.73	-0.07	0.83	-0.04	0.86
净资产周转率	1.37	-0.14	1.59	-0.09	1.68

资料来源：沪深交易所，同花顺。

三、重点上市公司介绍

（一）康得新

康得新是致力于高分子复合膜材料的研发、生产和销售的高科技上市公司，拥有预涂膜和光学膜两大业务板块，建立了北京、张家港、泗水、杭州四大生产基地的集团化、产业集群化的经营平台，是全球预涂膜产业的领导企业、中国光学膜的龙头企业。目前公司在北京及张家港预涂膜生产基地建成投产了十条具有国际先进水平的预涂膜生产线。产品包含 BOPP、PET、Nylon、可降解膜四大系列等 39 个品种。

2015 年，公司实现营业收入为 74.6 亿元，较 2014 年增长 43.2%，归属于上市公司股东的净利润为 14.1 亿元，较 2014 年增长 40.6%。2015 年公司的收入结构中，光学膜产品占 81.0%，印刷包装类用膜占 19.0%，光学膜产品和印刷包装类用膜毛利率分别为 38.8%和 36.1%。

（二）福斯特

福斯特专业从事光伏封装材料研发与生产，主营业务为 EVA 太阳能电池胶膜、共聚酰胺丝网状热熔胶膜、太阳能电池背板产品的研发、生产和销售，与众多全球著名的光伏企业建立了深层次的供应合作关系。公司是国家火炬计划重点高新技术企业，2015 年，公司被天合光能、晶澳、阿特斯、正泰太阳能等客户评为优秀供应商，背板产品被评为中国光伏“领跑者”卓越材料供应商。公司是中国 EVA 太阳能电池胶膜领域的龙头企业，独立开发的热熔网膜及太阳能电池背板产品均在市场中占有优势地位。公司产品相继被列入国家火炬计划、国家重点新产品计划，并被评为“浙江省优秀工业新产品、新技术”一等奖。

2015 年，公司实现营业收入为 33.3 亿元，较 2014 年增长 39.7%，归属于上市公司股东的净利润为 6.47 亿元，较 2014 年增长49.8%。2015年公司的收入结构中，EVA胶膜产品占89.8%，印背板占9.2%，热熔网膜占0.95%，EVA胶膜产品和印背板毛利率分别为33.8%和29.4%。

四、上市公司在行业中的影响力

2015年，橡胶和塑料制造业总资产21297亿元，其中上市公司总资产1910亿元，占比9%，占比相对2014年下降了0.4个百分点。橡胶和塑料制造业2015年实现营业收入30867亿元，其中上市公司实现营业收入1328亿元，占全行业的比例为4.3%，占比相对2014年下降了0.6个百分点。2015年全行业实现利润总额1883亿元，其中上市公司实现利润总额98.6亿元，占全行业的比例为5.2%，占比相对2014年上升了0.3个百分点。

我国橡胶和塑料制造业企业数量众多，多数企业规模较小，产品相似度高，竞争激烈。总体来说，2015年，上市公司的总资产、营业收入占全行业的比例相对2014年有所下降，说明中小企业扩张速度大于上市公司。上市公司利润总额占比提升，说明中国橡胶工业目前进入了转型升级、提升发展质量和水平的重要时期，并从要素驱动和投资驱动转向了创新驱动。在增速减缓、成本上升、国际竞争力加剧、科技创新凸显的新常态下，上市公司有望凭借技术优势、规模优势和资金优势，通过收购兼并等方式，不断做大做强。

审稿人：张仕元

撰稿人：商艾华

非金属矿物制品业

一、非金属矿物制品业总体概况

据国家统计局数据显示，截至2015年底，我国非金属矿物制品业规模以上企业数量达33980家，当中有4239家企业出现亏损，行业亏损率为12.5%，较2014年扩大2.2个百分点。面对产能严重过剩、市场需求不旺、下行压力加大的严峻形势，2015年行业努力克服各种困难，行业经济运行趋于下降但总体企稳。

（一）产品产量有升有降

产能严重过剩的水泥、平板玻璃产量分别为23.5亿吨、7.4亿重量箱，较2014年分别下降4.9%、8.6%，水泥产量是25年来的首次负增长。低耗能低排放的加工产品产量保持正增长，如商品混凝土16.4亿立方米，较2014年增长2.1%，钢化玻璃4.6亿平方米，较2014年增长7.5%。

（二）产品价格五年最低

“十二五”期间非金属矿物制品产品价格呈抛物线走势，2015年出厂价格总体水平比2014年低3.3%，是五年中最低水平。其中，水泥年平均出厂价格为每吨270元，比2014年低29元；平板玻璃年平均出厂价格为每重量箱63元，比2014年低0.3元。

（三）主营收入增速大幅下降

规模以上企业主营业务收入5.88万亿元，较2014年增长2.8%，增速较2014年降低7个百分点。其中，水泥制造业8897亿元，较2014年降低9.4%，平板玻璃596亿元，较2014年降低14.3%。水泥制品、建筑陶瓷、玻璃纤维分别完成9248亿元、4511亿元、1654亿元，较2014年分别增长3.2%、2.9%、9.7%。

（四）经济效益明显下滑

规模以上企业实现利润为36156亿元，较2014年降低9%。其中，水泥行业利润为330亿元，较2014年下降58%，平板玻璃行业利润为12亿元，较2014年下降12.4%。尽管行业中玻璃纤维、隔热材料、卫生陶瓷等行业利润保持较快增长，其中玻璃纤维行业增速高达18%，但仍难填补水泥行业巨大的下降空间。

2015年行业经济运行之所以能够“降中有升”、“稳中有好”，主要得益于：一是化解过剩产能成效初显。水泥和平板玻璃行业投资增速持续下降，其中水泥投资全年不足1000亿元，有效减缓了效益下滑。二是技术进步明显加快。脱硫、脱硝、除尘等在业内加速推进，水泥窑协同处置城市垃圾和产业废弃物发展势头良好，智能制造、两化融合加快进行，带动行业运营成本下降。三是新兴产业发展提速。精细陶瓷、闪烁晶体、耐高压复合材料等高附加值产品日趋成熟，水泥制品、轻质建材、隔热隔音、技术玻璃等新兴产业持续保持10%以上快速增长。

二、行业内上市公司发展概况

（一）行业内上市公司基本情况

表1　2015年非金属矿物制品业上市公司发行股票概况

门　类	A、B股总数	A股股票数	B股股票数	境内总市值（亿元）	流通A股市值（亿元）	流通B股市值（亿元）
非金属矿物制品业	85	82	3	8271.21	6506.07	81.53
占沪深两市比重（%）	2.92	2.82	0.10	1.56	1.57	3.75

资料来源：沪深交易所，同花顺。

（二）行业内上市公司构成情况

表 2　　2015 年非金属矿物制品业上市公司构成情况　　单位：家

门　类	沪　市			深　市			ST/*ST
	仅 A 股	仅 B 股	A+B 股	仅 A 股	仅 B 股	A+B 股	
非金属矿物制品业	32	0	2	47	0	1	0/3
占行业内上市公司比重（%）	39.02	0.00	2.44	57.32	0.00	1.22	0/3.66

资料来源：沪深交易所，同花顺。

（三）行业内上市公司融资情况

表 3　　2015 年非金属矿物制品业上市公司与沪深两市融资情况对比　　单位：家

	融资家数	新　股	增　发	配　股
非金属矿物制品业	25	8	17	0
沪深两市总数	819	220	595	6
占比（%）	3.05	3.64	2.86	0

资料来源：沪深交易所，同花顺。

其中，首发的 8 家公司中，有 5 家沪市、2 家中小板及 1 家创业板公司；增发的 17 家公司中，有 7 家沪市、2 家深市主板、3 家创业板及 5 家中小板公司。

从融资效果看，上述公司实际发行数量为 321481.6 万股；实际募集资金为 21.76 亿元，基本完成了融资计划。

2015 年非金属矿物制品业上市公司融资情况明细见附录。

（四）行业内上市公司资产及业绩情况

表 4　　2015 年非金属矿物制品业上市公司资产情况　　单位：亿元

指　标	2015 年	2015 年可比样本增长（%）	2014 年	2014 年可比样本增长（%）	2013 年
总资产	9052.89	24.6	7154.76	13.88	6121.09
流动资产	3130.68	12.08	2807.7	13.59	2421.35
占比（%）	34.58	-3.86	39.24	-0.1	39.56
非流动资产	4192.65	5.21	4347.07	14.06	3699.74
占比（%）	46.31	-8.54	60.76	0.1	60.44
流动负债	2843.13	8.6	2926.16	21.55	2341.5
占比（%）	31.41	-4.62	40.9	2.58	38.25
非流动负债	986.19	-7.22	1081.62	-1.85	1083.51
占比（%）	10.89	-3.74	15.12	-2.42	17.7

续表

指　标	2015年	2015年可比样本增长（%）	2014年	2014年可比样本增长（%）	2013年
归属于母公司股东权益	3345.95	17.28	2813.66	13.42	2416.85
占比（%）	36.96	-2.31	39.33	-0.16	39.48

资料来源：沪深交易所，同花顺。

表5　　2015年非金属矿物制品业上市公司收入实现情况　　单位：亿元

指　标	2015年	2015年可比样本增长（%）	2014年	2014年可比样本增长（%）	2013年
营业收入	3073.91	-6.12	3073.02	4.61	2948.85
利润总额	242.28	-33.76	357.68	0.85	340.31
归属于母公司所有者的净利润	172.87	-34.04	255.96	-0.69	246.53

资料来源：沪深交易所，同花顺。

（五）利润分配情况

2015年全年非金属矿物制品业上市公司中共有58家公司实施了分红配股。其中，15家上市公司实施送股或转增股，57家上市公司实施派息，其中14家公司既实施了送股、转增又实施了派息。

2015年非金属矿物制品业上市公司分红明细见附录。

（六）其他财务指标情况

1. 盈利能力指标

表6　　2015年非金属矿物制品业上市公司盈利能力情况　　单位：%

指　标	2015年	2015年可比样本变动	2014年	2014年可比样本变动	2013年
毛利率	30.11	0.56	26.55	0.12	28.62
净资产收益率	5.17	-4.02	9.1	-1.29	9.91
销售净利率	5.55	-3.14	9.05	-0.47	9.06
资产净利率	2.09	-2.1	4.14	-0.57	4.63

资料来源：沪深交易所，同花顺。

2. 偿债能力指标

表7　　2015年非金属矿物制品业上市公司偿债能力指标

指　标	2015年	2015年可比样本变动	2014年	2014年可比样本变动	2013年
流动比率	1.1	0.03	0.96	-0.07	1.03
速动比率	0.74	0.05	0.63	-0.06	0.68
资产负债率（%）	59.01	2.84	56.02	0.16	55.95

资料来源：沪深交易所，同花顺。

3. 营运能力指标

表 8　　2015 年非金属矿物制品业上市公司营运能力情况　　单位：次

营运能力指标	2015 年	2015 年可比样本变动	2014 年	2014 年可比样本变动	2013 年
存货周转率	2.13	-0.39	2.53	-0.24	3.79
应收账款周转率	6.06	-1.69	7.63	-1.09	9.29
流动资产周转率	1.04	-0.20	1.16	-0.1	1.3
固定资产周转率	1.11	-0.14	1.18	-0.06	1.27
总资产周转率	0.38	-0.11	0.46	-0.03	0.51
净资产周转率	0.89	-0.21	1.04	-0.1	1.17

资料来源：沪深交易所，同花顺。

三、重点上市公司介绍

（一）海螺水泥（600585）

安徽海螺水泥股份有限公司成立于 1997 年 9 月 1 日。1997 年 10 月 21 日在香港挂牌上市。公司主要从事水泥及商品熟料的生产和销售，截至 2015 年底，公司拥有 126 家控股子公司，4 家合营公司，3 家联营公司，分布在省内基地和十二个区域，横跨华东、华南和西部 18 个省、市、自治区和印度尼西亚等国，形成了集团化管理和国际化、区域化运作的经营管理新格局。公司是世界上最大的单一品牌供应商。

2015 年，公司稳步推进工程项目建设，新增熟料产能 1150 万吨、水泥产能 2250 万吨、骨料产能 900 万吨；另外，成功并购了江西圣塔集团的水泥业务相关资产，增加熟料产能 480 万吨、水泥产能 540 万吨。同时，公司稳妥推进国际化进程，印尼南加海螺二期工程、印尼孔雀港粉磨站、西巴布亚、缅甸皎施等项目建设全面启动；印尼北苏拉威西、老挝万象、老挝琅勃拉邦、柬埔寨马德望等水泥项目的前期工作有序推进。

截至 2015 年底，公司熟料产能达 2.29 亿吨，水泥产能达 2.90 亿吨，骨料产能达 2340 万吨，余热发电总装机容量达 1183 兆瓦。2015 年，公司共生产熟料达 2.07 亿吨，较 2014 年增长 5.00%；生产水泥达 2.24 亿吨，较 2014 年增长 2.00%。

受水泥产品销售价格大幅度下降的影响，2015 年我国水泥行业出现经济效益严重下滑局面，行业延续 2014 年下行走势。2015 年全年公司实现主营业务收入为 497.29 亿元，较 2014 年同期减少 15.66%；归属于上市公司股东的净利润为 75.16 亿元，较 2014 年同期减少 31.63%；但随着公司业务规模的提升，海外项目建设力度的加大以及新建项目和并购项目的持续推进，公司资产规模持续增长，截至 2015 年末，公司总资产为 1057.81 亿元，较 2014

年增加3.45%。

（二）南玻A（000012）

中国南玻集团股份有限公司成立于1984年，为中外合资企业。1992年2月，公司A、B股同时在深交所上市，成为中国最早的上市公司之一。公司目前主要业务包括平板玻璃、工程玻璃及太阳能三个部分，资产规模已超过100亿元，是中国玻璃行业和太阳能行业最具竞争力和影响力的大型企业集团。

截至2015年末，公司经审计的总资产为154.9亿元，总负债为76.12亿元，股东权益为78.77亿元（其中少数股东权益为0.031亿元，归属母公司股东权益为78.74亿元）；2015年全年，公司实现营业收入为74.31亿元，净利润为6.4亿元。

公司以节能产业和可再生能源产业为发展主线，全力打造玻璃产业和太阳能光伏产业两个完整的产业链，通过技术创新及规模效应，巩固和确立公司在节能玻璃领域和太阳能光伏领域的技术优势和市场地位，精心打造和提升平板玻璃产业、工程玻璃产业及太阳能产业的核心竞争力及可持续发展能力。

（三）中国巨石（600176）

中国巨石股份有限公司前身为中国化学建材股份有限公司，成立于1998年8月31日，由中国建筑材料集团有限公司（原名中国新型建筑材料〈集团〉公司）、振石控股集团有限公司（原名浙江桐乡振石股份有限公司）、江苏永联集团公司和中国建材股份有限公司（原名中国建筑材料及设备进出口公司）四家公司发起设立。1999年4月，公司在上海证券交易所上市挂牌交易，股票简称和代码为“中国玻纤（600176）”。

为了充分利用“巨石”品牌优势，不断拓宽业务发展空间，进一步提升公司的行业影响力，公司于2015年2月6日召开股东大会通过了《关于变更公司名称及股票简称的议案》、《关于变更公司经营范围的议案》，并于2015年3月4日完成了《营业执照》换发手续，自2015年3月18日起，公司名称由“中国玻纤股份有限公司”变更为“中国巨石股份有限公司”，证券简称由“中国玻纤”变更为“中国巨石”，证券代码不变。

公司是中国建筑材料集团有限公司旗下以玻璃纤维及其制品为主营业务的子公司。2015年，公司玻璃纤维及其制品的设计产能为124.50万吨/年，居国内首位、全球领先。2015年末，公司总资产为240.84亿元，较2014年增长24.62%。公司所有者权益为97.93亿元，较2014年增加57.00亿元，主要是公司以20.61元/股的价格非公开发行2.33亿股股份，导致股本增加2.33亿元，资本公积增加45.49亿元。2015年，公司营业收入为70.55亿元，较2014年增长12.55%。利润总额和净利润分别为11.81亿元和9.87亿元，增幅分别为94.91%和108.40%。

（四）北新建材（000786）

北新建材是于1997年5月经国家建材

工业局和国家经济体制改革委员会批准，由国有独资的北新建材集团有限公司（原名为“北新建材（集团）有限公司”）独家发起设立的股份有限公司。1997年6月6日，公司股票正式在深圳证券交易所挂牌上市（股票代码：000786）。

公司主要从事轻质建材制造行业，主导产品为纸面石膏板，此外还包括矿棉板、岩棉制品、轻钢龙骨等。截至2015年底，公司主营产品石膏板产能已达20亿平方米，位居全球第一，国内石膏板市场份额进一步提升。

公司的主营业务产品包括石膏板、龙骨、矿棉板等新型建材产品，其中石膏板仍是公司最主要的收入、利润来源。2015年，公司主营产品石膏板产量为14.71亿平方米，较2014年增长3.37%；主营产品石膏板销量为14.46亿平方米，较2014年增长0.63%。公司实现营业收入为755117.88万元，较2014年下降8.97%；营业利润为144392.09万元，较2014年下降3.00%；归属于上市公司股东的净利润为89687.62万元，较2014年下降18.87%；基本每股收益0.634元/股，较2014年下降30.25%；

四、上市公司在行业中的影响力

2015年非金属矿物制品行业规模以上企业主营业务收入为5.88万亿元，较2014年增长2.8%，增速较2014年降低7个百分点。上市公司实现收入为3073.91亿元，可比样本较2014年下滑6.12%。

2015年非金属矿物制品行业规模以上企业实现利润为36156亿元，较2014年降低9%。上市公司实现利润为242.28亿元，可比样本较2014年大幅下滑33.76%。

综合来看，行业内上市公司收入和利润下滑幅度都大于行业水平，说明在经济转型期非金属矿物制品上市公司业绩面临的压力较大。

审稿人：易华强

撰稿人：贺众营

黑色金属冶炼及压延加工业

一、黑色金属冶炼及压延加工业总体概况

2015年，中国黑色金属冶炼及压延加工业固定资产投资额为4257.19亿元，较2014年下降11.00%，工业品出厂价格指数为83.33。

2015年，中国黑色金属冶炼及压延加工业销售收入达到64605.70亿元，较2014年减少13.00%，利润总额为525.50亿元，较2014年下降67.43%。毛利率为6.55%，延续了2012年起的下滑趋势，与2014年相比下降了0.88个百分点。

二、行业内上市公司发展概况

（一）行业内上市公司基本情况

表 1　　2015 年黑色金属冶炼及压延加工业上市公司发行股票概况

门　类	A、B 股总数	A 股股票数	B 股股票数	境内总市值（亿元）	流通 A 股市值（亿元）	流通 B 股市值（亿元）
黑色金属冶炼及压延加工业	34	32	2	6577.58	5457.18	36.35
占沪深两市比重（%）	1.17	1.10	0.07	1.24	1.31	1.67

资料来源：沪深交易所，同花顺。

（二）行业内上市公司构成情况

表 2　　2015 年黑色金属冶炼及压延加工业上市公司构成情况　　单位：家

门　类	沪　市			深　市			ST/*ST
	仅 A 股	仅 B 股	A+B 股	仅 A 股	仅 B 股	A+B 股	
黑色金属冶炼及压延加工业	20	0	1	10	0	1	0/2
占行业内上市公司比重（%）	62.50	0.00	3.13	31.25	0.00	3.13	0/6.25

资料来源：沪深交易所，同花顺。

（三）行业内上市公司融资情况

表 3　　2015 年黑色金属冶炼及压延加工业上市公司与沪深两市融资情况对比　　单位：家

	融资家数	新　股	增　发	配　股
黑色金属冶炼及压延加工业	6	1	5	0
沪深两市总数	819	220	595	6
占比（%）	0.73	0.45	0.84	0.00

资料来源：沪深交易所，同花顺。

2015 年共有 6 家公司进行融资，其中，首发的 1 家公司永兴特钢（002756）在中小板上市；增发的 5 家公司都在沪市。

从融资效果看，上述公司实际发行数量为 1919218.23 万股；实际募集资金为 387.52 亿元，基本完成了融资计划。

2015 年黑色金属冶炼及压延加工业上市公司融资情况明细见附录。

（四）行业内上市公司资产及业绩情况

表 4　2015 年黑色金属冶炼及压延加工业上市公司资产情况　单位：亿元

指　标	2015 年	2015 年可比样本增长（%）	2014 年	2014 年可比样本增长（%）	2013 年
总资产	14914.01	0.51	14721.71	-0.44	14085.14
流动资产	4503.9	-9.29	4883.35	-6.51	4977.56
占比（%）	30.2	-3.26	33.17	-2.16	35.34
非流动资产	10410.11	5.44	9838.36	2.88	9107.58
占比（%）	69.8	3.26	66.83	2.16	64.66
流动负债	8420.45	3.12	8147.79	-0.04	7713.31
占比（%）	56.46	1.43	55.35	0.22	54.76
非流动负债	1705.96	4.6	1630.51	-1.61	1607.18
占比（%）	11.44	0.45	11.08	-0.13	11.41
归属于母公司股东权益	4424.71	-5.4	4612.1	-1.05	4445.58
占比（%）	29.67	-1.85	31.33	-0.19	31.56

资料来源：沪深交易所，同花顺。

表 5　2015 年黑色金属冶炼及压延加工业上市公司收入实现情况　单位：亿元

指　标	2015 年	2015 年可比样本增长（%）	2014 年	2014 年可比样本增长（%）	2013 年
营业收入	8783.16	-26.57	11888.07	-7.42	12611.63
利润总额	-586.61	-558.29	112.07	28.31	80.35
归属于母公司所有者的净利润	-571.55	-884.13	60.65	9.04	50.29

资料来源：沪深交易所，同花顺。

（五）利润分配情况

2015 年全年黑色金属冶炼及压延加工业上市公司中共有 10 家公司实施了分红配股。其中，8 家上市公司实施派息，其中 2 家公司既实施了送股、转增又实施了派息。

2015 年黑色金属冶炼及压延加工业上市公司分红明细见附录。

（六）其他财务指标情况

1. 盈利能力指标

表 6　　2015 年黑色金属冶炼及压延加工业上市公司盈利能力情况　　单位：%

指　标	2015 年	2015 年可比样本变动	2014 年	2014 年可比样本变动	2013 年
毛利率	3.74	-4.67	8.27	1.27	7.02
净资产收益率	-12.92	-14.48	1.32	0.13	1.15
销售净利率	-6.76	-7.43	0.57	0.1	0.43
资产净利率	-3.99	-4.53	0.46	0.03	0.4

资料来源：沪深交易所，同花顺。

2. 偿债能力指标

表 7　　2015 年黑色金属冶炼及压延加工业上市公司偿债能力指标

指　标	2015 年	2015 年可比样本变动	2014 年	2014 年可比样本变动	2013 年
流动比率	0.53	-0.07	0.6	-0.04	0.65
速动比率	0.35	-0.01	0.36	0	0.36
资产负债率（%）	67.9	1.87	66.42	0.09	66.17

资料来源：沪深交易所，同花顺。

3. 营运能力指标

表 8　　2015 年黑色金属冶炼及压延加工业上市公司营运能力情况　　单位：次

营运能力指标	2015 年	2015 年可比样本变动	2014 年	2014 年可比样本变动	2013 年
存货周转率	4.78	-0.36	5.14	-0.41	5.97
应收账款周转率	19.76	-8.47	28.1	-7.32	39.6
流动资产周转率	1.86	-0.49	2.35	-0.21	2.6
固定资产周转率	1.24	-0.52	1.75	-0.29	2.08
总资产周转率	0.59	-0.22	0.81	-0.1	0.93
净资产周转率	1.79	-0.60	2.4	-0.27	2.71

资料来源：沪深交易所，同花顺。

三、重点上市公司介绍

(一) 宝钢股份

宝钢股份于2000年2月由上海宝钢集团公司独家创立，同年12月在上海证券交易所上市，是我国最现代化的特大型钢铁联合企业。宝钢股份总部位于上海市宝山区，濒临长江入海口，现有三大钢铁精品基地，覆盖炼铁、炼钢、热轧、厚板、冷轧、硅钢、高速线材、无缝钢管、焊管等全流程生产线。宝钢股份专业生产高技术含量、高附加值的碳钢薄板、厚板与钢管等钢铁精品，在汽车板、电工钢、镀锡板、能源及管线用钢、高等级船舶及海工用钢，以及其他高端薄板产品等领域处于国内市场领导地位，产品出口日本、韩国、欧美等70多个国家和地区。

2015年公司实现营业收入为1637.90亿元，较2014年下降12.61%；毛利率较2014年下降0.99个百分点至8.87%；营业利润为18.50亿元，较2014年下降75.78%；归属于上市公司净利润为10.13亿元，较2014年下降82.51%；净资产收益率下降4.26个百分点至0.90%；EPS为0.06元，较2014年下降82.86%。2015年末，公司资产负债率为47.83%，较2014年上升4.71个百分点。

(二) 武钢股份

武钢股份系经国家经济体制改革委员会体改生［1997］164号文批准，由武汉钢铁（集团）公司作为独家发起人，采取发起设立方式于1997年11月7日注册成立的股份有限公司。公司总部位于湖北省武汉市。公司及子公司主要从事冶金产品及副产品、钢铁延伸产品制造；冶金产品的技术开发；永久气体和混合气体气瓶充装（气体品种以安全生产许可证核定的许可范围为限）、医用氧气的生产；黑色、有色金属加工和销售；钢铁渣开采；废钢加工及收购生产性废旧金属等业务。全年生产铁达1515.5万吨、钢达1539.6万吨、材达1434.0万吨。

2015年公司实现营业收入为583.38亿元，较2014年下降41.29%；毛利率较2014年下降9.01个百分点至-1.52%；营业利润为-79.35亿元，较2014年下降782.61%；归属于上市公司净利润为-75.15亿元，较2014年下降697.63%；净资产收益率上升1.99个百分点至3.18%；EPS为-0.74元，较2014年下降669.23%。2015年末，公司资产负债率69.73%，较2014年上升12.61个百分点。

四、上市公司在行业中的影响力

2015年黑色金属冶炼及压延加工业总资产规模达到65546.50亿元，较2014年增长1.04%；其中全行业上市公司资产总额为14914.01亿元，较2014年增加0.51%；上市资产总额占行业资产总额的22.75%。

2015年黑色金属冶炼及压延加工业营

业收入达到64605.70亿元，较2014年减少13.00%；其中全行业上市公司实现营业收入为8783.16亿元，较2014年减少26.57%；上市公司营业收入占行业营业收入总额的13.60%。

2015年黑色金属冶炼及压延加工业利润总额达到525.50亿元，较2014年减少67.43%；其中全行业上市公司实现利润总额为-586.61亿元。

审稿人：邬华宇

撰稿人：邬华宇

有色金属冶炼和压延加工业

一、有色金属冶炼和压延加工业总体概况

2015年，中国有色金属冶炼及压延加工业固定资产投资额为5579.04亿元，较2014年下降4.00%，工业品出厂价格指数为91.7358。

2015年，中国有色金属冶炼和压延加工业销售收入达到51167.10亿元，较2014年增长0.7%。从2010年开始中国有色金属冶炼和压延加工业销售收入呈不断增长趋势，但是2015年增长率较2014年下降了8.73个百分点。

2015年，中国有色金属冶炼和压延加工业利润总额为1348.8亿元，较2014年下降11.20%，是2012年以来利润总额首次出现下滑；毛利率为7.93%，延续了2012年起的下滑趋势，与2014年相比下降了0.42个百分点。

二、行业内上市公司发展概况

（一）行业内上市公司基本情况

表1　　2015年有色金属冶炼和压延加工业上市公司发行股票概况

门　类	A、B股总数	A股股票数	B股股票数	境内总市值（亿元）	流通A股市值（亿元）	流通B股市值（亿元）
有色金属冶炼和压延加工业	60	59	1	7636.22	5993.16	13.01
占沪深两市比重（%）	2.06	2.03	0.03	1.44	1.44	0.60

资料来源：沪深交易所，同花顺。

（二）行业内上市公司构成情况

表 2　2015 年有色金属冶炼和压延加工业上市公司构成情况　单位：家

门类	沪市			深市			ST/*ST
	仅 A 股	仅 B 股	A+B 股	仅 A 股	仅 B 股	A+B 股	
有色金属冶炼和压延加工业	24	0	1	34	0	0	0/0
占行业内上市公司比重（%）	40.68	0.00	1.69	57.63	0.00	0.00	0/0

资料来源：沪深交易所，同花顺。

（三）行业内上市公司融资情况

表 3　2015 年有色金属冶炼和压延加工业上市公司与沪深两市融资情况对比　单位：家

	融资家数	新股	增发	配股
有色金属冶炼和压延加工业	18	3	15	0
沪深两市总数	819	220	595	6
占比（%）	2.2	1.36	2.52	0

资料来源：沪深交易所，同花顺。

2015 年，有色金属冶炼和压延加工业上市公司有 18 家融资，其中，首发的 3 家公司中，有 1 家在沪市主板上市，2 家在创业板上市；增发的 15 家公司中，有 6 家沪市、3 家深市主板、5 家中小板公司及 1 家创业板公司。

从融资效果看，上述公司实际发行数量为 331601.58 万股；实际募集资金为 215.71 亿元，基本完成了融资计划。

2015 年有色金属冶炼和压延加工业上市公司融资情况明细见附录。

（四）行业内上市公司资产及业绩情况

表 4　2015 年有色金属冶炼和压延加工业上市公司资产情况　单位：亿元

指标	2015 年	2015 年可比样本增长（%）	2014 年	2014 年可比样本增长（%）	2013 年
总资产	7711.77	−1.99	7559.06	3.63	7078.87
流动资产	3283.85	−7.65	3446.77	5.03	3157.68
占比（%）	42.58	−2.61	45.6	0.61	44.61
非流动资产	4427.92	2.68	4112.3	2.48	3921.2
占比（%）	57.42	2.61	54.4	−0.61	55.39

续表

指　标	2015年	2015年可比样本增长（%）	2014年	2014年可比样本增长（%）	2013年
流动负债	3452.58	-7.35	3581.29	4.9	3322.6
占比（%）	44.77	-2.59	47.38	0.57	46.94
非流动负债	1224.82	-4.61	1238.62	4.2	1169.33
占比（%）	15.88	-0.44	16.39	0.09	16.52
归属于母公司股东权益	2710.44	6.92	2433.98	1.5	2312.42
占比（%）	35.15	2.93	32.2	-0.68	32.67

资料来源：沪深交易所，同花顺。

表5　　2015年有色金属冶炼和压延加工业上市公司收入实现情况　　单位：亿元

指　标	2015年	2015年可比样本增长（%）	2014年	2014年可比样本增长（%）	2013年
营业收入	7460.07	-7.51	7964.21	3	7594.89
利润总额	-63.64	-11.13	-67.15	-145.49	141.44
归属于母公司所有者的净利润	-65.57	25.28	-95.09	-181.03	114.28

资料来源：沪深交易所，同花顺。

（五）利润分配情况

2015年全年有色金属冶炼和压延加工业上市公司中共有32家公司实施了分红配股。其中，12家上市公司实施送股或转增股，30家上市公司实施派息，其中10家公司既实施了送股、转增又实施了派息。

2015年有色金属冶炼和压延加工业上市公司分红明细见附录。

（六）其他财务指标情况

1. 盈利能力指标

表6　　2015年有色金属冶炼和压延加工业上市公司盈利能力情况　　单位：%

指　标	2015年	2015年可比样本变动	2014年	2014年可比样本变动	2013年
毛利率	4.66	-0.97	5.35	0.1	5.11
净资产收益率	-2.42	1.04	-3.91	-8.8	4.32
销售净利率	-1.03	0.15	-1.29	-2.81	1.47
资产净利率	-0.99	0.26	-1.39	-3.08	1.66

资料来源：沪深交易所，同花顺。

2. 偿债能力指标

表 7　　2015 年有色金属冶炼和压延加工业上市公司偿债能力指标

指　标	2015 年	2015 年可比样本变动	2014 年	2014 年可比样本变动	2013 年
流动比率	0.95	0	0.96	0	0.95
速动比率	0.62	0.02	0.61	0.01	0.59
资产负债率（%）	60.65	-3.03	63.76	0.66	63.46

资料来源：沪深交易所，同花顺。

3. 营运能力指标

表 8　　2015 年有色金属冶炼和压延加工业上市公司营运能力情况　　单位：次

营运能力指标	2015 年	2015 年可比样本变动	2014 年	2014 年可比样本变动	2013 年
存货周转率	5.89	-0.08	6.04	0.39	6.19
应收账款周转率	22.48	-3.08	26.64	-4.54	32.2
流动资产周转率	2.18	-0.16	2.37	-0.09	2.52
固定资产周转率	2.77	-0.40	3.22	-0.22	3.45
总资产周转率	0.96	-0.10	1.07	-0.04	1.13
净资产周转率	2.53	-0.35	2.93	-0.06	3.05

资料来源：沪深交易所，同花顺。

三、重点上市公司介绍

（一）中国铝业

中国铝业股份有限公司是全球第二大氧化铝、第三大电解铝和第五大铝加工生产商，是中国最大的铜冶炼加工企业之一，连续两年入选美国《财富》杂志全球企业500 强。公司控股的中国铝业股份有限公司分别在纽约、香港、上海三地上市，企业信用等级连续多年被标准普尔评为 BBB+级。“十五”期间，公司共承担国家 863、国家科技攻关等项目 40 余项，科技研发投入近 30 亿元，取得科技成果 390 项，获得国家科技奖 6 项，申请中国专利 1053 件，国外专利 37 件。

2015 年公司实现营业收入 1234.46 亿元，较 2014 年下降 13.07%；毛利率较 2014 年下降 2.04 个百分点至 3.47%；营业利润-38.31 亿元，较 2014 年上升 77.21%；归属于上市公司净利润 2.06 亿元，较 2014 年上升 101.27%；净资产收益率上升 45.26 个百分点至 0.61%；EPS 0.01 元，较 2014 年上升 100.83%。2015 年末，公司资产负债率 73.43%，较 2014 年下降 6.00 个百分点。

（二）北方稀土

中国北方稀土（集团）高科技股份有

限公司是中国乃至世界最大的稀土生产、科研、贸易基地，是中国稀土行业的龙头企业。截至2015年末，公司总资产145.38亿元，净资产83.16亿元。公司现有34家分子公司，其中直属单位3家、全资子公司4家、绝对控股子公司10家、相对控股子公司11家、参股公司6家。2015年公司实现营业收入65.49亿元，较2014年上升12.18%；毛利率较2014年下降9.30个百分点至23.48%；营业利润2.80亿元，较2014年下降24.31%；归属于上市公司净利润3.26亿元，较2014年下降13.79%；净资产收益率下降3.93个百分点至3.93%；EPS 0.09元，较2014年下降66.67%。2015年末，公司资产负债率31.86%，较2014年减少8.86个百分点。

（三）江西铜业

江西铜业股份有限公司是集采矿、选矿、冶炼、贸易、技术为一体的国内最大的综合性铜生产企业，拥有两座中国最大的已开采露天铜矿、一座中国最大规模的铜冶炼厂以及一座中国最大的井下铜矿山。公司铜金属储量约占全国已探明可供工业开采储量的1/3，自产铜精矿含铜金属量约占全国的1/4。公司不仅是中国最大的铜生产基地，也是中国最大的伴生金、银生产基地，还是中国重要的化工基地。公司生产的阴极铜在伦敦金属交易所和上海期货交易所注册，是期货市场主要交割品牌之一。公司已建立阴极铜、硫酸、电金、电银等产品质量保证体系，通过了ISO9002国际质量体系认证。

2015年公司实现营业收入1857.82亿元，较2014年下降6.56%；毛利率较2014年下降1个百分点至2.32 %；营业利润9.91亿元，较2014年下降73.88%；归属于上市公司净利润6.37亿元，较2014年下降77.65%；净资产收益率下降4.93个百分点至1.39%；EPS 0.18元，较2014年下降78.05%。2015年末，公司资产负债率46.71%，较2014年下降3.96个百分点。

四、上市公司在行业中的影响力

2015年有色金属冶炼和压延加工业总资产规模达到37325.00亿元，较2014年增长5.85%；其中全行业上市公司资产总额为7711.77亿元，较2014年下降1.99%；上市资产总额占行业资产总额的20.66%。

2015年有色金属冶炼和压延加工业营业收入达到51167.10亿元，较2014年增长0.7%；其中全行业上市公司实现营业收入为7460.07亿元，较2014年下降7.51%；上市公司营业收入占行业营业收入总额的14.58%。

2015年有色金属冶炼和压延加工业利润总额达到1348.80亿元，较2014年下降11.2%；其中全行业上市公司实现利润总额为-63.64亿元，较2014年减少11.13%；上市公司利润总额占行业利润总额的-4.72%。

审稿人：邬华宇

撰稿人：邬华宇

金属制品业

一、金属制品业总体概况

2015年，中国金属制品业固定资产投资额为9490.07亿元，较2014年增长10.00%，工业品出厂价格指数为97.1433。

2015年，中国金属制品业销售收入达到37016.70亿元，较2014年增长4.50%。从2010年开始中国金属制品业销售收入呈不断增长趋势，但是2015年销售收入增长率较2014年下降了5.02个百分点。2015年，中国金属制品业利润总额为2102.20亿元，增长率为4.74%。从2012年开始中国金属制品业利润总额稳中有升，但2015年增长率较2014年下降了3个百分点。

2015年，中国金属制品业的毛利率为13.35%，与2014年相比上升了0.35个百分点。

二、行业内上市公司发展概况

（一）行业内上市公司基本情况

表1　　2015年金属制品业上市公司发行股票概况

门　类	A、B股总数	A股股票数	B股股票数	境内总市值（亿元）	流通A股市值（亿元）	流通B股市值（亿元）
金属制品业	49	48	1	4619.07	3465.63	20.18
占沪深两市比重（%）	1.68	1.65	0.03	0.87	0.83	0.93

资料来源：沪深交易所，同花顺。

（二）行业内上市公司构成情况

表2　　2015年金属制品业上市公司构成情况　　单位：家

门　类	沪　市			深　市			ST/*ST
	仅A股	仅B股	A+B股	仅A股	仅B股	A+B股	
金属制品业	10	0	0	37	0	1	0/0
占行业内上市公司比重（%）	20.83	0.00	0.00	77.08	0.00	2.08	0/0

资料来源：沪深交易所，同花顺。

（三）行业内上市公司融资情况

表 3　　2015 年金属制品业上市公司与沪深两市融资情况对比　　单位：家

	融资家数	新　股	增　发	配　股
金属制品业	12	8	3	1
沪深两市总数	819	220	595	6
占比（%）	1.47	3.64	0.5	16.67

资料来源：沪深交易所，同花顺。

2015 年，金属制品业上市公司中共有 12 家进行融资。其中，首发的 8 家公司中，有 2 家沪市、4 家中小板公司及 2 家创业板公司；增发的 3 家公司均是中小板公司。

从融资效果看，上述公司实际发行数量为 73266.34 万股；实际募集资金为 59.65 亿元，基本完成了融资计划。

2015 年金属制品业上市公司融资情况明细见附录。

（四）行业内上市公司资产及业绩情况

表 4　　2015 年金属制品业上市公司资产情况　　单位：亿元

指　标	2015 年	2015 年可比样本增长（%）	2014 年	2014 年可比样本增长（%）	2013 年
总资产	3092.93	11.35	2637.95	14.23	2373.81
流动资产	1521.92	0.41	1439.85	9.26	1355.72
占比（%）	49.21	–5.36	54.58	–2.49	57.11
非流动资产	1571.01	24.5	1198.1	20.84	1018.09
占比（%）	50.79	5.36	45.42	2.49	42.89
流动负债	1263.21	0.89	1173.33	21.02	996.01
占比（%）	40.84	–4.24	44.48	2.49	41.96
非流动负债	445.99	35.3	321.23	1.66	318.42
占比（%）	14.42	2.55	12.18	–1.5	13.41
归属于母公司股东权益	1259.24	14.96	1045.09	11.91	963.35
占比（%）	40.71	1.27	39.62	–0.82	40.58

资料来源：沪深交易所，同花顺。

表 5　　2015 年金属制品业上市公司收入实现情况　　单位：亿元

指　标	2015 年	2015 年可比样本增长（%）	2014 年	2014 年可比样本增长（%）	2013 年
营业收入	1990.08	-9.86	2097.99	6.28	2039.81
利润总额	113.03	7.16	98.4	-3.77	106.23
归属于母公司所有者的净利润	83.9	5.77	73.58	0.85	75.55

资料来源：沪深交易所，同花顺。

（五）利润分配情况

2015 年全年金属制品业上市公司中共有 35 家公司实施了分红配股。其中，18 家上市公司实施送股或转增股，34 家上市公司实施派息，其中 17 家公司既实施了送股、转增又实施了派息。

2015 年金属制品业上市公司分红明细见附录。

（六）其他财务指标情况

1. 盈利能力指标

表 6　　2015 年金属制品业上市公司盈利能力情况　　单位：%

指　标	2015 年	2015 年可比样本变动	2014 年	2014 年可比样本变动	2013 年
毛利率	16.53	1.83	14.5	0.35	14.2
净资产收益率	6.66	-0.58	7.04	-0.77	7.8
销售净利率	4.36	0.56	3.72	-0.32	4.05
资产净利率	2.96	-0.26	3.15	-0.56	3.76

资料来源：沪深交易所，同花顺。

2. 偿债能力指标

表 7　　2015 年金属制品业上市公司偿债能力指标

指　标	2015 年	2015 年可比样本变动	2014 年	2014 年可比样本变动	2013 年
流动比率	1.2	-0.01	1.23	-0.13	1.36
速动比率	0.83	0	0.85	-0.08	0.94
资产负债率（%）	55.26	-1.69	56.66	0.99	55.37

资料来源：沪深交易所，同花顺。

3. 营运能力指标

表 8　　2015 年金属制品业上市公司营运能力情况　　单位：次

营运能力指标	2015 年	2015 年可比样本变动	2014 年	2014 年可比样本变动	2013 年
存货周转率	3.54	-0.57	4.17	0.01	4.96
应收账款周转率	5.53	-1.26	6.89	-0.6	7.38
流动资产周转率	1.31	-0.21	1.52	-0.07	1.6
固定资产周转率	2.72	-0.64	3.43	-0.38	3.83
总资产周转率	0.68	-0.17	0.85	-0.07	0.93
净资产周转率	1.54	-0.41	1.94	-0.08	2.02

资料来源：沪深交易所，同花顺。

三、重点上市公司介绍

（一）中集集团

中集集团（000039）于 1980 年 1 月 14 日创立于深圳，1994 年 4 月 8 日在深圳证券交易所上市，目前主要股东为招商局集团和中远集团等，是国有控股的公众上市公司。经过二十多年的发展，中集集团已经成为根植于中国本土的世界领先的物流装备和能源装备供应商。公司在集装箱、道路运输车辆、能源化工及食品装备、海洋工程、物流服务、空港设备等业务领域提供高品质与可信赖的装备和服务，占据领先地位。

2015 年公司实现营业收入为 586.86 亿元，较 2014 年下降 16.25%；毛利率较 2014 年上升 1.94 个百分点至 16.13%；营业利润为 29.44 亿元，较 2014 年下降 10.74%；归属于上市公司净利润为 19.74 亿元，较 2014 年下降 20.33%；净资产收益率下降 3.63 个百分点至 8.00%；EPS 为 0.72 元，较 2014 年下降 22.58%。2015 年末，公司资产负债率为 66.75%，较 2014 年下降 2.23 个百分点。

（二）新兴铸管

新兴铸管（000778）是一家跨地区、跨行业、集科工贸于一体的大型企业，国家 520 家重点企业之一。公司主营业务为离心球墨铸铁管及配套管件、钢铁冶炼及压延加工、铸造制品和机械设备和电子工程等，形成了六大产品系列：新兴铸管、新兴管件、新兴钢铁、新兴铬板、新兴钢塑管、新兴机械。公司产品先后通过了 SGSISO9001 质量体系认证、法国 BV 质量体系认证，获得了欧共体 15 个国家承认的 PSB 证书，通过了德国、新加坡、埃及等十几个国家的商检，通过了 ISO14001 环保体系认证，获得了国际尤卡斯环保证书。连续 7 年入选“中国最具发展潜力上市公司 50 强”，连续 7 年入选深证成指样本股。

2015 年公司实现营业收入为 500.31 亿

元，较 2014 年减少 17.70%；毛利率较 2014 年上升 0.27 个百分点至 4.59%；营业利润为 0.80 亿元，较 2014 年上升 118.30%；归属于上市公司净利润为 6.00 亿元，较 2014 年下降 28.21%；净资产收益率上升 1.58 个百分点至 3.57%；EPS 为 0.16 元，较 2014 年下降 30.44%。2015 年末，公司资产负债率为 64.01%，较 2014 年下降 1.24 个百分点。

四、上市公司在行业中的影响力

2015 年金属制品业行业总资产规模达到 24682.10 亿元，较 2014 年增长 8.17%；其中全行业上市公司资产总额为 3092.93 亿元，较 2014 年增加 11.35%；上市资产总额占行业资产总额的 12.53%。

2015 年金属制品业行业营业收入达到 37016.70 亿元，较 2014 年增长 4.5%；其中全行业上市公司实现营业收入为 1990.08 亿元，较 2014 年下降 9.86%；上市公司营业收入占行业营业收入总额的 5.38%。

2015 年金属制品业行业利润总额达到 2102.20 亿元，较 2014 年增长 4.74%；其中全行业上市公司实现利润总额为 113.03 亿元，较 2014 年增长 7.16%；上市公司利润总额占行业利润总额的 5.38%。

审稿人：邬华宇

撰稿人：邬华宇

通用设备制造业

一、通用设备制造业总体概况

通用设备制造业是装备制造业中的基础性产业，为工业行业提供动力、基础加工等基础设备和基础零部件，在航空航天、交通运输、石油化工、轻工纺织等领域具有重要应用价值。强周期的行业属性，使得通用设备制造业与宏观经济政策，特别是固定资产投资等变量高度相关。目前整个行业处于上一轮产能扩张（2003~2009 年）所导致的产能消化和去库存阶段，固定资产投资增速放缓叠加周期性产能过剩，高端装备产能不足叠加低端装备产能过剩，是通用设备制造业面临的两大主要矛盾。2015 年通用设备行业需求量增长继续放缓，企业新增订单继续减少。

2015 年，全行业实现营业收入为 47051 亿元，较 2014 年增长 0.3%，与 2014 年基本持平；全行业实现利润总额为 3042.8 亿元，较 2014 年下滑 0.6%，自 2012 年以来首次出现负增长。从结构上来看，全行业低端装备领域存量产能继续消化的同时，高端领域的核心技术仍然主要掌握在国外厂商手中，实现高端装备制造领域的进口替代仍然是行业的重要发展趋势。另外，在《中国制造 2025》的指引下，凭借设备优势获取流量优势，实现设备的智能化和数字化逐渐成为传统设备厂商转型升级的重要突破方向。

二、行业内上市公司发展概况

（一）行业内上市公司基本情况

表 1　　2015 年通用设备制造业上市公司发行股票概况

门　类	A、B 股总数	A 股股票数	B 股股票数	境内总市值（亿元）	流通 A 股市值（亿元）	流通 B 股市值（亿元）
通用设备制造业	111	103	8	11170.97	8699.63	159.86
占沪深两市比重（%）	3.82	3.54	0.28	2.10	2.09	7.35

资料来源：沪深交易所，同花顺。

（二）行业内上市公司构成情况

表 2　　2015 年通用设备制造业上市公司构成情况　　单位：家

门　类	沪　市			深　市			ST/*ST
	仅 A 股	仅 B 股	A+B 股	仅 A 股	仅 B 股	A+B 股	
通用设备制造业	19	1	3	79	2	2	0/2
占行业内上市公司比重（%）	17.92	0.94	2.83	74.53	1.89	1.89	0/1.89

资料来源：沪深交易所，同花顺。

（三）行业内上市公司融资情况

表 3　　2015 年通用设备制造业上市公司与沪深两市融资情况对比　　单位：家

	融资家数	新　股	增　发	配　股
通用设备制造业	31	8	24	0
沪深两市总数	819	220	595	6
占比（%）	3.79	3.64	4.03	0

资料来源：沪深交易所，同花顺。

其中，首发的 8 家公司中，有 2 家在沪市主板上市，其余 6 家均在创业板上市；增发的 24 家公司中，有 5 家在沪市，其余 19 家在深市。

从融资效果看，上述公司实际发行数量为 225913.55 万股，实际募集资金总额达 187.43 亿元，基本完成了融资计划。

2015 年通用设备制造业上市公司融资情况明细见附录。

（四）行业内上市公司资产及业绩情况

表 4　　2015 年通用设备制造业上市公司资产情况　　单位：亿元

指　标	2015 年	2015 年可比样本增长（%）	2014 年	2014 年可比样本增长（%）	2013 年
总资产	7280.33	10.72	6646.42	10.74	5860.22
流动资产	5016.47	8.8	4608.8	10.44	4109.62
占比（%）	68.9	−1.22	69.34	−0.19	70.13
非流动资产	2263.86	15.22	2037.62	11.41	1750.61
占比（%）	31.1	1.22	30.66	0.19	29.87
流动负债	3598.29	3.21	3469.28	11.54	3047.22
占比（%）	49.42	−3.6	52.2	0.38	52
非流动负债	656.41	45.97	514.88	5.64	445.62
占比（%）	9.02	2.18	7.75	−0.37	7.6
归属于母公司股东权益	2769.45	15.04	2427.62	11.42	2148.41
占比（%）	38.04	1.43	36.53	0.23	36.66

资料来源：沪深交易所，同花顺。

表 5　　2015 年通用设备制造业上市公司收入实现情况　　单位：亿元

指　标	2015 年	2015 年可比样本增长（%）	2014 年	2014 年可比样本增长（%）	2013 年
营业收入	3341.06	0.67	3320.7	1.44	3187.5
利润总额	190.42	−19.37	233.6	24.9	180.32
归属于母公司所有者的净利润	110.62	−32.97	162.53	42.45	112.33

资料来源：沪深交易所，同花顺。

（五）利润分配情况

2015 年，通用设备制造业共有 77 家上市公司实施了分红配股，77 家上市公司实施派息，19 家上市公司实施送股或转增股。其中有 19 家上市公司既实施了送股、转增又实施了派息。

2015 年通用设备制造业上市公司分红明细见附录。

（六）其他财务指标情况

1. 盈利能力指标

表 6　　2015 年通用设备制造业上市公司盈利能力情况　　单位：%

指　标	2015 年	2015 年可比样本变动	2014 年	2014 年可比样本变动	2013 年
毛利率	21.99	0.17	22.06	1.03	21.04
净资产收益率	3.99	−2.86	6.7	1.46	6.09

续表

指 标	2015 年	2015 年可比样本变动	2014 年	2014 年可比样本变动	2013 年
销售净利率	4.44	-1.6	5.98	1.52	4.52
资产净利率	2.14	-1.07	3.14	0.61	2.55

资料来源：沪深交易所，同花顺。

2. 偿债能力指标

表 7　　2015 年通用设备制造业上市公司偿债能力指标

指 标	2015 年	2015 年可比样本变动	2014 年	2014 年可比样本变动	2013 年
流动比率	1.39	0.07	1.33	-0.01	1.35
速动比率	1.04	0.1	0.94	-0.01	0.96
资产负债率（%）	58.44	-1.42	59.94	0	59.6

资料来源：沪深交易所，同花顺。

3. 营运能力指标

表 8　　2015 年通用设备制造业上市公司营运能力情况　　单位：次

营运能力指标	2015 年	2015 年可比样本变动	2014 年	2014 年可比样本变动	2013 年
存货周转率	2.00	-0.04	2.03	-0.09	2.66
应收账款周转率	2.59	-0.14	2.72	-0.24	2.92
流动资产周转率	0.69	-0.06	0.76	-0.05	0.8
固定资产周转率	3.25	-0.28	3.31	-0.35	3.73
总资产周转率	0.48	-0.05	0.53	-0.04	0.56
净资产周转率	1.18	-0.14	1.31	-0.11	1.39

资料来源：沪深交易所，同花顺。

三、重点上市公司介绍

（一）上海电气

2015 年，上海电气实现营业收入 780 亿元，较 2014 年增长 1.6%；而净利润 21.29 亿元，较 2014 年下降 16.7%，主要因期内计提了应收账款专项坏账准备以及存货跌价准备。

新能源业务实现营业收入 121 亿元，较 2014 年大幅增长 56.0%，板块毛利率 17.4%，较 2014 年增长 39.2%；高效清洁能源业务实现营业收入 287 亿元，较 2014 年增长 0.01%，板块毛利率 20.5%，较 2014 年增长 5.67%；工业装备业务实现营业收入 239 亿元，较 2014 年下降 7.97%，板块毛利率 22.4%，较 2014 年下降 0.88%；

现代服务实现营业收入178亿元，较2014年下降1.74%，板块毛利率17.4%，较2014年增加2.35%。

2015年的新增订单达603亿元，较2014年上升2.6%，而期末在手订单则达2606亿元，较2014年上升3.9%。高效清洁能源板块于期内新增订单较2014年增长12.1%（315亿元），对期内新增订单的增长提供了有力支撑。

（二）金风科技

2015年金风科技营业收入300.62亿元，较2014年上升69.80%；实现归属母公司净利润为28.49亿元，较2014年上升55.74%。公司风电机组制造、风电服务及风电场投资与开发三大业务板块均实现不同程度的业绩增长。

截至2015年12月31日，公司全球累计装机接近32GW，其中中国累计装机超过31GW、21800台，国际累计装机超过85万千瓦、463台，约占全中国出口海外风电机组容量的50%以上。

2015年公司积极开展数字运维的探索，以大量风机运行数据为基础，结合大数据、云计算、物联网等信息技术，着力构建数字化运维系统。推出了国内首个免费、可靠的公共风能与气象服务平台FreeMeso，作为国内首个采用最高精度风能图谱搭建的3D平台，可提供风电场、光伏电站宏观选址、气象预警预报信息发布等功能，可实现智能化风机选型，提供快速的经济评价服务；与此同时，风资源数据库与仿真计算平台Windunified的推出将过去人工分析测风塔数据的环节用计算机取代，可实现高精度的风资源评估建模能力、实现快速的风资源评估响应能力、统一的风资源评估标准。风电服务业务转型初见成效。

四、上市公司在行业中的影响力

2015年，通用设备制造业上市公司总资产7280.33亿元，占全行业总量的5.06%；营业收入3341.06亿元，占全行业总量的3.52%；利润总额190.42亿元，占行业总量的3.61%。

我国通用设备制造业企业数量超过3万家，整体呈现小、散、乱、弱的格局，除个别细分行业外，行业集中度较低，产品相似度较高，竞争激烈。小型企业数量占比接近90%，而大型企业数量占比不到1%，呈现大而不强的特点。从近年来的行业总资产、营业收入和利润总额数值来看，行业总资产和营业收入呈现递增的趋势，而2015年的利润总额却出现下降，这表明行业整体下行压力继续加大。大型企业中，年营业收入在百亿量级的仅有4家上市公司，分别为上海电气、东方电气、金风科技、上海机电，在120余家上市公司中，有一半以上企业营业收入低于10亿元。随着行业内部结构转型升级，未来市场集中度有望继续提升，百亿营收级别企业有望增多。

审稿人：董岚枫

撰稿人：白逸凡　刘振宇

专用设备制造业

一、专用设备制造业总体概况

专用设备制造业是专用于特定行业的设备制造业，下游应用行业包括矿山、冶金、建筑专用设备，化工、木材、非金属加工专用设备，食品、饮料、烟草及饲料生产专用设备9大行业。作为典型的下游需求驱动型行业，专用设备制造业与整个国家宏观政策、固定资产投资、下游行业具体发展状况密切相关。2015年，受三期叠加导致经济下行压力继续加大，固定资产投资增速继续放缓，行业过剩产能出清等因素影响，行业面临较大的下行压力。

2015年，全行业实现营业收入为35599.8亿元，较2014年增长2.9%，实现利润总额为2096.9亿元，较2014年下滑3.4%。行业利润增长率自2013年以来，连续三年下滑，其中2015年的下滑幅度较2014年有所扩大。

我国经济结构面临转型升级调整，宏观经济形势严峻，机械设备行业增长面临较大压力，步入调整期，行业内部资源整合，促进效率提升成为行业发展的趋势。面对经济结构调整和行业下行压力，部分新兴领域仍具备高成长性，以环保、轨道交通、农机为代表的专用设备仍然具备高增长潜力。

二、行业内上市公司发展概况

（一）行业内上市公司基本情况

表1　2015年专用设备制造业上市公司发行股票概况

门　类	A、B股总数	A股股票数	B股股票数	境内总市值（亿元）	流通A股市值（亿元）	流通B股市值（亿元）
专用设备制造业	163	161	2	17294.66	11585.67	82.65
占沪深两市比重（%）	5.60	5.53	0.07	3.25	2.79	3.80

资料来源：沪深交易所，同花顺。

（二）行业内上市公司构成情况

表2　2015年专用设备制造业上市公司构成情况　单位：家

门　类	沪　市			深　市			ST/*ST
	仅A股	仅B股	A+B股	仅A股	仅B股	A+B股	
专用设备制造业	44	0	2	115	0	0	0/2
占行业内上市公司比重（%）	27.33	0.00	1.24	71.43	0.00	0.00	0/1.24

资料来源：沪深交易所，同花顺。

（三）行业内上市公司融资情况

表 3　　2015 年专用设备制造业上市公司与沪深两市融资情况对比　　单位：家

	融资家数	新 股	增 发	配 股
专用设备制造业	58	26	33	0
沪深两市总数	819	220	595	6
占比（%）	7.08	11.82	5.55	0.00

资料来源：沪深交易所，同花顺。

其中，首发的 26 家公司中，有 10 家在沪市主板上市，13 家在深市创业板上市，其余 3 家在深市中小板上市；增发的 33 家公司中，有 7 家在沪市，其余 26 家在深市。

从融资效果看，上述公司实际发行数量为 246357.847 万股，实际募集资金总额达 298.55 亿元，基本完成了融资计划。

2015 年专用设备制造业上市公司融资情况明细见附录。

（四）行业内上市公司资产及业绩情况

表 4　　2015 年专用设备制造业上市公司资产情况　　单位：亿元

指 标	2015 年	2015 年可比样本增长（%）	2014 年	2014 年可比样本增长（%）	2013 年
总资产	9231.38	8.08	8397.24	7.65	7556.64
流动资产	6053.81	4.94	5656.27	5.65	5188.7
占比（%）	65.58	-1.96	67.36	-1.28	68.66
非流动资产	3177.57	14.61	2740.97	12.04	2367.93
占比（%）	34.42	1.96	32.64	1.28	31.34
流动负债	3871.27	11.39	3485.27	8.77	3060.33
占比（%）	41.94	1.25	41.5	0.42	40.5
非流动负债	934.82	-15.85	1125.88	9.74	1000.76
占比（%）	10.13	-2.88	13.41	0.26	13.24
归属于母公司股东权益	4165.01	11.43	3576.85	5.76	3308.04
占比（%）	45.12	1.36	42.6	-0.76	43.78

资料来源：沪深交易所，同花顺。

表 5　　2015 年专用设备制造业上市公司收入实现情况　　单位：亿元

指　标	2015 年	2015 年可比样本增长（%）	2014 年	2014 年可比样本增长（%）	2013 年
营业收入	3467.83	-9.79	3597.14	-6.9	3773.5
利润总额	148.92	-43.45	155.64	-39.06	238.35
归属于母公司所有者的净利润	93.69	-51.23	89.66	-51.75	171.65

资料来源：沪深交易所，同花顺。

（五）利润分配情况

2015 年，专用设备制造业共有 118 家上市公司实施了分红配股，116 家上市公司实施派息，29 家上市公司实施转增股。其中有 27 家上市公司既实施了送股、转增又实施了派息。

2015 年专用设备制造业上市公司分红明细见附录。

（六）其他财务指标情况

1. 盈利能力指标

表 6　　2015 年专用设备制造业上市公司盈利能力情况　　单位：%

指　标	2015 年	2015 年可比样本变动	2014 年	2014 年可比样本变动	2013 年
毛利率	25.27	0.6	22.78	0.33	22.99
净资产收益率	2.25	-2.89	2.51	-2.99	5.45
销售净利率	3.17	-2.32	3	-2.29	5.05
资产净利率	1.24	-1.35	1.33	-1.38	2.59

资料来源：沪深交易所，同花顺。

2. 偿债能力指标

表 7　　2015 年专用设备制造业上市公司偿债能力指标

指　标	2015 年	2015 年可比样本变动	2014 年	2014 年可比样本变动	2013 年
流动比率	1.56	-0.1	1.62	-0.05	1.7
速动比率	1.2	-0.06	1.24	-0.03	1.29
资产负债率（%）	52.06	-1.63	54.91	0.68	53.74

资料来源：沪深交易所，同花顺。

3. 营运能力指标

表 8　2015 年专用设备制造业上市公司营运能力情况　单位：次

营运能力指标	2015 年	2015 年可比样本变动	2014 年	2014 年可比样本变动	2013 年
存货周转率	1.85	-0.32	2.11	-0.25	3.09
应收账款周转率	1.76	-0.35	2	-0.41	2.41
流动资产周转率	0.59	-0.10	0.65	-0.09	0.74
固定资产周转率	2.23	-0.46	2.48	-0.45	2.97
总资产周转率	0.39	-0.08	0.44	-0.07	0.51
净资产周转率	0.83	-0.19	0.98	-0.13	1.11

资料来源：沪深交易所，同花顺。

三、重点上市公司介绍

（一）中联重科

2015 年实现营业收入为 207.53 亿元，较 2014 年下滑 19.7%；实现利润总额为 0.33 亿元，较 2014 年下滑 96%；归属于母公司所有者净利润为 0.83 亿元，较 2014 年下滑 86%；EPS 为 0.01 元，较 2014 年下滑 87.5%。业绩下滑主要由于房地产和固定资产投资下行，混凝土机、起重机两大工程机械主要机型市场需求持续不振，公司继续实施从紧销售政策。

板块方面，工程机械、环境产业、农业机械、金融服务四大板块多元互补。分产品看，混凝土机械 2015 年收入为 54.7 亿元，较 2014 年下降 48%；起重机械收入为 45.7 亿元，较 2014 年下降 38.4%；环卫机械收入为 45.2 亿元，较 2014 年增长 12.4%；农业机械收入为 33 亿元，是 2015 年新盈利增长点。公司农业机械、环境产业营收均实现两位数增长，占比达 37.7%，已成为新的业绩增长点。2015 年综合毛利率为 27%，较 2014 年增加 1.59%。分产品看，混凝土机械、起重机械、环卫机械的毛利率分别是 21%、31.1%、31.3%，较 2014 年分别增加-1.44%、3.31%、1.47%。

（二）徐工机械

2015 年，受宏观经济和固定资产投资增速下滑影响，工程机械行业下游需求呈持续疲软的态势，社会存量设备饱和度高，行业产品产能过剩情况持续存在。2015 年徐工机械实现营业收入 166. 58 亿元，较 2014 年下降 28.53%；实现归属于母公司所有者净利润为 5.06 亿元，较 2014 年下降 87.76 %；基本每股收益为 0.01 元；归属于母公司所有者的每股净资产为 2.91 元。

2015 年，工程机械行业持续低迷，公司为了实现长期发展，一方面整合现有业务资源，注入优质资产，不断增厚上市公司利润，同时剥离亏损资产。另一方面公司积极转型布局新业务。公司布局三大新领域：信息产业、军工、金融。信息产业领域，将以徐工信息技术服务有限公司为平台进行拓展；军工领域，公司是最早具备军工资质的企业之一，2015年公司签订的军品订单接近1亿元，同时承接装备预研国家“863”项目，公司在军工领域拥有强大的科研实力，是军民融合的重要平台；布局金融领域，给公司带来稳定的利润来源。

（三）天地科技

2015年，天地科技面对严峻的经济形势和煤炭行业形势，积极开拓市场，推行转型升级和精细管理。一方面提高产业集中度，加快企业兼并重组，有效化解过剩产能；另一方面提高煤炭清洁利用水平，在当前不利的煤炭经济形势下，加快了公司转型升级步伐，进军煤炭转化与清洁利用、矿山安全环保业务以及矿用产品检验检测等业务领域。2015年全年实现营业收入为143.5亿元，较2014年下降21.69%，实现归属于本公司股东的净利润为12.27亿元，较2014年下降27.16%，基本每股收益0.30元，较2014年下降27.14%。

2015年，随着国家调控能源消费总量，提高非化石能源消费比重的政策力度不断加大，煤炭需求增速放缓将成为一种常态，行业出现大面积亏损，而产能严重过剩是导致业绩惨淡最主要原因之一。公司积极应对复杂多变的国内外经济形势和煤炭行业发展下行的影响，收购的资产有所升级，主要围绕在清洁、节能环保领域，收购了上海煤科100%股权以及煤科院21%股权。在传统业务受到大环境冲击后，积极寻找到的新利润增长点。

四、上市公司在行业中的影响力

2015年，专用设备制造业上市公司总资产为9231.38亿元，占全行业总量的6.42%；营业收入为3467.83亿元，占全行业总量的3.66%；利润总额为148.92亿元，占行业总量的2.82%。

我国专用设备机械制造业企业数量众多，市场集中度较为分散，细分领域产品竞争较为激烈。近些年来，我们看到上市公司总资产在数值上一直呈现递增的趋势，然而营业收入与利润总额却在减少，同时总资产、营业收入、利润总额在制造业全行业内的占比也呈现下降的趋势，这表明行业整体上行压力加大，同时行业内部面临新一轮的洗牌。随着过剩产能的继续出清，那些在细分领域具备核心竞争力的优势企业和新型制造企业有望凭借规模和技术优势，灵活适应新形势下产业环境的变化，陆续通过兼并重组和淘汰等手段，提高市场的集中度，这也将是传统制造企业的重要发展方向。

审稿人：董岚枫

撰稿人：白逸凡　刘振宇

汽车制造业

一、汽车制造业总体概况

(一) 行业整体运行情况

2015年我国汽车产销分别完成2450.33万辆和2459.76万辆，较2014年分别增长3.25%和4.68%，比2014年分别下降4.01个和2.18个百分点，总体增长平稳。尤其是在10月开始实施1.6L及以下排量乘用车购置税减半政策的刺激下，第四季度乘用车产销一扫前三季度“量价齐跌”的“阴霾”，增速分别上升至16.57%和18.58%。

从财务数据看，2015年汽车制造业主营业务收入为70156.90亿元，较2014年增长4.80%；实现利润总额为6071.30亿元，较2014年增长1.50%。在车市“量价齐跌”的拖累下，行业营收与利润总额增速相比2014年有明显的收窄。

2015年汽车行业最大的增长亮点来自于中央与地方政策大力支持下的新能源汽车。根据中汽协数据，2015年新能源汽车销量达33.11万辆，较2014年大增342.86%。其中，纯电动汽车销量达24.75万辆，较2014年增长449.37%；插电式混合动力汽车销量达8.36万辆，较2014年增长181.37%。结构方面，纯电动汽车占比74.75%，插电式混合动力汽车占比25.25%，纯电动是政策推广主力车型。

(二) 细分行业运行概况

分领域看，首先，2015年乘用车产销分别为2107.94万辆和2114.63万辆，较2014年分别增长5.78%和7.30%，增速高于汽车总体2.53个和2.62个百分点。其中，轿车产销较2014年增速为-6.84%和-5.33%，MPV为7.73%和10.05%，SUV为49.65%和52.39%，交叉型为-16.92%和-17.47%。在政策刺激下，1.6L及以下排量乘用车销量为1450.86万辆，较2014年增长10.42%，高于乘用车整体。

其次，商用车产销分别为342.39万辆、345.13万辆，较2014年分别下降9.97%和8.97%，受经济增速收窄影响，商用车整体表现较低迷。其中，客车产销分别为59.09万辆和59.54万辆，较2014年分别下降2.69%和1.90%，货车产销分别为283.30万辆和285.59万辆，较2014年分别下降2.69%和10.32%。

分品牌看，2015年自主品牌乘用车销售达869.89万辆，较2014年增长15.26%，占乘用车销售总量的41.21%，比2014年同期提高2.90个百分点，主要是小型SUV高速增长抢占了部分合资份额。

出口方面，2015年汽车整车出口为75.53万辆，较2014年下降20.32%。其中，乘用车出口为42.34万辆，较2014年下降16.60%；商用车出口为33.19万辆，较2014年下降24.61%。出口金额方面，2015年汽车整车出口额为124.31亿美元，较2014年下降9.89%。其中，乘用车出口额为35.80亿美元，较2014年下降9.45%；商用车出口额为88.51亿美元，较2014年下降10.07%。出口金额降幅低于出口量，反映出口整体产品结构在逐步改善。

二、行业内上市公司发展概况

（一）行业内上市公司基本情况

表1　　2015年汽车制造业上市公司发行股票概况

门　类	A、B股总数	A股股票数	B股股票数	境内总市值（亿元）	流通A股市值（亿元）	流通B股市值（亿元）
汽车制造业	96	90	6	16204.71	12754.66	266.98
占沪深两市比重（%）	3.30	3.09	0.21	3.05	3.07	12.28

资料来源：沪深交易所，同花顺。

（二）行业内上市公司构成情况

表2　　2015年汽车制造业上市公司构成情况　　单位：家

门　类	沪　市			深　市			ST/*ST
	仅A股	仅B股	A+B股	仅A股	仅B股	A+B股	
汽车制造业	36	1	1	49	0	4	0/2
占行业内上市公司比重（%）	39.56	1.10	1.10	53.85	0.00	4.40	0/2.2

资料来源：沪深交易所，同花顺。

（三）行业内上市公司融资情况

表3　　2015年汽车制造业上市公司与沪深两市融资情况对比　　单位：家

	融资家数	新　股	增　发	配　股
汽车制造业	24	6	18	0
沪深两市总数	819	220	595	6
占比（%）	2.93	2.73	3.03	0

资料来源：沪深交易所，同花顺。

其中，首发的6家公司中，有4家沪市、1家中小板及1家创业板公司；增发的18家公司中，有11家沪市、2家深市主板、4家中小板及1家创业板公司。

按行业大类划分，进行融资的24家公司中，乘用车2家，商用车3家，汽车零部件19家，分别占比8.34%、12.50%、79.17%。

从融资效果看，上述公司实际发行数量为480894.85万股；实际募集资金为

490.29亿元，基本完成了融资计划。

2015年汽车制造业上市公司融资情况明细见附录。

（四）行业内上市公司资产及业绩情况

表4　2015年汽车制造业上市公司资产情况　单位：亿元

指　标	2015年	2015年可比样本增长（%）	2014年	2014年可比样本增长（%）	2013年
总资产	16119.57	17.84	13556.97	16.93	11408.62
流动资产	8806.73	17.43	7439.75	13.08	6488.72
占比（%）	54.63	–0.19	54.88	–1.87	56.88
非流动资产	7312.84	18.33	6117.22	21.98	4919.9
占比（%）	45.37	0.19	45.12	1.87	43.12
流动负债	7684.74	18.21	6422.99	17.96	5383.55
占比（%）	47.67	0.15	47.38	0.42	47.19
非流动负债	1495.05	24.86	1181.44	20.82	938.44
占比（%）	9.27	0.52	8.71	0.28	8.23
归属于母公司股东权益	6188.69	15.65	5346.92	15.41	4555.96
占比（%）	38.39	–0.73	39.44	–0.52	39.93

资料来源：沪深交易所，同花顺。

表5　2015年汽车制造业上市公司收入实现情况　单位：亿元

指　标	2015年	2015年可比样本增长（%）	2014年	2014年可比样本增长（%）	2013年
营业收入	15272.7	9.16	13836.58	11.97	12304.07
利润总额	1098.31	10.69	980.71	9.17	882.7
归属于母公司所有者的净利润	809.76	10.63	722.81	16.55	607.38

资料来源：沪深交易所，同花顺。

（五）利润分配情况

2015年全年汽车制造业上市公司中共有73家公司实施了分红配股。其中，22家上市公司实施送股或转增股，70家上市公司实施派息，其中19家公司既实施了送股、转增又实施了派息。

2015年汽车制造业上市公司分红明细见附录。

（六）其他财务指标情况

1. 盈利能力指标

表 6　　2015 年汽车制造业上市公司盈利能力情况　　单位：%

指　标	2015 年	2015 年可比样本变动	2014 年	2014 年可比样本变动	2013 年
毛利率	15.94	−0.03	15.72	−0.03	15.79
净资产收益率	13.08	−0.6	13.52	0.13	15.01
销售净利率	6.26	0	6.26	−0.03	6.2
资产净利率	6.42	−0.5	6.89	−0.31	7.17

资料来源：沪深交易所，同花顺。

2. 偿债能力指标

表 7　　2015 年汽车制造业上市公司偿债能力指标

指　标	2015 年	2015 年可比样本变动	2014 年	2014 年可比样本变动	2013 年
流动比率	1.15	−0.01	1.16	−0.05	1.21
速动比率	0.96	0.01	0.96	−0.05	1
资产负债率（%）	56.95	0.67	56.09	0.69	55.41

资料来源：沪深交易所，同花顺。

3. 营运能力指标

表 8　　2015 年汽车制造业上市公司营运能力情况　　单位：次

营运能力指标	2015 年	2015 年可比样本变动	2014 年	2014 年可比样本变动	2013 年
存货周转率	9.46	−0.21	9.7	−0.25	11.89
应收账款周转率	10.57	−2.34	12.9	−1.56	14.69
流动资产周转率	1.87	−0.11	1.97	−0.06	2.05
固定资产周转率	6.04	−0.23	6.29	−0.25	6.68
总资产周转率	1.03	−0.08	1.1	−0.04	1.16
净资产周转率	2.36	−0.14	2.49	−0.01	2.53

资料来源：沪深交易所，同花顺。

三、重点上市公司介绍

(一) 上汽集团

上汽集团是国内 A 股市场最大的汽车上市公司，多次入选《财富》杂志世界 500 强。目前，上汽集团的主要业务为整车和零部件的研发、生产及销售，物流、车载信息、二手车等汽车服务贸易业务以及汽车金融业务。

集团所属主要整车企业有乘用车公司、上汽大众、上汽大通、上汽通用、上海申沃、上汽通用五菱、南京依维柯、上汽依维柯红岩等；零部件企业有华域汽车、上汽变速器、联合汽车电子、上柴股份等；汽车金融企业有上汽财务公司等；汽车销售服务企业有安吉物流等。

2015 年，公司整车销量达到 590.2 万辆，较 2014 年增长 5.0%，市场份额达到 23.2%，继续保持国内汽车市场领先优势。2015 年，公司实现营业收入为 6613.74 亿元，归属母公司所有者的净利润为 297.94 亿元，分别较 2014 年增长 5.53%和 6.51%，第十二次入选《财富》杂志世界 500 强，排名第 46 位，比 2014 年上升了 14 位。

表 9 上汽集团 2012~2015 年财务指标

项目	2015 年	2014 年	2013 年	2012 年
营业收入（万元）	66137392.98	62671239.45	56334567.24	47843257.63
营业成本（万元）	58583288.32	54923602.59	49098848.21	40056359.67
营业利润（万元）	4358803.04	4033376.85	4017911.49	3933958.98
利润总额（万元）	4580967.65	4268879.52	4149299.77	4015636.50
归属母公司股东的净利润（万元）	2979379.07	2797344.13	2480362.63	2075176.33
毛利率（%）	11.42	12.36	12.84	16.28
净利率（%）	6.06	6.10	6.32	7.01
资产负债率（%）	58.78	55.41	56.71	54.29

资料来源：Wind 资讯。

(二) 广汽集团

广汽集团是一家大型国有控股股份制企业集团，其前身为成立于 1997 年 6 月的广州汽车集团有限公司。在中国大型国有控股汽车集团中，广汽集团首家实现 A+H 股整体上市。

目前，公司已形成以整车制造为中心，涵盖上游的汽车研发、零部件和下游的汽车商贸服务、汽车金融、汽车保险、汽车租赁、汽车物流等完整的产业链条，成为国内产业链最为完整的汽车集团之一，乘用车和商用车总产能达 162 万辆。目前集团旗下拥有广汽乘用车、广汽本田、广汽丰田、广汽菲克、广汽三菱、本田汽车（中国）、广汽日野、广汽比亚迪、五羊—

本田、广汽部件、广汽丰田发动机、上海日野发动机、广汽商贸、同方环球、大圣科技、中隆投资、广汽汇理、广爱公司、众诚保险、广汽资本、广汽研究院等数十家知名企业与研发机构。

2015 年，公司连同合营联营公司实现汽车产销为 127.39 万辆和 129.97 万辆，较 2014 年分别增长 4.54%和 10.86%；实现营业收入 294.18 亿元，归属母公司所有者的净利润为 42.32 亿元，分别较 2014 年增长 31.43%和 32.48%。

表 10　　广汽集团 2012~2015 年财务指标

项　目	2015 年	2014 年	2013 年	2012 年
营业收入（万元）	2941822.27	2237593.39	1882419.85	1287401.05
营业成本（万元）	2481615.30	1895899.28	1611301.06	1182866.54
营业利润（万元）	406481.00	269588.37	299947.21	95705.56
利润总额（万元）	440692.72	305359.29	264572.20	99983.64
归属母公司股东的净利润（万元）	423235.19	318589.07	266892.19	113358.38
毛利率（%）	15.64	15.27	14.40	8.12
净利率（%）	13.62	13.08	13.52	8.27
资产负债率（%）	41.28	42.05	41.06	35.18

资料来源：Wind 资讯。

（三）长城汽车

长城汽车是中国最大的 SUV 制造企业，于 2003 年、2011 年分别在香港 H 股和国内 A 股上市。目前，旗下拥有哈弗、长城两个品牌，并于 2016 年 11 月推出高端品牌“WEY”，目前公司拥有四个整车生产基地，具备发动机、变速器等核心零部件的自主配套能力，下属控股子公司 40 余家，员工 7 万余人。

2015 年，公司通过持续的新产品投放、积极的销售策略、不断改善的售后服务，促进总体销售持续增长，年度内整车销量达到 85 万辆，其中长城汽车在 SUV 市场持续表现卓越，年度内哈弗 H6 销量达到 38 万辆，创造了全球 SUV 单一车型在单一市场销量最高纪录；高端车型哈弗 H8 和哈弗 H9 在车型性能品质方面表现优秀。

公司在“2015 年汽车行业用户满意度测评”中获得自主品牌销售服务满意度冠军的荣誉，且在 2015 年全国工商业联合会“汽车经销商满意度调查”中哈弗品牌荣登榜首。

受宏观经济增速放缓以及汽车行业竞争加剧等影响，公司积极采取优惠促销策略，带来销量、收入的持续增长，在毛利率水平略有下降的情况下也保持了行业较高水平，取得了归属于本公司股东净利润比 2014 年略有增长的业绩。2015 年，公司实现营业收入为759.55亿元，归属母公司所有者的净利润为80.59亿元，分别较2014年增长21.35%和0.22%。

表11　　长城汽车2012~2015年财务指标

项　目	2015年	2014年	2013年	2012年
营业收入（万元）	7595458.60	6259077.26	5678431.43	4315996.66
营业成本（万元）	5686391.14	4525176.11	4053799.47	3156150.14
营业利润（万元）	928042.28	924368.10	966803.73	666340.17
利润总额（万元）	968857.68	964007.56	991972.18	684103.63
归属母公司股东的净利润（万元）	805933.25	804153.55	822364.84	569244.90
毛利率（%）	25.13	27.70	28.61	26.87
净利率（%）	10.61	12.85	14.50	13.26
资产负债率（%）	46.62	45.36	46.76	49.16

资料来源：Wind资讯。

（四）长安汽车

长安汽车主营业务为乘用车和商用车的开发、制造和销售，目前拥有全球12个生产基地、32个整车及发动机工厂，员工9万人。公司下属主要企业包括乘用车公司长安福特、长安铃木、长安马自达、长安标致雪铁龙等乘用车企业；江铃控股等商用车企业，特别是公司2000km超级无人驾驶测试创造中国整车企业首次行程无人驾驶最长的纪录。

2015年，长安汽车逸动-15款、逸动纯电动、逸动XT-15款、CS35-15款、长安之星3、欧力威X6成功上市；CS95、CS75-四驱、欧尚等车型研发按计划顺利推进；年度完成销售汽车达146.6万辆，

表12　　长安汽车2012~2015年财务指标

项　目	2015年	2014年	2013年	2012年
营业收入（万元）	6677158.05	5291333.21	3848186.23	2946258.88
营业成本（万元）	5340671.07	4326582.59	3174779.88	2404008.71
营业利润（万元）	958745.62	717651.59	313053.29	92247.71
利润总额（万元）	1001188.50	753882.96	331556.15	132743.39
归属母公司股东的净利润（万元）	995271.42	756108.16	350564.05	144640.96
毛利率（%）	20.02	18.23	17.50	18.40
净利率（%）	14.86	14.21	9.01	4.80
资产负债率（%）	61.78	63.47	65.07	66.63

资料来源：Wind资讯。

较2014年增长11%，高于汽车行业9.6个百分点，其中，长安自主品牌乘用车（含新微客，不含合资自主）销售达54.9万辆，较2014年增长40%，位居中国自主品牌第一。在中国汽车市场，公司取得了约12.4%的市场份额，比2014年提升了1.1个百分点，销量位居中国汽车业前3位。

2015年，公司实现营业收入为667.72亿元，归属母公司所有者的净利润为99.53亿元，分别较2014年增长26.19%和31.63%，保持高速增长。

（五）宇通客车

宇通客车是我国集客车产品研发、制造和销售为一体的大型现代化制造企业，拥有底盘车架电泳、车身电泳、机器人喷涂等国际先进的客车电泳涂装生产线，是目前世界上单厂规模最大、工艺技术条件最先进的大中型客车生产基地，主要产品可满足5米至25米不同长度的需求，拥有203个产品系列的完整产品链，主要用于公路客运、旅游客运、公交客运、团体运输、校车、专用客车等各个细分市场。

2015年，公司完成客车销售67018辆，较2014年增长1.09%。在国内市场，公司紧抓新能源市场爆发机会，纯电动产品取得一定突破，新能源客车合计销售达20446辆，较2014年增长176.1%，同时公司获得行业首个燃料电池客车生产资质；在海外市场，在行业大幅下滑的情况下，公司实现销量7018辆，较2014年增长7.3%；在智能化领域，公司完成世界首例自动驾驶客车开放道路试验，成功完成跟车行驶、自主换道、路口自主通行、站点停靠等试验科目，是全球无人驾驶客车在开放道路条件下全程无人工干预的首次成功运行。

2015年，公司实现营业收入为312.11亿元，归属母公司所有者的净利润为35.35亿元，分别较2014年增长21.31%和35.31%，保持稳健增长。

表13　　宇通客车2012~2015年财务指标

项　目	2015年	2014年	2013年	2012年
营业收入（万元）	3121087.39	2572829.95	2209382.66	1976345.92
营业成本（万元）	2330589.85	1948136.06	1779426.64	1581765.70
营业利润（万元）	382828.30	290271.13	188396.64	163713.98
利润总额（万元）	410434.49	305084.04	208729.04	176518.54
归属母公司股东的净利润（万元）	353521.59	261262.19	182257.52	154972.15
毛利率（%）	25.33	24.28	19.46	19.97
净利率（%）	11.49	10.31	8.25	7.84
资产负债率（%）	57.07	54.41	45.94	48.74

资料来源：Wind资讯。

四、上市公司在行业中的影响力

主营业务收入方面，2015年，汽车行业规模以上企业累计实现主营业务收入为73159.3亿元，较2014年增长4.7%；2015年行业内上市公司营业收入为15272.7亿元，较2014年增长9.16%，高于行业增速4.46个百分点；上市公司营业收入占行业比重为20.88%。

利润总额方面，2015年，汽车行业规模以上企业累计实现利润总额为6275.0亿元，较2014年增长1.7%；2015年行业内上市公司利润总额为1098.31亿元，较2014年增长10.69%，高于行业增速8.99个百分点；上市公司利润总额占行业比重为17.5%。

税收方面，2015年汽车行业规模以上企业累计实现利税总额为9931.8亿元，较2014年增长2.9%；2015年行业内上市公司支付各项税费为812.9亿元，较2014年增长8.6%，高于行业增速5.7个百分点；上市公司占行业比重为8.2%。

总体来看，汽车上市公司在行业中影响较大，主要是汽车企业集团均已实现整体或部分上市，并在行业营业收入、利润总额及税收等方面占比较高。

审稿人：任宪功

撰稿人：郑连声　张冬明

铁路、船舶、航空航天和其他运输设备制造业

一、铁路、船舶、航空航天和其他运输设备制造业总体概况

2015年，随着中国经济进入新常态，工业增长持续放缓，投资需求进一步减弱。从企业景气指数来看，2015年各季度铁路、船舶、航空航天和其他运输设备制造业的企业景气指数分别为119.80、119.30、114.70、115.80，景气度较2014年显著下降。

从货物周转量数据来看，2015年，我国货物周转量总计178356亿吨千米，比2014年减少4.03%。其中，铁路货物周转量为23754亿吨千米，较2014年减少13.72%；公路货物周转量为64705亿吨千米，较2014年增长5.83%；水运货物周转量为91917亿吨千米，与2014年基本持平；民用航空货物周转量为208亿吨千米，较2014年增长10.68%。

从旅客周转量数据来看，2015年，我国客运周转量为30059亿人千米，比2014年下降0.12%。其中，铁路客运周转量为11961亿人千米，较2014年下降3.07%；公路客运周转量为10743亿人千米，较2014年下降11.10%；水运客运周转量为73亿人千米，较2014年下降1.69%；民用

航空客运周转量为7283亿人千米，较2014年增长14.98%。

二、行业内上市公司发展概况

（一）行业内上市公司基本情况

表1　　2015年铁路、船舶、航空航天和其他运输设备制造业上市公司发行股票概况

门　类	A、B股总数	A股股票数	B股股票数	境内总市值（亿元）	流通A股市值（亿元）	流通B股市值（亿元）
铁路、船舶、航空航天和其他运输设备制造业	39	35	4	11244.73	9905.85	50.12
占沪深两市比重（%）	1.34	1.20	0.14	2.12	2.38	2.31

资料来源：沪深交易所，同花顺。

（二）行业内上市公司构成情况

表2　　2015年铁路、船舶、航空航天和其他运输设备制造业上市公司构成情况　　单位：家

门　类	沪　市			深　市			ST/*ST
	仅A股	仅B股	A+B股	仅A股	仅B股	A+B股	
铁路、船舶、航空航天和其他运输设备制造业	18	0	2	14	1	1	0/1
占行业内上市公司比重（%）	50.00	0.00	5.56	38.89	2.78	2.78	0/2.78

资料来源：沪深交易所，同花顺。

（三）行业内上市公司融资情况

表3　　2015年铁路、船舶、航空航天和其他运输设备制造业上市公司与沪深两市融资情况对比　　单位：家

	融资家数	新　股	增　发	配　股
铁路、船舶、航空航天和其他运输设备制造业	8	2	6	0
沪深两市总数	819	220	595	6
占比（%）	0.98	0.91	1.01	0

资料来源：沪深交易所，同花顺。

其中，首发的2家公司中，有1家在沪市主板上市，1家在创业板上市；增发的6家公司中，有3家沪市、2家深市主板及1家中小板公司。

从融资效果看，上述公司实际发行数量为76435.73万股；实际募集资金达108.68亿元，基本完成了融资计划。

2015年铁路、船舶、航空航天和其他运输设备制造业上市公司融资情况明细见附录。

（四）行业内上市公司资产及业绩情况

表 4　　2015 年铁路、船舶、航空航天和其他运输设备制造业上市公司资产情况　　单位：亿元

指　标	2015 年	2015 年可比样本增长（%）	2014 年	2014 年可比样本增长（%）	2013 年
总资产	8487.75	4.26	7908.79	13.09	6397.89
流动资产	5744.81	3.17	5414.76	15.17	4344.33
占比（%）	67.68	-0.72	68.47	1.24	67.9
非流动资产	2742.94	6.62	2494.03	8.81	2053.56
占比（%）	32.32	0.72	31.53	-1.24	32.1
流动负债	4439.58	2.06	4205.78	12.03	3356.87
占比（%）	52.31	-1.13	53.18	-0.5	52.47
非流动负债	1012.63	4.12	930.34	14.63	711.76
占比（%）	11.93	-0.02	11.76	0.15	11.12
归属于母公司股东权益	2748.18	5.96	2548.31	14.91	2128.5
占比（%）	32.38	0.52	32.22	0.51	33.27

资料来源：沪深交易所，同花顺。

表 5　　2015 年铁路、船舶、航空航天和其他运输设备制造业上市公司收入实现情况　　单位：亿元

指　标	2015 年	2015 年可比样本增长（%）	2014 年	2014 年可比样本增长（%）	2013 年
营业收入	4722.66	4.1	4430.38	12.25	3666.17
利润总额	161.95	-26.44	214.39	-1.04	208.05
归属于母公司所有者的净利润	95.61	-42.73	162.12	-5.65	164.51

资料来源：沪深交易所，同花顺。

（五）利润分配情况

2015 年全年铁路、船舶、航空航天和其他运输设备制造业上市公司中共有 24 家公司实施了分红配股。其中，7 家上市公司实施送股或转增股，23 家上市公司实施派息，其中 5 家公司既实施了送股、转增又实施了派息。

2015 年铁路、船舶、航空航天和其他运输设备制造业上市公司分红明细见附录。

（六）其他财务指标情况

1. 盈利能力指标

表 6　2015 年铁路、船舶、航空航天和其他运输设备制造业上市公司盈利能力情况　单位：%

指　标	2015 年	2015 年可比样本变动	2014 年	2014 年可比样本变动	2013 年
毛利率	16.18	-0.44	16.62	0.35	16.42
净资产收益率	3.48	-2.96	6.36	-1.39	7.48
销售净利率	2.36	-1.62	3.98	-0.6	4.75
资产净利率	1.34	-1.25	2.37	-0.4	2.86

资料来源：沪深交易所，同花顺。

2. 偿债能力指标

表 7　2015 年铁路、船舶、航空航天和其他运输设备制造业上市公司偿债能力指标

指　标	2015 年	2015 年可比样本变动	2014 年	2014 年可比样本变动	2013 年
流动比率	1.29	0.01	1.29	0.04	1.29
速动比率	0.88	0.01	0.88	-0.02	0.94
资产负债率（%）	64.24	-1.15	64.94	-0.35	63.59

资料来源：沪深交易所，同花顺。

3. 营运能力指标

表 8　2015 年铁路、船舶、航空航天和其他运输设备制造业上市公司营运能力情况　单位：次

营运能力指标	2015 年	2015 年可比样本变动	2014 年	2014 年可比样本变动	2013 年
存货周转率	2.19	-0.42	2.43	-0.2	3.21
应收账款周转率	3.89	-0.66	3.86	0.13	3.55
流动资产周转率	0.83	-0.11	0.88	-0.01	0.89
固定资产周转率	3.13	-0.42	3.25	-0.02	3.32
总资产周转率	0.57	-0.08	0.59	-0.02	0.6
净资产周转率	1.61	-0.25	1.7	-0.04	1.67

资料来源：沪深交易所，同花顺。

三、重点上市公司介绍

（一）中国中车

中国中车是经国务院同意，国务院国资委批准，由中国北车、中国南车按照对等原则合并组建的 A+H 股上市公司。经中国证监会核准，2015 年 6 月 8 日，中国中车在上海证券交易所和香港联交所成功上市。中国中车承继了中国北车、中国南车的全部业务和资产，是全球规模最大、品种最全、技术领先的轨道交通装备供应商。

2015 年，中国中车业绩实现了稳定增长。实现营业收入为 2419.13 亿元，较 2014 年增长 8.98%；实现归属于母公司所有者的净利润为 118.18 亿元，较 2014 年增长 9.27%；扣除非经常性损益后归属母公司所有者的净利润较 2014 年增长 100.85%；基本每股收益为 0.43 元，加权平均净资产收益率 12.47%。

分业务看，铁路装备板块营收较 2014 年增加 3%，按辆计动车组销量较 2014 年增加 22%，客车和货车销量下降。现代服务业营收减少 5%，主要是物流和贸易类的收入减少，成本减少 7%，主要是产品结构变化所致；城轨与城市基础设施业务的营收比 2014 年同期增加 36%，主要是 2015 年城轨地铁车辆的交付增加所致；新产业的营收比 2014 年同期增加 28%，主要得益于市场开拓，发电设备和汽车装备收入提高。

（二）中航飞机

中航飞机是科研、生产一体化的特大型航空工业企业，是国内首家注入航空整机资产的上市公司。中航飞机是中航工业的龙头公司，也是中国唯一的运输机、轰炸机生产厂商。公司主营业务主要分为军用飞机整机、民用飞机整机、国产飞机零部件和国际转包飞机零部件。

2015 年，中航飞机全年实现营业收入为 241.16 亿元，较 2014 年增长 13.76%；实现归属于母公司所有者的净利润 4 亿元，较 2014 年增长 13.68%；扣非后归属母公司所有者的净利润较 2014 年下降 0.57%；基本每股收益为 0.15 元，加权平均净资产收益率为 3.01%。

截至 2015 年 12 月 31 日，公司新舟 60 飞机和新舟 600 飞机共获得国内外订单 281 架（其中：意向订单 131 架），累计交付 18 个国家、28 家用户、107 架飞机。其中：国外签订 123 架（含意向订单 49 架），交付 57 架；国内签订 158 架（含意向订单 82 架），交付 50 架。

四、上市公司在行业中的影响力

（一）上市公司资产在全行业占比略有下降

2015 年，铁路、船舶、航空航天和其他运输设备制造业总资产规模已达到 1.63 万亿元，较 2014 年增长 9.47%；全行业上市公司资产总额为8488亿元，按可比样本计算较2014年增长4.26%，低于全行业增速。上市公司资产总额占行业总资产的52.01%，较2014年下降1.04个百分点。

（二）上市公司营业收入在行业中占比提升，利润占比下降

2015年，全行业营业收入为1.63万亿元，较2014年增长4.57%，其中，上市公司实现营业收入为4722.66亿元，按可比样本计算较2014年增长4.1%，增速低于全行业水平；上市公司总收入规模占全行业比重达29.01%，连续三年上升。2015年全行业利润总额为1000亿元，较2014年增长4.68%。上市公司利润总额为161.95亿元，在全行业占比为16.20%，较2014年下降6.24个百分点。

审稿人：丁思德

撰稿人：张　迪

电气机械及器材制造业

一、电气机械及器材制造业总体概况

（一）行业整体运行情况

据国家统计局数据显示，2015年全国规模以上电气机械及器材制造行业企业数量为22917家，行业总资产合计为56981.70亿元，较2014年增长9.72%。

2015年，电气机械及器材制造业实现营业收入为69475.00亿元，较2014年增长4.80%；实现利润总额为4389.00亿元，较2014年增长12.13%；2015年，电气机械及器材制造行业毛利率为14.69%，较2014年增长了0.07个百分点。

2015年，电气机械及器材制造业固定资产投资完成额累计为11307.13亿元，较2014年增长9.10%。从国家统计局发布的细分行业的企业景气指数来看，2015年第四季度电气机械及器材制造业景气指数为124.10，较2014年第四季度的132.80有所回落。

（二）细分行业运行概况

1. 电气设备类公司

电气设备类公司景气度与电力投资完成情况密切相关。根据国家能源局统计，2015年，全国用电量为55500亿千瓦时，较2014年增长0.52%。新增发电设备容量为12973.88万千瓦，较2014年增长24.23%。其中，水电新增设备容量为1607.63万千瓦，较2014年下降26.24%；火电新增设备容量为6399.65万千瓦，较2014年增长33.59%；核电新增设备容量为724.06万千瓦，较2014年增长32.33%；风电新增设备容量为2960.87万千瓦，较2014年增长40.96%；太阳能新增设备容量

1281.67 万千瓦，较 2014 年增长 55.34%。2015 年，新增 220 千伏及以上变电设备容量为 21785.00 万千伏安，新增 220 千伏及以上线路长度为 33152.21 千米。

2015 年，全国发电设备累计平均利用 3969.00 小时，较 2014 年减少 348.72 小时。其中，水电累计平均利用 3621.19 小时，较 2014 年减少 47.89 小时；火电累计平均利用 4329.15 小时，较 2014 年减少 409.87 小时；风电累计平均利用 1727.92 小时，较 2014 年减少 172.29 小时；核电累计平均利用 7350.00 小时，较 2014 年减少 437.01 小时。

2015 年，电源工程投资完成额为 4091.00 亿元，较 2014 年增长 10.98%。其中水电工程投资完成额为 782.46 亿元，较 2014 年下降 16.99%；火电工程投资完成额为 1396.29亿元，较 2014 年增长 21.96%；核电工程投资完成额为 560.16 亿元，较 2014 年增长 5.15%；风电投资完成额为 1158.78 亿元，较 2014 年增长 26.57%。2015 年，电网基本建设工程投资完成额为 4602.99 亿元，较 2014 年增长 11.74%。

2. 家电类公司

家电类公司景气度与房地产投资完成情况紧密相关。2015 年，全国房地产开发投资完成额 95978.85 亿元，较 2014 年增长 0.99%，增幅比 2014 年下降了 9.50 个百分点。

2015 年，彩电累计生产量为 16206.70 万台，较 2014 年增长 4.28%；空调累计生产量为 15649.80 万台，较 2014 年下降 0.43%；家用电冰箱累计生产量为 8992.80 万台，较 2014 年增长 2.24%；家用洗衣机累计生产量为 7274.50 万台，较 2014 年增长 2.25%；冷柜累计生产量为 2170.40 万台，较 2014 年增长 20.54%；家用燃气灶具累计生产量为 3668.74 万台，较 2014 年增长 3.11%。

二、行业内上市公司发展概况

（一）行业内上市公司基本情况

表 1 2015 年电气机械及器材制造业上市公司发行股票概况

门　类	A、B 股总数	A 股股票数	B 股股票数	境内总市值（亿元）	流通 A 股市值（亿元）	流通 B 股市值（亿元）
电气机械及器材制造业	186	182	4	23124.43	17422.41	73.72
占沪深两市比重（%）	6.40	6.26	0.14	4.35	4.19	3.39

资料来源：沪深交易所，同花顺。

（二）行业内上市公司构成情况

表 2　　2015 年电气机械及器材制造业上市公司构成情况　　单位：家

门　类	沪　市			深　市			ST/*ST
	仅 A 股	仅 B 股	A+B 股	仅 A 股	仅 B 股	A+B 股	
电气机械及器材制造业	47	0	0	132	1	3	0/0
占行业内上市公司比重（%）	25.68	0.00	0.00	72.13	0.55	1.64	0/0

资料来源：沪深交易所，同花顺。

（三）行业内上市公司融资情况

表 3　　2015 年电气机械及器材制造业上市公司与沪深两市融资情况对比　　单位：家

	融资家数	新　股	增　发	配　股
电气机械及器材制造业	55	15	40	0
沪深两市总数	819	220	595	6
占比（%）	6.72	6.82	6.72	0

资料来源：沪深交易所，同花顺。

其中，首发的 15 家公司中，有 5 家沪市、1 家中小板及 9 家创业板公司；增发的 40 家公司中，有 7 家沪市、5 家深市主板、16 家中小板及 12 家创业板公司。

从融资效果看，上述公司实际发行数量为 529722.51 万股；实际募集资金为 4965976.99 亿元，基本完成了融资计划。

2015 年电气机械及器材制造业上市公司融资情况明细见附录。

（四）行业内上市公司资产及业绩情况

表 4　　2015 年电气机械及器材制造业上市公司资产情况　　单位：亿元

指　标	2015 年	2015 年可比样本增长（%）	2014 年	2014 年可比样本增长（%）	2013 年
总资产	11972.13	14.46	10241.53	16.31	8428.44
流动资产	8105.49	11.43	7090.57	16.18	5880.72
占比（%）	67.7	-1.84	69.23	-0.08	69.77
非流动资产	3866.63	21.37	3150.97	16.6	2547.72
占比（%）	32.3	1.84	30.77	0.08	30.23
流动负债	5737.78	12.57	5018.07	13.2	4246.39
占比（%）	47.93	-0.8	49	-1.34	50.38
非流动负债	664.12	7.72	614.06	13.09	518.65
占比（%）	5.55	-0.34	6	-0.17	6.15
归属于母公司股东权益	5133.83	16.58	4273.71	20.65	3375.88
占比（%）	42.88	0.78	41.73	1.5	40.05

资料来源：沪深交易所，同花顺。

表5　　2015年电气机械及器材制造业上市公司收入实现情况　　单位：亿元

指　标	2015年	2015年可比样本增长（%）	2014年	2014年可比样本增长（%）	2013年
营业收入	8619.06	0.3	8356	12.29	7218.57
利润总额	784.82	7.21	698.37	31.02	514.94
归属于母公司所有者的净利润	619.51	8.62	542.6	40.12	372.38

资料来源：沪深交易所，同花顺。

（五）利润分配情况

2015年全年电气机械及器材制造业上市公司中共有151家公司实施了分红配股。其中，57家上市公司实施送股或转增股，147家上市公司实施派息，其中53家公司既实施了送股、转增又实施了派息。

2015年电气机械及器材制造业上市公司分红明细见附录。

（六）其他财务指标情况

1. 盈利能力指标

表6　　2015年电气机械及器材制造业上市公司盈利能力情况　　单位：%

指　标	2015年	2015年可比样本变动	2014年	2014年可比样本变动	2013年
毛利率	25.27	-0.86	25.64	1.41	24.47
净资产收益率	12.07	-0.88	12.7	1.77	11.61
销售净利率	7.72	0.56	7.02	1.1	5.89
资产净利率	5.93	-0.44	6.16	0.82	5.39

资料来源：沪深交易所，同花顺。

2. 偿债能力指标

表7　　2015年电气机械及器材制造业上市公司偿债能力指标

指　标	2015年	2015年可比样本变动	2014年	2014年可比样本变动	2013年
流动比率	1.41	-0.01	1.41	0.03	1.38
速动比率	1.18	0	1.16	0.05	1.12
资产负债率（%）	53.47	-1.15	54.99	-1.52	56.54

资料来源：沪深交易所，同花顺。

3. 营运能力指标

表 8　　2015 年电气机械及器材制造业上市公司营运能力情况　　单位：次

营运能力指标	2015 年	2015 年可比样本变动	2014 年	2014 年可比样本变动	2013 年
存货周转率	4.89	-0.17	5.07	0.25	6.46
应收账款周转率	4.69	-0.90	5.58	-0.25	5.96
流动资产周转率	1.12	-0.16	1.27	-0.03	1.31
固定资产周转率	4.77	-0.56	5.18	-0.04	5.48
总资产周转率	0.77	-0.12	0.88	-0.02	0.91
净资产周转率	1.67	-0.32	1.98	-0.07	2.08

资料来源：沪深交易所，同花顺。

三、重点上市公司介绍

(一) 格力电器

珠海格力电器股份有限公司成立于1991 年，经过 20 多年的发展已经成为全球最大的集研发、生产、销售、服务于一体的国际化家电企业，旗下拥有格力、TOSOT 等品牌，包括格力家用空调、中央空调、空气能热水器、TOSOT 生活电器等几大品类家电产品。

2015 年，在家电行业整体增速下滑的大环境下，公司业绩也有所调整，实现营业总收入为 1005.64 亿元，较 2014 年下降 28.17%；利润总额为 149.09 亿元，较 2014 年下降 11.00%；实现归属于上市公司股东净利润为 125.32 亿元，较 2014 年下降 11.46%；基本每股收益为 2.08 元，2014 年为 4.71 元。

2015 年 5 月，格力电器大步挺进全球 500 强企业阵营，位居“福布斯全球 2000 强”第 385 名，排名家用电器类全球第一位。此外，2015 年，公司再次被国家质检总局授予“中国出口质量安全示范企业”称号；获得中国质量认证中心（CQC）颁发的家电行业首张 CQC 现场检测实验室证书；自主研发产品获得多种奖项，并多次获得中国外观设计金奖、艾普兰奖、磐石奖等行业大奖；2015 年底，格力电器“基于双级增焓变频压缩机的空气源热泵技术”作为中国的十大节能技术之一被推荐到 IPEEC（中国国家发展和改革委员会与澳大利亚工业部在国际能效合作伙伴关系），并成功获得 IPEEC 评选的“双十佳”称号。

(二) 青岛海尔

青岛海尔股份有限公司成立于 1989 年，公司主营业务为白色家电产品的研发、生产和销售，产品线覆盖冰箱、冷柜、洗衣机、空调、热水器、厨房电器、小家电、U-home 智能家居业务等，为消费者提供智能家电成套解决方案；渠道综合服务业务提供物流、售后、家电及其他产品分销业务。

在国内市场，公司主要通过海尔、卡萨帝、统帅三个品牌进行品牌布局，其中卡萨帝品牌连续3年成为高端家电首选品牌；公司冰箱、冷柜、洗衣机、热水器市场占有率位居行业第一，家用空调市场占有率位居行业第三。在全球市场，公司在不同区域市场推进双品牌运作战略，全面覆盖不同层次的终端市场，根据世界权威市场调查机构欧睿国际（Euromonitor）2015年全球大型家用电器品牌零售量数据显示，海尔大型家用电器2015年品牌零售量占全球市场的9.8%，第7次蝉联全球第一；同时，冰箱、洗衣机、酒柜、冷柜继续蝉联全球第一。

2015年，公司实现营业总收入为897.48亿元，较2014年增长1.10%；利润总额为69.75亿元，较2014年下降13.32%；实现归属于上市公司股东净利润为43.01亿元，较2014年下降13.84%；基本每股收益为0.71元，2014年为1.74元。

（三）亨通光电

江苏亨通光电股份有限公司成立于1993年，是国内规模最大、产业链最为完整的综合性线缆生产企业之一，主营业务涵盖光通信和电力电缆两大行业。

2015年，公司经营模式由传统的“以销定产”模式向“产品—服务—运营”模式转型，通过对电信国脉及万山电力的控股收购，实现了从通信、电力产品向系统集成和工程规划、勘察、设计、施工、网络优化、运维等全业务推进延伸，能够同时为通信、电力两大领域客户提供系统解决方案，由传统的生产经营模式向通信、电力工程设计施工总承包（EPC）、BOT、BT等模式转型。

2015年，公司实现营业总收入为136.22亿元，较2014年增长30.09%；利润总额为8.14亿元，较2014年增长77.83%；实现归属于上市公司股东净利润为5.73亿元，较2014年增长66.44%；基本每股收益为0.46元，2014年为0.87元。

（四）江特电机

江西特种电机股份有限公司成立于1991年，是一家集研发、生产、销售特种电机和锂电新能源系列产品为一体的国家高新技术企业，国家电机行业骨干企业，江西省100强企业。

公司目前业务主要分为四类：机电产业、矿产业、锂电材料产业和电动汽车产业。机电产业方面，公司主要从事新能源汽车电机、电梯扶梯电机、高压电机、起重冶金电机、伺服电机等特种电机的研发、生产与销售，辅以生产其他低压电机和机械产品。2015年，公司传统电机包括起重冶金电机、高压电机等受下游钢铁、房地产、煤炭等行业低迷影响出现较大幅度的下滑。公司通过优化产品结构，加快了新能源汽车电机、风力发电及配套电机、伺服电机等符合国家产业政策发展方向的电机产品，实现新能源汽车电机较2014年增长1201.84%，并逐步成为公司电机主导产品之一。同时完成对米格电机的收购，成为国内最大的伺服电机制造企业。矿产业方面，公司储备了丰富的锂矿资源。公司已在宜春地区拥有5处采矿权、6处探矿权，矿区面积30多平方千米，资源价值巨大。公司锂电材料产业主要包括碳酸锂和锂电正极材料。银锂公司目前已具备了年产2000吨左右碳酸锂的产能，实现了利用锂云母制备电池级碳酸锂的规模化生产，成功研制了“低成本综合利用锂云母制备电池级碳酸锂及其系列副产品的低温等离子法新工艺”。电动汽车产业方面，2015年，公司收购了新能源豪华商务车制造商九龙汽车，快速布局新能源汽车产业，步入国内新能源汽车前列。

2015年，公司实现营业总收入为8.93亿元，较2014年增长12.55%；利润总额为0.27亿元，较2014年下降49.68%；实现归属于上市公司股东净利润为0.39亿元，较2014年增长1.67%；基本每股收益为0.03元，2014年为0.08元。

（五）美的集团

美的集团股份有限公司成立于2000年，是一家领先的消费家电及暖通空调系统全球性企业，提供多元化的产品种类，包括空调、冰箱、洗衣机、厨房家电及各类小型家电。公司现已建立全球平台，拥有约200家子公司及9个战略业务单位。公司在全球拥有约10万名员工，运营21个生产基地及约260个物流仓库。

2015年，在家电行业整体增速下滑的背景下，公司营业总收入为1393.47亿元，较2014年微降2.08%；利润总额为160.51亿元，较2014年增长14.73%；实现归属于上市公司股东净利润为127.07亿元，较2014年增长20.99%；基本每股收益2.99为元，2014年为2.49元。

2015年，美的集团成功进入福布斯全球企业500强，在2015年《财富》中国500强榜单中，美的排名第32位，位居家电行业第一。同时，美的以中国民营企业500强第13名，中国制造业企业500强第38名，继续保持家电行业领先位置。2015年，美的成为首家获取标普、惠誉、穆迪三大国际信用评级的中国家电企业，评级结果在全球家电行业以及国内民营企业中均处于领先地位；在睿富全球2015（第21届）中国品牌价值100强名单中，“美的”品牌以716.11亿位列中国最有价值品牌排行榜第6位。截至2015年，公司累计总授权专利达21581件。

（六）老板电器

杭州老板电器股份有限公司成立于2000年，是中国厨房电器行业的领导者，也是迄今为止历史最悠久的专业厨房电器品牌。公司深耕精耕厨房领域，精心专注于厨房电器产品的研发、生产、销售和综合服务的拓建，提供包括吸油烟机、燃气灶、消毒柜、烤箱、蒸汽炉、微波炉、洗碗机、净水器等厨房电器产品的整体解决方案。

2015年，公司实现营业总收入为45.43亿元，较2014年增长26.58%；利润总额为9.69亿元，较2014年增长45.88%；实现归属于上市公司股东净利润为8.30亿元，较2014年增长44.58%；基本每股收益为1.73元，2014年为1.80元。

公司在秉持“产品领先”的基础上，不断追求“技术领先”。2015年，开发各类产品41款，申请发明专利22项，获得发明专利2项。2015年，搭载老板电器ROKI智能烹饪系统的智能厨电8700+9W70套装上市销售，燃气灶9B39、消毒柜829、烤箱R039、蒸汽炉S209已经完成智能化，完成了从单品智能化到套装智能化的转变。CCS产品得到了首创置业股份有限公司的认可，2015年将近百台CCS设备在首创交付。2015年，“老板”品牌代表中国高端制造登陆米兰世博会，提升了“老板”品牌的高端形象和国际影响力。根据中怡康零售监测报告显示，截至2015年底，公司品牌价格指数为行业平均的148%，是国内厨电行业上市公司中唯一一家定位高端品牌的企业。

（七）弘讯科技

弘讯科技始终专注于塑料机械自动化应用领域，是中国主要的塑料机械自动化系统总成供应商之一，是中国注塑机控制系统领域的领先企业。公司主营业务为塑料机械自动化产品的研发、生产和销售，目前产品可分为三大类，主要为塑机控制系统、伺服节能系统（包含油压伺服节能系统、高端伺服系统集成）、塑机网络管理系统iNet。其中，塑机控制系统和伺服节能系统是构成塑料机械设备的关键部件，产品附加值较高，塑机网络管理系统是实现塑料机械网络化、信息化管理的重要工具。

2015年，由于塑机控制系统与伺服系统总体受下游市场需求影响，公司营业收入有一定程度的下降。公司实现营业总收入为3.87亿元，较2014年下降15.42%；利润总额为0.77亿元，较2014年下降25.73%；实现归属于上市公司股东净利润为0.67亿元，较2014年下降25.32%；基本每股收益为0.35元，2014年为0.60元。

（八）红相电力

红相电力主要从事电力设备状态检测、监测产品、智能用电终端产品及电能表、配网自动化设备、电力工程服务的研发、生产和销售。公司是国内较早推广电力设备状态检测、监测产品的企业，自2005年成立时起即开始从事电力设备状态检测、监测产品的销售和技术服务业务。

2015年公司上市以来，一方面围绕目前的核心产品——电力设备检测、监测产品在其他应用领域进行拓展，包括在发电企业、铁路与轨道交通、军工、石油石化等领域；另一方面利用公司在电网市场深厚的积淀，在该领域拓展“十三五”规划以及电力体制改革发展方向上的产品和服务。2015年公司通过包括并购浙江涵普电力科技有限公司在内的各种方式在上述两个方向上快速获取优质资源，完善产品和市场覆盖能力，完成在配电网及发电企业方面的布局，公司业绩稳步增长。

2015年，公司实现营业总收入为3.05亿元，较2014年增长14.07%；利润总额为0.88亿元，较2014年增长33.12%；实现归属于上市公司股东净利润为0.71亿元，较2014年增长25.99%；基本每股收益为0.83元，2014年为0.85元。

（九）阳光照明

浙江阳光照明集团股份有限公司是中国最大的节能灯生产和出口基地之一，国家级高新技术企业。公司的主营业务为照明电器的研发、生产和销售，主要产品为普通照明用的绿色照明产品，具体包括LED照明产品、一体化电子节能灯、T5大功率荧光灯及配套灯具等。

公司产品销售以境外销售为主，公司目前主要市场占比分别为：欧洲35.29%、北美洲26.65%、亚洲16.79%、中国14.63%、拉丁美洲4.61%、大洋洲1.12%、非洲0.91%。

2015年，公司实现营业总收入为42.58亿元，较2014年增长30.97%；利润总额为4.28亿元，较2014年增长26.00%；实现归属于上市公司股东净利润为3.72亿元，较2014年增长29.00%；基本每股收益0.26元，2014年为0.30元。

四、上市公司在行业中的影响力

2015年，上市公司对行业的引领作用微幅提升。2015年，电气机械及器材制造业总资产规模达到56981.70亿元，上市公司资产总额占行业总资产的21.06%，提升了1.23个百分点。2015年，全行业实现营业收入为69475.00亿元，上市公司实现营业收入占比12.43%，下降了0.12个百分点。2015年，全行业实现利润总额为4389.00亿元，上市公司实现利润总额占比17.93%，提升了0.24个百分点。

审稿人：刘小勇
撰稿人：郭　瑞

计算机、通信和其他电子设备制造业

一、计算机、通信和其他电子设备制造业总体概况

2015年，计算机、通信和其他电子设备制造业各项经营指标较2014年同期形势好转，盈利能力稳步提升。2015年，行业总资产规模达到65152.9亿元，与2014年同期相比增长10.50%；营业收入为90482.0亿元，与2014年同期相比增长6.90%；实现利润总额为4268.9亿元，与2014年同期相比增长5.90%。

二、行业内上市公司发展概况

（一）行业内上市公司基本情况

表 1　　2015 年计算机、通信和其他电子设备制造业上市公司发行股票概况

门　类	A、B 股总数	A 股股票数	B 股股票数	境内总市值（亿元）	流通 A 股市值（亿元）	流通 B 股市值（亿元）
计算机、通信和其他电子设备制造业	249	240	9	37310.03	26781.47	134.83
占沪深两市比重（%）	8.56	8.25	0.31	7.02	6.45	6.20

资料来源：沪深交易所，同花顺。

（二）行业内上市公司构成情况

表 2　　2015 年计算机、通信和其他电子设备制造业上市公司构成情况　　单位：家

门　类	沪　市			深　市			ST/*ST
	仅 A 股	仅 B 股	A+B 股	仅 A 股	仅 B 股	A+B 股	
计算机、通信和其他电子设备制造业	56	0	3	176	1	5	0 /4
占行业内上市公司比重（%）	23.24	0.00	1.24	73.03	0.41	2.07	0 /1.66

资料来源：沪深交易所，同花顺。

（三）行业内上市公司融资情况

表 3　　2015 年计算机、通信和其他电子设备制造业上市公司与沪深两市融资情况对比　　单位：家

	融资家数	新　股	增　发	配　股
计算机、通信和其他电子设备制造业	90	20	70	0
沪深两市总数	819	220	595	6
占比（%）	10.99	9.09	11.76	0

资料来源：沪深交易所，同花顺。

其中，首发的 20 家公司中，有 7 家沪市公司、3 家中小板及 10 家创业板公司；增发的 70 家公司中，有 12 家沪市、7 家深市主板、29 家中小板及 22 家创业板公司。

从融资效果看，上述公司实际发行数量为 1705270.2 万股；实际募集资金为 1158.8 亿元，基本完成了融资计划。

2015年计算机、通信和其他电子设备制造业上市公司融资情况明细见附录。

（四）行业内上市公司资产及业绩情况

表4　　2015年计算机、通信和其他电子设备制造业上市公司资产情况　　单位：亿元

指　标	2015年	2015年可比样本增长（%）	2014年	2014年可比样本增长（%）	2013年
总资产	16083.64	21.13	12425.50	20.44	10277.10
流动资产	9543.58	14.86	7859.64	21.29	6409.78
占比（%）	59.34	-3.24	63.25	0.44	62.37
非流动资产	6540.06	31.61	4565.86	19.01	3867.33
占比（%）	40.66	3.24	36.75	-0.44	37.63
流动负债	6108.04	14	4985.33	15.28	4312.05
占比（%）	37.98	-2.38	40.12	-1.8	41.96
非流动负债	1859.37	21.96	1431.57	12.96	1249.24
占比（%）	11.56	0.08	11.52	-0.77	12.16
归属于母公司股东权益	7357.99	24.96	5568.96	31.43	4230
占比（%）	45.75	1.4	44.82	3.75	41.16

资料来源：沪深交易所，同花顺。

表5　　2015年计算机、通信和其他电子设备制造业上市公司收入实现情况　　单位：亿元

指　标	2015年	2015年可比样本增长（%）	2014年	2014年可比样本增长（%）	2013年
营业收入	10609.05	14.04	8791.7	13.82	7630.57
利润总额	631.44	2.37	571.76	38.67	411.79
归属于母公司所有者的净利润	488.13	1.8	440.75	40.88	316.1

资料来源：沪深交易所，同花顺。

（五）利润分配情况

2015年全年计算机、通信和其他电子设备制造业上市公司中共有176家公司实施了分红配股。其中，70家上市公司实施送股或转增股，168家上市公司实施派息，其中62家公司既实施了送股、转增又实施了派息。

2015年计算机、通信和其他电子设备制造业上市公司分红明细见附录。

（六）其他财务指标情况

1. 盈利能力指标

表 6　　2015 年计算机、通信和其他电子设备制造业上市公司盈利能力情况　　单位：%

指　标	2015 年	2015 年可比样本变动	2014 年	2014 年可比样本变动	2013 年
毛利率	20.71	-0.06	20.59	0.22	19.83
净资产收益率	6.63	-1.51	7.91	0.53	7.34
销售净利率	5.02	-0.57	5.49	1.08	4.53
资产净利率	3.63	-0.7	4.24	0.74	3.57

资料来源：沪深交易所，同花顺。

2. 偿债能力指标

表 7　　2015 年计算机、通信和其他电子设备制造业上市公司偿债能力指标

指　标	2015 年	2015 年可比样本变动	2014 年	2014 年可比样本变动	2013 年
流动比率	1.56	0.01	1.58	0.08	1.49
速动比率	1.26	0.01	1.27	0.07	1.18
资产负债率（%）	49.54	-2.3	51.64	-2.56	54.11

资料来源：沪深交易所，同花顺。

3. 营运能力指标

表 8　　2015 年计算机、通信和其他电子设备制造业上市公司营运能力情况　　单位：次

营运能力指标	2015 年	2015 年可比样本变动	2014 年	2014 年可比样本变动	2013 年
存货周转率	4.80	-0.11	4.93	0.01	6.1
应收账款周转率	4.50	-0.17	4.64	-0.15	4.79
流动资产周转率	1.19	-0.05	1.23	-0.03	1.25
固定资产周转率	3.61	-0.22	3.93	0.03	3.83
总资产周转率	0.72	-0.05	0.77	-0.02	0.79
净资产周转率	1.46	-0.18	1.64	-0.07	1.7

资料来源：沪深交易所，同花顺。

三、重点上市公司介绍

（一）中兴通讯

中兴通讯是全球领先的综合性通信制造业上市公司，是近年全球增长最快的通信解决方案提供商。公司凭借在无线产品（CDMA、GSM、3G、WiMAX 等）、网络产品（xDSL、NGN、光通信等）、手机终端（CDMA、GSM、小灵通、3G 等）和数据产品（路由器、以太网交换机等）四大产品领域的卓越实力，现已成为中国电信市场最主要的设备提供商之一，并成为 100 多个国家的 500 多家运营商，为全球近 3 亿人口提供优质的、高性价比的产品与服务。公司承担了近 20 项国家“863”重大课题，是通信设备领域承担国家“863”课题最多的企业之一，并在美国、印度、瑞典及国内设立了 15 个研究中心。中兴通讯已相继与和记电讯、法国电信、英国电信、沃达丰、西班牙电信、加拿大 Telus 等全球顶级运营商及跨国运营商建立了长期合作关系，并持续突破发达国家的高端市场。

2015 年实现营业收入为 1001.9 亿元，较 2014 年增长 23.0%；归属上市公司股东净利润为 32.1 亿元，较 2014 年增长 21.8%。

（二）海康威视

海康威视是领先的视频产品和内容服务提供商，面向全球提供领先的视频产品、专业的行业解决方案与内容服务。公司积极布局新兴市场和新兴业务，基于互联网推出了面向家庭和小微企业的相关产品及云服务平台；进入智能制造领域，推出了一系列机器视觉产品及解决方案。公司产品已涵盖视频监控系统的所有主要设备，包括前端采集设备、后端存储及集中控制、显示、管理及储存设备。典型视频监控系统的前端设备主要包括摄像机（采集视音频信号）及 DVS（压缩及编码视音频信号）；典型视频监控系统的后端设备主要包括录像机（记录及存储视音频信号）；典型视频监控系统的中心控制设备主要包括集中控制设备（控制、检索及显示视音频信号）、VMS 软件及中心储存设备。此外，公司拥有门禁、报警、可视对讲等一系列大安防领域的产品。

2015 年实现营业收入为 252.7 亿元，较 2014 年增长 46.6%；归属上市公司股东净利润为 58.7 亿元，较 2014 年增长 25.8%。

（三）烽火通信

烽火通信是国内优秀的信息通信领域设备与网络解决方案提供商。公司掌握了大批光通信领域核心技术，参与制定国家标准和行业标准 200 多项。公司是国家基础网络建设的主流供应商，其产品类别涵盖光网络、宽带数据、光纤光缆三大系列，光传输设备和光缆占有率居全国首列，10 万套设备在网上稳定运行，50 余万皮长公里光缆装备国家基础光缆干线网。公司承担的全球首条 80×40GDWDM 干线在中国的成功开通标志着我国 DWDM 的商用水平已达到了世界先进水平。

2015 年实现营业收入为 134.9 亿元，

较 2014 年增长 25.8%；归属上市公司股东净利润为 6.6 亿元，较 2014 年增长 21.8%。

（四）海格通信

海格通信是一家专业从事通信和导航设备研发、生产、销售的现代高科技企业集团，主要为国内各军兵种提供通信设备和导航设备。公司是我国军用无线通信、导航领域最大的整机供应商，行业内唯一一家同时拥有短波、超短波、中长波、系统集成、导航专业技术、成熟产品、成套工艺流程和众多产品的企业；是行业内通信整机厂家中唯一一家承担全天候覆盖我国疆土的军方大型通信科研项目的总体单位。公司多年来为我国陆军、海军、空军、二炮等各军兵种以及武警、人防等提供通信、导航装备和服务，取得了良好的经济、社会和军事效益。

2015 年实现营业收入为 38.1 亿元，较 2014 年增长 28.9%；归属上市公司股东净利润为 5.8 亿元，较 2014 年增长 30.9%。

（五）浪潮信息

浪潮信息是中国领先的计算平台与 IT 应用解决方案供应商，也是中国最大的服务器制造商和服务器解决方案提供商，同时还是亚太区最大的服务器生产基地，全球最大的 IT 产品分销商及服务供应商。英迈国际公司成为浪潮英信服务器分销商，而且 IBM 与公司建立了合作伙伴关系。浪潮服务器连续 16 年蝉联国有品牌销量第一；浪潮存储连续 8 年蝉联国有品牌销量第一；浪潮集团管理软件连续 9 年市场占有率第一；浪潮税控机连续 9 年销量第一。集团四大业务群组涵盖以服务器、商用电脑、税控机、金融自助终端为主的计算平台产品和大型行业应用软件、ERP、集团财务、协同办公系统等软件平台产品与行业应用解决方案。

2015 年实现营业收入为 101.2 亿元，较 2014 年增长 38.6%；归属上市公司股东净利润为 4.5 亿元，较 2014 年增长 32.6%。

四、上市公司在行业中的影响力

2015 年，计算机、通信和其他电子设备制造业上市公司营业收入为 10609.05 亿元，与 2014 年同期相比增长 14.04%，占行业收入的比重为 11.73%，上市公司实现利润总额为 631.44 亿元，与 2014 年同期相比增长 2.37%，占全行业利润的比重为 14.79%。综合来看，上市公司营收增速高于行业整体水平，2015 年利润与 2014 年相比增长较少，与 4G 规模建设高峰逐渐过去，行业增速放缓相关。

在行业增速放缓的背景下，上市公司凭借规模优势、管理优势、资金优势、技术优势，在立足云计算、物联网、大数据等进行技术创新与商业模式创新在引领行业整体成长上依然发挥着重要的作用。

审稿人：黄弘扬

撰稿人：徐浚杰

仪器仪表制造业

一、仪器仪表制造业总体概况

2015年，中国仪器仪表行业继续保持增长，实现销售收入为8703.3亿元，较2014年增长5.8%，实现利润总额为738.3亿元，较2014年增长6.1%，收入与利润总额的增速继续放缓，为2011年以来最低。利润率为7.77%，较2014年有所下降，为2012年以来最低，与2011年相当。同时，行业出口交货值较2014年增长3.8%，增速有所放缓，出口交货值占行业收入的比重为14.95%，比2014年略有下降，国内需求有所增长。

从费用情况看，2015年，仪器仪表行业期间费用总计1004.2亿元，期间费用率为11.54%，较2014年上升0.71个百分点。其中，销售费用为360.9亿元，销售费用率为4.15%，较2014年上升0.5个百分点；管理费用为591亿元，管理费用率为6.79%，较2014年上升0.3个百分点；财务费用为52.4亿元，较2014年下降0.1个百分点。

从偿债能力看，截至2015年12月31日，仪器仪表行业总资产为7793.6亿元，较2014年增长12.1%；资产负债率为44.2%，较2014年末下降1.71个百分点。

二、行业内上市公司发展概况

（一）行业内上市公司基本情况

表1　2015年仪器仪表制造业上市公司发行股票概况

门　类	A、B股总数	A股股票数	B股股票数	境内总市值（亿元）	流通A股市值（亿元）	流通B股市值（亿元）
仪器仪表制造业	35	35	0	2774.23	1704.37	0.00
占沪深两市比重（%）	1.20	1.20	0.00	0.52	0.41	0.00

资料来源：沪深交易所，同花顺。

（二）行业内上市公司构成情况

表2　2015年仪器仪表制造业上市公司构成情况　单位：家

门　类	沪　市			深　市			ST/*ST
	仅A股	仅B股	A+B股	仅A股	仅B股	A+B股	
仪器仪表制造业	4	0	0	31	0	0	0 /1
占行业内上市公司比重（%）	11.43	0.00	0.00	88.57	0.00	0.00	0 /2.86

资料来源：沪深交易所，同花顺。

（三）行业内上市公司融资情况

表 3　　2015 年仪器仪表制造业上市公司与沪深两市融资情况对比　　单位：家

	融资家数	新 股	增 发	配 股
仪器仪表制造业	16	8	8	0
沪深两市总数	819	220	595	6
占比（%）	1.95	3.64	1.34	0

资料来源：沪深交易所，同花顺。

其中，首发的 8 家公司中，有 2 家在中小板上市，6 家在创业板上市；增发的 8 家公司中，有 2 家沪市、1 家中小板公司及 5 家创业板公司。

从融资效果看，上述公司实际发行数量为 45779.51 万股；实际募集资金为 63.38 亿元，基本完成了融资计划。

2015 年仪器仪表制造业上市公司融资情况明细见附录。

（四）行业内上市公司资产及业绩情况

表 4　　2015 年仪器仪表制造业上市公司资产情况　　单位：亿元

指 标	2015 年	2015 年可比样本增长（%）	2014 年	2014 年可比样本增长（%）	2013 年
总资产	678.32	38.03	471.38	28.96	331.13
流动资产	397.7	24.98	302.71	14.69	235.64
占比（%）	58.63	-6.12	64.22	-7.99	71.16
非流动资产	280.62	61.99	168.67	66.03	95.49
占比（%）	41.37	6.12	35.78	7.99	28.84
流动负债	213.59	40.7	152.58	45.4	88.31
占比（%）	31.49	0.6	32.37	3.66	26.67
非流动负债	65.04	198.15	23.44	102.42	9.78
占比（%）	9.59	5.15	4.97	1.8	2.95
归属于母公司股东权益	386.34	24.7	287.51	18.38	225.04
占比（%）	56.96	-6.09	60.99	-5.46	67.96

资料来源：沪深交易所，同花顺。

表 5　　2015 年仪器仪表制造业上市公司收入实现情况　　单位：亿元

指　标	2015 年	2015 年可比样本增长（%）	2014 年	2014 年可比样本增长（%）	2013 年
营业收入	272.54	15.89	220.03	17.57	162.28
利润总额	43.66	19.6	31.52	11.97	23.23
归属于母公司所有者的净利润	36.21	16.69	26.77	11.91	19.48

资料来源：沪深交易所，同花顺。

（五）利润分配情况

2015 年全年仪器仪表制造业上市公司中共有 31 家公司实施了分红配股。其中，17 家上市公司实施送股或转增股，29 家上市公司实施派息，其中 15 家公司既实施了送股、转增又实施了派息。

2015 年仪器仪表制造业上市公司分红明细见附录。

（六）其他财务指标情况

1. 盈利能力指标

表 6　　2015 年仪器仪表制造业上市公司盈利能力情况　　单位：%

指　标	2015 年	2015 年可比样本变动	2014 年	2014 年可比样本变动	2013 年
毛利率	37.23	0.72	35.22	–0.09	35.08
净资产收益率	9.37	–0.65	9.31	–0.54	8.52
销售净利率	13.74	0.56	12.14	–0.76	12.23
资产净利率	6.4	–0.74	6.38	–0.49	6.19

资料来源：沪深交易所，同花顺。

2. 偿债能力指标

表 7　　2015 年仪器仪表制造业上市公司偿债能力指标

指　标	2015 年	2015 年可比样本变动	2014 年	2014 年可比样本变动	2013 年
流动比率	1.86	–0.23	1.98	–0.54	2.67
速动比率	1.53	–0.17	1.62	–0.48	2.25
资产负债率（%）	41.08	5.75	37.34	5.46	29.62

资料来源：沪深交易所，同花顺。

3. 营运能力指标

表 8　2015 年仪器仪表制造业上市公司营运能力情况　单位：次

营运能力指标	2015 年	2015 年可比样本变动	2014 年	2014 年可比样本变动	2013 年
存货周转率	2.62	-0.19	2.85	-0.01	4.47
应收账款周转率	2.35	-0.21	2.47	-0.02	2.53
流动资产周转率	0.76	-0.03	0.78	0.07	0.69
固定资产周转率	3.14	-1.14	4.27	-0.44	4.2
总资产周转率	0.47	-0.08	0.53	0	0.51
净资产周转率	0.76	-0.05	0.81	0.03	0.72

资料来源：沪深交易所，同花顺。

三、重点上市公司介绍

川仪股份

川仪股份成立于 1999 年，其前身是四川热工仪表总厂，是 20 世纪 60 年代国家重点布局的三大仪器仪表制造基地之一，于 2014 年在上海主板上市。公司目前是国内最大的、产品门类最全的综合型自动化仪表生产企业，主营业务为工业自动控制系统装置及工程成套，包括智能执行机构、智能变送器、智能调节阀、智能流量仪表、温度仪表、控制设备及装置和分析仪器 7 大类单项产品以及系统集成和总包服务。公司下游主要包括石油、煤炭及化工、电力、冶金、建材等行业。截至 2015 年 12 月 31 日，公司拥有有效专利 450 项（其中发明专利 83 项）、软件著作权 40 项。参加国家/行业标准制定、修订 4 项。

2015 年，公司实现营业收入为 31.55 亿元，归属于母公司股东的净利润为 1.53 亿元，每股收益为 0.39 元，扣除非经常性损益后归属母公司净利润为 1.29 亿元，对应的每股收益为 0.33 元。

四、上市公司在行业中的影响力

2015 年，国家全面启动“中国制造 2025”行动计划，传感器与仪表是信息采集与反馈、实现万物互联及生产过程自动化的基础手段与设备，而我国工业自动控制系统装置制造业发展历史不长，行业集中度低，大部分企业以中低端产品为主，规模较小、市场分散、竞争激烈，缺乏领军型企业。

在四大表行业中，各行业智能化程度不一，其中智能电表渗透率最高，达到 80%，这与上市仪器仪表类公司中电工仪表企业规模居前相呼应；经过多年推广，智能燃气表渗透率也达到 50%；而智能水表的渗透率只有 15%，仍有较大发展空间。

2015 年，上市公司实现的营业收入与

利润总额分别为272.54亿元与43.66亿元，较2014年分别增长15.89%和19.6%，在行业中的占比分别为3.13%和5.9%，比2014年有所提升，但数值依然较低，这与中国仪器仪表行业较为分散的行业格局是一致的，上市公司虽然在行业内领先，但规模和影响力还是比较有限的。

审稿人：丁思德

撰稿人：胡文浩

其他制造业

一、其他制造业总体概况

据国家统计局数据显示，2015年其他制造业合计实现营业收入为875.77亿元，较2014年增长14.77%；实现利润总额为44.49亿元，较2014年增长21.69%。从国家统计局发布的其他制造业景气指数来看，2015年其他制造业的景气指数为112.90，较2014年的123.20有所下降。

二、行业内上市公司发展概况

（一）行业内上市公司基本情况

表1 2015年其他制造业上市公司发行股票概况

门　类	A、B股总数	A股股票数	B股股票数	境内总市值（亿元）	流通A股市值（亿元）	流通B股市值（亿元）
其他制造业	18	17	1	1819.21	1113.39	56.89
占沪深两市比重（%）	0.61	0.58	0.03	0.34	0.27	2.62

资料来源：沪深交易所，同花顺。

（二）行业内上市公司构成情况

表2 2015年其他制造业上市公司构成情况 单位：家

门　类	沪　市			深　市			ST/*ST
	仅A股	仅B股	A+B股	仅A股	仅B股	A+B股	
其他制造业	2	0	1	14	0	0	0/0
占行业内上市公司比重（%）	11.76	0.00	5.88	82.35	0.00	0.00	0/0

资料来源：沪深交易所，同花顺。

（三）行业内上市公司融资情况

表 3　　2015 年其他制造业上市公司与沪深两市融资情况对比　　单位：家

	融资家数	新　股	增　发	配　股
其他制造业	5	1	4	0
沪深两市总数	819	220	595	6
占比（%）	0.61	0.45	0.67	0

资料来源：沪深交易所，同花顺。

其中，首发的公司沃施股份在创业板上市；增发的 4 家公司中，有 1 家沪市、2 家深市主板及 1 家中小板公司。

从融资效果看，上述公司实际发行数量为 76021.20 万股；实际募集资金为 91.66 亿元，基本完成了融资计划。

2015 年其他制造业上市公司融资情况明细见附录。

（四）行业内上市公司资产及业绩情况

表 4　　2015 年其他制造业上市公司资产情况　　单位：亿元

指　标	2015 年	2015 年可比样本增长（%）	2014 年	2014 年可比样本增长（%）	2013 年
总资产	779.68	65.09	478.67	27.26	429.23
流动资产	553.42	43.8	390.03	28.97	306.48
占比（%）	70.98	-10.51	81.48	1.08	71.4
非流动资产	226.26	158.84	88.65	20.25	122.75
占比（%）	29.02	10.51	18.52	-1.08	28.6
流动负债	342.26	48.69	231.38	39.33	182.2
占比（%）	43.9	-4.84	48.34	4.19	42.45
非流动负债	69.58	175.8	25.32	2.84	36.75
占比（%）	8.92	3.58	5.29	-1.26	8.56
归属于母公司股东权益	349.44	69.01	211.85	20.13	196
占比（%）	44.82	1.04	44.26	-2.62	45.66

资料来源：沪深交易所，同花顺。

表 5　　2015 年其他制造业上市公司收入实现情况　　单位：亿元

指　标	2015 年	2015 年可比样本增长（%）	2014 年	2014 年可比样本增长（%）	2013 年
营业收入	875.77	14.77	763.94	7.15	694.36
利润总额	44.49	21.69	37.54	16.98	31.48
归属于母公司所有者的净利润	29.97	20.61	25.69	17.36	22.53

资料来源：沪深交易所，同花顺。

（五）利润分配情况

2015年全年其他制造业上市公司中共有14家公司实施了分红配股。其中，8家上市公司实施送股或转增股，13家上市公司实施派息，其中7家公司既实施了送股、转增又实施了派息。

2015年其他制造业上市公司分红明细见附录。

（六）其他财务指标情况

1. 盈利能力指标

表6　2015年其他制造业上市公司盈利能力情况　单位：%

指　标	2015年	2015年可比样本变动	2014年	2014年可比样本变动	2013年
毛利率	10.88	0.69	10.29	1.11	9.59
净资产收益率	8.58	–3.44	12.13	–0.28	11.49
销售净利率	3.85	0.16	3.79	0.31	3.74
资产净利率	5.39	–1.25	6.78	–0.33	6.97

资料来源：沪深交易所，同花顺。

2. 偿债能力指标

表7　2015年其他制造业上市公司偿债能力指标

指　标	2015年	2015年可比样本变动	2014年	2014年可比样本变动	2013年
流动比率	1.62	–0.05	1.69	–0.13	1.68
速动比率	0.97	0.1	0.89	0.08	0.8
资产负债率（%）	52.82	–1.26	53.63	2.93	51.01

资料来源：沪深交易所，同花顺。

3. 营运能力指标

表8　2015年其他制造业上市公司营运能力情况　单位：次

营运能力指标	2015年	2015年可比样本变动	2014年	2014年可比样本变动	2013年
存货周转率	3.86	–0.02	3.88	0.09	4.35
应收账款周转率	16.85	–4.54	21.32	–4.47	22.2
流动资产周转率	1.87	–0.35	2.21	–0.29	2.51
固定资产周转率	21.93	1.59	19.84	–2.65	15.04
总资产周转率	1.40	–0.40	1.79	–0.25	1.87
净资产周转率	3.00	–0.80	3.75	–0.53	3.94

资料来源：沪深交易所，同花顺。

三、重点上市公司介绍

金一文化

金一文化自成立以来至上市初期，一直致力于贵金属工艺品的研发设计、销售及委外加工，定位于产业链中附加值较高的研发和销售环节，生产环节则采用委托加工方式。公司上市后，通过收购越王珠宝、宝庆尚品，完善公司产品的种类，优化产品结构，丰富营销网络，整合区域优质品牌资源，实现珠宝行业的产品、消费人群全覆盖，通过行业的广度和深度整合，实现了公司从贵金属工艺品细分领域到黄金珠宝首饰大行业的跨越。截至 2015 年，公司共计拥有加盟连锁店 166 家，品牌直营及专柜、专卖店 183 家，合计 349 家。

公司营业收入主要来自于纯金、纯银制品。其中纯金制品收入占比 43.51%，珠宝首饰占比 25.54%。2015 年公司实现营业收入为 76.37 亿元，较 2014 年增长 83.66%；实现归属母公司所有者净利润为 1.53 亿元，较 2014 年增长 121.56%。2015 年公司业绩增长主要因为公司在不断夯实原来银行和加盟销售渠道业务的同时，通过收购越王珠宝及宝庆尚品加大了零售渠道建设，使零售渠道的收入和占营业收入比重均大幅上升。

公司自建黄金珠宝产业园、投资设立金一智造，从单一的委外加工过渡到自主生产和委外加工相结合；并通过参股金一科技，涉足黄金珠宝行业高端制造；与瀚博科技战略合作，将先进的 3D 打印技术应用于传统的黄金珠宝首饰生产中，为消费者提供更适合、更个性化的黄金珠宝首饰及互动体验，推动黄金珠宝制造业的转型升级。

四、上市公司在行业中的影响力

2015 年，其他制造业的上市公司实现营业收入为 875.77 亿元，占行业总收入的比重为 36.68%，占比较 2014 年同期上涨 1.89 个百分点；实现利润总额为 44.49 亿元，占行业总利润的比重为 29.64%。总体来看，其他制造业格局较为分散，上市公司大多是各细分领域较有影响力的企业，龙头公司的发展基本代表了整个行业发展的大方向。

审稿人：丁思德

撰稿人：吕　梁

废弃资源综合利用业

一、废弃资源综合利用业总体概况

据国家统计局数据显示，2015年全国规模以上废弃资源综合利用业企业数量为1526家，较2014年增长13.04%；行业资产合计为1892.50亿元，较2014年增长0.98%。

2015年，废弃资源综合利用业合计实现主营业务收入为3705.90亿元，较2014年增长1.50%；实现利润总额为203.30亿元，较2014年增长2.62%；2015年废弃资源综合利用业毛利率为9.59%，较2014年增加0.33个百分点。

2015年，废弃资源综合利用业投资规模稳步提升，我国废弃资源综合利用业累计固定资产投资额为1312.13亿元，较2014年增长9.14%。

国家统计局发布的细分行业企业景气指数中，2015年第四季度废弃资源综合利用业景气指数为98.90，较2014年第四季度的101.40有所回落。

二、行业内上市公司发展概况

（一）行业内上市公司基本情况

表1　2015年废弃资源综合利用业上市公司发行股票概况

门类	A、B股总数	A股股票数	B股股票数	境内总市值（亿元）	流通A股市值（亿元）	流通B股市值（亿元）
废弃资源综合利用业	1	1	0	221.23	177.34	0.00
占沪深两市比重（%）	0.03	0.03	0.00	0.04	0.04	0.00

资料来源：沪深交易所，同花顺。

（二）行业内上市公司构成情况

表2　2015年废弃资源综合利用业上市公司构成情况　单位：家

门类	沪市			深市			ST/*ST
	仅A股	仅B股	A+B股	仅A股	仅B股	A+B股	
废弃资源综合利用业	0	0	0	1	0	0	0/0
占行业内上市公司比重（%）	0.00	0.00	0.00	100.00	0.00	0.00	0/0

资料来源：沪深交易所，同花顺。

(三) 行业内上市公司融资情况

表 3　　2015 年废弃资源综合利用业上市公司与沪深两市融资情况对比　　单位：家

	融资家数	新　股	增　发	配　股
废弃资源综合利用业	1	0	1	0
沪深两市总数	819	220	595	6
占比（%）	0.12	0	0.17	0

资料来源：沪深交易所，同花顺。

其中，增发的 1 家公司为中小板上市公司。

从融资效果看，上述公司实际发行数量为 25444.26 万股；实际募集资金为 24.17 亿元，基本完成了融资计划。

2015 年废弃资源综合利用业上市公司融资情况明细见附录。

(四) 行业内上市公司资产及业绩情况

表 4　　2015 年废弃资源综合利用业上市公司资产情况　　单位：亿元

指　标	2015 年	2015 年可比样本增长（%）	2014 年	2014 年可比样本增长（%）	2013 年
总资产	159.39	37.56	115.87	49.76	77.37
流动资产	77.58	54.54	50.2	51.07	33.23
占比（%）	48.67	5.35	43.32	0.37	42.95
非流动资产	81.82	24.59	65.67	48.81	44.13
占比（%）	51.33	−5.35	56.68	−0.36	57.05
流动负债	61.61	39.66	44.11	46.54	30.1
占比（%）	38.65	0.58	38.07	−0.83	38.91
非流动负债	29.95	22.85	24.38	17.55	20.74
占比（%）	18.79	−2.25	21.04	−5.77	26.81
归属于母公司股东权益	65.62	52.98	42.89	83.45	23.38
占比（%）	41.17	4.15	37.02	6.8	30.23

资料来源：沪深交易所，同花顺。

表 5　　2015 年废弃资源综合利用业上市公司收入实现情况　　单位：亿元

指　标	2015 年	2015 年可比样本增长（%）	2014 年	2014 年可比样本增长（%）	2013 年
营业收入	51.17	30.91	39.09	12.13	34.86
利润总额	2.49	−13.37	2.87	58.56	1.81
归属于母公司所有者的净利润	1.54	−26.93	2.11	46.53	1.44

资料来源：沪深交易所，同花顺。

（五）利润分配情况

2015 年全年，废弃资源综合利用业上市公司格林美实施了转增及派息。

2015 年废弃资源综合利用业上市公司分红明细见附录。

（六）其他财务指标情况

1. 盈利能力指标

表 6 2015 年废弃资源综合利用业上市公司盈利能力情况 单位：%

指 标	2015 年	2015 年可比样本变动	2014 年	2014 年可比样本变动	2013 年
毛利率	17.12	-1.51	18.62	2.04	16.57
净资产收益率	2.35	-2.57	4.92	-1.24	6.35
销售净利率	4.27	-2.35	6.63	1.81	4.83
资产净利率	1.59	-1.09	2.68	0.29	2.39

资料来源：沪深交易所，同花顺。

2. 偿债能力指标

表 7 2015 年废弃资源综合利用业上市公司偿债能力指标

指 标	2015 年	2015 年可比样本变动	2014 年	2014 年可比样本变动	2013 年
流动比率	1.26	0.12	1.14	0.04	1.1
速动比率	0.81	0.18	0.63	0.06	0.57
资产负债率（%）	57.44	-1.67	59.12	-6.59	65.72

资料来源：沪深交易所，同花顺。

3. 营运能力指标

表 8 2015 年废弃资源综合利用业上市公司营运能力情况 单位：次

营运能力指标	2015 年	2015 年可比样本变动	2014 年	2014 年可比样本变动	2013 年
存货周转率	1.69	0.04	1.65	-0.41	2.46
应收账款周转率	4.91	-1.07	5.97	-4.18	10.15
流动资产周转率	0.80	-0.14	0.94	-0.15	1.09
固定资产周转率	1.66	0.03	1.64	0.03	1.61
总资产周转率	0.37	-0.03	0.4	-0.09	0.49
净资产周转率	0.89	-0.17	1.06	-0.3	1.36

资料来源：沪深交易所，同花顺。

三、重点上市公司介绍

格林美

格林美股份有限公司成立于2001年12月，2010年1月在深交所中小企业板挂牌上市。公司是再生资源行业和电子废弃物回收利用行业的龙头企业。

公司在国内率先提出“资源有限、循环无限”的产业理念，积极倡导开采“城市矿山”，突破性解决了中国在废旧电池、电子废弃物与报废汽车等典型废弃资源绿色处理与循环利用的关键技术，在湖北、江西、河南、天津、江苏、浙江、山西和内蒙古等省市建成了十二大循环产业园，构建了废旧电池与钴镍钨等稀有金属废物循环利用、动力电池材料、废弃电器电子产品循环利用与报废汽车循环利用等核心循环产业链。

2015年公司谋求转型升级、结构优化，抓住新能源汽车高速发展的时代机遇，迅速布局动力电池材料产业链，积极开展汽车零部件再制造新业务，开拓城市废物打包处理新模式，极大地拓展了公司循环产业的发展空间，进一步提升了公司的盈利能力和核心竞争力。

2015年公司实现营业收入为51.17亿元，较2014年增长30.91%。三大业务板块为公司带来总毛利为7.11亿元，其中钴镍钨板块营业收入为11.77亿元，较2014年增长20.84%，贡献毛利为1.75亿元；电池材料板块营业收入为15.29亿元，较2014年增长24.00%，贡献毛利为2.91亿元；电子废弃物板块营业收入为18.13亿元，较2014年增长25.95%，贡献毛利为3.05亿元。公司2015年实现利润总额为2.49亿元，较2014年下降13.37%，归属于上市公司股东净利润为1.54亿元，较2014年下降26.93%。

四、上市公司在行业中的影响力

作为行业内唯一一家上市公司，格林美在行业中的影响力较小。2015年，公司实现营业收入为51.17亿元，占整个行业收入的1.38%；2015年，公司实现利润总额为2.49亿元，占整个行业利润总额的1.22%；2015年，公司总资产为159.39亿元，占整个行业总资产的8.42%。

审稿人：刘小勇

撰稿人：郭　瑞

电力、热力、燃气及水的生产和供应业

一、电力、热力、燃气及水的生产和供应业总体概况

2015年，电力、热力、燃气及水的生产和供应业发展较为平稳。全国发电量为58106亿千瓦时，同比增长0.3%，增速比2014年降低了3.5个百分点。全国水电站水电发电量为11264亿千瓦时，同比增长5.0%，约占全部发电量的19.39%；火电发电量为42420亿千瓦时，同比降低2.7%，约占全部发电量的73.00%；核电发电量为1708亿千瓦时，同比增长28.9%，约占全部发电量的2.94%。

2015年，第一产业用电量为1020亿千瓦时，同比增长2.5%，占全国用电量的1.84%；第二产业用电量为40046亿千瓦时，同比下降1.4%，占全国用电量的72.15%；第三产业用电量为7158亿千瓦时，同比增长7.5%，占全国用电量的12.9%；城乡居民生活用电量7276亿千瓦时，同比增长5.0%，占全国用电量的13.11%。

二、行业内上市公司发展概况

（一）行业内上市公司基本情况

表1　2015年电力、热力、燃气及水的生产和供应业上市公司发行股票概况

门　类	A、B股总数	A股股票数	B股股票数	境内总市值（亿元）	流通A股市值（亿元）	流通B股市值（亿元）
电力、热力、燃气及水的生产和供应业	97	92	5	19809.85	13961.4	99.23
占沪深两市比重（%）	3.33	3.16	0.17	3.73	3.36	4.53

资料来源：沪深交易所，同花顺。

（二）行业内上市公司构成情况

表2　2015年电力、热力、燃气及水的生产和供应业上市公司构成情况　单位：家

门　类	沪　市			深　市			ST/*ST
	仅A股	仅B股	A+B股	仅A股	仅B股	A+B股	
电力、热力、燃气及水的生产和供应业	53	1	2	35	0	2	0/2
占行业内上市公司比重（%）	56.99	1.08	2.15	37.63	0	2.15	0/2.15

资料来源：沪深交易所，同花顺。

（三）行业内上市公司融资情况

表 3　2015 年电力、热力、燃气及水的生产和供应业上市公司与沪深两市融资情况对比　单位：家

	融资家数	新　股	配　股	增　发
电力、热力、燃气及水的生产和供应业	21	2	0	19
沪深两市总数	819	220	6	595
占比（%）	2.56	0.91	0	3.19

资料来源：沪深交易所，同花顺。

其中，首发的 2 家公司中，有 2 家沪市；增发的 19 家公司中，有 13 家沪市、4 家深市主板，1 家中小板公司和 1 家创业板公司。

按行业大类划分，进行融资的 21 家公司中，电力、热力生产和供应业 11 家，燃气生产和供应业 5 家，水的生产和供应业 5 家。

从融资效果看，上述公司实际发行数量为 1412482.113 万股；实际募集资金为 742.54 亿元，基本完成了融资计划。

2015 年电力、热力、燃气及水的生产和供应业上市公司融资情况明细见附录。

（四）行业内上市公司资产及业绩情况

表 4　2015 年电力、热力、燃气及水的生产和供应业上市公司资产情况　单位：亿元

指　标	2015 年	2015 年可比样本增长（%）	2014 年	2014 年可比样本增长（%）	2013 年
总资产	29464.79	5.2	23909.71	5.93	22437.41
流动资产	4031.29	2.5	3334.53	8.32	3067.83
占比（%）	13.68	-0.36	13.95	0.31	13.67
非流动资产	25433.5	5.64	20575.18	5.55	19369.58
占比（%）	86.32	0.36	86.05	-0.31	86.33
流动负债	7733.89	3.1	6623.41	2.2	6344.09
占比（%）	26.25	-0.53	27.7	-1.01	28.27
非流动负债	11160.74	-0.43	8940.9	2.5	8588.19
占比（%）	37.88	-2.14	37.39	-1.25	38.28
归属于母公司股东权益	8620.39	15.15	6872.25	15.19	6075.67
占比（%）	29.26	2.53	28.74	2.31	27.08

资料来源：沪深交易所，同花顺。

表 5　2015 年电力、热力、燃气及水的生产和供应业上市公司收入实现情况　单位：亿元

指　标	2015 年	2015 年可比样本增长（%）	2014 年	2014 年可比样本增长（%）	2013 年
营业收入	8054.63	-5.03	7708.58	-0.89	7777.86
利润总额	1632.13	9.84	1341.13	11.97	1217.67
归属母公司所有者的净利润	1003.41	9.41	845.45	12.4	768.80

资料来源：沪深交易所，同花顺。

（五）利润分配情况

2015 年电力、热力、燃气及水的生产和供应业上市公司共有 67 家公司实施了分红送股，其中，67 家公司实施派息，既送股、转增又派息的公司有 11 家。送股、转增及派息比例最高值分别为每股送 2.00 股（桂东电力）和每股派息 0.40 元（黔源电力）。

2015 年行业内上市公司分红总额为 487.20 亿元；分红总额占净利润总额的比重达 48.47%，按可比样本计算同比增长 4.86 个百分点。

2015 年电力、热力、燃气及水的生产和供应业上市公司分红明细见附录。

（六）其他财务指标情况

1. 盈利能力指标

表 6　电力、热力、燃气及水的生产和供应业上市公司盈利能力情况　单位：%

指　标	2015 年	2015 年可比样本变动	2014 年	2014 年可比样本变动	2013 年
毛利率	30.49	2.53	27.65	2.53	25.58
净资产收益率	11.64	-0.61	12.3	-0.31	13.05
销售净利率	15.97	2.23	13.6	1.25	12.59
资产净利率	4.48	0.07	4.51	0.08	4.53

资料来源：沪深交易所，同花顺。

2. 偿债能力指标

表 7　2015 年电力、热力、燃气及水的生产和供应业上市公司偿债能力情况

指　标	2015 年	2015 年可比样本变动	2014 年	2014 年可比样本变动	2013 年
流动比率	0.52	0	0.5	0.02	0.48
速动比率	0.45	0	0.44	0.03	0.41
资产负债率（%）	64.13	-2.68	65.1	-2.26	66.55

资料来源：沪深交易所，同花顺。

3. 营运能力指标

表 8　2015 年电力、热力、燃气及水的生产和供应业上市公司营运能力情况　单位：次

指　标	2015 年	2015 年可比样本变动	2014 年	2014 年可比样本变动	2013 年
存货周转率	9.19	-1.01	12.63	0.02	16.73
应收账款周转率	8.34	-0.47	8.81	-0.32	6.00
流动资产周转率	2.02	-0.3	2.4	-0.2	2.60
固定资产周转率	0.49	-0.08	0.57	-0.05	0.63
总资产周转率	0.28	-0.04	0.33	-0.03	0.36
净资产周转率	0.81	-0.18	0.98	-0.15	1.11

资料来源：沪深交易所，同花顺。

三、重点细分行业介绍

表 9　2015 年电力、热力、燃气及水的生产和供应业上市公司数量分布及市值情况

大　类	上市公司家数（家）	占行业内比重（%）	境内总市值（亿元）	占行业内比重（%）
水的生产和供应业	15	16.13	1988.54	10.04
燃气生产和供应业	12	12.90	1896.02	9.57
电力、热力生产和供应业	66	70.97	15925.30	80.39

资料来源：沪深交易所，同花顺。

（一）电力、热力生产和供应业

表 10　2015 年电力、热力生产和供应业上市公司收入及资产增长情况　单位：亿元

指　标	2015 年	2015 年可比样本增长（%）	2014 年	2014 年可比样本增长（%）	2013 年
营业收入	7041.71	-6.74	6857.33	-2.05	7121.44
利润总额	1474.81	9.71	1213.05	14.17	1092.65
归属于母公司所有者的净利润	882.85	8.94	748.10	14.83	675.38
总资产	26556.95	4.38	21579.68	5.29	20460.44
归属于母公司股东权益	7333.27	14.85	5827.65	15.70	5172.58

资料来源：沪深交易所，同花顺。

表 11　2015 年电力、热力生产和供应业上市公司盈利能力情况　单位：%

指　标	2015 年	2015 年可比样本变动	2014 年	2014 年可比样本变动	2013 年
毛利率	31.73	3.05	28.40	3.02	25.71
净资产收益率	12.04	-0.65	12.84	-0.09	13.52
销售净利率	16.41	2.54	13.73	1.63	12.26
资产净利率	4.45	0.09	4.48	0.19	4.42

资料来源：沪深交易所，同花顺。

表 12　2015 年电力、热力生产和供应业上市公司偿债及营运情况

指　标	2015 年	2015 年可比样本变动	2014 年	2014 年可比样本变动	2013 年
资产负债率（%）	65.68	-2.66	66.75	-2.51	68.43
存货周转率（次）	9.15	-1.13	13.07	-0.14	17.78
总资产周转率（次）	0.27	-0.04	0.33	-0.02	0.36

资料来源：沪深交易所，同花顺。

（二）燃气生产和供应业

表 13　2015 年燃气生产和供应业上市公司收入及资产增长情况　单位：亿元

指　标	2015 年	2015 年可比样本增长（%）	2014 年	2014 年可比样本增长（%）	2013 年
营业收入	723.70	8.90	605.86	7.64	459.60
利润总额	81.46	8.84	66.05	-4.47	61.23
归属于母公司所有者的净利润	57.85	12.09	45.81	-4.02	41.65
总资产	1447.96	16.02	1126.90	13.26	823.03
归属于母公司股东权益	605.92	15.18	484.83	18.64	369.77

资料来源：沪深交易所，同花顺。

表 14　2015 年燃气生产和供应业上市公司盈利能力情况　单位：%

指　标	2015 年	2015 年可比样本变动	2014 年	2014 年可比样本变动	2013 年
毛利率	15.70	-0.17	15.23	-0.94	16.19
净资产收益率	9.55	-0.26	9.45	-2.23	11.36
销售净利率	9.00	-0.05	8.82	-1.35	11.11
资产净利率	4.83	-0.42	5.04	-1.10	6.55

资料来源：沪深交易所，同花顺。

表 15　2015 年燃气生产和供应业上市公司偿债及营运情况

指　标	2015 年	2015 年可比样本变动	2014 年	2014 年可比样本变动	2013 年
资产负债率（%）	50.08	0.63	48.70	–1.45	45.41
存货周转率（次）	25.27	3.21	30.08	2.08	30.21
总资产周转率（次）	0.54	–0.04	0.57	–0.03	0.59

资料来源：沪深交易所，同花顺。

（三）水的生产和供应业

表 16　2015 年水的生产和供应业上市公司收入及资产增长情况　单位：亿元

指　标	2015 年	2015 年可比样本增长（%）	2014 年	2014 年可比样本增长（%）	2013 年
营业收入	289.22	8.83	245.38	14.77	196.82
利润总额	75.86	13.48	62.03	–6.21	63.79
归属于母公司所有者的净利润	62.70	13.73	51.55	–2.63	51.77
总资产	1459.88	10.78	1203.13	11.23	1153.94
归属于母公司股东权益	681.20	18.46	559.77	7.56	533.32

资料来源：沪深交易所，同花顺。

表 17　2015 年水的生产和供应业上市公司盈利能力情况　单位：%

指　标	2015 年	2015 年可比样本变动	2014 年	2014 年可比样本变动	2013 年
毛利率	37.26	–0.32	37.46	–2.93	42.62
净资产收益率	9.20	–0.38	9.21	–0.96	9.21
销售净利率	22.59	0.86	21.80	–4.61	27.91
资产净利率	4.70	–0.01	4.68	–0.91	5.29

资料来源：沪深交易所，同花顺。

表 18　2015 年水的生产和供应业上市公司偿债及营运情况

指　标	2015 年	2015 年可比样本变动	2014 年	2014 年可比样本变动	2013 年
资产负债率（%）	49.72	–3.67	50.78	3.71	48.34
存货周转率（次）	3.06	–0.30	3.14	0.57	3.99
总资产周转率（次）	0.21	–0.01	0.21	0	0.19

资料来源：沪深交易所，同花顺。

四、重点上市公司介绍

（一）华能国际

2015 年，公司实现营业收入为 1289.05 亿元，同比增长 7.94%；营业利润为 230.06 亿元，同比增长 8.01%；归属于母公司的净利润为 137.86 亿元，比上年同期增长 13.16%。摊薄每股收益 0.95 元。

截至 2015 年 12 月 31 日，公司可控发电装机容量达到 82331 兆瓦，全年发电量达 3205.29 亿千瓦时，居国内行业可比公司第一。公司火电机组中，超过 50%是 60 万千瓦以上的大型机组，包括 12 台已投产的世界最先进的百万千瓦等级的超超临界机组，投产国内第一座二次再热机组电厂和高效超超临界机组电厂，天然气发电装机容量达到 7937.3 兆瓦。公司陆上风电装机容量超过 2100 兆瓦，海上风电开工建设，清洁能源比例不断提高。公司在环保和发电效率方面都处于行业的领先地位，平均煤耗、厂用电率、水耗等技术指标达到世界领先。截至 2015 年底，共有 32 台燃煤机组装机共 15170 兆瓦达到超低排放标准。根据公司发展战略规划，到 2016 年，力争全年完成发电量 3150 亿千瓦时，机组平均利用小时达到 3950 小时。公司将进一步强化市场意识、改革意识、创新意识和风险意识，以国家“十三五”规划为指引，更加注重市场竞争、更加注重绿色发展、更加注重规范管理，不断提升盈利能力、竞争能力和可持续发展能力。

（二）大唐发电

2015 年，公司实现营业收入为 618.90 亿元，同比降低 11.83%；营业利润为 51.60 亿元，同比增长 16.36%；归属于母公司的净利润为 28.09 亿元，比上年同期增长 56.20%。摊薄每股收益 0.211 元。

在 2015 年，公司核准项目共计 9488.5 兆瓦，其中火电项目共计 8864 兆瓦、风电项目共计 479.5 兆瓦、光伏项目共计 100 兆瓦、水电增容项目 45 兆瓦。多个电源项目建设投产，公司基建创优水平不断提升，电力建设管理技术日趋成熟，电力建设成本得到有效控制。截至 2015 年12 月 31 日，公司管理装机容量约 42337.225 兆瓦。其中，火电煤机为 31280 兆瓦，约占 73.88%；火电燃机为 2890.8 兆瓦，约占 6.83%；水电为 6100.825 兆瓦，约占 14.41%；风电为 1875.6 兆瓦，约占 4.43%；光伏发电为 190 兆瓦，约占 0.45%，清洁能源所占比重比 2014 年末增加约 2.27 个百分点。2015 年，公司完成供电煤耗 305.72 克/千瓦时，同比降低 3.55 克/千瓦时；发电厂用电率完成 3.90%，同比降低 0.29%；脱硫设备投运率、脱硫综合效率分别累计完成 100.00%和 97.16%；脱硝设备投运率、脱硝综合效率分别累计完成 99.44%和 81.12%；二氧化硫、氮氧化物、烟尘、废水绩效分别为 0.17 克/千瓦时、0.24 克/千瓦时、0.046 克/千瓦时、0.032 千克/千瓦时。

2013 年公司实现经营收入约为 618.90 亿元，比上年同期下降约 11.83%；其中电力及热力销售收入分别约为555.56亿元及14.35亿元，比上年同期增长约-11.24%及9.79%，两项收入合计占本公司总经营收入约92.08%。电力销售收入占公司总经营收入的89.77%，同比减少约70.33亿元。2015年公司合并口径完成上网电价较上年同期下降相应减少收入约8.06亿元。2015年，本公司经营成本约424.06亿元，比上年同期减少约66.93亿元，降幅约13.63%。其中，电力燃料成本占经营成本约49.31%，折旧成本占经营成本约21.55%。2015年公司发生电力燃料成本约209.11亿元，较上年同期的263.99亿元降低了约54.88亿元，主要原因：一是单位燃料成本比上年同期降低16.04元/兆瓦时，相应燃料成本降低约22.24亿元；二是火电发电量较上年同期减少了209.10亿千瓦时，相应降低燃料费约32.64亿元。

（三）首创股份

2015年首创股份实现营业收入为70.61亿元，同比增长6.32%；营业利润为7.07亿元，同比增长26.81%；归属于母公司的净利润为5.36亿元，比上年同期降低26.88%。摊薄每股收益为0.22元。

公司主营业务为水务、固废等环保业务。2015年公司通过夯实管理基础、提高经营效率、充分挖掘存量项目潜力、拓展海内外区域市场等手段，提升了环保业务的发展能力，2015年实现营业收入为598716.85万元，同比增加145413.91万元，实现利润总额为90324.93万元，同比增加15702.61万元，利润总额增加的主要原因是本年度BCG NZ公司收益同比增加以及新增新加坡ECO公司等运营项目。

公司其他业务有快速路业务、酒店业务、土地开发业务等。2015年京通快速路通过不断提升服务，实现营业收入为39670.67万元，同比增加1812.10万元；实现利润总额为18224.79万元，同比增加1553.00万元。新大都饭店2015年实现营业收入为6632.52万元，亏损1572.70万元。土地开发业务实现营业收入为62111.09万元，同比减少99857.98万元，亏损8260.36万元，同比增亏22404.98万元，主要因受国内经济增速下行、行业政策环境等影响，公司土地开发进度放缓所致。

2015年实现营业收入为706149.35万元。其中：①水务、固废等环保业务：实现营业收入为598716.85万元，为公司营业总收入的84.78%，比重同比增加16.54个百分点；公司通过积极拓展海内外市场，新收购新西兰、新加坡固废项目收入增加是环保业务收入比重增加的主要原因。②快速路业务：实现营业收入为39670.67万元，占公司营业总收入的5.62%。③土地开发业务：实现营业收入为62111.09万元，占公司营业总收入的8.80%，比重同比下降15.59个百分点，主要因受国内经济增速下行、行业政策环境等影响，公司土地开发进度放缓所致。④其他：实现营业收入为5650.74万元，占公司营业总收入的0.80%。

（四）深圳燃气

2015年，深圳燃气实现营业收入为79.67亿元，同比降低16.40%；营业利润为8.29亿元，同比降低9.06%；归属于母公司的净利润为6.60亿元，比上年同期降低8.52%。摊薄每股收益0.31元。

2015年，公司天然气销售收入为49.30亿元，同比下降1.29%；销售量为15.02亿立方米，同比下降1.31%。其中，管道天然气为14.60亿立方米，同比增长1.66%；天然气批发为0.43亿立方米，同比下降50.81%，主要是受国际LNG市场价格下降对天然气液化工厂销售冲击所致。公司液化石油气销售收入为18.75亿元，同比下降45.57%，主要是受液化石油气市场竞争加剧，天然气替代等因素影响导致销售量下降所致。其中液化石油气批发销售41.13万吨，下降20.39%；瓶装液化石油气销售9.26万吨，与上年基本持平。

2015年，公司管道燃气用户总数达220.54万户，其中深圳地区160.13万户，深圳以外地区60.41万户。全年管道燃气用户净增25.38万户，其中深圳地区净增14.17万户，深圳以外地区净增11.21万户。2015年，公司创新工商业用户拓展模式，精耕细作，降低用气门槛，最大限度挖掘小型工商用户潜力，商业用户净增加1726户，工业用户净增加319户。

公司扎实推进管网建设，努力提升城市气化率，全力保障燃气稳定供应。截至2015年底，公司拥有高压、次高压管线423.55千米、市政中压管线4927.23千米（其中1535.75千米为政府建设移交）。全年新建高压、次高压管线90.33千米，市政中压管线463.98千米，接收政府投资管线73.93千米。

五、上市公司在行业中的影响力

2015年，全行业营业收入6.30万亿元，同比降低0.68%；其中，上市公司实现营业收入0.81万亿元，按可比样本计算同比降低5.03%，低于全行业水平；上市公司总收入规模占全行业比重达12.86%，小幅上升。2015年全行业利润总额5340.6亿元，同比增长12.74%；其中，上市公司利润总额为1632.13亿元，在全行业占比30.56%，连续四年上升。

审稿人：任宪功

撰稿人：伊晓奕

建筑业

一、建筑业总体概况

2015年，面对国内经济下行压力加大、投资增长乏力的复杂局面，建筑业整体发展稳中有进。全国建筑业企业（指具有资质等级的总承包和专业承包建筑业企业，不含劳务分包建筑业企业）完成建筑业总产值180757.47亿元，增长2.29%；完成竣工产值110115.93亿元，增长9.33%；房屋施工面积达到124.26亿平方米，下降0.58%；房屋竣工面积达到42.08亿平方米，下降0.60%；签订合同额338001.42亿元，增长4.49%；实现利润6508亿元，增长1.57%。

截至2015年底，全国共有建筑业企业80911个，比2014年减少230个，降幅为0.28%。国有及国有控股建筑业企业有6789个，比2014年减少68个，占建筑业企业总数的8.39%，比2014年下降了0.06个百分点。从业人数5003.40万人，增长10.28%；按建筑业总产值计算的劳动生产率为323733元/人，增长1.92%。建筑业在吸纳农村转移人口就业、推进新型城镇化建设和维护社会稳定等方面继续发挥着显著作用。

2015年，全国建筑业企业签订合同总额338001.42亿元，比2014年增长4.49%，增速连续5年下降。其中，本年新签合同额184401.54亿元，比2014年下降0.12%，增速较2014年降低5.71个百分点。本年新签合同额占签订合同总额比例为54.56%，比2014年下降了2.52个百分点，连续两年呈下降态势。

2015年，我国对外承包工程业务完成营业额1540.7亿美元，增长8.2%，增速比2014年提高4.4个百分点。新签合同额2100.7亿美元，增长9.5%，增速较2014年下降了2.2个百分点。

二、行业内上市公司发展概况

（一）行业内上市公司基本情况

表1　2015年建筑业上市公司发行股票概况

门　类	A、B股总数	A股股票数	B股股票数	境内总市值（亿元）	流通A股市值（亿元）	流通B股市值（亿元）
建筑业	78	76	2	17421.08	14249.86	30.2
占沪深两市比重（%）	2.68	2.61	0.07	3.28	3.43	1.38

资料来源：沪深交易所，同花顺。

（二）行业内上市公司构成情况

表 2　　2015 年建筑业上市公司构成情况　　单位：家

门　类	沪　市			深　市			ST/*ST
	仅 A 股	仅 B 股	A+B 股	仅 A 股	仅 B 股	A+B 股	
建筑业	33	1	1	42	0	0	0/0
占行业内上市公司比重（%）	42.86	1.3	1.3	54.55	0	0	0/0

资料来源：沪深交易所，同花顺。

（三）行业内上市公司融资情况

表 3　　2015 年建筑业上市公司与沪深两市融资情况对比　　单位：家

门　类	融资家数	新　股	增　发	配　股
建筑业	28	7	21	0
沪深两市总数	819	220	595	6
占比（%）	3.42	3.18	3.53	0

资料来源：沪深交易所，同花顺。

其中，首发的 7 家公司中，有 3 家沪市、3 家中小板及 1 家创业板公司；增发的 21 家公司中，有 9 家沪市、4 家深市主板、2 家创业板及 6 家中小板公司。

按行业大类划分，进行融资的 28 家公司中，建筑装饰和其他建筑业 7 家，房屋建筑业 1 家，土木工程建筑业 20 家。

从融资效果看，上述公司实际发行数量为 1066446.05 万股；实际募集资金为 639.33 亿元，基本完成了融资计划。

2015 年建筑业上市公司融资情况明细见附录。

（四）行业内上市公司资产及业绩情况

表 4　　2015 年建筑业上市公司资产情况　　单位：亿元

指　标	2015 年	2015 年可比样本增长（%）	2014 年	2014 年可比样本增长（%）	2013 年
总资产	50910.08	13.23	44246.08	14.74	38372.63
流动资产	37326.89	12.3	32809.66	12.97	28882.95
占比（%）	73.32	–0.6	74.15	–1.16	75.27
非流动资产	13583.19	15.85	11436.42	20.14	9489.68
占比（%）	26.68	0.6	25.85	1.16	24.73
流动负债	30431	9.67	27445.61	13.58	24027.71
占比（%）	59.77	–1.94	62.03	–0.64	62.62

续表

指　标	2015 年	2015 年可比样本增长（%）	2014 年	2014 年可比样本增长（%）	2013 年
非流动负债	9384.37	14.83	7948.94	14.02	6963.52
占比（%）	18.43	0.26	17.97	-0.11	18.15
归属于母公司股东权益	9382.74	22.73	7485.22	17.49	6325.45
占比（%）	18.43	1.43	16.92	0.4	16.48

资料来源：沪深交易所，同花顺。

表 5　2015 年建筑业上市公司收入实现情况　单位：亿元

指　标	2015 年	2015 年可比样本增长（%）	2014 年	2014 年可比样本增长（%）	2013 年
营业收入	36168.07	4.72	34122.55	9.54	30974.7
利润总额	1452.27	4	1350.3	11.58	1199.3
归属于母公司所有者的净利润	990.62	6.55	893.63	11.69	792.21

资料来源：沪深交易所，同花顺。

（五）利润分配情况

2015 年全年建筑业上市公司中共有 58 家公司实施了分红配股。其中，13 家上市公司实施送股或转增股，58 家上市公司实施派息，其中 13 家公司既实施了送股、转增又实施了派息。

2015 年建筑业上市公司分红明细见附录。

（六）其他财务指标情况

1. 盈利能力指标

表 6　2015 年建筑业上市公司盈利能力情况　单位：%

指　标	2015 年	2015 年可比样本变动	2014 年	2014 年可比样本变动	2013 年
毛利率	12.73	0.27	12.25	0.47	11.81
净资产收益率	10.56	-1.6	11.94	-0.62	12.33
销售净利率	3.07	-0.01	3	0.05	2.94
资产净利率	2.31	-0.23	2.48	-0.09	2.55

资料来源：沪深交易所，同花顺。

2. 偿债能力指标

表 7　　2015 年建筑业上市公司偿债能力指标

指　标	2015 年	2015 年可比样本变动	2014 年	2014 年可比样本变动	2013 年
流动比率	1.23	0.03	1.2	0	1.2
速动比率	0.72	0.03	0.68	-0.01	0.68
资产负债率（%）	78.21	-1.68	79.99	-0.76	80.76

资料来源：沪深交易所，同花顺。

3. 营运能力指标

表 8　　2015 年建筑业上市公司营运能力情况　　单位：次

营运能力指标	2015 年	2015 年可比样本变动	2014 年	2014 年可比样本变动	2013 年
存货周转率	2.12	-0.14	2.25	-0.14	2.7
应收账款周转率	4.99	-0.38	5.36	-0.59	3.89
流动资产周转率	1.03	-0.08	1.1	-0.06	1.15
固定资产周转率	11.09	-0.53	11.75	0.34	11.37
总资产周转率	0.75	-0.07	0.82	-0.05	0.87
净资产周转率	3.59	-0.59	4.19	-0.28	4.46

资料来源：沪深交易所，同花顺。

三、重点细分行业介绍

表 9　　2015 年建筑业上市公司数量分布及市值情况

大　类	上市公司家数（家）	占行业内比重（%）	境内总市值（亿元）	占行业内比重（%）
房屋建筑业	1	1.30	54.14	0.31
建筑装饰和其他建筑业	22	28.57	2330.82	13.38
土木工程建筑业	54	70.13	15036.13	86.31

资料来源：沪深交易所，同花顺。

（一）房屋建筑业

1. 行业概况

房屋建筑业指的是居民住宅、商业建筑、学校医院、港口码头等房屋建筑主体的施工，不包括工程前的主要准备工作，是建筑业最传统的业务，也是最大的组成部分。上市公司中大部分公司都有业务涉及房屋建筑业。根据中国建筑业协会发布的《2015 年建筑业统计发展分析报告》，

2015年房屋建筑业完成产值为67020.93亿元，增长3.42%，完成营业收入产值为56642.89亿元，增长1.02%。

2. 行业内上市公司发展情况

表10　2015年房屋建筑业上市公司收入及资产增长情况　单位：亿元

指　标	2015年	2015年可比样本增长（%）	2014年	2014年可比样本增长（%）	2013年
营业收入	17.71	-9.32	19.53	-6.04	20.78
利润总额	0.63	312.04	-0.3	-176	0.4
归属于母公司所有者的净利润	0.47	211.63	-0.42	-399	0.14
总资产	39.71	7.86	36.82	10.07	33.45
归属于母公司股东权益	7	328.19	1.64	-22.27	2.11

资料来源：沪深交易所，同花顺。

表11　2015年房屋建筑业上市公司盈利能力情况　单位：%

指　标	2015年	2015年可比样本变动	2014年	2014年可比样本变动	2013年
毛利率	9.21	-1.97	11.21	-2.79	14.04
净资产收益率	6.67	32.24	-25.61	-32.25	9.31
销售净利率	2.78	4.82	-2.05	-2.92	0.89
资产净利率	1.29	2.42	-1.14	-1.72	0.59

资料来源：沪深交易所，同花顺。

表12　2015年房屋建筑业上市公司偿债及营运情况

指　标	2015年	2015年可比样本变动	2014年	2014年可比样本变动	2013年
资产负债率（%）	82.71	-13.22	95.93	1.82	94.09
存货周转率（次）	2.29	-0.39	2.68	-0.43	3.62
总资产周转率（次）	0.46	-0.09	0.56	-0.11	0.67

资料来源：沪深交易所，同花顺。

（二）建筑装饰和其他建筑业

1. 行业概况

建筑装饰是建筑业的重要组成部分，随着我国经济快速增长，城市化进程不断加快，建筑装饰业处于快速增长阶段，成为成长性较好的新兴行业之一，在国民经济中的地位和重要性不断提升。建筑装饰按照服务对象划分，可分为公共建筑装饰（简称“公装”）和家庭住宅装饰（简称“家装”）。据中国建筑装饰协会统计，2015年建筑装饰行业实现总产值为3.40万亿元，相较2014年总产值的3.16万亿元，增长7.59%。

2. 行业内上市公司发展情况

表 13　　2015 年建筑装饰和其他建筑业上市公司收入及资产增长情况　　单位：亿元

指　标	2015 年	2015 年可比样本增长（%）	2014 年	2014 年可比样本增长（%）	2013 年
营业收入	1002.99	-4.32	944.86	13.35	758.62
利润总额	58.88	-12.65	55.23	12.65	42.69
归属于母公司所有者的净利润	48.07	-9.64	44.76	13.95	34.65
总资产	1530.36	13.52	1208.08	23.55	923.61
归属于母公司股东权益	545.89	20.36	403.47	27.25	297.77

资料来源：沪深交易所，同花顺。

表 14　　2015 年建筑装饰和其他建筑业上市公司盈利能力情况　　单位：%

指　标	2015 年	2015 年可比样本变动	2014 年	2014 年可比样本变动	2013 年
毛利率	17.92	0.43	16.96	0.64	16.32
净资产收益率	8.81	-2.92	11.09	0.11	10.98
销售净利率	4.63	-0.52	4.75	0.14	4.62
资产净利率	3.23	-1.3	4.11	-0.05	4.16

资料来源：沪深交易所，同花顺。

表 15　　2015 年建筑装饰和其他建筑业上市公司偿债及营运情况

指　标	2015 年	2015 年可比样本变动	2014 年	2014 年可比样本变动	2013 年
资产负债率（%）	62.57	-1.48	64.14	-1.31	65.45
存货周转率（次）	3.44	-0.78	4.63	-0.49	5.12
总资产周转率（次）	0.7	-0.18	0.86	-0.04	0.9

资料来源：沪深交易所，同花顺。

（三）土木工程建筑业

1. 行业概况

土木工程建筑业指土木工程主体的施工活动，主要是指铁路、道路、隧道和桥梁工程建筑，水利和港口工程建筑，工矿工程建筑，架线和管道工程建筑以及公园、高尔夫球场等其他工程建筑，不包括主体工程施工签订土方挖运、拆除爆破等工程准备活动。土木工程建筑业是建筑业中最主要的细分行业之一，产值在行业总产值中占比较大。上市公司大部分集中在这个细分领域内。

2. 行业内上市公司发展情况

表 16　2015 年土木工程建筑业上市公司收入及资产增长情况　单位：亿元

指　标	2015 年	2015 年可比样本增长（%）	2014 年	2014 年可比样本增长（%）	2013 年
营业收入	35147.37	5.01	33158.16	9.45	30159.24
利润总额	1392.75	4.77	1295.36	11.6	1157.95
归属于母公司所有者的净利润	942.08	7.43	849.28	11.64	759.39
总资产	49340.01	13.22	43001.18	14.52	37372.11
归属于母公司股东权益	8829.85	22.81	7080.11	16.99	6019.94

资料来源：沪深交易所，同花顺。

表 17　2015 年土木工程建筑业上市公司盈利能力情况　单位：%

指　标	2015 年	2015 年可比样本变动	2014 年	2014 年可比样本变动	2013 年
毛利率	12.58	0.28	12.12	0.43	11.69
净资产收益率	10.67	-1.53	12	-0.43	12.43
销售净利率	3.02	0.01	2.96	0.05	2.91
资产净利率	2.29	-0.2	2.43	-0.09	2.52

资料来源：沪深交易所，同花顺。

表 18　2015 年土木工程建筑业上市公司偿债及营运情况

指　标	2015 年	2015 年可比样本变动	2014 年	2014 年可比样本变动	2013 年
资产负债率（%）	78.69	-1.68	80.43	-0.7	81.13
存货周转率（次）	2.1	-0.13	2.22	-0.44	2.66
总资产周转率（次）	0.76	-0.07	0.82	-0.05	0.87

资料来源：沪深交易所，同花顺。

四、重点上市公司介绍

（一）中国建筑（601668）

中国建筑是由中建总公司、中国石油集团、宝钢集团和中化集团作为发起人共同发起设立。截至 2015 年 12 月 31 日，中建总公司持有公司的国家股为 1687906.8569 万股，占公司股权比例的 56.26%，是公司的控股股东。公司主营业务为房屋建筑工程、房地产开发与投资、基础设施建设与投资以及设计勘察等。公司名列 2015 年《财富》全球 500 强第 37 位，居全球建筑地产行业第一位；在 ENR 全球 250 家国际承包商（国际业务）排名中位列第 17 位。

2015 年公司营业收入达 8805.77 亿元，较 2014 年增长 10.1%。其中境内（中国大陆）营业收入增长9.5%，达到8194.99亿元，境内营业收入继续保持高速增长，占比为93.06%；境外（含香港和澳门）营业收入为610.78亿元，较2014年增加18.5%。2015年，公司实现营业利润为470.85亿元，较2014年增长12.73%，归属上市公司股东的净利润为260.6亿元，较2014年增长15.5%。实现基本每股收益为0.21元。

近年来公司业务规模持续扩大，负债规模亦不断增长。截至2015年12月31日，公司负债总额为8361.22亿元，较2014年末增幅15.78%，资产负债率为77.79%。

2015年公司建筑业务新签合同额约15190亿元，增长7.1%。其中，房屋建筑为11962亿元，较2014年增长3.0%；基建业务为3140亿元，较2014年增长26.7%；设计勘察业务为88亿元，较2014年增长-10.2%；地产业务合约销售额为1550亿元，较2014年增长28.8%；合约销售面积约1344万平方米，较2014年增长29.7%。同期，发行人新购置土地储备约1260万平方米，期末拥有土地储备约6656万平方米。

房屋建筑工程业务一直是公司收入的主要来源，随着公司产业结构的优化与调整，公司继续推动房建、基建、地产收入结构，2015年公司房屋建筑工程、基础设施建设与投资和房地产开发与投资业务的收入比为4.1323：0.99：1。“十三五”时期，公司将更加关注投资业务、基础设施业务和海外“一带一路”业务。根据规划“十三五”期间，公司整体营业收入平均增速定位为9%，到2020年公司营业收入接近13300亿元。

（二）中国铁建（601186）

中国铁建是全球最具实力、最具规模的特大型综合建设集团之一，是我国最大的两家铁路施工企业集团之一，2013年至2015年连续入选“世界500强企业”，分别排名第100位、第80位和第79位；连续15年入选ENR“全球最大250家工程承包商”，2013年排名第1位，2014年排名第2位，2015年排名第3位；连续入选“中国企业500强”，2013年排名第11位，2014年排名第11位，2015年排名第13位，行业地位领先，竞争优势明显。

公司产业链较为完备，具备为业主提供一站式综合服务的能力。在高原铁路、高速铁路、高速公路、桥梁、隧道和城市轨道交通工程设计及建设领域具有领导地位。目前，公司经营业务遍及除台湾省以外的全国31个省、自治区、直辖市和香港、澳门特别行政区，以及世界90个国家，业务辐射范围较广。

受益于国内基础设施建设不断提速，近年来公司业务规模稳步增长。从收入构成来看，工程承包系公司核心及传统业务，近年收入占比均保持在75%以上，2015年公司实现工程承包收入为513877065亿元，较2014年增长1.36%；勘察设计咨询、工业制造及房地产开发业务占比较小，但近年收入均保持快速增长，2015年三类业务收入增速分别为11.89%、23.40%和14.95%。

2015年，公司新签合同额为9488亿元，较2014年增长14.62%；截至2015年底，未完成合同额为18085亿元，较2014

年增长 2.6%。2015 年公司实现营业收入为 6005 亿元，较 2014 年增长 1.2%；实现归属于母公司所有者的净利润 126 亿元，较 2014 年增长了 7.8%。

（三）金螳螂（002081）

苏州金螳螂建筑装饰股份有限公司是一家以室内装饰为主体，融幕墙、家具、景观、艺术品、机电设备安装等为一体的专业化装饰集团。截至 2015 年 12 月 31 日，公司已连续 13 年蝉联中国建筑装饰行业百强企业第 1 名，累计荣获 71 项鲁班奖、236 项全国建筑工程装饰奖。公司入围“ENR 工程设计企业 60 强”并和 HBA 同获“中国酒店杰出设计金奖”，连续六年蝉联“中国建筑装饰设计机构 50 强”企业第一名。

2015 年，公司实现营业收入 186.54 亿元，比 2014 年同期减少 9.83%；实现营业利润 18.87 亿元，比 2014 年同期减少 15.56%；实现归属母公司的净利润 16.02 亿元，比 2014 年同期减少 14.65%，实现每股收益 0.91 元。

（四）中国电建（601669）

中国电力建设股份有限公司（原名：中国水利水电建设股份有限公司）是我国规模最大的水利水电建设企业，被商务部列为重点支持的大型外经企业。2015 年，以中国电建为核心资产的中国电建集团在《财富》世界 500 强企业中名列第 235 位，较 2014 年上升 60 位；首次以 POWERCHINA 名义参与 2015 年 ENR 全球 150 强设计企业和 ENR 全球 250 强总承包企业的排名，分别位列第 3 位和第 7 位，在电力领域位列全球第一，位列 ENR 国际工程设计公司 225 强第 30 位，位列 ENR 国际工程承包商 250 强第 11 位。2015 年，公司完成重大资产重组后，拥有 38 家二级子公司，形成了以工程承包与勘测设计、电力投资与运营、房地产开发、设备制造与租赁为主营业务的发展格局。

2015 年，公司经营规模继续扩大，营业总收入 2109.21 亿元，较 2014 年增长 11.05%，毛利润 312.97 亿元，较 2014 年增长 7.27%。2015 年，境内业务累计实现营业收入 1573.35 亿元，较 2014 年增长 9.31%，占主营业务收入的 75.18%；累计发生营业成本 1326.40 亿元，较 2014 年增长 9.17%；毛利率 15.70%，较 2014 年的 15.59%增长 0.11 个百分点。境内业务收入、毛利率保持持续增长，主要是境内基础设施业务增长所致。2015 年，境外业务累计实现营业收入 519.48 亿元，较 2014 年增长 16.71%，占主营业务收入 24.82%；累计发生营业成本 458.22 亿元，较 2014 年增长 20.35%；毛利率 11.79%，较 2014 年的 14.46%下降 2.67 个百分点。境外业务毛利率下降的主要原因是少数项目处于尾工或竣工结算阶段，公司当期确认了合同损失，以及中资企业积极参与国际项目竞争导致市场竞争更加激烈和当地劳动力、材料成本的上涨。

2015 年，公司新签合同总额达到 3277.95 亿元，较 2014 年增长 16.11%。其中国内新签合同额约为 2280.82 亿元，较

2014年增长24.44%，国外新签合同额折合人民币约997.13亿元，较2014年增长0.69%。合同存量达到6285.18亿元，较2014年增长43.30%，其中，国内、国外合同存量分别占公司合同存量总额的56.40%和43.60%。

五、上市公司在行业中的影响力

上市建筑公司引领行业增长。建筑业的上市公司充分利用公共公司的品牌、公信力方面优势，依靠资本市场融资条件优势，在整个行业中始终处在排头兵的位置，具有较强的代表性。2015年，建筑业上市公司共完成营业收入为36168.07亿元，占建筑业总产值的20.01%，实现利润为1452.27亿元，占行业总利润的22.32%。

上市建筑公司在细分领域普遍处于行业龙头地位。2015年，全球工程建设领域最权威的学术杂志《工程新闻纪录》(ENR)，对全世界工程建筑领域的重要建筑企业进行排名，选出营业收入排在全球前250名的工程公司，上榜的中国企业大部分为上市的建筑公司。其中，中国中铁、中国建筑、中国铁建三家上市建筑公司排在世界前三位。

表19　2015年ENR250家世界工程承包商排名

2015年排名	2014年排名	名次变化	企业名称	全球营收（百万美元）
1	3	2	中国中铁股份有限公司	113105.7
2	1	−1	中国建筑股份有限公司	110579.4
3	2	−1	中国铁建股份有限公司	97044
4	4	0	中国交通建设集团有限公司	60314.6
7	☆	☆	中国电力建设集团有限公司	38689.6
10	10	0	中国冶金科工集团有限公司	30026.2
12	11	−1	上海建工集团股份有限公司	26621.8
29	32	3	中国化学工程股份有限公司	10770.3
33	37	4	中国葛洲坝集团有限公司	9614.4

资料来源：ENR官方网站。

审稿人：易华强

撰稿人：贺众营

批发和零售业

一、批发和零售业总体概况

(一) 行业整体运行情况

2015年，宏观经济增速放缓，消费市场延续较低景气，全国百家重点大型零售企业零售额较2014年下降0.1%，增速连续第四年下降。2015年，国内消费市场运行总体平稳，社会消费品零售总额较2014年增长10.7%，增速相比2014年下降1.3个百分点。

从经济结构来看，2015年GDP为67.7万亿元，较2014年增长6.9%。2015年最终消费支出对国内生产总值增长的贡献率为66.4%，比2014年提高了15.4个百分点。

2015年社会消费品零售总额为30.1万亿元，较2014年增长10.7%。2015年网上零售额为3.9万亿元，较2014年增长33.3%。其中，实物商品网上零售额为3.2万亿元，增长31.6%；非实物商品网上零售额为0.6万亿元，增长42.4%。在实物商品网上零售额中，吃、穿和用类商品分别增长40.8%、21.4%和36.0%。

据国家统计局数据显示，2004年至2015年，我国城镇居民人均可支配收入稳定提高，从2004年的9422元增长到2015年的31195元。随着我国国民经济的增长，居民收入水平的提高，居民消费的可支付能力也不断增强，进一步推动了批发和零售行业有效需求的增长。消费者不仅满足于大众化的产品，而且对差异化商品的需求也越来越高。

批发和零售业是社会化大生产过程中的重要环节，是决定经济运行速度、质量和效益的引导性力量，是我国市场化程度最高、竞争较为激烈的行业之一。从长远来看，我国居民消费无论是从总量上，还是从结构上都有相当大的发展空间，这为我国批发和零售行业的发展提供了良好的中长期宏观环境。

2015年，国务院、发改委、商务部、农业部出台了一系列政策，支持改善经商环境，发展电子商务和农产品贸易。我国已进入消费需求持续增长、消费结构加快升级、消费拉动经济作用明显增强的重要阶段。以传统消费提质升级、新兴消费蓬勃兴起为主要内容的新消费，及其催生的相关产业发展、科技创新、基础设施建设和公共服务等领域的新投资新供给，蕴藏着巨大的发展潜力和空间。

批发和零售产业作为典型的第三产业，对我国经济转型阶段具有较强的推动作用，因此，批发和零售产业的发展对促进我国经济转型升级具有重要的作用。

（二）细分行业运行概况

根据商品在流通环节中的批发活动和零售活动，批发和零售业主要分为批发业和零售业两个大类。

批发行业自20世纪90年代起进入了快速发展期，限额以上批发业企业销售额增速自2008年后开始不断下跌。近年来传统批发行业总体均出现萎缩态势。一方面，批发市场份额增长渐缓、批发商数量不断减少；另一方面，批发行业经营利润迅速下滑、用户留存率降低。从客流量、货物量、利润率等多个方面看，昔日红火的批发市场都已大不如前。随着新业态与新模式的迅速发展，传统批发业由于流通层级多等原因，已跟不上时代的步伐，正面临发展“瓶颈”。总体来说，我国批发企业规模较小，市场集中度偏低，难以形成规模效应。

零售行业景气延续底部，各细分业态基本面结构性差异较大。线上延续较高增长，随着互联网信息技术的高速发展，电商交易成为商品交易的重要方式。《2015中国电商报告》指出，2015年，中国电子商务继续保持快速发展的势头，交易额达到20.8万亿元，较2014年增长约27%；网络零售额达3.9万亿元，较2014年增长33.3%，其中实物商品网络零售额占全国消费品零售总额的10.8%。除了阿里巴巴、京东商城等综合电商保持较好增长之外，如跨境电商、社交电商、电商服务行业均涌现龙头。跨境通在2015年营业收入为39.61亿元，较2014年增长370.51%；归属净利润为1.68亿元，较2014年增长403.39%。微博在2015年营业收入为4.78亿美元（约31.03亿元），较2014年增长43.01%，归属净利润为0.35亿美元（约2.26亿元）（2014年亏损0.63亿美元）。南极电商在2015年营业收入为3.89亿元，较2014年增长42.30%；归属净利润为1.72亿元，较2014年增长158.37%。

反观线下商企，整体仍处于洗牌整合过程，业绩延续下行周期。线上对线下分流明显、线下面临着租金、人工成本上涨压力、转型尚处投入期。展望未来，以超市、百货为主的传统零售企业关店、重组、整合将成为常态。与此同时，互联网技术开始在传统业态中普及应用，对商品流通产业链进行智能化改造，线上线下融合的“新零售”时代已经来临。

二、行业内上市公司发展概况

（一）行业内上市公司基本情况

表1　　2015年批发和零售业上市公司发行股票概况

门　类	A、B股总数	A股股票数	B股股票数	境内总市值（亿元）	流通A股市值（亿元）	流通B股市值（亿元）
批发和零售业	158	151	7	18256.66	14484.79	96.65
占沪深两市比重（%）	5.43	5.19	0.24	3.43	3.49	4.41

资料来源：沪深交易所，同花顺。

（二）行业内上市公司构成情况

表 2　　2015 年批发和零售业上市公司构成情况　　单位：家

门　类	沪　市			深　市			ST/*ST
	仅 A 股	仅 B 股	A+B 股	仅 A 股	仅 B 股	A+B 股	
批发和零售业	85	0	4	59	0	3	0/2
占行业内上市公司比重（%）	56.29	0	2.65	39.07	0	1.99	0/1.32

资料来源：沪深交易所，同花顺。

（三）行业内上市公司融资情况

表 3　　2015 年批发和零售业上市公司与沪深两市融资情况对比　　单位：家

	融资家数	新　股	增　发	配　股
批发和零售业	29	6	23	0
沪深两市总数	819	220	595	6
占比（%）	3.54	2.73	3.87	0

资料来源：沪深交易所，同花顺。

其中，首发的 6 家公司中，有 3 家沪市、2 家中小板以及 1 家创业板公司；增发的 23 家公司中，有 12 家沪市、6 家深市主板、2 家中小板及 3 家创业板公司。

按行业大类划分，进行增发的 23 家公司中，批发业 13 家，零售业 10 家。

从融资效果看，上述公司实际发行数量为 405961 万股，实际募集资金为 323.55 亿元，基本完成融资计划。

2015 年批发和零售业上市公司融资情况明细见附录。

（四）行业内上市公司资产及业绩情况

表 4　　2015 年批发和零售业上市公司资产情况　　单位：亿元

指　标	2015 年	2015 年可比样本增长（%）	2014 年	2014 年可比样本增长（%）	2013 年
总资产	15876.89	8.54	13585.59	10.64	12197.49
流动资产	10270.02	8.23	8755.34	6.79	8098.04
占比（%）	64.69	−0.18	64.45	−2.32	66.39
非流动资产	5606.87	9.1	4830.25	18.38	4099.45
占比（%）	35.31	0.18	35.55	2.32	33.61
流动负债	8916.93	7.13	7628.64	6.34	7096.75
占比（%）	56.16	−0.74	56.15	−2.27	58.18

续表

指　标	2015年	2015年可比样本增长（%）	2014年	2014年可比样本增长（%）	2013年
非流动负债	1401.66	4.36	1266.10	23.06	1020.06
占比（%）	8.83	-0.35	9.32	0.94	8.36
归属于母公司股东权益	5073.97	12.95	4269.46	15.86	3701.56
占比（%）	31.96	1.25	31.43	1.42	30.35

资料来源：沪深交易所，同花顺。

表5　　2015年批发和零售业上市公司收入实现情况　　单位：亿元

指　标	2015年	2015年可比样本增长（%）	2014年	2014年可比样本增长（%）	2013年
营业收入	21694.14	-1.48	18945.39	-1.64	19146.26
利润总额	451.89	-19.31	496.79	-2.27	503.83
归属于母公司所有者的净利润	287.29	-20.02	319.63	-3.43	329.47

资料来源：沪深交易所，同花顺。

（五）利润分配情况

2015年全年批发和零售业上市公司中共有100家公司实施了分红。其中，15家公司实施转增股，3家公司实施送股，98家上市公司实施派息，有13家公司既实施了转增又实施了派息，有3家公司既实施了送股又实施了派息。

2015年批发和零售业上市公司分红明细见附录。

（六）其他财务指标情况

1. 盈利能力指标

表6　　2015年批发和零售业上市公司盈利能力情况　　单位：%

指　标	2015年	2015年可比样本变动	2014年	2014年可比样本变动	2013年
毛利率	11.08	0.82	10.96	0.71	10.25
净资产收益率	5.66	-2.33	7.49	-1.49	9.03
销售净利率	1.39	-0.44	1.87	-0.06	1.93
资产净利率	1.98	-1.03	2.74	-0.48	3.21

资料来源：沪深交易所，同花顺。

2. 偿债能力指标

表 7　　2015 年批发和零售业上市公司偿债能力指标

指　标	2015 年	2015 年可比样本变动	2014 年	2014 年可比样本变动	2013 年
流动比率	1.15	0.01	1.15	0.01	1.14
速动比率	0.77	0.04	0.73	0.00	0.73
资产负债率（%）	64.99	-1.09	65.47	-1.33	66.54

资料来源：沪深交易所，同花顺。

3. 营运能力指标

表 8　　2015 年批发和零售业上市公司营运能力情况　　单位：次

营运能力指标	2015 年	2015 年可比样本变动	2014 年	2014 年可比样本变动	2013 年
存货周转率	5.62	-0.61	5.49	-0.68	6.91
应收账款周转率	17.16	-3.17	18.26	-3.86	14.29
流动资产周转率	2.2	-0.31	2.23	-0.27	2.51
固定资产周转率	11.13	-1.42	11.11	-1.50	12.41
总资产周转率	1.42	-0.22	1.46	-0.21	1.67
净资产周转率	4.12	-0.77	4.32	-0.62	4.91

资料来源：沪深交易所，同花顺。

三、重点细分行业介绍

表 9　　2015 年批发和零售业上市公司数量分布及市值情况

大　类	上市公司家数（家）	占行业内比重（%）	境内总市值（亿元）	占行业内比重（%）
批发业	66	43.71	7987.59	43.75
零售业	85	56.29	10269.07	56.25

资料来源：沪深交易所，同花顺。

（一）批发业

1. 行业概况

批发业是指批发商向批发、零售单位及其他企业、事业、机关批量销售生活用品和生产资料的活动，以及从事进出口贸易和贸易经纪与代理的活动。批发商可以对所批发的货物拥有所有权，并以本单位、公司的名义进行交易活动；也可以不拥有货物的所有权，而以中介身份做代理销售商；还包括各类商品批发市场中固定摊位的批发活动。

我国的批发企业存在规模过小、商品流通效率低下、市场交易秩序混乱等缺陷。

2. 行业内上市公司发展情况

表 10　　2015 年批发业上市公司收入及资产增长情况　　单位：亿元

指　标	2015 年	2015 年可比样本增长（%）	2014 年	2014 年可比样本增长（%）	2013 年
营业收入	11490.96	-7.76	9999.25	-4.55	10456.80
利润总额	141	-41.42	204.93	-4.45	216.16
归属于母公司所有者的净利润	73.98	-48.67	125.09	-9.98	140.74
总资产	7465.8	7.25	6322.26	14.04	5516.93
归属于母公司股东权益	2084.01	12.69	1770.06	22.12	1465.42

资料来源：沪深交易所，同花顺。

表 11　　2015 年批发业上市公司盈利能力情况　　单位：%

盈利能力指标	2015 年	2015 年可比样本变动	2014 年	2014 年可比样本变动	2013 年
毛利率	5.8	0.54	5.77	0.69	5.08
净资产收益率	3.55	-4.24	7.07	-2.52	9.61
销售净利率	0.66	-0.68	1.42	-0.12	1.54
资产净利率	1.06	-1.61	2.46	-0.73	3.19

资料来源：沪深交易所，同花顺。

表 12　　2015 年批发业上市公司偿债及营运情况

指　标	2015 年	2015 年可比样本变动	2014 年	2014 年可比样本变动	2013 年
资产负债率（%）	68.3	-0.98	68.13	-1.73	69.54
存货周转率（次）	5.33	-0.91	5.48	-1.13	7.08
总资产周转率（次）	1.59	-0.39	1.69	-0.37	2.07

资料来源：沪深交易所，同花顺。

（二）零售业

1. 行业概况

零售业指从工农业生产者、批发贸易业或居民购进商品，转卖给城乡居民作为生活消费和售给社会集团作为公共消费的商品流通企业。它是百货商店、超级市场、专门零售商店、品牌专卖店、售货摊等主要面向最终消费者（如居民等）的销售活动，包括以互联网、邮政、电话、售货机等方式的销售活动。

2015 年，零售业行业内改革和变革优化在加快。存量优化方面，关店出清大幅提速、并购整合频率提升；增量布局方面，跨境电商、农村电商、互联网金融及电商代运营等细分领域具备较强的成长性，越来越多的企业借助资本纽带，通过外延并购整合切入其中。

2. 行业内上市公司发展情况

表 13　2015 年零售业上市公司收入及资产增长情况　单位：亿元

指　标	2015 年	2015 年可比样本增长（%）	2014 年	2014 年可比样本增长（%）	2013 年
营业收入	10203.18	6.71	8946.13	1.82	8689.46
利润总额	310.89	-2.64	291.86	-0.68	287.67
归属于母公司所有者的净利润	213.31	-0.81	194.54	1.32	188.73
总资产	8411.09	9.71	7263.33	7.84	6680.56
归属于母公司股东权益	2989.96	13.13	2499.40	11.8	2236.14

资料来源：沪深交易所，同花顺。

表 14　2015 年零售业上市公司盈利能力情况　单位：%

指　标	2015 年	2015 年可比样本变动	2014 年	2014 年可比样本变动	2013 年
毛利率	17.03	0.25	16.85	0.35	16.45
净资产收益率	7.13	-1	7.78	-0.81	8.63
销售净利率	2.21	-0.24	2.37	-0.04	2.38
资产净利率	2.81	-0.5	3.03	-0.26	3.23

资料来源：沪深交易所，同花顺。

表 15　2015 年零售业上市公司偿债及营运情况

指　标	2015 年	2015 年可比样本变动	2014 年	2014 年可比样本变动	2013 年
资产负债率（%）	62.05	-1.12	63.16	-1.12	64.07
存货周转率（次）	6.04	-0.17	5.50	-0.16	6.72
总资产周转率（次）	1.27	-0.08	1.28	-0.08	1.35

资料来源：沪深交易所，同花顺。

四、重点上市公司介绍

（一）永辉超市

永辉超市是中国大陆首批将生鲜农产品引进现代超市的流通企业之一。近年来，公司采取差异化战略进行错位竞争，逐渐确立以生鲜为主的食品、用品、服装“三位一体”的连锁超市市场定位，形成以生鲜为特色的市场品牌。

线下，2015 年不含会员店业态新开门店 62 家，开业门店经营面积为 366.23 万平方米，新开门店单店平均面积为 9774.53

平方米；新签约门店有70家，已签约未开业门店达184家，储备面积为189.12万平方米。公司以部门门店项目为试点，发展了精品店、美食广场、O2O等形式多样的购物环境。线上，建立了新会员管理体系及推行有关应用，电商移动端会员2015年较2014年增长168%，客单价较2014年增长57.55%。

2015年永辉超市营业收入达421.45亿元，较2014年增长14.75%；营业利润达到7.60亿元，较2014年下降27.95%；归属净利润为6.05亿元，较2014年下降28.92%。2015年，永辉超市食品用品收入为194.61亿元，占主营业务收入的48.41%，生鲜及加工收入为185.06亿元，占主营业务收入的46.04%，服装收入为22.32亿元，占主营业务收入的5.55%。

表16　　永辉超市2012~2015年财务指标

项　目	2015年	2014年	2013年	2012年
营业收入（万元）	4214482.96	3672680.30	3054281.67	2468431.80
营业成本（万元）	3378543.76	2950688.88	2468191.08	1985902.59
营业利润（万元）	76074.29	105584.12	80125.12	56800.87
利润总额（万元）	79732.55	108429.12	94546.22	66361.80
归属母公司股东的净利润（万元）	60532.83	85156.04	72058.12	50211.62
毛利率（%）	19.83	19.66	19.19	19.55
净利率（%）	1.42	2.32	2.36	2.04
资产负债率（%）	39.51	58.24	54.40	59.45

资料来源：Wind资讯。

（二）苏宁云商

苏宁云商是中国3C家电连锁零售行业的领先者。截至2015年底，合计拥有店面共1638家；在大陆市场进入地级以上城市有297个，拥有连锁店面1577家，其中云店42家、常规店1425家（旗舰店298家、中心店406家、社区店721家）、县镇店43家、乐购仕店3家，此外，红孩子店27家、超市店37家。云店是公司门店互联网化的代表产品，2015年云店经历了试点开设、迭代升级到全国推广，报告期末，公司已经拥有苏宁易购云店42家。通过加大移动端、PC端、TV端在门店的运用，云店实现了“电器、超市、母婴、物流、售后、金融”等全商品和服务业态的集中呈现，并且全面打通支付环节，满足了消费者一站式的购物体验需求。苏宁易购服务站是O2O模式在三、四级市场落地的载体，为苏宁互联网门店渠道下沉的重要举措，截至2015年末，苏宁易购直营服务站数量1011家，苏宁易购加盟服务站数量1430家。

截至2015年12月末，公司零售体系会员总数达到2.50亿，年度活跃用户数为5078万。苏宁云商在2015年的线上销售

GMV 为 502.75 亿元，较 2014 年增长 94.9%；自营 GMV 为 402.93 亿元，开放平台 GMV 为 99.82 亿元。移动端方面，有效把握用户迁移趋势，重点推动移动端的迭代升级、新技术应用，强化提升用户体验，2015 年移动端增速和占比持续提升，2015 年 12 月移动端订单数量占线上整体比例提升至 60%。

苏宁云商 2015 年物流仓储面积达 455 万平方米，全国快递点 6051 个，与阿里菜鸟网络逐步展开对接。金融方面，发挥平台优势，支付、理财、供应链金融、众筹等方面均有显著突破。

2015 年，苏宁云商实现营业收入为 1355.48 亿元，较 2014 年增长 24.44%；实现利润总额为 8.89 亿元，较 2014 年下降 8.60%；归属于母公司股东的净利润达 8.72 亿元，较 2014 年增长 0.64%。

表 17　苏宁云商 2012~2015 年财务指标

项　目	2015 年	2014 年	2013 年	2012 年
营业收入（万元）	13554763.30	10892529.60	10529222.90	9835716.10
营业成本（万元）	11598118.20	9228457.20	8927906.10	8088464.60
营业利润（万元）	-61002.10	-145893.30	18390.30	301360.30
利润总额（万元）	88895.70	97261.30	14438.60	324159.80
归属母公司股东的净利润（万元）	87250.40	86691.50	37177.00	267611.90
毛利率（%）	14.44	15.28	15.21	17.76
净利率（%）	0.56	0.76	0.10	2.55
资产负债率（%）	63.75	64.06	65.10	61.78

资料来源：Wind 资讯。

（三）百联股份

百联股份是大型综合性商业股份制上市公司，拥有总商业建筑面积超过 600 万平方米。百联股份以百货商店、连锁超市、购物中心、奥特莱斯为核心业务，控股香港上市的联华超市股份有限公司、三联集团有限公司，旗下拥有一批享誉国内外的知名企业，如第一百货商店、永安百货、东方商厦、第一八佰伴等百货商店；百联南方、百联西郊、百联中环、百联又一城等购物中心；百联奥特莱斯广场、联华超市、华联超市等一批知名企业；“亨达利”、“亨得利”、“茂昌”、“吴良材”、“冠龙”等知名品牌。

2015 年公司推进门店数字化改造，着重推进车库改造、Wi-Fi 及室内导航、VIP 室改造、手持机、电子屏配置、餐饮娱乐接口、POS 收银系统改造及门店自提点建设等改造项目。推进商务电子化平台建设，平台已经进行了多次检验测试，业态商品上架 SKU 达到 11128 个，系统及用户体验进一步优化。建立全渠道会员体系、客服体系、供应链管理体系。推进供应链及产业链的整合延伸，继续扩大品牌蓄水池，打造自有影院品牌，推动自有品牌发展，如男鞋品牌“FRED ROYAL”及男装衬衫品牌“L'ANTICHER”已开设品牌专柜。

2015年，公司实现营业收入为492.18亿元，较2014年下降3.80%；利润总额为19.26亿元，较2014年增长6.94%；归属于母公司股东的净利润为12.75亿元，较2014年增长21.89%。

表18 百联股份2012~2015年财务指标

项　目	2015年	2014年	2013年	2012年
营业收入（万元）	4921816.23	5116420.00	5192597.66	4926286.57
营业成本（万元）	3825269.98	4010744.08	4081740.71	3849298.77
营业利润（万元）	172112.31	153424.62	172460.50	197375.34
利润总额（万元）	192638.66	180141.20	186474.44	213083.42
归属母公司股东的净利润（万元）	127546.16	104638.21	103578.85	117037.96
毛利率（%）	22.28	21.61	21.39	21.86
净利率（%）	2.41	2.41	2.40	3.12
资产负债率（%）	54.27	56.44	60.92	61.18

资料来源：Wind资讯。

（四）跨境通

跨境通，原“百圆裤业”是国内最早从事连锁经营的服装销售企业之一，特许加盟与直营销售相结合的连锁经营模式，通过产品设计开发、供应链管理、品牌推广、终端渠道建设，组织自有品牌百圆裤装的批发与零售。百圆裤业2014年以10.32亿元收购环球易购100%股权，2015年6月更名为“跨境通”。环球易购成立于2007年，主要通过自建电商平台（SammyDress、Everbuying、GearBest等）和第三方开放平台（亚马逊、eBay等）开展自营B2C业务，2015年收入37.3亿元，在自营出口B2C市场份额第一。目前跨境通主营以跨境电商为主，传统裤业为辅，并提出了搭建“跨境出口B2C+跨境出口B2B+跨境进口B2C”的大生态战略。

2015年，公司实现营业收入为39.61亿元，较2014年增长370.51%；利润总额为2.05亿元，较2014年增长324.89%；实现归属于上市公司股东的净利润为1.68亿元，较2014年增长403.39%。

表19 跨境通2012~2015年财务指标

项　目	2015年	2014年	2013年	2012年
营业收入（万元）	396081.32	84182.07	44635.46	48542.52
营业成本（万元）	175844.53	39971.08	23950.59	26482.29
营业利润（万元）	20394.79	4533.93	4227.03	6275.66

续表

项　目	2015 年	2014 年	2013 年	2012 年
利润总额（万元）	20503.27	4825.59	4258.18	7143.13
归属母公司股东的净利润（万元）	16838.67	3345.08	3149.07	5236.63
毛利率（%）	55.60	52.52	46.34	45.45
净利率（%）	4.20	3.40	6.41	10.54
资产负债率（%）	34.56	16.92	28.30	23.69

资料来源：Wind 资讯。

五、上市公司在行业中的影响力

批发和零售业是我国市场化程度最高、竞争最激烈的行业。我国地域分布较广，渠道深度大，在商业区域代理格局下，上市公司区域格局明显。

根据《2015 中国零售百强名单》，2015 年中国零售百强销售规模达到 4.13 万亿元，较 2014 年增长 22.4%，增速较 2014 年大幅度下降 3.8%。其中 7 家以网络销售为主的企业销售规模达到 1.72 万亿元，较 2014 年增速达到 56.2%；6 家“实体+电商型”企业也实现了较 2014 年 15.8%的增速，相比网络销售增速的快速发展，零售百强中其余 87 家实体店销售增速近年连续下滑，2015 年较 2014 年增速仅为 3.2%。2015 年前 10 名企业销售额合计为 2.00 万亿元，占百强整体销售规模的比重为 65.8%，比 2014 年大幅提升 6.5%。从 2015 年我国零售百强榜单的前 10 名企业来看，天猫实现 1.14 万亿元的销售规模，较 2014 年增长 49.5%，稳居榜首；京东、苏宁较 2014 年分别增长 77.8%和 25.4%，分别位居第二和第三位。

2015 年，零售业销售增幅下降，业态分化明显；人工、房租持续上涨，开店放缓，用工减少。在区域割据格局下，上市公司难以实现采购、仓储物流、IT 系统等规模效应，制约供应链效率提升。行业并购洗牌提升集中度是未来的发展趋势。上市公司应当优化管理，转型升级，在创新中寻求发展。

审稿人：周　羽

撰稿人：刘　娜

交通运输、仓储和邮政业

一、交通运输、仓储和邮政业总体概况

（一）行业整体运行情况

2015 年，国内外宏观经济仍面临诸多挑战，中国交通运输行业固定资产投资完成额继续保持 10%以上的增长，较 2014 年上涨 12.1%，但增速明显有所放缓。铁路货运、公路客货运量有所降低，铁路客运、水路和航空客货运量有所提升。2015 年全社会旅客运输量累计完成 194.3 亿人次，较 2014 年下降 12%；全社会旅客运输周转量完成 30058.90 亿人千米，较 2014 年下降 0.1%。2015 年全社会货运量累计完成 417.6 亿吨，较 2014 年降低 4.8%；全社会货运周转量累计完成 178355.9 亿吨千米，较 2014 年降低 4%。

2015 年交通运输、仓储和邮政业固定资产投资完成 48971.84 亿元，较 2014 年增长 13.9%，增速较 2014 年放缓。其中，铁路运输固定资产投资完成 7729.94 亿元，较 2014 年下降 0.9%；水上运输业固定资产投资完成 2352.28 亿元，较 2014 年降低 1.6%；道路运输业固定资产投资完成 28611.14 亿元，较 2014 年增长 16%，增速较 2014 年略有下降；航空运输业固定资产投资完成 1839.86 亿元，较 2014 年增长 28.3%，增速较 2014 年大幅上涨。

（二）细分行业运行概况

2015 年，各细分行业景气不一，从不同的细分运输方式来看，公路旅客运输量完成 161.9 亿人次，较 2014 年降低 15.2%；公路旅客运输周转量完成 10742.66 亿人千米，较 2014 年降低 11.1%。铁路旅客运输量完成 25.35 亿人次，较 2014 年增长 7.54%；铁路旅客运输周转量完成 11960.6 亿人千米，较 2014 年增长 3.07%。水路旅客运输量完成 2.71 亿人次，较 2014 年增长 2.96%；水路旅客运输周转量完成 73.08 亿人千米，较 2014 年降低 1.69%。航空旅客运输量完成 4.36 亿人次，较 2014 年增长 11.28%；航空旅客运输周转量完成 7282.55 亿人千米，较 2014 年增长 14.97%。

2015 年公路货运量完成 315 亿吨，较 2014 年降低 5.49%；公路货运周转量完成 57955.72 亿吨千米，较 2014 年降低 5.02%。铁路货运量完成 33.58 亿吨，较 2014 年下降 11.94%；铁路货运周转量完成 23754.31 亿吨千米，较 2014 年下降 13.72%。水路货运量完成 61.36 亿吨，较 2014 年增长 2.55%；水路货运周转量完成

91772.45 亿吨千米，较 2014 年减少 1.08%。航空货运量完成 629.29 亿吨，较 2014 年增长 5.92%；航空货运周转量完成 208.07 亿吨千米，较 2014 年增长 10.81%。

2015 年，全年全国港口完成货物吞吐量 127.50 亿吨，比 2014 年增长 2.4%。其中，沿海港口完成 81.47 亿吨，内河港口完成 46.03 亿吨，分别增长 1.4%和 4.2%。全国港口完成集装箱吞吐量 2.12 亿 TEU，比 2014 年增长 4.5%。其中，沿海港口完成 1.89 亿 TEU，内河港口完成 2249 万 TEU，比 2014 年分别增长 4.0%和 8.9%。

二、行业内上市公司发展概况

（一）行业内上市公司基本情况

表 1　　2015 年交通运输、仓储和邮政业上市公司发行股票概况

门　类	A、B 股总数	A 股股票数	B 股股票数	境内总市值（亿元）	流通 A 股市值（亿元）	流通 B 股市值（亿元）
交通运输、仓储和邮政业	94	85	9	18326.11	16264.75	191.29
占沪深两市比重（%）	3.23	2.92	0.31	3.45	3.92	8.73

资料来源：沪深交易所，同花顺。

（二）行业内上市公司构成情况

表 2　　2015 年交通运输、仓储和邮政业上市公司构成情况　　单位：家

门　类	沪　市			深　市			ST/*ST
	仅 A 股	仅 B 股	A+B 股	仅 A 股	仅 B 股	A+B 股	
交通运输、仓储和邮政业	55	0	5	23	2	2	0/2
占行业内上市公司比重（%）	63.22	0	5.75	26.44	2.3	2.3	0/2.30

资料来源：沪深交易所，同花顺。

（三）行业内上市公司融资情况

表 3　　2015 年交通运输、仓储和邮政业上市公司与沪深两市融资情况对比　　单位：家

门　类	融资家数	新　股	增　发	配　股
交通运输、仓储和邮政业	13	4	8	1
沪深两市总数	819	220	595	6
占比（%）	1.59	1.82	1.34	16.67

资料来源：沪深交易所，同花顺。

其中，首发的4家公司，均在沪市主板上市；在增发的8家公司中，有4家在沪市、1家在深市主板、1家在中小板、2家在创业板。

按行业大类划分，进行融资的13家公司中，水上运输业4家，仓储业5家，道路运输业2家，航空运输业2家。

从融资效果看，上述公司实际发行数量为21亿股；实际募集资金157亿元，基本完成了融资计划。

2015年交通运输、仓储和邮政业上市公司融资情况明细见附录。

（四）行业内上市公司资产及业绩情况

表4　2015年交通运输、仓储和邮政业上市公司资产情况　单位：亿元

指　标	2015年	2015年可比样本增长	2014年	2014年可比样本增长	2013年
总资产	21112.24	5.52	19595.47	6.63	18364.48
流动资产	4050.37	-2.15	4066.98	1.74	3923.13
占比（%）	19.18	-1.5	20.75	-1	21.36
非流动资产	17061.87	7.52	15528.5	7.99	14441.35
占比（%）	80.82	1.5	79.25	1	78.64
流动负债	4908.6	-0.26	4814.13	-4.04	5046.95
占比（%）	23.25	-1.35	24.57	-2.73	27.48
非流动负债	6713.26	3.45	6312.31	13.03	5608.45
占比（%）	31.8	-0.64	32.21	1.82	30.54
归属于母公司股东权益	8566.01	9.71	7697.71	8.52	7034.18
占比（%）	40.57	1.55	39.28	0.68	38.3

资料来源：沪深交易所，同花顺。

表5　2015年交通运输、仓储和邮政业上市公司收入实现情况　单位：亿元

指　标	2015年	2015年可比样本增长（%）	2014年	2014年可比样本增长（%）	2013年
营业收入	8266.05	-1.84	8288.01	4	7947.87
利润总额	1020.27	8.38	925.8	30.36	649.03
归属于母公司所有者的净利润	730.92	4.61	687.94	45.58	411.22

资料来源：沪深交易所，同花顺。

（五）利润分配情况

2015年全年，在交通运输、仓储和邮政业上市公司中共有75家公司实施了分红配股。其中，7家上市公司实施送股或转增股（欧普智网、大连港、唐山港、重庆港九、飞力达、大众交通、大众B股），74家上市公司实施派息，其中6家公司既实施了送股、转增又实施了派息。送股比例及转增比例最高的是大连港、欧普智网

（每股转增 1 股），派息比例最高的是外运发展（每股派 0.5 元）。

2015 年交通运输、仓储和邮政业上市公司分红明细见附录。

（六）其他财务指标情况

1. 盈利能力指标

表 6　　2015 年交通运输、仓储和邮政业上市公司盈利能力情况　　单位：%

指　标	2015 年	2015 年可比样本变动	2014 年	2014 年可比样本变动	2013 年
毛利率	20.9	3.05	18.28	1.8	16.43
净资产收益率	8.53	–0.42	8.94	2.28	6.15
销售净利率	9.83	0.84	9.01	2.29	5.97
资产净利率	3.95	0.02	3.93	0.9	2.68

资料来源：沪深交易所，同花顺。

2. 偿债能力指标

表 7　　2015 年交通运输、仓储和邮政业上市公司偿债能力指标

指　标	2015 年	2015 年可比样本变动	2014 年	2014 年可比样本变动	2013 年
流动比率	0.83	–0.02	0.84	0.04	0.78
速动比率	0.72	–0.02	0.74	0.04	0.68
资产负债率（%）	55.05	–1.98	56.78	–0.91	58.02

资料来源：沪深交易所，同花顺。

3. 营运能力指标

表 8　　2015 年交通运输、仓储和邮政业上市公司营运能力情况　　单位：次

营运能力指标	2015 年	2015 年可比样本变动	2014 年	2014 年可比样本变动	2013 年
存货周转率	12.32	–1.55	13.55	–1.47	17.85
应收账款周转率	17.16	0.8	17.77	0.25	11.59
流动资产周转率	2.02	–0.04	2.06	–0.03	2.1
固定资产周转率	0.78	–0.08	0.85	–0.03	0.87
总资产周转率	0.4	–0.04	0.44	–0.01	0.45
净资产周转率	0.91	–0.11	1.02	–0.03	1.05

资料来源：沪深交易所，同花顺。

三、重点细分行业介绍

表 9　　2015 年交通运输、仓储和邮政业公司数量分布及市值情况

大　类	上市公司家数（家）	占行业内比重（%）	境内总市值（亿元）	占行业内比重（%）
装卸搬运和运输代理业	2	2.30	190.52	1.04
道路运输业	30	34.48	3549.23	19.37
铁路运输业	4	4.60	1737.09	9.48
水上运输业	29	33.33	7435.47	40.57
航空运输业	13	14.94	4663.25	25.45
仓储业	9	10.34	750.56	4.10

资料来源：沪深交易所，同花顺。

（一）仓储业

1. 行业概况

2015 年，我国社会物流总额高达 220 万亿元，与 5 年前相比增长 70%左右，5 年年均可比增幅约为 8.7%；社会物流总费用与 GDP 的比率从 5 年前的 17.4%，降至 2015 年的 16%以下，物流行业运行效率有所提升。

2. 行业内上市公司发展情况

表 10　　2015 年仓储业上市公司收入及资产增长情况　　单位：亿元

指　标	2015 年	2015 年可比样本增长（%）	2014 年	2014 年可比样本增长（%）	2013 年
营业收入	250.26	-14.39	287.01	-12.62	322.5
利润总额	15.13	-7	15.39	19.86	11.52
归属于母公司所有者的净利润	10.64	-11.38	11.27	16.43	8.54
总资产	347.43	22.68	272.17	3.81	249.83
归属于母公司股东权益	193.46	37.44	134.09	19.25	106.25

资料来源：沪深交易所，同花顺。

表 11　　2015 年仓储业上市公司盈利能力情况　　单位：%

指　标	2015 年	2015 年可比样本变动	2014 年	2014 年可比样本变动	2013 年
毛利率	9.55	0.38	8.66	1.06	7.23
净资产收益率	5.5	-3.03	8.4	-0.21	8.01
销售净利率	4.43	0.15	4.1	1.02	2.78
资产净利率	3.52	-1.03	4.41	0.29	3.83

资料来源：沪深交易所，同花顺。

表 12　　2015 年仓储业上市公司偿债及营运情况

指　标	2015 年	2015 年可比样本变动	2014 年	2014 年可比样本变动	2013 年
资产负债率（%）	41.86	-6.14	48.34	-6.54	55.12
存货周转率（次）	12.72	-0.6	13.79	-2.63	17.65
总资产周转率（次）	0.79	-0.27	1.07	-0.27	1.38

资料来源：沪深交易所，同花顺。

（二）道路运输业

1. 行业概况

2015 年，全国营业性客运车辆完成公路客运量 161.91 亿人、旅客周转量 10742.66 亿人千米，比 2014 年分别减少 6.7%和 2.3%，平均运距 66.35 千米。全国营业性货运车辆完成货运量 315.00 亿吨、货物周转量 57955.72 亿吨千米，比 2014 年分别增长 1.2%和 2.0%，平均运距 183.99 千米。

2. 行业内上市公司发展情况

表 13　　2015 年道路运输业上市公司收入及资产增长情况　　单位：亿元

指　标	2015 年	2015 年可比样本增长（%）	2014 年	2014 年可比样本增长（%）	2013 年
营业收入	894.03	7.39	846.07	8.56	781.28
利润总额	212.74	-2.06	221.42	17.18	188.41
归属于母公司所有者的净利润	163.78	2.54	163.24	16.55	139.52
总资产	4043.21	9.27	3626	6.74	3391.55
归属于母公司股东权益	1804.54	8.51	1656.74	8.22	1527.68

资料来源：沪深交易所，同花顺。

表 14　　2015 年道路运输业上市公司盈利能力情况　　单位：%

指　标	2015 年	2015 年可比样本变动	2014 年	2014 年可比样本变动	2013 年
毛利率	35.02	-1.38	35.55	-0.67	36.38
净资产收益率	9.08	-0.53	9.85	0.7	8.66
销售净利率	18.85	-0.99	19.98	1.43	18.43
资产净利率	4.35	-0.32	4.81	0.35	4.45

资料来源：沪深交易所，同花顺。

表 15　　2015 年道路运输业上市公司偿债及营运情况

指　标	2015 年	2015 年可比样本变动	2014 年	2014 年可比样本变动	2013 年
资产负债率（%）	51.69	0.2	50.63	-0.35	50.99
存货周转率（次）	2.05	-0.05	2.14	-0.23	3.72
总资产周转率（次）	0.23	0	0.24	0	0.24

资料来源：沪深交易所，同花顺。

（三）航空运输业

1. 行业概况

2015 年，航空运输业完成运输总周转量 851.65 亿吨千米，比 2014 年增加 103.53 亿吨千米，增长 13.84%；其中，旅客周转量 7282.55 亿人千米，比 2014 年增加 948.36 亿人千米，增长 14.97%；货邮周转量 208.77 亿吨千米，比 2014 年增加 20.30 亿吨千米，增长 10.81%。

2015 年，国内航线完成运输周转量 559.04 亿吨千米，比 2014 年增加 51.04 亿吨千米，增长 10.05%；其中，港澳台航线完成 16.22 亿吨千米，比 2014 年增加 0.05 亿吨千米，增长 0.31%；国际航线完成运输周转量 292.61 亿吨千米，比 2014 年增加 52.50 亿吨千米，增长 21.86%。

2015 年，全行业完成旅客运输量 43618 万人次，比 2014 年增加 4423.12 万人次，增长 11.28%。国内航线完成旅客运输量 39411 万人次，比 2014 年增加 3371.10 万人次，增长 9.35%；其中，港澳台航线完成 1020 万人次，比 2014 年增加 14.76 万人次，增长 1.47%；国际航线完成旅客运输量 4207 万人次，比 2014 年增加 1052.02 万人次，增长 33.34%。

2015 年，全行业完成货邮运输量 629.29 万吨，比 2014 年增长 5.92%。国内航线完成货邮运输量 442.40 万吨，比 2014 年增长 3.93%；其中，港澳台航线完成 22.10 万吨，比 2014 年下降 1.03%；国际航线完成货邮运输量 186.80 万吨，比 2014 年增加 10.91%。

截至 2015 年底，民航全行业运输飞机期末在册架数 2650 架，比 2014 年增加 280 架。定期航班航线 3326 条，按不重复距离计算的航线里程为 531.7 万千米。

2. 行业内上市公司发展情况

表 16　　2015 年航空运输业上市公司收入及资产增长情况　　单位：亿元

指　标	2015 年	2015 年可比样本增长（%）	2014 年	2014 年可比样本增长（%）	2013 年
营业收入	3997.51	3.66	3716.13	6.82	3446.72
利润总额	365.17	52.41	220.76	13.18	194.42
归属于母公司所有者的净利润	269.32	50.23	165.81	12.82	146.67
总资产	8304.63	6.31	7596.32	10.2	6790.57
归属于母公司股东权益	2338.71	15.87	1959.82	5.59	1840.41

资料来源：沪深交易所，同花顺。

表 17　　2015 年航空运输业上市公司盈利能力情况　　单位：%

指　标	2015 年	2015 年可比样本变动	2014 年	2014 年可比样本变动	2013 年
毛利率	21.16	5.81	15.29	1.21	14.09
净资产收益率	11.52	2.63	8.46	0.54	7.92
销售净利率	7.37	2.32	4.88	0.35	4.56
资产净利率	3.66	1.03	2.5	0.06	2.45

资料来源：沪深交易所，同花顺。

表 18　　2015 年航空运输业上市公司偿债及营运情况

指　标	2015 年	2015 年可比样本变动	2014 年	2014 年可比样本变动	2013 年
资产负债率（%）	68.72	−2.85	71.6	0.69	70.76
存货周转率（次）	53.13	−4.27	56.1	1.99	62.41
总资产周转率（次）	0.5	−0.02	0.51	−0.03	0.54

资料来源：沪深交易所，同花顺。

（四）水上运输业

1. 行业概况

2015 年，全国完成水路客运量 2.71 亿人、旅客周转量 73.08 亿人千米，比 2014 年分别增长 3.0%和减少 1.7%，平均运距 27.00 千米。全国完成水路货运量 61.36 亿吨、货物周转量 91772.45 亿吨千米，比 2014 年分别增长 2.6%和减少 1.1%，平均运距 1495.72 千米。

在全国水路货运中，内河运输完成货运量 34.59 亿吨、货物周转量 13312.41 亿吨千米；沿海运输完成货运量 19.30 亿吨、货物周转量 24223.94 亿吨千米；远洋运输完成货运量 7.47 亿吨、货物周转量 54236.09 亿吨千米。

全年两岸间海上运输完成客运量 189.4 万人，货运量 5450.8 万吨，分别比 2014 年增长 9.0%和下降 0.2%；集装箱运量 224.3 万 TEU，比 2014 年下降 0.2%。

2. 行业内上市公司发展情况

表 19　　2015 年水上运输业上市公司收入及资产增长情况　　单位：亿元

指　标	2015 年	2015 年可比样本增长（%）	2014 年	2014 年可比样本增长（%）	2013 年
营业收入	2281.96	−12.15	2597.19	1.1	2582.85
利润总额	240.15	−11.15	270.24	112.35	68.58
归属于母公司所有者的净利润	143.51	−25.61	192.87	538.22	−29.13
总资产	6818.3	2.84	6609.13	4.08	6458.05
归属于母公司股东权益	2982.27	7.5	2766.93	11	2458.69

资料来源：沪深交易所，同花顺。

表 20　　2015 年水上运输业上市公司盈利能力情况　　单位：%

指　标	2015 年	2015 年可比样本变动	2014 年	2014 年可比样本变动	2013 年
毛利率	15.49	0.84	14.65	3.79	10.6
净资产收益率	4.81	-2.14	6.97	5.76	0.63
销售净利率	8.5	-0.34	8.84	5.84	0.69
资产净利率	2.89	-0.65	3.54	2.32	0.28

资料来源：沪深交易所，同花顺。

表 21　　2015 年水上运输业上市公司偿债及营运情况

指　标	2015 年	2015 年可比样本变动	2014 年	2014 年可比样本变动	2013 年
资产负债率（%）	49.08	-2.6	51.65	-3	55.99
存货周转率（次）	15.76	-2.13	17.88	-1.76	21.64
总资产周转率（次）	0.34	-0.06	0.4	-0.01	0.4

资料来源：沪深交易所，同花顺。

（五）铁路运输业

1. 行业概况

2015 年全年全国铁路完成旅客发送量 25.35 亿人，旅客周转量 11960.60 亿人千米，比 2014 年分别增长 10.0%和 6.4%。其中，国家铁路完成 24.96 亿人，11905.30 亿人千米，分别增长 9.9%和 6.4%。

2. 行业内上市公司发展情况

表 22　　2015 年铁路运输业上市公司收入及资产增长情况　　单位：亿元

指标	2015 年	2015 年可比样本增长（%）	2014 年	2014 年可比样本增长（%）	2013 年
营业收入	745.91	-0.13	746.77	4.55	714.24
利润总额	181.65	-6.36	193.97	5.9	183.16
归属于母公司所有者的净利润	139.82	-7.95	151.88	5.57	143.87
总资产	1543.17	1.05	1435.75	0.7	1425.8
归属于母公司股东权益	1215.6	2.69	1152.3	6.63	1080.67

资料来源：沪深交易所，同花顺。

表 23　　2015 年铁路运输业上市公司盈利能力情况　　单位：%

指　标	2015 年	2015 年可比样本变动	2014 年	2014 年可比样本变动	2013 年
毛利率	24.21	-1.45	31.09	-1.26	32.35
净资产收益率	11.5	-1.33	13.18	-0.13	13.28
销售净利率	18.74	-1.6	20.34	0.2	20.14
资产净利率	9.11	-1.17	10.62	0.37	10.26

资料来源：沪深交易所，同花顺。

表 24　　2015 年铁路运输业上市公司偿债及营运情况

指　标	2015 年	2015 年可比样本变动	2014 年	2014 年可比样本变动	2013 年
资产负债率（%）	20.25	-1.22	19.56	-4.48	24.04
存货周转率（次）	12.8	-0.17	12.09	-0.11	18.11
总资产周转率（次）	0.49	-0.02	0.52	0.01	0.51

资料来源：沪深交易所，同花顺。

（六）装卸搬运和运输代理业

1. 行业概况

2015 年中国物流总额达到 219.2 万亿元，较 2014 年上涨 2.67%。2015 年中国装卸搬运和运输代理业就业人数也出现了一定的下滑，较 2014 年下降 1.12%，至 43.12 万人。

2. 行业内上市公司发展情况

表 25　　2015 年装卸搬运和运输代理业上市公司收入及资产增长情况　　单位：亿元

指　标	2015 年	2015 年可比样本增长（%）	2014 年	2014 年可比样本增长（%）	2013 年
营业收入	96.39	0.86	94.84	-4.51	100.28
利润总额	5.44	34.95	4.03	37.07	2.94
归属于母公司所有者的净利润	3.85	34.14	2.87	64.94	1.74
总资产	55.51	-1.04	56.1	15.22	48.69
归属于母公司股东权益	31.44	12.96	27.83	35.96	20.47

资料来源：沪深交易所，同花顺。

表 26　　2015 年装卸搬运和运输代理业上市公司盈利能力情况　　单位：%

指　标	2015 年	2015 年可比样本变动	2014 年	2014 年可比样本变动	2013 年
毛利率	11.41	1.66	9.06	2.41	7.54
净资产收益率	12.23	1.93	10.31	1.81	9.58
销售净利率	4.5	1.09	3.43	1.16	2.25
资产净利率	7.77	1.56	6.2	1.39	4.82

资料来源：沪深交易所，同花顺。

表 27　　2015 年装卸搬运和运输代理业上市公司偿债及营运情况

指　标	2015 年	2015 年可比样本变动	2014 年	2014 年可比样本变动	2013 年
资产负债率（%）	37.55	-7.04	44.58	-7.07	51.66
存货周转率（次）	26.72	-5.08	31.83	0.13	34.29
总资产周转率（次）	1.73	-0.1	1.81	-0.31	2.14

资料来源：沪深交易所，同花顺。

四、重点上市公司介绍

（一）大秦铁路

大秦铁路拥有的铁路干线衔接了我国北方地区最重要的煤炭供应和中转枢纽，处于“承东启西”的战略位置。截至 2015 年底，公司线路营业里程 2869 公里。

公司主要经营铁路客、货运输业务。铁路货物运输是公司最主要的业务，2015 年货运收入占公司主营业务收入的 81.31%。运输的货品以煤炭为主，主要用于火力发电，运送的其他货品还包括焦炭、钢铁、矿石等大宗物资以及零散货物、集装箱等。铁路旅客运输方面，公司担当开行多列太原、大同等地至全国大部分省市、自治区的普通旅客列车及高铁列车，2015 年客运收入占公司主营业务收入的 9.83%。

2015 年，公司完成货物发送量 54250 万吨，较 2014 年下降 4.0%；货物运输量 68141 万吨，较 2014 年下降 9.7%；换算周转量 3412 亿吨千米，较 2014 年下降 11.1%。公司日均装车 19742 车，日均卸车 10320 车，货车周转时间 2.8 天，净载重 73.4 吨。核心经营资产大秦线货物运输量完成 39699 万吨，较 2014 年下降 11.8%；日均开行重车 77.4 列。其中，2 万吨 51.4 列，1.5 万吨 5.9 列，单元万吨 4.3 列，组合万吨 15.8 列。大秦线日均运量 108.8 万吨，最高日运量 130.2 万吨。侯月线货物运输量完成 8120 万吨。2015 年，公司完成旅客发送量 5952 万人次，较 2014 年下降 3.3%。

（二）粤高速

粤高速属基础设施行业，主营高速公路、等级公路，桥梁的建设施工，公路、桥梁的收费和养护管理，汽车拯救、维修和清洗，兼营与公司业务配套的汽车运输、仓储业务，是广东省高速公路系统内开发高速公路和特大桥梁的主要机构之一。公司主要经营业务是广佛高速公路和佛开高速公路的收费和养护工作，投资科技产业及提供相关咨询。

公司从 2015 年 4 月 8 日起停牌启动重大资产重组。7 月 23 日完成重大资产重组方案“一董”审核程序，A、B 股复牌。9 月 14 日重大资产重组方案获得股东大会高票通过，2016 年 2 月 5 日收到证监会正式批文，这是高速公路上市公司资本运作的重大突破，粤高速成为自 2009 年以来首家获批重大资产重组的高速公路上市公司。

此次重组将对粤高速未来发展产生深远影响。据测算，交易完成后全资控股佛开高速，新增控股广珠东高速、持股比例上升至75%。2015年，公司总股本从12.57亿股增加到20.66亿股，总资产从125.14亿元增加到157.98亿元、增幅26.24%，营业收入从14.55亿元增加到25.12亿元、增幅72.65%，归属于母公司所有者净利润从3.19亿元增加到6.20亿元、增幅94.36%，高速公路主业持续盈利能力进一步得到提升。同时，通过引入复星集团、保利地产、广发证券三家战略投资者，可以充分利用其在各自领域内的优势，加快本公司业务转型升级，建立新的利润增长点，促进公司持续发展和价值提升。

（三）中国国航

中国国航是中国唯一载旗航空公司，公司肩负着参与国际竞争、落实“民航强国战略”的历史重任。2007年至2015年公司连续九年荣列世界品牌实验室“世界品牌500强”，排名由2014年的第322位上升至2015年的第300位，同时荣获“2015中国品牌年度大奖NO.1（航空）”。公司主基地位于“中国第一国门”的北京首都国际机场，2015年公司（含深圳航空）在北京枢纽的时刻份额达到46.6%。公司定位于中高端公商务主流旅客市场，目前拥有中国规模最大、价值最高的客户群体。截至2015年12月31日，凤凰知音会员达到3737万人，常旅客贡献收入占公司客运收入的37.2%。

公司长期以来坚持“国内国际均衡发展，以国内支撑国际”的市场布局原则，在多年的经营过程中形成了以北京为核心复合枢纽，以成都为区域枢纽，以上海为主要国际门户，以深圳为珠三角核心的四角菱形结构和广泛均衡的国内、国际航线网络。截至2015年12月31日，公司经营的客运航线条数达到360条，其中国际航线100条，地区航线15条，国内航线245条，通航国家及地区40个。此外，公司还积极开展国际化合作，通过与星盟成员合作，将服务进一步拓展到全球193个国家的1330个目的地；与31家伙伴合作，在690条航线上实现代码共享。

截至2015年，集团投入2148.29亿客座位千米，较2014年增加10.95%；实现客运总周转量1717.14亿收入客千米，较2014年增长11.01%；客座利用率为79.93%，较2014年上升0.04个百分点。投入119.82亿可用货运吨千米，较2014年增加18.08%；实现货运总周转量65.58亿收入货运吨千米，较2014年增长15.24%；货邮载运率为54.73%，较2014年下降1.35个百分点。

（四）上海机场

上海机场运营管理浦东机场，目前经营业务主要分为航空性业务和非航空性业务，航空性业务指与飞机、旅客及货物服务直接关联的基础性业务；其余类似延伸的商业、办公室租赁、值机柜台出租等都属于非航空性业务。

浦东机场属于一类1级机场，根据

2011版总体规划预测，浦东机场2015年按满足旅客吞吐量6000万人次、货邮吞吐量475万吨、飞机起降55.5万架次进行规划；远期按满足年旅客吞吐量8000万人次、货邮吞吐量570万吨、飞机起降65.3万架次的规划控制。2015年共保障飞机起降44.92万架次，较2014年增长11.70%；旅客吞吐量6009.81万人次，较2014年增长16.27%；货邮吞吐量327.52万吨，较2014年增长2.94%；新增7家国内外客货运航空公司，及5个国际通航点和6个国内通航点。在浦东机场运营的航空公司最高达到102家，其中国际及地区74家，国内28家；共有通航点222个，其中国际及地区通航点120个，国内通航点102个。

浦东机场三期扩建工程项目2015年底开工，建设工期为4年，根据上海市发展和改革委员会沪发改城［2015］47号《关于上海浦东国际机场三期扩建工程项目核准的批复》，该项目位于浦东机场内，工程主要建设内容包括飞行区工程、航站区工程和生产辅助设施工程，卫星厅工程是该工程的主体工程，为目前世界上最大单体卫星厅。工程的设计目标年是2025年，卫星厅建成后，浦东机场可满足年旅客吞吐量8000万人次的运行需求。

（五）宁波港

宁波港实行以码头经营为核心，以港口物流和资本经营发展为重点的经营模式，主营业务主要包括集装箱装卸及相关业务、铁矿石装卸及相关业务、原油装卸及相关业务、其他货物装卸及相关业务和综合物流及其他业务和贸易销售业务等。

2015年公司货物吞吐量完成5.35亿吨，与2014年同期基本持平；集装箱吞吐量完成2219.2万标准箱，较2014年增长6.1%。公司箱量排名超越香港港，跻身世界港口前四强。集装箱航线净增8条，总数达236条，月均航班达1383班，最高月航班达1564班；水水中转箱量完成470.7万标准箱，较2014年增长10%；内贸箱量完成205.6万标准箱，较2014年增长4.2%。货物吞吐量基本持平，原油吞吐量完成5178万吨，较2014年增长2.1%；液化品吞吐量完成943万吨，较2014年持平；煤炭吞吐量完成6137万吨，较2014年下降14.5%；铁矿石吞吐量完成15236万吨，较2014年略有下降。海铁联运箱量完成17.05万标准箱，较2014年增长26.2%，新开通合肥、兰溪等班列，并获得国际集装箱过境运输资质。宁波远洋完成箱运量184.3万TEU，较2014年增长8.5%，集运公司完成总运输操作量2052.14万TEU，较2014年增长3.7%；冷链、保税物流业务量较2014年分别增长137.6%和68.9%。

五、上市公司在行业中的影响力

整体看，交通运输、仓储和邮政业作为支撑客货运流转的基础行业，在国民经济中处于重要地位，经过多年发展，交运各细分子行业的龙头公司或具较强影响力的企业，基本均已登陆资本市场，因此交运上市公司基本代表了交通运输、仓储和邮政业各领域的变化发展。

其中，航空板块最具代表性，目前国内体量最大的四大国有航企（中国国航、南方航空、东方航空和海南航空），以及民营航空领军企业春秋航空和吉祥航空均已上市，上述航空公司 2015 年合计完成客运量 3.32 亿人次，占全国民航客运总量的 76%，旅客周转量 5962.41 亿人千米，占全国民航客运总周转量的 82%。四大航为国内全服务航空的代表，吉祥航空为民营全服务航空的特色代表航企，春秋为国内低成本航空的领导者，也是国内第一家上市的低成本航企。总体来看，A 股上市航企从业务量到航空细分市场的服务类型上，均具高度的代表性和较强影响力。

上市机场同样在机场行业中具有较强的代表性。目前 A 股上市机场中的上海机场、白云机场、深圳机场和厦门空港，以及在香港上市的北京首都国际机场，均为所在区域的核心航空枢纽。其中首都机场、上海机场和白云机场位居国内吞吐量前三位，2015 年国内上市机场旅客吞吐量达 2.6 亿人次，占全国机场旅客吞吐量的 29%。上述上市机场也基本代表了国内几大核心经济区的对外交流活跃程度，也是国内机场最强盈利能力的代表企业。

铁路方面，目前已上市的大秦铁路、广深铁路和铁龙物流均具有较强的代表性。大秦铁路是中国“西煤东运”战略中最重要的一个环节，并且具有世界先进的重载运输装备和技术体系，且大秦铁路市值超千亿元，为交运领域重要的权重股。2015 年虽然铁路货运量经历持续下滑，但大秦铁路货物发送量占全国铁路货物发送量的 20%，煤炭货运量占全国铁路煤炭发送量的 38.8%，仍在全国铁路煤炭运输市场中占有重要地位。广深铁路也是铁路客运的代表，另外，铁龙物流承担了全国铁路特种集装箱业务，是铁路物流方面的重要企业，也具有较强的代表性。

从道路运输业来看，国内公路的上市公司数量较多，其中大多数上市公司都处于中国“五横七纵”骨干网的主要组成区域，代表性较强。从水上运输业来看，国内排名前三的航运公司均已上市，其中中国远洋和中海集运的集装箱船队在全球的排名已经升至前十，中国远洋也拥有全球第一大干散货船队，在行业内具有较高的影响力和代表性。

审稿人：刘　正

撰稿人：吴彦丰　罗　鼎　程锦文

住宿和餐饮业

一、住宿和餐饮业总体概况

（一）行业整体运行情况

2015年，住宿和餐饮业国内生产总值为12159.10亿元，较2014年增长3.6%，增长率与2014年持平，总体上保持了平稳增长。固定资产投资完成额6504.23亿元，较2014年增长5.1%。2015年，住宿和餐饮业并购潮汹涌，国内外品牌合作联姻，中端住宿市场迅猛发展，行业结构、品牌归属发生变化。

（二）细分行业运行概况

住宿业：截至2015年底，我国有限服务酒店总数为201418家，较2014年增加5106家，其中中端酒店1749家，增长幅度为86.86%；经济型酒店19732家，增长幅度为27.81%。

餐饮业：2015年全国餐饮收入实现32310亿元，较2014年增长11.7%。2015年的餐饮业呈现出三个特点：一是大众化餐饮的消费升级成为主体市场；二是新型业态快速发展；三是中国餐饮O2O模式发展迅猛，外卖市场蓬勃发展并不断规范。

二、行业内上市公司发展概况

（一）行业内上市公司基本情况

表1　　2015年住宿和餐饮业上市公司发行股票概况

门　类	A、B股总数	A股股票数	B股股票数	境内总市值（亿元）	流通A股市值（亿元）	流通B股市值（亿元）
住宿和餐饮业	13	11	2	973.95	760.56	41.92
占沪深两市比重（%）	0.45	0.38	0.07	0.18	0.18	1.9

资料来源：沪深交易所，同花顺。

（二）行业内上市公司构成情况

表 2　　2015 年住宿和餐饮业上市公司构成情况　　单位：家

门　类	沪　市			深　市			ST/*ST
	仅 A 股	仅 B 股	A+B 股	仅 A 股	仅 B 股	A+B 股	
住宿和餐饮业	2	0	1	7	0	1	0/2
占行业内上市公司比重（%）	18.18	0	9.09	63.64	0	9.09	0/18.18

资料来源：沪深交易所，同花顺。

（三）行业内上市公司融资情况

表 3　　2015 年住宿和餐饮业上市公司与沪深两市融资情况对比　　单位：家

	融资家数	新　股	增　发	配　股
住宿和餐饮业	1	0	1	0
沪深两市总数	819	220	595	6
占比（%）	0.12	0	0.17	0

资料来源：沪深交易所，同花顺。

进行融资的 1 家公司为深圳主板增发。

从融资效果看，上述公司实际发行数量为 30000 万股；实际募集资金 16.53 亿元，基本完成了融资计划。

2015 年住宿和餐饮业上市公司融资情况明细见附录。

（四）行业内上市公司资产及业绩情况

表 4　　2015 年住宿和餐饮业上市公司资产情况　　单位：亿元

指　标	2015 年	2015 年可比样本增长（%）	2014 年	2014 年可比样本增长（%）	2013 年
总资产	487.3	52.59	316.13	19.79	262.36
流动资产	129.85	21.85	112.11	41.89	77.74
占比（%）	26.65	-6.72	35.46	5.52	29.63
非流动资产	357.46	67.98	204.02	10.35	184.63
占比（%）	73.35	6.72	64.54	-5.52	70.37
流动负债	149.43	62.83	92.14	-3.47	94.84
占比（%）	30.67	1.93	29.15	-7.02	36.15
非流动负债	152.34	152.99	57.33	54.65	36.02
占比（%）	31.26	12.41	18.13	4.08	13.73
归属于母公司股东权益	171.88	11.17	154.44	29.25	119.75
占比（%）	35.27	-13.14	48.85	3.57	45.64

资料来源：沪深交易所，同花顺。

表 5　　2015 年住宿和餐饮业上市公司收入实现情况　　单位：亿元

指　标	2015 年	2015 年可比样本增长（%）	2014 年	2014 年可比样本增长（%）	2013 年
营业收入	120.93	5.81	95.39	-3.64	98.77
利润总额	14.21	999.37	-2.31	-139.15	5.88
归属于母公司所有者的净利润	10.81	334.12	-5.16	-299.23	2.57

资料来源：沪深交易所，同花顺。

（五）利润分配情况

2015 年全年，住宿和餐饮业上市公司中共有 4 家公司实施分红，4 家全为派息。

2015 年住宿和餐饮业上市公司分红明细见附录。

（六）其他财务指标情况

1. 盈利能力指标

表 6　　2015 年住宿和餐饮业上市公司盈利能力情况　　单位：%

指　标	2015 年	2015 年可比样本变动	2014 年	2014 年可比样本变动	2013 年
毛利率	75.55	18.24	63.19	-1.9	66.28
净资产收益率	6.29	9.28	-3.34	-5.51	2.12
销售净利率	8.52	12.57	-5.41	-8.24	2.82
资产净利率	2.56	4.13	-1.78	-2.92	1.14

资料来源：沪深交易所，同花顺。

2. 偿债能力指标

表 7　　2015 年住宿和餐饮业上市公司偿债能力指标

指　标	2015 年	2015 年可比样本变动	2014 年	2014 年可比样本变动	2013 年
流动比率	0.87	-0.29	1.22	0.39	0.82
速动比率	0.69	-0.17	0.92	0.35	0.56
资产负债率（%）	61.93	14.34	47.28	-2.93	49.88

资料来源：沪深交易所，同花顺。

3. 营运能力指标

表 8　　2015 年住宿和餐饮业上市公司营运能力情况　　单位：次

营运能力指标	2015 年	2015 年可比样本变动	2014 年	2014 年可比样本变动	2013 年
存货周转率	1.1	-0.77	1.35	-0.47	5.21
应收账款周转率	20.03	-6.43	16.62	-1.75	12.27
流动资产周转率	1.02	-0.24	1	-0.39	1.4
固定资产周转率	0.96	-0.21	0.99	-0.24	1.22
总资产周转率	0.3	-0.09	0.33	-0.07	0.4
净资产周转率	0.69	-0.08	0.64	-0.11	0.75

资料来源：沪深交易所，同花顺。

三、重点细分行业介绍

表 9　　2015 年住宿和餐饮业上市公司数量分布及市值情况

大　类	上市公司家数（家）	占行业内比重（%）	境内总市值（亿元）	占行业内比重（%）
住宿业	8	72.73	784.33	80.56
餐饮业	3	27.27	189.32	19.44

资料来源：沪深交易所，同花顺。

（一）住宿业

1. 行业概况

住宿业是我国重要的服务性行业。据国家统计局数据显示，截至 2015 年末，中国住宿全行业经营单位达 57.4 万个；住宿业从业人数 191.16 万人，较 2014 年下降 3.41%；营业额 3648.22 亿元，较 2014 年增长 3.2%；客房数 337.2 万间，较 2014 年增长 5.4%；床位数 549.66 万张，较 2014 年增长 5.01%；住宿行业规模持续扩张。

2. 行业内上市公司发展情况

表 10　　2015 年住宿业上市公司收入及资产增长情况　　单位：亿元

指　标	2015 年	2015 年可比样本增长（%）	2014 年	2014 年可比样本增长（%）	2013 年
营业收入	93.64	11.27	59.32	-0.5	59.4
利润总额	12.15	247.69	2.13	-75.8	8.78
归属于母公司所有者的净利润	9.16	971.73	-0.05	-100.77	6.51
总资产	456.04	62.33	265.03	26.16	208.53
归属于母公司股东权益	151.32	11.69	129.88	40.82	92.48

资料来源：沪深交易所，同花顺。

表 11　　2015 年住宿业上市公司盈利能力情况　　单位：%

指　标	2015 年	2015 年可比样本变动	2014 年	2014 年可比样本变动	2013 年
毛利率	81.76	23	69.94	-3.19	73.07
净资产收益率	6.05	5.42	-0.04	-7.12	6.33
销售净利率	9.3	8.09	-0.17	-11.02	10.87
资产净利率	2.36	1.96	-0.04	-3.42	3.38

资料来源：沪深交易所，同花顺。

表 12　　2015 年住宿业上市公司偿债及营运情况

指　标	2015 年	2015 年可比样本变动	2014 年	2014 年可比样本变动	2013 年
资产负债率（%）	64.06	16.38	47.29	-4.22	51.1
存货周转率（次）	0.67	-0.75	0.73	-0.21	3.5
总资产周转率（次）	0.25	-0.08	0.25	-0.06	0.31

资料来源：沪深交易所，同花顺。

（二）餐饮业

1. 行业概况

2015 年，全国餐饮收入实现 32310 亿元，较 2014 年增长 11.7%，这是我国餐饮收入第一次破 3 万亿元，已经成为国务院消费升级的十大行业之一。据国家统计局数据显示，截至 2015 年末，餐饮业从业人数 222.08 万人，较 2014 年下降 5.32%，餐饮营业面积 5366.25 万平方米，较 2014 年下降 3.41%。从统计结果来看，2015 年餐饮企业经营指标主要发生了如下变化：高档消费不断缩减，大众消费增长迅猛；小门店趋势进一步明显；大众餐饮、创新业态盈利能力较强；成本增长压力持续走强。

2. 行业内上市公司发展情况

表 13　　2015 年餐饮业上市公司收入及资产增长情况　　单位：亿元

指　标	2015 年	2015 年可比样本增长（%）	2014 年	2014 年可比样本增长（%）	2013 年
营业收入	27.29	-9.43	36.07	-8.38	39.37
利润总额	2.06	140.56	-4.44	-53.1	-2.9
归属于母公司所有者的净利润	1.65	130.17	-5.11	-30.03	-3.93
总资产	31.27	-18.64	51.1	-5.09	53.84
归属于母公司股东权益	20.56	7.48	24.56	-9.94	27.27

资料来源：沪深交易所，同花顺。

表 14　　2015 年餐饮业上市公司盈利能力情况　　单位：%

指　标	2015 年	2015 年可比样本变动	2014 年	2014 年可比样本变动	2013 年
毛利率	54.28	1	52.09	−0.82	56.04
净资产收益率	8.03	36.63	−20.81	−6.4	−12.42
销售净利率	5.86	24.57	−14.03	−4.71	−9.32
资产净利率	4.59	18.78	−9.64	−2.82	−6.85

资料来源：沪深交易所，同花顺。

表 15　　2015 年餐饮业上市公司偿债及营运情况

指　标	2015 年	2015 年可比样本变动	2014 年	2014 年可比样本变动	2013 年
资产负债率（%）	30.86	−16.13	47.22	2.09	45.13
存货周转率（次）	9.18	1.02	9.55	0.21	19.83
总资产周转率（次）	0.78	0.02	0.69	−0.04	0.74

资料来源：沪深交易所，同花顺。

四、重点上市公司介绍

首旅酒店

首旅酒店集团是国内大型综合性旅游上市公司，主要从事酒店投资与运营管理及景区经营业务。2014 年末实施重大资产重组后，公司主业分布于酒店和景区两大板块。

公司自有产权酒店主要是通过销售住宿、餐饮、会议服务、商品及娱乐健身等获得收入利润。公司品牌酒店管理公司主要是通过对委托管理酒店收取基本管理费和奖励管理费等来获得收入利润。公司欣燕都和雅客怡家主要以租赁经营和委托管理方式经营经济型酒店。公司景区运营主要通过景区的门票、餐饮、商品、住宿、园区内交通等获得收入利润。

2015 年公司酒店业务共计实现营业收入 97749 万元、占比 73.34%。其中：酒店运营业务实现营业收入 77166 万元、占比 57.90%；酒店管理业务实现营业收入 20583 万元、占比 15.44%。景区运营业务实现营业收入 35531 万元，占比 26.66%。

2015 年公司实现利润总额 14675 万元。其中：景区运营业务实现利润总额 8288 万元、占比 56.48%；酒店运营业务实现利润总额 4797 万元、占比 32.69%；酒店管理业务实现利润总额 3652 万元、占比 24.88%。

五、上市公司在行业中的影响力

住宿和餐饮业上市公司 2015 年末的资

产总额为 487.30 亿元，营业总收入为 120.93 亿元，净利润为 1.31 亿元。住宿和餐饮业整体集中度不高，上市公司在行业中的影响不大。

审稿人：刘小勇

撰稿人：刘　丽

信息传输、软件和信息技术服务业

一、信息传输、软件和信息技术服务业总体概况

（一）行业整体运行情况

信息传输、软件和信息技术服务业是信息产业的重要支柱，是国民经济和社会信息化的重要基础。作为国家战略性新兴产业的重要组成部分，信息传输、软件和信息技术服务业已经渗透到国民经济体系中的各个行业，改变着传统产业的生产、经营方式，提高了经济社会的运行效率。近些年随着移动互联网的快速发展，信息传输、软件和信息技术服务业的技术创新进一步强化，企业对信息资源的挖掘、利用和开发有了更深入的要求，普通消费者对信息化产品、信息资源的利用也有了更多样化的需求，信息传输、软件和信息技术服务业市场的规模持续增长。

2015 年我国经济步入发展新常态，在维持高增长同时增速小幅放缓的健康发展背景下，信息传输、软件和信息技术服务业保持良好景气的运行态势，产业规模不断扩大，产业地位显著提升，推动了国民经济和社会信息化建设，带动了传统产业改造升级，催生了一批高附加值、绿色低碳的新兴产业，为提升社会管理和公共服务水平提供了技术支撑。因此，加快发展信息传输、软件和信息技术服务业，能够加快增强信息技术在国民经济中的渗透带动作用，为改造传统产业、加强两化融合提供有力的支撑。

（二）细分行业运行概况

从细分行业来看，按可比口径计算，整个信息传输、计算机服务和软件业 2015 年景气度较 2014 年同期有一定程度的上升。

2015 年电信业务总量实现 23141.7 亿元，较 2014 年增长 27.5%。电信业务收入实现 11251.4 亿元，按可比口径测算较 2014 年增长 0.8%。行业发展对话音业务的依赖持续快速减弱，移动数据及互联网业务收入占电信业务收入的比重逐步提高。

2015 年广播影视公共服务体系建设继续处于稳步加速阶段。新建影院 1714 家，新增银幕 8035 块。全年电影播映收入近 440.69 亿元，较 2014 年增长 48.7%，其中国产电影票房收入 271.36 亿元，较 2014 年增长 67.9%。而同期的广播媒体市场规模出现小幅下滑。

2015 年我国互联网在城镇的普及率为 71.6%，网民规模达 6.88 亿。互联网经济营收规模首次突破 1.1 万亿元，达到

11218.7亿元，年增长率为47.3%。网络经济在国内生产总值中占比日益提升，并且仍有较大的增长空间。

2015年国内软件业务收入4.30万亿元，较2014年增长16.60%。软件业实现出口545亿美元，较2014年增长5.3%。软件产业发展从平稳增长迈入深度转型阶段，面临由大变强、转型升级、提质增效的新挑战。

二、行业内上市公司发展概况

（一）行业内上市公司基本情况

表1　　2015年信息传输、软件和信息技术服务业上市公司发行股票概况

门　类	A、B股总数	A股股票数	B股股票数	境内总市值（亿元）	流通A股市值（亿元）	流通B股市值（亿元）
信息传输、软件和信息技术服务业	161	160	1	33145.86	21785.75	32.03
占沪深两市比重（%）	5.53	5.50	0.03	6.24	5.24	1.46

资料来源：沪深交易所，同花顺。

（二）行业内上市公司构成情况

表2　　2015年信息传输、软件和信息技术服务业上市公司构成情况　　单位：家

门　类	沪　市			深　市			ST/*ST
	仅A股	仅B股	A+B股	仅A股	仅B股	A+B股	
信息传输、软件和信息技术服务业	28	0	1	131	0	0	0/1
占行业内上市公司比重（%）	17.5	0	0.63	81.88	0	0	0/0.63

资料来源：沪深交易所，同花顺。

（三）行业内上市公司融资情况

表3　　2015年信息传输、软件和信息技术服务业上市公司与沪深两市融资情况对比　　单位：家

	融资家数	新　股	增　发	配　股
信息传输、软件和信息技术服务业	70	17	53	0
沪深两市总数	819	220	595	6
占比（%）	8.55	7.73	8.91	0

资料来源：沪深交易所，同花顺。

其中，首发的17家公司中，有2家在中小板上市，13家在创业板上市，2家在沪市；增发的53家公司中，有8家沪市、2家深市主板、15家中小板及28家创业板公司。

按行业大类划分，进行融资的70家公司中，电信、广播电视和卫星传输服务业4家，互联网和相关服务业8家，软件和信息技术服务业58家。

从融资效果看，上述公司实际发行数量为194465.0万股；实际募集资金306.87亿元，基本完成了融资计划。

2015年信息传输、软件和信息技术服务业上市公司融资情况明细见附录。

（四）行业内上市公司资产及业绩情况

表4　　2015年信息传输、软件和信息技术服务业上市公司资产情况　　单位：亿元

指　标	2015年	2015年可比样本增长（%）	2014年	2014年可比样本增长（%）	2013年
总资产	11976.75	23.31	9109.38	10.17	8149.95
流动资产	4012.83	29.46	2793.08	16.15	2310.01
占比（%）	33.51	1.59	30.66	1.58	28.34
非流动资产	7963.92	20.43	6316.3	7.72	5839.94
占比（%）	66.49	-1.59	69.34	-1.58	71.66
流动负债	5229.94	21.94	4047.44	4.95	3805.07
占比（%）	43.67	-0.49	44.43	-2.21	46.69
非流动负债	760.63	49.32	495.61	32.61	369.29
占比（%）	6.35	1.11	5.44	0.92	4.53
归属于母公司股东权益	4318.45	31.79	2957.74	17.88	2447.79
占比（%）	36.06	2.32	32.47	2.12	30.03

资料来源：沪深交易所，同花顺。

表5　　2015年信息传输、软件和信息技术服务业上市公司收入实现情况　　单位：亿元

指　标	2015年	2015年可比样本增长（%）	2014年	2014年可比样本增长（%）	2013年
营业收入	5621.84	10.23	4743.71	3.15	4492.99
利润总额	509.87	15.07	386.21	19.12	305.24
归属于母公司所有者的净利润	356.63	24.96	239.35	20.36	182.21

资料来源：沪深交易所，同花顺。

（五）利润分配情况

2015 年全年，信息传输、软件和信息技术服务业上市公司中共有 148 家公司实施了分红配股。其中，54 家上市公司实施送股或转增股，144 家上市公司实施派息，其中 50 家公司既实施了送股、转增又实施了派息。

2015 年信息传输、软件和信息技术服务业上市公司分红明细见附录。

（六）其他财务指标情况

1. 盈利能力指标

表 6　　2015 年信息传输、软件和信息技术服务业上市公司盈利能力情况　　单位：%

指　标	2015 年	2015 年可比样本变动	2014 年	2014 年可比样本变动	2013 年
毛利率	29.54	–3.09	32.51	0.37	31.89
净资产收益率	8.26	–0.45	8.09	0.16	7.44
销售净利率	7.69	0.38	6.82	0.96	5.63
资产净利率	3.99	–0.1	3.72	0.34	3.23

资料来源：沪深交易所，同花顺。

2. 偿债能力指标

表 7　　2015 年信息传输、软件和信息技术服务业上市公司偿债能力指标

指　标	2015 年	2015 年可比样本变动	2014 年	2014 年可比样本变动	2013 年
流动比率	0.77	0.04	0.69	0.07	0.61
速动比率	0.68	0.05	0.6	0.06	0.53
资产负债率（%）	50.02	0.62	49.87	–1.29	51.22

资料来源：沪深交易所，同花顺。

3. 营运能力指标

表 8　　2015 年信息传输、软件和信息技术服务业上市公司营运能力情况　　单位：次

营运能力指标	2015 年	2015 年可比样本变动	2014 年	2014 年可比样本变动	2013 年
存货周转率	8.91	–0.28	9.37	–0.82	15.61
应收账款周转率	6.12	–0.63	6.75	–1.13	5.45
流动资产周转率	1.58	–0.23	1.83	–0.21	2.09
固定资产周转率	1.3	0.12	1.13	0.01	1.09
总资产周转率	0.52	–0.04	0.55	–0.03	0.57
净资产周转率	1.03	–0.09	1.1	–0.09	1.18

资料来源：沪深交易所，同花顺。

三、重点细分行业介绍

表 9　　2015 年信息传输、软件和信息技术服务业上市公司数量分布及市值情况

大　类	上市公司家数（家）	占行业内比重（%）	境内总市值（亿元）	占行业内比重（%）
软件和信息技术服务业	128	80.00	21976.28	66.30
互联网和相关服务	20	12.50	6422.58	19.38
电信、广播电视和卫星传输服务	12	7.50	4747.00	14.32

资料来源：沪深交易所，同花顺。

（一）电信、广播电视和卫星传输服务

1. 行业概况

2015 年电信业务收入实现 11251.4 亿元，按可比口径测算较 2014 年增长 0.8%，比 2014 年回落 2.8 个百分点。电信业务总量实现 23141.7 亿元，较 2014 年增长 27.5%，比 2014 年提高 12 个百分点。行业发展对话音业务的依赖持续快速减弱，非话音业务收入占比由 2014 年的 58.2%提高至 68.3%；移动数据及互联网业务收入占电信业务收入的比重从 2014 年的 23.5%提高至 27.6%。移动宽带（特别是 4G）用户在移动用户中的占比提升明显，渗透率达到 60.1%，比 2014 年提高 14.8 个百分点；固定宽带方面，8M 以上宽带用户占比达 69.9%，光纤接入（FTTH/0）用户占宽带用户的比重突破 50%。融合业务发展渐成规模，截至 12 月末，IPTV 用户达 4589.5 万户。

2015 年，全国电话用户净增 121.1 万户，总数达到 15.37 亿户，增长 0.1%，比 2014 年回落 2.5 个百分点。其中，移动电话用户净增 1964.5 万户，总数达 13.06 亿户。移动电话用户普及率达 95.5 部/百人。固定电话用户总数 2.31 亿户，比 2014 年减少 1843.4 万户，普及率下降至 16.9 部/百人。固定本地电话通话时长为 2265.6 亿分钟，较 2014 年下降 13.6%。固定长途电话通话时长为 482.0 亿分钟，较 2014 年下降 9.5%。全国移动电话去话通话时长 28499.9 亿分钟，较 2014 年下滑 2.6%。其中，移动非漫游、国际漫游和港澳台漫游通话时长分别下滑 3.1%、11.3%和 12.6%。移动国内漫游通话去话通话时长较 2014 年增长 0.8%，增速下滑 9.9 个百分点。2015 年，2G 移动电话用户减少 1.83 亿户，是 2014 年净减数的 1.5 倍，占移动电话用户的比重由 2014 年的 54.7%下降至 39.9%。4G 移动电话用户新增 28894.1 万户，总数达到 38622.5 万户，在移动电话用户中的渗透率达到 29.6%。

2015 年，宽带城市建设加快推动光纤接入的普及，基础电信企业固定互联网宽带接入用户净增 1288.8 万户，比 2014 年

净增增加 131.3 万户，总数达 2.13 亿户。光纤接入（FTTH/0）用户净增 5140.8 万户，总数达 1.2 亿户，占宽带用户总数的比重比 2014 年提高 22 个百分点达到 56.1%。8M 以上、20M 以上宽带用户总数占宽带用户总数的比重分别达 69.9%、33.4%，比 2014 年分别提高 29 个、23 个百分点。城乡宽带用户发展差距依然较大，城市宽带用户净增 1089.4 万户，是农村宽带用户净增数的 5.5 倍。2015 年，移动互联网接入流量消费达 41.87 亿 G，较 2014 年增长 103%，比 2014 年提高 40.1 个百分点。月户均移动互联网接入流量达到 389.3M，较 2014 年增长 89.9%。手机上网流量达到 37.59 亿 G，较 2014 年增长 109.9%，在移动互联网总流量中的比重达到 89.8%。固定互联网使用量同期保持较快增长，固定宽带接入时长达 50.03 万亿分钟，较 2014 年增长 20.7%。

2015 年，互联网宽带接入端口数量达到 4.7 亿个，比 2014 年净增 7320.1 万个，较 2014 年增长 18.3%。互联网宽带接入端口“光进铜退”趋势更加明显，xDSL 端口比 2014 年减少 3903.7 万个，总数降至 9870.5 万个，占互联网接入端口的比重由 2014 年的 34.3%下降至 20.8%。光纤接入 FTTH/0 端口比 2014 年净增 1.06 亿个，达到 2.69 亿个，占互联网接入端口的比重由 2014 年的 40.6%提升至 56.7%。全国新建光缆线路 441.3 万千米，光缆线路总长度达到 2487.3 万千米，较 2014 年增长 21.6%，比 2014 年同期提高 4.4 个百分点，整体保持较快的增长态势。

2015 年电信行业固定资产投资规模完成 4539.1 亿元，达到自 2009 年以来投资水平的最高点。移动投资仍是投资的重点，完成投资 2047.5 亿元，占全部投资的 45.1%。互联网及数据通信投资规模与占比大幅上升，完成 716.8 亿元，较 2014 年提高 79.9%，占比由 2014 年的 10%提高至 15.8%。

2015 年国内广播影视产业整体保持增长态势，增幅较 2014 年略有放缓，但是仍然增长了 12.4%，整体市场规模达到 12754.1 亿元。其中电影产业规模继续保持高速增长，全年电影播映收入近 440.69 亿元，较 2014 年增长 48.7%，其中国产电影票房收入 271.36 亿元，较 2014 年增长 67.9%。广告行业在 2015 年受到经济大环境的冲击，全国广告经营额较 2014 年仅增长 5%左右。

2015 年广播影视公共服务体系建设继续处于稳步加速阶段。截至 2015 年底，广播、电视综合人口覆盖率分别达到 98.17% 和 98.77%。按总人口算，中国民众到影院观影的次数为人均 1.4 次，而对比美国电影协会数据，中国电影市场在未来还有很大的增长空间。互联网对电影产业的影响更多的体现在观影人次以及影票价格上，影响程度较 2014 年有所回升。2015 年全国电影观影人次为 12.56 亿，较 2014 年净增 4.26 亿，较 2014 年观影人次增速有了较为明显的增长，这主要是因为电影产业优质内容供给的增多以及网票平台的持续发力，2015 年新建影院 1714 家，较 2014 年增长 699 家，新增银幕 8035 块，日均增长22块银幕，全国银幕总数已达31627块。2015年生产故事影片686部，其中上院线320部。

2015年中国广播媒体市场规模出现小幅下滑，全国34个城市整体收听率较2014年下降3.33%。听众最经常使用的收听工具中车载收音系统、手机占比最高，且车载收听市场仍然在持续增长。这一现象与中国汽车保有量持续增长、智能手机的普及，以及移动互联技术的发展密不可分。未来车载收听与“广播+APP”的收听方式将成为广播媒体维持市场规模的主导力量。

2015年，中国卫星产业实现了质与量的齐头并进，北斗卫星导航系统开始全球组网，一批北斗关键技术获得突破，北斗相关贡献率超过30%；高分辨率对地观测系统建设稳步实施，遥感卫星应用产业化进入快车道。亚太九号、中星-2C卫星的发射，将为中国通信广播事业提供更好的服务，随着“互联网+”、“一带一路”、“军民融合”、“中国制造2025”等国家战略的深入实施，以及终端芯片和设备的普及，卫星定位、导航和数据通信服务将走入千家万户，构筑新的产业生态体系。

2. 行业内上市公司发展情况

表10　2015年电信、广播电视和卫星传输服务上市公司收入及资产增长情况　单位：亿元

指　标	2015年	2015年可比样本增长（%）	2014年	2014年可比样本增长（%）	2013年
营业收入	3220.65	-1.39	3086.28	-4.14	3215.98
利润总额	213.01	-3.57	187.69	13.92	164.29
归属于母公司所有者的净利润	95.37	6.35	66.79	12.57	58.88
总资产	7354.87	13.44	6109.73	3.43	5900.06
归属于母公司股东权益	1568.46	16.58	1150.73	5.6	1083.47

资料来源：沪深交易所，同花顺。

表11　2015年电信、广播电视和卫星传输服务上市公司盈利能力情况　单位：%

指　标	2015年	2015年可比样本变动	2014年	2014年可比样本变动	2013年
毛利率	25.28	-5.36	30.8	0.27	30.53
净资产收益率	6.08	-0.58	5.8	0.36	5.02
销售净利率	5.23	-0.1	4.75	0.75	3.99
资产净利率	2.44	-0.34	2.44	0.22	2.21

资料来源：沪深交易所，同花顺。

表 12　2015 年电信、广播电视和卫星传输服务上市公司偿债及营运情况

指　标	2015 年	2015 年可比样本变动	2014 年	2014 年可比样本变动	2013 年
资产负债率（%）	57.03	1.97	55.98	-0.6	56.63
存货周转率（次）	22.31	-0.52	26.14	0.21	37.3
总资产周转率（次）	0.47	-0.06	0.51	-0.04	0.55

资料来源：沪深交易所，同花顺。

（二）互联网和相关服务

1. 行业概况

目前互联网行业对我国国内生产总值的贡献越来越大，成长为国民经济中重要先导性产业。在经济环境稳定和基础网络设施完善的大背景下，人们对信息产品的消费需求不断扩大，通过互联网开展的信息获取、娱乐、购物、沟通交流等生活和经济行为更加丰富，网络经济已经深入影响到人们的工作方式和生活方式，并呈现规模进一步扩大的趋势。截至 2015 年 12 月，我国互联网在城镇的普及率为 71.6%，网民规模达 6.88 亿，全年共计新增网民 3951 万人。互联网普及率为 50.3%，较 2014 年底提升了 2.4 个百分点。

2015 年国内互联网行业已经进入多元化应用阶段，基础应用使用率保持稳定扩张，商务交易类应用保持稳健增长，网络娱乐类应用稳步发展，互联网定期理财走红，网络支付快速向线下支付场景拓展，从基础的娱乐沟通、信息查询，到商务交易、网络金融，再到教育、医疗、交通等公共服务，移动互联网塑造了全新的社会生活形态，潜移默化地改变着移动网民的日常生活。未来，移动互联网应用将更加贴近生活，并将进一步提升我国互联网普及率。

根据艾瑞咨询统计，2015 年中国互联网经济营收规模首次突破 1.1 万亿元，达到 11218.7 亿元，年增长率为 47.3%。网络经济在国内生产总值中占比日益提升，并且仍有较大的增长空间。其中电子商务的营收占据核心，电商营收规模超 7000 亿元，占网络经济中的比例为 63.6%。其次是网络广告行业，营收规模超 2000 亿元，在网络经济中的占比 18.7%。市场结构方面：PC 网络经济营收规模为 6875.1 亿元，移动网络经济营收规模为 4343.6 亿元。其中网络经济的核心推动力为移动互联网的发展，预计 2016 年移动互联网产生的营收将全面超过 PC 端。

对于互联网经济中增长最快的网购市场，网民移动网购习惯已基本养成，PC 端流量增长渐缓，转向移动端。移动端的随时随地、碎片化、高互动等特征，让移动端成为纽带，助推网购市场向“线上+线下”、“社交+消费”、“PC+手机+TV”、“娱乐+消费”等方向发展，实现整合营销、多屏互动等模式。2015 年移动网购市场交易规模达 2.1 万亿元，较 2014 年增长 123.8%，增速远高于网络购物整体增速。

快速增长的原因主要有两个方面：一方面，“双十一”等淘宝、京东等电商大规模促销持续发酵，加上跨境电商和农村电商的发展，整体网购交易规模大幅增长。另一方面，各大电商平台、多家传统品牌企业加速布局移动端，不断丰富移动端业务，完善移动端服务，促进移动网购规模持续增长。

2015年国内网络游戏市场已经进入成熟期，市场规模的上升逐渐稳定，整体游戏市场规模达到1361.9亿元，较2014年增长24.1%。网络游戏产业规模增速放缓，部分游戏公司缩减规模，其中客户端游戏市场保持平稳态势，市场规模基本滞胀，达到582.4亿元，与2014年规模相当，市场已经日趋饱和；网页游戏方面，受到移动游戏市场的挤压，市场规模增长率进一步下降，只有237.6亿元规模；而移动游戏市场规模大幅超过页游，已经接近端游，达到541.8亿元，增速达到84.6%，其原因是移动游戏市场已经从单纯的获取流量，向深入挖掘用户价值转化。随着流量购买价格上涨，游戏产品主要依靠IP优势、精品化和细分化路线取得成功，产品质量提升使得研发为主的游戏企业掌握了更高的话语权，移动游戏的主要市场份额被大厂商占据，中小厂商数量锐减，面临压力。

2015年中国网络广告市场规模达到2093.7亿元，较2014年增长36.0%，较2014年增速有所放缓，但仍保持高位。随着网络广告市场发展不断成熟，未来几年的增速将趋于平稳，其中移动广告市场规模达到901.3亿元，较2014年增长率高达178.3%，发展势头十分强劲。搜索广告仍旧是份额占比最大的广告类型，占比为32.6%，较2014年占比略有下降。电商广告份额排名第二，占比达28.1%，比2014年增长2个百分点。品牌图形广告市场份额持续受到挤压，位居第三，占比为15.4%。视频贴片广告份额继续增大，占比为8.2%。其他广告形式份额增长迅速，占比达8.7%，主要包括导航广告和门户社交媒体中的信息流广告等。

2. 行业内上市公司发展情况

表13　2015年互联网和相关服务上市公司收入及资产增长情况　单位：亿元

指　标	2015年	2015年可比样本增长（%）	2014年	2014年可比样本增长（%）	2013年
营业收入	671.99	88.79	286.79	87.27	143.13
利润总额	69.92	81.33	25.68	26.88	18.56
归属于母公司所有者的净利润	64.7	79.78	24.01	36.11	16.2
总资产	1082.12	84.17	478.07	40.68	330.2
归属于母公司股东权益	516.22	75.04	227.42	21.58	180.7

资料来源：沪深交易所，同花顺。

表 14　2015 年互联网和相关服务上市公司盈利能力情况　单位：%

指　标	2015 年	2015 年可比样本变动	2014 年	2014 年可比样本变动	2013 年
毛利率	30.48	-6.75	34.14	-13.92	49.53
净资产收益率	12.53	0.33	10.56	1.13	8.58
销售净利率	9.58	-0.32	7.96	-3.53	11.28
资产净利率	7.71	0.55	5.58	-0.29	5.54

资料来源：沪深交易所，同花顺。

表 15　2015 年互联网和相关服务上市公司偿债及营运情况

指　标	2015 年	2015 年可比样本变动	2014 年	2014 年可比样本变动	2013 年
资产负债率（%）	51.37	4.15	49.82	7.07	43
存货周转率（次）	23.75	6.09	23.46	-0.25	42.74
总资产周转率（次）	0.8	0.08	0.7	0.19	0.49

资料来源：沪深交易所，同花顺。

（三）软件和信息技术服务业

1. 行业概况

得益于我国经济快速发展、政策支持、强劲的信息化投资及旺盛的 IT 消费等，软件和信息技术服务业已连续多年保持高速发展态势，产业规模不断壮大，但近两年行业增速已逐年下降；上游行业总体稳定，下游行业市场巨大，能充分带动行业发展。根据工业与信息化部公布的《2015 电子信息产业统计公报》显示，2015 年我国规模以上软件和信息技术服务业共有企业 4.09 万家，全年实现软件业务收入 4.30 万亿元，较 2014 年增长 16.60%，增速低于 2014 年 4.5 个百分点。但是收入增速仍然快于电子信息制造业 9 个百分点，软件业比重达到 28%，比 2014 年提高 1.4 个百分点。

软件产业发展从平稳增长迈入深度转型阶段，面临由大变强、转型升级、提质增效的新挑战。细分行业来看，2015 年软件产品实现收入 14048 亿元，较 2014 年增长 16.4%，增速低于 2014 年 7.1 个百分点。其中，信息安全产品增长 16.3%。信息技术服务实现收入 22123 亿元，较 2014 年增长 18.4%，增速比 2014 年提高 1.7 个百分点。其中，运营相关服务（包括在线软件运营服务、平台运营服务、基础设施运营服务等在内的信息技术服务）收入增长 18.3%；电子商务平台服务（包括在线交易平台服务、在线交易支撑服务在内的信息技术支持服务）收入增长 25.1%；集成电路设计实现收入 1449 亿元，较 2014 年增长 13.3%；其他信息技术服务（包括信息技术咨询设计服务、系统集成、运维服务、数据服务等）收入增长 17.8%。嵌入式系统软件实现收入 7077 亿元，较 2014 年增长 11.8%，增速低于 2014 年 18.9 个百分点。

软件出口方面，2015年软件业实现出口545亿美元，较2014年增长5.3%，增速比2014年提高1.6个百分点，但仍低于全行业收入增速11.3个百分点。其中外包服务出口额与2014年同期基本持平。嵌入式系统软件出口增长4.2%。分地区方面，2015年东部地区完成软件业务收入3.29万亿元，较2014年增长17.2%，低于2014年5.2个百分点。西部地区完成软件业务收入4410亿元，较2014年增长16.6%，低于2014年4.6个百分点。中部地区完成软件业务收入1978亿元，较2014年增长19.3%，低于2014年1.5个百分点。东北地区完成软件业务收入3943亿元，较2014年增长10.7%，增速低于全国平均水平5.9个百分点。

软件和信息技术服务业是关系国民经济和社会发展全局的基础性、战略性和先导性产业，具有技术更新快、产品附加值高、应用领域广、渗透能力强、资源消耗低、人力资源利用充分等突出特点，对经济社会发展具有重要的支撑和引领作用。发展和提升软件和信息技术服务业，对于推动信息化和工业化深度融合，培育和发展战略性新兴产业，建设创新型国家，加快经济发展方式转变和产业结构调整，提高国家信息安全保障能力和国际竞争力具有重要意义。

2. 行业内上市公司发展情况

表16　2015年软件和信息技术服务业上市公司收入及资产增长情况　单位：亿元

指　标	2015年	2015年可比样本增长（%）	2014年	2014年可比样本增长（%）	2013年
营业收入	1729.2	16.99	1370.64	11.8	1133.88
利润总额	226.94	23.57	172.84	24.13	122.39
归属于母公司所有者的净利润	196.56	23.07	148.54	21.86	107.13
总资产	3539.75	33.99	2521.58	24.75	1919.69
归属于母公司股东权益	2233.77	36.49	1579.58	28.18	1183.62

资料来源：沪深交易所，同花顺。

表17　2015年软件和信息技术服务业上市公司盈利能力情况　单位：%

指　标	2015年	2015年可比样本变动	2014年	2014年可比样本变动	2013年
毛利率	37.1	1.19	36	1.59	33.51
净资产收益率	8.8	–0.96	9.4	–0.49	8.82
销售净利率	11.55	0.48	11.23	1.18	9.55
资产净利率	6.46	–0.46	6.77	0.14	6.24

资料来源：沪深交易所，同花顺。

表 18　　2015 年软件和信息技术服务业上市公司偿债及营运情况

指　标	2015 年	2015 年可比样本变动	2014 年	2014 年可比样本变动	2013 年
资产负债率（%）	35.03	-0.97	35.09	-1.64	35.99
存货周转率（次）	3.43	-0.19	3.48	-0.23	5.72
总资产周转率（次）	0.56	-0.07	0.6	-0.06	0.65

资料来源：沪深交易所，同花顺。

四、重点上市公司介绍

（一）东方明珠（百视通）

上海东方明珠新媒体股份有限公司是上海广播电视台、上海文化广播影视集团有限公司（SMG）旗下统一的产业平台和资本平台。其前身上海东方明智（集团）控股有限公司于 1994 年在上交所上市，成为中国第一家文化传媒上市公司。2014 年，上海文广内部整合，上市公司百视通与东方明珠启动重大资产重组，百视通以新增股份换股吸收合并东方明珠，合并后股票更名为东方明珠，于 2015 年 6 月 19 日在上交所挂牌。公司拥有国内最大的多渠道视频集成与分发平台及知名的文化旅游资源，为用户提供丰富多元、特色鲜明的视频内容服务及一流的视频购物、文化娱乐旅游、影视剧、数字营销及游戏等传媒和娱乐产品。公司业务多元，是广电传统媒体与新兴媒体融合发展的全方位媒体产业平台。

2015 年，百视通与东方明珠并购重组，全年公司并表后实现营业收入 211.26 亿元，较 2014 年增长 35.53%，实现归属母公司股东的净利润 29.07 亿元，较 2014 年增长 26.10%。2015 年公司每股盈利 1.53 元，净利润率为 14.63%，减少 9.21 个百分点。2015 年公司整体毛利率为 21.79%，资产负债率为 23.53%，经营性现金流净流量为 9.94 亿元。

（二）恒生电子

恒生电子是中国著名的金融、证券等软件开发商之一，是目前中国拥有“全牌照”的金融 IT 企业，业务范围涵盖银行、证券、基金、信托、保险、期货等。公司在大型信息化、电子化应用项目上拥有丰富的开发经验，对数据库应用、跨平台通信、嵌入式系统等技术有着深入的研究，在实时联机交易、业务管理系统、电子政务、软件外包等领域有着广泛的客户基础。在券商核心交易系统中，恒生电子的市场占有率为 44%，券商资管系统的市场占有率为 89%，基金销售（代销）系统，市场占有率 56%，公司产品在多个领域市场占有率全国第一。

2015 年，公司实现营业收入 22.26 亿元，较 2014 年上升 56.52%，利润总额 5.15 亿元，较 2014 年增加 33.42%，实现归属上市公司净利润 4.54 亿元，较 2014

年增长 25.86%，EPS 为 0.73 元。

公司盈利能力稳定，公司净利润率为 20.17%，较 2014 年下降 4.8 个百分点，加权净资产收益率 20.98%，较 2014 年增加 0.66 个百分点。2015 年，公司整体毛利率为 92.69%。公司 2015 年销售费用较 2014 年增加 62.78%，管理费用较 2014 年增加 32.02%，财务费用较 2014 年增加 60.41%。公司资产负债率小幅提升，公司 2015 年资产负债率为 35.80%，较 2014 年增加 2.97 个百分点。从现金流角度看，经营性现金流净流量为 9.91 亿元，较 2014 年上涨 61.63%。

（三）四维图新

四维图新是中国领先的数字地图内容、车联网及动态交通信息服务、基于位置的大数据与移动互联网应用服务提供商，始终致力于为全球客户提供专业化、高品质的地理信息产品和服务。公司致力于为主流汽车制造厂商、汽车电子厂商、手机生产商、便携导航设备厂商、移动通信服务商和互联网平台提供专业化、高品质的导航电子地图产品和服务。公司是中国第一、全球第三大导航电子地图厂商，连续 7 年在中国车载导航地图市场份额超过 60%，连续 3 年在手机导航地图市场份额超过 50%，并在移动位置服务、互联网地图服务、交通信息服务领域全面领先。

2015 年，公司实现营业收入 15.06 亿元，较 2014 年上升 42.22%，利润总额 1.99 亿元，较 2014 年增加 14.61%，实现归属上市公司净利润 1.02 亿元，较 2014 年增长 31.39%，每股盈利 0.19 元。

公司净利润率为 9.69%，较 2014 年下降 2.53 个百分点，加权净资产收益率 5.19%，较 2014 年增加 0.33 个百分点。2015 年，公司整体毛利率为 76.37%。公司 2015 年销售费用较 2014 年增加 5.99%，管理费用较 2014 年增加 32.53%，财务费用较 2014 年增加 46.77%。公司资产负债率略有提升，公司 2015 年资产负债率为 20.49%，较 2014 年增加 5.02 个百分点。从现金流角度看，经营性现金流净流量为 2.96 亿元，较 2014 年下降 8.71%。

（四）广联达

广联达是服务于建筑产品的建造者、运维者和使用者的信息化平台运营商，为客户提供建设工程全生命周期的信息化解决方案。公司成立至今，始终专注建设工程领域，为行业提供优质的信息化产品及服务，专业是公司立业与发展之本。经过近 20 年的奋斗，公司产品数量逾百，覆盖项目全生命周期，涵盖工具类、解决方案类、电子商务、移动互联网、云、智能硬件设备、金融服务等各类型。截至目前，累计为行业内 17 万余家企业、百余万产品使用者提供服务，成为中国建筑产业信息化卓越品牌。

2015 年，公司实现营业收入 15.36 亿元，较 2014 年下降 12.73%，利润总额 2.87 亿元，较 2014 年下降 56.52%，实现归属 A 股上市公司净利润 2.42 亿元，较 2014 年下降 59.41%，每股盈利 0.21 元。

公司净利润率为 16.70%，较 2014 年下降17.69个百分点，加权净资产收益率8.83%，较2014年下降14.01个百分点。2015年，公司整体毛利率为95.97%。公司2015年销售费用较2014年增加6.88%，管理费用较2014年增加18.73%，财务费用较2014年增加18.06%。公司资产负债率略有下降，公司2015年资产负债率为10.63%，较2014年下降1.26个百分点。从现金流角度看，经营性现金流净流量为1.85亿元，较2014年下降69.23%。

（五）东软集团

东软是一家面向全球提供IT解决方案与服务的公司，东软提供行业解决方案和产品工程解决方案以及相关软件产品、平台及服务。行业解决方案涵盖领域包括：电信、能源、金融、政府、制造业、商贸流通业、医疗卫生、教育与文化、交通、移动互联网、传媒、环保等。在汽车电子、智能终端、数字家庭产品、IT产品等产品工程领域，东软嵌入式软件服务于众多全球知名品牌产品，同时，拥有自有品牌的医疗和网络安全产品。在服务领域，东软提供包括应用开发和维护、ERP实施与咨询服务、专业测试及性能工程服务、软件全球化与本地化服务、IT基础设施服务、业务流程外包（BPO）、IT教育培训等。

2015年，公司实现营业收入77.52亿元，较2014年下降0.57%，利润总额3.95亿元，较2014年增长20.54%，实现归属上市公司净利润3.86亿元，较2014年增长51.10%，每股盈利0.31元。

公司净利润率为3.95%，较2014年增加0.82个百分点，加权净资产收益率6.93%，较2014年增加2.16个百分点。2015年，公司整体毛利率为31.37%。公司2015年销售费用较2014年增加10.63%，管理费用较2014年增加5.07%，财务费用较2014年下降42.64%。公司资产负债率略有下降，公司2015年资产负债率为47.23%，较2014年增加5.17个百分点。从现金流角度看，经营性现金流净流量为2.87亿元，较2014年增加32.86%。

五、上市公司在行业中的影响力

2015年信息传输、软件和信息技术服务业国内上市公司合计实现营业收入5621.84亿元，较2014年增长10.23%；按照可比样本的测算口径，信息传输、软件和信息技术服务业国内上市公司营业收入占行业总收入的比重为8.56%，占比仍然处于较低的水平。

按照细分行业看，3个子行业中，电信、广播电视和卫星传输服务业上市公司在行业中收入规模占比、互联网和软件行业占比均有所上升，各细分子行业情况如下：2015年，电信、广播电视和卫星传输服务业国内上市公司收入行业占比为26.89%，较2014年上升7.6个百分点。目前上市公司占行业收入比重正逐步上升，但是占有率仍然偏低，比重上升的主要原因是以中国联通为代表的大型上市公司2015年营收增加以及上市公司数量也在增加，而占比偏低还是因为一方面重量级企业如中国移动、中国电信等企业均未在国内A股上市，另一方面随着电信业务的多样化，外资企业和民营企业也在国内占据一定的市场份额。行业在平稳发展过程当中，宽带化、移动化、互联网化将是行业的主要趋势，随着4G、三网融合和大数据等产业的逐渐兴起，未来，电信、广播电视和卫星传输服务业的上市公司影响力有望在综合领域得到进一步增长。

2015年，软件和信息技术服务业国内上市公司收入行业占比为4.02%，较2014年继续上升了0.19个百分点。2015年软件类上市公司整体盈利能力持续性提高，软件外包出口等业务稳步增长，同期国内兴起的大数据业务和存储类业务给国内的软件企业带来了崭新的发展风口，CDN和IDC等业务开拓出新的市场不断激发国内公司业务创新与新的利润点出现。此外，软件和信息技术服务业与工业化深度融合，加快经济发展方式转变和产业结构调整，提高国家信息安全保障能力。上市公司占行业收入比例偏低的原因主要是行业内很多外资（包括台资）企业从事相关组件外包业务，以及一些大型互联网软件企业，并未在国内上市；同时该行业产业链相对较长，且较分散，产业集中度较低，导致上市公司所占比重较低。

2015年，互联网和相关服务业国内上市公司营业收入行业占比为3.45%，较2014年上升1.7个百分点。2015年是互联网产业持续性扩张的一年，各行各业都逐步深入与互联网技术相结合，其他行业上市公司也纷纷从传统行业转型到互联网行业，因此行业占比开始稳步向上。互联网行业对我国国内生产总值的贡献越来越大，成长为国民经济中重要先导性产业，特别在2015年，上市公司开始聚焦各类新型互联网应用，开启了各种新型网络商业模式，用户通过其平台开展信息获取、娱乐、购物、沟通交流，使得流量变现等网络商业规模越来越大，增速远远超越传统上市公司。此类基于智能移动终端的应用，如手游，在线阅读，点播、直播视频等爆发式的增长普及都给电商、视频网站以及其他互联网上市公司开辟了一个又一个的新利润增长点，各类互联网上市公司的商业模式日趋成熟，粉丝经济、虚拟运营等新型经营模式逐步走向成熟，各类热点更迭节奏明显加快。上市公司开始依托资本市场的助力，推动互联网传输的传统业务向新型服务性移动互联网经济转变，整个行业显现出井喷式的爆发迹象。目前上市公司各项占比较小的原因还是在于互联网行业分散性强，各个细分行业适合小公司模式，且盈利模式受国内上市的限制，行业的龙头企业如百度、腾讯和阿里等均在海外上市，因此国内上市公司在行业中的影响力仍然偏弱。

审稿人：任宪功

撰稿人：徐　勇

金融业

一、金融业总体概况

（一）行业整体运行情况

2015年，全球经济整体增速放缓，国内经济下行压力加大。股票市场上半年过快上涨，下半年出现波动，债券市场延续上涨行情。随着我国实施积极的财政政策与稳健的货币政策、供给侧改革下产业结构的优化、全面深化改革的推进，金融市场实现快速发展，互联网金融业也迎来了爆发元年。十八届五中全会通过的“十三五规划建议”提出，要加快金融体制改革，提高金融服务实体经济效率，清晰勾勒了“十三五”期间我国金融改革的总体框架与路线图，改革力度超过预期。

金融市场运行总体平稳，2015年末广义货币供应量（M2）余额为139.2万亿元，比2014年末增长13.3%，增速上涨1.1个百分点；狭义货币供应量（M1）余额为40.1万亿元，较2014年增长15.2%，增速上涨12.0个百分点；流通中现金（M0）余额为6.3万亿元，增长4.9%。全部金融机构各项贷款余额94.0万亿元，较2014年增长14.3%。其中，人民币贷款余额88.8万亿元，较2014年增长8.7%，回落4.9个百分点；外币贷款余额8308亿美元，较2014年下降5.8%。2015年末，全部金融机构各项存款余额135.7万亿元，较2014年增长12.4%，上涨3.3个百分点。其中，人民币存款余额131.8万亿元，较2014年增长19.4%，增速上涨13.3个百分点；外币存款余额6272亿美元，较2014年上涨9.4%。社会融资继续较快增长，根据人民银行统计，2015年全年社会融资规模为15.4万亿元，比2014年少1.1万亿元。其中，人民币贷款增加11.3万亿元，较2014年多增14877亿元；外币贷款折合人民币减少6427亿元，较2014年少增9981亿元；委托贷款增加1.6万亿元，较2014年减少0.9万亿元；信托贷款增加434亿元，较2014年少增4740亿元；未贴现的银行承兑汇票减少10569亿元；企业债券净融资2.9万亿元，较2014年多5146亿元；非金融企业境内股票融资7604亿元，较2014年多3254亿元。

债券发行规模较2014年增加，公司信用类债券发行增速扩大；银行间市场成交量较2014年大幅增长，债券指数有所上升；货币市场利率中枢下行明显，债券收益率曲线大幅下移，企业债券融资成本显著降低。2015年，债券市场共发行债券14.4万亿元，较2014年增加59.3%，银行间市场拆借、现券和债券回购累计成交606万亿元，较2014年增加100.8%。其中，银行间市场同业拆借成交64.2万亿元，较2014年增加70.5%；债券回购成交457万亿元，较2014年增加103.8%；现券成交84.4万亿元，较2014年增加112.6%。2015年，银行间市场债券指数和交易所市场债券指数均有所上升。银行间债券总指数由年初的158.8点上升至年末的171.4点，上升12.6点，升幅7.9%；交易所市场国债指数由年初的145.8点升至年末的154.5点，上升8.7点，升幅6.0%。2015年，货币市场利率先升后降，整体下行明显。2015年12月，质押式回购加权平均利率为1.95%，较2014年同期下降154个基点；同业拆借加权平均利率为1.97%，较2014年同期下降152个基点。2015年银行间市场国债收益率曲线整体大幅下移。2015年12月末，国债收益率曲线1年、3年、5年、7年、10年期收益率较2014年末分别下降96个、82个、81个、77个、80个基点，10年期与1年期国债期限利差为52个基点，较2014年末扩大16个基点。12月固定利率企业债券加权平均发行利率为4.06%，较2014年同期下降146个基点。公司信用类债券收益率曲线大幅下行，年末5年期AAA、AA+企业债收益率较2014年末分别下降150个和172个基点。不同等级公司信用类债券信用利差均有所收窄，3年期AAA级、AA级、A级中短期票据与同期限政策性银行债券信用利差较2014年末分别收窄37个、34个、7个基点。

2015年，股票市场主要指数总体有所上涨，但期间出现大幅震荡，成交量明显放大。年末，上证指数收于3539点，较2014年末上涨9.4%，年内最高点为5178.19点，最低点为2851点。沪市全年累计成交133万亿元，日均成交5455亿元，较2014年增长254%。深证成指收于12665点，较2014年末上涨15.0%，年内最高点为18212点，最低点为9260点。深市全年累计成交122.5万亿元，日均成交为5020亿元，较2014年增长235.4%。沪深两市共筹集资金7724亿元。其中沪深两市IPO募集资金1578亿元，发行224只；定向增发857只，募集资金13723亿元；配股5只，募集资金157.6亿元；可转债29只，募集资金368.1亿元；公司债共募集资金21181亿元。截至2015年12月末，沪深两市总市值53.1万亿元，流通市值41.8万亿元，分别比2014年底增加42.63%和32.61%。流通市值占总市值的78.66%，比2014年底下降了6.1个百分点。

2015年，期货市场活跃度继续提高，全国期货市场累计成交量为35. 8亿手，累计成交额为554.2万亿元，较2014年分别增长43%和90%。2016年期货市场新上市2个商品期货、3个金融期货和1个金融期权品种，全市场期货期权品种总数达到52个。期货公司总资产达4600多亿元，净资本达563亿元。2016年上半年，中国商品期货成交量约占全球53.2%，已连续多年居世界前列。期货公司网上开户、手机开户的推出，标志着期货行业“互联网+”概念的一个进步。从各品种的成交量来看，排在前六位的分别是螺纹钢、甲醇（MA）、豆粕、菜籽粕、白银和沪深300股指，分别占全国期货市场总成交量的30.1%、17.6%、16.1%、14.6%、8.1%和7.7%。从国内四大交易所的整体成交情况来看，三大商品期货交易所和中国金融期货交易所的成交额均实现了较大增长。上海期货交易所累计成交额为63.6万亿元，较2014年增长0.5%，占全国市场的11.5%。郑州商品交易所累计成交额为31.0万亿元，较2014年增长33.3%，占全国市场的5.6%。大连商品交易所累计成交额为41.9万亿元，较2014年增长1.0%，占全国市场的7.6%。中国金融期货交易所累计成交额为417.8万亿元，较2014年增长154.7%，占全国市场的75.4%。

（二）细分行业运行概况

2015年银行业资产和负债规模稳步增长；银行业全年利润继续增长，但受2014年以来六次降息及利率市场化引起的利差收窄影响，利润增速继续下滑；针对信用风险计提大额减值准备，不良率上升，信用资产质量进一步恶化，质量风险凸显，对银行经营业绩形成压力。

2015年12月末，中国银行业金融机构境内外本外币资产总额为199.3万亿元，较2014年增长15.7%。其中，大型商业银行资产总额78.1万亿元，占比39.2%，较2014年增长10.1%；股份制商业银行资产总额37.0万亿元，占比18.6%，较2014年增长17.9%。银行业金融机构境内外本外币负债总额为184.1万亿元，较2014年增长15.1%。其中，大型商业银行负债总额72.0万亿元，占比39.1%，较2014年增长9.6%；股份制商业银行负债总额34.7万亿元，占比18.8%，较2014年增长17.7%。

2015年银行业在积极支持实体经济的基础上，继续执行差别化信贷政策，为稳中求进的中国经济增添护航动力与抗风险能力。截至2015年第四季度末，银行业金融机构涉农贷款（不含票据融资）余额26.4万亿元，较2014年增长11.7%。用于小微企业的贷款（包括小微型企业贷款、个体工商户贷款和小微企业主贷款）余额23.5万亿元，较2014年增长13.3%；用于信用卡消费、保障性安居工程等领域贷款较2014年分别增长21.6%和58.9%。信用风险继续上升，信贷资产质量风险凸显。2015年12月末，商业银行（法人口径，下同）不良贷款余额12744亿元，较年初增加4318亿元；商业银行不良贷款率1.67%，较年初上升0.42个百分点。2015年12月末，商业银行正常贷款余额74.9万亿元，其中正常类贷款余额72.0万亿元，关注类贷款余额2.9万亿元。2015年商业银行当年累计实现净利润1.6万亿元，较2014年增长2.4%，增速较2014年回调7.2%；平均资产利润率为1.1%，较2014年下降0.13个百分点；平均资本利润率15.0%，较2014年下降2.6个百分点。2015年12月末，商业银行贷款损失准备余额为2.3万亿元，计提压力较大，较年初增加3537亿元，拨备覆盖率为181.18%，较年初下降50.9个百分点；贷款拨备率为3.03%，较年初上升0.15个百分点。

2015年国内保险行业迎来了历史上盈利最好的一年。在经济下行压力加大的情况下，保险业一业独大。2015年保险行业全年实现保费收入2.4万亿元，较2014年增长20%。其中，财产险业务继续保持较快增长，保费收入7995亿元，较2014年增长11.0%；人身险业务企稳回升，保费收入1.6万亿元，较2014年增长25.0%。2015年全年的寿险业务原保险保费收入1.3万亿元，较2014年增长21.5%；健康险业务原保险保费收入2411亿元，较2014年增长51.9%；意外险业务原保险保费收入635.6亿元，较2014年增长17.1%。2015年，保险公司总资产达到12.4万亿元，较年初增长21.7%；保险资金运用余额为11.2万亿元，占保险业总资产的90.5%，较年初增加1.9万亿元，增幅为19.8%。从投资收益看，2015年保险资金运用平均收益率为7.6%，较2014年提高1.3个百分点，创近六年来最好水平。

中国证券业协会数据显示，125家证券公司全年实现营业收入5752亿元，各主营业务收入分别为代理买卖证券业务净收入2691亿元、证券承销与保荐业务净收入394亿元、财务顾问业务净收入138亿元、投资咨询业务净收入44.8亿元、资产管理业务净收入2758亿元、证券投资收益（含公允价值变动）1414亿元、融资融券业务利息收入591亿元，全年实现净利润2448亿元，124家公司实现盈利。据统计，截至2015年12月，125家证券公司总资产为6.4万亿元，净资产为14515亿元，净资本为12523亿元，客户交易结算资金余额（含信用交易资金）2.1万亿元，较2014年增长71. 7%，托管证券市值33.6万亿元，较2014年增长35.3%，受托管理资金本金总额11.9万亿元，较2014年增长49.3%。2015年底，融资融券余额高达1.2万亿元，较2014年增长14.5%。其中，融资余额1.2万亿元，约占融资融券余额的99.7%；融券余额29.6亿元，约占0.3%，较2014年下降63.8%。

2015年中国信托业全行业转型初显成效，资金供给端与资产需求端匹配度不断提高，总体实现了平稳增长，资产规模和经营业绩再创历史新高。但2015年信托业资产增速较2014年28.1%的增速下降明显。2015年末，全国68家信托公司管理的信托资产规模为16.3万亿元（平均每家信托公司资产规模2397亿元），中国信托业自此跨入了“16万亿元时代”，较2014年末的14.0万亿元增长16.6%。但是，资产规模的增幅明显回落，较2014年末28.1%的增长率回落了11.5个百分点。从营业收入看，2015年末，信托业实现经营收入1176亿元（平均每家信托公司17.3亿元），相比2014年末的955亿元增长23.2%，较2014年末的14.7%的增长率，增幅增加了8.5个百分点；从利润总额看，2015年末，信托业实现利润总额750.6亿元（平均每家信托公司11.0亿元），相比2014年末的642亿元，增长16.9%，较2014年末13.0%的增长率，增幅增长了3.9个百分点；从人均利润看，2015年末，信托业实现人均利润319.9万元，相比2014年的301万元，小幅增长了18.9万元。

二、行业内上市公司发展概况

（一）行业内上市公司基本情况

表 1　　2015 年金融业上市公司发行股票概况

门　类	A、B 股总数	A 股股票数	B 股股票数	境内总市值（亿元）	流通 A 股市值（亿元）	流通 B 股市值（亿元）
金融业	50	50	0	92461.02	83564.24	0
占沪深两市比重（%）	1.72	1.72	0	17.38	20.13	0

资料来源：沪深交易所，同花顺。

（二）行业内上市公司构成情况

表 2　　2015 年金融业上市公司构成情况　　单位：家

门　类	沪　市			深　市			ST/*ST
	仅 A 股	仅 B 股	A+B 股	仅 A 股	仅 B 股	A+B 股	
金融业	36	0	0	14	0	0	0/0
占行业内上市公司比重（%）	72.00	0.00	0.00	28.00	0.00	0.00	0/0

资料来源：沪深交易所，同花顺。

（三）行业内上市公司融资情况

表 3　　2015 年金融业上市公司与沪深两市融资情况对比　　单位：家

	融资家数	新　股	增　发	配　股
金融业	13	3	10	0
沪深两市总数	819	220	595	6
占比（%）	1.59	1.36	1.68	0

资料来源：沪深交易所，同花顺。

其中，新股发行 3 家，为国泰君安、东方证券、东兴证券。增发的 10 家公司中，有 6 家沪市、3 家深市主板及 1 家中小板公司。

按行业大类划分，进行融资的 13 家公司中，货币金融服务 2 家，资本市场服务 8 家，其他金融业 3 家。

从融资效果看，上述公司实际发行数量为 999976.6255 万股；实际募集资金 1216.95 亿元，基本完成了融资计划。

2015 年金融业上市公司融资情况明细见附录。

（四）行业内上市公司资产及业绩情况

表 4　　2015 年金融业上市公司资产情况　　单位：亿元

指　标	2015 年	2015 年可比样本增长（%）	2014 年	2014 年可比样本增长（%）	2013 年
总资产	1327684.77	13.71	1160390.68	12.6	1029478.9
总负债	1220927.98	13.19	1072574.83	11.92	957530.16
归属于母公司股东权益	104544.59	20.16	86040.65	21.65	70493.91

资料来源：沪深交易所，同花顺。

表 5　　2015 年金融业上市公司收入实现情况　　单位：亿元

指　标	2015 年	2015 年可比样本增长（%）	2014 年	2014 年可比样本增长（%）	2013 年
营业收入	56122.11	16.69	47552.86	15.68	41079.51
利润总额	20710.09	10.87	18465.46	12.18	16431.15
归属于母公司所有者的净利润	15567.62	10.48	13945.54	11.28	12510.66

资料来源：沪深交易所，同花顺。

（五）利润分配情况

2015 年，金融业共有 48 家上市公司实施分红配股。48 家上市公司均实施派息，9 家上市公司实施送股或转增股。

三、重点细分行业介绍

表 6　　2015 年金融业上市公司数量分布及市值情况

大　类	上市公司家数（家）	占行业内比重（%）	境内总市值（亿元）	占行业内比重（%）
货币金融服务业	16	32.00	56139.72	60.72
资本市场服务业	25	50.00	22027.19	23.82
保险业	4	8.00	12698.05	13.73
其他金融业	5	10.00	1596.07	1.73

资料来源：沪深交易所，同花顺。

（一）货币金融服务业

1. 行业概况

截至 2015 年底，中国货币金融服务业金融机构共有法人机构 4261 家，从业人员 380 万人。包括 3 家政策性银行、5 家大型商业银行、12 家股份制商业银行、133 家城市商业银行、859 家农村商业银行、71 家农村合作银行、1373 家农村信用社、68 家信托公司、224 家企业集团财务公司、47家金融租赁公司、5家货币经纪公司、25家汽车金融公司、12家消费金融公司，还有1375家其他机构，包括新型农村金融机构、邮政储蓄银行。

银行业资产和负债规模稳步增长。2015年12月末，中国银行业金融机构境内外本外币资产总额为199万亿元，同比增长15. 7%。其中，大型商业银行资产总额78.1万亿元，占比39.2%，同比增长10.1%；股份制商业银行资产总额37.0万亿元，占比18.6%，同比增长17.9%。银行业金融机构境内外本外币负债总额为184.1万亿元，同比增长15.1%。其中，大型商业银行负债总额72.0万亿元，占比39.1%，同比增长9.6%；股份制商业银行负债总额34.7万亿元，占比18.8%，同比增长17.7%。存贷款继续平稳增长，截至2015年底，银行业金融机构本外币各项存款余额为135.7万亿元，比年初增加21.8万亿元，同比增长12.4%。其中，住户存款余额为53.3万亿元，比年初增加4.0万亿元，同比增长8.1%；非金融企业人民币存款余额为29. 5万亿元，比年初增加5.3万亿元，非金融企业外汇各项存款余额为6272亿美元，比年初增加537亿美元。本外币各项贷款余额为94.0万亿元，比年初增加12.3万亿元，同比增长15.3%。其中，短期贷款余额为33.2万亿元，比年初增加2.8万亿元，同比增长8.8%；中长期贷款余额为52.5万亿元，比年初增加6.6万亿元，同比增长14.3%；票据融资余额为4.6万亿元，比年初增加1.7万亿元，同比增加56.9%。资本充足率继续维持在较高水平。2015年12月末，商业银行（不含外国银行分行）加权平均核心一级资本充足率为10.9%，较年初上升0.4个百分点；加权平均一级资本充足率为11.3%，较年初上升0.6个百分点；加权平均资本充足率为13.5%，较年初上升0.3个百分点。

资产质量风险凸显，截至2015年底，银行业金融机构不良贷款余额为1.96万亿元，比年初增加0.5亿元，不良贷款率为1.94%，同比上涨0.3个百分点。其中，商业银行不良贷款余额为12744亿元，比年初增加4318亿元，不良贷款率为1.67%，同比上升0.4个百分点。

针对信用风险计提的减值准备金额较大。2015年12月末，商业银行贷款损失准备金余额为2.3万亿元，较年初增加3537亿元；拨备覆盖率为181.18%，较年初下降50.9个百分点；贷款拨备率为3.03%，较年初上升0.07个百分点。

银行业利润持续增长但增幅大幅回落。2015年，银行业金融机构实现税后利润为2.0万亿元，同比增长2.4%，同比增幅下降8.1个百分点；资本利润率为14.4%，比年初下降2.8个百分点；资产利润率1.1%，比年初下降0.1个百分点。其中，商业银行实现税后利润为1.6万亿元，同比增长2.4%，商业银行资本利润率15.0%，比年初下降2.6个百分点；资产利润率1.1%，比年初下降0.1个百分点。

流动性水平比较充裕。截至2015年底，商业银行流动性比例48.0%，比年初上升1.6个百分点；人民币存贷款比例

67.2%，比年初上升2.2个百分点；人民币超额备付率2.1%，比年初下降0.6个百分点。

2. 行业内上市公司发展情况

表7　2015年货币金融服务上市公司收入及资产增长情况　单位：亿元

指标	2015年	2015年可比样本增长（%）	2014年	2014年可比样本增长（%）	2013年
营业收入	36436.83	9.32	33331.28	14.47	29117.82
利润总额	16626.61	1.23	16424.52	8.41	15150.85
归属于母公司所有者的净利润	12696.67	1.79	12473.85	7.68	11584.11
总资产	1188446.68	12.37	1057628.16	11.17	951375.3
归属于母公司股东权益	85982.48	17.44	73221.69	20.03	61001.43

资料来源：沪深交易所，同花顺。

表8　2015年货币金融服务业上市公司盈利能力情况　单位：%

指标	2015年	2015年可比样本增长（%）	2014年	2014年可比样本增长（%）	2013年
净利差	2.31	−0.05	2.36	−0.13	2.36
净息差	2.45	−0.08	2.53	−0.21	2.53
成本收入比率	28.18	−1.72	29.90	−5.77	31.73
ROAE	16.54	−2.19	18.73	−1.25	19.98
ROAA	1.07	−0.10	1.16	−0.12	1.28

资料来源：Wind资讯。

表9　2015年货币金融服务业上市公司资本充足情况　单位：%

指标	2015年	2015年可比样本增长（%）	2014年	2014年可比样本增长（%）	2013年
核心资本充足率	10.42	0.74	9.68	4.11	9.29
资本充足率	12.70	0.32	12.38	6.17	11.66

资料来源：Wind资讯。

表10　2015年货币金融服务业上市公司资产质量情况

指标	2015年	2015年可比样本增长（%）	2014年	2014年可比样本增长（%）	2013年
不良贷款余额（亿元）	9942.01	48.76	6683.39	38.94	4810.43
不良贷款率（%）	1.64	0.42	1.22	0.24	0.98
贷款损失准备（亿元）	16854.23	13.12	14898.81	12.72	13217.36
拨备覆盖率（%）	169.53	−53.40	222.92	−51.84	274.76

资料来源：沪深交易所，同花顺。

（二）资本市场服务业

1. 行业概况

截至 2015 年底，全国共有证券公司 125 家，与 2014 年相比增加了 5 家。125 家证券公司中，共有 25 家证券公司在沪、深证券交易所上市，新上市的有国泰君安、东方证券、东兴证券。

根据中国证券业协会的数据，截至 2015 年底，125 家证券公司总资产为 6.4 万亿元，较 2014 年扩大 57.0%，平均每家证券公司总资产为 513.6 亿元，比 2014 年末增长 50.7%；全部证券公司净资产规模合计 14515 亿元，较 2014 年增长 57.7%；净资本为 12523 亿元，较 2014 年增加 84.4%。从证券行业整体的杠杆倍数来看，由 2014 年的 3.1 倍缩小到了 3.0 倍。

2015 年证券公司规模的集中度保持稳定，总资产、净资产和净资本三项指标的前五大证券公司的集中率变化趋势基本保持不变。2015 年行业内总资产、净资产、净资本前五家证券公司的集中率分别为 38.7%、33.6%和 22.7%。

2015 年证券公司实现营业收入 5752 亿元，同比增加 121%；实现净利润 2448 亿元，同比增加 154%；行业净资产收益率（ROE）为 16.9%，同比上升了 6.4 个百分点。从 2015 年证券公司的收入结构来看，经纪业务和自营业务在总收入中的占比分别为 58.4%和 27.8%，这两项传统业务的合计占比同比提升 18.6 个百分点；融资融券业务占比下降到 10.3%，同比下降了 6.9 个百分点，受托客户资产管理业务收入占比由 4.4%上升至 4. 8%，投资咨询业务收入占比也由 0.9%下降至 0. 8%。

截至 2015 年底，全国证券公司营业部共 8170 家，与 2014 年相比增加了 971 家。增长较快的区域依然集中在沿海地区，这部分营业部分布密集的区域进一步 增加了布局密度，广东、江苏、浙江是增设营业部最多的区域，分别增加了 129 家、78 家、95 家，较 2014 年分布数量下降较大；部分中部地区如湖南网点扩张也较快；除港、澳、台三地外，西部地区营业部分布较为稀疏，且西藏、青海和宁夏三省（自治区）的营业部数量最少，分别仅有 5 家、6 家和 8 家，西部地区与东部沿海的分布对比更加突出。从单体营业部的股票交易金额来看，继 2007 年平均 150 亿元/家的股票交易金额的高峰之后，2015 年结束了过去 5 年连续下降态势，单体营业部股票交易金额达 313 亿元，较 2014 年增加了 208 亿元。

截至 2015 年底，证券行业（含证券公司和证券投资咨询机构）已注册从业人员数达到 29.2 万人，同比增加 52666 人，增幅为 22.0%。从业人员中，一般从业人员 17.7 万人，证券经纪业务营销人员 2415 人，证券经纪人 7.3 万人，证券投资咨询业务（分析师）2350 人，证券投资咨询业务（投资顾问）3.34 万人，保荐代表人 1870 人，投资主办人 1482 人。与 2014 年相比，证券从业人员的结构出现了差异较大的变化格局：证券经纪人较 2014 年增幅较大，同比增加 31.9%，其次是投资主办人，较 2014 年增幅为 22.1%；一般经纪业务从业人员数量较 2014 年增长 21.8%；投资顾问较 2014 年增长 13.0%；证券投资咨询业务（投资顾问）从业人员同比小幅上升 8.8%，证券投资咨询业务（分析师）与证券经纪业务营销从业人员数量同比降幅均在 18%左右。

2. 行业内上市公司发展情况

表 11　　2015 年资本市场服务业上市公司收入及资产增长情况　　单位：亿元

指　标	2015 年	2015 年可比样本增长（%）	2014 年	2014 年可比样本增长（%）	2013 年
营业收入	4171.71	115.1	1447.09	67.64	793.74
利润总额	2244.71	138.35	728.31	111.21	315.69
归属于母公司所有者的净利润	1668	141.75	545.27	107.14	241.4
总资产	49434.91	56.65	24311.68	102.1	10912.23
归属于母公司股东权益	9668.06	57.4	5184.97	24.3	3938.46

资料来源：沪深交易所，同花顺。

表 12　　2015 年资本市场服务业上市公司盈利能力情况　　单位：%

指　标	2015 年	2015 年可比样本增长	2014 年	2014 年可比样本增长	2013 年
净资产收益率	22.07	11.55	10.52	4.21	6.14
总资产收益率	4.68	1.68	3	0.5	2.57

资料来源：同花顺。

表 13　　2015 年资本市场服务业上市公司偿债能力情况　　单位：%

指　标	2015 年	2015 年可比样本增长	2014 年	2014 年可比样本增长	2013 年
权益比率	21.30	–0.61	21.91	–13.54	36.81
净资产负债率	27.40	–48.81	76.21	48.3	27.91

资料来源：同花顺，上市公司年报。

表 14　　2015 年资本市场服务业上市公司营运能力情况

指　标	2015 年	2015 年可比样本增长（%）	2014 年	2014 年可比样本增长（%）	2013 年
总资产周转率（%）	0.1	0.02	0.09	0.01	0.08

资料来源：沪深交易所，同花顺。

（三）保险业

1. 行业概况

2015 年，保险业发展在经济下行的大背景下行业发展再创佳绩。一是保险业务高速增长。2015 年保险业实现保费收入 2.4 万亿元，同比增长 20%。保险深度为 3.6%，保险密度为 1771 元。其中，财产险保费收入 7995 亿元，同比增长 11%；人身险保费收入 1.6 万亿元，同比增长 25%。为全社会提供风险保障 1718 万亿元，赔款与给付 8674 亿元，同比增长 20.2%。二是业务结构不断优化。与国计民生密切相关的责任保险、农业保险、健康保险快速增长，增速分别为 19.2%、15.1%和 51.9%。寿险新单期缴业务较 2014 年增长 41.3%，其中长期期缴业务较 2014 年增长 16.8%，业务内含价值不断提高。三是经营效益大幅提升。保险公司预计利润 2824 亿元，较 2014 年增长 38.0%。保险资金运用实现收益 7804 亿元，较 2014 年增长 45.6%，平均投资收益率 7. 6%。四是行业实力不断壮大。保险业总资产达到 12.4 万亿元，较年初增长 21.7%，全行业净资产 1.6 万亿元，较年初增长 21.4%。五是风险得到有效防范。保险行业偿付能力总体充足，市场运行安全稳健，没有发生大的风险事件。

2015 年，我国保险业紧紧围绕党和国家中心工作，加快重点领域保险业务发展，保险的经济助推器和社会稳定器作用日益凸显。一是积极应对灾害事故，体现在云南、四川地方巨灾保险试点的相继启动。二是服务“三农”发展。2015 年，农业保险实现保费收入 374.7 亿元，参保农户约 2.3 亿户次，提供风险保障近 2 万亿元。三是支持实体经济发展。截至 2015 年底，保险机构累计发起设立各类债权、股权和项目资产支持计划 499 项，合计备案注册规模 1.3 万亿元。继续为缓解小微企业融资难、融资贵做出努力，全年贷款保证保险支持小微企业及个人获得融资金额 1016 亿元。四是保障和改善民生。扎实做好大病保险工作，大病保险覆盖全国 31 个省区市。拓展企业年金业务，受托管理资产 4169 亿元，投资管理资产 4861 亿元。

2. 行业内上市公司发展情况

表 15 2015 年保险业经营情况表 单位：万元

原保险保费收入	242825194.63
1. 财产险	79949687.36
2. 人身险	162875507.27
（1）寿险	132415207.17
（2）健康险	24104715.15
（3）人身意外伤害险	6355584.95
养老保险公司企业年金缴费	8742036.99
原保险赔付支出	86741397.49
1. 财产险	41941665.57

续表

2. 人身险	44799731.92
（1）寿险	35651680.05
（2）健康险	7629656.85
（3）人身意外伤害险	1518395.01
业务及管理费	33367214.98
银行存款	243496744.97
投资	874458120.40
资产总额	1235977649.28
养老保险公司企业年金受托管理资产	41687972.86
养老保险公司企业年金投资管理资产	35255111.75

资料来源：中国保险业监督管理委员会。

表 16　　2015 年保险业上市公司收入及资产增长情况　　单位：亿元

指　标	2015 年	2015 年可比样本增长（%）	2014 年	2014 年可比样本增长（%）	2013 年
营业收入	15370.12	20.87	12716.2	14.67	11089.75
利润总额	1754.37	40.31	1250.37	35.11	925.48
归属于母公司所有者的净利润	1152.31	29.55	889.45	33.55	666.02
总资产	87978.77	13.94	77212.87	16.59	66226.35
归属于母公司股东权益	8479.11	14.71	7391.75	36.55	5413.2

资料来源：沪深交易所，同花顺。

表 17　　2015 年保险业上市公司盈利能力情况　　单位：%

指　标	2015 年	2015 年可比样本变动	2014 年
销售净利率	7.53	0.72	6.81
净资产收益率	14.79	1.23	13.56
总资产净利率	1.59	0.25	1.34

资料来源：Wind 资讯。

表 18　　2015 年保险业上市公司偿债能力情况　　单位：%

指　标	2015 年	2015 年可比样本增长	2014 年	2014 年可比样本增长	2013 年
认可资产负债率	88.6	−0.5	89.1	−1.81	90.91
偿付能力充足率	248.0	−3.53	251.53	51.19	200.34

资料来源：Wind 资讯。

（四）其他金融业

1. 行业概况

其他金融业包含金融信托与管理、金融租赁、邮政储蓄、典当、其他未列明的金融活动等。2015 年，在经济下行和竞争加剧的双重挑战下，信托业结束了自 2008 年以来的高速增长阶段，步入了转型发展的阶段。根据中国信托业协会公布的数据，2015 年末，信托行业管理的信托资产规模为 16.3 万亿元，与 2014 年的 14.0 万亿元相比，增长 16.6%。从信托财产来源看，单一资金信托占比 57.4%，较 2014 年下跌 5.2 个百分点；集合资金信托占比 32. 8%，较 2014 年增加 2.1 个百分点；银信合作单一资金信托占比为 25.0%，与 2014 年末 22.2%的占比相比，仅有小幅上升；管理财产信托占比 9.9%，较 2014 年增加 1.2 个百分点。从信托功能看，融资类信托占比继续下降，首次降到了 30%以下，为 24.3%，相比历史上的最高占比即 2010 年的 59.0%，降幅高达 34.7 个百分点；与此同时，投资类信托和事务管理类信托的占比则稳步提升。2015 年投资类信托占比为 37.0%，相比历史上的最低占比即 2010 年的 23.9%，增幅高达 3.1 个百分点；相比 2014 年末 33.7%的占比，提升 3.3 个百分点。2015 年事务管理类信托占比为 38.7%，相比历史上最低占比即 2011 年的 12.8%，增幅高达 25.9 个百分点；相比 2014 年末的 32.7%的占比，提升 6.0 个百分点。从资金信托的投向看，工商企业占比 22.5%，较 2014 年下降 1.5 个百分点；基础产业为 17.9%，较 2014 年下降 3.4 个百分点；金融机构占比 17.9%，较 2014 年增加 0.5 个百分点；证券市场占比 20.4%，较 2014 年增加 6.2 个百分点；房地产占比 8.8%，较 2014 年下降 1.3 个百分点；其他占比 12.6%，较 2014 年减少 0.6 个百分点。2015 年，信托资产结构仍然以单一资金信托、融资信托运用为主。

2015 年末信托业的固有资产规模则增加到 4623 亿元，相比 2014 年的 3586 亿元，增长 28.9%。平均每家固有资产 68.0 亿元，与 2014 年平均每家 42.2 亿元相比，增加 24. 9%。2015 年末，信托业实收资本为 1653 亿元（平均每家信托公司达 24.3 亿元），相比 2014 年末的 1387 亿元，增加 266 亿元，增长 19.2%，较 2014 年末 24.18%的增长率降低 5 个百分点。2015 年信托业的所有者权益增加到 3819 亿元，较 2014 年末的 3196 亿元，增长 19.5%。信托公司实现的平均年化综合信托报酬率与 2014 年相比，持续下降势头逐渐好转：2014 年第一季度为 0.5%，第二季度为 0.6%，第三季度为 0.6%，第四季度为 0.5%；2015 年第一季度为 0.4%，第二季度为 0.5%，第三季度为 0.6%，第四季度为 0.5%。2015 年年化综合实际收益率为 7.3%，较 2014 年末下降了 0.2%。2015 年末，信托业实现经营收入 1176 亿元（平均每家信托公司 17.3 亿元），较 2014 年末的 955 亿元，增长 23.2%；从利润总额看，2015 年末，信托业实现利润总额 751 亿元（平均每家信托公司 9.5 亿元），相比 2014 年末的 642 亿元，增长 16.9%，较 2014 年末13.0%的增长率，增幅增加了3.9个百分点；从人均利润来看，2014年末，信托业实现人均利润320万元，相比2014年的301万元，小幅增加19万元。从合同余额来看，融资租赁业全年达44400亿元，其中金融租赁合同余额达17300亿元，内资租赁合同余额达13000亿元，外资租赁合同余额达14100亿元。

2015年，融资租赁业政策支持力度加大，行业管理服务不断完善，融资租赁社会认知度进一步提高，促进我国融资租赁业规模继续快速增长，新兴领域业务拓宽加快，企业经营管理和风险控制能力加强，行业整体发展良好。截至2015年底，全国登记在册的融资租赁企业共3615家，比2014年底增加1570家，增幅为76.8%，比2014年下降13.5个百分点。其中内资试点企业189家，增加37家，增幅为24.3%；外资企业3426家，增加1533家，增幅为81.0%。行业从业人员32581人，比2014年底增加4334人，增幅为15.3%。截至2015年末，整个行业注册资金达到15165亿元，比2014年末的6611亿元增加8554亿元，增幅为129.4%。其中金融租赁注册资金为1358亿元，内资租赁注册资金为1027亿元，外资租赁注册资金为12780亿元。

全国融资租赁企业管理信息系统数据显示，截至2015年底，融资租赁企业资产总额16272亿元，比2014年同期增长47.8%，增速提高了21.6个百分点，单家企业平均资产总额为4.5亿元。其中，内资试点企业资产总额3801亿元，比2014年同期增长20.0%，增速减缓1.2个百分点；外资企业资产总额12471亿元，比2014年同期增长59.0%，增速提高30.7个百分点。

2. 行业内上市公司发展情况

表19　　2015年底全国融资租赁企业概况

指　标	2015年底企业数（家）	2014年底企业数（家）	2015年比2014年增加（家）	企业数量增长（%）	企业数量所占比重（%）
金融租赁	47	30	17	56.7	1.0
内资租赁	190	152	38	25.0	4.2
外资租赁	4271	2020	2251	111.4	94.7
合计	4508	2202	2306	104.7	100.0

资料来源：中国租赁联盟。

表20　　2015年底全国融资租赁企业注册资金　　单位：亿元

指　标	2015年底注册资金	2014年底注册资金	2015年比2014年增加	注册资金增长增长率（%）
金融租赁	1358	972	386	39.7
内资租赁	1027	839	188	22.4
外资租赁	12780	4800	7980	166.3
合计	15165	6611	8554	1294

资料来源：中国租赁联盟。

表 21　　2015 年全国融资租赁业务发展概况　　单位：亿元

指　标	2015 年底业务总量	2014 年底业务总量	2015 年比 2014 年增加	2015 年比 2014 年增长（%）	业务总量所占比重（%）
金融租赁	17300	13000	4300	33.1	39.0
内资租赁	13000	10000	3000	30.0	29.3
外资租赁	14100	9000	5100	31.8	31.8
合计	44400	32000	12400	38.8	100.0

资料来源：中国租赁联盟。

表 22　　2015 年其他金融业上市公司收入及资产增长情况　　单位：亿元

指　标	2015 年	2015 年可比样本增长（%）	2014 年	2014 年可比样本增长（%）	2013 年
营业收入	143.45	30.98	104.78	33.99	78.2
利润总额	84.4	32.77	62.26	59.36	39.12
归属于母公司所有者的净利润	50.64	33.79	36.97	93.66	19.12
总资产	1824.41	46.15	1237.98	27.65	965.02
归属于母公司股东权益	414.94	64.67	242.24	71.87	140.82

资料来源：沪深交易所，同花顺。

表 23　　2015 年其他金融业上市公司盈利能力情况　　单位：%

指　标	2015 年	2015 年可比样本变动	2014 年	2014 年可比样本变动	2013 年
毛利率	88.89	4.88	76.05	25.83	50.22
净资产收益率	12.2	-2.82	15.24	-2.86	18.1
销售净利率	43.85	0.3	80.12	1.17	78.95
资产净利率	4.09	-0.19	4.23	0.78	3.45

资料来源：沪深交易所，同花顺。

表 24　　2015 年其他金融业上市公司偿债及营运情况

指　标	2015 年	2015 年可比样本变动	2014 年	2014 年可比样本变动	2013 年
资产负债率（%）	75.21	0.56	75.24	-4.32	79.56
存货周转率（次）	16.49	-5.46	19.98	-5.65	25.63
总资产周转率（次）	0.09	0	0.05	-0.04	0.09

资料来源：沪深交易所，同花顺。

四、重点上市公司介绍

（一）兴业银行

兴业银行股份有限公司成立于1988年8月，是经国务院、中国人民银行批准成立的首批股份制商业银行之一，2007年2月5日在上海证券交易所正式挂牌上市，现已发展成为治理完善、特色鲜明、服务优良的全国性股份制商业银行，并稳居全球前50强银行之列。

公司主要从事商业银行业务，经营范围包括：吸收公众存款；发放短期、中期和长期贷款；办理国内外结算；发行金融债券；代理发行、代理兑付、承销各类债券；资产托管业务及经中国银行业监督管理机构批准的其他业务。公司已在全国各主要城市设立了119家分行、1787家分支机构，与全球1500多家银行建立了代理行关系，不断完善覆盖全国、衔接境内外的服务网络。

2015年报告期末，兴业银行资产总额5.3万亿元，比2014年末增长20.3%，客户贷款总额1.78万亿元，比2014年末增长11.7%；客户存款总额2.48万亿元，比2014年末增长9.5%。

2015年兴业银行实现归属于股东的净利润502.07亿元，比2014年增长6.5%；拨备前利润1080.7亿元，较2014年增长25.5%；实现利息净收入1198.34亿元，比2014年增长25.4%；实现非利息净收入345.14亿元，比2014年增长17.6%。

2015年报告期末，兴业银行不良贷款余额259.83亿元，比2014年末增加84.39亿元，上升48.10%，不良贷款率1.46%，比2014年末上升0.36个百分点，拨备覆盖率为210.1%，比2014年末下降40.12个百分点；贷款拨备率3.07%，比2014年末上升0.31个百分点。

（二）新华人寿

新华人寿保险股份有限公司是一家全国性的大型寿险企业，目前拥有新华资产管理股份有限公司、新华家园养老企业管理（北京）有限公司等子公司。新华人寿于2011年12月在A股市场上市，成为第四家在A股上市的保险业公司。

2015年，新华归属于母公司股东的净利润为86亿元，较2014年增长34%；一年新业务价值为66.21亿元，较2014年增长34.8%。截至2015年底，新华人寿内含价值为1032.8亿元，较2014年增长21.1%。2015年公司已赚保费为1112.2亿元，较2014年增长1.8%。截至2015年12月31日，退保率为9.3%，较2014年同期上升0.1个百分点。

截至2015年报告期末，新华投资资产达6356.88亿元，较2014年底增长1.6%。2015年公司实现总投资收益456.03亿元，较2014年增长41.1%。总投资收益率为7.5%，较2014年提升1.7个百分点；实现净投资收益301.84亿元，较2014年增长4%，净投资收益率为4.9%，较2014年下降0.3个百分点。投资资产买卖价差收益、公允价值变动损益及投资资产减值损失合计收益154.07亿元，相比2014年的30.15亿元大幅增加。

（三）国泰君安

1998年8月，国泰君安由当时著名的国泰证券与君安证券合并形成，注册资本37亿元。随后公司在2005年向中央汇金公司定向增发10亿股，注册资本增长到47亿元。2007年公司进行第二次增资，向上海国资公司定向增发4亿股，同时向原有股东进行10亿股的配股融资，增资完成后公司注册资本达到61亿元。2010年公司全资子公司国泰君安国际（1788）在港交所成功上市，为公司搭建海外业务平台。2015年在上交所成功上市，发行股份15.25亿元，募集资金超过300亿元，注册资本76.26亿元。

2015年，公司实现营业收入375.97亿元，实现净利润166.95亿元，净资产收益率16.47%，收入和净利润均创公司历史新高，位列国内证券行业第三，各项业务持续稳步前进。

业务体系全面均衡，主要业务实力均居于行业前列。2015年公司各项主营业务持续发展，综合金融服务能力稳步提升。2015年，公司代理买卖业务（含席位租赁）净收入排名行业第2位，近五年来市场份额持续提升；投资银行业务净收入排名行业第3位；利息净收入排名行业第2位。报告期内，公司的股票基金交易额排名行业第3位，证券承销额排名行业第3位，并购交易额排名行业第2位，融资融券余额排名行业第2位，主动资产管理规模排名行业第3位，国债期货和股指期货交易量分别排名行业第1位和第3位。

五、上市公司在行业中的影响力

资产规模方面，截至2015年底，银行业上市公司总资产为118.8万亿元，较2014年增长12.4%。截至2015年底，银行业金融机构境内外本外币资产总额为199万亿元，较2014年增长15.7%。上市公司总资产占全行业比重为59.7%，较2014年下降1.7个百分点。

盈利能力方面，银行业上市公司盈利规模在行业内占比仍较大。2015年，银行业上市公司全年共实现归属于母公司所有者的净利润1.27万亿元，较2014年增长1.8%，银行业金融机构2015年实现税后利润为2万亿元，较2014年增长2.4%，上市公司净利润占全行业比重为63.87%，较2014年下降约0.38个百分点。

资本市场服务业：截至2015年底，券商A股上市共有25家，新上市的有国泰君安、东方证券、东兴证券。2015年，资本市场服务业上市公司共实现主营业务收入3987亿元，较2014年增长120.9%；实现利润总额2245亿元，较2014年增长138.35%；实现归属于母公司所有者的净利润1668亿元。净资产收益率为22.1%，较2014年增加11.55个百分点；净资产负债率为75.7%，较2014年上升4.3个百分点。

根据中国证券业协会的数据，截至2015年底，证券公司总资产规模合计6.4

万亿元，较2014年扩大57%。实现营业收入5752亿元，较2014年增加121%；实现净利润2448亿元，较2014年大幅增加154%；净利率为42.6%，大幅提升5.5个百分点；行业净资产收益率（ROE）为16.9%，较2014年上升了6.4个百分点。

保险业：2015年，4家A股保险业上市公司（中国平安、新华保险、中国太保、中国人寿）继续保持着行业领先的地位。2015年，保险业上市公司总资产为87979亿元，较2014年增长13.9%；归属于母公司股东权益为8479亿元，较2014年增长14.7%。2015年，保险业上市公司共实现营业收入15370亿元，较2014年增长20.9%；实现利润总额1754亿元，较2014年增长40.3%；实现归属于母公司所有者的净利润1152亿元，较2014年增长29.6%。截至2015年12月底，保险行业资产总额达到12.4万亿元，突破12万亿元大关，较2014年增长21.7%，保持自2008年以来大部分年份总资产的增速，即20.0%的增速。其中，产险公司总资产1.9万亿元，较年初增长31.4%；寿险公司总资产9.9万亿元，较年初增长20.4%。从原保险保费收入的角度来看，2015年各公司合计达到2.4万亿元，较2014年增长20%。其中产险公司原保险保费收入8423亿元，较2014年增长11.7%；人身险公司原保险保费收入1.6万亿元，较2014年增长25.0%。

其他金融业：信托业、金融租赁业上市公司数量和规模均较小，不具有行业代表性。

审稿人：王　俊　金晟哲

撰稿人：吴　鹏

房地产业

一、房地产业总体概况

2015年，在央行多次降准、降息，多城市取消限购，首套、二套住房按揭贷款首付下降、利率优惠加大等政策推动下，房地产行业景气度止跌回升，整个行业呈逐渐复苏趋势。

政策方面，2015年房地产行业捷报频传，从中央到地方，各种利好政策轮番轰炸，给房地产市场注入了一支又一支强心剂。货币层面，2015年全年央行降准降息各5次，大型金融机构存款准备金率由20%下降至17%，5年期以上贷款利率由降息之前的6.15%下降至4.9%，不仅为房地产市场提供了更多的流动性，还在一定程度上减轻了购房者贷款压力；限购方面，截止到2015年底，除北、上、广、深四个一线城市和三亚外，其余41个限购城市均已取消房地产限购政策，改善性需求和投资需求均得到了释放；另外，央行对公积金贷款政策也做出了调整，两次下调公积金贷款首付比例，并在10月8日，全面推开公积金异地贷款业务，行业去库存继续加码，为刚需释放提供政策支持；10月29日，党的十八大五中全会宣布全面实行二孩政策，在一定程度上刺激了刚需的释放；12月18日召开的2015年中央经济工作会议将“去库存”作为2016年中央经济工作的五大重点任务之一，为2015年房地产行业政策画了一个句号。

销售方面，在货币政策和行业政策刺激下，2015年房地产行业销售逐渐回暖，全年商品房销售面积达到12.85亿平方米，同比增长6.5%；商品房销售额达到8.73万亿元，同比增长14.4%；价格方面，2015年12月全国70个大中城市新建住宅价格同比上升0.2%，同比连续下降15个月的趋势得以逆转。从以上数据看出，2014年全国商品房销售量价齐跌的趋势在2015年全面逆转，并得以巩固。区域方面，东部一线及一线周边的二三线城市销售回暖较快，珠三角地区，深圳商品房销售面积和销售金额分别同比增长70.78%、133.35%，周边的珠海、汕头、中山商品房销售面积分别增长75.8%、94.40%、42.63%；长三角地区，上海商品房销售面积和销售金额分别同比增长38.58%、69.70%，周边的南京、舟山、绍兴商品房销售面积同比增长54.11%、52.83%、60.09%；环渤海地区总体较差，天津、廊坊、固安商品房销售面积分别同比增长33.97%、30.91%、76.7%，而北京、沈阳、石家庄商品房销售面积分别同比增长15.92%、13.10%、-14.12%；

中、西部地区房地产市场仍比较低迷，销售较好的武汉商品房销售面积同比仅增长26.6%，成都、重庆、贵阳、包头商品房销售面积分别同比下降3.68%、4.72%、1.03%、11.88%。商品房库存去化时间看，中西部城市、三四线城市去化时间仍比较长，如西安、长沙、长春、徐州、芜湖均超过20个月，而一线城市以及准一线城市去化时间较短，如上海、深圳在8个月左右，北京、杭州在15个月左右。总体看，2015年全国房地产市场销售有所回暖，但东部三四线城市，中西部城市回暖还需要政策继续消化和刺激。

投资方面，由于房地产投资一般滞后于销售回暖，尽管2015年底全国商品房销售有所回暖，但全国房地产投资增速仍在下降，2015年，全国房地产开发投资9.6万亿元，同比增长仅1%，同比增速连续22个月下降；全国房地产企业土地购置费1.77万亿元，同比增长1.2%，同比增速连续10个月下降。2015年，全国房屋新开工面积15.45亿平方米，同比下降14%；全国房屋竣工面积10.04亿平方米，同比下降6.9%；全国房屋正在施工面积73.57亿平方米，同比增长1.3%。从开工和竣工数据以及全国土地购置面积看，2015年全国房地产投资仍比较低迷。从房地产企业角度出发，由于大部分城市商品房库存仍比较高，开发商对新增房地产投资仍非常谨慎。

总体看，2015年全国房地产市场趋于回暖，销售面积、销售额、价格等指标较2014年均有上升，行业景气度也趋于平稳，但由于行业库存仍处于较高水平，房地产企业在高库存压力下投资仍然非常谨慎，整个行业继续回暖仍需要时间去消化行业利好政策。

二、行业内上市公司发展概况

（一）行业内上市公司基本情况

表1　　2015年房地产业上市公司发行股票概况

门　类	A、B股总数	A股股票数	B股股票数	境内总市值（亿元）	流通A股市值（亿元）	流通B股市值（亿元）
房地产业	147	134	13	27803.96	21728.87	294.64
占沪深两市比重（%）	5.06	4.61	0.45	5.23	5.23	13.44

资料来源：沪深交易所，同花顺。

（二）行业内上市公司构成情况

表2　　2015年房地产业上市公司构成情况　　单位：家

门　类	沪　市			深　市			ST/*ST
	仅A股	仅B股	A+B股	仅A股	仅B股	A+B股	
房地产业	66	1	6	58	2	4	0/2
占行业内上市公司比重（%）	48.18	0.73	4.38	42.34	1.46	2.92	0/1.46

资料来源：沪深交易所，同花顺。

（三）行业内上市公司融资情况

表 3　　2015 年房地产业上市公司与沪深两市融资情况对比　　单位：家

	融资家数	新　股	增　发	配　股
房地产业	29	1	28	0
沪深两市总数	819	220	595	6
占比（%）	3.54	0.45	4.71	0

资料来源：沪深交易所，同花顺。

其中，首发的 1 家公司，在深圳主板上市；增发的 28 家公司中，有 15 家沪市、9 家深市主板及 4 家中小板公司。

从融资效果看，上述公司实际发行数量为 2442232.01 万股；实际募集资金 1886.09 亿元，基本完成了融资计划。

2015 年房地产业上市公司融资情况明细见附录。

（四）行业内上市公司资产及业绩情况

表 4　　2015 年房地产业上市公司资产情况　　单位：亿元

指　标	2015 年	2015 年可比样本增长（%）	2014 年	2014 年可比样本增长（%）	2013 年
总资产	49315.84	20.48	34006.59	15.91	29136.65
流动资产	42224.29	18.96	29531.57	14.3	25627.11
占比（%）	85.62	−1.09	86.84	−1.23	87.95
非流动资产	7091.55	30.39	4475.03	27.81	3509.54
占比（%）	14.38	1.09	13.16	1.23	12.05
流动负债	25756.48	15.01	18122.49	15.39	15542.49
占比（%）	52.23	−2.48	53.29	−0.24	53.34
非流动负债	12040.59	34.13	7316.96	18.39	6180.67
占比（%）	24.42	2.48	21.52	0.45	21.21
归属于母公司股东权益	9438.42	22.11	7101.24	16.47	6076.51
占比（%）	19.14	0.26	20.88	0.1	20.86

资料来源：沪深交易所，同花顺。

表 5　　2015 年房地产业上市公司收入实现情况　　单位：亿元

指　标	2015 年	2015 年可比样本增长（%）	2014 年	2014 年可比样本增长（%）	2013 年
营业收入	11969.85	5.74	8135.97	13.63	7122.43
利润总额	1651.72	9.08	1320.2	−0.09	1314.43
归属于母公司所有者的净利润	967.83	2.89	836.32	−1.27	842.45

资料来源：沪深交易所，同花顺。

（五）利润分配情况

2015 年全年房地产业上市公司中共有 92 家公司实施了分红配股。其中，18 家上市公司实施送股或转增股，91 家上市公司实施派息，其中 17 家公司既实施了送股、转增又实施了派息。

2015 年房地产业上市公司分红明细见附录。

（六）其他财务指标情况

1. 盈利能力指标

表 6　　2015 年房地产业上市公司盈利能力情况　　单位：%

指　标	2015 年	2015 年可比样本变动	2014 年	2014 年可比样本变动	2013 年
毛利率	28.43	0.82	31.8	−1.47	33.27
净资产收益率	10.25	−1.92	11.78	−2.11	13.00
销售净利率	9.94	0.34	11.73	−1.81	13.53
资产净利率	2.64	−0.43	3.01	−0.65	3.66

资料来源：沪深交易所，同花顺。

2. 偿债能力指标

表 7　　2015 年房地产业上市公司偿债能力指标

指　标	2015 年	2015 年可比样本变动	2014 年	2014 年可比样本变动	2013 年
流动比率	1.64	0.05	1.63	−0.02	1.65
速动比率	0.47	0.06	0.41	−0.02	0.43
资产负债率（%）	76.64	0	74.81	0.21	74.56

资料来源：沪深交易所，同花顺。

3. 营运能力指标

表 8　　2015 年房地产业上市公司营运能力情况　　单位：次

营运能力指标	2015 年	2015 年可比样本变动	2014 年	2014 年可比样本变动	2013 年
存货周转率	0.3	−0.06	0.27	−0.01	0.42
应收账款周转率	20.31	−3.85	22.81	−3.65	16.69
流动资产周转率	0.31	−0.06	0.29	−0.02	0.31
固定资产周转率	17.06	−2.45	17.04	0.04	17.10
总资产周转率	0.27	−0.05	0.26	−0.01	0.27
净资产周转率	1.14	−0.18	1.02	−0.02	1.04

资料来源：沪深交易所，同花顺。

三、重点上市公司介绍

（一）招商蛇口

招商蛇口为国内房地产上市龙头企业之一，是一家综合性开发经营企业，是A级央企招商局集团房地产板块运营的旗舰公司，是招商局集团在国内的资源整合平台。公司于2015年吸收合并招商地产上市后，聚合了原招商地产和蛇口工业区两大平台的独特优势，以打造智慧城市、智慧商圈、智慧园区、智慧社区为目标，推动城市升级发展。公司将业务划分为园区开发与运营、社区开发与运营和邮轮产业建设与运营三大业务板块。

2015年，公司实现营业收入492.22亿元，利润总额104.10亿元，归属上市公司股东的净利润56.11亿元，分别同比增长8.21%、7.37%、51.36%。营业收入中来自社区开发与运营的收入为419.26亿元，占比达到90.29%；来自园区开发与运营的收入为69.64亿元，占比为9.03%；来自邮轮产业建设与运营的收入为3.32亿元，占比为0.68%。从2015年收入构成看，社区开发与运营为招商蛇口目前的主要收入，但未来随着公司园区项目和邮轮项目逐渐投入运营，公司未来在园区与邮轮业务上的收入占比将会逐渐提高。

负债方面，2015年末，公司资产负债率为70.52%，扣除预收款后的资产负债率为61.13%，均为近4年来最低水平，也处于行业较低水平。偿债能力方面，公司2015年末有息负债/股权价值为29.17%，净负债/股权价值为12.15%，处于行业非常低水平；流动比率、速动比率均为近4年最高水平，总体看，公司财务安全，具有较高安全边际。

（二）华夏幸福

华夏幸福基业股份有限公司创立于1998年，是中国领先的产业新城运营商。目前公司主要从事产业新城运营，包括产业园区开发和房地产开发两大业务板块。

2015年公司产业新城业务已布局产业新城20多处，其中15个位于京津冀区域，8个位于长江经济带，是国内领先的产业新城运营商。

2015年，公司签约销售面积共计770.94万平方米，较2014年同期增长32.58%，其中产业新城签约销售面积642.53万平方米，城市地产签约销售面积128.41万平方米。公司销售额共计723.53亿元，较2014年同期增长41.17%。产业新城业务销售额共计593.67亿元（含园区开发业务结算回款98.30亿元，产业园区配套住宅签约销售额495.37亿元），城市地产签约销售额120.72亿元，其他业务（物业、酒店）销售额9.14亿元。

2015年，公司投资运营的园区新增签约入园企业173家，新增签约投资额约为536.7亿元。2015年末，公司储备开发用地规划计容建筑面积约为660.7万平方米。

2015年，公司实现营业收入383.34亿元，利润总额69.49亿元，归属上市公司股东的净利润48.01亿元，分别同比增长

42.58%、37.33%、35.71%。2015年公司收入和利润较2014年均有较大上升，得益于公司布局的北京周边地区房地产市场回暖和公司产业服务项目的集中爆发。

（三）绿地控股

绿地控股是一家总部位于中国上海的跨国经营企业，同时也是中国首家以房地产为主业并跻身《财富》世界500强的综合性企业集团。公司已在全球范围内形成了以房地产开发为主业、“大基建、大金融、大消费”等多元产业并举发展的企业格局。

2014年及2015年，公司房地产主业连续两年合同销售金额均超过2300亿元，稳居全球行业前列。公司房地产项目业态多元，主要包括住宅和商办两大类。2015年，在公司房地产主业合同销售金额中，住宅占比50.8%，商办占比49.2%；在合同销售面积中，住宅占比68.4%，商办占比31.6%。公司住宅项目开发完成后基本用于出售；商办项目除大部分出售外，也有部分保留用于出租及商业、酒店运营。

公司正在打造“投资+投行”的全产业链大资管平台，积极推动债权投资、股权投资、资产管理和资本运作四大业务齐头并进，逐渐树立起了“绿地金融”的品牌。债权投资业务方面，主要包括小额贷款和房地产基金投资业务。目前，公司已先后在上海、重庆、宁波、青岛等地设立4家小额贷款公司，房地产基金投资业务规模也超过70亿元。股权投资业务方面，截至2015年末，公司旗下共有一家财富管理公司及两家金融资产交易中心。资本运作业务方面，公司积极通过收购项目和大宗资产交易实现收益。2015年，公司完成了对杭州工商信托股权的受让及增资工作，已合计持有杭州工商信托19.9%股份，成为其第二大股东。同时推出了国内首款互联网房地产金融产品“绿地地产宝”，并启动线上一站式互联网金融平台“吉客网”。

公司大消费领域主要包括进口商品直销、汽车服务、酒店旅游等。截至2015年末，拥有4S店近百家，汽车品牌组合包括玛莎拉蒂、法拉利、宝马、MINI、捷豹、路虎、奥迪、一汽大众及北汽新能源等中高端品牌。截至2015年末，公司拥有营运酒店25家（其中自营酒店10家），客房总数7144间，在建酒店47家。公司酒店已遍及北京、上海、南京等全国20个省市以及美国洛杉矶、澳大利亚悉尼等海外城市，全面覆盖高端、中端和会务市场。公司能源板块主要从事煤炭、油化工产品的贸易业务，经营模式主要以批发及订单制的销售为主，通过采购与销售价差获取利润。

2015年，公司实现营业收入2072.57亿元，利润总额105.75亿元，归属上市公司股东的净利润68.86亿元，分别同比增长-20.80%、14.07%、23.64%。其中，房地产及相关产业实现营业收入995.77亿元，同比减少11.23%，主要是由于本年结转面积同比减少；能源及相关产业实现营业收入336.50亿元，同比减少67.08%，主要是由于能源行业持续低迷，公司主动收缩能源相关业务；建筑及相关产业实现营业收入426.63亿元，同比增长70.52%，主要是2015年收购了贵州建工集团；汽车及相关产业实现营业收入127.78亿元，同比增长80.92%，主要是本年收购了润东汽车集团；金融及相关产业实现营业收入4.57亿元，同比增长119.30%，主要是本年的顾问费收入大幅增加。

（四）世联行

世联行是中国最具规模的房地产顾问公司之一，也是境内首家登陆A股的房地产综合服务提供商，目前已经拥有66家分支机构，业务已覆盖5个国家，全国30多个省、市、自治区的164个城市。2015年，公司业务已涉及房地产交易服务、资产管理服务、金融服务和互联网+（电商）服务四大板块。房地产交易服务包括代理销售业务和经纪业务；资产管理服务包括资产服务业务和顾问策划业务。

2015年，公司实现营业收入47.11亿元，利润总额7.55亿元，归属上市公司股东的净利润5.09亿元，分别同比增长42.39%、34.02%、29.17%。其中，房地产交易服务27.51亿元，占比58.48%；资产管理服务8.03亿元，占比17.07%；金融服务4.22亿元，占比8.96%；互联网+业务7.28亿元，占比15.49%。2015年公司营业收入增长较快的原因有：①2015年公司实现的代理销售金额同比增长了33.90%，有利于本报告期代理销售收入的确认；②公司家圆云贷业务发展顺利，本报告期公司实现的金融服务业务收入同比增长56.48%；③公司2014年下半年新开展的互联网+业务本报告期为公司带来收入72847.08万元，同比增长965.25%。

四、上市公司在行业中的影响力

房地产上市公司作为房地产公司中的优秀企业，在品牌影响力、信息获取能力、土地资源获取能力、融资能力、管理能力、研发能力、销售能力等方面都具有较强的优势。再经过过去几年房地产行业的调控和洗礼，上市房企在行业中的地位不断上升，影响力不断增强。

品牌影响力提升：经过过去的黄金十年，房地产行业不断优胜劣汰，注品牌、重形象的上市公司在行业中的地位不断巩固，万科、保利、招商地产、金地等已经成为行业中的知名房地产品牌。良好的品牌形象使这些房地产企业在获取资源、融资、销售等方面都具有很强的优势和议价能力。

市场份额提高，强者恒强：2015年万科、保利地产、招商蛇口、金地集团4家上市房地产企业销售额为5348.24亿元，占全国商品房销售额的比重为6.13%，较2014年的5.92%上升0.21个百分点；四家公司销售面积为4078.35万平方米，占全国商品房销售面积比重为3.17%，较2014年的3.01%上升0.16个百分点。从已上市公司比较看，2015年，沪深两市房地产上市公司营业收入前5名之和为6140.69亿元，前30名之和为10116.78亿元，占两市房企比例分别为49.47%、81.50%，较2014年分别上升12.56个和6.75个百分点；前5名与前30名总资产之和分别为

19950.87 亿元、38885.55 亿元，占比分别为 39.06%和 76.14%，较 2014 年分别上升 7.07 个和 5.01 个百分点。从以上数据可以看出，上市房地产公司行业集中度在不断提高，行业龙头公司的市场份额上升更快，强者恒强。

管理能力不断提高：作为公众公司，上市公司在组织架构、公司运作、财务会计、信息披露等方面必须遵守相关法律法规。另外，为了追求更高回报率，上市公司股东也要求上市公司规范治理、提升管理和运营能力。

信息获取能力和研发能力：上市房地产公司信息一般比较公开、透明，受市场关注度较高，也容易与投资者和金融机构形成互动，在互动中更容易获得市场信息。大型房地产上市公司业务布局城市非常多，在与当地相关部门、客户、金融机构的互动中也能获取更多市场信息。大量市场信息的获得也有利于上市公司提高研发能力。

融资能力更强：由于信息公开透明，上市公司能获得金融机构、评级机构、资产评估机构等中介机构更好的评级，在融资方面相对非上市公司更容易，同时融资成本也相对较低。

更能获得优质土地资源：基于在品牌影响力、信息获取能力和研发能力、融资能力，以及其他方面的优势，房地产上市公司能获得当地政府的政策支持，具有更多的市场信息和更多的资金，在土地资源获取能力具有一定的优势。

总体来看，房地产行业上市公司汇聚了房地产行业的优秀企业，代表了行业发展的方向，拥有品牌、信息、资源、规模、研发等方面的优势，房地产行业上市公司在未来的市场中将会更具优势、强者恒强。

审稿人：刘小勇

撰稿人：平海庆

租赁和商务服务业

一、租赁和商务服务业总体概况

（一）行业整体运行情况

近年来，租赁和商务服务业固定资产投资规模持续扩大，2015年，租赁和商务服务业固定资产投资额为9435.83亿元，较2014年增长18.60%。就业人员工资保持稳步增长，2015年规模以上单位就业人员平均工资为69848.0元，较2014年增长7.59%；但行业内从业人员岗位工资差距较大，据国家统计局数据显示，最高岗位工资是最低岗位工资的4.78倍。

（二）细分行业运行概况

自2007年《金融租赁公司管理办法》出台后，我国的租赁业务逐渐恢复活力，进入蓬勃发展的新时期。截至2015年底，国内租赁合同余额4.44万亿元，较2014年增长38.75%。据世界租赁年鉴统计，目前发达国家融资租赁的市场渗透率大约在15%~30%，融资租赁已成为仅次于银行信贷的第二大融资方式。2015年，我国融资租赁市场渗透率为5.23%，与成熟的租赁市场相比，我国租赁行业还有很大的提升空间和市场发展潜力。

商务服务业属于现代服务业的范畴，包括企业管理服务、法律服务、咨询与调查、广告业、职业中介服务等行业，是符合现代服务业要求的人力资本密集行业，也是高附加值行业。目前，商务服务业已经成为拉动经济发展的重要力量，在政府调结构的政策背景下，未来商务服务业规模将持续扩大。

二、行业内上市公司发展概况

（一）行业内上市公司基本情况

表1　2015年租赁和商务服务业上市公司发行股票概况

门　类	A、B股总数	A股股票数	B股股票数	境内总市值（亿元）	流通A股市值（亿元）	流通B股市值（亿元）
租赁和商务服务业	37	35	2	8383.99	4941.65	32.8
占沪深两市比重（%）	1.27	1.20	0.07	1.58	1.19	1.5

资料来源：沪深交易所，同花顺。

（二）行业内上市公司构成情况

表 2　　2015 年租赁和商务服务业上市公司构成情况　　单位：家

门类	沪市			深市			ST/*ST
	仅 A 股	仅 B 股	A+B 股	仅 A 股	仅 B 股	A+B 股	
租赁和商务服务业	12	1	0	22	0	1	0/0
占行业内上市公司比重（%）	33.33	2.78	0	61.11	0	2.78	0/0

资料来源：沪深交易所，同花顺。

（三）行业内上市公司融资情况

表 3　　2015 年租赁和商务服务业上市公司与沪深两市融资情况对比　　单位：家

	融资家数	新股	增发	配股
租赁和商务服务业	17	5	12	0
沪深两市总数	819	220	595	6
占比（%）	2.08	2.27	2.02	0

资料来源：沪深交易所，同花顺。

其中，首发的 5 家公司中，有 4 家沪市和 1 家中小板公司；增发的 12 家公司中，有 1 家沪市、2 家深市主板、6 家中小板及 3 家创业板公司。

按行业大类划分，进行首发的 5 家公司中，租赁业 1 家，商务服务业 4 家；增发的 12 家公司均为商务服务业。

从融资效果看，上述公司实际发行数量为 533947.3473 万股，实际募集资金 570 亿元，基本完成融资计划。

2015 年租赁和商务服务业上市公司融资情况明细见附录。

（四）行业内上市公司资产及业绩情况

表 4　　2015 年租赁和商务服务业上市公司资产情况　　单位：亿元

指标	2015 年	2015 年可比样本增长（%）	2014 年	2014 年可比样本增长（%）	2013 年
总资产	4273.54	41.22	2605.02	24.18	2068.89
流动资产	2314.37	38.78	1282.91	28.31	975.11
占比（%）	54.16	−0.95	49.25	1.59	47.13
非流动资产	1959.17	44.21	1322.11	20.42	1093.78
占比（%）	45.84	0.95	50.75	−1.59	52.87
流动负债	1973.87	31.59	1187.52	25.76	931.63
占比（%）	46.19	−3.38	45.59	0.58	45.03

续表

指　标	2015年	2015年可比样本增长（%）	2014年	2014年可比样本增长（%）	2013年
非流动负债	856.38	68.07	503.84	21.04	414.47
占比（%）	20.04	3.2	19.34	-0.5	20.03
归属于母公司股东权益	1275	40.28	808.48	23.23	641.63
占比（%）	29.83	-0.2	31.04	-0.23	31.01

资料来源：沪深交易所，同花顺。

表5　　2015年租赁和商务服务业上市公司收入实现情况　　单位：亿元

指　标	2015年	2015年可比样本增长（%）	2014年	2014年可比样本增长（%）	2013年
营业收入	2709.16	26.22	1860.56	23.66	1443.24
利润总额	169.91	6.82	122.08	4.91	111.11
归属于母公司所有者的净利润	120.27	6.57	83.34	2.46	77.64

资料来源：沪深交易所，同花顺。

（五）利润分配情况

2015年全年，租赁和商务服务业上市公司中共有24家公司实施分红。其中22家上市公司实施派息，13家公司实施送股、转增股本，11家公司既实施转增股本又实施派息。

2015年租赁和商务服务业上市公司分红明细见附录。

（六）其他财务指标情况

1. 盈利能力指标

表6　　2015年租赁和商务服务业上市公司盈利能力情况　　单位：%

指　标	2015年	2015年可比样本变动	2014年	2014年可比样本变动	2013年
毛利率	15.2	-0.88	14.88	-1.43	16.41
净资产收益率	9.43	-2.98	10.31	-2.09	12.05
销售净利率	4.89	-0.84	4.99	-1.05	6.04
资产净利率	3.63	-0.96	3.95	-0.87	4.94

资料来源：沪深交易所，同花顺。

2. 偿债能力指标

表 7　　2015 年租赁和商务服务业上市公司偿债能力指标

指　标	2015 年	2015 年可比样本变动	2014 年	2014 年可比样本变动	2013 年
流动比率	1.17	0.06	1.08	0.02	1.05
速动比率	1.02	0.07	0.88	0.05	0.82
资产负债率（%）	66.23	−0.18	64.93	0.08	65.06

资料来源：沪深交易所，同花顺。

3. 营运能力指标

表 8　　2015 年租赁和商务服务业上市公司营运能力情况　　单位：次

营运能力指标	2015 年	2015 年可比样本变动	2014 年	2014 年可比样本变动	2013 年
存货周转率	8.27	0.71	6.97	−0.11	8.22
应收账款周转率	9.18	−1.6	11.12	−2.33	8.71
流动资产周转率	1.36	−0.13	1.63	−0.1	1.75
固定资产周转率	4.57	−0.03	4.22	0.51	4.36
总资产周转率	0.74	−0.06	0.79	−0.01	0.82
净资产周转率	2.2	−0.18	2.25	0.12	2.17

资料来源：沪深交易所，同花顺。

三、重点细分行业介绍

表 9　　2015 年租赁和商务服务业上市公司数量分布及市值情况

大　类	上市公司家数（家）	占行业内比重（%）	境内总市值（亿元）	占行业内比重（%）
租赁业	2	5.56	417.65	4.98
商务服务业	34	94.44	7966.34	95.02

资料来源：沪深交易所，同花顺。

（一）商务服务业

1. 行业概况

商务服务业是第三产业的重要组成部分，对我国经济发展的贡献度越来越大。我国正处于调结构的关键时期，为了加快产业结构升级，大力倡导发展中间投入少、附加值高的商务服务业。在国家政策的大力支持下，商务服务业发展前景广阔。近年来商务服务业中电子商务市场发展尤其明显，2015 年，中国电子商务交易额达 18.3 万亿元，较 2014 年增长 36.5%，增幅上升 5.1 个百分点。其中，B2B 交易额达 13.9 万亿元，较 2014 年增长 39%，增幅上升 17%；网络零售市场交易规模达 3.8 万亿元，较 2014 年增长 35.7%，占到社会消费品零售总额的 12.7%，增幅提高了 2.1%。

2. 行业内上市公司发展情况

表 10　2015 年商务服务业上市公司收入及资产增长情况　单位：亿元

指　标	2015 年	2015 年可比样本增长（%）	2014 年	2014 年可比样本增长（%）	2013 年
营业收入	2609.24	25.77	1792.04	24.38	1379.48
利润总额	148.11	2.82	108.07	7.9	94.9
归属于母公司所有者的净利润	106.53	3.56	74.21	4.8	67.12
总资产	2937.71	25.67	1927.81	26.29	1497.64
归属于母公司股东权益	991.34	23.19	710.6	18.54	585.03

资料来源：沪深交易所，同花顺。

表 11　2015 年商务服务业上市公司盈利能力情况　单位：%

指　标	2015 年	2015 年可比样本变动	2014 年	2014 年可比样本变动	2013 年
毛利率	13.85	−1.14	13.67	−1.18	14.89
净资产收益率	10.75	−2.04	10.44	−1.37	11.55
销售净利率	4.36	−0.96	4.53	−0.85	5.35
资产净利率	4.31	−1.08	4.7	−1	5.55

资料来源：沪深交易所，同花顺。

表 12　2015 年商务服务业上市公司偿债及营运情况

指　标	2015 年	2015 年可比样本变动	2014 年	2014 年可比样本变动	2013 年
资产负债率（%）	62.31	0.15	59.14	1.94	57.34
存货周转率（次）	8.09	0.69	6.81	−0.09	7.85
总资产周转率（次）	0.99	−0.02	1.04	−0.02	1.04

资料来源：沪深交易所，同花顺。

（二）租赁业

1. 行业概况

2015 年，融资租赁业政策支持力度加大，行业管理服务不断完善，融资租赁社会认知度进一步提高，促进我国融资租赁业规模继续快速增长，新兴领域业务拓宽加快，企业经营管理和风险控制能力加强，行业整体发展良好。

截至 2015 年底，我国登记在册的融资租赁企业共计3615家，比2014年底增加1570家，增速为76.8%，比2014年减缓11.5个百分点；全国融资租赁企业注册资本金总额14645.1亿元，比2014年同期增加9080.5亿元，增速为163.2%，比2014年提高70.3个百分点；融资租赁企业资产总额16271.8亿元，比2014年同期增长47.8%，增速提高21.6个百分点；融资租赁企业实现总收入1137.7亿元，较2014年增长17.2%，全年融资租赁企业税前总利润213.6亿元，较2014年增长100.5%。

从融资租赁资产行业分布看，融资租赁资产总额排名前五位的行业分别是工业装备、基础设施及不动产、交通运输设备、通用机械设备和能源设备，前三位融资租赁资产总额均分别超过千亿元，前五大行业融资租赁资产总额占总融资租赁资产总额的56.6%。与2014年相比，能源设备、节能环保设备资产增长较快，说明融资租赁在能源结构调整及环境治理等方面渗透加深。

2. 行业内上市公司发展情况

表13　　2015年租赁业上市公司收入及资产增长情况　　单位：亿元

指　标	2015年	2015年可比样本增长（%）	2014年	2014年可比样本增长（%）	2013年
营业收入	99.92	39.05	68.52	7.47	63.76
利润总额	21.81	45.07	14	-13.63	16.21
归属于母公司所有者的净利润	13.74	37.64	9.13	-13.3	10.53
总资产	1335.82	94.02	677.21	18.55	571.25
归属于母公司股东权益	283.66	172.44	97.89	72.95	56.6

资料来源：沪深交易所，同花顺。

表14　　2015年租赁业上市公司盈利能力情况　　单位：%

指　标	2015年	2015年可比样本变动	2014年	2014年可比样本变动	2013年
毛利率	50.39	2.99	46.42	-2.91	49.33
净资产收益率	4.85	-4.75	9.33	-9.27	15.91
销售净利率	18.6	1.01	17.21	-3.71	20.92
资产净利率	1.84	-0.15	1.89	-0.65	3.06

资料来源：沪深交易所，同花顺。

表15　　2015年租赁业上市公司偿债及营运情况

指　标	2015年	2015年可比样本变动	2014年	2014年可比样本变动	2013年
资产负债率（%）	74.84	-5.96	81.4	-3.92	85.32
存货周转率（次）	1487.64	673.53	1835.5	-4626.5	—
总资产周转率（次）	0.1	-0.01	0.11	-0.01	0.15

资料来源：沪深交易所，同花顺。

四、重点上市公司介绍

（一）渤海金控

渤海金控投资股份有限公司（股票代码：000415）成立于1993年，公司是经国家商务部和税务总局联合审批的第五批内资融资租赁试点企业。公司主营业务为租赁业，主要为境内外客户提供全方位的集装箱租赁、飞机租赁、基础设施租赁、大型设备租赁等租赁服务。经过多年发展，公司租赁业务形成了融资租赁和经营租赁两大主营业务板块，其中，天津渤海、皖江租赁和横琴租赁主要从事融资租赁业务，HKAC，Seaco，Cronos主要从事经营租赁业务。

2015年，公司确立了“以租赁产业为基础，构建多元金融控股集团”的发展战略，在持续做大做强租赁主业的同时，通过入股渤海人寿、参股联讯证券、认购Sinolending优先股等方式进入保险、证券及互联网金融等领域，逐步构建和完善公司多元金融产业布局，提升公司综合金融服务能力和核心竞争力。

截至2015年12月31日，渤海金控资产总额1319.01亿元，较2014年增长94.77%，归属母公司股东净资产272.91亿元，较2014年增长178.81%。2015年实现营业收入96.59亿元，较2014年增长40.97%；营业利润18.41亿元，较2014年增加49.21%；归属于母公司所有者的净利润为13.04亿元，较2014年增加42.85%；每股收益0.37元；每股净资产4.41元。

（二）分众传媒

分众传媒信息技术股份有限公司（股票代码：002027）成立于1997年，原是专业研究、制造、销售计算机整机及其周边产品和数码通讯产品，2015年通过重大资产重组，将原有资产全部置出，注入盈利能力较强、发展前景广阔的生活圈媒体业务，主营业务转变为媒体广告业务，包括为楼宇媒体（包含楼宇视频媒体和框架媒体）、影院银幕广告媒体、卖场终端视频媒体等，覆盖城市主流消费人群的工作场景、生活场景、娱乐场景、消费场景，并相互整合成为生活圈媒体网络。分众传媒通过内生增长和外延式并购相结合的方式，发展成为国内领先的数字化生活圈媒体集团，覆盖了中国超过2亿的都市主流消费人群。

2015年，分众传媒已形成了覆盖全国约250多个城市的生活圈媒体网络，其中自营楼宇视频媒体约18.9万台，覆盖全国约90多个城市和地区；框架媒体超过111万个，覆盖全国46个城市；影院媒体的签约影院超过1000家、银幕超过6500块，覆盖全国约250多个城市的观影人群；卖场终端视频媒体约5.9万台，主要分布于沃尔玛、家乐福等超过2000家大型卖场及超市。

截至2015年12月31日，公司总资产125.02亿元，较2014年增长41.27%，归属于上市股东的净资产45.99亿元，较2014年下降17.28%。2015年公司实现营业收入86.27亿元，较2014年增长15.07%；

实现营业利润34.98亿元，较2014年增长35.82%；实现归属于上市公司股东的净利润33.89亿元，较2014年增长40.35%；每股净资产为1.12元，每股收益为7.55元，资产负债率为62.12%。

审稿人：曹玲燕

撰稿人：刘建宏

科学研究和技术服务业

一、科学研究和技术服务业总体概况

（一）行业整体运行情况

2015 年，我国科学研究和技术服务业公共财政支出预算 5704.90 亿元，较 2014 年同比增长 3.17%；我国科学研究和技术服务业公共财政支出决算 5862.57 亿元，较 2014 年同比增长 10.31%。我国科学研究和技术服务业固定资产投资额 4751.5 亿元，较 2014 年同比增长 12.61%。

（二）细分行业运行概况

科学研究和技术服务业分为研究和试验发展、专业技术服务业以及科技推广和应用服务业 3 个子行业。

其中，研究和试验发展行业方面，2015 年固定资产投资额累计达 1414.3 亿元，同比增长 5.78%；专业技术服务业方面，2015 年固定资产投资额累计达 1717.5 亿元，同比增长 9.66%；科技推广和应用服务业方面，2015 年固定资产投资额累计达 1619.7 亿元，同比增长 23.08%。

二、行业内上市公司发展概况

（一）行业内上市公司基本情况

表 1　　2015 年科学研究和技术服务业上市公司发行股票概况

门　类	A、B 股总数	A 股股票数	B 股股票数	境内总市值（亿元）	流通 A 股市值（亿元）	流通 B 股市值（亿元）
科学研究和技术服务业	21	21	0	1923.66	1134.95	0
占沪深两市比重（%）	0.72	0.72	0	0.36	0.27	0

资料来源：沪深交易所，同花顺。

（二）行业内上市公司构成情况

表 2　　2015 年科学研究和技术服务业上市公司构成情况　　单位：家

门类	沪市			深市			ST/*ST
	仅 A 股	仅 B 股	A+B 股	仅 A 股	仅 B 股	A+B 股	
科学研究和技术服务业	7	0	0	14	0	0	0/0
占行业内上市公司比重（%）	33.33	0	0	66.67	0	0	0/0

资料来源：沪深交易所，同花顺。

（三）行业内上市公司融资情况

表 3　　2015 年科学研究和技术服务业上市公司与沪深两市融资情况对比　　单位：家

门类	融资家数	新股	增发	配股
科学研究和技术服务业	8	4	4	0
沪深两市总数	819	220	595	6
占比（%）	0.98	1.82	0.67	0

资料来源：沪深交易所，同花顺。

其中，首发的 4 家公司中，有 1 家在沪市上市，1 家在中小板上市，2 家在创业板上市；增发的 4 家公司中，有 2 家沪市、1 家中小板公司及 1 家创业板公司。

按行业大类划分，进行融资的 8 家公司中，专业技术服务业 6 家，研究和试验发展业 2 家。

从融资效果看，上述公司实际发行数量为 29596.63 万股；实际募集资金 36.49 亿元，基本完成了融资计划。

2015 年科学研究和技术服务业上市公司融资情况明细见附录。

（四）行业内上市公司资产及业绩情况

表 4　　2015 年科学研究和技术服务业上市公司资产情况　　单位：亿元

指标	2015 年	2015 年可比样本增长（%）	2014 年	2014 年可比样本增长（%）	2013 年
总资产	568.75	14.71	442.58	35.36	211.35
流动资产	380.35	11.29	287.37	27.54	138.62
占比（%）	66.87	–2.05	64.93	–3.98	65.59
非流动资产	188.4	22.27	155.2	52.65	72.73
占比（%）	33.13	2.05	35.07	3.98	34.41
流动负债	251.18	9.36	187.5	31.63	75.31
占比（%）	44.16	–2.16	42.37	–1.2	35.63

续表

指　标	2015 年	2015 年可比样本增长（%）	2014 年	2014 年可比样本增长（%）	2013 年
非流动负债	26.57	–0.88	25.37	29.44	12.18
占比（%）	4.67	–0.73	5.73	–0.26	5.76
归属于母公司股东权益	281.8	22.37	220.85	39.97	118.99
占比（%）	49.55	3.1	49.9	1.64	56.3

资料来源：沪深交易所，同花顺。

表 5　　2015 年科学研究和技术服务业上市公司收入实现情况　　单位：亿元

指　标	2015 年	2015 年可比样本增长（%）	2014 年	2014 年可比样本增长（%）	2013 年
营业收入	303.35	–1.89	246.71	13.84	134.51
利润总额	34.77	5.35	27.53	10.34	15.97
归属于母公司所有者的净利润	28.24	5.61	22.27	9.49	13.03

资料来源：沪深交易所，同花顺。

（五）利润分配情况

2015 年全年，科学研究和技术服务业上市公司中共有 17 家公司实施了分红配股。其中，8 家上市公司实施送股或转增股，16 家上市公司实施派息，其中 7 家公司既实施了送股、转增又实施了派息。

2015 年科学研究和技术服务业上市公司分红明细见附录。

（六）其他财务指标情况

1. 盈利能力指标

表 6　　2015 年科学研究和技术服务业上市公司盈利能力情况　　单位：%

指　标	2015 年	2015 年可比样本变动	2014 年	2014 年可比样本变动	2013 年
毛利率	27.21	1.5	24.78	–0.02	25.77
净资产收益率	10.02	–1.59	10.08	–2.81	10.95
销售净利率	9.59	0.7	9.26	–0.39	9.98
资产净利率	5.46	–0.98	5.94	–1.03	6.79

资料来源：沪深交易所，同花顺。

2. 偿债能力指标

表 7　　2015 年科学研究和技术服务业上市公司偿债能力指标

指　标	2015 年	2015 年可比样本变动	2014 年	2014 年可比样本变动	2013 年
流动比率	1.51	0.03	1.53	-0.05	1.84
速动比率	1.2	0.04	1.2	-0.05	1.63
资产负债率（%）	48.83	-2.9	48.1	-1.46	41.39

资料来源：沪深交易所，同花顺。

3. 营运能力指标

表 8　　2015 年科学研究和技术服务业上市公司营运能力情况　　单位：次

营运能力指标	2015 年	2015 年可比样本变动	2014 年	2014 年可比样本变动	2013 年
存货周转率	2.87	-0.77	3.4	-0.73	9.83
应收账款周转率	2.61	-0.74	3.09	-0.33	2.33
流动资产周转率	0.84	-0.21	0.96	-0.09	1.02
固定资产周转率	3.77	-1.04	3.97	-0.6	4.02
总资产周转率	0.57	-0.15	0.64	-0.08	0.68
净资产周转率	1.14	-0.34	1.25	-0.19	1.18

资料来源：沪深交易所，同花顺。

三、重点细分行业介绍

表 9　　2015 年科学研究和技术服务业上市公司数量分布及市值情况

大　类	上市公司家数（家）	占行业内比重（%）	境内总市值（亿元）	占行业内比重（%）
专业技术服务业	19	90.48	1612.69	83.83
研究和试验发展	2	9.52	310.97	16.17

资料来源：沪深交易所，同花顺。

（一）研究和试验发展

1. 行业概况

研究和试验发展指在科学技术领域，为增加知识总量（包括人类文化和社会知识的总量），以及运用这些知识去创造新的、系统的、创造性的活动，包括基础研究、应用研究、试验发展三类活动。

全年研究和试验发展（R&D）经费支出 14220 亿元，比 2014 年增长 9.2%，与国内生产总值之比为 2.10%，其中基础研究经费 671 亿元。全年国家安排了 3574 项科技支撑计划课题，2561项“863”计划课题。截至2015年底，累计建设国家工程研究中心132个，国家工程实验室158个，国家认定企业技术中心1187家。

国家新兴产业创投计划累计支持设立206家创业投资企业，资金总规模557亿元，投资创业企业1233家。2015年受理境内外专利申请279.9万件，授予专利权171.8万件。截至2015年底，有效专利547.8万件。2015年共签订技术合同30.7万项，技术合同成交金额9835亿元，比2014年增长14.7%。

2. 行业内上市公司发展情况

表10　2015年研究和试验发展上市公司收入及资产增长情况　单位：亿元

指　标	2015年	2015年可比样本增长（%）	2014年	2014年可比样本增长（%）	2013年
营业收入	8.36	34.62	4.77	32.13	6.98
利润总额	2.92	170.68	0.63	186.36	1.33
归属于母公司所有者的净利润	2.34	218.7	0.35	400	1.01
总资产	33.36	22.34	24.17	62.76	22.93
归属于母公司股东权益	19.86	58.77	10.32	105.58	12.45

资料来源：沪深交易所，同花顺。

表11　2015年研究和试验发展上市公司盈利能力情况　单位：%

指　标	2015年	2015年可比样本变动	2014年	2014年可比样本变动	2013年
毛利率	63	-4.94	73.58	3.5	58.07
净资产收益率	11.78	5.91	3.39	2	7.89
销售净利率	29.04	15.38	9.85	5.14	16
资产净利率	8.01	4.24	2.41	1.16	5.24

资料来源：沪深交易所，同花顺。

表12　2015年研究和试验发展上市公司偿债及营运情况

指　标	2015年	2015年可比样本变动	2014年	2014年可比样本变动	2013年
资产负债率（%）	36.62	-12.97	52.17	-3.39	38.28
存货周转率（次）	3.05	0.32	2.93	-0.93	24.77
总资产周转率（次）	0.28	0	0.24	-0.03	0.33

资料来源：沪深交易所，同花顺。

（二）专业技术服务业

1. 行业概况

专业技术服务业包括气象服务、地震服务、海洋服务、测绘服务、技术检测、环境监测、工程技术与规划管理、工程管理服务、工程勘察设计、规划管理、其他专业技术服务等。

截至 2015 年末，全国共有产品检测实验室 31768 个，其中国家检测中心 641 个。全国现有产品质量、体系认证机构 221 个，已累计完成对 136780 个企业的产品认证。全国共有法定计量技术机构 3830 个，全年强制检定计量器具 7354 万台（件）。全年制定、修订国家标准 1931 项，其中新制定 1330 项。全国共有地震台站 1687 个，区域地震台网 32 个。全国共有海洋观测站 124 个。测绘地理信息部门公开出版地图 2003 种。

2. 行业内上市公司发展情况

表 13　　2015 年专业技术服务业上市公司收入及资产增长情况　　单位：亿元

指　标	2015 年	2015 年可比样本增长（%）	2014 年	2014 年可比样本增长（%）	2013 年
营业收入	294.99	−2.64	241.94	13.53	127.54
利润总额	31.86	−0.23	26.9	8.77	14.63
归属于母公司所有者的净利润	25.9	−0.41	21.92	8.14	12.01
总资产	535.39	14.26	418.41	34.05	188.42
归属于母公司股东权益	261.94	20.28	210.52	37.8	106.54

资料来源：沪深交易所，同花顺。

表 14　　2015 年专业技术服务业上市公司盈利能力情况　　单位：%

指　标	2015 年	2015 年可比样本变动	2014 年	2014 年可比样本变动	2013 年
毛利率	26.2	1.35	23.82	−0.21	24.06
净资产收益率	9.89	−2.05	10.41	−2.86	11.23
销售净利率	9.04	0.25	9.25	−0.48	9.66
资产净利率	5.31	−1.28	6.13	−1.11	6.97

资料来源：沪深交易所，同花顺。

表 15　　2015 年专业技术服务业上市公司偿债及营运情况

指　标	2015 年	2015 年可比样本变动	2014 年	2014 年可比样本变动	2013 年
资产负债率（%）	49.6	−2.26	47.86	−1.42	41.77
存货周转率（次）	2.87	−0.78	3.4	−0.73	9.52
总资产周转率（次）	0.59	−0.16	0.66	−0.08	0.72

资料来源：沪深交易所，同花顺。

四、重点上市公司介绍

电科院

电科院主要从事各类高低压电器的技术检测服务，主要包括输配电电器、核电电器、机床电器、船用电器、汽车电子电气、太阳能及风能发电设备等。公司是全国性的独立第三方综合电器检测机构，是电器检测行业的龙头企业之一。公司主要业务包括电器检测、环境检测和认证三类，其中电器检测仍是核心，2015 年收入占比为 89.96%。

2015 年，公司实现营业收入 4.17 亿元，同比下滑 1.03%；归属于上市公司股东的净利润为 2620.53 万元，同比下滑 66.23%；实现每股收益 0.04 元；毛利率达到 48.20%，同比下降 3.50 个百分点；销售净利率 6.41%，同比下降 11.99 个百分点；净资产收益率 1.99%，同比下降 3.95 个百分点。

2015 年末，公司的资产负债率达到 64.24%，同比上升 5.94 个百分点。

五、上市公司在行业中的影响力

研究和试验发展业上市公司共有 2 家，2015 年共实现营业收入 8.36 亿元，仅占全国研究和试验发展经费的 0.05%，对行业影响力很小。

专业技术服务业上市公司共有 19 家，而 2015 年全国共有产品检测实验室 31768 个，产品质量、体系认证机构 221 个，2015 年共有法定计量技术机构 3830 个。与此相比，专业技术服务上市公司对行业影响力很小。

审稿人：曹玲燕

撰稿人：王　磊

水利、环境和公共设施管理业

一、水利、环境和公共设施管理业总体概况

（一）行业整体运行情况

2015 年，水利、环境和公共设施管理行业固定资产投资总额为 55672.94 亿元，比 2014 年增长 20.31%，较全社会固定资产投资增长率高出 10.44 个百分点。其中，水利管理业固定资产投资总额为 7249.45 亿元，比 2014 年增长 15.26%；生态保护和环境管理业固定资产投资总额为 2248.99 亿元，比 2014 年增长 24.90%；公共设施管理业固定资产投资总额为 46174.50 亿元，比 2014 年增长 20.93%。

（二）细分行业运行概况

1. 水利管理业

水利管理业是推动我国可持续发展的重要引擎，主要包括防洪除涝设施管理、水资源管理、天然水收集与分配、水文服务、其他水利管理等。当前，我国水资源时空分布不均，人均水资源量较低，供需矛盾突出，水资源短缺已成为制约经济社会可持续发展的突出瓶颈。党中央、国务院已经把水利纳入全面建成小康社会重要任务，作为基础设施建设重要支柱，列入公共财政投入优先领域。2015 年，水利部、国家发展改革委、财政部、国土资源部、环境保护部、农业部、国家林业局联合印发《全国水土保持规划（2015~2030 年）》（以下简称《规划》），明确提出到 2020 年，全国新增水土流失治理面积 32 万平方千米，年均减少土壤流失量 8 亿吨；到 2030 年，全国新增水土流失治理面积 94 万平方千米，年均减少土壤流失量 15 亿吨。其中，“十三五”期间，全国应完成新增水土流失治理面积 27 万平方千米。《规划》是新中国成立以来首部在国家层面上由国务院批复的水土保持综合性规划，其批复实施是我国水土流失防治工作的重要里程碑，标志着我国水土保持工作进入了规划引领、科学防治的新阶段。2015 年 5 月，国家发展改革委建立了首个国家部委层面的 PPP 项目库，其中包含水利项目 189 个，占比为 6.07%，总投资 2538.81 亿元，占比为 4.31%。

2. 生态保护和环境管理业

生态保护业包括自然保护区管理、野生动物保护、野生植物保护、其他自然保护；环境治理业包括水污染治理、大气污染治理、固体废物治理、危险废物治理、放射性废物治理、其他污染治理。生态保

护和环境管理业是关系可持续发展的关键问题，改革生态环境保护管理体制是推进生态文明建设的迫切需要。2015 年 1 月 1 日，修订后的《中华人民共和国环境保护法》实施，通过增加“按日计罚”政策大幅提高企业违法成本，通过对企业、政府与第三方机构相关责任人施加行政和刑事处罚降低企业与企业负责人的违法动力。2015 年 4 月，国务院印发《水污染防治行动计划的通知》，提出了水环境治理的工作目标及主要指标，其中主要指标包括到 2020 年，长江、黄河、珠江、松花江、淮河、海河、辽河七大重点流域水质优良（达到或优于Ⅲ类）比例总体达到 70%以上，地级及以上城市建成区黑臭水体均控制在 10%以内，地级及以上城市集中式饮用水水源水质达到或优于Ⅲ类比例总体高于 93%，全国地下水质量极差的比例控制在 15%左右，近岸海域水质优良（Ⅰ、Ⅱ类）比例达到 70%左右。京津冀区域丧失使用功能（劣于Ⅴ类）的水体断面比例下降 15 个百分点左右，长三角、珠三角区域力争消除丧失使用功能的水体。到 2030 年，全国七大重点流域水质优良比例总体达到 75%以上，城市建成区黑臭水体总体得到消除，城市集中式饮用水的水源水质达到或优于Ⅲ类比例总体为 95%左右。2015 年 9 月，修订后的《中华人民共和国大气污染防治法》公布，对大气污染防治标准和限期达标规划做了相关规定，并提出了大气污染防治的监督管理和防治措施。2015 年 PPP 项目库中包含生态环境项目 173 个，占比为 5.56%，总投资 1442.18 亿元，占比为 2.45%。

3. 公共设施管理业

公共设施管理业包括市政设施管理、环境卫生管理、城乡市容管理、绿化管理、公园和游览景区管理。公共设施反映一个国家的现代化水平，是提高人民生活水平、生命安全和身心健康的重要保障。为了提高公共设施供给的水平，政府正在推进该产业的市场化，扩大基本公共服务面向社会资本开放的领域，鼓励更多企业进入该产业，提高我国公共设施建设水平。2015 年 PPP 项目库中包含市政设施、公共服务项目合计 1962 个，占比为 63.01%，总投资 16090.97 亿元，占比为 27.32%。

二、行业内上市公司发展概况

（一）行业内上市公司基本情况

表 1　　2015 年水利、环境和公共设施管理业上市公司发行股票概况

门　类	A、B 股总数	A 股股票数	B 股股票数	境内总市值（亿元）	流通 A 股市值（亿元）	流通 B 股市值（亿元）
水利、环境和公共设施管理业	33	32	1	4176.42	2712.37	20.59
占沪深两市比重（%）	1.13	1.10	0.03	0.79	0.65	0.94

资料来源：沪深交易所，同花顺。

（二）行业内上市公司构成情况

表 2　2015 年水利、环境和公共设施管理业上市公司构成情况　单位：家

门　类	沪　市			深　市			ST/*ST
	仅 A 股	仅 B 股	A+B 股	仅 A 股	仅 B 股	A+B 股	
水利、环境和公共设施管理业	9	0	1	22	0	0	0/0
占行业内上市公司比重（%）	28.13	0	3.13	68.75	0	0	0/0

资料来源：沪深交易所，同花顺。

（三）行业内上市公司融资情况

表 3　2015 年水利、环境和公共设施管理业上市公司与沪深两市融资情况对比　单位：家

	融资家数	新　股	增　发	配　股
水利、环境和公共设施管理业	9	4	5	0
沪深两市总数	819	220	595	6
占比（%）	1.1	1.82	0.84	0

资料来源：沪深交易所，同花顺。

其中，首发的 4 家公司中，有 3 家在沪市主板上市，1 家在创业板上市；增发的 5 家公司中，有 1 家沪市、2 家深市主板及 2 家创业板公司。

按行业大类划分，进行融资的 9 家公司中，生态保护和环境治理业 5 家，公共设施管理业 4 家。

从融资效果看，上述公司实际发行数量为 51463.67 万股；实际募集资金 92.24 亿元，基本完成了融资计划。

2015 年水利、环境和公共设施管理业上市公司融资情况明细见附录。

（四）行业内上市公司资产及业绩情况

表 4　2015 年水利、环境和公共设施管理业上市公司资产情况　单位：亿元

指　标	2015 年	2015 年可比样本增长（%）	2014 年	2014 年可比样本增长（%）	2013 年
总资产	2314.14	25.35	1974.52	16.62	1648.34
流动资产	1324.19	26.37	1123.89	17.05	943.01
占比（%）	57.22	0.46	56.92	0.21	57.21
非流动资产	989.94	24.01	850.63	16.05	705.32
占比（%）	42.78	−0.46	43.08	−0.21	42.79
流动负债	790.55	18.48	709.43	3.44	664.00

续表

指标	2015年	2015年可比样本增长（%）	2014年	2014年可比样本增长（%）	2013年
占比（%）	34.16	-1.98	35.93	-4.58	40.28
非流动负债	440.37	29.87	339.87	41.67	221.66
占比（%）	19.03	0.66	17.21	3.04	13.45
归属于母公司股东权益	1014.03	30.77	847.21	21.32	699.04
占比（%）	43.82	1.81	42.91	1.67	42.41

资料来源：沪深交易所，同花顺。

表5　2015年水利、环境和公共设施管理业上市公司收入实现情况　单位：亿元

指标	2015年	2015年可比样本增长（%）	2014年	2014年可比样本增长（%）	2013年
营业收入	689.75	12.72	644.71	14.05	549.92
利润总额	143.1	7.75	146.86	11.03	131.89
归属于母公司所有者的净利润	101.35	10.9	99.81	9.67	90.78

资料来源：沪深交易所，同花顺。

（五）利润分配情况

2015年全年，水利、环境和公共设施管理业上市公司中共有23家公司实施了分红配股。12家上市公司实施送股或转增股，21家上市公司实施派息，其中10家公司既实施了送股、转增又实施了派息。

2015年水利、环境和公共设施管理业上市公司分红明细见附录。

（六）其他财务指标情况

1. 盈利能力指标

表6　2015年水利、环境和公共设施管理业上市公司盈利能力情况　单位：%

指标	2015年	2015年可比样本变动	2014年	2014年可比样本变动	2013年
毛利率	43.7	-2.56	45.47	0.61	45.28
净资产收益率	9.99	-1.79	11.78	-1.25	13.06
销售净利率	15.99	-0.61	17.28	-0.45	18.11
资产净利率	5.3	-0.62	6.07	-0.44	6.59

资料来源：沪深交易所，同花顺。

2. 偿债能力指标

表 7　　2015 年水利、环境和公共设施管理业上市公司偿债能力指标

指　标	2015 年	2015 年可比样本变动	2014 年	2014 年可比样本变动	2013 年
流动比率	1.68	0.1	1.58	0.18	1.42
速动比率	0.87	0.12	0.77	0.19	0.59
资产负债率（%）	53.19	-1.32	53.14	-1.54	53.73

资料来源：沪深交易所，同花顺。

3. 营运能力指标

表 8　　2015 年水利、环境和公共设施管理业上市公司营运能力情况　　单位：次

营运能力指标	2015 年	2015 年可比样本变动	2014 年	2014 年可比样本变动	2013 年
存货周转率	0.65	0.05	0.61	-0.02	1.13
应收账款周转率	5.6	-0.38	6.19	-1.08	4.66
流动资产周转率	0.58	-0.04	0.62	-0.03	0.64
固定资产周转率	1.92	0.06	1.91	-0.07	1.91
总资产周转率	0.33	-0.03	0.35	-0.02	0.36
净资产周转率	0.72	-0.08	0.76	-0.05	0.77

资料来源：沪深交易所，同花顺。

三、重点细分行业介绍

表 9　　2015 年水利、环境和公共设施管理业上市公司数量分布及市值情况

大　类	上市公司家数（家）	占行业内比重（%）	境内总市值（亿元）	占行业内比重（%）
公共设施管理业	17	53.13	1637.98	39.22
生态保护和环境治理业	15	46.88	2538.45	60.78

资料来源：沪深交易所，同花顺。

（一）公共设施管理业

1. 行业概况

公共设施是指为市民提供公共服务产品的各种公共性、服务性设施，根据《国民经济行业分类》标准，公共设施管理业按照管理对象可以分为市政设施管理、环境卫生管理、城乡市容管理、绿化管理、公园和游览景区管理 5 个细分行业。

2015 年，旅游业总收入 4.13 万亿元，同比增长 10.72%。国内旅游收入 34195.05 亿元，同比增长 12.81%。

2015年，国内旅游规模40.00亿人次，同比增长10.77%。2015年，国内居民出境规模12786.00万人次，同比增长19.50%；旅行社组织出境旅游规模4643.50万人次，同比增长18.61%。

2015年，累计入境旅游接待规模13382.04万人次，同比增长4.14%。

2. 行业内上市公司发展情况

表10　2015年公共设施管理业上市公司收入及资产增长情况　单位：亿元

指　标	2015年	2015年可比样本增长（%）	2014年	2014年可比样本增长（%）	2013年
营业收入	425.66	4.35	450.68	7.94	418.85
利润总额	89	-3.26	109.41	8.14	103.68
归属于母公司所有者的净利润	57.38	0.08	68.73	3.93	68.45
总资产	1496.87	18.42	1440.07	10.49	1317.22
归属于母公司股东权益	587.41	26.19	555.77	17.12	498.6

资料来源：沪深交易所，同花顺。

表11　2015年公共设施管理业上市公司盈利能力情况　单位：%

指　标	2015年	2015年可比样本变动	2014年	2014年可比样本变动	2013年
毛利率	50.31	-2.78	51.51	1.95	49.91
净资产收益率	9.77	-2.55	12.37	-1.57	13.56
销售净利率	15.11	-1.14	17.54	-0.02	17.96
资产净利率	4.66	-0.83	5.76	-0.4	6.22

资料来源：沪深交易所，同花顺。

表12　2015年公共设施管理业上市公司偿债及营运情况

指　标	2015年	2015年可比样本变动	2014年	2014年可比样本变动	2013年
资产负债率（%）	57.36	-1.79	56.92	-1.98	57.89
存货周转率（次）	0.38	0.01	0.4	-0.05	0.9
总资产周转率（次）	0.31	-0.03	0.33	-0.02	0.35

资料来源：沪深交易所，同花顺。

（二）生态保护和环境治理业

1. 行业概况

生态保护业指对人类赖以生存的生态系统进行保护，使之免遭破坏，使生态功能得以正常的发挥的各种活动，主要包括自然保护区管理、野生动物保护，以及其他自然保护等类别。环境治理业主要包括对水污染、大气污染、固体废物、危险废物、放射性废物以及其他污染的治理。生态保护和环境治理是我国目前的一个工作重点。

2015 年，全国环境污染治理投资总额 8806.30 亿元，同比下降 8.03%，其中，城市环境基础设施建设投资总额 4946.80 亿元，同比下降 9.46%；工业污染源治理投资总额 773.70 亿元，同比下降 22.45%；建设项目“三同时”环保投资 3085.80 亿元，同比下降 0.90%。

2015 年，全国环境污染治理投资总额占 GDP 比重 1.28%，较 2014 年降低了 0.20 个百分点，与发达国家 2%~3%的比例仍有很大的差距。2015 年，全国工业污染治理完成投资总额 773.68 亿元，同比下降 22.45%。其中，治理废水行业投资总额 118.41 亿元，同比增长 2.75%；治理废气投资总额 521.81 亿元，同比下降 33.90%；治理固体废物投资总额 16.15 亿元，同比增长 7.28%；治理噪声投资总额 2.79 亿元，同比增长 154.72%；治理其他投资总额 114.53 亿元，同比增长 49.00%。

2. 行业内上市公司发展情况

表 13　2015 年生态保护和环境治理业上市公司收入及资产增长情况　单位：亿元

指　标	2015 年	2015 年可比样本增长（%）	2014 年	2014 年可比样本增长（%）	2013 年
营业收入	264.09	29.44	194.03	31.31	131.07
利润总额	54.1	32.57	37.44	20.39	28.22
归属于母公司所有者的净利润	43.96	29.14	31.07	24.88	22.33
总资产	817.27	40.38	534.45	37.09	331.11
归属于母公司股东权益	426.61	37.63	291.45	30.25	200.44

资料来源：沪深交易所，同花顺。

表 14　2015 年生态保护和环境治理业上市公司盈利能力情况　单位：%

指　标	2015 年	2015 年可比样本变动	2014 年	2014 年可比样本变动	2013 年
毛利率	33.05	0.46	31.43	-0.15	30.48
净资产收益率	10.31	-0.68	10.66	-0.46	11.71
销售净利率	17.42	0.1	16.68	-1.53	18.59
资产净利率	6.57	-0.39	7.00	-0.73	8.08

资料来源：沪深交易所，同花顺。

表 15　2015 年生态保护和环境治理业上市公司偿债及营运情况

指　标	2015 年	2015 年可比样本变动	2014 年	2014 年可比样本变动	2013 年
资产负债率（%）	45.56	1.12	42.95	2.4	37.18
存货周转率（次）	4.15	-0.14	4.26	0.05	7.03
总资产周转率（次）	0.38	-0.02	0.42	0	0.43

资料来源：沪深交易所，同花顺。

四、重点上市公司介绍

（一）清新环境

北京清新环境技术股份有限公司成立于2001年，2011年在深交所中小企业板挂牌上市。公司是一家以工业烟气治理为主业，集技术研发、项目投资、工程设计、施工建设以及运营服务为一体的综合性服务运营商。燃煤电厂烟气脱硫脱硝除尘业务是公司目前聚焦的核心业务方向，同时，公司也正稳步有序地推动包括石化、钢铁等行业在内的非电领域烟气治理技术的研究开发、工程应用、市场开拓与资产并购。公司作为创新能力领先的高科技环保公司，先后研发了高效脱硫技术、单塔一体化脱硫除尘深度净化技术（SPC-3D技术）、零补水湿法脱硫技术等一系列环保节能技术，并成功将自主研发的技术应用于工业烟气的治理。

近年来，公司业绩呈现了较快的增长，主要得益于政策对燃煤电厂实现超低排放的支持以及公司综合一体化的竞争能力。2015年，公司营业总收入22.68亿元，同比增长77.62%；利润总额5.87亿元，同比增长94.65%；归属于母公司所有者的净利润5.07亿元，同比增长87.49%；基本每股收益0.48元。

（二）博世科

广西博世科环保科技股份有限公司成立于1999年，2015年在深交所创业板挂牌上市。公司为国家火炬计划重点高新技术企业、广西壮族自治区高新技术企业，是一家致力于为客户提供系统方案设计、系统集成、关键设备设计制造、工程施工、项目管理及其他技术服务等，拥有自主核心技术的区域环境综合治理服务商。目前从事的行业领域重点为水处理及资源化利用、清洁化生产、固体废弃物处置及资源化利用、烟气治理、重金属污染治理及生态修复等，核心业务包括高浓度有机废水厌氧处理、难降解废水深度处理、重金属污染治理和制浆造纸清洁漂白二氧化氯制备等，公司的服务范围覆盖工程咨询设计、研究开发、设备制造、工程建设、设施运营、投融资运营等环保全产业链，主要以承接环保工程的方式开展业务，如高浓度有机废水厌氧处理工程、难降解废水深度处理工程、重金属污染治理工程、制浆造纸清洁漂白二氧化氯制备系统工程等，涉及的行业客户主要包括制浆造纸、制糖、淀粉、酒精、制药、重金属污染治理、市政等。

2015年，公司营业总收入5.05亿元，同比增长80.04%；利润总额49.72百万元，同比增长43.63%；归属于母公司所有者的净利润42.99百万元，同比增长37.52%；基本每股收益0.35元。

审稿人：曹玲燕

撰稿人：郭　瑞

教 育

一、教育业总体概况

2015年，全国教育经费总投入36129.19亿元，较2014年同比增长10.13%；其中国家财政性教育经费29221.45亿元，同比增长10.60%。全国公共财政教育支出25861.87亿元，同比增长14.55%，占公共财政支出的14.70%，较2014年同期降低0.17个百分点；其中中央财政教育支出4245.58亿元，按同口径比较，同比增长3.51%。

2015年，全国各级各类学校512378所，同比减少1708所。其中，高等教育院校2852所，同比增加28所；中等教育院校78421所，同比减少1249所；初等教育院校205283所，同比减少14349所；工读学校86所，同比增加7所；特殊教育院校2053所，同比增加53所；学前教育机构223683所，同比增加13802所。

2015年，全国教职工数19128431人，同比增加392433人。其中，高等教育院校2420618人，同比增加31974人；中等教育院校7630087人，同比增加14575人；初等教育院校5519370人，同比减少10066人；工读学校3017人，同比增加197人；特殊教育院校59548人，同比增加2188人；学前教育机构3495791人，同比增加353565人。

二、行业内上市公司发展概况

（一）行业内上市公司基本情况

表1　2015年教育业上市公司发行股票概况

门　类	A、B股总数	A股股票数	B股股票数	境内总市值（亿元）	流通A股市值（亿元）	流通B股市值（亿元）
教育业	1	1	0	100.03	70.04	0
占沪深两市比重（%）	0.03	0.03	0	0.02	0.02	0

资料来源：沪深交易所，同花顺。

（二）行业内上市公司构成情况

表 2　**2015 年教育业上市公司构成情况**　单位：家

门 类	沪市			深市			ST/*ST
	仅 A 股	仅 B 股	A+B 股	仅 A 股	仅 B 股	A+B 股	
教育业	1	0	0	0	0	0	0/0
占行业内上市公司比重（%）	100	0	0	0	0	0	0/0

资料来源：沪深交易所，同花顺。

（三）行业内上市公司融资情况

2015 年，教育行业上市公司没有进行融资。

（四）行业内上市公司资产及业绩情况

表 3　**2015 年教育业上市公司资产情况**　单位：亿元

指 标	2015 年	2015 年可比样本增长（%）	2014 年	2014 年可比样本增长（%）	2013 年
总资产	18.61	8	17.23	14.94	9.87
流动资产	8.15	2.86	7.92	18.03	3.66
占比（%）	43.78	-2.19	45.97	1.21	37.06
非流动资产	10.46	12.38	9.31	12.3	6.21
占比（%）	56.22	2.19	54.03	-1.27	62.94
流动负债	9.47	23.5	7.66	-14.89	5.52
占比（%）	50.87	6.38	44.46	-15.58	55.92
非流动负债	0.08	-67.86	0.25	-26.47	0.04
占比（%）	0.44	-1.03	1.45	-0.82	0.44
归属于母公司股东权益	8.37	0.72	8.31	81.44	3.51
占比（%）	44.98	-3.25	48.23	17.68	35.55

资料来源：沪深交易所，同花顺。

表 4　**2015 年教育业上市公司收入实现情况**　单位：亿元

指 标	2015 年	2015 年可比样本增长（%）	2014 年	2014 年可比样本增长（%）	2013 年
营业收入	11.65	-0.03	11.66	-4.03	5.65
利润总额	0.44	-38.9	0.71	-17.44	0.26
归属于母公司所有者的净利润	0.6	-4.72	0.63	16.67	0.15

资料来源：沪深交易所，同花顺。

（五）利润分配情况

2015 年，教育业上市公司未实施分红配股。

（六）其他财务指标情况

1. 盈利能力指标

表 5　　2015 年教育业上市公司盈利能力情况　　单位：%

指　标	2015 年	2015 年可比样本变动	2014 年	2014 年可比样本变动	2013 年
毛利率	39.71	–1.56	41.25	2.57	22.84
净资产收益率	7.18	–0.41	7.58	–4.21	4.84
销售净利率	1.78	–2.73	4.55	–1.05	3.69
资产净利率	1.16	–2.1	3.29	–2.13	2.09

资料来源：沪深交易所，同花顺。

2. 偿债能力指标

表 6　　2015 年教育业上市公司偿债能力指标

指　标	2015 年	2015 年可比样本变动	2014 年	2014 年可比样本变动	2013 年
流动比率	0.86	–0.17	1.03	0.28	0.66
速动比率	0.78	–0.13	0.91	0.29	0.47
资产负债率（%）	51.31	5.35	45.97	–16.34	56.36

资料来源：沪深交易所，同花顺。

3. 营运能力指标

表 7　　2015 年教育业上市公司营运能力情况　　单位：次

营运能力指标	2015 年	2015 年可比样本变动	2014 年	2014 年可比样本变动	2013 年
存货周转率	8.19	1.66	6.56	–0.57	5.66
应收账款周转率	23.53	2.03	21.59	–1.12	7.56
流动资产周转率	1.45	–0.14	1.59	–0.81	1.59
固定资产周转率	3.75	0.16	3.59	–0.76	2.4
总资产周转率	0.65	–0.07	0.72	–0.25	0.57
净资产周转率	1.27	–0.29	1.56	–0.8	1.26

资料来源：沪深交易所，同花顺。

三、重点上市公司介绍

新南洋

新南洋成立于1992年12月，依托上海交通大学在科研、教育、人才和信息等方面的优势，积极探索高科技成果产业化的道路。经过持续的业务调整、整合和发展，公司目前在整体上已形成了以教育培训业务为核心，现代制造业和数字电视运营为辅的业务构架。2015年教育业务占到公司营业收入的81.96%，较2014年同期上升12.17个百分点。

公司是目前沪深两市教育行业唯一一家上市公司，第一大股东为上海交大产业投资管理（集团）有限公司，2015年持股比例为23.84%，实际控制人为中华人民共和国教育部。

2015年，公司实现营业收入11.52亿元，同比减少0.03%；实现利润总额0.44亿元，同比减少38.90%；实现归属于母公司所有者的净利润0.60亿元，同比减少4.72%；每股收益0.23元。

2015年，公司盈利能力有所下降。毛利率39.71%，较2014年同期下降1.56个百分点；销售净利率1.78%，较2014年同期下降2.73个百分点；净资产收益率7.30%，较2014年同期下降4.75个百分点。

2015年末，公司的资产负债率达到51.31%，较2014年同期上升5.35个百分点。

审稿人：曹玲燕

撰稿人：徐雪洁

卫生和社会工作

一、卫生和社会工作总体概况

2015年，我国卫生业公共财政支出预算11851.09亿元，同比增长17.67%；卫生业公共财政支出决算11953.18亿元，同比增长17.46%；2015年，全国卫生总费用达40587.7亿元，同比增长14.72%；人均卫生费用2952元，同比增长14.18%；我国卫生和社会工作固定资产投资（不含农户）5174.69亿元，同比增长29.66%。

截至2015年末，全国医疗卫生机构总数达983528个，相比2014年增加2096所。其中，医院27587所，基层医疗卫生机构920770所，专业公共卫生机构21927所。与2014年相比，医院增加1727所，基层医疗卫生机构增加3435所，专业公共卫生机构减少3102所。

截至2015年末，全国医疗卫生机构床位701.5万张，其中，医院533.1万张（占76.0%），基层医疗卫生机构141.4万张（占20.2%）。与2014年比较，床位增加41.4万张，其中，医院床位增加36.9万张，基层医疗卫生机构床位增加3.3万张。每千人口医疗卫生机构床位数由2014年的4.83张增加到2015年的5.11张。

截至2015年底，全国参加新型农村合作医疗人口数达6.7亿人，同比减少9.46%；参合率为98.8%，同比下降0.1个百分点。2015年新农合筹资总额达3186.6亿元，同比增长8.64%；人均筹资490.3元，同比增长19.32%。全国新农合基金支出2993.5亿元。

截至2015年底，全国社会服务事业费支出4926.40亿元，同比增长11.61%，占国家财政支出的比重约为3.3%，较2014年同期上升0.39个百分点。中央财政共向各地转移支付社会服务事业费为2270.3亿元，同比增长5.6%，占社会服务事业费比重为46.1%，较2014年同期下降1.7个百分点。社会服务事业基本建设在建项目建设规模4087.3万平方米，全年完成投资总额239.9亿元，同比减少14.99%。

二、行业内上市公司发展概况

（一）行业内上市公司基本情况

表 1　　2015 年卫生和社会工作上市公司发行股票概况

门　类	A、B 股总数	A 股股票数	B 股股票数	境内总市值（亿元）	流通 A 股市值（亿元）	流通 B 股市值（亿元）
卫生和社会工作	5	5	0	1163.04	704.68	0
占沪深两市比重（%）	0.17	0.17	0	0.22	0.17	0

资料来源：沪深交易所，同花顺。

（二）行业内上市公司构成情况

表 2　　2015 年卫生和社会工作上市公司构成情况　　单位：家

门　类	沪　市			深　市			ST/*ST
	仅 A 股	仅 B 股	A+B 股	仅 A 股	仅 B 股	A+B 股	
卫生和社会工作	1	0	0	4	0	0	0/0
占行业内上市公司比重（%）	20	0	0	80	0	0	0/0

资料来源：沪深交易所，同花顺。

（三）行业内上市公司融资情况

表 3　　2015 年卫生和社会工作上市公司与沪深两市融资情况对比　　单位：家

	融资家数	新　股	增　发	配　股
卫生和社会工作	1	0	1	0
沪深两市总数	819	220	595	6
占比（%）	0.12	0	0.17	0

资料来源：沪深交易所，同花顺。

其中，增发的 1 家公司为中小板上市公司。

从融资效果看，上述公司实际发行数量为 6775.07 万股；实际募集资金 4.91 亿元，基本完成了融资计划。

2015 年卫生和社会工作上市公司融资情况明细见附录。

（四）行业内上市公司资产及业绩情况

表 4　　2015 年卫生和社会工作上市公司资产情况　　单位：亿元

指　标	2015 年	2015 年可比样本增长（%）	2014 年	2014 年可比样本增长（%）	2013 年
总资产	129.7	63.37	58.1	32.56	35.75
流动资产	55.68	31.43	31.64	22.54	19.00
占比（%）	42.93	-10.43	54.46	-4.45	53.14
非流动资产	74.01	99.93	26.46	46.84	16.75
占比（%）	57.07	10.43	45.54	4.43	46.86
流动负债	34.49	76.95	13.44	84.62	6.75
占比（%）	26.6	2.04	23.13	6.52	18.89
非流动负债	7.61	491.14	0.64	700	0.08
占比（%）	5.87	4.25	1.1	0.92	0.21
归属于母公司股东权益	82.03	46.81	42.02	19.85	27.62
占比（%）	63.25	-7.13	72.32	-7.67	77.26

资料来源：沪深交易所，同花顺。

表 5　　2015 年卫生和社会工作上市公司收入实现情况　　单位：亿元

指　标	2015 年	2015 年可比样本增长（%）	2014 年	2014 年可比样本增长（%）	2013 年
营业收入	88.45	38.71	49.45	30.13	34.63
利润总额	15.79	49.4	8.79	31.98	5.55
归属于母公司所有者的净利润	12.12	49.71	6.69	32.74	4.1

资料来源：沪深交易所，同花顺。

（五）利润分配情况

2015 年全年，卫生和社会工作上市公司中共有 4 家公司实施了分红配股。其中，3 家上市公司实施送股或转增股，4 家上市公司实施派息，其中 3 家公司既实施了送股、转增又实施了派息。

2015 年卫生和社会工作上市公司分红明细见附录。

（六）其他财务指标情况

1. 盈利能力指标

表 6　　2015 年卫生和社会工作上市公司盈利能力情况　　单位：%

指　标	2015 年	2015 年可比样本变动	2014 年	2014 年可比样本变动	2013 年
毛利率	43.34	-0.3	42.29	-1.08	43.2
净资产收益率	14.77	0.29	15.92	1.54	14.24
销售净利率	14.35	1.23	13.97	0.63	11.89
资产净利率	12.14	-0.63	13.56	1.28	12.26

资料来源：沪深交易所，同花顺。

2. 偿债能力指标

表 7　　2015 年卫生和社会工作上市公司偿债能力指标

指　标	2015 年	2015 年可比样本变动	2014 年	2014 年可比样本变动	2013 年
流动比率	1.61	-0.56	2.35	-1.2	2.81
速动比率	1.49	-0.54	2.17	-1.1	2.51
资产负债率（%）	32.47	6.29	24.22	7.43	19.1

资料来源：沪深交易所，同花顺。

3. 营运能力指标

表 8　　2015 年卫生和社会工作上市公司营运能力情况　　单位：次

营运能力指标	2015 年	2015 年可比样本变动	2014 年	2014 年可比样本变动	2013 年
存货周转率	14.54	1.05	12.55	1.84	17.23
应收账款周转率	6.07	-1.32	7.42	-1.32	6.72
流动资产周转率	1.8	0.06	1.72	0.15	1.99
固定资产周转率	4.69	-1.01	5.9	0.75	4.82
总资产周转率	0.85	-0.13	0.97	0.05	1.03
净资产周转率	1.21	-0.07	1.23	0.13	1.27

资料来源：沪深交易所，同花顺。

三、重点上市公司介绍

爱尔眼科

爱尔眼科是我国最大规模的眼科医疗机构，致力于引进国际一流的眼科技术与管理方法，以专业化、规模化、科学化为发展战略，联合国内外战略合作伙伴，共同推动中国眼科医疗事业的发展。利用人才、技术和管理等方面的优势，公司通过全国各连锁医院良好的诊疗质量、优质的医疗服务和深入的市场推广，使自身的市场影响力和渗透力得到迅速的提升，也使公司成为具有全国影响力的眼科品牌。2015 年公司主营业务为医疗服务、视光服务及其他病种项目，2015 年占业务收入比例分别为 79.5%、20.16%和 0.25%。

2015 年，公司实现营业收入 31.66 亿元，同比增长 31.79%；实现利润总额 5.5 亿元，同比增长 35.15%；实现归属于母公司净利润 4.28 亿元，同比增长 38.44%；每股收益 0.44 元。

2015 年，公司毛利率达到 46.59%，同比上升 1.68 个百分点；销售净利率 13.79%，同比上升 0.76 个百分点；净资产收益率 19.66%，同比上升 2.75 个百分点。截至 2015 年末，公司的资产负债率为 23.26%，同比上升 5.5 个百分点。

审稿人：曹玲燕

撰稿人：徐雪洁

文化、体育和娱乐业

一、文化、体育和娱乐业总体概况

（一）行业整体运行情况

2015 年，中国传媒产业整体保持增长态势，产业总值达 12750.3 亿元。受严峻的宏观经济因素影响，中国传媒产业增幅较 2014 年略有放缓，增长了 12.3%。整体板块 2015 年上半年呈现高速上涨态势，主要由于资金推动牛市，带动整体风险偏好提升，传媒板块迎来业绩与估值双提升。2015 年下半年股灾后由于影视综艺市场火爆，政策出台支持体育产业，泛娱乐化多元发展，带动传媒板块快速触底反弹。虽然相较于其他产业，传媒产业规模还比较小，但从 2013 年的 15.5%上升至 2014 年的 15.8%，再到 2015 年的 12.3%，近几年来我国传媒产业一直保持着两位数以上的增长。传媒产业如此良好的发展态势主要得益于以互联网为基础的新兴媒体的兴起与蓬勃发展。2015 年互联网企业对传统媒体的“倒融合”成为新现象。媒体融合向着“你中有我、我中有你”、“你就是我、我就是你”迈出了一大步。一方面，技术与资本力量入侵媒体腹地，互联网巨头（BAT）携资本优势在新媒体和传统媒体领域大肆扩张、掌握优势资源。另一方面，“IP ”、“泛娱乐”、“虚拟现实”（VR）成为热点，人工智能、云计算等推动诸多企业创新。

政策驱动，暖风频吹助力行业环境。2015 年 1 月，国务院发布《国务院关于推广中国（上海）自由贸易试验区可复制改革试点经验的通知》，其中提到了“允许内外资企业从事游戏游艺设备生产和销售等”，有利于游戏行业进一步发展。在网络产业方面，3 月，国务院《政府工作报告》首次提出制定“互联网+”行动计划。6 月底，十二届全国人大常委会审议了《网络安全法（草案）》，确定了网络安全工作基本原则并将个人信息保护纳入正轨，规定了重大突发事件时政府可采取临时措施限制网络；12 月 16 日，习近平主席在第二届世界互联网大会上又提出“构建网络空间命运共同体”的五点主张，这些都有利于促进互联网产业发展。电影产业方面，2015 年 9 月 1 日，国务院颁布《中华人民共和国电影产业促进法（草案）》《国家电影事业发展专项资金征收使用管理办法》，明确提出了国家对国产影片的剧本创作、摄制、发行和放映等提供税收优惠；之后，广电总局又出台《分账影片进口发行合作协议》，提供电影专项资金以资助影院建设、设备更新、重点制片基地建设，奖励优秀国产影片制作、发行和放映等，并加强全国电影票务综合信息管理系统建设和维护，推动电影产业进一步发展。10月国务院相继出台《中共中央关于繁荣发展社会主义文艺的意见》和《国务院办公厅关于推进基层综合性文化服务中心建设的指导意见》，提出加强文艺阵地建设，要进一步加强领导、加强规划、加大投入，建好用好剧场、电影院、基层综合性文化服务中心等各类文艺阵地，重点围绕电影放映等多方面问题活动，实现服务与设施相配套，为城乡居民提供大致均等的基本公共文化服务。可以说，文化传媒产业正处于绝佳的政策机遇期，中国正开启由新媒体大国向新媒体强国迈进的急行军，大传媒时代正式拉开序幕。

随着国家推动文化产业成为国民经济支柱产业战略的逐步落地，以及互联网对传媒产业发展的驱动力日渐增强，预计未来5年的中国传媒产业仍将持续两位数的增长，产业结构也会不断优化，中国传媒产业即将迎来以互联网为核心、媒介融合发展的新时代。

（二）细分行业运行概况

按照天相投资提供的行业分类，国内文化、体育和娱乐行业主要可分为新闻和出版业，广播、电视、电影和影视录音制作业与文化艺术业3个大类，其中有多家公司的业务同时涵盖几个大类，按照各类业务收入占总收入比例最高为标准。

1. 新闻和出版业

近年来，由于互联网等新媒体冲击，以纸质图书为代表的传统内容产品需求增长放缓。2015年全国出版、印刷和发行服务实现营业收入21655.9亿元，同比增长8.5%，增速相比于2011年的17.72%出现较大幅度下滑。从子板块来看，2015年数字出版增速达到30%，而报纸出版为-10.27%。在文化内容产品向新媒体迁移的趋势下，传统出版发行业务也进行了多方面的尝试，产生了一些新趋势，逐渐从规模化、大众化、纸质化向小型化、定制化、数字化转型，以满足多元化的用户需求。同时终端渠道进行业态升级，加入餐饮、娱乐等元素，出现了“咖啡屋”、“书吧”、“O2O线下体验店”等新业态。

2. 广播、电视、电影和影视录音制作业

2015年末广播节目综合人口覆盖率为98.2%，在整体传统广告营收同比下降0.2%的时候，电视、广播、户外这三者依然保持正增长的趋势，其中尤以广播最为凸显，同比增长幅度达10.6%。目前传统电台并未形成寡占格局，每个城市都有一个电台占据绝对的主导地位，如北京电台占据了63%的市场份额；SMG集团占据了上海电台市场的88.4%；广东电台则占据了广州电台市场52%的份额。

随着互联网技术的日趋成熟，各类手机终端不断革新，移动终端费用下降，人均占有汽车量变多（2015年全国平均每百户家庭有用31辆私家车），各种广播和音频应用产品不断涌现，“随时随地可听”的理念已经深入人心。收听终端呈现智能移动化和车载移动化，势必带动广播收听的场所由居家收听行为向移动收听行为转化，特别是向车载移动收听行为转化。移动收听市场在整体广播收听市场的地位及作用已经奠定，已经逐步成为广播媒体关注的焦点。

在电视剧制作方面，精品剧受捧，播放渠道转向新媒体。互联网时代，传统电视日益受到挑战。2013 年，监管部门出台"一剧两星"政策，对电视剧制作公司而言更是雪上加霜，该政策提高了电视台购剧成本，进而导致电视剧需求受制，部分上星电视台开始用综艺节目取代电视剧，存量市场竞争加剧，上市公司毛利率明显下降。据统计，2015 年上半年电视剧产量比 2014 年同期下降了 14%，黄金时档平均收视率破 1%的剧的总数在减少。在这种背景下，观众对优质 IP 的需求更加强烈，推出的精品内容和差异化的精品剧是未来培养用户付费习惯的最好抓手。

影视已经成为除互联网外，最受资本市场青睐的行业。整体来看，2015 年全年我国电影票房市场表现十分优异，而动画电影《大圣归来》横扫 9.6 亿元票房，以前所未有之势点燃了人们对于国产动画电影的热情与期待，而《寻龙诀》与《万万没想到》又引爆贺岁档，全年取得了超过 440 亿元的成绩。此外，从影片票房表现来看，全年国产影片票房收入为 271.36 亿元，占总票房比例为 61.58%，以较大的优势确立了国产影片在国内电影市场的主导地位。中国俨然已成为电影大国，在未来三年内，将逐步发展成为超过美国的第一大电影市场。

3. 文化艺术业

近几年，文化艺术业快速发展带来的巨大空间，已经吸引了相当多科技型企业投身文化生产，在数字产品生产、生产设备制造等领域取得可喜成果。但从总体上看，标准缺失、各自为政等情况仍普遍存在。为推动文化产业转变发展方式，实现"十二五"末文化产业成为国民经济支柱性产业的目标，在文化科技领域开展顶层设计、标准制定等工作迫在眉睫。

二、行业内上市公司发展概况

（一）行业内上市公司基本情况

表 1　　2015 年文化、体育和娱乐业上市公司发行股票概况

门　类	A、B 股总数	A 股股票数	B 股股票数	境内总市值（亿元）	流通 A 股市值（亿元）	流通 B 股市值（亿元）
文化、体育和娱乐业	37	37	0	9122.84	5746.13	0
占沪深两市比重（%）	1.27	1.27	0	1.72	1.38	0

资料来源：沪深交易所，同花顺。

（二）行业内上市公司构成情况

表 2　　2015 年文化、体育和娱乐业上市公司构成情况　　单位：家

门　类	沪　市			深　市			ST/*ST
	仅 A 股	仅 B 股	A+B 股	仅 A 股	仅 B 股	A+B 股	
文化、体育和娱乐业	14	0	0	23	0	0	0/0
占行业内上市公司比重（%）	37.84	0	0	62.16	0	0	0/0

资料来源：沪深交易所，同花顺。

（三）行业内上市公司融资情况

表 3　　2015 年文化、体育和娱乐业上市公司与沪深两市融资情况对比　　单位：家

	融资家数	新　股	增　发	配　股
文化、体育和娱乐业	19	4	15	0
沪深两市总数	819	220	595	6
占比（%）	2.32	1.82	2.52	0

资料来源：沪深交易所，同花顺。

其中，首发的 4 家公司中，有 1 家沪市，1 家中小板，2 家创业板公司；增发的 15 家公司中，有 3 家沪市、5 家深市主板、2 家中小板及 5 家创业板公司。

按行业大类划分，进行融资的 19 家公司中，广播、电视、电影和影视录音制作业 10 家，新闻和出版业 5 家，文化艺术业 4 家。

从融资效果看，上述公司实际发行数量为 198831.8473 万股；实际募集资金 308.20 亿元，基本完成了融资计划。

2015 年文化、体育和娱乐业上市公司融资情况明细见附录。

（四）行业内上市公司资产及业绩情况

表 4　　2015 年文化、体育和娱乐业上市公司资产情况　　单位：亿元

指　标	2015 年	2015 年可比样本增长（%）	2014 年	2014 年可比样本增长（%）	2013 年
总资产	2348.98	37.76	1583.58	24.22	1136.85
流动资产	1302.56	35.51	891.04	19.67	673.9
占比（%）	55.45	-0.92	56.27	-2.14	59.28
非流动资产	1046.42	40.66	692.54	30.61	462.95
占比（%）	44.55	0.92	43.73	2.14	40.72
流动负债	604.56	26.71	440.74	21.53	321.98

续表

指　标	2015 年	2015 年可比样本增长（%）	2014 年	2014 年可比样本增长（%）	2013 年
占比（%）	25.74	-2.24	27.83	-0.62	28.32
非流动负债	158.67	49.73	99.78	20.01	75.01
占比（%）	6.76	0.54	6.3	-0.22	6.6
归属于母公司股东权益	1523.28	42.09	993.58	24.86	709.56
占比（%）	64.85	1.98	62.74	0.32	62.41

资料来源：沪深交易所，同花顺。

表 5　　2015 年文化、体育和娱乐业上市公司收入实现情况　　单位：亿元

指　标	2015 年	2015 年可比样本增长（%）	2014 年	2014 年可比样本增长（%）	2013 年
营业收入	1125.54	24.63	810.96	13.64	631.22
利润总额	178.37	18.93	131.61	22.1	93.33
归属于母公司所有者的净利润	149.55	18.37	111.67	25.3	77.84

资料来源：沪深交易所，同花顺。

（五）利润分配情况

2015 年全年，文化、体育和娱乐业上市公司中共有 27 家公司实施了分红配股。其中，27 家上市公司实施派息，9 家公司既实施了送股、转增又实施了派息。

2015 年文化、体育和娱乐业上市公司分红明细见附录。

（六） 其他财务指标情况

1. 盈利能力指标

表 6　　2015 年文化、体育和娱乐业上市公司盈利能力情况　　单位：%

指　标	2015 年	2015 年可比样本变动	2014 年	2014 年可比样本变动	2013 年
毛利率	33.46	-0.48	33.64	1.07	31.58
净资产收益率	9.82	-1.97	11.24	0.04	11.34
销售净利率	14.15	-0.52	14.54	1.08	13.29
资产净利率	7.86	-0.71	8.25	-0.25	8.19

资料来源：沪深交易所，同花顺。

2. 偿债能力指标

表 7　　2015 年文化、体育和娱乐业上市公司偿债能力指标

指　标	2015 年	2015 年可比样本变动	2014 年	2014 年可比样本变动	2013 年
流动比率	2.15	0.14	2.02	-0.03	2.09
速动比率	1.88	0.19	1.71	-0.03	1.78
资产负债率（%）	32.49	-1.7	34.13	-0.84	34.92

资料来源：沪深交易所，同花顺。

3. 营运能力指标

表 8　　2015 年文化、体育和娱乐业上市公司营运能力情况　　单位：次

营运能力指标	2015 年	2015 年可比样本变动	2014 年	2014 年可比样本变动	2013 年
存货周转率	4.76	0.36	4.29	-0.4	6.63
应收账款周转率	6.13	-0.62	6.63	-1.15	5.11
流动资产周转率	0.99	-0.03	0.99	-0.06	1.01
固定资产周转率	4.68	0.67	4.06	-0.1	4.3
总资产周转率	0.56	-0.03	0.57	-0.06	0.62
净资产周转率	0.83	-0.06	0.87	-0.1	0.95

资料来源：沪深交易所，同花顺。

三、重点细分行业介绍

表 9　　2015 年文化、体育和娱乐业上市公司数量分布及市值情况

大　类	上市公司家数（家）	占行业内比重（%）	境内总市值（亿元）	占行业内比重（%）
新闻和出版业	18	48.65	3465.18	37.98
文化艺术业	4	10.81	1042.49	11.43
广播、电视、电影和影视录音制作业	15	40.54	4615.17	50.59

资料来源：沪深交易所，同花顺。

（一）广播、电视、电影和影视录音制作业

1. 行业概况

2015 年全年我国电影票房市场表现十分优异，全年取得了超过 440 亿元的成绩。从影片票房表现来看，全年国产影片票房收入为 271.36 亿元，占总票房比例为 61.58%，以较大的优势确立了国产影片在国内电影市场的主导地位。

2. 行业内上市公司发展情况

表 10　2015 年广播、电视、电影和影视录音制作业上市公司收入及资产增长情况　单位：亿元

指　标	2015 年	2015 年可比样本增长（%）	2014 年	2014 年可比样本增长（%）	2013 年
营业收入	290.43	45.06	132.86	23.71	88.93
利润总额	70.14	32.73	38.41	32.27	25.15
归属于母公司所有者的净利润	53.93	33.36	29.59	33.05	19.95
总资产	928.28	80.54	428.86	56.39	241.6
归属于母公司股东权益	598.96	90.16	261.99	55.75	151.25

资料来源：沪深交易所，同花顺。

表 11　2015 年广播、电视、电影和影视录音制作业上市公司盈利能力情况　单位：%

指　标	2015 年	2015 年可比样本变动	2014 年	2014 年可比样本变动	2013 年
毛利率	40.43	-1.58	44.77	1.51	43.27
净资产收益率	9	-3.83	11.29	-1.93	13.27
销售净利率	19.85	-1.38	23.85	2.24	22.79
资产净利率	7.99	-1.89	9.01	-0.68	9.46

资料来源：沪深交易所，同花顺。

表 12　2015 年广播、电视、电影和影视录音制作业上市公司偿债及营运情况

指　标	2015 年	2015 年可比样本变动	2014 年	2014 年可比样本变动	2013 年
资产负债率（%）	33.91	-2.97	36.74	-1.18	36.82
存货周转率（次）	3.08	0.28	2.18	-0.41	4.32
总资产周转率（次）	0.4	-0.06	0.38	-0.07	0.42

资料来源：沪深交易所，同花顺。

（二）文化艺术业

1. 行业概况

在行业分类中，当代东方、美盛文化、视觉中国和宋城演艺被归入文化艺术业。

2. 行业内上市公司发展情况

表 13　2015 年文化艺术业上市公司收入及资产增长情况　单位：亿元

指　标	2015 年	2015 年可比样本增长（%）	2014 年	2014 年可比样本增长（%）	2013 年
营业收入	31.39	73.92	18.05	51.81	2.48
利润总额	13.61	73	7.86	35.99	0.59
归属于母公司所有者的净利润	10.25	71.02	6	38.57	0.44
总资产	137.06	112.41	64.53	38.68	8.9
归属于母公司股东权益	109.28	98.77	55.14	38.06	6.57

资料来源：沪深交易所，同花顺。

表 14　2015 年文化艺术业上市公司盈利能力情况　单位：%

指　标	2015 年	2015 年可比样本变动	2014 年	2014 年可比样本变动	2013 年
毛利率	56.85	−0.11	56.95	−4.61	36.38
净资产收益率	9.38	−1.52	10.88	0.04	6.48
销售净利率	33.76	0.22	33.52	−2.9	17.61
资产净利率	10.51	−0.39	10.9	1.07	5.29

资料来源：沪深交易所，同花顺。

表 15　2015 年文化艺术业上市公司偿债及营运情况

指　标	2015 年	2015 年可比样本变动	2014 年	2014 年可比样本变动	2013 年
资产负债率（%）	18.98	6.34	12.4	−0.43	24.29
存货周转率（次）	5.07	−1.16	6.24	−2.81	5.94
总资产周转率（次）	0.31	−0.01	0.33	0.06	0.3

资料来源：沪深交易所，同花顺。

（三）新闻和出版业

1. 行业概况

根据《2015 年新闻出版产业分析报告》，2015 年全国出版、印刷和发行服务实现营业收入 21655.9 亿元，较 2014 年增长 8.5%，总体反映出新闻出版产业在国民经济“新常态”背景下仍然保持了较好的可持续发展能力。

数字出版继续保持高速增长，已成为产业发展的主要增长极。数字出版实现营业收入 4403.9 亿元，较 2014 年增加 1016.2 亿元，增长 30.0%，占全行业营业收入的 20.3%，提高 3.4 个百分点；对全行业营业收入增长贡献率达 60.2%。增长速度与增长贡献率在新闻出版各产业类别中均位居第一。

出版传媒集团整体规模稳步提升。全

国119家集团共实现主营业务收入3001.8亿元，较2014年增加187.0亿元，增长6.6%；拥有资产总额6018.1亿元，增加670.2亿元，增长12.5%；拥有所有者权益3178.1亿元，增加357.5亿元，增长12.7%。共有16家集团资产总额超过百亿元，其中江苏凤凰出版传媒集团有限公司、江西省出版集团公司、湖南出版投资控股集团有限公司和浙江出版联合集团有限公司4家集团资产总额、主营业务收入和所有者权益均超过百亿元；安徽出版集团有限责任公司、湖北长江出版传媒集团有限公司、河北出版传媒集团有限责任公司和安徽新华发行（集团）控股有限公司4家集团资产总额、主营业务收入均超过百亿元。

报刊结构调整进一步深化，报纸出版面临挑战更趋严峻。报刊专业化、细分化趋势加快。2015年，平均期印数超过百万册的前10位期刊中，《读者》、《小学生时代》、《知音漫客》、《青年文摘》等文摘类、少儿类期刊超过半数。报纸出版出现全方位下滑。报纸出版总印数、总印张分别降低7.3%和19.1%，营业收入、利润总额分别降低10.3%和53.2%。43家报业集团主营业务收入与利润总额分别降低6.9%与45.1%，其中31家报业集团营业利润出现亏损，较2014年增加14家。面对严峻挑战，报纸出版单位积极探索业务转型，其中浙报传媒集团股份有限公司、华闻传媒投资集团股份有限公司、浙江华媒控股股份有限公司等单位数字出版、动漫等新业态业务收入实现较大幅度增长，平均净资产收益率均超过10%，浙报传媒集团股份有限公司数字出版等新业态业务收入已超过传统报刊业务收入。

国民阅读率持续提升，数字化阅读增长较快。2015年我国各媒介综合阅读率为79.6%，较2014年提高1.0个百分点；国民图书阅读率为58.4%，提高0.2个百分点；数字化阅读方式的接触率为64.0%，提高5.9个百分点，增长幅度远高于国民图书阅读率，反映出国民阅读方式正在发生深刻变化。

2. 行业内上市公司发展情况

表16　2015年新闻和出版业上市公司收入及资产增长情况　单位：亿元

指　标	2015年	2015年可比样本增长（%）	2014年	2014年可比样本增长（%）	2013年
营业收入	803.72	17.35	660.05	11.05	539.8
利润总额	94.62	6	85.34	16.95	67.58
归属于母公司所有者的净利润	85.36	6.83	76.08	21.61	57.44
总资产	1283.64	13.95	1090.2	14.27	886.35
归属于母公司股东权益	815.04	16.09	676.45	15.12	551.75

资料来源：沪深交易所，同花顺。

表 17　　2015 年新闻和出版业上市公司盈利能力情况　　单位：%

指　标	2015 年	2015 年可比样本变动	2014 年	2014 年可比样本变动	2013 年
毛利率	30.03	-0.94	30.76	0.71	29.63
净资产收益率	10.47	-0.91	11.25	0.6	10.89
销售净利率	11.33	-0.93	12.15	0.62	11.71
资产净利率	7.56	-0.35	7.85	-0.24	7.88

资料来源：沪深交易所，同花顺。

表 18　　2015 年新闻和出版业上市公司偿债及营运情况

指　标	2015 年	2015 年可比样本变动	2014 年	2014 年可比样本变动	2013 年
资产负债率（%）	32.91	-1.3	34.39	-0.81	34.51
存货周转率（次）	5.7	0.61	5.05	-0.24	7.27
总资产周转率（次）	0.67	0.02	0.65	-0.05	0.67

资料来源：沪深交易所，同花顺。

四、重点上市公司介绍

（一）华谊兄弟

2015 年，华谊兄弟实现营业收入 38.7 亿元，比 2014 年同期增长 62.14%；归属于公司普通股股东的净利润为 9.76 亿元，比 2014 年同期增长 8.86%。其中，投资收益贡献增厚净利 3.9 亿元，主要来自于出售掌趣科技和江苏耀莱影城的股权，以及超凡网络在港股 IPO 带来的股权收益。

公司 2015 年影视娱乐板块增长强劲，IP 价值不断提升；品牌授权及实景娱乐板块发展稳定，经营模式持续创新和完善；互联网娱乐板块通过强强联合，在娱乐元素与用户之间进行了有效链接，业务发展态势良好。其中影视娱乐板块营业收入达 28.3 亿元，同比增长 135.8%；取得收入前 5 名的影视作品为《老炮儿》、《天将雄师》、《前任 2 备胎反击战》、《寻龙诀》、《失孤》，前 5 名影视作品合计实现营业收入 5.47 亿元，占营业收入的 14.11%。

品牌授权及实景娱乐板块稳步推进。截至 2015 年末，累计签约项目已达 13 个。预计实景娱乐将通过品牌授权、干股收益和流量分成来取得增量业绩，从长远来看将深入挖掘影视内容的价值，显著提升 IP 的变现效率。

互联网娱乐业务发展良好。游戏《时空猎人》、《神魔》、《游龙英雄》取得较高收入；新媒体业务致力于打造国内最大的粉丝经济生态圈（Fans Economy Ecosphere，FEE），构建以粉丝用户为核心，明星艺人以及内容 IP 为基础的娱乐生态系统，提供连通多屏终端的内容产品及相关服务，以及线上线下全方位的粉丝经济娱乐服务。

2015年公司大手笔控股东阳美拉、浩瀚影视和英雄互娱，泛娱乐布局不断夯实。三项重磅投资全部采取控股的形式，将资源与华谊深度绑定，在IP（浩瀚影视拥有众多明星IP引擎）、内容（东阳美拉的总经理为冯小刚）和衍生（英雄互娱布局电竞和游戏）等方面全面夯实泛娱乐版图。

（二）华策影视

2015年华策影视实现营业收入26.5亿元，同比增长38.1%，实现归属于上市公司股东净利润4.8亿元，同比增长22.4%，对应全面摊薄EPS为0.44元。

2015年公司收入高速增长，业绩稳步提升，公司开展"SIP"战略，2015年全网剧共32部1352集取得发行许可权，新开机24部1013集，年产量及首播量继续稳居行业第一，爆款级全网局《何以笙箫默》、《爱人的谎言》、《翻译官》、《微微一笑很倾城》等收视口碑双赢剧集对收入产生较大贡献，与此同时，电影方面全年实现17亿票房，大型季播真人秀《挑战者联盟》峰值收视率突破2.6，这些在添亮公司财务报表的同时也印证着公司横向内容一体化成效显著。

公司正处在从电视剧龙头迈向影视综艺全面运营的综合性娱乐公司的转型期，转型方向明确。超级IP战略引领公司秉承精品化路线，同时深耕头部剧并积极部署国际化战略，与美国好莱坞、韩国等国际伙伴合作利好频出。公司在大娱乐产业的卡位优势明显，未来潜力显著。

（三）美盛文化

美盛文化2015年业绩增长33.97%，投资收益贡献显著。公司2015年实现营收4.08亿元，同比下滑10.50%，归属母公司净利润1.3亿元，同比增长33.97%，折合EPS为0.30元，其中Q4营收下滑13.0%，净利润同比增长15.11%。2015年营收同比下滑，主要系动漫服饰收入下降所致，动漫及游戏业务延续快速成长，主要由于《星学院》8月底开播并逐步贡献业绩。公司2015年业绩增长贡献主要来自于投资收益及政府补助增加。

作为国内最优秀的动漫制作企业之一，公司在内容创意端及相关技术储备方面，实力逐步获得认可。公司首个原创动漫IP系列，《星学院》8月底在卡酷少儿频道首播，收视率及百度搜索指数稳居前列，实现从内容制作到衍生品变现的路径理顺，周边产品表现符合预期，随着2016年第二部上线+第一部轮播的持续影响，变现能力将更为可观。同时，随着定增项目落地，公司将继续强化IP生态圈战略，挖掘优质IP，整合内部资源放大IP价值。相比同行业企业，公司拥有独特的文化基因及资源优势，成熟的变现渠道，将有效提高IP培育成功率，战略发力值得期待。

公司已形成涵盖动漫影视、游戏、衍生品及媒体的完整布局，逐步完善泛娱乐文化产业链，在二次元领域深耕已久，有望步入收获阶段，悠窝窝Cosplay产品销售增长迅猛。公司拥有良好的投资并购基因，2015年下半年以来产业链布局明显加快，先后收购国内领先的轻游戏平台服务商真趣网络，参股瑛麒动漫科技（35%）、创幻数码科技（35%）及WeMedia（15%），投资创新工场基金及浙江文化产业成长基金，涉足二次元与虚拟现实领域，布局卡位走在行业前列。

五、上市公司在行业中的影响力

伴随我国工业化进程的深入推进，以服务业为代表的第三产业开始逐步赶超以制造业为代表的第二产业，成为后工业化阶段的主要经济发展动力。传媒行业作为其中的佼佼者，在最近十年取得了长足的进步，按照这一发展趋势及宏观经济大势，相信其在未来中国经济中所占的比重将会日益提高。传媒行业的高速发展，得到了资本市场的关注和认可，已经有一大批优秀的传媒公司分别在主板和创业板上市融资。传媒行业的上市公司有以下三大特点：

（一）传媒行业上市公司在行业中数量占比较低

新闻和出版业上市公司仅有18家，上市公司数量占比不到万分之一，占比较低。上市公司数量占比如此之低，既有历史原因，也有行业自身的原因。主要有三个方面：①以往国家对于传媒行业进行严格的资本管控，使得传媒企业上市异常艰难；②中国传媒企业数量众多，行业集中度低，规模普遍偏小，很难达到主板的上市要求；③创业板开通时间尚短。基于以上原因，我们预计，随着国家对于文化产业的大力推进、传媒行业的资本管控逐渐放开，我国传媒行业的上市公司数量有望进一步增长。

（二）大量的文化产业投资基金成立

近几年，我国文化产业投资基金发展迅猛，仅2014年一年就新增加51只文化产业投资基金，其中40只透露募资额的基金总募资金额高达1196.85亿元，首期募集金额共达140.75亿元。

在地区分布方面。投资主要分布在北京、上海、广东等一线城市，51只基金中有33只分布在上述地区，占总基金数的64%，募集基金总金额为339.05亿元，占比28.32%。

在行业分布方面。投资主要集中于移动互联网、旅游演艺等领域。其中，移动互联网领域11起，占总数的23%；旅游演艺领域8起，约占17%。

（三）传媒行业上市公司在行业中竞争优势显著

传媒行业上市公司数量占比虽低，但其竞争优势显著，这不仅体现在收入规模和盈利水平，还体现在上市公司在行业中的品牌和口碑。

以影视领域为例，华策影视2015年全网剧共32部1352集取得发行许可权，新开机24部1013集，年产量及首播量继续稳居行业第一；电影方面全年实现17亿票房；爆款级全网局《何以笙箫默》、《爱人的谎言》、《翻译官》、《微微一笑很倾城》等收视口碑双赢剧集对收入产生较大贡献；真人秀《挑战者联盟》峰值收视率突破 2.6，体现了公司强大的竞争力。

同样，在这一年中，公司 2015 年影视娱乐板块增长强劲，IP 价值不断提升。影视娱乐板块营业收入达 28.3 亿元，较 2014 年增长 135.8%；取得收入前 5 名的影视作品为《老炮儿》、《天将雄师》、《前任 2 备胎反击战》、《寻龙诀》、《失孤》，前 5 名影视作品合计实现营业收入 5.47 亿元，占营业收入的 14.11%。同时公司积极储备优质 IP，大力发展互联网娱乐业务，未来公司会全面推进“影视娱乐+IP 授权和实景娱乐+互联网娱乐”战略，以内容生产引擎为核心，在旅游、移动电竞、游戏等强变现板块发力。

随着国家推进文化产业快速发展的政策导向，行业内上市公司数量占比有望进一步提高，其行业影响力也有望日益增强。

审稿人：周建华

撰稿人：顾　晟

综 合

一、 综合业总体概况

综合行业共有上市公司25家。综合行业特点是公司业务比较繁杂，主营业务不十分突出。从行业内部来讲，其跨度较大，涉及房地产、商业、信息、医药、制作、物流、批发零售、公用事业、餐饮旅游等多种业务。2015年综合行业上市公司收入348.12亿元，同比下降6.62%；净利润4.94亿元，同比下降82.17%。

二、行业内上市公司发展概况

（一）行业内上市公司基本情况

表1　　2015年综合业上市公司发行股票概况

门　类	A、B股总数	A股股票数	B股股票数	境内总市值（亿元）	流通A股市值（亿元）	流通B股市值（亿元）
综合业	25	25	0	3025.28	2761.88	0
占沪深两市比重（%）	0.86	0.86	0	0.57	0.66	0

资料来源：沪深交易所，同花顺。

（二）行业内上市公司构成情况

表2　　2015年综合业上市公司构成情况　　单位：家

门　类	沪　市			深　市			ST/*ST
	仅A股	仅B股	A+B股	仅A股	仅B股	A+B股	
综合业	18	0	0	7	0	0	1/0
占行业内上市公司比重（%）	72	0	0	28	0	0	4/0

资料来源：沪深交易所，同花顺。

（三）行业内上市公司融资情况

表 3　2015 年综合业上市公司与沪深两市融资情况对比　单位：家

	融资家数	新　股	增　发	配　股
综合业	4	0	4	0
沪深两市总数	819	220	595	6
占比（%）	0.49	0	0.67	0

资料来源：沪深交易所，同花顺。

其中，进行融资的 4 家公司中，沪市 3 家，深市主板 1 家。

从融资效果看，上述公司实际发行数量为 50163.26 万股；实际募集资金 44.30 亿元，基本完成了融资计划。

2015 年综合业上市公司融资情况明细见附录。

（四）行业内上市公司资产及业绩情况

表 4　2015 年综合业上市公司资产情况　单位：亿元

指　标	2015 年	2015 年可比样本增长（%）	2014 年	2014 年可比样本增长（%）	2013 年
总资产	1298.09	9.02	1003.66	–0.48	1249.06
流动资产	653.27	0.93	560.52	–2.67	515.19
占比（%）	50.33	–4.04	55.85	–1.25	41.25
非流动资产	644.83	18.66	443.14	2.43	733.87
占比（%）	49.67	4.04	44.15	1.25	58.75
流动负债	504.19	6.83	411.08	–8.09	494.52
占比（%）	38.84	–0.8	40.96	–3.39	39.59
非流动负债	204.57	3.91	149.81	–1.89	265.25
占比（%）	15.76	–0.78	14.93	–0.21	21.24
归属于母公司股东权益	523.5	17.78	376.64	8.26	419.42
占比（%）	40.33	3	37.53	3.03	33.58

资料来源：沪深交易所，同花顺。

表 5　2015 年综合业上市公司收入实现情况　单位：亿元

指　标	2015 年	2015 年可比样本增长（%）	2014 年	2014 年可比样本增长（%）	2013 年
营业收入	348.12	–6.62	339.26	–9.45	353.15
利润总额	9.75	–75.37	37.44	–12.34	54.81
归属于母公司所有者的净利润	4.94	–82.17	27.07	–8.52	39.5

资料来源：沪深交易所，同花顺。

（五）利润分配情况

2015 年全年，综合业上市公司中共有 12 家公司实施了分红配股。其中，1 家上市公司实施送股或转增股，12 家上市公司实施派息，其中 1 家公司既实施了送股、转增又实施了派息。

2015 年综合业上市公司分红明细见附录。

（六）其他财务指标情况

1. 盈利能力指标

表 6　　2015 年综合业上市公司盈利能力情况　　单位：%

指　标	2015 年	2015 年可比样本变动	2014 年	2014 年可比样本变动	2013 年
毛利率	19.13	-4.08	21.68	1.25	25.19
净资产收益率	0.94	-5.29	7.19	-1.32	9.22
销售净利率	0.88	-7.93	9.1	-0.32	12.77
资产净利率	0.25	-2.57	3.07	-0.52	3.93

资料来源：沪深交易所，同花顺。

2. 偿债能力指标

表 7　　2015 年综合业上市公司偿债能力指标

指　标	2015 年	2015 年可比样本变动	2014 年	2014 年可比样本变动	2013 年
流动比率	1.3	-0.08	1.36	0.07	1.04
速动比率	0.68	0.07	0.55	0	0.49
资产负债率（%）	54.6	-1.57	55.88	-3.6	60.83

资料来源：沪深交易所，同花顺。

3. 营运能力指标

表 8　　2015 年综合业上市公司营运能力情况　　单位：次

营运能力指标	2015 年	2015 年可比样本变动	2014 年	2014 年可比样本变动	2013 年
存货周转率	0.83	0.05	0.8	-0.13	1.32
应收账款周转率	6.41	-0.16	6.21	-0.27	5.37
流动资产周转率	0.54	-0.05	0.6	-0.06	0.69
固定资产周转率	2.66	-0.2	2.85	-0.36	2
总资产周转率	0.28	-0.04	0.34	-0.04	0.31
净资产周转率	0.63	-0.14	0.8	-0.15	0.77

资料来源：沪深交易所，同花顺。

三、重点上市公司介绍

（一）复旦复华

复旦复华以复旦大学的品牌、学科、科研、人才等优势为依托，具有科技成果转化生产力的有利环境；公司上市二十多年，拥有良好的品牌形象和一定的市场知名度。目前，公司主营业务结构清晰，药业、软件、园区三大产业均为国家鼓励发展的重点产业，发展前景看好，主要产业在各自专注的细分市场能够提供富有自身特色的产品和服务，在相关领域拥有较高的知名度及一定的行业地位。

2015 年公司营业收入为 71765.28 万元，同比下降 28.80%，归属于上市公司股东的净利润为 5224.87 万元，同比增长 28.94%。公司主营业务的具体经营情况如下：

药业：2015 年，上海复旦复华药业有限公司营业收入为 41771.85 万元，同比减少 36.36%，占公司营业收入的 58.21%；净利润为 5497.39 万元，同比增加 16.45%。

软件：2015 年，上海中和软件有限公司营业收入为 23110.75 万元，与 2014 年同期持平，占公司营业收入的 32.20%；净利润为 850.64 万元，同比减少 48.05%。

园区：2015 年，上海复华高新技术园区发展有限公司、上海复华高科技产业开发有限公司、复旦复华高新技术园区（海门）发展有限公司合计营业收入为 1431.29 万元，同比增长 3.62%，占公司营业收入的 1.99%；净利润为 2166.25 万元，同比增长 245.25%。

（二）张江高科

面对上海科创中心建设、“双自”联动、张江科技城建设等带来的重大机遇，又被列为浦东新区第二批国资国企改革单位之一，2015 年是张江高科转型发展谋划布局之年。这一年张江高科以破解历史遗留问题为抓手，以确保经营业绩稳定增长为核心，以深化内部经营机制改革为保障，各项工作推进有序，取得转型发展的初步成果。

2015 年，公司通过制定公司发展战略，明确了转型发展目标；加大产业投资力度，拓展了科技投行布局；打造创新服务平台，健全了园区创新生态圈；打破传统激励机制，激发了转型发展活力；健全公司内控体系，持续深化了内控管理；破解历史遗留问题，突破了转型发展瓶颈；加强企业文化建设，凝聚了转型发展内力。

2015 年，公司实现营业收入 241917 万元，同比减少 19.42%；营业利润 59904 万元，同比增加 6%；实现投资收益 67206 万元，同比增加 38.68%；归属于股东的净利润 48161 万元，同比增加 10.47%。加权平均净资产收益率为 6.56%，同比增加 0.35 个百分点。

审稿人：曹玲燕

撰稿人：刘 丽

第三篇

上市公司地区篇

- 北京地区 · 天津地区 · 河北地区 · 山西地区 · 内蒙古地区
- 辽宁地区 · 吉林地区 · 黑龙江地区
- 上海地区 · 江苏地区 · 浙江地区 · 安徽地区 · 福建地区 · 江西地区 · 山东地区
- 河南地区 · 湖北地区 · 湖南地区 · 广东地区 · 广西地区 · 海南地区
- 重庆地区 · 四川地区 · 贵州地区 · 云南地区 · 西藏地区
- 陕西地区 · 甘肃地区 · 青海地区 · 宁夏地区 · 新疆地区
- 深圳地区 · 大连地区 · 宁波地区 · 厦门地区 · 青岛地区

北京地区

一、北京国民经济发展概况

表 1　　2015 年北京国民经济发展概况　　单位：亿元

指标	1–3 月		1–6 月		1–9 月		1–12 月	
	绝对量	同比增长（%）	绝对量	同比增长（%）	绝对量	同比增长（%）	绝对量	同比增长（%）
地区生产总值（GDP）	4773.46	6.8	10578.28	7	16002.35	6.7	22968.59	6.9
全社会固定资产投资	1007.93	8.4	2848.39	3.7	4875.07	4.4	7446.02	8.3
社会消费品零售总额	2383.4	6.6	4795.87	6	7399.72	6.3	10338.01	7.3
规模以上工业增加值	—	4.3	—	2.6	—	0.2	—	1
规模以上工业企业实现利润	288.3	–0.8	700.4	6.3	1023	1.9	1580.3	6
居民消费价格指数（CPI）	1–3 月		1–6 月		1–9 月		1–12 月	
	1.2		1.5		1.8		1.8	

资料来源：国家统计局。

二、北京上市公司总体情况

（一）公司数量

表 2　　2015 年北京上市公司数量　　单位：家

公司总数	2015 年新增	股票类别			板块分布			
		仅 A 股	仅 B 股	（A+B）股	沪市主板	深市主板	中小板	创业板
265	30	264	0	1	111	28	46	80

资料来源：沪深交易所，同花顺。

（二）行业分布

表 3　　2015 年北京上市公司行业分布情况

所属证监会行业类别	家数	占比（%）	所属证监会行业类别	家数	占比（%）
农、林、牧、渔业	2	0.75	金融业	12	4.53
采矿业	12	4.53	房地产业	19	7.17
制造业	102	38.49	租赁和商务服务业	6	2.26
电力、热力、燃气及水生产和供应业	10	3.77	科学研究和技术服务业	4	1.51
建筑业	20	7.55	水利、环境和公共设施管理业	3	1.13
批发和零售业	12	4.53	教育	0	0
交通运输、仓储和邮政业	3	1.13	卫生和社会工作	0	0
住宿和餐饮业	3	1.13	文化、体育和娱乐业	5	1.89
信息传输、软件和信息技术服务业	51	19.25	综合	1	0.38
合计	265	100			

资料来源：沪深交易所，同花顺。

（三）股本结构及规模

表 4　　2015 年北京上市公司股本规模在 10 亿股以上公司分布情况

股本规模（亿股）	公司家数	具体公司
1000≤	6	中国石化，农业银行，工商银行，中国石油，建设银行，中国银行
200≤~<500	8	京东方 A，民生银行，中国中铁，中国人寿，中国建筑，中国中车，光大银行，中信银行
100≤~<200	15	华能国际，华夏银行，中国铁建，长江电力，中国神华，中国国航，北京银行，中国铝业，中国中冶，中国电建，中国交建，中煤能源，中国核电，中国重工，大唐发电
50≤~<100	5	首钢股份，三一重工，国投电力，华锐风电，金隅股份
20≤~<50	22	神州高铁，泛海控股，金融街，燕京啤酒，华联股份，大北农，掌趣科技，首创股份，同方股份，福田汽车，安迪苏，首开股份，信威集团，中金黄金，京能电力，天地科技，节能风电，中国化学，东兴证券，新华保险，北辰实业，际华集团
10≤~<20	40	新华联，北新建材，中信国安，华北高速，中科三环，东华软件，东方园林，北京利尔，广联达，中化岩土，清新环境，万达院线，神州泰岳，蓝色光标，碧水源，数码视讯，乐视网，捷成股份，光线传媒，飞利信，昆仑万维，中国国贸，歌华有线，中国医药，五矿发展，同仁堂，中国卫星，华业资本，万通地产，北京城建，中航电子，三元股份，用友网络，信达地产，华远地产，昊华能源，华电重工，江河创建，京运通，人民网

资料来源：沪深交易所，同花顺。

表 5　2015 年北京上市公司分地区股权构成情况　单位：家

地域分布＼股权性质	央企国资控股	省属国资控股	地市国资控股	民营控股	其他	合计
北京市	87	33	0	140	5	265

资料来源：北京证监局。

（四）市值规模

截至 2015 年 12 月 31 日，北京 265 家上市公司境内总市值 133213.72 亿元，占全国上市公司境内总市值的 25.06%；其中上交所上市公司 111 家，总股本 15467.57 亿股，境内总市值 106104.15 亿元，占上交所上市公司境内总市值的 35.92%；深交所上市公司 154 家，总股本 1362.18 亿股，境内总市值 27109.57 亿元，占深交所上市公司境内总市值的 11.48%。

（五）资产规模

截至 2015 年 12 月 31 日，北京 265 家上市公司合计总资产 1082602.32 亿元，归属于母公司股东权益 116216.88 亿元，与 2014 年相比，分别增长 10.85%、15.28%；平均每股净资产 5.16 元。

三、北京上市公司经营情况及变动分析

（一）总体经营情况

表 6　2015 年北京上市公司经营情况

指标	2015 年	2014 年	变动率（%）
家数	265	235	12.77
亏损家数	15	10	50.00
亏损家数比例（%）	5.66	4.26	1.40
平均每股收益（元）	0.59	0.65	−9.23
平均每股净资产（元）	5.16	4.66	10.73
平均净资产收益率（%）	11.44	13.84	−2.40
总资产（亿元）	1082602.32	976626.6	10.85
归属于母公司股东权益（亿元）	116216.88	100812.1	15.28
营业收入（亿元）	123442.08	132986.96	−7.18
利润总额（亿元）	18245.7	19071.81	−4.33
归属于母公司所有者的净利润（亿元）	13298.24	13951.28	−4.68

资料来源：沪深交易所，同花顺。

（二）分行业经营情况

表 7　　2015 年北京上市公司分行业经营情况

所属行类	营业收入（亿元）	可比样本变动率（%）	归属于母公司所有者的净利润（亿元）	可比样本变动率（%）
农、林、牧、渔业	42.95	25.24	-1.56	-218.81
采矿业	40495.68	-26.33	826.56	-57.41
制造业	9356.27	1.51	330.46	22.92
电力、热力、燃气及水生产和供应业	2935.25	-5.57	408.64	8.88
建筑业	30493.88	5.45	828.47	9.89
批发和零售业	1370.67	-34.53	-16.13	-162
交通运输、仓储和邮政业	1142.15	4.05	79.2	69.87
住宿和餐饮业	35.63	-32.24	2.97	166.59
信息传输、软件和信息技术服务业	850.73	22.33	101.72	8.4
金融业	34841.53	7.92	10545.66	1.39
房地产业	1049.02	8.05	122.6	2.16
租赁和商务服务业	536.95	22.8	22.1	-20.36
科学研究和技术服务业	74.12	-9.37	7.21	-9.79
水利、环境和公共设施管理业	85	54.49	19.75	48.87
教育	0	—	0	—
卫生和社会工作	0	—	0	—
文化、体育和娱乐业	121.49	51.72	19.07	35.68
综合	10.78	-64.47	1.51	998.75
合计	123442.08	-7.97	13298.24	-5.59

资料来源：沪深交易所，同花顺。

（三）业绩变动情况分析

1. 营业收入、毛利率等变动原因分析

2015 年，北京 265 家上市公司实现营业收入 123442.08 亿元，较 2014 年下降 7.18%；营业利润 17806.03 亿元，较 2014 年下降 5.01%；归属于母公司所有者的净利润 13298.24 亿元，较 2014 年下降 4.68%；平均毛利率为 33.31%，较 2014 年略有下降。

2. 盈利构成分析

2015 年北京上市公司扣除非经常性损益后归属于母公司所有者的净利润为 12705.79 亿元，较 2014 年下降 6.95%。营业利润占利润总额的比重为 97.59%，是上市公司的主要利润来源。投资净收益在利润总额中的占比为16.58%，公允价值变动净收益在利润总额中的占比为0.76%，投资收益对业绩贡献比重上升。

3. 经营性现金流量分析

2015年北京上市公司经营活动产生的现金流量净额为46002.81亿元，较2014年增长120.93%。北京197家上市公司经营活动产生的现金流量净额为正，现金流量情况好转。

4. 业绩特点分析

（1）总体盈利能力滑坡，业绩压力显著。2015年北京上市公司营业收入、归属于母公司所有者的净利润分别较2014年减少7.18%、4.68%。平均净资产收益率为11.44%，较2014年下降2.4个百分点。剔除投资收益增长的影响后，公司主营业务的盈利状况呈下滑趋势。

（2）部分行业面临困难局面，金融业利润贡献较大。2015年北京采矿业、批发和零售业上市公司收入和净利润较2014年下降幅度较大，钢铁、煤炭等产能过剩行业面临经营困难。北京12家金融业上市公司2015年实现归属于母公司所有者的净利润10545.66亿元，占辖区净利润总额的79.30%，利润贡献比重进一步提高。

（3）亏损面有所扩大。2015年北京有16家上市公司亏损，另有24家公司扣除非经常性损益后的净利润为负，共计40家上市公司经营性亏损，比2014年多12家，占北京上市公司总数的15%。

（4）大盘股对北京上市公司业绩有重要影响。中国石油、中国石化、工商银行、农业银行、中国银行、建设银行6家公司总股本占北京上市公司总股本的61.87%、营业收入占比49.07%、归属母公司所有者的净利润占比69.53%。

5. 利润分配情况

表8　2015年北京上市公司现金分红情况

2015年分红公司家数			2015年分红金额		
家数	变动率（%）	分红公司家数占地区公司总数比重（%）	金额（亿元）	变动率（%）	分红金额占归属于母公司所有者的净利润比重（%）
221	11.62	83.40	4076.21	-9.40	30.65

资料来源：北京证监局。

四、北京上市公司并购重组情况

（一）并购重组基本情况

2015年北京地区并购交易数量共计716单，比2014年增加200单，交易金额共计4569.89亿元。其中，北京A股上市公司共开展66项重大资产重组交易，交易总价值共计约3097.64亿元，涉及辖区主板公司21项、中小板公司13项、创业板公司32项。截至2015年底，已完成重组交易35项、未完成交易25项、终止交易

6项。

（二）并购重组特点

北京上市公司在并购重组目标上体现出产业整合倾向，横向整合发展迅速，2015年横向整合为目的的重大资产重组共计50项，体现了资本市场并购重组主流模式和方向；并购重组项目行业分布广泛，科技产业优势突出，信息传输、软件和信息技术服务业以及计算机、通信和其他电子设备制造业的重大重组数量在辖区内的占比分别为24%、20%；并购重组形式多样，股权支付占据主流，发行股份购买资产的重组项目数量占比74.24%；国企并购规模庞大，备受瞩目的中国南车吸收合并中国北车项目，实现了强强联合，符合国家鼓励“走出去”的战略目标，是央属上市公司利用资本市场优化全球产业布局和资源配置、充分发挥规模效应和协同效应的代表案例；民营企业并购活跃，创新发展动力增强，2015年北京民营上市公司重大资产重组共计48项，交易总价值约614.72亿元；跨境并购重组升温，在全球化背景下，北京上市公司境外资本运作积极，如万达院线、利亚德分别完成了境外股权收购，乐视网认购TCL多媒体发行的新股，首旅酒店收购如家酒店集团并使如家从美国实现私有化退市，引起市场高度关注。

五、北京上市公司募集资金情况、使用情况

（一）募集资金总体情况

表9　　2015年北京上市公司募集资金情况

发行类型	代码	简称	募集资金（亿元）
首发	002739.SZ	万达院线	12.81
	002755.SZ	东方新星	1.90
	002771.SZ	真视通	2.56
	002780.SZ	三夫户外	1.60
	300364.SZ	中文在线	2.04
	300374.SZ	恒通科技	3.22
	300418.SZ	昆仑万维	14.21
	300419.SZ	浩丰科技	2.97
	300430.SZ	诚益通	2.87
	300431.SZ	暴风科技	2.14
	300444.SZ	双杰电气	4.18
	300445.SZ	康斯特	1.85
	300449.SZ	汉邦高科	3.14
	300455.SZ	康拓红外	2.41

续表

发行类型	代码	简称	募集资金（亿元）
首发	300456.SZ	耐威科技	2.94
	300465.SZ	高伟达	3.75
	300472.SZ	新元科技	1.90
	300477.SZ	合纵科技	2.76
	300485.SZ	赛升药业	11.54
	300496.SZ	中科创达	5.82
	601198.SH	东兴证券	45.90
	601985.SH	中国核电	131.90
	603025.SH	大豪科技	5.70
	603598.SH	引力传媒	2.40
	603616.SH	韩建河山	4.16
	603698.SH	航天工程	10.30
	603778.SH	乾景园林	3.80
	603818.SH	曲美家居	5.43
	603979.SH	金诚信	16.33
	小计		312.53
再融资（增发、配股）	000010.SZ	深华新	16.27
	000065.SZ	北方国际	8.00
	000620.SZ	新华联	21.00
	000838.SZ	国兴地产	10.50
	002065.SZ	东华软件	7.60
	002151.SZ	北斗星通	15.10
	002153.SZ	石基信息	23.89
	002279.SZ	久其软件	11.22
	002373.SZ	千方科技	18.00
	002383.SZ	合众思壮	2.97
	002385.SZ	大北农	22.00
	002467.SZ	二六三	7.84
	002542.SZ	中化岩土	7.38
	002554.SZ	惠博普	5.81
	002642.SZ	荣之联	10.00
	002665.SZ	首航节能	8.03
	002707.SZ	众信旅游	8.40
	002721.SZ	金一文化	10.30

续表

发行类型	代码	简称	募集资金（亿元）
再融资（增发、配股）	002739.SZ	万达院线	40.20
	300010.SZ	立思辰	3.97
	300016.SZ	北陆药业	2.50
	300038.SZ	梅泰诺	7.20
	300048.SZ	合康变频	3.88
	300070.SZ	碧水源	62.31
	300071.SZ	华谊嘉信	1.53
	300072.SZ	三聚环保	20.00
	300073.SZ	当升科技	4.13
	300156.SZ	神雾环保	18.70
	300166.SZ	东方国信	1.50
	300182.SZ	捷成股份	21.28
	300212.SZ	易华录	13.93
	300251.SZ	光线传媒	28.00
	300271.SZ	华宇软件	2.93
	300287.SZ	飞利信	2.80
	300289.SZ	利德曼	3.41
	300296.SZ	利亚德	7.15
	300315.SZ	掌趣科技	21.98
	300318.SZ	博晖创新	6.62
	300324.SZ	旋极信息	5.56
	300332.SZ	天壕节能	7.50
	300352.SZ	北信源	0.80
	300353.SZ	东土科技	6.44
	300367.SZ	东方网力	8.93
	300369.SZ	绿盟科技	5.15
	300370.SZ	安控科技	3.26
	600008.SH	首创股份	20.55
	600037.SH	歌华有线	33.00
	600062.SH	华润双鹤	30.08
	600100.SH	同方股份	55.00
	600166.SH	福田汽车	30.00
	600299.SH	蓝星新材	92.98
	600313.SH	农发种业	5.06

续表

发行类型	代码	简称	募集资金（亿元）
再融资（增发、配股）	600429.SH	三元股份	40.00
	600463.SH	空港股份	6.00
	600582.SH	天地科技	19.58
	600588.SH	用友网络	16.50
	600980.SH	北矿磁材	4.00
	601016.SH	节能风电	30.00
	601169.SH	北京银行	49.00
	601186.SH	中国铁建	99.36
	601288.SH	农业银行	400.00
	601390.SH	中国中铁	120.00
	601398.SH	工商银行	450.00
	601600.SH	中国铝业	80.00
	601668.SH	中国建筑	150.00
	601669.SH	中国电建	166.66
	601800.SH	中国交建	145.00
	601818.SH	光大银行	200.00
	601908.SH	京运通	21.55
	601988.SH	中国银行	280.00
	601992.SH	金隅股份	47.00
	小计		3117.29
其他融资（公司债券、可转换债券）	000046.SZ	泛海控股	55.00
	000402.SZ	金融街	110.00
	000620.SZ	新华联	43.00
	000860.SZ	顺鑫农业	20.00
	002392.SZ	北京利尔	5.50
	002649.SZ	博彦科技	1.00
	002662.SZ	京威股份	16.00
	002721.SZ	金一文化	7.00
	300058.SZ	蓝色光标	14.00
	300104.SZ	乐视网	19.30
	300157.SZ	恒泰艾普	2.80
	300367.SZ	东方网力	3.00
	600007.SH	中国国贸	4.00
	600028.SH	中国石化	200.00

续表

发行类型	代码	简称	募集资金（亿元）
其他融资（公司债券、可转换债券）	600166.SH	福田汽车	10.00
	600240.SH	华业资本	20.00
	600266.SH	北京城建	58.00
	600271.SH	航天信息	24.00
	600376.SH	首开股份	70.00
	600386.SH	北巴传媒	7.00
	600730.SH	中国高科	5.00
	600743.SH	华远地产	29.00
	600861.SH	北京城乡	3.00
	601101.SH	昊华能源	15.00
	601588.SH	北辰实业	25.00
	601718.SH	际华集团	45.00
	小计		811.60
总计			4241.42

资料来源：北京证监局。

（二）募集资金使用情况及特点

2015年，北京辖区有29家公司在A股市场首发上市，IPO募集资金312.53亿元、较2014年增长超过3倍；辖区上市公司增发普通股募集资金1423.27亿元，发行优先股募集资金1694亿元，发行公司债、可转债募集资金811.60亿元。2015年上半年股票市场形势良好、交易活跃，新股发行及再融资节奏较快，下半年在股市剧烈波动、股权融资受限的情况下，交易所债券市场通过简化发行程序等改革措施，融资规模呈爆发式增长，切实降低了企业融资成本，拓宽了直接融资渠道。

（三）募集资金变更情况

表10　2015年北京上市公司募集资金使用项目变更情况

变更募集资金使用项目的公司家数	涉及金额（亿元）	募集资金总额（亿元）	占公司募集资金总额的比例（%）
11	96.14	254.11	37.83

资料来源：北京证监局。

2015年，北京有11家上市公司（动力源、中金黄金、潜能恒信、际华集团、北方导航、中国化学、东易日盛、东方园林、三元股份、信威集团、中国软件）做出募集资金投向变更，上述公司募集资金总额约254.11亿元，变更募集资金投向涉及金额约96.14亿元，变更金额约占相关公司募集资金总额的37.83%。多数上市公司能够按照原计划使用募集资金，但2015年上市公司募集资金投向变更涉及的金额和比例较2014年有较大幅度增加。

六、北京上市公司规范运作情况

（一）上市公司治理专项情况

2015年北京证监局通过多种途径督促辖区上市公司进一步完善公司治理，提高规范运作水平。督促上市公司及相关各方切实提高诚信意识，做好承诺履行和信息披露工作，针对违反承诺、超期未履行承诺行为依法采取监管措施；在现场检查中对上市公司规范运作情况进行检查，督促公司进一步完善治理机制。针对检查中发现的治理制度体系不完善、关联方及关联交易管理存在缺陷、关联方非经营性资金占用、内幕信息知情人登记管理制度执行不到位、内控评价工作缺失以及与大股东、实际控制人存在同业竞争等问题，做到及时发现、及时反馈、及时要求公司整改。

（二）审计情况及监管情况

截至2016年4月30日，北京辖区全部上市公司已披露2015年年报。2015年共有30家会计师事务所为北京上市公司提供年报审计服务，北京上市公司2015年年报审计意见类型中，带强调事项段的无保留意见3家、保留意见1家，其他为标准无保留意见。内部控制审计意见中，有2家为否定意见，2家为带强调事项的无保留意见。北京证监局重点关注上市公司财务会计方面的潜在风险，积极开展年报审计分析及现场检查工作。

（三）信息披露情况

北京证监局根据日常监管风险分类及对外部信息的综合分析，将上市公司年报重点审核与审阅相结合，适时启动现场检查程序；探索分行业监管模式，充分评估特定行业对上市公司板块的影响程度及其风险变化，继续加强与交易所的监管协作；积极关注媒体质疑，引导上市公司强化对股价敏感信息的认识，以投资者需求为导向加强信息披露工作；针对上市公司存在的信息披露违法违规问题，及时依法采取监管措施，切实维护中小投资者知情权。

（四）证券市场服务情况

2015年，北京证监局继续与交易所及上市公司协会密切合作，利用培训、论坛等平台及时向上市公司传达最新监管政策、理念和要求，提高培训的针对性和有用性。除新任董监事培训外，结合上市公司特点和需求，针对市场热点，组织了海外融资、京津冀一体化、并购重组、公司债券、年报财务问题解读等专题培训。同时，积极拓展与北京市金融局、市国资委等单位的合作，配合做好上市后备资源培育和辅导工作。

（五）其他

股市异常波动时期，北京证监局在中国证监会指导下，以信息披露为监管重心，与交易所密切合作，督促辖区上市公司积极制定、披露并落实稳定股价方案，做好风险揭示。同时，严格依法处理上市公司大股东及董事、监事、高管人员违规买卖股票行为，严守风险底线，切实维护广大投资者权益。

审稿人：陆 倩 孙 林

撰稿人：王 璟

天津地区

一、天津国民经济发展概况

表 1　　2015 年天津国民经济发展概况　　单位：亿元

指标	1–3 月		1–6 月		1–9 月		1–12 月	
	绝对量	同比增长（%）	绝对量	同比增长（%）	绝对量	同比增长（%）	绝对量	同比增长（%）
地区生产总值（GDP）	3709.03	9.3	7884.04	9.4	12321.02	9.4	16538.19	9.3
全社会固定资产投资	2012.62	13.6	6388.06	13.2	9687.07	13.3	11814.57	12.6
社会消费品零售总额	1221.49	10.5	2483.33	10.8	3832.73	10.9	5245.69	10.7
规模以上工业增加值	—	9.4	—	9.5	—	9.4	—	9.3
规模以上工业企业实现利润	359.90	–7.80	792.80	–3.80	1256.70	–0.40	2002.90	–2.20
居民消费价格指数（CPI）	1–3 月		1–6 月		1–9 月		1–12 月	
	1.2		1.5		1.7		1.7	

资料来源：国家统计局。

二、天津上市公司总体情况

（一）公司数量

表 2　　2015 年天津上市公司数量　　单位：家

公司总数	2015 年新增	股票类别			板块分布			
		仅 A 股	仅 B 股	（A+B）股	沪市主板	深市主板	中小板	创业板
42	0	41	0	1	22	7	6	7

资料来源：沪深交易所，同花顺。

（二）行业分布

表 3　　2015 年天津上市公司行业分布情况

所属证监会行业类别	家数	占比（%）	所属证监会行业类别	家数	占比（%）
农、林、牧、渔业	0	0	金融业	0	0
采矿业	2	4.76	房地产业	6	14.29
制造业	22	52.38	租赁和商务服务业	0	0
电力、热力、燃气及水生产和供应业	2	4.76	科学研究和技术服务业	2	4.76
建筑业	0	0	水利、环境和公共设施管理业	0	0
批发和零售业	3	7.14	教育	0	0
交通运输、仓储和邮政业	4	9.52	卫生和社会工作	0	0
住宿和餐饮业	0	0	文化、体育和娱乐业	0	0
信息传输、软件和信息技术服务业	0	0	综合	1	2.38
合计	42	100			

资料来源：沪深交易所，同花顺。

（三）股本结构及规模

表 4　　2015 年天津上市公司股本规模在 10 亿股以上公司分布情况

股本规模（亿股）	公司家数	具体公司
100≤~<200	1	中国远洋
20≤~<50	5	中环股份，海油工程，天海投资，中储股份，中海油服
10≤~<20	9	泰达股份，津滨发展，*ST 夏利，天保基建，红日药业，天房发展，天士力，天津港，创业环保

资料来源：沪深交易所，同花顺。

表 5　　2015 年天津上市公司分地区股权构成情况　　单位：家

股权性质 地域分布	央企国资控股	省属国资控股	地市国资控股	民营控股	其他	合计
天津市	10	18	0	13	1	42

资料来源：天津证监局。

（四）市值规模

截至 2015 年 12 月 31 日，天津 42 家上市公司境内总市值 6221.30 亿元，占全国上市公司境内总市值的 1.17%；其中上交所上市公司 22 家，总股本 328.28 亿股，境内总市值 4372.18 亿元，占上交所上市公司境内总市值的 1.48%；深交所上市公司 20 家，总股本 138.21 亿股，境内总市值 1849.12 亿元，占深交所上市公司境内总市值的 0.78%。

（五）资产规模

截至 2015 年 12 月 31 日，天津 42 家上市公司合计总资产 5698.16 亿元，归属于母公司股东权益 2147.44 亿元，与 2014 年相比，分别增长 6.37%、10.34%；平均每股净资产 4.16 元。

三、天津上市公司经营情况及变动分析

（一）总体经营情况

表 6　　2015 年天津上市公司经营情况

指标	2015 年	2014 年	变动率（%）
家数	42	42	0.00
亏损家数	6	2	200.00
亏损家数比例（%）	14.29	4.76	9.53
平均每股收益（元）	0.22	0.37	-40.54
平均每股净资产（元）	4.16	3.99	4.26
平均净资产收益率（%）	5.38	10.22	-4.84
总资产（亿元）	5698.16	5356.89	6.37
归属于母公司股东权益（亿元）	2147.44	1946.15	10.34
营业收入（亿元）	2689.94	3265.43	-17.62
利润总额（亿元）	169.91	239.71	-29.12
归属于母公司所有者的净利润（亿元）	115.62	179.5	-35.59

资料来源：沪深交易所，同花顺。

（二）分行业经营情况

表 7　　2015 年天津上市公司分行业经营情况

所属行类	营业收入（亿元）	可比样本变动率（%）	归属于母公司所有者的净利润（亿元）	可比样本变动率（%）
农、林、牧、渔业	0	—	0	—
采矿业	398.55	-28.51	44.84	-61.87
制造业	493.18	5.74	37.11	114.73
电力、热力、燃气及水生产和供应业	25.42	2.25	3.34	7.2
建筑业	0	—	0	—
批发和零售业	743.69	-23.64	7.4	-33.51
交通运输、仓储和邮政业	913.67	-18.28	24.22	13.18

续表

所属行类	营业收入（亿元）	可比样本变动率（%）	归属于母公司所有者的净利润（亿元）	可比样本变动率（%）
住宿和餐饮业	0	—	0	—
信息传输、软件和信息技术服务业	0	—	0	—
金融业	0	—	0	—
房地产业	87.77	-24.09	-4.55	-154.15
租赁和商务服务业	0	—	0	—
科学研究和技术服务业	20.82	4.21	3.15	122.33
水利、环境和公共设施管理业	0	—	0	—
教育	0	—	0	—
卫生和社会工作	0	—	0	—
文化、体育和娱乐业	0	—	0	—
综合	6.84	-25.79	0.1	-74.52
合计	2689.94	-18.13	115.62	-36.04

资料来源：沪深交易所，同花顺。

（三）业绩变动情况分析

1. 营业收入、毛利率等变动原因分析

2015 年，天津辖区上市公司共实现营业总收入 2689.94 亿元，较 2014 年减少 575.49 亿元，降幅 17.62%，主要是国机汽车、天津港、中海油服和中国远洋营业收入分别下降 261.80 亿元、101.26 亿元、100.66 亿元和 68.85 亿元所致。2015 年，天津辖区上市公司总体销售毛利率、营业利润率、净资产收益率分别为 14.71%、3.29%、5.38%。与 2014 年相比，销售毛利率略有下降；辖区上市公司总体营业利润率下滑幅度较大，从 2014 年的 6.74%下降至 3.29%；净资产收益率下降 4.84 个百分点。

2. 盈利构成分析

从盈利构成看，2015 年天津辖区上市公司利润的主要来源是营业利润，为 88.57 亿元，占净利润总额的 76.60%，比 2014 年下降了 14.95 个百分点。

3. 经营性现金流量分析

2015 年，天津辖区上市公司经营活动产生的现金流量净额为 247.10 亿元，较 2014 年同期增长 44.86%。但若剔除国机汽车的影响（现金流量净额增长 128.05 亿元），辖区公司经营性现金流量净额与 2014 年相比不升反降，降幅达 25%。14 家公司经营性现金流量净额为负，7 家公司连续三年为负，辖区公司经营活动现金流紧张的局面仍未得到改善。

4. 业绩特点分析

一是经营业绩严重下滑，亏损面扩大。2015 年，天津辖区上市公司实现营业收入 2689.94 亿元，比 2014 年减少 17.62%，净利润 115.62 亿元，较 2014 年减少 35.59%。

上市公司亏损家数由 2014 年的 2 家增加到 6 家。

二是创业板公司业绩持续增长，中小板公司盈利能力偏弱。2015 年，天津辖区主板、中小板公司的经营业绩均有不同程度的下滑。29 家主板公司有 3 家公司亏损，亏损面为 10.34%；营业收入和净利润分别为 2524.61 亿元、103.15 亿元，较 2014 年分别减少 19.36%、38.14%。6 家中小板公司有 3 家亏损，归属于母公司所有者的净利润为 1.83 亿元，较 2014 年下滑 60.48%。而创业板公司全部实现盈利，营业收入和净利润分别为 77.73 亿元、10.64 亿元，较 2014 年分别增长 14.38%、13.35%，经营业绩持续增长。

三是国有公司业绩下滑明显，民营公司利润增速放缓。2015 年，天津辖区民营上市公司实现营业收入和净利润分别为 266.74 亿元、28.79 亿元，较 2014 年分别增加 6.85%、16.46%，业绩保持增长态势，但相比 2014 年 12.57%、24.22%的增速有所放缓。与此同时，中央国有上市公司营业收入和净利润分别减少 21.47%、48.39%，市属国有上市公司营业收入和净利润分别减少 15.74%、34.52%，下滑较为明显。

5. 利润分配情况

表 8　　2015 年天津上市公司现金分红情况

2015 年分红公司家数			2015 年分红金额		
家数	变动率（%）	分红公司家数占地区公司总数比重（%）	金额（亿元）	变动率（%）	分红金额占归属于母公司所有者的净利润比重（%）
26	-3.70	61.90	31.84	-37.34	27.54

资料来源：天津证监局。

四、天津上市公司并购重组情况

2015 年天津辖区 2 家上市公司（中源协和、红日药业）实施并购重组，涉及交易金额 21.29 亿元。

2015 年天津辖区上市公司的并购重组以定向增发购买资产模式为主体，以股份支付为主要支付手段。

五、天津上市公司募集资金情况、使用情况

（一）募集资金总体情况

表 9　　2015 年天津上市公司募集资金情况

发行类型	代码	简称	募集资金（亿元）
首发	603969	银龙股份	6.90
	小计		6.90

续表

发行类型	代码	简称	募集资金（亿元）
再融资（增发、配股）	600645	中源协和	2.66
	600225	天津松江	17.00
	000836	鑫茂科技	8.94
	300026	红日药业	9.50
	600535	天士力	16.00
	600329	中新药业	8.36
	300375	鹏翎股份	0.87
	600787	中储股份	19.92
	002129	中环股份	35.25
	300334	津膜科技	3.99
	小计		122.49
其他融资（公司债券、短期融资券、中期票据、次级债、金融债、境外发行债券）	000965	天保基建	8.00
	002129	中环股份	1.80
	600322	天房发展	40.00
	000652	泰达股份	6.33
	小计		56.13
总计			185.52

资料来源：天津证监局。

（二）募集资金使用情况及特点

2015 年，天津辖区上市公司通过公开发行、非公开发行、募集配套资金、发行公司债券、资产证券化融资等形式，共募集资金 185.52 亿元。募集资金使用呈现多元化特点：一是用于购买标的公司股权，如中源协和用于支付购买执诚生物股权现金对价，红日药业用于购买超思股份、展望药业股份；二是用于特定项目建设，如鑫茂科技用于 PSOD 光纤预制棒套管扩产建设项目、光纤预制棒制造项目、天津松江用于美湖里商业综合体项目等；三是用于补充公司流动资金，如天士力等。

（三）募集资金变更情况

2015 年，天津辖区无公司变更募集资金使用项目。

六、天津上市公司规范运作情况

（一）上市公司治理专项情况

总体而言，2015 年，天津辖区上市公司治理结构不断完善，运作日趋规范。各公司积极开展投资者关系管理工作，完善投资者保护机制，42 家公司参与了“年报业绩网上集体说明会”，有效拉近了与投资者之间的距离；26家公司在年报中披露了现金分红方案，分红公司家数占辖区上市公司总数的61.90%。各公司积极推进内部追责机制的建设，加强公司自律和自我纠错，进一步促进了公司的规范发展。另外，辖区有36家公司在披露2015年年报的同时，披露了内部控制自我评价报告，37家上市公司披露了审计机构对公司内部控制报告的专业意见，内控专业意见类型均为标准无保留。此外，辖区共有16家上市公司披露了社会责任报告。

（二）审计情况及监管情况

在天津辖区上市公司2015年年报审计中，40家公司被出具标准无保留意见审计报告，2家公司被出具带强调事项段的无保留意见的审计报告。2015年，天津证监局通过强化和完善事前督导、事中跟踪和事后检查的全过程监管，加大了审计监管力度。督促辖区两家会计师事务所总所深入开展了“两个加强、两个遏制”专项检查工作。上市公司现场检查中，对年审机构进行延伸检查，针对检查发现的问题，对部分会计师事务所采取了下发监管关注函等措施，督促其进一步提高执业质量。

（三）信息披露情况

2015年，天津辖区上市公司信息披露意识不断增强，披露质量日益提高。42家公司均在规定时间内披露了2015年年报。但也有个别公司还存在着信息披露不及时、信息披露与实际情况不一致等违法违规情况。针对公司信息披露违法违规等问题，天津证监局全年累计采取13项行政监管措施，出具监管关注函27份。

（四）证券市场服务情况

一是提升直接融资服务水平。编印《上市公司融资工具操作指南》，发至辖区全体上市公司、拟上市公司和有关政府部门及各区县。深入落实天津市委市政府“促发展、惠民生、上水平”工作部署，指导对口区县做好帮扶工作。

二是发挥专业优势积极建言献策。完成《关于提高辖区企业直接融资比重的建议》、《天津辖区上市公司并购重组情况调研报告》等多篇报告，供决策参考。联合天津市金融局起草《关于进一步促进企业利用资本市场加快发展的实施意见》，由天津市政府办公厅转发，进一步指导辖区企业利用资本市场加快发展。

三是加大调研和宣传培训力度。多次走访调研上市公司、拟上市公司及后备企业，聚焦具体问题，提出发展建议。联合相关单位举办融资培训班等多种形式的培训活动，引导企业提升融资意识和能力。

审稿人：安青松　祝　欢　刘志军

撰稿人：刘艳玉

河北地区

一、河北国民经济发展概况

表 1　　2015 年河北国民经济发展概况　　单位：亿元

指标	1-3 月		1-6 月		1-9 月		1-12 月	
	绝对量	同比增长（%）	绝对量	同比增长（%）	绝对量	同比增长（%）	绝对量	同比增长（%）
地区生产总值（GDP）	6029.46	6.2	13798.13	6.6	21280.18	6.5	29806.11	6.8
全社会固定资产投资	3483.58	14.2	12403.77	13.1	21499.26	11.7	28905.74	10.6
社会消费品零售总额	2907.90	9	5796.90	9.1	8927.00	9	12934.70	9.4
规模以上工业增加值	—	4.6	—	4.6	—	4.1	—	4.4
规模以上工业企业实现利润	390.10	-7.50	962.80	-8.80	1489.20	-9.80	2181.40	-11.00
居民消费价格指数（CPI）	1-3 月		1-6 月		1-9 月		1-12 月	
	0.5		0.5		0.8		0.9	

资料来源：国家统计局。

二、河北上市公司总体情况

（一）公司数量

表 2　　2015 年河北上市公司数量　　单位：家

公司总数	2015 年新增	股票类别			板块分布			
		仅 A 股	仅 B 股	（A+B）股	沪市主板	深市主板	中小板	创业板
53	3	51	1	1	18	15	10	10

资料来源：沪深交易所，同花顺。

（二）行业分布

表 3　　2015 年河北上市公司行业分布情况

所属证监会行业类别	家数	占比（%）	所属证监会行业类别	家数	占比（%）
农、林、牧、渔业	1	1.89	金融业	0	0
采矿业	1	1.89	房地产业	3	5.66
制造业	40	75.47	租赁和商务服务业	0	0
电力、热力、燃气及水生产和供应业	2	3.77	科学研究和技术服务业	0	0
建筑业	0	0	水利、环境和公共设施管理业	0	0
批发和零售业	4	7.55	教育	0	0
交通运输、仓储和邮政业	1	1.89	卫生和社会工作	0	0
住宿和餐饮业	0	0	文化、体育和娱乐业	0	0
信息传输、软件和信息技术服务业	0	0	综合	1	1.89
合计	53	100			

资料来源：沪深交易所，同花顺。

（三）股本结构及规模

表 4　　2015 年河北上市公司股本规模在 10 亿股以上公司分布情况

股本规模（亿股）	公司家数	具体公司
100≤~<200	1	河北钢铁
50≤~<100	2	庞大集团，长城汽车
20≤~<50	6	东旭光电，新兴铸管，冀中能源，荣盛发展，华夏幸福，唐山港
10≤~<20	8	常山股份，冀东水泥，建投能源，以岭药业，三友化工，保变电气，华北制药，开滦股份

资料来源：沪深交易所，同花顺。

表 5　　2015 年河北上市公司分地区股权构成情况　　单位：家

股权性质 地域分布	央企国资控股	省属国资控股	地市国资控股	民营控股	其他	合计
石家庄市	1	3	1	10	0	15
唐山市	2	1	3	2	0	8
秦皇岛市	0	0	0	2	0	2
邯郸市	1	0	0	2	0	3
邢台市	0	0	1	1	0	2
保定市	5	0	0	5	0	10

续表

股权性质 / 地域分布	央企国资控股	省属国资控股	地市国资控股	民营控股	其他	合计
张家口市	0	1	0	0	0	1
承德市	0	0	0	2	0	2
沧州市	1	1	0	3	0	5
廊坊市	0	0	1	3	0	4
衡水市	0	0	1	0	0	1
合计	10	6	7	30	0	53

资料来源：河北证监局。

（四）市值规模

截至 2015 年 12 月 31 日，河北 53 家上市公司境内总市值 8038.57 亿元，占全国上市公司境内总市值的 1.51%；其中上交所上市公司 18 家，总股本 288.24 亿股，境内总市值 3505.45 亿元，占上交所上市公司境内总市值的 1.19%；深交所上市公司 35 家，总股本 414.97 亿股，境内总市值 4533.12 亿元，占深交所上市公司境内总市值的 1.92%。

（五）资产规模

截至 2015 年 12 月 31 日，河北 53 家上市公司合计总资产 9581.95 亿元，归属于母公司股东权益 2848.75 亿元，与 2014 年相比，分别增长 14.70%、15.39%；平均每股净资产 3.87 元。

三、河北上市公司经营情况及变动分析

（一）总体经营情况

表 6　　2015 年河北上市公司经营情况

指　标	2015 年	2014 年	变动率（%）
家数	53	50	6.00
亏损家数	9	6	50.00
亏损家数比例（%）	16.98	12	4.98
平均每股收益（元）	0.32	0.44	-27.27
平均每股净资产（元）	3.87	4.49	-13.81
平均净资产收益率（%）	8.22	9.7	-1.48
总资产（亿元）	9581.95	8354.13	14.70
归属于母公司股东权益（亿元）	2848.75	2468.73	15.39
营业收入（亿元）	4587.79	4820.12	-4.82
利润总额（亿元）	316.92	319.07	-0.67
归属于母公司所有者的净利润（亿元）	234.03	239.48	-2.28

资料来源：沪深交易所，同花顺。

（二）分行业经营情况

表 7　　2015 年河北上市公司分行业经营情况

所属行类	营业收入（亿元）	可比样本变动率（%）	归属于母公司所有者的净利润（亿元）	可比样本变动率（%）
农、林、牧、渔业	13.44	9.81	1.66	26.19
采矿业	125.37	-31.33	3.52	1343.4
制造业	3064.49	-8.33	116.31	-13.56
电力、热力、燃气及水生产和供应业	121.86	-10.16	24.9	2.58
建筑业	0	—	0	—
批发和零售业	591.86	-5.99	3.4	74.08
交通运输、仓储和邮政业	51.57	0.6	12	10.17
住宿和餐饮业	0	—	0	—
信息传输、软件和信息技术服务业	0	—	0	—
金融业	0	—	0	—
房地产业	619.08	23.01	72.88	6.4
租赁和商务服务业	0	—	0	—
科学研究和技术服务业	0	—	0	—
水利、环境和公共设施管理业	0	—	0	—
教育	0	—	0	—
卫生和社会工作	0	—	0	—
文化、体育和娱乐业	0	—	0	—
综合	0.12	-70.42	-0.64	-1156
合计	4587.79	-5.56	234.03	-3.21

资料来源：沪深交易所，同花顺。

（三）业绩变动情况分析

1. 营业收入、毛利率等变动原因分析

2015 年，河北 53 家上市公司整体收入较 2014 年下降 4.82%，归属于母公司所有者的净利润较 2014 年下滑 2.28%，扣除非经常性损益后，净利润较 2014 年下滑 23.27%。主要原因是在国家供给侧改革背景下，河北钢铁、水泥和煤炭行业上市公司利润下滑较大，其中冀东水泥和开滦股份 2015 年分别亏损 17.15 亿元和 4.17 亿元。在毛利率方面，河北 53 家上市公司中 23 家 2015 年毛利率出现一定程度下降，主要集中在水泥和煤炭板块，与利润下滑原因一致。

2. 盈利构成分析

2015 年，河北上市公司盈利主要来源于汽车制造业、房地产业和电力行业，其中长城汽车、华夏幸福、荣盛发展和建投能源 2015 年归属于母公司的净利润分别为

80.59 亿元、48.00 亿元、24.28 亿元和 20.44 亿元，总和 173.31 亿元，占河北总利润的 71.32%。

3. 经营性现金流量分析

2015 年，河北上市公司经营性现金净流量整体增加 63.20 亿元，较 2014 年增长 16.18%。但是产能过剩及其附属行业公司现金流状况恶化，如钢铁、煤炭、采煤装备、水泥等行业现金流状况普遍较差。

4. 业绩特点分析

河北 2015 年业绩状况和国家宏观经济环境高度关联，河北上市公司利润构成主要来源于钢铁、煤炭、水泥、汽车制造和房地产行业，在全国需求增量减速、供给增加较大的产能过剩背景下，河北上市公司利润压力较大，整体出现下滑。

5. 利润分配情况

河北 2015 年公司利润总额虽然下滑，但公司分红大幅提高。2015 年 28 家上市公司分红 77.89 亿元，比 2014 年增加 33.28%。有 9 家上市公司现金分红总额在 1 亿元以上，其中分红金额最多的 5 家公司分别为长城汽车、华夏幸福、荣盛发展、建投能源和唐山港。

表 8　　2015 年河北上市公司现金分红情况

2015 年分红公司家数			2015 年分红金额		
家数	变动率（%）	分红公司家数占地区公司总数比重（%）	金额（亿元）	变动率（%）	分红金额占归属于母公司所有者的净利润比重（%）
28	-12.50	52.83	77.89	31.91	33.28

资料来源：河北证监局。

四、河北上市公司并购重组情况

（一）并购重组基本情况

2015 年河北并购重组交易数量和规模大幅增长，有效支持了产业结构转型升级。2015 年，河北上市公司实施并购重组 7 家，相比 2014 年增加了 2 家；2015 年并购重组涉及资产金额共 114.03 亿元，相比 2014 年 56.39 亿元规模增长 1 倍以上。

（二）并购重组特点

河北上市公司并购重组的实施，主要围绕结构调整、转型升级进行。一是淘汰落后产能，如恒天天鹅（已更名为华讯方舟）通过资产置换，将高耗能、高污染的低效资产转出，置入先进通信装备制造业务；二是围绕主业发展，提高产业集中度，如东方能源收购控股股东火电相关资产；三是通过多元化并购实现业务转型，解决单一主业发展受限问题，如常山股份收购北明软件、福成五丰收购陵园资产等。

五、河北上市公司募集资金情况、使用情况

（一）募集资金总体情况

表 9　　2015 年河北上市公司募集资金情况

发行类型	代码	简称	募集资金（亿元）
首发	300428	四通新材	2.97
	300446	乐凯新材	1.36
	300491	通合科技	2.10
	小计		6.43
再融资（增发、配股）	600135	乐凯胶片	6.00
	600480	凌云股份	12.00
	000158	常山股份	5.49
	600559	老白干酒	8.25
	000413	东旭光电	80.00
	601000	唐山港	25.08
	300138	晨光生物	3.48
	300137	先河环保	0.88
	300368	汇金股份	1.40
	002146	荣盛发展	50.31
	小计		192.89
其他融资（公司债券、短期融资券、中期票据、次级债、金融债、境外发行债券）	002146	荣盛发展	99.00
	000413	东旭光电	10.00
	600409	三友化工	10.00
	600340	华夏幸福	80.00
	600803	新奥股份	8.00
	601000	唐山港	6.00
	000401	冀东水泥	40.00
	600812	华北制药	20.00
	601258	庞大集团	11.00
	小计		284.00
总计			483.32

资料来源：河北证监局，同花顺。

（二）募集资金使用情况及特点

2015年，河北上市公司股权和IPO募集资金使用方面基本能够按照《募集资金管理办法》的规定使用；公司债募集资金方面，由于2015年新的《债券发行与交易管理办法》刚刚颁布，同时证监会和交易所对公司债募集资金的使用和信息披露方面的监管遇到很多新情况，河北部分公司债券发行人存在资金使用不规范或者信息披露不及时的状况，但整体上不存在违规变更募集资金或者重大违规情况。

（三）募集资金变更情况

表10　　2015年河北上市公司募集资金使用项目变更情况

变更募集资金使用项目的公司家数	涉及金额（亿元）	募集资金总额（亿元）	占公司募集资金总额的比例（%）
1	0.24	6.00	4.01

资料来源：河北证监局。

六、河北上市公司规范运作情况

（一）上市公司治理专项情况

按照前期财政部和证监会部署，河北上市公司治理水平稳步提升，但部分上市公司在内控制度实施和履行方面存在一定问题，如2015年宝硕股份的董事会和监事会存在超期任职情况、华讯方舟因2015年重大资产重组未披露2015年内控审计报告和内部控制自我评价报告，河北证监局对上述公司治理不规范现象已通过函件或监管谈话形式要求公司整改。

（二）审计情况及监管情况

2015年，河北53家上市公司均按时披露了年报和年报审计报告，除*ST金源和廊坊发展的年度审计报告是带强调事项段的无保留意见外，其余51家公司的年度审计报告均为无保留意见类型，年报审计工作整体推进有序，未出现年报审计风险。河北证监局在2015年年报审计过程中约谈了多家河北重点上市公司的会计师，要求其提前进场预审，高度重视并防止公司采取违规手段操纵会计报表。年报披露后，河北证监局对53家上市公司的年报进行了审阅，就发现的问题通过监管谈话或下发年报关注函的形式进行深入了解，对部分公司进行了现场核查，更严重的移交稽查。针对河北省上市公司2015年年报，河北证监局共约谈3家公司高管、向9家公司下发年报关注函、对5家公司进行现场检查、对1家公司立案稽查。

（三）信息披露情况

2015年，河北上市公司信息披露情况整体良好，存在部分上市公司信息披露延时或未披露现象，河北证监局已对其采取行政监管措施。如常山股份全资子公司北明软件有限公司货物存放仓库 2015 年 8 月 7 日发生火灾，造成的损失金额为 3020.92 万元，占 2014 年度经审计的净利润的 124.40%，但常山股份直至 2015 年 11 月 12 日才以全资子公司重大诉讼公告的方式披露该火灾损失事项，河北证监局对常山股份及相关责任人员分别采取了相应的行政监管措施，同时对其进行立案调查。

（四）证券市场服务情况

2015 年，河北证监局在加强事中事后监管、推进监管转型的基础上，结合河北资本市场发展实际，积极向省政府建言献策，宣传资本市场的新政策，通报改革的新举措，推进辖区多层次资本市场稳步发展。一是建立联系机制。积极沟通协调，配合省政府金融考察团实地考察沪深交易所、股转系统，推动省政府与股转系统签署战略合作备忘录，畅通沟通渠道。二是助推产融对接。联合省直有关部门，组织省内近百家科技型中小企业赴股转系统开展对接式培训，了解最新挂牌政策；召开全省“金融·科技·产业”融合创新大型资本对接会，推进资本与科技、产业的融合。三是加强专题培训。配合省委组织部，举办针对各地市长、县长、金融办主任、省直有关部门负责人的金融专题培训班，提升各级领导干部对资本市场服务实体经济的整体认识和重要作用。四是深入基层调研。河北证监局领导带队先后赴保定、唐山、邢台等地走访调研，与当地政府沟通交流，介绍资本市场的政策动向；与部分上市公司座谈，了解公司运行状况和发展需求。

审稿人：武首纲

撰稿人：张存义

山西地区

一、山西国民经济发展概况

表 1　　2015 年山西国民经济发展概况　　单位：亿元

指标	1–3 月		1–6 月		1–9 月		1–12 月	
	绝对量	同比增长（%）	绝对量	同比增长（%）	绝对量	同比增长（%）	绝对量	同比增长（%）
地区生产总值（GDP）	2577.24	2.5	5814.18	2.7	9003.26	2.8	12802.58	3.1
全社会固定资产投资	860.38	8.3	4211.71	12.8	8982.99	13.5	13744.59	14.8
社会消费品零售总额	1410.00	5.5	2843.90	5	4356.90	5.2	6030.00	5.5
规模以上工业增加值	—	–2.9	—	–3.9	—	–3.3	—	–2.8
规模以上工业企业实现利润	7.50	–78.00	–5.20	–108.30	–37.40	–136.60	–68.10	–131.90
居民消费价格指数（CPI）	1–3 月		1–6 月		1–9 月		1–12 月	
	0.4		0.4		0.6		0.6	

资料来源：国家统计局。

二、山西上市公司总体情况

（一）公司数量

表 2　　2015 年山西上市公司数量　　单位：家

公司总数	2015 年新增	股票类别			板块分布			
		仅 A 股	仅 B 股	（A+B）股	沪市主板	深市主板	中小板	创业板
37	2	36	0	1	19	11	4	3

资料来源：沪深交易所，同花顺。

（二）行业分布

表 3　　2015 年山西上市公司行业分布情况

所属证监会行业类别	家数	占比（%）	所属证监会行业类别	家数	占比（%）
农、林、牧、渔业	0	0	金融业	1	2.7
采矿业	7	18.92	房地产业	0	0
制造业	22	59.46	租赁和商务服务业	0	0
电力、热力、燃气及水生产和供应业	3	8.11	科学研究和技术服务业	0	0
建筑业	0	0	水利、环境和公共设施管理业	0	0
批发和零售业	2	5.41	教育	0	0
交通运输、仓储和邮政业	1	2.7	卫生和社会工作	0	0
住宿和餐饮业	0	0	文化、体育和娱乐业	1	2.7
信息传输、软件和信息技术服务业	0	0	综合	0	0
合计	37	100			

资料来源：沪深交易所，同花顺。

（三）股本结构及规模

表 4　　2015 年山西上市公司股本规模在 10 亿股以上公司分布情况

股本规模（亿股）	公司家数	具体公司
100≤~<200	2	永泰能源，大秦铁路
50≤~<100	1	太钢不锈
20≤~<50	6	漳泽电力，西山煤电，山西证券，太原重工，阳泉煤业，潞安环能
10≤~<20	8	美锦能源，兰花科创，*ST 安泰，晋西车轴，山煤国际，国新能源，通宝能源，大同煤业

资料来源：沪深交易所，同花顺。

表 5　　2015 年山西上市公司分地区股权构成情况　　单位：家

地域分布 \ 股权性质	央企国资控股	省属国资控股	地市国资控股	民营控股	其他	合计
太原市	2	10	1	6	0	19
大同市	1	1	0	2	0	4
阳泉市	0	1	0	0	0	1
长治市	0	1	0	1	0	2
朔州市	0	0	0	0	0	0

续表

地域分布＼股权性质	央企国资控股	省属国资控股	地市国资控股	民营控股	其他	合计
晋城市	0	0	1	0	0	1
晋中市	0	0	0	2	0	2
运城市	1	1	0	2	0	4
忻州市	0	0	0	1	0	1
临汾市	0	2	0	0	0	2
吕梁市	0	1	0	0	0	1
合计	4	17	2	14	0	37

资料来源：山西证监局。

（四）市值规模

截至 2015 年 12 月 31 日，山西 37 家上市公司境内总市值 5863.70 亿元，占全国上市公司境内总市值的 1.10%；其中上交所上市公司 19 家，总股本 474.33 亿股，境内总市值 3562.20 亿元，占上交所上市公司境内总市值的 1.21%；深交所上市公司 18 家，总股本 209.28 亿股，境内总市值 2301.50 亿元，占深交所上市公司境内总市值的 0.97%。

（五）资产规模

截至 2015 年 12 月 31 日，山西 37 家上市公司合计总资产 7400.43 亿元，归属于母公司股东权益 2647.18 亿元，与 2014 年相比，分别增长 15.11%、9.24%；平均每股净资产 3.87 元。

三、山西上市公司经营情况及变动分析

（一）总体经营情况

表 6　　2015 年山西上市公司经营情况

指标	2015 年	2014 年	变动率（%）
家数	37	35	5.71
亏损家数	12	7	71.43
亏损家数比例（%）	32.43	20	12.43
平均每股收益（元）	0.09	0.31	-70.97
平均每股净资产（元）	3.87	4.35	-11.03
平均净资产收益率（%）	2.22	7.15	-4.93
总资产（亿元）	7400.43	6428.91	15.11
归属于母公司股东权益（亿元）	2647.18	2423.29	9.24

续表

指标	2015年	2014年	变动率（%）
营业收入（亿元）	3073.45	3597.53	-14.57
利润总额（亿元）	120.69	238.99	-49.50
归属于母公司所有者的净利润（亿元）	58.87	173.28	-66.03

资料来源：沪深交易所，同花顺。

（二）分行业经营情况

表7　　2015年山西上市公司分行业经营情况

所属行类	营业收入（亿元）	可比样本变动率（%）	归属于母公司所有者的净利润（亿元）	可比样本变动率（%）
农、林、牧、渔业	0	—	0	—
采矿业	708.1	-16.61	-24.23	-229.52
制造业	1145.82	-17.66	-50	-620.44
电力、热力、燃气及水生产和供应业	215.35	-6.05	13.24	-17.28
建筑业	0	—	0	—
批发和零售业	435.56	-32.03	-22.12	-30.81
交通运输、仓储和邮政业	525.31	-2.67	126.48	-10.84
住宿和餐饮业	0	—	0	—
信息传输、软件和信息技术服务业	0	—	0	—
金融业	38.39	95.92	14.39	145.41
房地产业	0	—	0	—
租赁和商务服务业	0	—	0	—
科学研究和技术服务业	0	—	0	—
水利、环境和公共设施管理业	0	—	0	—
教育	0	—	0	—
卫生和社会工作	0	—	0	—
文化、体育和娱乐业	4.93	2100.74	1.11	20013.02
综合	0	—	0	—
合计	3073.45	-16.26	58.87	-66.38

资料来源：沪深交易所，同花顺。

（三）业绩变动情况分析

1. 营业收入、毛利率等变动原因分析

2015年，山西地区上市公司实现营业收入3073.45亿元，较2014年下降14.57%；净利润58.87亿元，较2014年下降66.03%；利润总额120.69亿元，较2014年下降49.50%；营业成本2449.76亿元，较2014年下降15.48%；毛利率25.46%，较2014年增长6.02个百分点（较2014年可比样本增长1.31个百分点）。总体来看，由于受到国内经济结构调整和经济下行压力，辖区上市公司营业收入及利润总额降幅较大，但营业成本降幅略大于营业收入降幅，且2015年度新增2家上市公司，导致整体毛利率上升。

2. 盈利构成分析

从盈利构成看，2015年山西地区上市公司利润来源主要是当年营业利润111.40亿元，较2014年下降49.08%，占利润总额比重为92.30%。其中，山西上市公司投资净收益33.60亿元，较2014年下降12.32%，占利润总额比重为27.84%；资产减值损失51.85亿元，较2014年增长47.77%，占利润总额比重为42.96%；营业外净收益、公允价值变动净收益对利润影响较少，占利润总额比重分别为7.7%、1.0%。

3. 经营性现金流量分析

2015年，山西地区上市公司经营现金流量净额为289.91亿元，较2014年的350.74亿元下降了17.34%，其中大秦铁路经营现金流量净额为141.18亿元，占所有公司的48.70%。37家上市公司中，24家经营现金流量净额为正，占比为64.86%，低于2014年71.43%的水平。

4. 业绩特点分析

（1）整体业绩水平。2015年，山西地区37家上市公司实现净利润58.87亿元，较2014年下降66.03%；每股收益0.09元，较2014年下降70.97%；净资产收益率2.22%，较2014年降低4.93个百分点；每股净资产3.87元，较2014年下降11.03%。

（2）板块情况。2015年，山西主板上市公司（剔除中小企业板）平均每股收益0.06元，远低于0.51元的全国平均水平；净资产收益率1.50%，低于9.55%的全国平均水平。山西作为中西部地区，中小板、创业板上市公司还不多（中小板4家，创业板3家），仅占山西上市公司家数的18.92%。中小板上市公司平均每股收益0.48元，高于深交所中小板0.32元的平均每股收益水平；净资产收益率10.13%，高于深交所中小板7.96%的平均净资产收益率。创业板上市公司每股收益0.21元，低于深交所创业板0.33元的平均每股收益水平；净资产收益率3.45%，低于深交所创业板8.52%的平均净资产收益率。

5. 利润分配情况

2015年，山西共有15家公司发放现金股利，家数与2014年持平，占山西上市公司总数的40.54%；派现总额83.90亿元，较2014年增长4.63%，分红金额占37家上市公司归属于母公司所有者的净利润的142.52%。

表8　2015年山西上市公司现金分红情况

2015年分红公司家数			2015年分红金额		
家数	变动率（%）	分红公司家数占地区公司总数比重（%）	金额（亿元）	变动率（%）	分红金额占归属于母公司所有者的净利润比重（%）
15	0	40.54	83.90	4.63	142.52

资料来源：山西证监局。

四、山西上市公司并购重组情况

（一）并购重组基本情况

2015 年，山西共有 6 家公司实施并购重组，涉及金额合计约 140.05 亿元。从并购重组情况看，2 家公司为现金收购，2 家为发行股份购买资产，1 家为非公开发行股份，1 家为资产置换。

1. 美锦能源（000723）

美锦能源向美锦集团发行股份和支付现金购买其持有的汾西太岳 76.96 %的股权、东于煤业 100%的股权、美锦煤焦化 100%的股权、天津美锦 100%的股权以及大连美锦 100%的股权。交易资产最终交易价格为 77.28 亿元。2015 年 12 月完成工商登记变更。

2. 永泰能源（600157）

永泰能源向国利能源、华电金泰、桂清投资支付现金购买其合计持有的北京三吉利股份有限公司（后更名为：华兴电力股份公司）53.125%的股权。交易资产最终交易价格为 12.75 亿元。2015 年 5 月完成工商登记变更。

永泰能源全资子公司华瀛石油化工有限公司参与竞拍国家开发投资公司（以下简称“国开投”）公开挂牌转让的华兴电力股份公司（以下简称“华兴电力”）36.875%的股权。交易资产最终交易价格 16.02 亿元。2016 年 1 月 15 日签署《产权交易合同》，2016 年 4 月 15 日完成工商登记变更。

3. 安泰集团（600408）

安泰集团以其持有的山西安泰集团冶炼有限公司 51%的股权与新泰钢铁持有的山西安泰型钢有限公司 100%的股权进行置换。置入资产评估值 14 亿元。置入资产 2015 年 10 月 9 日完成工商登记变更。

4. 当代东方（000673）

当代东方向当代文化等 8 名特定投资者非公开发行股票，部分募集资金用于收购东阳盟将威影视文化有限公司 100%的股权。交易资产最终交易价格 11 亿元。2015 年 6 月 15 日完成工商变更登记。

5. 太原刚玉（000795）

太原刚玉向横店控股、金华相家及自然人许晓华发行股份购买其合计持有的浙江联宜电机有限公司 100%的股权。交易资产最终交易价格 7 亿元。2015 年 7 月 28 完成工商变更登记。

6. 通宝能源（600780）

通宝能源全资子公司阳光公司以现金支付方式收购晋能电力集团持有的保德煤电 100%的股权。交易资产最终交易价格 2 亿元。2016 年 1 月 14 日完成工商变更登记。

（二）并购重组特点

2015 年，山西地区并购重组呈现较活跃的态势，呈现出两个特点。一是通过并购重组进行横向收购和实施多元化战略，拓宽业务领域，积极实现转型协同发展。二是以业务或行业整合为目标，充分发挥资本市场并购重组功能，实施产业布局优化，延伸产业链条，提高盈利能力，稳步推进公司战略目标的实现。

五、山西上市公司募集资金情况、使用情况

（一）募集资金总体情况

表 9　　2015 年山西上市公司募集资金情况

发行类型	代码	简称	募集资金（亿元）
首发	002753.SZ	永东股份	3.35
	300486.SZ	东杰智能	3.10
	小计		6.45
再融资（增发、配股）	600157.SH	永泰能源	100.00
	002500.SZ	山西证券	38.78
	000723.SZ	美锦能源	24.72
	000673.SZ	当代东方	19.98
	600617.SH	国新能源	10.05
	600351.SH	亚宝药业	7.79
	000795.SZ	太原刚玉	2.30
	300254.SZ	仟源医药	2.01
	小计		205.63
其他融资（公司债券、短期融资券、中期票据、次级债、金融债、境外发行债券）	002500.SZ	山西证券	50.00（次级债）
	002500.SZ	山西证券	20.00（公司债券）
	122418.SH	盛和资源	4.50（公司债券）
	600157.SH	永泰能源	28.00（中期票据）
	000825.SZ	太钢不锈	20.00（中期票据）
	600348.SH	阳泉煤业	15.00（中期票据）
	600157.SH	永泰能源	60.00（短期融资券）
	000825.SZ	太钢不锈	40.00（超短期融资券）
	601006.SH	大秦铁路	40.00（短期融资券）
	000767.SZ	漳泽电力	20.00（短期融资券）
	600617.SH	国新能源	1.00（短期融资券）
	601001.SH	大同煤业	38.00（定向债务融资工具）
	600546.SH	山煤国际	20.00（定向债务融资工具）
	000767.SZ	漳泽电力	6.00（定向债务融资工具）
	小计		362.50
总计			574.58

资料来源：山西证监局。

（二）募集资金使用情况及特点

2015 年，山西共有 18 家公司使用募集资金 581.79 亿元。其中 505.25 亿元为 2015 年募集的资金，占年度募集资金使用总额的 86.84%；76.55 亿元为以前年度募集的资金，占年度募集资金使用总额的 13.16%。上市公司使用的 2015 年募集资金 505.25 亿元中，378.45 亿元为公司债券、短期融资券、中期票据和非公开定向债务融资工具等，主要用于偿还债务及补充流动资金；123.04 亿元为定向增发融资，主要用于购买相关资产、股权和补充流动资金；3.756 亿元为首发融资，主要用于项目建设和补充流动资金。

（三）募集资金变更情况

2015 年，山西有 1 家公司变更募集资金的使用项目，涉及金额 1 亿元，为该公司以前年度募集资金，占该公司当年募集资金总额的 9.67%。该公司 2015 年度未募集资金。募集资金变更程序合法，经公司股东大会批准。变更的主要原因：行业和市场形势持续低迷，公司生产经营受到严重影响，流动资金紧张，原定项目暂缓建设，将剩余募集资金永久补充流动资金。

表 10　2015 年山西上市公司募集资金使用项目变更情况

变更募集资金使用项目的公司家数	涉及金额（亿元）	募集资金总额（亿元）	占公司募集资金总额的比例（%）
1	1	—	—

资料来源：山西证监局。

六、山西上市公司规范运作情况

（一）上市公司治理专项情况

2015 年，山西证监局引导市场主体实现自我管理，加强诚信体系建设，推动建立投资者关系管理长效机制。一是引导实现自我管理。引导上市公司发挥自我管理职能，积极推动山西省上市公司协会制定并发布《山西辖区上市公司合规管理指引》，引导辖区上市公司完善合规风险管理和监控机制，提升规范运作和持续发展能力。二是加强诚信体系建设。对上市公司承诺履行和规范情况定期排查，将辖区公司承诺履行和监管措施情况及时录入证监会诚信档案系统，将上市公司资本运作与公司诚信记录挂钩，构建诚信约束环境。三是推动建立投资者关系管理长效机制。引导上市公司采用网络投票方式召开股东大会，采用累积投票制选举董事、监事，举办上市公司业绩网上集体说明会，保障中小投资者充分行使股东权利。

（二）审计情况及监管情况

在 2015 年报告审计过程中，共有 13 家会计师事务所为 37 家山西上市公司提供审计服务，其中1家公司更换了会计师事务所。37家上市公司中，32家上市公司审计报告为标准无保留意见，4家为带强调事项段的无保留意见，1家为保留意见。在披露内部控制审计报告的辖区33家上市公司中，29家上市公司内部控制审计报告为标准无保留意见，2家为带强调事项段的无保留意见，2家为否定意见。

2015年报审计监管中，山西证监局主要采取事前部署安排、事中跟踪推进、事后检查总结的三阶段监管。一是要求所有上市公司年报审计机构在现场审计前向山西证监局报备审计计划，系统梳理审计风险，以现场约谈、电话沟通等形式提请审计师关注日常监管中掌握的重点事项。二是列席审计机构与公司审计委员会沟通会议，加强与交易所的沟通与监管协作，及时掌握年报审计进展。年报披露后进行常规审核，以风险导向选取检查样本。三是加大现场检查力度，对23家次上市公司进行了现场检查，对7家中介机构进行了延伸检查，督促中介机构归位尽责、实现借力监管，促进公司规范运作水平不断提高。

（三）信息披露情况

2015年，山西证监局坚持以信息披露为核心，强化事中事后监管，提升监管针对性和有效性。一是落实上市公司信息处理工作机制，把非现场监管、媒体报道和投资者反映的问题作为日常监管的重要线索来源，引导上市公司稳妥处置媒体质疑。二是持续开展定期报告和临时报告审核工作，对辖区上市公司年度报告进行深入分析研究，进行监管风险分类，摸清底数，对症监管，有效防范和化解风险。三是将信息披露纳入现场检查范围，加大现场检查和问责力度，全年累计对上市公司现场检查23家次，累计采取行政监管措施10项，下发监管关注函28次。

（四）证券市场服务情况

1. 维护市场平稳运行

在2015年7月中旬股市非理性持续下跌期间，山西证监局迅速反应、多措并举，有力保障了辖区市场的稳定运行。一是准确预判并及时启动应急预案，在股市出现异常波动不久即向省委省政府进行专项请示，提出了稳定辖区上市公司股价的10项措施，进行逐日盯市。二是联合行业协会引导辖区37家上市公司共同践行社会责任，利用主流媒体主动发声，发布维护市场稳定联合声明，有效提振了市场信心。三是下发维护上市公司股价稳定通知，紧急约谈减持股票的7家上市公司控股股东，督促公司制定并披露维护股价情况及增持实施情况。四是督促证券期货经营机构积极维护市场稳定，加强客户服务和安抚工作。五是督促*ST安泰、*ST狮头、*ST阳化3家公司积极采取措施，有效化解退市风险。

2. 指导推动企业改制上市和挂牌

一是通过调研走访、召开座谈会，积极协调解决企业改制上市（挂牌）过程中面临的困难和问题，多次联合山西省金融办、上海证券交易所举办改制上市（挂牌）培训，强化政策指导，加快企业培育步伐。

二是修订《首次公开发行股票并上市辅导监管工作规程》，强化拟上市企业辅导监管工作，督促中介机构归位尽责。

3. 打击证券期货市场违法违规行为

一是加大稽查执法力度，严厉打击违法违规行为。2015 年全年累计查办案件 21 起，其中立案调查 10 起、初步调查并转立案 1 起、协助调查 10 起。二是打防结合，对非法证券活动保持高压态势，核查非法证券活动及证券期货行业领域非法集资事项 10 起。三是组织开展辖区证券期货领域防范打击非法集资宣传月、防范非法证券期货活动宣传教育进社区、涉嫌非法集资广告资讯信息排查等形式多样的宣传活动，达到了良好的宣传效果。

4. 做好资本市场培训宣传工作

一是深入开展调研，局领导带队深入市场主体、各市县调研 30 余次；山西金融振兴大会后，组建宣讲团深入运城、忻州、文水、稷山、襄垣等多个市县宣讲破解融资难的新理念、新方法。二是联合山西省金融办、中小企业局、交易所、地方协会，对市场主体开展各类培训 20 余次，受训人数 3000 余人。三是借力主流媒体，坚持正面引导和反面警示相结合，强化舆论宣传工作，营造资本市场服务山西转型发展良好氛围。

（五）其他

1. 为资本市场服务地方经济建言献策

一是为全省金融振兴大会、科技创新大会、民营经济大会、太原市城中村改造、吕梁市经济振兴、大同和晋城市文化旅游产业振兴建言献策；向有关部门和市县出具资本市场服务地方经济意见、建议和方案。二是证监会发布重大政策后，第一时间向省政府报告。

2. 支持地方金融创新

一是指导省内首家混合所有制综合金融服务平台——高新普惠互联网众筹平台正式上线运行。截至 2015 年 12 月末，帮助 20 家中小企业共 36 个项目融资 1.87 亿元。二是指导晋城市和大同市结合区域旅游资源特点，探索“旅游振兴 + 金融创新”组合拳试点，组建两只 30 亿元的旅游文化产业基金和 3 个注册资本各 5 亿元的混合所有制旅游文化产业发展集团。三是指导高平市出台《关于促进金融振兴和强化服务实体经济的意见》。四是指导山西汾阳市发展康养产业并协助起草试点方案。五是完善众筹扶贫模式，积极探索合作社“实物回报 + 捐赠款贴息”的众筹利息偿付机制。

审稿人：王　坤

撰稿人：张彩霞

内蒙古地区

一、内蒙古国民经济发展概况

表 1　　2015 年内蒙古国民经济发展概况　　单位：亿元

指标	1–3 月		1–6 月		1–9 月		1–12 月	
	绝对量	同比增长（%）	绝对量	同比增长（%）	绝对量	同比增长（%）	绝对量	同比增长（%）
地区生产总值（GDP）	3274.5	7	7424.9	6.9	12092.76	7.5	18032.79	7.7
全社会固定资产投资	568.67	–8.9	5378.66	0.3	11183.2	0.1	13529.15	0.1
社会消费品零售总额	1385.68	6.8	2769.57	7.3	4311.26	7.8	6107.70	8.00
规模以上工业增加值	—	8.2	—	8.1	—	8.6	—	8.6
规模以上工业企业实现利润	177.20	–35.30	438.90	–23.40	642.30	–21.50	940.50	–23.80
居民消费价格指数（CPI）	1–3 月		1–6 月		1–9 月		1–12 月	
	0.5		0.8		1		1.1	

资料来源：国家统计局。

二、内蒙古上市公司总体情况

（一）公司数量

表 2　　2015 年内蒙古上市公司数量　　单位：家

公司总数	2015 年新增	股票类别			板块分布			
		仅 A 股	仅 B 股	（A+B）股	沪市主板	深市主板	中小板	创业板
26	1	24	1	1	16	5	2	3

资料来源：沪深交易所，同花顺。

（二）行业分布

表 3　　2015 年内蒙古上市公司行业分布情况

所属证监会行业类别	家数	占比（%）	所属证监会行业类别	家数	占比（%）
农、林、牧、渔业	0	0	金融业	0	0
采矿业	6	23.08	房地产业	0	0
制造业	18	69.23	租赁和商务服务业	0	0
电力、热力、燃气及水生产和供应业	1	3.85	科学研究和技术服务业	0	0
建筑业	1	3.85	水利、环境和公共设施管理业	0	0
批发和零售业	0	0	教育	0	0
交通运输、仓储和邮政业	0	0	卫生和社会工作	0	0
住宿和餐饮业	0	0	文化、体育和娱乐业	0	0
信息传输、软件和信息技术服务业	0	0	综合	0	0
合计	26	100			

资料来源：沪深交易所，同花顺。

（三）股本结构及规模

表 4　　2015 年内蒙古上市公司股本规模在 10 亿股以上公司分布情况

股本规模（亿股）	公司家数	具体公司
200≤~<500	1	包钢股份
50≤~<100	2	内蒙华电，伊利股份
20≤~<50	4	北方稀土，亿利洁能，君正集团，伊泰 B 股
10≤~<20	6	兴业矿业，远兴能源，平庄能源，银泰资源，露天煤业，鄂尔多斯

资料来源：沪深交易所，同花顺。

表 5　　2015 年内蒙古上市公司分地区股权构成情况　　单位：家

股权性质 / 地域分布	央企国资控股	省属国资控股	地市国资控股	民营控股	其他	合计
呼和浩特市	1	0	0	2	2	5
包头市	2	2	0	4	0	8
乌海市	0	0	0	2	0	2
赤峰市	1	0	0	2	0	3
通辽市	1	0	0	0	0	1
鄂尔多斯市	0	0	0	4	0	4

续表

地域分布 \ 股权性质	央企国资控股	省属国资控股	地市国资控股	民营控股	其他	合计
乌兰察布市	0	0	0	1	0	1
阿拉善盟	1	0	0	0	0	1
锡林郭勒盟	0	0	0	1	0	1
合计	6	2	0	16	2	26

资料来源：内蒙古证监局。

（四）市值规模

截至2015年12月31日，内蒙古26家上市公司境内总市值5356.70亿元，占全国上市公司境内总市值的1.01%；其中上交所上市公司16家，总股本601.47亿股，境内总市值4556.51亿元，占上交所上市公司境内总市值的1.54%；深交所上市公司10家，总股本80.45亿股，境内总市值800.19亿元，占深交所上市公司境内总市值的0.34%。

（五）资产规模

截至2015年12月31日，内蒙古26家上市公司合计总资产6445.45亿元，归属于母公司股东权益1895.67亿元，与2014年相比，分别增长41.82%、34.96%；平均每股净资产2.7元。

三、内蒙古上市公司经营情况及变动分析

（一）总体经营情况

表6　　2015年内蒙古上市公司经营情况

指标	2015年	2014年	变动率（%）
家数	26	25	4.00
亏损家数	7	2	250.00
亏损家数比例（%）	26.92	8	18.92
平均每股收益（元）	0.07	0.27	-74.07
平均每股净资产（元）	2.7	3.12	-13.46
平均净资产收益率（%）	2.58	8.73	-6.15
总资产（亿元）	6445.45	4544.77	41.82
归属于母公司股东权益（亿元）	1895.67	1404.66	34.96
营业收入（亿元）	1966.74	2012.78	-2.29
利润总额（亿元）	77.88	167.76	-53.58
归属于母公司所有者的净利润（亿元）	48.99	122.64	-60.05

资料来源：沪深交易所，同花顺。

（二）分行业经营情况

表 7　　2015 年内蒙古上市公司分行业经营情况

所属行类	营业收入（亿元）	可比样本变动率（%）	归属于母公司所有者的净利润（亿元）	可比样本变动率（%）
农、林、牧、渔业	0	—	0	—
采矿业	303.48	-17.84	6.88	-80.58
制造业	1537.29	2.62	33.53	-60.1
电力、热力、燃气及水生产和供应业	108.29	-20.57	6.99	-48.69
建筑业	17.68	8.75	1.59	-4.53
批发和零售业	0	—	0	—
交通运输、仓储和邮政业	0	—	0	—
住宿和餐饮业	0	—	0	—
信息传输、软件和信息技术服务业	0	—	0	—
金融业	0	—	0	—
房地产业	0	—	0	—
租赁和商务服务业	0	—	0	—
科学研究和技术服务业	0	—	0	—
水利、环境和公共设施管理业	0	—	0	—
教育	0	—	0	—
卫生和社会工作	0	—	0	—
文化、体育和娱乐业	0	—	0	—
综合	0	—	0	—
合计	1966.74	-4.82	48.99	-63.64

资料来源：沪深交易所，同花顺。

（三）业绩变动情况分析

1. 营业收入、毛利率等变动原因分析

主要受国际大宗商品价格下跌和产能过剩等因素的影响，内蒙古地区煤炭、钢铁及有色金属三大传统行业经营业绩下滑，影响全区上市公司整体经营业绩。2015 年全区上市公司营业总收入小幅下降，全年实现营业收入 1966.74 亿元，较 2014 年下降 2.29%；归属于母公司的净利润为 48.99 亿元，较 2014 年下降 60.05%。同时，由于受上市公司去产能去库存，降本增效共同影响，2015 年毛利率为 31.41%，增加了 5.99 个百分点。

2. 盈利构成分析

从盈利构成看，2015 年内蒙古上市公司利润来源主要是营业利润为 47.40 亿元，占利润总额的比重为 60.86%，较 2014 年上升35.25个百分点。营业利润中公允价值变动损益占比为5.38%。

3. 经营性现金流量分析

为应对经济增速持续下滑，公司倾向于保证充足的现金流量，加快经营现金的回流。2015年，内蒙古上市公司经营活动现金流量净额为1231.88亿元，较2014年同期增加140.48%，这是继2014年辖区上市公司经营现金流较2013年增加65.89%后的进一步增长。具体来看，辖区26家上市公司中，22家上市公司经营活动现金净流量为正，比2014年增加4家。现金流的大幅增长主要由14家上市公司贡献，特别是伊利股份、北方稀土和西水股份，分别增长291.40%、288.40%和272.85%。

4. 业绩特点分析

2015年，内蒙古上市公司实现营业收入1966.74亿元，较2014年下降2.29%；归属于母公司的净利润为48.99亿元，较2014年下降60.05%。辖区上市公司的盈利能力整体下降，主要是与全区传统行业上市公司受宏观经济下行影响较大有关。从辖区上市公司分布较为集中的几个行业来看，医药制造业盈利能力持续增强，营业收入及归属于母公司的净利润较2014年增长分别为21.21%、18.88%。煤炭、黑色及有色金属、化工等传统行业经营压力较大。其中黑色金属冶炼和压延加工业公司业绩下滑幅度最大，归属于母公司的净利润下降592.94%。

5. 利润分配情况

表8　　2015年内蒙古上市公司现金分红情况

2015年分红公司家数			2015年分红金额		
家数	变动率（%）	分红公司家数占地区公司总数比重（%）	金额（亿元）	变动率（%）	分红金额占归属于母公司所有者的净利润比重（%）
16	-27.27	61.54	42.35	-20.11	86.45

资料来源：内蒙古证监局。

四、内蒙古上市公司并购重组情况

（一）并购重组基本情况

2015年，内蒙古共有7家公司实施并购重组，涉及金额627.49亿元。其中3家并购重组已完成，涉及金额352.10亿元，1家重组方案获证监会核准通过，涉及金额136.81亿元，北方创业、兴业矿业和蒙草抗旱3家公司正在筹划重大资产重组，涉及金额138.58亿元。从支付对价的形式看，5家为发行股份购买资产，2家为现金收购资产。

1. 赤峰黄金（600988）

2015年2月，赤峰黄金以非公开发行股份及支付现金的方式合计9.058亿元收购郴州雄风稀贵100%的股权。

2. 包钢股份（600010）

2015年7月，包钢股份以非公开发行股票募集资金298亿元用于收购控股股东包头钢铁（集团）有限责任公司拥有的选矿相关资产、白云鄂博矿产资源综合利用工程项目选铁相关资产以及尾矿库资产。

3. 君正集团（601216）

2015 年 8 月，君正集团以现金 45.05 亿元购买华泰保险合计 15.30%的股份。

4. 西水股份（600291）

2015 年 12 月，西水股份非公开发行用于向天安财险天安财产保险股份有限公司增资获证监会核准通过，涉及金额 136.81 亿元。

同时，北方创业、兴业矿业和蒙草抗旱 3 家公司正在筹划重大资产重组，涉及金额 164.20 亿元。北方创业此次重组完成后，将其控股股东一机集团主要军品和民品注入上市公司，整体价值将得到进一步提升。辖区上市公司日趋活跃的并购重组，进一步发挥了资本市场优化资源配置、推动经济升级转型发展和国有企业改革的功能。

（二）并购重组特点

2015 年，内蒙古上市公司并购重组有如下特点：一是并购重组日趋活跃，以非公开发行购买资产为主要方式，现金购买资产也呈现上升趋势；二是并购重组的方式为横向合并或纵向合并，旨在通过协同效应达到延伸产业链、增强盈利能力、提高资源配置效率、优化公司治理结构的作用；三是并购重组规模增大，涉及百亿元以上项目 2 家；四是股东资产注入方式增多，辖区两家公司涉及大股东注入优质资产；五是金融资产成为并购热点，2015 年，辖区上市公司收购保险公司股份 2 家（君正集团、西水股份），涉及金额 181.86 亿元，占并购重组总金额的 28.98%。

五、内蒙古上市公司募集资金情况、使用情况

（一）募集资金总体情况

表 9　　2015 年内蒙古上市公司募集资金情况

发行类型	代码	简称	募集资金（亿元）
再融资（增发、配股）	000683	远兴能源	10.50
	600988	赤峰黄金	10.85
	600010	包钢股份	298.00
	300049	福瑞股份	0.50
	600091	明天科技	5.69
	300239	东宝生物	3.76
	300355	蒙草生态	5.00
	小计		334.30

续表

发行类型	代码	简称	募集资金（亿元）
其他融资（公司债券、短期融资券、中期票据、次级债、金融债、境外发行债券）	600010	包钢股份	55.00
	600277	亿利能源	10.00
	601216	君正集团	29.00
	600863	内蒙华电	18.00
	小计		112.00
总计			446.30

资料来源：内蒙古证监局。

（二）募集资金使用情况及特点

2015年，内蒙古共有10家公司募集资金，募集资金总额446.3亿元，占全区新增社会融资规模的23.88%，创近年之最，大力支持了公司的结构调整和转型升级。从发行类型上看，定向增发融资323.45亿元，公司债融资40亿元，中期票据和短期融资债融资72亿元。

2015年，内蒙古共有10家上市公司使用募集资金，累计使用额达368.59亿元，其中364.33亿元为使用2015年募集资金，占比98.84%。上市公司使用2015年的募集资金中，40亿元为公司债，占比10.98%，主要用于补充流动资金；252.33亿元为定向增发募集资金，占比69.26%，主要用于并购重组及公司产业优化升级。

（三）募集资金变更情况

2015年，内蒙古上市公司北方创业和蒙草生态2家涉及变更募集资金用途，蒙草生态涉及变更金额为0.24亿元，主要是由于募资项目存在土地权属纠纷而无法实施，为提高资金使用效率而终止原项目；北方创业涉及变更金额为3亿元，主要是由于固定资产投资金额变更，公司将铺底流动资金0.8亿元和节余募集资金2.2亿元及利息永久补充流动资金。

表10　　2015年内蒙古上市公司募集资金使用项目变更情况

变更募集资金使用项目的公司家数	涉及金额（亿元）	募集资金总额（亿元）	占公司募集资金总额的比例（%）
2	3.24	9.37	34.58

资料来源：内蒙古证监局。

六、内蒙古上市公司规范运作情况

（一）上市公司治理专项情况

2015年，内蒙古证监局围绕提高上市公司质量推出了一系列监管措施，监管效果已初步显现。一是以实施内控规范体系为切入点，推动上市公司建立规范运作内生机制。26家上市公司中25家实施了企业内部控制规范体系，全面提升了经营管理水平及风险防范和应对能力，为进一步提高信息披露质量发挥了重要的积极作用。二是以落实现金分红为契机，督促上市公司完善利润分配政策，健全现金分红制度，强化股东回报意识。2015年，全区上市公司中共有16家公司推出现金分红方案，分红家数占比达61.54%。涉及分红金额42.35亿元，占上市公司当期净利润比重为86.45%，较2014年增加43.23个百分点。持续稳定高比例分红公司群体正在逐渐形成，近10家公司连续三年分红比例超过30%。三是以承诺及履行监管专项工作为突破口，督促6家上市公司完成2项超期未履行承诺和11项不合规承诺的规范工作，不仅集中解决了一批多年沉积的历史遗留问题，而且进一步提高了上市公司的诚信意识。四是加大日常监管力度，突出现场检查监管方式，及时查处违法违规行为，不断增强监管的威慑力。

（二）审计情况及监管情况

2015年，内蒙古26家上市公司中，23家公司的审计报告为标准无保留意见，2家公司为带强调事项段的无保留意见，1家公司为保留意见，非标意见公司占辖区上市公司的比重为11.53%。从内控审计情况看，25家公司披露了内部控制评价报告，21家公司披露了审计报告，赤峰黄金因重大资产重组无法在规定时间内建立健全内控体系而未披露；20家内控审计报告为标准无保留意见，1家为带强调事项段的无保留意见。

2015年的审计监管工作中，主要工作及成效有：一是制定2015年年报审计监管方案，下发通知，对年报审计机构提出明确要求，筑牢工作基础；二是突出重点，现场督导，提升审计机构执业质量；三是全面开展“双随机”抽查，增强审计监管效果。

（三）信息披露情况

2015年，内蒙古证监局切实履行信息披露监管职责，提高上市公司透明度。一是加强以年报为中心的定期报告和临时公告的审核审阅工作，对重点公司和风险领域加大非现场监管力度，及时关注和处置股价异动、媒体质疑、市场传闻、信访投诉等市场动态，督促上市公司提高信息披露质量。二是加大现场检查力度，2015年对4家公司开展了全面现场检查，对2家公司进行了专项核查，针对检查中发现的问题，向3家公司及年审会计师下发了监管关注函，提出整改要求；对发现的1件涉嫌违法违规线索，移交稽查立案调查。

（四）证券市场服务情况

2015年，内蒙古证监局持续关注市场动态，积极维护市场稳定。针对2015年以来A股市场出现的非理性波动，采取一系列措施维护市场稳定：一是及时下发通知，要求辖区上市公司进一步加强信息披露、做好投资者保护工作，重申严格履行信息披露义务、加强内幕信息管理、做好投资者关系管理等监管要求。二是鼓励上市公司及其控股股东、董监高通过股份回购、增持、优先股、市值管理等方式稳定投资者信心。三是及时妥善处置信访投诉，年内处理“12386热线业务”7件次，处理投诉3件次，处理举报29件次，开展现场核查3次，非现场核查14件次，书面答复投资者14件次，移交违法违规线索立案稽查1件次，有效地维护了投资者合法权益和市场稳定。四是加强对违规减持股份行为的监管，约谈3家公司控股股东及高管，对2家公司控股股东和董事违规减持行为分别采取了行政监管措施，对其中1家公司的控股股东进行了立案调查。五是指导内蒙古上市公司协会发出维护市场稳定的倡议书，得到了各上市公司的积极响应，取得了较好的社会效果。

审稿人：苏虎超　王鑫惠　董阅军
撰稿人：张雯雯

辽宁地区

一、辽宁国民经济发展概况

表 1　　2015 年辽宁国民经济发展概况　　单位：亿元

指标	1–3 月		1–6 月		1–9 月		1–12 月	
	绝对量	同比增长（%）	绝对量	同比增长（%）	绝对量	同比增长（%）	绝对量	同比增长（%）
地区生产总值（GDP）	5719.1	1.9	13004.97	2.6	20404.6	2.7	28743.39	3
全社会固定资产投资	1946.25	–18.5	10969.74	–13.3	16666.32	–21.2	17640.37	–27.8
社会消费品零售总额	—	6.9	6091	7.5	—	7.8	12773.8	7.7
规模以上工业增加值	—	–5.9	—	–5.5	—	–5.4	—	–4.8
规模以上工业企业实现利润	340.20	–29.00	782.90	–22.10	1101.30	–24.80	1191.10	–38.10
居民消费价格指数（CPI）	1–3 月		1–6 月		1–9 月		1–12 月	
	1.2		1.1		1.3		1.4	

资料来源：国家统计局。

二、辽宁上市公司总体情况

（一）公司数量

表 2　　2015 年辽宁上市公司数量　　单位：家

公司总数	2015 年新增	股票类别			板块分布			
		仅 A 股	仅 B 股	（A+B）股	沪市主板	深市主板	中小板	创业板
48	3	46	0	2	17	16	6	9

资料来源：沪深交易所，同花顺。

（二）行业分布

表 3　　**2015 年辽宁上市公司行业分布情况**

所属证监会行业类别	家数	占比（%）	所属证监会行业类别	家数	占比（%）
农、林、牧、渔业	0	0	金融业	0	0
采矿业	0	0	房地产业	0	0
制造业	35	72.92	租赁和商务服务业	0	0
电力、热力、燃气及水生产和供应业	4	8.33	科学研究和技术服务业	0	0
建筑业	0	0	水利、环境和公共设施管理业	1	2.08
批发和零售业	3	6.25	教育	0	0
交通运输、仓储和邮政业	2	4.17	卫生和社会工作	0	0
住宿和餐饮业	0	0	文化、体育和娱乐业	1	2.08
信息传输、软件和信息技术服务业	2	4.17	综合	0	0
合计	48	100			

资料来源：沪深交易所，同花顺。

（三）股本结构及规模

表 4　　**2015 年辽宁上市公司股本规模在 10 亿股以上公司分布情况**

股本规模（亿股）	公司家数	具体公司
50≤~<100	2	鞍钢股份，营口港
20≤~<50	2	本钢板材，锦州港
10≤~<20	9	*ST 华锦，烯碳新材，锌业股份，凌钢股份，金山股份，抚顺特钢，金杯汽车，东软集团，红阳能源

资料来源：沪深交易所，同花顺。

表 5　　**2015 年辽宁上市公司分地区股权构成情况**　　单位：家

股权性质 / 地域分布	央企国资控股	省属国资控股	地市国资控股	民营控股	其他	合计
沈阳市	2	2	5	11	4	24
鞍山市	1	0	0	5	0	6
抚顺市	0	1	0	0	0	1
本溪市	0	1	0	0	0	1
丹东市	0	0	0	2	0	2
锦州市	0	0	0	2	1	3

续表

地域分布 \ 股权性质	央企国资控股	省属国资控股	地市国资控股	民营控股	其他	合计
营口市	0	0	1	1	0	2
阜新市	0	0	0	2	0	2
辽阳市	0	0	0	2	0	2
盘锦市	1	0	0	0	0	1
铁岭市	0	0	1	0	0	1
葫芦岛市	1	0	0	1	0	2
朝阳市	0	0	1	0	0	1
合计	5	4	8	26	5	48

资料来源：辽宁证监局。

（四）市值规模

截至 2015 年 12 月 31 日，辽宁辖区 48 家上市公司境内总市值为 5581.26 亿元，占全国上市公司境内总市值的 1.05%；其中上交所上市公司 17 家，总股本 204.49 亿股，境内总市值 2344.52 亿元，占上交所上市公司境内总市值的 0.79%；深交所上市公司 31 家，总股本 255.63 亿股，境内总市值 3236.74 亿元，占深交所上市公司境内总市值的 1.37%。

（五）资产规模

截至 2015 年 12 月 31 日，辽宁辖区 48 家上市公司合计总资产 4204.53 亿元，归属于母公司股东权益 1638.59 亿元，与 2014 年相比，分别增长 12.10%、12.27%；平均每股净资产 3.46 元。

三、辽宁上市公司经营情况及变动分析

（一）总体经营情况

表 6　　2015 年辽宁上市公司经营情况

指标	2015 年	2014 年	变动率（%）
家数	48	45	6.67
亏损家数	12	7	71.43
亏损家数比例（%）	25	15.56	9.44
平均每股收益（元）	-0.11	0.05	-320.00
平均每股净资产（元）	3.46	3.6	-3.89
平均净资产收益率（%）	-3.29	1.38	-4.67
总资产（亿元）	4204.53	3750.65	12.10
归属于母公司股东权益（亿元）	1638.59	1459.57	12.27

续表

指标	2015年	2014年	变动率（%）
营业收入（亿元）	2331.19	2675.48	-12.87
利润总额（亿元）	-36.4	38.46	-194.64
归属于母公司所有者的净利润（亿元）	-53.9	20.18	-367.10

资料来源：沪深交易所，同花顺。

（二）分行业经营情况

表7　2015年辽宁上市公司分行业经营情况

所属行类	营业收入（亿元）	可比样本变动率（%）	归属于母公司所有者的净利润（亿元）	可比样本变动率（%）
农、林、牧、渔业	0	—	0	—
采矿业	0	—	0	—
制造业	1979.98	-21.85	-62.73	-846.48
电力、热力、燃气及水生产和供应业	154.03	-7.09	0.44	-92.6
建筑业	0	—	0	—
批发和零售业	42.6	-11.64	-1.29	-208.25
交通运输、仓储和邮政业	55.93	-7.36	6.29	-17.27
住宿和餐饮业	0	—	0	—
信息传输、软件和信息技术服务业	82.94	1.04	4.37	39.78
金融业	0	—	0	—
房地产业	0	—	0	—
租赁和商务服务业	0	—	0	—
科学研究和技术服务业	0	—	0	—
水利、环境和公共设施管理业	0.34	-86.93	-1.79	-723.32
教育	0	—	0	—
卫生和社会工作	0	—	0	—
文化、体育和娱乐业	15.38	2.77	0.8	6.91
综合	0	—	0	—
合计	2331.19	-19.82	-53.9	-296.95

资料来源：沪深交易所，同花顺。

（三）业绩变动情况分析

1. 营业收入、毛利率等变动原因分析

2015年，辖区48家上市公司营业总收入合计2331.19亿元，较2014年下降12.87%。15家公司营业总收入较2014年同期增长，较2014年增加42.24%，其中2家公司营业总收入因实施重大资产重组呈现翻倍增长。33家公司营业总收入较2014年同期减少，较2014年下降20.67%，其中，2家公司营业总收入下降过半。48家公司中，2015年销售毛利率与2014年相比变动超过50%的有11家。从行业看，2015年辖区上市公司数量最为集中的制造业总营业收入为1979.98亿元，占辖区上市公司总营业收入的84.93%，较2014年下降21.85%。

2. 盈利构成分析

2015年，辖区48家上市公司中归属于母公司所有者的净利润合计为-53.9亿元，较2014年下降367.10%。其中，36家公司盈利，合计盈利49.96亿元；12家公司亏损，合计亏损103.86亿元，其中，鞍钢股份、本钢板材两大权重公司合计亏损78.87亿元，占亏损总额超七成。6家公司扭亏为盈；11家公司由盈转亏；1家公司两年连亏。

2015年，辖区48家上市公司扣除非经常性损益的净利润合计为-79.24亿元，较2014年下降1312.70%。27家公司扣除非经常性损益后盈利，合计盈利35.98亿元；21家公司扣除非经常性损益后亏损，合计亏损115.22亿元；9家公司盈利但扣除非经常性损益后亏损，盈利主要来源于政府补助。

3. 经营性现金流量分析

2015年，辖区48家上市公司在营业收入和净利润方面出现双降，其中净利润总体下降超过300%。亏损家数与2014年相比进一步增多，平均每股收益由2014年的0.05元降至-0.11元。35家制造业公司中总计亏损62.73亿元，可变样本变动率达到-846.48%；信息技术服务类公司业绩表现突出，两家信息技术类企业2015年均盈利，其中东软集团净利润同2014年相比增长51.10%。

4. 业绩特点分析

2015年，辖区48家上市公司非经常性损益合计25.34亿元，较2014年增长38.57%，其中，政府补助合计22.60亿元，占非经常性损益的89.19%，较2014年增长96.27%。凌钢股份2015年获得政府补助最多（8.05亿元），占辖区上市公司2015年政府补助总额的35.62%，4家钢铁行业上市公司2015年合计获得政府补助（11.91亿元）占辖区上市公司2015年政府补助总额半数以上。

5. 利润分配情况

表8　　2015年辽宁上市公司现金分红情况

2015年分红公司家数			2015年分红金额		
家数	变动率（%）	分红公司家数占地区公司总数比重（%）	金额（亿元）	变动率（%）	分红金额占归属于母公司所有者的净利润比重（%）
22	-21.43	45.83	11.44	-34.96	36.93

资料来源：辽宁证监局。

四、辽宁上市公司并购重组情况

（一）并购重组基本情况

2015年，辽宁辖区共有5家公司完成并购重组，涉及交易金额共134.64亿元，涉及募集配套资金27.03亿元。

（二）并购重组特点

2015年，辽宁辖区共有5家公司完成并购重组，同2014年仅有1家公司完成并购重组相比在数量上和成交金额上均有了明显增加。2015年完成的5家并购重组中，有1家为跨行业并购重组，3家为行业内或相关行业并购重组，1家为控股股东转让持有的上市公司股权，并发生实际控制人变更。此外，在这5起并购重组中有2家在发行股份的同时进行了配套资金募集。

五、辽宁上市公司募集资金情况、使用情况

（一）募集资金总体情况

表9　　2015年辽宁上市公司募集资金情况

发行类型	代码	简称	募集资金（亿元）
首发	603866	桃李面包	6.19
	603315	福鞍股份	2.69
	300473	德尔股份	7.19
	小计		16.07
再融资（增发、配股）	300290	荣科科技	3.90
	600715	文投控股	38.90
	300210	森远股份	2.50
	603399	新华龙	10.99
	300024	机器人	30.00
	600231	凌钢股份	20.00
	小计		106.29
其他融资（公司债券、短期融资券、中期票据、次级债、金融债、境外发行债券）	000761	本钢板材	15.00
	000809	铁岭新城	5.00
	小计		20.00
总计			142.36

资料来源：辽宁证监局。

（二）募集资金使用情况及特点

2015 年，辽宁辖区上市公司在资本市场融资 142.36 亿元，较 2014 年增长 70.57%。其中，3 家公司通过首发上市募集资金 16.07 亿元，8 家公司通过股权或债券再融资募集资金 126.29 亿元。2015 年，辖区上市公司共使用募集资金 73.89 亿元，占公司所募集资金总额的 39.29%，当期使用募集资金占公司募集资金总额比例超过 50%的公司有 4 家。2015 年，辖区共有 6 家公司发生募集资金使用变更，涉及金额为 13.53 亿元，占公司募集资金总额的 38.74%。

（三）募集资金变更情况

表 10　2015 年辽宁上市公司募集资金使用项目变更情况

变更募集资金使用项目的公司家数	涉及金额（亿元）	募集资金总额（亿元）	占公司募集资金总额的比例（%）
6	13.53	34.93	38.74

资料来源：辽宁证监局。

六、辽宁上市公司规范运作情况

（一）上市公司治理专项情况

1. 开展“上市公司规范运作全面自查”活动

2015 年初，辽宁证监局启动辖区上市公司“规范运作自查自纠”专项活动，通过近一个月的自查自纠，共排查出 45 家公司在信息披露、公司治理、会计基础等方面问题 158 个，并通过现场检查和专项核查，督促公司整改。通过该种创新监管方式，激发了上市公司规范运作的内生动力及自身纠错机制，提高了监管效率，同时也为辖区上市公司监管摸清了底数、拓展了思路。

2. 积极部署，做好股权质押风险防范

2015 年 7 月底，针对股市异常波动，部分上市公司股东股权质押风险逐步显现等问题，辽宁证监局及时组织对辖区 45 家上市公司 5%以上股东存在的股权质押情况进行了摸底调查，在对相关数据指标汇总分析的基础上，及时下发通知，对辖区上市公司切实做好股权质押相关风险防范做出部署，要求公司做好预判、采取有效应对措施。8 月，辖区个别公司股价触及或接近预警线，辽宁证监局及时督促上市公司股东通过补充质押股份、存入保证金的方式解除了强制平仓的风险。通过积极引导和推进相关公司和股东采取及时、有效措施，辖区上市公司没有发生股权质押违约事件。

3. 继续加强承诺履行监管，积极引导、推动公司实施股权激励和员工持股计划

辽宁证监局一直将上市公司承诺履行

监管常态化，动态更新承诺事项档案，如及时督促辖区上市公司实际控制人及其一致行动人履行利润补偿承诺、解决同业竞争等问题。积极引导公司通过多种方式，建立健全激励约束机制，提高公司治理水平，同时加大对股权激励和员工持股计划的信息披露监管。全年，辖区7家公司发布了员工持股计划，已有3家公司实施完毕，此外还有1家公司实施了股权激励计划。

（二）审计情况及监管情况

2015年，共有19家会计师事务所对辖区48家上市公司进行了年报审计，其中，审计意见类型为标准无保留意见的有44家，无法表示意见的有2家（*ST烯碳和欣泰电气），带强调事项段的无保留意见的有2家（金杯汽车和金城股份）。辽宁证监局对非标意见公司加大监管力度，其中，对*ST烯碳涉嫌信息披露违法违规进行立案调查，欣泰电气被证监会行政处罚已进入退市程序。48家上市公司审计费用总计4268万元，较2014年增加11.27%。辖区48家上市公司有33家出具了内部控制审计报告，其中32家出具了标准无保留意见，1家（*ST烯碳）出具了否定意见。未出具内部审计报告的15家公司中有5家中小板公司，8家创业板公司，2家主板公司。年度内控审计费用885万元，较2014年减少2.53%。

（三）信息披露情况

信息披露监管作为上市公司监管的核心工作，辽宁证监局以现场检查为抓手，探索建立事中事后新机制，强化同交易所的监管协作，不断提升上市公司信息披露质量。对辖区3家公司媒体质疑进行核实，督促公司做好信息披露工作。针对2家公司大股东超比例减持未披露情况及3家公司信息披露不准确、不完整情况分别对相关违法违规主体出具了6家次警示函，并采取了责令改正等监管措施。

（四）证券市场服务情况

1. 做好首发上市公司的监管与服务工作

2015年，辽宁辖区内福鞍股份、德尔股份和桃李面包3家公司首发上市，辽宁证监局对3家新上市公司高管人员进行了新上市公司首次约见谈话，就上市公司监管法律框架和监管体制、上市公司日常监管沟通事宜等方面向谈话对象作了介绍，提出了上市公司规范运作的各项监管要求，同时听取谈话对象对首次公开发行和募集资金存放使用情况的汇报，并重点就日常监管中有关问题进行问询。

2. 组织培训交流，增强公司规范发展意识

2015年，辽宁证监局联合辽宁上市公司协会通过举办董监事培训等形式，增强上市公司规范运作意识和通过并购重组、再融资加快发展的能力。一是解读监管政策要求，增强辖区上市公司高管的规范运作意识；二是邀请中介机构和行业专家做实务讲解，增强企业对并购融资和财务处理等新工具新形式的认知；三是推荐辖区

资本运作较好的公司作经验交流，促进辖区资本市场规范健康发展。

3. 组织网络接待日活动，搭建交流互动平台

2015 年 6 月，辽宁证监局与辽宁上市公司协会、深圳证券信息有限公司共同举办了“投资者网上集体接待日”大型网络互动活动，辖区 40 多家上市公司积极参与，活动期间，投资者互动留言 3544 条，公司现场解答 2318 个，大大增强了上市公司与投资者的良性互动，进一步营造了辖区成熟、理性的股权投资文化。

4. 开展现场座谈，倾听投资者诉求心声

以“服务实体经济　搭建沟通平台”为主题，辽宁证监局与辽宁上市公司协会联合开展机构投资者走进上市公司活动，来自辖区 18 家证券经营机构 25 名代表和多名投资者实地走访了博林特、东北制药等公司，与公司高管进行了互动交流。

审稿人：胡书乐

撰稿人：郎丰高

吉林地区

一、吉林国民经济发展概况

表 1　　2015 年吉林国民经济发展概况　　单位：亿元

指标	1–3 月		1–6 月		1–9 月		1–12 月	
	绝对量	同比增长（%）	绝对量	同比增长（%）	绝对量	同比增长（%）	绝对量	同比增长（%）
地区生产总值（GDP）	2391.06	5.8	5370.21	6.1	8896.9	6.3	14274.11	6.5
全社会固定资产投资	396.17	2.7	4658.54	12.1	9640.27	12.1	12508.59	12.6
社会消费品零售总额	1474.79	6.7	3078.52	8.3	4776.24	8.8	6646.46	9.3
规模以上工业增加值	—	4.6	—	4.9	—	5.1	—	5.3
规模以上工业企业实现利润	293.70	–13.30	579.10	–18.10	836.60	–19.00	1171.50	–16.40
居民消费价格指数（CPI）	1–3 月		1–6 月		1–9 月		1–12 月	
	1.4		1.4		1.6		1.7	

资料来源：国家统计局。

二、吉林上市公司总体情况

（一）公司数量

表 2　　2015 年吉林上市公司数量　　单位：家

公司总数	2015 年新增	股票类别			板块分布			
		仅 A 股	仅 B 股	（A+B）股	沪市主板	深市主板	中小板	创业板
40	0	39	0	1	18	14	6	2

资料来源：沪深交易所，同花顺。

（二）行业分布

表 3　　2015 年吉林上市公司行业分布情况

所属证监会行业类别	家数	占比（%）	所属证监会行业类别	家数	占比（%）
农、林、牧、渔业	0	0	金融业	1	2.5
采矿业	0	0	房地产业	3	7.5
制造业	26	65	租赁和商务服务业	0	0
电力、热力、燃气及水生产和供应业	3	7.5	科学研究和技术服务业	0	0
建筑业	1	2.5	水利、环境和公共设施管理业	1	2.5
批发和零售业	2	5	教育	0	0
交通运输、仓储和邮政业	1	2.5	卫生和社会工作	0	0
住宿和餐饮业	0	0	文化、体育和娱乐业	0	0
信息传输、软件和信息技术服务业	2	5	综合	0	0
合计	40	100			

资料来源：沪深交易所，同花顺。

（三）股本结构及规模

表 4　　2015 年吉林上市公司股本规模在 10 亿股以上公司分布情况

股本规模（亿股）	公司家数	具体公司
20≤~<50	3	苏宁环球，亚泰集团，吉视传媒
10≤~<20	9	富奥股份，顺发恒业，东北证券，一汽轿车，吉电股份，中科英华，吉恩镍业，通化东宝，吉林高速

资料来源：沪深交易所，同花顺。

表 5　　2015 年吉林上市公司分地区股权构成情况　　单位：家

地域分布＼股权性质	央企国资控股	省属国资控股	地市国资控股	民营控股	其他	合计
长春市	5	4	6	5	1	21
吉林市	1	1	1	6	0	9
四平市	0	0	0	0	0	0
辽源市	0	0	0	1	0	1
通化市	0	0	0	6	0	6
白山市	0	0	0	0	0	0
松原市	0	0	0	0	0	0

续表

股权性质 地域分布	央企国资控股	省属国资控股	地市国资控股	民营控股	其他	合计
白城市	0	0	0	0	0	0
延边州	0	0	1	2	0	3
合计	6	5	8	20	1	40

资料来源：吉林证监局。

（四）市值规模

截至2015年12月31日，吉林40家上市公司境内总市值4948.56亿元，占全国上市公司境内总市值的0.93%；其中上交所上市公司18家，总股本154.73亿股，境内总市值1858.42亿元，占上交所上市公司境内总市值的0.63%；深交所上市公司22家，总股本191.38亿股，境内总市值3090.13亿元，占深交所上市公司境内总市值的1.31%。

（五）资产规模

截至2015年12月31日，吉林40家上市公司合计总资产3902.75亿元，归属于母公司股东权益1341.46亿元，与2014年相比，分别增长18.57%、17.05%；平均每股净资产3.87元。

三、吉林上市公司经营情况及变动分析

（一）总体经营情况

表6　　2015年吉林上市公司经营情况

指标	2015年	2014年	变动率（%）
家数	40	40	0.00
亏损家数	4	3	33.33
亏损家数比例（%）	10	7.5	2.50
平均每股收益（元）	0.25	0.26	-3.85
平均每股净资产（元）	3.87	4.03	-3.97
平均净资产收益率（%）	6.39	6.58	-0.19
总资产（亿元）	3902.75	3291.58	18.57
归属于母公司股东权益（亿元）	1341.46	1146.05	17.05
营业收入（亿元）	1328.48	1388.11	-4.30
利润总额（亿元）	108.64	99.28	9.43
归属于母公司所有者的净利润（亿元）	85.77	75.41	13.74

资料来源：沪深交易所，同花顺。

（二）分行业经营情况

表 7　　2015 年吉林上市公司分行业经营情况

所属行类	营业收入（亿元）	可比样本变动率（%）	归属于母公司所有者的净利润（亿元）	可比样本变动率（%）
农、林、牧、渔业	0	—	0	—
采矿业	0	—	0	—
制造业	779.19	-13.09	25.88	-32.4
电力、热力、燃气及水生产和供应业	88.54	2.24	6.49	20.52
建筑业	97.51	-11.84	4.7	157.67
批发和零售业	139.11	20.29	3.54	843.2
交通运输、仓储和邮政业	5.62	-7.06	1.39	-45.29
住宿和餐饮业	0	—	0	—
信息传输、软件和信息技术服务业	35.65	3.71	4.14	-0.72
金融业	67.46	118.24	26.3	148.11
房地产业	112.22	-1.17	12.32	-9.18
租赁和商务服务业	0	—	0	—
科学研究和技术服务业	0	—	0	—
水利、环境和公共设施管理业	3.19	8.75	1.01	26.18
教育	0	—	0	—
卫生和社会工作	0	—	0	—
文化、体育和娱乐业	0	—	0	—
综合	0	—	0	—
合计	1328.48	-4.92	85.77	11.83

资料来源：沪深交易所，同花顺。

（三）业绩变动情况分析

1. 营业收入、毛利率等变动原因分析

2015 年，吉林辖区上市公司全年实现营业收入 1328.48 亿元，占 A 股上市公司 0.45%，较 2014 年下降 4.30%；归属于母公司所有者的净利润合计 85.77 亿元，占 A 股上市公司的 0.35%，净利润较 2014 年增加 10.36 亿元，增幅 13.74%，高于全国 A 股平均增幅水平。

2. 盈利构成分析

2015 年，吉林辖区上市公司共实现投资收益 94.1 亿元，较 2014 年增长 124%，占利润总额的 86.64%；共确认非经常性损益 27.02 亿元，占利润总额的 24.88%。非经常性损益大幅增加及投资金融板块获取高额投资收益是辖区盈利水平提升的主因。

3. 经营性现金流量分析

2015 年，吉林辖区上市公司经营活动产生的现金流量净额为 152.41 亿元，较

2014年同期增加了114.07亿元，较2014年增长296%；现金及现金等价物净增加额为153.2亿元，较2014年同期增加97.06亿元，较2014年增长172%。同2014年相比，总体现金流情况较为乐观，上市公司资金紧张状况得到很大程度的缓解。

4. 业绩特点分析

2015年，吉林辖区上市公司36家盈利，4家公司亏损。从行业板块情况看，传统行业的医药、地产、汽车三大板块表现迥异，金融板块异军突起。2015年，7家医药类公司全部盈利，共实现净利润36.64亿元，较2014年增长65.49%，贡献辖区净利润42.71%的份额，贡献比例提升13.35个百分点。3家地产类公司全部盈利，共实现净利润12.32亿元，较2014年下降9.18%，贡献辖区净利润14.36%的份额，贡献比例下降3.65个百分点。5家汽车类公司全部盈利，但受汽车行业不景气影响，5家公司盈利水平全线下降，共实现净利润9.86亿元，较2014年下降28.36%。贡献辖区净利润11.49%的份额，贡献比例下降6.8个百分点。此外，吉林辖区唯一一家金融类公司东北证券实现净利润26.30亿元，较2014年增长148.11%，贡献辖区净利润30.66%的份额，贡献比例提升16.58个百分点。医药类上市公司在辖区的龙头骨干作用日益凸显，金融板块家数虽少，但贡献不容小觑，汽车类、地产类整体表现欠佳。

5. 利润分配情况

表8　　2015年吉林上市公司现金分红情况

2015年分红公司家数			2015年分红金额		
家数	变动率（%）	分红公司家数占地区公司总数比重（%）	金额（亿元）	变动率（%）	分红金额占归属于母公司所有者的净利润比重（%）
23	-4.17	57.50	19.71	-2.13	16.57

资料来源：吉林证监局。

四、吉林上市公司并购重组情况

（一）并购重组基本情况

2015年，吉林辖区有7家公司实施重大资产重组，分别为中天能源、石岘纸业、永大集团、通葡股份、迪瑞医疗、通化金马、吉林森工。中天能源、石岘纸业重组完成后更换了控股股东、变更了主营业务。

（二）并购重组特点

2015年，吉林辖区上市公司并购重组呈现以下特点：一是并购重组日趋活跃，并购重组家数较2014年增加了75%；二是重组方式逐渐丰富，涵盖了发行股份购买资产、现金购买资产等方式；三是并购重组效果较为明显，并购重组后上市公司的总体规模、资产负债结构、盈利能力得以改善。

五、吉林上市公司募集资金情况、使用情况

（一）募集资金总体情况

表 9　　2015 年吉林上市公司募集资金情况

发行类型	代码	简称	募集资金（亿元）
首发	—	—	0.00
	小计		0.00
再融资（增发、配股）	000669	金鸿能源	17.39
	000766	通化金马	5.90
	600856	中天能源	7.41
	600881	亚泰集团	29.26
	000718	苏宁环球	38.00
	小计		97.96
其他融资（公司债券、短期融资券、中期票据、次级债、金融债、境外发行债券）	000669	金鸿能源	8.00
	011599148.IB	15 亚泰 SCP001	15.00
	011599194.IB	15 亚泰 SCP002	15.00
	041564042.IB	15 欧亚 CP001	3.00
	011599325.IB	15 亚泰 SCP003	10.00
	011599602.IB	15 亚泰 SCP004	15.00
	101565004.IB	15 亚泰 MTN001	10.00
	小计		76.00
总计			173.96

资料来源：吉林证监局。

（二）募集资金使用情况及特点

2015 年，吉林辖区共有 18 家公司使用募集资金，截至 2015 年末，累计使用募集资金 183.45 亿元，占募集资金总额的 78.28%。

（三）募集资金变更情况

表 10　　2015 年吉林上市公司募集资金使用项目变更情况

变更募集资金使用项目的公司家数	涉及金额（亿元）	募集资金总额（亿元）	占公司募集资金总额的比例（%）
2	2.89	16.24	17.79

资料来源：吉林证监局。

六、吉林上市公司规范运作情况

（一）上市公司治理专项情况

吉林证监局创新开展“上市公司内部控制”专项工作，全面评估内部控制实施效果，提高上市公司治理水平。一是初步评估内控实施效果。开展内部控制问卷调查，全面了解辖区相关公司内部控制建设和执行情况。二是选择样本公司进行现场检查。通过调阅制度流程、查看内审底稿、执行控制测试和穿行测试等程序，发现问题，督促整改，切实提升风险防控能力和规范运作水平。三是注重内控检查与中介机构内控审计监管的衔接。按照统一目标、协调行动的原则，统筹上市公司内控检查和内控审计执业检查，借助中介机构带动上市公司内控建设水平的提高。

（二）审计情况及监管情况

吉林证监局实施全局总动员，抽调精干力量，采取事中、事后全程跟踪方式，扎实开展年报审计监管工作，督促中介机构尽职履责。通过梳理风险点、下发监管备忘录、约谈审计机构合伙人及主审会计师、现场督导上市公司、审阅工作底稿等方式，发现并妥善解决各类问题，切实提高了上市公司财务信息质量。

（三）信息披露情况

吉林证监局贯彻以信息披露为核心的监管理念，强化非现场监管线索发现主渠道功能。一是加强临时公告审核，提升监管敏感度。全年共审核临时公告近 5000 份，对审核中发现的问题及时开展问询、约谈或现场核查，妥善处置了风险。二是深入开展年报审核分析，提升非现场监测精准度。按照“披露一家，审核一家”的原则，关注重点问题，下发问询或关注函，完成了对辖区上市公司的系统诊断。三是通过信访举报、媒体质疑等渠道，拓展风险监控广度。对信访举报事项，采取约见谈话、要求出具专项说明等措施，排查风险隐患。对敏感度高、线索明确的举报事项，采取现场核查、中介机构出具专业意见的方式予以核实。

（四）证券市场服务情况

吉林证监局以保护中小投资者合法权益专项活动为依托，强化对投资者权益的全方位保护。一是督促上市公司完善投资者保护机制。要求辖区公司切实担负起投资者保护第一责任人的义务，制定切实可行的投资者保护工作方案，明确责任部门和责任人。二是联合上交所在辖区两家上市公司开展了“我是股东——中小投资者走进上市公司”活动，拉近了与投资者之间的距离。三是优化信访投诉处理机制，认真排解矛盾纠纷。耐心接听投资者来电，热心接待投资者来访，做好政策法规解读工作，提升投资者满意度。依法履职尽责，对投诉举报事项认真核实，努力调解，排除了风险隐患，化解了矛盾纠纷。

审稿人：赵凤霞

撰稿人：杨　帆

黑龙江地区

一、黑龙江国民经济发展概况

表 1　　2015 年黑龙江国民经济发展概况　　单位：亿元

指标	1-3 月		1-6 月		1-9 月		1-12 月	
	绝对量	同比增长（%）	绝对量	同比增长（%）	绝对量	同比增长（%）	绝对量	同比增长（%）
地区生产总值（GDP）	2561.01	4.8	5435.25	5.1	8790.9	5.5	15083.67	5.7
全社会固定资产投资	180.82	5.2	2316.95	1.6	5761.78	2	9884.28	3.6
社会消费品零售总额	1697.00	7.9	3432.30	8.3	5308.10	8.7	7640.20	8.9
规模以上工业增加值	702.2	0.2	—	-0.1	—	0.2	3229.5	0.4
规模以上工业企业实现利润	61.10	-70.70	197.30	-58.00	294.70	-57.50	409.90	-58.50
居民消费价格指数（CPI）	1-3 月		1-6 月		1-9 月		1-12 月	
	1.1		1.2		1.2		1.1	

资料来源：国家统计局。

二、黑龙江上市公司总体情况

（一）公司数量

表 2　　2015 年黑龙江上市公司数量　　单位：家

公司总数	2015 年新增	股票类别			板块分布			
		仅 A 股	仅 B 股	（A+B）股	沪市主板	深市主板	中小板	创业板
35	3	34	0	1	25	5	3	2

资料来源：沪深交易所，同花顺。

（二）行业分布

表 3　　2015 年黑龙江上市公司行业分布情况

所属证监会行业类别	家数	占比（%）	所属证监会行业类别	家数	占比（%）
农、林、牧、渔业	2	5.71	金融业	1	2.86
采矿业	0	0	房地产业	1	2.86
制造业	21	60	租赁和商务服务业	0	0
电力、热力、燃气及水生产和供应业	3	8.57	科学研究和技术服务业	0	0
建筑业	1	2.86	水利、环境和公共设施管理业	0	0
批发和零售业	3	8.57	教育	0	0
交通运输、仓储和邮政业	1	2.86	卫生和社会工作	0	0
住宿和餐饮业	0	0	文化、体育和娱乐业	0	0
信息传输、软件和信息技术服务业	1	2.86	综合	1	2.86
合计	35	100			

资料来源：沪深交易所，同花顺。

（三）股本结构及规模

表 4　　2015 年黑龙江上市公司股本规模在 10 亿股以上公司分布情况

股本规模（亿股）	公司家数	具体公司
50≤~<100	1	中国一重
20≤~<50	1	中航资本
10≤~<20	8	金叶珠宝，国中水务，北大荒，哈药股份，华电能源，东方集团，宝泰隆，龙江交通

资料来源：沪深交易所，同花顺。

表 5　　2015 年黑龙江上市公司分地区股权构成情况　　单位：家

地域分布＼股权性质	央企国资控股	省属国资控股	地市国资控股	民营控股	其他	合计
哈尔滨市	7	2	4	12	0	25
齐齐哈尔市	2	0	0	0	1	3
鸡西市	0	0	0	1	0	1
鹤岗市	0	0	0	0	0	0
双鸭山市	0	0	0	0	0	0
大庆市	1	0	0	0	0	1
伊春市	0	0	0	1	0	1

续表

地域分布＼股权性质	央企国资控股	省属国资控股	地市国资控股	民营控股	其他	合计
佳木斯市	1	0	0	0	0	1
七台河市	0	0	0	1	0	1
牡丹江市	0	0	1	0	1	2
黑河市	0	0	0	0	0	0
绥化市	0	0	0	0	0	0
合计	11	2	5	15	2	35

资料来源：黑龙江证监局。

（四）市值规模

截至 2015 年 12 月 31 日，黑龙江 35 家上市公司境内总市值 4910.72 亿元，占全国上市公司境内总市值的 0.92%；其中上交所上市公司 25 家，总股本 294.33 亿股，境内总市值 3716.53 亿元，占上交所上市公司境内总市值的 1.26%；深交所上市公司 10 家，总股本 43.18 亿股，境内总市值 1194.19 亿元，占深交所上市公司境内总市值的 0.51%。

（五）资产规模

截至 2015 年 12 月 31 日，黑龙江 35 家上市公司合计总资产 3877.85 亿元，归属于母公司股东权益 1229.9 亿元，与 2014 年相比，分别增长 23.84%、18.35%；平均每股净资产 3.64 元。

三、黑龙江上市公司经营情况及变动分析

（一）总体经营情况

表 6　　2015 年黑龙江上市公司经营情况

指标	2015 年	2014 年	变动率（%）
家数	35	32	9.38
亏损家数	6	4	50.00
亏损家数比例（%）	17.14	12.5	4.64
平均每股收益（元）	0.17	0.21	−19.05
平均每股净资产（元）	3.64	3.45	5.51
平均净资产收益率（%）	4.53	6.21	−1.68
总资产（亿元）	3877.85	3131.27	23.84
归属于母公司股东权益（亿元）	1229.9	1039.21	18.35
营业收入（亿元）	1194.38	1077.43	10.85
利润总额（亿元）	92.23	95.08	−3.00
归属于母公司所有者的净利润（亿元）	55.61	64.57	−13.88

资料来源：沪深交易所，同花顺。

（二）分行业经营情况

表 7　　2015 年黑龙江上市公司分行业经营情况

所属行类	营业收入（亿元）	可比样本变动率（%）	归属于母公司所有者的净利润（亿元）	可比样本变动率（%）
农、林、牧、渔业	40.26	-27.48	6.64	-17.39
采矿业	0	—	0	—
制造业	662.74	-4.88	11.47	-52.04
电力、热力、燃气及水生产和供应业	108.42	-7.65	0.14	-97.66
建筑业	67.16	20.59	0.2	10.56
批发和零售业	202.85	5.73	10.15	-26.04
交通运输、仓储和邮政业	5.04	2.2	2.76	-8.75
住宿和餐饮业	0	—	0	—
信息传输、软件和信息技术服务业	11.98	2.18	1.06	7.85
金融业	86.81	29.08	23.12	27.72
房地产业	0.72	4.86	0.38	152.24
租赁和商务服务业	0	—	0	—
科学研究和技术服务业	0	—	0	—
水利、环境和公共设施管理业	0	—	0	—
教育	0	—	0	—
卫生和社会工作	0	—	0	—
文化、体育和娱乐业	0	—	0	—
综合	8.4	5.27	-0.18	-25.11
合计	1194.38	-1.28	55.74	-23.65

注：誉衡药业按照 2015 年年报会计差错追溯调整。
资料来源：沪深交易所，同花顺。

（三）业绩变动情况分析

1. 营业收入、毛利率等变动原因分析

2015 年，黑龙江上市公司实现营业收入共计 1194.38 亿元，较 2014 年增长 10.85%，但近半的公司营业总收入出现负增长；营业利润为 88.43 亿元，较 2014 年增长 8%，归属于母公司所有者的净利润共计 55.61 亿元，较 2014 年下降 13.88%，近半的公司较 2014 年下滑；毛利率 7.54%，较 2014 年下降了 0.06 个百分点。

2. 盈利构成分析

2015 年，黑龙江上市公司利润来源主要是营业利润，其占利润总额的 95.88%。35 家上市公司中完全依靠非经常性损益实现盈利（即非经常性损益占归属于上市公司股东净利润的比例超过 100%）的有 6 家，非经常性损益占归属于上市公司股东净利润比例在50%~100%的有1家，比例在33.33%~50%的有3家。扣除非经常性损益之后，共有12家公司亏损。非经常性损益依然是部分公司盈利的主要手段。

2015年，由于制造业等周期性传统行业公司的经营状况与外部宏观经济环境正相关，伴随着经济周期的波动，黑龙江省上市公司行业分化较为突出。21家制造业上市公司净利润为11.47亿元，较2014年下滑52.05%，有4家制造业公司出现亏损，占制造业公司总数的19.04%。黑龙江35家上市公司中，制造业上市公司家数占比为60%，而创造的净利润占比仅为20.57%，与金融、信息技术等行业上市公司相比，经营效率、盈利能力等指标明显偏低。

3. 经营性现金流量分析

2015年，黑龙江上市公司经营现金流量净额为285.14亿元，其中中航资本经营现金流量净额为193.5亿元，占所有公司的68%，26家上市公司经营现金流量净额为正，占35家上市公司74.2%，与2014年持平。

4. 业绩特点分析

（1）与2014年相比，黑龙江上市公司亏损加剧。2015年，黑龙江上市公司实现营业收入1194.38亿元，较2014年增长10.85%；实现净利润55.61亿元，较2014年下降13.88%。35家上市公司中，实现盈利的有29家，亏损的有6家，亏损家数占比达17.14%，较2014年增加2家，6家公司共计亏损26.63亿元，较2014年增长494.41%。黑化股份、工大高新2家公司因连续两年出现亏损被实施退市风险警示。此外，部分公司的业绩对政府补助等非经常性损益依赖较大，扣除非经常性损益之后，12家公司出现亏损。

（2）主要盈利指标落后于全国平均水平。2015年，黑龙江上市公司平均营业总收入、净利润、每股收益分别为34.13亿元、1.59亿元、0.17亿元，与全国平均水平104.2亿元、8.75亿元、0.49亿元，差距比较明显，黑龙江上市公司净资产收益率（4.53%）也远低于全国平均水平（9.34%）。

（3）国有控股上市公司经营效益有待改善。从数量上看，黑龙江共有国有控股上市公司18家，占比51.42%，占相对多数地位。从经营业绩上看，黑龙江2015年国有控股上市公司实现营业总收入814.69亿元，较2014年增长5.63%，实现净利润21.86亿元，较2014年下降43.65%；而同期民营上市公司实现营业总收入348.19亿元，实现净利润31.85亿元，较2014年分别增长21.8%、7.34%。

5. 利润分配情况

表8　2015年黑龙江上市公司现金分红情况

2015年分红公司家数			2015年分红金额		
家数	变动率（%）	分红公司家数占地区公司总数比重（%）	金额（亿元）	变动率（%）	分红金额占归属于母公司所有者的净利润比重（%）
18	21.7	51.43	47.84	114	70.5

资料来源：黑龙江证监局。

四、黑龙江上市公司并购重组情况

（一）并购重组基本情况

2015 年，黑龙江共 5 家上市公司完成了并购重组，分别是九洲电气、秋林集团、金叶珠宝、中航资本、人民同泰。并购重组对改善公司业绩效果明显，5 家公司营业总收入 334.33 亿元，较 2014 年增长 72.59%；实现净利润 30.02 亿元，较 2014 年增长 51.46%。

（二）并购重组特点

2015 年，在经济转型升级和产业结构调整步伐加快的背景下，黑龙江上市公司外延式扩张意愿强烈，并购重组规模不断扩大，呈现出了以下一些特点：一是并购重组形式单一，主要支付手段主要为发行股份购买资产并募集配套资金。二是资本运作能力有待加强。2015 年，黑龙江上市公司筹划启动重大资产重组的有 10 家，其中终止实施的有 3 家次，另有 2 家延续至 2016 年。三是并购重组对改善业绩效果明显。从整体情况看，上市公司或通过同行业并购发展壮大主业，整合上下游产业，提高核心竞争力；或通过跨行业并购优化产业结构，抢占先机，实现了跨越式发展。

五、黑龙江上市公司募集资金情况、使用情况

（一）募集资金总体情况

表 9　2015 年黑龙江上市公司募集资金情况

发行类型	代码	简称	募集资金（亿元）
首发	300489	中飞股份	1.99
	603023	威帝股份	2.65
	603567	珍宝岛	15.24
	小计		19.88
再融资（增发、配股）	000587	金叶珠宝	27
	600705	中航资本	13.89
	601011	宝泰隆	13.62
	300040	九洲电气	4.50
	小计		59.01
总计			78.89

资料来源：黑龙江证监局。

（二）募集资金使用情况及特点

2015 年，黑龙江辖区共 13 家上市公司使用募集资金，金额为 96.23 亿元。募集资金整体情况良好。辖区募集资金多为生产经营项目，个别用于补充流动资金。

（三）募集资金变更情况

表 10　　2015 年黑龙江上市公司募集资金使用项目变更情况

变更募集资金使用项目的公司家数	涉及金额（亿元）	募集资金总额（亿元）	占公司募集资金总额的比例（%）
2	1.84	22.72	8.09

资料来源：黑龙江证监局。

六、黑龙江上市公司规范运作情况

（一）上市公司治理专项情况

2015 年，黑龙江证监局将非现场监管与现场检查有机结合，推动辖区上市公司进一步完善公司治理，提高规范运作水平。一是切实加强辖区公司内控体系建设。2015 年，黑龙江证监局在认真审阅公司年报、公告的基础上，通过调研走访、开展专项培训、进行现场检查的多种方式，提高公司治理层、管理层对内控工作的认识，推动上市公司完善内控体系与制度。二是提升辖区上市公司诚信建设水平，积极搭建上市公司与投资者之间沟通交流的桥梁。强化宣传引导，实施专项推进，督促上市公司履行承诺，积极回应投资者的问题和诉求。

（二）审计情况及监管情况

黑龙江 35 家上市公司的 2015 年年报审计工作由 16 家会计师事务所承担。黑龙江 35 家上市公司中，34 家公司的年报被审计机构出具标准无保留意见的审计报告，1 家公司被出具了带强调事项段的无保留意见审计报告。

在年报监管方面，一是事前梳理。对照公司风险和会计师事务所审计风险指标对上市公司存在的问题和风险隐患进行梳理，将 16 家公司确定为年报重点监管公司。二是事中监管。以年报审计监管检查为契机，加强对中介机构的执业监管。三是事后分析审核。由监管责任人按 A、B 角分工分别对公司年报进行分析审核。针对审核发现问题共下发 8 次问询函，填写《年报审核意见表》18 份。

（三）信息披露情况

黑龙江证监局通过对信息披露的事后审查和舆情信息监测，主动筛查问题和线索。一是以提高公司透明度为目标，不断规范上市公司信息披露行为，加强对股价异动的监管，及时关注公司的信息披露，针对媒体质疑的华电能源、珍宝岛，及时做出反应，采取约谈、现场检查等方式，切实履行了监管职责。二是建立上市公司每日监管快报制度，及时审阅公告，了解辖区动态，密切跟踪，针对问题迅速反馈。黑龙江证监局全年共审阅上市公司定期公告和临时公告4000余份，针对相关问题，采取电话问询、约见谈话等措施，针对情况复杂、影响重大的情况，开展实施专项检查。

（四）证券市场服务情况

1. 切实维护投资者合法权益

2015年，黑龙江证监局妥善处置投资者投诉举报，以“12386”热线为平台，推动市场主体与中小投资者协商解决争议纠纷；将处置投诉举报作为促进监管的切入点，作为促进上市公司规范运作的“助推器”，实现处置投诉举报与监管工作的有效结合。全年共处置完成投诉举报17起，切实维护了投资者合法权益。

2. 精心组织策划辖区上市公司培训

2015年，为了进一步推动辖区上市公司董事、监事、高管等主体各行其权、各司其职，加强内幕交易防控，服务上市公司并购重组、再融资等方面的实际需求，黑龙江证监局开展了对辖区上市公司180余名董事、监事、高级管理人员的培训。通过培训，不但进一步推动了上市公司的规范运作，提升了辖区上市公司的竞争力，同时也加强了对资本市场业务的学习以及对风险的研判管理。

审稿人：郭若超

撰稿人：韩　瑶

上海地区

一、上海国民经济发展概况

表 1 2015 年上海国民经济发展概况 单位：亿元

指标	1–3 月		1–6 月		1–9 月		1–12 月	
	绝对量	同比增长（%）	绝对量	同比增长（%）	绝对量	同比增长（%）	绝对量	同比增长（%）
地区生产总值（GDP）	5815.79	6.6	11887	7	17866.24	6.8	24964.99	6.9
全社会固定资产投资	1099.03	3.2	2605.52	8.4	4153.6	6.1	6349.39	5.6
社会消费品零售总额	2366.03	7.8	4832.91	8.2	7365.44	8	10055.76	8.1
规模以上工业增加值	—	0.7	—	1.1	—	–1.3	—	0.2
规模以上工业企业实现利润	568.60	8.80	1353.90	3.7	1888.70	–2.00	2635.40	–1.00
居民消费价格指数（CPI）	1–3 月		1–6 月		1–9 月		1–12 月	
	2.3		2.4		2.4		2.4	

资料来源：国家统计局。

二、上海上市公司总体情况

（一）公司数量

表 2 2015 年上海上市公司数量 单位：家

公司总数	2015 年新增	股票类别			板块分布			
		仅 A 股	仅 B 股	（A+B）股	沪市主板	深市主板	中小板	创业板
224	18	185	5	34	158	2	28	36

资料来源：沪深交易所，同花顺。

（二）行业分布

表 3　　2015 年上海上市公司行业分布情况

所属证监会行业类别	家数	占比（%）	所属证监会行业类别	家数	占比（%）
农、林、牧、渔业	1	0.45	金融业	10	4.46
采矿业	2	0.89	房地产业	24	10.71
制造业	102	45.54	租赁和商务服务业	3	1.34
电力、热力、燃气及水生产和供应业	4	1.79	科学研究和技术服务业	4	1.79
建筑业	8	3.57	水利、环境和公共设施管理业	0	0
批发和零售业	19	8.48	教育	1	0.45
交通运输、仓储和邮政业	16	7.14	卫生和社会工作	0	0
住宿和餐饮业	1	0.45	文化、体育和娱乐业	3	1.34
信息传输、软件和信息技术服务业	23	10.27	综合	3	1.34
合计	224	100			

资料来源：沪深交易所，同花顺。

（三）股本结构及规模

表 4　　2015 年上海上市公司股本规模在 10 亿股以上公司分布情况

股本规模（亿股）	公司家数	具体公司
500≤~<1000	1	交通银行
200≤~<500	2	上港集团，中国联通
100≤~<200	9	浦发银行，宝钢股份，上汽集团，东方航空，绿地控股，上海石化，海通证券，上海电气，中海集运
50≤~<100	6	协鑫集成，上海建工，东方证券，国泰君安，中国太保，招商轮船
20≤~<50	20	上海莱士，美邦服饰，上海电力，中海发展，国投安信，大名城，复星医药，振华重工，中化国际，方正科技，双钱股份，大众公用，东方明珠，申能股份，城投控股，华域汽车，隧道股份，环旭电子，上海医药，光大证券
10≤~<20	37	东方财富，万达信息，上海机场，中国船舶，航天机电，紫江企业，鹏欣资源，华丽家族，置信电气，九龙山，光明乳业，仪电电子，中毅达，大众交通，鼎立股份，氯碱化工，浦东金桥，爱建集团，外高桥，申华控股，中安消，豫园商城，强生控股，陆家嘴，中华企业，光明地产，上实发展，安信信托，世茂股份，益民集团，新华传媒，百联股份，上海机电，海欣股份，张江高科，大智慧，吉祥航空

资料来源：沪深交易所，同花顺。

表 5　　2015 年上海上市公司分地区股权构成情况　　单位：家

地域分布 \ 股权性质	央企国资控股	省属国资控股	地市国资控股	民营控股	其他	合计
上海市	36	56	19	90	23	224

资料来源：上海证监局。

（四）市值规模

截至 2015 年 12 月 31 日，上海 224 家上市公司境内总市值 58051.13 亿元，占全国上市公司境内总市值的 10.92%；其中上交所上市公司为 158 家，总股本 3540.10 亿股，境内总市值 48798.51 亿元，占上交所上市公司境内总市值的 16.52%；深交所上市公司 66 家，总股本 380.46 亿股，境内总市值 9252.62 亿元，占深交所上市公司境内总市值的 3.92%。

（五）资产规模

截至 2015 年 12 月 31 日，上海 224 家上市公司合计总资产 192893.33 亿元，归属于母公司股东权益 26749.62 亿元，与 2014 年相比，分别增长 27.49%、27.25%；平均每股净资产 5.93 元。

三、上海上市公司经营情况及变动分析

（一）总体经营情况

表 6　　2015 年上海上市公司经营情况

指标	2015 年	2014 年	变动率（%）
家数	224	206	8.74
亏损家数	20	15	33.33
亏损家数比例（%）	8.93	7.28	1.65
平均每股收益（元）	0.68	0.61	11.48
平均每股净资产（元）	5.93	5.38	10.22
平均净资产收益率（%）	11.48	11.42	0.06
总资产（亿元）	192893.33	151304.42	27.49
归属于母公司股东权益（亿元）	26749.62	21021.2	27.25
营业收入（亿元）	36248.63	30799.91	17.69
利润总额（亿元）	4376.87	3415.51	28.15
归属于母公司所有者的净利润（亿元）	3071.27	2401.67	27.88

资料来源：沪深交易所，同花顺。

（二）分行业经营情况

表 7　　2015 年上海上市公司分行业经营情况

所属行类	营业收入（亿元）	可比样本变动率（%）	归属于母公司所有者的净利润（亿元）	可比样本变动率（%）
农、林、牧、渔业	6.75	-18.77	-1.11	-204.38
采矿业	49.79	-22.24	0.76	121.66
制造业	15098.52	2.09	611.89	1.58
电力、热力、燃气及水生产和供应业	506.54	9.42	39.62	3.68
建筑业	1616.07	6.97	40.48	1.85
批发和零售业	2937.99	1.27	54.57	-20.78
交通运输、仓储和邮政业	2258.39	3.25	161.98	-2.47
住宿和餐饮业	55.63	90.95	6.38	30.88
信息传输、软件和信息技术服务业	3498.8	3.95	106.09	21.35
金融业	7173.94	23.09	1881.7	29.56
房地产业	2789.07	-14.77	152.35	2.76
租赁和商务服务业	69.82	22	1.48	-34.27
科学研究和技术服务业	112.74	-3.68	5.32	21.82
水利、环境和公共设施管理业	0	—	0	—
教育	11.65	-0.03	0.6	-4.72
卫生和社会工作	0	—	0	—
文化、体育和娱乐业	31.12	-1.69	3.32	48.06
综合	31.81	-21.39	5.84	4.83
合计	36248.63	4.53	3071.27	17.19

资料来源：沪深交易所，同花顺。

（三）业绩变动情况分析

1. 营业收入、毛利率等变动原因分析

2015 年，上海上市公司实现营业收入 36248.63 亿元，较 2014 年增长 17.69%；营业利润为 4062.87 亿元，较 2014 年增长 22.23%；利润总额 4376.87 亿元，较 2014 年增长 28.15%；毛利率 9.84%，低于 2014 年（16.45%）水平。投资收益增长较多是营业利润增幅大于营业收入增幅的主要原因。

2. 盈利构成分析

营业利润仍是上海上市公司盈利的主要来源，其占利润总额比重为 92.83%，略低于 2014 年（93.44%）水平，其中投资收益为 1701.80 亿元，占利润总额比重为 38.88%，较 2014 年（31.25%）有所上升。224 家上市公司共确认非经常性损益 365.24

亿元，占归属于上市公司股东净利润的11.89%，略高于2014年（11.35%）的占比，非经常性损益影响较大。

3. 经营性现金流量分析

2015年，上海上市公司经营性现金流量净额为10541.12亿元，高于2014年的5343.85亿元。224家上市公司中，163家经营性现金流量净额为正，占比72.77%，略低于2014年的72.82%。其中，剔除金融类上市公司，上海214家上市公司经营性现金流量净额为2315.44亿元，低于2014年的2278.24亿元。

4. 业绩特点分析

（1）业绩持续增长，增幅显著高于全国平均水平。2015年，上海上市公司净利润较2014年增长22%，增幅与2014年基本持平，但远高于0.6%的全国平均增长水平。剔除金融板块上市公司（10家），上海非金融业上市公司（214家）共实现营业收入2.91万亿元、净利润1189亿元，较2014年分别增长14%和12%，而全国非金融上市公司营业收入、净利润均较2014年下滑，幅度分别为-2%、-13%。在我国经济增速换挡、结构调整的背景下，上海上市公司整体业绩仍保持持续增长态势。

（2）主板业绩占比高，中小板、创业板业绩快速增长。2015年，上海主板上市公司（160家）实现营业收入3.52万亿元、净利润2961亿元，较2014年分别增长15%、23%，占上海上市公司营业收入和净利润总额的97%和96%。中小板（27家，剔除协鑫集成）、创业板上市公司（36家）实现营业收入分别为497亿元、523亿元，较2014年分别增长11%、68%，实现净利润分别为48亿元、56亿元，较2014年分别增长32%、55%。

（3）上海地方国资控股公司业绩占主导地位，民营控股公司业绩占比较低。2015年，69家上海地方国资控股上市公司共实现营业收入2.3万亿元，占上海上市公司营业收入总额的64%；实现净利润1855亿元，占上海上市公司净利润总额的60%，净利润较2014年增长32%，净资产收益率为13%，均高于上海上市公司的平均水平。90家民营控股上市公司业绩保持良好增势，2015年共实现营业收入1899亿元、净利润179亿元，均较2014年增长21%，但占上海上市公司净利润总额比例较低，仅为6%。

（4）上市公司业绩两极分化，个别公司面临退市风险。2015年，净利润排名前20位的上市公司（占上海上市公司家数近9%）共计实现净利润2596亿元，占上海上市公司净利润总额的85%。同时有20家上市公司亏损，亏损金额合计97亿元。信息传输、软件和信息技术服务业，医药制造业等行业净利润较2014年增长30%以上。交通运输业、批发零售业等传统行业业绩下滑，如中海集运亏损29亿元、上海物贸亏损16亿元。此外，个别公司因连续亏损存在退市风险，其中，*ST新梅因近三年连续亏损，已被暂停上市，如果2016年继续亏损，将面临终止上市风险；*ST中企因近两年连续亏损，被实施退市风险警示，如果2016年继续亏损，将面临暂停上市风险。

5. 利润分配情况

2015 年，上海共有 162 家公司提出现金分红方案，占上海 224 家上市公司的 72.32%，较 2014 年分红家数（153 家）增长 5.88%。合计分红总额为 997.84 亿元，占上海上市公司归属于母公司所有者的净利润的 32.49%，较 2014 年分红金额（826.55 亿元）增长 20.72%。上海上市公司现金分红家数和金额均呈稳定增长的态势。

表 8　　2015 年上海上市公司现金分红情况

2015 年分红公司家数			2015 年分红金额		
家数	变动率（%）	分红公司家数占地区公司总数比重（%）	金额（亿元）	变动率（%）	分红金额占归属于母公司所有者的净利润比重（%）
162	5.88	72.32	997.84	20.72	32.49

资料来源：上海证监局。

四、上海上市公司并购重组情况

（一）并购重组基本情况

2015 年，上海上市公司完成并购重组 31 家次，涉及交易金额为 1858.37 亿元。在全面深化改革的背景下，企业兼并重组政策进一步完善，市场环境趋好，企业并购重组日趋活跃。2015 年，上海地区实施并购重组方案的公司家数较 2014 年增长 29.17%，交易金额增长超过 7 倍。

表 9　　2015 年上海上市公司并购重组情况

代码	简称	并购重组方式	涉及金额（亿元）
600604	市北高新	发行股份购买资产	14.28
600619	海立股份	发行股份购买资产	11.20
600623	双钱股份	发行股份购买资产	116.47
600614	鼎立股份	发行股份购买资产	13.52
603006	联明股份	发行股份购买资产	5.15
600517	置信电气	发行股份购买资产	11.30
600602	仪电电子	发行股份购买资产	10.80
600679	金山开发	发行股份购买资产	5.30
002568	百润股份	发行股份购买资产	49.45
300222	科大智能	发行股份购买资产	1.87
300059	东方财富	发行股份购买资产	44.05
300129	泰胜风能	发行股份购买资产	2.88
002506	协鑫集成	发行股份购买资产	20.23

续表

代码	简称	并购重组方式	涉及金额（亿元）
300336	新文化	发行股份及支付现金购买资产	15.00
300168	万达信息	发行股份及支付现金购买资产	1.80
300230	永利股份	发行股份及支付现金购买资产	4.82
002178	延华智能	发行股份及支付现金购买资产	4.77
600061	国投安信	重大资产出售	6.46
		发行股份购买资产	182.72
600606	绿地控股	重大资产置换	21.92
		发行股份购买资产	645.40
600629	华建集团	重大资产置换	9.69
		发行股份购买资产	1.20
600708	光明地产	重大资产置换	27.73
		发行股份购买资产	50.53
600848	上海临港	重大资产置换	1.74
		发行股份购买资产	26.65
600637	东方明珠	换股吸收合并	340.00
		发行股份及支付现金购买资产	77.50
600654	中安消	现金收购	6.93
		重大资产出售	15.19
600614	鼎立股份	重大资产出售	1.04
600827	百联股份	重大资产出售	7.34
600193	创兴资源	重大资产出售	—
600652	游久游戏	重大资产出售	5.88
600754	锦江股份	现金收购	91.53
002324	普利特	现金收购	4.33
300326	凯利泰	现金收购	1.70
总计			1858.37

资料来源：上海证监局。

（二）并购重组特点

2015 年，上海上市公司积极开展以产业整合和结构调整为目的的并购重组，发行股份购买资产仍为上海上市公司并购重组的主要支付手段。上海上市公司通过横向或纵向的产业整合，提高行业集中度和市场占有率，发挥协同效应或者实现产业转型升级，国际化并购步伐明显加快。上海国有控股上市公司的资本运作日趋活跃，并购重组成为助推国资国企改革的重要方式。

五、上海上市公司募集资金情况、使用情况

（一）募集资金总体情况

表 10　　2015 年上海上市公司募集资金情况

发行类型	代码	简称	募集资金（亿元）
首发	601021	春秋航空	18.16
	603899	晨光文具	7.89
	603030	全筑股份	3.94
	603020	爱普股份	8.19
	603012	创力集团	10.79
	603729	龙韵股份	4.44
	600958	东方证券	100.30
	300442	普丽盛	4.79
	603718	海利生物	4.77
	603022	新通联	2.86
	603108	润达医疗	4.01
	603885	吉祥航空	7.60
	603918	金桥信息	2.09
	300462	华铭智能	2.45
	300469	信息发展	1.69
	300483	沃施股份	1.77
	601211	国泰君安	300.58
	601968	宝钢包装	6.42
	300493	润欣科技	2.06
	小计		494.80
再融资（非公开增发 A 股）	600210	紫江企业	2.08
	600614	鼎立股份	5.30
	600018	上港集团	17.49
	600836	界龙实业	5.13
	600636	三爱富	15.00
	600816	安信信托	31.22
	601872	招商轮船	20.00

续表

发行类型	代码	简称	募集资金（亿元）
再融资（非公开增发 A 股）	601788	光大证券	80.00
	600845	宝信软件	11.80
	600823	世茂股份	15.00
	002022	科华生物	3.20
	002158	汉钟精机	8.50
	600639	浦东金桥	27.20
	600654	中安消	9.53
	600061	国投安信	60.91
	600637	东方明珠	100.00
	600604	市北高新	4.76
	600848	上海临港	9.46
	600619	海立股份	3.73
	600708	光明地产	26.09
	600614	鼎立股份	1.70
	600623	双钱股份	37.33
	300336	新文化	5.00
	300168	万达信息	0.60
	002252	上海莱士	6.60
	002178	延华智能	0.90
	002506	协鑫集成	6.30
	小计		514.83
再融资（非公开增发 H 股）	600837	海通证券	263.00
	600115	东方航空	28.64
	小计		291.64
再融资（优先股）	600000	浦发银行	150.00
	601328	交通银行	150.00
	小计		300.00
其他融资（可转债）	601727	上海电气	60.00
其他融资（公司债券）	600748	上实发展	10.00
	600094	大名城	16.00
	601211	国泰君安	60.00
	600837	海通证券	430.00
	601788	光大证券	300.00
	600958	东方证券	210.00

续表

发行类型	代码	简称	募集资金（亿元）
其他融资（公司债券）	600665	天地源	20.00
	600675	中华企业	8.57
	600654	中安消	5.00
	600604	市北高新	9.00
	小计		1068.57
总计			2729.84

资料来源：上海证监局。

（二）募集资金使用情况及特点

2015年，上海共有105家上市公司使用募集资金，使用金额1507.89亿元。近年来，上海上市公司融资规模增长迅速，募集资金使用整体较为规范。主要特点如下：一是募集资金使用效率较高。当年度募集资金使用进度较快，资金使用投向明确。二是经济转型及行业动态变化影响募投项目预期效益。以前年度募集资金使用进度较慢，特别是个别首发上市公司的部分募投项目未达到预期效益。三是部分公司对暂时闲置募集资金实施现金管理，投资保本型银行理财产品。

（三）募集资金变更情况

2015年，上海有10家上市公司变更募集资金的使用项目，涉及20个募投项目，计划投入募集资金65.18亿元，占该10家公司募集资金总额（213.07亿元）的30.59%。变更募集资金使用均履行股东大会审议程序，变更使用的主要原因包括：一是根据项目行业发展和市场环境变化，暂缓或取消原募投项目，或者变更募投项目的实施方式和地点；二是配合公司经营规划和战略转型，终止部分原募投项目，改投新项目；三是将原募投项目结余资金投资新项目，进一步提高募集资金使用效率。

表11　2015年上海上市公司募集资金使用项目变更情况

变更募集资金使用项目的公司家数	涉及金额（亿元）	募集资金总额（亿元）	占公司募集资金总额的比例（%）
10	65.18	213.07	30.59

资料来源：上海证监局。

六、上海上市公司规范运作情况

（一）上市公司治理专项情况

2015年，上海上市公司继续深入推进公司治理工作，不断完善法人治理结构，内控规范稳步推进，诚信意识和规范运作水平逐步提高。上海证监局积极采取措施，深入推进承诺规范及履行工作，强化对承诺信息披露的审核，督促整改不合规承诺，并及时督促相关方切实履行承诺，充分保护中小股东权益；同时，严格查处违规增减持和短线交易行为，加大对公司大股东及董监高人员超比例减持未披露、违反承诺减持等违法行为的线索排查和监管执法力度，进一步推动提升守法合规意识。

（二）审计情况及监管情况

2015年，23家会计师事务所为上海224家上市公司提供了2015年年报审计服务。其中，221家公司的审计报告为标准无保留意见，2家公司的审计报告为带强调事项段无保留意见，1家公司的审计报告为保留意见。

2015年，上海证监局紧密结合上市公司监管转型要求，进一步加强事中事后监管，在现场走访沟通的基础上，坚持问题导向，加大审阅研析及现场检查的力度，保持适度原则，突出监管重点，着力督促会计师事务所强化尽职履责意识，完善质量控制体系，切实提升执业质量。同时，不断创新手段，延伸检查风险项目以前年度执业底稿，探索审计机构执业质量监管新模式。

（三）信息披露情况

2015年，上海上市公司进一步健全信息披露管理制度，不断提高信息披露质量，加强内幕信息管理，积极运用沪深证券交易所互动平台、投资者走进上市公司等形式进行交流，自愿性信息披露公告数量和公司家数逐年上升，且途径和方式更为多元，信息披露意识进一步提升。上海证监局坚持以信息披露监管为核心，强化信息披露事后审核，通过多渠道的信息搜集及电子化的技术工具，持续提高监管效能，督促上市公司建立以投资者需求为导向的信息披露体系，提升上市公司透明度。

（四）证券市场服务情况

一是采取多种形式，加强上市公司与投资者的互动交流。联合上海上市公司协会、上海证券交易所持续开展以“投资·参与·共建”为主题的投资者走进上市公司系列活动，2015年东方航空、张江高科、振华重工等十多家公司积极参与，参加活动的中小投资者近300名，进一步提升上市公司与投资者的互动效果，营造上海地区成熟、理性、健康的股权投资文化。

二是强调教育引导，致力保护投资者的合法权益。通过董监事培训、座谈交流、编发监管通信等形式，宣传和推动上市公司提高信息披露质量，引导公司利用交易所平台、公司网站、微博微信等多种渠道，在依法合规前提下增强主动性、自愿性信息披露，进一步保障投资者知情权。同时督促上市公司落实中小投资者投票制度，对相关投票机制建设和实施情况展开调研，推动落实中小投资者投票相关制度、合理选择股东大会会场等，便利中小投资者参与表决和监督。

三是强化服务意识，扎实推进首发上市工作。上海证监局一方面完善辅导监管工作流程，增加辅导过程透明度和工作效率，及时总结分析企业改制上市工作的重点难点，做好辅导备案工作，从源头上促进上海上市公司质量提升；另一方面利用信息平台，提升服务水平，进一步完善上海地区拟上市企业辅导信息披露工作，上海辖区处于辅导备案状态的企业均在上海证监局外网和相应的保荐机构网站进行了同步披露，方便广大投资者访问，充分发挥社会公众监督作用。

审稿人：韩少平　袁同济　张　浩

撰稿人：陈　纬　赵国富　童　惟　盛峰英

江苏地区

一、江苏国民经济发展概况

表 1　　2015 年江苏国民经济发展概况　　单位：亿元

指　标	1–3 月		1–6 月		1–9 月		1–12 月	
	绝对量	同比增长（%）	绝对量	同比增长（%）	绝对量	同比增长（%）	绝对量	同比增长（%）
地区生产总值（GDP）	14620.67	8.4	33926.9	8.5	51202.37	8.5	70116.38	8.5
全社会固定资产投资	9631.81	11.5	20466.03	10.9	32178.43	10.5	45905.17	10.5
社会消费品零售总额	6405.80	9.7	12551.52	9.9	18839.37	10	25876.77	10.3
规模以上工业增加值	7596.92	8.2	16330.10	8.3	24698.87	8.3	33422.50	8.3
规模以上工业企业实现利润	1889.9	16.40	4189.00	14.50	6335.10	11.60	9617.10	9.10
居民消费价格指数（CPI）	1–3 月		1–6 月		1–9 月		1–12 月	
	1.7		1.6		1.6		1.7	

资料来源：国家统计局。

二、江苏上市公司总体情况

（一）公司数量

表 2　　2015 年江苏上市公司数量　　单位：家

公司总数	2015 年新增	股票类别			板块分布			
		仅 A 股	仅 B 股	（A+B）股	沪市主板	深市主板	中小板	创业板
276	21	272	1	3	98	24	97	57

资料来源：沪深交易所，同花顺。

（二）行业分布

表 3　　2015 年江苏上市公司行业分布情况

所属证监会行业类别	家数	占比（%）	所属证监会行业类别	家数	占比（%）
农、林、牧、渔业	0	0	金融业	3	1.09
采矿业	1	0.36	房地产业	8	2.9
制造业	208	75.36	租赁和商务服务业	3	1.09
电力、热力、燃气及水生产和供应业	3	1.09	科学研究和技术服务业	4	1.45
建筑业	6	2.17	水利、环境和公共设施管理业	3	1.09
批发和零售业	14	5.07	教育	0	0
交通运输、仓储和邮政业	8	2.9	卫生和社会工作	1	0.36
住宿和餐饮业	1	0.36	文化、体育和娱乐业	3	1.09
信息传输、软件和信息技术服务业	6	2.17	综合	4	1.45
合计	276	100			

资料来源：沪深交易所，同花顺。

（三）股本结构及规模

表 4　　2015 年江苏上市公司股本规模在 10 亿股以上公司分布情况

股本规模（亿股）	公司家数	具体公司
100≤~<200	1	石化油服
50≤~<100	4	徐工机械，苏宁云商，宁沪高速，华泰证券
20≤~<50	12	华东科技，沙钢股份，保千里，南钢股份，海澜之家，*ST 海润，国电南瑞，江苏有线，汇鸿集团，南京银行，东吴证券，凤凰传媒
10≤~<20	39	东方市场，四环生物，威孚高科，中航动控，智慧农业，中南建设，江苏三友，金螳螂，奥特佳，洋河股份，九九久，胜利精密，康得新，沪电股份，中超控股，通鼎互联，亚太科技，春兴精工，宏图高科，江苏阳光，恒瑞医药，中央商场，维维股份，双良节能，亨通光电，黑牡丹，中天科技，栖霞建设，长电科技，太极实业，苏州高新，综艺股份，保税科技，南通科技，中材国际，连云港，文峰股份，新城控股，风范股份

资料来源：沪深交易所，同花顺。

表 5　　2015 年江苏上市公司分地区股权构成情况　　单位：家

股权性质 地域分布	央企国资控股	省属国资控股	地市国资控股	民营控股	其他	合计
南京市	9	8	7	23	8	55
无锡市	0	0	3	38	4	45

续表

地域分布＼股权性质	央企国资控股	省属国资控股	地市国资控股	民营控股	其他	合计
徐州市	0	0	0	9	1	10
常州市	1	0	1	19	1	22
苏州市	1	0	1	67	8	77
南通市	0	0	1	23	3	27
连云港市	0	0	1	6	0	7
淮安市	0	1	0	0	1	2
盐城市	0	0	1	4	0	5
扬州市	2	1	1	3	2	9
镇江市	0	0	3	5	0	8
泰州市	1	0	0	5	0	6
宿迁市	0	0	1	2	0	3
合计	14	10	20	204	28	276

资料来源：江苏证监局。

（四）市值规模

截至 2015 年 12 月 31 日，江苏 276 家上市公司境内总市值 36132.58 亿元，占全国上市公司境内总市值的 6.80%；其中上交所上市公司 98 家，总股本 1090.51 亿股，境内总市值 16189.75 亿元，占上交所上市公司境内总市值的 5.48%；深交所上市公司 178 家，总股本 1005.57 亿股，境内总市值 19942.83 亿元，占深交所上市公司境内总市值的 8.45%。

（五）资产规模

截至 2015 年 12 月 31 日，江苏 276 家上市公司合计总资产 30964.62 亿元，归属于母公司股东权益 8768.52 亿元，与 2014 年相比，分别增长 32.57%、31.10%；平均每股净资产 4.08 元。

三、江苏上市公司经营情况及变动分析

（一）总体经营情况

表 6　　2015 年江苏上市公司经营情况

指标	2015 年	2014 年	变动率（%）
家数	276	255	8.24
亏损家数	19	16	18.75
亏损家数比例（%）	6.88	6.27	0.61
平均每股收益（元）	0.33	0.35	-5.71

续表

指标	2015 年	2014 年	变动率（%）
平均每股净资产（元）	4.08	4.11	-0.73
平均净资产收益率（%）	8.1	8.53	-0.43
总资产（亿元）	30964.62	23357.98	32.57
归属于母公司股东权益（亿元）	8768.52	6688.42	31.10
营业收入（亿元）	11454.44	10188.72	12.42
利润总额（亿元）	956.41	758.04	26.17
归属于母公司所有者的净利润（亿元）	710.19	570.4	24.51

资料来源：沪深交易所，同花顺。

（二）分行业经营情况

表 7　　2015 年江苏上市公司分行业经营情况

所属行类	营业收入（亿元）	可比样本变动率（%）	归属于母公司所有者的净利润（亿元）	可比样本变动率（%）
农、林、牧、渔业	0	—	0	—
采矿业	603.49	-36.13	0.24	-98.01
制造业	5259.25	4.04	315.11	5.84
电力、热力、燃气及水生产和供应业	55.55	-0.29	6.65	1.99
建筑业	430.01	-6.98	23.88	-24.38
批发和零售业	3470.55	16.86	41.85	-4.48
交通运输、仓储和邮政业	157.46	-4.45	28.49	3.81
住宿和餐饮业	7.36	20.07	0.5	25.09
信息传输、软件和信息技术服务业	168.99	11.17	25.53	4.17
金融业	559.23	78.7	204.06	82.03
房地产业	449.01	12.04	33.84	35.09
租赁和商务服务业	8.57	7.4	2.58	2107.34
科学研究和技术服务业	50.13	14.33	5.65	-3.86
水利、环境和公共设施管理业	23.94	32.36	4.5	26.84
教育	0	—	0	—
卫生和社会工作	21.01	46.89	2.6	85.76
文化、体育和娱乐业	115.82	10.1	15.14	-1.95
综合	74.07	-11.16	-0.43	-103.67
合计	11454.44	6.09	710.19	14.62

资料来源：沪深交易所，同花顺。

（三）业绩变动情况分析

1. 营业收入、毛利率等变动原因分析

2015 年，江苏地区上市公司实现营业收入 11454.44 亿元，较 2014 年增长 12.42%；营业利润为 871.23 亿元，较 2014 年增长 31.13%；利润总额为 956.41 亿元，较 2014 年增长 26.17%。辖区上市公司总数增加、部分上市公司并购重组后业绩显著改善、金融业及房地产业盈利能力强是辖区上市公司总体收入和利润大幅增加的主要原因。扣除华泰证券、东吴证券、南京银行 3 家金融业上市公司，江苏地区上市公司平均销售毛利率为 19.6%，较 2014 年增长 0.84 个百分点，盈利能力进一步得到加强。

2. 盈利构成分析

从盈利构成来看，2015 年江苏地区上市公司利润主要来源于营业利润，为 871.23 亿元，占利润总额的 91.09%，占比较 2014 年增加了 3.44 个百分点；其次为营业外收入，总额为 118.91 亿元，占利润总额的 12.43%，占比较 2014 年下降了 3.15 个百分点；营业外支出对利润影响较小，占利润总额的 3.53%，占比与 2014 年基本持平。

3. 经营性现金流量分析

2015 年，江苏地区 276 家上市公司中共有 229 家公司的经营活动产生的现金流量净额为正，占上市总数的 82.97%，占比较 2014 年提升了近 5 个百分点。扣除华泰证券、东吴证券、南京银行 3 家金融业上市公司，江苏地区上市公司经营活动产生的现金流量净额 797.44 亿元，较 2014 年增长 57.82%。

4. 业绩特点分析

一是上市公司整体业绩较 2014 年出现下滑，营业收入较 2014 年增长 12.42%，增幅较 2014 年下降 7.79 个百分点；归属于母公司所有者的净利润较 2014 年增长 24.51%，增幅较2014 年下降 24.26 个百分点；平均每股收益较 2014 年下降 5.71%，增幅较2014年下降近 31 个百分点。二是行业经营业绩分化明显。占比 75%的制造业保持了平稳增长，归属上市公司股东净利润增长5.84%；6 个行业的净利润出现下降，分别是采矿业−98.01%，建筑业−24.38%，批发和零售业−4.48%，科学研究和技术服务业−3.86%，文化、体育和娱乐业−1.95%，综合−103.67%；6 个行业的净利润增幅超过 20.00%，分别是住宿和餐饮业 25.09%，卫生和社会工作 85.76%，水利、环境和公共设施管理业 26.84%，金融业 82.03%，房地产业 35.09%，租赁和商务服务业 2107.34%。三是亏损企业依然集中在制造业，转型升级压力较大。2015 年辖区共有 19 家亏损企业，其中 14 家制造企业，归属于母公司的净利润为−100.12 亿元，占辖区上市公司亏损总金额的 95.31%，亏损金额较 2014 年增加了近 50 亿元。

5. 利润分配情况

表 8　2015 年江苏上市公司现金分红情况

2015 年分红公司家数			2015 年分红金额		
家数	变动率（%）	分红公司家数占地区公司总数比重（%）	金额（亿元）	变动率（%）	分红金额占归属于母公司所有者的净利润比重（%）
221	8.33	80.07	261.29	32.41	36.79

资料来源：江苏证监局。

四、江苏上市公司并购重组情况

（一）并购重组基本情况

2015 年，在经济增速换挡的外在环境和上市公司转型升级的内在需求的双重推动下，江苏上市公司并购重组交易数量、交易规模均呈现稳定高速增长。

全年江苏共有 78 家上市公司涉及并购重组，交易金额为 1263.24 亿元，较 2014 年的交易数量 44 家、金额 865.62 亿元相比，分别增长了 77.27%及 45.93%，并较 2013 年的 23 家上市公司、435 亿元相比，分别增加了 239.13%及 190.40%。

上市公司通过并购重组实现多元化发展，整体质量得到有效提升。部分公司通过横向并购扩大产业规模，部分公司通过纵向并购延伸产业链条，部分公司通过整体资产置换实现过剩产能出清和优质资产注入，促进产业结构转型升级。

（二）并购重组特点

1. 板块分布多元化

78 家公司中，上交所主板公司为 15 家，交易金额为 631.58 亿元，深交所主板公司 4 家，交易金额为 18.71 亿元，中小板公司 36 家，交易金额为 531.80 亿元，创业板公司 23 家，交易金额为 81.15 亿元。从交易规模而言，主板公司平均交易规模较大；从板块分布而言，中小板、创业板公司数量占比超过 3/4，是并购重组主力军。

2. 产业并购方兴未艾，借壳上市并非主流

78 家公司中，有 66 家公司并购以同行业或近似行业整合为主，通过产业并购实现资源整合并发挥协同效应以提升行业地位。涉及借壳上市的仅为 12 家，占比为 15.38%，同时有 12 家公司主营业务发生变化。

3. 交易进程实施较快

受益于证监会简政放权及推动市场化进程，截至 2015 年底，当年完成并购重组并实施的公司为 24 家，占比超过三成；另有 9 家公司已通过审核待实施。

4. 支付手段有待进一步丰富

从对价支付方式上看，支付现金及发行股份购买资产仍是主流支付方式。部分国企采用了大股东无偿行政划转、国有资产公开挂牌转让以及定向回购股份等方式。

值得一提的是，跨境并购已成为未来上市公司“走出去”的重要方式，但因交易习惯、交易窗口时间限制、审批流程复杂程度等的综合考量，支付方式仍以纯现金为主。

五、江苏上市公司募集资金情况、使用情况

（一）募集资金总体情况

表 9　　2015 年江苏上市公司募集资金情况

发行类型	代码	简称	募集资金（亿元）
首发	002734	利民股份	2.67
	002747	埃斯顿	2.04
	002787	华源包装	4.00
	300394	天孚通信	3.26
	300416	苏试试验	1.80
	300420	五洋科技	1.65
	300421	力星股份	2.56
	300429	强力新材	3.18
	300447	全信股份	2.61
	300450	先导智能	3.61
	300466	赛摩电气	2.05
	300495	美尚生态	5.31
	600959	江苏有线	32.66
	603066	音飞储存	3.11
	603117	万林股份	3.56
	603158	腾龙股份	3.88
	603299	井神股份	3.32
	603355	莱克电气	7.82
	603519	立霸股份	2.74
	603800	道森股份	5.69
	603828	柯利达	5.16
	603968	醋化股份	5.00
	小计		107.68
再融资（增发、配股）	000421	南京公用	2.60
	000681	视觉中国	5.80
	000700	模塑科技	6.20
	000727	华东科技	105.00

续表

发行类型	代码	简称	募集资金（亿元）
再融资（增发、配股）	000936	华西股份	6.00
	002002	鸿达兴业	9.74
	002009	天奇股份	5.33
	002044	美年健康	4.00
	002074	国轩高科	8.21
	002077	大港股份	8.80
	002090	金智科技	2.20
	002156	通富微电	12.80
	002160	常铝股份	3.37
	002172	澳洋科技	2.10
	002201	九鼎新材	4.50
	002239	奥特佳	7.50
	002255	海陆重工	1.40
	002262	恩华药业	5.51
	002274	华昌化工	9.27
	002323	雅百特	27.08
	002349	精华制药	0.78
	002384	东山精密	11.75
	002411	必康股份	70.20
	002413	雷科防务	5.89
	002426	胜利精密	4.59
	002445	中南文化	8.26
	002450	康得新	30.00
	002483	润邦股份	6.46
	002496	辉丰股份	9.93
	002559	亚威股份	0.35
	002635	安洁科技	8.20
	002645	华宏科技	3.12
	002680	长生生物	51.05
	002722	金轮股份	5.66
	300013	新宁物流	7.20
	300128	锦富新材	2.50
	300201	海伦哲	0.24
	300209	天泽信息	0.61

续表

发行类型	代码	简称	募集资金（亿元）
再融资（增发、配股）	300217	东方电热	6.00
	300228	富瑞特装	7.99
	300284	苏交科	3.69
	300292	吴通控股	3.38
	300339	润和软件	10.78
	300356	光一科技	5.98
	300390	天华超净	0.98
	300420	五洋科技	3.74
	600074	保千里	28.83
	600105	永鼎股份	1.72
	600200	江苏吴中	5.14
	600282	南钢股份	1.98
	600400	红豆股份	7.83
	600501	航天晨光	9.60
	600510	黑牡丹	16.00
	600513	联环药业	3.17
	600522	中天科技	6.00
	600584	长电科技	3.29
	600682	南京新百	1.93
	600736	苏州高新	13.00
	600862	中航高科	5.89
	600970	中材国际	10.07
	600981	汇鸿集团	20.00
	601009	南京银行	80.00
	601222	林洋能源	18.00
	小计		739.19
其他融资（公司债券）	000961	中南建设	40.00
	002221	东华能源	11.50
	002309	中利科技	2.00
	600487	亨通光电	15.00
	600736	苏州高新	7.00
	600837	华泰证券	356.00
	601008	连云港	13.05
	601155	新城控股	30.00

续表

发行类型	代码	简称	募集资金（亿元）
其他融资（公司债券）	601555	东吴证券	125.00
	小计		559.55
总计			1406.42

资料来源：江苏证监局。

（二）募集资金使用情况及特点

2015年，江苏辖区共有94家公司通过首发、再融资、公司债三种方式募集资金1406.43亿元，有107家公司使用募集资金772.98亿元。辖区上市公司募集资金使用情况较为规范，涉及变更募集资金使用项目的公司严格履行了内部审批及对外披露程序。

（三）募集资金变更情况

2015年，江苏辖区共有26家公司变更了募集资金使用项目，涉及金额66.14亿元，占26家公司募集资金总额（330.59亿元）的20.01%。公司变更募集资金使用项目的主要原因有：一是募集资金到位后，拟使用项目所处行业发生明显变化，继续投资难以实现预期效益，公司变更投向；二是部分项目募集资金出现盈余，为提高使用效率，剩余资金变更投向。

表10　2015年江苏上市公司募集资金使用项目变更情况

变更募集资金使用项目的公司家数	涉及金额（亿元）	募集资金总额（亿元）	占公司募集资金总额的比例（%）
26	66.14	330.59	20.01

资料来源：江苏证监局。

六、江苏上市公司规范运作情况

（一）上市公司治理专项情况

2015年，江苏证监局结合日程监管和年报审核情况，对辖区276家上市公司全面梳理公司治理及风险事项，确定公司风险等级，并对高风险和次高风险的公司制定详细监管计划书。结合重大资产重组、再融资、年报等专项检查项目对上市公司的公司治理情况进行现场检查，对发现的问题积极采取监管措施，督促上市公司及时整改。通过公司治理专项培训等方式不断提高公司规范运作意识，提升公司治理水平。

（二）审计情况及监管情况

2015年年报审计中，境内外共27家会计师事务所为江苏上市公司提供审计业务，出具了1043份证券期货相关业务报告。其中，年度审计报告 290 份（含 3 份 H 股报告）、关联方资金往来专项说明 278 份、内控审计报告 214 份、管理意见书 91 份、募集资金鉴证报告等 170 份。在 2015 年年报审计意见类型中，标准无保留意见的审计报告 283 份（占 97.59%），非标意见审计报告 7 份（占 2.41%）。2015 年，江苏辖区共有 26 家上市公司变更了审计机构，占上市公司总数的 8.97%。原因为原会计师事务所时间冲突或受限、审计到期、重大资产重组需要等。

（三）信息披露情况

江苏证监局以信息披露为中心，不断提升上市公司质量。一方面采用专项培训、法制宣传等多手段提高公司信息披露意识，鼓励公司基于投资者需求，做好非财务信息和财务信息的衔接，并提倡自愿性信息披露，提升公司透明度；另一方面有针对性地提升公司信息披露水平，对信息披露考核为 C 以下的公司实行“一司一策”，要求公司加强内控和信息披露流程梳理。2015 年，辖区上市公司信息披露情况良好，但部分公司仍因存在信息披露不准确不及时的情形被采取各类监管措施。

（四）证券市场服务情况

2015 年，江苏证监局多措并举，做好上市公司服务工作。一是进一步推进并购重组、再融资工作。全年组织多场专题培训，并对并购重组事项进行扶优限劣式分类监管，有效提升监管效能。二是根据日常监管中发现的易犯错误和市场热点编制九期法制宣传材料寄送给上市公司学习。三是针对新上市公司，主动上门进行入门教育第一课，减少无知违规现象发生。四是针对恶意索赔事项，指导公司运用法律武器捍卫公司及投资者正当权益，净化市场环境，保护投资者利益和上市公司合法权益，维护市场公平秩序。

审稿人：凌　峰

撰稿人：陈　宇　戴洁春　孟　奎　吴姬君　王　瑞　马秋霞

浙江地区

一、浙江国民经济发展概况

表 1　　2015 年浙江国民经济发展概况　　单位：亿元

指标	1-3 月		1-6 月		1-9 月		1-12 月	
	绝对量	同比增长（%）	绝对量	同比增长（%）	绝对量	同比增长（%）	绝对量	同比增长（%）
地区生产总值（GDP）	8342.38	8.2	19280.69	8.3	29684.23	8	42886.49	8
全社会固定资产投资	4820.9	17	12134.17	12.3	19061.67	11.2	26664.72	13.2
社会消费品零售总额	4479.41	6.8	9019.03	7.7	13839.96	8	19784.74	10.9
规模以上工业增加值	2690.18	5.1	6130.57	5	9433.17	4.2	13193.35	4.4
规模以上工业企业实现利润	640.90	6.10	1665.00	7.90	2565.70	4.90	3717.70	5.00
居民消费价格指数（CPI）	1-3 月		1-6 月		1-9 月		1-12 月	
	0.6		0.9		1.2		1.4	

资料来源：国家统计局，浙江统计局。

二、浙江上市公司总体情况

（一）公司数量

表 2　　2015 年浙江上市公司数量　　单位：家

公司总数	2015 年新增	股票类别			板块分布			
		仅 A 股	仅 B 股	（A+B）股	沪市主板	深市主板	中小板	创业板
248	27	246	1	1	79	13	115	41

资料来源：沪深交易所，同花顺。

（二）行业分布

表 3　　2015 年浙江上市公司行业分布情况

所属证监会行业类别	家数	占比（%）	所属证监会行业类别	家数	占比（%）
农、林、牧、渔业	0	0	金融业	0	0
采矿业	0	0	房地产业	7	2.82
制造业	188	75.81	租赁和商务服务业	7	2.82
电力、热力、燃气及水生产和供应业	3	1.21	科学研究和技术服务业	0	0
建筑业	4	1.61	水利、环境和公共设施管理业	1	0.4
批发和零售业	11	4.44	教育	0	0
交通运输、仓储和邮政业	0	0	卫生和社会工作	3	1.21
住宿和餐饮业	0	0	文化、体育和娱乐业	10	4.03
信息传输、软件和信息技术服务业	12	4.84	综合	2	0.81
合计	248	100			

资料来源：沪深交易所，同花顺。

（三）股本结构及规模

表 4　　2015 年浙江上市公司股本规模在 10 亿股以上公司分布情况

股本规模（亿股）	公司家数	具体公司
100≤~<200	1	浙能电力
50≤~<100	2	新湖中宝，小商品城
20≤~<50	10	万向钱潮，传化股份，滨江集团，海康威视，浙江永强，荣盛石化，森马服饰，美都能源，浙江龙盛，物产中大
10≤~<20	35	华数传媒，华媒控股，普洛药业，新和成，三花股份，华峰氨纶，景兴纸业，天马股份，利欧股份，报喜鸟，海亮股份，大华股份，浙富控股，海宁皮城，亚厦股份，巨星科技，贝因美，世纪华通，华谊兄弟，向日葵，华策影视，宋城演艺，宋都股份，巨化股份，升华拜克，阳光照明，嘉化能源，士兰微，腾达建设，康恩贝，卧龙电气，浙报传媒，东方通信，轻纺城，正泰电器

资料来源：沪深交易所，同花顺。

表 5　　2015 年浙江上市公司分地区股权构成情况　　单位：家

地域分布＼股权性质	央企国资控股	省属国资控股	地市国资控股	民营控股	其他	合计
杭州市	5	4	7	66	6	88
温州市	0	0	1	14	0	15

续表

地域分布＼股权性质	央企国资控股	省属国资控股	地市国资控股	民营控股	其他	合计
嘉兴市	1	0	3	22	0	26
湖州市	0	0	0	15	1	16
绍兴市	0	0	4	38	1	43
金华市	0	0	2	17	2	21
衢州市	0	1	0	1	1	3
舟山市	0	0	0	0	1	1
台州市	0	0	4	28	1	33
丽水市	0	0	0	2	0	2
合计	6	5	21	203	13	248

资料来源：浙江证监局。

（四）市值规模

截至 2015 年 12 月 31 日，浙江 248 家上市公司境内总市值 34975.85 亿元，占全国上市公司境内总市值的 6.58%；其中上交所上市公司 79 家，总股本 805.82 亿股，境内总市值 11117.99 亿元，占上交所上市公司境内总市值的 3.76%；深交所上市公司 169 家，总股本 1042.53 亿股，境内总市值 23857.86 亿元，占深交所上市公司境内总市值的 10.10%。

（五）资产规模

截至 2015 年 12 月 31 日，浙江 248 家上市公司合计总资产 14367.99 亿元，归属于母公司股东权益 7073.32 亿元，与 2014 年相比，分别增长 23.32%、31.05%；平均每股净资产 3.82 元。

三、浙江上市公司经营情况及变动分析

（一）总体经营情况

表 6　　2015 年浙江上市公司经营情况

指标	2015 年	2014 年	变动率（%）
家数	248	221	12.22
亏损家数	19	17	11.76
亏损家数比例（%）	7.66	7.69	–0.03
平均每股收益（元）	0.33	0.38	–13.16
平均每股净资产（元）	3.82	3.92	–2.55
平均净资产收益率（%）	8.59	9.77	–1.18
总资产（亿元）	14367.99	11651.15	23.32

续表

指标	2015 年	2014 年	变动率（%）
归属于母公司股东权益（亿元）	7073.32	5397.54	31.05
营业收入（亿元）	9489.98	7453.13	27.33
利润总额（亿元）	803.45	691.18	16.24
归属于母公司所有者的净利润（亿元）	607.39	527.11	15.23

资料来源：沪深交易所，同花顺。

（二）分行业经营情况

表 7　　2015 年浙江上市公司分行业经营情况

所属行类	营业收入（亿元）	可比样本变动率（%）	归属于母公司所有者的净利润（亿元）	可比样本变动率（%）
农、林、牧、渔、业	0	—	0	—
采矿业	0	—	0	—
制造业	5354.08	3.15	381.07	5.1
电力、热力、燃气及水生产和供应业	433.69	−10.97	71.99	16.97
建筑业	208.72	−13	6.99	−40.82
批发和零售业	2499.94	−10.16	36.51	26.1
交通运输、仓储和邮政业	0	—	0	—
住宿和餐饮业	0	—	0	—
信息传输、软件和信息技术服务业	206.35	25.3	29.38	121.74
金融业	0	—	0	—
房地产业	358.47	4.74	12.23	−52.87
租赁和商务服务业	123.37	18.41	17.94	−5.13
科学研究和技术服务业	0	—	0	—
水利、环境和公共设施管理业	6.75	1.21	2.91	30.88
教育	0	—	0	—
卫生和社会工作	35.78	40.66	5.24	45.35
文化、体育和娱乐业	190.26	31.34	42.36	31.05
综合	72.57	25.64	0.78	−65.17
合计	9489.98	−0.59	607.39	7.81

资料来源：沪深交易所，同花顺。

（三）业绩变动情况分析

1. 营业收入、毛利率等变动原因分析

在经济形势下行压力较大的情况下，辖区上市公司2015年业绩喜中有忧。辖区上市公司全年度实现营业收入9489.98亿元，较2014年增长27.33%；利润总额803.45亿元，较2014年增长16.24%；归属于母公司所有者的净利润为607.39亿元，较2014年增长15.23%。同时，产业结构的升级，促进了上市公司整体毛利率的上升。2015年平均毛利率达到30.02%，比2014年提高约0.69个百分点。但在营业收入和利润保持增长的同时，企业亏损面扩大。全年19家公司出现亏损，比2014年多2家。

2. 盈利构成分析

从盈利构成看，2015年辖区上市公司利润来源主要是主业利润，其占利润总额比重约为89.32%，比2014年降低1.68个百分点。投资收益占利润总额的10.55%，比2014年同期减少6.59个百分点。营业外利润占利润总额的10.68%，比2014年同期增加2.37个百分点。此外，扣除非经常性损益的净利润占净利润的比例约为74.66%，比2014年同期增长14.66个百分点。

3. 经营性现金流量分析

2015年，浙江辖区上市公司经营活动现金净流入为937.65亿元，较2014年增加62.69%。248家上市公司中，210家经营性现金流量为正，占比84.68%，高于2014年的81%；108家经营性现金流较2014年有所增长。其中，房地产业经营性现金流增长最明显，由净流出转为净流入123.26亿元。

4. 业绩特点分析

2015年，浙江上市公司积极应对经济下行风险，主动依托资本市场，通过内部整合、并购重组、投融资等不断做优做强，整体业绩运行平稳，转型升级稳中有进，有力地支撑了浙江经济的稳定发展。

一是整体业绩稳步增长。从发展速度看，2015年辖区上市公司营业总收入为9489.98亿元，但为增强可比性，剔除物产中大整体上市影响，营业总收入为8204.25亿元，较2014年增长10.08%，高于全国平均水平约8.96个百分点；归属于母公司所有者的净利润607.39亿元，较2014年增长15.23%，高于全国平均水平约12.7个百分点。从发展质量看，2015年辖区上市公司总资产为14367.99亿元，仅占全国的0.83%，而营业收入、净利润分别占到了全国的3.22%、2.46%，发展质量较好。

二是重点企业快速成长。2015年销售规模超过30亿元的上市公司为76家，其中超过百亿元的达到16家；净利润超过10亿元的上市公司11家，比2014年增加1家。前20家公司贡献了近60%的利润，一批如浙能电力、海康威视、浙江龙盛等公司逐渐成为行业龙头。市值不断创新高，总市值超过500亿元的有6家，比2014年增加3家，分别为浙能电力、海康威视、华谊兄弟、传化智联、小商品城、万向钱潮。

三是行业分化显现。从行业看，电子

制造业，汽车制造业，信息传输、软件和信息技术服务业，卫生和社会工作4个行业保持持续增长，2015年营业收入和净利润增长率均在20%以上；而建筑业，金属、非金属制造业，其他制造业，食品、酒制造业4个行业2015年营业收入和净利润均较2014年下降。

四是资产规模保持扩张，资本实力不断增强。2015年浙江辖区上市公司总资产为14367.99亿元，较2014年增长23.32%；平均资产规模为59.02亿元，较2014年增长15.83%；净资产为7479.66亿元，较2014年增长26.27%。其中，总资产规模超过百亿元的公司有21家，较2014年末增加2家，资产规模最大的为浙能电力，总资产达1042.03亿元。

5. 利润分配情况

表8　2015年浙江上市公司现金分红情况

2015年分红公司家数			2015年分红金额		
家数	变动率（%）	分红公司家数占地区公司总数比重（%）	金额（亿元）	变动率（%）	分红金额占归属于母公司所有者的净利润比重（%）
201	11.67	81.05	234.11	17.98	37.64

资料来源：浙江证监局。

四、浙江上市公司并购重组情况

（一）并购重组基本情况

2015年，浙江辖区上市公司共实施并购重组295起，比2014年增加172.62%；交易金额为1173.71亿元，比2014年增加110.61%。经过几年来的蓬勃发展，平均每单并购金额、单位并购数量均呈上升趋势。2015年，平均每单并购金额为3.98亿元；单位并购数量为1.20，高出全国平均水平0.54。

从行业分布看，浙江辖区化工、医药生物、机器设备等传统行业成为并购重组最为集中的领域，2015年上述行业并购重组数量为139次，占比达46%。

（二）并购重组特点

（1）并购重组持续活跃，重组家数与金额呈上升趋势。浙江上市公司并购数量近五年基本呈现稳步上升趋势。从2010年的139次增加到2015年的295次，并购金额从100亿元增加到1173.71亿元，接近前五年并购金额总和。

（2）并购频率高但平均金额小，“小步快跑”特征明显。浙江上市公司以民营企业为主，呈现出数量多、体量小的特点。与此相适，浙江上市公司并购重组的平均金额较小，虽然近年来有所提升，但仍远低于全国平均水平。

（3）并购以传统产业为主，新兴产业逐渐兴起。浙江上市公司以传统制造业为主，化工、医药生物、机器设备等传统行业并购占比较大。近年来，随着影视、互联网等行业的发展，新兴行业并购重组数量呈上升趋势。如2013~2015年，辖区影视传媒类的并购数量分别为10次、17次及14次，计算机及网络类的并购数量分别为4次、10次、15次，新兴行业并购重组初具规模。

（4）并购重组呈现出市场化、多样化的趋势。并购模式多元化，除了传统的资产置换外，集团整体上市、壳资源重组、实际控制人资产注入日益增多，占据全部重大资产重组的35%左右。重组标的来源多样化，拟上市公司、海外回归中概股公司成为新的并购标的。协议条款更加市场化，业绩补偿方案所涉及的补偿时间、股份锁定年限、业绩补偿指标等更加灵活。将员工持股计划融入并购重组配套融资方案中，激励与并购并举。

五、浙江上市公司募集资金情况、使用情况

（一）募集资金总体情况

表9　　2015年浙江上市公司募集资金情况

发行类型	代码	简称	募集资金（亿元）
首发	603996.SH	中新科技	5.27
	002779.SZ	中坚科技	2.66
	300488.SZ	恒锋工具	2.52
	603085.SH	天成自控	1.82
	603116.SH	红蜻蜓	10.41
	002767.SZ	先锋电子	3.72
	300478.SZ	杭州高新	2.47
	603300.SH	华铁科技	4.17
	603901.SH	永创智能	3.95
	603568.SH	伟明环保	5.16
	002758.SZ	华通医药	2.53
	300461.SZ	田中精机	1.32
	603311.SH	金海环境	2.83
	002756.SZ	永兴特钢	10.87
	300459.SZ	金科娱乐	2.08
	300451.SZ	创业软件	2.38
	603789.SH	星光农机	5.62
	603703.SH	盛洋科技	2.60
	300435.SZ	中泰股份	2.95
	603338.SH	浙江鼎力	4.80

续表

发行类型	代码	简称	募集资金（亿元）
首发	603222.SH	济民制药	2.94
	603618.SH	杭电股份	6.22
	300426.SZ	唐德影视	4.57
	603799.SH	华友钴业	4.34
	603611.SH	诺力股份	3.67
	603558.SH	健盛集团	3.85
	603600.SH	永艺股份	2.56
	小计		108.28
再融资（增发）	603010.SH	万盛股份	3.56
	603456.SH	九洲药业	8.00
	002520.SZ	日发精机	10.00
	300144.SZ	宋城演艺	16.38
	300145.SZ	中金环境	18.44
	002389.SZ	南洋科技	11.38
	002196.SZ	方正电机	13.62
	002188.SZ	巴士在线	17.03
	002085.SZ	万丰奥威	17.50
	002010.SZ	传化智联	244.03
	600477.SH	杭萧钢构	3.05
	600576.SH	万家文化	12.09
	000967.SZ	盈峰环境	17.43
	600797.SH	浙大网新	6.96
	600704.SH	物产中大	132.61
	600677.SH	航天通信	16.51
	小计		548.59
其他融资（公司债券、短期融资券、中期票据、次级债、金融债、境外发行债券）	公司债		
	002493.SZ	荣盛石化	10.00
	000963.SZ	华东医药	10.00
	600208.SH	新湖中宝	35.00
	600175.SH	美都能源	12.00
	600267.SH	海正药业	8.00
	小计		75.00
	中期票据、短期融资券		

续表

发行类型	代码	简称	募集资金（亿元）
其他融资（公司债券、短期融资券、中期票据、次级债、金融债、境外发行债券）	300027.SZ	华谊兄弟	3.00
	000925.SZ	众合科技	2.00
	002430.SZ	杭氧股份	5.00
	002244.SZ	滨江集团	9.00
	小计		19.00
总计			750.87

资料来源：浙江证监局。

（二）募集资金使用情况及特点

2015年，浙江辖区共有81家上市公司募集项目资金总额为1161.63亿元，已投入使用募集金额为814.67亿元，占全年募集资金总额的70.13%。募集资金的使用严格履行决策程序，总体来看使用情况较好，但也存在募投项目延期实施、部分项目未达预期收益、募投项目资金需求与募集资金额度不匹配等问题。

（三）募集资金变更情况

2015年，浙江全辖区共计3家上市公司变更募集资金使用项目，涉及金额7亿元，占3家公司募集资金总额的26.39%。募集资金变更程序合法，均经过公司股东大会通过。经分析，变更的原因主要如下：一是拟投资的项目因市场环境变化而变更或取消了有关项目；二是原投资项目未实现预期收益，将项目实施进度调整或将剩余募集资金改投其他项目；三是为了扩展产业链，将原计划补充流动资金改为投入具体项目。

表10　2015年浙江上市公司募集资金使用项目变更情况

变更募集资金使用项目的公司家数	涉及金额（亿元）	募集资金总额（亿元）	占公司募集资金总额的比例（%）
3	7.00	26.53	26.39

资料来源：浙江证监局。

六、浙江上市公司规范运作情况

（一）上市公司治理专项情况

2015 年，浙江证监局坚持把保护投资者合法权益放在突出位置，坚持市场化、法治化、国际化的改革方向，坚持服务浙江实体经济发展的根本宗旨，切实履行“两维护、一促进”监管职责。以前台线索为突破口，以现场检查为抓手，稳步推进上市公司治理工作。对 21 家上市公司采取了行政监管措施，对 29 家上市公司下发了监管关注函，对维护辖区资本市场秩序产生了很大作用。

（二）审计情况及监管情况

在 2015 年年报审计中，境内 19 家会计师事务所为浙江辖区 248 家上市公司提供审计业务。其中，242 家公司的审计报告为标准无保留意见，5 家公司的审计报告为带强调事项段无保留意见，1 家公司的审计报告为保留意见。

浙江证监局在日常监管中强化年报审核在非现场监管中的作用。通过完善年报审阅及审核底稿和流程，建立 18 项具体监管指标来确定年报审核对象，全年审核覆盖面达到监管公司总量的 30%。全年完成 190 家上市公司的年报审阅和 58 家上市公司的年报审核工作；电话问询上市公司董监高 87 人次；电话问询会计师 39 人次；约谈上市公司董监高及其审计机构 42 人次；累计下发 14 份年报监管关注函、 2 份行政监管措施。

此外，通过对会计师事务所内部治理、业务质量控制、执业独立性等方面的全面检查，进一步提升了对中介机构监管的水平与成效。牵头对中汇会计师事务所进行全面现场检查，完成 4 个上市公司年报审计项目的全面检查和 7 个审计线索的核查工作。

（三）信息披露情况

2015 年，浙江证监局坚持以信息披露监管为核心，以信息披露的真实、及时、准确、完整和公平性为重点，持续加强上市公司信息收集、分析以及监管协作。针对并购重组层出不穷的现状，加大对以市值管理为动机，涉嫌股价操纵的信息披露监管力度，对存在忽悠式重组、以市值管理为名义发布信息操纵股价等新情况、新问题，提升监管敏感度；对重大信息披露问题及时开展现场核查，妥善处置风险事项；加强与交易所、稽查部门等二级市场监控部门的监管联动，及时查处和打击违规行为。上市公司信息披露质量稳步提高，辖区上市公司信息披露整体较好。

根据 2015 年交易所信息披露考核结果，辖区上市公司评价在 B 级以上的公司占辖区上市公司数量的 92.34%，在全国排名领先。

（四）证券市场服务情况

投资者保护是证券市场的基础性工作。浙江证监局积极落实证券市场保护投资的各种举措。全年妥善处理上市公司类举报事项79件、“12386”转办事项27件，内容涉及上市公司生产经营、信息披露、资产收购等方面问题；组织召开辖区新上市公司培训会，明确监管要求，开好“上市第一课”；积极赴上市公司走访调研，分别就并购重组、再融资、公司债发行、产业转型升级、投资者保护等方面与公司进行深入交流，提炼成熟经验；开展投资者座谈会，倾听投资者诉求心声。根据个人和机构投资者对上市公司的反馈意见和建议，严格督促上市公司认真落实投资者关系管理措施，明确要求上市公司执行累积投票制、扩大网络投票范围、搭建多渠道沟通平台等，切实提高投资者的参与度，积极服务广大中小投资者。

审稿人：俞　峰　吴凯亮

撰稿人：郑昕璨　王珊珊

安徽地区

一、安徽国民经济发展概况

表 1　　2015 年安徽国民经济发展概况　　单位：亿元

指标	1–3 月		1–6 月		1–9 月		1–12 月	
	绝对量	同比增长（%）	绝对量	同比增长（%）	绝对量	同比增长（%）	绝对量	同比增长（%）
地区生产总值（GDP）	4238.27	8.6	9976.57	8.6	15628.23	8.7	22005.6	8.7
全社会固定资产投资	4299.9	14.1	10804.45	13.5	17505.56	13.4	23803.93	12
社会消费品零售总额	2167.8	12.3	4276	12.1	6469.1	12.1	8908	12
规模以上工业增加值	2335.2	9	4720.5	8.7	7153.6	8.7	9817.1	8.6
规模以上工业企业实现利润	325.4	3.1	709.3	3.8	1101.5	9	1852.7	4.2
居民消费价格指数（CPI）	1–3 月		1–6 月		1–9 月		1–12 月	
	0.4		1.2		1.4		1.3	

资料来源：国家统计局。

二、安徽上市公司总体情况

（一）公司数量

表 2　　2015 年安徽上市公司数量　　单位：家

公司总数	2015 年新增	股票类别			板块分布			
		仅 A 股	仅 B 股	（A+B）股	沪市主板	深市主板	中小板	创业板
88	8	85	0	3	35	16	27	10

资料来源：沪深交易所，同花顺。

（二）行业分布

表 3　　2015 年安徽上市公司行业分布情况

所属证监会行业类别	家数	占比（%）	所属证监会行业类别	家数	占比（%）
农、林、牧、渔业	2	2.27	金融业	1	1.14
采矿业	2	2.27	房地产业	2	2.27
制造业	64	72.73	租赁和商务服务业	0	0
电力、热力、燃气及水生产和供应业	1	1.14	科学研究和技术服务业	0	0
建筑业	3	3.41	水利、环境和公共设施管理业	3	3.41
批发和零售业	3	3.41	教育	0	0
交通运输、仓储和邮政业	2	2.27	卫生和社会工作	0	0
住宿和餐饮业	0	0	文化、体育和娱乐业	2	2.27
信息传输、软件和信息技术服务业	3	3.41	综合	0	0
合计	88	100			

资料来源：沪深交易所，同花顺。

（三）股本结构及规模

表 4　　2015 年安徽上市公司股本规模在 10 亿股以上公司分布情况

股本规模（亿股）	公司家数	具体公司
50≤~<100	3	铜陵有色，海螺水泥，马钢股份
20≤~<50	4	中弘股份，山鹰纸业，皖江物流，国投新集
10≤~<20	14	皖能电力，国元证券，中鼎股份，华信国际，科大讯飞，长信科技，盛运环保，皖通高速，皖维高新，鑫科材料，江淮汽车，精工钢构，精达股份，恒源煤电

资料来源：沪深交易所，同花顺。

表 5　　2015 年安徽上市公司分地区股权构成情况　　单位：家

地域分布 \ 股权性质	央企国资控股	省属国资控股	地市国资控股	民营控股	其他	合计
合肥市	3	9	6	14	2	34
芜湖市	0	3	0	7	1	11
蚌埠市	2	1	0	0	0	3
淮南市	1	0	0	1	0	2
马鞍山市	1	1	1	5	0	8

续表

地域分布＼股权性质	央企国资控股	省属国资控股	地市国资控股	民营控股	其他	合计
淮北市	0	2	0	2	0	4
铜陵市	0	1	2	3	0	6
安庆市	0	0	1	1	0	2
黄山市	0	0	1	1	1	3
阜阳市	0	0	1	0	0	1
宿州市	0	0	0	1	0	1
滁州市	0	0	1	2	0	3
六安市	0	0	0	2	0	2
宣城市	0	0	0	6	0	6
池州市	0	0	1	0	0	1
亳州市	0	0	1	0	0	1
合计	7	17	15	45	4	88

资料来源：安徽证监局。

（四）市值规模

截至 2015 年 12 月 31 日，安徽 88 家上市公司境内总市值 10943.56 亿元，占全国上市公司境内总市值的 2.06%；其中上交所上市公司 35 家，总股本 397.23 亿股，境内总市值 4480.21 亿元，占上交所上市公司境内总市值的 1.52%；深交所上市公司 53 家，总股本 436.48 亿股，境内总市值 6463.35 亿元，占深交所上市公司境内总市值的 2.74%。

（五）资产规模

截至 2015 年 12 月 31 日，安徽 88 家上市公司合计总资产 7863.09 亿元，归属于母公司股东权益 3450.24 亿元，与 2014 年相比，分别增长 13.76%、12.13%；平均每股净资产 3.97 元。

三、安徽上市公司经营情况及变动分析

（一）总体经营情况

表 6　　2015 年安徽上市公司经营情况

指标	2015 年	2014 年	变动率（%）
家数	88	80	10.00
亏损家数	9	8	12.50
亏损家数比例（%）	10.23	10	0.23
平均每股收益（元）	0.17	0.31	–45.16

续表

指标	2015年	2014年	变动率（%）
平均每股净资产（元）	3.97	4.59	-13.51
平均净资产收益率（%）	4.29	6.67	-2.38
总资产（亿元）	7863.09	6911.84	13.76
归属于母公司股东权益（亿元）	3450.24	3076.93	12.13
营业收入（亿元）	5046.5	5160.91	-2.22
利润总额（亿元）	242.05	294.56	-17.83
归属于母公司所有者的净利润（亿元）	148.14	205.24	-27.82

资料来源：沪深交易所，同花顺。

（二）分行业经营情况

表7　　2015年安徽上市公司分行业经营情况

所属行类	营业收入（亿元）	可比样本变动率（%）	归属于母公司所有者的净利润（亿元）	可比样本变动率（%）
农、林、牧、渔业	17.2	-6.91	0.53	-20.59
采矿业	87.46	-32.76	-39.44	-101.9
制造业	3993.1	-3.91	95.71	-50.73
电力、热力、燃气及水生产和供应业	112.98	-12.19	11.55	24.45
建筑业	199.88	7.03	6.27	-17.59
批发和零售业	248.03	0.64	4.48	-0.48
交通运输、仓储和邮政业	60.86	-71.9	11.34	181.43
住宿和餐饮业	0	—	0	—
信息传输、软件和信息技术服务业	80.4	154.84	10.01	110.8
金融业	57.73	65.61	27.84	102.97
房地产业	31.71	-25.3	3.79	-18.43
租赁和商务服务业	0	—	0	—
科学研究和技术服务业	0	—	0	—
水利、环境和公共设施管理业	31.12	6.44	4.41	34.9
教育	0	—	0	—
卫生和社会工作	0	—	0	—
文化、体育和娱乐业	126.02	13.45	11.66	7.53
综合	0	—	0	—
合计	5046.5	-5.35	148.14	-32.69

资料来源：沪深交易所，同花顺。

(三) 业绩变动情况分析

1. 营业收入、毛利率等变动原因分析

2015 年，安徽上市公司实现营业收入 5046.5 亿元，较 2014 年下降 2.22%；营业利润 154.95 亿元，较 2014 年下降 39.37%；利润总额 242.05 亿元，较 2014 年下降 17.83%；平均毛利率为 23.77%，较 2014 年上升 7.75 个百分点。受经济增速放缓、部分行业产能过剩的影响，安徽上市公司营收及利润双双下滑，其中钢铁煤炭行业上市公司亏损严重，导致安徽辖区总体利润水平较 2014 年降幅较大。

2. 盈利构成分析

2015 年，安徽上市公司利润来源主要是营业利润，占利润总额的比重为 64.02%；营业外收支净额为 87.10 亿元，占利润总额的比重为 35.98%。投资净收益为 77.21 亿元，占利润总额的比重为 31.90%；公允价值变动损益为-3.64 亿元。安徽辖区上市公司 79 家实现盈利，9 家亏损；其中，海螺水泥净利润金额最高，为 75.16 亿元；马钢股份净利润金额最低，为-48.04 亿元。

3. 经营性现金流量分析

2015 年，安徽上市公司 70 家经营现金流净额为正，占辖区上市公司的比例为 79.55%，整体经营现金流量净额为 461.58 亿元，平均经营性现金流净额为 5.11 亿元。其中，海螺水泥经营现金流净额最高，为 99.08 亿元；新力金融经营现金流净额最低，为-10.28 亿元。

4. 业绩特点分析

2015 年实现营业收入合计 5046.50 亿元，较 2014 年下滑 2.22%；归属于母公司所有者的净利润 148.14 亿元，较 2014 年下滑27.82%；9 家亏损公司亏损金额合计 120.49 亿元，其中，国投新集、华菱星马、中发科技 3 家公司连续两年亏损，已被实施退市风险警示；扣非后净利润仅为 77.36 亿元，有 20 家公司扣非后净利润为负。总体盈利能力下滑，每股收益为 0.17 元，较 2014 年下降 0.14 元，净资产收益率为 4.29%，较 2014 年下降 2.38 个百分点，销售毛利率为 15.72%，较 2014 年下降 0.82 个百分点。从资产状况上看，辖区上市公司资产使用效率持续走低，存货余额增加，存货周转率、固定资产周转率、总资产周转率均下滑。存货余额为 938.74 亿元，较 2014 年增长 3.18%，存货周转天数为 79.35，较 2014 年增加 7.64；应收账款周转天数为 34.34，较 2014 年增加 5.80。从资本结构上看，88 家上市公司流动比率为 1.21，速动比率为 0.87，均有所提升；财务费用较 2014 年下降 3.83%，反映出上市公司短期资本结构有所改善。但从长期看，资产负债率达 53.52%，较 2014 年上升 0.72 个百分点，借款余额为 1263.49 亿元，较 2014 年增加 10.18%，表明上市公司融资需求依然较大，长期偿债压力不减。

5. 利润分配情况

表 8　　2015 年安徽上市公司现金分红情况

2015 年分红公司家数			2015 年分红金额		
家数	变动率（%）	分红公司家数占地区公司总数比重（%）	金额（亿元）	变动率（%）	分红金额占归属于母公司所有者的净利润比重（%）
53	-5.36	60.23	74.48	4.52	50.28

资料来源：安徽证监局。

四、安徽上市公司并购重组情况

（一）并购重组基本情况

2015 年，安徽辖区共有 14 家上市公司依托资本市场实施并购重组，合计交易金额为 156.44 亿元，较 2014 年增长 7.9%；通过并购重组进一步提升了公司规模，形成了新的利润增长点。2015 年实施并购重组的上市公司总计实现营业收入 724.57 亿元，归属母公司的净利润合计为 7.81 亿元，经营活动产生的现金流净额合计为 60.99 亿元，效益和规模好于当年辖区上市公司的总体水平。

（二）并购重组特点

通过推进市场并购重组与化解行业产能过剩、促进经济转型升级紧密结合，进一步优化了资本结构，提升了资产质量，重组公司资产负债率、存货占总资产比重、财务费用均较 2014 年有所下降，去库存、去杠杆效果明显。皖江物流通过剥离不良资产，并采取发行股份及支付现金的方式，收购淮南矿业旗下淮沪煤电、淮沪电力、发电公司股权，改善公司经营状况。江淮汽车通过吸收合并集团公司的方式完成整体上市，引进战略投资，实行公司管理层持股，在辖区率先探索实践国企混合所有制改革，实现了综合竞争力和创新力进一步增强。

五、安徽上市公司募集资金情况、使用情况

（一）募集资金总体情况

表 9　　2015 年安徽上市公司募集资金情况

发行类型	代码	简称	募集资金（亿元）
首发	603589	口子窖	9.60
	603599	广信股份	7.58
	603199	九华旅游	3.34
	603198	迎驾贡酒	9.44
	002760	凤形股份	1.83

续表

发行类型	代码	简称	募集资金（亿元）
首发	002743	富煌钢构	2.19
	300452	山河药辅	1.74
	300475	聚隆科技	4.40
	小计		40.12
再融资（增发、配股）	600218	全柴动力	6.83
	600418	江淮汽车	64.12
	600063	皖维高新	4.00
	600255	鑫科材料	12.04
	600502	安徽水利	6.03
	600054	黄山旅游	4.98
	600444	国机通用	5.17
	002230	科大讯飞	21.52
	002298	中电鑫龙	17.45
	002538	司尔特	10.70
	002171	楚江新材	5.20
	300088	长信科技	12.08
	300247	乐金健康	8.10
	小计		178.22
其他融资（公司债券、短期融资券、中期票据、次级债、金融债、境外发行债券）	600496	精工钢构	6.00
	000979	中弘股份	9.50
	000728	国元证券	35.00
	002538	司尔特	3.00
	300090	盛运环保	5.00
	小计		58.50
总计			276.84

资料来源：安徽证监局。

（二）募集资金使用情况及特点

2015 年，安徽辖区 21 家上市公司通过首发、增发募集资金为 218.34 亿元，主要用于公司技术改造、购买资产及补充流动资金等，5 家上市公司通过一般公司债、证券公司债、私募债等方式募集资金 58.5 亿元，主要用于偿还债务及补充流动资金；首发、再融资项目占募集资金总额的 78.87%。从本报告期内募集资金使用情况看，主要存在的问题是未实现预先计划进度和部分募投项目未达到预期效益；总体上安徽辖区上市公司募集资金管理及使用总体较为规范，基本建立专户管理使用募集资金，能够按照预期投资计划使用，及时准确地披露募集资金使用的具体情况。

（三）募集资金变更情况

2015年，安徽辖区上市公司按照证券法律、法规的要求规范使用募集资金，并及时披露了募集资金的使用情况，不存在变更募集资金使用项目的情形。

六、安徽上市公司规范运作情况

（一）上市公司治理专项情况

一是聚焦分红监管，提升股东回报意识。定期对辖区上市公司分红情况进行摸底调查，落实《上市公司现金分红监管指引》，推动上市公司建立现金分红长效机制。2015年，辖区53家公司实施现金分红，分红金额达74.48亿元。二是聚焦诚信建设，督导相关主体践诺履约。重点关注上市公司IPO、再融资、并购重组过程中，相关大股东、公司及高管所做的承诺事项，推动承诺方严格履行。对于上市公司或相关承诺主体违法承诺的情况，严格按照相关规定采取监管措施。2015年，辖区上市公司基本履行了相关承诺，到期无法履行或继续履行不利于维护上市公司利益的能够按照程序进行变更或豁免。三是聚焦规范运作，警示教育和监管督导并举。针对新上市公司及借壳重组公司，及时组织约见谈话、上门培训，强化源头防范。稳步推进内控规范实施，督导公司建立健全内控体系，严格落实内控制度要求。连续两年以点名通报的形式对辖区上市公司违法违规行为进行警示提醒，督导公司主动自查自纠，查漏补缺，通过早提醒、早警示、早处置等监管措施，促进市场主体提高规范运作意识和能力。

（二）审计情况及监管情况

安徽辖区88家上市公司均按期披露了2015年年报，17家审计机构进行审计并出具审计报告，其中，3家公司被出具带强调事项段的无保留意见审计报告，其余公司均被出具了标准无保留意见的审计报告。辖区有72家上市公司按期披露了内部控制审计报告，其中，3家公司被出具带强调事项段的无保留意见的审计报告，其余公司均被出具了标准无保留意见的内控审计报告。

安徽证监局以“三个结合”为路径，即“双随机”检查和问题风险导向的检查相结合、直接检查和辅助检查相结合、非现场监管和现场检查相结合，开展年报审计监管。一是聚焦风险，强化风险提示。针对风险公司、风险环节，开展9家次谈话，面向签字注册会计师及相关公司财务总监传达证监局审计监管提示事项以及监管要求；下发21份《年报审计监管风险提示》至相关审计机构，书面督促其在审计执业过程中将提示的80余项监管关注事项纳入风险领域，规范审计程序，完善审计证据，审慎发表审计意见。二是突出重点，推进年报现场检查。开展上市公司年报全面检查5家次，上市公司年报专项检查8

家次，选取辖区3个上市公司年报审计项目进行现场督导，检查过程中注重规范性、针对性与完整性，注重借力监管与科技手段的运用。三是加强总结，注重监管实务与专业调研相结合。对辖区上市公司非经常性损益披露、可供出售金融资产计量、内控审计报告强调事项及收入确认等方面问题，及时梳理、分析并总结。对辖区上市公司2015年年报总体情况进行分析，撰写相关简报，并及时向省政府上报年报专题报告，加强风险揭示和问题通报，强化综合监管协作。

（三）信息披露情况

2015年，安徽辖区上市公司信息披露情况整体良好，积极主动通过交易所投资者关系互动平台、公司网站等多种途径与投资者进行交流，信息披露意识和义务履行进一步增强。

日常监管中，安徽证监局以投资者需求为导向，强化信息披露监管。一是审阅临时公告、处置媒体质疑等，做好非现场监管。督导公司严格履行强制性信息披露义务，进一步完善内部信息披露制度和流程；试点开展自愿性信息披露，引导公司以投资者需求为导向，结合行业特点和自身实际，开展自愿性信息披露；强化对公司发生敏感事件时信息披露的动态监管，健全信息披露异常情形问责机制。二是强化制度建设，规范信息披露监管工作。进一步明确信息披露监管的总体要求、监管职责和方法、监管措施实施类型和程序、监管协作安排等，以制度促进日常信息披露监管水平提升。

（四）证券市场服务情况

一是引导企业对接多层次资本市场。协同地方政府、沪深交易所等有关各方，坚持不懈抓好上市资源培育工作，摸清资源建立清单，区分板块分层引导，深入企业定向指导，调动企业上市积极性。2015年，辖区新增IPO辅导备案企业42家，申报企业9家，8家公司成功上市，全省境内上市公司达到88家，居中部第一、全国第九。

二是帮助企业拓宽直接融资渠道。加强资本市场融资政策宣讲，引导企业结合自身实际，统筹股权与债权、公募与私募，多渠道开展直接融资，优化财务结构，降低融资成本，增强发展后劲。2015年，辖区上市公司共完成直接融资276.83亿元，其中8家公司IPO，融资40.12亿元；13家上市公司非公开发行股份，融资178.21亿元。

三是鼓励上市公司开展并购重组。坚持把推进市场并购重组与化解行业产能过剩、促进经济转型升级紧密结合，积极协调地方政府部门、上市公司大股东等有关各方，鼓励相关公司通过并购重组，及时化解自身风险，优化资源配置，巩固行业地位，提升盈利能力。同时，保持与证监会相关部门的联系沟通，积极帮助公司协调解决重组过程中遇到的难题，推动加快并购重组进程。

审稿人：郭文英　张文生

撰稿人：祝庆松　丁庆玥

福建地区

一、福建国民经济发展概况

表 1　　2015 年福建国民经济发展概况　　单位：亿元

指标	1-3 月		1-6 月		1-9 月		1-12 月	
	绝对量	同比增长（%）	绝对量	同比增长（%）	绝对量	同比增长（%）	绝对量	同比增长（%）
地区生产总值（GDP）	4355.87	8.5	10468.34	8.6	16398.67	9	25979.82	9
全社会固定资产投资	3816.28	20.9	9795.29	17.1	15114.24	18.5	20973.98	17.4
社会消费品零售总额	2547.81	12.1	4955.96	12.2	7494.19	12.3	10505.93	12.4
规模以上工业增加值	—	9.3	—	9.4	—	9	—	8.7
规模以上工业企业实现利润	432.9	6.1	974.7	9.1	1506.9	10.7	2208.7	4.7
居民消费价格指数（CPI）	1-3 月		1-6 月		1-9 月		1-12 月	
	1.5		1.6		1.8		1.7	

资料来源：国家统计局。

二、福建上市公司总体情况

（一）公司数量

表 2　　2015 年福建上市公司数量　　单位：家

公司总数	2015 年新增	股票类别			板块分布			
		仅 A 股	仅 B 股	（A+B）股	沪市主板	深市主板	中小板	创业板
66	5	66	0	0	25	11	24	6

资料来源：沪深交易所，同花顺。

（二）行业分布

表 3　　2015 年福建上市公司行业分布情况

所属证监会行业类别	家数	占比（%）	所属证监会行业类别	家数	占比（%）
农、林、牧、渔业	3	4.55	金融业	2	3.03
采矿业	1	1.52	房地产业	4	6.06
制造业	38	57.58	租赁和商务服务业	0	0
电力、热力、燃气及水生产和供应业	3	4.55	科学研究和技术服务业	0	0
建筑业	0	0	水利、环境和公共设施管理业	0	0
批发和零售业	6	9.09	教育	0	0
交通运输、仓储和邮政业	2	3.03	卫生和社会工作	0	0
住宿和餐饮业	0	0	文化、体育和娱乐业	0	0
信息传输、软件和信息技术服务业	7	10.61	综合	0	0
合计	66	100			

资料来源：沪深交易所，同花顺。

（三）股本结构及规模

表 4　　2015 年福建上市公司股本规模在 10 亿股以上公司分布情况

股本规模（亿股）	公司家数	具体公司
200≤~<500	1	紫金矿业
100≤~<200	1	兴业银行
50≤~<100	1	兴业证券
20≤~<50	4	阳光城，福建高速，福耀玻璃，永辉超市
10≤~<20	7	航天发展，泰禾集团，圣农发展，冠城大通，青山纸业，龙净环保，福能股份

资料来源：沪深交易所，同花顺。

表 5　　2015 年福建上市公司分地区股权构成情况　　单位：家

股权性质 / 地域分布	央企国资控股	省属国资控股	地市国资控股	民营控股	其他	合计
福州市	1	8	1	17	3	30
泉州市	0	0	1	12	3	16
莆田市	0	0	0	1	0	1
三明市	0	1	2	1	0	4
漳州市	0	0	3	0	0	3

续表

地域分布 \ 股权性质	央企国资控股	省属国资控股	地市国资控股	民营控股	其他	合计
南平市	0	2	0	3	1	6
龙岩市	0	0	2	2	0	4
宁德市	0	0	1	1	0	2
合计	1	11	10	37	7	66

资料来源：福建证监局。

（四）市值规模

截至2015年12月31日，福建辖区66家上市公司境内总市值12292.84亿元，占全国上市公司境内总市值的2.31%；其中上交所上市公司25家，总股本594.71亿股，境内总市值7334.95亿元，占上交所上市公司境内总市值的2.48%；深交所上市公司41家，总股本250.98亿股，境内总市值4957.89亿元，占深交所上市公司境内总市值的2.10%。

（五）资产规模

截至2015年12月31日，福建辖区66家上市公司合计总资产59484.63亿元，归属于母公司股东权益5308.62亿元，与2014年相比，分别增长21.10%、26.96%；平均每股净资产5.85元。

三、福建上市公司经营情况及变动分析

（一）总体经营情况

表6　　2015年福建上市公司经营情况

指标	2015年	2014年	变动率（%）
家数	66	61	8.20
亏损家数	7	7	0.00
亏损家数比例（%）	10.61	11.48	−0.87
平均每股收益（元）	0.75	0.78	−3.85
平均每股净资产（元）	5.85	5.24	11.64
平均净资产收益率（%）	12.84	14.97	−2.13
总资产（亿元）	59484.63	49119.72	21.10
归属于母公司股东权益（亿元）	5308.62	4181.49	26.96
营业收入（亿元）	4579.6	3771.44	21.43
利润总额（亿元）	876.7	818.62	7.09
归属于母公司所有者的净利润（亿元）	681.44	625.77	8.90

资料来源：沪深交易所，同花顺。

（二）分行业经营情况

表 7　　2015 年福建上市公司分行业经营情况

所属行类	营业收入（亿元）	可比样本变动率（%）	归属于母公司所有者的净利润（亿元）	可比样本变动率（%）
农、林、牧、渔业	81.02	8.15	-3.13	-261.71
采矿业	743.04	26.45	16.56	-29.4
制造业	821.04	-3.04	51.04	-11.44
电力、热力、燃气及水生产和供应业	87.47	4.07	10.92	258.72
建筑业	0	—	0	—
批发和零售业	580.1	16.19	8.55	-23.62
交通运输、仓储和邮政业	50.4	2.9	5.96	-4.15
住宿和餐饮业	0	—	0	—
信息传输、软件和信息技术服务业	87.61	61.9	16.97	82.23
金融业	1658.89	27.11	543.74	11.15
房地产业	470.04	47.1	30.83	3.73
租赁和商务服务业	0	—	0	—
科学研究和技术服务业	0	—	0	—
水利、环境和公共设施管理业	0	—	0	—
教育	0	—	0	—
卫生和社会工作	0	—	0	—
文化、体育和娱乐业	0	—	0	—
综合	0	—	0	—
合计	4579.6	19.87	681.44	7.87

资料来源：沪深交易所，同花顺。

（三）业绩变动情况分析

1. 营业收入、毛利率等变动原因分析

2015 年，福建辖区 66 家上市公司实现营业收入 4579.6 亿元，较 2014 年增长 21.43%；营业成本 3750.67 亿元，较 2014 年增长 23.59%；营业利润 854.97 亿元，较 2014 年增长 5.64%；利润总额 876.7 亿元，较 2014 年增长 7.09%；毛利率为 18.10%，较 2014 年减少 2.38 个百分点。总体来看，营业收入增幅少于营业成本增幅是毛利率下降的主要原因。

2. 盈利构成分析

从盈利构成看，2015 年，福建辖区上市公司利润来源主要是营业利润，其占利润总额的比重为 97.52%，较 2014 年下降 0.59 个百分点；营业外收支净额占利润总额比重为 2.48%，较 2014 年提高 0.59 个百分点。

3. 经营性现金流量分析

2015年，福建辖区51家上市公司经营现金流量净额为正，占66家上市公司的77.27%，高于2014年65.57%的水平。

4. 业绩特点分析

2015年，福建辖区上市公司总体发展形势良好，资产规模平稳增长，盈利水平有所提高。具体情况如下：

（1）福建辖区上市公司资产规模总体增幅较大。截至2015年12月31日，福建辖区上市公司资产总额为59484.63亿元，较2014年同期增长21.10%；归属于母公司股东权益总额为5308.62亿元，较2014年同期增长26.96%。

（2）盈利能力总体保持增长。2015年，福建辖区66家上市公司共实现营业收入4579.6亿元，较2014年增长21.43%；实现净利润总额681.44亿元，较2014年增长8.9%；平均净资产收益率12.84%，较2014年减少2.13个百分点；平均每股收益0.75元，较2014年下降3.85%。

（3）部分企业亏损严重。2015年福建辖区上市公司亏损金额有所扩大，辖区66家上市公司中有7家出现亏损，亏损总额为21.24亿元，与2014年相比，亏损家数持平，亏损金额增加107.42%。亏损主要是由行业不景气、产品同质化严重、市场竞争激烈、自身经营不善以及变更主营业务等原因所导致。

（4）上市公司回报股东意识明显提高。2015年，福建辖区共有40家公司提出利润分配或资本公积金转增股本方案，占盈利公司家数的67.80%；发放现金股利家数为38家，占利润分配家数的95%；派发现金总额188.35亿元，占福建辖区公司净利润总额的27.64%。

5. 利润分配情况

表8　2015年福建上市公司现金分红情况

2015年分红公司家数			2015年分红金额		
家数	变动率（%）	分红公司家数占地区公司总数比重（%）	金额（亿元）	变动率（%）	分红金额占归属于母公司所有者的净利润比重（%）
38	-9.52	57.58	188.35	5.46	27.64

资料来源：福建证监局。

四、福建上市公司并购重组情况

（一）并购重组基本情况

2015年，福建辖区上市公司并购重组活动较为活跃。据统计，全年共有22家次上市公司进行各种类型的并购重组工作，涉及金额合计323.38亿元，其中，11家次公司已完成，10家次公司已终止，1家次公司正在实施中。

（二）并购重组特点

2015 年，福建辖区上市公司开展并购重组目的日益多元化，部分公司通过纵向整合延伸产业链，部分公司通过横向并购扩大生产规模，部分公司通过跨行业重组实现业务转型，部分公司变更实际控制人等。

五、福建上市公司募集资金情况、使用情况

（一）募集资金总体情况

表 9　　2015 年福建上市公司募集资金情况

发行类型	代码	简称	募集资金（亿元）
首发	603686	龙马环卫	4.95
	603678	火炬电子	4.32
	300436	广生堂	3.01
	002752	昇兴股份	3.44
	603696	安记食品	3.03
	小计		18.75
再融资（增发、配股）	600660	福耀玻璃	69.98
	600693	东百集团	6.47
	601933	永辉超市	56.92
	002299	圣农发展	24.60
	002102	冠福家用	6.00
	600163	福建南纸	3.13
	002639	雪人股份	4.30
	601166	兴业银行	130.00
	300299	富春通信	1.86
	002682	龙洲股份	3.39
	000547	闽福发 A	5.41
	000732	泰禾集团	40.00
	000592	平潭发展	20.00
	000663	永安林业	4.16
	002174	游族网络	5.26
	002509	天广消防	0.50
	000671	阳光城	45.00
	小计		426.98

续表

发行类型	代码	简称	募集资金（亿元）
再融资（公司债券、次级债）	601377	兴业证券	25.00
	601377	兴业证券	25.00
	601377	兴业证券	25.00
	601377	兴业证券	40.00
	601377	兴业证券	25.00
	601377	兴业证券	25.00
	000671	阳光城	15.00
	000671	阳光城	13.00
	000732	泰禾集团	20.00
	600033	福建高速	20.00
	600067	冠城大通	28.00
	000671	阳光城	20.00
	000732	泰禾集团	20.00
	000732	泰禾集团	10.00
	000797	中国武夷	4.90
	000671	阳光城	20.00
	000732	泰禾集团	30.00
	601377	兴业证券	30.00
	小计		395.90
其他融资方式（短期融资券、中期票据、商业银行债）	002299	圣农发展	4.00
	601166	兴业银行	300.00
	002029	七匹狼	1.00
	601377	兴业证券	27.00
	002474	榕基软件	0.50
	002682	龙洲股份	2.00
	600660	福耀玻璃	0.50
	601377	兴业证券	27.00
	600693	东百集团	1.50
	002299	圣农发展	5.00
	600693	东百集团	2.50
	601899	紫金矿业	10.00
	603555	贵人鸟	4.00
	000536	华映科技	2.00
	601899	紫金矿业	33.00
	002029	七匹狼	0.50
	601377	兴业证券	25.00
	小计		445.50
总计			1287.13

资料来源：福建证监局。

（二）募集资金使用情况及特点

2015年，福建辖区共有36家上市公司使用募集资金，金额为316.50亿元，其中，265.48亿元为2015年募集的资金，占全年使用募集资金总额的83.88%；51.02亿元为以前年度募集的资金，占年度使用募集资金总额的16.12%。

（三）募集资金变更情况

2015年，福建辖区有6家上市公司变更募集资金的使用项目，涉及金额约为16.01亿元，占该6家公司募集资金总额44.32亿元的36.12%。募集资金变更程序合法，均经过公司董事会和股东大会批准。变更的原因主要包括：一是拟投资项目的投资环境发生改变，导致募投项目无法实施或进展缓慢；二是公司战略发展规划调整。

表10　　2015年福建上市公司募集资金使用项目变更情况

变更募集资金使用项目的公司家数	涉及金额（亿元）	募集资金总额（亿元）	占公司募集资金总额的比例（%）
6	16.01	44.32	36.12

资料来源：福建证监局。

六、福建上市公司规范运作情况

（一）上市公司治理专项情况

福建证监局充分利用公司内部控制机制和外部检查机制，督促提高公司治理水平。一是分析63家公司内控评价和内控审计报告，要求内审部门开展自查自纠，对1家公司开展内控自律全面检查，更新辖区公司内审人才库，有针对性地督促公司健全内控。二是鼓励公司内部直接举报违法违规线索，建立财务人员宣传和投诉平台，向辖区公司4802位财务人员累计发送短信14406人次，倡导从业规范、自律。三是发函督促2家上市公司按时完成换届选举，完善公司治理结构。四是约谈3家新上市公司管理层及中介机构人员，敦促勤勉尽责。

（二）审计情况及监管情况

全年共12家会计师事务所承接了福建辖区66家上市公司年报审计业务，其中福建华兴会计师事务所（特殊普通合伙）承接24家、致同会计师事务所（特殊普通合伙）承接24家、瑞华会计师事务所（特殊普通合伙）承接3家，合计占总量的77.27%。从事务所更换的情况看，只有1家公司因借壳更换了年审会计师事务所。从审计意见类型看，除1家公司被出具带强调事项无保留意见的审计报告外，其余65家上市公司的审计意见均为标准无保留意见。

福建证监局在年报审核工作中，共发现36家上市公司年报中存在的197项问题或疑点，累计派出干部415人次，完成13个审计项目的现场检查，发现91个问题，下发7份监管关注函，约见谈话7家次年审机构，建议对2个检查项目相关责任主体采取监管措施。此外，对7家债券发行主体和11家新三板挂牌公司年报进行审核，共发现71个问题或疑点，为债券和新三板监管提供线索。

（三）信息披露情况

多管齐下，深化日常信息披露监管，包括强化临时公告审核、每日跟踪辖区上市公司舆情和关注股价异动。全年共审核公告8132份，编撰舆情与股价异动监管周报39期，审阅媒体报道2822条。综合运用现场核查、电话问询、约见谈话、要求出具说明等措施，督促8家次公司发布澄清公告，181家次公司发布股价异动公告。

（四）证券市场服务情况

福建证监局通过加强投资者与公司的联动，切实完善投资者保护机制。一是联合交易所组织280人次投资者走进5家上市公司，促进上市公司与投资者的良性互动。二是指导协会开展投资者关系检查及评价，引导公司完善投资者关系管理。三是在《上市公司监管简报》上公示42家上市公司实施现金分红情况，增强公司回报投资者意识。四是对照梳理各公司章程，发现问题90处，未落实投资者保护要求160项，督促公司修订整改。五是完善信访投诉三级核查机制，累计处理投诉举报41件，妥善解决投资者合理诉求。

（五）其他

积极采取有效措施，维护辖区市场稳定。针对下半年股市深度调整，部分上市公司风险逐步显现等问题，及时采取有效措施积极应对。一是通过约见谈话和下发专项通知，督促65家公司制定并披露股价维稳具体方案，鼓励股东累计增持近40亿元。二是严肃惩处违规减持行为，对超比例减持的3家公司股东下发警示函。三是及时摸排辖区上市公司5%以上股东股权质押情况，提前防范风险。

审稿人：洪文志
撰稿人：林　莉　朱智敏

江西地区

一、江西国民经济发展概况

表 1 **2015 年江西国民经济发展概况** 单位：亿元

指标	1–3 月		1–6 月		1–9 月		1–12 月	
	绝对量	同比增长（%）	绝对量	同比增长（%）	绝对量	同比增长（%）	绝对量	同比增长（%）
地区生产总值（GDP）	3406.16	8.8	7203.46	9	11568.57	9.2	16723.78	9.1
全社会固定资产投资	2446.56	17	7699.13	16.3	12653.15	16.3	16993.9	16
社会消费品零售总额	1344.30	10.9	2667.20	11.2	4072.00	11	5896.00	11.4
规模以上工业增加值	1516.20	9.5	3139.50	9.6	5030.70	9.4	7268.90	9.2
规模以上工业企业实现利润	370.70	9.60	760.10	9.40	1250.20	5.70	2128.00	2.40
居民消费价格指数（CPI）	1–3 月		1–6 月		1–9 月		1–12 月	
	1.1		1.3		1.6		1.5	

资料来源：国家统计局。

二、江西上市公司总体情况

（一）公司数量

表 2 **2015 年江西上市公司数量** 单位：家

公司总数	2015 年新增	股票类别			板块分布			
		仅 A 股	仅 B 股	（A+B）股	沪市主板	深市主板	中小板	创业板
35	3	34	0	1	15	7	8	5

资料来源：沪深交易所，同花顺。

（二）行业分布

表 3　　2015 年江西上市公司行业分布情况

所属证监会行业类别	家数	占比（%）	所属证监会行业类别	家数	占比（%）
农、林、牧、渔业	0	0	金融业	0	0
采矿业	1	2.86	房地产业	1	2.86
制造业	27	77.14	租赁和商务服务业	0	0
电力、热力、燃气及水生产和供应业	2	5.71	科学研究和技术服务业	0	0
建筑业	0	0	水利、环境和公共设施管理业	0	0
批发和零售业	1	2.86	教育	0	0
交通运输、仓储和邮政业	2	5.71	卫生和社会工作	0	0
住宿和餐饮业	0	0	文化、体育和娱乐业	1	2.86
信息传输、软件和信息技术服务业	0	0	综合	0	0
合计	35	100			

资料来源：沪深交易所，同花顺。

（三）股本结构及规模

表 4　　2015 年江西上市公司股本规模在 10 亿股以上公司分布情况

股本规模（亿股）	公司家数	具体公司
20≤~<50	2	赣粤高速，江西铜业
10≤~<20	5	仁和药业，江特电机，中文传媒，方大特钢，新钢股份

资料来源：沪深交易所，同花顺。

表 5　　2015 年江西上市公司分地区股权构成情况　　单位：家

地域分布 \ 股权性质	央企国资控股	省属国资控股	地市国资控股	民营控股	其他	合计
南昌市	2	3	2	8	2	17
九江市	0	0	0	0	0	0
景德镇市	0	0	2	2	0	4
萍乡市	0	1	0	0	0	1
新余市	0	1	0	1	0	2
鹰潭市	0	1	0	1	0	2
赣州市	0	0	1	1	1	3
宜春市	0	0	0	2	0	2

续表

地域分布＼股权性质	央企国资控股	省属国资控股	地市国资控股	民营控股	其他	合计
上饶市	1	2	0	0	0	3
吉安市	0	0	0	0	0	0
抚州市	0	0	0	0	1	1
合计	3	8	5	15	4	35

资料来源：江西证监局。

（四）市值规模

截至 2015 年 12 月 31 日，江西 35 家上市公司境内总市值 3883.71 亿元，占全国上市公司境内总市值的 0.73%；其中上交所上市公司 15 家，总股本 130.57 亿股，境内总市值 1907.65 亿元，占上交所上市公司境内总市值的 0.65%；深交所上市公司 20 家，总股本 106.57 亿股，境内总市值 1976.06 亿元，占深交所上市公司境内总市值的 0.84%。

（五）资产规模

截至 2015 年 12 月 31 日，江西 35 家上市公司合计总资产 3285.92 亿元，归属于母公司股东权益 1460.09 亿元，与 2014 年相比，分别增长 6.58%、10.31%；平均每股净资产 5.82 元。

三、江西上市公司经营情况及变动分析

（一）总体经营情况

表 6　　2015 年江西上市公司经营情况

指标	2015 年	2014 年	变动率（%）
家数	35	32	9.38
亏损家数	4	1	300.00
亏损家数比例（%）	11.43	3.13	8.30
平均每股收益（元）	0.33	0.48	-31.25
平均每股净资产（元）	5.82	6.33	-8.06
平均净资产收益率（%）	5.63	8.02	-2.39
总资产（亿元）	3285.92	3082.96	6.58
归属于母公司股东权益（亿元）	1460.09	1323.65	10.31
营业收入（亿元）	3782.2	3977.01	-4.90
利润总额（亿元）	107.48	139.74	-23.09
归属于母公司所有者的净利润（亿元）	82.25	106.17	-22.53

资料来源：沪深交易所，同花顺。

（二）分行业经营情况

表 7　　2015 年江西上市公司分行业经营情况

所属行类	营业收入（亿元）	可比样本变动率（%）	归属于母公司所有者的净利润（亿元）	可比样本变动率（%）
农、林、牧、渔业	0	—	0	—
采矿业	51.16	-51.97	0.28	-70.8
制造业	3052.2	-8.29	55.27	-34.65
电力、热力、燃气及水生产和供应业	41.7	1.28	7.64	42.52
建筑业	0	—	0	—
批发和零售业	430.3	24.38	-2.27	-1341.24
交通运输、仓储和邮政业	79.58	19.69	7.89	-6.52
住宿和餐饮业	0	—	0	—
信息传输、软件和信息技术服务业	0	—	0	—
金融业	0	—	0	—
房地产业	11.24	39.91	2.87	279.28
租赁和商务服务业	0	—	0	—
科学研究和技术服务业	0	—	0	—
水利、环境和公共设施管理业	0	—	0	—
教育	0	—	0	—
卫生和社会工作	0	—	0	—
文化、体育和娱乐业	116.02	10.46	10.58	30.75
综合	0	—	0	—
合计	3782.2	-5.47	82.25	-24.1

资料来源：沪深交易所，同花顺。

（三）业绩变动情况分析

1. 营业收入、毛利率等变动原因分析

2015 年，江西辖区上市公司实现营业收入为 3782.2 亿元，较 2014 年减少约 195 亿元，较 2014 年下降 4.90%，较 2014 年同期 7.28%的增幅大幅下滑；整体毛利率虽与 2014 年同期持平，但由于产品销量和售价的下跌导致营业收入下滑严重，整体毛利减少了 31.07 亿元，较 2014 年减少 33%；实现归属于母公司所有者的净利润合计为 82.25 亿元，较 2014 年减少 23.92 亿元，降幅为 22.53%。

2. 盈利构成分析

2015 年，辖区 35 家上市公司实现归属于母公司所有者的净利润 82.25 亿元，其中非经常性损益 30.25 亿元，占净利润的 35.61%；扣除非经常性损益归属于母公司所有者的净利润为 52.00 亿元，占净利润的 61.22%。主业经营损益是上市公司净利润的主要组成部分。

3. 经营性现金流量分析

2015年，江西辖区上市公司经营活动产生的现金流量净额总计为179.85亿元，在净利润下降22.53%的背景下较2014年仅下降5.09%；经营活动产生的现金流量净额为负的公司仅有3家，比2014年同期减少了3家。

4. 业绩特点分析

一是收入和利润集中在传统行业，较2014年大幅下滑，经营压力加大。尽管辖区上市公司中也有生物医药、电子等新兴行业上市公司，但规模和利润贡献仍以传统行业为主，辖区公司80%的营业收入和利润来自于20%的公司。由于辖区大的上市公司大部分属于有色金属、钢材等行业，这些行业的整体下滑导致辖区公司2015年整体业绩大幅下滑，一些业绩指标的降幅超过全国平均水平。辖区亏损公司有4家，比2014年同期增加3家，4家公司合计亏损4.78亿元，3家公司依靠出售资产取得的非经常性损益实现盈利。二是在经营压力下，辖区公司去产能去库存、强化经营管理取得了一定成效，供给侧结构改革仍需深入推进。2015年，辖区公司非流动性资产处置损益合计6.41亿元，是2014年的2.24倍。年末辖区公司存货余额368.60亿元，比2014年末减少了2.55亿元。但是，2015年辖区公司管理费用、营业费用、财务费用增加15.05亿元，较2014年增长了6.9%。

5. 利润分配情况

表8　2015年江西上市公司现金分红情况

2015年分红公司家数			2015年分红金额		
家数	变动率（%）	分红公司家数占地区公司总数比重（%）	金额（亿元）	变动率（%）	分红金额占归属于母公司所有者的净利润比重（%）
27	3.85	77.14	29.18	−21.81	35.48

资料来源：江西证监局。

四、江西上市公司并购重组情况

（一）并购重组基本情况

2015年，江西辖区4家公司发行股份购买资产并募集配套资金项目实施完毕，2家公司现金收购项目实施完成，1家公司取得要约收购豁免核准，公司间接控股股东变更。

（二）并购重组特点

2015年，江西辖区并购重组活跃，加快推进了产业结构转型升级，优化了财务结构，同时刺激了股价，促进了辖区公司总市值增长。

五、江西上市公司募集资金情况、使用情况

（一）募集资金总体情况

表 9　　2015 年江西上市公司募集资金情况

发行类型	代码	简称	募集资金（亿元）
首发	002748	世龙实业	4.61
	300453	三鑫医疗	2.56
	300497	富祥股份	2.76
	小计		9.93
再融资（增发、配股）	002157	正邦科技	11.38
	600373	中文传媒	25.36
	300294	博雅生物	10.20
	002176	江特电机	5.15
	002460	赣锋锂业	3.77
	600590	泰豪科技	8.50
	300066	三川智慧	1.28
	002068	黑猫股份	5.90 配股
	小计		71.53
其他融资（公司债券、短期融资券、中期票据、次级债、金融债、境外发行债券）	600269	赣粤高速	7.00 公司债
	600561	江西长运	6.90 公司债
	600397	安源煤业	12.00 公司债
	600373	中文传媒	7.00 中期票据
	600561	江西长运	6.40 中期票据
	600782	新钢股份	15.00 短期融资券
	600269	赣粤高速	10.00 超短期融资券
	小计		64.30
总计			145.76

资料来源：江西证监局。

（二）募集资金使用情况及特点

2015 年，江西辖区共有 18 家上市公司使用首发、再融资项目募集资金，截至 2015 年末，累计共使用募集资金 128 亿元，较 2014 年增长 81.48%，江西辖区上

市公司使用了募集资金的公司占公司总数的51.43%。

（三）募集资金变更情况

表10　　2015年江西上市公司募集资金使用项目变更情况

变更募集资金使用项目的公司家数	涉及金额（亿元）	募集资金总额（亿元）	占公司募集资金总额的比例（%）
3	3.79	21.98	17.24

资料来源：江西证监局。

六、江西上市公司规范运作情况

（一）审计情况及监管情况

35家A股上市公司均如实披露了2015年年报，对2家公司审计机构下发年审监管备忘录，提示审计关注点。

2015年年报监管工作中，江西证监局以问题风险为导向，认真部署，对重点公司进行了深入细致的审核，口头或书面问询了审核中发现的疑点或关注点，进一步掌握了上市公司风险情况，增强了后续日常监管的针对性和预见性。根据2015年年报审核情况，江西证监局对35家公司风险情况进行了动态分类，其中高风险公司1家、次高风险公司4家、关注类公司25家、正常类公司5家，对5家公司下发年报问询函，并对2家公司展开年报现场检查，1家公司双随机抽查与年报检查结合开展。目前已对1家公司采取责令改正行政监管措施。

（二）信息披露情况

2015年，江西证监局审核辖区公司各项公告3702份，比2014年全年增加13.8%，处理信访举报8件，对辖区公司、中介机构等下发关注函、问询函、提示函共计20份，采取行政监管措施4家次，及时关注并处理媒体质疑28次。对所获取的各种信息都与已有的信息相互验证，特别是与公司信息披露相验证，关注公司是否应当披露、是否如实披露，使上市公司信息披露真正成为上市公司监管的核心。在对上市公司定期报告审阅过程中，江西证监局会收集公司所处行业、同行业上市公司信息，与公司业绩表现进行对比。

（三）证券市场服务情况

2015年，江西证监局联合江西上市公司协会举办了2015年辖区上市公司董事、监事及高级管理人员培训班，共培训110人次，介绍上市公司监管的政策，要求上市公司提高自律意识，进行规范运作，并对辖区工信委组织的上市集中辅导提供了讲座授课。同时，通过辖区内通报江西证监局对相关公司采取行政监管措施情况，以反面典型警示教育公司，督促各公司提高规范意识。

（四）其他

为深入了解公司的发展状况、发展战略和经营中遇到的问题，2015年对上市公司调研15家次，就调研中企业反映出的问题采取多种方式向地方政府反映，以支持企业的发展。

审稿人：匡晓凤　刘东贵

撰稿人：贾春仙

山东地区

一、山东国民经济发展概况

表 1　　2015 年山东国民经济发展概况　　单位：亿元

指标	1-3 月		1-6 月		1-9 月		1-12 月	
	绝对量	同比增长（%）	绝对量	同比增长（%）	绝对量	同比增长（%）	绝对量	同比增长（%）
地区生产总值（GDP）	12931.54	7.8	29731.68	7.8	45712.59	8	63002.33	8
全社会固定资产投资	6697.81	14.8	20164.89	14.6	33300.2	14.4	47381.46	13.9
社会消费品零售总额	6473.32	10.8	12999.25	10.6	19839.62	10.5	27761.41	10.6
规模以上工业增加值	—	7.5	—	7.4	—	7.4	—	7.5
规模以上工业企业实现利润	1814.70	-2.00	4089.20	-0.40	6115.30	-1.90	8617.20	-1.60
居民消费价格指数（CPI）	1-3 月		1-6 月		1-9 月		1-12 月	
	1.2		1.1		1.2		1.2	

资料来源：国家统计局。

二、山东上市公司总体情况

（一）公司数量

表 2　　2015 年山东上市公司数量　　单位：家

公司总数	2014 年新增	股票类别			板块分布			
		仅 A 股	仅 B 股	（A+B）股	沪市主板	深市主板	中小板	创业板
142	7	137	2	3	42	28	54	18

资料来源：沪深交易所，同花顺。

（二）行业分布

表 3　　2015 年山东上市公司行业分布情况

所属证监会行业类别	家数	占比（%）	所属证监会行业类别	家数	占比（%）
农、林、牧、渔业	7	4.93	金融业	0	0
采矿业	8	5.63	房地产业	2	1.41
制造业	105	73.94	租赁和商务服务业	0	0
电力、热力、燃气及水生产和供应业	2	1.41	科学研究和技术服务业	1	0.70
建筑业	2	1.41	水利、环境和公共设施管理业	0	0
批发和零售业	5	3.52	教育	0	0
交通运输、仓储和邮政业	5	3.52	卫生和社会工作	0	0
住宿和餐饮业	0	0	文化、体育和娱乐业	0	0
信息传输、软件和信息技术服务业	1	0.7	综合	4	2.82
合计	142	100			

资料来源：沪深交易所，同花顺。

（三）股本结构及规模

表 4　　2015 年山东上市公司股本规模在 10 亿股以上公司分布情况

股本规模（亿股）	公司家数	具体公司
50≤~<100	2	华电国际，山东钢铁
20≤~<50	7	兖州煤业，山东高速，潍柴动力，日照港，南山铝业，太阳纸业，万华化学
10≤~<20	14	晨鸣纸业，金正大，歌尔声学，鲁西化工，山东黄金，合力泰，博汇纸业，双塔食品，山推股份，华泰股份，山东路桥，康欣新材，瑞茂通，鲁商置业

资料来源：沪深交易所，天相投资分析系统。

表 5　　2015 年山东上市公司分地区股权构成情况　　单位：家

股权性质 / 地域分布	央企国资控股	省属国资控股	地市国资控股	民营控股	其他	合计
济南市	3	10	1	8	2	24
淄博市	0	5	2	14	0	21
枣庄市	0	0	0	0	0	0
东营市	0	0	0	3	2	5
烟台市	2	1	5	22	1	31
潍坊市	3	2	2	13	0	20

续表

地域分布＼股权性质	央企国资控股	省属国资控股	地市国资控股	民营控股	其他	合计
济宁市	0	3	0	3	0	6
泰安市	2	1	0	2	0	5
威海市	1	0	1	6	0	8
日照市	0	0	1	0	0	1
莱芜市	0	0	0	1	0	1
临沂市	0	0	0	2	2	4
德州市	0	1	0	4	0	5
聊城市	1	1	1	1	0	4
滨州市	0	0	3	4	0	7
菏泽市	0	0	0	0	0	0
合计	12	24	16	83	7	142

资料来源：山东证监局。

（四）市值规模

截至 2015 年 12 月 31 日，山东辖区 142 家上市公司境内总市值 15758.48 亿元，占全国上市公司境内总市值的 2.96%；其中上交所上市公司 42 家，总股本 543.91 亿股，境内总市值 5530.36 亿元，占上交所上市公司境内总市值的 1.87%；深交所上市公司 100 家，总股本 584.36 亿股，境内总市值 10228.12 亿元，占深交所上市公司境内总市值的 4.33%。

（五）资产规模

截至 2015 年 12 月 31 日，山东辖区 142 家上市公司合计总资产 13823.32 亿元，归属于母公司股东权益 5227.24 亿元，与 2014 年相比，分别增长 9.98%、16.91%；平均每股净资产 4.41 元。

三、山东上市公司经营情况及变动分析

（一）总体经营情况

表 6　　2015 年山东上市公司经营情况

指标	2015 年	2014 年	变动率（%）
家数	142	135	5.19
亏损家数	16	16	—
亏损家数比例（%）	11.27	11.85	–0.58
平均每股收益（元）	0.29	0.39	–25.64
平均每股净资产（元）	4.41	4.47	–1.34

续表

指标	2015 年	2014 年	变动率（%）
平均净资产收益率（%）	6.62	8.74	-2.12
总资产（亿元）	13823.32	12569.04	9.98
归属于母公司股东权益（亿元）	5227.24	4471.01	16.91
营业收入（亿元）	7435.36	7424.77	0.14
利润总额（亿元）	525.73	549.38	-4.30
归属于母公司所有者的净利润（亿元）	346.18	390.66	-11.39

资料来源：沪深交易所，同花顺。

（二）分行业经营情况

表 7　　2015 年山东上市公司分行业经营情况

所属行类	营业收入（亿元）	同比（%）	归属于母公司所有者的净利润（亿元）	同比（%）
农、林、牧、渔业	71.77	-2.05	-2.28	-138.73
采矿业	1128.30	-1.79	9.61	-70.53
制造业	4630.02	-3.78	207.01	-14.66
电力、热力、燃气及水生产和供应业	743.08	-6.86	77.75	20.81
建筑业	98.36	23.6	4.94	35.46
批发和零售业	375.66	8.32	7.94	-12.02
交通运输、仓储和邮政业	266.47	4.9	38.13	3.08
住宿和餐饮业	0	—	0	—
信息传输、软件和信息技术服务业	12.3	13.31	1.08	37.74
金融业	0	—	0	—
房地产业	70.78	8.41	2.25	-19.18
租赁和商务服务业	0	—	0	—
科学研究和技术服务业	6.26	-18.66	1.26	-18.65
水利、环境和公共设施管理业	0	—	0	—
教育	0	—	0	—
卫生和社会工作	0	—	0	—
文化、体育和娱乐业	0	—	0	—
综合	32.35	-38.66	-1.51	-153.46
合计	7435.36	-2.79	346.18	-14.1

资料来源：沪深交易所，同花顺。

（三）业绩变动情况分析

1. 营业收入、毛利率等变动情况分析

2015 年，山东辖区上市公司共实现营业收入 7435.36 亿元，较 2014 年增长 0.14%；辖区上市公司 2015 年平均毛利率为 20.21%，较 2014 年平均毛利率上升 1.20 个百分点。总体来看，由于受国内经济结构调整和经济下行压力的影响，营业收入较 2014 年增长较缓；辖区上市公司 2015 年营业成本 5933.05 亿元，比 2014 年下降了 2.63%，由于营业成本下降幅度大于营业收入下降幅度，导致毛利率略有上升。

2. 盈利构成分析

从盈利构成看，2015 年山东辖区上市公司利润来源主要是营业利润，占利润总额比重为 81.99%，较 2014 年下降 10.56 个百分点；同时，2015 年辖区公司营业外收入净额 71.58 亿元，较 2014 年增加了 30.25 亿元，变动率为 73.21%；资产减值损失增幅较大，2015 年辖区上市公司资产减值损失 70.72 亿元，较 2014 年增加 70.07%。

3. 经营性现金流量分析

2015 年，山东辖区 120 家上市公司经营活动产生的现金流量净额为正值，占 84.51%，高于 2014 年 73.33%的水平。其中，经营活动产生的现金流量净额合计为 802.98 亿元，比 2014 年增长 4.04%，同时高于 2015 年归属于母公司所有者的净利润。

4. 业绩特点分析

2015 年，山东辖区上市公司总体业绩出现下滑，行业盈利分化明显，亏损总额增幅较大。2015 年山东辖区实现归属于母公司所有者的净利润为 346.18 亿元，较 2014 年下降 11.39%。电力、热力、燃气及水生产和供应业，建筑业及信息传输、软件和信息技术服务业等行业业绩增长较快，制造业、采矿业、房地产业及农、林、牧、渔业等行业业绩均有不同程度的下滑；2015 年辖区上市公司亏损 16 家，亏损金额合计 42.67 亿元，较 2014 年增长 26.24%。

5. 利润分配情况

山东辖区共有 95 家上市公司提出了 2014 年利润分配方案，其中，72 家公司采用单纯现金分红方式，3 家公司采取了单纯转股的方式，20 家公司采用现金分红和转股相结合的方式。

按照实际分配的口径，2015 年进行现金分红的家数为 92 家，分红总额为 101.10 亿元，分红总额较 2014 年 103.32 亿元略有下降。

表 8　2015 年山东上市公司现金分红情况

2015 年分红公司家数			2015 年分红金额		
家数	同比（%）	分红公司家数占地区公司总数比重（%）	金额（亿元）	同比（%）	分红金额占归属于母公司所有者的净利润比重（%）
92	0	64.79	101.10	–2.15	29.20

资料来源：山东证监局。

四、山东上市公司并购重组情况

（一）并购重组基本情况

2015 年，山东辖区上市公司新增并购重组事项 56 家次，其中 7 家次涉及上市公司控制权变更事项，49 家次涉及重大资产重组事项。截至 2015 年 12 月 31 日，8 家公司已完成控股权变更，涉及股权转让价款总额 62.38 亿元，其中 1 家为无偿划转；14 家公司已完成重大资产重组事项，其中 12 家置入资产（3 家构成重组上市），标的资产总额 217.00 亿元，配套融资额 60.64 亿元，3 家置出资产，标的资产总额 17.63 亿元；1 家公司正在实施上市公司控制权变更，涉及股权转让价款 16.38 亿元；1 家公司正在实施重大资产出售，标的资产总额 0.00 亿元；2 家公司重大资产重组事项已经并购重组委审核通过，标的资产总额 49.74 亿元，配套融资额 20.35 亿元；12 家公司已发布并购重组预案，涉及标的资产总额约 327.42 亿元，拟配套融资额 158.13 亿元；2 家公司拟出售重大资产，涉及标的资产总额 15.56 亿元；22 家公司已终止实施重大资产重组。

（二）并购重组特点

2015 年，山东辖区上市公司并购重组呈现以下特点：一是并购重组活跃度明显提升，并购重组家数、涉及资产的金额均大幅增加。二是实施并购重组的目的以产业整合和转型升级为主，拓展了新的业务领域，有效提高了公司盈利能力。三是重组中置入资产的增值率普遍较高，导致对置入资产进行业绩承诺的占比较高。

表 9　2015 年山东上市公司并购重组基本情况表　　单位：万元

序号	公司简称	重组方式	置出资产总额	置入资产总额	配套融资额	备注
1	新华医疗	发行股份购买资产并募集配套资金		36975	12325	完成
2	烟台冰轮			31093	10000	
3	东诚药业			75033	8000	
4	新潮实业			221000	210000	
5	法因数控	发行股份购买资产并募集配套资金（构成借壳上市）		260000	35000	
6	正海磁材	发行股份及支付现金购买资产并募集配套资金		39221	13000	
7	联创节能			132200	33600	
8	齐翔腾达			87615	21900	
9	科达股份			294300	74170	
10	合力泰			352000	88433	

续表

序号	公司简称	重组方式	置出资产总额	置入资产总额	配套融资额	备注
11	万昌科技	发行股份及支付现金购买资产（构成借壳上市）		293520		完成
12	青鸟华光	重大资产置换及发行股份购买资产并募集配套资金（构成借壳上市）	17979	347046	100000	
13	新潮实业	重大资产出售	150270			
14	联创节能		8005			
15	恒天海龙		0			正在实施
16	山东黄金	发行股份购买资产并募集配套资金		447385	168455	证监会审核通过
17	龙泉股份	发行股份及支付现金购买资产并募集配套资金		50000	35000	

序号	公司简称	重组方式	股权转让金额	备注
1	中润资源	控制权变更	160770	完成
2	鲁阳股份		71925	
3	江泉实业		59306	
4	渤海活塞		无偿划转	
5	亚星化学		37568	
6	华联矿业		113040	
7	宏达矿业		77410	
8	恒天海龙		103800	
9	新能泰山		163834	正在实施

资料来源：山东证监局。

五、山东上市公司募集资金情况、使用情况

（一）募集资金总体情况

表 10　2015 年山东上市公司募集资金情况

发行类型	代码	简称	募集资金（亿元）
首发	002746	仙坛股份	2.10
	300423	鲁亿通	2.27
	603021	山东华鹏	2.30
	300443	金雷风电	3.60

续表

发行类型	代码	简称	募集资金（亿元）
首发	603026	石大胜华	3.30
	300479	神思电子	2.20
	603223	恒通股份	2.49
	小计		18.26
再融资（增发、配股）	002481	双塔食品	12.84
	002589	瑞康医药	12.00
	002643	烟台万润	10.28
	002580	圣阳股份	2.56
	002078	太阳纸业	10.00
	600180	瑞茂通	15.00
	002111	威海广泰	6.20
	600027	华电国际	71.47
	000957	中通客车	7.00
	002086	东方海洋	13.73
	300237	美晨科技	8.12
	600777	新潮实业	22.10
	小计		191.30
其他融资（公司债券）	600547	山东黄金	13.00
	600219	兖州煤业	15.00
	小计		28.00
总计			237.56

资料来源：山东证监局。

（二）募集资金使用情况及特点

2015年，山东地区共有66家公司使用募集资金，金额207.56亿元。其中139.13亿元为2015年募集的资金，占全年募集资金使用总额的67.03%；68.43亿元为以前年度募集资金，占年度募集资金使用总额的32.97%。募集资金的使用总额较2014年减少1.53%，募集资金投入进度较2014年有所放缓。

（三）募集资金使用项目变更情况

2015年，山东地区5家公司变更募集资金的使用项目，涉及金额约为6.05亿元，占该5家公司募集资金总额（26.88亿元）的22.50%。募集资金使用项目变更程序合法，均经过公司股东大会审议。变更的主要是原因是市场环境发生较大变化，公司业务发展低于预期，原募投项目可行性降低或者在提高原设备的使用效率的基础上可以满足需求，为保证募集资金使用效益而转投其他项目。

表 11　　2015 年山东上市公司募集资金使用项目变更情况

变更募集资金使用项目的公司家数	涉及金额（亿元）	募集资金总额（亿元）	占公司募集资金总额的比例（%）
5	6.05	26.88	22.50

资料来源：山东证监局。

六、山东上市公司规范运作情况

（一）上市公司治理专项情况

2015 年，山东辖区上市公司不断完善公司治理机制，规范运作水平不断提高。一是在年中股市异常波动期间，部分公司控股股东、董监高及时增持公司股份，对平稳公司股价发挥了积极作用。二是各公司认真贯彻落实中国证监会现金分红相关要求，严格执行公司章程中确定的现金分红政策及决策程序，92 家公司实施现金分红，分红金额为 101.10 亿元，现金分红家数、金额均创历史新高。三是在山东证监局内幕交易防控专项活动推动下，各公司内幕信息知情人登记工作规范水平进一步提升。四是各公司及承诺相关方高度重视承诺履行工作，及时履行并披露相关信息，但仍有少数主体因履行承诺不及时或违反承诺被监管部门采取行政监管措施。同时，由于受经济下行压力持续影响，违法违规行为有所抬头，个别公司出现了一些不容忽视的问题和风险，如大股东违规占用资金、违规对外担保。

（二）审计情况及监管情况

截至 2016 年 4 月 30 日，山东辖区全部上市公司均按时披露了 2015 年年度报告，24 家会计师事务所提供了相关年度报告审计服务。年报审计意见类型中，除 1 家为保留意见、5 家为带强调事项段的无保留意见外，其余均为标准无保留意见。116 家上市公司披露了内部控制审计报告或鉴证报告，其中主板上市公司均按规定进行了披露，23 家会计师事务所为辖区公司提供了相关内部控制审计服务。内部控制审计意见类型中，除 1 家为保留意见、2 家为带强调事项段的无保留意见外，其余均为标准无保留意见。2015 年，山东辖区有 6 家上市公司更换会计师事务所。

山东证监局在召开年报审计监管座谈会明确监管要求的基础上，认真开展年报审核和现场检查工作，有效提高了年报监管效率效果。年内共对 18 家上市公司的年报审计机构开展了延伸检查，对 1 家会计师事务所开展全面检查，对 4 个上市公司审计执业项目开展了专项检查。

（三）信息披露情况

2015 年，山东辖区上市公司信息披露情况总体较好，能够按照相关法律法规的要求履行信息披露义务，合理处理投资者来电来访，及时回应媒体质疑。但仍有个别上市公司或其他信息披露义务人因信息披露问题被监管部门出具监管关注函、监管意见函或采取行政监管措施，3 家上市公司因信息披露违法违规被移送立案稽查，3 家上市公司的个别大股东因违规减持被移送立案稽查。

（四）证券市场服务情况

为进一步提高山东辖区上市公司的规范运作和治理水平，保护中小投资者合法权益，山东证监局在加强监管的同时积极主动为证券市场的健康发展做好服务工作。

一是强化会议及培训，提高上市公司规范运作意识。全年共组织各类会议、培训 6 期，参会、培训人员约 1400 名。其中针对监管政策和要求变化较大的情况，在年度监管工作会议中向各上市公司下发监管“一张明白纸”，明确监管要求，为公司配合监管工作提供统一指引。在培训中坚持遴选一流师资，优化培训内容，并编发《上市公司监管法规汇编（2015）》、《上市公司并购重组法规汇编》等培训教材，广受好评。

二是多措并举，扎实做好投资者权益保护工作。积极推动建立矛盾纠纷调解机制。妥善处理投资者投诉举报事项，坚持“有疑问必追问、有线索必核查、有异动必回应”，全年共处理信访、举报、投诉事项 70 余起。

审稿人：邵珠东　霍　丹

撰稿人：孙素美　侯雪清

河南地区

一、河南国民经济发展概况

表 1　　2015 年河南国民经济发展概况　　单位：亿元

指标	1–3 月		1–6 月		1–9 月		1–12 月	
	绝对量	同比增长（%）	绝对量	同比增长（%）	绝对量	同比增长（%）	绝对量	同比增长（%）
地区生产总值（GDP）	7720.21	7	16736.55	7.8	26927.01	8.2	37010.25	8.3
全社会固定资产投资	4326.65	16.3	15221.83	15.7	24613.44	15.6	34951.28	16.5
社会消费品零售总额	3809.76	12.3	7492.59	12.2	11297.43	12.3	15740.43	12.4
规模以上工业增加值	—	8.6	—	8.5	—	8.5	—	8.6
规模以上工业企业实现利润	1124.60	0.10	2213.60	0.70	3381.70	0.10	4840.60	–0.10
居民消费价格指数（CPI）	1–3 月		1–6 月		1–9 月		1–12 月	
	1.5		1.4		1.4		1.3	

资料来源：国家统计局。

二、河南上市公司总体情况

（一）公司数量

表 2　　2015 年河南上市公司数量　　单位：家

公司总数	2015 年新增	股票类别			板块分布			
		仅 A 股	仅 B 股	（A+B）股	沪市主板	深市主板	中小板	创业板
73	6	73	0	0	28	10	24	11

资料来源：沪深交易所，同花顺。

（二）行业分布

表 3　　2015 年河南上市公司行业分布情况

所属证监会行业类别	家数	占比（%）	所属证监会行业类别	家数	占比（%）
农、林、牧、渔业	3	4.11	金融业	0	0
采矿业	4	5.48	房地产业	0	0
制造业	59	80.82	租赁和商务服务业	0	0
电力、热力、燃气及水生产和供应业	3	4.11	科学研究和技术服务业	0	0
建筑业	0	0	水利、环境和公共设施管理业	0	0
批发和零售业	1	1.37	教育	0	0
交通运输、仓储和邮政业	1	1.37	卫生和社会工作	0	0
住宿和餐饮业	0	0	文化、体育和娱乐业	1	1.37
信息传输、软件和信息技术服务业	1	1.37	综合	0	0
合计	73	100			

资料来源：沪深交易所，同花顺。

（三）股本结构及规模

表 4　　2015 年河南上市公司股本规模在 10 亿股以上公司分布情况

股本规模（亿股）	公司家数	具体公司
100≤~<200	1	洛阳钼业
20≤~<50	7	双汇发展，中原高速，宇通客车，大有能源，安阳钢铁，中信重工，平煤股份
10≤~<20	11	许继电气，焦作万方，神火股份，新乡化纤，雏鹰农牧，*ST 银鸽，郑州煤电，莲花味精，平高电气，中孚实业，郑煤机

资料来源：沪深交易所，同花顺。

表 5　　2015 年河南上市公司分地区股权构成情况　　单位：家

股权性质／地域分布	央企国资控股	省属国资控股	地市国资控股	民营控股	其他	合计
郑州市	0	5	2	14	2	23
开封市	0	1	0	0	0	1
洛阳市	5	0	0	5	0	10
商丘市	0	0	1	2	0	3
安阳市	0	2	0	1	0	3
平顶山市	1	2	0	0	0	3

续表

地域分布＼股权性质	央企国资控股	省属国资控股	地市国资控股	民营控股	其他	合计
新乡市	0	0	1	1	0	2
焦作市	1	1	0	3	2	7
濮阳市	0	0	0	2	0	2
许昌市	1	0	0	4	0	5
漯河市	0	1	0	0	1	2
三门峡市	0	1	0	0	0	1
鹤壁市	0	0	0	0	0	0
周口市	0	0	0	2	0	2
驻马店市	0	0	0	0	0	0
南阳市	1	0	1	2	0	4
信阳市	0	0	1	1	0	2
济源市	1	0	1	1	0	3
合计	10	13	7	38	5	73

资料来源：河南证监局。

（四）市值规模

截至 2015 年 12 月 31 日，河南 73 家上市公司境内总市值 8681.52 亿元，占全国上市公司境内总市值的 1.63%；其中上交所上市公司 28 家，总股本 429.46 亿股，境内总市值 3704.17 亿元，占上交所上市公司境内总市值的 1.25%；深交所上市公司 45 家，总股本 266.39 亿股，境内总市值 4977.35 亿元，占深交所上市公司境内总市值的 2.11%。

（五）资产规模

截至 2015 年 12 月 31 日，河南 73 家上市公司合计总资产 6010.67 亿元，归属于母公司股东权益 2463.65 亿元，与 2014 年相比，分别增长 10.55%、13.07%；平均每股净资产 3.31 元。

三、河南上市公司经营情况及变动分析

（一）总体经营情况

表 6　　2015 年河南上市公司经营情况

指标	2015 年	2014 年	变动率（%）
家数	73	67	8.96
亏损家数	13	6	116.67
亏损家数比例（%）	17.81	8.96	8.85

续表

指标	2015 年	2014 年	变动率（%）
平均每股收益（元）	0.11	0.3	-63.33
平均每股净资产（元）	3.31	4.02	-17.66
平均净资产收益率（%）	3.44	7.52	-4.08
总资产（亿元）	6010.67	5437.08	10.55
归属于母公司股东权益（亿元）	2463.65	2178.93	13.07
营业收入（亿元）	3133.7	3395.76	-7.72
利润总额（亿元）	117.99	205.65	-42.63
归属于母公司所有者的净利润（亿元）	84.84	163.8	-48.21

资料来源：沪深交易所，同花顺。

（二）分行业经营情况

表 7　　2015 年河南上市公司分行业经营情况

所属行类	营业收入（亿元）	可比样本变动率（%）	归属于母公司所有者的净利润（亿元）	可比样本变动率（%）
农、林、牧、渔业	84.8	36.56	8.34	962.38
采矿业	332.6	-33.16	-32.09	-246.15
制造业	2534.86	-3.99	82.32	-34.63
电力、热力、燃气及水生产和供应业	59.42	1.63	6.81	308.68
建筑业	0	—	0	—
批发和零售业	0.13	8.33	0.39	10625.00
交通运输、仓储和邮政业	45.39	16.83	11.45	24.04
住宿和餐饮业	0	—	0	—
信息传输、软件和信息技术服务业	5.1	61.86	0.6	59.96
金融业	0	—	0	—
房地产业	0	—	0	—
租赁和商务服务业	0	—	0	—
科学研究和技术服务业	0	—	0	—
水利、环境和公共设施管理业	0	—	0	—
教育	0	—	0	—
卫生和社会工作	0	—	0	—
文化、体育和娱乐业	71.39	0.51	7.03	9.58
综合	0	—	0	—
合计	3133.7	-7.05	84.84	-50.05

资料来源：沪深交易所，同花顺。

（三）业绩变动情况分析

1. 营业收入、毛利率等变动原因分析

2015 年，河南上市公司实现营业收入 3133.7 亿元，较 2014 年的 3395.76 亿元下降 7.72%；实现营业利润 88.32 亿元，较 2014 年的 175.16 亿元下降 49.58%；实现归属于母公司所有者的净利润 84.84 亿元，较 2014 年 163.80 亿元下降 48.21%。从毛利率看，河南 73 家上市公司整体毛利率为 18.30%，较 2014 年的 19.30%下降了 1 个百分点。

2. 盈利构成分析

2015 年，河南上市公司利润来源主要是营业利润，占利润总额的比重为 74.86%，其中投资净收益 23.40 亿元，占利润总额的比重为 19.83%。营业外收支净额 29.66 亿元，占利润总额的比重为 25.14%；待处理流动资产净损失 2.31 亿元，占利润总额的比重为 1.96%。

3. 经营性现金流量分析

2015 年，河南上市公司经营活动产生的现金流量净额合计 293.59 亿元，较 2014 年的 313.17 亿元减少额为 19.58 亿元，减少幅度为 6.25%，经营活动产生的现金流量净额大幅下降的主要原因为受钢铁、有色金属行业整体影响，安阳钢铁、洛阳钼业、ST 神火、焦作万方 4 家公司现金流量较 2014 年减少额为 88.60 亿元。河南 58 家上市公司经营性现金流量净额为正，占 73 家上市公司的 79.45%。经营活动现金流量净额与归属于母公司净利润的比例为 346.05%，公司净利润的现金含量较高，资金流动性强。

4. 业绩特点分析

（1）业绩呈下滑趋势。2015 年，河南上市公司实现归属于母公司所有者的净利润为 84.84 亿元，较 2014 年 163.80 亿元下降 48.21%；按照整体法计算的每股收益为 0.11 元，较 2014 年的每股收益 0.30 元下降 63.33%。

（2）中小板、创业板上市公司业绩好于主板。河南中小板上市公司平均每股收益 0.21 元，净资产收益率 4.79%；创业板上市公司平均每股收益 0.20 元，净资产收益率 5.14%；主板上市公司平均每股收益 0.09 元，净资产收益率 2.70%。

5. 利润分配情况

表 8　　2015 年河南上市公司现金分红情况

2015 年分红公司家数			2015 年分红金额		
家数	变动率（%）	分红公司家数占地区公司总数比重（%）	金额（亿元）	变动率（%）	分红金额占归属于母公司所有者的净利润比重（%）
47	0	64.38	110.70	34.77	130.48

资料来源：河南证监局。

四、河南上市公司并购重组情况

（一）并购重组基本情况

2015年，河南辖区有7家上市公司（太龙药业、洛阳玻璃、中信重工、黄河旋风、新开源、新开普、汉威电子）完成重大资产重组，涉及金额51.41亿元。其中4家为民营上市公司，3家为国有上市公司。

（二）并购重组特点

一是以优化产业结构，实现转型升级为主导。3家上市公司并购重组是进行产业整合，通过购买相关或上下游资源，提高产业集中度；4家公司并购重组是为拓宽产业链条，优化产业布局，寻找新的利润增长点，提高整体盈利能力，且此4家公司为传统制造业，均通过并购重组向智能化、信息化等新兴技术领域转变。

二是并购重组不断活跃。2015年有7家公司完成并购重组，相对2014年增长75%。截至2015年末，仍有3家并购重组事项，涉及金额221.65亿元，2家公司正在停牌筹划重大资产重组事项。

三是并购重组主要通过资本市场手段实现。5家公司重大资产重组方案为发行股份及支付现金购买资产并募集配套资金形式，其中只有1家公司实际支付了现金对价9250万元，其他部分对价的支付全部通过发行股份的方式进行。

五、河南上市公司募集资金情况、使用情况

（一）募集资金总体情况

表9　2015年河南上市公司募集资金情况

发行类型	代码	简称	募集资金（亿元）
首发	603508	思维列控	13.42
	603566	普莱柯	6.21
	002770	科迪乳业	4.69
	300437	清水源	1.76
	300480	光力科技	1.67
	300481	濮阳惠成	1.83
	小计		29.58
再融资（非公开、配股）	600069	银鸽投资	15.00
	600172	黄河旋风	19.07
	600222	太龙药业	5.29
	600876	洛阳玻璃	0.90
	601608	中信重工	3.18

续表

发行类型	代码	简称	募集资金（亿元）
再融资（非公开、配股）	601677	明泰铝业	7.36
	002132	恒星科技	5.83
	002225	濮耐股份	1.38
	002407	多氟多	6.01
	002477	雏鹰农牧	15.20
	002535	林州重机	11.13
	002536	西泵股份	5.50
	002714	牧原股份	10.00
	300007	汉威电子	5.22
	300064	豫金刚石	4.08
	300109	新开源	7.24
	300248	新开普	2.36
	300263	隆华节能	7.11
	小计		131.88
再融资（优先股）	600020	中原高速	34.00
其他融资（公司债券、短期融资券、中期票据、次级债、金融债、境外发行债券）	600312	平高电气	5.50
	600439	瑞贝卡	5.60
	002225	濮耐股份	3.00
	002296	辉煌科技	2.50
	300080	易成新能	6.00
	小计		22.60
总计			218.06

资料来源：河南证监局。

（二）募集资金使用情况及特点

一是融资家数不断增长。2015 年河南上市公司中有 6 家首发融资、19 家股票再融资公司、5 家发行公司债券，较 2014 年分别增长 500%、58.33%、25%。2015 年末，仍有 33 家公司并购重组再融资事项正在进行中，涉及金额 787.86 亿元，数量及涉及金额分别较 2014 年增长 17.86%、179.2%。

二是民营企业融资较为活跃。民营上市公司融资（股票融资、公司债券融资）家数及金额占辖区 2015 年辖区上市公司融资家数与金额的比例分别为 66.67%、64.80%。

三是募集资金效益管理不断加强。不少上市公司以闲置募集资金购买理财产品或者补充流动资金，以提高募集资金效益。

（三）募集资金变更情况

2015 年，河南共有林州重机、太龙药

业、一拖股份、北玻股份、大地传媒5家上市公司变更募集资金用途、实施主体等共6项，金额合计14.29亿元，占募集资金总额的35.97%。募集资金变更的主要原因是拟投资项目的客观环境发生变化，5项是变更募集资金用途，1项是变更募投项目实施主体。

表10　　2015年河南上市公司募集资金使用项目变更情况

变更募集资金使用项目的公司家数	涉及金额（亿元）	募集资金总额（亿元）	占公司募集资金总额的比例（%）
5	14.29	39.73	35.97

资料来源：河南证监局。

六、河南上市公司规范运作情况

（一）上市公司治理专项情况

（1）推动河南国有控股上市公司落实《关于完善河南国有控股上市公司治理的指导意见》，与国资委联合开展回访调研，督促国有控股上市公司进一步完善治理。

（2）指导河南上市公司协会发布《关于完善河南非国有控股上市公司治理的规范指引》，督促非国有控股上市公司提升公司治理和规范运作水平。

（3）督促上市公司加强内控体系建设，健全内部控制制度，按照中上协《上市公司独立董事履责指引》、《上市公司监事会工作指引》的有关要求，更好地发挥独立董事、监事会的监督制衡作用。

（4）鼓励上市公司推行股权激励和员工持股计划，完善公司员工激励约束机制。

（5）认真开展新上市公司第一课活动，约见6家新上市公司高管人员进行谈话，督促其形成规范运作意识。

（二）审计情况及监管情况

1. 河南73家上市公司2015年年报审计情况

70家公司年报审计报告意见类型为标准无保留意见，大有能源、东方银星、神马股份3家公司为带强调事项段无保留意见。62家上市公司披露了内部控制审计报告，其中，大有能源1家为否定意见，东方银星、神马股份、同力水泥、洛阳玻璃4家为带强调事项段无保留意见，57家为标准无保留意见。

2. 年报审计监管工作情况

（1）召开年报监管工作会议，向上市公司财务总监、董事会秘书和年审签字注册会计师通报年报监管中发现的问题，提示年报审计和披露风险。

（2）加强过程监督。及时审阅年审会计师报送的重点类审计项目审计策略、审计总结等资料，了解各公司年报审计进展和年报披露风险；对10家公司进行年报审计现场督导并发送监管备忘录，提示重点审计风险和监管关注问题。

（3）及时审阅年报并进行重点审核。

累计关注问题 147 个，发送年报问询函 22 份，监管关注函 3 份，督促公司就年报披露有关问题进行说明和补充披露。

（4）深入开展年报检查。对 10 家公司开展年报现场检查，并延伸检查审计机构执业质量，累计发现并核实上市公司信息披露、公司治理、内部控制和审计机构执业质量问题 149 个。先后采取责令改正、出具警示函、监管谈话等行政监管措施 21 项，发送监管关注函 10 份。

（5）加强日常监管与稽查执法衔接配合。通过检查发现神马股份涉嫌虚增收入、未按规定披露关联交易等违法违规线索，及时移交立案调查。

（三）信息披露情况

（1）及时审阅上市公司公告信息，加大对定期报告的审核分析力度，发现问题或风险及时采取发函问询、监管关注、现场核查等措施。

（2）健全股价异动与上市公司信息披露异常情况的联动监管机制，加大对上市公司重大事项、敏感事件信息披露的动态监管力度。

（3）积极应对媒体重大质疑，要求上市公司及相关中介机构进行自查核实并督促公司及时发布澄清公告。

（四）证券市场服务情况

（1）推动河南上市公司修改完善公司章程，健全中小投资者参与公司治理的制度基础；关注上市公司股东大会全面开通网络投票，累积投票制选举董事、监事，中小投资者单独计票等情况。

（2）及时处理媒体报道及信访投诉事项，支持投资者通过多种渠道维护自身合法权益。

（3）督促上市公司增强回报股东意识，健全并落实积极的利润分配政策，提高现金分红比例。

（4）组织河南上市公司业绩说明会暨投资者集体接待日活动，回应投资者问题和诉求，加强上市公司与投资者之间的沟通交流。

审稿人：楚天慧

撰稿人：李云龙　李　苗　赵　成　徐行恕

湖北地区

一、湖北国民经济发展概况

表 1　　2015 年湖北国民经济发展概况　　单位：亿元

指标	1–3 月		1–6 月		1–9 月		1–12 月	
	绝对量	同比增长（%）	绝对量	同比增长（%）	绝对量	同比增长（%）	绝对量	同比增长（%）
地区生产总值（GDP）	5487.93	8.5	13104.78	8.7	20423.41	8.8	29550.19	8.9
全社会固定资产投资	4165.56	18.9	12471.73	17	18639.62	16.2	26086.42	16.2
社会消费品零售总额	3286.55	12.2	6593.2	12.17	9989.26	12.05	13978.05	12.25
规模以上工业增加值	—	8.4	—	8.2	—	8.3	—	8.6
规模以上工业企业实现利润	493.10	11.50	1068.60	12.30	1591.40	6.20	2233.10	2.10
居民消费价格指数（CPI）	1–3 月		1–6 月		1–9 月		1–12 月	
	1.5		1.6		1.6		1.5	

资料来源：国家统计局。

二、湖北上市公司总体情况

（一）公司数量

表 2　　2015 年湖北上市公司数量　　单位：家

公司总数	2015 年新增	股票类别			板块分布			
		仅 A 股	仅 B 股	（A+B）股	沪市主板	深市主板	中小板	创业板
87	1	84	1	2	36	26	11	14

资料来源：沪深交易所，同花顺。

（二）行业分布

表 3　　2015 年湖北上市公司行业分布情况

所属证监会行业类别	家数	占比（%）	所属证监会行业类别	家数	占比（%）
农、林、牧、渔业	0	0	金融业	1	1.15
采矿业	0	0	房地产业	4	4.6
制造业	56	64.37	租赁和商务服务业	0	0
电力、热力、燃气及水生产和供应业	4	4.6	科学研究和技术服务业	0	0
建筑业	3	3.45	水利、环境和公共设施管理业	2	2.3
批发和零售业	8	9.2	教育	0	0
交通运输、仓储和邮政业	3	3.45	卫生和社会工作	0	0
住宿和餐饮业	0	0	文化、体育和娱乐业	3	3.45
信息传输、软件和信息技术服务业	2	2.3	综合	1	1.15
合计	87	100			

资料来源：沪深交易所，同花顺。

（三）股本结构及规模

表 4　　2015 年湖北上市公司股本规模在 10 亿股以上公司分布情况

股本规模（亿股）	公司家数	具体公司
100≤~<200	1	武钢股份
50≤~<100	1	湖北能源
20≤~<50	4	长江证券，东风汽车，葛洲坝，三安光电
10≤~<20	12	长航凤凰，天茂集团，凯迪生态，南国置业，楚天高速，人福医药，东方金钰，烽火通信，长江传媒，华新水泥，航天电子，九州通

资料来源：沪深交易所，同花顺。

表 5　　2015 年湖北上市公司分地区股权构成情况　　单位：家

股权性质 / 地域分布	央企国资控股	省属国资控股	地市国资控股	民营控股	其他	合计
武汉市	12	5	7	16	5	45
黄石市	3	0	0	2	1	6
十堰市	0	0	0	1	0	1
荆州市	2	0	0	3	1	6
宜昌市	0	0	4	2	0	6

续表

地域分布 \ 股权性质	央企国资控股	省属国资控股	地市国资控股	民营控股	其他	合计
襄阳市	4	0	0	3	1	8
鄂州市	0	0	0	4	0	4
荆门市	0	0	0	4	0	4
黄冈市	0	0	1	0	0	1
孝感市	0	0	1	1	1	3
潜江市	0	0	0	2	0	2
仙桃市	0	0	0	1	0	1
合计	21	5	13	39	9	87

资料来源：湖北证监局。

（四）市值规模

截至 2015 年 12 月 31 日，湖北 87 家上市公司境内总市值 10935.19 亿元，占全国上市公司境内总市值的 2.06%；其中上交所上市公司 36 家，总股本 401.43 亿股，境内总市值 5290.46 亿元，占上交所上市公司境内总市值的 1.79%；深交所上市公司 51 家，总股本 353.40 亿股，境内总市值 5644.72 亿元，占深交所上市公司境内总市值的 2.39%。

（五）资产规模

截至 2015 年 12 月 31 日，湖北 87 家上市公司合计总资产 9668.24 亿元，归属于母公司股东权益 3130.41 亿元，与 2014 年相比，分别增长 22.47%、16.35%；平均每股净资产 4.14 元。

三、湖北上市公司经营情况及变动分析

（一）总体经营情况

表 6　　2015 年湖北上市公司经营情况

指标	2015 年	2014 年	变动率（%）
家数	87	86	1.16
亏损家数	12	4	200.00
亏损家数比例（%）	13.79	4.65	9.14
平均每股收益（元）	0.21	0.38	-44.74
平均每股净资产（元）	4.14	3.89	6.43
平均净资产收益率（%）	5.16	9.83	-4.67
总资产（亿元）	9668.24	7894.16	22.47
归属于母公司股东权益（亿元）	3130.41	2690.54	16.35

续表

指标	2015 年	2014 年	变动率（%）
营业收入（亿元）	5005.31	4890.95	2.34
利润总额（亿元）	241.24	348.9	-30.86
归属于母公司所有者的净利润（亿元）	161.42	264.41	-38.95

资料来源：沪深交易所，同花顺。

（二）分行业经营情况

表 7　　2015 年湖北上市公司分行业经营情况

所属行类	营业收入（亿元）	可比样本变动率（%）	归属于母公司所有者的净利润（亿元）	可比样本变动率（%）
农、林、牧、渔业	0	—	0	—
采矿业	0	—	0	—
制造业	2494.96	-11.82	15.37	-86.29
电力、热力、燃气及水生产和供应业	179.2	-6.08	32.55	33.67
建筑业	884.91	11.85	28.21	16.24
批发和零售业	939.91	11.18	18.07	0.97
交通运输、仓储和邮政业	35.06	2.63	6	-87.11
住宿和餐饮业	0	—	0	—
信息传输、软件和信息技术服务业	3.97	39.75	0.79	-27.9
金融业	85	86.88	34.93	104.84
房地产业	135.04	8.56	7.01	-48.66
租赁和商务服务业	0	—	0	—
科学研究和技术服务业	0	—	0	—
水利、环境和公共设施管理业	67.69	42.19	9.74	27.01
教育	0	—	0	—
卫生和社会工作	0	—	0	—
文化、体育和娱乐业	147.27	125.13	7.5	64.34
综合	32.3	85.31	1.23	159.64
合计	5005.31	0.22	161.42	-40.16

资料来源：沪深交易所，同花顺。

（三）业绩变动情况分析

1. 营业收入增长放缓，总体盈利大幅下滑

湖北上市公司2015年实现营业收入5005.31亿元，较2014年增长2.34%，但与2014年相比增速有所放缓。87家公司中有55家公司营业收入较2014年实现增长，32家公司营业总收入较2014年下滑。

2015年实现归属于上市公司股东净利润161.42亿元，较2014年减少38.95%。12家公司出现亏损，较2014年仅4家亏损相比亏损面有所增加，另有40家公司盈利水平较2014年下降。其中，武钢股份年度亏损75.15亿元，而长航凤凰因债务重组盈利43.07亿元。

2. 去产能行业利润大幅下滑，新兴行业利润大幅增长

钢铁、房地产、建筑材料等去产能行业公司9家，2015年实现营业总收入933.03亿元，较2014年减收32.33%；实现归属于上市公司股东的净利润-67.56亿元，较2014年减少107.88亿元。

电子通信、生物医药、公共事业、传媒等32家新兴行业公司，2015年实现营业总收入1436.08亿元，较2014年增长24.11%，实现归属于上市公司净利润20.77亿元，较2014年增长23.96%，经营发展受经济环境的影响较小，而受益于煤炭价格下降，公共事业中的电力企业盈利增幅最大，湖北能源净利润较2014年增加4.34亿元，全年实现盈利15.78亿元。

3. 补贴收入持续增长，成为部分公司主要盈利来源

2015年上市公司收到政府补贴共计28.43亿元，较2014年增加2.9亿元，增幅11.34%，有5家公司政府补贴过亿元；其中6家公司因政府补贴亏损变为盈利，有11家公司的政府补贴占比当期净利润超过30%，比2014年增加2家。

4. 新兴行业分红积极

湖北75家盈利公司中，54家公司实施了现金分红，占公司总家数的62.07%；分红金额74.63亿元，较2014年增加28.83%。现金分红总额超过5亿元的有5家，占当期归属于母公司净利润比例超过60%的共有7家。其中传媒、医药、通信行业公司现金分红较积极。

表8　2015年湖北上市公司现金分红情况

2015年分红公司家数			2015年分红金额		
家数	变动率（%）	分红公司家数占地区公司总数比重（%）	金额（亿元）	变动率（%）	分红金额占归属于母公司所有者的净利润比重（%）
54	5.88	62.07	74.63	28.83	46.23

资料来源：湖北证监局。

四、湖北上市公司并购重组情况

（一）并购重组基本情况

截至 2015 年末，湖北共有 28 家公司参与并购重组活动，占上市公司总数的 32.18%，较 2014 年有所增加，2015 年内完成重组 12 家次。其中，7 家为发行股份购买资产，5 家为协议收购；依重组目的，5 家为同业横向并购，6 家为跨行业并购，1 家为借壳上市。平均重组交易金额为 11.27 亿元，交易金额最大的并购交易为凯迪生态发行股份收购母公司及其关联方资产，交易总金额为 68.5 亿元。

（二）并购重组特点

随着供给侧改革和国企改革的深入推进，上市公司并购重组在去产能、去库存、盘活存量资产等方面发挥着积极作用。上市公司通过资产注入、引进战略投资者、吸收合并等方式实现转型升级，化解产能过剩、实现利润的快速增长。2015 年完成重组的公司中，总资产比 2014 年末增加 79.49%，净资产比 2014 年末增长 62.79%，营业总收入比 2014 年同期增长 40.05%，净利润增长 63.28%。其中当代明诚因完成强视传媒并购，净利润较 2014 年增长 5504%；京山轻机因合并惠州三协，净利润较 2014 年增加 377.78%。

五、湖北上市公司募集资金情况、使用情况

（一）募集资金总体情况

表 9　　2015 年湖北上市公司募集资金情况

发行类型	代码	简称	募集资金（亿元）
首发	002783	凯龙股份	5.98
	小计		5.98
再融资	000665	湖北广电	6.67
	000821	京山轻机	1.5
	000852	石化机械	18
	000883	湖北能源	60.6
	000902	新洋丰	11.92
	000939	凯迪生态	13.86
	000971	高升控股	7
	300041	回天新材	4.01
	300184	力源信息	25.5
	600079	人福医药	14.92

续表

发行类型	代码	简称	募集资金（亿元）
再融资	600086	东方金钰	5.75
	600136	当代明诚	7.31
	600260	凯乐科技	2.15
	600498	烽火通信	13.35
	600568	中珠医疗	35.1
	600703	三安光电	18.25
	600745	中茵股份	6.67
	小计		252.56
其他融资（公司债券、短期融资券、中期票据、次级债、金融债、境外发行债券）	000783	长江证券	268.88
	600068	葛洲坝	70.00
	000826	启迪桑德	44.00
	002305	南国置业	34.73
	000926	福星股份	26.89
	600998	九州通	18.93
	600133	东湖高新	12.93
	000759	中百集团	10.00
	600879	航天电子	10.00
	600801	华新水泥	7.95
	600035	楚天高速	5.94
	600141	兴发集团	5.91
	000988	华工科技	4.98
	600260	凯乐科技	4.95
	601311	骆驼股份	1.00
	002159	三特索道	0.49
	小计		527.58
总计			786.12

资料来源：湖北证监局。

（二）募集资金使用情况及特点

（1）1家公司完成IPO。年度内，仅凯龙股份通过IPO募集资金总额5.98亿元，实际募集的资金净额为5.23亿元，低于承诺投资部分0.03亿元，公司承诺以自有资金补足。因IPO募集资金2015年12月3日到位，年度内未使用。

（2）定向增发成为融资首选。除IPO外，直接融资的上市公司均采取了向特定投资者非公开增发这一发行方式，融资公司家数较2014年增加77.78%，融资金额较2014年增加77.68%。

（3）资金向新兴行业集中。综合募集资金投向，有5家公司共58.23亿元投向信息传输、软件和信息技术服务业，两家公司共74.46亿元投向新能源，两家公司共38.85亿元投向医药卫生。

（4）用于补充流动资金的比重较大。增发取得的资金中有79.61亿元用于置换贷款或补充流动资金等，占融资总金额的32.38%。

（三）募集资金变更情况

年度内共有4家上市公司变更了募集资金用途，涉及金额17.09亿元，其中，中茵股份2014年非公开发行募集资金17亿元，原定用途为投资徐州中茵广场项目，2015年1月公司变更募集资金5亿元投资用于徐州中茵的“南郊中茵城”一期项目；2015年8月再次变更募集资金8.5亿元用于补充公司永久性流动资金。

表10 2015年湖北上市公司募集资金使用项目变更情况

变更募集资金使用项目的公司家数	涉及金额（亿元）	募集资金总额（亿元）	占公司募集资金总额的比例（%）
4	17.09	31.6	54.08

资料来源：湖北证监局。

六、湖北上市公司规范运作情况

（一）上市公司治理专项情况

湖北证监局积极配合完成《上市公司治理准则》修订工作。一是精心组织部分上市公司座谈，全面了解公司治理准则实施过程中的突出问题，认真听取市场主体意见和建议；二是广泛收集国内外关于上市公司治理的研究成果，进行深入研究和讨论；三是全面梳理辖区公司治理案例，通过系统研究，对准则的授权、效力和定位，体系架构，与相关法律法规的衔接，中小股东保护机制，独立董事和监事会作用的发挥，以及明确责任追究机制和利益相关者的制衡作用等方面提出意见和建议。

（二）审计情况及监管情况

2015年，共有17家审计机构为辖区提供年报审计服务，共有4家上市公司财务报告被出具非标准审计意见。其中盈方微因收入确认存疑被注册会计师出具无法表示审计意见。上市公司中76家披露了内部控制审计报告，其中69家为标准无保留意见，盈方微因境外收入内部控制等方面存在重大缺陷而被出具无法表示审计意见。

年报审计监管中，湖北证监局从上市公司风险和审计机构执业质量两个维度进行分类，确定了21家公司作为重点类监管对象，对执业集中度较高的众环、大信、立信、中勤万信4家会计师事务所进行集中约谈。针对盈方微年报财务风险，通过加大审计现场工作督导力度，约谈审计项目负责人，下发监管关注函等方式，督促审计机构审慎执业，在获取公司相关违规线索后移交稽查立案调查。

（三）信息披露情况

为贯彻落实全国证券监管工作会议精神，持续推进以信息披露为中心的上市公司监管转型，做好健全资本市场信息披露规则体系重点工作。湖北证监局积极探索，选定10家运作比较规范的上市公司，从提高信息披露有效性和实施自愿性信息披露方面进行试点，要求公司实施差异化、个性化信息披露。在信息披露有效性方面：一是要求定期报告编制简明易懂；二是突出投资者关心内容，对公司未来发展战略、核心竞争力、经营风险等内容进行详细分析；三是鼓励个性化披露，公司信息可采用图片等更直接的形式披露公司主要业务产品和经营地，使投资者有更直观地了解；四是披露行业情况。在自愿性信息披露方面，强调信息披露的合规性，明确自愿披露信息内容的针对性，强化自愿性信息披露的持续性。

（四）证券市场服务情况

（1）积极推动地方政府支持上市公司完善治理结构。湖北证监局针对美尔雅股改清欠中地方政府承诺尚未彻底解决的问题、东贝集团大股东为东方资产管理公司的决策管理权缺位问题等，积极协调地方政府加以解决，推动湖北省政府召开专题会议讨论解决清欠美尔雅资产包、东贝集团经营决策权缺位等问题，从而为上市公司发展消除了制度障碍。

（2）通过6个强化构建辖区投资者监管保护、治理保护、市场保护、自我保护的综合投保体系。一是强化上市公司治理，公平对待投资者，开展辖区上市公司自愿信息披露试点工作，督导上市公司及相关主体规范承诺及履行，不断健全拟上市企业辅导监管工作机制；二是强化辅导机构尽职履责，共同推动投资者保护工作的开展，结合监管实际，规范辖区证券投资机构的业务活动，督导机构履行适当性管理和风险揭示义务；三是强化专项工作，落实“公平在身边活动”要求，探索信息化手段开展辖区投资者保护工作，举办辖区投资者之家代表座谈会，组织辖区市场主体积极参与投票基地的申报命名；四是强化投诉处理和工作机制建设，妥善处理投资者投诉纠纷，优化了投诉处理流程，建立了投诉分类处理机制和多元化纠纷调解机制；五是强化执法和打击力度，维护市场公平秩序，从快查处了湖北福诚澜海公司涉嫌非法经营案，妥善处置了湖北奥信创业投资管理有限公司投资者上访事件；六是强化投资者教育，编印了投资者教育读本《把握市场脉搏识别投资风险》，组织开展了“投资者教育与保护集中宣传月”和自律文化年等活动。年度内，成功完成证券期货纠纷调解107件，促进了投资者诉求问题的解决。

审稿人：陈绪旺

撰稿人：王志宏

湖南地区

一、湖南国民经济发展概况

表 1　　2015 年湖南国民经济发展概况　　单位：亿元

指　标	1–3 月		1–6 月		1–9 月		1–12 月	
	绝对量	同比增长（%）	绝对量	同比增长（%）	绝对量	同比增长（%）	绝对量	同比增长（%）
地区生产总值（GDP）	5392.25	8.4	12800.44	8.5	20250.5	8.7	29047.21	8.6
全社会固定资产投资	3071.18	18.3	9652.83	17.7	16209.91	17.4	24324.17	18.2
社会消费品零售总额	2722.78	12.1	5531.91	12.1	8487.90	11.95	12024.00	12.1
规模以上工业增加值	—	8.6	—	8.5	—	8.5	—	8.6
规模以上工业企业实现利润	321.10	6.70	649.10	5.30	974.60	4.00	1548.60	0.30
居民消费价格指数（CPI）	1–3 月		1–6 月		1–9 月		1–12 月	
	0.8		1.1		1.4		1.4	

资料来源：国家统计局。

二、湖南上市公司总体情况

（一）公司数量

表 2　　2015 年湖南上市公司数量　　单位：家

公司总数	2015 年新增	股票类别			板块分布			
		仅 A 股	仅 B 股	（A+B）股	沪市主板	深市主板	中小板	创业板
82	7	81	0	1	24	22	21	15

资料来源：沪深交易所，同花顺。

（二）行业分布

表 3　　　　2015 年湖南上市公司行业分布情况

所属证监会行业类别	家数	占比（%）	所属证监会行业类别	家数	占比（%）
农、林、牧、渔业	4	4.88	金融业	1	1.22
采矿业	1	1.22	房地产业	2	2.44
制造业	51	62.2	租赁和商务服务业	0	0
电力、热力、燃气及水生产和供应业	3	3.66	科学研究和技术服务业	0	0
建筑业	0	0	水利、环境和公共设施管理业	3	3.66
批发和零售业	7	8.54	教育	0	0
交通运输、仓储和邮政业	2	2.44	卫生和社会工作	1	1.22
住宿和餐饮业	1	1.22	文化、体育和娱乐业	3	3.66
信息传输、软件和信息技术服务业	3	3.66	综合	0	0
合计	82	100			

资料来源：沪深交易所，同花顺。

（三）股本结构及规模

表 4　　　　2015 年湖南上市公司股本规模在 10 亿股以上公司分布情况

股本规模（亿股）	公司家数	具体公司
50≤~<100	2	中联重科，方正证券
20≤~<50	3	华菱钢铁，大康牧业，旗滨集团
10≤~<20	11	华天酒店，江南红箭，现代投资，电广传媒，嘉凯城，湖南黄金，加加食品，尔康制药，华银电力，岳阳林纸，中南传媒

资料来源：沪深交易所，同花顺。

表 5　　　　2015 年湖南上市公司分地区股权构成情况　　　　单位：家

股权性质 地域分布	央企国资控股	省属国资控股	地市国资控股	民营控股	其他	合计
长沙市	6	13	2	25	2	48
岳阳市	2	0	1	5	0	8
常德市	0	0	1	3	0	4
张家界市	0	0	1	0	0	1
益阳市	0	0	0	4	0	4
湘潭市	1	1	1	1	0	4
娄底市	0	0	0	0	0	0

续表

地域分布＼股权性质	央企国资控股	省属国资控股	地市国资控股	民营控股	其他	合计
怀化市	0	0	0	1	0	1
湘西州	1	0	0	0	0	1
邵阳市	0	0	0	0	0	0
永州市	0	1	0	0	0	1
衡阳市	2	0	0	0	0	2
郴州市	0	0	1	1	0	2
株洲市	2	0	2	2	0	6
合计	14	15	9	42	2	82

资料来源：湖南证监局。

（四）市值规模

截至 2015 年 12 月 31 日，湖南 82 家上市公司境内总市值 10146.42 亿元，占全国上市公司境内总市值的 1.91%；其中上交所上市公司 24 家，总股本 237.54 亿股，境内总市值 3281.39 亿元，占上交所上市公司境内总市值的 1.11%；深交所上市公司 58 家，总股本 422.53 亿股，境内总市值 6865.03 亿元，占深交所上市公司境内总市值的 2.91%。

（五）资产规模

截至 2015 年 12 月 31 日，湖南 82 家上市公司合计总资产 7237.29 亿元，归属于母公司股东权益 2615.72 亿元，与 2014 年相比，分别增长 27.97%、23.60%；平均每股净资产 3.88 元，与 2014 年持平。

三、湖南上市公司经营情况及变动分析

（一）总体经营情况

表 6　　2015 年湖南上市公司经营情况

指标	2015 年	2014 年	变动率（%）
家数	82	75	9.33
亏损家数	15	11	36.36
亏损家数比例（%）	18.29	14.67	3.62
平均每股收益（元）	0.13	0.18	-27.78
平均每股净资产（元）	3.88	3.82	1.57
平均净资产收益率（%）	3.45	4.78	-1.33
总资产（亿元）	7237.29	5655.46	27.97
归属于母公司股东权益（亿元）	2615.72	2116.22	23.60

续表

指标	2015 年	2014 年	变动率（%）
营业收入（亿元）	3098.56	2770.86	11.83
利润总额（亿元）	114.73	130.96	-12.39
归属于母公司所有者的净利润（亿元）	90.24	101.1	-10.74

资料来源：沪深交易所，同花顺。

（二）分行业经营情况

表 7　　2015 年湖南上市公司分行业经营情况

所属行类	营业收入（亿元）	可比样本变动率（%）	归属于母公司所有者的净利润（亿元）	可比样本变动率（%）
农、林、牧、渔业	80.28	83.04	5.34	54.96
采矿业	57.92	-4.99	0.29	-83.61
制造业	1836.32	-4.38	12.95	-77.6
电力、热力、燃气及水生产和供应业	99.83	-5.71	6.16	35.91
建筑业	0	—	0	—
批发和零售业	571.74	6.48	12.24	-13.29
交通运输、仓储和邮政业	66.99	47.65	5.86	36.92
住宿和餐饮业	11.95	-21.12	0.13	112.98
信息传输、软件和信息技术服务业	69.57	10.55	5.51	39.19
金融业	109.15	122.77	40.64	126.28
房地产业	40.72	-51.9	-23.48	-6161.71
租赁和商务服务业	0	—	0	—
科学研究和技术服务业	0	—	0	—
水利、环境和公共设施管理业	16	-2.86	1.82	24.01
教育	0	—	0	—
卫生和社会工作	31.66	31.79	4.28	38.44
文化、体育和娱乐业	106.43	11.18	18.5	18.53
综合	0	—	0	—
合计	3098.56	1.22	90.24	-29.19

资料来源：沪深交易所，同花顺。

（三）业绩变动情况分析

1. 营业收入、毛利率等变动原因分析

2015 年，辖区 82 家上市公司全年实现营业收入 3098.56 亿元，较 2014 年增长 11.83%；营业成本 2423.81 亿元，较 2014 年下降 9.5%。整体毛利率 21.72%，较 2014 年增加 1.08 个百分点。

2. 盈利构成分析

从盈利构成看，2015 年湖南上市公司利润来源以营业利润为主，其占利润总额比例为 71.5%，营业外收支净额比重较高，占利润总额比例为 28.5%。盈利能力排名前三的是方正证券、中南传媒、蓝思科技，净利润分别为 40.64 亿元、16.95 亿元、15.43 亿元，合计占上市公司净利润的 44%；亏损最大的 3 家公司华菱钢铁、嘉凯城、株冶集团，合计占亏损额的 83%。

3. 经营性现金流量分析

2015 年，湖南 82 家上市公司经营活动产生的现金流量净额为 55 亿元，较 2014 年下降 78.58%，主要原因是方正证券经营活动产生的现金流量净额由 2014 年的 134.21 亿元大幅下降至 2015 年的-14.50 亿元。2015 年，湖南有 61 家上市公司经营活动产生的现金流量为正，占全部上市公司的 74.39%。

4. 业绩特点分析

2015 年，辖区上市公司业绩特点：一是产业结构调整的分化效应得以体现，传统的钢铁、机械设备行业上市公司营业收入继续下滑，如华菱钢铁、中联重科营业收入较 2014 年下降超过 20%，文化传媒、电子类上市公司营业收入保持较好增长趋势。二是资产规模持续增长，负债率有所上升。82 家上市公司合计总资产 7237.29 亿元，较 2014 年增长 27.97%；归属于母公司股东权益 2615.72 亿元，较 2014 年增长 23.60%；整体资产负债率为 63.85%，较 2014 年上升 1.27 个百分点。三是应收账款余额增加。82 家公司应收款项共计 646.40 亿元，较 2014 年增长 13.22%，资金回收风险较大。

5. 利润分配情况

表 8　　2015 年湖南上市公司现金分红情况

2015 年分红公司家数			2015 年分红金额		
家数	变动率（%）	分红公司家数占地区公司总数比重（%）	金额（亿元）	变动率（%）	分红金额占归属于母公司所有者的净利润比重（%）
45	-2.17	54.87	27.03	-22.33	29.96

资料来源：湖南证监局。

四、湖南上市公司并购重组情况

（一）并购重组基本情况

2015 年，湖南辖区共有 11 家上市公司完成了重大资产重组 12 项，涉及金额 193.88 亿元。其中，发行股份购买资产 7 家（拓维信息、湘潭电化、旗滨集团、湖南黄金、楚天科技、天桥起重、华银电力），现金收购 4 家（中联重科、步步高、千山药机、九芝堂），上市公司并购重组更趋活跃，并购重组数量较 2014 年增长 100%。

（二）并购重组特点

一是传统行业进行产业整合及技术升

级，大力进行转型升级。中联重科收购奇瑞重工，进一步拓展了农机行业版图；天桥起重通过定向增发，收购华新机电100%股权，实现向港口机械的扩张；湘潭电化收购湘潭市污水处理有限责任公司股权，向环保行业进军。二是解决同业竞争，实现了治理优化效果。辰州矿业向控股股东黄金集团发行股份及支付现金购买其持有的黄金洞矿业100%股权，在解决同业竞争问题的同时，增强了公司盈利能力；旗滨集团收购旗下绍兴旗滨100%股权，兑现了承诺，做大做强了主业。三是进行产业上下游整合，提高了产业集中度。拓维信息收购上海火熔信息股权，进一步拓展了公司手游业务；楚天科技收购新华通100%股权，实现了上下游产业链整合。

五、湖南上市公司募集资金情况、使用情况

（一）募集资金总体情况

表9　　2015年湖南上市公司募集资金情况

发行类型	代码	简称	募集资金（亿元）
首发	300413	快乐购	6.34
	603939	益丰药房	7.79
	300433	蓝思科技	15.49
	603883	老百姓	10.99
	603989	艾华集团	10.37
	002761	多喜爱	2.18
	300490	华自科技	2.27
	小计		55.43
再融资（增发、配股）	002261	拓维信息	7.56
	002125	湘潭电化	1.82
	600416	湘电股份	17.00
	000908	景峰医药	8.89
	002155	湖南黄金	12.71
	601636	旗滨集团	12.94
	600975	新五丰	5.30
	600478	科力远	6.12
	300358	楚天科技	5.60
	600390	金瑞科技	6.68
	300187	永清环保	3.27
	600479	千金药业	5.00
	000906	物产中拓	4.50

续表

发行类型	代码	简称	募集资金（亿元）
再融资（增发、配股）	002523	天桥起重	6.26
	600744	华银电力	37.63
	002567	唐人神	5.80
	000428	华天酒店	16.53
	300345	红宇新材	1.69
	002261	拓维信息	18.69
	000989	九芝堂	65.18
	300267	尔康制药	20.00
	002251	步步高	14.97
	小计		284.14
其他融资（公司债券、短期融资券、中期票据、次级债、金融债、境外发行债券）	002155	湖南黄金	3.00
	000917	电广传媒	10.00
	600963	岳阳林纸	12.50
	601901	方正证券	280.00
	000900	现代投资	20.00
	002277	友阿股份	19.00
	000906	物产中拓	2.00
	000157	中联重科	50.00
	小计		396.50
总计			736.07

资料来源：湖南证监局。

（二）募集资金使用情况及特点

2015 年，湖南共有 44 家上市公司使用募集资金，使用金额 117.42 亿元。其中 86.20 亿元为 2015 年募集资金，占全年使用募集资金总额的 73.41%；31.22 亿元为以前年度募集资金，占年度使用募集资金总额的 26.59%。

（三）募集资金变更情况

表 10　　2015 年湖南上市公司募集资金使用项目变更情况

变更募集资金使用项目的公司家数	涉及金额（亿元）	募集资金总额（亿元）	占公司募集资金总额的比例（%）
6	13.96	96.56	14.46

资料来源：湖南证监局。

六、湖南上市公司规范运作情况

（一）上市公司治理专项情况

2015 年，辖区上市公司治理结构完善，运作规范。上市公司完善了投资者保护工作机制，71 家上市公司参加了“2015 年度投资者网上集体接待日”活动，投资者共提出问题 5868 个，公司回答 3809 个，答复率 65%，实现了上市公司与投资者的良好互动。2015 年，辖区共有 45 家上市公司披露了现金分红方案，占辖区上市公司总数的 54.87%；现金分红总额 27.03 亿元，较 2014 年下降 22.33%，分红金额占归属于上市公司股东净利润比例达到 29.96%。

（二）审计情况及监管情况

2015 年年报审计中，湖南辖区 82 家上市公司，79 家公司被出具标准无保留意见审计报告，2 家公司被出具带强调事项段的无保留意见审计报告，1 家公司被出具保留意见的审计报告。湖南证监局将存在业绩异常、投诉举报较多的 17 家公司确定为重点审核对象，关注重大会计处理及信息披露相关问题 43 个，约见 37 家次上市公司财务总监及年审会计师，向 10 家公司下发《年报事后审核问询函》。

（三）信息披露情况

推动上市公司就定期报告事项加强与中小投资者的交流互动，辖区上市公司向投资者公开征集年报问询问题 1200 多个，并通过法定渠道予以公开答复。建立健全网络舆情监测机制，设置专职舆情监控员，每天定时对辖区公司公告、媒体报道进行排查，形成每日舆情专报；在出现具有较大影响的舆情以及股价出现异常波动时，督促上市公司有针对性地发布风险提示或澄清公告，必要时召开投资者及媒体说明会。对凯美特气存在收购资产事项信息披露不完整问题，启动专项核查并采取责令公开说明的行政监管措施。

审稿人：樊晓晖

撰稿人：李检华

广东地区

一、广东国民经济发展概况

表 1　　2015 年广东国民经济发展概况　　单位：亿元

指标	1–3 月		1–6 月		1–9 月		1–12 月	
	绝对量	同比增长（%）	绝对量	同比增长（%）	绝对量	同比增长（%）	绝对量	同比增长（%）
地区生产总值（GDP）	14948.57	7.2	34526.64	7.7	52522.38	7.9	72812.55	8
全社会固定资产投资	4496.76	19.7	11899.6	17.3	19840.95	17	29950.48	15.9
社会消费品零售总额	7326.98	10	14921.17	9.8	22849.20	10.1	31333.44	10.1
规模以上工业增加值	6129.21	7.4	13700.74	7.4	21713.78	7.3	30313.61	7.2
规模以上工业企业实现利润	1152.10	0.50	3020.90	7.50	4814.30	8.50	7208.80	8.20
居民消费价格指数（CPI）	1–3 月		1–6 月		1–9 月		1–12 月	
	1.1		1.2		1.4		1.5	

资料来源：国家统计局。

二、广东上市公司总体情况

（一）公司数量

表 2　　2015 年广东上市公司数量　　单位：家

公司总数	2015 年新增	股票类别			板块分布			
		仅 A 股	仅 B 股	（A+B）股	沪市主板	深市主板	中小板	创业板
222	22	217	2	3	40	39	90	53

资料来源：沪深交易所，同花顺。

（二）行业分布

表 3　　2015 年广东上市公司行业分布情况

所属证监会行业类别	家数	占比（%）	所属证监会行业类别	家数	占比（%）
农、林、牧、渔业	3	1.35	金融业	2	0.9
采矿业	1	0.45	房地产业	11	4.95
制造业	159	71.62	租赁和商务服务业	6	2.7
电力、热力、燃气及水生产和供应业	9	4.05	科学研究和技术服务业	2	0.9
建筑业	4	1.8	水利、环境和公共设施管理业	0	0
批发和零售业	5	2.25	教育	0	0
交通运输、仓储和邮政业	9	4.05	卫生和社会工作	0	0
住宿和餐饮业	1	0.45	文化、体育和娱乐业	0	0
信息传输、软件和信息技术服务业	9	4.05	综合	1	0.45
合计	222	100			

资料来源：沪深交易所，同花顺。

（三）股本结构及规模

表 4　　2015 年广东上市公司股本规模在 10 亿股以上公司分布情况

股本规模（亿股）	公司家数	具体公司
100≤~<200	2	TCL 集团，保利地产
50≤~<100	4	粤电力 A，格力电器，广发证券，南方航空
20≤~<50	12	美的集团，韶钢松山，广汽集团，海印股份，七喜控股，海格通信，温氏股份，广州发展，金发科技，康美药业，东阳光科，海天味业
10≤~<20	26	粤高速 A，佛山照明，韶能股份，*ST 中富，中山公用，宝新能源，东莞控股，德豪润达，粤传媒，大洋电机，奥飞动漫，海大集团，搜于特，达华智能，普邦园林，互动娱乐，高新兴，白云机场，生益科技，华发股份，白云山，中远航运，冠豪高新，梅雁吉祥，宜华木业，东风股份

资料来源：沪深交易所，同花顺。

表 5　　2015 年广东上市公司分地区股权构成情况　　单位：家

股权性质 / 地域分布	央企国资控股	省属国资控股	地市国资控股	民营控股	其他	合计
广州市	6	7	15	31	9	68
珠海市	1	0	5	15	2	23
汕头市	1	0	1	21	2	25

续表

地域分布＼股权性质	央企国资控股	省属国资控股	地市国资控股	民营控股	其他	合计
韶关市	1	0	1	1	0	3
佛山市	1	4	1	17	4	27
江门市	0	0	0	9	1	10
湛江市	1	0	0	1	0	2
茂名市	0	0	0	1	0	1
肇庆市	0	2	1	3	0	6
惠州市	0	0	0	4	1	5
梅州市	0	0	0	7	1	8
汕尾市	0	0	0	0	0	0
河源市	0	0	0	0	0	0
阳江市	0	0	0	1	0	1
清远市	0	0	0	1	0	1
东莞市	0	0	1	13	3	17
中山市	0	0	2	10	1	13
潮州市	0	0	0	4	0	4
揭阳市	0	0	0	7	0	7
云浮市	0	0	0	1	0	1
合计	11	13	27	147	24	222

资料来源：广东证监局。

（四）市值规模

截至 2015 年 12 月 31 日，广东 222 家上市公司境内总市值 36675.16 亿元，占全国上市公司境内总市值 6.90%；其中上交所上市公司 40 家，总股本 595.30 亿股，境内总市值 9300.28 亿元，占上交所上市公司境内总市值 3.15%；深交所上市公司 182 家，总股本 1354.40 亿股，境内总市值 27374.88 亿元，占深交所上市公司境内总市值 11.59%。

（五）资产规模

截至 2015 年 12 月 31 日，广东 222 家上市公司合计总资产 26488.87 亿元，归属于母公司股东权益 8946.04 亿元，与 2014 年相比，分别增长 23.34%、28.35%；平均每股净资产 4.39 元。

三、广东上市公司经营情况及变动分析

（一）总体经营情况

表 6　　2015 年广东上市公司经营情况

指标	2015 年	2014 年	变动率（%）
家数	222	200	11.00
亏损家数	17	12	41.67
亏损家数比例（%）	7.66	6	1.66
平均每股收益（元）	0.56	0.55	1.82
平均每股净资产（元）	4.39	4.42	-0.68
平均净资产收益率（%）	12.66	12.5	0.16
总资产（亿元）	26488.87	21476.58	23.34
归属于母公司股东权益（亿元）	8946.04	6970.26	28.35
营业收入（亿元）	12834.64	11649.47	10.17
利润总额（亿元）	1539.64	1175.17	31.01
归属于母公司所有者的净利润（亿元）	1132.52	871.25	29.99

资料来源：沪深交易所，同花顺。

（二）分行业经营情况

表 7　　2015 年广东上市公司分行业经营情况

所属行类	营业收入（亿元）	可比样本变动率（%）	归属于母公司所有者的净利润（亿元）	可比样本变动率（%）
农、林、牧、渔业	505.88	22.9	62.39	138.06
采矿业	30.05	-11.59	1.01	-38.8
制造业	7912.76	-1.87	572.2	4.82
电力、热力、燃气及水生产和供应业	609.92	-6.39	78.66	8.92
建筑业	154.08	0.98	2.64	-74.61
批发和零售业	170.53	-7.19	7.96	-45.38
交通运输、仓储和邮政业	1309.2	2.03	68.27	77.87
住宿和餐饮业	3.06	1.33	0.39	7.88
信息传输、软件和信息技术服务业	107.42	30.57	9.95	31.88
金融业	363.78	150.34	141.14	160.92

续表

所属行类	营业收入（亿元）	可比样本变动率（%）	归属于母公司所有者的净利润（亿元）	可比样本变动率（%）
房地产业	1420.34	15.59	148.16	8.82
租赁和商务服务业	238.16	29.11	37.89	12.86
科学研究和技术服务业	7.33	5.69	1.47	1.14
水利、环境和公共设施管理业	0	—	0	—
教育	0	—	0	—
卫生和社会工作	0	—	0	—
文化、体育和娱乐业	0	—	0	—
综合	2.12	22.9	0.38	19.75
合计	12834.64	3.23	1132.52	20.12

资料来源：沪深交易所，同花顺。

（三）业绩变动情况分析

1. 营业收入、毛利率等变动原因分析

2015 年，广东上市公司实现营业收入 12834.64 亿元，较 2014 年增长 10.17%；实现利润总额 1539.64 亿元，较 2014 年增长 31.01%；实现归属于母公司所有者的净利润 1132.52 亿元，较 2014 年增长 29.99%；实现平均每股收益 0.56 元，较 2014 年增长 1.82%；平均净资产收益率 12.66%，较 2014 年增长 0.16 个百分点；毛利率 26.66%，较 2014 年增长 1.59 个百分点。

2. 盈利构成分析

从盈利构成情况看，2015 年上市公司利润来源主要是营业利润，金额为 1369.87 亿元，占利润总额的 88.97%，其中投资净收益占利润总额的比重为 22.50%。营业外收支净额为 169.77 亿元，占利润总额的比重为 11.03%。

3. 经营性现金流量分析

2015 年，广东上市公司经营活动产生的现金净流入为 2343.75 亿元，较 2014 年增长 76.18%。其中，有 182 家上市公司经营活动产生的现金流量为正，占辖区 222 家上市公司的 91.00%，较 2014 年增加 10 个百分点；40 家上市公司经营性现金流量为负，占比 9.00%，较 2014 年下降 10 个百分点。

4. 业绩特点分析

2015 年，广东上市公司经营情况呈现出以下特点：一是上市公司整体业绩持续向好发展。辖区上市公司总资产、营业收入、净利润等经营指标与 2014 年相比，分别增长 23.34%、10.17%、29.99%；平均每股收益、平均每股净资产基本与 2014 年持平，变动幅度较小。二是主板上市公司的龙头支柱作用依然明显。上海、深圳主板的广东上市公司实现净利润共计 885.70 亿元，约占辖区上市公司净利润总额的 78.21%。从排位上看，广东上市公司 2015

年净利润贡献前十位的企业除温氏股份外其余均为主板大型上市公司，共实现净利润744.60亿元，约占广东上市公司净利润总额的65.75%。三是不同行业之间的经营情况仍存在较大差别。2015年，制造业、房地产业、交通运输仓储和邮政业的上市公司分别实现营业收入7912.76亿元、1420.34亿元和1309.2亿元，占比分别为61.65%、11.07%和10.20%，其他行业上市公司实现的营业收入合计只占17.08%。2015年，除采矿业，批发和零售业，电力、热力、燃气及水生产和供应业，制造业4个行业外，广东其他行业的上市公司均实现了不同程度的营业收入的增长，其中增长幅度最大的为金融业，较2014年增长150.34%，随后是信息传输、软件和信息技术服务业，租赁和商务服务业，较2014年分别增长30.57%、29.11%。

5. 利润分配情况

表8　　2015年广东上市公司现金分红情况

2015年分红公司家数			2015年分红金额		
家数	变动率（%）	分红公司家数占地区公司总数比重（%）	金额（亿元）	变动率（%）	分红金额占归属于母公司所有者的净利润比重（%）
180	16.88	81.08	467.49	92.54	41.28

资料来源：广东证监局。

四、广东上市公司并购重组情况

（一）并购重组基本情况

2015年，广东上市公司并购重组活动保持活跃状态，共有27家上市公司实施并完成重大资产重组，分别是众生药业、中船防务、智光电气、溢多利、宜华健康、雪莱特、互动娱乐、万泽股份、天龙集团、台城制药、雷伊B、世荣兆业、盛路通信、全通教育、欧比特、明家科技、岭南园林、蓝盾股份、凯撒股份、劲胜精密、江粉磁材、骅威股份、高新兴、七喜控股、东凌粮油、达华智能、艾派克，涉及金额共计781.25亿元，实施家数和并购金额较2014年分别增长200%、535.94%。其中18家公司以发行股份或发行股份及支付现金的方式收购标的资产实现横向整合、多元化战略或整体上市，8家公司以协议收购的方式购买标的资产，1家公司买壳上市。并购后上市公司质量有所提升，这27家公司平均总资产、净资产、营业收入、净利润较2014年分别增长101.03%、120.37%、81.14%和334.94%，远远高于广东上市公司的总体增长水平。

（二）并购重组特点

整体来看，2015年广东上市公司并购重组较为活跃，且有多项并购重组事项正在进行中。从已经完成的重大资产重组事项来看，辖区呈现以下特点：一是以横向整合或多元化战略为目的的并购重组逐渐增多。众生药业、中船防务、智光电气、溢多利、宜华健康、雪莱特、天龙集团、台城制药、世荣兆业、盛路通信、全通教育、欧比特、明家科技、岭南园林、蓝盾股份、凯撒股份、劲胜精密、江粉磁材、骅威股份、高新兴、达华智能共21家公司收购资产向横向整合或多元化发展。二是发行股份购买资产的方式成为并购重组的主要形式。在31次已经完成重大并购重组的上市公司中，以发行股份购买资产方式的有23次，该方式已成为广东上市公司并购重组的主要形式。三是板块和行业覆盖面较为广泛。已经实施重大并购重组的上市公司涵盖了资本市场的主要板块，其中上海主板1家、深圳主板4家、中小板13家、创业板9家。按照证监会上市公司行业分类标准，其中主要是制造业，剩余的则是软件和信息技术服务业、房地产业、租赁和商务服务业、建筑业。

五、广东上市公司募集资金情况、使用情况

（一）募集资金总体情况

表9　　2015年广东上市公司募集资金情况

发行类型	代码	简称	募集资金（亿元）
首发	002741	光华科技	3.69
	002745	木林森	9.57
	002757	南兴装备	3.54
	002759	天际股份	2.88
	002762	金发拉比	4.42
	002776	柏堡龙	6.11
	300404	博济医药	2.15
	300415	伊之密	4.00
	300417	南华仪器	1.64
	300424	航新科技	3.89
	300438	鹏辉能源	3.12
	300448	浩云科技	3.16
	300458	全志科技	5.09
	300460	惠伦晶体	2.71
	300464	星徽精密	2.11
	300476	胜宏科技	5.77
	300482	万孚生物	3.52
	603898	好莱客	4.79

续表

发行类型	代码	简称	募集资金（亿元）
首发	603309	维力医疗	3.85
	603268	松发股份	2.57
	603838	四通股份	2.58
	603398	邦宝益智	3.35
	603936	博敏电子	3.37
	小计		87.88
再融资（增发、配股）	000100	TCL 集团	57.01
	000150	宜华健康	8.12
	000333	美的集团	12.11
	000636	风华高科	7.41
	000685	中山公用	8.83
	000893	东凌粮油	36.90
	002016	世荣兆业	10.29
	002027	七喜控股	398.90
	002076	雪莱特	5.47
	002084	海鸥卫浴	2.90
	002169	智光电气	5.63
	002180	艾派克	30.00
	002192	融捷股份	4.54
	002288	超华科技	5.94
	002291	星期六	2.18
	002295	精艺股份	2.65
	002400	省广股份	1.90
	002425	凯撒股份	4.50
	002431	棕榈股份	14.10
	002433	太安堂	5.00
	002446	盛路通信	9.64
	002449	国星光电	4.11
	002465	海格通信	11.73
	002492	恒基达鑫	2.23
	002502	骅威股份	15.46
	002512	达华智能	14.02
	002584	西陇科学	5.35
	002600	江粉磁材	14.72

续表

发行类型	代码	简称	募集资金（亿元）
再融资（增发、配股）	002663	普邦园林	4.61
	002666	德联集团	9.37
	002684	猛狮科技	3.26
	002709	天赐材料	2.61
	300014	亿纬锂能	6.00
	300030	阳普医疗	1.62
	300053	欧比特	5.42
	300057	万顺股份	4.69
	300063	天龙集团	13.60
	300083	劲胜精密	40.00
	300098	高新兴	23.63
	300143	星河生物	11.25
	300146	汤臣倍健	18.66
	300147	香雪制药	15.89
	300177	中海达	5.25
	300242	明家科技	14.28
	300273	和佳股份	10.00
	300297	蓝盾股份	4.42
	300335	迪森股份	7.50
	300359	全通教育	15.00
	300381	溢多利	5.87
	600325	华发股份	43.12
	600323	瀚蓝环境	7.44
	600393	东华实业	43.32
	600433	冠豪高新	7.01
	600685	中船防务	64.32
	小计		1089.78
其他融资（公司债券、短期融资券、中期票据、次级债、金融债、境外发行债券）	000100	TCL 集团	27.00
	000523	广州浪奇	2.00
	000531	穗恒运 A	9.50
	000539	粤电力	30.00
	000690	宝新能源	9.50
	000776	广发证券	1215.00
	000828	东莞控股	15.00

续表

发行类型	代码	简称	募集资金（亿元）
其他融资（公司债券、短期融资券、中期票据、次级债、金融债、境外发行债券）	000973	佛塑科技	8.00
	002060	粤水电	3.00
	002291	星期六	7.00
	002400	省广股份	3.00
	002431	棕榈股份	12.00
	002503	搜于特	3.50
	002717	岭南园林	2.50
	002745	木林森	1.00
	200986	粤华包 B	2.00
	300043	互动娱乐	7.50
	300498	温氏股份	8.00
	600029	南方航空	110.00
	600048	保利地产	110.00
	600143	金发科技	10.00
	600325	华发股份	30.00
	600499	科达洁能	1.00
	600518	康美药业	79.00
	600589	广东榕泰	4.00
	600673	东阳光科	10.00
	600872	中炬高新	4.00
	600978	宜华地产	21.00
	601238	广汽集团	20.00
	小计		1764.50
总计			2942.16

资料来源：广东证监局。

（二）募集资金使用情况及特点

2015 年，广东辖区共有 23 家公司 IPO 发行上市，融资 87.88 亿元；54 家公司通过增发、配股等进行再融资 1089.78 亿元，股权再融资家数与金额较 2014 年分别增长 74.19%、298.43%。2015 年，广东共有 137 家上市公司使用募集资金 431.80 亿元。

2015 年，广东上市公司使用募集资金呈现出以下特点：一是各板块公司使用募集资金的情况与公司规模、数量基本匹配。31 家主板公司使用募集资金 161.50 亿元，58 家中小板公司使用募集资金 173.06 亿元，48 家创业板公司使用募集资金 97.24 亿元。二是中小板和创业板公司变更募集资金用途的情况仍占较高比例，9 家中小板公司、5 家创业板公司变更了募集资金使用用途，占变更募集资金用途公司数量的 93.33%。

（三）募集资金变更情况

2015 年，广东辖区有 15 家公司变更了募集资金的使用项目，涉及金额约为 20.92 亿元，占该 15 家公司募集资金总额（163.63 亿元）的 12.78%。募集资金变更的程序合法。变更的原因主要包括：一是为提高募集资金使用效率，结合市场形势和公司未来发展战略的需要对募投项目进行调整；二是外部的宏观经济和市场环境发生了较大变化，原有产品市场开拓不如预期；三是公司募投项目地块规划发生变化；四是原投资项目可行性和假设条件发生了较大变化，将剩余募集资金改投其他项目。

表 10　　2015 年广东上市公司募集资金使用项目变更情况

变更募集资金使用项目的公司家数	涉及金额（亿元）	募集资金总额（亿元）	占公司募集资金总额的比例（%）
15	20.92	163.63	12.78

资料来源：广东证监局。

六、广东上市公司规范运作情况

（一）上市公司治理专项情况

2015 年，广东证监局继续推进公司治理监管工作，持续提高上市公司质量，将公司治理列为年报审核和现场检查的一项重点内容，持续推进公司治理监管工作。根据对 14 家上市公司 2014 年年报现场检查情况来看，除少部分公司存在“三会”运作有瑕疵、关联交易管理不规范、公司独立性有待进一步加强外，大部分公司治理运作都比较规范。

（二）审计情况及监管情况

广东 222 家上市公司按时披露了 2015 年年报，其中有 218 家公司被出具标准无保留意见的审计报告，1 家公司被出具无法表示意见的审计报告，1 家公司被出具保留意见的审计报告，2 家公司被出具带强调事项段的无保留意见的审计报告。

广东证监局对披露 2015 年年报的公司实施年报监管。在年报监管期间，广东证监局结合日常监管掌握的情况，向 15 家上市公司年报审计机构下发了年报审计重点事项关注函，通过采取约谈公司年审机构及签字会计师、调阅工作底稿等方式加强对年审机构的延伸监管。

（三）信息披露情况

2015 年，广东上市公司基本能够按照信息披露的有关法律法规，依法履行信息披露义务，在指定信息披露报纸和网站真实、准确、完整、及时地披露公司动态信息，保障信息使用的公平、公正。

（四）证券市场服务情况

2015年，广东证监局认真贯彻落实全国证券期货监管工作会议精神和各项工作部署，切实做好保护投资者尤其是中小投资者合法权益的相关工作。一是扎实开展承诺履行监管工作。根据《关于启动运行资本市场诚信数据库相关工作的通知》要求，及时、动态报送辖区上市公司新增以及履行情况发生变化的公开承诺信息。按照风险导向的监管理念，持续关注仍在承诺履行期限内、投资者较为关注的承诺事项，并督促未达到相关业绩预测公司的承诺相关方履行了业绩补偿承诺。同时，根据上市公司对外并购活跃、业绩预测及补偿类承诺不断增多的情况，将相关方是否能够及时进行业绩补偿作为2015年监管关注的重点。二是持续加强现金分红监管工作。推动公司完善利润分配制度，进一步提高现金分红水平。督促辖区上市公司按照《关于进一步加强资本市场中小投资者合法权益保护工作的意见》、《上市公司监管指引第3号——上市公司现金分红》等文件要求，对利润分配相关制度进行自查，对不符合规定的条款进行修订，引导上市公司提高现金分红水平。三是开展“公平在身边”专项活动。督促辖区公司修改公司章程，保护投资者参与决策和管理的权利。选取了45家公司进行投资者关系管理工作例行抽查，重点检查各公司热线电话和电邮顺畅情况、网站建设情况。认真处理涉及上市公司的投诉举报，妥善解决投资者合理诉求。四是组织开展投资者关系管理月活动。联合广东上市公司协会组织开展了以“构建互信和谐的投资者关系”为主题的2015年辖区上市公司“投资者关系管理月”活动，组织辖区上市公司董事长、董秘、财务总监和证代等群体积极参与“投资者网上集体接待日”、“参观交易实时监察系统”、“走进上市公司”和“证券实务培训”等系列活动，搭建上市公司与投资者有效沟通平台，共同构建互信和谐的投资者关系，取得了较好成效。

（五）其他

2015年，广东证监局立足辖区市场实际，深入推进监管转型。一是进一步深化功能监管模式。及时总结2014年功能监管模式改革的实践经验及存在的问题，针对2015年辖区上市公司家数迅速增加的情况，进一步完善上市公司监管内部分工，优化监管资源配置，保障各项监管工作有序高效开展。二是规范统一有关监管标准。先后结合工作实际，研究制定《上市公司相关主体违法违规买卖上市公司股票处理工作要点》、《涉及辖区上市公司的有关举报、投诉事项调解处理工作要点》、《上市公司年报审核工作底稿》等制度，统一监管标准，减少监管工作中的自由裁量权，提高监管效能。三是推进监管措施公开。根据同步公开原则，在局互联网站上公开对上市公司采取的行政监管措施、立案调查等监管信息，提高监管公信力。四是探索分行业监管。在“前后台”分工协作的监管模式下兼顾分行业监管，对行业分布较为集中的家用电器、服装、医药、交通运输、房地产、园林等行业安排专人进行监管。

审稿人：戴文慧
撰稿人：唐国强　蔡　慧　肖彬彬　宋　黎

广西地区

一、广西国民经济发展概况

表 1　　2015 年广西国民经济发展概况　　单位：亿元

指标	1-3 月		1-6 月		1-9 月		1-12 月	
	绝对量	同比增长（%）	绝对量	同比增长（%）	绝对量	同比增长（%）	绝对量	同比增长（%）
地区生产总值（GDP）	3226.02	7.6	6769.45	8	10430.75	8.1	16803.12	8.1
全社会固定资产投资	2455.28	18.6	7342.37	18.5	10695.45	18.5	15654.95	17.8
社会消费品零售总额	1459.67	8.5	2961.38	9	4547.76	9.2	6348.06	10
规模以上工业增加值	—	7.8	—	8.1	—	8.3	—	7.9
规模以上工业企业实现利润	173.80	7.10	399.40	11.80	633.70	17.40	1175.40	21.20
居民消费价格指数（CPI）	1-3 月		1-6 月		1-9 月		1-12 月	
	1.3		1.3		1.5		1.5	

资料来源：国家统计局。

二、广西上市公司总体情况

（一）公司数量

表 2　　2015 年广西上市公司数量　　单位：家

公司总数	2015 年新增	股票类别			板块分布			
		仅 A 股	仅 B 股	（A+B）股	沪市主板	深市主板	中小板	创业板
35	3	35	0	0	16	12	6	1

资料来源：沪深交易所，同花顺。

（二）行业分布

表 3　　2015 年广西上市公司行业分布情况

所属证监会行业类别	家数	占比（%）	所属证监会行业类别	家数	占比（%）
农、林、牧、渔业	1	2.86	金融业	1	2.86
采矿业	0	0	房地产业	1	2.86
制造业	22	62.86	租赁和商务服务业	0	0
电力、热力、燃气及水生产和供应业	3	8.57	科学研究和技术服务业	0	0
建筑业	0	0	水利、环境和公共设施管理业	3	8.57
批发和零售业	2	5.71	教育	0	0
交通运输、仓储和邮政业	2	5.71	卫生和社会工作	0	0
住宿和餐饮业	0	0	文化、体育和娱乐业	0	0
信息传输、软件和信息技术服务业	0	0	综合	0	0
合计	35	100			

资料来源：沪深交易所，同花顺。

（三）股本结构及规模

表 4　　2015 年广西上市公司股本规模在 10 亿股以上公司分布情况

股本规模（亿股）	公司家数	具体公司
50≤~<100	1	桂冠电力
20≤~<50	3	国海证券，中恒集团，柳钢股份
10≤~<20	3	柳工，恒逸石化，银河生物

资料来源：沪深交易所，同花顺。

表 5　　2015 年广西上市公司分地区股权构成情况　　单位：家

地域分布＼股权性质	央企国资控股	省属国资控股	地市国资控股	民营控股	其他	合计
防城港市	0	0	0	0	0	0
南宁市	1	2	3	4	2	12
崇左市	0	0	0	0	0	0
柳州市	0	2	2	1	0	5
来宾市	0	0	0	0	0	0
桂林市	0	1	1	4	0	6
梧州市	0	0	0	2	0	2

续表

地域分布 \ 股权性质	央企国资控股	省属国资控股	地市国资控股	民营控股	其他	合计
贺州市	0	0	1	0	0	1
玉林市	0	0	0	1	0	1
贵港市	0	1	0	0	0	1
百色市	0	0	0	0	0	0
钦州市	0	0	0	0	0	0
河池市	1	0	0	0	0	1
北海市	0	1	0	5	0	6
合计	2	7	7	17	2	35

资料来源：广西证监局。

（四）市值规模

截至2015年12月31日，广西35家上市公司境内总市值4059.50亿元，占全国上市公司境内总市值的0.76%；其中上交所上市公司16家，总股本183.78亿股，境内总市值1747.92亿元，占上交所上市公司境内总市值的0.59%；深交所上市公司19家，总股本129.47亿股，境内总市值2311.57亿元，占深交所上市公司境内总市值的0.98%。

（五）资产规模

截至2015年12月31日，广西35家上市公司合计总资产2815.84亿元，归属于母公司股东权益986.5亿元，与2014年相比，分别增长27.03%、35.55%；平均每股净资产3.15元。

三、广西上市公司经营情况及变动分析

（一）总体经营情况

表6　　2015年广西上市公司经营情况

指　标	2015年	2014年	变动率（%）
家数	35	32	9.38
亏损家数	7	6	16.67
亏损家数比例（%）	20	18.75	1.25
平均每股收益（元）	0.19	0.18	5.56
平均每股净资产（元）	3.15	3.49	–9.74
平均净资产收益率（%）	5.91	5.11	0.80
总资产（亿元）	2815.84	2216.64	27.03
归属于母公司股东权益（亿元）	986.5	727.8	35.55

续表

指　标	2015 年	2014 年	变动率（%）
营业收入（亿元）	1221.35	1263.97	-3.37
利润总额（亿元）	93.78	54.57	71.85
归属于母公司所有者的净利润（亿元）	58.32	37.21	56.73

资料来源：沪深交易所，同花顺。

（二）分行业经营情况

表 7　　2015 年广西上市公司分行业经营情况

所属行类	营业收入（亿元）	可比样本变动率（%）	归属于母公司所有者的净利润（亿元）	可比样本变动率（%）
农、林、牧、渔业	18.64	4.66	0.57	1.2
采矿业	0	—	0	—
制造业	842.49	-13.14	1.01	-95.33
电力、热力、燃气及水生产和供应业	150.32	21.09	31.82	89.75
建筑业	0	—	0	—
批发和零售业	88.74	8.85	2.36	26.87
交通运输、仓储和邮政业	51.4	-32.15	2.99	-55.65
住宿和餐饮业	0	—	0	—
信息传输、软件和信息技术服务业	0	—	0	—
金融业	49.59	94.86	17.93	159.83
房地产业	6.48	-52.33	0.2	103.45
租赁和商务服务业	0	—	0	—
科学研究和技术服务业	0	—	0	—
水利、环境和公共设施管理业	13.69	-14.46	1.44	15.98
教育	0	—	0	—
卫生和社会工作	0	—	0	—
文化、体育和娱乐业	0	—	0	—
综合	0	—	0	—
合计	1221.35	-7.77	58.32	16.92

资料来源：沪深交易所，同花顺。

（三）业绩变动情况分析

1. 营业收入、毛利率等变动原因分析

2015 年广西上市公司实现营业收入合计 1221.35 亿元，较 2014 年下降 3.37%；平均净资产收益率 5.91%，较 2014 年上升 0.80 个百分点；整体销售毛利率为 21.08%，较 2014 年提高 4.26 个百分点。2015 年广西上市公司收入规模和收益率基本与2014年持平。

2. 盈利构成分析

从盈利构成看，2015年广西上市公司利润来源构成中，主要是营业利润，占比为82.26%，其中投资净收益占利润来源比重为32.61%，公允价值变动净收益占利润来源的比重为1.16%。

3. 经营性现金流量分析

2015年，广西地区上市公司经营活动产生的现金流量净额为68.94亿元，较2014年减少56.67%。其中23家上市公司经营现金流量净额为正，占35家上市公司的65.71%，其余12家上市公司经营现金流量净额为负。

4. 业绩特点分析

2015年广西上市公司利润总额93.78亿元，较2014年增长71.85%；归属于母公司所有者的净利润58.32亿元，较2014年增长56.73%。经营情况呈现出以下特点：一是营业收入与2014年基本持平，但经营业绩有大幅增长，其中电力、热力、燃气及水生产和供应业及金融业贡献最大。二是制造业，交通运输、仓储和邮政业上市公司业绩大幅下滑，其中22家制造业上市公司仅实现净利润1.01亿元，较2014年减少95.33%，2家交通运输业上市公司实现净利润2.99亿元，较2014年减少55.65%。三是金融业业绩大幅提升，1家金融业上市公司实现净利润17.93亿元，较2014年增长159.83%。

5. 利润分配情况

表8　2015年广西上市公司现金分红情况

2015年分红公司家数			2015年分红金额		
家数	变动率（%）	分红公司家数占地区公司总数比重（%）	金额（亿元）	变动率（%）	分红金额占归属于母公司所有者的净利润比重（%）
21	16.67	60	35.26	50.04	60.46

资料来源：广西证监局。

四、广西上市公司并购重组情况

（一）并购重组基本情况

2015年广西共有3家上市公司完成重大资产重组工作，占广西上市公司总数的8.57%。相关上市公司通过重大资产重组，整合充实了主业，或实现产业结构调整转型，提升了公司的经营实力和盈利能力。另外，多家上市公司通过资产收购和行业并购，进一步拓展了上下游产业链和业务范围，资产质量和盈利能力得到显著提升。

（二）并购重组特点

2015年，广西上市公司抓住证监会进一步优化企业兼并重组市场环境的政策机遇，借助资本市场平台和机制，迅速完成规模扩张或业务转型。皇氏集团通过发行股份及支付现金方式收购1家新媒体公司，在双主业发展的道路上再次实现飞跃。贵糖股份通过非公开发行收购 1 家矿业公司，实现“制糖、造纸”双主业向“制糖、造纸、采矿”三主业转型。桂冠电力通过非公开发行收购 1 家水电公司，大大提升了公司主业实力。

五、广西上市公司募集资金情况、使用情况

（一）募集资金总体情况

表 9　　2015 年广西上市公司募集资金情况

发行类型	代码	简称	募集资金（亿元）
首发	300422	博世科	1.55
	603869	北部湾旅	2.72
	601368	绿城水务	9.45
	小计		13.72
再融资（增发、配股）	600249	两面针	4.60
	000806	银河生物	11.50
	002166	莱茵生物	4.98
	000911	南宁糖业	5.07
	000582	北部湾港	27.00
	000750	国海证券	50.00
	002329	皇氏集团	6.57
	000833	贵糖股份	17.27
	000833	贵糖股份	5.76
	002329	皇氏集团	2.19
	000703	恒逸石化	10.00
	600236	桂冠电力	168.72
	603166	福达股份	10.30
	002592	八菱科技	5.90
	小计		329.86
其他融资（公司债券、短期融资券、中期票据、次级债、金融债、境外发行债券）	000750	国海证券	20.00
	000750	国海证券	40.00
	小计		60.00
总计			403.58

资料来源：广西证监局。

（二）募集资金使用情况及特点

2015年，广西共有22家公司使用募集资金，金额合计328.82亿元，其中296.01亿元为2015年募集的资金，占年度使用募集资金总额的90.02%，32.81亿元为以前年度募集资金，占年度使用募集资金总额的9.98%。2015年使用的募集资金中有2.41%是首发募集资金，再融资资金占比为97.59%。

（三）募集资金变更情况

2015年，广西有3家公司存在募集资金用途变更情况，其中1家变更金额为0.33亿元，系首发募投项目的变更。另外，2家变更金额分别为0.61亿元、0.59亿元，系再融资募投项目终止变更。

表10　　2015年广西上市公司募集资金使用项目变更情况

变更募集资金使用项目的公司家数	涉及金额（亿元）	募集资金总额（亿元）	占公司募集资金总额的比例（%）
3	1.53	34.59	4.42

资料来源：广西证监局。

六、广西上市公司规范运作情况

（一）上市公司治理专项情况

2015年，广西证监局通过推进以下监管工作，引导市场主体不断提高规范运作意识，完善公司治理。一是继续加大对大股东资金占用违法违规行为的惩处，对柳化股份大股东非经营性资金占用问题，进行立案稽查并依法作出行政处罚，并向辖区上市公司进行通报。二是妥善处置辖区多家上市公司的突发风险问题，保障公司的稳定发展。三是推动上市公司继续落实现金分红政策。通过组织培训、检查督促、开展投资者教育活动等方式继续深入推动辖区上市公司股东提高回报意识。

（二）审计情况及监管情况

广西证监局以信息披露监管为中心，加强监管协作和沟通，强化上市公司和中介机构市场主体地位，推动中介机构归位尽责。一是开展审前风险提示，通报风险问题，明确审计要求。针对辖区3家上市公司可能出现大额资产减值损失的事项及风险事由，约谈审计机构，要求本着实事求是的原则，依法依规开展审计，公允反映公司资产质量、财务状况，充分揭示风险。二是以检查促落实，督促审计、评估等服务机构勤勉尽责。结合年报现场检查，延伸检查1家审计机构、3家资产评估机构的相关执业项目。

（三）信息披露情况

广西证监局围绕上市公司信息披露监管这一核心，加强研判，做好非现场监管工作。一方面，积极借助沪深证券交易所信息披露和舆情监测等网络平台，全年审核上市公司临时披露文件超过4000份，深入挖掘上市公司疑点和问题线索，将监管资源向高风险公司和风险问题倾斜；另一方面，持续加强与系统内各部门的多向沟通，做到监管协作件件有落实，监管问题个个有反馈。2015年共收到沪深证券交易所通报问题及线索70多次，其中直接提请关注和核查7次，抄送上市公司关注函13次，抄送年报问询函和年报审核意见表等31次，应监管协作提请对上市公司进行现场核查3家次。

（四）证券市场服务情况

广西证监局在监管中始终加强服务，促进辖区上市公司规范发展。召开辖区上市公司座谈会及董秘座谈会，邀请专家授课，解答难点问题，督促公司依法经营，提升规范运作和资本经营意识。支持符合条件的上市公司通过非公开发行、发行公司债等方式进行再融资，提高直接融资比重，积极推进并购重组，利用资本市场加快发展。2015年辖区新增3家IPO企业，募集资金合计13.72亿元，上市公司增至35家，其中博世科是广西首家创业板上市公司。2015年辖区12家上市公司完成定向增发，募集资金合计329.86亿元；1家上市公司完成公司债券发行，融资额为20亿元；2015年辖区3家上市公司完成重大资产重组，交易金额193.79亿元，辖区资本市场融资和并购重组功能得到有效发挥。

（五）其他

广西证监局2015年实现上市公司日常监管与稽查执法相互衔接，公司监管和违法案件调查工作齐头并进，稳妥处置监管风险。对日常监管发现的违规事实，坚决移送立案稽查，提高稽查办案速度，尽快化解公司风险，切实维护中小股东的合法权益。全年共对辖区上市公司及相关主体实施行政监管措施6家次，立案稽查4家次，做出行政处罚3家次。

审稿人：周海东

撰稿人：曾海青

海南地区

一、海南国民经济发展概况

表 1　　2015 年海南国民经济发展概况　　单位：亿元

指标	1–3 月		1–6 月		1–9 月		1–12 月	
	绝对量	同比增长（%）	绝对量	同比增长（%）	绝对量	同比增长（%）	绝对量	同比增长（%）
地区生产总值（GDP）	840.05	4.7	1808.57	7.6	2643.53	8.2	3702.76	7.8
全社会固定资产投资	556.01	–3.3	1451.45	3.8	2314.42	9.2	3355.4	10.4
社会消费品零售总额	336.09	8.5	649.35	8.3	962.86	8	1325.14	8.2
规模以上工业增加值	92.28	3	199.30	3.4	306.48	3.9	448.95	5.1
规模以上工业企业实现利润	10.60	–62.10	48.50	–24.00	70.00	–18.50	89.60	–0.30
居民消费价格指数（CPI）	1–3 月		1–6 月		1–9 月		1–12 月	
	1.3		1.4		1.1		1	

资料来源：国家统计局，海南统计局。

二、海南上市公司总体情况

（一）公司数量

表 2　　2015 年海南上市公司数量　　单位：家

公司总数	2015 年新增	股票类别			板块分布			
		仅 A 股	仅 B 股	（A+B）股	沪市主板	深市主板	中小板	创业板
27	0	24	0	3	9	13	3	2

资料来源：沪深交易所，同花顺。

（二）行业分布

表 3　　**2015 年海南上市公司行业分布情况**

所属证监会行业类别	家数	占比（%）	所属证监会行业类别	家数	占比（%）
农、林、牧、渔业	3	11.11	金融业	0	0
采矿业	4	14.81	房地产业	5	18.52
制造业	7	25.93	租赁和商务服务业	0	0
电力、热力、燃气及水生产和供应业	0	0	科学研究和技术服务业	0	0
建筑业	1	3.7	水利、环境和公共设施管理业	0	0
批发和零售业	1	3.7	教育	0	0
交通运输、仓储和邮政业	3	11.11	卫生和社会工作	0	0
住宿和餐饮业	1	3.7	文化、体育和娱乐业	1	3.7
信息传输、软件和信息技术服务业	1	3.7	综合	0	0
合计	27	100			

资料来源：沪深交易所，同花顺。

（三）股本结构及规模

表 4　　**2015 年海南上市公司股本规模在 10 亿股以上公司分布情况**

股本规模（亿股）	公司家数	具体公司
100≤~<200	1	海南航空
20≤~<50	3	华闻传媒，洲际油气，海南橡胶
10≤~<20	3	海马汽车，神农基因，海南矿业

资料来源：沪深交易所，同花顺。

表 5　　**2015 年海南上市公司分地区股权构成情况**　　单位：家

股权性质 / 地域分布	央企国资控股	省属国资控股	地市国资控股	民营控股	其他	合计
海口市	2	5	2	12	3	24
三亚市	0	0	0	2	0	2
昌江黎族自治县	0	0	0	1	0	1
合计	2	5	2	15	3	27

资料来源：海南证监局。

（四）市值规模

截至 2015 年 12 月 31 日，海南 27 家上市公司境内总市值 3551.42 亿元，占全国上市公司境内总市值的 0.67%；其中上交所上市公司 9 家，总股本 223.97 亿股，境内总市值 1614.15 亿元，占上交所上市公司境内总市值的 0.55%；深交所上市公司 18 家，总股本 128.99 亿股，境内总市值 1937.27 亿元，占深交所上市公司境内总市值的 0.82%。

（五）资产规模

截至 2015 年 12 月 31 日，海南 27 家上市公司合计总资产 2438.04 亿元，归属于母公司股东权益 938.35 亿元，与 2014 年相比，分别增长 4.88%、6.28%；平均每股净资产 2.66 元。

三、海南上市公司经营情况及变动分析

（一）总体经营情况

表 6　　2015 年海南上市公司经营情况

指标	2015 年	2014 年	变动率（%）
家数	27	27	0.00
亏损家数	7	4	75.00
亏损家数比例（%）	25.93	14.81	11.12
平均每股收益（元）	0.08	0.14	-42.86
平均每股净资产（元）	2.66	2.63	1.14
平均净资产收益率（%）	2.85	5.18	-2.33
总资产（亿元）	2438.04	2324.49	4.88
归属于母公司股东权益（亿元）	938.35	882.89	6.28
营业收入（亿元）	824.29	875.63	-5.86
利润总额（亿元）	39.11	60.01	-34.83
归属于母公司所有者的净利润（亿元）	26.78	45.7	-41.40

资料来源：沪深交易所，同花顺。

（二）分行业经营情况

表 7　　2015 年海南上市公司分行业经营情况

所属行类	营业收入（亿元）	可比样本变动率（%）	归属于母公司所有者的净利润（亿元）	可比样本变动率（%）
农、林、牧、渔业	94.63	-24.66	-9.21	-5998.38
采矿业	66.56	-1.08	-1.43	-123.65

续表

所属行类	营业收入（亿元）	可比样本变动率（%）	归属于母公司所有者的净利润（亿元）	可比样本变动率（%）
制造业	224.36	–8.14	–0.35	–106.18
电力、热力、燃气及水生产和供应业	0	—	0	—
建筑业	1.1	–45.69	0.03	–72.84
批发和零售业	13.21	18.41	0.64	79.81
交通运输、仓储和邮政业	368.6	–2.18	31.44	26.74
住宿和餐饮业	0.16	–21.37	–0.07	–398.7
信息传输、软件和信息技术服务业	1.94	–0.64	0.23	–7.66
金融业	0	—	0	—
房地产业	10.38	–1.87	–2.86	–142.77
租赁和商务服务业	0	—	0	—
科学研究和技术服务业	0	—	0	—
水利、环境和公共设施管理业	0	—	0	—
教育	0	—	0	—
卫生和社会工作	0	—	0	—
文化、体育和娱乐业	43.36	9.68	8.38	–14.81
综合	0	—	0	—
合计	824.29	–6.27	26.78	–41.44

资料来源：沪深交易所，同花顺。

（三）业绩变动情况分析

1. 营业收入、毛利率等变动原因分析

2015 年，海南上市公司实现营业收入 824.29 亿元，较 2014 年下降 5.86%；营业成本 641.05 亿元，较 2014 年下降 7.57%；营业利润 22.73 亿元，较 2014 年下降 49.66%；利润总额 39.11 亿元，较 2014 年下降 34.83%；毛利率 22.20%，较 2014 年上升 6.75%。营业收入降幅小于营业成本降幅是毛利率增长的主要原因。

2. 盈利构成分析

从盈利构成看，2015 年海南上市公司利润来源主要是营业利润，其占利润总额的比重为 58.12%，较 2014 年下降 17.12 个百分点。其中，投资净收益 24.66 亿元，营业外收支净额为 16.38 亿元，公允价值变动净收益为 3.30 亿元，占利润总额的比重分别为 63.05%、41.88%、8.44%；资产减值损失为 16.42 亿元，比 2014 年增加 13.01 亿元，占利润总额的比重为 41.98%。

3. 经营性现金流量分析

2015 年，海南上市公司经营性现金流量净额为 153.83 亿元，比 2014 年增长 83.55%。27 家上市公司中，17 家上市公司经营性现金流量净额为正，占 27 家上市公司的62.96%，高于2014年的59.26%，其余10家上市公司经营现金流量净额为负。经营现金流量净额下降最大的为海南矿业，比2014年减少5.93亿元。

4. 业绩特点分析

海南上市公司2015年整体业绩特点：一是总体盈利有所下降。海南27家上市公司2015年归属于母公司所有者的净利润为26.78亿元，较2014年下降41.40%；27家上市公司中有20家实现盈利，7家出现亏损，与2014年4家亏损相比，亏损面大幅上升。二是经营情况行业分化明显。批发和零售业，以及文化、体育和娱乐业的海南上市公司2015年营业收入整体比2014年略有增加，其他行业的收入整体出现总体下降的情况；批发和零售业，以及交通运输、仓储和邮政业的海南上市公司2015年归属于母公司所有者的净利润整体比2014年略有增加，其他行业的收入整体出现总体下降的情况，资源类企业利润下滑明显。

5. 利润分配情况

表8 2015年海南上市公司现金分红情况

2015年分红公司家数			2015年分红金额		
家数	变动率（%）	分红公司家数占地区公司总数比重（%）	金额（亿元）	变动率（%）	分红金额占归属于母公司所有者的净利润比重（%）
10	-9.09	37.04	3.45	-72.83	8.37

资料来源：海南证监局。

四、海南上市公司并购重组情况

（一）并购重组基本情况

2015年，海南有2家上市公司进行了重大资产重组，分别为海南瑞泽、洲际油气，置入资产共计25.89亿元，配套募集资金2.50亿元。

（二）并购重组特点

海南上市公司通过并购重组实现业务升级拓展。海南瑞泽通过发行股份购买大兴园林，新增园林绿化业务，扩大公司业务范围，改善公司产业结构。洲际油气通过二级市场购买KoZhan公司，拓展海外油田市场，夯实公司能源开发业务。

五、海南上市公司募集资金情况、使用情况

（一）募集资金总体情况

表 9　　2015 年海南上市公司募集资金情况

发行类型	代码	简称	募集资金（亿元）
首发	0	0	0
	小计		0.00
再融资（增发、配股）	002596	海南瑞泽	8.20
	000566	海南海药	5.00
	000793	华闻传媒	9.20
	小计		22.40
其他融资（公司债券、短期融资券、中期票据、次级债、金融债、境外发行债券）	125999	洲际油气	15.00
	小计		15.00
总计			37.40

资料来源：海南证监局。

（二）募集资金使用情况及特点

2015 年，海南 13 家公司使用募集资金 44.61 亿元。其中使用 2015 年募集资金 15.20 亿元，占全年使用募集资金总额的 34.07%；使用以前年度募集资金 29.41 亿元，占全年使用募集资金总额的 65.93%。

（三）募集资金变更情况

2015 年，海南共有 2 家公司存在募集资金使用变更情况，涉及金额约为 1.51 亿元，占该 2 家公司募集资金总额（22.87 亿元）的比例为 6.60%。募集资金变更经过公司法定程序股东大会批准，履行了相应的信息披露义务。募集资金变更的主要原因市场形势及产能需求发生变化，使拟投资项目短期内难以实现预期收益。

表 10　　2015 年海南上市公司募集资金使用项目变更情况

变更募集资金使用项目的公司家数	涉及金额（亿元）	募集资金总额（亿元）	占公司募集资金总额的比例（%）
2	1.51	22.87	6.60

资料来源：海南证监局。

六、海南上市公司规范运作情况

（一）上市公司治理专项情况

2015年，海南证监局加强对辖区上市公司监管，扎实推进各项工作，着力提升海南上市公司整体公司规范运作水平。一是开展多层次培训，强化公司董监高合规意识。对辖区2014年底新上市公司进行监管培训，传达上市公司监管体制和要求、上市公司责任和义务，督促公司形成依法规范运作意识；召开财务总监座谈会，有针对性地通报日常监管发现的问题，并提出相关监管要求。二是及时跟踪海南上市公司的内控自我评价报告披露情况。三是及时应对股市异常波动，督促公司合规运作。股市异常波动期间，及时与董秘沟通进行摸底排查，督促公司和高管规范运作。

（二）审计情况及监管情况

海南27家上市公司2015年的年报审计意见中，26家为标准无保留意见，1家为带强调事项段的无保留意见。海南证监局在年报审计监管工作中，一是实施分类监管，提高年报监管的针对性和有效性。进行审计风险预分类，合理配置监管资源。针对辖区风险较高的8家上市公司，向相关审计机构下发审计风险关注函，督促其切实履行审计职责。二是深入现场，实施跟踪了解年报审计开展情况。列席年审会计师与独立董事、审计委员会的见面会5次，列席年审会计师与独立董事、审计委员会的初审意见沟通会6次，对2家公司的存货盘点实施了现场督导，并向11家上市公司及19家审计机构调取相关资料及审计底稿，提高审核效率。三是汇总分析，针对检查中发现公司和年审机构存在的问题，及时采取相应监管措施。针对年报发现的问题，约谈3家上市公司；约谈1家审计机构；要求1家审计机构出具专项意见；对5家上市公司下发监管关注函；对2家公司实施年报现场检查；对1家公司实施年报专项核查。

（三）信息披露情况

海南证监局坚持以信息披露监管为核心，督促上市公司不断提高上市公司透明度。一是借助上市公司监管信息系统、互联网信息稽查分析系统和万得资讯等信息平台，及时收集和分析上市公司信息，通过对信访举报反映情况的排查，对媒体质疑、网络舆情、微博微信等信息监控，全面了解公司情况，掌握公司风险底数。二是加强监管协作，发挥监管合力。加强“三点一线”监管协作，将非现场监管、年报审核、现场检查、专项核查发现的重大问题及时报告中国证监会上市部，并抄报交易所提请关注，增强监管的协调性，合理配置监管资源，提升监管质效。三是开展规范辖区上市公司财务会计基础的专项活动，督导公司提升财务信息披露质量。

（四）证券市场服务情况

海南证监局以监管促发展。坚持监管

与服务并重。一是开展上市公司咨询电话畅通情况和交易所投资者互动交流平台的主题调研活动，督促上市公司做好投资者关系管理。二是举办上市公司业绩网上集体说明会，为投资者与上市公司搭建交流与沟通平台，增强上市公司与投资者的良性互动，构造辖区理性的投资环境。三是联合上海证券交易所和海南上市公司协会，深化“走进上市公司”投资者教育系列活动。四是开展形式多样的培训，配合海南省农业厅举办农业企业上市融资培训，配合海南省金融办开展医药类企业培育上市培训，配合上海证券交易所举办公司债券融资业务培训。五是积极做好拟上市公司的辅导验收及指导协调工作，加快海南企业改制上市的步伐。2015 年，共受理 3 家公司辅导备案申请，联合沪深交易所走访调研其中 2 家辅导备案企业，对 1 家券商的辅导工作进行验收。

审稿人：贺　玲　郑纪宁

撰稿人：刘柳琴　庞　琴

重庆地区

一、重庆国民经济发展概况

表 1　　2015 年重庆国民经济发展概况　　单位：亿元

指标	1-3 月		1-6 月		1-9 月		1-12 月	
	绝对量	同比增长（%）	绝对量	同比增长（%）	绝对量	同比增长（%）	绝对量	同比增长（%）
地区生产总值（GDP）	3306.69	10.7	7237.9	11	11252.67	11	15719.72	11
全社会固定资产投资	2162.91	17.6	5477.02	17.5	9660.17	17.3	14208.15	17
社会消费品零售总额	1561.93	12.05	3105.44	11.85	4661.86	12.27	6424.02	12.5
规模以上工业增加值	—	10.8	—	11.1	—	10.9	—	10.8
规模以上工业企业实现利润	227.20	27.30	519.10	26.70	824.60	23.60	1396.80	17.30
居民消费价格指数（CPI）	1-3 月		1-6 月		1-9 月		1-12 月	
	1.2		1.3		1.4		1.3	

资料来源：国家统计局。

二、重庆上市公司总体情况

（一）公司数量

表 2　　2015 年重庆上市公司数量　　单位：家

公司总数	2015 年新增	股票类别			板块分布			
		仅 A 股	仅 B 股	（A+B）股	沪市主板	深市主板	中小板	创业板
43	3	41	1	1	21	12	5	5

资料来源：沪深交易所，同花顺。

（二）行业分布

表 3　2015 年重庆上市公司行业分布情况

所属证监会行业类别	家数	占比（%）	所属证监会行业类别	家数	占比（%）
农、林、牧、渔业	0	0	金融业	1	2.33
采矿业	1	2.33	房地产业	4	9.3
制造业	25	58.14	租赁和商务服务业	0	0
电力、热力、燃气及水生产和供应业	5	11.63	科学研究和技术服务业	0	0
建筑业	0	0	水利、环境和公共设施管理业	2	4.65
批发和零售业	1	2.33	教育	0	0
交通运输、仓储和邮政业	2	4.65	卫生和社会工作	0	0
住宿和餐饮业	0	0	文化、体育和娱乐业	0	0
信息传输、软件和信息技术服务业	2	4.65	综合	0	0
合计	43	100			

资料来源：沪深交易所，同花顺。

（三）股本结构及规模

表 4　2015 年重庆上市公司股本规模在 10 亿股以上公司分布情况

股本规模（亿股）	公司家数	具体公司
50≤~<100	1	西南证券
20≤~<50	6	长安汽车，金科股份，华邦健康，迪马股份，重庆钢铁，重庆水务
10≤~<20	4	建新矿业，宗申动力，重庆燃气，力帆股份

资料来源：沪深交易所，同花顺。

表 5　2015 年重庆上市公司分地区股权构成情况　单位：家

股权性质 / 地域分布	央企国资控股	省属国资控股	地市国资控股	民营控股	其他	合计
重庆市	9	9	4	17	4	43

资料来源：重庆证监局。

（四）市值规模

截至 2015 年 12 月 31 日，重庆 43 家上市公司境内总市值 6494.98 亿元，占全国上市公司境内总市值的 1.22 %；其中上交所上市公司 21 家，总股本 274.16 亿股，境内总市值 3523.29 亿元，占上交所上市公司境内总市值的 1.19%；深交所上市公司22家，总股本194.14亿股，境内总市值2971.69亿元，占深交所上市公司境内总市值的1.26%。

（五）资产规模

截至2015年12月31日，重庆43家上市公司合计总资产5520.82亿元，归属于母公司股东权益1765.97亿元，与2014年相比，分别增长18.53%、19.29%；平均每股净资产3.72元。

三、重庆上市公司经营情况及变动分析

（一）总体经营情况

表6　　2015年重庆上市公司经营情况

指标	2015年	2014年	变动率（%）
家数	43	40	7.50
亏损家数	7	5	40.00
亏损家数比例（%）	16.28	12.5	3.78
平均每股收益（元）	0.36	0.43	-16.28
平均每股净资产（元）	3.72	3.92	-5.10
平均净资产收益率（%）	9.63	10.99	-1.36
总资产（亿元）	5520.82	4657.55	18.53
归属于母公司股东权益（亿元）	1765.97	1480.4	19.29
营业收入（亿元）	2290.95	2078.16	10.24
利润总额（亿元）	198.79	176.26	12.78
归属于母公司所有者的净利润（亿元）	170.05	162.69	4.52

资料来源：沪深交易所，同花顺。

（二）分行业经营情况

表7　　2015年重庆上市公司分行业经营情况

所属行类	营业收入（亿元）	可比样本变动率（%）	归属于母公司所有者的净利润（亿元）	可比样本变动率（%）
农、林、牧、渔业	0	—	0	—
采矿业	10.91	10.51	2.88	-10.61
制造业	1368.87	10.56	77.39	-23.58
电力、热力、燃气及水生产和供应业	166.1	3.96	27.93	15.7
建筑业	0	—	0	—
批发和零售业	300.79	-0.2	3.67	-25.28
交通运输、仓储和邮政业	23.86	6.78	3.03	-12.1

续表

所属行类	营业收入（亿元）	可比样本变动率（%）	归属于母公司所有者的净利润（亿元）	可比样本变动率（%）
住宿和餐饮业	0	—	0	—
信息传输、软件和信息技术服务业	1.52	-44.51	-0.65	-336.79
金融业	84.97	131.22	35.55	165.46
房地产业	293.97	7.98	17.71	6.32
租赁和商务服务业	0	—	0	—
科学研究和技术服务业	0	—	0	—
水利、环境和公共设施管理业	39.94	-0.15	2.54	4.59
教育	0	—	0	—
卫生和社会工作	0	—	0	—
文化、体育和娱乐业	0	—	0	—
综合	0	—	0	—
合计	2290.95	9.97	170.05	0.18

资料来源：沪深交易所，同花顺。

（三）业绩变动情况分析

1. 营业收入、毛利率等变动原因分析

2015 年，重庆 43 家上市公司共实现营业收入 2290.95 亿元，较 2014 年增长 10.24%；实现净利润 170.05 亿元，较 2014 年增长 4.52%；有 36 家公司实现盈利，占重庆地区公司总数的 83.72%。平均销售毛利率 21.15%，较 2014 年上升 1.7 个百分点。总体来看，2015 年度重庆上市公司总体保持平稳运营态势，收入规模逐年扩大，净利润和毛利率均有所上升。

2. 盈利构成分析

从盈利构成看，非经常性损益对净利润影响较大。2015 年重庆 43 家上市公司非经常性损益 69.13 亿元，占当期归属于上市公司股东净利润的 40.75%。非经常性损益金额比 2014 年增加了 19.23 亿元，较 2014 年增长 64.48%。

3. 经营性现金流量分析

2015 年，重庆上市公司现金流状况明显改善，现金及现金等价物净增加额 298.64 亿元，较 2014 年净增加 178.38 亿元。其中，经营活动产生的现金流量净额 153.77 亿元，较 2014 年增长 77.57%。

4. 业绩特点分析

（1）业绩分化明显。2015 年，重庆 43 家上市公司中有 7 家亏损，36 家盈利。其中，盈利前 5 名的公司合计实现净利润 170.96 亿元，占重庆盈利上市公司总体净利润的 72.25%；盈利低于 1 亿元的公司多达 9 家，占重庆公司总数的 20.45%；7 家亏损公司的亏损总额 66.99 亿元，绩优公司和绩差公司两极分化明显。

（2）负债水平略低于全国平均水平。截至 2015 年底，42 家非金融类上市公司

（扣除西南证券）整体资产负债率为65.44%，而同期全国非金融类上市公司的整体资产负债率为66.88%。43家上市公司2015年财务费用总额43.59亿元，较2014年增长6.07%。

5. 利润分配情况

表8　　2015年重庆上市公司现金分红情况

2015年分红公司家数			2015年分红金额		
家数	变动率（%）	分红公司家数占地区公司总数比重（%）	金额（亿元）	变动率（%）	分红金额占归属于母公司所有者的净利润比重（%）
31	6.90	72.09	51.06	31.77	30.02

资料来源：重庆证监局。

四、重庆上市公司并购重组情况

（一）并购重组基本情况

2015年，重庆6家上市公司完成并购重组，募集资金总额70.31亿元，其中，奥瑞德借壳西南药业，发行股份购买资产（置入与置出资产的差额）33.38亿元，募集配套资金10.30亿元；华邦健康发行股份购买资产14.49亿元；福安药业发行股份加支付现金购买资产5.7亿元（公司自有资金支付1.7亿元）；博腾股份发行股份加支付现金购买资产2.6亿元（公司自有资金支付1亿元），募集配套资金0.65亿元；隆鑫通用发行股份购买资产4.91亿元；涪陵榨菜发行股份加支付现金购买资产1.29亿元（公司自有资金支付0.63亿元），募集配套资金0.32亿元。

（二）并购重组特点

2015年，重庆地区上市公司并购重组活跃，从并购重组方式上看，以发行股份购买资产为主，辖区2015年所有并购重组项目均涉及发行股份购买资产。从并购重组的目的上看，呈现三个特点：一是通过重大资产重组，促进公司规范发展，如西南药业、桐君阁2家公司实施重大资产重组，大幅减少与关联方之间的关联交易。二是扩大产业规模收购资产，如涪陵榨菜购买惠通食业。三是收购上下游企业，延伸产业链，提升公司业务规模和盈利水平，增强市场竞争力，如博腾股份发行股份购买江西东邦药业。

五、重庆上市公司募集资金情况、使用情况

（一）募集资金总体情况

表 9　　2015 年重庆上市公司募集资金情况

发行类型	代码	简称	募集资金（亿元）
首发	603601	再升科技	1.34
	002742	三圣股份	4.89
	002765	蓝黛传动	3.99
	小计		10.22
再融资（增发、配股）	002004	华邦健康	33.87
	601777	力帆股份	17.00
	600116	三峡水利	8.60
	600666	西南药业	43.68
	300363	博腾股份	2.25
	603766	隆鑫通用	4.91
	002507	涪陵榨菜	0.98
	300194	福安药业	4.00
	小计		115.29
其他融资（公司债券、短期融资券、中期票据、次级债、金融债、境外发行债券）	600106	重庆路桥	8.60
	600369	西南证券	70.00
	600565	迪马股份	30.00
	000736	中房地产	7.00
	002004	华邦健康	17.00
	000656	金科股份	68.5
	小计		201.1
总计			326.61

资料来源：首发、再融资数据来源于重庆证监局，其他融资来源于 Wind 数据。

（二）募集资金使用情况及特点

2015 年，重庆 11 家公司通过首发和增发的方式新增募集资金，计划投入募集资金 125.51 亿元，已投入募集资金 98.69 亿元，完成比例 78.82%。部分公司利用暂时闲置募集资金购买安全性高的理财产品，以提高资金使用效益。

（三）募集资金变更情况

表 10　　2015 年重庆上市公司募集资金使用项目变更情况

变更募集资金使用项目的公司家数	涉及金额（亿元）	募集资金总额（亿元）	占公司募集资金总额的比例（%）
1	0.32	1.34	23.88

资料来源：重庆证监局。

六、重庆上市公司规范运作情况

（一）上市公司治理专项情况

2015 年，重庆上市公司治理水平进一步提高。重庆证监局推行上市公司新任董监高谈话制度，强化董监高规范意识。加大现场检查力度，将上市公司治理列入现场检查重点，推动辖区上市公司规范三会运作，不断完善公司治理结构。持续抓好承诺及履行监管，动态梳理辖区上市公司承诺履行情况，督促辖区上市公司及时披露承诺履行及变更情况。

（二）审计情况及监管情况

重庆地区 43 家上市公司均按时披露了 2015 年年度报告和审计报告。其中，40 家公司的审计意见类型为标准无保留意见，2 家公司的审计意见类型为带强调事项段的无保留意见，1 家公司的审计意见类型为保留意见。为提高年报审计监管的前瞻性，重庆证监局提前召开年报审计工作会议，约谈审计机构，通报监管关注问题。对于重点类审计项目，开展现场督导，列席会计师与独立董事和公司审计委员会的沟通会。2015 年，重庆证监局对 2 家上市公司的 2015 年年报进行了年报现场检查，并对 1 家审计机构的年报审计项目进行了延伸检查；对 1 家审计机构的年报审计项目进行了专项检查。对 2 家审计机构的 4 名签字会计师采取了监管谈话的行政监管措施，对 1 家审计机构的签字会计师进行了谈话提醒。

（三）信息披露情况

以信息披露监管为核心，促进上市公司严格执行各项监管要求，持续提高信息披露合规性和有效性。鼓励上市公司以投资者需求为导向，结合所在行业和公司自身的特点，突出信息披露差异化，增加自愿性披露。借力中介机构，提高上市公司财务信息披露质量。通过约见谈话、现场督导、审阅审计计划总结等手段，督促审计机构勤勉尽责，提高上市公司财务信息披露质量。加强与沪深交易所的监管协作，提升信息披露监管的及时性和全面性。总体来看，辖区上市公司能够按照要求及时披露定期报告和临时公告，但仍有个别公司存在信息披露不及时、不完整的情况，2015 年重庆证监局对 3 家上市公司存在的信息披露问题采取了行政监管措施。

（四）证券市场服务情况

为切实维护投资者利益，进一步贯彻落实国务院办公厅《关于进一步加强资本市场中小投资者合法权益保护工作的意见》精神，2015 年股市出现异常波动，重庆证监局及时采取了一系列措施，维护辖区市场的稳定，保护投资者合法权益。引导重庆 43 家上市公司在主流媒体发表《共同维护资本市场稳定的联合声明》，阐明维护公司股价和市场稳定的决心和举措，积极支持辖区上市公司合法合规增持回购，切实维护辖区市场的稳定。加大对市场主体违法行为的打击力度，对 2 家公司大股东的违规减持行为进行了行政处罚。规范举报处理工作，严格依法依规办理，及时将调查处理结果回复投资者，切实保护投资者合法权益。

审稿人：李鸿博

撰稿人：朱成云　周　峰

四川地区

一、四川国民经济发展概况

表 1　　2015 年四川国民经济发展概况　　单位：亿元

指标	1–3 月		1–6 月		1–9 月		1–12 月	
	绝对量	同比增长（%）	绝对量	同比增长（%）	绝对量	同比增长（%）	绝对量	同比增长（%）
地区生产总值（GDP）	6234.51	7.4	13300.06	8	22120.37	8	30103.1	7.9
全社会固定资产投资	5615.26	11.6	12962.89	11.3	19748.67	10.8	25973.74	10.2
社会消费品零售总额	3180.57	11.8	6553.77	11.8	9961.37	12	13877.70	12
规模以上工业增加值	—	8	—	8.1	—	8	—	7.9
规模以上工业企业实现利润	523.50	7.00	1014.40	–0.30	1440.80	–5.70	2044.00	–5.30
居民消费价格指数（CPI）	1–3 月		1–6 月		1–9 月		1–12 月	
	1.1		1.3		1.5		1.5	

资料来源：国家统计局，四川统计局。

二、四川上市公司总体情况

（一）公司数量

表 2　　2015 年四川上市公司数量　　单位：家

公司总数	2015 年新增	股票类别			板块分布			
		仅 A 股	仅 B 股	（A+B）股	沪市主板	深市主板	中小板	创业板
103	12	103	0	0	35	23	26	19

资料来源：沪深交易所，同花顺。

（二）行业分布

表 3　　2015 年四川上市公司行业分布情况

所属证监会行业类别	家数	占比（%）	所属证监会行业类别	家数	占比（%）
农、林、牧、渔业	0	0	金融业	1	0.97
采矿业	4	3.88	房地产业	2	1.94
制造业	68	66.02	租赁和商务服务业	1	0.97
电力、热力、燃气及水生产和供应业	7	6.8	科学研究和技术服务业	1	0.97
建筑业	4	3.88	水利、环境和公共设施管理业	1	0.97
批发和零售业	4	3.88	教育	0	0
交通运输、仓储和邮政业	2	1.94	卫生和社会工作	0	0
住宿和餐饮业	0	0	文化、体育和娱乐业	1	0.97
信息传输、软件和信息技术服务业	7	6.8	综合	0	0
合计	103	100			

资料来源：沪深交易所，同花顺。

（三）股本结构及规模

表 4　　2015 年四川上市公司股本规模在 10 亿股以上公司分布情况

股本规模（亿股）	公司家数	具体公司
50≤~<100	1	*ST 钒钛
20≤~<50	12	兴蓉环境，五粮液，新希望，四川路桥，国金证券，宏达股份，蓝光发展，川投能源，四川长虹，东方电气，四川成渝，和邦生物
10≤~<20	12	泸州老窖，印纪传媒，科伦药业，云图控股，利君股份，红旗连锁，禾嘉股份，国栋建设，中铁二局，鹏博士，博瑞传播，*ST 阳化

资料来源：沪深交易所，同花顺。

表 5　　2015 年四川上市公司分地区股权构成情况　　单位：家

股权性质 / 地域分布	央企国资控股	省属国资控股	地市国资控股	民营控股	其他	合计
成都市	6	6	4	39	4	59
自贡市	0	1	1	2	0	4
攀枝花市	1	0	0	0	0	1
泸州市	1	0	1	0	0	2
德阳市	1	0	1	2	0	4
绵竹市	0	0	0	0	0	0

续表

股权性质 / 地域分布	央企国资控股	省属国资控股	地市国资控股	民营控股	其他	合计
绵阳市	1	0	2	6	1	10
广元市	0	0	0	0	0	0
遂宁市	3	0	1	2	0	6
内江市	0	0	1	0	0	1
乐山市	0	0	1	3	1	5
南充市	0	0	0	2	0	2
眉山市	0	0	0	1	0	1
宜宾市	0	0	3	1	0	4
广安市	0	0	1	0	0	1
达州市	0	0	0	0	0	0
雅安市	0	0	0	1	0	1
巴中市	0	0	0	0	0	0
资阳市	0	0	0	0	0	0
甘孜藏族自治州	0	0	0	0	0	0
阿坝藏族羌族自治州	1	0	0	0	0	1
凉山彝族自治州	1	0	0	0	0	1
合计	15	7	16	59	6	103

资料来源：四川证监局。

（四）市值规模

截至 2015 年 12 月 31 日，四川 103 家上市公司境内总市值 13787.07 亿元，占全国上市公司境内总市值的 2.59%；其中上交所上市公司 35 家，总股本 440.05 亿股，境内总市值 4790.79 亿元，占上交所上市公司境内总市值的 1.62%；深交所上市公司 68 家，总股本 476.12 亿股，境内总市值 8996.27 亿元，占深交所上市公司境内总市值的 3.81%。

（五）资产规模

截至 2015 年 12 月 31 日，四川 103 家上市公司合计总资产 9520.72 亿元，归属于母公司股东权益 3456.78 亿元，与 2014 年相比，分别增长 19.27%、23.34%；平均每股净资产 3.72 元。

三、四川上市公司经营情况及变动分析

（一）总体经营情况

表 6　　2015 年四川上市公司经营情况

指标	2015 年	2014 年	变动率（%）
家数	103	91	13.19
亏损家数	17	16	6.25
亏损家数比例（%）	16.5	17.58	-1.08
平均每股收益（元）	0.25	0.1	150.00
平均每股净资产（元）	3.72	3.63	2.48
平均净资产收益率（%）	6.78	2.69	4.09
总资产（亿元）	9520.72	7982.23	19.27
归属于母公司股东权益（亿元）	3456.78	2802.61	23.34
营业收入（亿元）	5033.4	4882.95	3.08
利润总额（亿元）	319.02	121.83	161.86
归属于母公司所有者的净利润（亿元）	234.26	75.34	210.94

资料来源：沪深交易所，同花顺。

（二）分行业经营情况

表 7　　2015 年四川上市公司分行业经营情况

所属行类	营业收入（亿元）	可比样本变动率（%）	归属于母公司所有者的净利润（亿元）	可比样本变动率（%）
农、林、牧、渔业	0	—	0	—
采矿业	216.38	-16.04	-27.31	22.77
制造业	3171.27	-0.23	129.42	3.38
电力、热力、燃气及水生产和供应业	105.75	8.77	52.49	58.46
建筑业	917.74	-9.97	12.58	-1.09
批发和零售业	111.02	-0.62	2.83	5258.73
交通运输、仓储和邮政业	108.99	16.13	11.75	2.34
住宿和餐饮业	0	—	0	—
信息传输、软件和信息技术服务业	114.93	19.64	12.42	33.51
金融业	67.48	147.95	23.6	182.1

续表

所属行类	营业收入（亿元）	可比样本变动率（%）	归属于母公司所有者的净利润（亿元）	可比样本变动率（%）
房地产业	176.09	14.73	7.75	-12.31
租赁和商务服务业	18.82	-23.53	5.74	31.69
科学研究和技术服务业	1.85	-8.1	0.27	4.64
水利、环境和公共设施管理业	10.66	7.23	1.96	3.56
教育	0	—	0	—
卫生和社会工作	0	—	0	—
文化、体育和娱乐业	12.41	-26.35	0.75	-73.42
综合	0	—	0	—
合计	5033.4	-1.09	234.26	28.06

资料来源：沪深交易所，同花顺。

（三）业绩变动情况分析

1. 营业收入、毛利率等变动原因分析

2015 年，四川上市公司营业总收入 5033.4 亿元，较 2014 年增长 3.08%；营业成本 3906.04 亿元，较 2014 年增长 1%；销售费用、管理费用和财务费用合计 661.92 亿元，较 2014 年增长 10%；毛利率 28.86%，较 2014 年增加 3.85 个百分点。总体来看，营业成本增幅小于营业收入增幅，毛利率小幅增加。

2. 盈利构成分析

从盈利构成看，2015 年，四川上市公司利润来源主要是营业利润，其占利润总额比重为 93.78%，营业外收益对利润影响很小。归属于母公司的净利润在 5 亿元以上的有 12 家，分别是五粮液、川投能源、国金证券、新希望、泸州老窖、四川路桥、四川成渝、兴蓉环境、蓝光发展、鹏博士、科伦药业和印纪传媒，占四川公司归属于母公司净利润总额的 89.21%。攀钢钒钛和四川长虹分别亏损 24.22 亿元和 17.24 亿元，对整体经济成果影响较大。

3. 经营性现金流量分析

2015 年，四川 78 家上市公司经营现金流量净额为正，占 103 家上市公司的 75.73%，低于 2014 年 79.12%的水平。

4. 业绩特点分析

2015 年，四川上市公司实现归属于母公司所有者的净利润为 234.26 亿元，较 2014 年增加 210.94%。平均每股收益 0.25 元，高于 2014 年 150%。

5. 利润分配情况

2015 年，四川共有 65 家公司进行了分红，总计分红 104.42 亿元，占四川公司归属于母公司所有者的净利润的 44.47%。白酒类上市公司现金分红依然较为突出，共计 34.06 亿元，占总分红 32.62%。

表 8　　2015 年四川上市公司现金分红情况

2015 年分红公司家数			2015 年分红金额		
家数	变动率（%）	分红公司家数占地区公司总数比重（%）	金额（亿元）	变动率（%）	分红金额占归属于母公司所有者的净利润比重（%）
65	14.04	63.11	104.42	42.32	44.47

资料来源：沪深交易所，四川证监局。

四、四川上市公司并购重组情况

（一）并购重组基本情况

2015 年，四川共有 14 家公司开展重大并购事项。6 家公司（川化股份、泸天化、卫士通、吉峰农机、环能科技、创意信息）完成重大资产重组，2 家公司（通威股份、茂业商业）申请上报中国证监会审核。

（二）并购重组特点

一是通过并购重组做大做强。卫士通、吉峰农机、环能科技、创意信息通过发行股份收购同业资产。二是通过并购重组积极脱困。川化股份、泸天化为困难企业，2015 年通过划转股份、资产整合积极改善企业状况。

五、四川上市公司募集资金情况、使用情况

（一）募集资金总体情况

表 9　　2015 年四川上市公司募集资金情况

发行类型	代码	简称	募集资金（亿元）
首发	002777	久远银海	2.29
	300492	山鼎设计	1.44
	002773	康弘药业	6.21
	300470	日机密封	4.62
	300471	厚普股份	9.61
	300463	迈克生物	13.00
	300467	迅游科技	3.38
	300414	中光防雷	3.11
	300434	金石东方	1.80
	300440	运达科技	6.08
	002749	国光股份	5.05
	300432	富临精工	4.19
	300425	环能科技	2.74
	小计		63.52

续表

发行类型	代码	简称	募集资金（亿元）
再融资（增发、配股）	300425	环能科技	1.91
	300366	创意信息	2.45
	002366	台海核电	3.00
	002312	三泰控股	29.40
	603077	和邦生物	13.96
	002539	云图控股	11.17
	300022	吉峰农机	1.80
	002253	川大智胜	4.50
	002023	海特高新	16.56
	600321	国栋建设	6.00
	600466	蓝光发展	22.34
	000935	四川双马	8.32
	000801	四川九洲	12.92
	600109	国金证券	45.00
	600093	禾嘉股份	48.48
	000628	高新发展	4.98
	小计		232.79
其他融资（公司债券）	600109	国金证券	30.00
	小计		30.00
总计			326.31

资料来源：沪深交易所，四川证监局。

（二）募集资金使用情况及特点

2015 年，四川上市公司募集资金主要通过定向增发、配股、发行公司债券实现，合计融资 326.31 亿元。从募集资金用途分析，一是新建项目，二是技改投资，三是收购资产，四是补充流动资金。从进度看，总体符合募投项目的安排。

（三）募集资金变更情况

2015 年，有 1 家公司变更募集资金使用项目，涉及资金 5.04 亿元，占其募集资金总额的 10.39 %。变更的主要原因有：增加业务的实施主体，取得更好的经济效果。

表 10　　2015 年四川上市公司募集资金使用项目变更情况

变更募集资金使用项目的公司家数	涉及金额（亿元）	募集资金总额（亿元）	占公司募集资金总额的比例（%）
1	5.04	48.48	10.39

资料来源：深圳证券交易所，四川证监局。

六、四川上市公司规范运作情况

（一）上市公司治理专项情况

2015 年，四川证监局坚持不懈推进公司治理监管，持续提高上市公司质量。将公司治理列为监管重要内容；积极推动公司实施股权激励、员工持股等，完善内生激励；规范上市公司的关联交易，加大对未披露关联交易的核查力度。

（二）审计情况及监管情况

2015 年，辖区 103 家上市公司均按期披露了年度财务报表审计报告。从审计意见类型看，标准意见审计报告 96 份，非标意见审计报告 7 份。其中，宜宾纸业、攀钢钒钛、宏达股份、四川金顶被出具带有强调事项段的无保留意见；华泽钴镍被出具保留意见；川化股份、金亚科技被出具无法表示意见。四川证监局细化流程、明确责任，注重利用外部专家进行重点年报审读、注重对审计执业的问责。在年报审计监管期间，针对发现的上市公司会计问题、审计执业问题，分别采取了监管措施。

（三）信息披露情况

2015 年，绝大多数公司能够按照规则要求，如实反映经营成果、重大事项以及面临的风险，能够及时针对媒体质疑履行核查和澄清义务；同时主动性信息披露的意识不断增强，正逐步实现从监管导向型向投资者需求导向的信息披露转变。

（四）证券市场服务情况

上市公司投资者保护意识逐步增强。在开展好“投资者集体接待日”、“投资者走进上市公司”等活动的同时，进一步强化投资者来电、互动易等日常渠道的沟通作用。部分公司在审议重大事项时，主动召开投资者说明会。在表决时对中小投资者进行单独计票。四川省上市公司协会积极发挥自律组织作用，维护证券市场秩序。由协会牵头开展各项培训、教育活动，各上市公司积极参与，取得良好反响。

审稿人：李汶玻　杨　俊　鲜洪铎

撰稿人：李汶玻　杨　俊　鲜洪铎

贵州地区

一、贵州国民经济发展概况

表 1　　2015 年贵州国民经济发展概况　　单位：亿元

指标	1-3 月		1-6 月		1-9 月		1-12 月	
	绝对量	同比增长（%）	绝对量	同比增长（%）	绝对量	同比增长（%）	绝对量	同比增长（%）
地区生产总值（GDP）	1659.39	10.4	4351.07	10.7	7195.58	10.8	10502.56	10.7
全社会固定资产投资	1510.63	23.5	3886.21	22.8	6505.53	22.4	10676.7	21.6
社会消费品零售总额	753.71	11.5	1503.14	11.5	2315.84	11.5	3283.02	11.8
规模以上工业增加值	810.99	9.8	1719.90	10	2621.56	10	3550.13	9.9
规模以上工业企业实现利润	129.00	25.10	269.00	17.80	398.80	9.50	606.50	10.70
居民消费价格指数（CPI）	1-3 月		1-6 月		1-9 月		1-12 月	
	1.8		1.8		1.9		1.8	

资料来源：国家统计局。

二、贵州上市公司总体情况

（一）公司数量

表 2　　2015 年贵州上市公司数量　　单位：家

公司总数	2015 年新增	股票类别			板块分布			
		仅 A 股	仅 B 股	（A+B）股	沪市主板	深市主板	中小板	创业板
20	-1	20	0	0	9	5	5	1

资料来源：沪深交易所，同花顺。

（二）行业分布

表 3　　2015 年贵州上市公司行业分布情况

所属证监会行业类别	家数	占比（%）	所属证监会行业类别	家数	占比（%）
农、林、牧、渔业	0	0	金融业	0	0
采矿业	1	5	房地产业	1	5
制造业	15	75	租赁和商务服务业	0	0
电力、热力、燃气及水生产和供应业	1	5	科学研究和技术服务业	0	0
建筑业	0	0	水利、环境和公共设施管理业	0	0
批发和零售业	1	5	教育	0	0
交通运输、仓储和邮政业	0	0	卫生和社会工作	0	0
住宿和餐饮业	0	0	文化、体育和娱乐业	0	0
信息传输、软件和信息技术服务业	1	5	综合	0	0
合计	20	100			

资料来源：沪深交易所，同花顺。

（三）股本结构及规模

表 4　　2015 年贵州上市公司股本规模在 10 亿股以上公司分布情况

股本规模（亿股）	公司家数	具体公司
20≤~<50	1	中天城投
10≤~<20	4	信邦制药，贵州百灵，盘江股份，贵州茅台

资料来源：沪深交易所，同花顺。

表 5　　2015 年贵州上市公司分地区股权构成情况　　单位：家

地域分布 \ 股权性质	央企国资控股	省属国资控股	地市国资控股	民营控股	其他	合计
贵阳市	8	0	1	3	1	13
遵义市	0	2	0	1	0	3
六盘水市	0	1	0	0	0	1
安顺市	0	0	1	1	0	2
黔南州	0	0	0	1	0	1
合计	8	3	2	6	1	20

资料来源：贵州证监局。

（四）市值规模

截至 2015 年 12 月 31 日，贵州 20 家上市公司境内总市值 5245.97 亿元，占全国上市公司境内总市值的 0.99%；其中上交所上市公司 9 家，总股本 67.66 亿股，境内总市值 3471.78 亿元，占上交所上市公司境内总市值的 1.18%；深交所上市公司 11 家，总股本 106.38 亿股，境内总市值 1774.20 亿元，占深交所上市公司境内总市值的 0.75%。

（五）资产规模

截至 2015 年 12 月 31 日，贵州 20 家上市公司合计总资产 2551.58 亿元，归属于母公司股东权益 1201.80 亿元，与 2014 年相比，分别增长 16.84%、17.05%；平均每股净资产 6.91 元。

三、贵州上市公司经营情况及变动分析

（一）总体经营情况

表 6　　2015 年贵州上市公司经营情况

指标	2015 年	2014 年	变动率（%）
家数	20	21	-4.76
亏损家数	4	2	100.00
亏损家数比例（%）	20	9.52	10.48
平均每股收益（元）	1.11	1.4	-20.71
平均每股净资产（元）	6.91	8.12	-14.90
平均净资产收益率（%）	16.06	17.26	-1.20
总资产（亿元）	2551.58	2183.87	16.84
归属于母公司股东权益（亿元）	1201.80	1026.72	17.05
营业收入（亿元）	1035.15	976.53	6.00
利润总额（亿元）	268.52	257.89	4.12
归属于母公司所有者的净利润（亿元）	193.05	177.19	8.95

资料来源：沪深交易所，同花顺。

（二）分行业经营情况

表 7　　2015 年贵州上市公司分行业经营情况

所属行类	营业收入（亿元）	可比样本变动率（%）	归属于母公司所有者的净利润（亿元）	可比样本变动率（%）
农、林、牧、渔业	0	—	0	—
采矿业	40.69	-21.37	0.23	-92.45

续表

所属行类	营业收入（亿元）	可比样本变动率（%）	归属于母公司所有者的净利润（亿元）	可比样本变动率（%）
制造业	736.19	1.77	161.31	-4.89
电力、热力、燃气及水生产和供应业	27	25.75	3.59	22.18
建筑业	0	—	0	—
批发和零售业	74.25	4.86	0.85	51.38
交通运输、仓储和邮政业	0	—	0	—
住宿和餐饮业	0	—	0	—
信息传输、软件和信息技术服务业	3.17	160.94	0.98	183.16
金融业	0	—	0	—
房地产业	153.86	35.07	26.07	62.56
租赁和商务服务业	0	—	0	—
科学研究和技术服务业	0	—	0	—
水利、环境和公共设施管理业	0	—	0	—
教育	0	—	0	—
卫生和社会工作	0	—	0	—
文化、体育和娱乐业	0	—	0	—
综合	0	—	0	—
合计	1035.15	5.36	193.05	0.25

资料来源：沪深交易所，同花顺。

（三）业绩变动情况分析

1. 营业收入、毛利率等变动原因分析

2015 年，贵州上市公司营业收入较 2014 年可比样本增长 5.36%，增长态势保持平稳，其中贵州茅台、中天城投营业收入分别较 2014 年增加 10.86 亿元、39.95 亿元，合计占贵州上市公司较 2014 年增加额的 51.17 亿元的 99.30%。贵州上市公司总体毛利率 48.63%，较 2014 年下降 0.11 个百分点，与 2014 年基本持平。

2. 盈利构成分析

2015 年，贵州上市公司净利润为 193.05 亿元，投资净收益 2.96 亿元，占归属于母公司股东净利润的 1.53%，与 2014 年的 1.51%相比下降 0.02 个百分点；非经常性损益 6.61 亿元，占归属于母公司股东净利润的 3.42%。

3. 经营性现金流量分析

2015 年，贵州上市公司经营活动现金流入 1732.32 亿元，较 2014 年增长 20.57%；经营活动现金流出 1479.74 亿元，较 2014 年增长 17.60%；经营活动现金流量净额 252.58 亿元，较 2014 年增长 41.48%；仅中天城投 1 家经营活动现金流量净额为负数，较 2014 年减少 4 家。

4. 业绩特点分析

一是业绩总体平稳增长，营业收入较

2014年增速（5.36%）略快于归属于母公司股东净利润增速（0.25%），但低于经营活动现金净流入增速（41.48%）。二是盈利主要来源于主营业务，主营业务比率达90.35%，非经常性损益仅占归属于母公司股东净利润的3.42%。三是收益质量高，经营活动现金净流入与归属于母公司股东净利润之比达1.32，但与2014年的1.01相比大幅上升。四是贵州茅台继续一枝独秀，2015年实现归属于母公司股东净利润155.03亿元，占贵州上市公司归属于母公司股东净利润总额193.05亿元的80.31%，此外贵州茅台还以12.34元的基本每股收益雄冠A股。

5. 利润分配情况

表8　　2015年贵州上市公司现金分红情况

2015年分红公司家数			2015年分红金额		
家数	变动率（%）	分红公司家数占地区公司总数比重（%）	金额（亿元）	变动率（%）	分红金额占归属于母公司所有者的净利润比重（%）
15	-6.25	75	92.59	50.55	48

资料来源：贵州证监局。

四、贵州上市公司并购重组情况

（一）并购重组基本情况

2015年，贵州上市公司仅有朗玛信息实施了并购重组。朗玛信息采取发行股份及支付现金方式，向西藏数联，顾晶、张孟友和24名核心员工购买其持有的广州启生信息有限公司100%股权，本次交易标的作价6.5亿元，现金对价为3.17亿元，股份对价为3.33亿元，发行股份585万股。

（二）并购重组特点

2015年，贵州上市公司并购重组以股权与现金结合支付对价的方式进行。

五、贵州上市公司募集资金情况、使用情况

（一）募集资金总体情况

表9　　2015年贵州上市公司募集资金情况

发行类型	代码	简称	募集资金（亿元）
首发	—	—	0.00
	小计		0.00
再融资（增发、配股）	300288	朗玛信息	3.33
	小计		3.33

续表

发行类型	代码	简称	募集资金（亿元）
其他融资（公司债券、短期融资券、中期票据、次级债、金融债、境外发行债券）	600765	中航重机	6.00
	000540	中天城投	40.60
	000589	黔轮胎 A	7.00
	小计		53.60
总计			56.93

资料来源：贵州证监局。

（二）募集资金使用情况及特点

2015 年，贵州 8 家上市公司合计使用募集资金 21.64 亿元，变更募集资金 8.37 亿元，尚未使用募集资金 49.65 亿元。募集资金使用特点：一是变更比例较高。二是在建项目未达到计划投资进度和已投产项目未达到预计收益的现象较为普遍。三是多途径提高募集资金使用效率的意识明显增强。即在不影响募投项目投资进度的前提下，经履行必要审批程序后，采取动用尚未使用募集资金暂时补充流动资金、购买理财产品等措施，多途径提高募集资金使用效率。

（三）募集资金变更情况

表 10　　2015 年贵州上市公司募集资金使用项目变更情况

变更募集资金使用项目的公司家数	涉及金额（亿元）	募集资金总额（亿元）	占公司募集资金总额的比例（%）
5	8.37	47.74	17.53

资料来源：贵州证监局。

六、贵州上市公司规范运作情况

（一）上市公司治理专项情况

2015 年，继续开展上市公司治理专项工作，以“防范风险、化解风险”为出发点，以风险和问题为导向，对 2 家上市公司分别开展全面现场检查和年报现场检查，对公司三会运作、内部控制规范体系建设和运转、内幕信息知情人登记、专门委员会职能发挥、财务核算基础规范等方面进行了较为详细的检查。根据检查结果，对 1 家公司采取出具警示函的行政监管措施、对 1 家公司采取下发监管关注函的日常监管措施。

（二）审计情况及监管情况

2015 年报，共计 10 家会计师事务所为贵州 20 家上市公司提供年报审计服务，出具标准无保留意见审计报告 20 份。

贵州证监局年报审计监管开展的主要工作包括以下几个方面：

（1）审前监管。一是学习《年报审计监管工作规程》；二是梳理潜在风险及重大错报风险领域；三是审阅各年审会计师审计策略和具体审计计划；四是全面约谈审计会计师。

（2）审中督导。一是督促年审会计师与各公司审计委员会、独立董事进行沟通；二是对年报审计工作进展保持高度关注；三是对重点审计项目实施现场督导。

（3）事后监管。一是督促年审会计师及时报送审计总结，认真审阅总结并梳理问题及风险；二是及时审阅各上市公司年度报告及审计报告；三是强化与证券交易所的监管协作，互通监管情况。结合事前、事中及事后的持续监管情况，对3个审计项目涉及3家会计师事务所开展了现场检查，检查发现存在部分审计程序不到位、部分函证程序不到位、监盘程序存在疏漏、未充分关注异常问题及潜在风险、部分审计工作底稿质量不高等问题，对2家会计师事务所、2位签字会计师采取了出具警示函的行政监管措施；对2位签字会计师采取了监管谈话的行政监管措施；对1家会计师事务所采取了下发监管关注函的日常监管措施。

（三）信息披露情况

贵州证监局按照依法监管、从严监管、全面监管的理念，加强对上市公司信息披露监管，督促上市公司提高信息披露质量，向公众展示透明上市公司。一是及时审阅上市公司信息公告（全年处理信息公告2695份），对存在的疑点或问题及时采取电话询问、约见谈话、现场检查等措施进行核实。二是加强与上市部、交易所的沟通与协作，及时互通信息，实现联动监管。三是高度重视媒体质疑和信访举报，全年妥善处理上市公司媒体质疑和信访举报5起。四是将上市公司信息披露作为现场检查的重要内容，对违规信息披露保持高压监管态势。对赤天化信息披露违规事项采取了出具警示函的行政监管措施。

（四）证券市场服务情况

（1）贵州证监局联合贵州证券业协会、深圳市全景网络公司举办了以“透明　诚信　沟通　共赢”为主题的“贵州辖区上市公司业绩说明会暨投资者网上集体接待日”活动。贵州20家上市公司的主要负责人、财务总监和董事会秘书等60余人与投资者在线沟通交流，接收投资者提问1503个，回答问题1247个，答复率82.9%，充分实现了上市公司与投资者的良好互动。近几年，通过持续搭建上市公司与投资者直接有效的沟通平台，不断提高上市公司信息披露质量，增强上市公司透明度，加强与广大投资者的沟通联系，从而促进辖区上市公司投资者关系管理工作水平再上新的台阶。

（2）贵州证监局联合贵州证券业协会举办了贵州辖区上市公司2015年董监事培训，针对市场情况，结合证监会近一年内颁布的《公司债券发行与交易管理办法》和新修订的《上市公司重大资产重组管理办法》，精心选取了企业债券、产业并购、并购重组过程中的财务问题及相关政策等热点问题作为培训主要内容，邀请了上市部、债券部的专家和来自市场证券和会计行业的老师从政策层面和企业实际操作层面对再融资有关政策和实际操作进行了梳理，旨在帮助董事、监事学习新政策，认识资本市场新动向，为公司谋求新发展，培训获得学员们一致好评。

（3）贵州证监局组织召开以“激发上市公司规范运作内生动力，坚守合规和风险底线，以实际行动稳定市场、修复市场、建设市场”为主题的贵州上市公司董秘工作座谈会。与会人员围绕股市异常波动对上市公司的影响及相关经验教训进行了热烈讨论，深刻反思上市公司及董秘在维护市场稳定、保护投资者权益方面的职责和作用，介绍分享各自在信息披露、投资者关系管理、规范运作等方面的经验及方法，并结合工作体会和实践感悟就监管部门如何更好地履行职能提出意见建议。

审稿人：程傕禧　杨德付

撰稿人：洪　娟

云南地区

一、云南国民经济发展概况

表 1　　2015 年云南国民经济发展概况　　单位：亿元

指标	1–3 月		1–6 月		1–9 月		1–12 月	
	绝对量	同比增长（%）	绝对量	同比增长（%）	绝对量	同比增长（%）	绝对量	同比增长（%）
地区生产总值（GDP）	2613.67	7.2	5417.5	8	8897.37	8.3	13717.88	8.7
全社会固定资产投资	1947.26	9.4	5423.05	12.5	8935.9	15.8	13069.39	18
社会消费品零售总额	1160.71	7.4	2379.31	8.3	3681.95	9.2	5103.15	10.2
规模以上工业增加值	854.75	5.2	1729.70	6.1	2640.56	5.9	3623.08	6.7
规模以上工业企业实现利润	104.00	–15.70	227.30	–8.30	363.10	–4.80	462.00	–9.50
居民消费价格指数（CPI）	1–3 月		1–6 月		1–9 月		1–12 月	
	1.6		1.7		1.8		1.9	

资料来源：国家统计局。

二、云南上市公司总体情况

（一）公司数量

表 2　　2015 年云南上市公司数量　　单位：家

公司总数	2015 年新增	股票类别			板块分布			
		仅 A 股	仅 B 股	（A+B）股	沪市主板	深市主板	中小板	创业板
30	1	30	0	0	12	8	9	1

资料来源：沪深交易所，同花顺。

（二）行业分布

表 3　　2015 年云南上市公司行业分布情况

所属证监会行业类别	家数	占比（%）	所属证监会行业类别	家数	占比（%）
农、林、牧、渔业	2	6.67	金融业	1	3.33
采矿业	1	3.33	房地产业	2	6.67
制造业	18	60	租赁和商务服务业	0	0
电力、热力、燃气及水生产和供应业	1	3.33	科学研究和技术服务业	0	0
建筑业	0	0	水利、环境和公共设施管理业	2	6.67
批发和零售业	2	6.67	教育	0	0
交通运输、仓储和邮政业	0	0	卫生和社会工作	0	0
住宿和餐饮业	0	0	文化、体育和娱乐业	0	0
信息传输、软件和信息技术服务业	1	3.33	综合	0	0
合计	30	100			

资料来源：沪深交易所，同花顺。

（三）股本结构及规模

表 4　　2015 年云南上市公司股本规模在 10 亿股以上公司分布情况

股本规模（亿股）	公司家数	具体公司
20≤~<50	2	美好集团，太平洋
10≤~<20	9	云南白药，昆百大 A，云铝股份，云南铜业，锡业股份，沃森生物，云天化，云南城投，驰宏锌锗

资料来源：沪深交易所，同花顺。

表 5　　2015 年云南上市公司分地区股权构成情况　　单位：家

股权性质 / 地域分布	央企国资控股	省属国资控股	地市国资控股	民营控股	其他	合计
昆明市	2	11	2	5	2	22
曲靖市	0	2	1	0	0	3
玉溪市	0	0	0	0	0	0
保山市	0	0	0	1	0	1
昭通市	0	0	0	0	0	0
丽江市	0	0	1	0	0	1
普洱市	0	0	0	1	0	1

续表

地域分布＼股权性质	央企国资控股	省属国资控股	地市国资控股	民营控股	其他	合计
临沧市	0	0	0	1	0	1
文山州	1	0	0	0	0	1
合计	3	13	4	8	2	30

资料来源：云南证监局。

（四）市值规模

截至2015年12月31日，云南30家上市公司境内总市值3875.95亿元，占全国上市公司境内总市值的0.73%；其中上交所上市公司12家，总股本108.94亿股，境内总市值1253.56亿元，占上交所上市公司境内总市值的0.42%；深交所上市公司18家，总股本153.01亿股，境内总市值2622.39亿元，占深交所上市公司境内总市值的1.11%。

（五）资产规模

截至2015年12月31日，云南30家上市公司合计总资产3710.65亿元，归属于母公司股东权益943.56亿元，与2014年相比，分别增长14.43%、10.31%；平均每股净资产3.58元。

三、云南上市公司经营情况及变动分析

（一）总体经营情况

表6　　2015年云南上市公司经营情况

指标	2015年	2014年	变动率（%）
家数	30	29	3.45
亏损家数	7	6	16.67
亏损家数比例（%）	23.33	20.69	2.64
平均每股收益（元）	0.01	0.05	-80.00
平均每股净资产（元）	3.58	3.82	-6.28
平均净资产收益率（%）	0.17	1.3	-1.13
总资产（亿元）	3710.65	3245.4	14.34
归属于母公司股东权益（亿元）	943.56	855.36	10.31
营业收入（亿元）	2452.14	2497.71	-1.82
利润总额（亿元）	9.48	19.71	-51.90
归属于母公司所有者的净利润（亿元）	1.59	11.09	-85.66

资料来源：沪深交易所，同花顺。

（二）分行业经营情况

表 7　　2015 年云南上市公司分行业经营情况

所属行类	营业收入（亿元）	可比样本变动率（%）	归属于母公司所有者的净利润（亿元）	可比样本变动率（%）
农、林、牧、渔业	9.31	12.62	−0.81	−96.49
采矿业	181.14	−4.15	0.5	−69.27
制造业	2017.7	−5.48	−24.3	−262.72
电力、热力、燃气及水生产和供应业	19.54	−3.09	1.03	−0.61
建筑业	0	—	0	—
批发和零售业	66.6	9.74	3.77	2.41
交通运输、仓储和邮政业	0	—	0	—
住宿和餐饮业	0	—	0	—
信息传输、软件和信息技术服务业	21.38	16.91	0.19	56.71
金融业	27.43	101.84	11.33	108.54
房地产业	86.92	43.6	7.07	36.97
租赁和商务服务业	0	—	0	—
科学研究和技术服务业	0	—	0	—
水利、环境和公共设施管理业	22.13	31.37	2.81	14.07
教育	0	—	0	—
卫生和社会工作	0	—	0	—
文化、体育和娱乐业	0	—	0	—
综合	0	—	0	—
合计	2452.14	−2.77	1.59	−87.21

资料来源：沪深交易所，同花顺。

（三）业绩变动情况分析

1. 营业收入、毛利率等变动原因分析

2015 年，云南 30 家公司共实现营业收入 2452.14 亿元，较 2014 年可比样本减少 1.82%；平均毛利率为 20.8%，除个别公司毛利率大幅下滑外，云南上市公司毛利率整体变化幅度不大。

2. 盈利构成分析

2015 年，云南 30 家上市公司中 23 家公司实现盈利、盈利总额 65.84 亿元，7 家公司出现亏损、亏损总额 64.25 亿元；30 家公司整体实现净利润 1.59 亿元，较 2014 年下降 85.7%；受化工、有色金属行业上市公司影响，云南上市公司扣除政府补贴、出售资产等非经常性损益后的净利润累计为−21.77 亿元，较 2014 年下降 195%。

3. 经营性现金流量分析

2015 年，云南上市公司经营活动产生的现金流量净额为 66.82 亿元，较 2014 年减少6.5%；30家公司中有11家经营活动产生的现金流量净额为净流出，19家实现净流入。

4. 业绩特点分析

一是传统行业发展受困，新兴产业增长放缓。云南上市公司主要集中在有色金属、化工、生物医药、房地产和装备制造等行业。受大宗商品价格持续下跌和产能过剩的影响，有色金属、化工、装备制造等传统行业持续下行，相关行业上市公司经营处于低谷，生物医药等新兴行业总体盈利能力较好，但增速有所放缓。二是资产盈利能力较低。2015年云南上市公司扣除非经常性损益后净利润为-21.77亿元，投资收益、政府补助、处置资产等非经常性损益成为维持公司业绩的主要因素。总体上看，2015年云南上市公司总体盈利情况不佳，在“增速放缓”和“结构调整”复杂经济形势下，国有企业转型艰难问题依然十分突出。

5. 利润分配情况

表8　2015年云南上市公司现金分红情况

2015年分红公司家数			2015年分红金额		
家数	变动率（%）	分红公司家数占地区公司总数比重（%）	金额（亿元）	变动率（%）	分红金额占归属于母公司所有者的净利润比重（%）
15	-11.76	50	16.02	12.03	24.33

注：云南23家上市公司合计盈利65.84亿元，7家上市公司合计亏损64.25亿元，整体盈利1.59亿元。表中显示的分红占净利润比重为盈利公司的整体分红比例。
资料来源：云南证监局。

2015年，云南上市公司年报披露分红家数为15家，较2014年的17家减少2家，较2014年减少11.76%，分红公司比例为50%，现金分红16.02亿元，较2014年增长12.03%，其中云南白药、太平洋证券、昆药集团等公司较2014年增加了分红金额。除亏损公司没有分红外，部分公司因累计未分配利润为负，不符合分红的条件；部分微利公司及资金紧张的公司也没有进行分红。

四、云南上市公司并购重组情况

（一）并购重组基本情况

2015年，云南共有3家上市公司实施了并购重组，交易金额合计为52.09亿元。其中云铝股份非公开发行股份收购浩鑫铝箔86.92%股权（交易金额5.85亿元）、收购源鑫炭素100%股权（交易金额5.85亿元）；锡业股份以发行股份为对价，购买华联锌铟212072000股股份，占华联锌铟总股本的75.74%（其中向云锡控股购买

117600000股，占比42%；向云锡集团购买56000000股，占比20%；向博信天津购买38472000股，占比13.74%），交易金额37.86亿元；昆药集团非公开发行股份收购华方科泰100%股权，交易金额2.53亿元。

（二）并购重组特点

2015年，云南辖区上市公司并购重组呈现出以下特点：一是与控股股东资产整合，解决同业竞争及关联交易影响。如云铝股份收购浩鑫铝箔和源鑫炭素，锡业股份收购华联锌铟。二是完善公司产业链，提高盈利能力和综合实力。如昆药集团收购华方科泰，有利于公司青蒿素业务的拓展，完善公司产业链；云铝股份收购浩鑫铝箔和源鑫炭素，将会使铝加工产品品种更加丰富。

五、云南上市公司募集资金情况、使用情况

（一）募集资金总体情况

表9　　2015年云南上市公司募集资金情况

发行类型	代码	简称	募集资金（亿元）
首发	002750	龙津药业	3.55
	小计		3.55
再融资（增发、配股）	000560	昆百大A	23.46
	000807	云铝股份	23.90
	000960	锡业股份	37.86
	002053	云南能投	9.24
	600422	昆药集团	12.50
	小计		106.96
其他融资（公司债券、短期融资券、中期票据、次级债、金融债、境外发行债券）	601099	太平洋	94.50
	002053	云南城投	30.00
	002059	云南旅游	4.00
	600422	昆药集团	3.00
	小计		131.50
总计			242.01

资料来源：云南证监局。

（二）募集资金使用情况及特点

2015年，云南9家上市公司通过首发、增发及发行公司债券的形式合计融资242.01亿元。从募集资金用途分析，增发募集资金主要用于收购股权及新建项目，发行公司债券募集资金主要用于偿还借款及补充流动资金。

(三) 募集资金变更情况

昆药集团将2013年增发募投项目“小容量注射剂扩产项目”变更为“对子公司西双版纳版纳药业有限责任公司增资扩股项目”、“对子公司昆明制药集团金泰得药业股份有限公司增加投资项目”和“Diabegone(长效降糖药)研发项目”3个项目。

表10　　2015年云南上市公司募集资金使用项目变更情况

变更募集资金使用项目的公司家数	涉及金额(亿元)	募集资金总额(亿元)	占公司募集资金总额的比例(%)
1	1.5	6.8	22.03

资料来源：云南证监局。

六、云南上市公司规范运作情况

(一) 审计情况及监管情况

2015年，云南30家上市公司均按时披露了年报及年报审计报告，除*ST景谷、*ST云维年度审计报告为带强调事项段的无保留意见，沃森生物年度审计报告为保留意见以外，其余27家公司的年度审计报告均为无保留意见类型，年报审计工作整体推进有序，未出现因年报审计风险影响年报披露的情形。在2015年年报审计监管工作中，云南证监局持续督促中介机构勤勉尽责，针对存在*ST风险的上市公司，要求中介机构提前进场预审，加强重点事项审计，防止公司采取违规措施扭亏和滥用会计标准集中甩包袱等行为。对存在经营压力的公司，加大对中介机构的监管力度，提前通报关注事项，要求会计师事务所与公司充分沟通，勤勉尽责做好审计工作，防范公司将经营压力转化为违规风险。

(二) 信息披露情况

2015年，云南上市公司均按时披露定期公告，及时披露重大事项临时公告，信息披露的真实性、及时性、完整性等均得到一定程度提升。云南证监局坚持以信息披露为中心，加大对上市公司同业竞争、关联交易、并购重组、再融资和公司治理等方面信息披露的监管，督促上市公司建立全面有效开放透明的信息披露机制，完善信息披露制度和流程，强化董事会秘书等相关人员职责。针对部分公司在信息披露上存在问题和疏漏，及时采取现场检查、非现场监管等方式督促辖区上市公司及相关信息披露义务人持续做好信息披露工作，通过发函、监管谈话(行政监管措施)、责令公开说明(行政监管措施)等方式对发现的信息披露违规事项强化监管。

(三) 证券市场服务情况

2015年，云南有9家上市公司完成了融资计划，完成融资总额为242.01亿元(IPO融资3.55亿元)，云南上市公司借助资本市场进行市场化并购重组日趋活跃，全年过半数公司因重大事项申请股票停牌，其中有大部分公司拟通过并购重组等方式提升资产质量和盈利能力，完善产业链，实现转型升级。云南证监局以多种形式开展监管与服务工作，全年先后召开了辖区上市公司董秘座谈会、2015 年上市公司监管座谈会，通过与云南省上市公司协会、深圳证券信息公司共同举办投资者网上集体接待日等活动，传达监管理念，通报存在的问题，完善上市公司与投资者沟通交流的平台，围绕扩大直接融资比重、提高并购重组效率、促进规范运作、注重风险防范化解而有针对性的开展监管服务工作。

审稿人：林　林

撰稿人：杨　锐　李俊松

西藏地区

一、西藏国民经济发展概况

表1　　2015年西藏国民经济发展概况　　单位：亿元

指标	1-3月		1-6月		1-9月		1-12月	
	绝对量	同比增长（%）	绝对量	同比增长（%）	绝对量	同比增长（%）	绝对量	同比增长（%）
地区生产总值（GDP）	200.13	10	418.98	9.1	742.26	11	1026.39	11
全社会固定资产投资	65.27	22	439.8	21.9	960.78	24.1	1295.68	21.2
社会消费品零售总额	—	12.7	—	12.4	—	12.8	—	12
规模以上工业增加值	—	14.7	—	15	—	14.7	—	14.6
规模以上工业企业实现利润	1.50	-215.40	4.50	25.00	4.90	-47.30	6.40	-49.20
居民消费价格指数（CPI）	1-3月		1-6月		1-9月		1-12月	
	1.9		1.9		1.9		2	

资料来源：国家统计局。

二、西藏上市公司总体情况

（一）公司数量

表2　　2015年西藏上市公司数量　　单位：家

公司总数	2015年新增	股票类别			板块分布			
		仅A股	仅B股	（A+B）股	沪市主板	深市主板	中小板	创业板
11	1	11	0	0	7	2	2	0

资料来源：沪深交易所，同花顺。

（二）行业分布

表 3　　2015 年西藏上市公司行业分布情况

所属证监会行业类别	家数	占比（%）	所属证监会行业类别	家数	占比（%）
农、林、牧、渔业	0	0	金融业	0	0
采矿业	1	9.09	房地产业	1	9.09
制造业	7	63.64	租赁和商务服务业	0	0
电力、热力、燃气及水生产和供应业	0	0	科学研究和技术服务业	0	0
建筑业	1	9.09	水利、环境和公共设施管理业	1	9.09
批发和零售业	0	0	教育	0	0
交通运输、仓储和邮政业	0	0	卫生和社会工作	0	0
住宿和餐饮业	0	0	文化、体育和娱乐业	0	0
信息传输、软件和信息技术服务业	0	0	综合	0	0
合计	11	100			

资料来源：沪深交易所，同花顺。

（三）股本结构及规模

表 4　　2015 年西藏上市公司股本规模在 10 亿股以上公司分布情况

股本规模（亿股）	公司家数	具体公司
20≤~<50	1	梅花生物
10≤~<20	1	海思科

资料来源：沪深交易所，同花顺。

表 5　　2015 年西藏上市公司分地区股权构成情况　　单位：家

地域分布 \ 股权性质	央企国资控股	省属国资控股	地市国资控股	民营控股	其他	合计
拉萨市	0	2	1	5	0	8
山南市	0	0	0	2	0	2
林芝县	0	0	0	1	0	1
合计	0	2	1	8	0	11

资料来源：西藏证监局。

（四）市值规模

截至2015年12月31日，西藏11家上市公司境内总市值1407.61亿元，占全国上市公司境内总市值的0.26%；其中上交所上市公司7家，总股本57.51亿股，境内总市值827.70亿元，占上交所上市公司境内总市值的0.28%；深交所上市公司4家，总股本22.26亿股，境内总市值579.91亿元，占深交所上市公司境内总市值的0.25%。

（五）资产规模

截至2015年12月31日，西藏11家上市公司合计总资产484.34亿元，归属于母公司股东权益221.12亿元，与2014年相比，分别增长4.82%、17.28%；平均每股净资产2.77元。

三、西藏上市公司经营情况及变动分析

（一）总体经营情况

表6　　2015年西藏上市公司经营情况

指标	2015年	2014年	变动率（%）
家数	11	10	10.00
亏损家数	0	2	-100.00
亏损家数比例（%）	0	20	-20.00
平均每股收益（元）	0.22	0.18	22.22
平均每股净资产（元）	2.77	2.65	4.53
平均净资产收益率（%）	7.8	6.69	1.11
总资产（亿元）	484.34	462.08	4.82
归属于母公司股东权益（亿元）	221.12	188.54	17.28
营业收入（亿元）	217.87	187.74	16.05
利润总额（亿元）	22.02	15.61	41.06
归属于母公司所有者的净利润（亿元）	17.25	12.62	36.69

资料来源：沪深交易所，同花顺。

（二）分行业经营情况

表7　　2015年西藏上市公司分行业经营情况

所属行类	营业收入（亿元）	可比样本变动率（%）	归属于母公司所有者的净利润（亿元）	可比样本变动率（%）
农、林、牧、渔业	0	—	0	—
采矿业	9.11	76.98	0.31	135.11

续表

所属行类	营业收入（亿元）	可比样本变动率（%）	归属于母公司所有者的净利润（亿元）	可比样本变动率（%）
制造业	178.76	4.49	14.8	-10.4
电力、热力、燃气及水生产和供应业	0	—	0	—
建筑业	20.87	47.4	1.46	129.6
批发和零售业	0	—	0	—
交通运输、仓储和邮政业	0	—	0	—
住宿和餐饮业	0	—	0	—
信息传输、软件和信息技术服务业	0	—	0	—
金融业	0	—	0	—
房地产业	7.62	-27.42	0.62	-18.88
租赁和商务服务业	0	—	0	—
科学研究和技术服务业	0	—	0	—
水利、环境和公共设施管理业	1.52	-4.98	0.05	116.01
教育	0	—	0	—
卫生和社会工作	0	—	0	—
文化、体育和娱乐业	0	—	0	—
综合	0	—	0	—
合计	217.87	7.61	17.25	3.26

资料来源：沪深交易所，同花顺。

（三）业绩变动情况分析

1. 营业收入、毛利率等变动原因分析

2015 年，西藏辖区上市公司实现营业收入 217.87 亿元，较 2014 年增长 16.05%；营业成本 155.10 亿元，较 2014 年增长 11.41%；平均毛利率 28.81%，较 2014 年增长 11.45%。营业收入增长主要系辖区新增一家上市公司（灵康药业），并实现营业收入 5.51 亿元，此外西藏矿业、梅花生物以及西藏天路产品销量增加对辖区上市公司营业收入贡献较大。从毛利率看，辖区上市公司总体毛利增长主要是西藏辖区医药行业、采矿业及建筑行业毛利率增加较多所致。

2. 盈利构成分析

2015 年，西藏辖区上市公司实现利润总额 22.02 亿元，较 2014 年上升 41.06%；主要原因是辖区新增一家上市公司且 2014 年亏损公司全部扭亏为盈；归属于母公司所有者的净利润 17.25 亿元，较 2014 年上升 36.69%。除西藏旅游外其余公司利润主要来自于公司主营业务收入。

3. 经营性现金流量分析

2015 年，西藏辖区上市公司经营性活动现金流量净额为 64.34 亿元，较 2014 年增长65.17%，平均每家公司经营性活动现金流量净额5.85亿元。经营性活动现金流量净额较2014年增加25.39亿元。2015年辖区11家上市公司经营性活动现金流量净额均为正；而2014年辖区有4家公司现金流量净额为负。2015年辖区上市公司经营性活动产生的现金流量净额较2014年增加的虽仅有3家公司，但增加幅度很大，其中梅花生物经营性活动现金流量净额较2014年增加747%。较2014年减少的公司有8家，可见辖区上市公司盈利能力分化有所加剧，但2015年西藏辖区上市公司总体盈利能力较2014年有所增强。

4. 业绩特点分析

2015年，西藏辖区上市公司全部盈利。2家公司实现扭亏为盈。从板块方面看，上海主板上市的公司整体盈利能力增强，西藏旅游通过处置子公司股权导致营业外收入增加实现扭亏为盈；深圳主板上市公司中，虽然西藏发展净利润较2014年有所下降但西藏矿业由亏损8833万元到盈利3102万元，实现扭亏为盈；2家中小板上市公司相对平稳，对辖区上市公司整体业绩影响不大。

5. 利润分配情况

表8　　2015年西藏上市公司现金分红情况

2015年分红公司家数			2015年分红金额		
家数	变动率（%）	分红公司家数占地区公司总数比重（%）	金额（亿元）	变动率（%）	分红金额占归属于母公司所有者的净利润比重（%）
10	42.86	90.91	9.30	27.57	53.91

资料来源：西藏证监局。

四、西藏上市公司并购重组情况

（一）并购重组基本情况

2015年8月，西藏珠峰工业股份有限公司重组上市获证监会核准。西藏珠峰分别向新疆塔城国际资源有限公司、东方国际集团上海市对外贸易有限公司和中国环球新技术出口有限公司非公开发行494673930股用于换购三家持有的塔中矿业有限公司100%股权。

（二）并购重组特点

此次重组通过资产注入化解了西藏珠峰退市风险，保护了中小投资者权益，维护了西藏经济社会稳定，但此次重组注入资产在塔吉克斯坦共和国，为日后监管工作带来了些许不便。

五、西藏上市公司募集资金情况、使用情况

（一）募集资金总体情况

表 9　　2015 年西藏上市公司募集资金情况

发行类型	代码	简称	募集资金（亿元）
首发	603669	灵康药业	7.60
	小计		7.60
再融资（增发、配股）	600326	西藏天路	9.67
	小计		9.67
其他融资（公司债券、短期融资券、中期票据、次级债、金融债、境外发行债券）	600873	梅花生物	81.5
	600773	西藏城投	9.00
	小计		90.50
总计			107.77

资料来源：西藏证监局。

（二）募集资金使用情况及特点

2015 年，西藏辖区共有 6 家公司使用发行股票募集资金，共 3.5 亿元。其中 1.79 亿元为 2015 年募集资金投入；1.71 亿元为以往年度募集资金投入。主要特点：募集资金使用符合规定，但部分公司募集资金因经营环境变化导致无法按期投入，多数公司将闲置募集资金用于结构化理财，降低公司财务费用。两家公司使用公司债券募集资金共 39 亿元，公司债券募集资金使用用途均为归还银行贷款或归还超短期融资券。

（三）募集资金变更情况

2015 年，西藏地区无公司变更募集资金使用项目。

六、西藏上市公司规范运作情况

（一）上市公司治理专项情况

2015 年，西藏辖区上市公司规范运作水平进一步强化。一是持续督促公司实施内控规范。截至目前，西藏辖区主板上市公司全部实施内控规范并进行内控审计。对于不要求进行内控审计的中小板上市公司，鼓励在做好内控自我评价的基础上有条件的也进行内控审计，同时，西藏证监局对公司实施内控规范情况全程进行监管，在现场检查中将内控规范列为重要检查对

象。二是及时化解治理风险。2015年，西藏证监局坚持以问题为导向，加强公司治理，顺利化解西藏旅游因股东举牌引起的股权之争，有效提升了辖区上市公司治理水平。

（二）审计情况及监管情况

2015年，西藏辖区上市公司年报审计意见均为标准无保留意见，对两家会计师事务所执业质量进行了现场检查，发现问题8个。2015年，西藏证监局共对6家公司及中介机构采取了监管措施，其中下发了监管关注函17份，约见谈话14家次/36人次，对1家公司的5%以上股东采取了行政监管措施。通过实施行政监管措施，督促公司更正信息披露问题，化解风险，促进公司规范运作。

（三）信息披露情况

2015年，辖区上市公司共披露临时公告1017份，通过审核发现部分公司存在信息披露不符合规范性要求，存在退市风险，财务指标异常，关联交易等问题。随后针对非现场监管发现的问题，西藏证监局约见了部分公司高管谈话，了解情况，反馈整改要求。在综合分析的基础上，确定了现场检查重点公司及重点问题，并相继对西藏珠峰重大资产重组完成后全面运行情况，西藏矿业资产处置及处置款回收情况，西藏天路工程款结算情况，西藏药业关联交易及资产处置情况，西藏城投募集资金管理使用情况，海思科政府补贴及研发费用资本化财务信息真实性情况，西藏旅游举牌情况及“809特大交通事故”的后续处理和“610重大交通事故”的处置及信息披露情况等进行了现场检查。结合问题的性质，有针对性地采取了监管措施，并对西藏旅游违规举牌的投资人采取了行政监管措施。

（四）证券市场服务情况

西藏证监局加强对上市公司的培训工作，形式多样，突出实效。在总结往年培训工作的基础上，西藏证监局针对辖区上市公司分布广的特点组织两次上市公司董事、监事、高级管理人员培训，同时积极借助微信等新媒体平台开展非现场培训工作，同时还联合西藏证券业协会组织培训。既达到了学习的目的，同时也提高了政策宣讲的时效性。相继开展了现场培训3次，5次下发通知要求公司开展非现场培训，通过微信平台开展培训30多次，就发行制度改革、并购重组新政解读及监管要点、信息披露法规、退市新规、独立董事履职指引、现金分红、股份回购、会计准则解释等内容进行了培训。

（五）其他

2015年，西藏证监局继续加强与地方政府的密切合作，共同做好辖区资本市场风险化解，维护辖区上市公司规范运作。一是强化信息通报。每月以《西藏资本市场月度统计表》形式向自治区政府及有关部门通报当月辖区资本市场大事件，内容涉及市场基本数据、公司风险状况与存在的主要问题等。二是合力推动辖区公司化解风险。针对辖区资本市场获得的重大成就及上市公司存在的重点问题，以《资本市场要情专报》形式通报地方政府，提请政府关注公司存在的风险，协调帮助公司解决问题。三是与地方政府联合开展调研工作。共同掌握辖区市场发展情况，提出有针对性的意见和建议，促进辖区资本市场健康发展。

审稿人：颜晓红　苏　飞

撰稿人：薛静漪

陕西地区

一、陕西国民经济发展概况

表 1　　2015 年陕西国民经济发展概况　　单位：亿元

指标	1–3 月		1–6 月		1–9 月		1–12 月	
	绝对量	同比增长（%）	绝对量	同比增长（%）	绝对量	同比增长（%）	绝对量	同比增长（%）
地区生产总值（GDP）	3471.91	6.9	7898.36	7.3	12334.66	7.6	18171.86	8.0
全社会固定资产投资	2108.98	6.7	8071.79	6.0	13866.46	8.1	19826.65	8.0
社会消费品零售总额	1574.57	11.2	3079.36	10.8	4670.50	10.7	6578.11	11.1
规模以上工业增加值	1495.09	5.6	3299.22	6.3	5101.92	6.6	7083.57	7.0
规模以上工业企业实现利润	259.60	−38.9	573.20	−35.8	832.90	−30.1	1339.75	−21.8
居民消费价格指数（CPI）	1–3 月		1–6 月		1–9 月		1–12 月	
	0.4		0.7		0.9		1.0	

资料来源：国家统计局，陕西统计局。

二、陕西上市公司总体情况

（一）公司数量

表 2　　2015 年陕西上市公司数量　　单位：家

公司总数	2015 年新增	股票类别			板块分布			
		仅 A 股	仅 B 股	（A+B）股	沪市主板	深市主板	中小板	创业板
43	1	43	0	0	20	11	4	8

资料来源：沪深交易所，同花顺。

（二）行业分布

表 3　　2015 年陕西上市公司行业分布情况

所属证监会行业类别	家数	占比（%）	所属证监会行业类别	家数	占比（%）
农、林、牧、渔业	0	0	金融业	2	4.65
采矿业	4	9.3	房地产业	0	0
制造业	26	60.45	租赁和商务服务业	1	2.33
电力、热力、燃气及水生产和供应业	1	2.33	科学研究和技术服务业	0	0
建筑业	1	2.33	水利、环境和公共设施管理业	2	4.65
批发和零售业	2	4.65	教育	0	0
交通运输、仓储和邮政业	0	0	卫生和社会工作	0	0
住宿和餐饮业	1	2.33	文化、体育和娱乐业	0	0
信息传输、软件和信息技术服务业	1	2.33	综合	2	4.65
合计	43	100			

资料来源：沪深交易所，同花顺。

（三）股本结构及规模

表 4　　2015 年陕西上市公司股本规模在 10 亿股以上公司分布情况

股本规模（亿股）	公司家数	具体公司
100≤~<200	1	陕西煤业
50≤~<100	1	中国西电
20≤~<50	3	中航飞机，西部证券，金钼股份
10≤~<20	6	陕国投 A，陕天然气，*ST 秦岭，中航动力，隆基股份，陕鼓动力

资料来源：沪深交易所，同花顺。

表 5　　2015 年陕西上市公司分地区股权构成情况　　单位：家

股权性质 / 地域分布	央企国资控股	省属国资控股	地市国资控股	民营控股	其他	合计
西安市	5	8	6	11	1	31
咸阳市	1	1	0	1	0	3
宝鸡市	0	3	0	1	1	5
渭南市	0	0	0	1	0	1
安康市	0	0	0	0	0	0
商洛市	0	0	0	0	0	0

续表

地域分布 \ 股权性质	央企国资控股	省属国资控股	地市国资控股	民营控股	其他	合计
汉中市	1	0	0	0	0	1
榆林市	0	0	0	0	0	0
延安市	0	0	0	0	0	0
铜川市	1	0	0	0	0	1
杨凌示范区	0	1	0	0	0	1
合计	8	13	6	14	2	43

资料来源：陕西证监局。

（四）市值规模

截至 2015 年 12 月 31 日，陕西 43 家上市公司境内总市值 6946.27 亿元，占全国上市公司境内总市值的 1.31%；其中上交所上市公司 20 家，总股本 304.42 亿股，境内总市值 3351.43 亿元，占上交所上市公司境内总市值的 1.13%；深交所上市公司 23 家，总股本 160.81 亿股，境内总市值 3594.84 亿元，占深交所上市公司境内总市值的 1.52%。

（五）资产规模

截至 2015 年 12 月 31 日，陕西 43 家上市公司合计总资产 4301.74 亿元，归属于母公司股东权益 1750.73 亿元，与 2014 年相比，分别增长 17.36%、15.11%；平均每股净资产 3.76 元。

三、陕西上市公司经营情况及变动分析

（一）总体经营情况

表 6　　2015 年陕西上市公司经营情况

指标	2015 年	2014 年	变动率（%）
家数	43	42	2.38
亏损家数	10	7	42.86
亏损家数比例（%）	23.26	16.67	6.59
平均每股收益（元）	0.08	0.13	-38.46
平均每股净资产（元）	3.76	3.74	0.53
平均净资产收益率（%）	2.16	3.53	-1.37
总资产（亿元）	4301.74	3665.50	17.36
归属于母公司股东权益（亿元）	1750.73	1520.93	15.11
营业收入（亿元）	1730.68	1704.86	1.51
利润总额（亿元）	68.98	94.35	-26.89
归属于母公司所有者的净利润（亿元）	37.84	53.69	-29.52

资料来源：沪深交易所，同花顺。

（二）分行业经营情况

表 7　　2015 年陕西上市公司分行业经营情况

所属行类	营业收入（亿元）	可比样本变动率（%）	归属于母公司所有者的净利润（亿元）	可比样本变动率（%）
农、林、牧、渔业	0	—	0	—
采矿业	428.55	-15.87	-29.41	-331.81
制造业	933.11	-1.63	29.52	27.69
电力、热力、燃气及水生产和供应业	67.9	27.58	5.86	14.43
建筑业	38.17	-26.52	1.21	-38.81
批发和零售业	97.48	2.06	2.83	-32.97
交通运输、仓储和邮政业	0	—	0	—
住宿和餐饮业	4.99	-8.57	-0.32	-386.13
信息传输、软件和信息技术服务业	23.87	3.86	1.33	13.96
金融业	67.92	144.84	24.27	139.2
房地产业	0	—	0	—
租赁和商务服务业	49.35	51.92	2.06	129.72
科学研究和技术服务业	0	—	0	—
水利、环境和公共设施管理业	17.5	-1.76	0.59	615.03
教育	0	—	0	—
卫生和社会工作	0	—	0	—
文化、体育和娱乐业	0	—	0	—
综合	1.84	-22.85	-0.1	1.27
合计	1730.68	-2.08	37.84	-36.33

资料来源：沪深交易所，同花顺。

（三）业绩变动情况分析

1. 营业收入、毛利率等变动原因分析

2015 年，陕西 43 家上市公司共实现营业收入 1730.68 亿元，较 2014 年增长 1.51%；归属于母公司所有者的净利润 37.84 亿元，较 2014 年降低 29.52%。除陕国投 A、西部证券两家金融企业外，其余 41 家上市公司平均毛利率为 20.23%，较 2014 年降低 1.23 个百分点，盈利能力有所下降；平均净资产收益率 2.16%，较 2014 年下降 1.37 个百分点。净利润、毛利率、净资产收益率降低的原因主要是受煤炭、机械制造等行业不景气的影响，陕西煤业、陕西黑猫等相关上市公司大幅亏损，拉低了辖区上市公司整体盈利水平。

2. 盈利构成分析

2015 年，陕西 43 家上市公司的利润来源主要为营业利润，金额为 58.08 亿元，占辖区上市公司利润总额的比重为

84.19%，其中，投资收益 30.03 亿元，占利润总额的 43.54%，资产减值损失 27.75 亿元，占利润总额的 40.23%，应收款项、存货等资产减值金额较大，侵蚀了部分营业利润。营业外收支净额 10.90 亿元，占利润总额的 15.81%。

3. 经营性现金流量分析

2015 年，陕西 43 家上市公司经营活动产生的现金流量净额 86.67 亿元，较 2014 年增长 31.92%，增长主要因中国西电、中航动力、中航飞机等公司 2015 年经营活动产生的现金流量净额大幅增长所致。共有 27 家公司经营活动产生的现金净流量为正，占辖区上市公司总数的 62.79%，反映大部分公司经营活动产生现金能力较好。筹资活动产生的现金流量净额 263.42 亿元，较 2014 年增长 119.50%，增长主要因西部证券、陕国投 A、中航飞机等公司增发股份或发行债券融资额大幅增长所致。2015 年末，陕西上市公司现金及现金等价物较年初增加 220.62 亿元。

4. 业绩特点分析

2015 年，陕西上市公司经营呈现出以下特点：一是受宏观经济不景气影响，煤炭、机械制造、化工等行业上市公司出现大幅亏损，影响了辖区上市公司的整体盈利水平。2015 年，陕西煤业、陕西黑猫等 10 家公司共计亏损 41.06 亿元，亏损家数、亏损金额分别较 2014 年增加 3 家、24.18 亿元，其中兴化股份、ST 宏盛 2 家公司因连续两年亏损，被交易所实施退市风险警示。二是整体盈利能力不强尚未得到改善，2015 年陕西上市公司平均每股收益 0.08 元，平均净资产收益率 2.16%，均低于全国平均水平，盈利能力亟待提升。

5. 利润分配情况

表 8　　2015 年陕西上市公司现金分红情况

2015 年分红公司家数			2015 年分红金额		
家数	变动率（%）	分红公司家数占地区公司总数比重（%）	金额（亿元）	变动率（%）	分红金额占归属于母公司所有者的净利润比重（%）
19	-17.39	44.19	28.40	9.31	75.05

资料来源：陕西证监局。

四、陕西上市公司并购重组情况

（一）并购重组基本情况

2015 年，凯撒旅游、*ST 建机、*ST 秦岭、西安民生、坚瑞消防、宝德股份、通源石油 7 家上市公司完成重大资产重组，注入资产合计 80.45 亿元。同时，凯撒旅游、*ST 建机、西安民生、宝德股份 4 家上市公司募集配套资金合计 21.05 亿元。西安饮食、宝光股份、陕西金叶、炼石有色、西部材料、*ST 秦岭（重组完成后启动新重组）、ST 宏盛 7 家上市公司终止了重大资产重组；启源装备因重大资产重组信息披露问题，重组方案未通过并购重组委审核；彩虹股份、兴化股份、西安民生

（重组完成后启动新重组）、通源石油（重组完成后启动新重组）4家上市公司披露了重大资产重组预案；ST宏盛、宝光股份2家上市公司再次启动重大资产重组。

（二）并购重组特点

2015年，陕西上市公司并购重组主要呈现出以下特点：一是重组形式全部以发行股份购买资产方式进行，重组标的除西安民生包含收购部分房产外，其余均为收购股权。二是重组目的多样化。*ST秦岭属于买壳上市，西安民生、*ST建机、通源石油3家公司实施横向整合重组，坚瑞消防实施垂直整合重组，凯撒旅游、宝德股份2家公司重组实行多元化战略。三是并购重组保持活跃态势。2015年陕西辖区实施重组或启动重组的上市公司共16家，占辖区上市公司总数的37.21%，较2014年增长8.64个百分点，并购重组继续保持活跃态势。四是终止重组公司家数有所增加。2015年因重组预案被股东大会否决等原因而终止重组的共有7家公司，较2014年增长6家，占2015年实施或启动重组公司总数的43.75%，重组失败概率显著增加。

五、陕西上市公司募集资金情况、使用情况

（一）募集资金总体情况

表9　　2015年陕西上市公司募集资金情况

发行类型	代码	简称	募集资金（亿元）
首发	300487	蓝晓科技	2.97
	小计		2.97
再融资（增发、配股）	000610	西安旅游	3.60
	300164	通源石油	1.66
	002673	西部证券	50.00
	000516	国际医学	15.00
	600217	*ST秦岭	18.72
	300023	宝德股份	6.07
	601012	隆基股份	19.60
	000564	西安民生	13.45
	000768	中航飞机	30.00
	600984	*ST建机	25.40
	000796	凯撒旅游	32.00
	000563	陕国投A	32.00
	300116	坚瑞消防	1.40
	小计		248.90

续表

发行类型	代码	简称	募集资金（亿元）
其他融资（公司债券、短期融资券、中期票据、次级债、金融债、境外发行债券）	002267	陕天然气	3.00
	002673	西部证券	132.70
	小计		135.70
总计			387.57

资料来源：陕西证监局。

（二）募集资金使用情况及特点

2015年，陕西29家上市公司共使用募集资金120.45亿元。其中，西部证券使用募集资金最多，共使用49.11亿元。截至2015年末，西部证券、陕天然气、陕西黑猫、通源石油4家公司募集资金全部投入使用；隆基股份等25家公司尚待使用的募集资金共计147.73亿元，其中中航飞机待使用资金20.19亿元，为待使用募集资金最多的公司。

（三）募集资金变更情况

2015年，秦川机床变更了募集资金使用用途，变更金额1.15亿元。其中，变更募投项目1项，将“复杂曲面螺杆转子关键工艺装备生产线技术改造项目”变更为“异型螺杆转子及其组件产业化项目”，涉及金额0.4亿元；变更1项募投项目的投入金额，将“中高档数控机床研发生产基地建设项目”募集资金投入金额由1.5亿元调减到0.75亿元，调减的0.75亿元募集资金永久补充流动资金。

表10　　2015年陕西上市公司募集资金使用项目变更情况

变更募集资金使用项目的公司家数	涉及金额（亿元）	募集资金总额（亿元）	占公司募集资金总额的比例（%）
1	1.15	5.77	19.94

资料来源：陕西证监局。

六、陕西上市公司规范运作情况

（一）上市规范运作专项情况

陕西证监局引导辖区公司健全内幕信息知情人登记管理制度，提升内幕信息管理水平。一是下发通知，要求各公司全面排查内幕信息知情人登记制度，并按规定开展年报内幕信息知情人买卖股票情况自查；二是编发6期内幕交易典型案例，加强对辖区上市公司及其控股股东和实际控制人的警示教育；三是在未发现重大违规问题情况下，监督相关公司对已发生的情节轻微违规问题进行处理，强化警示教育。

（二）审计情况及监管情况

2015年度财务报表审计方面，除彩虹股份因资金紧张、短期偿债压力较大导致持续经营能力存在不确定性被出具带强调事项段的无保留意见外，其余42家上市公司均被出具标准无保留意见。

2015年内控审计方面，除ST宏盛因重整外，其余30家主板上市公司均进行了内控审计，另有10家中小板和创业板上市公司主动聘请中介机构进行内控审计。内控审计执业机构，除中国西电内控审计和年报审计分别由安永华明和普华永道中天两家会计师事务所执行外，其余39家公司均与财报审计整合进行；内控审计意见类型，除*ST建机因重组置入的两家子公司未纳入2015年度内控审计而被出具带强调事项段的无保留意见外，其余39家公司均被出具了标准无保留意见。

陕西证监局进一步加大年报监管力度，针对5家上市公司财务核算不规范问题，采取了行政监管措施；针对9家上市公司年报披露不符合编报规则的问题，引导上市公司通过补充或更正披露方式进行了改正，提升了年报信息披露的质量。

（三）信息披露情况

2015年，陕西上市公司及相关信息披露义务人总体上能够依法履行信息披露义务，信息披露质量稳步提升。但仍有部分公司或相关信息披露义务人存在问题，8家上市公司、3名自然人股东、2名高管因信息披露违规被陕西证监局采取了行政监管措施。

（四）证券市场服务情况

2015年，证券市场服务陕西实体经济取得新进展。蓝晓科技首发上市募集资金2.97亿元。凯撒旅游、*ST建机、西安民生、宝德股份、*ST秦岭、通源石油、坚瑞消防7家公司完成重大资产重组，共向上市公司注入资产80.45亿元，同时配套募集资金21.05亿元；隆基股份、陕国投A、西部证券、中航飞机、国际医学、西安旅游、坚瑞消防7家公司实施定向增发，共募集资金151.6亿元，有效支持了陕西上市公司的发展壮大。

2015年末，陕西辖区共有7家企业首发申请进入中国证监会审核程序，7家企业在陕西证监局辅导备案，上市资源培育的梯次格局进一步巩固。同时，彩虹股份、兴化股份、西安民生、通源石油、宝光股份、ST宏盛6家公司披露了重大资产重组预案或启动重大资产重组工作，积极借助资本市场优化资产结构，提升盈利能力。

审稿人：王　微

撰稿人：陈兴兵

甘肃地区

一、甘肃国民经济发展概况

表 1　　2015 年甘肃国民经济发展概况　　单位：亿元

指标	1–3 月		1–6 月		1–9 月		1–12 月	
	绝对量	同比增长（%）	绝对量	同比增长（%）	绝对量	同比增长（%）	绝对量	同比增长（%）
地区生产总值（GDP）	1129.68	7.8	2612.88	8	4630.46	8	6790.32	8.1
全社会固定资产投资	650.88	10.9	3897.83	5.6	6704.25	9.8	8626.6	11.2
社会消费品零售总额	675.5	9.4	1375.3	8.6	2106.96	8.7	2907.22	9
规模以上工业增加值	381.54	7.6	798.63	7.6	1240.62	7.2	1662.00	6.8
规模以上工业企业实现利润	–5.50	–112.50	21.70	–80.80	–21.80	–111.20	–72.30	–132.10
居民消费价格指数（CPI）	1–3 月		1–6 月		1–9 月		1–12 月	
	1.5		1.5		1.6		1.6	

资料来源：国家统计局。

二、甘肃上市公司总体情况

（一）公司数量

表 2　　2015 年甘肃上市公司数量　　单位：家

公司总数	2015 年新增	股票类别			板块分布			
		仅 A 股	仅 B 股	（A+B）股	沪市主板	深市主板	中小板	创业板
27	2	27	0	0	13	7	5	2

资料来源：沪深交易所，同花顺。

（二）行业分布

表 3　　2015 年甘肃上市公司行业分布情况

所属证监会行业类别	家数	占比（%）	所属证监会行业类别	家数	占比（%）
农、林、牧、渔业	3	11.11	金融业	0	0
采矿业	3	11.11	房地产业	1	3.7
制造业	17	62.96	租赁和商务服务业	0	0
电力、热力、燃气及水生产和供应业	1	3.7	科学研究和技术服务业	0	0
建筑业	0	0	水利、环境和公共设施管理业	0	0
批发和零售业	1	3.7	教育	0	0
交通运输、仓储和邮政业	0	0	卫生和社会工作	0	0
住宿和餐饮业	0	0	文化、体育和娱乐业	1	3.7
信息传输、软件和信息技术服务业	0	0	综合	0	0
合计	27	100			

资料来源：沪深交易所，同花顺。

（三）股本结构及规模

表 4　　2015 年甘肃上市公司股本规模在 10 亿股以上公司分布情况

股本规模（亿股）	公司家数	具体公司
50≤~<100	1	酒钢宏兴
20≤~<50	1	银亿股份
10≤~<20	5	靖远煤电，恒康医疗，亚盛集团，方大炭素，刚泰控股

资料来源：沪深交易所，同花顺。

表 5　　2015 年甘肃上市公司分地区股权构成情况　　单位：家

股权性质 / 地域分布	央企国资控股	省属国资控股	地市国资控股	民营控股	其他	合计
兰州市	2	7	1	6	0	16
嘉峪关市	0	1	0	1	0	2
金昌市	0	0	0	0	0	0
白银市	0	1	0	1	0	2
天水市	0	0	0	2	0	2
武威市	0	0	0	2	0	2
张掖市	0	0	0	0	0	0

续表

股权性质 / 地域分布	央企国资控股	省属国资控股	地市国资控股	民营控股	其他	合计
酒泉市	0	0	1	1	0	2
平凉市	0	0	0	0	0	0
庆阳市	0	0	0	0	0	0
定西市	0	0	0	0	0	0
陇南市	0	0	0	1	0	1
合计	2	9	2	14	0	27

资料来源：甘肃证监局。

（四）市值规模

截至 2015 年 12 月 31 日，甘肃 27 家上市公司境内总市值 2846.62 亿元，占全国上市公司境内总市值的 0.54%；其中上交所上市公司 13 家，总股本 156.50 亿股，境内总市值 1511.17 亿元，占上交所上市公司境内总市值的 0.51%；深交所上市公司 14 家，总股本 103.15 亿股，境内总市值 1335.45 亿元，占深交所上市公司境内总市值的 0.57%。

（五）资产规模

截至 2015 年 12 月 31 日，甘肃 27 家上市公司合计总资产 1786.05 亿元，归属于母公司股东权益 747.92 亿元，与 2014 年相比，分别增长 3.30%、18.12%；平均每股净资产 2.88 元。

三、甘肃上市公司经营情况及变动分析

（一）总体经营情况

表 6　　2015 年甘肃上市公司经营情况

指标	2015 年	2014 年	变动率（%）
家数	27	25	8.00
亏损家数	3	3	0.00
亏损家数比例（%）	11.11	12	-0.89
平均每股收益（元）	-0.16	0.19	-184.21
平均每股净资产（元）	2.88	3.1	-7.10
平均净资产收益率（%）	-5.59	6.19	-11.78
总资产（亿元）	1786.05	1729.03	3.30
归属于母公司股东权益（亿元）	747.92	633.21	18.12
营业收入（亿元）	1061	1418.97	-25.23
利润总额（亿元）	-33.82	51.57	-165.58
归属于母公司所有者的净利润（亿元）	-41.78	39.18	-206.64

资料来源：沪深交易所，同花顺。

（二）分行业经营情况

表 7　　2015 年甘肃上市公司分行业经营情况

所属行类	营业收入（亿元）	可比样本变动率（%）	归属于母公司所有者的净利润（亿元）	可比样本变动率（%）
农、林、牧、渔业	39.75	2.33	2.6	821.71
采矿业	31.33	-18.3	1.95	-43.94
制造业	872.61	-30.51	-53.78	-293.79
电力、热力、燃气及水生产和供应业	13.26	-9.66	0.32	-83.64
建筑业	0	—	0	—
批发和零售业	11.21	-7.75	0.84	-18.7
交通运输、仓储和邮政业	0	—	0	—
住宿和餐饮业	0	—	0	—
信息传输、软件和信息技术服务业	0	—	0	—
金融业	0	—	0	—
房地产业	84.59	33.99	5.27	-13.84
租赁和商务服务业	0	—	0	—
科学研究和技术服务业	0	—	0	—
水利、环境和公共设施管理业	0	—	0	—
教育	0	—	0	—
卫生和社会工作	0	—	0	—
文化、体育和娱乐业	8.25	8.7	1.02	-28.07
综合	0	—	0	—
合计	1061	-25.82	-41.78	-200.88

资料来源：沪深交易所，同花顺。

（三）业绩变动情况分析

1. 营业收入、毛利率等变动原因分析

2015 年，甘肃上市公司实现营业收入 1061 亿元，较 2014 年下降 25.23%；营业利润-40.92 亿元，较 2014 年下降 199.42%；利润总额-33.82 亿元，较 2014 年下降 165.58%；平均毛利率为 11.96%，较 2014 年下降 4.12 个百分点。营业收入下降的原因主要是受实体经济下行压力加大的影响。营业收入中，酒钢宏兴实现营业收入 547.77 亿元，占甘肃上市公司营业收入的 51.63%。兰石重装、银亿股份、刚泰控股、大禹节水营业收入增长较大。

2. 盈利构成分析

2015 年，甘肃上市公司近年来首次出现整体亏损，实现归属于母公司所有者的净利润-41.78 亿元，原因主要是受宏观经济下行和钢铁行业低迷的影响，酒钢宏兴巨亏 74.11 亿元。剔除酒钢宏兴的影响，其他甘肃上市公司整体盈利情况与 2014 年相比变化不大。整体亏损主要来自于主营业务，营业外收支净额 7.04 亿元。

3. 经营性现金流量分析

2015 年，甘肃上市公司经营活动产生的现金流量净额 49.40 亿元，较 2014 年下降 48.92%。甘肃 20 家上市公司经营活动产生的现金流量净额为正，占 27 家上市公司的 74.07%。

4. 业绩特点分析

2015 年，甘肃上市公司实现归属于母公司所有者的净利润-41.78 亿元，较 2014 年下降 206.64%；平均每股收益-0.16 元，较 2014 年下降 184.21%；平均净资产收益率-5.59%，较 2014 年下降 11.78 个百分点。甘肃上市公司整体业绩有所下降。荣华实业、敦煌种业、皇台酒业扭亏为盈。酒钢宏兴、中核钛白、三毛派神由盈转亏。刚泰控股、兰石重装盈利增长幅度较大，靖远煤电、上峰水泥、方大炭素、祁连山盈利下降幅度较大。

5. 利润分配情况

表 8　2015 年甘肃上市公司现金分红情况

2015 年分红公司家数			2015 年分红金额		
家数	变动率（%）	分红公司家数占地区公司总数比重（%）	金额（亿元）	变动率（%）	分红金额占归属于母公司所有者的净利润比重（%）
13	0.00	48.15	4.67	-33.38	-11.18

资料来源：甘肃证监局。

四、甘肃上市公司并购重组情况

2015 年，恒康医疗加大以医院为代表的医疗服务标的并购力度，先后完成瓦房店第三医院、盱眙恒山中医医院、杰傲湃思生物医药公司、广安福源医院等医疗服务机构的并购整合工作，提高了公司核心竞争力。华天科技收购上海纪元微科电子公司、深圳华天迈克光电子科技公司和 FlipChip International，完善了产业布局，具备了参与国际市场竞争的能力。

五、甘肃上市公司募集资金情况、使用情况

（一）募集资金总体情况

表 9　　2015 年甘肃上市公司募集资金情况

发行类型	代码	简称	募集资金（亿元）
首发	002772	众兴菌业	4.84
	603999	读者传媒	5.86
	小计		10.70
再融资（增发、配股）	000552	靖远煤电	34.01
	002644	佛慈制药	5.02
	002219	恒康医疗	26.49
	001145	中核钛白	7.70
	600354	敦煌种业	4.80
	002185	华天科技	19.99
	小计		98.01
其他融资（公司债券、短期融资券、中期票据、次级债、金融债、境外发行债券）	000791	甘肃电投	7.00
	000981	银亿股份	3.00
	小计		10.00
总计			118.71

资料来源：甘肃证监局。

（二）募集资金使用情况及特点

2015 年，甘肃有靖远煤电、中核钛白、华天科技、恒康医疗、佛慈制药、众兴菌业、海默科技、亚盛集团、长城电工、敦煌种业、方大炭素、蓝科高新、兰石重装、读者传媒共 14 家公司使用募集资金，合计金额 61.19 亿元。上述 14 家公司募集资金均未使用完毕，尚未使用募集资金余额合计 67.53 亿元。

（三）募集资金变更情况

表 10　　2015 年甘肃上市公司募集资金使用项目变更情况

变更募集资金使用项目的公司家数	涉及金额（亿元）	募集资金总额（亿元）	占公司募集资金总额的比例（%）
4	7.47	45.45	16.44

资料来源：甘肃证监局。

六、甘肃上市公司规范运作情况

（一）上市公司治理专项情况

2015年，甘肃证监局坚持以问题和风险为导向，深入推进各项专项工作，着力提高上市公司规范运作水平。一是及时督促上市公司认真履行相关承诺，重点关注祁连山、中核钛白及相关方承诺履行进展，提高上市公司诚信水平；二是细致梳理上市公司现金分红情况，督促上市公司认真执行现金分红政策，增强股东回报意识，全年共有13家公司进行现金分红，金额合计4.67亿元；三是扎实开展年报现场检查，全年共对3家公司开展检查，并延伸检查1家保荐机构；四是密切关注高风险上市公司相关情况，加强与地方政府的沟通协调，努力防范和化解上市公司风险隐患；五是认真做好内幕交易综合防控工作，将内幕信息知情人档案管理工作列入现场检查必查内容，督促上市公司及相关人员提高内幕信息保密意识。

（二）审计情况及监管情况

共有8家会计师事务所为甘肃27家上市公司提供2015年年报审计服务，其中瑞华会计师事务所甘肃分所为15家公司提供审计服务。27家公司的审计报告中，有26家公司为标准无保留意见报告，1家公司为带强调事项段的无保留意见报告。在年报审计监管工作中，甘肃证监局详细制定年报审计监管工作方案，合理进行监管风险分类，督促会计师事务所提高执业质量、规范执业行为。共列席年报审计沟通会15家次，约谈签字会计师4家次，对6家公司开展年报审计现场督导。

（三）信息披露情况

2015年，甘肃证监局以信息披露监管为中心，认真审阅上市公司定期报告和临时报告，督促上市公司不断改进信息披露工作，进一步提高了上市公司透明度。要求上市公司加大与投资者的交流力度，拓宽沟通渠道，丰富沟通方式，保持沟通畅通。推动上市公司加强舆论监测和引导工作，认真应对媒体质疑，及时澄清有关事项，提升危机应对能力。

（四）证券市场服务情况

2015年，甘肃证监局紧紧围绕推进监管转型主任务，牢牢把握服务实体经济总要求，积极探索事中事后监管新机制，稳步推进多层次股权市场建设，有力助推地方经济社会发展。有2家公司实现IPO，1家公司在港交所上市，1家公司通过证监会发审委审核；新增辅导备案企业3家，拟上市公司数量达到10家；新增“新三板”公司14家，辖区“新三板”挂牌公司达到17家；甘肃股权交易中心新增挂牌企业207家、托管企业19家，总数分别达到451家和417家。积极引导公司拓宽融资渠道，鼓励结合自身实际开展再融资，切实增强公司发展后劲，共募集资金108.01亿元。

审稿人：王玉宝

撰稿人：安子铮

青海地区

一、青海国民经济发展概况

表 1　　2015 年青海国民经济发展概况　　单位：亿元

指标	1-3 月		1-6 月		1-9 月		1-12 月	
	绝对量	同比增长（%）	绝对量	同比增长（%）	绝对量	同比增长（%）	绝对量	同比增长（%）
地区生产总值（GDP）	425.78	7.5	1011.28	7.9	1633.66	8.3	2417.05	8.2
全社会固定资产投资	176.11	20.7	1243.67	12	2415.72	6.8	3144.17	12.7
社会消费品零售总额	148	12	304.85	10.7	489.95	11.6	690.98	11.3
规模以上工业增加值	—	6.6	—	7.5	—	7.4	—	7.6
规模以上工业企业实现利润	5.50	-72.80	33.40	-35.10	50.00	-36.20	68.80	-36.10
居民消费价格指数（CPI）	1-3 月		1-6 月		1-9 月		1-12 月	
	2.9		2.9		2.9		2.6	

资料来源：国家统计局。

二、青海上市公司总体情况

（一）公司数量

表 2　　2015 年青海上市公司数量　　单位：家

公司总数	2015 年新增	股票类别			板块分布			
		仅 A 股	仅 B 股	（A+B）股	沪市主板	深市主板	中小板	创业板
10	0	10	0	0	7	2	1	0

资料来源：沪深交易所，同花顺。

（二）行业分布

表 3　　2015 年青海上市公司行业分布情况

所属证监会行业类别	家数	占比（%）	所属证监会行业类别	家数	占比（%）
农、林、牧、渔业	0	0	金融业	0	0
采矿业	2	20	房地产业	0	0
制造业	8	80	租赁和商务服务业	0	0
电力、热力、燃气及水生产和供应业	0	0	科学研究和技术服务业	0	0
建筑业	0	0	水利、环境和公共设施管理业	0	0
批发和零售业	0	0	教育	0	0
交通运输、仓储和邮政业	0	0	卫生和社会工作	0	0
住宿和餐饮业	0	0	文化、体育和娱乐业	0	0
信息传输、软件和信息技术服务业	0	0	综合	0	0
合计	10	100			

资料来源：沪深交易所，同花顺。

（三）股本结构及规模

表 4　　2015 年青海上市公司股本规模在 10 亿股以上公司分布情况

股本规模（亿股）	公司家数	具体公司
20≤~<50	1	西部矿业
10≤~<20	2	盐湖股份，智慧能源

资料来源：沪深交易所，同花顺。

表 5　　2015 年青海上市公司分地区股权构成情况　　单位：家

股权性质 / 地域分布	央企国资控股	省属国资控股	地市国资控股	民营控股	其他	合计
西宁市	0	4	0	3	1	8
海东市	0	0	0	1	0	1
格尔木	0	1	0	0	0	1
合计	0	5	0	4	1	10

资料来源：青海证监局。

（四）市值规模

截至 2015 年 12 月 31 日，青海 10 家上市公司境内总市值 1409.81 亿元，占全国上市公司境内总市值的 0.27%；其中上交所上市公司 7 家，总股本 67.97 亿股，境内总市值742.99亿元，占上交所上市公司境内总市值的0.25%；深交所上市公司3家，总股本27.80亿股，境内总市值666.82亿元，占深交所上市公司境内总市值的0.28%。

（五）资产规模

截至2015年12月31日，青海10家上市公司合计总资产1592.97亿元，归属于母公司股东权益473.11亿元，与2014年相比，分别增长15.42%、20.01%；平均每股净资产4.94元。

三、青海上市公司经营情况及变动分析

（一）总体经营情况

表6　　2015年青海上市公司经营情况

指标	2015年	2014年	变动率（%）
家数	10	10	0.00
亏损家数	3	2	50.00
亏损家数比例（%）	30	20	10.00
平均每股收益（元）	-0.02	0.22	-109.09
平均每股净资产（元）	4.94	5.2	-5.00
平均净资产收益率（%）	-0.43	5.42	-5.85
总资产（亿元）	1592.97	1380.14	15.42
归属于母公司股东权益（亿元）	473.11	394.22	20.01
营业收入（亿元）	603.63	570.38	5.83
利润总额（亿元）	4.21	30.49	-86.19
归属于母公司所有者的净利润（亿元）	-2.04	21.38	-109.54

资料来源：沪深交易所，同花顺。

（二）分行业经营情况

表7　　2015年青海上市公司分行业经营情况

所属行类	营业收入（亿元）	可比样本变动率（%）	归属于母公司所有者的净利润（亿元）	可比样本变动率（%）
农、林、牧、渔业	0	—	0	—
采矿业	270.95	9.81	-0.06	-101.98
制造业	332.68	-3.28	-1.98	-109.31
电力、热力、燃气及水生产和供应业	0	—	0	—
建筑业	0	—	0	—
批发和零售业	0	—	0	—

续表

所属行类	营业收入（亿元）	可比样本变动率（%）	归属于母公司所有者的净利润（亿元）	可比样本变动率（%）
交通运输、仓储和邮政业	0	—	0	—
住宿和餐饮业	0	—	0	—
信息传输、软件和信息技术服务业	0	—	0	—
金融业	0	—	0	—
房地产业	0	—	0	—
租赁和商务服务业	0	—	0	—
科学研究和技术服务业	0	—	0	—
水利、环境和公共设施管理业	0	—	0	—
教育	0	—	0	—
卫生和社会工作	0	—	0	—
文化、体育和娱乐业	0	—	0	—
综合	0	—	0	—
合计	603.63	2.19	-2.04	-108.41

资料来源：沪深交易所，同花顺。

（三）业绩变动情况分析

1. 营业收入、毛利率等变动原因分析

2015 年，青海上市公司实现营业总收入 603.63 亿元，较 2014 年增长 5.83%；营业利润-3.60 亿元，较 2014 年同期相比下降 119.11%；利润总额 4.21 亿元，较 2014 年下降 86.19%。毛利率 29.59%，较 2014 年上升 8.88 个百分点。归属于母公司所有者的净利润-2.04 亿元，较 2014 年同期下降 109.54%，辖区上市公司总体盈利水平大幅下降的主要原因是西宁特钢巨额亏损、盐湖股份化工项目亏损。

2. 盈利构成分析

2015 年，青海辖区上市公司经营业绩呈现增收不增利的态势，青海上市公司利润来源是营业利润和营业外收入，2015 年营业利润共计-3.60 亿元，占利润总额比重为 -85.51%，较 2014 年同期相比下降 119.11%；营业外收支净额 7.81 亿元，占利润总额比重为 185.51%，较 2014 年同期相比下降 32.96 %；营业成本共计 489.77 亿元，较 2014 年同期相比增加 8.29%。归属于母公司所有者的净利润-2.04 亿元，较 2014 年同期下降 109.54%，其中，归属于母公司所有者的扣除非经常性损益后的净利润-10.03 亿元。青海上市公司主营业务及盈利构成主要为盐湖股份氯化钾的开发与生产，青稞酒的生产与销售，西部矿业铜、铅、锌等基本金属的采选及冶炼，青海华鼎数控机床、电气设备的生产及销售，智慧能源线缆产品的制造与销售，以及西宁特钢特殊钢材、普通钢材的冶炼及压轧等。

3. 经营性现金流量分析

2015年，青海上市公司经营活动现金流量净额为58.89亿元，较2014年上升69.22%，其中，8家上市公司经营活动现金流量净额为正，占10家上市公司的80%，其余2家经营活动现金流量净额为负，较2014年相比减少3家。

4. 业绩特点分析

2015年，青海辖区10家上市公司有7家公司盈利，3家亏损，亏损公司分别为西宁特钢、青海明胶和金瑞矿业，较2014年相比增加1家。总体看，辖区上市公司经营业绩实际呈下降态势，一是2015年10家上市公司营业利润-3.60亿元，较2014年同期下降119.11%，其中5家上市公司主营业务利润较2014年同期下降，占比50%。二是10家上市公司中主营业务亏损公司有2家，较2014年减少2家，亏损家数减少，但个别上市公司亏损严重，导致青海辖区上市公司总体盈利为负数。

青海辖区7家公司归属于母公司所有者的净利润较2014年同期下降，个别公司亏损巨大。西宁特钢2015年归属于母公司所有者的净利润-16.19亿元，受其影响西部矿业归属于母公司所有者的净利润也由2014年的2.90亿元降至2015年的0.30亿元，降幅达90%；盐湖股份受经济下行和产能过剩双重压力影响，化工一、二期项目2015年亏损15.4亿元，使公司整体业绩由2014年的13.02亿元降至2015年的5.59亿元，下降57%；青海明胶、广誉远、青青稞酒、金瑞矿业受国家宏观经济下行影响，经营业绩较2014年度均有不同程度下降。

5. 利润分配情况

表8　2015年青海上市公司现金分红情况

2015年分红公司家数			2015年分红金额		
家数	变动率（%）	分红公司家数占地区公司总数比重（%）	金额（亿元）	变动率（%）	分红金额占归属于母公司所有者的净利润比重（%）
4	33	40	2.67	-27.45	-130.88

资料来源：青海证监局。

四、青海上市公司并购重组情况

（一）并购重组基本情况

青海辖区上市公司——贤成矿业于2014年启动重大资产重组，向西藏荣恩科技有限公司、肖融、新疆泰达新源股权投资有限公司等7家公司和个人累计发行4.89亿股股份购买相关资产，交易价格合计为39.20亿元。2015年1月2日，贤成矿业重大资产重组获得中国证监会有条件通过，3月11日，青海省工商行政管理局核准了青海春天的股东变更，贤成矿业重大资产重组事项完成了标的资产过户及相关工商备案登记工作。公司在2015年6月9日公告名称变更事宜，贤成矿业证券简称同时变更为“青海春天”，至此，青海春天“借壳”贤成矿业上市工作完成。

（二）并购重组特点

一是破产重整是公司并购重组的基础，贤成矿业通过破产重整工作，有效地解决了公司的巨额债务问题，有效地保障了债权人及广大投资者的合法权益。二是通过并购重组实现了脱胎换骨，改善了公司治理结构；通过“借壳”引入新资产和业务，使公司基本面发生了根本性的变化，进一步增强了企业持续经营能力，优化了公司的资产结构。三是通过重大资产重组使高风险公司风险得到了有效的化解，历史包袱得到了清理，维护了辖区资本市场的稳定。

五、青海上市公司募集资金情况、使用情况

（一）募集资金总体情况

表 9　　2015 年青海上市公司募集资金情况

发行类型	代码	简称	募集资金（亿元）
首发	—	—	0.00
	小计		0.00
再融资（增发、配股）	600714	金瑞矿业	1.01（增发）
	600714	金瑞矿业	0.34（增发）
	600771	广誉远	6.39（增发）
	600243	青海华鼎	10.89（增发）
	000792	盐湖股份	49.00（增发）
	小计		67.63
其他融资（公司债券、短期融资券、中期票据、次级债、金融债、境外发行债券）	601168	西部矿业	10.00（短期融资券）
	000792	盐湖股份	47.00（短期融资券）
	000792	盐湖股份	20.00（中期票据）
	小计		77.00
总计			144.63

资料来源：青海证监局。

（二）募集资金使用情况及特点

2015 年，青海辖区共有 5 家公司使用募集资金，金额合计为 67.63 亿元，其中，金瑞矿业使用募集资金共计 1.35 亿元，主要用于购买庆龙锶盐技改项目建设（使用募集资金 1.01 亿元）及补充流动资金（使用募集资金 0.34 亿元）；广誉远使用募集资金 6.39 亿元，全部用于补充流动资金；青海华鼎使用募集资金 10.89 亿元，主要用于归还银行贷款及补充流动资金；盐湖股份使用募集资金 49.00 亿元，主要用于

150万吨/年钾肥扩能改造工程项目、30万吨/年钾碱项目及补充流动资金。

青海辖区上市公司均按要求建立了募集资金使用制度，2015年部分上市公司重新修订了募集资金使用制度，公司募集资金使用程序符合规范要求，募集资金使用进度总体良好。同时，受宏观经济及产业结构的影响，辖区大多数公司融资需求较为迫切。

（三）募集资金变更情况

2015年，青海地区上市公司无变更募集资金使用项目的情况。

六、青海上市公司规范运作情况

（一）上市公司治理专项情况

2015年，青海证监局切实履行“两维护、一促进”的要求，积极开展辖区上市公司各项监管工作。一是深入推进公司治理建设。通过年报现场检查对辖区上市公司公司治理运行情况进行检查和督促整改，加强以独立董事和专业委员会履职为重点的三会运作监管，避免企业同业竞争和有效减少关联交易。二是规范上市公司承诺履行，依据《上市公司监管指引第4号——上市公司实际控制人、股东、关联方、收购人以及上市公司承诺及履行》，积极关注上市公司承诺事项问题，有效地保障了投资者的合法权益。三是加强内控规范体系建设。继续推进上市公司内控规范体系建设工作，加大持续跟踪、分析研究和督导力度，向辖区上市公司和拟上市公司推广内控建设好的经验和做法。四是加强现金分红管理。以上市公司现金分红的决策过程、执行情况及信息披露等为工作重点，督促公司切实履行现金分红政策，积极回报投资者，2015年，辖区10家上市公司有4家进行现金分红，分别为西部矿业分红1.19亿元，青青稞酒分红0.81亿元，盐湖股份分红0.58亿元，青海华鼎分红0.09亿元，分红总额为2.67亿元。

（二）审计情况及监管情况

青海上市公司2015年年报分别由8家会计师事务所进行审计，除青海春天的年报审计意见为带强调事项段的无保留意见，其余9家上市公司年报的审计意见均为标准无保留意见。

青海证监局在对辖区上市公司的年报监管中，认真落实中国证监会关于年报工作的各项要求，在年报审计工作开展之前及时约谈会计师，结合日常监管工作提出审计关注重点；在年报审计工作开展之中及时了解审计工作进程，督促公司按期披露年报；在公司年报披露之后认真进行年报审核分析，对年报中发现的问题提出审核意见，在审计分析的基础上认真开展年报现场检查和专项检查。2015年对3家上市公司进行现场检查，对2家公司进行专项检查，对会计师的执业质量进行延伸检查，向上市公司及中介机构下发监管关注函、问询函48份。

（三）信息披露情况

青海证监局本着“加强监管、防范风险”的工作思路，充分发挥一线监管的优势，以现场检查为抓手，以信息披露为主线，以保护投资者合法权益为目标，加大事中事后监管力度和问责处罚力度，推进上市公司规范运作，促进市场公开透明。2015年，青海证监局多措并举、积极主动履行监督责任，辖区上市公司信息披露情况总体较好，各公司基本能够按照相关法规要求，如实反映经营成果、重大事项，能够及时针对媒体质疑履行核查及澄清义务，上市公司主动披露信息意识不断增强，保护了投资者合法权益。

（四） 证券市场服务情况

2015年，青海证监局围绕“两维护、一促进”的核心职责，不断强化服务意识，全力推动上市公司及非上市公众公司规范发展，切实保护中小投资者的合法权益，有力促进了辖区资本市场的健康稳定发展。一是将高风险公司作为重点监管对象，积极协调各方力量，防范和化解其风险。二是支持上市公司通过并购重组和再融资做优做强，提升公司盈利能力和核心竞争力。三是鼓励上市公司建立持续、清晰、透明的现金分红政策和决策机制，督促上市公司进行现金分红，积极回报投资者。四是推动上市公司加强投资者关系管理。与深圳证券信息有限公司联合举办辖区上市公司投资者网上业绩接待日活动，为投资者与上市公司搭建交流、沟通平台，有力增强了上市公司与投资者的良性互动，进一步营造了辖区成熟、理性的股权投资文化，提升了辖区上市公司透明度，切实维护投资者合法权益。五是加大培训力度，积极主动为证券市场的健康发展做好服务工作。2015年青海证监局加大上市公司、新三板挂牌公司、拟上市公司相关人员培训力度，对相关公司累计培训52家次，340人次。六是为帮助青海省企业加深对新三板的认识，更好地拓展直接融资渠道，推动“大众创业、万众创新”良好局面不断形成，青海证监局会同省金融办召开了2015年青海省企业新三板挂牌推进会，本次推介会既增加了相关企业对新三板市场的认识和了解，又增强了企业挂牌信心，是推进资本市场服务实体经济的一次很好的实践。

（五）其他

2015年6月15日以来，我国股票市场异常波动，青海省证券市场受到较大冲击。对此，青海证监局根据证监会的相关要求和部署，及时做好维护辖区上市公司稳定工作。一是及时向青海省政府报送《关于当前股票市场出现异常波动对我省证券市场的影响及相关建议的报告》，就股市异常波动对青海省上市公司和拟上市企业及资本市场稳定的影响进行了详细分析，对青海证监局已采取的措施及下一步意见建议进行了汇报。二是及时下发或转发维稳工作通知，就上市公司大股东及董监高停牌前增持股票稳定股价相关事项下发通知，要求辖区上市公司开展维护股价稳定工作，提出具体方案和措施，并密切跟踪实施情况。三是认真开展辖区上市公司股东违规减持行为自查工作，及时上报自查报告，对相关行为人采取了行政监管措施，并建议立案稽查。四是及时统计辖区上市公司维稳相关数据，自股市异常波动以来共统计报送上市公司风险数据20份，为相关领导及时掌握相关数据和决策提供了参考。

审稿人：梁世鹏　肖雪维　谢　誉

撰稿人：王洁萍

宁夏地区

一、宁夏国民经济发展概况

表 1　　2015 年宁夏国民经济发展概况　　单位：亿元

指标	1-3 月		1-6 月		1-9 月		1-12 月	
	绝对量	同比增长（%）	绝对量	同比增长（%）	绝对量	同比增长（%）	绝对量	同比增长（%）
地区生产总值（GDP）	460.64	7	1128.03	7.4	1987.32	7.6	2911.77	8
全社会固定资产投资	237.22	15.9	1235.76	12.8	2399.78	8	3426.42	10.7
社会消费品零售总额	189.09	7.6	364.92	6.5	572.17	6.7	789.57	7.1
规模以上工业增加值	202.1	6.5	437.8	7	694	7.5	972.2	7.8
规模以上工业企业实现利润	6.60	-74.90	34.40	-39.80	58.30	-30.70	79.30	-6.40
居民消费价格指数（CPI）	1-3 月		1-6 月		1-9 月		1-12 月	
	1.3		1.4		1.4		1.1	

资料来源：国家统计局。

二、宁夏上市公司总体情况

（一）公司数量

表 2　　2015 年宁夏上市公司数量　　单位：家

公司总数	2015 年新增	股票类别			板块分布			
		仅 A 股	仅 B 股	（A+B）股	沪市主板	深市主板	中小板	创业板
12	0	12	0	0	4	7	1	0

资料来源：沪深交易所，同花顺。

（二）行业分布

表 3　　2015 年宁夏上市公司行业分布情况

所属证监会行业类别	家数	占比（%）	所属证监会行业类别	家数	占比（%）
农、林、牧、渔业	0	0	金融业	0	0
采矿业	0	0	房地产业	0	0
制造业	9	75	租赁和商务服务业	0	0
电力、热力、燃气及水生产和供应业	1	8.33	科学研究和技术服务业	0	0
建筑业	0	0	水利、环境和公共设施管理业	0	0
批发和零售业	1	8.33	教育	0	0
交通运输、仓储和邮政业	1	8.33	卫生和社会工作	0	0
住宿和餐饮业	0	0	文化、体育和娱乐业	0	0
信息传输、软件和信息技术服务业	0	0	综合	0	0
合计	12	100			

资料来源：沪深交易所，同花顺。

（三）股本结构及规模

表 4　　2015 年宁夏上市公司股本规模在 10 亿股以上公司分布情况

股本规模（亿股）	公司家数	具体公司
10≤~<20	1	中银绒业

资料来源：沪深交易所，同花顺。

表 5　　2015 年宁夏上市公司分地区股权构成情况　　单位：家

股权性质 / 地域分布	央企国资控股	省属国资控股	地市国资控股	民营控股	其他	合计
银川市	2	1	0	5	0	8
石嘴山市	2	0	0	1	0	3
吴忠市	0	0	0	0	0	0
固原市	0	0	0	0	0	0
中卫市	1	0	0	0	0	1
合计	5	1	0	6	0	12

资料来源：宁夏证监局。

（四）市值规模

截至 2015 年 12 月 31 日，宁夏 12 家上市公司境内总市值 817.34 亿元，占全国上市公司境内总市值的 0.15%；其中上交所上市公司 4 家，总股本 15.89 亿股，境内总市值 347.40 亿元，占上交所上市公司境内总市值的 0.12%；深交所上市公司 8 家，总股本 48.00 亿股，境内总市值 469.93 亿元，占深交所上市公司境内总市值的 0.20%。

（五）资产规模

截至 2015 年 12 月 31 日，宁夏 12 家上市公司合计总资产 508.31 亿元，归属于母公司股东权益 189.34 亿元，与 2014 年相比，分别增长 3.10%、-4.33%；平均每股净资产 2.96 元。

三、宁夏上市公司经营情况及变动分析

（一）总体经营情况

表 6　　2015 年宁夏上市公司经营情况

指标	2015 年	2014 年	变动率（%）
家数	12	12	0.00
亏损家数	6	3	100.00
亏损家数比例（%）	50	25	25.00
平均每股收益（元）	-0.22	-0.06	-266.67
平均每股净资产（元）	2.96	3.38	-12.43
平均净资产收益率（%）	-7.47	-1.91	-5.56
总资产（亿元）	508.31	493.04	3.10
归属于母公司股东权益（亿元）	189.34	197.9	-4.33
营业收入（亿元）	204.95	229.33	-10.63
利润总额（亿元）	-13.72	-0.76	-1705.26
归属于母公司所有者的净利润（亿元）	-14.15	-3.77	-275.33

资料来源：沪深交易所，同花顺。

（二）分行业经营情况

表 7　　2015 年宁夏上市公司分行业经营情况

所属行类	营业收入（亿元）	可比样本变动率（%）	归属于母公司所有者的净利润（亿元）	可比样本变动率（%）
农、林、牧、渔业	0	—	0	—
采矿业	0	—	0	—

续表

所属行类	营业收入（亿元）	可比样本变动率（%）	归属于母公司所有者的净利润（亿元）	可比样本变动率（%）
制造业	118.67	–19.1	–14.17	–139.73
电力、热力、燃气及水生产和供应业	12.05	–16.22	–1.17	–704.47
建筑业	0	—	0	—
批发和零售业	74.04	8.6	1.37	–29.49
交通运输、仓储和邮政业	0.18	117.99	–0.17	–1586.9
住宿和餐饮业	0	—	0	—
信息传输、软件和信息技术服务业	0	—	0	—
金融业	0	—	0	—
房地产业	0	—	0	—
租赁和商务服务业	0	—	0	—
科学研究和技术服务业	0	—	0	—
水利、环境和公共设施管理业	0	—	0	—
教育	0	—	0	—
卫生和社会工作	0	—	0	—
文化、体育和娱乐业	0	—	0	—
综合	0	—	0	—
合计	204.95	–10.63	–14.15	–275.33

资料来源：沪深交易所，同花顺。

（三）业绩变动情况分析

1. 营业收入、毛利率等变动原因分析

2015 年，宁夏上市公司共实现营业总收入 204.95 亿元，较 2014 年下降 10.63%；实现归属于母公司所有者的净利润合计–14.15亿元，较 2014 年下降 275.33%；平均毛利率 17.25%，较 2014 年下降 1.42 个百分点。总体来看，辖区 12 家上市公司中 11 家为传统制造业企业，受宏观经济结构调整的冲击较大，收入与利润连续两年呈下降趋势，且降幅逐渐增大。

2. 盈利构成分析

2015 年，宁夏上市公司实现营业利润–20.25 亿元，营业外收入 8.36 亿元；12 家公司实现归属于母公司所有者的净利润为–14.15 亿元，较 2014 年的–3.77 亿元下降 275.33%。

3. 经营性现金流量分析

2015 年，宁夏上市公司实现的经营活动现金流量净额为 11.32 亿元，较 2014 年下降 48.14%；其中银星能源现金流量净流入 7.11 亿元，对辖区公司经营活动现金流入贡献最大。12 家公司中 6 家公司经营活动现金流量净额为负值，较 2014 年增加 1 家。同时，公司经营收入下降及款项回收乏力，是经营性现金流量净额下降的主要原因。

4. 业绩特点分析

2015年，宁夏上市公司经营业绩与往年的“绩优绩差分化明显”不同，整体下滑较大。辖区12家公司中除美利云与新日恒力外，其余公司的经营业绩较2014年均有所下降，尤其是中银绒业首现8.76亿元的巨额亏损，东方钽业继续亏损6.36亿元。2015年，辖区上市公司业绩状况反映了传统制造行业的盈利能力普遍衰退，各公司均不同程度地面临产业转型升级、摆脱经济困境的难题。

5. 利润分配情况

表8　　2015年宁夏上市公司现金分红情况

2015年分红公司家数			2015年分红金额		
家数	变动率（%）	分红公司家数占地区公司总数比重（%）	金额（亿元）	变动率（%）	分红金额占归属于母公司所有者的净利润比重（%）
2	-33.33	16.67	0.15	-84.85	-1.03

资料来源：宁夏证监局。

四、宁夏上市公司并购重组情况

（一）并购重组基本情况

2015年，辖区上市公司并购重组较为活跃。据统计，年内共有8家上市公司合计开展并购重组9项。其中，1家上市公司于年内完成并购重组，涉及资产金额合计约15.66亿元；6家上市公司并购重组正在推进中；2家上市公司重大资产重组终止。值得强调的是，*ST广夏重大资产重组事项及*ST美利非公开发行股票申请均已获得中国证监会核准。

（二）并购重组特点

2014年宁夏地区上市公司并购重组特点主要表现为：

（1）公司开展并购重组事项的数量增加，但完成的并购重组数量少，仅1项；并购重组规模较小，占全国并购重组规模比重较低，与周边省份相比并购重组融资规模排位较靠后。

（2）并购重组模式方面。一是并购重组方式多样化，主要包括：发行股份募集资金购买资产、现金收购、重大资产出售等。二是部分重组带有产业转型的目的，开展的并购重组事项中，4项涉及引入新产业，其中新日恒力完成收购博雅干细胞科技有限公司80%股权，引入生物科技医疗业务，形成“双主业”。三是大部分并购重组基本未涉及控制权变更，从目前实施并购重组的情况或披露的方案来看，仅1家公司重组完成后发生实际控制人变更，大部分公司通过重组控股股东的股份占比明显提高，对上市公司的控制力增强。

（3）并购重组实现的目标和取得的效果方面。一是通过并购重组获得优质资产，使上市公司资产负债率显著下降，资产结构得到优化，财务状况得以改善，有效地提高了上市公司的偿债能力和抗风险能力，为上市公司的长期稳健发展夯实了基础；二是借助并购重组实现低效资产剥离，资产质量得以改善，主业转型升级和持续发展能力得到有效提升，进一步增强了上市公司核心竞争力；三是借助并购重组募集资金的合理使用，减少上市公司与控股股东及其所属公司之间关联往来及债务，有利于增强上市公司的独立性，保持上市公司健全有效的法人治理结构，从而更有利于维护中小股东利益；四是部分公司并购重组效果不佳，除2家公司并购重组终止外，还有个别并购重组项目因前期考虑不周、准备不足导致筹备时间较长，进展缓慢。

五、宁夏上市公司募集资金情况、使用情况

（一）募集资金总体情况

表9　　2015年宁夏上市公司募集资金情况

发行类型	代码	简称	募集资金（亿元）
首发	—	—	0.00
	小计		0.00
再融资（增发、配股）	000595	宝塔实业	6.00
	小计		6.00
其他融资（公司债券、短期融资券、中期票据、次级债、金融债、境外发行债券）	—	—	0.00
	小计		0.00
总计			6.00

资料来源：宁夏证监局。

（二）募集资金使用情况及特点

上市公司募集资金主要用于公司主业相关的募投项目及补充营运资金。在募集资金管理和使用方面，公司严格按照法律法规和公司制度的规定，与保荐机构、银行签订《募集资金三方监管协议》，对募集资金实行专户存储，对其使用严格审批，以保证专款专用。总体上，公司能够按照募集资金项目的计划使用募集资金，变更程序严格，但仍存在使用进度缓慢，使用计划制订不够严谨的问题，对市场和政策变化预计不足导致部分募投项目未达到预期收益。

（三）募集资金变更情况

表10　　2015年宁夏上市公司募集资金使用项目变更情况

变更募集资金使用项目的公司家数	涉及金额（亿元）	募集资金总额（亿元）	占公司募集资金总额的比例（%）
1	1.82	6.00	30.33

资料来源：宁夏证监局。

2015年，宝塔实业变更部分募集投资项目为永久补充流动资金，共计1.82亿元，占公司募集资金总额的30.33%。2015年以来，轴承行业产品收入较2014年同期进一步减少，规模以上企业亏损面进一步加大，为了有效配置资金，减少投入增加效益，减小市场变化带来的风险，公司拟适当减少“高端轴承建设项目”的投入。同时，公司流动资金紧张，存在部分即将到期债务资金尚未落实的情况，变更部分募集资金为永久补充流动资金将有效缓解公司流动资金压力。

六、宁夏上市公司规范运作情况

（一）上市公司治理专项情况

2015年，宁夏证监局依法开展日常监管工作，全面提升上市公司规范运作水平；积极督促公司解决同业竞争，规范关联交易；持续督促上市公司及相关方按期履行承诺，督促辖区公司对实际控制人、股东、关联方、收购人以及自身在首次公开发行股票、再融资、股改、并购重组以及公司治理等过程中做出的资产注入、股权激励、解决产权瑕疵等各项承诺事项进行全面梳理并进行集中解决；督促上市公司加强内幕信息管理，严格执行内幕信息知情人登记管理制度。2015年，辖区公司治理水平进一步提升，上市公司及其控股股东规范运作意识增强，独立性、承诺履行等历史遗留问题进一步得到解决；上市公司内部控制规范体系运行平稳、执行有效，实施范围不断扩大，全面提升了公司的经营管理水平及风险防范和应对能力，并为进一步提高信息披露质量发挥了积极作用。

（二）审计情况及监管情况

2015年，辖区公司年报分别由信永中和会计师事务所银川分所、瑞华会计师事务所、中天运会计师事务所、中兴财光华会计师事务所、立信会计师事务所5家会计师事务所审计。2014年，有3家公司被年审会计师出具非标审计意见报告（带强调事项段的无保留意见）。宁夏证监局积极加强与会计部、沪深交易所的监管协作，进一步完善辖区会计师事务所与资产评估机构内部治理、健全质量控制体系、提升职业水平。一是贯彻风险导向监管理念，扎实推进年报审计监督工作，增强监管的针对性和有效性。二是启动监管约谈机制和审计监督机制、督导审计机构提高年报审计质量。三是加强对新换会计师事务所的审计监管，督促其严把审计执业质量关。四是加大会计师事务所执业质量检查力度，强化年报审计责任。

（三）信息披露情况

2015年，辖区公司在信息披露、公司治理、内部控制和投资者回报等方面取得了较大进步，规范化程度进一步提高，投资者合法权益进一步得到保护。年报编制和披露质量、年报及摘要的可读性和非财务信息的披露与往年相比都有明显提高。各公司以体现投资价值为导向，强化了投资者关心事项的披露，年报披露涵盖了经营业绩、公司治理、内控规范体系实施、利润分配、社会责任等；现金分红比例呈现逐年增长的势头。通过及时、有效的信息披露，公司重大风险得到充分揭示和有效化解。2015年，辖区上市公司新华百货第二大股东因信息披露违规被宁夏证监局立案，并实施行政处罚。

（四）证券市场服务情况

为进一步做好投资者服务，宁夏证监局、宁夏上市公司协会多措并举，开展多样性活动推动辖区投资者关系管理迈上新台阶。一是召开辖区上市公司投资者关系工作会议，引导和规范上市公司投资者关系管理，促进辖区证券市场健康稳定发展。二是联合深圳证券信息有限公司，利用互联网上市公司投资者关系互动平台，举办“宁夏上市公司2014年业绩说明会暨投资者集体接待日”活动，上市公司高管与投资者通过网络在线交流形式，对年报披露、公司治理、发展战略、经营状况、融资计划、股权激励、可持续发展及投资者保护等投资者所关心的问题进行“一对多”形式的沟通与交流，进一步加强与投资者的沟通、联系，提升上市公司投资者关系管理能力和水平。三是召开“以诚为本、以信为基”的诚信宣传活动，通过召开辖区上市公司座谈会、组织上市公司签署《诚信公约》、宣传先进典型，促进形成讲诚信、重诚信的市场氛围，引导资本市场诚信建设深入推进。

审稿人：常顺龙　陈　玲

撰稿人：刘燕强　李东升　弭杨囡

新疆地区

一、新疆国民经济发展概况

表 1　　2015 年新疆国民经济发展概况　　单位：亿元

指标	1-3 月		1-6 月		1-9 月		1-12 月	
	绝对量	同比增长（%）	绝对量	同比增长（%）	绝对量	同比增长（%）	绝对量	同比增长（%）
地区生产总值（GDP）	1209.75	6.9	3649.48	8.2	6411.40	8.4	9324.80	8.8
全社会固定资产投资	457.34	14.9	3383.56	10.3	7380.14	12.5	10525.42	10.1
社会消费品零售总额	595.18	6.1	1197.31	6.3	1838.87	6.7	2605.96	7
规模以上工业增加值	551.48	5.3	1170.1	5.1	1827.97	5.2	2500.1	5.2
规模以上工业企业实现利润	55.60	-68.60	154.50	-59.40	245.40	-53.00	340.50	-50.20
居民消费价格指数（CPI）	1-3 月		1-6 月		1-9 月		1-12 月	
	0.3		0.2		0.5		0.6	

资料来源：国家统计局。

二、新疆上市公司总体情况

（一）公司数量

表 2　　2015 年新疆上市公司数量　　单位：家

公司总数	2015 年新增	股票类别			板块分布			
		仅 A 股	仅 B 股	（A+B）股	沪市主板	深市主板	中小板	创业板
43	3	43	0	0	24	6	10	3

资料来源：沪深交易所，同花顺。

（二）行业分布

表 3　　2015 年新疆上市公司行业分布情况

所属证监会行业类别	家数	占比（%）	所属证监会行业类别	家数	占比（%）
农、林、牧、渔业	5	11.63	金融业	1	2.33
采矿业	4	9.30	房地产业	0	0
制造业	24	55.81	租赁和商务服务业	1	2.33
电力、热力、燃气及水生产和供应业	2	4.65	科学研究和技术服务业	0	0
建筑业	3	6.98	水利、环境和公共设施管理业	0	0
批发和零售业	3	6.98	教育	0	0
交通运输、仓储和邮政业	0	0	卫生和社会工作	0	0
住宿和餐饮业	0	0	文化、体育和娱乐业	0	0
信息传输、软件和信息技术服务业	0	0	综合	0	0
合计	43	100			

资料来源：沪深交易所，同花顺。

（三）股本结构及规模

表 4　　2015 年新疆上市公司股本规模在 10 亿股以上公司分布情况

股本规模（亿股）	公司家数	具体公司
100≤~<200	1	申万宏源
50≤~<100	1	广汇能源
20≤~<50	4	渤海租赁，金风科技，特变电工，中粮屯河
10≤~<20	4	中泰化学，新研股份，中葡股份，青松建化

资料来源：沪深交易所，同花顺。

表 5　　2015 年新疆上市公司分地区股权构成情况　　单位：家

股权性质 / 地域分布	央企国资控股	省属国资控股	地市国资控股	民营控股	其他	合计
乌鲁木齐市	5	4	7	7	3	26
克拉玛依市	0	0	1	1	0	2
石河子市	0	0	3	0	0	3
库尔勒市	1	0	1	0	0	2
昌吉市	1	0	0	3	0	4
博乐市	0	0	1	0	0	1

续表

股权性质 / 地域分布	央企国资控股	省属国资控股	地市国资控股	民营控股	其他	合计
阿克苏市	0	0	1	1	0	2
阿拉尔市	0	0	1	0	0	1
伊犁哈萨克自治州	0	0	1	0	0	1
塔城市	0	0	0	1	0	1
合计	7	4	16	13	3	43

注：中葡股份、金风科技计入“其他”中。
资料来源：新疆证监局。

（四）市值规模

截至2015年12月31日，新疆43家上市公司境内总市值6078.59亿元，占全国上市公司境内总市值的1.14%；其中上交所上市公司24家，总股本222.78亿股，境内总市值2414.66亿元，占上交所上市公司境内总市值的0.82%；深交所上市公司19家，总股本298.99亿股，境内总市值3663.93亿元，占深交所上市公司境内总市值的1.55%。

（五）资产规模

截至2015年12月31日，新疆43家上市公司合计总资产8697.71亿元，归属于母公司股东权益2045.82亿元，与2014年相比，分别增长83.78%、43.55%；平均每股净资产3.88元。

三、新疆上市公司经营情况及变动分析

（一）总体经营情况

表6　　2015年新疆上市公司经营情况

指标	2015年	2014年	变动率（%）
家数	43	40	7.50
亏损家数	10	6	66.67
亏损家数比例（%）	23.26	15	8.26
平均每股收益（元）	0.30	0.20	50.00
平均每股净资产（元）	3.88	3.94	-1.52
平均净资产收益率（%）	7.67	5.10	2.57
总资产（亿元）	8697.71	4732.70	83.78
归属于母公司股东权益（亿元）	2045.82	1425.18	43.55
营业收入（亿元）	2215.42	1872.84	18.29
利润总额（亿元）	235.78	103.26	128.34
归属于母公司所有者的净利润（亿元）	156.84	72.73	115.65

资料来源：沪深交易所，同花顺。

（二）分行业经营情况

表 7　　2015 年新疆上市公司分行业经营情况

所属行类	营业收入（亿元）	可比样本变动率（%）	归属于母公司所有者的净利润（亿元）	可比样本变动率（%）
农、林、牧、渔业	27.24	-1.87	-1.06	-343.03
采矿业	66.31	-24.33	1.35	-92.28
制造业	1480.28	6.18	13.31	27.40
电力、热力、燃气及水生产和供应业	39.06	0.05	4.23	-6.38
建筑业	100.53	-16.98	0.71	82.83
批发和零售业	100.77	-17.17	3.72	-18.16
交通运输、仓储和邮政业	0	—	0	—
住宿和餐饮业	0	—	0	—
信息传输、软件和信息技术服务业	0	—	0	—
金融业	304.63	115.24	121.54	159.60
房地产业	0	—	0	—
租赁和商务服务业	96.59	40.97	13.04	42.85
科学研究和技术服务业	0	—	0	—
水利、环境和公共设施管理业	0	—	0	—
教育	0	—	0	—
卫生和社会工作	0	—	0	—
文化、体育和娱乐业	0	—	0	—
综合	0	—	0	—
合计	2215.42	10.70	156.84	67.27

资料来源：沪深交易所，同花顺。

（三）业绩变动情况分析

1. 营业收入、毛利率等变动原因分析

2015 年，新疆上市公司实现营业收入 2215.42 亿元，较 2014 年增长 18.29%；利润总额 235.78 亿元，较 2014 年增长 128.34%；归属于母公司所有者的净利润 156.84 亿元，较 2014 年增长 115.65%。总体来看，营业收入增幅大于营业成本增幅是毛利率上升的主要原因。

2. 盈利构成分析

从盈利构成看，2015 年，新疆上市公司利润来源主要是营业利润，其占利润总额比重为 86.15%，投资收益占利润总额比重为 35.57%，公允价值变动净收益为 5.74 亿元，营业外收支净额占利润总额比重为 13.8%。

3. 经营性现金流量分析

2015 年，新疆 43 家上市公司中有 32 家上市公司经营性现金流量净额为正，占比为 74.42%，高于 2014 年 70%的水平。新疆上市公司现金流量增加趋势明显，经营性现金流量由 322.44 亿元增加至 701.10 亿元；24 家上市公司经营性现金流量均出现不同程度的增加。

4. 业绩特点分析

（1）每股收益。2015 年，新疆上市公司实现归属于母公司所有者的净利润 156.84 亿元，较 2014 年增长 115.65%，每股收益 0.3 元，高于 2014 年的 0.2 元；净资产收益率 7.67%，高于 2014 年的 5.10%。

（2）板块业绩情况。2015 年，新疆主板上市公司平均每股收益 0.18 元，净资产收益率 5.73%；中小板上市公司平均每股收益 0.49 元，净资产收益率 10.08%；创业板上市公司平均每股收益 0.06 元，净资产收益率 1.70%。

5. 利润分配情况

表 8　　2015 年新疆上市公司现金分红情况

2015 年分红公司家数			2015 年分红金额		
家数	变动率（%）	分红公司家数占地区公司总数比重（%）	金额（亿元）	变动率（%）	分红金额占归属于母公司所有者的净利润比重（%）
20	–20	46.51	52.36	80.30	33.38

资料来源：新疆证监局。

四、新疆上市公司并购重组情况

（一）并购重组基本情况

2015 年，新疆辖区共有 13 家上市公司先后启动并购重组，占辖区上市公司总数的 30.23%，其中 3 家公司完成重大资产重组，分别为天康生物、天润乳业和新研股份，涉及金额合计 68.13 亿元。

（二）并购重组特点

2015 年，新疆上市公司并购重组十分活跃，产业整合、战略转型特征明显：部分上市公司通过并购重组实现了同行业或上下游企业整合，消化库存、降低成本、增强实力。如天润乳业购买上游奶源资产、中泰化学收购下游纺织企业股权、渤海租赁收购海外优质飞机租赁资产、天山生物购买牧业土地资产等。部分上市公司通过并购重组实现业务转型或业务多元化，寻求新的利润增长点，提高抗风险能力。如新研股份收购军工资产，完成向高端制造业的产业升级，使 2015 年净利润较 2014 年增长了 168.12%；天康生物通过实现集团整体上市，促进了优势资源和产业进一步向上市公司集中；啤酒花、天山纺织、百花村等均通过置出全部原有资产，发行股份购买新的资产等实现业务转型。

五、新疆上市公司募集资金情况、使用情况

（一）募集资金总体情况

表 9　2015 年新疆上市公司募集资金情况

发行类型	代码	简称	募集资金（亿元）
首发	601069	西部黄金	4.50
	603227	雪峰科技	4.10
	小计		8.60
再融资（增发、配股）	000415	渤海租赁	160.00
	002100	天康生物	4.51
	300159	新研股份	42.02
	002719	麦趣尔	4.09
	002202	金风科技	3.47
	600419	天润乳业	3.53
	小计		217.62
其他融资（公司债券、短期融资券、中期票据、次级债、金融债、境外发行债券）	000415	渤海金控	15.00
	600256	广汇能源	5.20
	小计		20.20
总计			246.42

资料来源：新疆证监局。

（二）募集资金使用情况及特点

2015 年，新疆辖区上市公司已实现 A 股融资总额 226.22 亿元。其中 IPO 为 2 家，融资金额合计 8.60 亿元；增发 6 家，共实现融资 217.62 亿元。另有 2 家上市公司发行公司债，融资金额合计 20.20 亿元。IPO 及再融资公司均已使用 2015 年募集的资金，金额 217.63 亿元，占 2015 年融资总额的 96.20%。募集资金使用具有以下特点：一是有 5 家公司采取发行股份购买资产的方式实施再融资，募集资金主要用于并购重组；二是有 1 家公司的募集资金全部用于补充流动资金。

（三）募集资金变更情况

2015 年新疆辖区募集资金的上市公司不存在变更使用的情况。

六、新疆上市公司规范运作情况

(一) 上市公司治理专项情况

2015年，新疆上市公司持续推进公司治理工作，进一步加强内部控制体系建设，规范意识和规范运作水平不断提高。新疆证监局面对经济发展新常态，按照“条线分工，逻辑集中，信息共享，精准发力，防范风险，促进发展”的总体工作思路，切实提高监管的针对性和有效性。对于实施重大资产重组或发行股份购买资产的上市公司，要求其做好重组过程中的内幕信息保密和知情人登记工作，及时分阶段进行信息披露，严防内幕交易和股价异动。对辖区43家上市公司及其控股股东、实际控制人承诺情况进行全面梳理，并督促其切实履行承诺。2015年，新疆共有20家上市公司实施现金分红，分红总额达到52.36亿元，较2014年增长80.30%。

(二) 审计情况及监管情况

2015年，新疆5家上市公司变更了年报审计机构，共有11家会计师事务所参与了年报审计。4家公司年报审计为带强调事项段的无保留意见，其余39家均为标准无保留意见。

2015年年报审计监管中，新疆证监局贯彻从严监管理念，传导监管压力，对重点项目进行全覆盖式监管，对一般项目有针对性地进行提示。加大中介机构监管力度，通过业务报备、现场约谈、调阅审计底稿、风险导向现场检查、双随机现场检查、回访检查等方式督促年审机构履职尽责，提升执业质量。

(三) 信息披露情况

2015年，新疆证监局坚持以信息披露为中心的监管理念，对15家上市公司出具了年报审核反馈意见。就新中基未按规定时间披露年报事项，第一时间督促公司及年审机构履行相关义务并尽快发布年报，及时提请启动稽查程序并参与调查，对公司及其年审机构采取了出具警示函的行政监管措施；由于应对迅速，未发生媒体质疑、投资者投诉或股价异常波动等风险。持续关注临时公告，督促上市公司健全信息披露制度，规范信息披露流程和行为，及时披露有关信息，提高公司透明度。持续关注媒体报道，重点关注高风险公司及存在重大事项的公司，对多家出现问题的上市公司及其高管约见谈话、下发监管关注函或进行现场检查，督促其做好信息披露工作。

(四) 证券市场服务情况

1. 听取建议，评估问题，摸清市场底数

新疆证监局于2015年初召集辖区部分上市公司董秘举行了分类监管调研座谈会。积极深入上市公司经营一线，先后调研辖区公司在华北、华东、西南及东北经营情况，了解新常态下公司遇到困难和存在问题的同时，积极向企业传递资本市场相关政策，引导企业结合自身发展实际情况，通过并购重组做大做强。

2. 加强培训工作，夯实市场基础

2015年，新疆证监局联合新疆上市公司协会举办辖区上市公司财务培训，对会计准则进行深入讲解，本次培训共有41家上市公司共300余人参加；联合新疆上市公司协会举办辖区上市公司信息披露工作培训会，此次培训共有辖区43家上市公司董事会秘书、财务总监、证券事务代表等140余人参加，培训邀请了沪、深交易所专家进行了授课。

3. 积极落实投资者保护工作，及时处理信访投诉

除“投资者网上集体接待日”、“中小投资者走进上市公司”活动外，针对2015年7月国内A股市场的异常波动，新疆证监局要求辖区上市公司确保日常沟通渠道顺畅，进一步完善投资者关系管理制度，积极、正面应对媒体质疑、市场传闻，使市场充分了解情况，减少误读误判。2015年新疆证监局共处理辖区上市公司信访、举报、投诉事项20余起。

4. 做好市场培育，推动企业上市

截至2015年底，新疆地区共有13家拟上市公司在新疆证监局辅导备案；11家拟上市公司向中国证监会申报上市首发申请材料。

审稿人：时元龙

撰稿人：吴　迪

深圳地区

一、深圳国民经济发展概况

表 1　　2015 年深圳国民经济发展概况　　单位：亿元

指标	1–3 月		1–6 月		1–9 月		1–12 月	
	绝对量	同比增长（%）	绝对量	同比增长（%）	绝对量	同比增长（%）	绝对量	同比增长（%）
地区生产总值（GDP）	3494.42	7.80	7550.11	8.40	12376.66	8.70	17502.99	8.90
全社会固定资产投资	460.36	16.80	1294.38	22.50	2211.16	22.90	3298.31	21.40
社会消费品零售总额	1078.10	1.00	2364.00	1.20	3672.79	2.00	5017.84	2.00
规模以上工业增加值	1341.67	7.60	3006.53	7.80	4827.68	7.90	6785.01	7.70
规模以上工业企业实现利润	—	—	—	—	—	—	—	—
居民消费价格指数（CPI）	1–3 月		1–6 月		1–9 月		1–12 月	
	1.4		1.8		2.1		2.2	

资料来源：国家统计局。

二、深圳上市公司总体情况

（一）公司数量

表 2　　2015 年深圳上市公司数量　　单位：家

公司总数	2015 年新增	股票类别			板块分布			
		仅 A 股	仅 B 股	（A+B）股	沪市主板	深市主板	中小板	创业板
202	12	184	1	17	15	59	82	46

资料来源：沪深交易所，同花顺。

（二）行业分布

表 3　　2015 年深圳上市公司行业分布情况

所属证监会行业类别	家数	占比（%）	所属证监会行业类别	家数	占比（%）
农、林、牧、渔业	0	0	金融业	6	2.97
采矿业	0	0	房地产业	16	7.92
制造业	114	56.44	租赁和商务服务业	7	3.47
电力、热力、燃气及水生产和供应业	3	1.49	科学研究和技术服务业	1	0.5
建筑业	10	4.95	水利、环境和公共设施管理业	3	1.49
批发和零售业	11	5.45	教育	0	0
交通运输、仓储和邮政业	8	3.96	卫生和社会工作	0	0
住宿和餐饮业	2	0.99	文化、体育和娱乐业	0	0
信息传输、软件和信息技术服务业	19	9.41	综合	2	0.99
合计	202	100			

资料来源：沪深交易所，同花顺。

（三）股本结构及规模

表 4　　2015 年深圳上市公司股本规模在 10 亿股以上公司分布情况

股本规模（亿股）	公司家数	具体公司
200≤~<500	1	招商银行
100≤~<200	4	平安银行，万科 A，中信证券，中国平安
50≤~<100	5	华侨城 A，招商蛇口，国信证券，招商证券，广深铁路
20≤~<50	11	中兴通讯，南玻 A，深康佳 A，深圳能源，中集集团，中金岭南，深圳机场，比亚迪，金地集团，深高速，深圳燃气
10≤~<20	30	世纪星源，深振业 A，中国宝安，深科技，深深房 A，中粮地产，华联控股，深天马 A，农产品，长城电脑，*ST 华赛，盐田港，大族激光，宝鹰股份，怡亚通，劲嘉股份，世联行，信立泰，美盈森，南山控股，洪涛股份，格林美，爱施德，兆驰股份，欧菲光，立讯精密，海能达，香江控股，健康元，长园集团

资料来源：沪深交易所，同花顺。

表 5　　2015 年深圳上市公司分地区股权构成情况　　单位：家

股权性质 / 地域分布	央企国资控股	省属国资控股	地市国资控股	民营控股	其他	合计
深圳市	24	1	22	139	16	202

注：22 家地市国资控股公司中，21 家是深圳市国资委控股公司，1 家是惠州国资委控股公司。
资料来源：深圳证监局。

（四）市值规模

截至 2015 年 12 月 31 日，深圳 202 家上市公司境内总市值 46023.63 亿元，占全国上市公司境内总市值的 8.66%；其中上交所上市公司 15 家，总股本 665.12 亿股，境内总市值 13278.06 亿元，占上交所上市公司境内总市值的 4.49%；深交所上市公司 187 家，总股本 1643.37 亿股，境内总市值 32745.58 亿元，占深交所上市公司境内总市值的 13.87%。

（五）资产规模

截至 2015 年 12 月 31 日，深圳 202 家上市公司合计总资产 164731.69 亿元，归属于母公司股东权益 18863.33 亿元，与 2014 年相比，分别增长 19.18%、22.24%；平均每股净资产 7.47 元。

三、深圳上市公司经营情况及变动分析

（一）总体经营情况

表 6　　2015 年深圳上市公司经营情况

指标	2015 年	2014 年	变动率（%）
家数	202	190	6.32
亏损家数	17	18	-5.56
亏损家数比例（%）	8.42	9.47	-1.05
平均每股收益（元）	1	0.97	3.09
平均每股净资产（元）	7.47	7.49	-0.27
平均净资产收益率（%）	13.36	12.93	0.43
总资产（亿元）	164731.69	138218.18	19.18
归属于母公司股东权益（亿元）	18863.33	15430.83	22.24
营业收入（亿元）	23146.92	18726.59	23.60
利润总额（亿元）	3718.02	2861.24	29.94
归属于母公司所有者的净利润（亿元）	2520.68	1994.86	26.36

资料来源：沪深交易所，同花顺。

（二）分行业经营情况

表 7　　2015 年深圳上市公司分行业经营情况

所属行类	营业收入（亿元）	可比样本变动率（%）	归属于母公司所有者的净利润（亿元）	可比样本变动率（%）
农、林、牧、渔业	0	—	0	—
采矿业	0	—	0	—

续表

所属行类	营业收入（亿元）	可比样本变动率（%）	归属于母公司所有者的净利润（亿元）	可比样本变动率（%）
制造业	5942.35	8.1	239.89	10.79
电力、热力、燃气及水生产和供应业	204.42	-12.15	18.15	-25.13
建筑业	424.29	3.82	19.55	-1.92
批发和零售业	1235.19	3.29	25.13	127.69
交通运输、仓储和邮政业	269.37	2.69	44.55	0.65
住宿和餐饮业	2.16	-17.66	0.84	116.94
信息传输、软件和信息技术服务业	201.71	12.76	17.76	43.89
金融业	10280.68	36.32	1784.22	32.06
房地产业	3204.79	17.66	296.97	14.74
租赁和商务服务业	968.32	29.82	14.54	11.64
科学研究和技术服务业	12.88	39.07	1.81	23.58
水利、环境和公共设施管理业	347.23	5.8	49.18	-2.98
教育	0	—	0	—
卫生和社会工作	0	—	0	—
文化、体育和娱乐业	0	—	0	—
综合	53.53	11.06	8.1	122.14
合计	23146.92	20.72	2520.68	25.90

资料来源：沪深交易所，同花顺。

（三）业绩变动情况分析

1. 营业收入、毛利率等变动原因分析

2015年，深圳上市公司共实现营业收入23146.92亿元，较2014年可比样本增长23.60%，略高于2014年增幅。实现归属于母公司所有者的净利润2520.68亿元，较2014年可比样本增长26.36%，增速提升8.36个百分点。

2015年，除金融行业以外，其他195家公司毛利率为22.81%，较2014年下降0.08个百分点，下降幅度不大。面对人工等成本的不断增长，近年来，辖区部分制造业公司如海能达、科陆电子、证通电子等发力制造业服务化，实现从提供单一产品向提供产品和服务系统转变，通过高边际毛利率的服务带动整体毛利率的改善。2015年制造业公司毛利率整体达到21.77%，较2014年提升1个百分点，近年来呈逐年提高趋势。与全国相比，辖区制造业毛利率具有显著优势。

2. 盈利构成分析

从盈利构成看，2015年深圳上市公司利润来源主要是营业利润，占利润总额的比重为96.30%，比2014年提升了1.6个百分点；而营业外收支净利润占利润总额的比重为3.70%，比2014年降低了1.6个百分点。在营业利润中，投资净收益占利润总额的比重为54.32%，较2014年大幅上升了12.08个百分点；公允价值变动净收益占利润总额的比重为1.25%，较2014年回落了0.36个百分点。

3. 经营性现金流量分析

2015年，深圳上市公司经营活动现金流6750.54亿元，较2014年的5877.68亿元提升4.85%，增速较2014年下降33.2个百分点。其中，扣除金融、房地产业，其他上市公司的经营活动现金流量为501.97亿元，较2014年增长19.17%。

4. 业绩特点分析

2015年，深圳上市公司业绩呈现五个特点：一是深圳上市公司业绩持续增速提升，总体发展态势良好。2015年深圳辖区上市公司实现营业收入23146.92亿元、归属于母公司所有者的净利润2520.68亿元，较2014年增速分别为23.60%、26.36%，高于全国上市公司同期营业收入和净利润增速。二是证券公司业绩强力拉动，金融业继续保持较高增速。2015年6家金融业公司实现净利润1784.22亿元，较2014年增速为32.06%，较2014年提升超过3个百分点，占辖区公司净利润总体的比例为70.78%。三是房地产业公司业绩回升，行业出现回暖迹象。2015年深圳17家房地产上市公司实现净利润296.41亿元，较2014年增长13.89%，扭转了2014年业绩下滑形势。四是新增长点不断涌现，新兴产业带动制造业持续增长。2015年，深圳辖区制造业上市公司仍保持了净利润11.59%的较高增速，其中，92家战略新兴产业公司实现净利润272.67亿元，较2014年增长27.90%。五是部分公司经营形势持续恶化，相关风险需要关注。2015年辖区17家公司亏损，亏损金额51.19亿元，增长51.14%，其中6家公司亏损金额超过4亿元。

5. 利润分配情况

表8　　2015年深圳上市公司现金分红情况

2015年分红公司家数			2015年分红金额		
家数	变动率（%）	分红公司家数占地区公司总数比重（%）	金额（亿元）	变动率（%）	分红金额占归属于母公司所有者的净利润比重（%）
167	7.05	82.67	725.76	41.37	28.34

资料来源：深圳证监局。

从分红形式来看，支付现金股利的公司有167家，转增股本的有22家，分配股票股利的有2家。

四、深圳上市公司并购重组情况

（一）并购重组基本情况

2015 年，深圳上市公司共发生重大资产并购重组 29 宗，完成 22 宗，失败 7 宗，其中，发生借壳式重组 2 宗，完成 1 宗，失败 1 宗。22 宗完成的重大资产重组分别是：

（1）长园集团股份有限公司以发行股份和支付现金的方式购买运泰利 100%的股权。

（2）深圳市长方半导体照明股份有限公司以现金及发行股份的方式向李迪初、李映红、聂卫等 29 名交易对方购买其合计持有的康铭盛 60%的股权。

（3）深圳市英唐智能控制股份有限公司拟通过发行股份及支付现金方式购买钟勇斌等 9 名交易对方所持有的深圳华商龙 100%的股权。

（4）深圳英飞拓科技股份有限公司通过在香港设立的全资子公司英飞拓国际以现金方式收购 Swann Communications Pty Ltd 97.5%的股份。

（5）深圳市信维通信股份有限公司向亚力盛投资、德威首创以现金及发行股份方式购买其合计持有的亚力盛 80%的股权。

（6）深圳新宙邦科技股份有限公司拟以发行股份及支付现金的方式购买王陈锋、曹伟、朱吉洪等 6 名海斯福股东合计持有的海斯福 100%的股权。

（7）深圳香江控股股份有限公司向深圳市金海马实业股份有限公司发行股份购买深圳市香江商业管理有限公司的 100%股权、深圳市大本营投资管理有限公司的 100%的股权。

（8）深圳世纪星源股份有限公司以发行股份及支付现金的方式购买陈栩、许培雅、浙江天易等所持博世华 80.51%的股权。

（9）深圳中冠纺织印染股份有限公司拟以全部资产和负债作为置出资产，与神州长城全部股东持有的神州长城股权中的等值部分进行资产置换，差额部分由上市公司向神州长城全体股东发行股份进行购买。

（10）深圳市桑达实业股份有限公司向中电信息及无线通信其他 26 名自然人股东发行 78324760 股股份，购买其合计持有的无线通信 100%的股权；向中电信息及神彩物流其他 28 名自然人股东发行 8130113 股股份，购买神彩物流 100%的股权；向中电进出口发行 31784412 股股份，购买捷达运输 100%的股权。

（11）任子行网络技术股份有限公司向丁伟国等发行股份购买唐人数码 100%的股权。

（12）雅致集成房屋股份有限公司以发行股份购买资产的方式购买南山集团持有的南山地产（分立后）100%的股权，以发行股份购买资产的方式购买上海南山持有的上海新南山 80%的股权和南通南山 100%的股权。

（13）北京深华新股份有限公司向王仁年等发行股份购买八达园林 100%的股权。

(14) 深圳市麦捷微电子科技股份有限公司拟通过发行股份及支付现金相结合的方式购买新艺公司、百力联创、隆华汇等合计持有的星源电子100%的股权。

(15) 深圳市实益达科技股份有限公司以发行股份及支付现金的方式购买顺为广告100%的股权、奇思广告100%的股权、利宣广告100%的股权。

(16) 深圳市联建光电股份有限公司以现金及发行股份的方式购买杨再飞等3名交易对方合计持有的友拓公关100%的股权和段武杰等6名交易对方合计持有的易事达100%的股权。

(17) 深圳市金新农饲料股份有限公司以向蔡长兴、蔡亚玲发行股份及支付现金的方式收购深圳市盈华讯方通信技术有限公司80%的股权。

(18) 深圳珈伟光伏照明股份有限公司以发行股份及支付现金的方式购买振发能源、灏轩投资合计持有的华源新能源100%的股权。

(19) 深圳市华鹏飞现代物流股份有限公司以发行股份及支付现金的方式收购杨阳、欧力士(中国)、中科福泉合计持有的博韩伟业100%的股权。

(20) 深圳翰宇药业股份有限公司向张有平、凤凰财富和惠旭财智非公开发行股份并支付现金，购买其持有的成纪药业100%的股权。

(21) 深圳市奋达科技股份有限公司以向欧朋达的全体股东发行股份及支付现金的方式购买其持有的欧朋达100%的股权。

(22) 深圳达实智能股份有限公司向以交易对方发行股份及支付现金的方式收购其所持有的久信医疗100%的股权。

(二) 并购重组特点

2015年，深圳上市公司的重大资产重组活跃，完成数量较2014年持续上升。从22家已经完成并购重组的上市公司情况来看，21家为民营控股上市公司，其中，中小板公司和创业板公司占了绝大多数，一定程度上反映了中小民营控股企业并购重组的活跃度更高的现状。从并购类型上看，17宗为行业整合式重组，5宗为为实现公司多元化战略而实施的跨界并购。

五、深圳上市公司募集资金情况、使用情况

(一) 募集资金总体情况

表9　2015年深圳上市公司募集资金情况

发行类型	代码	简称	募集资金(亿元)
首发	002740.SZ	爱迪尔	3.60
	603118.SH	共进股份	8.46
	603808.SH	歌力思	7.28
	002751.SZ	易尚展示	1.55
	300457.SZ	赢合科技	2.04

续表

发行类型	代码	简称	募集资金（亿元）
首发	300468.SZ	四方精创	4.27
	002763.SZ	汇洁股份	6.61
	002766.SZ	索菱股份	3.13
	002769.SZ	普路通	4.60
	002775.SZ	文科园林	4.65
	002782.SZ	可立克	2.89
	002781.SZ	奇信股份	5.31
	002786.SZ	银宝山新	2.99
	小计		57.38
再融资（增发、配股）	000068.SZ	华控赛格	5.22
	300199.SZ	翰宇药业	4.09
	002139.SZ	拓邦股份	3.11
	002681.SZ	奋达科技	2.99
	000060.SZ	中金岭南	12.45
	002436.SZ	兴森科技	3.86
	300115.SZ	长盈精密	9.57
	000025.SZ	特力 A	6.34
	002660.SZ	茂硕电源	0.49
	300269.SZ	联建光电	2.11
	002218.SZ	拓日新能	11.94
	002055.SZ	得润电子	3.05
	002121.SZ	科陆电子	6.89
	002183.SZ	怡亚通	12.00
	000001.SZ	平安银行	99.40
	002285.SZ	世联行	11.18
	300197.SZ	铁汉生态	9.66
	002654.SZ	万润科技	6.95
	300037.SZ	新宙邦	1.63
	002170.SZ	芭田股份	0.41
	600446.SH	金证股份	2.42
	002314.SZ	南山控股	13.43
	002210.SZ	飞马国际	14.86
	300136.SZ	信维通信	0.81
	300112.SZ	万讯自控	0.52
	300319.SZ	麦捷科技	1.85
	300350.SZ	华鹏飞	3.28

续表

发行类型	代码	简称	募集资金（亿元）
再融资（增发、配股）	300131.SZ	英唐智控	1.89
	600525.SH	长园集团	4.63
	300317.SZ	珈伟股份	15.93
	000056.SZ	皇庭国际	30.30
	300311.SZ	任子行	1.97
	002482.SZ	广田集团	11.81
	000062.SZ	深圳华强	2.47
	000018.SZ	神州长城	2.43
	002340.SZ	格林美	23.58
	000070.SZ	特发信息	1.05
	300303.SZ	聚飞光电	5.87
	002052.SZ	同洲电子	6.08
	300162.SZ	雷曼股份	1.49
	000090.SZ	天健集团	21.75
	300232.SZ	洲明科技	2.05
	002548.SZ	金新农	3.25
	000010.SZ	美丽生态	7.85
	002421.SZ	达实智能	2.32
	600162.SH	香江控股	23.98
	000005.SZ	世纪星源	1.21
	300348.SZ	长亮科技	1.13
	000042.SZ	中洲控股	19.77
	000026.SZ	飞亚达 A	5.83
	001979.SZ	招商蛇口	118.01
	000050.SZ	深天马 A	47.21
	000069.SZ	华侨城 A	57.27
	600892.SH	大晟文化	15.11
	小计		686.75
其他融资（公司债券、短期融资券、中期票据、次级债、金融债、境外发行债券）	000002.SZ	万科 A	80.00
	000006.SZ	深振业 A	15.00
	000012.SZ	南玻 A	41.00
	000027.SZ	深圳能源	135.00
	000031.SZ	中粮地产	26.00
	000039.SZ	中集集团	20.00

续表

发行类型	代码	简称	募集资金（亿元）
其他融资（公司债券、短期融资券、中期票据、次级债、金融债、境外发行债券）	000042.SZ	中洲控股	13.00
	000063.SZ	中兴通讯	130.00
	001979.SZ	招商蛇口	30.00
	002130.SZ	沃尔核材	3.50
	002197.SZ	证通电子	4.00
	002797.SZ	第一创业	23.00
	002736.SZ	国信证券	645.00
	600999.SH	招商证券	770.00
	600030.SH	中信证券	768.00
	002456.SZ	欧菲光	8.00
	002340.SZ	格林美	8.00
	002416.SZ	爱施德	6.00
	002482.SZ	广田集团	10.90
	002594.SZ	比亚迪	15.00
	300199.SZ	翰宇药业	2.00
	600383.SH	金地集团	105.00
	600548.SH	深高速	9.00
	601139.SH	深圳燃气	28.00
	000022.SZ	深赤湾	8.00
	600380.SH	健康元	13.00
	002325.SZ	洪涛股份	2.00
	小计		2918.40
总计			3662.53

资料来源：深圳证监局。

（二）募集资金使用情况及特点

2015 年，13 家公司通过 IPO 募集资金 57.38 亿元；81 家公司通过增发、配股及其他融资方式等项目共筹资 3605.15 亿元。与 2014 年相比，2015 年新增 IPO 融资项目 8 家，再融资增加 13 家，融资金额增加 352.31 亿元。IPO 及再融资共有募集资金项目 192 个（公司债、短期融资券、中期票据等募集资金无指定使用项目，故未统计）。

（三）募集资金变更情况

2015 年，深圳有 7 家上市公司变更募集资金投向，涉及金额 5.45 亿元。相比 2014 年，变更家数减少 2 家，涉及金额减少 10.01 亿元。变更募集资金新投资 5 个项目，其中 1 个项目用于收购或者并购，另外4个项目仍为投资与上市公司主营业务相关的项目。

表10　　2015年深圳上市公司募集资金使用项目变更情况

变更募集资金使用项目的公司家数	涉及金额（亿元）	募集资金总额（亿元）	占公司募集资金总额的比例（%）
7	5.45	44.77	12.17

资料来源：深圳证监局。

六、深圳上市公司规范运作情况

（一）上市公司治理专项情况

2015年，深圳证监局在对监管档案提炼的基础上，建立持续记载每一家上市公司关键信息的“监管脸谱”，充分反映相关公司历史沿革、监管情况、诚信记录、规范运作情况以及重大风险事项，已完成202家上市公司的监管脸谱填报工作。2015年，深圳证监局对在深圳地区推行上市公司阳光监管进行积极探索，撰写了专项报告，制定具体工作方案，并在深圳证监局互联网站开设“上市公司监管信息专栏”，从监管依据、监管标准、监管执法措施等多个维度构建全方位、体系化的上市公司监管信息公开机制。2015年，“上市公司监管信息专栏”已发布各类监管规则、监管案例、监管措施、行政处罚等共计178篇，受到市场较大关注。

（二）审计情况及监管情况

2015年，深圳证监局根据辖区上市公司的风险状况及日常监管掌握到公司存在的重大事项，确定了2014年年报审计监管共19家重点公司。审计监管期间，深圳证监局积极督促会计师事务所尽职履责，对于包括19家重点公司在内的41家公司的年审会计师进行约谈，共约谈72人次。此外，重新评估参加风险分类的196家公司风险分类情况，调高风险级别的公司有14家，调低风险级别的公司有9家。

（三）信息披露情况

1. 促进自治，倡导建立“信息披露委员会”

深圳证监局借鉴境外成熟市场经验，联合深圳上市公司协会倡导辖区上市公司建立跨部门的信息披露委员会，已有万科、中国平安等10家上市公司试点建立了信披委员会等机构，对解决当前国内上市公司信息披露过于依赖董秘个人、重视不够、专业性不足和差错不断等问题进行试点探索，推动上市公司形成内生约束机制，履行信息披露自治责任。

2. 创新方式，推动投资者保护工作“专项披露”

为更好地保护投资者合法权益，深圳证监局积极创新披露模式，推动辖区上市公司以单独公告形式专项披露投资者保护情况。引导招商银行、华侨城等多家上市公司专项披露投资者保护情况报告，内容包括现金分红、承诺履行、投资者接待、维护股价稳定、与投资者沟通交流、为投资者参与公司治理提供便利等，披露内容更加充实丰富，披露形式更为突出醒目，受到相关上市公司投资者的普遍欢迎。

（四）证券市场服务情况

2015年，深圳证监局选取辖区14家在产业转型升级方面具有特色和亮点、取得阶段性成效的上市公司案例，形成《深圳上市公司产业转型升级实践》，该书稿已送系统内外各相关单位阅研并发辖区各上市公司参考。深圳证监局推动深圳金融办并联合市发改委、经信委、国资委、前海管理局、创投办等职能部门共同发布《关于利用资本市场促进深圳产业转型升级的指导意见》，为深圳辖区公司利用资本市场推进产业转型升级提供良好的制度环境和政策空间，取得了较好的市场反响。此外，深圳证监局还积极推动构建“深圳创业创新公共服务资本平台”，以更有效地服务和对接创业创新子平台。

审稿人：梁文利

撰稿人：赵科鹏　刘丽珠

大连地区

一、大连国民经济发展概况

表 1　　2015 年大连国民经济发展概况　　单位：亿元

指标	1–3 月		1–6 月		1–9 月		1–12 月	
	绝对量	同比增长（%）	绝对量	同比增长（%）	绝对量	同比增长（%）	绝对量	同比增长（%）
地区生产总值（GDP）	1483.7	2	3501.2	3.5	5602.2	3.8	7731.6	4.2
全社会固定资产投资	437.6	–27.2	2824.6	–14.3	4297.3	–21.8	4559.3	–32.7
社会消费品零售总额	697.4	6	1430	7.5	2242.1	8.2	3084.3	8.5
规模以上工业增加值	—	–5.9	—	–5	—	–4.7	1849.9	–4.5
规模以上工业企业实现利润	—	—	—	—	—	—	263.9	–0.7
居民消费价格指数（CPI）	1–3 月		1–6 月		1–9 月		1–12 月	
	1.5		1.4		1.6		1.6	

资料来源：国家统计局。

二、大连上市公司总体情况

（一）公司数量

表 2　　2015 年大连上市公司数量　　单位：家

公司总数	2015 年新增	股票类别			板块分布			
		仅 A 股	仅 B 股	(A+B) 股	沪市主板	深市主板	中小板	创业板
28	1	25	2	1	14	5	7	2

资料来源：沪深交易所，同花顺。

（二）行业分布

表 3　　2015 年大连上市公司行业分布情况

所属证监会行业类别	家数	占比（%）	所属证监会行业类别	家数	占比（%）
农、林、牧、渔业	2	7.14	金融业	0	0
采矿业	0	0	房地产业	2	7.14
制造业	11	39.29	租赁和商务服务业	0	0
电力、热力、燃气及水生产和供应业	2	7.14	科学研究和技术服务业	1	3.57
建筑业	0	0	水利、环境和公共设施管理业	1	3.57
批发和零售业	5	17.86	教育	0	0
交通运输、仓储和邮政业	2	7.14	卫生和社会工作	0	0
住宿和餐饮业	0	0	文化、体育和娱乐业	0	0
信息传输、软件和信息技术服务业	1	3.57	综合	1	3.57
合计	28	100			

资料来源：沪深交易所，同花顺。

（三）股本结构及规模

表 4　　2015 年大连上市公司股本规模在 10 亿股以上公司分布情况

股本规模（亿股）	公司家数	具体公司
100≤~<200	1	国电电力
50≤~<100	1	广汇汽车
20≤~<50	1	大连港
10≤~<20	4	海航投资，铁龙物流，辽宁成大，大连控股

资料来源：沪深交易所，同花顺。

表 5　　2015 年大连上市公司分地区股权构成情况　　单位：家

股权性质 / 地域分布	央企国资控股	省属国资控股	地市国资控股	民营控股	其他	合计
大连市	2	2	7	13	4	28

资料来源：大连证监局。

（四）市值规模

截至 2015 年 12 月 31 日，大连 28 家上市公司境内总市值 3855.48 亿元，占全国上市公司境内总市值的 0.73%；其中上交所上市公司 14 家，总股本 348.83 亿股，境内总市值2714.91亿元，占上交所上市公司境内总市值的0.92%；深交所上市公司14家，总股本66.90亿股，境内总市值1140.57亿元，占深交所上市公司境内总市值的0.48%。

（五）资产规模

截至2015年12月31日，大连28家上市公司合计总资产4919.47亿元，归属于母公司股东权益1515.16亿元，与2014年相比，分别增长23.90%、28.52%；平均每股净资产3.52元。

三、大连上市公司经营情况及变动分析

（一）总体经营情况

表6　　2015年大连上市公司经营情况

指标	2015年	2014年	变动率（%）
家数	28	27	3.70
亏损家数	7	4	75.00
亏损家数比例（%）	25	14.81	10.19
平均每股收益（元）	0.19	0.25	-24.00
平均每股净资产（元）	3.52	3.31	6.34
平均净资产收益率（%）	5.29	7.41	-2.12
总资产（亿元）	4919.47	3970.61	23.90
归属于母公司股东权益（亿元）	1515.16	1178.9	28.52
营业收入（亿元）	2352.47	1494.75	57.38
利润总额（亿元）	148.65	159.74	-6.94
归属于母公司所有者的净利润（亿元）	80.21	87.38	-8.21

资料来源：沪深交易所，同花顺。

（二）分行业经营情况

表7　　2015年大连上市公司分行业经营情况

所属行类	营业收入（亿元）	可比样本变动率（%）	归属于母公司所有者的净利润（亿元）	可比样本变动率（%）
农、林、牧、渔业	33.06	3.24	0.06	100.59
采矿业	0	—	0	—
制造业	166.87	-8.98	1.47	-18.04
电力、热力、燃气及水生产和供应业	552.67	-11.56	43.74	-28.11
建筑业	0	—	0	—
批发和零售业	1379.3	3.89	29.95	-17.13

续表

所属行类	营业收入（亿元）	可比样本变动率（%）	归属于母公司所有者的净利润（亿元）	可比样本变动率（%）
交通运输、仓储和邮政业	152.02	9.78	7.65	-11.24
住宿和餐饮业	0	—	0	—
信息传输、软件和信息技术服务业	9.41	97.85	3.62	56.25
金融业	0	—	0	—
房地产业	31.34	27.34	1.4	-31.96
租赁和商务服务业	0	—	0	—
科学研究和技术服务业	3.74	38.13	0.08	-45.37
水利、环境和公共设施管理业	3.05	5.22	0.43	11.62
教育	0	—	0	—
卫生和社会工作	0	—	0	—
文化、体育和娱乐业	0	—	0	—
综合	21	3.47	-8.19	-1191.13
合计	2352.47	-0.39	80.21	-22.46

资料来源：沪深交易所，同花顺。

（三）业绩变动情况分析

1. 营业收入、毛利率等变动原因分析

2015 年，大连辖区上市公司业绩持续稳中有降，累计实现营业收入、净利润分别为 2352.47 亿元和 105.55 亿元。营业收入较 2014 年同期增加 857.72 亿元，增幅为 57.38%，高于全国上市公司营业收入同期 1.13%的增幅。净利润减少 16.53 亿元，较 2014 年下降 13.54%。

2. 盈利构成分析

2015 年，大连辖区上市公司净利润降幅较大，盈利表现低于全国平均水平，28 家公司中有 21 家盈利、7 家亏损，亏损公司数量较 2014 年增加 3 家，辖内占比为 25%，高于全国 12.75%的亏损面。7 家公司累计亏损 22.10 亿元，其中，大连国际亏损 12.81 亿元，占辖内亏损上市公司亏损总额的 58%。从总体看，上市公司全年实现净利润 105.55 亿元，较 2014 年下降 13.54%，与全国上市公司净利润同期 1.08%的增幅相比差距较大。

3. 经营性现金流量分析

辖区上市公司 2015 年经营活动产生的现金流净额为 354.21 亿元，较 2014 年有所增加，较 2014 年增长 37.17%，低于全国 132.58%的增长水平。增长的主要原因是国电电力和广汇汽车，2015 年以上两家公司该项数据较 2014 年分别增长 225.75 亿元和 39.90 亿元。从辖区总体情况看，其他上市公司净现金流及经营活动变化幅度不大，但是有 7 家上市公司经营活动净现金流量为负，较 2014 年减少了 1 家。

4. 业绩特点分析

2015年辖区上市公司中，主板公司业绩较为稳定，创业板、中小板公司表现仍然相对较弱。主板公司主营业务收入及净利润占辖内上市公司总收入及总利润的绝大部分，其中广汇汽车、大商股份、国电电力的收入分别为937.00亿元、308.32亿元、545.84亿元，利润分别为21.18亿元、6.18亿元、74.47亿元，三家上市公司收入占辖内上市公司总收入的75.63%，净利润占辖内上市公司净利润的93.64%。

5. 利润分配情况

2015年，大连共有20家上市公司提出利润分配方案，占28家上市公司的71.43%，占大连盈利上市公司家数的95.24%；派发现金股利家数为20家，占利润分配家数的100%；派发现金总额31.59亿元，占大连上市公司归属于母公司所有者的净利润的29.93%。

表8　　2015年大连上市公司现金分红情况

2015年分红公司家数			2015年分红金额		
家数	变动率（%）	分红公司家数占地区公司总数比重（%）	金额（亿元）	变动率（%）	分红金额占归属于母公司所有者的净利润比重（%）
20	-4.76	71.43	31.59	-25.14	29.93

资料来源：大连证监局。

四、大连上市公司并购重组情况

（一）并购重组基本情况

2015年，辖区有19家公司筹划、实施或完成并购重组、再融资等工作，占辖内上市公司总数的68%，目前2家公司完成借壳上市，易世达、大连国际、天神娱乐、壹桥股份、辽宁成大、派思股份等纷纷启动重大资产重组，辖区上市公司借助资本市场发展的积极性日趋高涨，为大连资本市场的良性发展注入了活力。

（二）并购重组特点

在并购重组方面，辖区上市公司既有通过购买行业相关、相近或上下游资产调整产业结构，也出现了跨行业并购重组，顺利实现转型。并购重组为辖内上市公司各项指标的显著增长做出了突出贡献，有利于辖区企业利用资本市场做大做强，增强辖内上市公司实力。

五、大连上市公司募集资金情况、使用情况

（一）募集资金总体情况

表 9　　2015 年大连上市公司募集资金情况

发行类型	代码	简称	募集资金（亿元）
首发	600318	派思股份	1.96
	小计		1.96
再融资（增发、配股）	600739	辽宁成大	13.96
	600297	广汇汽车	60.00
	小计		73.96
其他融资（公司债券、短期融资券、中期票据、次级债、金融债、境外发行债券）	002220	天宝股份	5.00
	000616	海航投资	16.00
	000881	大连国际	3.00
	600739	辽宁成大	22.00
	600795	国电电力	339.00
	601880	大连港	20.00
	小计		405.00
总计			480.92

资料来源：大连证监局。

（二）募集资金使用情况及特点

2015 年，大连共有 3 家上市公司发行股份募集资金，金额为 75.92 亿元，其中派思股份募集资金 1.96 亿元，辽宁成大募集资金 13.96 亿元，广汇汽车募集资金 60 亿元。截至 2015 年 12 月 31 日，派思股份募集资金专户无余额，辽宁成大募集资金专户余额约 0.95 亿元，广汇汽车募集资金专户余额为 6469.23 元，2015 年募集资金使用率约 99%。

（三）募集资金变更情况

2015 年，大连 3 家发行股份募集资金的上市公司无变更募集资金使用项目的情况。

六、大连上市公司规范运作情况

（一）上市公司治理专项情况

2015 年，大连上市公司进一步强化规

范运作意识，不断深化公司治理，取得了一定成效。大连证监局在认真排查辖内上市公司风险基础上，就发现的风险苗头与证监会和交易所进行信息互通、监管联动，先后妥善处置了“獐子岛‘扇贝门’风波”、“天神娱乐并购重组及央视负面报道”、“大连热电和大连控股重大资产重组失败”等事件。面对6月以来的股市异常波动情况，大连证监局率先行动、积极应对，大连辖区资本市场实现稳定健康发展。

（二）审计情况及监管情况

2015年，大连辖区28家上市公司的年报审计意见均为标准无保留意见。在年报审计过程中，大连证监局按照证监会统一部署，全程跟踪、强化监管。会计师进场前，明确年报监管重点。通过召开上市公司监管工作会议、专题发文、提请重点关注事项、约谈年审会计师等方式，明确传达证监会及大连证监局年报监管重点，推动上市公司及相关方归位尽责。会计师进场后，持续跟进年报审计工作。在分清监管责任和审计责任的基础上，关注会计师审计过程中对风险点的把握，提醒其对重要风险事项充分履行审计程序，与公司审计委员会进行充分沟通，并做好沟通记录备查。年报披露后，加强年报审核及沟通。按照“披露一家，审核一家”的原则，在全面审核的基础上，综合考虑板块、行业、公司性质、报告期实施并购重组或再融资事项等因素，选取了8家公司作为重点审核对象，占辖区上市公司总量的30%。

全年，大连证监局以问题为导向开展现场检查，共进行广汇汽车借壳上市的拟注入资产信息披露情况实地核查、獐子岛历次存货抽测盘点跟踪、重点公司年报现场检查、募集资金使用专项检查、举报事项核查、中介机构检查等各类现场检查15家次，现场走访上市公司7家次，移送稽查1件，采取行政监管措施2件，下发监管关注函、约见上市公司高管人员谈话等日常监管措施12家次。

（三）信息披露情况

2015年，大连证监局进一步强化辖区上市公司日常信息披露监管。全年共审核定期报告138份，其中对8家公司年报进行重点审核，占辖区上市公司总量的30%，审核临时公告1000余份，出具定期报告问询函、监管关注函12份。鼓励上市公司开展自愿性信息披露，及时妥善回应投资者，连续第三年组织网上集体接待日活动，上市公司现场回答900多个投资者问题。在日常监管过程中，大连证监局注重引导上市公司运用互动易、互动平台、公司网站等与投资者实时互动，鼓励上市公司由单向信息发布向双向交流转变，辖区大部分公司能够做到对中小股东一视同仁，及时解答投资者普遍关心或集中反映的问题。鼓励上市公司结合自身特点，充分揭示行业特性，实施分行业差异化信息披露。

（四）证券市场服务情况

2015年，辖区上市公司积极配合监管指导，持续落实投资者保护工作要求，开展形式多样、内容丰富的投资者保护活动。

一是开展“投资者走进上市公司”系列活动。投资者先后走进大连圣亚、大连热电、大冷股份，通过实地参观公司生产车间、了解上市公司发展历程、与公司高管互动交流等形式，进一步拉近了投资者与上市公司的距离，有利于投资者更好地了解上市公司。二是举办第三次大连辖区上市公司投资者网上集体接待日活动。上市公司近60人现场回答了投资者提出的900多个问题。三年来的实践表明，辖区投资者关系互动平台与证券交易所互动易、易互动相互衔接，已经成为广大投资者与上市公司之间沟通交流的重要渠道，对于保障投资者的知情权，增进投资者对上市公司的了解和认同，增强上市公司的透明度，提高上市公司规范运作水平发挥了积极的推动作用。

审稿人：滕兆滨

撰稿人：周子歆

宁波地区

一、宁波国民经济发展概况

表 1　　2015 年宁波国民经济发展概况　　单位：亿元

指标	1–3 月		1–6 月		1–9 月		1–12 月	
	绝对量	同比增长（%）	绝对量	同比增长（%）	绝对量	同比增长（%）	绝对量	同比增长（%）
地区生产总值（GDP）	1555.30	9.20	3645.20	8.50	5580.84	7.10	8011.49	8.00
全社会固定资产投资	1010.43	21.50	2323.91	13.80	3363.54	12.20	4506.58	13.00
社会消费品零售总额	731.29	10.50	1490.25	9.70	2330.70	9.80	3349.60	12.00
规模以上工业增加值	565.64	7.80	1211.28	5.00	1845.80	3.40	2575.37	3.80
规模以上工业企业实现利润	134.11	27.70	364.60	25.00	523.11	11.40	753.40	14.60
居民消费价格指数（CPI）	1–3 月		1–6 月		1–9 月		1–12 月	
	1		1.3		1.6		1.8	

资料来源：国家统计局。

二、宁波上市公司总体情况

（一）公司数量

表 2　　2015 年宁波上市公司数量　　单位：家

公司总数	2015 年新增	股票类别			板块分布			
		仅 A 股	仅 B 股	（A+B）股	沪市主板	深市主板	中小板	创业板
51	6	51	0	0	29	1	12	9

资料来源：沪深交易所，同花顺。

（二）行业分布

表 3　　2015 年宁波上市公司行业分布情况

所属证监会行业类别	家数	占比（%）	所属证监会行业类别	家数	占比（%）
农、林、牧、渔业	0	0	金融业	1	1.96
采矿业	0	0	房地产业	4	7.84
制造业	35	68.63	租赁和商务服务业	0	0
电力、热力、燃气及水生产和供应业	1	1.96	科学研究和技术服务业	0	0
建筑业	4	7.84	水利、环境和公共设施管理业	0	0
批发和零售业	4	7.84	教育	0	0
交通运输、仓储和邮政业	2	3.92	卫生和社会工作	0	0
住宿和餐饮业	0	0	文化、体育和娱乐业	0	0
信息传输、软件和信息技术服务业	0	0	综合	0	0
合计	51	100			

资料来源：沪深交易所，同花顺。

（三）股本结构及规模

表 4　　2015 年宁波上市公司股本规模在 10 亿股以上公司分布情况

股本规模（亿股）	公司家数	具体公司
100≤~<200	1	宁波港
20≤~<50	3	荣安地产，宁波银行，雅戈尔
10≤~<20	4	宁波富达，宁波海运，百隆东方，三星医疗

资料来源：沪深交易所，同花顺。

表 5　　2015 年宁波上市公司分地区股权构成情况　　单位：家

股权性质 地域分布	央企国资控股	省属国资控股	地市国资控股	民营控股	其他	合计
宁波市	0	3	3	41	4	51

资料来源：宁波证监局。

（四）市值规模

截至 2015 年 12 月 31 日，宁波 51 家上市公司境内总市值 6244.90 亿元，占全国上市公司境内总市值的 1.17%；其中上交所上市公司 29 家，总股本 303.72 亿股，境内总市值 3731.30 亿元，占上交所上市公司境内总市值的 1.26%；深交所上市公司 22 家，总股本 152.84 亿股，境内总市值 2513.60 亿元，占深交所上市公司境内总市值的1.06%。

（五）资产规模

截至2015年12月31日，宁波51家上市公司合计总资产10830.21亿元，归属于母公司股东权益1920.5亿元，与2014年相比，分别增长25.85%、21.67%；平均每股净资产4.21元。

三、宁波上市公司经营情况及变动分析

（一）总体经营情况

表6　　2015年宁波上市公司经营情况

指标	2015年	2014年	变动率（%）
家数	51	45	13.33
亏损家数	3	3	0.00
亏损家数比例（%）	5.88	6.67	-0.79
平均每股收益（元）	0.41	0.43	-4.65
平均每股净资产（元）	4.21	4.23	-0.47
平均净资产收益率（%）	9.86	10.16	-0.30
总资产（亿元）	10830.21	8605.37	25.85
归属于母公司股东权益（亿元）	1920.5	1578.42	21.67
营业收入（亿元）	1872.08	1647.86	13.61
利润总额（亿元）	254.25	215.31	18.09
归属于母公司所有者的净利润（亿元）	189.39	160.37	18.10

资料来源：沪深交易所，同花顺。

（二）分行业经营情况

表7　　2015年宁波上市公司分行业经营情况

所属行类	营业收入（亿元）	可比样本变动率（%）	归属于母公司所有者的净利润（亿元）	可比样本变动率（%）
农、林、牧、渔业	0	—	0	—
采矿业	0	—	0	—
制造业	716.47	15.76	52.51	36.05
电力、热力、燃气及水生产和供应业	10.02	-9.03	0.92	-39.64
建筑业	397.1	0.07	6.7	-8.44
批发和零售业	109.31	-2.95	3.79	3.75
交通运输、仓储和邮政业	175.68	21.12	25.7	-9.06
住宿和餐饮业	0	—	0	—

续表

所属行类	营业收入（亿元）	可比样本变动率（%）	归属于母公司所有者的净利润（亿元）	可比样本变动率（%）
信息传输、软件和信息技术服务业	0	—	0	—
金融业	195.16	27.09	65.44	16.29
房地产业	268.34	-4.63	34.32	-4.9
租赁和商务服务业	0	—	0	—
科学研究和技术服务业	0	—	0	—
水利、环境和公共设施管理业	0	—	0	—
教育	0	—	0	—
卫生和社会工作	0	—	0	—
文化、体育和娱乐业	0	—	0	—
综合	0	—	0	—
合计	1872.08	8.88	189.39	10.29

资料来源：沪深交易所，同花顺。

（三）业绩变动情况分析

1. 营业收入、毛利率等变动原因分析

2015 年，宁波上市公司实现营业收入 1872.08 亿元，较 2014 年增长 13.61%；利润总额 254.25 亿元，较 2014 年增长 18.09%；毛利率 9.18%。总体来看，上市公司外部经营环境的持续改善和公司经营规模的扩张是各项指标增长的主要原因。

2. 盈利构成分析

从盈利构成看，2015 年宁波上市公司利润主要来源于营业利润，其占利润总额的比重为 92.95%。其中，投资净收益占利润总额的比重为 27.27%，公允价值变动净收益占利润总额的比重为 0.8%，营业外收支净额占利润总额的比重为 7.05%。

3. 经营性现金流量分析

2015 年，宁波 43 家上市公司经营活动产生的现金流量净额为正，占 51 家上市公司的 84.31%，高于 2014 年 77.78%的水平。

4. 业绩特点分析

（1）每股收益低于全国平均水平。2015 年，宁波上市公司实现归属于母公司所有者的净利润 189.39 亿元，较 2014 年增长 18.1%；每股收益 0.41 元，比 2014 年减少 0.02 元，低于全国 0.49 元的平均每股收益水平；平均净资产收益率 9.86%，较 2014 年减少 0.3 个百分点，低于全国 10.15%的平均净资产收益率水平。

（2）板块业绩情况。2015 年，宁波主板上市公司平均每股收益 0.31 元，净资产收益率 9.16%；宁波中小板上市公司平均每股收益 0.88 元，净资产收益率 11.77%；宁波创业板上市公司平均每股收益 0.27 元，净资产收益率 6.98%。

5. 利润分配情况

表 8　　2015 年宁波上市公司现金分红情况

2015 年分红公司家数			2015 年分红金额		
家数	变动率（%）	分红公司家数占地区公司总数比重（%）	金额（亿元）	变动率（%）	分红金额占归属于母公司所有者的净利润比重（%）
42	16.67	82.35	69.05	32.86	36.46

资料来源：宁波证监局。

四、宁波上市公司并购重组情况

（一）并购重组基本情况

2015 年，宁波辖区共有联创电子、广博股份、理工环科、天邦股份和宁波韵升五家上市公司开展了重大并购重组交易活动，交易涉及金额共 60.73 亿元。其中，汉麻产业以重大资产置换及发行股份形式取得联创电子 100%的股权，联创电子实现借壳上市；广博股份以发行股份及支付现金形式收购灵云传媒 100%的股权，实现产业跨界。

（二）并购重组特点

2015 年宁波辖区上市公司并购重组呈现出以下特点：

（1）交易方式更加多样，涉及资产置换、现金支付和发行股份购买资产等多种形式。

（2）并购主要着眼于增强上市公司主业和市场竞争力，大部分并购中交易双方主营业务趋于一致，同时也有公司尝试重大跨界收购。

（3）产生的经济社会效益明显。通过并购，交易双方实现了更好的优势互补，拥有规模、管理等诸多优势的企业得以进入资本市场，上市公司经济效益和社会效益得以更好发挥。如广博股份在完成收购后，营收和归属于母公司所有者的净利润分别较 2014 年提升了 30%和 140%。

五、宁波上市公司募集资金情况、使用情况

（一）募集资金总体情况

表 9　　2015 年宁波上市公司募集资金情况

发行类型	代码	简称	募集资金（亿元）
首发	603788	宁波高发	3.52
	603997	继峰股份	4.78
	603015	弘讯科技	5.31
	601689	拓普集团	14.68
	300439	美康生物	7.80
	300441	鲍斯股份	2.07
	小计		38.16

续表

发行类型	代码	简称	募集资金（亿元）
再融资（增发、配股）	600537	亿晶光电	12.28
	601567	三星医疗	6.20
	002103	广博股份	2.00
	600699	均胜电子	11.28
	002322	理工环科	4.28
	002124	天邦股份	4.50
	002142	宁波银行	48.50
	002036	联创电子	2.00
	小计		91.04
其他融资（公司债券、短期融资券、中期票据、次级债、金融债、境外发行债券）	600683	京投发展	7.79
	000517	荣安地产	12.00
	小计		19.79
总计			148.99

资料来源：宁波证监局。

（二）募集资金使用情况及特点

2015年，宁波共有29家上市公司使用募集资金，金额为108.51亿元，占29家公司募集资金总额（224.30亿元）的48.37%。宁波上市公司管理、使用募集资金呈现出如下特点：一是各公司均按要求执行募集资金管理、使用制度，募集资金管理、使用程序符合规范要求；二是募集资金使用进度整体情况良好；三是部分公司存在使用募集资金补充流动资金的情况。

（三）募集资金变更情况

2015年，宁波有5家上市公司变更募集资金使用用途，涉及金额约为4.68亿元，占6家公司募集资金总额（25.36亿元）的18.45%，相较2014年比例数（13.28%）有所上升。募集资金变更程序合法，均经过公司股东大会批准。综合来看，变更的原因主要包括：一是拟投资项目的市场环境发生比较重大的变化；二是原承诺投资项目因各种原因未能或者预计不能达到预期收益，为提高募集资金的使用效率，将剩余募集资金改投其他项目或调整投资结构。

表10　　2015年宁波上市公司募集资金使用项目变更情况

变更募集资金使用项目的公司家数	涉及金额（亿元）	募集资金总额（亿元）	占公司募集资金总额的比例（%）
5	4.68	25.36	18.45

资料来源：宁波证监局。

六、宁波上市公司规范运作情况

（一）上市公司治理专项情况

针对2015年二级市场宽幅震荡的情况，宁波证监局积极采取措施，有效维护了辖区资本市场稳定健康发展。一是下发通知，推动辖区上市公司采取股份回购、实际控制人或董监高人员增持、员工持股计划、主要股东及董监高人员承诺不减持等措施，以实际行动稳定市场预期，增强投资者信息。二是及时召开会议，逐家约谈前期减持过辖区上市公司股票的股东，要求其积极履行义务，将会议有关稳定市场的要求落实到位。三是为规范公司增持行为，宁波证监局通过下发监管情况通报，及时向公司传递会议要求，并进行细致的政策解释。四是对发现的违规减持行为及时采取行政监管措施，并将相关违法线索移送稽查立案。

（二）审计情况及监管情况

宁波辖区51家上市公司均按时披露了2015年年度报告和审计报告，除一家为带强调事项段的无保留意见类型外，均为标准无保留意见审计意见类型。

宁波证监局在抓好上市公司日常监管工作的同时，着重加大现场检查力度，变“被动防守”为“主动出击”，确保审计监管工作不留死角、不存疑点。一是抓好上市公司重点事项的日常监管工作。强化对控股权不稳定公司的监管，对康强电子、波导股份等公司开展走访调研，关注公司治理状况，提醒公司切实做好信息披露工作；强化对并购重组再融资公司的监管，关注该类公司信息披露情况，突出防范忽悠式并购，强调内幕信息登记制度的完善和执行，关注媒体报道事项；加强承诺履行事项的督导，对辖区公司承诺事项进行清理归类，重点关注在企业转型升级中可能被动或主动违背不同业竞争等相关承诺事项，督促三星电气、双林股份、GQY视讯妥善处置可能导致承诺不能按期履行的事项。二是深入开展现场检查，排查上市公司违规风险。在现场检查中突出风险导向，结合非现场监管掌握的情况，在年报审核比对分析的基础上，精心选取了媒体质疑、行业风险较大的公司开展检查，增强检查针对性；在现场检查中层层深入，发现疑点一查到底，并根据现场检查情况适时调整检查方案，力求将关注的重点与问题查清查透；认真落实会议新出台的检查工作制度要求，推进检查规范化、标准化，确保检查事实清楚、证据完整确凿、措施依据充分；就检查中关注问题深入分析原因，及时进行回访，在确保问题整改到位的同时，就可能存在的共性问题通过下发通知、开会强调等方式提醒其他公司认真对照要求进行自查整改。

（三）信息披露情况

宁波证监局注意着力抓好披露信息的审核。一是抓好年报审核监管工作。年初约谈审计机构，就持续监管中关注的问题提醒审计机构在年审过程中予以重点关注。同时，第一时间审阅了所有公司年报，并对部分上市公司进行了年报重点审核分析。二是抓好临时公告的审核。在日常监管中，根据宁波证监局对公司了解的情况，就公司公告中存在的问题和疑点，通过向公司下发询问函等形式，及时要求公司改正，并以上传监管日志、电话汇报等方式与上市部、交易所保持沟通。

（四）证券市场服务情况

宁波证监局按照监管转型总体要求，认真做好上市公司服务工作。一是指导宁波上市公司协会抓好上市公司培训工作。2015 年共组织开展上市公司内控培训、董监高和证券事务代表培训共 9 次，685 人（次）参加了培训。特别是做好新上市公司法律法规培训宣传，对 5 家新上市公司高管人员进行了集体谈话，讲解资本市场主要法律法规，提出规范运作要求。二是就热点问题积极开展调研。2015 年度围绕上市公司大股东间股权纷争问题、辖区公司并购重组现状、开展 PPP 业务和提高闲置募集资金使用等问题开展了调研，为公司提供相关咨询服务。三是召开上市公司利用资本市场座谈会，宣传讲解如何运用资本市场各类工具促进公司发展，积极推动辖区公司充分利用资本市场促进企业转型升级，做大做强。

审稿人：金勇熊

撰稿人：郭　锐

厦门地区

一、厦门国民经济发展概况

表 1　　2015 年厦门国民经济发展概况　　单位：亿元

指标	1–3 月		1–6 月		1–9 月		1–12 月	
	绝对量	同比增长（%）	绝对量	同比增长（%）	绝对量	同比增长（%）	绝对量	同比增长（%）
地区生产总值（GDP）	578.97	7.4	1424.67	6.8	2320.09	6.8	3466.01	7.2
全社会固定资产投资	358.13	20.6	909.65	21	1403.66	24.2	1887.65	20.8
社会消费品零售总额	248.12	11.4	582.56	9	861.44	7.6	1168.42	8.9
规模以上工业增加值	290.75	7.8	607.44	7.7	932.36	8	1254.1	7.9
规模以上工业企业实现利润	—	—	—	—	—	—	—	—
居民消费价格指数（CPI）	1–3 月		1–6 月		1–9 月		1–12 月	
	1.2		2		1.8		1.7	

资料来源：国家统计局。

二、厦门上市公司总体情况

（一）公司数量

表 2　　2015 年厦门上市公司数量　　单位：家

公司总数	2015 年新增	股票类别			板块分布			
		仅 A 股	仅 B 股	（A+B）股	沪市主板	深市主板	中小板	创业板
33	2	32	1	0	12	4	10	7

资料来源：沪深交易所，同花顺。

（二）行业分布

表 3　　2015 年厦门上市公司行业分布情况

所属证监会行业类别	家数	占比（%）	所属证监会行业类别	家数	占比（%）
农、林、牧、渔业	0	0	金融业	0	0
采矿业	1	3.03	房地产业	1	3.03
制造业	19	57.58	租赁和商务服务业	1	3.03
电力、热力、燃气及水生产和供应业	0	0	科学研究和技术服务业	1	3.03
建筑业	0	0	水利、环境和公共设施管理业	0	0
批发和零售业	4	12.12	教育	0	0
交通运输、仓储和邮政业	2	6.06	卫生和社会工作	0	0
住宿和餐饮业	0	0	文化、体育和娱乐业	0	0
信息传输、软件和信息技术服务业	3	9.09	综合	1	3.03
合计	33	100			

资料来源：沪深交易所，同花顺。

（三）股本结构及规模

表 4　　2015 年厦门上市公司股本规模在 10 亿股以上公司分布情况

股本规模（亿股）	公司家数	具体公司
20≤~<50	1	建发股份
10≤~<20	4	象屿股份，厦门钨业，盛屯矿业，厦门国贸

资料来源：沪深交易所，同花顺。

表 5　　2015 年厦门上市公司分地区股权构成情况　　单位：家

地域分布＼股权性质	央企国资控股	省属国资控股	地市国资控股	民营控股	其他	合计
厦门市	0	2	7	23	1	33

资料来源：厦门证监局。

（四）市值规模

截至 2015 年 12 月 31 日，厦门 33 家上市公司境内总市值 3260.66 亿元，占全国上市公司境内总市值的 0.61%；其中上交所上市公司 12 家，总股本 111.98 亿股，境内总市值 1614.51 亿元，占上交所上市公司境内总市值的 0.55%；深交所上市公司 21 家，总股本 70.48 亿股，境内总市值 1646.15 亿元，占深交所上市公司境内总市值的0.70%。

（五）资产规模

截至2015年12月31日，厦门33家上市公司合计总资产2880.48亿元，归属于母公司股东权益839.12亿元，与2014年相比，分别增长14.10%、16.66%；平均每股净资产4.6元。

三、厦门上市公司经营情况及变动分析

（一）总体经营情况

表6　　2015年厦门上市公司经营情况

指标	2015年	2014年	变动率（%）
家数	33	31	6.45
亏损家数	7	3	133.33
亏损家数比例（%）	21.21	9.68	11.53
平均每股收益（元）	0.24	0.43	-44.19
平均每股净资产（元）	4.6	4.53	1.55
平均净资产收益率（%）	5.21	9.41	-4.20
总资产（亿元）	2880.48	2524.62	14.10
归属于母公司股东权益（亿元）	839.12	719.31	16.66
营业收入（亿元）	3614.77	3246.35	11.35
利润总额（亿元）	90.98	115.27	-21.07
归属于母公司所有者的净利润（亿元）	43.74	67.67	-35.36

资料来源：沪深交易所，同花顺。

（二）分行业经营情况

表7　　2015年厦门上市公司分行业经营情况

所属行类	营业收入（亿元）	可比样本变动率（%）	归属于母公司所有者的净利润（亿元）	可比样本变动率（%）
农、林、牧、渔业	0	—	0	—
采矿业	66.62	98.99	1.38	-7.82
制造业	553.1	5.07	2.21	-87.57
电力、热力、燃气及水生产和供应业	0	—	0	—
建筑业	0	—	0	—
批发和零售业	2281.02	8.83	30.27	-14.71
交通运输、仓储和邮政业	86.86	-1.91	6.28	-15.75
住宿和餐饮业	0	—	0	—

续表

所属行类	营业收入（亿元）	可比样本变动率（%）	归属于母公司所有者的净利润（亿元）	可比样本变动率（%）
信息传输、软件和信息技术服务业	13.86	7.86	0.77	-54
金融业	0	—	0	—
房地产业	0.25	33.29	-0.14	-789.66
租赁和商务服务业	599.23	23.85	2.89	1.89
科学研究和技术服务业	13.45	-24.81	2.02	-8.94
水利、环境和公共设施管理业	0	—	0	—
教育	0	—	0	—
卫生和社会工作	0	—	0	—
文化、体育和娱乐业	0	—	0	—
综合	0.38	-22.8	-1.95	-725.04
合计	3614.77	10.9	43.74	-36.37

资料来源：沪深交易所，同花顺。

（三）业绩变动情况分析

1. 营业收入、毛利率等变动原因分析

2015 年，厦门上市公司实现营业收入 3614.77 亿元，较 2014 年增长 11.35%，归属于母公司所有者的净利润 43.74 亿元，较 2014 年下降 35.36%；平均毛利率为 1.65%，较 2014 年下降 7.9 个百分点。从行业看，厦门各主要行业上市公司盈利能力均有所下降，19 家制造业上市公司整体净利润大幅下滑 87.57%，表明制造业经营状况受宏观环境影响较大。总体上看，厦门上市公司毛利率下滑主要原因是成本费用的快速上涨。

2. 盈利构成分析

2015 年，厦门上市公司利润来源主要是营业利润，共计 84.36 亿元，占利润总额的比重为 92.72%，相比 2014 年上升 4.18 个百分点。在营业利润中，投资净收益占利润总额的比重为 29.60%，相比 2014 年上升 11.26 个百分点。

3. 经营性现金流量分析

2015 年，厦门上市公司经营性现金流量净额为 139.19 亿元，与 2014 年的-68.37 亿元相比，盈利质量有所提高。33 家上市公司中，有 26 家经营活动产生的现金流量为正，整体经营性现金流量净流入金额大幅增加的主要原因是建发股份、厦门国贸等公司土地储备支出减少、房产销售回款增加。

4. 业绩特点分析

一是业绩分化明显。厦门 33 家上市公司有 26 家盈利，7 家亏损，其中，盈利前 3 名的公司合计实现归属于上市公司股东的净利润 38.27 亿元，占厦门上市公司净利润总额的 87.50%，亏损前 3 名的公司亏损合计 20.36 亿元，公司业绩两极分化明显。

二是去库存、去产能的结构性调整压

力凸显。2015年末，厦门上市公司存货余额1013.27亿元，较2014年增长7.43%。在行业库存压力和市场需求及价格下滑的双重挤压下，厦门上市公司2015年存货减值损失达10.58亿元，较2014年大幅增加158.76%。

三是非经营性损益占比上升，部分公司主业长期亏损。2015年，厦门上市公司非经常性损益合计为18.83亿元，占净利润比例达29.49%，较2014年上升了6.49个百分点。有3家公司连续三年扣非后净利润为负，经营风险较大。

5. 利润分配情况

表8　2015年厦门上市公司现金分红情况

2015年分红公司家数			2015年分红金额		
家数	变动率（%）	分红公司家数占地区公司总数比重（%）	金额（亿元）	变动率（%）	分红金额占归属于母公司所有者的净利润比重（%）
24	4.35	72.73	16.39	−29.51	37.47

资料来源：厦门证监局。

四、厦门上市公司并购重组情况

（一）并购重组基本情况

2015年，厦门上市公司并购重组较为活跃，共披露重大资产重组预案6单，涉及交易金额76.05亿元，较2014年增长370.32%。

（二）并购重组特点

一是并购重组规模再创新高，其中既有同行业或上下游产业的整合型并购，也有通过并购重组实现业务转型或者业务多元化，说明厦门上市公司加快了产业结构调整步伐，积极寻求新的业绩增长点。

二是并购重组类型日趋丰富，方式不断创新，采用了收购、发行股份购买资产及配套募集资金等多种方式。

三是产生的经济社会效益明显。通过并购重组，部分上市公司实现了跨越式发展，业绩、市值、资产规模均快速增长，提升了股东价值，经济效益和社会效益得以更好发挥。

五、厦门上市公司募集资金情况、使用情况

（一）募集资金总体情况

表 9　　2015 年厦门上市公司募集资金情况

发行类型	代码	简称	募集资金（亿元）
首发	300427	红相电力	2.32
	002785	万里石	1.14
	小计		3.46
再融资（增发、配股）	002228	合兴包装	4.50
	600686	金龙汽车	13.00
	002593	日上集团	5.28
	300056	三维丝	0.63
	300102	乾照光电	7.95
	300051	三五互联	0.70
	小计		32.06
其他融资（公司债券、短期融资券、中期票据、次级债、金融债、境外发行债券）	600711	盛屯矿业	5.00
	600153	建发股份	20.00
	000905	厦门港务	1.00
	600755	厦门国贸	97.00
	600549	厦门钨业	17.00
	000701	厦门信达	57.00
	小计		197.00
总计			232.52

资料来源：厦门证监局。

（二）募集资金使用情况及特点

2015 年，厦门有 19 家上市公司使用募集资金，共计 42.16 亿元，占 19 家公司募集资金总额的 26.48%。厦门上市公司使用募集资金呈现出如下特点：一是各公司募集资金使用程序符合规范要求；二是募集资金使用进度整体情况良好，但部分公司存在因项目可行性发生重大变化，导致募集资金使用进度和效益不符合预期的情况。

（三）募集资金变更情况

2015 年，厦门有 6 家上市公司变更募集资金使用项目，涉及金额 4.20 亿元，主

要有以下情况：一是募集资金投资项目的变更；二是募集资金投资项目实施地点的变更；三是将募集资金用于补充流动资金。募集资金变更均经过公司股东大会批准，履行了相应的信息披露义务。

表 10　　2015 年厦门上市公司募集资金使用项目变更情况

变更募集资金使用项目的公司家数	涉及金额（亿元）	募集资金总额（亿元）	占公司募集资金总额的比例（%）
6	4.20	159.20	2.64

资料来源：厦门证监局。

六、厦门上市公司规范运作情况

（一）上市公司治理专项情况

2015 年，厦门上市公司在厦门证监局的督导下，通过建章立制、人员培训等方式，进一步完善内部控制规范体系。一是认真遵守《厦门上市公司保护中小投资者合法权益自律公约》，从加强信息披露、网络投票、公司市值和投资者关系等事项的管理等方面入手，保护投资者合法权益。二是充分发挥审计委员会、内审部门的作用，逐步形成内生规范运作机制，推动上市公司有效落实监管要求。三是根据厦门证监局要求，组织上市公司的股东、关联方以及上市公司对履行承诺情况进行自查，主动披露自查结果接受监督，提高了上市公司的诚信意识，形成了“守信受益、失信受制”的良好氛围。四是积极落实现金分红政策要求，细化现金分红政策和机制，制定股东回报规划，提高了回报投资者的意识。

（二）审计情况及监管情况

厦门 35 家上市公司均聘请了具有证券期货执业资格的会计师事务所对其 2015 年年报进行了审计，除紫光学大、厦华电子、新华都、*ST 兴业 4 家公司被出具带强调事项段的无保留审计意见外，其余 31 家公司的 2015 年财务报告均为标准无保留审计意见。厦门证监局将“严监管、重督导、深合作、开思路”的工作要求贯穿于年报监管的事前、事中和事后各个工作环节，切实做好年报审计监管工作。一是开展重点上市公司的审计风险提示和跟踪，向 16 家上市公司下发《年报审计监管提示函》，提示风险点 59 个，通过参加审计委员会沟通会、约谈会计师等方式，进行现场督导 20 余家次。二是做好会计师事务所执业质量检查。全年延伸检查会计师事务所执业项目 7 家次，并对天健会计师事务所厦门分所进行了专门检查，累计发现执业问题 53 个，下发监管关注函 6 份，采取责令改正的行政监管措施 2 家次，有效推动了辖区执业审计机构提高执业质量。

（三）信息披露情况

2015 年，厦门上市公司进一步完善信息披露机制和责任追究制度，信息披露质量进一步提高，上市公司能够通过交易所投资者关系互动平台、公司网站等多种途径，积极主动地与投资者进行交流，信息披露意识进一步增强。在深圳证券交易所信息披露的评价考核中，厦门 21 家深交所上市公司中有 7 家被评为 A 级，12 家被评为 B 级，优良率位居全国前列。个别公司的信息披露仍然存在不足，如信息披露不及时、关联交易披露不完整、年报信息披露数据错误等。厦门证监局坚持以信息披露监管为抓手，保持监管敏锐性，对信息披露违法违规行为坚决严肃查处。2015 年，共下发监管问询函件 15 份，向上市公司及相关方下发涉及信息披露违规的监管关注函 8 份，采取行政监管措施 3 项。

（四）证券市场服务情况

2015 年，厦门证监局全面贯彻落实中国证监会的各项决策部署，牢牢把握服务实体经济发展这一主线，结合辖区实际情况，不断加强和改进监管工作，全力推动厦门资本市场稳定健康发展。一是进一步强化服务意识，积极推动出台并购重组和直接融资相关配套政策，为辖区上市公司并购重组和再融资营造良好的政策环境，联合厦门市国资委、上交所举办公司债专题培训，宣传公司债发行政策，引导辖区公司利用公司债借力发展，积极帮助上市公司利用资本市场做大做强；二是积极宣讲 IPO 相关政策，不断完善辅导监管工作机制，优化监管程序，协助拟上市公司完善治理结构、加强规范运作、提高治理水平，培育上市后备资源；三是落实投资者回报和信息知情权，抓实投资者保护，强化上市公司现金分红监管和承诺履行监管，引导上市公司利用新媒体工具加强与投资者的互动，做好投资者关系管理，取得了显著成效。

审稿人：李永春　吴进强　叶　敏
陈永强
撰稿人：伊　韬

青岛地区

一、青岛国民经济发展概况

表 1　　2015 年青岛国民经济发展概况　　单位：亿元

指标	1–3 月		1–6 月		1–9 月		1–12 月	
	绝对量	同比增长（%）	绝对量	同比增长（%）	绝对量	同比增长（%）	绝对量	同比增长（%）
地区生产总值（GDP）	1800.99	7.70	4187.68	7.80	6590.83	8.00	9300.07	8.10
全社会固定资产投资	814.40	15.00	2881.00	14.70	4789.90	14.60	6555.70	14.20
社会消费品零售总额	868.98	9.90	1729.80	10.10	2648.30	10.00	3713.70	10.50
规模以上工业增加值	—	7.50	—	7.40	—	7.40	—	7.50
规模以上工业企业实现利润	—	—	—	—	—	—	—	—
居民消费价格指数（CPI）	1–3 月		1–6 月		1–9 月		1–12 月	
	2		1.5		1.3		1.2	

资料来源：国家统计局。

二、青岛上市公司总体情况

（一）公司数量

表 2　　2015 年青岛上市公司数量　　单位：家

公司总数	2015 年新增	股票类别			板块分布			
		仅 A 股	仅 B 股	（A+B）股	沪市主板	深市主板	中小板	创业板
20	1	20	0	0	8	2	6	4

资料来源：沪深交易所，同花顺。

（二）行业分布

表 3　　2015 年青岛上市公司行业分布情况

所属证监会行业类别	家数	占比（%）	所属证监会行业类别	家数	占比（%）
农、林、牧、渔业	0	0	金融业	1	5
采矿业	0	0	房地产业	0	0
制造业	17	85	租赁和商务服务业	0	0
电力、热力、燃气及水生产和供应业	0	0	科学研究和技术服务业	0	0
建筑业	0	0	水利、环境和公共设施管理业	0	0
批发和零售业	0	0	教育	0	0
交通运输、仓储和邮政业	0	0	卫生和社会工作	0	0
住宿和餐饮业	0	0	文化、体育和娱乐业	1	5
信息传输、软件和信息技术服务业	1	5	综合	0	0
合计	20	100			

资料来源：沪深交易所，同花顺。

（三）股本结构及规模

表 4　　2015 年青岛上市公司股本规模在 10 亿股以上公司分布情况

股本规模（亿股）	公司家数	具体公司
50≤~<100	1	青岛海尔
20≤~<50	1	汉缆股份
10≤~<20	4	特锐德，海信电器，青岛啤酒，赛轮金宇

资料来源：沪深交易所，同花顺。

表 5　　2015 年青岛上市公司分地区股权构成情况　　单位：家

股权性质 / 地域分布	央企国资控股	省属国资控股	地市国资控股	民营控股	其他	合计
青岛市	1	0	5	13	1	20

资料来源：青岛证监局。

（四）市值规模

截至 2015 年 12 月 31 日，青岛 20 家上市公司境内总市值 3007.85 亿元，占全国上市公司境内总市值的 0.57%；其中上交所上市公司 8 家，总股本 113.22 亿股，境内总市值 1526.74 亿元，占上交所上市公司境内总市值的 0.52%；深交所上市公司12家，总股本97.22亿股，境内总市值1481.10亿元，占深交所上市公司境内总市值的0.63%。

（五）资产规模

截至2015年12月31日，青岛20家上市公司合计总资产1912.56亿元，归属于母公司股东权益842.75亿元，与2014年相比，分别增长5.16%、9.05%；平均每股净资产3.88元。

三、青岛上市公司经营情况及变动分析

（一）总体经营情况

表6　　2015年青岛上市公司经营情况

指标	2015年	2014年	变动率（%）
家数	20	19	5.26
亏损家数	0	0	—
亏损家数比例（%）	0	0	0.00
平均每股收益（元）	0.45	0.77	-41.56
平均每股净资产（元）	3.88	5.81	-33.22
平均净资产收益率（%）	11.56	13.28	-1.72
总资产（亿元）	1912.56	1818.75	5.16
归属于母公司股东权益（亿元）	842.75	772.78	9.05
营业收入（亿元）	1859.81	1869.63	-0.53
利润总额（亿元）	137.65	148.29	-7.18
归属于母公司所有者的净利润（亿元）	97.45	102.63	-5.05

资料来源：沪深交易所，同花顺。

（二）分行业经营情况

表7　　2015年青岛上市公司分行业经营情况

所属行类	营业收入（亿元）	可比样本变动率（%）	归属于母公司所有者的净利润（亿元）	可比样本变动率（%）
农、林、牧、渔业	0	—	0	—
采矿业	0	—	0	—
制造业	1833.82	-4.93	92.14	-10.31
电力、热力、燃气及水生产和供应业	0	—	0	—
建筑业	0	—	0	—
批发和零售业	0	—	0	—
交通运输、仓储和邮政业	0	—	0	—

续表

所属行类	营业收入（亿元）	可比样本变动率（%）	归属于母公司所有者的净利润（亿元）	可比样本变动率（%）
住宿和餐饮业	0	—	0	—
信息传输、软件和信息技术服务业	8.25	28.08	2.76	12.52
金融业	2.35	-50.43	0.21	-75.82
房地产业	0	—	0	—
租赁和商务服务业	0	—	0	—
科学研究和技术服务业	0	—	0	—
水利、环境和公共设施管理业	0	—	0	—
教育	0	—	0	—
卫生和社会工作	0	—	0	—
文化、体育和娱乐业	15.39	10.68	2.33	19.66
综合	0	—	0	—
合计	1859.81	-4.82	97.45	-9.78

资料来源：沪深交易所，同花顺。

（三）业绩变动情况分析

1. 营业收入、毛利率等变动原因分析

2015 年，辖区 20 家上市公司实现营业收入 1859.81 亿元，较 2014 年下降 0.53%；实现营业利润 120.68 亿元，较 2014 年下降 15.58%；实现归属于母公司所有者的净利润 97.45 亿元，较 2014 年下降 5.05%。实现平均毛利率 31.94%，较 2014 年上升 6.17 个百分点。在经济下行、产业结构调整阵痛期背景下，辖区上市公司首次出现收入与利润双降局面，且利润降幅远超收入降幅。净利润增幅在 50%以上的仅有 3 家公司，业绩增长主因多为主业置换、产业转型和外延扩张所致。辖区 2/3 的上市公司走在转型升级路上，转型产能尚未完全释放，辖区上市公司产业结构调整、转型升级的压力依然较大。毛利率较 2014 年上升，也反映出辖区上市公司淘汰落后产能、聚焦优质产业，或推进转型升级，单位资产的盈利能力相对提升。

2. 盈利构成分析

2015 年，辖区上市公司实现营业利润 120.68 亿元，占当期利润总额的比重为 87.67%，较 2014 年略降 3.50 个百分点。非经常性收益规模达到 18.4 亿元，较 2014 年增长 31%，非经常性收益比重明显提升，由 2014 年的 19%上升到 2015 年的 27%，主业贡献力度有所下降，计入当期损益的投资收益、政府补助等非经常性项目增长迅猛，分别达到 20.8 亿元、15.6 亿元，较 2014 年分别增长 37%、31%。随着实体经济投资回报率的下降，辖区部分上市公司加大了闲置资金的管理力度以及既有股票的出售力度。

3. 经营性现金流量分析

2015年，辖区上市公司实现经营活动现金流量净额合计134.19亿元，较2014年增长5.05%。辖区有2家公司经营活动现金流量净额为负。

4. 业绩特点分析

（1）经营增速换挡，业绩承压明显。2015年，辖区上市公司首次出现收入和利润双降局面，较2014年分别降低0.53%和5.05%，辖区上市公司在经济下行压力下业绩承压明显，传统产业利润增长空间受限。

（2）增长动能转变，转型在路上。2015年，辖区上市公司传统产业增长速度明显放缓，业绩实现较大幅度增长的上市公司中，主要通过外延式并购或借壳上市实现产业结构的调整，获得新的增长动能，辖区上市公司有2/3走在转型升级路上。

（3）资产负债总体稳健，去杠杆、去产能初见成效，去库存、降占用压力有增无减，“三去一降一补”效果有待观察。2015年末，辖区上市公司平均资产负债率42.90%，较2014年下降了0.69个百分点；2015年辖区上市公司通过发行股票、公司债和吸收股东投资等直接融资渠道①增加的资金规模为52.85亿元，而对应间接融资的银行借款②方面，则呈现出11.38亿元的净归还额；辖区20家上市公司构建固定资产、无形资产及其他长期资产2015年支出79亿元，较2014年下降5.2%；存货和应收账款余额为222亿元、205亿元，较2014年增长2.02%和14.28%。

5. 利润分配情况

表8　　2015年青岛上市公司现金分红情况

2015年分红公司家数			2015年分红金额		
家数	变动率（%）	分红公司家数占地区公司总数比重（%）	金额（亿元）	变动率（%）	分红金额占归属于母公司所有者的净利润比重（%）
13	0	65	34.96	17.67	35.87

资料来源：青岛证监局。

四、青岛上市公司并购重组情况

（一）并购重组基本情况

2015年，青岛辖区上市公司并购重组市场活力进一步迸发，资本市场资源配置效率进一步提升。辖区先后有14家公司实施了并购重组，占辖区上市公司总数的70%，共涉及并购交易33起，交易金额合计为166.42亿元，2015年底已完成15起。全部并购重组交易中，涉及发行股份购买资产事项3起，借壳上市1起，须报中国

① 现金流量表：筹资活动收到的现金——吸收投资收到的现金+发行债券收到的现金。

② 现金流量表：“筹资活动收到的现金——取得借款收到的现金”–（“筹资活动支付的现金——偿还债务支付的现金”–资产负债表应付债券的期初期末余额的差额）。

证监会审核，2015 年底已经审核通过并实施完成 1 起，经审核未通过 1 起，决议终止 1 起，证监会已受理 1 起。

（二）并购重组特点

（1）并购重组交易日趋活跃，资本市场助力实体经济的作用更显著。

（2）产业整合仍为辖区上市公司并购重组交易主流，33 起交易中，仅 7 起属多元化战略，其余均为行业内整合交易。

（3）股权交易成辖区上市公司并购重组的主要形式，辖区 33 起并购重组交易均为股权收购。

（4）现金支付为主，占比 90%，由此一方面大大提高了辖区并购交易效率，另一方面则增大了上市公司的资金压力。

五、青岛上市公司募集资金情况、使用情况

（一）募集资金总体情况

表 9　　2015 年青岛上市公司募集资金情况

发行类型	代码	简称	募集资金（亿元）
首发	002768	国恩股份	3.49
	小计		3.49
再融资（增发、配股）	002073	软控股份	6.00
	300001	特锐德	9.70
	300183	东软载波	1.87
	600229	城市传媒	15.83
	小计		33.40
其他融资（公司债券、短期融资券、中期票据、次级债、金融债、境外发行债券）	201058	赛轮金宇	7.00
	小计		7.00
总计			43.89

资料来源：青岛证监局。

（二）募集资金使用情况及特点

2015 年，青岛辖区使用募集资金的上市公司共 12 家，其中 5 家是首发募集资金，7 家是非公开发行募集资金。辖区 12 家上市公司共使用募集资金 59.12 亿元，2015 年末募集资金余额为 17.84 亿元。

2015 年，辖区上市公司管理和使用募集资金整体规范，未发生违规使用募集资金情况。辖区公司通过非公开发行股票再融资数量和金额均有所增长，一方面进一步优化了资本结构，另一方面为相关公司转型升级、寻求新的增长动能提供了资金保障。

（三）募集资金变更情况

2015 年，辖区有 3 家上市公司变更了募集资金使用用途，涉及金额 3.05 亿元，占其募集资金总额的比重为 10.65%。上述公司变更募集资金程序合法合规，均经股东大会审议通过，并及时履行了信息披露义务。辖区其他上市公司均按照计划募投项目和进度使用募集资金。

表 10　　2015 年青岛上市公司募集资金使用项目变更情况

变更募集资金使用项目的公司家数	涉及金额（亿元）	募集资金总额（亿元）	占公司募集资金总额的比例（%）
3	3.05	28.63	10.65

资料来源：青岛证监局。

六、青岛上市公司规范运作情况

（一）上市公司治理专项情况

2015 年，青岛证监局按照监管转型要求，探索建立上市公司一线监管新机制。一是实施高层巡访与谈话机制，及时发现公司存在的问题与困难，帮助公司及时纠偏，并向有关各方呼吁协调解决阻碍上市公司健康发展的各种困难。二是实施监管提示函机制，及时提醒有关各方注意并购重组、市值管理、内幕交易、股份增减持等风险防范。三是实施年度监管报告机制，作为传导“两维护一促进”监管理念的重要载体，及时传达一线监管和自律管理导向，达到“预防为先”的目的。2015 年初撰写完成《青岛辖区上市公司 2014 年度监管报告》并发送至各上市公司高管人员，同时提送至中国证监会、沪深交易所、中国上市公司协会等有关部门，实现了信息共享。四是借助互联网平台，建立便利化董事长、董秘、财务总监等微信群，做到政策宣传无距离。

（二）审计情况及监管情况

青岛证监局积极建立健全基于中介机构执业质量和归位尽责的督导体系。一是完善中介机构监管机制。修订了会计与评估机构、律师事务所和律师从事证券法律业务监管等相关监管工作机制，完善了让中介机构走在上市公司合规督导前面的监管合作机制。二是健全中介机构执业档案。2015 年，健全了在辖区从事上市公司审计与证券法律事务的年审机构和律师事务所执业监管档案，为现场检查提供了基础支持。三是督导中介机构归位尽责。针对上市公司 2014 年年报审计工作，向相关中介机构下发 19 份《提醒关注函》，提醒其关注上市公司可能存在的财务舞弊风险因素，提高年报审计执业质量；针对个别公司因涉嫌违反《证券法》被立案稽查，约见年审机构了解公司财务信息审计情况及披露情况，推动其认真履责；在现场检查之前调阅 4 家年审机构工作底稿，核查其执业质量；针对个别年审机构执业质量不高事宜，下发监管关注函要求其整改并提高尽责意识，自觉发挥“看门人”作用。

（三）信息披露情况

按照监管转型要求，青岛证监局深入落实基于上市公司信息披露义务的监测工作。一是强化与证监会上市部、沪深交易所的监管协作，并借助各类互联网系统加强非现场信息监测。加强对上市公司开展市值管理、员工持股计划、增发、重大资产重组及上市公司收购等活动的监测、统计与预警分析。二是强化上市公司定期报告的事中监测分析与报告。派员列席19家上市公司年报审计三方沟通会，督导切实提高上市公司年报披露质量；根据年报审阅及交易所问询情况，完成对辖区19家上市公司的综述监管报告，从公司治理、信息披露、内部控制、关联交易、持续发展等多个方面全面分析每家公司规范运作情况，重新确定风险分类和重点关注类公司与现场检查公司名单；向中国证监会、青岛市政府相关部门提交了辖区上市公司2014年至2015年上半年经营运行情况简报，促进公司规范发展。三是加强与主流媒体的沟通交流，第一时间了解主流媒体对辖区上市公司的报道、评价与质疑等负面信息，借助主流媒体的监督与宣传作用，提高监管效果。

（四）证券市场服务情况

一是积极向青岛市政府等有关各方献计献策，呼吁积极支持辖区上市公司转型升级。青岛证监局结合日常监管与调研工作，向省政府、市政府提报“推动辖区资本市场转型发展的工作建议”,“推动辖区优质资源向辖区上市公司集中，金融改革试验区要围绕支持辖区上市公司创新发展”等建议；针对2015年以来辖区上市公司普遍出现业绩下降、转型压力升级的情况，向青岛市政府提出了“优化存量、做强增量；以推动国企改革契机，积极引导国有控股上市公司利用资本市场做优做强；完善市场生态，加大中介机构扶持培育力度；进一步加强监管协作，积极防范化解风险”等相关建议。二是积极向青岛市政府报告辖区上市公司创新发展情况，推动地方政府重视上市公司创新发展。

截至2015年底，辖区上市公司增至20家，其中，有1家在控股股东层面建立了产业引导基金，1家公司控股股东酝酿成立并购基金，1家公司收购了股东设立的民间资本管理公司，用于支持上市公司发展。2015年，5家上市公司通过首发和再融资等募集资金36.89亿元，为相关企业转型升级提供了强有力支持。在2015年11月6日青岛市政府出台的《关于促进青岛市财富管理金融综合改革试验区发展政策措施的通知》（青证办发〔2015〕24号）文件中，青岛证监局有关创新驱动建议得到了采纳。

（五）其他

2015年，青岛证监局围绕“两维护、一促进”的核心监管职责，积极推动提升辖区上市公司投资者关系管理水平，切实维护投资者合法权益。

一是妥善解决12386热线信访投诉事宜。2015年，青岛证监局妥善办理了投保局和青岛证监局12386热线转办涉及辖区上市公司的信访举报事项6起，及时回复信访举报对象核查及处理意见，维护了投资者的合法权益。二是联合青岛市上市公司协会举办"青岛辖区上市公司2015年投资者网上集体接待日"活动，推动辖区20家上市公司认真解答网上投资者提出的1000多条问题，维护投资者的知情权。联合协会持续开展"走进上市公司"活动，先后组织会员单位走进3家上市公司，学习先进治理经验，增强社会责任意识。三是联合青岛市上市公司协会举办"公平在身边"专题座谈会。积极推动、支持青岛啤酒申报首批"投资者教育基地"。四是联合青岛市上市公司协会开展"资本市场诚信建设"宣传活动，提升辖区上市公司诚信经营理念，提高规范运作水平。五是推动辖区上市公司全面落实上市公司股东大会网络投票和中小投资者单独计票并披露要求。

审稿人：张兆兵

撰稿人：叶向辉　王　强　宿伟娜

第四篇

上市公司治理篇

- 华新水泥：引进战略投资者　完善公司治理　促进公司发展
- 海通证券：强化制度建设　整合内部资源　推动监事会有效履职尽责
- 格力电器：持续稳定现金分红　积极真诚回报股东
- 宁沪高速：以信为本　规范经营
- 人福医药：品质立企　保护中小股东权益
- 交通银行：围绕公司治理机制建设　全面履行监督职能
- 葛洲坝：打造专职董监事制度
- 东方证券：夯实监督基础　创新监督模式　以有效监督推动公司稳健发展

华新水泥：引进战略投资者　完善公司治理促进公司发展

华新水泥股份有限公司（以下简称“公司”、“华新水泥”）始创于1907年，是我国水泥行业建厂最早的企业之一，被誉为中国水泥工业的摇篮。1993年，华新水泥实行股份制改造，成为在中国A、B股上市的第一家建材行业公司。1999年，华新水泥与全球最大的水泥制造商之一——瑞士豪瑞集团（Holcim）（现已更名为Lafargeholcim）合作，结为战略伙伴关系。

24年来，华新水泥通过改制发展，创新实践，有效增强了企业的活力，实现了企业科学、跨越式发展，成为国有老企业抓改革、谋发展、铸辉煌的典型范例，受到中央及湖北省、黄石市等各级政府的高度评价。如今的华新，业务范围通过上下游一体化发展，从仅有水泥制造和销售一项拓展到商品混凝土、骨料的生产和销售，水泥窑协同处置废弃物的环保业务，国内国际水泥工程总承包业务，水泥窑协同处置技术的装备与工程承包业务等，水泥产能规模已由改制前的100万吨发展到目前的9000余万吨，工厂数量由2家发展到146家，员工总数由3000余人增加到16000余人，总资产由1亿多元增长至260余亿元，企业综合实力位居国内同行业前列，为中国制造业500强和财富中国500强企业。

华新水泥能在短时期内取得如此迅速的发展，首先得益于中国宏观经济快速发展所提供的机遇；其次与公司不断深化和践行现代企业制度，不断改善公司治理结构密切相关；最后也得益于公司引进境外产业投资者，借鉴战略投资者成熟的市场竞争理念和先进的公司管理经验，不断提升公司的管理水平。合理的公司治理结构，先进的管理经验，规范的公司运作，使公司赢得了政府的支持、银行的信任和投资者的认同。

一、通过股权结构优化，充分实现董事会决策功能，并降低决策风险

1. 引进国际战略投资者，形成合理的股权结构

1999年3月，公司向Holcim定向增发了7700万股B股（流通股）。Holcim是全球最大的水泥生产与销售商之一，其业务遍布世界五大洲70多个国家和地区，拥有雄厚的资金实力和技术力量，是全球水泥工业的佼佼者。

华新水泥在1999年向Holcim定向增

发B股后，其第一大股东华新集团有限公司（以下简称华新集团）和第二大股东Holcim所持股份占公司总股本的比例分别为31.5%（现在华新集团合计持股15.61%）和23.4%（现在Holcim持股比例为39.88%），这样就形成两大股东持股数量差别不大的局面。这种股权结构，一方面，有效克服了由于企业一股独大、内部人控制等因素造成公司利益被部分股东侵占事宜的出现；另一方面，通过改变董事会成员的组成结构，使得公司日常决策体现了各方股东的利益，促进了公司重大经营决策的公正、科学，从而有效降低了决策风险。

2. 形成股东平等协商、相互制衡的决策机制

Holcim在进入公司前，就与公司的第一大股东华新集团达成了协议。协议确定公司所有的重大事宜，在提交董事会、股东大会讨论前，公司第一、第二大股东应提前进行沟通和协商。在不违反有关规定的前提下，只有双方意见统一后，方能提交董事会、股东大会讨论。也就是说，公司所有的重大经营决策，都必须建立在两大股东信息充分共享、意见充分交流的基础之上。从1999年以来，一直得到了很好的贯彻和执行，使得公司所有的重大经营决策，既能满足第一大股东、国家股等大股东的利益，又能满足中小投资者的利益。

当前，公司董事会由9名董事组成，其中豪瑞占有3个席位、华新集团2席、外部董事1席、独立董事3席。董事会成员构成的多元性，使得董事之间形成了一种相互约束、制衡的机制，也促使董事会具备共同管好企业、降低决策犯错的可能性。

3. 建立起与董事之间的充分沟通协商机制，充分保障董事的知情权

公司为保障董事获得充分的决策信息，形成“日常经营月度汇报、重大事项提前专项沟通”的机制。在日常工作中，公司向所有董事定期提供公司月度运营及财务报告、证券市场每月动态、水泥上市公司年度季度分析报告、行业资料汇编等资料。在重大事项深入沟通方面，做到所有重大事项（包括财务、法律、收购方案、人事、工程等诸多方面）全部聘请中介机构提供专业公正的咨询、评估意见，为董事的决策提供了充分的信息和资料。

4. 尊重独立董事的独立性，充分发挥独立董事的作用

公司一直本着“社会名流、真才实学、专业知识有助公司发展” 的原则，搜寻和推荐独立董事候选人。自2002年以来，公司选举产生的独立董事，或在行业协会、中国发展研究基金会、中国环境科学研究院等单位担任领导职务，或是著名高校教授，或在知名律师事务所和会计师事务所担任合伙人，或是外商企业家，总之，独立董事自身具有较高的社会地位和知名度，以确保其能不受主要股东的影响并独立发表意见。以公司在塔吉克斯坦投资建设水泥熟料生产线为例，当时公司第一大股东的实际控制人Holcim的董事会将中亚国家列为高风险的投资区域，不允许其下属子公司在该区域投资，因此华新董事会在投

票表决是否投资建设塔吉克斯坦项目时，Holcim方的三位董事全都投了反对票，但公司独立董事依据自己的判断，对该议案投了赞成票，最终董事会以6票赞成，3票反对通过了建设塔吉克斯坦项目的议案。事实也证明，公司在塔吉克斯坦的投资是一项正确的投资，该项目投产之后就成为公司旗下盈利能力最强的项目。

二、借鉴国际先进管理经验，提升公司管理水平，创立华新水泥特色的管理模式

1. 建立具有国际先进水平的战略管理体系，提高公司风险控制管理水平

在发展理念上，从1999年开始，Holcim就指出水泥产品既具有良好的市场又无替代品，强调公司应走发展水泥主业的专业化发展道路。在公司战略制定及战略管理工具方面，通过多年的改进，形成了由管理层全体成员直接参与和领导，Holcim专家组常年现场指导，战略部具体管理，其他职能部门和分子公司配合，依据市场实际，因时制宜地制定公司的经营目标、发展项目、营销方案、财务收支、人力资源等，做到了战略管理的系统化、连续化、数字化，最大限度地预测和控制发展风险。

多年来，华新水泥一直稳健地发展，不一味追求体量的增长，也不走“先大后美”的道路，而是注重发展过程中的风险控制，充分体现了公司战略管理体系约束、制衡机制的作用。

2. 建立财务、投资管理与控制系统，形成财务硬约束机制

1999年，Holcim就向公司提供了财务管理专业软件，并派财务管理人员协助公司建立起了先进的“财务预算控制与管理系统”（包括预算编制、审批及调整程序、预算分析报表体系、预算控制与考核）、“资本支出及长期财务投资管理系统”（包括基本建设、技术改造、研究开发、零星购置等类别的资本支出和财务对外投资）。

公司制定的年度“财务预算报告”和“资本支出及长期对外投资报告”一经董事会批准，就成为董事会考核公司管理层成员年度工作绩效的指标和标准，决定着公司管理层各位成员的业绩和年薪。这样，管理层一方面要努力完成公司生产经营指标，另一方面又必须严格执行年度资本支出计划，确保了董事会、股东大会意图的贯彻。

公司还参考Holcim的标准，统一了分子公司的财务核算标准。公司每月向董事会提供中、外两种月度财务报告，就每月及累计经营目标的完成情况与年度预算进行比较。每季度，Holcim派其地区财务总监、工程管理人员来公司至少一次，反馈对公司预算、项目控制情况的意见，为管理层提供决策建议。

3. 加快公司信息化建设，提高生产效率

1999年前，公司在信息化建设方面建立了窑、磨、包装生产线的过程管理自动化系统，K3局域网系统及OA局域网系统。1999年后，在Holcim的帮助下，公司加快了信息化建设的步伐，首先完成了

TIS系统建设（TIS系统将集中采集来自生产一线各个控制系统的数据，对这些数据进行预处理后，形成各种报表，并长期保存采集到的数据，以便对生产情况做长期分析）。接着，在TIS系统的基础上，建立了MIS系统、ERP系统及公司Internet网络。

近年来，华新还在已建成SAP、OA等信息化管控平台的基础上，进一步融合领先的智能移动IT技术，着力打造供应商关系管理系统、能源管理系统及客户关系管理系统，形成了“鼠标+水泥”的现代企业管理新模式。2013年10月1日，华新数字化客户服务中心正式投入运行，和已上线的华新商城、供应商平台等网上平台一起将为客户提供全方位的服务，华新水泥营销跨入了“e”时代。

4. 加强投资管理，完善工程项目管理体制

公司引进了Holcim工程建设管理模式，形成了完善的工程项目管理和控制方法。公司设立工程项目管理委员会，主任委员由公司总裁担任，工程管理授权代表为公司工程副总裁，管理委员会下设工程部（项目管理办公室）、财务核算组、工程审计组三个部门。项目的过程控制采用“计划+月度进程评估”方法，项目实行进程控制、投资控制、项目技术控制。每个工程项目都必须依据《资本支出及长期财务投资管理办法》，编制资本支出计划，实施工程招标和项目负责制，加强投资管理。公司财务部门在项目建设中致力于财务核算和管理，严守工程结算程序，使企业有效的资金得到灵活调度、合理使用。

三、创新公司投资者关系管理工作，提高公司信息披露质量，提升公司透明度

1. 将年度报告编制工作作为展示公司形象的一个平台，最大限度客观、公正地展示公司信息

定期报告作为上市公司的重要的信息披露形式之一，承担着向投资者传递阶段性经营业绩和未来经营规划信息的职责。公司认为，年报展示的水平，应该是管理层的水平，而不应是证券办公室的水平。因此，为编制好公司每年的年度报告，公司一般要提前两个月收集国内经济信息、行业信息及公司内部经营信息；在编写管理层分析与讨论这部分内容之前，公司管理层要专门召开一次会议，每位高管均要依据管理层分析与讨论部分所列举的各项要求，一一进行分析和发言；在编制完成年报的初稿后，公司管理层还要专门召开一次会议，对年报尤其是管理层分析与讨论这一部分，逐字逐句地进行修改与补充。公司年报所披露的内容，不仅符合法定信息披露框架性要求，而且还披露了一些公司的发展情况和投资者关心的问题，丰富了信息披露内容。

2. 创新服务手段，积极拓展投资者沟通渠道，与投资者良性互动

在公司已建立起投资者热线、电子邮箱、网上路演、公司网页“董秘信箱”、“来访预约”等沟通渠道的基础上，公司勇

于创新，通过探索和总结，形成了一套行之有效、深得投资者欢迎的“投资者接待周”特色做法。

2011 年 3 月 22 日，公司在《中国证券报》、《上海证券报》、《香港商报》，以及上海证券交易所网站上披露的《2011 年度投资者接待日安排暨举办 2010 年度业绩说明会的公告》，对 2011 年将举办的 8 次投资者公开接待日的时间、地点及参会人员等情况予以明确。此举在我国证券市场属于首创，此后多家上市公司也纷纷采用。2015 年，公司又将投资者接待日活动改为投资者接待周，进一步方便投资者到公司进行现场调研。公司此举获得了证券监管部门和投资者的认可和赞许，对提高公司投资者管理水平，起到了推动作用。

华新水泥自上市以来，通过优化股权结构，遵从公司治理的制度要求，严格规范运作，严格履行社会责任，建立了较为完善的公司治理结构，促进了公司的健康快速发展，保持了在国内水泥行业的领先地位。公司不断致力于提升公司治理水平、促进公司健康发展的实践也得到了权威监管部门的认可，公司先后两次被上交所评为年度信息披露先进单位；2002 年，经中国证监会和国家经贸委联合考核，公司也被评为上市公司现代企业制度建设经验交流单位。

湖北证监局 供稿

海通证券：强化制度建设　整合内部资源推动监事会有效履职尽责

海通证券股份有限公司（以下简称“公司”）监事会，作为公司法人治理结构的重要组成部分，认真履行职责，扎实有效开展工作，在提升公司法人治理水平方面发挥着十分重要的作用。经过多年实践的积累，监事会已形成了符合公司实际、富有操作性的工作方法。

一、建立健全规章制度

依据法定职责，结合公司实际，监事会建立健全了多层次的规章制度，将日常监督工作制度化、体系化、具体化，使得监督能深入到公司经营管理中。

内部制度建设方面，监事会以《公司章程》为核心，逐步细化各项监督职能：《公司章程》作为公司内部制度基础，对监事会的职权进行了明确规定；根据《公司章程》，为严格会议制度和日常履职行为，监事会制定了《公司监事会议事规则》和《公司监事会履职细则》；针对《公司监事会履职细则》中的特定履职行为，监事会又细化了相关制度，比如为加强实地调研效果和母子公司监事会联系，相继出台了《公司监事会实地调研暂行办法》、《公司子公司监事例会暂行办法》，使监事会工作能更好地落到实处。

上市公司运行规范方面，公司的相关制度对监事会和监事的职责、权利和义务也有了更具体的规定，如：《公司信息披露管理办法》、《公司内幕信息知情人登记制度》、《公司关联交易管理办法》、《公司关于董事、监事及有关雇员买卖公司证券事宜的书面指引》等，保障了监事会工作有章可循，有法可依。

二、整合公司监督资源

监事会积极推进与公司内部监督的资源整合，与出资人监管、纪检监察、稽核、巡视等监督力量形成合力，建立起监督工作会商机制，加强统筹，创新方式，共享资源，提高监督效能。在具体工作中，监事会特别注重以下几个方面的结合：

1. 监事会工作同党内监督相结合

作为国有企业，监事会将依法履职与坚持发挥党委的政治核心作用统一起来，使法人治理与党内监管有机结合，有效推进了公司的持续健康发展。

《公司监事会议事规则》中规定了监事会主席可以列席公司党委会，监事会副主席同时兼任公司党委副书记。监事会主席和副主席出席党委会，使得监事会能及时了解公司“三重一大”的决策过程，保障了重大决策监督的实效性。

公司建立了惩防体系建设暨合规联席会议制度，会议由兼任纪委书记的监事会副主席召集，监事会主席出席，公司合规总监、财务总监以及总经理办公室、监察室、稽核部、计划财务部、合规与风险管理总部、信息技术管理部、人力资源部、党群工作部及业务部门负责人参加。会议每季度召开一次，参会人员在会上报告经营管理中发现的问题和风险隐患，由会议讨论并提出相应切实可行的应对措施，最终将会议结果以会议纪要形式及时提交公司党委和经营管理层。这使得监事会不仅能及时了解公司的风险隐患，还能跟踪、督促相关部门切实解决实际问题。

2. 监事会工作同内外部审计监督相结合

监事会对公司内部审计工作进行指导，公司稽核部由监事会副主席分管，稽核报告均提交监事会主席审阅。同时，监事会主席通过列席董事会审计委员会会议，与外部审计师进行当面沟通。这样便于监事会将内外部监督的点、面结合起来，减少内外部监督资源的重叠和浪费，提高了公司整体的监督效率。监事会还根据宏观环境和行业发展情况，结合公司近期重点工作，借助内部审计力量，督导稽核部等部门对业务部门、子公司和分支机构进行专项检查，促进公司业务创新和内控能力同步前行。

3. 监事会工作同合规与风险管理工作相结合

证券市场的高风险性，使得证券公司在经营过程中面临着各种风险。特别是在金融全球化的背景下，合规与风险管理能力已成为证券公司最重要的核心竞争力之一。因此，监事会工作始终坚持同合规与风险管理工作相结合。

公司合规与风险管理总部的负责人是职工监事，使得监事会能在第一时间获取公司合规与风险管理方面的信息；监事会定期会对公司的年度合规报告与半年度合规报告进行审议，听取合规总监对于公司合规工作的汇报，风险管理周报、季报以及其他合规专题报告则提交监事会主席审阅；在公司每年度经理工作会议上，监事会主席代表监事会作专题报告，向参会的中层管理者提示风险防范，强调合规经营；在监事会的实地调研中，各单位的合规、风险管理工作也是重点关注内容之一。

监事会已建立起与董事会、经营层及时有效的信息沟通机制，对工作中发现的合规风控方面较为突出的问题，会将情况以《监事会提示》的书面形式提交给董事会及经营层。例如，监事会曾就公司决策流程中的不完善之处签发了《监事会提示》，管理层收到后立即下发了《关于规范文件处理的通知》，要求各分支机构、各部门和各子公司严格执行公司相关制度，完善公司治理和责任追究机制。在推动公司合规与风险管理工作中，监事会始终发挥着积极的作用，保障了公司近几年来稳健高速的发展。

三、突出重点强化监督

针对证券行业业务类型日趋复杂，公司战略布局不断扩展，监事会不断强化对重点业务、重点项目、重点区域的监督力度。

监事会主席通过列席董事会专门委员会会议，对公司重大决策环节进行监督；此外，监事会主席还定期列席公司每周一次的总经理办公会，及时了解公司最新经营情况、监督重要经营决策流程；根据公司内外部情况，监事会主席不定期列席公司各业务经营条线的专业委员会会议，保障了监事会对重点业务监督的时效性。

为进一步深入了解重点业务的开展情况、重大投资的投后情况，监事会根据《公司监事会实地调研暂行办法》每年对业务部门、子公司、分支机构进行实地调研。调研后监事会将调研情况及相关建议整理成调研报告提交给公司董事会和经营层，并督促及时整改、落实。公司对上述报告高度重视，部分建议很快得以付诸实施。

例如，公司在2010年初以20.02亿港元收购了香港大福证券。同年8月，监事会对海通（香港）金控（现已更名为“海通国际控股”）及其控股子公司大福证券（现已更名为“海通国际证券”）进行了实地调研，就公司的业务整合、风险管理、境内外联动等议题作了深入交流。监事会对大福证券业务的进一步发展提出了积极建议，并要求对其过多的子公司进行清理。截至当年年底，大福证券关闭了11家子公司，有效降低了管理成本和经营风险。

公司在2015年9月完成对收购葡萄牙圣灵投行（现已更名为“海通银行”）的交割工作，公司境外资产的规模不断扩大。为进一步强化对境外资产的监督，监事会于2016年8月赴海通银行巴西子公司及美国办事处（海通银行重要业务区域）进行实地调研，与当地管理层进行了面对面交流，通过听取汇报、座谈、查看信息系统、调阅数据资料等方式了解海通银行在当地的情况。调研结束后，监事会把相关情况与公司管理层进行了专题沟通，并向其提交了调研报告。管理层高度重视监事会的建议，已着手研究制订相关实施方案。

四、加强母子公司监事会体系建设

根据公司集团化发展的要求，为加强对子公司的监督，公司建立了向下属子公司委派监事的管理制度。对下属控股子公司，由总公司委派子公司监事会主席和监事，经子公司内部法定程序进入，与子公司职工监事共同组成子公司监事会。

监事会制订了《公司子公司监事例会暂行办法》，规定每季度召开一次例会，会议由监事会主席主持，主要议题包括但不限于：交流近期子公司监事会/监事工作、讨论监事会监督的重点问题和解决方案、学习新的相关规章制度、传达上级监管单位文件等。出席例会的人员包括：监事会主席、监事会副主席、董事会秘书、职工监事、公司下属子公司监事等，如需要也可请公司外部监事参加。该制度自建立以来取得了良好的效果，为公司各层级监事会提供了有效的信息沟通平台，提高了子公司监事的履职技能，形成了上下监督合力，加强了监事会日常监督的深度、广度，更好地发挥了整个集团层面监事会的监督作用。

随着公司集团化、国际化的不断深入，监事会将围绕公司发展的中心任务开展工作，进行及时、全面、深入的监督，促进企业核心竞争力的提高，保障公司的可持续发展。监事会应不断改进和完善相关工作机制和工作方式，以提高监督工作的针对性、及时性、有效性，并做到与董事会、经营层既相互制约又互相支持，大家目标同向、工作同拍、行动同步。

上海证监局　供稿

格力电器：持续稳定现金分红 积极真诚回报股东

珠海格力电器股份有限公司（以下简称“格力电器”或“公司”）于1996年11月在深圳交易所主板上市，首次公开发行2100万股，上市以来通过股权融资方式募集资金51.52亿元。格力电器是目前全球最大的集研发、生产、销售、服务于一体的国有控股专业化空调企业，产品产销量连续多年全球领先。公司自主研发了超低温数码多联机组、多功能地暖户式中央空调、1赫兹变频空调等一系列“国际领先”产品，曾先后中标“北京奥运媒体村”、南非“世界杯”主场馆及多个配套工程、广州亚运会14个比赛场馆、俄罗斯索契冬奥会配套工程等国际知名空调招标项目。作为中国家电制造业的名片，格力电器已成为“世界品牌”。

公司上市以来始终高度重视股东的合理回报，积极开展现金分红，建立了科学、持续、稳定的股东回报机制。据统计，1996~2015年，公司累计实施现金分红18次，分红总额达到309.64亿元，占期间净利润的40.71%。

一、完善章程制度，落实现金分红政策

合理、完善的利润分配政策是股东获得稳定回报的制度保障。自《上市公司监管指引第3号——上市公司现金分红》（证监会公告［2013］43号）发布以来，格力电器积极落实政策要求，结合行业特征、经营发展规划、股东回报等因素，多次修订公司章程，逐步完善利润分配制度，探索建立科学合理、持续稳定的现金分红政策。在公司章程中明确规定，“在公司现金流满足公司正常经营和长期发展的前提下，公司最近三年以现金方式累计分配的利润不少于最近三年实现的年均可分配利润的百分之三十”，“公司发展阶段属成熟期且无重大资金支出安排的，进行利润分配时，现金分红在本次利润分配中所占比例最低应达到80%”；在股东回报规划（2016~2018年）中明确提出，“若在该规划期间，分红年度内无重大投资计划或重大现金支出项目（募集资金投资项目除外）发生，则公司该年度现金分红金额占当年归属于母公司净利润的比例不低于最近三年平均分红比率，即不低于60%”。

二、健全治理结构，优化分红决策机制

科学、有效的决策机制是落实现金分红政策的程序保障。格力电器始终致力于

健全完善公司治理结构，长期以来不断优化董事会结构，积极引入外部董事，切实提高公司董事会的独立性、专业性，为建立科学有效的现金分红决策机制程序奠定了基础。早在2012年就创造性地引入董事提名征集制度和累计投票制度，并主动加强与机构投资者的沟通与协调，为机构投资者提名推荐董事候选人并获股东大会表决通过创造了条件。此外，为进一步优化现金分红决策机制，畅通征求意见、表达诉求渠道，保障中小投资者参与公司利润分配决策的权利，公司还在章程中规定“公司应切实保障社会公众股股东参与股东大会的权利，董事会、独立董事和符合一定条件的股东可以向公司股东征集其在股东大会上的投票权”，“股东大会对现金分红具体方案进行审议时，应通过多种渠道主动与股东特别是中小股东进行沟通和交流，充分听取中小股东的意见和诉求，并及时答复中小股东关心的问题”。

三、真诚回报股东，提高现金分红水平

现金分红是上市公司回报投资者最重要、最直接，也是最有诚意的方式。格力电器在保证经营业绩稳定、盈利能力持续提升的同时，以负责任的态度，连年实行高比例现金分红，以实际行动回馈股东，让股东分享公司的经营成果。自1996年上市以来，公司累计实施现金分红18次，分红总额达到309.64亿元，分红率高达40.71%。最近三年现金分红金额更是达到了225.59亿元，其中2015年的分红比例高达72%，创历史新高，对应当前股价股息率达7.80%，远高于同行业的其他上市公司。正是由于良好的公司治理、优秀的经营业绩以及持续稳定的现金分红，公司吸引着众多机构、普通投资者的青睐。2006年以来，公司的机构投资者一直保持在较高的比例，其中耶鲁大学、摩根士丹利国际有限公司、瑞银集团、美林国际等QFII以及易方达、鹏华、华夏、博时、招商等基金公司长期持有公司股份，呈现出高度的稳定性。

广东证监局　供稿

宁沪高速：以信为本　规范经营

诚实信用原则是资本市场的“帝王规则”，作为一家上市公司，守信和责任是企业的立足之本，只有规范运作、诚实守信才能获得投资者的认可和尊重，才能赢得更广阔的发展空间，推动企业的可持续发展。江苏宁沪高速公路股份有限公司（“宁沪高速”）作为一家以收费路桥的投资、建设及营运管理为主业的交通基础设施上市公司，在不断的发展与成长过程中也逐步意识到，企业财富源于社会公众对企业产品和提供服务的认同，企业经营的目的，不仅是创造利润和对股东利益负责，更要以信为本、合法守规、承担多维度的社会责任，才能获得市场的认可与信赖。自上市以来，宁沪高速在诚信建设方面一直以追求卓越、塑造典范为目标，取得了一定的成效。

一、规范公司治理，树立市场诚信形象

1. 不断完善公司治理，保证规范运作

良好的公司治理是企业长期健康、稳定发展的基本保证，而持续改善治理水平是保持公司健康发展的必要手段。为此，宁沪高速秉承诚信勤勉的企业理念，始终坚持把合规管理作为公司治理工作的首要方向，及时根据监管部门的工作部署及最新法规制度，对公司的治理制度、运作流程作持续改进，不断提升企业管治水平。公司股东会、董事会、监事会以及董事会各专门委员会运作正常有序，依据法则和治理规则各司其职，定期召开会议，对公司日常治理事项和重大决策进行审议，规范决策程序、提升决策效率，并且充分发挥独立董事在公司治理和中小股东权益保护方面的作用，持续为公司的规范化运作和管理提升提供巨大的助力。同时，公司也按照内控建设要求，结合公司所属行业特点和实际运营情况，已建立起了一套较为成熟的“四标一体”的内控管理制度体系，并通过持续监督和每年的自我评价检查内控体系的改进情况以保证其有效运行，逐步将内部控制体系融入日常经营管理活动，形成公司内部控制长效机制。

2. 加强信息披露管理，提升公司透明度

宁沪高速忠实履行法定信息披露义务，严格按照信息披露的编报规则及程序，真实、准确、及时、完整地披露可能对广大投资者的决策产生实质性影响的信息，确保所有股东有平等、充分的知情权。一直以来，公司本着公平、公正、公开的原则，努力遵循相关法律和上市规则的规定，忠实履行法定信息披露义务，客观、详细披

露了公司经营发展的重要信息和重大事项进展的详细资料。在此基础上，公司主动了解投资者的关注重点，有针对性地增加自愿信息披露内容，以提升公司信息披露质量，增强公司透明度，建立投资者对公司长期发展的信心。公司充分利用定期报告的平台，加强主动性信息披露的内容，令公司的定期报告内容更翔实，分析更深入，信息更充分，为投资者提供更有价值的信息。同时，公司还通过公司网站每月定期公布经营数据，使投资者清楚了解公司主营业务的最新进展。

宁沪高速所有信息披露的内容及程序严格按照两地交易所上市规则和信息披露的有关规定，同时满足两地信息披露的要求，均未出现任何差错，已经连续多年在上海交易所信息披露年度考核中的成绩为优，并多次获得香港会计师公会最佳企业管治披露大奖以及香港《财资》杂志的企业管治、投资者关系和社会责任方面的信息披露奖项。

3. 积极维护投资者关系实现公司价值有效传播

宁沪高速坚持通过积极的投资者关系活动，提高公司透明度，加强双方的沟通，从而加深投资者对公司业务的了解和信任，树立对公司未来发展的信心，促进市场对公司的认同和拥护，使公司的业务发展潜力和实际价值能在市场中得到充分反映。

投资者关系强调公司与投资者的主动沟通，更注重公司与投资者之间的双向、互动沟通交流。因此，宁沪高速维持良好的投资者关系除了严格履行法定的信息披露义务外，每年都通过举行业绩推介会、新闻发布会、境内外路演、日常接待投资者和分析员来访、组织现场参观活动、召开电话会议等多种形式保持与境内外投资者的紧密联系，并充分利用网络涉及面广、效率高、成本低的特点，定期举办网上交流会，定期发送有关集团经营发展的电子资讯，及时向投资者介绍公司的经营表现和行业动态，回应投资者关心的问题，提高投资者获得信息的方便性，改善沟通效果。公司亦注重投资者满意度的提升，每年都在年度和半年度业绩公布后对长期密切跟踪公司的分析员进行感官调查，收集他们对公司经营状况和发展战略的意见和建议，通过电子邮件方式发放投资者关系管理调查问卷，了解市场对公司投资者关系管理工作、沟通模式、信息披露质量等的评价与建议以及对公司的关注点。这些工作将为下一步制定有效的投资者关系管理工作计划以及组织好各项有针对性的投资者关系活动奠定基础。

二、积极履行社会责任建立诚信品牌

上市公司追求的是股东利益的最大化，但不能忽视的是，上市公司的股东利益来自于社会的支持，企业虽然创造了利润，但是没有社会的支持和理解，没有社会提供的广阔平台，企业就不可能获得长远发展，因此，企业应追求的是与各利益相关者的和谐共赢。在和谐社会建设主题下，履行社会责任已经成为上市公司长远发展、建立长青基业的现实要求。

公司作为一家以收费路桥的投资、建设及营运管理为主业的交通基础设施上市公司，在不断的发展与成长过程中也逐步意识到，企业财富源于社会公众对企业产品和提供服务的认同，企业经营的目的，不仅仅是创造利润和对股东利益负责，同时要承担多维度的社会责任，包括员工、消费者等利益相关者以及社区、环境等的相应责任。社会、客户及股东、员工的长期支持为公司业务的持续发展提供了有力保障，公司切实诚信对待和保护其他利益相关者，推进环境保护、资源节约，参与、捐助社会公益及其慈善事业，以自身发展影响和带动地方经济的振兴，促进公司与社会、客户、自然的和谐发展。本公司树立社会责任的理念并贯彻实施，对社会责任真正做到思想上和行动上的重视，把社会责任融入到经营活动的各个环节中，纳入公司战略发展范畴，结合公司战略规划，保证社会责任的践行，形成公司长效机制。公司积极推动企业社会责任建设，从2009年以来就一直坚持在年报披露时主动披露《社会责任报告》，真实、客观地反映了公司在从事经营管理活动中履行社会责任方面的重要信息。

三、积极回报股东诚信履行使命

宁沪高速在借助资本市场快速发展的同时，把积极回报股东作为企业的重要使命，让投资者更好地分享公司发展的成果。宁沪高速一贯重视投资者保护宣传教育工作，通过媒体、网络引导投资者树立长期投资和理性投资理念，积极倡导回报股东的股权文化，从而营造和谐共赢的投融资环境和价值投资氛围，为推动中国资本市场持续健康发展履行上市公司的应尽职责义务。另外，也充分展现宁沪高速作为公众公司的市场诚信态度以及回馈股东的社会责任意识，坚定投资者对公司长期支持的信心，引导投资者树立长期投资和理性投资理念，实现资本的良性循环。

在具体执行方面，宁沪高速从自身做起，在章程中订立积极稳定的分红政策以及现金分红的决策程序和机制，为股东创造高额回报。截至2015年末，公司已累计派发现金股利约213.41亿元，平均每年派息率高达75%，累计每股派息4.2417元，使公司股东从企业发展中得到良好回报。2015年，公司董事会建议派发现金股利每股人民币0.4元，派息率达80.39%。

在境内外资本市场，本公司始终保持良好的治理基础以及规范的运作程序，致力提升公司管治水平，树立了规范健康的企业形象；努力营造公司与市场、股东之间的良性关系及和谐氛围，力求达到与投资者互动、互信的沟通效果，展现了优质进取的公司形象；坚持诚信建设，提高公司透明度，树立了诚信透明的市场形象。同时，公司注重社会服务形象，积极推动企业社会责任建设，已经连续7次被评为“江苏省文明单位标兵”，连续3次被评为“全国文明单位”，并获评“全国文明诚信单位”。

江苏证监局　供稿

人福医药：品质立企　保护中小股东权益

人福医药集团股份公司（以下简称“人福医药”或“公司”）于1993年3月30日设立，并于1997年6月6日在上海证券交易所正式挂牌。公司主要业务涵盖化学药品制剂、化学原料药、中药、生物制剂等多个医药细分行业，是湖北省医药工业龙头企业，也是国家级企业技术中心、2015年中国医药工业企业百强企业（第28位）、工信部2016年全国质量标杆、2016年中国医药上市公司竞争力20强、最具投资价值医药上市公司10强、2016年湖北企业100强榜第45位。

作为一家上市近20年的民营企业，公司坚持以“品质立企”为方针，秉承“创新、整合、国际化”的发展战略，坚持做医药产业细分市场领导者，在中枢神经用药、生育调节药、生物制品、维吾尔民族药、体外诊断试剂等领域不断巩固或强化领导或领先地位，为建立世界一流质量标准、树立中国制药国际化品牌形象而坚守。目前，公司及下属子公司拥有576个药品生产批文，其中有48个独家品规产品，共有141个品种纳入《国家基本药物目录》，305个品种纳入国家级《基本医疗保险、工伤保险和生育保险药品目录》。在经营业绩稳步发展的同时，公司不断提升规范治理水平，寓治理于经营之中，形成了适于集团化运营的治理模式。

一、积极履行信息披露义务，提升中小投资者保护工作水平

公司高度重视信息披露工作，切实履行信息披露职责并不断提升信息披露质量。公司严格按照《上海证券交易所股票上市规则（2014年修订）》、《上市公司行业信息披露指引第七号——医药制造》的有关规定，积极履行信息披露义务。公司不断探索并健全内部信息披露制度和流程，强化信息披露相关人员职责。公司董事长为实施信息披露事务第一负责人，董事会秘书为具体承担公司信息披露工作的高级管理人员，董事会秘书处是公司信息披露事务管理部门，各控股子公司董事会秘书作为分支机构的信息联络人，各层级人员在信息披露过程中各司其职、通力配合，做好各类重大信息披露前的保密、传递、审核等工作，真实、准确、完整、及时地披露对投资决策有重大影响的信息，确保所有股东及其他利益相关者能够平等获得公司信息。在披露内容上，做到简明易懂，充分揭示风险，方便中小投资者查阅。公司还注重提高媒体应对能力，通过投资者进企业活动、e互动以及日常来电、来访接待，为投资

者提供透明的信息环境，充分保障投资者知情权。公司增强持续回报能力，完善利润分配制度，建立多元化投资回报体系，建立持续、稳定、合理、透明的现金分红机制，进一步增强股东回报意识。

为尊重中小投资者利益，提高中小投资者对公司重大决议事项的参与度，公司在《股东大会议事规则》中进一步明确了更为纯粹的中小投资者定义，排除了三种关联情况：一是现在或过去12个月内是控股股东的一致行动人；二是有限售情形；三是上市公司董事、监事、高管或其他关联股东。公司自成立以来其股权结构相对比较分散，除公司控股股东武汉当代科技产业集团股份有限公司的持股比例为24.49%，其他股东大部分为中小股东，且50%以上是成熟的专业机构投资者，因此，公司召开的历次股东大会均采用中小投资者单独计票方式，同时为中小股东提供网络投票途径，方便中小股东参与表决。截至目前，公司历次股东大会的中小股东单独计票结果均为高比例投票通过。

二、健全治理结构，规范运行机制

公司注重规范董事会制度建设和运行机制，落实好董事会在重大决策、薪酬考核、选人用人等方面的职权，加大市场化选聘力度，建立健全职业经理人制度，同时充分发挥监事会作用，增强监督的及时性、有效性。

公司董事会现有董事9人，其中公司股东推荐董事3人、公司管理层董事3人、独立董事3人，这一结构兼顾了股东权益、经营管理和规范运作三个方面，也确保了董事会的高效运作和科学决策。公司董事会下设战略与发展委员会、内部控制监察委员会、审计委员会、提名委员会和薪酬与考核委员会共5个专门委员会，其中审计委员会、提名委员会和薪酬与考核委员会中独立董事占多数并担任主任，审计委员会中有一名独立董事是会计专业人士，各专门委员会在董事会的领导下履行职责，提出有益建议，为公司科学决策提供强有力的支持。

三、实施外派董监事，多方位促使子公司治理规范

为充分发挥股东会、董事会和监事会这“三会”的治理效用，构建企业内部权力制衡约束机制，公司向收入、利润主要来源的近60家控股子公司委派了董事、监事，以督促各子公司不断健全完善其法人治理结构，加强子公司决策的科学性和有效性，规避子公司日常经营管理的风险，切实提升企业风险预警、反应能力和管理水平。公司还对各经营子公司提出了设置董事会秘书的要求，以协助子公司“三会”的日常规范运作。同时，公司对重点子公司定期实施全面审计，并辅以财务标准化、目标责任制等管理手段，确保子公司规范运营，保障资产的保值增值。

为保障公司治理的时效性和持续性，公司独立开发了“公司治理信息平台”。公

司治理信息平台是基于现代网络与通信技术规范建立起来的信息管理和交换平台。该平台以公司治理日常业务为核心，集子公司基础信息、公司治理结构信息和治理档案信息为一体，能够实现远程填报治理信息、远程查阅、远程统计等各种远程操作，公司外派董事、监事可以根据授权按自己的需要选取不同的信息进行查阅和统计，实时掌握子公司治理动态。

四、健全激励约束机制，促进管理团队勤勉尽责

为了有效调动董事、高级管理人员和核心员工的积极性，吸引和保留优秀管理人才和核心技术人员，公司分别于2011年、2015年实施了股权激励计划和员工持股计划，以公司战略目标为导向，促使其以股东的身份参与企业决策、风险共担、利益共享，其自身利益与企业利益更大程度地保持一致，有利于增强公司董事、高级管理人员和核心员工对实现公司持续健康发展的责任感和使命感，从而勤勉尽责地为公司的长期发展而服务，确保公司发展目标的实现，为股东带来更高效、更持续的回报。

湖北证监局　供稿

交通银行：围绕公司治理机制建设　全面履行监督职能

交通银行监事会适应新形势要求，在实践工作中努力探索完善监事会工作体系，健全监事会监督体系，不断创新工作方式方法，提升监督的广度和深度，有效发挥监事会在公司治理中的独立作用。

交通银行监事会现有12名成员，其中监事长1名，股东代表监事5名，外部监事2名，职工代表监事4名。宋曙光先生担任本行监事长；5名股东代表监事是中航工业、中石油、中国一汽、鲁能集团、华能集团等大型央企的高管；2名外部监事退休前曾为中国人寿保险和中国银行的高管；4名职工监事分别是本行审计、监察、监事会办公室、工会部门的负责人。

监事会下设三个专门委员会，其中履职尽职监督委员会共4人，由监事长担任主任委员，2名外部监事和1名职工代表监事担任委员，主要负责对董事会、高级管理层及其成员的履职监督；提名与薪酬委员会共6人，由外部监事担任主任委员，1名外部监事、2名股东代表监事和2名职工代表监事担任委员，主要负责拟定监事的选任程序、标准和审核监事的选任资格、监事薪酬方案，对监事的年度履职评价；财务与内控监督委员会共7人，由外部监事担任主任委员，1名外部监事、3名股东代表监事和2名职工代表监事担任委员，主要负责监督本集团的财务、内控、风险管理情况。

一、完善监事会工作体系

交通银行不断完善工作总体布局，探索构建了“四位一体”工作体系，努力提升监事会工作的科学性、系统性。具体包括“两监督一评价”“两会议一审议”“监督联系”“自身建设”四方面有机联系的工作内容。

（1）两监督一评价。这是监事会核心工作，主要是做好常规监督和专项监督，开展履职评价。其中常规监督最常用，通过参会、业务和治理层面日常监督，覆盖监事会法定监督内容和银行主体业务；专项监督是聚焦关键、突出、重大问题，深入检查和持续监督；履职评价是按照银监会要求，结合常规监督和专项监督掌握的董事会、高管层履职情况，在和董事、高管充分沟通交流的基础上，提出监事会的评价意见，同时对监事会自身的履职和工作情况进行评价。

（2）两会议一审议。这是监事会基础工作，主要是科学设置监事会和专门委员会会议的议题和内容，组织讨论，提出意见，开好监事会及专门委员会会议；认真审议会议议案和提交监事会的有关战略、财务、风险内控的监督报告，及时掌握情况，更好聚焦监事会核心职责。

(3) 监督联系。一是加强与人民银行、银监会等国家监管部门和审计部门沟通，掌握监管动态和工作要求，跟进问题整改，发挥内外部监督合力。二是从并表管理层面加强全集团管理和经营的分析研究，关注子公司、事业部、各级经营机构状况，实现对全行内控风险及对董事会、高管层履职的全视角监督。三是加强与中投公司和金融同业的联系，交流监督工作经验，提升工作效果。

(4) 自身建设。监事会与时俱进，不断完善自身工作体系、工作制度和工作方式，严格自身的内部控制，规范自身履职评价体系，完善自身评价流程，确保评价结果真实客观，真正履行对国家法律和股东大会的职责。

二、健全监事会监督体系

监事会工作的核心是监督。近年来，交通银行监事会结合工作实践，建立完善以“监督清单”、“监督标准”和“监督规程”三项内容组成的监督体系，明确监督工作的内容、监督视角与尺度、监督流程与方法，使监督工作有遵循、有依托，提升了监督的有序性和科学性。

(1) 监督清单。主要明确“监督内容”，包括监事会监督的主要职责、对象和内容。监事会在梳理归类内外部法律法规有关监事会的职责基础上，将监事会职责分为“战略和经营监督”、“资本和财务监督”、“内控和合规监督”、“风险监督”、“信息披露监督”、“履职监督”六个方面。其中战略和经营监督是导向，资本和财务监督、内控和合规监督、风险监督是基础，信息披露监督是上市公司治理的重要环节，履职监督是上述所有方面监督结果的综合反映和集中体现。根据监督事项、管理水平和风险程度不同，对监督对象实施分类监督，得出不同的监督结论，又为下一轮分类监督工作奠定基础，从而形成监事会监督工作的循环运作机制。

(2) 监督标准。主要解决“监督视角与尺度”的问题，是监督活动的定位、方向和工作质量的具体标尺。一是监督工作的基本要求。监事会监督是立足于重大治理层面及重要事项的监督，其中治理层面监督从公司治理可以延伸到业务治理和机构治理；重要事项监督是对全行运行过程中战略性、系统性和紧迫性等重大事项的监督。监事会监督应遵循的标准是监事会监督的出发点，具体包括战略性、全局性、系统性、前瞻性和苗头性等标准。二是监督对象分类监督标准。监督对象是监督客体，即被监督的业务条线和实体机构。为了提升监督的针对性和有效性，要对监督对象按管理和风险情况加以区分，并采取不同的分类监督活动方式。监督对象按照管理体系、体制机制、流程设置和管理结果等维度，分为“安全”、“较安全”、“基本安全”、“预警”、“不安全”5类，并根据评估结果，确定监督的频率和投入的资源。三是监督结果评价标准。监督结果分为

"总体满意"、"比较满意"、"基本满意"、"不够满意"、"不满意" 5 级。监事会根据监督对象的评价结果，确定不同的报送对象。除了向监督对象出具监督结果外，还视问题大小、影响程度分别报送总行主管部门、高管层分管行领导、行长和董事长。

(3) 监督规程。主要明确"监督流程与方法"。监事会为提高监督工作的效率和质量，加强和规范整个监督流程，将监督工作分为"监督工作准备"、"监督工作实施"、"监督意见与报告"、"监督反馈与跟进" 4 个阶段。其中，监督工作准备包括制定监督工作计划、确定监督项目、成立项目组 3 个环节；监督工作实施分为常规监督和专项监督两方面，不同方式有不同的程序；监督意见与报告包括召开监督后分析会议、监督成果及报送、整理归档 3 个环节；监督反馈与跟进追踪被监督对象的经营管理情况和监督意见所提出问题的落实整改情况，及时进行再次监督评价。

在这个监督体系下，监事会监督符合法律法规要求，符合战略导向和风险导向的监督理念，整个工作有章法、有秩序，有效保证了监事会监督工作"恰当而到位"，适应转型发展的需要，更好发挥监事会监督作用。

三、转变工作方式方法

交通银行监事会积极转变工作方式方法，适应监事会工作体系和监督体系的需要，有效提升监督质效。

(1) 以监督问询取代听取汇报。监事会以严格的"监督问询"工作程序开展常规监督，不再简单听取高管层、部门条线、经营单位等的汇报。一是监事会对监督问询事项事先收集内外部各类信息，包含董事会、高管层与之相关的决策信息，指标和相关工作措施执行，监管意见和内外部审计报告等。在此基础上进行独立系统的分析研究，形成相关领域经营管理状况和问题的背景说明。根据监事会重点关注的领域，确定监督问询的主要内容，发送《监督问询通知》。二是在约定时间听取专题汇报，直接讨论沟通有关问题，提出建议和意见。三是事后监事会提出《监督意见》，对相关领域管理情况给予界定和评价，并提出工作建议。每次监督问询有一套完整的流程和材料，保证所有监督过程有迹可循。

监督问询工作灵活、高效、及时、有针对性、覆盖面较广，可以是面询，也可以是函询；可以面向董事会、高管层，也可以面向板块、条线、部门和独立经营单位；可以面向一个单位，也可以就一个问题面向多个单位；可以定期开展，也可以发现情况随时启动。通过监督问询，不仅扩大了监督工作层面，也提升了监督工作的针对性和有效性。

(2) 精准选题深入开展专项监督。专项监督聚焦关键、突出、重大的具体事项深入监督。开展专项监督工作能够主动就若干重大问题进行深入、持续的跟进，对全行解决问题、改进管理起到了良好的监督和促进作用。一是优选课题，将常规监督发现的，董事会及监事会、高管层关心的，监管部门重点提示的，内部管理部门发现的重大问题纳入视野，建立问题库，并进行深入比较研究，进一步细化选题，明确监督重点和方向。二是开展监督分析，对照国际和国家相关标准和规范，比较国内外同业最佳实践，总结历史发展和当前现状，调取各类信息材料，深入数据挖掘，灵活运用现场检查、面对面访谈、问卷调查、专题会议、聘请相关部门协助等形式，进行监督分析，提升监督工作的针对性、系统性和全面性。三是提出监事会建议，形成《监督建议》或《管理提示》，其中《监督建议》侧重于对监督过程中发现的重要事项提出具体整改要求；《管理提示》侧重于对被监督对象提出管理或政策层面的建议。

（3）完善监督报告流程。监事会开会次数有限，监事大多非全职。为了更好开展工作，监事会要求监事会办公室在每次会议前，向监事会提供有关战略、财务和风险内控、业务和机构管理等方面的监督报告，报告主要监督活动和关注的领域、重大监管和审计事项、发现的重要问题及监督建议等。监督报告可以全面报告，也可以选择重点报告，点面结合；一般问题提交监事会审阅，重要问题可以提交审议，形成监事会决议。

（4）搭建监督信息平台。在交行新一代“531”系统上线后，及时启动构建监事会的监督信息平台，涉及公司贷款、小企业贷款、个人贷款、资金与资产管理、渠道业务、营运、风险、审计等相关内容，通过开通和建立一整套系统，搭建监事会直接监督重大业务经营活动的平台，及时掌握经营管理数据，主动发现重大问题和线索，提高了监督工作的主动性、及时性、灵活性和针对性。

上海证监局　供稿

葛洲坝：打造专职董监事制度

中国葛洲坝集团股份有限公司（以下简称“葛洲坝”或“公司”）是一家集投资、建筑、环保、房地产、水泥、民爆、装备制造、金融八大主营业务为一体、具有国际竞争力的跨国集团。截至2015年底，公司总资产达1276亿元，员工4万余人。公司坚持结构调整、转型升级、改革创新和科技进步，产业结构日趋多元，发展品质不断提升，被资本市场誉为“一带一路”、环保业务和PPP业务的领军企业。

根据近几年结构调整、转型升级的实践，通过不断探索、持续改进，公司已经建立了一套与公司治理相适应的管理制度，有效推动了公司在新常态下的健康可持续发展。其中，专职董监事制度作为公司管理制度的重要内容，有效促进了公司治理体系的完善和治理水平的提升。

一、专职董监事制度的主要内容

2013年10月，公司制定了《中国葛洲坝股份有限公司向子公司推荐、委派专职董（监）事暂行规定》，为全资子公司、控股子公司确立了专职董监事制度。

2014年6月，公司制定了《中国葛洲坝股份有限公司专职董事工作规定》及《中国葛洲坝集团股份有限公司派出监事会工作暂行规定》，详细界定了公司派出的董监事在工作中的权利义务，为董监事制度的落地提供了明确的指引。

之后，公司制定了《中国葛洲坝集团股份有限公司专职董事任期履职评价办法》及《中国葛洲坝集团股份有限公司专职监事任期履职评价办法》，通过引入考核评价机制，为子公司治理结构体系规范运行、确保专职董事勤勉履职提供了制度保障。

公司总部设专职董事若干名，设立5个监事会，每个监事会由3到5名专职监事和1到2名工作人员组成，所选任的专职董事、监事，均具有良好的职业素养和较强的责任意识，熟悉国家宏观经济政策及相关法律法规，具有较强的决策判断能力和风险管理能力，在公司治理、资本运营、法律、财务等方面有所专长。子公司董事会一般由7名董事组成，其中子公司董事4名，公司专职董事3名；监事会由5名监事组成，其中公司专职监事3名，子公司职工代表2名，通过制度设计，实现了公司总部管理职能的延伸，深度参与到子公司重大事项的决策和监督。

二、专职董监事制度的主要做法

1. 打造专业化、高标准的专职董监事队伍

公司与国内高端专业培训平台开展合作，个性化制定培训课程、择优评选参培人员；专职董监事还列席公司董事会办公会、投资委员会等重要会议，及时了解公司最新政策思路；此外，公司还建立了专职董监事工作联席会、专职董监事与职能部门业务联动机制等，有效提升了专职董监事的履职能力和综合素质。

2. 建立上下互动、多层推进的工作机制

为切实推进专职董监事制度，公司先试点后推广，将治理结构调整作为明确的工作任务纳入了对子公司的考核体系。同时，公司将推进、督促子公司治理结构调整作为专职董监事年度重点工作内容，发挥了专职董监事在此项工作中的作用。子公司成立了治理结构调整领导小组和工作小组，制定了工作推进计划，研究建立了子公司治理运行体系和专职董监事履职考核体系。

3. 公司的董监事严格实行任期制

每届专职董监事任期2年，专职董监事在同一子公司任职不超过2届。

三、运作情况及效果分析

截至2015年底，公司专职董事5名，专职监事和财务人员19名，工作人员4名。专职董监事通过深入任职公司，对公司进行全过程监控，在生产经营决策、加强风险控制等方面做出了卓有成效的工作。

经过两年多的积极实践，子公司治理结构调整获得良好成效。一是子公司治理体系实现了权力制衡和规范运作；二是子公司决策能力得到较大提升；三是促进了母子公司管控模式有效升级；四是形成了母子公司战略的高度协同；五是形成了良好的企业治理文化；六是为国有企业完善法人治理结构提供了有益探索和宝贵经验。

作为面向公众的上市公司，公司肩负着为社会创造财富、为股东创造价值的重任，公司将进一步健全规章制度并继续强化执行落实，把规范运作体系、完善治理结构的工作不断推向前进，致力于打造国家满意、社会认可、股东青睐、员工幸福的和谐企业，朝着具有国际竞争力的世界一流企业发展目标阔步前进！

湖北证监局　供稿

东方证券：夯实监督基础 创新监督模式以有效监督推动公司稳健发展

东方证券股份有限公司（以下简称“公司”）监事会始终以“到位不越位”为原则，以保障监事会的知情权、监督权和建议权为思路，切实履行监督职责、积极创新监督方式、不断拓宽监督渠道，致力于为完善公司法人治理，维护股东、公司和员工的利益，推动公司可持续发展保驾护航。

一、着力关键要素，夯实监督基础

作为公司治理中独立的监督主体，东方证券监事会始终坚持自身定位、持续完善监督体系、不断强化自身建设，逐步形成了符合法律法规和公司实际的监督文化，搭建了具有实效的监督框架，使监督工作和公司治理进入不断完善的良性循环。

1. 坚持定位准确

对监事会职能定位的深刻认识，是明确监督方向、制定监督策略的基础。东方证券监事会严格围绕法律法规及公司章程赋予的权利与义务展开监督，在工作中坚持贯彻“到位不越位”的原则，围绕公司战略布局，聚焦公司发展重点，充分实践了“在监督中促进发展，在发展中加强监督”。

2. 坚持制度规范

为保障监督工作的有序性和规范性，东方证券监事会不断完善制度体系，一方面制定了《监事会议事规则》、《监事会对董监高履职评价办法》、《监事会日常工作制度》等制度规范，另一方面在公司相关制度中嵌入条款以保障监事会的各项权责，并根据监管要求和公司发展实际进行动态调整。公司A股及H股上市前后，监事会及时完善修订职责规范、优化监督流程，确保各项工作达到A+H上市公司要求。

3. 坚持覆盖全面

东方证券监事会在工作形式上注重日常监督和专项检查相结合，在内容上深入监督公司财务、合规与风险管理、董监高履职等方面，通过规范召开监事会会议、审议公司定期报告、向公司重点职能部门发送监督建议书、开展履职评价等形式全面落实上市公司监事会的监督职能。

4. 坚持队伍专业

东方证券第三届监事会共有7名监事，每位监事在财务管理、风险管理、公司治理等各自的专业领域均具有深厚的理论基础和丰富的实践经验，其中3名具有研究生以上学历，半数以上具有高级经济师、高级会计师、注册会计师的职称和资格。

监事会下设监事会办公室为其日常办事机构，专职人员均具有研究生以上学历及上交所董事会秘书资格。在工作中，监事会队伍注重持续积累知识，提升专业水平，定期参加监管部门各项培训、多次前往上市公司及业内标杆企业学习经验，为打造公众公司高效、规范的治理结构夯实基础。

二、注重实践效果，创新监督模式

为适应证券行业的发展进程，同时紧跟监管部门对监督工作的更高要求，监事会及时研究外部监管环境、紧密围绕公司战略布局，积极创新监督体系、拓宽监督渠道，着力建立全方位、立体化的多维度监督评价体系，为进一步完善公司法人治理，推动公司持续发展而努力。

1. 突破难点，首家建立市属券商监事会履职评价体系

监督董监高的履职行为是《公司法》赋予监事会的重要职能，也是国内外法人治理实践中的一个难点，作为在上海市属金融机构中首家建立履职评价体系的券商监事会，东方证券监事会从“沟通”中找到突破口，由监事会主席亲自带队逐一走访全体董事和高管，面对面介绍了关于履职评价工作的设想，并听取意见和建议；在《公司监事会对董监高履职评价办法》成稿后，三次向评价对象书面征求意见，不断修改完善。正是通过反复沟通，确保了评价内容能够贴合董监高的职能，保证了评价对象能充分认可并且高度重视此项工作，为履职评价工作的落地实施奠定了良好的基础。

在该办法试行开展后，监事会实时监测实施效果，动态调整操作流程，逐步探索出较为完备的履职评价体系，并已显示出三大作用：一是通过监事列席董事会及其专门委员会会议、约谈董事高管等，显著增强了董监高之间的交流，帮助监事进一步了解公司重大事项决策过程；二是通过建立董监高履职档案，监事会把监督工作进一步常态化、持续化；三是通过填写会议评价表对董监高出席会议次数、发表意见情况进行定量定性的评价，有效督促董事、监事、高管更为勤勉地履行职责，促进董事会、经营层更为科学有效的决策。这三点都为进一步规范公司的法人治理，推动公司健康发展做出了贡献。

2. 紧抓重点，定期对公司重点业务、分支机构开展调研

财务稳健、经营合规、风险可控是公司可持续发展的基石，也是监事会监督工作的重点。为使监事会成员全面深入掌握公司财务及风险管理情况，监事会定期组织对公司重点业务部门、分支机构、控股公司开展巡视调研和实地检查。在营业部调研时，监事会就营业部财务主管、风险管理和监察员岗位制度的执行落实情况进行沟通座谈，为监事会深入基层一线监督风险防范措施、推动培育企业核心竞争力拓宽了工作渠道。对子公司调研时，监事会对其合规与风险管理、人才队伍建设、企业文化建设等工作提出了建议。调研后，监事会汇总研究各类意见和建议，向相关

职能部门提出相应的监督建议，并安排予以落实，为公司及时发现风险、整改完善提供参考。

3. 夯实要点，结合行业热点听取专题汇报、开展专项检查

为深入了解各项创新业务的运作流程和风控关键点，东方证券监事会先后对公司财务运行情况、客户资产安全规范管理情况、融资融券业务开展情况、资金中心建设情况等工作开展了专题调研，并结合证券市场风险事件，联合合规与风险管理部门对公司重点业务开展常规检查，对风控重点环节提出专项监督建议，有效推动公司建立长效机制以切实防范各类风险。

三、有效利用资源，提升监督能效

随着行业环境及业务风险日趋复杂，监事会的工作难度在不断加强，要全面、专业、科学地开展监督工作，监事会就要有效调动内外监督资源，形成监督合力。

1. 发挥股东监事作用，注重形成外部监督力量

在监事会的各项工作中，始终把与股东单位的沟通效果放在重要位置，重视监督渠道的畅通，一方面坚持定期邀请部分董事、股东代表参加监事会专题座谈会，及时通报股东关心的公司工作动态；另一方面通过向股东单位和监事发送百余期《监事会工作简报》，及时通报公司发展和监事会工作进展，不仅增强了股东单位和外部监事对公司发展动态的了解和支持，而且达到了进一步落实知情权和促进沟通交流的效果。

监事会高度注重发挥股东监事的外部监督作用。在列席董事会会议时，在各位监事充分发言的基础上，监事会还委派一名股东监事代表发言，综合反映监事会的意见与建议。此外，股东监事在调研过程中提出的意见也得到公司充分重视，部分建议列入公司当年的工作计划，并在公司得到了有效贯彻和执行。

2. 调动稽核审计资源，有效形成内外监督合力

为进一步提升监督工作的全面性及有效性，监事会善于借助内外审计力量，深入检查公司重点业务板块的财务、内控及风险管理情况，形成监督合力。2015 年 10 月，监事会依据监管部门要求对公司境外资产开展专项检查。监事会一方面立足自身职权，深入检查子公司法人治理规范性、决策程序规范情况、董监高履职情况；另一方面为保证检查的全面性，充分研究外部审计报告和母公司历年稽核结果，对其中发现的问题及其整改情况进行了重点检查。根据检查结果和日常监督情况，对子公司和集团提出了相应的整改建议。监事会提交的检查报告得到了监管部门的认可，也为集团把握风险，进一步做好境外资产管理提供了合理建议。

3. 调动中介机构资源，有效提升监督专业水平

依托中介机构协助工作是法律法规赋予监事会的职权，也是东方证券监事会拓展监督渠道，提升监督客观性和专业性的

有效形式。东方证券监事会积极建立与中介机构间的长效沟通交流机制，搭建与会计师事务所、保荐机构等中介机构的信息共享平台。通过召开与中介机构沟通会，监事会了解了保荐代表、律师对公司规范运行、治理结构情况的评价；听取了会计师事务所对公司 IPO 审计、内部控制审计情况的介绍，更全面地了解公司整体经营管理情况，更有针对性地掌握了可能存在的风险点。

与此同时，在需要客观专业监督意见时，东方证券监事会独立聘请中介机构开展专项检查。2016 年，监事会根据国资委和市金融办相关要求开展境外投资项目后评估，聘请了会计师事务所担任中介机构，并与公司内控规范化建设工作及内审工作协同并进，为公司考察投资成果、优化投资决策提供参考，有效践行了监事会以监督促发展的工作理念。

在证券行业发展快速升级的形势下，上市券商监事会将面临新的挑战，一是证券公司核心业务和核心资产逐步“下沉”，控股子公司将会成为集团业务、资产的真正载体；二是越来越多的证券公司在加速资本扩张进程，通过境内外上市的方式募集资金，境内外不同的监管环境与监管要求，为公司规范治理增加了难度。在此形势下，东方证券监事会在今后的工作中将加强对多层级组织监督工作的探索，研究在合法合规的前提下，建立对子公司垂直对位的监督管理体系；加强对境内外监管要求的研究，厘清 A+H 上市企业财务、合规与风险、董监高监督的要点和难点，规范贯彻两地监管机构对监事会运作的要求，为公司创建“具有国内一流核心竞争力、为客户提供综合金融服务的现代投资银行”保驾护航！

上海证监局　供稿

第五篇

上市公司并购重组篇

- 2015 年上市公司并购市场综述
- 力源信息：并购使行业从高度分散走向逐步集中
- 七喜控股与分众传媒重组上市案例
- 德展健康重大资产重组案例
- 招商蛇口并购重组案例
- 当代东方：收购盟将威 进军影视行业
- 新研股份重大资产重组案例
- 温氏股份换股吸收合并大华农整体上市案例
- 美锦能源：提升煤焦行业效能 加快企业转型发展
- 香江控股并购重组案例
- 中泰化学资产重组案例

2015 年上市公司并购市场综述

一、概述

近年来，中国并购市场持续保持高速发展。在改革红利的不断释放和“一带一路”倡议稳步实施的大背景下，2015 年的中国并购市场延续了 2014 年度的繁荣，全年并购交易总额达到 4261 亿美元，交易案例 6331 宗，再创历史新高。随着监管政策逐渐规范、资本寻求证券市场退出以及 A 股市场在第一、第二季度大幅上涨等多重因素影响下，2015 年中国上市公司并购活动蓬勃发展，扮演了举足轻重的角色。全年上市公司并购交易金额约为 3320 亿美元，占全年并购活动总金额的 75%左右。

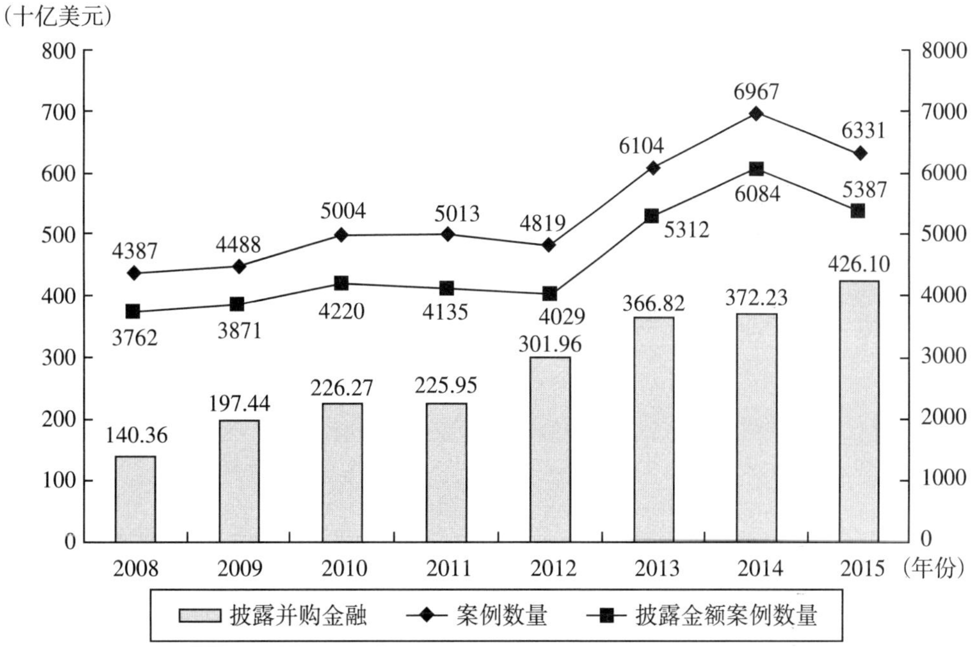

图 1　中国并购市场概况（2008~2015）

数据来源：Wind 资讯。

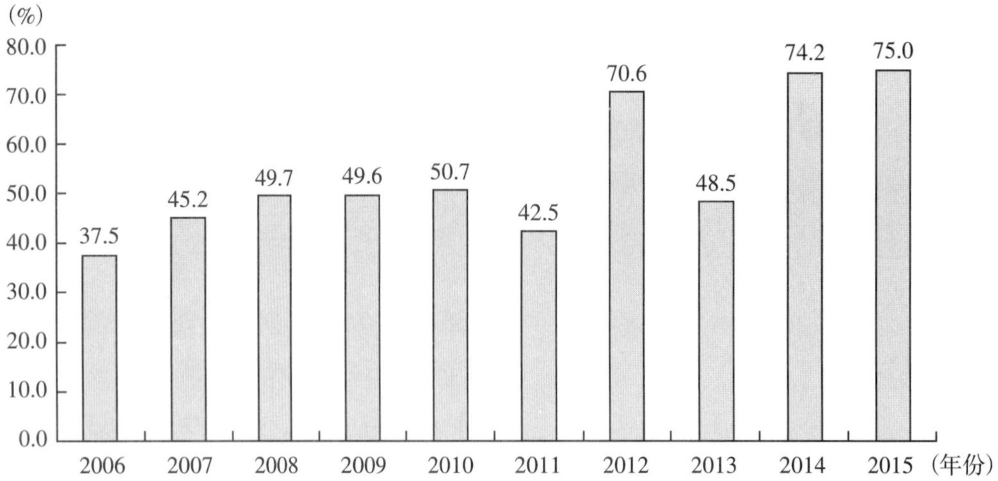

图 2　中国上市公司并购交易金额占中国企业并购交易金额的比重变化（2006~2015）

数据来源：Wind 资讯。

按交易金额统计，2015 年中国上市公司前十大并购交易中，电力和物流行业各占 2 席，电商、传媒、房地产、商业零售、银行业、软件和信息服务业各占 1 席。十大交易有 6 宗是 100%的全资股权收购，2 宗为控股权收购，2 宗为非控制性股权收购，其中 2015 年 11 月长江电力收购川云公司 100%股权（交易金额 793.75 亿元，折合 121.5 亿美元）是 2015 年中国上市公司最大的并购交易。

表 1　2015 年中国上市公司前十大并购交易

目标方		收购方							
排名	宣布日期	公司名称	性质	行业	公司名称	股票代码	性质	交易金额（亿美元）	收购股比（%）
1	2015-11-06	川云公司	国企	电力	长江电力	600900	国企	121.5	100
2	2015-09-01	分众传媒	民企	传媒	七喜控股	002027	民企	69.7	100
3	2015-09-18	招商地产	国企	房地产	招商蛇口	001979	国企	68.4	48.11
4	2015-08-11	苏宁云商	民企	电商	阿里巴巴	BABA.N	民企	43.2	19.99
5	2015-06-30	供销大集	民企	商业零售业	西安民生	000564	民企	40.9	100
6	2015-11-30	基础产业集团	民企	建筑	海岛建设	600515	民企	39.6	100
7	2015-12-29	华夏银行	国企	银行业	中国人保寿险	02328.HK	国企	39.2	19.99
8	2015-06-12	传化物流	民企	物流	传化智联	002010	民企	30.5	100
9	2015-05-26	香港华三、紫光数码、紫光软件	外企国企	软件与信息服务业	紫光股份	000138	国企	30	45
10	2015-12-02	申通快递	民企	物流	艾迪西	002408	民企	25.8	100

数据来源：Wind 资讯。

二、上市公司并购分析

（一）并购目标行业分布

分行业看，2015 年并购市场上市公司完成的交易案例，软件和信息服务业以 422 宗交易单数独占鳌头，占当年并购交易总单数的 16.33%；制造业、金融、医药与医疗服务业紧随其后，分别完成交易单数 289 宗、203 宗和 194 宗，占并购交易总单数的 11.19%、7.86%和 7.5%。从交易规模方面观察，金融、软件与信息服务业和制造业的交易规模分别为 502.3 亿美元、455.6 亿美元和 302.7 亿美元，占比 14.94%、13.54%和 8.99%，位列前三。

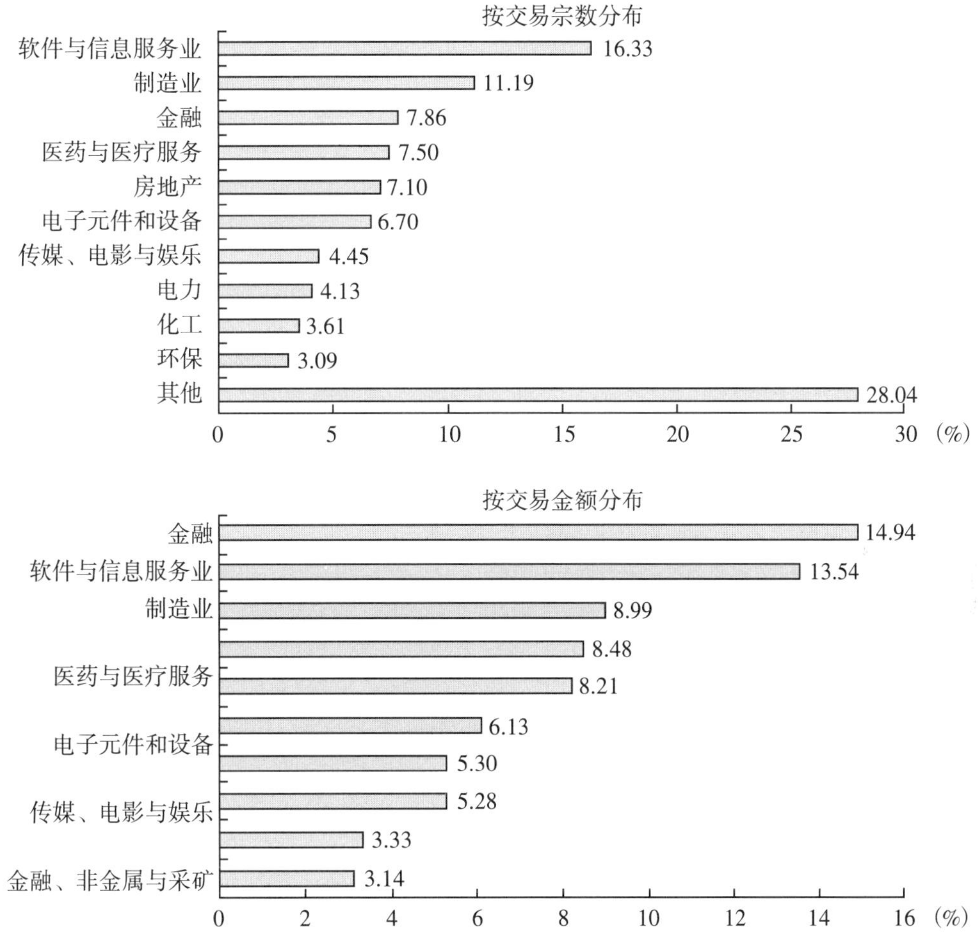

图 3　中国上市公司并购市场行业分布

数据来源：Wind 资讯。

金融、制造业、房地产、软件和信息服务业、医药和医疗服务是中资并购市场最活跃的五个行业，合计占交易总金额的 54.16%和交易数量的 49.8%。随着制造业的转型升级，制造业领域的并购整合趋势愈发活跃，企业通过并购的形式以期获得资源整合的协同效应和外生成长。金融、房地产领域的并购整合速度加快，一是金融和房地产行业内部的横向、纵向整合加快，企业通过行业内的横纵向整合以提升市场占有率和抗风险能力；二是行业间的整合日趋多元，一些非金融企业乐于参股银行和券商、保险等多元金融领域，通过“产融结合”的方式支持主业发展和实现多元化发展。软件和互联网行业并购在2015年发展迅速，则伴随着“互联网+”、“大数据”、“在线教育”展示的可观成长空间，互联网巨头和新兴企业纷纷采用并购的方式获得比较优势、抢占市场份额。

（二）并购交易规模分布

从平均单笔交易来看，物流业平均单笔交易金额达3.39亿美元，为平均单笔交易额最大的行业。其中，传化智联收购传化物流、申通快递借壳艾迪西、物产中大收购浙江物产均是超过10亿美元以上的并购交易。和往年一样，金融、房地产等行业在平均单笔交易金额上名列前茅。而交运、建筑、海运和港口等行业，由于属于重资产行业、投资规模较大，虽然总体并购宗数不多，但成交金额较大，因而在平均交易规模上排名三至六位。

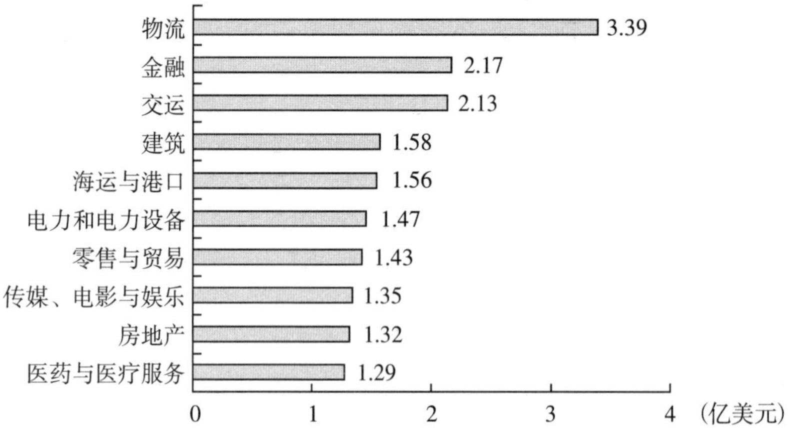

图4　中国上市公司平均单笔并购额按行业排名（2015）

数据来源：Wind资讯。

2015年，中国上市公司共完成了2800余宗交易金额小于1亿美元的并购交易，占交易总宗数的82%，交易金额大于5亿美元的并购交易占当年并购总宗数的4%左右。10亿美元以上的交易宗数仅占全年交易总宗数的1.95%，但合计交易金额约占整个并购市场交易的56.12%。

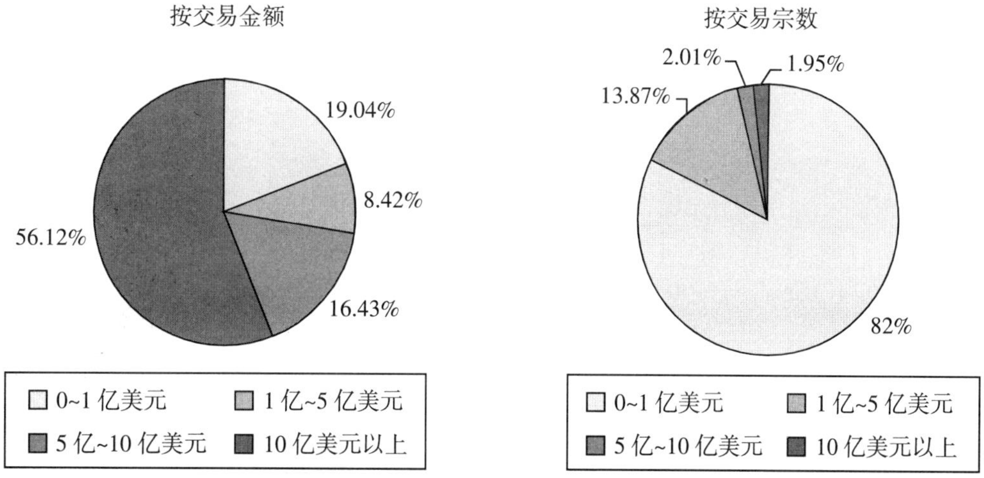

图 5　中国上市公司单笔交易并购金额所在区间分布

数据来源：Wind 资讯。

（三）并购交易的类型

数据显示，2015 年境内并购交易总额占比由 2014 年的 75.31%上升至 86%，而跨境并购金额占比和外资入境并购金额占比较 2014 年均稍有下降。

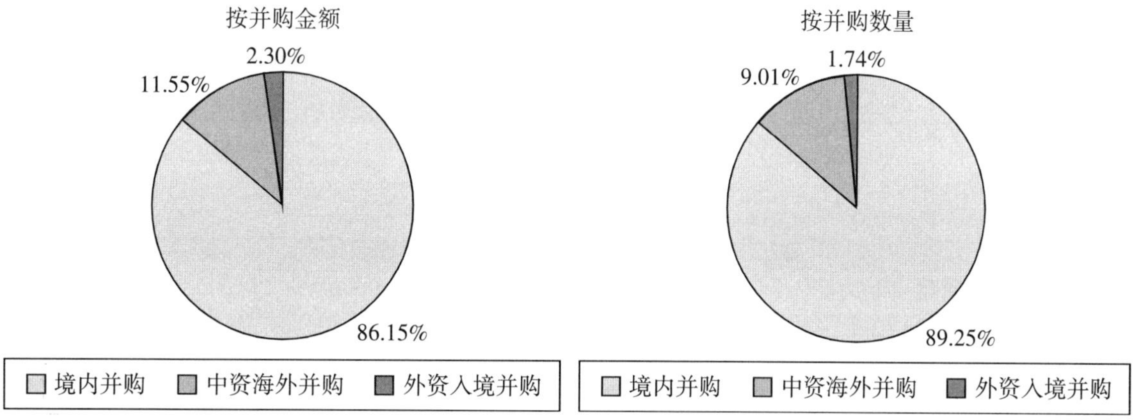

图 6　中国上市公司并购交易类型分布

数据来源：Wind 资讯。

境内并购依然是中国上市公司并购交易的主要类型，2015 年境内并购交易总宗数达到 3950 宗，交易金额达到 3650 亿美元，较 2014 年有较大提升。跨境并购总金额和外资入境并购总金额较 2014 年虽稍有下降，但交易金额和交易数量一直维持在高位。

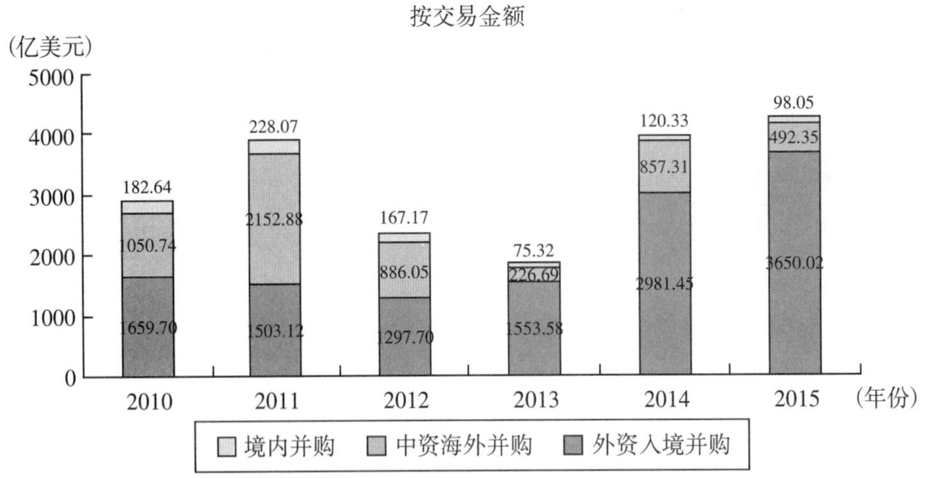

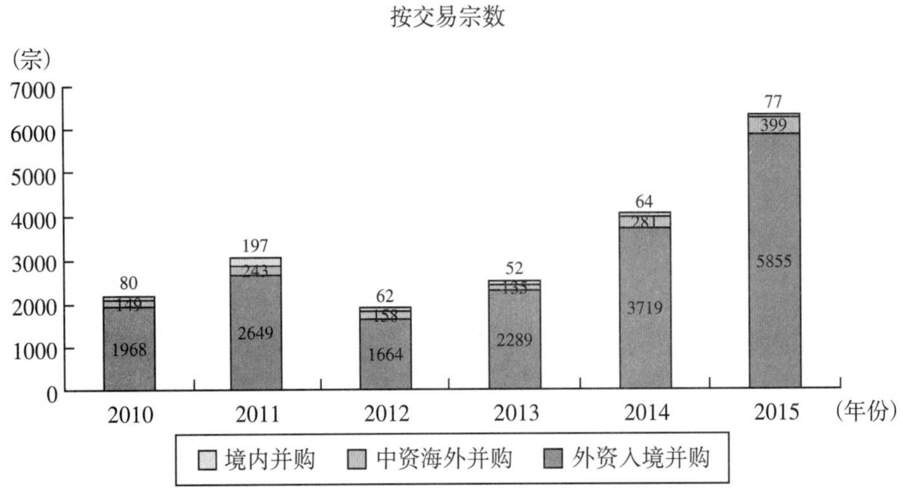

图 7 中国上市公司交易并购类型分布（2010~2015）

数据来源：Wind 资讯。

动态观察，金融、工业和可选消费行业的中资企业 2015 年海外并购总额占全年海外并购总额的 70%，是年度出境并购的活跃板块。随着我国经济发展逐渐由投资驱动转向消费驱动和制造业的转型升级，越来越多的中资企业将海外并购发展的目光投向消费服务业、软件、传媒和高端制造业。而在经济转型和国际大宗商品价格持续低迷的大背景下，中资企业在一定程度上减少了对海外能源、资源行业的投资和并购，例如能源领域的海外并购总金额从 2014 年的 105 亿美元下降到 2015 年的 6.9 亿美元，降幅明显。

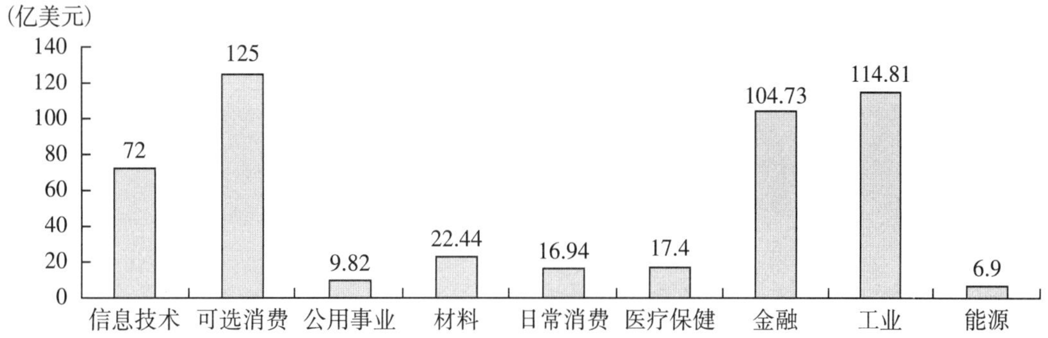

图 8 中国上市公司出境并购按行业分布（2015）

数据来源：Wind 资讯。

金融、可选消费行业和医疗行业是外资入境并购青睐的行业，随着中国市场开放步伐的加快和国内企业的成长，未来将会有更多的优秀境内企业成为海外投资者并购的标的。

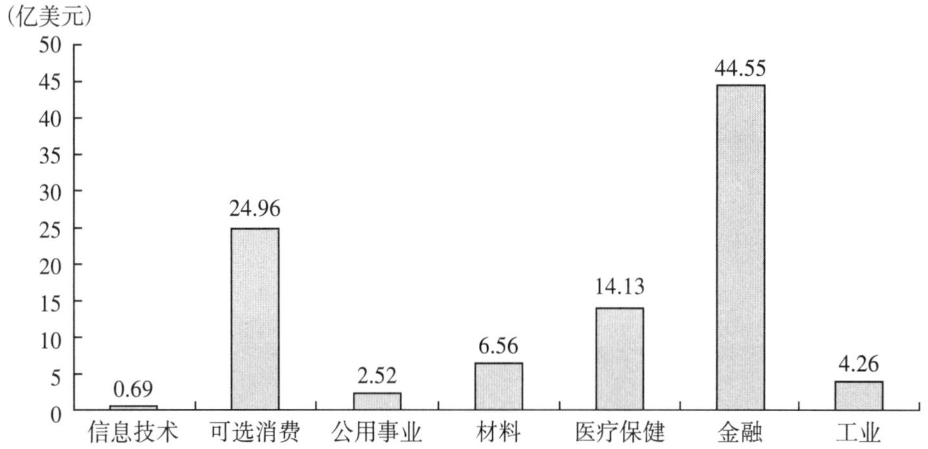

图 9 中国上市公司外资入境并购按行业分布（2015）

数据来源：Wind 资讯。

三、并购市场发展趋势

（一）政策层面红利不断释放、促进并购市场又好又快发展

2015 年，国家继续从政策层面等多个方面采取措施积极促进并购行业又好又快发展。对于境内并购，国家从资金和政策等方面积极支持企业通过并购做大做强。2015 年 2 月，银监会印发《商业银行并购贷款风险管理指引》，将并购贷款期限提升至 7 年，并购贷款在并购交易总金额的占比上限提高至 60%。2015 年 8 月，证监会、财政部、国资委、银监会四部委联合发布《关于鼓励上市公司兼并重组、现金分红及回购股份的通知》，通知要求在并购重组监管中将进一步简政放权，扩大并购重

组取消行政审批的范围和鼓励支付工具和融资方式的创新。对于境外并购，国家则通过“一带一路”政策下新战略的确定，以及建立海外并购多元融资渠道等为中国企业走出去提供强大政策支持。

（二）并购重组的行业差异化分布日趋明显

受市场环境及自身发展战略等因素影响，上市公司在并购重组中对标的资产的所处行业存在明显偏好。2015 年上市公司并购的主要偏好是高端制造业、文体娱乐业以及信息产业，所对应的主题仍然是产业转型和升级。高端制造业往往是上市公司转型、弯道超车的“捷径”，而软件与信息技术行业的标的公司受到青睐则是受益于智能手机和 4G 网络的快速发展、“互联网+”概念的普及和应用，使相关行业优秀公司和资产成为并购标的的“香饽饽”。

（三）国企并购整合成为并购市场重要力量

以 2015 年 5 月完成的“南北车合并”和正式公告的长江电力兼并川云公司、招商蛇口吸收合并招商地产等案例为代表，国企（特别是大型央企）并购重组在 2015 年并购市场扮演了重要角色，预计新一轮国企并购重组浪潮或将涌现。综合分析，未来国企合并重组可以总结为三个类型：一是国企行业内合并重组，即业务处于竞争领域、主业有相关重叠的企业进行合并，以避免恶性竞争、增强竞争能力和抗风险能力；二是国企行业内兼并收购，主要发生在产能过剩领域，通过兼并收购能一定程度上解决产能过剩问题；三是以国企为主导的产业链整合，通过纵向并购等多种方式实现上下游一体化，增强全产业链的竞争力。

（四）并购重组审核速度加快，监管环境日趋严格

2015 年，中国证监会并购重组委共审核过重大资产重组案例 339 家，较 2014 年同期增长 174.74%；审核通过率达到 93.51%；但审核通过的重组上市案例仅 38 家，审核通过率仅为 64%。从数据来看，2015 年无论是并购重组事件的绝对数量还是金额都较以往年度有较大幅度增长。但近年来众多境外上市公司选择私有化回归 A 股，游戏、VR 等投资题材泛滥等已引起监管层对与之带来的估值套利、资本市场健康发展等问题的重视，可能引起监管部门在完善监管规则、优化健全退市制度、严厉打击违法违规行为等方面有更多举措，与之对应的是借壳上市数量或将进一步减少。制度环境的优化完善，有利于规范上市公司并购重组的规范化、市场化，推动中国资本市场和并购市场的长期健康发展。

中国上市公司协会并购融资委员会　供稿

力源信息：并购使行业从高度分散走向逐步集中

武汉力源信息技术股份有限公司（以下简称“力源信息”或“公司”）是国内著名的电子元器件代理及分销商，以广大中小电子工业企业为主要目标客户，针对客户在产品设计、产品定型及批量生产等各个阶段对IC等电子元器件的不同需求，向客户提供包括产品资料、产品选型、免费样品、产品销售、参考设计、技术支持、供应保障等一揽子服务，代理及分销的品牌包括意法、安森美、英特矽尔、富加宜、德州仪器等多家国内外著名半导体生产商的产品，产品覆盖金融电子、电力电子、医疗电子、仪器仪表、工业控制、安防监控、智能穿戴、智能家居、充电桩等领域。

2011年2月，力源信息成功在深交所创业板挂牌上市（股票简称：力源信息，股票代码：300184），是行业内首家A股上市公司。

一、并购重组的背景

随着全球经济与科技的发展，电子制造在整体工业生产及人们日常生活使用的产品中发挥着更加重要的作用。据易观国际、IHS iSuppli的数据，2013年中国电子元器件市场采购规模已经达到2万亿元，而电子元器件交易通过分销商销售比例约占行业整体销售总额的55%。可见，我国电子元器件分销行业市场广阔，且随着国内和国际经济的逐渐复苏以及下游电子元器件采购市场的不断扩大，未来电子元器件分销行业将持续蓬勃发展。

综观全球市场，全球IC分销行业诞生了ARROW、AVNET这样年销售规模超过220亿美元的世界500强巨头，证明了IC分销行业巨大的市场空间。IC分销行业独有的高度分散市场格局及多元化的产品线决定了外延式扩张必然成为行业内企业发展壮大的主要路径。通过并购重组，IC分销企业可以在前端实现产品线、客户群、区域布局的组合，满足客户一站式的采购需求；在后端提高与原厂议价能力，降低采购、仓储、物流成本，共享信息系统平台及解决方案，以实现协同效应和规模经济。IC分销行业的国际巨头Avnet、Arrow以及亚太区域巨头大联大的发展历程，均呈现出不断通过并购重组实现外延式扩张的历史。以大联大为例，自2005年至今陆续收购了凯悌、诠鼎、友尚、大传等多家行业排名前列的公司，收入规模由1161亿新台币迅速增长至5155亿新台币。通过并购重组这种外延式的扩张，大联大的业务规模和公司整体实力得到了迅速提高，目前已经稳居世界第三位。

虽然公司在2011年2月已成为中国A股市场首家IC分销上市企业，但仍面临产品线及客户资源不足、业务规模偏小的挑战，急需进一步提高市场影响力。力源信息在坚持稳步内延式增长的同时，致力于充分利用资本市场的有利条件，将外延式扩展作为公司重要的发展方式。公司拟通过持续不断的外延式并购吸引、集聚行业内优秀的企业资源，在公司需要重点投入的行业快速补充上游产品线资源、下游客户资源、增强技术研发实力，引领行业从高度分散走向逐步集中、集约的市场格局，成为行业内并购整合的重要资本平台。

二、并购重组的特点

公司并购标的为深圳市鼎芯无限科技有限公司（以下简称“鼎芯无限”），是一家专注于物联网综合解决方案的IC产品技术型分销商，致力于为客户提供IC元器件和应用解决方案的一站式销售服务，代理来自华为海思、NXP等上游原厂的产品，产品覆盖物联网M2M、无线通信、安防监控、智能电表、工业及新能源等领域。凭借独特的商业模式与丰富的团队经验，鼎芯无限自设立以来业务发展迅速，在IC分销行业树立了良好的品牌形象。

力源信息将向鼎芯无限的股东侯红亮、深圳市泰岳投资有限公司（以下简称“泰岳投资”）、南海成长精选（天津）股权投资基金合伙企业（有限合伙）（以下简称“南海成长”）、常州市中科江南股权投资中心（有限合伙）（以下简称“中科江南”）和中山久丰股权投资中心（有限合伙）（以下简称“久丰投资”）5方发行股份及支付现金，通过分步并购的方式购买其合计持有的鼎芯无限100%股权。

（一）分步收购，确保平稳

因公司的市值规模较小，仅为9.42亿元，其中实际控制人赵马克先生持有总股本的比例为31.75%。为了减少本次交易对于上市公司股权尤其是控制权的稀释，本次交易设计了分步收购的模式，即首次收购鼎芯无限65%股权，同时交易双方在交易协议中明确，本次交易完成后，在鼎芯无限未发生重大不利变化的前提下，力源信息承诺将在交割日后6个月内启动收购鼎芯无限剩余35%股权的交易。2014年7月，力源信息完成本次收购鼎芯无限65%股权的交易。2015年7月，力源信息通过发股购买资产的方式完成了对鼎芯无限剩余35%股权的收购。

本次交易为力源信息登陆资本市场以来的第一次产业并购，在并购经验少、业务规模小、抗风险能力弱的情况下，通过分步收购可以有效降低鼎芯无限发生经营风险对上市公司的不利影响。此外，第二次收购为同一控制下企业合并，根据会计准则的规定不确认收购商誉，因此分步收购可以有效减少合并商誉，降低未来发生商誉减值对于上市公司损益的冲击。

（二）分步解锁，保障承诺

经过交易对方的内部协商，在充分考虑各方交易诉求、未来业绩承诺责任和补偿风险因素的基础上，南海成长、中科江南、久丰投资三家 PE 股东不参与本次交易的业绩承诺补偿，侯红亮及泰岳投资承担鼎芯无限的全部业绩承诺补偿责任。本次交易中，侯红亮、泰岳投资合计持有交易标的 71.67%股权。根据上述补偿安排，侯红亮、泰岳投资在本次各自获取的交易对价之外，需额外承担的补偿责任上限约为 5284.96 万元。

为保证业绩承诺股份补偿的可行性，侯红亮及泰岳投资承诺于本次交易中所获股份自其法定锁定期结束后应分步解禁，每年解禁比例分别为 28%、33%、39%。上述股份解禁节奏与业绩承诺实现的节奏一致。

（三）PE 入股与重组同步进行

本次交易停牌前，久丰投资已经就增资事宜与鼎芯无限达成一致，鼎芯无限估值 2 亿元。本次交易停牌后，久丰投资尚未完成对鼎芯无限的增资。经过协商，久丰投资表达了强烈的继续投资意愿。由于与本次交易时间接近，为了保障交易价格的可比性，久丰投资同意将增资价格调整为 2.4 亿元，与本次交易预案阶段的作价保持一致，其获得的上市公司股份因此需要锁定 36 个月。

三、并购对公司的影响

（一）协同效果显著

力源信息与鼎芯无限同属 IC 分销行业，两者在上游产品线、销售渠道、下游客户方面有着高度的互补性，通过本次并购实现双方在前端产品线、销售渠道、客户群、区域布局方面更为合理的组合，客户交叉销售以及重复多次开发，提升客户黏性。此外，上市公司通过后端整合降低采购、仓储、物流成本和人工成本，直接拉高产品和服务的毛利水平。

1. 产品线的协同

力源信息主要代理欧美系的 IC 产品，鼎芯无限主要代理华为海思等国产 IC 产品，交易完成后双方产品线将形成显著的互补，从而极大提高公司的原厂资源，增加公司产品的覆盖率，进一步提高对 IC 原厂的议价能力。

2. 客户群体的协同

力源信息的客户主要集中在工业控制领域，而鼎芯无限的客户主要集中在安防、通信基站、智能电表、汽车电子产品等新兴领域。

3. 技术研发的协同

通过本次交易，力源信息获得鼎芯无限优秀的技术团队、相关专利及软件著作权，发挥其技术优势为公司庞大的客户群提供一体化的解决方案和技术支持，从而增加公司客户的黏性。

4. 运营管理的协同

本次交易完成后，力源信息从整体上对鼎芯无限的采购、仓储、物流、融资等环节进行协调，进一步提高对 IC 原厂的议价能力，降低仓储、物流成本、人工成本、融资成本，提升资金运用的有效性。

（二）加速开启外延式发展

由于IC分销行业市场容量巨大、竞争格局高度分散，IC分销企业特别适宜通过并购整合迅速成长。行业内成功的并购案例均采取“前端分治、后端整合”的策略，即保留各自相对独立的子系统，前端实现产品线、客户群、区域布局的组合，达到提高产品覆盖率、满足客户一站式采购需求的综合目的；后端整合财务、仓储、物流、采购、信息系统，增强与原厂议价能力，降低采购、仓储、物流成本，共享财务和信息系统平台，降低运营成本，改善财务指标和经营绩效。

本次交易是力源信息开启外延式发展模式的重要举措。通过本次交易，力源信息积累了宝贵的并购整合经验，确立了持续不断进行外延式并购的发展战略。本次交易完成后，力源信息在行业内树立了产业整合平台的形象，有利于上市公司吸引、集聚行业内优秀的企业资源，快速补充和增强公司需要重点投入的战略新兴行业客户资源和技术开发实力，引领本行业从高度分散走向逐步集中、集约的市场格局，大大提升本土分销商的行业地位。

（三）显著提高业务规模、盈利能力及市值水平

本次交易有助于丰富上市公司的产品线资源，提高产品覆盖率，增强对于客户的一站式服务能力，上市公司在供应链管理、技术支持服务等方面能够更好地满足上下游需求，从而进一步巩固产品线优势，增强客户黏性，提高市场份额。此外，上市公司覆盖的客户群体范围大为增加，包括部分具备行业影响力的大型客户，上市公司的分销渠道价值得以增强，从而提高了对原厂的议价能力及产品线代理权获取能力。

本次交易完成后，公司又持续进行了对多家同行业公司的外延式并购及参股，2014年公司参股同行业电商上海云汉芯城12.51%股权，布局行业电商渠道；2015年7月至2016年10月完成了行业IDH方案商南京飞腾电子100%股权收购，补充了能源互联网等行业客户；2016年3月再次停牌收购同行业公司武汉帕太（目前重组材料已获证监会正式受理），补充了日系电子元器件产品线及手机、汽车、家电等消费类行业大客户，以上参股及三次并购显著提高了上市公司的销售规模及盈利水平，公司销售规模从并购前2013年的3.37亿元上升到2015年（备考）的近70亿元，获得了资本市场的高度认可，公司市值水平因此大幅提升，市值从并购前的9.42亿元到目前的70亿元左右，公司行业地位得以快速提升。

未来，公司将朝着三大家国际同行的步伐，充分利用A股资本市场平台的优势，进一步大力发展外延式并购，快速将公司做到本土IC分销商第一的行业地位，引领行业从高度分散走向逐步集中、集约的市场格局。

湖北证监局　供稿

七喜控股与分众传媒重组上市案例

2015 年 5 月，七喜控股股份有限公司（以下简称“七喜控股”）正式启动与分众多媒体技术（上海）有限公司（以下简称“分众传媒”）的重大资产置换并发行股份及支付现金购买资产并募集配套资金工作。2015 年 8 月，七喜控股职工代表大会与董事会先后通过了交易草案及相关议案。2015 年 9 月，七喜控股股东大会审议通过了本次交易草案。2015 年 11 月 2 日，本次战略投资事项获商务部批复同意。2015 年 11 月 16 日，本次重大资产重组事项获得中国证监会批复核准。2016 年 4 月，七喜控股改名为分众传媒，重大资产重组基本完成。

一、重组各方基本情况

（一）七喜控股

七喜控股成立于 1997 年 8 月，前身为广州七喜电脑有限公司，2001 年整体改制为股份公司，2004 年 8 月在深交所中小板上市。七喜控股主要从事电脑的生产与销售、IT 产品分销、手游开发、智能穿戴设备研发与销售、SMT 贴片代工和物业租赁。易贤忠持有公司股份 129677590 股，持股比例为 42.89%，是七喜控股的控股股东、实际控制人。

（二）交易对方

本次交易对方为包括 Media Management Hong Kong Limited、Focus Media (China) Holding Limited 等在内的 44 名境内外公司，主要交易对方有：

1. Media Management Hong Kong Limited

Media Management Hong Kong Limited 是一家于 2015 年 3 月在香港注册成立的私人有限公司，主要从事投资管理业务。其上层股东包括 Media Management Holding Limited、Media Global Management Limited、Media Global Group Limited。最终投资方为自然人江南春。

2. Focus Media（China）Holding Limited

Focus Media（China）Holding Limited 是一家于 2003 年 4 月在香港注册成立的私人有限公司，主要业务为持有分众传媒股权。上层主要股东包括 Giovanna Group Holdings Limited、Giovanna Intermediate Limited、Giovanna Parent Limited 等公司。

二、重组方案

（一）重大资产置换

七喜控股以全部资产及负债与分众传媒全体股东持有的分众传媒的等值股份进行置换。为简化交易手续，七喜控股直接将截至评估基准日的全部资产及负债交割予易贤忠或其指定方，易贤忠应向本次交易对方或其指定方支付对价。经评估，以2015年5月31日为基准日，本次交易的拟置出资产评估值为86936.05万元；本次交易的拟购买资产分众传媒100%股权的评估值为4587107.91万元，评估增值4339180.99万元，增值率1750.19%。经交易各方协商，根据《重大资产置换协议》及《发行股份及支付现金购买资产协议》，拟置出资产作价88000万元，分众传媒100%股权作价4570000万元。

（二）发行股份及支付现金购买资产

本次交易中拟置出资产作价与拟置入资产作价差额为4482000万元。差额部分由七喜控股以发行股份及支付现金的方式自分众传媒全体股东处购买。其中，向FMCH支付现金，购买其所持有的分众传媒11%股份对应的差额部分；向除FMCH外的分众传媒其他股东发行股份，购买其所持有的分众传媒89%股份对应的差额部分。本次发行股份购买资产定价基准日为七喜控股第五届董事会第十七次会议决议公告日，本次发行股份购买资产的发股价格为10.46元/股。据此，七喜控股将向FMCH支付现金493020.00万元，向除FMCH外其余交易对象发行381355.64万股。

（三）发行股份配套募集资金

七喜控股拟采用询价发行方式向不超过10名特定对象非公开发行股份募集配套资金，总金额不超过500000万元，扣除中介费用及相关税费后将用于支付本次交易中的现金对价及补充流动资金。本次非公开发行股份募集配套资金总额不超过本次交易总额的11%，发行价格不低于11.38元/股，发行股份数量不超过43936.73万股。

本次重大资产置换、发行股份及支付现金购买资产两部分同时生效、互为前提条件。任何一部分内容因未获得政府部门或监管机构批准而无法付诸实施，则其他部分均不予实施。募集配套资金在前两项交易的基础上实施，募集配套资金实施与否或者配套资金是否足额募集，均不影响前两项交易的实施。

三、成效与评价

（一）上市公司的财务状况与盈利能力显著提升

本次重大资产重组完成后，上市公司的总资产规模及净资产规模均得到显著提升，资产总额增加610588.61万元，增长幅度为1019.74%；非流动资产占比从76.56%下降至13.51%，上市公司从重资产公司变成轻资产公司。同时，上市公司收入、净利润规模均得到进一步提升，上市公司盈利能力和持续经营能力显著增强。分众传媒处于传媒广告行业，销售毛利率较高，本次重大资产重组完成后，上市公司的销售毛利率、销售净利率均出现大幅增长，盈利能力进一步增强，持续经营能力得到优化。

（二）上市公司成功转型为 LBS 和 O2O 精准媒体互动平台

通过本次重大资产重组，上市公司立足现有的媒体资源网络，转型为由云端控制屏端、屏端与终端互动的 LBS 和 O2O 精准媒体互动平台。首先，上市公司建立了云端大数据平台，实现基于 LBS 的精准投放；其次，建立了广泛的内置 Wi-Fi 和 iBeacon 媒体网络，打造 O2O 互动平台；最后，通过自建、参股或兼并收购等多种方式拓宽 LBS 和 O2O 的广度和深度，连接社区用户与周边生活服务、连接办公楼宇与周边餐饮、外卖、代购、连接同一社区内或办公楼内的人与人的移动社交服务。

（三）上市公司内部治理水平进一步提升

本次重大资产重组完成后，上市公司进一步完善了公司治理结构，提升公司治理水平。一是上市公司对《股东大会议事规则》、《董事会议事规则》等内部决策和管理制度等进行了完善；二是完善了战略、审计、提名、薪酬与考核专门委员会，切实发挥董事会下设委员会的专业职能；三是完善信息披露制度，主动、及时地披露所有可能对股东和其他利益相关者的决策产生实质性影响的信息；四是完善绩效评价与激励约束机制，建立公正、透明的董事、监事和经理人员的绩效评价标准与程序。

（四）多种安排保障中小股东的合法利益

本次重大资产重组中，为保护投资者尤其是中小投资者的合法权益，上市公司采取了多种途径及措施：一是在股东大会表决及网络投票安排中充分保护中小股东行使投票权的权益；二是保障本次交易作价的合理、公允，拟注入资产市场交易价格对于七喜控股股东较为有利；三是本次交易后上市公司 2014 年基本每股收益为 0.59 元，高于交易完成前的 0.02 元，不存在摊薄每股收益；四是交易对方对交易标的运营情况做出了承诺，交易完成后，上市公司盈利能力得到大幅提升，有利于保护全体股东特别是中小股东的利益。

广东证监局　供稿

德展健康重大资产重组案例

一、重组各方情况

（一）德展大健康股份有限公司概况

德展大健康股份有限公司（以下简称“德展健康”、“公司”、“上市公司”）前身是新疆天山毛纺织股份有限公司（以下简称“天山纺织”），于1980年成立，是一家以生产高档羊绒衫、高档羊毛衫为主的现代化股份制纺织企业。1998年4月经中国证监会批准发行股票，同年5月公司股票在深交所挂牌上市，证券代码000813。2013年10月，公司完成资产重组，由单一的毛纺织业转变为矿业、毛纺织业双主业模式经营的集团化公司。天山纺织总股本为467495367股，凯迪投资持有公司141354457股股份（占公司总股本的30.24%），为天山纺织控股股东，凯迪矿业持有公司134359578股股份（占公司总股本的28.74%），新疆国资委为天山纺织实际控制人。2015年5月，天山纺织开始实施重大资产重组，通过优良医药资产的注入，实现了天山纺织的结构调整、资产调整和主业调整，重组实施完毕之后，天山纺织彻底转型为医药制造类上市公司，并更名为：德展大健康股份有限公司。

（二）北京嘉林药业股份有限公司概况

北京嘉林药业股份有限公司（以下简称“嘉林药业”）成立于1977年8月，是北京市高新技术企业和国家科技部命名的火炬计划重点高新技术企业。嘉林药业的主要产品是降血脂药物阿托伐他汀钙片。嘉林药业生产的阿托伐他汀钙片，采用商品名“阿乐”销售，在该类药物市场占有率仅次于辉瑞公司的同种药物“立普妥”。根据广州《降血脂药物市场研究报告》(2015年）按样本医药数据统计，2014年嘉林药业的产品阿乐在降血脂药物市场中的市场份额为8.90%，市场排名第三；在阿托伐他汀品种领域占比18.03%，排名第二。

（三）美林控股集团有限公司概况

美林控股集团有限公司（以下简称“美林控股”）持有嘉林药业47.72%的股份，系嘉林药业的控股股东。张湧、汪宾夫妇通过德展金投集团有限公司，共计持有美林控股100%的股份，是美林控股的实际控制人。美林控股是本次重组的主要交易对方，本次重组完成后成为上市公司的控股股东。

美林控股成立于1998年，业务涵盖文

化旅游、地产、资源、航空、制药等多个领域，已拥有成员企业60余家。其中，在地产领域，美林控股下属企业开发了北京美林花园、青岛美林小镇、北京美林香槟小镇、北京碧水庄园、山东寿光美林花园、新疆克拉玛依美林花园等房地产项目；在资源领域，美林控股在国内外拥有多个大型及超大型矿业项目，如吉尔吉斯斯坦共和国纳伦州杰提姆铁矿项目、新疆库车阿艾煤炭资源、内蒙古喀喇沁旗宫营子乡洞子沟金矿项目等。此外，美林控股还涉足高科技、IT产业、环境节能及生物医药等领域。

二、相关背景及重组过程

（一）重组背景

1. 有利于壮大自治区国有资本，发展混合所有制经济，促进天山纺织深化改革和转型升级。

近年来纺织行业整体衰退，天山纺织毛纺织业务长期以生产加工作为公司运营的核心，缺乏强有力的品牌运作，经营面临较大的盈利压力，拖累整体业绩。对于矿业业务，公司主要产品为铜精矿粉和锌精矿粉。受我国宏观经济形势下行等因素的影响，有色金属行业整体行情较低迷。总体来讲，上市公司的矿业业务受制于产能以及宏观经济等因素的影响，盈利能力要保持持续增长面临较大压力。

为了加强资源整合，实现快速发展，同时化解历史遗留难点问题，提高企业竞争力，依照国务院《关于进一步优化企业兼并重组市场环境的意见》（国发［2014］14号），加快落实《关于对〈新疆天山毛纺织股份有限公司转型升级、深化改革方案〉的批复》（新国资改革［2015］133号），凯迪投资对天山纺织进行重大资产重组。

2. 我国医药行业持续增长、市场前景广阔

我国人口众多，药品刚性消费需求巨大。随着我国经济的持续发展、人口老龄化进程的加快、医保体系的不断健全以及人们对身体健康重视程度的不断提高，我国对药品消费的需求将逐步释放扩大，目前我国已成为全球药品消费增速最快的地区之一，并有望在2020年以前成为仅次于美国的全球第二大药品市场。根据国家药监局南方医药经济研究所发布的《2014中国医药市场发展蓝皮书》，我国医药工业产值从2007年的6718亿元增至2014年的25798亿元，年均复合增长率约为21.19%。根据工业和信息化部2012年1月颁布的《医药工业“十二五”发展规划》，“十二五”期间，医药行业产业规模将继续平稳增长，预计工业总产值年均增长将达到20%，工业增加值年均增长将达到16%，我国医药行业市场前景十分广阔。

3. 嘉林药业盈利持续增长

本次重组标的企业北京嘉林药业股份有限公司专注于心脑血管药物、抗肿瘤药物等领域，主要产品有阿托伐他汀钙片、泛昔洛韦片、盐酸曲美他嗪胶囊、羟基脲片、盐酸胺碘酮片、硫唑嘌呤片等，产品销售遍布全国各地。近年来，嘉林药业业

务快速发展，最近三年累计实现收入32.12亿元，累计实现归属于母公司的净利润10.34亿元，利润复合增长率高达72.88%。根据已签署的《盈利预测补偿协议》，嘉林药业2016年、2017年、2018年度预测实现的合并报表归属于母公司所有者的净利润分别为6.5亿元、7.79亿元、9.37亿元，极大提升了上市公司盈利水平，提高了上市公司的整体质量。

嘉林药业能够借助资本市场平台，抓住行业发展的有利时机，进一步提升品牌影响力，提高核心竞争力，加快业务发展，实现公司战略发展目标。

（二）重组方案

本次交易的整体方案由以下几项内容组成：①重大资产出售及置换；②发行股份购买资产；③股份转让；④募集配套资金。

本次重大资产重组构成借壳上市，具体方案如下：

1. 重大资产出售及置换

天山纺织以截至2015年4月30日经审计及评估确认的全部资产与负债作为置出资产，其中置出资产中等值于79875万元的部分与美林控股持有嘉林药业47.72%股权中的等值部分进行资产置换，即置换金额为79875万元；置出资产剩余的部分（即917537630.15-798750000.00=118787630.15元）则直接出售予凯迪投资，凯迪投资向本公司支付118787630.15元现金对价购买。

根据中企华出具的中企华评报字（2015）第1246号评估报告书，本次交易以资产基础法的评估值91753.76万元作为本次置出资产的交易作价。根据中企华出具的中企华评报字（2015）第1273号评估报告书，本次交易的置入资产——嘉林药业100%股权以收益法的评估值836896.10万元作为交易作价。

2. 发行股份购买资产

置入资产超过置出资产中置换金额的差额部分约757021.10万元，由天山纺织向嘉林药业全体股东按照交易对方各自持有嘉林药业的剩余股权发行股份购买，天山纺织本次发行股份的价格为8.65元/股。据此计算，天山纺织向嘉林药业全体股东合计需发行股份875168898股。

3. 股份转让

凯迪投资和凯迪矿业合计向嘉林药业控股股东美林控股转让7500.00万股上市公司股票，其中凯迪投资向美林控股转让1000.00万股上市公司股票，凯迪矿业向美林控股转让6500.00万股上市公司股票。美林控股同意将其所持有的嘉林药业股权与上市公司进行资产置换取得的等值于79875万元的置出资产直接指定由凯迪投资和凯迪矿业或其共同指定的第三方承接，作为其受让股份的支付对价。该股份转让的每股交易对价为10.65元/股。

4. 募集配套资金

为提高本次重组绩效，增强重组完成后天山纺织的盈利能力和可持续发展能力，天山纺织拟采用定价方式向认购对象非公开发行不超过152012970股股份募集配套资金，总金额不超过150948.88万元。天山纺织本次发行股份募集配套资金的发行价格为9.93元/股，不低于本次重大资产重组首次董事会决议公告日前20个交易日公司股票交易均价的90%。募集配套资金在支付本次重组的中介机构费用后拟用于嘉林有限制剂生产基地建设项目、天津嘉林原料药生产基地及研发中心建设项目、心脑血管及肿瘤等领域治疗药物的研发及企业研发技术中心研发平台改造提升项目。

本次募集配套资金在资产出售及置换、发行股份购买资产和股份转让实施条件满足的基础上再实施，但募集配套资金成功与否不影响资产出售及置换、发行股份购买资产和股份转让的实施。

（三）重组过程

2015年11月27日，新疆国资委出具《关于对新疆天山毛纺织股份有限公司重大资产重组方案的预批复》（新国资改革〔2015〕356号），原则同意本次重大资产重组方案。

2015年12月4日，凯迪投资及凯迪矿业正式确认美林控股为7500万股公司股份的受让方，各方于2015年12月8日签署了《国有股份转让协议书》。

2015年12月12日，天山纺织召开第六届董事会第十四次会议，审议通过本次重组草案及相关议案，并与美林控股等交易各方签署了《重大资产重组协议》、《盈利预测补偿协议》和《股份认购协议》。

2016年2月24日，新疆国资委出具《关于对新疆天山毛纺织股份有限公司实施重大资产重组的批复》（新国资改革〔2016〕41号），原则同意本次重大资产重组方案。

2016年4月6日，天山纺织召开2016年第二次临时股东大会，审议通过了本次重组方案及相关议案，且股东大会同意美林控股免于以要约方式增持上市股份。

2016年6月，天山纺织取得国务院国资委关于凯迪投资和凯迪矿业拟转让其合计所持7500万股上市公司股份给美林控股的批复文件。

2016年7月29日，中国证监会印发《关于核准新疆天山毛纺织股份有限公司重大资产重组及向美林控股集团有限公司等发行股份购买资产并募集配套资金的批复》（证监许可〔2016〕1718号）文件，本次交易获得中国证监会的核准通过。

2016年10月11日，公司向美林控股集团有限公司发行369399114股股份，上海岳野股权投资管理合伙企业（有限合伙）发行292616244股股份，新疆梧桐树股权投资有限公司发行135610000股股份，深圳市珠峰基石股权投资合伙企业（有限合伙）发行21285218股股份，权葳发行12688654股股份，张昊发行10642609股股份，深圳市中欧基石股权投资合伙企业（有限合伙）发行5805059股股份，曹乐生发行27122000股股份，共计875168898股股份。本次新股发行完成后，公司总股本为1342664265股。2016年10月14日，经深圳证券交易所核准，公司中文证券简称自2016年10月17日起由“天山纺织”变更为“德展健康”，公司证券代码“000813”不变。公司经营范围变更为“化学原料药、化学药制剂、抗生素原料药、抗生素制剂、中成药、食品、保健食品、化妆品的研发（不含国家保护资源的中药材、中成药秘方产品的研发）、批发、进出口及相关配套业务（不涉及国营贸易管理商品，涉及配额、许可证管理及其他专项规定管理的商品，按国家有关规定办理申请）；制造原料药、注射剂（水针、冻干粉针）、片剂、胶囊剂、滴眼剂、散剂等”。

2016年10月19日，公司收到公司股东转来的《中国证券登记结算有限责任公司证券过户登记确认书》，凯迪投资、凯迪矿业分别向美林控股集团有限公司转让持有的本公司股份10000000股股份（占公司总股本的0.74%）和65000000股股份（占公司总股本的4.84%），本次股份转让完成后，凯迪投资持有公司131354457股股份（占公司总股本的9.78%）、凯迪矿业持有公司69359578股股份（占公司总股本的5.17%），美林控股集团有限公司持有公司444399114股股份（占公司总股本的33.10%）。

三、重大重组成效及意义

（一）有助于优化资源配置，提升国有资本收益

天山纺织前次重大资产重组引进了盈利较好的矿业资产，但由于近年来毛纺织业拖累上市公司的业绩，影响国有资本的收益。本次重组将提升上市公司的盈利能力，为上市公司融资扩股，汇聚资本创造了条件。本次重组使上市平台与优质资产相结合，有利于实现资源的优化组合。

（二）有助于发展壮大国有资本，实现国有资产保值增值

纺织业长期处于衰退阶段，创新乏力，缺乏市场热点和业绩亮点，凯迪投资持有的国有股份在资本市场上估值水平不高，升值潜力不大。

本次重组通过有效的资本运作，收购优质标的资产，引入民营资本，发挥混合所有制经营的潜力，大幅提高上市公司的估值水平。本次重组完成后，凯迪投资所持有的上市公司国有股所对应的资产质量提升，每股收益增厚，市场增加值预计大幅上升。

（三）有助于实现天山纺织的深化改革、转型升级

作为自治区一家老国有企业，天山纺织存在着人员年龄偏大，机器设备老化，历史负担沉重等突出问题，影响了天山纺织的深化改革和转型升级。

本次重组将天山纺织所有员工的劳动关系一并转移到新设立的全资子公司或纺织服装公司，有力地推动了天山纺织“退城进园”，优化职工队伍，消化历史包袱，即能够让纺织业务轻装上阵，改进经营业绩，为地区经济发展做出更大贡献，也能切实保障员工的合法利益，维护新疆地区的社会稳定。

（四）有助于增强上市公司持续盈利能力，维护全体股东权益

通过本次交易，一方面，天山纺织将原有盈利能力较弱的毛纺织及矿业业务和资产置出上市公司，并同步置入盈利能力较强、发展潜力巨大的优质资产，转型进入医药行业，使公司成为一家竞争力强的医药类上市公司，从根本上改善公司的经营状况，增强上市公司持续盈利能力；另一方面，嘉林药业通过本次交易完成上市，实现与资本市场对接，有利于嘉林药业增强资本实力，提升品牌影响力，促进业务拓展，实现快速增长。

通过本次交易，上市公司将走上持续健康发展的良性轨道，有利于保护全体股东特别是中小股东的利益，实现上市公司、股东、债权人、企业职工等利益相关方共赢的局面。

新疆证监局　供稿

招商蛇口并购重组案例

招商局蛇口工业区控股股份有限公司（以下简称“招商蛇口”或“公司”）成立于1979年，其合计持有招商地产51.89%的股权，2015年12月招商蛇口吸收合并招商地产，实现招商局旗下城市综合开发运营板块的整体上市，股票代码为001979。公司主营业务为房地产开发经营、水上运输、码头仓储服务及交通运输、工业制造、金融保险、对外贸易、旅游、酒店和其他各类企业的投资和管理等。公司实际控制人为国务院国有资产监督管理委员会。

一、并购重组的情况

在本次交易中，招商蛇口以发行A股股份的换股方式吸收合并招商地产，即招商蛇口向招商地产（除招商蛇口及其子公司外）的所有换股股东发行股票交换该等股东所持有的招商地产股票。其中，招商蛇口直接及间接所持招商地产股票不参与换股并不行使现金选择权，且该等股票将在本次交易完成后予以注销。本次交易完成后，招商地产终止上市并注销法人资格，招商蛇口作为存续公司承继及承接招商地产的全部资产、负债、业务、人员、合同及其他一切权利与义务，招商蛇口的A股股票（包括为本次换股吸收合并发行的A股股票）在深交所上市流通。

二、并购重组的特点

（1）本次并购重组的定价涉及较多相关方，难度较大。本次交易较为复杂，交易涉及多方利益，包括国资委、上市前股东、招商地产A股股东、招商地产B股股东、配套发行对象、员工持股计划等，对于招商蛇口发行价及招商地产换股价格定价有一定难度。

（2）本次并购重组是我国资本市场非上市公司换股吸收合并上市公司同时配套融资的首例。本次交易在换股吸收合并的同时以配套融资方式引入产业资本、金融资本为代表的战略投资者，引导市场定价，为此类交易的首例。配套融资发行对象包含员工持股计划，以混合所有制形式实现产权多元化，有利于建立现代企业制度，完善公司治理结构。

（3）本次并购重组前完成招商地产新加坡B股退市，属市场首例。本次交易前招商地产部分B股股票在新加坡交易所第二上市，为推进本次交易，新加坡股份应先行退市。由于招商地产为唯一一例新加坡第二上市的公司，所有的方案、流程、细节都要从零设计，取得两地监管部门和投资者的认可实属不易。

（4）本次并购重组为资本市场首例A+B股同时转A股案例，同时也是深圳市场首例B转A。B转A的原则，一是要合理合法，二是要尽量为投资者提供便利。本次交易方案中几个特殊点为：B股先行退出登记，在网下完成簿记及初始登记工作；通过公告形式充分提示投资者相关事项，包括建立账户关联、币种的变化、市值的变化等；按确定原则自动筛选认定新股托管单元；开放一段时间给第三类投资人，允许他们自行申报托管单元等。

（5）本次并购重组内容多样、繁杂。此次交易涉及的工作异常繁杂，包括蛇口工业区的改制、整合方案的设计、战略投资者的沟通、员工持股计划的实施、各政府部门的报审、决策程序的履行、新加坡股份的退市、B转A方案的设计实施、现金选择权的实施、两次退市及两次上市、信息披露及投资者关系工作等。

三、并购重组的经验

（1）平衡各方利益，实现多方共赢。本次交易复杂，涉及多方利益。为此，在方案推出前，公司主动听取了各利益相关方的意见，尽量做到利益平衡、多方共赢，保证方案顺利通过。本次交易方案依据A股同行业可比公司、可比交易的估值水平设定招商蛇口的发行价，依据换股吸收合并历史案例的换股溢价水平以及停牌期间A股及B股市场估值变化等因素，设定招商地产换股价格，最终获得了交易各方的充分认可，交易方案以98.12%的高票通过了合并双方股东大会。

（2）创新发行上市方式，员工持股计划大范围覆盖，特批非上市公司持股账户开立。在配套融资方面，由于是中国资本市场非上市公司换股吸收合并上市公司同时配套融资的首例，无法同时完成发行登记及上市，经与交易所及登记公司沟通，公司设计了两次登记及上市的方案。在员工持股方面，为更大范围激励员工，本次持股计划覆盖了合并双方共两千多位员工，公司充分征询了员工的意见并办理了相关手续。由于登记公司方面没有非上市公司实施员工持股的先例，公司协调登记公司特别批准了持股账户的开立。

（3）多方协调与沟通，完成新加坡B股退市。公司与新加坡、深圳两地的交易所、登记公司和律师进行了多轮沟通研究，设计出了各方可接受、较为合理的现金对等方案，创新性地设计了单向截止转托管及永久停牌方案，确保不影响本次交易的国内进程。

（4）采用多种手段，确保数据准确、安全。在B转A的网下簿记方面，由于提供初始登记数据的责任在上市公司，而公司有约一万户B股股东，初始登记的数据一定要保证准确。在正式簿记时，公司通过多人鉴证、双人复核的方式保证准确性；提前设计了一系列电脑自动转换的公式，尽量少进行人工处理；设计了随机分配股份尾数的方式，保证按对外公告的随机方式分配尾数；利用计算机程序进行簿记后数据的再次核验；同时，还采用双重密码的方式保证上报数据的安全性。

深圳证监局　供稿

当代东方：收购盟将威　进军影视行业

当代东方投资股份有限公司（以下简称“当代东方”）前身为大同水泥股份有限公司，厦门当代投资集团有限公司在2010年末通过司法裁定取得公司实际控制权后，确定了公司向文化产业转型的发展战略。当代东方于1997年1月24日在深圳证券交易所上市，股票代码：000673。

2015年，当代东方实施了非公开发行，募集资金主要用于收购东阳盟将威影视文化有限公司（以下简称“盟将威”）100%股权并对其进行增资，收购价格为11亿元、增资金额5亿元。当代东方成功收购盟将威，公司开始进入影视剧投资制作行业，成为山西板块第一家进军影视文化行业的上市公司。

一、本次收购的背景

自2009年国务院发布《文化产业振兴规划》以来，国务院及相关部门陆续发布了各项指导意见及相关文件加大对文化产业的政策扶持力度，积极鼓励有实力的文化企业跨地区、跨行业、跨所有制兼并重组，并鼓励已上市的文化企业通过公开增发、定向增发等方式进行融资和并购重组。当代东方收购盟将威，正是顺应行业发展趋势，在市场中并购整合优质文化传媒企业的案例。

本次收购前，当代东方的主营业务为文化艺术活动策划展览、房地产业的投资经营与开发、物流业投资、矿业投资，公司的主营业务收入较小，市场竞争力较弱。当代东方此次非公开发行的募集资金主要用于收购盟将威100%的股权、对盟将威增资等项目。收购盟将威100%的股权后，当代东方实现在影视剧制作发行领域的业务布局，同时对盟将威增资将大幅提升其影视剧制作发行能力，突破产能瓶颈，有利于进一步提升核心竞争力，对公司的长期可持续发展具有重要战略意义。

二、非公发行方案及收购进展情况

（一）非公开发行的整体方案

当代东方非公开发行股票为境内上市人民币普通股（A股）股票，每股面值1元。此次发行采取向特定对象非公开发行的方式，发行对象为：厦门当代文化发展股份有限公司、南方资本管理有限公司、厦门旭熙股权投资基金管理有限公司、厦门华鑫丰广告有限公司、厦门长航联合投资合伙企业（有限合伙）、北京先锋亚太投资有限公司、胡惠康、吕桧瑛共计8名特定投资者。全部特定发行对象均以现金方式认购此次非公开发行的股份。

此次发行的定价基准日为当代东方第六届董事会第十七次会议决议公告日（即2014年4月16日），最终发行价格为10.80元/股，发行数量为185000000股，募集资金总额19.98亿元，募集资金净额19.65亿元。募集资金主要用于收购盟将威100%的股权、对盟将威增资实施补充影视剧业务营运资金项目、增资当代春晖并实施投资辽宁数字电视增值业务项目和补充流动资金项目。

（二）本次发行及收购进程

当代东方此次非公开发行经2014年4月15日六届董事会十七次会议和2014年5月9日召开的2013年度股东大会审议通过。2015年2月14日，证监会股票发行审核委员会通过了此次发行方案；4月15日，收到证监会《关于核准当代东方投资股份有限公司非公开发行股票的批复》（证监许可〔2015〕617号）；6月11日完成实施非公开发行185000000股股份募集资金及新增股份发行登记事项。

当代东方按照《非公开发行股票方案》列明的募集资金用途，于2015年6月完成实施投资11亿元收购盟将威100%的股权项目、投资5亿元增资盟将威补充影视剧业务营运资金项目，此次收购及增资合计使用募集资金16亿元。2015年6月15日，当代东方完成了盟将威股权转让的工商变更登记，盟将威成为其全资子公司。

三、本次收购的成效和影响

收购完成后，当代东方的总资产、净资产规模大幅增加，资金实力明显增强，资产负债率进一步降低，总体财务状况得到改善与优化，公司主营业务收入与净利润显著增加。2015年，当代东方总资产25.66亿元，较2014年增长2021.47%；归属于上市公司股东的净资产20.87亿元，较2014年增长19339.66%；实现营业收入4.93亿元，较2014年增长2101%；归属于股东净利润1.11亿元，较2014年增长20013%。

收购盟将威，当代东方开始介入影视制作发行领域，实现了影视文化全产业链战略布局的第一步。2015年12月，当代东方以自筹资金3235万元收购中广国际数字电影院线（北京）有限公司30%的股权，完成了电影院线渠道的初步布局。2016年7月，当代东方通过“收购+增资”的方式取得北京华彩天地科技发展股份有限公司51.126%的股权，同时与咪咕视讯、巨人网络就新媒体、衍生品开发进行合作。通过上述外延并购和战略合作，当代东方完成了对电影内容生产与制作、院线发行、影城播映、衍生品开发等业务的产业投资闭环，围绕内容、渠道、衍生实现完整的影视文化全产业链布局。

四、本次收购的经验和启示

企业上市后，如何用资本市场平台突

破发展瓶颈，获得竞争优势？进行科学的并购重组正是这一问题的答案。当代东方近年来通过资本运作进行了一系列投资和并购，依托资本市场的强大力量彻底打开产业发展空间，围绕核心业务打造上下游全产业链，推动企业实现可持续发展，正是“产业+资本”发展模式的探索与实践，给其他企业树立了良好的榜样。

山西证监局　供稿

新研股份重大资产重组案例

一、重组各方情况

（一）新疆机械研究院股份有限公司概况

新疆机械研究院股份有限公司（以下简称“公司”）的前身是成立于1960年的新疆机械研究所，作为新疆维吾尔自治区首批转制的科研单位之一，2005年改制为有限责任公司，2009年整体改制为股份有限公司，是专注于中高端农牧业机械产品，以高附加价值、高技术含量以及替代进口农牧业机械产品为主导的高新技术企业。公司于2011年1月7日成功登陆创业板，成为国内首家集研发、生产、销售为一体的农机上市企业（证券代码：300159，证券简称：新研股份）。本次重组前，新研股份总股本为7.21亿股，董事长周卫华持有15.48%的股份，为新研股份控股股东。

（二）四川明日宇航工业有限责任公司概况

四川明日宇航工业有限责任公司于2009年12月由韩华、杨立军等14人共同出资设立，在经历先后七次股权增资、变更后，截至本次重组前，明日宇航共有股东29名，其中自然人19人，法人股东10名，注册资本5268万元，其中韩华持有22.78%的股份，杨立军持有15.57%的股份。明日宇航主要经营范围为飞行器零部件产品、新型钛合金及高温合金材料、机械电子产品的技术开发、生产、销售；新型钛合金金属制品机械加工；自营进出口业务。

二、相关背景及重组过程

（一）重组背景

1. 公司处于业务拓展期，产业并购符合公司发展战略

公司上市以来，盈利能力和盈利规模稳步提升，为实现跨越式发展，并提升盈利能力和抗风险能力，公司制定了并购的发展战略。

公司利用自身产业优势、技术优势、品牌优势、资本优势寻找优质企业实施产业并购，通过兼并重组，提升研发和生产能力，不断推出新的产品，完善产品链，以适应不断变化的市场需求。

2. 增强零部件制造能力，扩大竞争优势

公司是专业从事农牧业机械的研发、设计、生产和销售的企业。公司“牧神”

系列农机产品定位于为用户提供高科技、高性能、高品质、高附加值的中高端产品。稳定的机械性能是公司产品获得高附加值的技术保证，而整机的性能稳定，除了与公司供应链整合能力和整机装配能力有关外，与高品质的零部件制造技术实力也密切相关。

明日宇航长期从事航空航天飞行器结构件减重工程的应用和开发，具有极强的飞行器结构评估能力。其开发的钛合金钣金成型工艺和高速五轴数控加工技术已成熟应用在航空航天领域，满足了终端用户对产品的高稳定性和可靠性的要求。为此，明日宇航配置了国际先进的加工设备，积累了丰富的加工工艺经验，并建立了完善的产品质量控制系统。收购后，公司将探索利用标的公司高端零部件制造技术，提升大型化割台所用零部件加工品质，进一步提升产品性能，开发新的农业机械产品，扩大竞争优势。

3. 把握行业发展机遇，深入挖掘军工业务领域盈利增长点

公司在立足原有农牧业机械的同时，积极把握国家航空航天军工快速发展的有利契机，向航空航天军工领域进行深入拓展。

公司在农牧业机械制造过程中，积累了先进的表面处理加工技术和整机装配技术，未来将挖掘军工行业相关业务机遇。此外，也将利用资本市场提供多样的并购手段，收购在航空航天军工其他领域具有竞争优势的公司，实现业务的多元化发展，通过资源整合，有利于增强公司间的协同效应，拥有更大的市场空间。

（二）重组方案

本次重组方案为公司通过向明日宇航全体股东韩华、杨立军等人发行股份购买其持有明日宇航100%股权。依据标的资产评估值364330.01万元，经交易双方初步协商，本次交易标的的交易价格为363967.00万元。同时，本次交易拟向周卫华、吴洋、上市公司员工持股计划非公开发行股份募集资金，配套融资总额不超过本次交易总额的25%。

新研股份本次发行股份价格根据定价基准日前60个交易日公司股票的交易均价的90%，确定为10.54元/股。本次配套融资为向特定对象发行，定价原则为锁定价格发行，发行价格为定价基准日前20个交易日股票交易均价的90%，即12.73元/股。标的资产于评估基准日的评估值为364330.01万元。本次交易双方初步协商，标的资产交易对价为363967.00万元。本次交易中现金支付对价为42160.00万元。根据调整后的发行股份的发行价格5.25元/股计算，本次向明日宇航股东发行股份数量调整为613550581股，其中韩华认购1.24亿股，杨立军认购1.07亿股。配套募集资金公司共向周卫华、吴洋以及公司第一期员工持股计划发行155209621股，分别认购147178075股、4015773股、4015773股，共募集资金9.84亿元。

（三）重组过程

（1）2014年12月1日，公司因本次重

组事项申请停牌；

(2) 2015年3月17日，公司关于本次重组的第一次董事会审议通过本次重组预案，同时股票复牌；

(3) 2015年5月6日，明日宇航主管单位国家国防科技工业局同意明日宇航重组事宜；

(4) 2015年5月28日，公司关于本次重组的第二次董事会审议通过本次重组草案；

(5) 2015年6月15日，公司股东大会审议通过本次重组事宜；

(6) 2015年10月26日，中国证监会印发（证监许可［2015］2324号）《关于核准新疆机械研究院股份有限公司向韩华等发行股份购买资产并募集配套资金的批复》，核准公司向明日宇航股东发行股份购买资产事项；

(7) 2015年11月7日，公司发行股份购买的资产完成资产过户，明日宇航成为公司的全资子公司；

(8) 2015年12月23日，公司对外公告发行股份及支付现金购买资产并募集配套资金暨关联交易之实施情况报告书暨新增股份上市公告书。

三、重大资产重组成效及意义

（一）优化产业布局，提升盈利能力

本次交易前，公司业务布局于农机市场。近年来随着国家三农政策的落实和土地流转改革推进，农机市场取得了良好的发展。同时，农机市场也呈现了竞争日益激烈的态势。本次交易后，公司业务进入了航空航天飞行器零部件制造业，该行业属于国家大力支持的战略性产业，未来有望获得快速的发展。本次交易后，上市公司将进一步拓宽市场领域，优化业务布局，实现双引擎发展，盈利规模和盈利能力实现显著提升。

（二）加强优势互补，提升协同效应

公司和标的公司均属于先进制造领域。新研股份侧重于整机制造，在整机制造领域具有优势。标的公司侧重于新材料、新工艺的应用和开发，在航空航天复杂零部件制造领域具有优势。本次交易完成后，标的公司有望借助资本市场和上市公司的优势快速发展。新研股份有望借助标的公司的既有优势实现跨地域、跨领域的业务拓展。本次交易完成后，双方将在人才、市场、制造、研发、资本等方面加强优势互补，提升协同效应。

（三）上市公司与标的公司业务协同发展，增强上市公司业务持续经营能力

新研股份业务侧重于农机市场，标的公司业务侧重于航空航天零部件制造，未来两块业务将加强优势互补，并重发展。明日宇航资产质量良好，具备较强的盈利能力，2014年及2015年分别实现营业收入5.49亿元和7.94亿元，归属于公司所有者的净利润分别为1.09亿元和1.88亿元。新研股份收购明日宇航，将有利于提高上市公司的持续盈利能力，提高上市公司资

产质量。

通过本次交易，上市公司经营业务范围和内容得以丰富，营业收入得以提升，盈利能力得以增强。本次交易后，上市公司业务进入了航空航天飞行器零部件制造业，该行业属于国家大力支持的战略性产业，未来有望获得快速的发展。本次交易后，上市公司将进一步拓宽市场领域，优化业务布局，实现双引擎发展，盈利规模和盈利能力实现显著提升。

新疆证监局　供稿

温氏股份换股吸收合并大华农整体上市案例

2014 年 12 月 29 日，广东大华农动物保健品股份有限公司（以下简称“大华农”）股票停牌，开始筹划重大资产重组事项。2015 年 4 月 28 日，大华农复牌并公告资产重组草案，广东温氏食品集团股份有限公司（以下简称“温氏股份”或“公司”）向大华农的所有换股股东发行股票交换该等股东所持有的大华农股票；本次吸收合并完成后，接收方将承继及承接大华农的全部资产、负债、业务、人员、合同及其他一切权利与义务，大华农终止上市并注销法人资格，温氏股份的股票（包括为本次吸收合并发行的 A 股股票）将申请在深交所创业板上市流通。2015 年 5 月 18 日，温氏股份与大华农分别召开股东大会，审议通过本次换股吸收合并方案。9 月 30 日，相关方案获得中国证监会核准批复。11 月 2 日，温氏股份在深圳证券交易所创业板挂牌上市。通过本次换股吸收合并，温氏股份实现各项业务整体上市，打通上下游产业链，公司内部治理进一步完善，有效减少关联交易，建立融资平台，抓住行业机遇实现快速发展，提高上市公司股东长远利益。

一、换股吸收合并各方基本情况

（一）温氏股份基本情况

温氏股份是一家拥有 30 多年创业历史，以肉猪、肉鸡养殖为主，以奶牛、肉鸭养殖为辅，以食品加工、农牧设备制造为产业链配套的大型现代畜禽养殖企业，同时公司也是首批农业产业化国家重点龙头企业之一、中国企业 500 强。温氏股份是亚洲最大、世界第二大肉猪养殖企业，本次吸收合并前，温氏股份 2012~2014 年主要业务及财务数据如表 1、表 2 所示。

表 1 主要业务 单位：只/头

项目	2014 年	2013 年	2012 年
商品肉鸡	697421980	830951249	843819500
商品肉猪	12182723	10131678	8138916

表 2　　主要财务数据　　单位：万元

项　目	2014 年 12 月 31 日	2013 年 12 月 31 日	2012 年 12 月 31 日
资产总计	2533693.04	2394163.97	2163905.93
负债合计	1024319.73	1124635.21	813703.48
归属于母公司所有者权益	1454752.15	1223984.52	1295955.63
股东权益合计	1509373.28	1269528.75	1350202.46
项　目	2014 年	2013 年	2012 年
营业收入	3804022.69	3518705.75	3345317.18
营业利润	275715.51	51310.04	281235.66
利润总额	291921.13	67781.23	284483.23
净利润	287710.70	60935.20	280918.65
归属于母公司所有者的净利润	266397.85	55299.32	261444.17

温氏股份经过多年经营，探索出了以紧密型“公司+农户（或家庭农场）”为核心的温氏模式，该模式结合行业特点与中国国情，现已拥有了超过 5 万户合作农户，实现企业成长与农民致富。“温氏模式”也被中国畜牧业协会评为畜牧业优秀行业模式。

（二）大华农基本情况

大华农是一家专注于兽药研发、生产和销售的高新技术企业，主要有兽用生物制品、兽用药物制剂、饲料添加剂以及深海养殖等产品，是农业部指定的高致病性禽流感疫苗、高致病性猪蓝耳病灭活疫苗、高致病性猪蓝耳病活疫苗定点生产企业。2011 年 2 月，经中国证券监督管理委员会证监许可［2011］236 号文核准，大华农采用网下向配售对象摇号配售与网上向社会公众投资者定价发行相结合的方式向社会公众公开发行人民币普通股（A 股）6700 万股，每股面值 1 元、发行价格 22.00 元，募集资金总额为 147400 万元。

二、换股吸收合并方案

温氏股份以换股吸收合并的方式吸收合并大华农，即温氏股份向大华农全体股东发行 A 股股票，以取得该等股东持有的大华农全部股票；本次吸收合并完成后，接收方将承继及承接大华农的全部资产、负债、业务、人员、合同及其他一切权利与义务；大华农终止上市并注销法人资格；温氏股份的股票（包括为本次吸收合并发行的 A 股股票）将申请在深交所创业板上市流通。

本次吸收合并中，温氏股份本次发行价格为 16.30 元/股（除息前）。大华农的换股价格以定价基准日前 20 个交易日大华农的 A 股股票交易均价，即 8.33 元/股为基础，并在此基础上给予 60%的换股溢价率确定。因此，大华农本次换股价格为 13.33 元/股（除息前）。经除息调整后，温氏股份发行价格调整为 16.15 元/股，大华农换股价格调整为 13.03 元/股。本次吸收合并中合并方发行价格、被合并方换股价格和换股比例的确定充分考虑了本次吸收合并的交易背景和目的以及交易双方的特点。

三、成效与评价

（一）实现温氏股份主业整体上市，打通上下游产业链

近年来，一批农业企业从原有的单一产业结构逐渐向集上游饲料及兽药生产、中游养殖、下游屠宰与加工为一体，实施全产业链经营的产业化模式转变，如新希望打造了猪禽养殖、饲料生产、食品加工等完整的产业链，正邦集团、天邦股份等近年开始进入商品肉猪饲养领域，完善产业链等。通过产业链的不断延伸和完善，整合多个生产环节，有效分散风险，实现一体化经营的产业集群效益已成为行业的发展趋势。

大华农主营的兽药业务属于温氏股份上游配套产业，近年来随着温氏股份养殖业务规模稳步增长，温氏股份与大华农之间的产业链整合的必要性也日益突出。本次吸收合并完成后，温氏股份的畜禽养殖及相关配套产业将实现整体上市，产业链将覆盖畜禽养殖、饲料生产、农牧设备、兽药研发及销售等产业链各主要环节。温氏股份内各企业也将通过本次吸收合并整体上市充分实现资源共享和业务整合，打通畜禽养殖和配套产业之间的产业链，实现各项业务的长期协同快速发展。

（二）规范公司内部治理，有效减少关联交易

本次吸收合并前，温氏股份与大华农的业务之间存在较为密切的关系，因此存在较多的经常性关联交易，主要为温氏股份向大华农采购畜禽养殖业务所需的兽用药物制剂、兽用生物制药及饲料添加剂等产品。报告期内，该等关联交易均依照相关法律法规和公司章程的规定，履行了相应的决策程序，交易价格公允。但随着温氏股份的业务发展和经营规模的扩大，该等关联交易的规模也在不断上升。

本次吸收合并完成后，大华农原有各项业务将纳入温氏股份的合并报表范围，与温氏股份之间的关联交易将得到有效解决，有利于进一步规范提高上市公司的独立性，保障上市公司主体及广大中小股东的利益。

（三）实现温氏股份各项业务整体上市，提高上市公司股东长远利益

本次吸收合并完成后，温氏股份将实现整体上市，直接进入资本市场。一方面，温氏股份的整体上市，将与大华农原有业务形成协同效应，有利于增强上市公司的核心竞争力和盈利能力，进一步提升上市公司的投资价值；另一方面，本次吸收合并有利于存续公司的各项业务重新进行资源配置、提高运营效率，使得上市公司未

来能够获得更大的发展空间，从而有利于上市公司股东充分分享整体上市后温氏股份依托我国畜禽养殖产业链良好发展前景所带来的投资回报。

（四）建立融资平台，抓住行业机遇实现温氏股份快速发展

我国畜禽养殖业目前集中度仍然较低，肉类商品质量参差不齐，远不能满足消费者对食品安全的要求。建立规模化、专业化和一体化的大型龙头企业集团，把我国农业做大做强一直是国家政策重点支持和鼓励的发展方向。

温氏股份作为我国最大的肉鸡、肉猪养殖企业，同时也是大型现代农业服务型企业，其快速发展将有利于改善我国食品安全保障状况，也有利于解决我国“三农”问题。本次吸收合并完成后，温氏股份养殖业务及配套产业获得宝贵的上市平台，有利于夯实资本基础，增强后续融资能力，进一步巩固行业龙头地位，将“温氏模式”复制到更多地区、更多行业，实现长期发展，带动广大农户致富，为上市公司股东创造更大的价值。

广东证监局　供稿

美锦能源：提升煤焦行业效能 加快企业转型发展

山西美锦能源股份有限公司（以下简称“美锦能源”），总部位于中国山西省太原市，是中国最大的焦化企业之一，经营范围包括焦化厂、煤矿、煤层气的开发、投资，批发零售焦炭、金属材料等，煤炭、焦炭、煤矸石、金属镁、铁矿粉、生铁的加工与销售等。美锦能源于 1997 年 5 月 15 日在深圳证券交易所上市，股票代码：000723。

2015 年美锦能源进行了重大资产重组，向美锦能源集团有限公司（以下简称“美锦集团”）发行股份和支付现金购买资产并募集配套资金，重组完成后美锦能源增加了焦化产能并新增煤炭特别是炼焦煤资源，形成了“煤—焦—化”完整产业链，提升了煤焦行业效能，有利于公司长远发展。

一、资产重组的背景

美锦能源目前主营的焦化业务以炼焦煤作为主要原料，其发展受制于上游的煤炭行业，同时焦化行业也受下游行业如钢铁行业等的周期性波动影响较大。为进一步支持上市公司发展、提升上市公司盈利能力、有效应对焦化行业波动，美锦集团通过此次重大资产重组将其拥有的、符合注入条件的焦炭资产和煤炭资产全部注入美锦能源，从而解决焦化资产的同业竞争，并使得上市公司拥有上游煤炭特别是炼焦煤资源，形成煤焦一体化的完整产业链；将位于天津和大连的两个焦炭、煤炭贸易公司注入上市公司，有助于上市公司利用贴近主要市场和区域交通枢纽的区位优势，进一步巩固和拓展新市场、提高信息搜集能力和响应速度，通过开展焦炭及焦煤现货与期货交易提高上市公司风险管理水平与整体效益；同时进一步规范现有及潜在的关联交易，增强上市公司规范运作与发展的能力。

二、资产重组的方案及进展情况

（一）资产重组的整体方案

此次重大资产重组，包括向美锦集团发行股份和支付现金购买资产以及向不超过十名（含十名）特定投资者发行股份募集配套资金两部分。

（1）美锦能源以向美锦集团发行股份和支付现金的方式购买其持有的汾西太岳

76.96%的股权、东于煤业100%的股权、美锦煤焦化100%的股权、天津美锦100%的股权以及大连美锦100%的股权，交易金额以具有证券期货从业资格的资产评估机构出具的资产评估报告确定的资产评估值为基准合计确定为772810.95万元。其中，美锦能源以4.55元/股的发行价格向美锦集团非公开发行股份168000万股用于支付收购价款，股份支付金额为764400万元。上述标的资产按先后顺序优先适用股份支付方式，超出股份支付的收购价款余额由美锦能源以现金支付，通过自筹方式解决。

（2）美锦能源通过询价的方式向符合条件的6名其他特定投资者非公开发行股份配套融资用于补充流动资金。配套融资部分的每股发行价格为7.68元/股，发行数量32187.5万股，募集资金总额为247200万元，募集资金净额237200万元。

（二）资产重组的主要过程

（1）2013年3月13日，美锦能源六届董事会第十一次会议审议通过了重组预案、《购买资产协议》等相关文件；6月3日，美锦能源六届董事会第十三次会议审议通过了《关于〈山西美锦能源股份有限公司发行股份和支付现金购买资产并募集配套资金暨关联交易报告书（草案）〉及其摘要的议案》、《购买资产协议（修订版）》、《盈利补偿协议》等与此次重大资产重组相关的议案；6月21日，美锦能源2013年度第一次临时股东大会审议通过了前述议案；12月9日，美锦集团与美锦能源签署《盈利补偿补充协议》。

（2）2014年6月3日，美锦能源第六届董事会第十九次会议审议通过《关于延长本次重组股东大会决议有效期的议案》以及《关于延长公司股东大会授权董事会全权办理本次重组相关事宜有效期的议案》；6月19日，美锦能源2014年第一次临时股东大会审议通过了前述议案；12月15日，美锦能源第七届董事会第五次会议审议通过《调整本次发行股份和支付现金购买标的资产的交易价格的议案》、《购买资产之补充协议》、《盈利补偿补充协议（二）》等重组相关议案；12月31日，美锦能源2014年第三次临时股东大会审议通过了前述议案。

（3）2015年5月27日，美锦能源2014年年度股东大会审议通过《关于延长本次发行股份和支付现金购买资产并募集配套资金方案的股东大会决议有效期的议案》及《关于延长公司股东大会授权董事会全权办理本次发行股份和支付现金购买资产并募集配套资金相关事宜有效期的议案》。

（4）2015年6月23日，此次重组经中国证监会并购重组委2015年第51次会议审核获得无条件通过；6月29日，获得《关于核准山西美锦能源股份有限公司向美锦能源集团有限公司发行股份购买资产并募集配套资金的批复》（证监许可〔2015〕1440号）。

（5）2015年12月4日，美锦能源完成标的资产的过户手续并办理了工商变更登记。向美锦集团非公开发行的168000万股于2015年12月21日上市。募集资金于2015年12月24日到账。

三、本次重大资产重组的意义

通过此次重大资产重组，美锦集团2007年重大资产置换及股改时做出的解决焦化资产同业竞争的承诺得以履行，将符合注入条件的焦化资产、煤炭资产以及相关贸易公司整体注入美锦能源。美锦能源增加了焦化产能并新增煤炭特别是炼焦煤资源，拥有“煤—焦—化”一体化的完整产业链，可以有效应对行业波动，提高企业经营效率，有利于上市公司的长远发展。配套融资则有助于为美锦能源补充公司营运资金、优化资本结构、降低资金综合成本。

四、本次重组的经验和启示

对于传统行业上市公司而言，与大股东进行有效的资产重组，有助于避免同业竞争、减少关联交易，提升上市公司的公司治理和规范运作水平；通过利用资本市场，运用重组政策支持，传统行业的公司可以有效实现产业结构调整、完善产业链、进行业务升级，推动企业走上转型发展的快车道。

山西证监局　供稿

香江控股并购重组案例

深圳香江控股股份有限公司（以下简称“香江控股”或“公司”）前身山东临沂工程机械股份有限公司，于1998年6月在上海证券交易所主板发行上市，股票代码600162。公司控股股东为南方香江集团有限公司，主营业务为房地产开发与经营、家居商贸业务等。

一、公司并购重组的情况

香江控股于2015年完成了第一次重大资产重组事项，并启动了第二次重大资产重组事项。具体情况如下：

（1）第一次重大资产重组。公司向深圳市金海马实业股份有限公司（以下简称“深圳金海马”）发行股份及支付现金购买其持有的深圳市香江商业管理有限公司（以下简称“香江商业”）100%股权和深圳市大本营投资管理有限公司（以下简称“深圳大本营”）100%股权的资产重组。

（2）第二次重大资产重组。公司向深圳金海马发行股份及支付现金购买其持有的深圳家福特100%股权、郑州物业及长春物业；向南方香江发行股份及支付现金购买其持有的沈阳好天地100%股权；向香江集团发行股份购买其持有的广州物业。其中现金支付部分总价为7亿元，剩余部分以发行股份形式支付。

二、公司并购重组的特点

（1）通过业务整合形成产业链，加快实现战略转型。公司2015年通过资产重组整合家居商贸运营业务，使得公司拥有商业地产及住宅地产开发及商铺招商、家居等较为完整的产业链，进一步提高了招商运营业务的竞争力，增强公司的综合竞争力，加快实现公司的战略转型。

（2）优化公司资产结构，提高经营灵活性。通过整合商业地产、招商业务的上下游关系，一定程度上可以为公司提供持续的经营性现金流入，同时降低了租赁成本等经营性现金流出，有利于改善公司的资金流动性情况，改善公司的资金压力。此外，增加持有商业地产，公司也可根据市场周期波动选择持有招商或出售，改善公司经营的灵活性。

（3）增加公司净资产，改善公司财务结构，增强偿债能力及融资能力。实施并购重组前，公司的净资产约为18.1亿元，重组完成后的净资产为47.6亿元，增长了1倍多。公司实施并购重组前的资产负债率为84%，高于国内同行业可比上市公司同期平均水平。重组发行股份购买资产完成后，公司的资产负债率将从84%下降到65%，且标的物业可作为上市公司贷款抵押品，有利于改善上市公司的财务结构，提高其偿债能力和融资能力。

（4）减少关联交易，促进公司规范治理。以第二次重组为例，公司实施重组前上市公司与实际控制人所持物业产生关联租赁费用约9000万元，公司通过实施重组注入家居商贸业务及其自有物业，增加了公司自持商业物业的比重，减少了公司家居商贸业务与实际控制人的关联方之间的商业物业租赁，改善了公司资产结构，有利于进一步规范上市公司的治理。

三、公司并购重组的经验

（1）公司并购重组应契合公司未来发展战略，符合法律法规要求。公司并购重组方案应符合《重大资产重组管理办法》等法律法规及规范性文件的相关规定，符合国家关于公司所属行业的发展规划，并契合公司未来发展战略，与现有主营业务形成协同效应。

（2）加强投资者关系管理，推动重组效率提升。公司实施并购重组期间，通过各种手段（包括但不限于电话、调研、上市公司e互动专栏等渠道）建立并维护投资者良好关系，及时了解广大投资者对于并购重组的疑问和建议，对于重组方案修改及二次董事会审议交易方案有着重要作用，公司两次重组议案的股东大会通过率均超过97%。

（3）加大产业并购，优先发展实体经济。公司2015年实施了两次重大资产重组，均为产业上下游整合并购，标的资产均为流通家居公司股权及其旗下物业，属于房地产以外的资产，属于房地产业与流通行业并购。香江控股的发展战略是成为以“开发建设”与“招商运营”双轮驱动的综合服务集团。家居商贸业务重组完成后，公司产业链各环节紧密相连、优势互补，有利于进一步增强公司的综合竞争力，提高公司的行业地位。

深圳证监局　供稿

中泰化学资产重组案例

一、重组各方情况

（一）新疆中泰化学股份有限公司概况

新疆中泰化学股份有限公司（以下简称“中泰化学”、“公司”）是经新疆维吾尔自治区人民政府以新政函〔2001〕166号文批准，由新疆化工（集团）有限责任公司作为主发起人，联合乌鲁木齐环鹏有限公司、新疆维吾尔自治区技术改造投资公司、新疆准噶尔生态工程股份有限公司、新疆盐湖制盐有限责任公司共同作为发起人，在原新疆氯碱厂的基础上以发起设立方式共同发起设立，于2001年12月18日在新疆维吾尔自治区工商行政管理局注册成立的股份有限公司。公司设立时总股本为6000万股，注册资本为6000万元。

经中国证监会核准，2006年12月8日，中泰化学在深圳证券交易所中小板挂牌上市，股票简称“中泰化学”，股票代码002092。

中泰化学主营产品为聚氯乙烯树脂、离子膜烧碱、粘胶短纤、纱线，主营产品的生产能力为年产150万吨聚氯乙烯树脂、110万吨离子膜烧碱、188万吨电石、180万千瓦自备电装置、180万锭棉纱、36万吨粘胶纤维，为国内最大的电石法PVC生产企业。公司先后被授予乌鲁木齐市经济发展“突出贡献企业”、“纳税突出贡献企业”、“西部大开发新疆最佳优秀企业”、“新疆维吾尔自治区循环经济试点单位”、“乌鲁木齐市大气污染治理先进单位”、“自治区文明单位”、“中国化工企业500强”、“中国化工最具成长性企业”荣誉称号。2014年5月，荣获“中国工业大奖提名奖”等荣誉称号。

截至本次重组前，中泰化学总股本为1390239078股，新疆中泰（集团）有限责任公司（以下简称“中泰集团”）持有24.49%的股份，为公司的控股股东，公司实际控制人为新疆国资委。

（二）新疆富丽达纤维有限公司概况

新疆富丽达纤维有限公司（以下简称“新疆富丽达”）于2007年6月12日由浙江富丽达股份有限公司为主体在库尔勒经济技术开发区设立，注册资本30000万元。主营业务为粘胶纤维、差别纤维的生产和销售，目前拥有36万吨/年粘胶短纤生产能力，为国内粘胶短纤行业龙头企业，是粘胶纤维单厂产能全球第一的企业。中泰化学2014年通过两次增资，取得新疆富丽达 46%股权，进入纺织产品制造领域。

截至本次重组前，新疆富丽达注册资本 1224489796 元，其中中泰化学持有 46%的股权，浙江富丽达股份有限公司（以下简称“浙江富丽达”）持有 43.61%的股权，中泰集团持有 5%的股权，新疆泰昌实业有限责任公司（以下简称“泰昌实业”）持有 2.94%的股权，新疆富达投资担保有限责任公司（以下简称“富达担保”）持有 2.45%的股权。

（三）巴州金富特种纱业有限公司概况

巴州金富特种纱业有限公司（以下简称“金富纱业”）于 2013 年 3 月 18 日由杭州金丰纺织有限公司（以下简称“金丰纺织”）为主体在库尔勒经济技术开发区设立，注册资本 5000 万元。主营业务为粘胶纱的生产、销售。2014 年 7 月新疆富丽达收购了金富纱业部分股东的股权，持有 51%的股权，金富纱业成为新疆富丽达的控股子公司。

截至本次重组前，金富纱业注册资本 15000 万元，其中新疆富丽达持有 51%的股权，金丰纺织持有 33%的股权，杭州康源投资管理有限公司（以下简称“康源投资”）持有 8%的股权，杭州永固汽车零部件有限公司（以下简称“杭州永固”）持有 8%的股权。

（四）新疆蓝天石油化学物流有限责任公司

新疆蓝天石油化学物流有限责任公司（以下简称“蓝天物流”）于 2003 年 3 月 4 日由张力军、王新华等六位自然人投资设立，注册资本为 347.20 万元。主营业务为道路货物运输。2012 年 10 月，中泰集团通过股权受让、增资的方式，持有蓝天物流 51%的股权，蓝天物流成为中泰集团的控股子公司。蓝天物流是新疆地区具有领先地位的综合物流服务供应商，主要业务具体包括第三方物流管理服务以及基于第三方物流管理服务延伸的供应链服务。

截至本次重组前，蓝天物流注册资本 3000 万元，其中中泰集团持有 51%的股权，厦门世纪宝伦投资有限公司（以下简称“世纪宝伦”）持有 20%的股权，新疆九洲恒昌物流有限公司（以下简称“九洲恒昌”）持有 13%的股权，乌鲁木齐鑫汇鑫化工有限责任公司（以下简称“鑫汇鑫”）持有 5%的股权，新疆鑫和聚丰投资有限公司（以下简称“鑫和聚丰”）持有 4%的股权，刘金国持有 4%的股权，新疆振坤物流有限公司（以下简称“振坤物流”）持有 3%的股权。

二、相关背景及重组过程

（一）重组背景

1. 国家支持上市公司利用资本市场进行并购重组

2008 年 12 月，国务院办公厅发布了《关于当前金融促进经济发展的若干意见》（国办发［2008］126 号），要求支持有条件的企业利用资本市场开展并购重组，不断提高上市公司竞争力。随后，2010 年 9 月，国务院发布了《国务院关于促进企业兼并重组的意见》（国发〔2010〕27 号）；2014 年 4 月，国务院发布了《国务院关于进一步优化企业兼并重组市场环境的意见》（国发〔2014〕14 号），提出“符合条件的企业可以通过发行股票、企业债券、非金融企业债务融资工具、可转换债券等方式融资。允许符合条件的企业发行优先股、定向发行可转换债券作为兼并重组支付方式，研究推进定向权证等作为支付方式。”2014 年 5 月，国务院发布了《国务院关于进一步促进资本市场健康发展的若干意见》（国发〔2014〕17 号），鼓励市场化并购重组。因此，国家支持上市公司利用资本市场进行并购重组，通过提高行业集中度，培育新兴行业和优化全球资源配置改善产业结构组合，又通过公司控制权市场影响价格信号，实现资本市场的资源再配置。

2. 中泰化学降低成本、延伸产业链、提升效益的需要

本次交易前，中泰化学已持有新疆富丽达 46%股权、新疆富丽达直接持有金富纱业 51%股权。中泰化学生产的离子膜烧碱为新疆富丽达生产粘胶短纤中所需的重要辅助原料，金富纱业生产粘胶纱主要使用的原材料为新疆富丽达生产的粘胶短纤。中泰化学控股新疆富丽达后，将其作为公司整合并布局纺织服装业的核心载体，积极打造公司纺织原料板块。

通过进一步增强对新疆富丽达、金富纱业的控制力，有助于公司统筹配置各项资源，抓住机会，布局纺织服装产业，充分发挥氯碱—粘胶纤维—纺纱上下游一体化发展的协同效应。同时，中泰化学收购的蓝天物流作为物流服务提供商，积极融入中泰化学全产业链的生产经营活动中，最终形成全产业链一体化协同效应。

3. 国家及新疆维吾尔自治区产业政策的支持

粘胶短纤行业是纺织工业的重要原料产业，在促进纺织行业产业结构调整、提升纺织行业技术水平方面具有重要作用。我国目前正处于纺织工业和化纤行业的产业转型期，国家产业政策大力支持和鼓励利用可再生资源的再生纤维素纤维的发展，鼓励粘胶短纤行业向差别化、功能化和高技术化方向发展。国家出台了包括《纺织工业调整和振兴规划》、《中国纺织工业“十二五”发展规划》等一系列产业政策，同时在发改委发布的《产业结构调整指导目录（2005 年）》将多功能、差别化化学纤维生产列为鼓励类项目。此外，新疆维吾尔自治区根据国家产业政策制定了一系列具体支持和鼓励纺织行业的相关政策以及实施细则，以上补贴政策的出台显著改善了新疆富丽达和金富纱业的盈利能力。

蓝天物流为中泰化学的重要物流服务提供商，所从事的物流业也属于国家鼓励的产业。2012 年 8 月，国务院办公厅发布了《国务院办公厅关于促进物流业健康发展政策措施的意见》（国办发〔2011〕38 号），提出切实减轻物流企业税收负担、加大对物流业的土地政策支持力度、促进物流车辆便利通行、加快物流管理体制改革、鼓励整合物流设施资源、推进物流技术创

新和应用、加大对物流业的投入、优先发展农产品物流业、加强组织协调九项意见。2014 年 9 月，国务院发布了《物流业发展中长期规划（2014~2020 年）》，提出大力提升物流社会化、专业化水平，进一步加强物流信息化建设，推进物流技术装备现代化，加强物流标准化建设，大力发展绿色物流。

（二）重组方案

本次重组方案为中泰化学通过向浙江富丽达、中泰集团、泰昌实业、富达担保发行股份购买其合计持有的新疆富丽达 54%股权，向金丰纺织、康源投资、永固零部件发行股份购买其合计持有的金富纱业 49%股权，向中泰集团、世纪宝伦、九洲恒昌、鑫汇鑫、鑫和聚丰、刘金国、振坤物流发行股份购买其合计持有的蓝天物流 100%股权，并向不超过 10 名特定投资者发行股份募集配套资金。

交易完成后，中泰化学控制新疆富丽达、蓝天物流、金富纱业 100%股权。

本次交易中，中泰化学收购新疆富丽达 54%股权、金富纱业 49%股权和蓝天物流 100%股权支付的对价分别为 184282.63 万元、19961.00 万元和 72544.15 万元，全部以发行股份方式支付。公司本次向 13 名交易对方发行股份购买资产的发行价格为定价基准日前 20 个交易日公司股票交易均价的 90%，即 7.32 元/股（因实施 2015 年度利润分配后，本次发行股份购买资产的发行价格由 7.32 元/股调整为 7.30 元/股），发行总股数为 379161340 股，于 2016 年 5 月 12 日上市。

（三）重组过程

2015 年 8 月 4 日，公司发布了《关于重大事项停牌的公告》，公司股票于 2015 年 8 月 3 日上午开市起停牌；2015 年 8 月 10 日，公司发布了《关于筹划发行股份购买资产的停牌公告》，公司正在筹划发行股份购买资产事项，公司股票自 2015 年 8 月 10 日开市起继续停牌。

2015 年 11 月 10 日，新疆富丽达、金富纱业、蓝天物流分别召开股东会，全体股东一致同意交易对方向中泰化学出售其所持有的新疆富丽达 54%股权、金富纱业 49%股权和蓝天物流 100%股权；公司分别与持有新疆富丽达 54%股权、金富纱业 49%股权和蓝天物流 100%股权的股东签订了附生效条件的《发行股份购买资产协议》。

2015 年 11 月 10 日，公司召开第五届董事会第三十次会议，审议通过了本次交易的相关议案。

2015 年 12 月 11 日，公司召开第五届董事会第三十一次会议，审议通过了公司发行股份购买资产并募集配套资金暨关联交易报告书（草案）及相关事项。

2015 年 12 月 7 日，完成标的公司资产评估报告在新疆国资委备案手续（新国资产权备〔2015〕17 号、18 号、19 号）。

2015 年 12 月 23 日，新疆国资委出具《关于对新疆中泰化学股份有限公司再融资方案及有关事项的批复》（新国资产权〔2015〕405 号），批准了本次交易方案。

2015 年 12 月 28 日，公司股东大会审议通过本次交易方案。

2016 年 4 月 15 日，中国证监会出具《关于核准新疆中泰化学股份有限公司向浙江富丽达股份有限公司等发行股份购买资产并募集配套资金的批复》（证监许可〔2016〕788 号），核准公司向浙江富丽达股份有限公司等发行股份购买相关资产；核准公司非公开发行不超过 377049180 股新股募集本次发行股份购买资产的配套资金。

2016 年 4 月 22 日，本次交易的标的资产全部完成过户手续，相应的标的股权全部完成工商变更登记，中泰化学合法拥有新疆富丽达、金富纱业、蓝天物流 100%股权。

2016 年 5 月 10 日，中泰化学发布《新疆中泰化学股份有限公司发行股份购买资产实施情况暨新增股份上市报告书》。

三、资产重组成效及意义

（一）进一步完善产业链，发挥产业协同效应

本次交易前，公司主要专注于氯碱行业中聚氯乙烯树脂、离子膜烧碱产品的生产和销售，并于 2014 年先后两次增资新疆富丽达，取得新疆富丽达直接控制权和金富纱业的间接控制权，以新疆富丽达、金富纱业为载体进入纺织服装业原料市场，进行粘胶短纤、粘胶纱产品的生产和销售。此外，本次交易前蓝天物流为公司原材料采购和产品销售的主要物流服务提供商之一。

本次交易完成后，公司进一步增强对新疆富丽达、金富纱业的控制力，有助于公司统筹配置各项资源，抓住机会，布局纺织服装产业，充分发挥氯碱—粘胶纤维—纺纱上下游一体化发展的协同效应；本次收购金富纱业剩余 49%股权，可以对新疆富丽达的粘胶纤维产品的销售进一步巩固和强化，有效拓展和延伸公司纺织原料板块的产业链，提高公司在纺织服装业的竞争力；本次收购蓝天物流 100%股权后，对公司内部的物流业务进行统一管理，通过募集配套资金建设信息化平台积极推进供应链服务业务，逐步将其发展为公司的重要业务板块。

（二）提升公司盈利能力

2015 年上半年以来，新疆富丽达和金富纱业所在的粘胶短纤及纺纱行业逐步平稳回升，尤其粘胶短纤市场价格在春节后开始反弹并持续上扬，粘胶短纤及纺纱行业整体盈利能力也随之提高。2016 年第一季度以来，粘胶短纤和粘胶纱市场价格进一步上涨，粘胶短纤和粘胶纱已成为公司重要的营业收入和净利润增长点。

本次交易完成后，中泰化学控制新疆富丽达、蓝天物流、金富纱业 100%股权，可以完全分享以上公司的经营成果，增厚公司的业绩，提高公司整体盈利能力和抗风险能力。同时交易完成后，加强了氯碱行业、纺织服装业、物流运输业的产业间联动，利用协同效应减少生产和管理成本，符合公司及全体股东的利益。

2016年1~9月，新疆富丽达实现净利润4.3亿元，金富纱业实现净利润6265万元，蓝天物流实现净利润4848万元，显著提升了中泰化学的经营业绩（以上数据未经审计）。

（三）减少关联交易，进一步规范公司的经营情况

本次交易完成前，蓝天物流为中泰化学控股股东中泰集团的控股子公司，中泰化学向其采购的物流运输服务以及煤炭经销为关联交易。本次交易完成后，蓝天物流成为中泰化学的全资子公司，公司与蓝天物流之间互相提供的服务和贸易将不再视为关联交易，一定程度上减少了公司的关联交易，有利于规范公司的经营情况，保障上市公司及股东的利益。

（四）抓住国家大力支持新疆经济建设的良好发展机遇

近两年的中央新疆工作座谈会的召开为新疆带来了大开发、大发展的历史性机遇，国家对新疆大力发展纺织服装产业给予了政策支持，自治区也出台了多项优惠政策，中泰化学通过本次交易，紧紧把握住新疆纺织行业的良好前景，进一步推动公司的可持续发展，为“十三五”的发展奠定了坚实的基础。

新疆证监局　供稿

大事记

大事记

1月8日 上海证券交易所发布并实施《上市公司重大资产重组信息披露及停复牌业务指引》。

1月9日 中国证监会发布的《中国证监会委托上海、深圳证券交易所实施案件调查试点工作规定》开始施行。

1月12日 深圳证券交易所修订重大资产重组业务办理规则。

1月15日 财政部、国家税务总局发布并实施《关于金融企业涉农贷款和中小企业贷款损失准备金税前扣除有关问题的通知》。

1月16日 中国证监会发布并实施《公司债券发行与交易管理办法》。

1月30日 深圳证券交易所发布修订后的《退市公司重新上市实施办法》、《退市整理期业务特别规定》两项退市配套制度。上海证券交易所发布修订后的对《上海证券交易所退市公司重新上市实施办法》、《上海证券交易所退市整理期业务实施细则》、《上海证券交易所风险警示板股票交易暂行办法》3项退市配套规则。

2月2日 财政部、国家税务总局发布并实施《关于企业改制重组有关土地增值税政策的通知》。

2月2日 国家税务总局发布并实施《关于3项企业所得税事项取消审批后加强后续管理的公告》。

2月3日 国家税务总局发布并实施《关于非居民企业间接转让财产企业所得税若干问题的公告》。

2月5日 中国人民银行下调金融机构人民币存款准备金率0.5个百分点。同时，为进一步增强金融机构支持结构调整的能力，加大对小微企业、“三农”以及重大水利工程建设的支持力度，对小微企业贷款占比达到定向降准标准的城市商业银行、非县域农村商业银行额外降低人民币存款准备金率0.5个百分点，对中国农业发展银行额外降低人民币存款准备金率4个百分点。

2月9日 上海证券交易所股票期权交易试点正式启动，上证50ETF期权合约上市交易，为我国第一只场内期权产品。

2月12日 深圳证券交易所发布修订后的三个板块《上市公司规范运作指引》。

2月13日 全国股转公司和中证指数公司联合发布公告，公布全国股转系统首批两只指数编制方案。

3月1日 中国人民银行下调金融机构人民币贷款和存款基准利率。其中，金融机构一年期贷款基准利率下调0.25个百分点至5.35%；一年期存款基准利率下调0.25个百分点至2.5%，同时结合推进利率市场化改革，将金融机构存款利率浮动区间的上限由存款基准利率的1.2倍调整为1.3倍；其他各档次存贷款基准利率及个人住房公积金存贷款利率相应调整。

3月16日 根据《全国中小企业股份转让系统成份指数编制方案》和《全国中小企业股份转让系统做市成份指数编制方案》，全国中小企业股份转让系统有限责任公司和中证指数有限公司对三板成指（899001）、三板做市（899002）的样本股进行调整，即日起生效。

3月17日 中国证券业协会发布《证券公司股票质押式回购交易业务风险管理指引（试行）》规定，单一融入方累计融资余额不得超过证券公司净资本的10%。

3月29日 经国务院批准，中国证监会在证券期货行政执法领域开展行政和解试点，《行政和解试点实施办法》开始施行。

3月30日 财政部发布并实施《关于个人非货币性资产投资有关个人所得税政策的通知》。

3月31日 国家发展改革委办公厅发布关于印发《战略性新兴产业专项债券发行指引》的通知。

4月8日 深圳证券交易所发布《关于推行交易日早间及非交易日信息直通披露制度的通知》，在我国证券市场上首次实行早间信息披露制度。

4月13日 中国证券登记结算有限公司发布《关于取消自然人投资者A股等证券账户“一人一户”限制的通知》，全面放开“一人一户”限制。

4月15日 全国中小企业股份转让系统有限责任公司发布的《关于两网公司及退市公司股票除权除息、缩股相关事项的通知》开始执行。

4月16日 全国中小企业股份转让系统有限责任公司发布《关于完善新挂牌公司2014年度财务信息披露的通知》，规范挂牌公司的信息披露行为，保证披露信息的及时性、准确性和完整性。

4月20日 中国人民银行下调金融机构人民币存款准备金率1个百分点。同时，有针对性地实施定向降准，对农信社、村镇银行等农村金融机构额外降低人民币存款准备金率1个百分点，统一下调农村合作银行存款准备金率至农信社水平，对中国农业发展银行额外降低人民币存款准备金率2个百分点。

4月27日 国家税务总局发布并实施《关于金融企业涉农贷款和中小企业贷款损失税前扣除问题的公告》，鼓励金融企业加大对涉农贷款和中小企业贷款力度，及时处置涉农贷款和中小企业贷款损失，增强金融企业抵御风险能力。

5月1日 全国中小企业股份转让系统有限责任公司发布的《关于暂免征收民族自治地区挂牌公司挂牌费用的公告》开始施行。

5月1日 国务院发布的《存款保险条例》开始施行。

5月11日 中国人民银行下调金融机构人民币贷款和存款基准利率。其中，金融机构一年期贷款基准利率下调0.25个百分点至5.1%；一年期存款基准利率下调0.25个百分点至2.25%，同时结合推进利率市场化改革，将金融机构存款利率浮动区间的上限由存款基准利率的1.3倍调整为1.5倍；其他各档次存贷款基准利率及个人住房公积金存贷款利率相应调整。

5月15日 中国证监会发布《关于加强非上市公众公司监管工作的指导意见》，加强非上市公众公司监管，推动资本市场改革和监管转型，鼓励大众创业、万众创新，支持中小微企业发展。

5月21日 深圳证券交易所决定*ST武锅B、*ST国恒终止上市，自5月29日起进入退市整理期最后交易三十个交易日。这是深圳证券交易所首单适用退市整理期交易机制的案例。

5月25日 国家发展改革委办公厅发布《关于充分发挥企业债券融资功能支持重点项目建设促进经济平稳较快发展的通知》，进一步发挥企业债券在促投资、稳增长中的积极作用，支持重点领域和重点项目融资，促进经济平稳较快发展。

5月29日 深圳证券交易所发布《公司债券上市规则（2015年修订）》、《非公开发行公司债券业务管理暂行办法》以及《关于公开发行公司债券投资者适当性管理相关事项的通知》三个配套规则。

5月29日 全国中小企业股份转让系统有限责任公司发布并实施《挂牌公司股票发行审查要点》，进一步提高挂牌公司股票发行备案审查效率，提升服务质量。

6月1日 上海证券交易所发布的《关于增加上市公司信息披露时段相关事项的通知》开始施行。

6月5日 中国银监会发布并实施《中国银监会信托公司行政许可事项实施办法》，首次明确信托公司上市条件。

6月24日 国家税务总局发布并实施《关于企业重组业务企业所得税征收管理若干问题的公告》。

6月28日 中国人民银行针对性地对金融机构实施定向降准，对“三农”贷款占比达到定向降准标准的城市商业银行、非县域农村商业银行降低存款准备金率0.5个百分点，对“三农”或小微企业贷款达到定向降准标准的国有大型商业银行、股份制商业银行、外资银行降低存款准备金率0.5个百分点，降低财务公司存款准备金率3个百分点。

6月28日 中国人民银行下调金融机构人民币贷款和存款基准利率，以进一步降低企业融资成本。其中，金融机构一年期贷款基准利率下调0.25个百分点至4.85%；一年期存款基准利率下调0.25个百分点至2%；其他各档次贷款及存款基准利率、个人住房公积金存贷款利率相应调整。

7月1日 中国证监会发布并实施《证券公司融资融券业务管理办法》，上海证券交易所、深圳证券交易所同步发布《融资融券交易实施细则》。

7月18日 经党中央、国务院同意，中国人民银行等十部委联合印发《关于促进互联网金融健康发展的指导意见》（银发〔2015〕221号），鼓励金融创新，促进互联网金融健康发展，明确监管责任，规范市场秩序。

7月23日 首批根据中国证监会授权

深圳证券交易所预审核、获得中国证监会核准并发行上市的“小公募”债券在深圳证券交易所成功上市交易。

7月24日 中国证券业协会发布并实施《证券公司开展场外股权质押式回购交易业务试点办法》，明确证券公司应当以自有资金参与场外股权质押式回购交易业务，证监会及协会另有规定的除外。

8月23日 国务院发布并实施《基本养老保险基金投资管理办法》。

8月26日 中国人民银行下调金融机构人民币贷款和存款基准利率，以进一步降低企业融资成本。其中，金融机构一年期贷款基准利率下调0.25个百分点至4.6%；一年期存款基准利率下调0.25个百分点至1.75%；其他各档次贷款及存款基准利率、个人住房公积金存贷款利率相应调整。同时，放开一年期以上（不含一年期）定期存款的利率浮动上限，活期存款以及一年期以下定期存款的利率浮动上限不变。

8月31日 中国证监会、财政部、国资委和银监会联合发布《关于鼓励上市公司兼并重组、现金分红及回购股份的通知》，通过多种方式进一步深化改革、简政放权，大力推进上市公司并购重组，积极鼓励上市公司现金分红，支持上市公司回购股份，提升资本市场效率和活力。

9月6日 中国人民银行下调金融机构人民币存款准备金率0.5个百分点。同时，有针对性地实施定向降准，额外降低县域农村商业银行、农村合作银行、农村信用社和村镇银行等农村金融机构存款准备金率0.5个百分点，额外下调金融租赁公司和汽车金融公司存款准备金率3个百分点。

9月7日 中国人民银行印发《关于进一步便利跨国企业集团开展跨境双向人民币资金池业务的通知》（银发〔2015〕279号），降低了跨国企业集团开展跨境双向人民币资金池业务的门槛，放宽对资金净流入的限制。

9月8日 财政部、国家税务总局、中国证监会发布的《关于上市公司股息红利差别化个人所得税政策有关问题的通知》开始施行。

9月14日 国家发展改革委发布并实施《关于推进企业发行外债备案登记制管理改革的通知》，有序推进企业发行外债管理改革，创新外债管理方式，促进跨境融资便利化，支持实体经济发展。

9月14日 国家税务总局发布并实施《关于两项证券（股票）交易印花税非行政许可审批取消后有关管理问题的公告》。

9月15日 中国人民银行改革存款准备金考核制度，由时点法改为平均法考核。即维持期内，金融机构按法人存入的存款准备金日终余额算术平均值与准备金考核基数之比，不得低于法定存款准备金率。同时，存款准备金考核设每日下限。即维持期内每日营业终了时，金融机构按法人存入的存款准备金日终余额与准备金考核基数之比，可以低于法定存款准备金率，但幅度应在1个（含）百分点以内。

9月17日 财政部、国家税务总局发布并实施《关于进一步完善固定资产加速折旧企业所得税政策的通知》。

9月21日 全国中小企业股份转让系统有限责任公司发布并实施《全国中小企业股份转让系统优先股业务指引（试行）》，优先股的发行备案或挂牌，应由在全国股转系统从事推荐业务的主办券商推荐。

9月24日 国务院发布《关于国有企业发展混合所有制经济的意见》，推进国有企业混合所有制改革，促进各种所有制经济共同发展。

10月1日 国家税务总局发布的《关于贯彻落实进一步扩大小型微利企业减半征收企业所得税范围有关问题的公告》开始实施，进一步扩大小型微利企业减半征收企业所得税优惠政策范围。

10月16日 中国证券业协会发布《公司债券承销业务规范》和《公司债券承销业务尽职调查指引》，规范公司债承销业务。

10月20日 全国中小企业股份转让系统有限责任公司发布并实施《全国中小企业股份转让系统股票挂牌业务操作指南（试行）》，进一步简化流程，提高效率，方便申请挂牌公司及主办券商办理股票挂牌手续。

10月24日 中国人民银行下调金融机构人民币贷款和存款基准利率，以进一步降低社会融资成本。其中，金融机构一年期贷款基准利率下调0.25个百分点至4.35%；一年期存款基准利率下调0.25个百分点至1.5%；其他各档次贷款及存款基准利率、人民银行对金融机构贷款利率相应调整；个人住房公积金贷款利率保持不变。同时，对商业银行和农村合作金融机构等不再设置存款利率浮动上限。下调金融机构人民币存款准备金率0.5个百分点。同时，为加大金融支持“三农”和小微企业的正向激励，对符合标准的金融机构额外降低存款准备金率0.5个百分点。

11月2日 创业板首单吸收合并整体上市的案例温氏股份，在深圳证券交易所正式挂牌上市。

11月4日 深圳证券交易所发布并实施《主板上市公司公开谴责标准》。

11月16日 中国证监会制定并发布《中国证监会关于进一步推进全国中小企业股份转让系统发展的若干意见》，完善全国中小企业股份转让系统制度。

11月12日 国家税务总局发布关于《企业所得税优惠政策事项办理办法》的公告，优化纳税服务，提高管理水平，有效落实企业所得税各项优惠政策。

11月24日 中国证监会公布并实施《关于进一步规范发行审核权力运行的若干意见》。

11月30日 国家发展改革委办公厅发布《关于简化企业债券申报程序加强风险防范和改革监管方式的意见》，深化企业债券审批制度改革，推进企业债券发行管理由核准制向注册制过渡。

11月30日 国际货币基金组织执董会决定将人民币纳入特别提款权（SDR）货币篮子，SDR货币篮子相应扩大至美元、欧元、人民币、日元、英镑5种货币，人民币在SDR货币篮子中的权重为10.92%，新的SDR篮子将于2016年10月1日生效。

12月4日 经中国证监会同意，上海证券交易所、深圳证券交易所、中国金融期货交易所发布指数熔断相关规定，并将于2016年1月1日起实施。

12月9日 宁波银行2015年非公开发行优先股在深圳证券交易所正式挂牌转让，这是自国务院发布《关于开展优先股试点的指导意见》以来首只在深交所成功发行并挂牌转让的优先股。

12月9日 中国上市公司协会发布《上市公司监事会工作指引》。

12月18日 财政部、国家税务总局、中国证监会发布的《关于内地与香港基金互认有关税收政策的通知》开始施行。

12月23日 中国保监会发布《保险公司资金运用信息披露准则第3号：举牌上市公司股票》，规范保险资金举牌上市公司股票的信息披露行为，增加市场信息透明度，推动保险公司加强资产负债管理，防范投资运作风险。

12月29日 深圳证券交易所发布《上市公司股东股份被质押（冻结、拍卖或设定信托）的公告格式》。

12月30日 深圳证券交易所发布《资产支持证券挂牌条件确认业务指引》和《非公开发行公司债券转让条件确认业务指引》。

12月30日 深圳证券交易所非上市公司发行股份换股吸收合并现有上市公司A股和B股的首单案例，招商蛇口股票正式挂牌上市。